네슬 - 알란트 28판

헬라어 분해대조

로고스성경 5

신 약

편찬책임 유복곤 송창섭

원문직역

스트롱코드 · 헬라어 · 어근 · 음역 · 영어 · 한글분해 · 개역개정성경

님께

년 월 일

드림

로고스

Published by Logos Publishing Company,
98-9(3rd floor), Shinseol-dong,
Dongdaemun-gu, Seoul, Korea.
Printed in Korea.

새로 개정되어 출판된 네슬-알란트 헬라어 신약성경 28판

- Nestle-Aland Novum Testamentum Graece 28 -

하나님께서는 하나님의 말씀을 인간의 언어로 우리에게 주셨다. '하나님의 말씀'은 신약의 경우 헬라어로 기록되었다. 헬라어로 기록된 원본은 5,800개 가량의 사본들과 수많은 번역본들과 초기 교부들과 당대의 문헌들 속의 인용문들을 통하여 우리에게 전해져오고 있다. 이렇게 엄청나게 방대한 자료들을 한 권의 책 속에 담은 것이 '네슬-알란트 헬라어 신약성경'이다. 네슬-알란트 헬라어 신약성경은 한국어뿐만 아니라 전 세계 각국의 언어로 번역되어 사용되고 있다.

모든 번역 성경의 원본이 되는 네슬-알란트 헬라어 신약성경이 올해 개정판으로 나왔다. 30년이 넘는 기간 동안 수많은 작업을 통해서 본문에 상당한 개정 작업을 하여 헬라어 원본 (the original text in Greek)에 보다 더 가까운 헬라어 성경이 출판된 것이다. 하나님께서 우리에게 주신 '그 말씀'에 보다 더 가까운 본문을 우리는 가지게 되었다. 본 글에서는 네슬-알란트판에 대한 간략한 약사(略史)와 네슬-알란트 28판의 특징과 개정된 부분들과 개정된 부분의 예로 벧후3:10을 간단히 살펴보고자 한다.

1. 네슬-알란트 편집본의 약사

1898년에 에버하르트 네슬(Eberhard Nestle)은 대학교나 교회에서 한 권으로 편하게 들고 다니면서 사용할 수 있도록 하기 위하여 당대에 가장 권위가 있었던 티센도르프, 웨스트코트/호트, 웨이머쓰(나중에는 바이스)를 기초로 하여 헬라어 신약성경(Novum Testamentum Graece) 1판을 출판했다. 본문이 서로 차이가 날 때에는 본문에 들어가지 못한 사본은 본문 하단부에 기록했다. 이것을 본문비평장치(critical apparatus)라고 한다. 사본들, 초기 번역본들, 교부들의 인용이 본문비평장치에 추가되었고, 그의 아들이었던 어윈 네슬에 의해 13판까지 출판되었다.

1950년대에 들어와서 쿠르트 알란트는 본문비평장치에 나오는 목록을 헬라어 사본들과 초기 교부들의 자료들과 비교하여 추가하는 작업을 시작했다. 그의 이러한 노력들로 인해 1963년에 25판이 나왔을 때, 그 헬라어 성경은 네슬-알란트(Nestle-Aland)판으로 표기되기 시작했다.

그동안 여러 저명한 학자들이 편집 위원회에 참가하게 되었고, 그 사이에 발견된 사본들과 초기 파피루스들을 포함함으로써 네슬-알란트 26판은 상당한 변화를 가지고 1979년에 출판되었다. 한편, 1966년부터 UBS에서 편집하여 출판한 헬라어 성경(GNT) 1판과 2판은 네슬 25판까지는 서로가 많이 달랐으나, 쿠르트 알란트의 도움과 편집 위원회가 겹치게 되면서 1975년에 출판된 UBS 3판은 외적인 형식은 다르지만 네슬-알란트 26판과 동일한 텍스트를 가지게 되었다. 1981년에 출판된 네슬-알란트 27판의 경우 텍스트는 26판 그대로지만 본문비평장치는 광범위한 개정을 거쳤다.

2. 네슬-알란트 28판의 목적

네슬-알란트 28판은 두 가지 다른 목적을 가지고 만들었다. 첫째, 본문비평장치를 보다 명료하게 그리고 사용하기 쉽도록 하기 위하여 전체적인 개정작업을 시도했다. 둘째, 주요비평본(ECM; Editio Critica Maior)을 신약성경 헬라어에 통합시켜야 했다. 세계 본문비평학계는 현존하는 모든 헬라어 사본들, 초기 번역본들, 고대 문헌들 내의 인용들을 포괄하는 주요비평본을 편찬하고 있는데 뮌스터 대학의 신약본문연구 연구소(INTF)에서는 공동서신에 대한 보충적인 작업을 1997년에 끝냈고, 공동서신이 네슬-알란트 28판에 통합되었다.[1] 그 결과, 28판에서 공동서신은 그 전의 헬라어 본문과는 많이 달라졌다.

뿐만 아니라, 네슬-알란트 28판은 프린트된 책뿐만 아니라 디지털화된 형태로도 출판했다. 네슬-알란트 28판 전체 본문은 홈 페이지(http://www.nestle-aland.com)에서 볼 수 있다.

3. 네슬-알란트 28판의 특징

네슬-알란트 28판에서 개정되거나 교정된 부분들은 다음과 같다. (1) 새롭게 발견된 파피루스들 117-127을 본문비평장치에 추가했다. (2) 지속적으로 인용되던 증거들을 기록할 때 첫 번째 순서와 두 번째 순서를 구분하는 것을 폐기했다. (3) 신약 사본들 프로젝트와 주요비평본에 맞추어서 본문비평장치를 체계적으로 대조하여 표

1) 이 작업은 여러 대학의 연구소에서 진행되고 있다. 예를 들면, 요한복음의 경우, 버밍엄 대학의 본문연구와 전산판을 위한 연구소(ITSEE; Institute for Textual Scholarship and Electronic Editing)에서 데이비드 파커 교수가 중심이 되어 진행하고 있다.

시했다. (4) 뚜렷한 증거가 아니어서 '약간있는 사본들(pc)'이나 '다른 증거사본들(al)'로 표기하던 것들을 폐기했다. pc나 al이 어떤 구절에 없을 경우, 그것들이 없어서 기록하지 않은 것이 아닌데 마치 그런 것처럼 잘못된 결론들을 도출해낼 수 있는 오해를 불러일으킬 수 있었기 때문이다. (5) '그리고(et)'나 '그러나(sed)'와 같은 표기로 연결하던 것을 분리시켰다. 그리고 '참조(cf)'는 유용한 힌트를 줄 수 있을 경우 이문들 사이의 있음직한 관계를 지시하는 것으로 사용한다. (6) 라틴어 약어들과 텍스트들은 가능한 한 축소시키고 번역했다. (7) 여백에 있던 참고자료들을 전면적으로 개정하고 보충했다.

4. 네슬-알란트 28판의 개정된 예: 공동서신

네슬-알란트 28판에서는 주요비평본을 27판에 통합시켰기 때문에 공동서신에서 많은 개정이 있었다. 결국, 27판과 28판은 공동서신에서만 34구절이나 본문에서 차이가 난다. 한 구절에서 두 군데 차이가 나는 구절도 있는데 그 차이나는 구절들은 다음과 같다:

약1:20, 2:3, 4, 15, 4:10, 벧전1:6, 16, 2:5, 25, 4:16, 5:1, 9, 10, 벧후2:6, 11, 15, 18, 20, 3:6, 10, 16, 18, 요일1:7, 3:7, 5:10, 18, 요이5, 12, 요삼4, 유5, 18

예를 들어, 벧후3:10의 경우를 보자.

"그러나 주의 날이 도둑 같이 오리니 그 날에는 하늘이 큰 소리로 떠나가고 물질이 뜨거운 불에 풀어지고 땅과 그 숭에 있는 보든 일이 드러나리로다" (계역개정)

Ἥξει δὲ ἡμέρα κυρίου ὡς κλέπτης, ἐν ᾗ οἱ οὐρανοὶ ῥοιζηδὸν παρελεύσονται στοιχεῖα δὲ καυσούμενα λυθήσεται καὶ γῆ καὶ τὰ ἐν αὐτῇ ἔργα εὑρεθήσεται.

27판에서는 이 구절의 마지막 단어인 '휴레테세타이 (εὑρεθήσεται)'가 오랫동안 논란을 불러일으켰다. 휴레테세타이는 휴리스코(εὑρίσκω)의 미래 수동태 직설법 3인칭 단수이다. 그 의미는 '찾다' '발견하다' '존재하는 것을 증명하다' 등이 있다. 문제는 11절에서 '이 모든 것이 이렇게 풀어지리니'라고 이어지는데 10절에서 '이 모든 것이 드러난다'고 하니 해석상의 어려움이 있었다.

이 문제에 대해서 여러 가지 복잡한 해석들이 있었다. 본문비평과 관련하여 이문을 다룸에 있어서 세 가지 입장들이 있었다. (1) '휴리스코(발견될 것이다, 드러날 것이다)' 대신에 '태워질 것이다(κατακαήσεται)'로 취해서 AV, RV, RSV, JB와 같은 영어 성경에서는 번역하기도 한다. (2) GNB의 경우는 '사라질 것이다(ἀφανισθήσονται)'로 번역했다. (3) 앞에 부정어 οὐχ 가 첨가되어 οὐχ εὑρεθήσεται를 취하여 '드러나지 않을 것이다' 또는 '있는 것이 증명되지 않을 것이다'라는 의미로 해석하기도 한다. 이렇게 세 가지 입장을 견지할 경우, 11절에서 '이 모든 것이 이렇게 풀어지리니'와 조화를 이룰 수 있다.

네슬-알란트 28판에서는 더 많은 자료들에 대한 사본학적인 검토를 거쳐서 최종적으로 εὑρεθήσεται에 부정어 οὐχ 를 첨가하여 οὐχ εὑρεθήσεται 로 바뀌었다. 세 번째 입장이 반영되었다. 그래서 '땅과 그 중에 있는 모든 일이 존재하지 않을 것이다'로 번역할 수 있다.

5. 나가며

하나님께서 인간에게 주신 '그 말씀'은 수많은 자료들로 전해져내려왔다. 수많은 학자들이 오랫동안 원본에 더 가까운 말씀을 찾아 편집해왔고, 특별히, 에버하르트 네슬과 쿠르트 알란트는 그 많은 자료들을 단 한권의 책 속에 담아내었다. 네슬-알란트 헬라어 성경은 오늘날 우리가 보고 있는 여러 번역성경들의 원본으로 사용되고 있다.

올해 네슬-알란트 28판이 삼십년 넘는 기간 동안 많은 학자들의 엄청난 노력을 통해 드디어 출판되었다. 하나님께서 우리에게 주신 '그 말씀'에 보다 더 가까운 헬라어 성경을 우리는 갖게 된 것이다. 참으로 기쁜 일이 아닐 수 없다. 게다가, 기대하는 것은 현재 진행되고 있는 국제 신약성경 프로젝트나 주요비평본 작업들을 통해서 보다 더 가까운 하나님의 '그 말씀'을 찾는 노력은 계속 되고 있다.

모쪼록 금번 NA28판의 출간이 독자 제위가 이러한 기쁨과 기대에 동참하는 일에 조금이나마 자극이 되기를 기대한다.

총신대 이상일 교수

---

* 이상일 고신대학교(B.A)와 총신대학교(M.Div.)를 나와 서울대학교(언어학과, M.A.)와 영국 Durham대학교(Ph.D.)에서 공부했다. 현재 총신대학교 등에서 강의하고 있다.

알파벳(Alphabet)

신약성서 헬라어 알파벳은 다음과 같다

대문자	소문자	이	름	발음 영어	발음 한글	수치
Α	α	ἄλφα	알파(Alpha)	a	아	1
Β	β	βῆτα	베타(Beta)	b	ㅂ	2
Γ	γ	γάμμα	감마(Gamma)	g	ㄱ	3
Δ	δ	δέλτα	델타(Delta)	d	ㄷ	4
Ε	ϵ	ἔψιλόν	엡실론(Epsilon)	e	에(단)	5
Ζ	ζ	ζῆτα	제타(Zeta)	z	ㅈ	7
Η	η	ἦτα	에타(Eta)	e	에(장)	8
Θ	θ	θῆτα	데타(Theta)	th	˚ㄷ	9
Ι	ι	ἰῶτα	이오타(Iota)	i	이	10
Κ	κ	κάππα	캎파(Kappa)	k	ㅋ	20
Λ	λ	λάμδα	람다(Lambda)	l	ㄹ	30
Μ	μ	μῦ	뮈-(Mu)	m	ㅁ	40
Ν	ν	νῦ	뉘-(Nu)	n	ㄴ	50
Ξ	ξ	ξί	크시(xi)	ks	ㅋㅅ	60
Ο	ο	ὄμικρόν	오미크론(Omikron)	o	오(단)	70
Π	π	πί	피-(pi)	p	ㅍ	80
Ρ	ρ	ῥῶ	로-(Rho)	r	ㄹ	100
Σ	σ(ς)	σίγμα	시그마(Sigma)	s	ㅅ	200
Τ	τ	ταῦ	타우(Tau)	t	ㅌ	300
Υ	υ	ὖψιλόν	웁실론((Upsilon)	ü(독어)	위	400
Φ	ϕ	ϕί	피-(Phi)	ph	˚ㅍ	500
Χ	χ	χί	키-(Chi)	ch(독어)	˚ㅋ	600
Ψ	ψ	ψί	프시-(Psi)	ps	ㅍㅅ	700
Ω	ω	ὦμέγα	오메가(Omega)	o	오(장)	800

※ 헬라어는 24개의 문자 이외에 고어 3개 문자가 더 있다 ※ 단(단음), 장(장음)

1. F (S) 바우(Vau), 디감마(Digamma) 6.

2. Ϙ 콥파(Koppa) 90,

3. ϡ 삼피(Samppi) 900.

일러두기

1. 한글성경본문으로 성경전서 개역개정판은 성서공회 발행 2005년 11월 제4판을 성서공회의 허락을 받아 사용하였다.
2. 영어성경본문으로 KJV를 채택하였다.(King James Version, 1611/1769)
3. Strong's Exhaustive Concordance of the Bible을 주 참고서로 사용하여 각 단어에 스트롱 코드를 붙였다.
    1) 한 단어에 2개의 스트롱코드는 세계적인 프로그램 Bible works를 참조 하였다.
    2) 일부 스트롱코드와 다른 어근은 제임스 스트롱 이후의 학자들의 견해인 어근을 삽입하였다.(Bible works 참조)
4. 원전은 The Greek New Testament(NA28판)를 사용하였다.
5. 우리말 음독은 되도록 원어 발음에 근접한 발음이 되도록 표기하여 헬라어를 처음 접하는 독자라 할지라도 정확한 발음의 음독이 가능하도록 하였다.
6. 각 단어와 문자의 해석은 개역개정판의 본문을 크게 벗어나지 않았으며, 전체 단락과 문장간의 상호관계를 중요시 하였고, 각 단어의 자세한 품사분해와 원뜻에 준하는 직역을 고수하였으되, 원활한 이해를 돕고자 필요한 의역도 마다하지 않았다.
7. 낱말분해는 Barbar Griberg와 Thimothy Friberg의 저서 Analytical Greek New Testmaent를 사용하였으되, 독자의 이해를 돕고자, 한글로 분해를 덧붙였다.
8. 관용어나 관용구가 사용될 수밖에 없는 헬라어 어구들도 단어별로 번역하고자 하였다.
9. 단어의 해석은 헬라어 문법에 따라 동사는 시상과 법과 태를 번역하였고, 명사를 비롯한 모든 단어는 격, 성, 수에 따라 번역되었다.
10. 한글의 발음표기는 헬라어 알파벳표의 한글음가를 채택하였다.
    1) (ㅋㅅ)와 (ㅍㅅ)는 크시와 프시로 발음하였다.

문법 요약

◂◂명　사 : 사물의 이름을 나타내는 품사
헬라어 명사는 성(남성, 여성, 중성), 수(단수, 복수), 격(주격, 소유격, 여격, 목적격, 호격)을 갖고 있다.
명사변화는 1. 2. 3.변화가 있다. 그 어미변화를 보면
격변화에서 격의 뜻은

주격(주어)	. . 은, 는, 이, 가,
소유격(소유의 뜻)	. . 의,
여격(간접목적어)	. . 에게,
목적격(직접목적어)	. . 을, . . 를,
호격(호칭)	. . 아, . . 야,

◂◂대명사 : 명사 대신에 쓰는 품사의 하나(사람, 사물, 처소 등을 나타냄)
1. 지시대명사　　2. 인칭대명사
3. 재귀대명사　　4. 소유대명사

◂◂관　사 : 부정관사는 없고 정관사만 있다.

◂◂형용사 : 사물의 상태, 성질이 어떠함을 설명하는 품사

◂◂부　사 : 그것이 어떠하게 어떻다거나 또는 어찌 움직인다는 뜻을 한정하는 품사

◂◂전치사 : 명사나 대명사 앞에 놓여 그 명사와 그 문장의 다른 부분과의 관계를 나타내는 품사로서, 전치사는 한 개 혹은 두 세 개의 격을 지배한다.
από(+소) ..에서, ..로부터, διά(+소)..통하여, (+목) .. 때문에
※( )안은 지배하는 격을 의미함.

◂◂동　사 : 사물의 동작이나 작용을 나타내는 품사
헬라어 동사는 법(法mood), 시상(時相tense), 태(態voice)를 가지고 있다.

법 : 직설법(Indicative mood), 가정법(Subjunctive mood)
명령법(Imperative mood), 희구법(Optative mood),
분사(Participle), 부정사(Infinitive)

시상 : 제1시상=현재(Present), 현재완료(Present present),
미래(Future)
제2시상=미완료(Imperfect=과거진행, 반복,
부정과거(Aorist), 과거완료(Pluperfect)

태 : 능동태(能動態Active voice), 수동태(受動態Passive voice),
중간태(中間態Middle voice=동작의 주인공을 강조)

법(法mood)

직설법 : 서술상 판단의 주체가 사실이라고 인정하는 문법상의 표현법

가정법 : 사실인지 아닌지 아직 분명하지 않은 것을 사실인 것처럼 인정하는 표현법, 가능성을 나타내는 형식, 가설(假設)

명령법 : 명령이나 요구의 뜻을 나타내는 화법(話法)

희구법 : 소원, 바람을 나타내는 표현법으로써 이는 가정법보다 더욱 비실제적인 가능성을 나타내는 형식으로써 간곡한 소원을 의미한다.

분 사 : 동사의 형용사적 형태로서 형용사와 동사의 역할을 동시에 한다.

부정사 : 인칭, 수, 격변화를 하지 않는 동사로서 명사와 동사로서의 역할을 하는데 명사로서의 역할이 더 크다.

시상(時相time)

헬라어동사의 시상은 동작의 시간(time of action)과 동작의 종류(kind of action), 이 두가지를 나타내는 역할을 한다. 그것이 주로 동작의 종류를 나타내며 동작의 시간은 오히려 제2차적이라 하겠다. 시상이라는 말에 시(時)자가 있기 때문에 주로 시간에 관계된 것으로 생각하기 쉬우나 헬라어에서는 동작의 종류를 주로 보여준다는 것에 유의해야 한다.

1. 계속적 동작을 나타내는 현재시상
2. 완료된 동작을 나타내는 완료시상
3. 정함이 없는 동작을 나타내는 부정과거

태(態)

능동태 : 문장의 주어가 어떤 동작을 하는 관계를 나타내는 동작의 형태

수동태 : 주어가 어떤 동작의 대상이 되어, 그 작용을 받을 때의 관계를 나타내는 동사의 형태

중간태 : 헬라어만 가지고 있는 특수한 형태로 동작의 주인공을 강조하고 동작과 주격을 보다 밀접하게 관계 지어준다. 다른말로 하면 주어에 대한 언급을 위해 쓰이는 일종의 재귀적 용법이다.

디포넌트(중디, 수디, 중수디) : 동사중에 형식상으로는 중간태나 수동태이면서 능동적인 뜻을 나타내는 것을 말한다.

동사의 기본형 : 동사의 기본적인 시상줄기만 알면 거기에서, 태(voice), 법(mood), 인칭(person), 수(number)를 나타내는 개개형태로 변화하는 것은 매우 규칙적으로 된다. 그래서 기본적인 시상을 아는 것이 중요하다. 기본적인 시상줄기가 6개가 있다.

※ 동사의 6개 기본형 = 현재능동태, 미래능동태, 부정과거능동태, 현재완료능동태, 현재완료수동태, 부정과거수동태.

본문 설명

개역개정성경 — 영어성경(KJV) — 스트롱코드번호

1 아브라함과 다윗의 자손 예수 그리스도의 계보라
The book of the generation of Jesus Christ, the son of David, the son of Abraham.

976	1078	2424	5547	5207	1138	5207	11
Βίβλος	γενέσεως	Ἰησοῦ	Χριστοῦ	υἱοῦ	Δαυὶδ	υἱοῦ	Ἀβραάμ.
βίβλος	γένεσις	Ἰησοῦς	Χριστός	υἱός	Δαυ(β)ίδ	υἱός	Ἀβραάμ
비블로스	게네세오스	예수	크리스투	휘우	다윋	휘우	아브라암
(그)책	계보의(세대의)	예수	그리스도의	자손	다윗의	자손	아브라함의
명.주.여.단.	명.소.여.단.	명.소.남.단.	명.소.남.단.	명.소.남.단.	명.소.남.단.	명.소.남.단.	명.소.남.단.

문법분해 — 직 역 — 음 역 — 어 근 — NA28판

약어 및 기호표 (ABBREVIATIONS AND SYMBOLS)

- **명**(명사) noun
- **대**(대명사) pronoun
  - **대. 인**(인칭대명사) personal pronoun
- **주**(주격) nominative
- **소**(소유격) genitive
- **여격**(여격) dative
- **목**(목적격) accusative
- **호**(호격) vocative
- **남**(남성) masculine
- **여**(여성) feninine
- **중**(중성) neuter
- **1**(1인칭) first person
- **2**(2인칭) second person
- **3**(3인칭) third person
- **단**(단수) singular
- **복**(복수) plural

- **동**(동사) verb
- **직**(직설법) indicative
- **가**(가정법) subjunctive
- **희**(희구법) optative
- **명**(명령법) imperative
- **부**(부정사) infinitive
- **분**(분사) participle
- **분명**(분사 명령적 의미) imperative sense
- **현**(현재) present
- **미완**(미완료) imperfect
- **미**(미래) future
- **1과**(제1부정과거) lst aorist
- **2과**(제2부정과거) 2nd aorist
- **1완**(제1완료) lst perfect
- **2완**(제2완료) 2nd perfect
- **과완**(과거완료) pluperfect
- **능**(능동태) active
- **중**(중간태) middle
- **수**(수동태) passive
- **중수**(중간태. 수동태 다가능) either middle or passive
- **중디**(중간태디포넌트) middle deponent
- **수디**(수동태디포넌트) passive deponent
- **중수디**(중간태나 수동태 디포넌트) middle or passive deponent
- **주**(주격) nominative
- **소**(소유격) genitive
- **여격**(여격) dative
- **목**(목적격) accusative
- **호**(호격) vocative
- **남**(남성) masculine
- **여**(여성) feninine
- **중**(중성) neuter
- **1**(1인칭) first person
- **2**(2인칭) second person
- **3**(3인칭) third person
- **단**(단수) singular
- **복**(복수) plural

- **형**(형용사) adjective
- **대**(대명사적) pronominal
- **부**(부사) adverb
- **기**(기수) cardinal
- **서**(서수) ordinal
- **관**(관계사) relative
- **부**(부정不貞) indefinite
- **의**(의문사) interrogative
- **지**(지시사) demonstrative
- **비**(비교급) comparative
- **최**(최상급) superlative
- **주**(주격) nominative
- **소**(소유격) genitive
- **여격**(여격) dative
- **목**(목적격) accusative
- **호**(호격) vocative
- **남**(남성) masculine
- **여**(여성) feninine
- **중**(중성) nouter
- **1**(1인칭) first person
- **2**(2인칭) second person
- **단**(단수) singula
- **복**(복수) plural

- **관**(정관사) the definite article
- **주**(주격) nominative
- **소**(소유격) genitive
- **여격**(여격) dative
- **목**(목적격) accusative
- **호**(호격) vocative
- **남**(남성) masculine
- **여**(여성) feninine
- **중**(중성) neuter
- **단**(단수) singula
- **복**(복수) plural

- **&** (그리고, …와) "and", crasis
- **☆** (…같이 사용) function, "used as"
- **/** (또는) "or"
- **†** (또는) "or" (order is significant)

- **전**(전치사) preposition
- **소**(소유격) genitive
- **여격**(여격) dative
- **목**(목적격) accusative
- **접**(접속사) conjunction
- **종**(종속접속사) subordinating
- **등**(등위접속사) coordinating
- **우**(우위접속사) superordinating (hyperordinating)
- **불**(불변사) particle
- **문**(문장불변사) sentential
- **의**(의문불변사) interrogative
- **동**(동사불변사) verbal

한글약어표에 대한 예문

▣ 명 사

명.소.남.1.단 (명사.소유격.남성.1인칭.단수)

명.주.남.1.복 (명사.주격.남성.1인칭.복수)

명.여격.여.2.단 (명사.여격.여성.2인칭.단수)

명.목.남.2.단 (명사.목적격.남성.2인칭.단수)

▣ 대 명 사

대.인.여격.남.3.단 (인칭대명사.여격.남성.3인칭.단수)

대.주.남.1.단 (대명사.주격.남성.1인칭.단수)

대.지.목.중.복 (대명사.지시사.목적격.중성.복수)

대.관.주.중.단 (대명사.관계사.주격.중성.단수)

대.지.여격.여.단 (대명사.지시사.여격.여성.단수)

대.기.목.중.단 (대명사.기수.목적격.중성.단수)

대.부.목.중.단 (대명사.부정.목적격.중성.단수)

대.호.남.단 (대명사.호격.남성.단수)

▣ 형 용 사

형.대.비.목.중.단 (형용사.대명사.비교급.목적격.중성.단수)

형.대.서.목.중.단 (형용사.대명사.서수.목적격.중성.단수)

형.대.기.주.중.단 (형용사.대명사.기수.주격.중성.단수)

형.의.목.남.단 (형용사.의문사.목적격.남성.단수)

형.대.여격.남.복 (형용사.대명사.여격.남성.복수)

형.대.주.남.단 (형용사.대명사.주격.남성.단수)

형.대.목.남.단 (형용사.대명사.목적격.남성.단수)

형.대.호.남.단 (형용사.대명사.호격.남성.단수)

▣ 동 사

동.직.현.능.주.남.1.단 (동사.직설법.현재.능동태.주격.남성.1인칭.단수)

동.직.미완.능.주.남.2.복 (동사.직설법.미완료.능동태.주격.남성.2인칭.복수)

동.직.미.수.소.여.2.복 (동사.직설법.미래.수동태.소유격.여성.2인칭.복수)
동.직.미.중디.3단 (동사.직설법.미래.중간태 디포넌트.3인칭.단수)
동.직.1과.소.남.3단 (동사.직설법.1부정과거.소유격.남성.3인칭.단수)
동.직.2과.소.남.3단 (동사.직설법.2부정과거.소유격.남성.3인칭.단수)
동.직.2과.수디.3단 (동사.직설법.2부정과거.수동태 디포넌트.3인칭.단수)
동.가.2과.중디.2복 (동사.가정법.2부정과거.중간태 디포넌트.2인칭.복수)
동.직.현.중수디.3단 (동사.직설법.현재.중간태,수동태 디포넌트.3인칭.단수)
동.분.현.능.주.여.단 (동사.분사.현재.능동태.주격.여성.단수)
동.분.1과.수.소.여.단 (동사.분사.1부정과거.수동태.소유격.여성.단수)
동.가.1과.능.1단 (동사.가정법.1부정과거.능동태.1인칭.단수)
동.명.1과.능.2복 (동사.명령법.1부정과거.능동태.2인칭.복수)
동.명.현.능.2복 (동사.명령법.현재.능동태.2인칭.복수)
동.부.1과.수 (동사.부정사.1부정과거.수동태)

▣ 관 사 (헬라어에는 영어의 정관사로 볼 수 있는 관사 밖에 없다)

관.주.남.단 (관사.주격.남성.단수) / 관.목.중.단 (관사.목적격.중성.단수) / 관.호 (관사.호격)

▣ 부 사

부.비 (부사.비교급) / 부.의 (부사.의문사) / 부.부 (부사.부정)

▣ 전 치 사

전.소 (전치사.소유격) / 전.목 (전치사.목적격) / 전.여격 (전치사.여격)

▣ 접 속 사

접.등 (등위접속사) / 접.종 (종속접속사) / 접.우 (우위접속사)

▣ 불 변 사

불.문 (문장불변사) / 불.의 (의문불변사) / 불.동 (동사불변사)

누가복음

KATA ΛΟΥΚΑΝ 카타 루칸

1 우리 중에 이루어진 사실에 대하여
Forasmuch as many have taken in hand to set forth in order a declaration of those things which are most surely believed among us,

1895	4183	2021	392	1335	4012	3588
Ἐπειδήπερ	πολλοὶ	ἐπεχείρησαν	ἀνατάξασθαι	διήγησιν	περὶ	τῶν
ἐπειδήπερ	πολύς	ἐπιχειρέω	ἀνατάσσομαι	διήγεσις	περί	τό
에페이데페르	폴로이	에페케이레산	아나탁사스다이	디에게신	페리	톤
이래	많은(사람)들이	손을 대었던	정리하려고	진술을	관하여	그
접.종.	대.주.남.복.	동.직.1과.능.3복.	동.부.1과.중디.	명.목.여.단.	전소	관.소.중.복

4135	1722	1473	4229
πεπληροφορημένων	ἐν	ἡμῖν	πραγμάτων,
πληροφορέω	ἐν	ἐγώ	πρᾶγμα
페플레로포레메논	엔	헤민	프라그마톤
완전히 이루어져 있는	중에	우리	사실들에
동.분.1완.수.소.중.복.	전.여격	대.인.여격.1복.	명.소.중.복.

2 처음부터 목격자와 말씀의 일꾼 된 자들이 전하여 준 그대로 내력을 저술하려고 붓을 든
사람이 많은지라
Even as they delivered them unto us, which from the beginning were eyewitnesses, and ministers of the word;

2531	3860	1473	3588	575	746	845	2532	5257
καθὼς	παρέδοσαν	ἡμῖν	οἱ	ἀπ’	ἀρχῆς	αὐτόπται	καὶ	ὑπηρέται
καθώς	παραδίδωμι	ἐγώ	ὁ	ἀπό	ἀρχή	αὐτόπτης	καί	ὑπηρέτης
카도스	파레도산	헤민	호이	압	아르케스	아우톺타이	카이	휘페레타이
대로	그들이 넘겨주었던	우리에게	그(사람들이)	부터	시작으로	목격자들	과	일꾼들이
접.종	동.직.2과.능.3복.	대.인.여격.1복.	관.주.남.복	전.소	명.소.여.단	명.주.남.복	접.등	명.주.남.복

1096	3588	3056
γενόμενοι	του	λόγου,
γίνομαι	ὁ	λόγος
게노메노이	투	로구
된	그	말씀의
동.분.2과.중디.주.남.복	관.소.남.단.	명.소.남.단

3 그 모든 일을 근원부터 자세히 미루어 살핀 나도 데오빌로 각하에게 차례대로 써 보내는
것이 좋은 줄 알았노니
It seemed good to me also, having had perfect understanding of all things from the very first, to write unto thee in order, most excellent Theophilus,

1380	2504	3877	509	3956	199
ἔδοξεν	κἀμοὶ	παρηκολουθηκότι	ἄνωθεν	πᾶσιν	ἀκριβῶς
δοκέω	κἀγώ	παρακολουθέω	ἄνωθεν	πᾶς	ἀκριβῶς
에독센	카모이	파레콜루데코티	아노덴	파신	아크리보스
그것이 좋게 여겼습니다	역시 내게도	조사하고 있는	위로부터	모든 일에	자세히
동.직.1과.능.3단	부&대.인.여격.1단	동.분.1완.능.여격.남.1단	부	형.대.여격.중.복	부

2517	4771	1125	2903	2321
καθεξῆς	σοι	γράψαι,	κράτιστε	Θεόφιλε,
καθεξῆς	σύ	γράφω	κράτιστος	Θεόφιλος
카뎈세스	소이	그랖사이	크라티스테	데오필레
차례대로	당신에게	써드리는 것이	각하여	데오빌로
부	대.인.여격.2단.	동.부.1과.능.	형.최.호.남.단	명.호.남.단

4 이는 각하가 알고 있는 바를 더 확실하게 하려 함이로라
That thou mightest know the certainty of those things, wherein thou hast been instructed.

2443	1921	4012	3739	2727	3056	3588	803
ἵνα	ἐπιγνῷς	περὶ	ὧν	κατηχήθης	λόγων	τὴν	ἀσφάλειαν.
ἵνα	ἐπιγινώσκω	περί	ὅς	κατηχέω	λόγος	ἡ	ἀσφάλεια
히나	에피그노스	페리	혼	카테케데스	로곤	텐	아스팔레이안
위함입니다	당신이 자세히 알기	관하여	바	가르침을 받았던	(그)말씀들의	그	확실함을
접.종	동.가.2과.능.2단	전.소	대.관.소.남.복	동.직.1과.수.2단	명.소.남.복	관.목.여.단	명.목.여.단.

5 유대 왕 헤롯 때에 아비야 반열에 제사장 한 사람이 있었으니 이름은 사가랴요 그의
아내는 아론의 자손이니 이름은 엘리사벳이라
There was in the days of Herod, the king of Judaea, a certain priest named Zacharias, of the course of Abia: and his wife was of the daughters of Aaron, and her name was Elisabeth.

1096	1722	3588	2250	2264	935	3588	2449
Ἐγένετο	ἐν	ταῖς	ἡμέραις	Ἡρῴδου	βασιλέως	τῆς	Ἰουδαίας
γίνομαι	ἐν	ἡ	ἡμέρα	Ἡρώδης	βασιλεύς	ἡ	Ἰουδαία
에게네토	엔	타이스	헤메라이스	헤로두	바실레오스	테스	유다이아스
되었다	중에	그	날들	헤롯	왕의	그	유대의
동.직.2과.중디.3단.	전.여격.	관.여격.여.복.	명.여격.여.복	명.소.남.단	명.소.남.단	관.소.여.단	명.소.여.단

2409	5100	3686	2197	1537	2183	7	2532	1135
ἱερεύς	τις	ὀνόματι	Ζαχαρίας	ἐξ	ἐφημερίας	Ἀβιά,	καὶ	γυνὴ
ἱερεύς	τις	ὄνομα	Ζαχαρίας	ἐκ	ἐφημερία	Ἀβιά	καί	γυνή
히에류스	티스	오노마티	카리아스	엑스	에페메리아스	아비아	카이	귀네
한 제사장이	어떤	이름으로	사가랴가	에서	반열	아비야의	그런데	아내가
명.주.남.단	형.부.주.남.단.	명.여격.중.단	명.주.남.단	전.소	명.소.여.단	명.소.남.단	접.등	명.주.여.단

846	1537	3588	2364	2	2532	3588	3686	846
αὐτῷ	ἐκ	τῶν	θυγατέρων	Ἀαρών	καὶ	τὸ	ὄνομα	αὐτῆς
αὐτός	ἐκ	ἡ	θυγάτηρ	Ἀαρών	καί	τό	ὄνομα	αὐτός
아우토	에크	톤	뒤가테론	아아론	카이	토	오노마	아우테스
그에게	중에서	그	딸들	아론의	그런데	그	이름이	그 여자의
대.인.여격.남.3단	전.소	관.소.여.복.	명.소.여.복	명.소.남.단	접.등	관.주.중.단	명.주.중.단	대.인.소.여.3단

1665
Ἐλισάβετ.
Ἐλισάβετ
엘리사
엘리사벳
명.주.여.단.

6 이 두 사람이 하나님 앞에 의인이니 주의 모든 계명과 규례대로 흠이 없이 행하더라
And they were both righteous before God, walking in all the commandments and ordinances of the Lord blameless.

1510	1161	1342	297	1726	3588	2316	4198
ἦσαν	δὲ	δίκαιοι	ἀμφότεροι	ἐναντίον	τοῦ	θεοῦ,	πορευόμενοι
εἰμί	δέ	δίκαιος	ἀμφότερος	ἐναντίον	ὁ	θεός	πορεύομαι
에산	데	디카이오이	암포테로이	에난티온	투	데우	포류오메노이
그들은 있었다	그리고	의로운	이 두 사람은	앞에서	그	하나님의	걸어가며
동.직.미완.능.3복	접.등	형.주.남.복	대.주.남.복	전.소	관.소.남.단.	명.소.남.단	동.분.현.중.주.남.복

1722	3956	3588	1785	2532	1345	3588	2962	273
ἐν	πάσαις	ταῖς	ἐντολαῖς	καὶ	δικαιώμασιν	τοῦ	κυρίου	ἄμεμπτοι.
ἐν	πᾶς	ἡ	ἐντολή	καί	δικαίωμα	ὁ	κύριος	ἄμεμπτος
엔	파사이스	타이스	엔톨라이스	카이	디카이오마신	투	퀴리우	아멤프토이
안에서	모든	그	계명들	과	규례들에	그	주님의	흠이 없이
전.여격.	형.여격.여.복	관.여격.여.복.	명.여격.여.복	접.등	명.여격.중.복	관.소.남.단	명.소.남.단	형.주.남.복

7 엘리사벳이 잉태를 못하므로 그들에게 자식이 없고 두 사람의 나이가 많더라
And they had no child, because that Elisabeth was barren, and they both were now well stricken in years.

2532	3756	1510	846	5043	2530	1510	3588	1665
καὶ	οὐκ	ἦν	αὐτοῖς	τέκνον,	καθότι	ἦν	ἡ	Ἐλισάβετ
καί	οὐ	εἰμί	αὐτός	τέκνον	καθότι	εἰμί	ἡ	Ἐλισάβετ
카이	우크	엔	아우토이스	테크논	카도티	엔	헤	엘리사벧
그런데	없었다	으니	그들에게	자식이	왜냐하면	있었는데	그	엘리사벳이
접등	부	동.직.미완.능.3단.	대.인.여격.남.3복.	명.주.중.단	접종	동.직.미완.능.3단.	관.주.여.단.	명.주.여.단

4723	2532	297	4260	1722	3588	2250
στεῖρα,	καὶ	ἀμφότεροι	προβεβηκότες	ἐν	ταῖς	ἡμέραις
στεῖρος	καί	ἀμφότερος	προβαίνω	ἐν	ἡ	ἡμέρα
스테이라	카이	암포테로이	프로베베코테스	엔	타이스	헤메라이스
아이를 낳지 못하고	그런데	두 사람이	나이가 많아져서	중에	그	날들
형.주.여.단	접등	대.주.남.복	동.분.1완.능.주.남.복.+	전.여격.	관.여격.여.복	명.여격.여.복

846	1510
αὐτῶν	ἦσαν.
αὐτός	εἰμί
아우톤	에산
그들의	있었다
대.인.소.남.3복	+동.직.미완.능.3복

8 마침 사가랴가 그 반열의 차례대로 하나님 앞에서 제사장의 직무를 행할새
And it came to pass, that while he executed the priest's office before God in the order of his course,

1096	1161	1722	3588	2407	846	1722	3588	5010
Ἐγένετο	δὲ	ἐν	τῷ	ἱερατεύειν	αὐτὸν	ἐν	τῇ	τάξει
γίνομαι	δέ	ἐν	τό	ἱερατεύω	αὐτός	ἐν	ἡ	τάξις
에게네토	데	엔	토	히에라튜에인	아우톤	엔	테	탁세이
있었다	마침	중에	그	제사장의 직무를 행할	그(를)가	안에서	그	차례에
동.직.2과.중디.3단.	접등	전.여격.	관.여격.중.단.	동.부.현.능.여격	대.인.목.남.3단	전.여격	관.여격.여.단	명.여격.여.단

3588	2183	846	1725	3588	2316
τῆς	ἐφημερίας	αὐτοῦ	ἔναντι	τοῦ	θεοῦ,
ἡ	ἐφημερία	αὐτός	ἔναντι	ὁ	θεός
테스	에페메리아스	아우투	에난티	투	데우
그	반열의	그의	앞에서	그	하나님의
관.소.여.단.	명.소.여.단	대.인.소.남.3단.	전.소	관.소.남.단.	명.소.남.단

9 제사장의 전례를 따라 제비를 뽑아 주의 성전에 들어가 분향하고
According to the custom of the priest's office, his lot was to burn incense when he went into the temple of the Lord.

2596	3588	1485	3588	2405	2975	3588	2370
κατὰ	τὸ	ἔθος	τῆς	ἱερατείας	ἔλαχεν	τοῦ	θυμιᾶσαι
κατά	τό	ἔθος	ἡ	ἱερατεία	λαγχάνω	τό	θυμιάω
카타	토	에도스	테스	히에라테이아스	엘라켄	투	뒤미아사이
따라	그	관례를	그	제사장의	그가 제비를 뽑았다	그	분향하기 위하여
전.목	관.목.중.단.	명.목.중.단.	관.소.여.단	명.소.여.단	동.직.2과.능.3단.	관.소.중.단.	동.부.1과.능.소

1525	1519	3588	3485	3588	2962
εἰσελθὼν	εἰς	τὸν	ναὸν	τοῦ	κυρίου,
εἰσέρχομαι	εἰς	ὁ	ναός	ὁ	κύριος
에이셀돈	에이스	톤	나온	투	퀴리우
들어가서	안으로	그	성전을	그	주님의
동.분.2과.능.주.남.단	전.목	관.목.남.단.	명.목.남.단.	관.소.남.단.	명.소.남.단

10 모든 백성은 그 분향하는 시간에 밖에서 기도하더니
And the whole multitude of the people were praying without at the time of incense.

2532	3956	3588	4128	1510	3588	2992	4336	1854
καὶ	πᾶν	τὸ	πλῆθος	ἦν	τοῦ	λαοῦ	προσευχόμενον	ἔξω
καί	πᾶς	τό	πλῆθος	εἰμί	ὁ	λαός	προσεύχομαι	ἔξω
카이	판	토	플레도스	엔	투	라우	프로슈코메논	엑소
그런데	모든	그	군중은	있었다	그	백성의	기도하면서	밖에서
접등	형.주.중.단	관.주.중.단.	명.주.중.단	동.직.미완.능.3단.+	관.소.남.단.	명.소.남.단.	+동.분.현중.주.중.단	부

3588	5610	3588	2368
τῇ	ὥρᾳ	τοῦ	θυμιάματος.
ἡ	ὥρα	τό	θυμίαμα
테	호라	투	뒤미아마토스
그	시간에	그	분향의
관.여격.여.단.	명.여격.여.단.	관.소.중.단.	명.소.중.단

11 주의 사자가 그에게 나타나 향단 우편에 선지라
And there appeared unto him an angel of the Lord standing on the right side of the altar of incense.

3708	1161	846	32	2962	2476	1537	1188	3588
ὤφθη	δὲ	αὐτῷ	ἄγγελος	κυρίου	ἑστὼς	ἐκ	δεξιῶν	τοῦ
ὁράω	δέ	αὐτός	ἄγγελος	κύριος	ἵστημι	ἐκ	δεξιός	τό
옾데	데	아우토	앙겔로스	퀴리우	헤스토스	에크	덱시온	투
나타나졌다	그런데	그에게	한 천자가	주님의	서있는	에서	오른편	그
동.직.1과.수.3단.	접등	대.인.여격.남.3단.	명.주.남.단	명.소.남.단	동.분.1완.능.주.남.단.	전.소.	대.소.중.복.	관.소.중.단

2379	3588	2368
θυσιαστηρίου	τοῦ	θυμιάματος.
θυσιαστήριου	τό	θυμίαμα
뒤시아스테리우	투	뒤미아마토스
제단의	그	향의
명.소.중.단	관.소.중.단.	명.소.중.단

12 사가랴가 보고 놀라며 무서워하니
And when Zacharias saw him, he was troubled, and fear fell upon him.

2532	5015	2197	3708(1492)	2532	5401	1968	1909	846
καὶ	ἐταράχθη	Ζαχαρίας	ἰδών	καὶ	φόβος	ἐπέπεσεν	ἐπ'	αὐτόν.
καί	ταράσσω	Ζαχαρίας	ὁράω.εἴδω	καί	φόβος	ἐπιπίπτω	ἐπί	αὐτός
카이	에타랔데	자카리아스	이돈	카이	포보스	에페페센	엪	아우톤
그래서	혼란스러워졌으며	사가랴가	보고	이에	무서움이	엄습하였다	위로	그를
접등	동.직.1과.수.3단	명.주.남.단	동.분.2과.능.주.남.단.	접등	명.주.남.단.	동.직.2과.능.3단	전.목	대.인.목.남.3단

13 천사가 그에게 이르되 사가랴여 무서워하지 말라 너의 간구함이 들린지라 네 아내
엘리사벳이 네게 아들을 낳아 주리니 그 이름을 요한이라 하라
But the angel said unto him, Fear not, Zacharias: for thy prayer is heard; and thy wife Elisabeth shall bear thee a son, and thou shalt call his name John.

3004(2036)	1161	4314	846	3588	32	3361	5399	2197
εἶπεν	δὲ	πρὸς	αὐτὸν	ὁ	ἄγγελος,	μὴ	φοβοῦ,	Ζαχαρία,
λέγω.ἔπω	δέ	πρός	αὐτός	ὁ	ἄγγελος	μή	φοβέω	Ζαχαρίας
에이펜	데	프로스	아우톤	호	앙겔로스	메	포부	자카리아
말하였다	그러나	향하여	그를	그	천사가	말라	무서워	사가랴여
동.직.2과.능.3단	접.우	전.목	대.인.목.남.3단.	관.주.남.단.	명.주.남.단	부	동.명.현.중.2단.	명.호.남.단

1360	1522	3588	1162	4771	2532	3588	1135	4771
διότι	εἰσηκούσθη	ἡ	δέησίς	σου,	καὶ	ἡ	γυνή	σου
διότι	εἰσακούω	ἡ	δέησις	σύ	καί	ἡ	γυνή	σύ
디오티	에이세쿠스데	헤	데에시스	수	카이	헤	귀네	수
왜냐하면	들려졌기	그	간구가	너의	그리하여	그	아내	네
접.종	동.직.1과.수.3단	관.주.여.단	명.주.여.단	대.인.소.2단.	접.등	관.주.여.단.	명.주.여.단	대.인.소.2단

1665	1080	5207	4771	2532	2564	3588	3686
Ἐλισάβετ	γεννήσει	υἱόν	σοι	καὶ	καλέσεις	τὸ	ὄνομα
Ἐλισάβετ	γεννάω	υἱός	σύ	καί	καλέω	τό	ὄνομα
엘리사	겐네세이	휘온	소이	카이	칼레세이스	토	오노마
엘리사벳이	낳을 것이다	아들을	너에게	그런데	너는 부르라	그	이름을
명.주.여.단	동.직.미.능.3단	명.목.남.단.	대.인.여격.2단.	접.등	동.직.미.능.2단	관.목.중.단	명.목.중.단

846	2491
αὐτοῦ	Ἰωάννην.
αὐτός	Ἰωάννης
아우투	요안넨
그의	요한이라
대.인.소.남.3단	명.목.남.단

14 너도 기뻐하고 즐거워할 것이요 많은 사람도 그의 태어남을 기뻐하리니
And thou shalt have joy and gladness; and many shall rejoice at his birth.

2532	1510	5479	4771	2532	20	2532	4183	1909	3588
καὶ	ἔσται	χαρά	σοι	καὶ	ἀγαλλίασις	καὶ	πολλοὶ	ἐπὶ	τῇ
καί	εἰμί	χαρά	σύ	καί	ἀγαλλίασις	καί	πολύς	ἐπί	ἡ
카이	에스타이	카라	소이	카이	아갈리아시스	카이	폴로이	에피	테
그리고	있을 것이다	기쁨	너에게	과	즐거움이	그리고	많은 사람도	대하여	그
접.등	동.직.미.중디.3단.	명.주.여.단.	대.인.여격.2단.	접.등	명.주.여.단	접.등	대.주.남.복	전.여격.	관.여격.여.단

1078	846	5463
γενέσει	αὐτοῦ	χαρήσονται.
γένεσις	αὐτός	χαίρω
게네세이	아우투	카레손타이
출생에	그의	기뻐할 것이다
명.여격.여.단	대.인.소.남.3단.	동.직.미.수디.3복

15 이는 그가 주 앞에 큰 자가 되며 포도주나 독한 술을 마시지 아니하며 모태로부터
성령의 충만함을 받아
For he shall be great in the sight of the Lord, and shall drink neither wine nor strong drink; and he shall be filled with the Holy Ghost, even from his mother's womb.

1510	1063	3173	1799	3588	2962	2532	3631	2532
ἔσται	γὰρ	μέγας	ἐνώπιον	τοῦ	κυρίου,	καὶ	οἶνον	καὶ
εἰμί	γάρ	μέγας	ἐνώπιον	ὁ	κύριος	καί	οἶνος	καί
에스타이	가르	메가스	에노피온	투	퀴리우	카이	오이논	카이
그가 될 것이니	왜냐하면	크게	앞에서	그	주의	그리고	포도주	와
동.직.미.중디.3단.	접.종	형.주.남.단	전.소	관.소.남.단	명.소.남.단	접.등	명.목.남.단	접.등

4608	3756	3361	4095	2532	4151	40	4130
σίκερα	οὐ	μὴ	πίῃ,	καὶ	πνεύματος	ἁγίου	πλησθήσεται
σίκερα	οὐ	μή	πίνω	καί	πνεῦμα	ἅγιος	πλήθω
시케라	우	메	피에	카이	프뉴마토스	하기우	플레스데세타이
독주를	말지라	결코	그는 마시지	그리고	령님으로	성	그는 충만케 될 것이다
명.목.중.단	부	부	동.가.2과.능.3단	접.등	명.소.중.단	형.소.중.단	동.직.미.수.3단

2089	1537	2836	3384	846
ἔτι	ἐκ	κοιλίας	μητρὸς	αὐτοῦ,
ἔτι	ἐκ	κοιλία	μήτηρ	αὐτός
에티	에크	코일리아스	메트로스	아우투
더욱	부터	태로	어머니의	그의
부	전.소	명.소.여.단	명.소.여.단	대.인.소.남.3단

16 이스라엘 자손을 주 곧 그들의 하나님께로 많이 돌아오게 하겠음이라
And many of the children of Israel shall he turn to the Lord their God.

2532	4183	3588	5207	2474	1994	1909	2962	3588
καὶ	πολλοὺς	τῶν	υἱῶν	Ἰσραὴλ	ἐπιστρέψει	ἐπὶ	κύριον	τὸν
καί	πολύς	ὁ	υἱός	Ἰσραήλ	ἐπιστρέφω	ἐπί	κύριος	ὁ
카이	폴루스	톤	휘온	이스라엘	에피스트렢세이	에피	퀴리온	톤
그리고	많은 사람을	그	자손들 중의	이스라엘의	다시 돌아오게 할 것이다	앞으로	주	그
접.등	형.대.목.남.복.	관.소.남.복.	명.소.남.복.	명.소.남.단	동.직.미.능.3단	전목	명.목.남.단	관.목.남.단.

2316	846
θεὸν	αὐτῶν.
θεός	αὐτός
데온	아우톤
하나님을	그들의
명.목.남.단	대.인.소.남.3복

17 그가 또 엘리야의 심령과 능력으로 주 앞에 먼저 와서 아버지의 마음을 자식에게,
거스르는 자를 의인의 슬기에 돌아오게 하고 주를 위하여 세운 백성을 준비하리라
And he shall go before him in the spirit and power of Elias, to turn the hearts of the fathers to the children, and the disobedient to the wisdom of the just; to make ready a people prepared for the Lord.

2532	846	4281	1799	846	1722	4151	2532	1411
καὶ	αὐτὸς	προελεύσεται	ἐνώπιον	αὐτοῦ	ἐν	πνεύματι	καὶ	δυνάμει
καί	αὐτός	προέρχομαι	ἐνώπιον	αὐτός	ἐν	πνεῦμα	καί	δύναμις
카이	아우토스	프로엘류세타이	에노피온	아우투	엔	프뉴마티	카이	뒤나메이
또	그가	앞서 갈 것이다	앞에서	그의	으로	영	과	능력
접.등	대.인.주.남.3단.	동.직.미.중디.3단	전소	대.인.소.남.3단.	전.여격	명.여격.중.단	접.등	명.여격.여.단

2243	1994	2588	3962	1909	5043	2532	545
Ἠλίου,	ἐπιστρέψαι	καρδίας	πατέρων	ἐπὶ	τέκνα	καὶ	ἀπειθεῖς
Ἡλίας	ἐπιστρέφω	καρδία	πατήρ	ἐπί	τέκνον	καί	ἀπειθής
엘리우	에피스트렢사이	카르디아스	파테론	에티	테크나	카이	아페이데이스
엘리야의	다시 돌아오게 하려고	마음들을	아비들의	위로	자식들을	그리고	불순종하는 자들을
명.소.남.단	동.부.1과.능	명.목.여.복	명.소.남.복	전목	명.목.중.복.	접.등	형.대.목.남.복

1722	5428	1342	2090	2962	2992	2680
ἐν	φρονήσει	δικαίων,	ἑτοιμάσαι	κυρίῳ	λαὸν	κατεσκευασμένον.
ἐν	φρόνησις	δίκαιος	ἑτοιμάζω	κύριος	λαός	κατασκευάζω
엔	프로네세이	디카이온	헤토이마사이	퀴리우	라온	카테스큐아스메논
가운데	지혜	의인들의	예비하게 하려고	주를 위하여	백성을	세워져 있는
전.여격	명.여격.여.단	형.대.소.남.복	동.부.1과.능	명.여격.남.단.	명.목.남.단.	동.분.1완.수.목.남.단

18 사가랴가 천사에게 이르되 내가 이것을 어떻게 알리요 내가 늙고 아내도 나이가
많으니이다
And Zacharias said unto the angel, Whereby shall I know this? for I am an old man, and my wife well stricken in years.

2532	3004(2036)	2197	4314	3588	32	2596	5101	1097
καὶ	εἶπεν	Ζαχαρίας	πρὸς	τὸν	ἄγγελον,	κατὰ	τί	γνώσομαι
καί	λέγω.ἔπω	Ζαχαρίας	πρός	ὁ	ἄγγελος	κατά	τίς	γινώσκω
카이	에이펜	자카리아스	프로스	톤	앙겔론	카타	티	그노소마이
그리고	말하였다	사가랴가	향하여	그	천사를	의하여	무엇에	내가 알것인가
접.등.	동.직.2과.능.3단.	명.주.남.단	전목	관.목.남.단.	명.목.남.단	전목	대.의.목.중.단.	동.직.미.중디.1단

3778	1473	1063	1510	4246	2532	3588	1135	1473
τοῦτο;	ἐγὼ	γάρ	εἰμι	πρεσβύτης	καὶ	ἡ	γυνή	μου
οὗτος	ἐγώ	γάρ	εἰμί	πρεσβύτης	καί	ἡ	γυνή	ἐγώ
투토	에고	가르	에이미	프레스뷔테스	카이	헤	귀네	무
이것을	내가	왜냐하면	임이라	노인	또	그	아내도	나의
대.지.목.중.단.	대.인.주.1단	접.종	동.직.현.능.1단	명.주.남.단	접.등	관.주.여.단	명.주.여.단	대.인.소.1단

4260	1722	3588	2250	846
προβεβηκυῖα	ἐν	ταῖς	ἡμέραις	αὐτῆς.
προβαίνω	ἐν	ἡ	ἡμέρα	αὐτός
프로베베퀴이아	엔	타이스	헤메라이스	아우테스
늙어있으니	가운데	그	날들	그의
동.분.1완.능.주.여.단	전.여격.	관.여격.여.복.	명.여격.여.복	대.인.소.여.3단

19 천사가 대답하여 이르되 나는 하나님 앞에 서 있는 가브리엘이라 이 좋은 소식을 전하여
네게 말하라고 보내심을 받았노라

And the angel answering said unto him, I am Gabriel, that stand in the presence of God; and am sent to speak unto thee, and to shew thee these glad tidings.

2532	611	3588	32	3004(2036)	846	1473	1510
καὶ	ἀποκριθεὶς	ὁ	ἄγγελος	εἶπεν	αὐτῷ,	ἐγώ	εἰμι
καί	ἀποκρίνομαι	ὁ	ἄγγελος	λέγω.ἔπω	αὐτός	ἐγώ	εἰμί
카이	아포크리데이스	호	앙겔로스	에이펜	아우토	에고	에이미
그러자	대답하여	그	천사가	말하였다	그에게	나는	이다
접.등	동.분.1과.수디.주.남.단.	관.주.남.단.	명.주.남.단	동.직.2과.능.3단	대.인.여격.남.3단	대.인.주.1단	동.직.현.능.1단

1043	3588	3936	1799	3588	2316	2532	649
Γαβριὴλ	ὁ	παρεστηκὼς	ἐνώπιον	τοῦ	θεοῦ	καὶ	ἀπεστάλην
Γαβριήλ	ὁ	παρίστημι	ἐνώπιον	ὁ	θεός	καί	ἀποστέλλω
가브리엘	호	파레스테코스	에노피온	투	데우	카이	아페스탈렌
가브리엘	그(천사)	곁에 서있는	앞에서	그	하나님의	그래서	보내심을 받았다
명.주.남.단	관.주.남.단	동.분.1완.능.주.남.1단	전.소	관.소.남.단.	명.소.남.단.	접.등.	동.직.2과.수.1단

2980	4314	4771	2532	2097	4771	3778
λαλῆσαι	πρὸς	σὲ	καὶ	εὐαγγελίσασθαί	σοι	ταῦτα·
λαλέω	πρός	σύ	καί	εὐαγγελίζω	σύ	οὗτος
랄레사이	프로스	세	카이	유앙겔리사스다이	소이	타우타
말하려고	향하여	너를	그리고	기쁜 소식을 전하려고	너에게	이런
동.부.1과.능	전.목	대.인.목.2단.	접.등	동.부.1과.중	대.인.여격.2단.	대.지.목.중.복

20 보라 이 일이 되는 날까지 네가 말 못하는 자가 되어 능히 말을 못하리니 이는 네가 내
말을 믿지 아니함이거니와 때가 이르면 내 말이 이루어지리라 하더라

And, behold, thou shalt be dumb, and not able to speak, until the day that these things shall be performed, because thou believest not my words, which shall be fulfilled in their season.

2532	2400	1510	4623	2532	3361	1410	2980	891
καὶ	ἰδοὺ	ἔσῃ	σιωπῶν	καὶ	μὴ	δυνάμενος	λαλῆσαι	ἄχρι
καί	ἰδού	εἰμί	σιωπάω	καί	μή	δύναμαι	λαλέω	ἄχρι
카이	이두	에세	시오폰	카이	메	뒤나메노스	랄레사이	아그리
그런데	보라	네가 될 것이다	말 못하는(사람이)	그런데	없으며	할 수	말하는 것을	까지
접.등	불.문	동.직.미.중디.2단.+	+동.분.현.능.주.남.2단	접.등	부	+동.분.현.중.주.남.2단	동.부.1과.능	전.소

3739	2250	1096	3778	473	3739	3756	4100
ἧς	ἡμέρας	γένηται	ταῦτα,	ἀνθ'	ὧν	οὐκ	ἐπίστευσας
ὅς	ἡμέρα	γίνομαι	οὗτος	ἀντί	ὅς	οὐ	πιστεύω
헤스	헤메라스	게네타이	타우타	안드	혼	우크	에피스튜사스
바	(그)날	이루어지는	이런 일들이	때문에	함	아니	네가 믿지
대.관.소.여.단.+	명.소.여.단	동.가.2과.중디.3단.	대.지.주.중.복.	전.소	대.관.소.중.복	부	동.직.1과.능.2단

3588	3056	1473	3748	4137	1519	3588	2540	846
τοῖς	λόγοις	μου,	οἵτινες	πληρωθήσονται	εἰς	τὸν	καιρὸν	αὐτῶν.
ὁ	λόγος	ἐγώ	ὅστις	πληρόω	εἰς	ὁ	καιρός	αὐτός
토이스	로고이스	무	호이티네스	플레로데손타이	에이스	톤	카이론	아우톤
그	말들에	나의	이 말들이	이루어질 것이다	안으로	그	때	그들의
관.여격.남.복.	명.여격.남.복	대.인.소.1단.	대.관.주.남.복.	동.직.미.수.3복	전.목	관.목.남.단.	명.목.남.단	대.인.소.남.3복

21 백성들이 사가랴를 기다리며 그가 성전 안에서 지체함을 이상히 여기더라
And the people waited for Zacharias, and marvelled that he tarried so long in the temple.

2532	1510	3588	2992	4328	3588	2197	2532	2296
Καὶ	ἦν	ὁ	λαὸς	προσδοκῶν	τὸν	Ζαχαρίαν	καὶ	ἐθαύμαζον
καί	εἰμί	ὁ	λαός	προσδοκάω	ὁ	Ζαχαρίας	καί	θαυμάζω
카이	엔	호	라오스	프로스도콘	톤	자카리안	카이	에다우마존
그리고	있었다	그	백성이	기다리면서	그	사가랴를	그런데	이상히 여기고 있었다
접.등	동.직.미완.능.3단.+	관.주.남.단	명.주.남.단	+동.분.현.능.주.남.단	관.목.남.단	명.목.남.단	접.등.	동.직.미완.능.3복

1722	3588	5549	1722	3588	3485	846
ἐν	τῷ	χρονίζειν	ἐν	τῷ	ναῷ	αὐτόν.
ἐν	τό	χρονίζω	ἐν	ὁ	ναός	αὐτός
엔	토	크로니제인	엔	토	나오	아우톤
동안에	그	지체하는	안에서	그	성전에	그를
전.여격.	관.여격.중.단.	동.부.현.능.여격	전.여격.	관.여격.남.단.	명.여격.남.단.	대.인.목.남.3단

22 그가 나와서 그들에게 말을 못하니 백성들이 그가 성전 안에서 환상을 본 줄 알았더라
그가 몸짓으로 뜻을 표시하며 그냥 말 못하는 대로 있더니
And when he came out, he could not speak unto them: and they perceived that he had seen a vision in the temple: for he beckoned unto them, and remained speechless.

1831	1161	3756	1410	2980	846	2532	1921
ἐξελθὼν	δὲ	οὐκ	ἐδύνατο	λαλῆσαι	αὐτοῖς,	καὶ	ἐπέγνωσαν
ἐξέρχομαι	δέ	οὐ	δύναμαι	λαλέω	αὐτός	καί	ἐπιγινώσκω
엑셀돈	데	우크	에뒤나토	랄레사이	아우토이스	카이	에페그노산
나온 후에	이에	없었다	그가 할 수	말하는 것을	그들에게	그러자	그들이 알았다
동.분.2과.능.주.남.단	접.등	부	동.직.미완.중.3단	동.부.1과.능	대.인.여격.남.3복	접.등	동.직.2과.능.3복

3754	3701	3708	1722	3588	3485	2532	846	1510
ὅτι	ὀπτασίαν	ἑώρακεν	ἐν	τῷ	ναῷ·	καὶ	αὐτὸς	ἦν
ὅτι	ὀπτασία	ὁράω	ἐν	ὁ	ναός	καί	αὐτός	εἰμί
호티	옵타시안	헤오라켄	엔	토	나오	카이	아우토스	엔
줄로	환상을	그가 보고 있던	안에서	그	성전에	또	그가	있었다
접.등	명.목.여.단	동.직.1완.능.3단.	전.여격.	관.여격.남.단.	명.여격.남.단.	접.등.	대.인.주.남.3단.	동.직.미완.능.3단.+

1269	846	2532	1265	2974
διανεύων	αὐτοῖς	καὶ	διέμενεν	κωφός.
διανεύω	αὐτός	καί	διαμένω	κωφός
디아뉴온	아우토이스	카이	디에메넨	코포스
손짓해 부르며	그들에게	그리고	그가 계속 머물렀다	벙어리로
+동.분.현.능.주.남.단.	대.인.여격.남.3복.	접.등	동.직.미완.능.3단.	형.주.남.단

23 그 직무의 날이 다 되매 집으로 돌아가니라
And it came to pass, that, as soon as the days of his ministration were accomplished, he departed to his own house.

2532	1096	5613	4130	3588	2250	3588	3009	846
καὶ	ἐγένετο	ὡς	ἐπλήσθησαν	αἱ	ἡμέραι	τῆς	λειτουργίας	αὐτοῦ,
καί	γίνομαι	ὡς	πλήθω	ὁ	ἡμέρα	ἡ	λειτουργία	αὐτός
카이	에게네토	호스	에플레스데산	하이	헤메라이	테스	레이투르기아스	아우투
그런데	일어났다	때에	끝마치게 되었을	그	날들이	그	직무의	그의
접.등	동.직.2과.중디.3단.	접.종	동.직.1과.수.3복	관.주.여.복.	명.주.여.복	관.소.여.단.	명.소.여.단	대.인.소.남.3단

565	1519	3588	3624	846
ἀπῆλθεν	εἰς	τὸν	οἶκον	αὐτοῦ.
ἀπέρχομαι	εἰς	ὁ	οἶκος	αὐτός
아펠덴	에이스	톤	오이콘	아우투
그는 떠나갔다	으로	그	집	그의
동.직.2과.능.3단.	전.목	관.목.남.단.	명.목.남.단.	대.인.소.남3단

24 이후에 그의 아내 엘리사벳이 잉태하고 다섯 달 동안 숨어 있으며 이르되
And after those days his wife Elisabeth conceived, and hid herself five months, saying,

3326	1161	3778	3588	2250	4815	1665	3588	1135
Μετὰ	δὲ	ταύτας	τὰς	ἡμέρας	συνέλαβεν	Ἐλισάβετ	ἡ	γυνὴ
μετά	δέ	οὗτος	ἡ	ἡμέρα	συλλαμβάνω	Ἐλισάβετ	ἡ	γυνή
메타	데	타우타스	타스	헤메라스	쉬넬라벤	엘리사벧	헤	귀네
후에	그리고	이런	그	날들을	잉태하였다	엘리사벳이	그	아내
전목	접등/접종.	대.지.목.여.복.	관.목.여.복.	명.목.여.복	동.직.2과.능.3단	명.주.여.단	관.주.여.단.	명.주.여.단

846	2532	4032	1438	3376	4002	3004
αὐτοῦ	καὶ	περιέκρυβεν	ἑαυτὴν	μῆνας	πέντε	λέγουσα
αὐτός	καί	περικρύπτω	ἑαυτοῦ	μήν	πέντε	λέγω
아우투	카이	페리에크뤼벤	헤아우텐	메나스	펜테	레구사
그의	그리고	그가 숨어 있었다	그녀 자신을	달들을	다섯	말하기를
대.인.소.남.3단.	접.등	동.직.미완.능.3단	대.인.목.여.3단.	명.목.남.복	형.기.목.남.복.	동.분.현.능.주.여.단

25 주께서 나를 돌보시는 날에 사람들 앞에서 내 부끄러움을 없게 하시려고 이렇게 행하심이라 하더라

Thus hath the Lord dealt with me in the days wherein he looked on me, to take away my reproach among men.

3754	3779	1473	4160	2962	1722	2250	3739	1896
ὅτι	οὕτως	μοι	πεποίηκεν	κύριος	ἐν	ἡμέραις	αἷς	ἐπεῖδεν
ὅτι	οὕτως	ἐγώ	ποιέω	κύριος	ἐν	ἡμέρα	ὅς	ἐπεῖδον
호티	후토스	모이	페포이에켄	퀴리오스	엔	헤메라이스	하이스	에페이덴
	이렇게	나에게	행하셨다	주께서	중에	날들	바	그가 주목하였던
접.우	부	대.인.여격.1단.	동.직.1완.능.3단	명.주.남.단	전.여격.	명.여격.여.복.	대.관.여격.여.복.	동.직.2과.능.3단

851	3681	1473	1722	444
ἀφελεῖν	ὄνειδός	μου	ἐν	ἀνθρώποις.
ἀφαιρέω	ὄνειδος	ἐγώ	ἐν	ἄνθρωπος
아펠레인	오네이도스	무	엔	안드로포이스
가져가 버리려고	치욕을	나의	가운데	사람들
동.부.2과.능	명.목.중.단	대.인.소.1단.	전.여격.	명.여격.남.복

26 여섯째 달에 천사 가브리엘이 하나님의 보내심을 받아 갈릴리 나사렛이란 동네에 가서

And in the sixth month the angel Gabriel was sent from God unto a city of Galilee, named Nazareth,

1722	1161	3588	3376	3588	1623	649	3588	32
Ἐν	δὲ	τῷ	μηνὶ	τῷ	ἕκτῳ	ἀπεστάλη	ὁ	ἄγγελος
ἐν	δέ	ὁ	μήν	ὁ	ἕκτος	ἀποστέλλω	ὁ	ἄγγελος
엔	데	토	메니	토	헥토	아페스탈레	호	앙겔로스
에 있어	이제	그	달	그	여섯째	보내심을 받았다	그	천사
전.여격.	접.등	관.여격.남.단.	명.여격.남.단.	관.여격.남.단.	형.서.여격.남.단.	동.직.2과.수.3단	관.주.남.단	명.주.남.단

1043	575	3588	2316	1519	4172	3588	1056	3739	3686
Γαβριὴλ	ἀπὸ	τοῦ	θεοῦ	εἰς	πόλιν	τῆς	Γαλιλαίας	ᾗ	ὄνομα
Γαβριήλ	ἀπό	ὁ	θεός	εἰς	πόλις	ἡ	Γαλιλαία	ὅς	ὄνομα
가브리엘	아포	투	데우	에이스	폴린	테스	갈릴라이아스	헤	오노마
가브리엘이	부터	그	하나님께로	안으로	한 도시를	그	갈릴리의	바	이름이
명.주.남.단	전.소	관.소.남.단.	명.소.남.단.	전.소	명.목.여.단	관.소.여.단.	명.소.여.단	대.관.여격.여.단.	명.주.중.단

3478
Ναζαρὲθ
Ναζαρέθ
나자렡
나사렛(이라 하는)
명.주.여.단

27 다윗의 자손 요셉이라 하는 사람과 약혼한 처녀에게 이르니 그 처녀의 이름은 마리아라
To a virgin espoused to a man whose name was Joseph, of the house of David; and the virgin's name was Mary.

4314	3933	3423	435	3739	3686	2501
πρὸς	παρθένον	ἐμνηστευμένην	ἀνδρὶ	ᾧ	ὄνομα	Ἰωσὴφ
πρός	παρθένος	μνηστεύω	ἀνήρ	ὅς	ὄνομα	Ἰωσήφ
프로스	파르데논	엠네스튜메넨	안드리	호	오노마	요셉
에게로(이르니)	한 처녀	정혼한	한 남자에게	바	이름이	요셉이라 (하는)
전목	명.목.여.단	동.분.1완.수.목.여.단	명.여격.남.단	대.관.여격.남.단.	명.주.중.단.	명.주.남.단.

1537	3624	1138	2532	3588	3686	3588	3933	3137
ἐξ	οἴκου	Δαυίδ,	καὶ	τὸ	ὄνομα	τῆς	παρθένου	Μαριάμ.
ἐκ	οἶκος	δαυ(β)ίδ	καί	τό	ὄνομα	ἡ	παρθένος	Μαρία
엑스	오이쿠	다윋	카이	토	오노마	테스	파르데누	마리암
에서	집	다윗의	그런데	그	이름은	그	처녀의	마리아(이라)
전소	명.소.남.단.	명.소.남.단	접등	관.주.중.단.	명.주.중.단	관.소.여.단.	명.소.여.단	명.주.여.단

28 그에게 들어가 이르되 은혜를 받은 자여 평안할지어다 주께서 너와 함께 하시도다 하니
And the angel came in unto her, and said, Hail, thou that art highly favoured, the Lord is with thee: blessed art thou among women.

2532	1525	4314	846	3004(2036)	5463	5487	3588
καὶ	εἰσελθὼν	πρὸς	αὐτὴν	εἶπεν,	χαῖρε,	κεχαριτωμένη,	ὁ
καί	εἰσέρχομαι	πρός	αὐτός	λέγω.ἔπω	χαίρω	χαριτόω	ὁ
카이	에이셀돈	프로스	아우텐	에이펜	카이레	케카리토메네	호
이에	들어간 후에	향하여	그녀	말하였다	평안할지어다	은총을 받고 있는 (자여)	그
접등	동.분.2과.능.주.남.단.	전목	대.인.목.여.3단.	동.직.2과.능.3단.	동.명.현.능.2단	동.분.1완.수.호.여.2단	관.주.남.단

2962	3326	4771
κύριος	μετὰ	σοῦ.
κύριος	μετά	σύ
퀴리오스	메타	수
주께서	함께(계시도다)	너와
명.주.남.단	전소	대.인.소.2단

29 처녀가 그 말을 듣고 놀라 이런 인사가 어찌함인가 생각하매
And when she saw him, she was troubled at his saying, and cast in her mind what manner of salutation this should be.

3588	1161	1909	3588	3056	1298	2532	1260	4217
ἡ	δὲ	ἐπὶ	τῷ	λόγῳ	διεταράχθη	καὶ	διελογίζετο	ποταπὸς
ἡ	δέ	ἐπί	ὁ	λόγος	διαταράσσω	καί	διαλογίζομαι	ποταπός
헤	데	에피	토	로고	디에타라크데	카이	디엘로기제토	포타포스
그 처녀가	그러자	대하여	이	말에	몹시 불안해졌다	이에	깊이 생각하고 있었다	어떻게 된 일이
관.주.여.단	접우	전.여격.	관.여격.남.단	명.여격.남.단	동.직.1과.수.3단	접등	동.직.미완.중수디.3단	의.주.남.단

1510	3588	783	3778
εἴη	ὁ	ἀσπασμὸς	οὗτος.
εἰμί	ὁ	ἀσπασμός	οὗτος
에이에	호	아스파스모스	후토스
인가	그	인사가	이
동.소.현.능.3단.	관.주.남.단.	명.주.남.단	대.지.주.남.단

30 천사가 이르되 마리아여 무서워하지 말라 네가 하나님께 은혜를 입었느니라
And the angel said unto her, Fear not, Mary: for thou hast found favour with God.

2532	3004(2036)	3588	32	846	3361	5399	3137	2147
Καὶ	εἶπεν	ὁ	ἄγγελος	αὐτῇ,	μὴ	φοβοῦ,	Μαριάμ,	εὗρες
καί	λέγω.ἔπω	ὁ	ἄγγελος	αὐτός	μή	φοβέω	Μαρία	εὑρίσκω
카이	에이펜	호	앙겔로스	아우테	메	포부	마리암	휴레스
또	말하였다	그	천사가	그녀에게	말라	무서워	마리아여	너는 발견하였다
접등	동.직.2과.능.3단.	관.주.남.단.	명.주.남.단	대.인.여격.여.3단.	부	동.명.현.중수디.2단.	명.호.여.단.	동.직.2과.능.2단

1063	5485	3844	3588	2316
γὰρ	χάριν	παρὰ	τῷ	θεῷ.
γάρ	χάρις	παρά	ὁ	θεός
가르	카린	파라	토	데오
왜냐하면	은총을	의하서	그	하나님에
접.종	명.목.여.단	전.여격	관.여격.남.단.	명.여격.남.단

31 보라 네가 잉태하여 아들을 낳으리니 그 이름을 예수라 하라
And, behold, thou shalt conceive in thy womb, and bring forth a son, and shalt call his name JESUS.

2532	2400	4815	1722	1064	2532	5088	5207	2532
καὶ	ἰδοὺ	συλλήμψῃ	ἐν	γαστρὶ	καὶ	τέξῃ	υἱόν	καὶ
καί	ἰδού	συλλαμβάνω	ἐν	γαστήρ	καί	τίκτω	υἱός	καί
카이	이두	쉴렘프세	엔	가스트리	카이	텍세	휘온	카이
그런데	보라	네가 잉태할 것이다	중에	태	그리하여	낳을 것이다	아들을	그리하면
접.등	불.문	동.직.미.중디.2단	전.여격.	명.여격.여.단.	접.등	동.직.미.중디.2단.	명.목.남.단.	접.등.

2564	3588	3686	846	2424
καλέσεις	τὸ	ὄνομα	αὐτοῦ	Ἰησοῦν.
καλέω	τό	ὄνομα	αὐτός	Ἰησοῦς
칼레세이스	토	오노마	아우투	예순
너는 부르라	그	이름을	그의	예수라고
동.직.미.능.2단	관.목.중.단.	명.목.중.단.	대.인.소.남.3단.	명.목.남.단

32 그가 큰 자가 되고 지극히 높으신 이의 아들이라 일컬어질 것이요 주 하나님께서 그
조상 다윗의 왕위를 그에게 주시리니
He shall be great, and shall be called the Son of the Highest: and the Lord God shall give unto him the throne of his father David:

3778	1510	3173	2532	5207	5310	2564	2532
οὗτος	ἔσται	μέγας	καὶ	υἱὸς	ὑψίστου	κληθήσεται	καὶ
οὗτος	εἰμί	μέγας	καί	υἱός	ὕψιστος	καλέω	καί
후토스	에스타이	메가스	카이	휘오스	휩시스투	클레데세타이	카이
그는	될 것이다	크게	그리고	아들이라	가장 높으신 분의	불려질 것이다	그리고
대.지.주.남.단.	동.직.미.중디.3단.	형.주.남.단	접.등	명.주.남.단.	대.최.소.남.단	동.직.미.수.3단	접.등

1325	846	2962	3588	2316	3588	2362	1138	3588
δώσει	αὐτῷ	κύριος	ὁ	θεὸς	τὸν	θρόνον	Δαυὶδ	τοῦ
δίδωμι	αὐτός	κύριος	ὁ	θεός	ὁ	θρόνος	δαυ(β)ίδ	ὁ
도세이	아우토	퀴리오스	호	데오스	톤	드로논	다윋	투
줄 것이다	그에게	주	그	하나님께서	그	왕위를	다윗의	그
동.직.미.능.3단.	대.인.여격.남.3단.	명.주.남.단	관.주.남.단.	명.주.남.단.	관.목.남.단.	명.목.남.단	명.소.남.단	관.소.남.단

3962	846
πατρὸς	αὐτοῦ,
πατήρ	αὐτός
파트로스	아우투
조상	그의
명.소.남.단	대.인.소.남.3단

33 영원히 야곱의 집을 왕으로 다스리실 것이며 그 나라가 무궁하리라
And he shall reign over the house of Jacob for ever; and of his kingdom there shall be no end.

2532	936	1909	3588	3624	2384	1519	3588	165	2532
καὶ	βασιλεύσει	ἐπὶ	τὸν	οἶκον	Ἰακὼβ	εἰς	τοὺς	αἰῶνας	καὶ
καί	βασιλεύω	ἐπί	ὁ	οἶκος	Ἰακώβ	εἰς	ὁ	αἰών	καί
카이	바실류세이	에피	톤	오이콘	야콥	에이스	투스	아이오나스	카이
그리하여	그가 통치할 것이다	다스리며	그	집을	야곱의	토록	그	영원	그리고
접.등	동.직.미.능.3단	전목	관.목.남.단.	명.목.남.단	명.소.남.단.	전목	관.목.남.복.	명.목.남.복	접.등

3588	932	846	3756	1510	5056
τῆς	βασιλείας	αὐτοῦ	οὐκ	ἔσται	τέλος.
ἡ	βασιλεία	αὐτός	οὐ	εἰμί	τέλος
테스	바실레이아스	아우투	우크	에스타이	텔로스
그	나라의	그의	아니할 것이다	있지	끝이
관.소.여.단	명.소.여.단.	대.인.소.남.3단.	부	동.직.미.중디.3단.	명.주.중.단

34 마리아가 천사에게 말하되 나는 남자를 알지 못하니 어찌 이 일이 있으리이까
Then said Mary unto the angel, How shall this be, seeing I know not a man?

3004(2036)	1161	3137	4314	3588	32	4459	1510	3778
εἶπεν	δὲ	Μαριὰμ	πρὸς	τὸν	ἄγγελον,	πῶς	ἔσται	τοῦτο,
λέγω.ἔπω	δέ	Μαρία	πρός	ὁ	ἄγγελος	πῶς	εἰμί	οὗτος
에이펜	데	마리암	프로스	톤	앙겔론	포스	에스타이	투토
말하였다	이에	마리아가	향하여	그	천사를	어떻게	있을 것인가	이런 일이
동.직.2과.능.3단.	접.우	명.주.여.단	전.목	관.목.남.단.	명.목.남.단	부.의	동.직.미.중디.3단.	대.지.주.중.단

1893	435	3756	1097
ἐπεὶ	ἄνδρα	οὐ	γινώσκω;
ἐπεί	ἀνήρ	οὐ	γινώσκω
에페이	안드라	우	기노스코
므로	남자를	못하	나는 알지
접.종	명.목.남.단.	부.	동.직.형.능.1단

35 천사가 대답하여 이르되 성령이 네게 임하시고 지극히 높으신 이의 능력이 너를
덮으시리니 이러므로 나실 바 거룩한 이는 하나님의 아들이라 일컬어지리라
And the angel answered and said unto her, The Holy Ghost shall come upon thee, and the power of the Highest shall overshadow thee: therefore also that holy thing which shall be born of thee shall be called the Son of God.

2532	611	3588	32	3004(2036)	846	4151	40
καὶ	ἀποκριθεὶς	ὁ	ἄγγελος	εἶπεν	αὐτῇ,	πνεῦμα	ἅγιον
καί	ἀποκρίνομαι	ὁ	ἄγγελος	λέγω.ἔπω	αὐτός	πνεῦμα	ἅγιος
카이	아포크리데이스	호	앙겔로스	에이펜	아우테	프뉴마	하기온
그러자	대답하여	그	천사가	말하였다	그녀에게	령께서	성
접.등	동.분.1과.수디.주.남.단.	관.주.남.단.	명.주.남.단	동.직.2과.능.3단.	대.인.여격.여.3단	명.주.중.단	형.주.중.단

1904	1909	4771	2532	1411	5310	1982	4771
ἐπελεύσεται	ἐπὶ	σέ	καὶ	δύναμις	ὑψίστου	ἐπισκιάσει	σοι·
ἐπέρχομαι	ἐπί	σύ	καί	δύναμις	ὕψιστος	ἐπισκιάζω	σύ
에펠류세타이	에피	세	카이	뒤나미스	휩시스투	에피스키아세이	소이
임할 것이다	위로	너를	그러면	(그)능력이	가장 높으신 분의	위로 덮을 것이다	네게
동.직.미.중디.3단	전.목	대.인.목.2단.	접.등	명.주.여.단	대.최.소.남.단	동.직.미.능.3단	대.인.여격.2단

1352	2532	3588	1080	40	2564	5207	2316
διὸ	καὶ	τὸ	γεννώμενον	ἅγιον	κληθήσεται	υἱὸς	θεοῦ.
διό	καί	τό	γεννάω	ἅγιος	καλέω	υἱός	θεός
디오	카이	토	겐노메논	하기온	클레데세타이	휘오스	데우
그러므로	역시	그(분은)	탄생하시는	거룩하신	불려질 것이다	아들이라	하나님의
접.우	부.	관.주.중.단	동.분.현.수.주.중.단	형.주.중.단.	동.직.미.수.3단	명.주.남.단	명.소.남.단

36 보라 네 친족 엘리사벳도 늙어서 아들을 배었느니라 본래 임신하지 못한다고 알려진
이가 이미 여섯 달이 되었나니
And, behold, thy cousin Elisabeth, she hath also conceived a son in her old age: and this is the sixth month with her, who was called barren.

2532	2400	1665	3588	4773	4771	2532	846	4815
καὶ	ἰδοὺ	Ἐλισάβετ	ἡ	συγγενίς	σου	καὶ	αὐτη	συνείληφεν
καί	ἰδού	Ἐλισάβετ	ἡ	συγγενής	σύ	καί	αὐτός	συλλαμβάνω
카이	이두	엘리사벧	헤	슁게니스	수	카이	아우테	쉰에일레펜
그런데	보라	엘리사벳이	그	친족이	너의	역시	그 여자도	잉태하였다
접.등	불.문	명.주.여.단	관.주.여.단.	명.주.여.단	대.인.소.2단.	부	대.주.여.3단.	동.직.1완.능.3단

5207	1722	94	846	2532	3778	3376	1623	1510	846
υἱὸν	ἐν	γήρει	αὐτῆς	καὶ	οὗτος	μὴν	ἕκτος	ἐστὶν	αὐτῇ
υἱός	ἐν	γῆρας	αὐτός	καί	οὗτος	μήν	ἕκτος	εἰμί	αὐτός
휘온	엔	게레이	아우테스	카이	후토스	멘	헤크토스	에스틴	아우테
아들을	중에	노년	그 여자의	그래서	이것이	달이	여섯째	되도다	그 여자에게
명.목.남.단	전.여격.	명.여격.중.단.	대.인.소.여.3단.	접.등	대.지.주.남.단.	명.주.남.단.	형.서.주.남.단	동.직.현.능.3단	대.인.여격.여.3단.

3588	2564	4723
τῇ	καλουμένῃ	στείρᾳ·
ἡ	καλέω	στεῖρος
테	칼루메네	스테이라
그	불려지는	아이를 낳지 못한다
관.여격.여.단	동.분.현.수.여격.여.단.	형.대.여격.여.단

37 대저 하나님의 모든 말씀은 능하지 못하심이 없느니라
For with God nothing shall be impossible.

3754	3756	101	3844	3588	2316	3956	4487
ὅτι	οὐκ	ἀδυνατήσει	παρὰ	τοῦ	θεοῦ	πᾶν	ῥῆμα.
ὅτι	οὐ	ἀδυνατέω	παρά	ὁ	θεός	πᾶς	ῥῆμα
호티	우크	아뒤나테세이	파라	투	데우	판	흐레마
때문이라	없기	능치 못할 것이	부터	그	하나님께로	모든	말씀은
접.종	부	동.직.미.능.3단	전.소	관.소.남.단.	명.소.남.단.	형.주.중.단.	명.주.중.단

38 마리아가 이르되 주의 여종이오니 말씀대로 내게 이루어지이다 하매 천사가 떠나가니라
And Mary said, Behold the handmaid of the Lord; be it unto me according to thy word. And the angel departed from her.

3004(2036)	1161	3137	2400	3588	1399	2962	1096	1473
εἶπεν	δὲ	Μαριάμ,	ἰδοὺ	ἡ	δούλη	κυρίου·	γένοιτό	μοι
λέγω.ἔπω	δέ	Μαρία	ἰδού	ἡ	δούλη	κύριος	γίνομαι	ἐγώ
에이펜	데	마리암	이두	헤	둘레	퀴리우	게노이토	모이
말하였다	이에	마리아가	보소서	그	여종이	주님의	이루어지길 원하였다	나에게
동.직.2과.능.3단.	접.우	명.주.여.단	불.문	관.주.여.단.	명.주.여.단	명.소.남.단	동.희.2과.중.디.	대.인.여격.1단.

2596	3588	4487	4771	2532	565	575	846	3588	32
κατὰ	τὸ	ῥῆμά	σου.	καὶ	ἀπῆλθεν	ἀπ’	αὐτῆς	ὁ	ἄγγελος.
κατά	τό	ῥῆμα	σύ	καί	ἀπέρχομαι	ἀπό	αὐτός	ὁ	ἄγγελος
카타	토	흐레마	수	카이	아펠덴	압	아우테스	호	앙겔로스
따라서	그	말씀을	당신의	그러자	떠나갔다	부터	그 여자로	그	천사가
전.목	관.목.중.단.	명.목.중.단.	대.인.소.2단.	접.등	동.직.2과.능.3단.	전.소	대.인.소.여.3단.	관.주.남.단.	명.주.남.단

39 이 때에 마리아가 일어나 빨리 산골로 가서 유대 한 동네에 이르러
And Mary arose in those days, and went into the hill country with haste, into a city of Juda;

450	1161	3137	1722	3588	2250	3778	4198
Ἀναστᾶσα	δὲ	Μαριὰμ	ἐν	ταῖς	ἡμέραις	ταύταις	ἐπορεύθη
ἀνίστημι	δέ	Μαρία	ἐν	ἡ	ἡμέρα	οὗτος	πορεύομαι
아나스타사	데	마리암	엔	타이스	헤메라이스	타우타이스	에포류데
일어난 후에	그리고	마리아가	중에	그	날들	이런	그는 갔다
동.분.2과.능.주.여.단.	접.등	명.주.여.단	전.여격.	관.여격.여.복.	명.여격.여.복	대.지.여격.여.복.	동.직.1과.수.디.3단.

1519	3588	3714	3326	4710	1519	4172	2448
εἰς	τὴν	ὀρεινὴν	μετὰ	σπουδῆς	εἰς	πόλιν	Ἰούδα,
εἰς	ἡ	ὀρεινός	μετά	σπουδή	εἰς	πόλις	Ἰουδά
에이스	텐	오레이넨	메타	스푸데스	에이스	폴린	유다
향하여	그	산골을	으로	서두름	안으로	한 도시	유대의
전.목	관.목.여.단.	대.목.여.단	전.소	명.소.여.단	전.목	명.목.여.단	명.소.남.단

40 사가랴의 집에 들어가 엘리사벳에게 문안하니
And entered into the house of Zacharias, and saluted Elisabeth.

2532	1525	1519	3588	3624	2197	2532	782	3588	1665
καὶ	εἰσῆλθεν	εἰς	τὸν	οἶκον	Ζαχαρίου	καὶ	ἠσπάσατο	τὴν	Ἐλισάβετ.
καί	εἰσέρχομαι	εἰς	ὁ	οἶκος	Ζαχαρίας	καί	ἀσπάζομαι	ἡ	Ἐλισάβετ
카이	에이셀덴	에이스	톤	오이콘	자카리우	카이	에스파사토	텐	엘리사벧
그리고	들어갔다	향하여	그	집	사가랴의	이에	문안하였다	그	엘리사벳을
접.등	동.직.2과.능.3단.	전목	관.목.남.단.	명.목.남.단.	명.소.남.단	접.등	동.직.1과.중디.3단.	관.목.여.단.	명.목.여.단

41 엘리사벳이 마리아가 문안함을 들으매 아이가 복중에서 뛰노는지라 엘리사벳이 성령의
충만함을 받아
And it came to pass, that, when Elisabeth heard the salutation of Mary, the babe leaped in her womb; and Elisabeth was filled with the Holy Ghost:

2532	1096	5613	191	3588	783	3588	3137	3588
καὶ	ἐγένετο	ὡς	ἤκουσεν	τὸν	ἀσπασμὸν	τῆς	Μαρίας	ἡ
καί	γίνομαι	ὡς	ἀκούω	ὁ	ἀσπασμός	ἡ	Μαρία	ἡ
카이	에게네토	호스	에쿠센	톤	아스파스몬	테스	마리아스	헤
그러자	일어났다	때에	들었을	그	문안을	그	마리아의	그
접.등.	동.직.2과.중디.3단	접.종	동.직.1과.능.3단.	관.목.남.단.	명.목.남.단	관.소.여.단.	명.소.여.단	관.주.여.단.

1665	4640	3588	1025	1722	3588	2836	846	2532
Ἐλισάβετ,	ἐσκίρτησεν	τὸ	βρέφος	ἐν	τῇ	κοιλίᾳ	αὐτῆς,	καὶ
Ἐλισάβετ	σκιρτάω	τό	βρέφος	ἐν	ἡ	κοιλία	αὐτός	καί
엘리사벧	에스키르테센	토	브레포스	엔	테	코일리아	아우테스	카이
엘리사벳이	뛰놀았다	그	아기가	중에	그	복	그 여자의	또한
명.주.여.단	동.직.1과.능.3단	관.주.중.단.	명.주.중.단	전.여격.	관.여.격.여단.	명.여격.여.단.	대.인.소.여.3단.	접.등

4130	51	40	3588	1665
ἐπλήσθη	πνεύματος	ἁγίου	ἡ	Ἐλισάβετ,
πλήθω	πνεῦμα	ἅγιος	ἡ	Ἐλισάβετ
에플레스데	프뉴마토스	하기우	헤	엘리사벧
충만하게 되었다	령으로	성	그	엘리사벳이
동.직.1과.수.3단	명.소.중.단	형.소.중.단.	관.주.여.단.	명.주.여.단

42 큰 소리로 불러 이르되 여자 중에 네가 복이 있으며 네 태중의 아이도 복이 있도다
And she spake out with a loud voice, and said, Blessed art thou among women, and blessed is the fruit of thy womb.

2532	400	2906	3173	2532	3004(2036)	2127	4771
καὶ	ἀνεφώνησεν	κραυγῇ	μεγάλῃ	καὶ	εἶπεν,	εὐλογημένη	σὺ
καί	ἀναφωνέω	κραυγή	μέγας	καί	λέγω.ἔπω	εὐλογέω	σύ
카이	아네포네센	크라우게	메갈레	카이	에이펜	율로게메네	쉬
그리고	크게 부르짖었다	외침으로	크게	이에	말하였다	복을 받고 있으며	네가
접.등	동.직.1과.능.3단	명.여격.여.단	부.여.단	접.등	동.직.2과.능.3단.	동.분.1완.수.주.여.2단	대.인.주.2단.

1722	1135	2532	2127	3588	2590	3588	2836	4771
ἐν	γυναιξίν	καὶ	εὐλογημένος	ὁ	καρπὸς	τῆς	κοιλίας	σου.
ἐν	γυνή	καί	εὐλογέω	ὁ	καρπός	ἡ	κοιλία	σύ
엔	귀나익신	카이	율로게메노스	호	카르포스	테스	코일리아스	수
중에	여자들	그리고	복을 받고 있도다	그	열매도	그	태의	너의
전.여격	명.여격.여.복	접.등	동.분.1완.수.주.남.단	관.주.남.단.	명.주.남.단	관.소.여.단.	명.소.여.단	대.인.소.2단

43 내 주의 어머니가 내게 나아오니 이 어찌 된 일인가
And whence is this to me, that the mother of my Lord should come to me?

2532	4159	1473	3778	2443	2064	3588	3384	3588
καὶ	πόθεν	μοι	τοῦτο	ἵνα	ἔλθῃ	ἡ	μήτηρ	τοῦ
καί	πόθεν	ἐγώ	οὗτος	ἵνα	ἔρχομαι	ἡ	μήτηρ	ὁ
카이	포텐	모이	투토	히나	엘데	헤	메테르	투
그런데	어찌된 일인가	나에게	이것이	함이	오시도록	그	어머니가	그
접.등	부.의	대.인.여격.1단.	대.지.주.중.단.	부.관.	동.가.2과.능.3단.	관.주.여.단.	명.주.여.단.	관.소.남.단.

2962	1473	4314	1473
κυρίου	μου	πρὸς	ἐμέ;
κύριος	ἐγώ	πρός	ἐγώ
퀴리우	무	프로스	에메
주의	나의	게로	나에
명.소.남.단	대.인.소.1단.	전.목	대.인.목.1단

44 보라 네 문안하는 소리가 내 귀에 들릴 때에 아이가 내 복중에서 기쁨으로 뛰놀았도다
For, lo, as soon as the voice of thy salutation sounded in mine ears, the babe leaped in my womb for joy.

2400	1063	5613	1096	3588	5456	3588	783	4771	1519
ἰδοὺ	γὰρ	ὡς	ἐγένετο	ἡ	φωνὴ	τοῦ	ἀσπασμοῦ	σου	εἰς
ἰδού	γάρ	ὡς	γίνομαι	ἡ	φωνή	ὁ	ἀσπασμός	σύ	εἰς
이두	가르	호스	에게네토	헤	포네	투	아스파스무	수	에이스
보라	왜냐하면	때에	일어났을	그	음성이	그	문안의	너의	속으로
불.문	접.종	접.종	동.직.2과.중디.3단.	관.주.여.단.	명.주.여.단.	관.소.남.단.	명.소.남.단	대.인.소.2단.	전.목.

3588	3775	1473	4640	1722	20	3588	1025	1722
τὰ	ὦτα	μου,	ἐσκίρτησεν	ἐν	ἀγαλλιάσει	τὸ	βρέφος	ἐν
τό	οὖς	ἐγώ	σκιρτάω	ἐν	ἀγαλλίασις	τό	βρέφος	ἐν
타	오타	무	에스키르테센	엔	아갈리아세이	토	브레포스	엔
이	두 귀	나의	뛰놀았다	가운데	기쁨	그	아기가	중에
관.목.중.복	명.목.중.복.	대.인.소.1단.	동.직.1과.능.3단	전.여격.	명.여격.여.단	관.주.중.단.	명.주.중.단	전.여격.

3588	2836	1473
τῇ	κοιλίᾳ	μου.
ἡ	κοιλία	ἐγώ
테	코일리아	무
그	태중에	나의
관.여격.여.단	명.여격.여.단.	대.인.소.1단

45 주께서 하신 말씀이 반드시 이루어지리라고 믿은 그 여자에게 복이 있도다
And blessed is she that believed: for there shall be a performance of those things which were told her from the Lord.

2532	3107	3588	4100	3754	1510	5050	3588
καὶ	μακαρία	ἡ	πιστεύσασα	ὅτι	ἔσται	τελείωσις	τοῖς
καί	μακάριος	ἡ	πιστεύω	ὅτι	εἰμί	τελείωσις	τό
카이	마카리아	헤	피스튜사사	호티	에스타이	텔레이오시스	토이스
그리고	복이 있도다	그(여자는)	믿은	것을	될	이루어짐이	그(것들의)
접.등	형.주.여.단	관.주.여.단	동.분.과.능.주.여.단	접.종	동.직.미.중디.3단.	명.주.여.단	관.여격.중.복

2980	846	3844	2962
λελαλημένοις	αὐτῇ	παρὰ	κυρίου.
λαλέω	αὐτός	παρά	κύριος
렐랄레메노이스	아우테	파라	퀴리우
말씀이 되어있는	그 여자에게	부터	주님께로
동.분.1완.수.여격.중.복	대.인.여격.여.3단.	전.소	명.소.남.단

46 마리아가 이르되 내 영혼이 주를 찬양하며
And Mary said, My soul doth magnify the Lord,

2532	3004(2036)	3137
Καὶ	εἶπεν	Μαριάμ,
καί	λέγω.ἔπω	Μαρία
카이	에이펜	마리암
그러자	말하였다	마리아가
접.등	동.직.2과.능.3단.	명.주.여.단

47 내 마음이 하나님 내 구주를 기뻐하였음은
And my spirit hath rejoiced in God my Saviour.

3170	3588	5590	1473	3588	2962	2532	21	3588
Μεγαλύνει	ἡ	ψυχή	μου	τὸν	κύριον,	καὶ	ἠγαλλίασεν	τὸ
μεγαλύνω	ἡ	ψυχή	ἐγώ	ὁ	κύριος	καί	ἀγαλλιάω	τό
메갈뤼네이	헤	프쉬케	무	톤	퀴리온	카이	에갈리아센	토
크게 찬양한다	그	영혼이	나의	그	주를	그리고	기뻐하였도다	그
동.직.현.능.3단	관.주.여.단.	명.주.여.단.	대.인.소.1단.	관.목.남.단.	명.목.남.단	접.등	동.직.1과.능.3단	관.주.중.단

4151	1473	1909	3588	2316	3588	4990	1473
πνεῦμά	μου	ἐπὶ	τῷ	θεῷ	τῷ	σωτῆρί	μου,
πνεῦμα	ἐγώ	ἐπί	ὁ	θεός	ὁ	σωτήρ	ἐγώ
프뉴마	무	에피	토	데오	토	소테리	무
영이	내	앞에서	그	하나님	그	구주	나의
명.주.중.단	대.인.소.1단.	전.여격.	관.여격.남.단.	명.여격.남.단.	관.여격.남.단.	명.여격.남.단.	대.인.소.1단

48 그의 여종의 비천함을 돌보셨음이라 보라 이제 후로는 만세에 나를 복이 있다
일컬으리로다
For he hath regarded the low estate of his handmaiden: for, behold, from henceforth all generations shall call me blessed.

3754	1914	1909	3588	5014	3588	1399	846	2400
ὅτι	ἐπέβλεψεν	ἐπὶ	τὴν	ταπείνωσιν	τῆς	δούλης	αὐτοῦ.	ἰδοὺ
ὅτι	ἐπιβλέπω	ἐπί	ἡ	ταπείνωσις	ἡ	δούλη	αὐτός	ἰδού
호티	에페블렙센	에피	텐	타페이노신	테스	둘레스	아우투	이두
때문이라	자세히 보셨기	위로	그	비천함을	그	여종의	그의	보라
접.종	동.직.1과.능.3단	전.목	관.목.여.단.	명.목.여.단	관.소.여.단.	명.소.여.단	대.인.소.남.3단.	불.문

1063	575	3588	3568	3106	1473	3956	3588	1074
γὰρ	ἀπὸ	του	νῦν	μακαριοῦσίν	με	πᾶσαι	αἱ	γενεαί,
γάρ	ἀπό	ὁ	νῦν	μακαρίζω	ἐγώ	πᾶς	ἡ	γενεά
가르	아포	투	뉜	마카리우신	메	파사이	하이	게네아이
왜냐하면	부터	그	이제로	복이 있다할 것이니	나를	모든	그	세대들이
접.종	전.소	관.소.남.단.	부	동.직.미.능.3복	대.인.목.1단.	형.주.여.복.	관.주.여.복.	명.주.여.복

49 능하신 이가 큰 일을 내게 행하셨으니 그 이름이 거룩하시며
For he that is mighty hath done to me great things; and holy is his name.

3754	4160	1473	3173	3588	1415	2532	40	3588
ὅτι	ἐποίησέν	μοι	μεγάλα	ὁ	δυνατός.	καὶ	ἅγιον	τὸ
ὅτι	ποιέω	ἐγώ	μέγας	ὁ	δυνατός	καί	ἅγιος	τό
호티	에포이에센	모이	메갈라	호	뒤나토스	카이	하기온	토
때문이라	행하셨기	내게	큰 일들을	그	능하신 분이	그리고	거룩하시며	그
접.종	동.직.1과.능.3단	대.인.여격.1단.	형.대.목.중.복.	관.주.남.단.	대.주.남.단	접.등	형.주.중.단.	관.주.중.단

3686	846
ὄνομα	αὐτοῦ,
ὄνομα	αὐτός
오노마	아우투
이름이	그의
명.주.중.단.	대.인.소.남.3단

50 긍휼하심이 두려워하는 자에게 대대로 이르는도다
And his mercy is on them that fear him from generation to generation.

2532	3588	1656	846	1519	1074	2532	1074	3588
καὶ	τὸ	ἔλεος	αὐτοῦ	εἰς	γενεὰς	καὶ	γενεὰς	τοῖς
καί	τό	ἔλεος	αὐτός	εἰς	γενεά	καί	γενεά	ὁ
카이	토	엘레오스	아우투	에이스	게네아스	카이	게네아스	토이스
또한	그	자비가(이르도다)	그의	(으)로	세대들	과	세대들	그(사람들에게)
접.등	관.주.중.단.	명.주.중.단.	대.인.소.남.3단.	전.목	명.목.여.복	접.등	명.목.여.복	관.여격.남.복

5399	846
φοβουμένοις	αὐτόν.
φοβέω	αὐτός
포부메노이스	아우톤
두려워하는	그를
동.분.현.중.여격.남.복	대.인.목.남.3단

51 그의 팔로 힘을 보이사 마음의 생각이 교만한 자들을 흩으셨고
He hath showed strength with his arm; he hath scattered the proud in the imagination of their hearts.

4160	2904	1722	1023	846	1287	5244
Ἐποίησεν	κράτος	ἐν	βραχίονι	αὐτοῦ,	διεσκόρπισεν	ὑπερηφάνους
ποιέω	κράτος	ἐν	βραχίων	αὐτός	διασκορπίζω	ὑπερήφανος
에포이에센	크라토스	엔	브라키오니	아우투	디에스코르피센	휘페레파누스
행하셨다	능력을	(으)로	(그)팔	그의	널리 흩으셨다	교만한 자들을
동.직.1과.능.3단	명.목.중.단	전.여격.	명.여격.남.단	대.인.소.남.3단.	동.직.1과.능.3단	형.대.목.남.복

1271	2588	846
διανοίᾳ	καρδίας	αὐτῶν·
διάνοια	καρδία	αὐτός
디아노이아	카르디아스	아우톤
생각에	마음의	그들의
명.여격.여.단	명.소.여.단	대.인.소.남.3복

52 권세 있는 자를 그 위에서 내리치셨으며 비천한 자를 높이셨고
He hath put down the mighty from their seats, and exalted them of low degree.

2507	1413	575	2362	2532	5312	5011
καθεῖλεν	δυνάστας	ἀπὸ	θρόνων	καὶ	ὕψωσεν	ταπεινούς,
καθαιρέω	δυνάστης	ἀπό	θρόνος	καί	ὑψόω	ταπεινός
카데일렌	뒤나스타스	아포	드로논	카이	휩소센	타페이누스
낮추셨다	능력자들을	부터	(그)권좌로	그리고	높이셨다	겸손한 자들을
동.직.2과.능.3단	명.목.남.복	전.소	명.목.남.복	접.등	동.직.1과.능.3단.	형.대.목.남.복

53 주리는 자를 좋은 것으로 배불리셨으며 부자는 빈 손으로 보내셨도다
He hath filled the hungry with good things; and the rich he hath sent empty away.

3983	1705	18	2532	4147	1821	2756
πεινῶντας	ἐνέπλησεν	ἀγαθῶν	καὶ	πλουτοῦντας	ἐξαπέστειλεν	κενούς.
πεινάω	ἐμπίπλημι	ἀγαθός	καί	πλουτέω	ἐξαποστέλλω	κενός
페이논타스	에네플레센	아가돈	카이	플루툰타스	엑사페스테일렌	케누스
굶주리는 자들을	배부르게 하셨다	좋은 것들로	또	부자들을	내보내셨다	빈손들로
동.분.현.능.목.남.복	동.직.1과.능.3단	형.대.소.중.복.	접.등	동.부.현.능.목.남.복	동.직.1과.능.3단	형.목.남.복

54 그 종 이스라엘을 도우사 긍휼히 여기시고 기억하시되
He hath holpen his servant Israel, in remembrance of his mercy;

482	2474	3816	846	3415	1656
ἀντελάβετο	Ἰσραὴλ	παιδὸς	αὐτοῦ,	μνησθῆναι	ἐλέους,
ἀντιλαμβάνομαι	Ἰσραήλ	παῖς	αὐτός	μνάομαι	ἔλεος
안텔라베토	이스라엘	파이도스	아우투	므네스데나이	엘레우스
도우셨다	이스라엘의	종	그의	기억하도록	자비의
동.직.2과.중디.3단	명.소.남.단	명.소.남.단	대.인.소.남.3단.	동.부.1과.수디	명.소.중.단

55 우리 조상에게 말씀하신 것과 같이 아브라함과 그 자손에게 영원히 하시리로다 하니라
As he spake to our fathers, to Abraham, and to his seed for ever.

2531	2980	4314	3588	3962	1473	3588	11	2532
καθὼς	ἐλάλησεν	πρὸς	τοὺς	πατέρας	ἡμῶν,	τῷ	Ἀβραὰμ	καὶ
καθώς	λαλέω	πρός	ὁ	πατήρ	ἐγώ	ὁ	Ἀβραάμ	καί
카도스	엘랄레센	프로스	투스	파테라스	헤몬	토	아브라암	카이
같이	말씀하신 것	향하여	그	조상들을	우리의	그	아브라함에게	와
접.종	동.직.1과.능.3단	전.목	관.목.남.복	명.목.남.복	대.인.소.1복.	관.여격.남.단.	명.여격.남.단	접.등

3588	4690	846	1519	3588	165
τῷ	σπέρματι	αὐτοῦ	εἰς	τὸν	αἰῶνα.
τό	σπέρμα	αὐτός	εἰς	ὁ	αἰών
토	스페르마티	아우투	에이스	톤	아이오나
그	자손에게	그의	토록	그	영원
관.여격.중.단.	명.여격.중.단	대.인.소.남.3단.	전.목	관.목.남.단.	명.목.남.단

56 마리아가 석 달쯤 함께 있다가 집으로 돌아가니라
And Mary abode with her about three months, and returned to her own house.

3306	1161	3137	4862	846	5613	3376	5140	2532
Ἔμεινεν	δὲ	Μαριὰμ	σὺν	αὐτῇ	ὡς	μῆνας	τρεῖς,	καὶ
μένω	δέ	Μαρία	σύν	αὐτός	ὡς	μήν	τρεῖς	καί
에메이넨	데	마리암	쉰	아우테	호스	메나스	트레이스	카이
머물렀다가	그리하여	마리아가	함께	그와	쯤	달을	석	그리고
동.직.1과.능.3단.	접.등	명.주.여.단	전.여격	대.인.여격.여.3단.	부.	명.목.남.복.	형.기.목.남.복.	접.등

5290	1519	3588	3624	846
ὑπέστρεψεν	εἰς	τὸν	οἶκον	αὐτῆς.
ὑποστρέφω	εἰς	ὁ	οἶκος	αὐτός
휘페스트렢센	에이스	톤	오이콘	아우테스
되돌아갔다	으로	그	집	그녀의
동.직.1과.능.3단	전.목	관.목.남.단.	명.목.남.단	대.인.소.여.3단

57 엘리사벳이 해산할 기한이 차서 아들을 낳으니
Now Elisabeth's full time came that she should be delivered; and she brought forth a son.

3588	1161	1665	4130	3588	5550	3588	5088	846
Τῇ	δὲ	Ἐλισάβετ	ἐπλήσθη	ὁ	χρόνος	τοῦ	τεκεῖν	αὐτήν,
ἡ	δέ	Ἐλισάβετ	πλήθω	ὁ	χρόνος	τό	τίκτω	αὐτός
테	데	엘리사	에플레스데	호	크로노스	투	테케인	아우텐
그	이제	엘리사벳에게	차게 되었다	그	기한이	그	해산할	그 여자를
관.여격.여.단.	접.등	명.여격.여.단	동.직.1과.수.3단.	관.주.남.단.	명.주.남.단	관.소.중.단.	동.부.2과.능.소.	대.인.목.여.3단

2532	1080	5207
καὶ	ἐγέννησεν	υἱόν.
καί	γεννάω	υἱός
카이	에겐네센	휘온
이에	그가 낳았다	한 아들을
접.등	동.직.1과.능.3단	명.목.남.단

58 이웃과 친족이 주께서 그를 크게 긍휼히 여기심을 듣고 함께 즐거워하더라
And her neighbours and her cousins heard how the Lord had showed great mercy upon her; and they rejoiced with her.

2532	191	3588	4040	2532	3588	4773	846	3754
καὶ	ἤκουσαν	οἱ	περίοικοι	καὶ	οἱ	συγγενεῖς	αὐτῆς	ὅτι
καί	ἀκούω	ὁ	περίοικος	καί	ὁ	συγγενής	αὐτός	ὅτι
카이	에쿠산	호이	페리오이코이	카이	호이	쉉게네이스	아우테스	호티
그러자	들었다	그	이웃사람들	과	그	친족들이	그 여자의	것을
접.등	동.직.1과.능.3복.	관.주.남.복.	형.대.주.남.복	접.등	관.주.남.복.	대.주.남.복	대.인.소.여.3단.	접.등

3170	2962	3588	1656	846	3326	846	2532
ἐμεγάλυνεν	κύριος	τὸ	ἔλεος	αὐτοῦ	μετ’	αὐτῆς	καὶ
μεγαλύνω	κύριος	τό	ἔλεος	αὐτός	μετά	αὐτός	καί
에메갈뤼넨	퀴리오스	토	엘레오스	아우투	멭	아우테스	카이
크게 하셨다는	주께서	그	자비를	그의	함께	그 여자와	이에
동.직.미완.능.3단	명.주.남.단.	관.목.중.단.	명.목.중.단	대.인.소.남.3단.	전소	대.인.소.여.3단.	접.등

4796	846
συνέχαιρον	αὐτῇ.
συγχαίρω	αὐτός
쉰네카이론	아우테
그들이 함께 즐거워하였다	그 여자와
동.직.미완.능.3.복	대.인.여격.여.3단

59 팔 일이 되매 아이를 할례하러 와서 그 아버지의 이름을 따라 사가랴라 하고자 하더니
And it came to pass, that on the eighth day they came to circumcise the child; and they called him Zacharias, after the name of his father.

2532	1096	1722	3588	2250	3588	3590	2064	4059
Καὶ	ἐγένετο	ἐν	τῇ	ἡμέρᾳ	τῇ	ὀγδόῃ	ἦλθον	περιτεμεῖν
καί	γίνομαι	ἐν	ἡ	ἡμέρα	ἡ	ὄγδοος	ἔρχομαι	περιτέμνω
카이	에게네토	엔	테	헤메라	테	오그도에	엘돈	페리테메인
그리고	되었다	에 있어	그	날	그	여드레째	그들이 왔다	할례를 하려고
접.등	동.직.2과.중디.3단.	전.여격.	관.여격.여.단.	명.여격.여.단.	관.여격.여.단.	형.서.여격.여.단.	동.직.2과.능.3복.	동.부.2과.능

3588	3813	2532	2564	846	1909	3588	3686	3588
τὸ	παιδίον	καὶ	ἐκάλουν	αὐτὸ	ἐπὶ	τῷ	ὀνόματι	τοῦ
τό	παιδίον	καί	καλέω	αὐτός	ἐπί	τό	ὄνομα	ὁ
토	파이디온	카이	에칼룬	아우토	에피	토	오노마티	투
그	어린아이를	그리고	부르고 있었다	그를	의하여	그	이름에	그
관.목.중.단.	명.목.중.단	접.등.	동.직.미완.능.3복	대.인.목.중.3단.	전.여격.	관.여격.중.단.	명.여격.중.단	관.소.남.단

3962	846	2197
πατρὸς	αὐτοῦ	Ζαχαρίαν.
πατήρ	αὐτός	Ζαχαρίας
파트로스	아우투	자카리안
아버지의	그	사갸랴라
명.소.남.단.	대.인.소.남.3단.	명.목.남.단

60 그 어머니가 대답하여 이르되 아니라 요한이라 할 것이라 하매
And his mother answered and said, Not so; but he shall be called John.

2532	611	3588	3384	846	3004(2036)	3780	235
καὶ	ἀποκριθεῖσα	ἡ	μήτηρ	αὐτοῦ	εἶπεν,	οὐχί,	ἀλλὰ
καί	ἀποκρίνομαι	ἡ	μήτηρ	αὐτός	λέγω.ἔπω	οὐχί	ἀλλά
카이	아포크리데이사	헤	메테르	아우투	에이펜	우키	알라
그러나	대답하여	그	어머니가	그의	말하였다	아니라	다만
접.등	동.분.1과.수디.주.여.단.	관.주.여.단.	명.주.여.단.	대.인.소.남.3단.	동.직.2과.능.3단.	불.문	접.우

2564	2491
κληθήσεται	Ἰωάννης.
καλέω	Ἰωάννης
클레데세타이	요안네스
그는 불려질 것이라	요한이라
동.직.미.수.3단	명.주.남.단

61 그들이 이르되 네 친족 중에 이 이름으로 이름한 이가 없다 하고
And they said unto her, There is none of thy kindred that is called by this name.

2532	3004(2036)	4314	846	3754	3762	1510	1537	3588
καὶ	εἶπεν	πρὸς	αὐτὴν	ὅτι	οὐδείς	ἐστιν	ἐκ	τῆς
καί	λέγω.ἔπω	πρός	αὐτός	ὅτι	οὐδείς	εἰμί	ἐκ	ἡ
카이	에이펜	프로스	아우텐	호티	우데이스	에스틴	에크	테스
그러자	그들이 말하였다	향하여	그녀를	것을	아무도 아니하다는	있지	중에서	그
접등	동.직.2과.능.3복.	전목	대.인.목.여.3단.	접우	형.대.기.주.남.단.	동.직.현.능.3단.	전소	관.소.여.단.

4772	4771	3739	2564	3588	3686	3778
συγγενείας	σου	ὃς	καλεῖται	τῷ	ὀνόματι	τούτῳ.’
συγγένεια	σύ	ὅς	καλέω	τό	ὄνομα	οὗτος
싱게네이아스	수	호스	칼레이타이	토	오노마티	투토
친족	너의	바 사람이	불려지는	그	이름으로	이
명.소.여.단	대.인.소.2단.	대.관.주.남.단.	동.직.현.수.3단	관.여격.중.단.	명.여격.중.단	대.지.여격.중.단

62 그의 아버지께 몸짓하여 무엇으로 이름을 지으려 하는가 물으니
And they made signs to his father, how he would have him called.

1770	1161	3588	3962	846	3588	5101	302	2309
ἐνένευον	δὲ	τῷ	πατρὶ	αὐτοῦ	τὸ	τί	ἂν	θέλοι
ἐννεύω	δέ	ὁ	πατήρ	αὐτός	τό	τίς	ἄν	θέλω
에네뉴온	데	토	파트리	아우투	토	티	안	델로이
몸짓으로 형용하였다	때에	그	아버지께	그의	그	무엇이라		원하는지
동.직.미완.능.3복	접등	관.여격.남.단.	명.여격.남.단.	대.인.소.남.3단	관.목.중.단	대.의.목.중.단.	불.동	동.희.현.능.3단

2564	846
καλεῖσθαι	αὐτό.
καλέω	αὐτός
칼레이스다이	아우토
불려지기를	그를
동.부.현.수	대.인.목.중.3단

63 그가 서판을 달라 하여 그 이름을 요한이라 쓰매 다 놀랍게 여기더라
And he asked for a writing table, and wrote, saying, His name is John. And they marvelled all.

2532	154	4093	1125	3004	2491	1510	3686
καὶ	αἰτήσας	πινακίδιον	ἔγραψεν	λέγων,	Ἰωάννης	ἐστὶν	ὄνομα
καί	αἰτέω	πινακίδιον	γράφω	λέγω	Ἰωάννης	εἰμί	ὄνομα
카이	아이테사스	피나키디온	에그랖센	레곤	요안네스	에스틴	오노마
이에	달라한 후	서판 하나를	그가 기록하였다	말하기를	요한	이라	이름은
접등	동.분.1과.능.주.남.단.	명.목.중.단	동.직.1과.능.3단.	동.분.현.능.주.남.단.	명.주.남.단	동.직.현.능.3단.	명.주.중.단

846	2532	2296	3956
αὐτοῦ.	καὶ	ἐθαύμασαν	πάντες.
αὐτός	καί	θαυμάζω	πᾶς
아우투	카이	에다우마산	판테스
그의	그래서	그들이 이상히 여겼다	모두가
대.인.소.남.3단.	접등	동.직.1과.능.3복	형.대.주.남.복

64 이에 그 입이 곧 열리고 혀가 풀리며 말을 하여 하나님을 찬송하니
And his mouth was opened immediately, and his tongue loosed, and he spake, and praised God.

455	1161	3588	4750	846	3916	2532	3588	1100
ἀνεῴχθη	δὲ	τὸ	στόμα	αὐτοῦ	παραχρῆμα	καὶ	ἡ	γλῶσσα
ἀνοίγω	δέ	τό	στόμα	αὐτός	παραχρῆμα	καί	ἡ	γλῶσσα
아네오크데	데	토	스토마	아우토	파라크레마	카이	헤	글로싸
열려졌다	그러자	그	입이	그의	당장에	그리고	그	혀가(풀리며)
동.직.1과.수.3단.	접등.	관.주.중.단.	명.주.중.단.	대.인.소.남.3단.	부	접등	관.주.여.단	명.주.여.단

846	2532	2980	2127	3588	2316
αὐτοῦ,	καὶ	ἐλάλει	εὐλογῶν	τὸν	θεόν.
αὐτός	καί	λαλέω	εὐλογέω	ὁ	θεός
아우투	카이	엘랄레이	율로곤	톤	데온
그의	그리하여	말을하고 있었다	찬송하며	그	하나님을
대.인소남.3단.	접.등	동.직.미완.능.3단.	동.분.현.능.주.남.단.	관.목.남.단.	명.목.남.단

65 그 근처에 사는 자가 다 두려워하고 이 모든 말이 온 유대 산골에 두루 퍼지매
And fear came on all that dwelt round about them: and all these sayings were noised abroad throughout all the hill country of Judaea.

2532	1096	1909	3956	5401	3588	4039	846
Καὶ	ἐγένετο	ἐπὶ	πάντας	φόβος	τοὺς	περιοικοῦντας	αὐτούς,
καί	γίνομαι	ἐπί	πᾶς	φόβος	ὁ	περιοικέω	αὐτός
카이	에게네토	에피	판타스	포보스	투스	페리오이쿤타스	아우투스
그러자	일어났다	위로	모든 사람들	두려움이	그	근처에 사는	그들을
접.등	동.직.2과.중디.3단.	전목	대.목.남.복	명.주.남.단	관.목.남.복	동.분.현.능.목.남.복	대.인.목.남.3복

2532	1722	3650	3588	3714	3588	2449	1255	3956
καὶ	ἐν	ὅλῃ	τῇ	ὀρεινῇ	τῆς	Ἰουδαίας	διελαλεῖτο	πάντα
καί	ἐν	ὅλος	ἡ	ὀρεινός	ἡ	Ἰουδαία	διαλαλέω	πᾶς
카이	엔	홀레	테	오레이네	테스	유다이아스	디엘랄레이토	판타
그리고	안에	온	그	산골에	그	유다의	신중히 말하여졌다	모두
접.등	전.여격.	형.부.여.단.	관.여격.여.단.	형.대.여격.여.단.	관.소.여.단.	명.소.여.단	동.직.미완.수.3단	형.주.중.복

3588	4487	3778
τὰ	ῥήματα	ταῦτα,
τό	ῥῆμα	οὗτος
타	흐레마타	타우타
그	말들이	이런
관.주.중.복	명.주.중.복	대.지.주.중.복

66 듣는 사람이 다 이 말을 마음에 두며 이르되 이 아이가 장차 어찌 될까 하니 이는 주의
손이 그와 함께 하심이러라
And all they that heard them laid them up in their hearts, saying, What manner of child shall this be! And the hand of the Lord was with him.

2532	5087	3956	3588	191	1722	3588	2588
καὶ	ἔθεντο	πάντες	οἱ	ἀκούσαντες	ἐν	τῇ	καρδίᾳ
καί	τίθημι	πᾶς	ὁ	ἀκούω	ἐν	ἡ	καρδία
카이	에데투	판테스	호이	아쿠산테스	엔	테	카르디아
그런데	그들이 두었다	모두가	그(사람들)	이 말을 들은	속에	그	마음
접.등	동.직.2과.중.3복.	대.주.남.복.	관.주.남.복	동.분.1과.능.주.남.복	전.여격	관.여격.여.단	명.여격.여.단

846	3004	5101	686	3588	3813	3778	1510
αὐτῶν,	λέγοντες,	τί	ἄρα	τὸ	παιδίον	τοῦτο	ἔσται;
αὐτός	λέγω	τίς	ἄρα	τό	παιδίον	οὗτος	εἰμί
아우톤	레곤테스	티	아라	토	파이디온	투토	에스타이
그들의	말하기를	무엇이	그러면	그	아이가	이	될 것인가
대.인.소.남.3복.	동.분.현.능.주.남.복.	대.의.주.중.단.	접.우	관.주.중.단.	명.주.중.단	대.지.주.중.단.	동.직.미.중디.3단

2532	1063	5495	2962	1510	3326	846
καὶ	γὰρ	χεὶρ	κυρίου	ἦν	μετ᾽	αὐτοῦ.
καί	γάρ	χείρ	κύριος	εἰμί	μετά	αὐτός
카이	가르	케이르	퀴리우	엔	멧	아우투
참으로	왜냐하면	손이	주님의	있었음이라	함께	그와
부	접.종	명.주.여.단.	명.소.남.단	동.직.미완.능.3단.	전.소	대.인.소.남.3단

67 그 부친 사가랴가 성령의 충만함을 받아 예언하여 이르되
And his father Zacharias was filled with the Holy Ghost, and prophesied, saying,

2532	2197	3588	3962	846	4130	4151	40
Καὶ	Ζαχαρίας	ὁ	πατὴρ	αὐτοῦ	ἐπλήσθη	πνεύματος	ἁγίου
καί	Ζαχαρίας	ὁ	πατήρ	αὐτός	πλήθω	πνεῦμα	ἅγιος
카이	자카리아스	호	파테르	아우투	에플레스데	프뉴마토스	하기우
또한	사가랴가	그	부친	그의	충만하여졌다	령으로	성
접.등	명.주.남.단	관.주.남.단	명.주.남.단	대.인.소.남.3단	동.직.1과.수.3단	명.소.중.단	형.소.중.단

2532	4395	3004
καὶ	ἐπροφήτευσεν	λέγων,
καί	προφητεύω	λέγω
카이	에프로페튜센	레곤
그리하여	예언하였다	말하기를
접.등	동.직.1과.능.3단	동.분.현.능.주.남.단

68 찬송하리로다 주 이스라엘의 하나님이여 그 백성을 돌보사 속량하시며
Blessed be the Lord God of Israel; for he hath visited and redeemed his people,

2128	2962	3588	2316	3588	2474	3754	1980	2532
Εὐλογητὸς	κύριος	ὁ	θεὸς	τοῦ	Ἰσραήλ,	ὅτι	ἐπεσκέψατο	καὶ
εὐλογητός	κύριος	ὁ	θεός	ὁ	Ἰσραήλ	ὅτι	ἐπισκέπτομαι	καί
율로게토스	퀴리오스	호	데오스	투	이스라엘	호티	에페스켑사토	카이
찬송을 받을지니	주	그	하나님께서	그	이스라엘의	때문이다	그가 돌보셨고	이에
형.주.남.단	명.주.중.단.	관.주.남.단.	명.주.남.단.	관.소.남.단.	명.소.남.단	접.종	동.직.1과.중디.3단.	접.등

4160	3085	3588	2992	846
ἐποίησεν	λύτρωσιν	τῷ	λαῷ	αὐτοῦ,
ποιέω	λύτρωσις	ὁ	λαός	αὐτός
에포이에센	뤼트로신	토	라오	아우투
행하셨기	대속을	그	백성을 위하여	그의
동.직.1과.능.3단	명.목.여.단	관.여격.남.단.	명.여격.남.단.	대.인.소.남.3단

69 우리를 위하여 구원의 뿔을 그 종 다윗의 집에 일으키셨으니
And hath raised up an horn of salvation for us in the house of his servant David;

2532	1453	2768	4991	1473	1722	3624	1138	3816
καὶ	ἤγειρεν	κέρας	σωτηρίας	ἡμῖν	ἐν	οἴκῳ	Δαυὶδ	παιδὸς
καί	ἐγείρω	κέρας	σωτηρία	ἐγώ	ἐν	οἶκος	δαυ(β)ίδ	παῖς
카이	에게이렌	케라스	소테리아스	헤민	엔	오이코	다윗	파이도스
그리하여	일으키셨다	한 뿔을	구원의	우리를 위하여	안에	집	다윗의	종
접.등	동.직.1과.능.3단.	명.목.중.단.	명.소.여.단	대.인.여격.1복.	전.여격.	명.여.격.남.단.	명.소.남.단.	명.소.남.단.

846
αὐτοῦ,
αὐτός
아우투
그의
대.인.소.남.3단

70 이것은 주께서 예로부터 거룩한 선지자의 입으로 말씀하신 바와 같이
As he spake by the mouth of his holy prophets, which have been since the world began:

2531	2980	1223	4750	3588	40	575	165	4396
καθὼς	ἐλάλησεν	διὰ	στόματος	τῶν	ἁγίων	ἀπ'	αἰῶνος	προφητῶν
καθώς	λαλέω	διά	στόμα	ὁ	ἅγιος	ἀπό	αἰών	προφήτης
카도스	엘랄레센	디아	스토마토스	톤	하기온	압	아이오노스	프로패톤
같이	말씀하셨던	통하여	입을	그	거룩한	부터	예로	선지자들의
접.종	동.직.1과.능.3단	전.소	명.소.중.단	관.소.남.복	형.소.남.복	전.소	명.소.남.단	명.소.남.복

848
αὐτοῦ,
αὐτός
아우투
그의
대.인.소.남.3단

71 우리 원수에게서와 우리를 미워하는 모든 자의 손에서 구원하시는 일이라
That we should be saved from our enemies, and from the hand of all that hate us;

4991	1537	2190	1473	2532	1537	5495	3956	3588
σωτηρίαν	ἐξ	ἐχθρῶν	ἡμῶν	καὶ	ἐκ	χειρὸς	πάντων	τῶν
σωτηρία	ἐκ	ἐχθρός	ἐγώ	καί	ἐκ	χείρ	πᾶς	ὁ
소테리안	엑스	에크드론	헤몬	카이	에크	케이로스	판톤	톤
구원을	부터	원수들로	우리의	그리고	부터	손으로	모두의	그(사람들)
명.목.여.단.	전소	형.대.소남.복.	대.인.소.1복.	접.등	전소	명.소.여.단	형.대.소.남.복.	관.소.남.복

3404	1473
μισούντων	ἡμᾶς,
μισέω	ἐγώ
미순톤	헤마스
미워하는	우리를
동.분.현.능.소.남.복	대.인.목.1복

72 우리 조상을 긍휼히 여기시며 그 거룩한 언약을 기억하셨으니
To perform the mercy promised to our fathers, and to remember his holy covenant;

4160	1656	3326	3588	3962	1473	2532	3415	1242
ποιῆσαι	ἔλεος	μετὰ	τῶν	πατέρων	ἡμῶν	καὶ	μνησθῆναι	διαθήκης
ποιέω	ἔλεος	μετά	ὁ	πατήρ	ἐγώ	καί	μνάομαι	διαθήκη
포이에사이	엘레오스	메타	톤	파테론	헤몬	카이	므네스데나이	디아데케스
베푸시는 것	긍휼을	함께	그	조상들과	우리의	과	기억하는 것을	언약을
동.부.1과.능	명.목.중.단.	전소	관.소.남.복	명.소.남.복	대.인.소.1복	접.등	동.부.1과.수디	명.소.여.단

40	846
ἁγίας	αὐτοῦ,
ἅγιος	αὐτός
하기아스	아우투
거룩한	그의
형.소.여.단	대.인.소.남.3단

73 곧 우리 조상 아브라함에게 하신 맹세라
The oath which he sware to our father Abraham,

3727	3739	3660	4314	11	3588	3962	1473	3588
ὅρκον	ὃν	ὤμοσεν	πρὸς	Ἀβραὰμ	τὸν	πατέρα	ἡμῶν,	τοῦ
ὅρκος	ὅς	ὀμνύω	πρός	Ἀβραάμ	ὁ	πατήρ	ἐγώ	τό
호르콘	혼	오모센	프로스	아브라암	톤	파테라	헤몬	투
맹세를	바	맹세하셨던	에게	아브라함	그	조상	우리의	그
명.목.남.단.	대.관.목.남.단.	동.직.1과.능.3단.	전목	명.목.남.단	관.목.남.단.	명.목.남.단	대.인.소.1복	관.소.중.단

1325	1473
δοῦναι	ἡμῖν
δίδωμι	ἐγώ
두나이	헤민
주시려고	우리에게
동.부.2과.능.소	대.인.여격.1복

74 우리가 원수의 손에서 건지심을 받고
That he would grant unto us, that we being delivered out of the hand of our enemies might serve him without fear,

870	1537	5495	2190	4506	3000	846
ἀφόβως	ἐκ	χειρὸς	ἐχθρῶν	ῥυσθέντας	λατρεύειν	αὐτῷ
ἀφόβως	ἐκ	χείρ	ἐχθρός	ῥύομαι	λατρεύω	αὐτός
아포보스	에크	케이로스	에크드론	흐뤼스덴타스	라트류에인	아우토
두려움 없이	부터	손으로	원수들의	우리가 건지심을 받고	섬기도록	그에게
부	**전소**	**명.소.여.단**	**형.대.소.남.복.**	**동.분.1과.수.목.남.1복.**	**동.부.현.능**	**대.인.여격.남.3단**

75 종신토록 주의 앞에서 성결과 의로 두려움이 없이 섬기게 하리라 하셨도다
In holiness and righteousness before him, all the days of our life.

1722	3742	2532	1343	1799	846	3956	3588
ἐν	ὁσιότητι	καὶ	δικαιοσύνῃ	ἐνώπιον	αὐτοῦ	πάσαις	ταῖς
ἐν	ὁσιότης	καί	δικαιοσύνη	ἐνώπιον	αὐτός	πᾶς	ἡ
엔	호시오테티	카이	디카이오쉬네	에노피온	아우투	파사이스	타이스
가운데	거룩함	과	의	앞에서	그의	모든	그
전.여격	**명.여격.여.단**	**접.등**	**명.여격.여.단**	**전소**	**대.인.소.남.3단.**	**형.부.여.복**	**관.여격.여.복.**

2250	1473
ἡμέραις	ἡμῶν.
ἡμέρα	ἐγώ
헤메라이스	헤몬
날들에	우리의
명.여격.여.복	**대.인.소.1복**

76 이 아이여 네가 지극히 높으신 이의 선지자라 일컬음을 받고 주 앞에 앞서 가서 그 길을 준비하여
And thou, child, shalt be called the prophet of the Highest: for thou shalt go before the face of the Lord to prepare his ways;

2532	4771	1161	3813	4396	5310	2564	4313
Καὶ	σὺ	δέ,	παιδίον,	προφήτης	ὑψίστου	κληθήσῃ·	προπορεύσῃ
καί	σύ	δέ	παιδίον	προφήτης	ὕψιστος	καλέω	προπορεύομαι
카이	수	데	파이디온	프로페테스	휩시스투	클레테세	프로포류세
또한	너	그리고	아이여	선지자라	가장 높으신 분의	불려질 것이다	너는 앞서 갈 것이라
부	**대.인.주.2단.**	**접.등**	**명.호.중.단**	**명.주.남.단**	**형.대.최.소.남.단**	**동.직.미.수.2단**	**동.직.미.중디.2.단**

1063	1799	2962	2090	3598	846
γὰρ	ἐνώπιον	κυρίου	ἑτοιμάσαι	ὁδοὺς	αὐτοῦ,
γάρ	ἐνώπιον	κύριος	ἑτοιμάζω	ὁδός	αὐτός
가르	에노피온	퀴리우	헤토이마사이	호두스	아우투
왜냐하면	앞에서	주님의	준비하기 위하여	길들을	그의
접.종	**전소**	**명.소.남.단**	**동.부.1과.능**	**명.목.여.복**	**대.인.소.남.3단**

77 주의 백성에게 그 죄 사함으로 말미암는 구원을 알게 하리니
To give knowledge of salvation unto his people by the remission of their sins,

3588	1325	1108	4991	3588	2992	846	1722	859
τοῦ	δοῦναι	γνῶσιν	σωτηρίας	τῷ	λαῷ	αὐτοῦ	ἐν	ἀφέσει
τό	δίδωμι	γνῶσις	σωτηρία	ὁ	λαός	αὐτός	ἐν	ἄφεσις
투	두나이	그노신	소테리아스	토	라오	아우투	엔	아페세이
그	주시려고	지식을	구원의	그	백성에게	그의	으로	용서함
관.소.중.단.	**동.부.2과.능.소.**	**명.목.여.단**	**명.소.여.단**	**관.여격.남.단.**	**명.여격.남.단.**	**대.인.소.남.3단.**	**전.여격**	**명.여격.여.단**

266	846
ἁμαρτιῶν	αὐτῶν,
ἁμαρτία	αὐτός
하마르티온	아우톤
죄들의	그들의
명.소.여.복	**대.인.소.남.3복**

78 이는 우리 하나님의 긍휼로 인함이라 이로써 돋는 해가 위로부터 우리에게 임하여
Through the tender mercy of our God; whereby the dayspring from on high hath visited us,

1223	4698	1656	2316	1473	1722	3739	1980
διὰ	σπλάγχνα	ἐλέους	θεοῦ	ἡμῶν,	ἐν	οἷς	ἐπισκέψεται
διά	σπλάγχνον	ἔλεος	θεός	ἐγώ	ἐν	ὅς	ἐπισκέπτομαι
디아	스플랑크나	엘레우스	테우	헤몬	엔	호이스	에피스켚세타이
말미암아	심정들로	자비의	하나님의	우리의	으로써	이러함	돌볼 것이라
전목	명.목.중.복	명.소.중.단	명.소.남.단.	대.인.소.1복.	전.여격.	대.관.여격.중.복.	동.직.미.중디.3단.

1473	395	1537	5311
ἡμᾶς	ἀνατολὴ	ἐξ	ὕψους,
ἐγώ	ἀνατολή	ἐκ	ὕψος
헤마스	아나톨레	엑스	흽수스
우리를	돋는 해가	부터	위로
대.인.목.1복	명.주.여.단	전.소	명.소.중.단

79 어둠과 죽음의 그늘에 앉은 자에게 비치고 우리 발을 평강의 길로 인도하시리로다
하니라
To give light to them that sit in darkness and in the shadow of death, to guide our feet into the way of peace.

2014	3588	1722	4655	2532	4639	2288	2521
ἐπιφᾶναι	τοῖς	ἐν	σκότει	καὶ	σκιᾷ	θανάτου	καθημένοις,
ἐπιφαίνω	ὁ	ἐν	σκότος	καί	σκία	θάνατος	κάθημαι
에피파나이	토이스	엔	스코테이	카이	스키아	다나투	카데메노이스
위로 비추려고	그(사람들에게)	가운데	어두움	과	그늘에	사망의	앉은
동.부.1과.능	관.여격.남.복	전.여격.	명.여격.중.단.	접.등	명.여격.여.단	명.소.남.단.	동.분.현.중.여격.남.복

3588	2720	3588	4228	1473	1519	3598	1515
τοῦ	κατευθῦναι	τοὺς	πόδας	ἡμῶν	εἰς	ὁδὸν	εἰρήνης.
τό	κατευθύνω	ὁ	πούς	ἐγώ	εἰς	ὁδός	εἰρήνη
투	카튜뒤나이	투스	포다스	헤몬	에이스	호돈	에이레네스
그	옳은 길로 인도하기 위하여	그	발들을	우리의	안으로	길을	평화의
관.소.중.단.	동.부.1과.능.소	관.목.남.복.	명.목.남.복.	대.인.소.1복.	전목	명.목.여.단	명.소.여.단

80 아이가 자라며 심령이 강하여지며 이스라엘에게 나타나는 날까지 빈 들에 있으니라
And the child grew, and waxed strong in spirit, and was in the deserts till the day of his shewing unto Israel.

3588	1161	3813	837	2532	2901	4151	2532
Τὸ	δὲ	παιδίον	ηὔξανεν	καὶ	ἐκραταιοῦτο	πνεύματι,	καὶ
τό	δέ	παιδίον	αὐξάνω	καί	κραταιόω	πνεῦμα	καί
토	데	파이디온	에웍사넨	카이	에크라타이우토	프뉴마티	카이
그	그리고	아이가	자라고 있었다	그리고	강건케 되어 있었다	영에	또
관.주.중.단.	접.등	명.주.중.단	동.직.미완.능.3단.	접.등	동.직.미완.수.3단	명.여격.중.단	접.등

1510	1722	3588	2048	2193	2250	323	846	4314
ἦν	ἐν	ταῖς	ἐρήμοις	ἕως	ἡμέρας	ἀναδείξεως	αὐτοῦ	πρὸς
εἰμί	ἐν	ἡ	ἔρημος	ἕως	ἡμέρα	ἀνάδειξις	αὐτός	πρός
엔	엔	타이스	에레모이스	헤오스	헤메라스	아나데잌세오스	아우투	프로스
그가 있었다	가운데	그	광야들에	까지	날	나타남의	그의	에게로
동.직.미완.능.3단	전.여격.	관.여격.여.복.	형.대.여격.여.복.	전.소	명.소.여.단.	명.소.여.단	대.인.소.남.3단.	전목

3588	2474
τὸν	Ἰσραήλ.
ὁ	Ἰσραήλ
톤	이스라엘
그	이스라엘
관.목.남.단.	명.목.남.단.

2 그 때에 가이사 아구스도가 영을 내려 천하로 다 호적하라 하였으니
And it came to pass in those days, that there went out a decree from Caesar Augustus, that all the world should be taxed.

1096	1161	1722	3588	2250	1565	1831	1378	3844
Ἐγένετο	δὲ	ἐν	ταῖς	ἡμέραις	ἐκείναις	ἐξῆλθεν	δόγμα	παρὰ
γίνομαι	δέ	ἐν	ἡ	ἡμέρα	ἐκεῖνος	ἐξέρχομαι	δόγμα	παρά
에게네토	데	엔	타이스	헤메라이스	에케이나이스	엑셀덴	도그마	파라
되었다	그리고	가운데	그	날들	이런	나왔다	한 칙령이	부터
동.직.2과.중디.3단.	접.등	전.여격.	관.여격.여.복.	명.여격.여.복	대.지.여격.여.복.	동.직.2과.능.3단.	명.주.중.단	전.소

2541	828	583	3956	3588	3625
Καίσαρος	Αὐγούστου	ἀπογράφεσθαι	πᾶσαν	τὴν	οἰκουμένην.
Καῖσαρ	Αὔγουστος	ἀπογράφω	πᾶς	ἡ	οἰκουμένη
카이사로스	아우구스투	아포그라페스다이	파산	텐	오이쿠메넨
가이사	아구스도로	호적하도록	다	그	세계를
명.소.남.단	명.소.남.단	동.부.현.중	형.목.여.단	관.목.여.단.	명.목.여.단

2 이 호적은 구레뇨가 수리아 총독이 되었을 때에 처음 한 것이라
And this taxing was first made when Cyrenius was governor of Syria.

3778	582	4413	1096	2230	3588	4947
αὕτη	ἀπογραφὴ	πρώτη	ἐγένετο	ἡγεμονεύοντος	τῆς	Συρίας
οὗτος	ἀπογραφή	πρῶτος	γίνομαι	ἡγεμονεύω	ἡ	Συρία
하우테	아포그라페	프로테	에게네토	헤게모뉴온토스	테스	쉬리아스
이	호적은	첫번째	이루어졌다	총독으로 있을 때에	그	수리아의
대.지.주.여.단.	명.주.여.단	형.서.주.여.단.	동.직.2과.중디.3단.	동.분.현.능.소.남.단	관.소.여.단	명.소.여.단

2958
Κυρηνίου.
Κυρήνιος
퀴레니우
구레뇨가
명.소.남.단

3 모든 사람이 호적하러 각각 고향으로 돌아가매
And all went to be taxed, every one into his own city.

2532	4198	3956	583	1538	1519	3588	1438
καὶ	ἐπορεύοντο	πάντες	ἀπογράφεσθαι,	ἕκαστος	εἰς	τὴν	ἑαυτοῦ
καί	πορεύομαι	πᾶς	ἀπογράφω	ἕκαστος	εἰς	ὁ	ἑαυτοῦ
카이	에포류온토	판테스	아포그라페스다이	헤카스토스	에이스	텐	헤아우투
그리하여	가고 있었다	모든 사람이	호적하려고	각 사람은	향하여	그	그 자신의
접.등	동.직.미완.중.3복	형.대.주.남.복	동.부.현.중	형.대.주.남.단	전.목	관.목.여.단.	대.인.소.남.3단

4172
πόλιν.
πόλις
폴린
도시를
명.목.여.단

4 요셉도 다윗의 집 족속이므로 갈릴리 나사렛 동네에서 유대를 향하여 베들레헴이라 하는
다윗의 동네로
And Joseph also went up from Galilee, out of the city of Nazareth, into Judaea, unto the city of David, which is called Bethlehem; (because he was of the house and lineage of David:)

305	1161	2532	2501	575	3588	1056	1537	4172	3478
Ἀνέβη	δὲ	καὶ	Ἰωσὴφ	ἀπὸ	τῆς	Γαλιλαίας	ἐκ	πόλεως	Ναζαρὲθ
ἀναβαίνω	δέ	καί	Ἰωσήφ	ἀπό	ἡ	Γαλιλαία	ἐκ	πόλις	Ναζαρέθ
아네베	데	카이	요세프	아포	테스	갈릴라이아스	에크	폴레오스	나자렡
올라갔다	그래서	역시	요셉도	부터	그	갈릴리로	에서	도시	나사렛
동.직.2과.능.3단.	접.우	부	명.주.남.단	전.소	관.소.여.단.	명.소.여.단	전.소	명.소.여.단	명.소.여.단

1519	3588	2449	1519	4172	1138	3748	2564	965
εἰς	τὴν	Ἰουδαίαν	εἰς	πόλιν	Δαυὶδ	ἥτις	καλεῖται	Βηθλέεμ,
εἰς	ἡ	Ἰουδαία	εἰς	πόλις	δαυ(β)ίδ	ὅστις	καλέω	Βηθλεέμ
에이스	텐	유다이안	에이스	폴린	다윋	헤티스	칼레이타이	베들레엠
향하여	그	유대를	안으로	도시를	다윗의	바	불려지는	베들레헴이라
전목	관.목.여.단.	명.목.여.단	전목	명.목.여.단.	명.소.남.단	대.관.주.여.단	동.직.현.수.3단	명.주.여.단

1223	3588	1510	846	1537	3624	2532	3965	138
διὰ	τὸ	εἶναι	αὐτὸν	ἐξ	οἴκου	καὶ	πατριᾶς	Δαυίδ,
διά	τό	εἰμί	αὐτός	ἐκ	οἶκος	καί	πατριά	δαυ(β)ίδ
디아	토	에이나이	아우톤	엑스	오이쿠	카이	파트리아스	다윋
때문에	그	있기	그가	속하여	집	과	가계	다윗의
전목	관.목.중.단.	동.부.현.능.목.	대.인.목.남.3단.	전소	명.소.남.단.	접.등	명.소.여.단	명.소.남.단

5 그 약혼한 마리아와 함께 호적하러 올라가니 마리아가 이미 잉태하였더라
To be taxed with Mary his espoused wife, being great with child.

583	4862	3137	3588	3423	846	1510
ἀπογράψασθαι	σὺν	Μαριὰμ	τῇ	ἐμνηστευμένῃ	αὐτῷ,	οὔσῃ
ἀπογράφω	σύν	Μαρία	ἡ	μνηστεύω	αὐτός	εἰμί
아포그랖사스다이	쉰	마리암	테	엠네스튜메네	아우토	우세
호적하려고	함께	마리아와	그	정혼한	그에게	그는 이미 있으면서
동.부.1과.중	전.여격.	명.여격.여.단	관.여격.여.단	동.분.1완.수.여격.여.단	대.인.여격.남.3단	동.분.현.능.여격.여.단.

1471
ἐγκύῳ.
ἔγκυος
엥퀴오
잉태되어
형.여격.여.단

6 거기 있을 그 때에 해산할 날이 차서
And so it was, that, while they were there, the days were accomplished that she should be delivered.

1096	1161	1722	3588	1510	846	1563	4130	3588
Ἐγένετο	δὲ	ἐν	τῷ	εἶναι	αὐτοὺς	ἐκεῖ	ἐπλήσθησαν	αἱ
γίνομαι	δέ	ἐν	τό	εἰμί	αὐτός	ἐκεῖ	πλήθω	ἡ
에게네토	데	엔	토	에이나이	아우투스	에케이	에플레스데산	하이
일어났다	그리고	때에	그	있을	그들이	거기에	차게 되었다	그
동.직.2과.중디.3단.	접.등	전.여격.	관.여격.중.단.	동.부.현.능.여격.	대.인.목.남.3복.	부	동.직.1과.수.3복	관.주.여.복

2250	3588	5088	846
ἡμέραι	τοῦ	τεκεῖν	αὐτήν,
ἡμέρα	τό	τίκτω	αὐτός
헤메라이	투	테케인	아우텐
날들이	그	해산할	그(를)가
명.주.여.복	관.소.중.단.	동.부.2과.능.소.	대.인.목.여.3단

7 첫아들을 낳아 강보로 싸서 구유에 뉘었으니 이는 여관에 있을 곳이 없음이러라
And she brought forth her firstborn son, and wrapped him in swaddling clothes, and laid him in a manger; because there was no room for them in the inn.

2532	5088	3588	5207	846	3588	4416	2532	4683
καὶ	ἔτεκεν	τὸν	υἱὸν	αὐτῆς	τὸν	πρωτότοκον,	καὶ	ἐσπαργάνωσεν
καί	τίκτω	ὁ	υἱός	αὐτός	ὁ	πρωτοτόκος	καί	σπαργανόω
카이	에테켄	톤	휘온	아우테스	톤	프로토토콘	카이	에스파르가노센
그래서	그가 낳았다	그	아들을	그녀의	구	맏	이에	그가 강보로 쌌다
접.등	동.직.2과.능.3단.	관.목.남.단.	명.목.남.단.	대.인.소.여.3단.	관.목.남.단.	형.목.남.단	접.등	동.직.1과.능.3단

846	2532	347	846	1722	5336	1360	3756
αὐτὸν	καὶ	ἀνέκλινεν	αὐτὸν	ἐν	φάτνῃ,	διότι	οὐκ
αὐτός	καί	ἀνακλίνω	αὐτός	ἐν	φάτνη	διότι	οὐ
아우톤	카이	아네클리넨	아우톤	엔	파트네	디오티	우크
그를	그래서	뉘었다	그를	안에	구유에	왜냐하면	아니하였고
대.인.목.남.3단.	접.등	동.직.1과.능.3단/동.직.미완.능.3단.	대.인.목.남.3단.	전.여격.	명.여격.여.단.	접.종.	부.

1510	846	5117	1722	3588	2646
ἦν	αὐτοῖς	τόπος	ἐν	τῷ	καταλύματι.
εἰμί	αὐτός	τόπος	ἐν	τό	κατάλυμα
엔	아우토이스	토포스	엔	토	카탈뤼마티
있지	그들을 위하여	한 곳도	안에	그	여관에
동.직.미완.능.3단.	대.인.여격.남.3복.	명.주.남.단	전.여격.	관.여격.중.단.	명.여격.중.단

8 그 지역에 목자들이 밤에 밖에서 자기 양 떼를 지키더니

And there were in the same country shepherds abiding in the field, keeping watch over their flock by night.

2532	4166	1510	1722	3588	5561	3588	846	63
Καὶ	ποιμένες	ἦσαν	ἐν	τῇ	χώρᾳ	τῇ	αὐτῇ	ἀγραυλοῦντες
καί	ποιμήν	εἰμί	ἐν	ἡ	χώρα	ἡ	αὐτός	ἀγραυλέω
카이	포이메네스	에산	엔	테	코라	테	아우테	아그라울룬테스
그런데	목자들이	있었다	안에서	그	지방에	그	같은	들에서 지내며
접.등	명.주.남.복	동.직.미완.능.3복.+	전.여격.	관.여격.여.단.	명.여격.여.단.	관.여격.여.단.	대.인.여격.여.3단	+동.분.현.능.주.남.복

2532	5442	5438	3588	3571	1909	3588	4167	846
καὶ	φυλάσσοντες	φυλακὰς	τῆς	νυκτὸς	ἐπὶ	τὴν	ποίμνην	αὐτῶν.
καί	φυλάσσω	φυλακή	ἡ	νύξ	ἐπί	ἡ	ποίμνη	αὐτός
카이	퓔라쏜테스	퓔라카스	테스	뉙토스	에피	텐	포임넨	아우톤
또	지키면서	살피어	그	밤의	앞에서	그	양떼를	자기들의
접.등	+동.분.현.능.주.남.복	명.목.여.복	관.소.여.단	명.소.여.단	전.목	관.목.여.단	명.목.여.단	대.인.소.남.3복

9 주의 사자가 곁에 서고 주의 영광이 그들을 두루 비추매 크게 무서워하는지라

And, lo, the angel of the Lord came upon them, and the glory of the Lord shone round about them: and they were sore afraid.

2532	32	2962	2186	846	2532	1391	2962	4034
καὶ	ἄγγελος	κυρίου	ἐπέστη	αὐτοῖς	καὶ	δόξα	κυρίου	περιέλαμψεν
καί	ἄγγελος	κύριος	ἐφίστημι	αὐτός	καί	δόξα	κύριος	περιλάμπω
카이	앙겔로스	퀴리우	에페스테	아우토이스	카이	독사	퀴리우	페리엘람프센
그런데	한 천사가	주의	곁에 섰다	그들에게	그리고	영광이	주의	두루 비추었다
접.등	명.주.남.단	명.소.남.단	동.직.2과.능.3단.	대.인.여격.남.3복.	접.등.	명.주.여.단	명.소.남.단	동.직.1과.능.3단

846	2532	5399	5401	3173
αὐτούς,	καὶ	ἐφοβήθησαν	φόβον	μέγαν.
αὐτός	καί	φοβέω	φόβος	μέγας
아우투스	카이	에포베데산	포본	메간
그들을	그러자	무서워 하였다	두려움으로	크게
대.인.목.남.3복.	접.등	동.직.1과.수디.3복	명.목.남.단	형.목.남.단

10 천사가 이르되 무서워하지 말라 보라 내가 온 백성에게 미칠 큰 기쁨의 좋은 소식을
너희에게 전하노라

And the angel said unto them, Fear not: for, behold, I bring you good tidings of great joy, which shall be to all people.

2532	3004(2036)	846	3588	32	3361	5399	2400	1063
καὶ	εἶπεν	αὐτοῖς	ὁ	ἄγγελος,	μὴ	φοβεῖσθε,	ἰδοὺ	γὰρ
καί	λέγω.ἔπω	αὐτός	ὁ	ἄγγελος	μή	φοβέω	ἰδού	γάρ
카이	에이펜	아우토이스	호	앙겔로스	메	포베이스데	이두	가르
그런데	말하였다	그들에게	그	천사가	말라	너희는 무서워	보라	왜냐하면
접.등	동.직.2과.능.3단.	대.인.여격.남.3복.	관.주.남.단.	명.주.남.단	부	동.명.현.중.2복	불문	접.종

2097	4771	5479	3173	3748	1510	3956
εὐαγγελίζομαι	ὑμῖν	χαρὰν	μεγάλην	ἥτις	ἔσται	παντὶ
εὐαγγελίζω	σύ	χαρά	μέγας	ὅστις	εἰμί	πᾶς
유앙겔리조마이	휘민	카란	메갈렌	헤티스	에스타이	판티
내가 기쁜 소식을 전하노라	너희에게	즐거움의	큰	바	있을	모든
동.직.현.중.1단	대.인.여격.2복.	명.목.여.단	형.목.여.단	대.관.주.여.단.	동.직.미.중디.3단	형.여격.남.단

3588	2992
τῷ	λαῷ,
ὁ	λαός
토	라오
그	백성에게
관.여격.남.단.	명.여격.남.단

11 오늘 다윗의 동네에 너희를 위하여 구주가 나셨으니 곧 그리스도 주시니라
For unto you is born this day in the city of David a Saviour, which is Christ the Lord.

3754	5088	4771	4594	4990	3739	1510	5547
ὅτι	ἐτέχθη	ὑμῖν	σήμερον	σωτὴρ	ὅς	ἐστιν	χριστὸς
ὅτι	τίκτω	σύ	σήμερον	σωτήρ	ὅς	εἰμί	Χριστός
호티	에텍흐데	휘민	세메론	소테르	호스	에스틴	크리스토스
때문이라	탄생하게 되셨기	너희를 위하여	오늘	한 구주가	바	이신	그리스도
접.종	동.직.1과.수.3단.	대.인.여격.2복	부	명.주.남.단	대.관.주.남.단.	동.직.현.능.3단.	명.주.남.단

2962	1722	4172	1138
κύριος	ἐν	πόλει	Δαυίδ.
κύριος	ἐν	πόλις	δαυ(β)ίδ
퀴리오스	엔	폴레이	다윋
주	안에	도시	다윗의
명.주.남.단	전.여격	명.여격.여.단.	명.소.남.단

12 너희가 가서 강보에 싸여 구유에 뉘어 있는 아기를 보리니 이것이 너희에게 표적이니라
하더니
And this shall be a sign unto you; Ye shall find the babe wrapped in swaddling clothes, lying in a manger.

2532	3778	4771	3588	4592	2147	1025	4683
καὶ	τοῦτο	ὑμῖν	τὸ	σημεῖον,	εὑρήσετε	βρέφος	ἐσπαργανωμένον
καί	οὗτος	σύ	τό	σημεῖον	εὑρίσκω	βρέφος	σπαργανόω
카이	투토	휘민	토	세메이온	휴레세테	브레포스	에스파르가노메논
또한	이것이	너희에게	그	표적이	너희가 발견할 것이다	한 아기를	강보에 싸여있으며
접.등.	대.지.주.중.단.	대.인.여격.2복.	관.주.중.단.	명.주.중.단	동.직.미.능.2복	명.목.중.단	동.분.1완.수.목.중.단

2532	2749	1722	5336
καὶ	κείμενον	ἐν	φάτνῃ.
καί	κεῖμαι	ἐν	φάτνη
카이	케이메논	엔	파트네
그리하여	누인	안에	구유에
접.등	동.분.현.중.목.중.단.	전.여격.	명.여격.여.단

13 홀연히 수많은 천군이 그 천사들과 함께 하나님을 찬송하여 이르되
And suddenly there was with the angel a multitude of the heavenly host praising God, and saying,

2532	1810	1096	4862	3588	32	4128	4756
καὶ	ἐξαίφνης	ἐγένετο	σὺν	τῷ	ἀγγέλῳ	πλῆθος	στρατιᾶς
καί	ἐξαίφνης	γίνομαι	σύν	ὁ	ἄγγελος	πλῆθος	στρατία
카이	엑사이프네스	에게네토	쉰	토	앙겔로	플레도스	스트라티아스
그러자	홀연히	있었다	함께	그	천사와	허다한	군대의
접.등	부	동.직.2과.중디.3단.	전.여격.	관.여격.남.단.	명.여격.남.단	명.주.중.단	명.소.여.단

3770	134	3588	2316	2532	3004
οὐρανίου	αἰνούντων	τὸν	θεὸν	καὶ	λεγόντων,
οὐράνιος	αἰνέω	ὁ	θεός	καί	λέγω
우라니우	아이눈톤	톤	데온	카이	레곤톤
하늘의	찬양하며	그	하나님을	그리고	말하기를
형.소.여.단	동.분.현.능.소.남.복.	관.목.남.단.	명.목.남.단.	접.등	동.분.현.능.소.남.복

14 지극히 높은 곳에서는 하나님께 영광이요 땅에서는 하나님이 기뻐하신 사람들 중에
평화로다 하니라

Glory to God in the highest, and on earth peace, good will toward men.

1391	1722	5310	2316	2532	1909	1093	1515	1722	444
δόξα	ἐν	ὑψίστοις	θεῷ	καὶ	ἐπὶ	γῆς	εἰρήνη	ἐν	ἀνθρώποις
δόξα	ἐν	ὕψιστος	θεός	καί	ἐπί	γῆ	εἰρήνη	ἐν	ἄνθρωπος
독사	엔	휩시스토이스	데오	카이	에피	게스	에이레네	엔	안드로포이스
영광이	안에서	가장 높은 곳에	하나님께	그리고	위에서	땅	평화가	가운데	사람들
명.주.여.단	전.여격	형.대.최.여격.중.복	명.여격.남.단	접.등	전.소	명.소.여.단	명.주.여.단	전.여격	명.여격.남.복

2107
εὐδοκίας.
εὐδοκία
유도키아스
기쁨의
명.소.여.단

15 천사들이 떠나 하늘로 올라가니 목자가 서로 말하되 이제 베들레헴으로 가서 주께서
우리에게 알리신 바 이 이루어진 일을 보자 하고

And it came to pass, as the angels were gone away from them into heaven, the shepherds said one to another, Let us now go even unto Bethlehem, and see this thing which is come to pass, which the Lord hath made known unto us.

2532	1096	5613	565	575	846	1519	3588	3772
Καὶ	ἐγένετο	ὡς	ἀπῆλθον	ἀπ'	αὐτῶν	εἰς	τὸν	οὐρανὸν
καί	γίνομαι	ὡς	ἀπέρχομαι	ἀπό	αὐτός	εἰς	ὁ	οὐρανός
카이	에게네토	호스	아펠돈	압	아우톤	에이스	톤	우라논
그리고	되었다	때에	떠났을	부터	그들로	향하여	그	하늘을
접.등	동.직.2과.중디.3단.	접.종	동.직.2과.능.3복.	전.소	대.인.소.남.3복.	전.목	관.목.남.단.	명.목.남.단.

3588	32	3588	4166	2980	4314	240	1330
οἱ	ἄγγελοι,	οἱ	ποιμένες	ἐλάλουν	πρὸς	ἀλλήλους,	διέλθωμεν
ὁ	ἄγγελος	ὁ	ποιμήν	λαλέω	πρός	ἀλλήλων	διέρχομαι
호이	앙겔로이	호이	포이메네스	엘랄룬	프로스	알렐루스	디엘도멘
그	천사들이	그	목자들이	말하고 있었다	향하여	서로를	우리가 통행하자
관.주.남.복	명.주.남.복	관.주.남.복.	명.주.남.복	동.직.미완.능.3.복.	전.목	대.목.남.3복	동.가.2과.능.1복

1211	2193	965	2532	3708(1492)	3588	4487	3778	3588
δὴ	ἕως	Βηθλέεμ	καὶ	ἴδωμεν	τὸ	ῥῆμα	τοῦτο	τὸ
δή	ἕως	Βηθλεέμ	καί	ὁράω.εἴδω	τό	ῥῆμα	οὗτος	τό
데	헤오스	베들레엠	카이	이도멘	토	흐레마	투토	토
이제	까지	베들레헴	그리하여	우리가 보자	그	일을	이	그
불.문	전.소	명.소.여.단	접.등	동.가.2과.능.1복.	관.목.중.단.	명.목.중.단.	대.지.목.중.단.	관.목.중.단

1096	3739	3588	2962	1107	1473
γεγονὸς	ὃ	ὁ	κύριος	ἐγνώρισεν	ἡμῖν.
γίνομαι	ὅς	ὁ	κύριος	γνωρίζω	ἐγώ
게고노스	호	호	퀴리오스	에그노리센	헤민
일어나 있는	바	그	주께서	알게 하셨던	우리에게
동.분.2완.능.목.중.단.	대.관.목.중.단.	관.주.남.단.	명.주.남.단	동.직.1과.능.3단	대.인.여격.1복

16 빨리 가서 마리아와 요셉과 구유에 누인 아기를 찾아서

And they came with haste, and found Mary, and Joseph, and the babe lying in a manger.

2532	064	4692	2532	429	3588	5037	3137	2532
καὶ	ἦλθαν	σπεύσαντες	καὶ	ἀνεῦραν	τήν	τε	Μαριὰμ	καὶ
καί	ἔρχομαι	σπεύδω	καί	ἀνευρίσκω	ἡ	τε	Μαρία	καί
카이	엘단	스퓨산테스	카이	아뉴란	텐	테	마리암	카이
그리고	그들이 갔다	서둘러서	그래서	찾아내었다	그	또한	마리아	와
접등	동.직.2과.능.3복.	동.분.1과.능.주.남.복	접등	동.직.1과.능.3복.	관.목.여.단.	접등	명.목.남.단	접등

3588	2501	2532	3588	1025	2749	1722	3588	5336
τὸν	Ἰωσὴφ	καὶ	τὸ	βρέφος	κείμενον	ἐν	τῇ	φάτνῃ·
ὁ	Ἰωσήφ	καί	τό	βρέφος	κεῖμαι	ἐν	ἡ	φάτνη
톤	요세프	카이	토	브레포스	케이메논	엔	테	파트네
그	요셉	그리고	그	아기를	누인	안에	그	구유에
관.목.남.단	명.목.남.단	접등	관.목.중.단.	명.목.중.단	동.분.현.중.목.중.단.	전.여격.	관.여격.여.단.	명.여격.여.단

17 보고 천사가 자기들에게 이 아기에 대하여 말한 것을 전하니
And when they had seen it, they made known abroad the saying which was told them concerning this child.

3708(1492)	1161	1107	4012	3588	4487	3588	2980
ἰδόντες	δὲ	ἐγνώρισαν	περὶ	τοῦ	ῥήματος	τοῦ	λαληθέντος
ὁράω.εἴδω	δέ	γνωρίζω	περί	τό	ῥῆμα	τό	λαλέω
이돈테스	데	에그노리산	페리	투	흐레마토스	투	랄레덴토스
보고	그리고	그들이 알았다	관하여	그	말씀에	그	말하여진
동.분.2과.능.주.남.복.	접.우	동.직.1과.능.3복	전.소	관.소.중.단.	명.소.중.단.	관.소.중.단	동.분.1과.수.소.중.단

846	4012	3588	3813	3778
αὐτοῖς	περὶ	τοῦ	παιδίου	τούτου.
αὐτός	περί	τό	παιδίον	οὗτος
아우토이스	페리	투	피아디우	투투
자기들에게	관하여	그	어린아이에	이
대.인.여격.남.3복.	전.소	관.소.중.단.	명.소.중.단	대.지.소.중.단

18 듣는 자가 다 목자들이 그들에게 말한 것들을 놀랍게 여기되
And all they that heard it wondered at those things which were told them by the shepherds.

2532	3956	3588	191	2296	4012	3588
καὶ	πάντες	οἱ	ἀκούσαντες	ἐθαύμασαν	περὶ	τῶν
καί	πᾶς	ὁ	ἀκούω	θαυμάζω	περί	τό
카이	판테스	호이	아쿠산테스	에다우마산	페리	톤
이에	모두가	그(사람들)	들은	이상히 여겼다	관하여	그(일에)
접등	대.주.남.복.	관.주.남.복	동.분.1과.능.주.남.복.	동.직.1과.능.3복	전.소	관.소.중.복&대.관.주.중.복.

2980	5259	3588	4166	4314	846
λαληθέντων	ὑπὸ	τῶν	ποιμένων	πρὸς	αὐτούς·
λαλέω	ὑπό	ὁ	ποιμήν	πρός	αὐτός
랄레덴톤	휘포	톤	포이메논	프로스	아우투스
말하여진	의하여	그	목자에	향하여	그들을
동.분.1과.수.소.중.복	전.소	관.소.남.복.	명.소.남.복	전.목	대.인.목.남.3복

19 마리아는 이 모든 말을 마음에 새기어 생각하니라
But Mary kept all these things, and pondered them in her heart.

3588	1161	3137	3956	4933	3588	4487	3778
ἡ	δὲ	Μαριὰμ	πάντα	συνετήρει	τὰ	ῥήματα	ταῦτα
ἡ	δέ	Μαρία	πᾶς	συντηρέω	τό	ῥῆμα	οὗτος
헤	데	마리암	판타	쉬네테레이	타	흐레마타	타우타
그	그러나	마리아는	모두	간직하고 있었다	그	말들을	이
관.주.여.단.	접등.	명.주.여.단	형.목.중.복.	동.직.미완.능.3단	관.목.중.복.	명.목.중.복	대.지.목.중.복.

4820	1722	3588	2588	846
συμβάλλουσα	ἐν	τῇ	καρδίᾳ	αὐτῆς.
συμβάλλω	ἐν	ἡ	καρδία	αὐτός
쉼발루사	엔	테	카르디아	아우테스
깊이 생각하며	속에	그	마음	자기의
동.분.현.능.주.여.단	전.여격.	관.여격.여.단.	명.여격.여.단.	대.인.소.여.3단

20 목자들은 자기들에게 이르던 바와 같이 듣고 본 그 모든 것으로 인하여 하나님께 영광을
돌리고 찬송하며 돌아가니라
And the shepherds returned, glorifying and praising God for all the things that they had heard and seen, as it was told unto them.

2532	5290	3588	4166	1392	2532	134	3588
καὶ	ὑπέστρεψαν	οἱ	ποιμένες	δοξάζοντες	καὶ	αἰνοῦντες	τὸν
καί	ὑποστρέφω	ὁ	ποιμήν	δοξάζω	καί	αἰνέω	ὁ
카이	휘페스트렙산	호이	포이메네스	독사존테스	카이	아이눈테스	톤
그리고	되돌아갔다	그	목자들이	영광을 돌리고	그리고	찬양하면서	그
접.등	동.직.1과.능.3복	관.주.남.복.	명.주.남.복	동.분.현.능.주.남.복	접.등	동.분.현.능.주.남.복.	관.목.남.단.

2316	1909	3956	3739	191	2532	3708(1492)	2531	2980
θεὸν	ἐπὶ	πᾶσιν	οἷς	ἤκουσαν	καὶ	εἶδον	καθὼς	ἐλαλήθη
θεός	ἐπί	πᾶς	ὅς	ἀκούω	καί	ὁράω.εἴδω	καθώς	λαλέω
데온	에피	파신	호이스	에쿠산	카이	에이돈	카도스	엘랄레데
하나님을	대하여	모든 일들에	바	그들이 들었다	또	보았다	같이	말하여졌던
명.목.남.단	전.여격.	형.대.여.격.중.복.	대.관.여격.중.복	동.직.1과.능.3복.	접.등	동.직.2과.능.3복.	접.종	동.직.1과.수.3단.

4314	846
πρὸς	αὐτούς.
πρός	αὐτός
프로스	아우투스
에게로	그들
전.목	대.인.목.남.3복

21 할례할 팔 일이 되매 그 이름을 예수라 하니 곧 잉태하기 전에 천사가 일컬은 바러라
And when eight days were accomplished for the circumcising of the child, his name was called JESUS, which was so named of the angel before he was conceived in the womb.

2532	3753	4130	2250	3638	3588	4059	846
Καὶ	ὅτε	ἐπλήσθησαν	ἡμέραι	ὀκτὼ	τοῦ	περιτεμεῖν	αὐτόν
καί	ὅτε	πλήθω	ἡμέρα	ὀκτώ	τό	περιτέμνω	αὐτός
카이	호테	에플레스데산	헤메라이	옥토	투	페리테메인	아우톤
또한	때에	차게 되었을	일들이	팔	그	할례할	그를
부	접.종	동.직.1과.수.3복	명.주.여.복	형.기.주.여.복.	관.소.중.단.	동.부.2과.능.소	대.인.목.남.3단.

32	2564	3588	3686	846	2424	3588	2564	5259
καὶ	ἐκλήθη	τὸ	ὄνομα	αὐτοῦ	Ἰησοῦς,	τὸ	κληθὲν	ὑπὸ
καί	καλέω	τό	ὄνομα	αὐτός	Ἰησοῦς	τό	καλέω	ὑπό
카이	에클레데	토	오노마	아우투	예수스	토	클레덴	휘포
이에	불려졌더라	그	이름이	그의	예수라	그(이름)	일컬어진	의하여
접.등	동.직.1과.수.3단.	관.주.중.단.	명.주.중.단	대.인.소.남.3단.	명.주.중.단	관.주.중.단	동.분.1과.수.주.중.단.	전.소

3588	32	4253	3588	4815	846	1722	3588	2836
τοῦ	ἀγγέλου	πρὸ	τοῦ	συλλημφθῆναι	αὐτὸν	ἐν	τῇ	κοιλίᾳ.
ὁ	ἄγγελος	πρό	τό	συλλαμβάνω	αὐτός	ἐν	ἡ	κοιλία
투	앙겔루	프로	투	쉴렘프데나이	아우톤	엔	테	코일리아
그	천사에	전에	그	잉태되기	그를	안에	그	태에
관.소.남.단.	명.소.남.단	전.소	관.소.중.단.	동.부.1과.수.소	대.인.목.남.3단.	전.여격.	관.여격.여.단.	명.여격.여.단

22 모세의 법대로 정결예식의 날이 차매 아기를 데리고 예루살렘에 올라가니
And when the days of her purification according to the law of Moses were accomplished, they brought him to Jerusalem, to present him to the Lord;

2532	3753	4130	3588	2250	3588	2512	846	2596
Καὶ	ὅτε	ἐπλήσθησαν	αἱ	ἡμέραι	τοῦ	καθαρισμοῦ	αὐτῶν	κατὰ
καί	ὅτε	πλήθω	ἡ	ἡμέρα	ὁ	καθαρισμός	αὐτός	κατά
카이	호테	에플레스데산	하이	헤메라이	투	카다리스무	아우톤	카타
그리고	때에	차게 되었을	그	날들이	그	정결의	그들의	따라
접.등	접.종	동.직.1과.수.3복	관.주.여.복.	명.주.여.복.	관.소.남.단.	명.소.남.단	대.인.소.남.3복.	전.목.

3588	3551	3475	321	846	1519	2414	3936
τὸν	νόμον	Μωϋσέως,	ἀνήγαγον	αὐτὸν	εἰς	Ἱεροσόλυμα	παραστῆσαι
ὁ	νόμος	Μωϋσῆς	ἀνάγω	αὐτός	εἰς	Ἱεροσόλυμα	παρίστημι
톤	노몬	모위세오스	아네가곤	아우톤	에이스	히에로솔뤼마	파라스테사이
그	율법을	모세의	데리고 올라갔다	그를	으로	예루살렘	드리려고
관.목.남.단	명.목.남.단.	명.소.남.단	동.직.2과.능.3복	대.인.목.남.3단.	전.목	명.목.여.단	동.부.1과.능

3588	2962
τῷ	κυρίῳ,
ὁ	κύριος
토	퀴리오
그	주님께
관.여격.남.단	명.여격.남.단

23 이는 주의 율법에 쓴 바 첫 태에 처음 난 남자마다 주의 거룩한 자라 하리라 한 대로
아기를 주께 드리고

As it is written in the law of the Lord, Every male that openeth the womb shall be called holy to the Lord;

2531	1125	1722	3551	2962	3754	3956	730	1272
καθὼς	γέγραπται	ἐν	νόμῳ	κυρίου	ὅτι	πᾶν	ἄρσεν	διανοῖγον
καθώς	γράφω	ἐν	νόμος	κύριος	ὅτι	πᾶς	ἄρσην	διανοίγω
카도스	게그랖타이	엔	노모	퀴리우	호티	판	아르센	디아노이곤
대로	그것은 기록되었던	가운데	율법	주님의	그	마다	사내	여는
접.종	동.직.1완.수.3단	전.여격.	명.여격.남.단.	명.소.남.단	접.등	형.주.중.단.	대.주.중.단.	동.분.현.능.주.중.단

3388	40	3588	2962	2564
μήτραν	ἅγιον	τῷ	κυρίῳ	κληθήσεται,
μήτρα	ἅγιος	ὁ	κύριος	καλέω
메트란	하기온	토	퀴리오	클레데세타이
태를	거룩하다	그	주님께	불려질 것이다
명.목.여.단	형.주.중.단.	관.여격.남.단.	명.여격.남.단.	동.직.미.수.3단

24 또 주의 율법에 말씀하신 대로 산비둘기 한 쌍이나 혹은 어린 집비둘기 둘로 제사하려 함이더라

And to offer a sacrifice according to that which is said in the law of the Lord, A pir of turtledoves, or two young pigeons.

2532	3588	1325	2378	2596	3588	2046	1722	3588	3551
καὶ	τοῦ	δοῦναι	θυσίαν	κατὰ	τὸ	εἰρημένον	ἐν	τῷ	νόμῳ
καί	τό	δίδωμι	θυσία	κατά	τό	ἐρέω	ἐν	ὁ	νόμος
카이	투	두나이	뒤시안	카타	토	에이레메논	엔	토	노모
또	그	드리려 위하여	한 제물을	따라	그(것을)	말씀이 되어있는	가운데	그	율법
접.등.	관.소.중.단.	동.부.2과.능.소	명.목.여.단	전.목.	관.목.중.단	동.분.1완.수.목.중.단.	전.여격	관.여격.남.단.	명.여격.남.단.

2962	2201	5167	2228	1417	3502	4058
κυρίου,	ζεῦγος	τρυγόνων	ἢ	δύο	νοσσοὺς	περιστερῶν.
κύριος	ζεῦγος	τρυγών	ἤ	δύο	νοσσός	περιστερά
퀴리우	쥬고스	트뤼고논	에	뒤오	노쑤스	페리스테론
주님의	한 쌍을	산비둘기들의	혹은	둘로	어린	집비둘기들의
명.소.남.단	명.목.중.단	명.소.여.복	접.등.	형.기.목.남.복.	명.목.남.복	명.소.여.복

25 예루살렘에 시므온이라 하는 사람이 있으니 이 사람은 의롭고 경건하여 이스라엘의
위로를 기다리는 자라 성령이 그 위에 계시더라

And, behold, there was a man in Jerusalem, whose name was Simeon; and the same man was just and devout, waiting for the consolation of Israel: and the Holy Ghost was upon him.

2532	2400	444	1510	1722	2419	3739	3686	4826
Καὶ	ἰδοὺ	ἄνθρωπος	ἦν	ἐν	Ἰερουσαλὴμ	ᾧ	ὄνομα	Συμεών
καί	ἰδού	ἄνθρωπος	εἰμί	ἐν	Ἰερουσαλήμ	ὅς	ὄνομα	Συμεών
카이	이두	안드로포스	엔	엔	예루살렘	호	오노마	쉬메온
그런데	보라	한 사람이	있었다	안에	예루살렘에	바	이름이	시므온(이라)
접.등	불.문	명.주.남.단	동.직.미완.능.3단.	전.여격.	명.여격.여.단	대.관.여격.남.단.	명.주.남.단.	명.주.남.단

2532	3588	444	3778	1342	2532	2126	4327
καὶ	ὁ	ἄνθρωπος	οὗτος	δίκαιος	καὶ	εὐλαβής	προσδεχόμενος
καί	ὁ	ἄνθρωπος	οὗτος	δίκαιος	καί	εὐλαβής	προσδέχομαι
카이	호	안드로포스	후토스	디카이오스	카이	율라베스	프로스데코메노스
그런데	그	사람은	이	의롭고	그리고	경건하여	기다리며
접.등	관.주.남.단.	명.주.남.단	대.지.주.남.단	형.주.남.단	접.등	형.주.남.단	동.분.현.중.주.남.단

3874	3588	2474	2532	4151	1510	40	1909	846
παράκλησιν	τοῦ	Ἰσραήλ,	καὶ	πνεῦμα	ἦν	ἅγιον	ἐπ’	αὐτόν·
παράκλησις	ὁ	Ἰσραήλ	καί	πνεῦμα	εἰμί	ἅγιος	ἐπί	αὐτός
파라클레신	투	이스라엘의	카이	프뉴마	엔	하기온	엪	아우톤
위로를	그	이스라엘의	또한	령께서	계셨다	성	위로	그를
명.목.여.단	관.소.남.단.	명.소.남.단	접.등	명.주.중.단	동.직.미완.능.3단.	형.주.중.단.	전.목	대.인.목.남.3단

26 그가 주의 그리스도를 보기 전에는 죽지 아니하리라 하는 성령의 지시를 받았더니
And it was revealed unto him by the Holy Ghost, that he should not see death, before he had seen the Lord's Christ.

2532	1510	846	5537	5259	3588	4151	3588
καὶ	ἦν	αὐτῷ	κεχρηματισμένον	ὑπὸ	τοῦ	πνεύματος	τοῦ
καί	εἰμί	αὐτός	χρηματίζω	ὑπό	τό	πνεῦμα	τό
카이	엔	아우토	케크레마티스메논	휘포	투	프뉴마토스	투
그리고	있었다	그에게	지시를 받고	의하여	그	령에	그
접.등	동.직.미완.능.3단.+	대.인.여격.남.3단.	+동.분.1완.수.주.중.단	전.소	관.소.중.단.	명.소.중.단	관.소.중.단

40	3361	3708(1492)	2288	4250	2228	302	3708(1492)	3588	5547
ἁγίου	μὴ	ἰδεῖν	θάνατον	πρὶν	ἢ	ἂν	ἴδῃ	τὸν	χριστὸν
ἅγιος	μή	ὁράω.εἴδω	θάνατος	πρίν	ἤ	ἄν	ὁράω.εἴδω	ὁ	Χριστός
하기우	메	이데인	다나톤	프린	에	안	이데	톤	크리스톤
성	아니하리라	보는 것을	죽음을	전에는	(혹은)		그가 보기	그	그리스도를
형.소.중.단	부	동.부.2과.능.	명.목.남.단	부	접.종.	불.동.	동.가.2과.능.3단.	관.목.남.단.	명.목.남.단.

2962
κυρίου.
κύριος
퀴리우
주의
명.소.남.단

27 성령의 감동으로 성전에 들어가매 마침 부모가 율법의 관례대로 행하고자 하여 그 아기
예수를 데리고 오는지라
And he came by the Spirit into the temple: and when the parents brought in the child Jesus, to do for him after the custom of the law,

2532	2064	1722	3588	4151	1519	3588	2411	2532	1722	3588
καὶ	ἦλθεν	ἐν	τῷ	πνεύματι	εἰς	τὸ	ἱερόν·	καὶ	ἐν	τῷ
καί	ἔρχομαι	ἐν	τό	πνεῦμα	εἰς	τό	ἱερόν	καί	ἐν	τό
카이	엘덴	엔	토	프뉴마티	에이스	토	히에론	카이	엔	토
그리고	그가 왔다	안에서	그	성에	안으로	그	성전을	그런데	때에	그
접.등	동.직.2과.능.3단.	전.여격.	관.여격.중.단.	명.여격.중.단	전.목	관.목.중.단.	형.대.목.중.단.	접.등.	전.여격.	관.여격.중.단

1521	3588	1118	3588	3813	2424	3588	4160	846
εἰσαγαγεῖν	τοὺς	γονεῖς	τὸ	παιδίον	Ἰησοῦν	τοῦ	ποιῆσαι	αὐτοὺς
εἰσάγω	ὁ	γονεύς	τό	παιδίον	Ἰησοῦς	τό	ποιέω	αὐτός
에이사가게인	투스	고네이스	토	파이디온	예순	투	포이에사이	아우투스
데리고 들어올	그	부모들이	그	어린아이	예수를	그	행하려고	그들(을)이
동.부.2과.능.여격	관.목.남.복.	명.목.남.복.	관.목.중.단.	명.목.중.단	명.목.남.단.	관.소.중.단.	동.부.1과.능.소.	대.인.목.남.3복.

2596	3588	1480	3588	3551	4012	846
κατὰ	τὸ	εἰθισμένον	τοῦ	νόμου	περὶ	αὐτοῦ
κατά	τό	ἐθίζω	ὁ	νόμος	περί	αὐτός
카타	토	에이디스메논	투	노무	페리	아우투
따라	그(것을)	관례가 되어있는	그	율법의	관한	그의
전.목	관.목.중.단	동.분.1완.수.목.중.단.	관.소.남.단.	명.소.남.단.	전.소	대.인.소.남.3단

28 시므온이 아기를 안고 하나님을 찬송하여 이르되
Then took he him up in his arms, and blessed God, and said,

2532	846	1209	846	1519	3588	43	2532	2127
καὶ	αὐτὸς	ἐδέξατο	αὐτὸ	εἰς	τὰς	ἀγκάλας	καὶ	εὐλόγησεν
καί	αὐτός	δέχομαι	αὐτός	εἰς	ἡ	ἀγκάλη	καί	εὐλογέω
카이	아우토스	에덱사토	아우토	에이스	타스	앙칼라스	카이	율로게센
이에	그가	영접하였다	그를	안으로	그(그의)	두 팔을	그리고	찬송하였다
접등	대.인.주.남.3단.	동.직.1과.중디.3단.	대.인.목.중.3단.	전목	관.목.여.복.	명.목.여.복	접등	동.직.1과.능.3단.

3588	2316	2532	3004(2036)
τὸν	θεὸν	καὶ	εἶπεν,
ὁ	θεός	καί	λέγω.ἔπω
톤	데온	카이	에이펜
그	하나님을	이에	말하였다
관.목.남.단	명.목.남.단.	접등	동.직.2과.능.3단

29 주재여 이제는 말씀하신 대로 종을 평안히 놓아 주시는도다
Lord, now lettest thou thy servant depart in peace, according to thy word:

3568	630	3588	1401	4771	1203	2596	3588	4487
νῦν	ἀπολύεις	τὸν	δοῦλόν	σου,	δέσποτα,	κατὰ	τὸ	ῥῆμά
νῦν	ἀπολύω	ὁ	δοῦλος	σύ	δεσπότης	κατά	τό	ῥῆμα
뉜	아폴뤼에이스	톤	둘론	수	데스포타	카타	토	흐레마
이제	주께서 놓아주시는도다	그	종을	당신의	주재시여	따라	그	말씀을
부	동.직.현.능.2단.	관.목.남.단.	명.목.남.단.	대.인.소.2단.	명.호.남.단	전목	관.목.중.단.	명.목.중.단.

4771	1722	1515
σου	ἐν	εἰρήνῃ·
σύ	ἐν	εἰρήνη
수	엔	에이레네
당신의	가운데	평안
대.인.소.2단	전.여격.	명.여격.여.단

30 내 눈이 주의 구원을 보았사오니
For mine eyes have seen thy salvation,

3754	3708(1492)	3588	3788	1473	3588	4992	4771
ὅτι	εἶδον	οἱ	ὀφθαλμοί	μου	τὸ	σωτήριόν	σου,
ὅτι	ὁράω.εἴδω	ὁ	ὀφθαλμός	ἐγώ	τό	σωτήριον	σύ
호티	에이돈	호이	오프달모이	무	토	소테리온	수
때문에	보았기	그	두 눈이	내	그	구원을	당신의
접종	동.직.2과.능.3복.	관.주.남.복.	명.주.남.복	대.인.소.1단.	관.목.중.단.	형.대.목.중.단	대.인.소.2단

31 이는 만민 앞에 예비하신 것이요
Which thou hast prepared before the face of all people;

3739	2090	2596	4383	3956	3588	2992
ὃ	ἡτοίμασας	κατὰ	πρόσωπον	πάντων	τῶν	λαῶν,
ὅς	ἑτοιμάζω	κατά	πρόσωπον	πᾶς	ὁ	λαός
호	헤토이마사스	카타	프로소폰	판톤	톤	라온
바	당신이 준비하셨다	앞에	얼굴	모든	그	백성들의
대.관.목.중.단.	동.직.1과.능.2단	전목	명.목.중.단	형.소.남.복	관.소.남.복.	명.소.남.복

32 이방을 비추는 빛이요 주의 백성 이스라엘의 영광이니이다 하니
A light to lighten the Gentiles, and the glory of thy people Israel.

5457	1519	602	1484	2532	1391	2992	4771	2474
φῶς	εἰς	ἀποκάλυψιν	ἐθνῶν	καὶ	δόξαν	λαοῦ	σου	Ἰσραήλ.
φῶς	εἰς	ἀποκάλυψις	ἔθνος	καί	δόξα	λαός	σύ	Ἰσραήλ
포스	에이스	아포칼륍신	에드논	카이	독산	라우	수	이스라엘
한 빛을	위한	(주님의)계시를	이방사람들의	과	영광을	백성의	당신의	이스라엘의
명.목.중.단.	전목	명.목.여.단	명.소.중.복	접등	명.목.여.단	명.소.남.단.	대.인.소.2단.	명.소.남.단

33 그의 부모가 그에 대한 말들을 놀랍게 여기더라
And Joseph and his mother marvelled at those things which were spoken of him.

2532	1510	3588	3962	846	2532	3588	3384	2296
καὶ	ἦν	ὁ	πατὴρ	αὐτοῦ	καὶ	ἡ	μήτηρ	θαυμάζοντες
καί	εἰμί	ὁ	πατήρ	αὐτός	καί	ἡ	μήτηρ	θαυμάζω
카이	엔	호	파테르	아우투	카이	헤	메테르	다우마존테스
이에	있었다	그	아버지	그의	와	그	어머니가	놀라고
접등	동.직.미완.능.3단.+	관.주.남.단.	명.주.남.단	대.인소.남.3단.	접등	관.주.여.단.	명.주.여.단	+동.분.현.능.주.남.복

1909	3588	2980	4012	846
ἐπὶ	τοῖς	λαλουμένοις	περὶ	αὐτοῦ.
ἐπί	τό	λαλέω	περί	αὐτός
에피	토이스	랄루메노이스	페리	아우투
대하여	그(것들에)	말하여진	관한	그에
전.여격	관.여격.중.복	동.분.현.수.여격.중.복	전.소	대.인.소.남.3단

34 시므온이 그들에게 축복하고 그의 어머니 마리아에게 말하여 이르되 보라 이는 이스라엘
중 많은 사람을 패하거나 흥하게 하며 비방을 받는 표적이 되기 위하여 세움을 받았고
And Simeon blessed them, and said unto Mary his mother, Behold, this child is set for the fall and rising again of many in Israel; and for a sign which shall be spoken against;

2532	2127	846	4826	2532	3004(2036)	4314	3137	3588
καὶ	εὐλόγησεν	αὐτοὺς	Συμεὼν	καὶ	εἶπεν	πρὸς	Μαριὰμ	τὴν
καί	εὐλογέω	αὐτός	Συμεών	καί	λέγω.ἔπω	πρός	Μαρία	ἡ
카이	율로게센	아우투스	쉬메온	카이	에이펜	프로스	마리암	텐
그리고	축복하였다	그들을	시므온이	그리고	말하였다	향하여	마리아를	그
접등	동.직.1과.능.3단	대.인.목.남.3복.	명.주.남.단	접등.	동.직.2과.능.3단.	전목	명.목.여.단	관.목.여.단.

3384	846	2400	3778	2749	1519	4431	2532	386
μητέρα	αὐτοῦ,	ἰδοὺ	οὗτος	κεῖται	εἰς	πτῶσιν	καὶ	ἀνάστασιν
μήτηρ	αὐτός	ἰδού	οὗτος	κεῖμαι	εἰς	πτῶσις	καί	ἀνάστασις
메테라	아우투	이두	후토스	케이타이	에이스	프도신	카이	아나스타신
어머니	그의	보라	그가	세워진다	위하여	넘어짐	과	일어남을
명.목.여.단	대.인소.남.3단.	불.문	대.지.주.남.단.	동.직.현.중수디.3단	전목	명.목.여.단	접등	명.목.여.단

4183	1722	3588	2474	2532	1519	4592	483
πολλῶν	ἐν	τῷ	Ἰσραὴλ	καὶ	εἰς	σημεῖον	ἀντιλεγόμενον
πολύς	ἐν	ὁ	Ἰσραήλ	καί	εἰς	σημεῖον	ἀντίλεγω
폴론	엔	토	이스라엘	카이	에이스	세메이온	안틸레고메논
많은 사람의	중에	그	이스라엘	그리고	위하여	한 표적을	비방을 받는
형.대.소.남.복	전.여격.	관.여격.남.단.	명.여격.남.단.	접등	전목	명.목.중.단	동.분.현.수.목.중.단

35 또 칼이 네 마음을 찌르듯 하리니 이는 여러 사람의 마음의 생각을 드러내려 함이니라
하더라
(Yea, a sword shall pierce through thy own soul also,) that the thoughts of many hearts may be revealed.

2532	4771	1161	846	3588	5590	1330	4501	3704
"καὶ	σοῦ	δὲ	αὐτῆς	τὴν	ψυχὴν	διελεύσεται	ῥομφαία",	ὅπως
καί	σύ	δέ	αὐτός	ἡ	ψυχή	διέρχομαι	ῥομφαία	ὅπως
카이	수	데	아우테스	텐	프쉬켄	디엘류세타이	흐롬파이아	호포스
또	너의	그리고	너 자신의	그	(영)혼을	꿰뚫을 것이다	칼이	위함이라
접.등	대.인.소.2단.	접.등/접.종.	대.인.소.여.2단.	관.목.여.단.	명.목.여.단.	동.직.미.중디.3단	명.주.여.단	접.종

302	601	1537	4183	2588	1261
ἂν	ἀποκαλυφθῶσιν	ἐκ	πολλῶν	καρδιῶν	διαλογισμοί.
ἄν	ἀποκαλύπτω	ἐκ	πολύς	καρδία	διαλογισμός
안	아포칼륖프도신	에크	폴론	카르디온	디알로기스모이
	들어나게 하기	부터	여러	마음들로	생각들이
불.동	동.가.1과.수.3복	전소	형.소.여.복	명.소.여.복	명.주.남.복

36 또 아셀 지파 바누엘의 딸 안나라 하는 선지자가 있어 나이가 매우 많았더라 그가
결혼한 후 일곱 해 동안 남편과 함께 살다가

And there was one Anna, a prophetess, the daughter of Phanuel, of the tribe of Aser: she was of a great age, and had lived with an husband seven years from her virginity;

2532	1510	451	4398	2364	5323	1537	5443	768
Καὶ	ἦν	Ἄννα	προφῆτις,	θυγάτηρ	Φανουήλ,	ἐκ	φυλῆς	Ἀσήρ·
καί	εἰμί	Ἄννα	προφῆτις	θυγάτηρ	Φανουήλ	ἐκ	φυλή	Ἀσήρ
카이	엔	한나	프로페티스	뒤가테르	파누엘	에크	퓔레스	아세르
그리고	있었다	안나	여선지자가	딸	바누엘의	에서	지파	아셀의
접.등	동.직.미완.능.3단.	명.주.여.단.	명.주.여.단	명.주.여.단	명.소.남.단	전.소	명.소.여.단	명.소.남.단

3778	4260	1722	2250	4183	2198	3326	435
αὕτη	προβεβηκυῖα	ἐν	ἡμέραις	πολλαῖς,	ζήσασα	μετὰ	ἀνδρὸς
οὗτος	προβαίνω	ἐν	ἡμέρα	πολύς	ζάω	μετά	ἀνήρ
하우테	프로베베퀴이아	엔	헤메라이스	폴라이스	제사사	메타	안드로스
그가	늙었으며	(으)로	날들	많은	살다가	함께	남편과
대.지.주.여.단.	동.분.1완.능.주.여.단.	전.여격	명.여격.여.복	형.여격.여.복	동.분.1과.능.주.여.단.	전.소	명.소.남.단

2094	2033	575	3588	3932	846
ἔτη	ἑπτὰ	ἀπὸ	τῆς	παρθενίας	αὐτῆς,
ἔτος	ἑπτά	ἀπό	ἡ	παρθενία	αὐτός
에테	헾타	아포	테스	파르테니아스	아우테스
해들을	일곱	부터	그	처녀로	그의
명.목.중.복.	형.기.목.중.복.	전.소	관.소.여.단.	명.소.여.단	대.인.소.여.3단

37 과부가 되고 팔십사 세가 되었더라 이 사람이 성전을 떠나지 아니하고 주야로 금식하며
기도함으로 섬기더니

And she was a widow of about fourscore and four years, which departed not from the temple, but served God with fastings and prayers night and day.

2532	846	5503	2193	2094	3589	5064	3739
καὶ	αὐτὴ	χήρα	ἕως	ἐτῶν	ὀγδοήκοντα	τεσσάρων,	ἣ
καί	αὐτός	χήρα	ἕως	ἔτος	ὀγδοήκοντα	τέσσαρες	ὅς
카이	아우테	케라	헤오스	에톤	옥도에콘타	테싸론	헤
그리고	그가	과부로(지내며)	까지(동안)	년들	팔십	사	그녀(안나)는
접.등	대.인.주.여.3단.	형.주.여.단.	전.소	명.소.중.복.	형.기.소.중.복	형.기.소.중.복	대.관.주.여.단.

3756	868	3588	2411	3521	2532	1162	3000
οὐκ	ἀφίστατο	τοῦ	ἱεροῦ	νηστείαις	καὶ	δεήσεσιν	λατρεύουσα
οὐ	ἀφίστημι	τό	ἱερόν	νηστεία	καί	δέησις	λατρεύω
우크	아피스타토	투	히에루	네스테이아이스	카이	데에세신	라트류우사
않고 있었다	떠나지	그	성전을	금식들	과	간구들로	섬기며
부.	동.직.미완.중.3단	관.소.중.단.	형.대.소.중.단.	명.여격.여.복	접.등	명.여격.여.복	동.분.현.능.주.여.단

3571	2532	2250
νύκτα	καὶ	ἡμέραν.
νύξ	καί	ἡμέρα
뉙타	카이	헤메란
밤	과	낮을
명.목.여.단	접.등	명.목.여.단

38 마침 이 때에 나아와서 하나님께 감사하고 예루살렘의 속량을 바라는 모든 사람에게
그에 대하여 말하니라

And she coming in that instant gave thanks likewise unto the Lord, and spake of him to all them that looked for redemption in Jerusalem.

2532	846	3588	5610	2186	437	3588	2316
καὶ	αὐτῇ	τῇ	ὥρᾳ	ἐπιστᾶσα	ἀνθωμολογεῖτο	τῷ	θεῷ
καί	αὐτός	ἡ	ὥρα	ἐφίστημι	ἀνθομολογέομαι	ὁ	θεός
카이	아우테	테	호라	에피스타사	안도몰로게이토	토	데오
이에	바로	그	시간에	다가와서	그가 찬양하였다	그	하나님께
접.등	대.인.여격.여.3단	관.여격.여.단.	명.여격.여.단.	동.분.2과.능.주.여.단.	동.직.미완.중.3단	관.여격.남.단	명.여격.남.단.

2532	2980	4012	846	3956	3588	4327	3085
καὶ	ἐλάλει	περὶ	αὐτοῦ	πᾶσιν	τοῖς	προσδεχομένοις	λύτρωσιν
καί	λαλέω	περί	αὐτός	πᾶς	ὁ	προσδέχομαι	λύτρωσις
카이	엘랄레이	페리	아우투	파신	토이스	프로스데코메노이스	뤼트로신
그리고	말하고 있었다	관하여	그에	모두에게	그(사람들)	간절히 기다리는	구속을
접.등	동.직.미완.능.3단.	전.소	대.인.소.남.3단.	형.대.여격.남.복.	관.여격.남.복	동.분.현.중.여격.남.복	명.목.여.단

2419
Ἰερουσαλήμ.
Ἱερουσαλήμ
예루살렘
예루살렘의
명.소.여.단

39 주의 율법을 따라 모든 일을 마치고 갈릴리로 돌아가 본 동네 나사렛에 이르니라
And when they had performed all things according to the law of the Lord, they returned into Galilee, to their own city Nazareth.

2532	5613	5055	3956	3588	2596	3588	3551	2962
Καὶ	ὡς	ἐτέλεσαν	πάντα	τὰ	κατὰ	τὸν	νόμον	κυρίου,
καί	ὡς	τελέω	πᾶς	τό	κατά	ὁ	νόμος	κύριος
카이	호스	에텔레산	판타	타	카타	톤	노몬	퀴리우
그리고	때에	그들이 끝마쳤을	모든 일을	그	따라서	그	율법을	주님의
접.등	접.종.	동.직.1과.능.3복	형.목.중.복	관.목.중.복.	전.목	관.목.남.단.	명.목.남.단	명.소.남.단

1994	1519	3588	1056	1519	4172	1438	3478
ἐπέστρεψαν	εἰς	τὴν	Γαλιλαίαν	εἰς	πόλιν	ἑαυτῶν	Ναζαρέθ.
ἐπιστρέφω	εἰς	ἡ	Γαλιλαία	εἰς	πόλις	ἑαυτοῦ	Ναζαρέθ
에페스트렢산	에이스	텐	갈릴라이안	에이스	폴린	헤아우톤	나자렡
그들이 되돌아갔다	안으로	그	갈릴리	향하여	도시	그들 자신의	나사렛을
동.직.1과.능.3복	전.목	관.목.여.단.	명.목.여.단	전.목	명.목.여.단.	대.인.소.남.3복.	명.목.여.단

40 아기가 자라며 강하여지고 지혜가 충만하며 하나님의 은혜가 그의 위에 있더라
And the child grew, and waxed strong in spirit, filled with wisdom: and the grace of God was upon him.

3588	1161	3813	837	2532	2901	4137	4678
Τὸ	δὲ	παιδίον	ηὔξανεν	καὶ	ἐκραταιοῦτο	πληρούμενον	σοφίᾳ,
τό	δέ	παιδίον	αὐξάνω	καί	κραταιόω	πληρόω	σοφία
토	데	파이디온	에윅사넨	카이	에크라타이우토	플레루메논	소피아
그	이에	어린아이가	자라고 있었다	그리고	강하게 되었다	충만하여지며	지혜로
관.주.중.단.	접.등	명.주.중.단	동.직.미완.능.3단.	접.등	동.직.미완.수.3단	동.분.현.수.주.중.단	명.여격.여.단

2532	5485	2316	1510	1909	846
καὶ	χάρις	θεοῦ	ἦν	ἐπ'	αὐτό.
καί	χάρις	θεός	εἰμί	ἐπί	αὐτός
카이	카리스	데우	엔	엪	아우토
그리고	은혜가	하나님의	있었다	위에	그를
접.등	명.주.여.단	명.소.남.단.	동.직.미완.능.3단.	전.목	대.인.목.중.3단

41 그의 부모가 해마다 유월절이 되면 예루살렘으로 가더니
Now his parents went to Jerusalem every year at the feast of the passover.

2532	4198	3588	1118	846	2596	2094	1519	2419
Καὶ	ἐπορεύοντο	οἱ	γονεῖς	αὐτοῦ	κατ'	ἔτος	εἰς	Ἰερουσαλὴμ
καί	πορεύομαι	ὁ	γονεύς	αὐτός	κατά	ἔτος	εἰς	Ἱερουσαλήμ
카이	에포류온토	호이	고네이스	아우투	캍	에토스	에이스	예루살렘
그리고	가고 있었다	그	부모들이	그의	마다	해	으로	예루살렘
접.등	동.직.미완.중.3복	관.주.남.복.	명.주.남.복	대.인.소.남.3단	전.목	명.목.중.단	전.목	명.목.여.단

3588	1859	3588	3957
τῇ	ἑορτῇ	τοῦ	πάσχα.
ἡ	ἑορτή	τό	πάσχα
테	헤오르테	투	파스카
그	명절에	그	유월
관.여격.여.단.	명.여격.여.단.	관.소.중.단.	명.소.중.단

42 예수께서 열두 살 되었을 때에 그들이 이 절기의 관례를 따라 올라갔다가
And when he was twelve years old, they went up to Jerusalem after the custom of the feast.

2532	3753	1096	2094	1427	305	846	596	3588
Καὶ	ὅτε	ἐγένετο	ἐτῶν	δώδεκα,	ἀναβαινόντων	αὐτῶν	κατὰ	τὸ
καί	ὅτε	γίνομαι	ἔτος	δώδεκα	ἀναβαίνω	αὐτός	κατά	τό
카이	호테	에게네토	에톤	도데카	아나바이논톤	아우톤	카타	토
그래서	때에	예수께서 되었을	살들의	열 두	올라가서	그들이	따라서	그
접.등	접.종	동.직.2과.중디.3단.	명.소.중.복.	형.기.소.중.복	동.분.현.능.소.남.복	대.인.소.남.3복.	전.목	관.목.중.단

1485	3588	1859
ἔθος	τῆς	ἑορτῆς
ἔθος	ἡ	ἑορτή
에도스	테스	헤오르테스
관습을	그	절기의
명.목.중.단.	관.소.여.단.	명.소.여.단

43 그 날들을 마치고 돌아갈 때에 아이 예수는 예루살렘에 머무셨더라 그 부모는 이를 알지 못하고
And when they had fulfilled the days, as they returned, the child Jesus tarried behind in Jerusalem; and Joseph and his mother knew not of it.

2532	5048	3588	2250	1722	3588	5290	846
καὶ	τελειωσάντων	τὰς	ἡμέρας,	ἐν	τῷ	ὑποστρέφειν	αὐτοὺς
καί	τελειόω	ἡ	ἡμέρα	ἐν	τό	ὑποστρέφω	αὐτός
카이	텔레이오산톤	타스	헤메라스	엔	토	휘포스트레페인	아우투스
그런데	끝마치고	그	날들을	동안에	그	되돌아올	그들이
접.등	동.분.1과.능.소.남.복	관.목.여.복.	명.목.여.복	전.여격.	관.여격.중.단.	동.부.현.능.여격.	대.인.목.남.3복

5278	2424	3588	3816	1722	2419	2532	3756	1097
ὑπέμεινεν	Ἰησοῦς	ὁ	παῖς	ἐν	Ἰερουσαλήμ,	καὶ	οὐκ	ἔγνωσαν
ὑπομένω	Ἰησοῦς	ὁ	παῖς	ἐν	Ἱερουσαλήμ	καί	οὐ	γινώσκω
휘페메이넨	예수스	호	파이스	엔	예루살렘	카이	우크	에그노산
더 머무셨다	예수께서	그	아이	안에	예루살렘에	그런데	못하였다	알지
동.직.1과.능.3단	명.주.남.단	관.주.남.단.	명.주.남.단.	전.여격.	명.여격.여.단	접.등	부	동.직.2과.능.3복

3588	1118	846
οἱ	γονεῖς	αὐτοῦ.
ὁ	γονεύς	αὐτός
호이	고네이스	아우투
그	부모들은	그의
관.주.남.복.	명.주.남.복	대.인.소.남.3단

44 동행 중에 있는 줄로 생각하고 하룻길을 간 후 친족과 아는 자 중에서 찾되
But they, supposing him to have been in the company, went a day's journey; and they sought him among their kinsfolk and acquaintance.

3543	1161	846	1510	1722	3588	4923	2064	2250
νομίσαντες	δὲ	αὐτὸν	εἶναι	ἐν	τῇ	συνοδίᾳ	ἦλθον	ἡμέρας
νομίζω	δέ	αὐτός	εἰμί	ἐν	ἡ	συνοδία	ἔρχομαι	ἡμέρα
노미산테스	데	아우톤	에이나이	엔	테	쉬노디아	엘돈	헤메라스
상상하고	그러나	그를	있는 것을	중에	그	동행자	그들이 왔다	하루의
동.분.1과.능.주.남.복	접.우	대.인.목.남.3단.	동.부.현.능.	전.여격.	관.여격.여.단.	명.여격.여.단	동.직.2과.능.3복.	명.소.여.단

3598	2532	327	846	1722	3588	4773	2532	3588
ὁδὸν	καὶ	ἀνεζήτουν	αὐτὸν	ἐν	τοῖς	συγγενεῦσιν	καὶ	τοῖς
ὁδός	καί	ἀναζητέω	αὐτός	ἐν	ὁ	συγγενής	καί	ὁ
호돈	카이	아네제툰	아우톤	엔	토이스	싱게뉴신	카이	토이스
길을	그래서	신중히 찾고 있었다	그를	중에	그(자기들)	친족들	과	그(자기들)
명.목.여.단.	접.등	동.직.미완.능.3복	대.인.목.남.3단.	전.여격.	관.여격.남.복.	형.대.여격.남.복	접.등	관.여격.남.복

1110
γνωστοῖς,
γνωστός
그노스토이스
아는 사람들
형.대.여격.남.복

45 만나지 못하매 찾으면서 예루살렘에 돌아갔더니
And when they found him not, they turned back again to Jerusalem, seeking him.

2532	3361	2147	5290	1519	2419	27	846
καὶ	μὴ	εὑρόντες	ὑπέστρεψαν	εἰς	Ἰερουσαλὴμ	ἀναζητοῦντες	αὐτόν.
καί	μή	εὑρίσκω	ὑποστρέφω	εἰς	Ἱερουσαλήμ	ἀναζητέω	αὐτός
카이	메	휴론테스	휘페스트렙산	에이스	예루살렘	아나제툰테스	아우톤
그래도	못하고	발견하지	되돌아갔다	으로	예루살렘	신중히 찾으면서	그를
접.등	부	동.분.2과.능.주.남.복.	동.직.1과.능.3복	전.목	명.목.여.단	동.분.현.능.주.남.복	대.인.목.남.3단

46 사흘 후에 성전에서 만난즉 그가 선생들 중에 앉으사 그들에게 듣기도 하시며 묻기도
하시니
And it came to pass, that after three days they found him in the temple, sitting in the midst of the doctors, both hearing them, and asking them questions.

2532	1096	3326	2250	5140	2147	846	1722	3588
καὶ	ἐγένετο	μετὰ	ἡμέρας	τρεῖς	εὗρον	αὐτὸν	ἐν	τῷ
καί	γίνομαι	μετά	ἡμέρα	τρεῖς	εὑρίσκω	αὐτός	ἐν	τό
카이	에게네토	메타	헤메라스	트레이스	휴론	아우톤	엔	토
그리하여	되었다	후에	일들을	삼	그들이 발견하였다	그를	안에서	그
접.등	동.직.2과.중디.3단.	전.목	명.목.여.복	형.기.목.여.복.	동.직.2과.능.3복.	대.인.목.남.3단.	전.여격.	관.여격.중.단.

2411	2516	1722	3319	3588	1320	2532	191
ἱερῷ	καθεζόμενον	ἐν	μέσῳ	τῶν	διδασκάλων	καὶ	ἀκούοντα
ἱερόν	καθέζομαι	ἐν	μέσος	ὁ	διδάσκαλος	καί	ἀκούω
히에로	카데조메논	엔	메소	톤	디다스칼론	카이	아쿠온타
성전에	앉아서	안에	가운데	그	선생들의	그리고	말을 들으며
형.대.여격.중.단	동.분.현.중.목.남.단	전.여격.	형.대.여격.중.단.	관.소.남.복.	명.소.남.복	접.등	동.분.현.능.목.남.단

846	2532	1905	846
αὐτῶν	καὶ	ἐπερωτῶντα	αὐτούς·
αὐτός	καί	ἐπερωτάω	αὐτός
아우톤	카이	에페로톤타	아우투스
그들의	또	캐묻는	그들을
대.인.소.남.3복.	접.등	동.분.현.능.목.남.단	대.인.목.남.3복

47 듣는 자가 다 그 지혜와 대답을 놀랍게 여기더라
And all that heard him were astonished at his understanding and answers.

1839	1161	3956	3588	191	846	1909	3588
ἐξίσταντο	δὲ	πάντες	οἱ	ἀκούοντες	αὐτοῦ	ἐπὶ	τῇ
ἐξίστημι	δέ	πᾶς	ὁ	ἀκούω	αὐτός	ἐπί	ἡ
엑시스탄토	데	판테스	호이	아쿠온테스	아우투	에피	테
그들이 놀랐다	그러자	모두가	그(사람들)	말씀을 듣는	그의	대하여	그
동.직.미완.중.3복	접.등.	형.대.주.남.복	관.주.남.복	동.분.현.능.주.남.복	대.인.소.남.3단.	전.여격	관.여격.여.단

4907	2532	3588	612	846
συνέσει	καὶ	ταῖς	ἀποκρίσεσιν	αὐτοῦ.
σύνεσις	καί	ἡ	ἀπόκρισις	αὐτός
쉬네세이	카이	타이스	아포크리세신	아우투
총명	과	그	답변들에	그의
명.여격.여.단	접등	관.여격.여.복.	명.여격.여.복	대.인소.남.3단

48 그의 부모가 보고 놀라며 그의 어머니는 이르되 아이야 어찌하여 우리에게 이렇게
하였느냐 보라 네 아버지와 내가 근심하여 너를 찾았노라
And when they saw him, they were amazed: and his mother said unto him, Son, why hast thou thus dealt with us? behold, thy father and I have sought thee sorrowing.

2532	3708(1492)	846	1605	2532	3004(2036)	4314	846	3588
Καὶ	ἰδόντες	αὐτὸν	ἐξεπλάγησαν,	καὶ	εἶπεν	πρὸς	αὐτὸν	ἡ,
καί	ὁράω.εἴδω	αὐτός	ἐκπλήσσω	καί	λέγω.ἔπω	πρός	αὐτός	ἡ
카이	이돈테스	아우톤	엑세플라게산	카이	에이펜	프로스	아우톤	헤
또	보고	그를	그 부모가 몹시 놀랐다	이에	말하였다	향하여	그를	그
접등	동.분.2과.능.주.남.복.	대.인목.남.3단.	동.직.2과.수.3복	접등	동.직.2과.능.3단.	전목.	대.인목.남.3단.	관.주.여.단

3384	846	5043	5101	4160	1473	3779	2400	3588
μήτηρ	αὐτοῦ	τέκνον,	τί	ἐποίησας	ἡμῖν	οὕτως;	ἰδοὺ	ὁ
μήτηρ	αὐτός	τέκνον	τίς	ποιέω	ἐγώ	οὕτως	ἰδού	ὁ
메테르	아우투	테크논	티	에포이에사스	헤민	후토스	이두	호
어머니가	그의	아이야	어찌하여	너는 하였느냐	우리에게	이렇게	보라	그
명.주.여.단	대.인소.남.3단.	명.호.중.단	대.의목.중.단	동.직.1과.능.2단.	대.인.여격.1복.	부	불문.	관.주.남.단

3962	4771	2504	3600	2212	4771
πατήρ	σου	κἀγὼ	ὀδυνώμενοι	ἐζητοῦμέν	σε.
πατήρ	σύ	κἀγώ	ὀδυνάω	ζητέω	σύ
파테르	수	카고	오뒤노메노이	에제투멘	세
아버지	너의	와 내가	매우 괴로워하며	찾고 있었다	너를
명.주.남.단.	대.인소.2단.	접등&대.인주.1단.	동.분.현.중수디.주.남.1복.	동.직.미완.능.1복	대.인목.2단

49 예수께서 이르시되 어찌하여 나를 찾으셨나이까 내가 내 아버지 집에 있어야 될 줄을
알지 못하셨나이까 하시니
And he said unto them, How is it that ye sought me? wist ye not that I must be about my Father's business?

2532	3004(2036)	4314	846	5101	3754	2212	1473	3756
καὶ	εἶπεν	πρὸς	αὐτούς,	τί	ὅτι	ἐζητεῖτέ	με;	οὐκ
καί	λέγω.ἔπω	πρός	αὐτός	τίς	ὅτι	ζητέω	ἐγώ	οὐ
카이	에이펜	프로스	아우투스	티	호티	에제테이테	메	우크
그러자	그가 말씀하셨다	향하여	그들을	어찌하여		찾으셨나이까	나를	못하였나이까
접등	동.직.2과.능.3단.	전목	대.인목.남.3복.	대.의목.중.단	접등	동.직.미완.능.2복	대.인목.1단.	부

1492	3754	1722	3588	3588	3962	1473	1163	1510	1473
ᾔδειτε	ὅτι	ἐν	τοῖς	τοῦ	πατρός	μου	δεῖ	εἶναί	με;
οἶδα.εἴδω	ὅτι	ἐν	τό	ὁ	πατήρ	ἐγώ	δεῖ	εἰμί	ἐγώ
에데이테	호티	엔	토이스	투	파트로스	무	데이	에이나이	메
당신은 알지	줄을	중에	그(일들)	그	아버지의	내	반드시 (해야 하는)	있는 것을	나를
동.직.과완.능.2복.	접등	전.여격.	관.여격.중.복.	관.소.남.단.	명.소.남.단	대.인.소.1단.	동.직.현.능.3단.	동.부.현.능	대.인목.1단

50 그 부모가 그가 하신 말씀을 깨닫지 못하더라
And they understood not the saying which he spake unto them.

2532	846	3756	4920	3588	4487	3739	2980	846
καὶ	αὐτοὶ	οὐ	συνῆκαν	τὸ	ῥῆμα	ὃ	ἐλάλησεν	αὐτοῖς.
καί	αὐτός	οὐ	συνίημι	τό	ῥῆμα	ὅς	λαλέω	αὐτός
카이	아우토이	우	쉬네칸	토	흐레마	호	엘랄레센	아우토이스
그런데	그들이	못하였다	깨닫지	그	말씀을	바	그가 말씀하신	그들에게
접등	대.인.주.남.3복.	부.	동.직.1과.능.3복	관.목.중.단.	명.목.중.단.	대.관.목.중.단.	동.직.1과.능.3단	대.인.여격.남.3복

51 예수께서 함께 내려가사 나사렛에 이르러 순종하여 받드시더라 그 어머니는 이 모든 말을 마음에 두니라
And he went down with them, and came to Nazareth, and was subject unto them: but his mother kept all these sayings in her heart.

2532	2597	3326	846	2532	2064	1519	3478	2532	1510
καὶ	κατέβη	μετ'	αὐτῶν	καὶ	ἦλθεν	εἰς	Ναζαρέθ	καὶ	ἦν
καί	καταβαίνω	μετά	αὐτός	καί	ἔρχομαι	εἰς	Ναζαρέθ	καί	εἰμί
카이	카테베	멧	아우톤	카이	엘덴	에이스	나자렡	카이	엔
그리고	그가 내려갔다	함께	그들과	그래서	오셨다	으로	나사렛	그리고	계셨다
접등	동.직2과.능.3단.	전소	대.인소.남.3복.	접등	동.직2과.능.3단.	전목	명.목.여.단	접등.	동.직.미완.능.3단.+

5293	846	2532	3588	3384	846	1301	3956
ὑποτασσόμενος	αὐτοῖς.	καὶ	ἡ	μήτηρ	αὐτοῦ	διετήρει	πάντα
ὑποτάσσω	αὐτός	καί	ἡ	μήτηρ	αὐτός	διατηρέω	πᾶς
휘포타쏘메노스	아우토이스	카이	헤	메테르	아우투	디에테레이	판타
순종하면서	그들에게	또한	그	어머니는	그의	신중히 간직하고 있었다	모든
+동.분.현수.주.남.단	대.인.여격.남.3복.	접등	관.주.여.단.	명.주.여.단	대.인소.남.3단.	동.직.미완.능.3단.	형.목.중.복

3588	4487	1722	3588	2588	846
τὰ	ῥήματα	ἐν	τῇ	καρδίᾳ	αὐτῆς.
τό	ῥῆμα	ἐν	ἡ	καρδία	αὐτός
타	흐레마타	엔	테	카르디아	아우테스
그	말들을	속에	그	마음	그의
관.목.중.복.	명.목.중.복	전.여격.	관.여격.여.단.	명.여격.여.단.	대.인소.여.3단

52 예수는 지혜와 키가 자라가며 하나님과 사람에게 더욱 사랑스러워 가시더라
And Jesus increased in wisdom and stature, and in favour with God and man.

2532	2424	4298	1722	3588	4678	2532	2244	2532
Καὶ	Ἰησοῦς	προέκοπτεν	ἐν	τῇ	σοφίᾳ	καὶ	ἡλικίᾳ	καὶ
καί	Ἰησοῦς	προκόπτω	ἐν	ἡ	σοφία	καί	ἡλικία	καί
카이	예수스	프로에콮텐	엔	테	소피아	카이	헬리키아	카이
그리고	예수께서는	자라나고 계셨다	으로	그	지혜	와	키	그리고
접등	명.주.남.단	동.직.미완.능.3단	전.여격.	관.여격.여.단.	명.여격.여.단.	접등	명.여격.여.단.	접등.

5485	3844	2316	2532	444
χάριτι	παρὰ	θεῷ	καὶ	ἀνθρώποις.
χάρις	παρά	θεός	καί	ἄνθρωπος
카리티	파라	데오	카이	안드로포이스
은혜에	곁에서	하나님	과	사람들
명.여격.여.단	전.여격	명.여격.남.단.	접등	명.여격.남.복

3 디베료 황제가 통치한 지 열다섯 해 곧 본디오 빌라도가 유대의 총독으로, 헤롯이 갈릴리의 분봉 왕으로, 그 동생 빌립이 이두래와 드라고닛 지방의 분봉 왕으로, 루사니아가 아빌레네의 분봉 왕으로,
Now in the fifteenth year of the reign of Tiberius Caesar, Pontius Pilate being governor of Judaea, and Herod being tetrarch of Galilee, and his brother Philip tetrarch of Ituraea and of the region of Trachonitis, and Lysanias the tetrarch of Abilene,

1722	2094	1161	4003	3588	2231	5086	2541
Ἐν	ἔτει	δὲ	πεντεκαιδεκάτῳ	τῆς	ἡγεμονίας	Τιβερίου	Καίσαρος,
ἐν	ἔτος	δέ	πεντεκαιδέκατος	ἡ	ἡγεμονία	Τιβέριος	Καῖσαρ
엔	에테이	데	펜테카이데카토	테스	헤게모니아스	티베리우	카이사로스
에 있어	해	그리고	열 다섯	그	통치의	디베료	가이사가의
전.여격.	명.여격.중.단.	접등.	형.서.여격.중.단.	관.소.여.단.	명.소.여.단.	명.소.남.단.	명.소.남.단.

2230	4194	4091	3588	2449	2532	5075
ἡγεμονεύοντος	Ποντίου	Πιλάτου	τῆς	Ἰουδαίας,	καὶ	τετρααρχοῦντος
ἡγεμονεύω	Πόντιος	Πιλάτος	ἡ	Ἰουδαία	καί	τετρα(α)ρχέω
헤게모뉴온토스	폰티우	필라투	테스	유다이아스	카이	테트라아르쿤토스
총독이 되어서	본디오	빌라도가	그	유대의	그리고	분봉왕으로 있을 때에
동.분.현.능.소.남.단.	명.소.남.단.	명.소.남.단.	관.소.여.단.	명.소.여.단.	접등.	동.분.현.능.소.남.단.

3588	1056	2264	5376	1161	3588	80	846
τῆς	Γαλιλαίας	Ἡρῴδου,	Φιλίππου	δὲ	τοῦ	ἀδελφοῦ	αὐτοῦ
ἡ	Γαλιλαία	Ἡρῴδης	Φίλιππος	δέ	ὁ	ἀδελφός	αὐτός
테스	갈릴라이아스	헤로두	필립푸	데	투	아델푸	아우투
그	갈릴리의	해롯이	빌립이	또	그	동생	그의
관.소.여.단.	명.소.여.단.	명.소.남.단.	명.소.남.단.	접.등.	관.소.남.단.	명.소.남.단.	대.인.소.남.3단.

5075	3588	2484	2532	5139	5561	2532
τετρααρχοῦντος	τῆς	Ἰτουραίας	καὶ	Τραχωνίτιδος	χώρας,	καὶ
τετρα(α)ρχέω	ἡ	Ἰτουραῖα	καί	Τραχωνῖτις	χώρα	καί
테트라아르쿤토스	테스	이투라이아스	카이	트라코니티도스	코라스	카이
분봉왕으로	그	이두래	와	드라고닛의	지방의	그리고
동.분.현.능.소.남.단.	관.소.여.단.	형.소.여.단.	접.등.	형.소.여.단.	명.소.여.단.	접.등.

3078	3588	9	5075
Λυσανίου	τῆς	Ἀβιληνῆς	τετρααρχοῦντος,
Λυσανίας	ἡ	Ἀβιληνή	τετρα(α)ρχέω
뤼사니우	테스	아빌레네스	테트라아르쿤토스
루사니아가	그	아빌레네의	분봉왕으로
명.소.남.단.	관.소.여.단.	명.소.여.단.	동.분.현.능.소.남.단.

2 안나스와 가야바가 대제사장으로 있을 때에 하나님의 말씀이 빈 들에서 사가랴의 아들
요한에게 임한지라

Annas and Caiaphas being the high priests, the word of God came unto John the son of Zacharias in the wilderness.

1909	749	452	2532	2533	1096	4487	2316	1909
ἐπὶ	ἀρχιερέως	Ἄννα	καὶ	Καϊάφα,	ἐγένετο	ῥῆμα	θεοῦ	ἐπὶ
ἐπί	ἀρχιερεύς	Ἄννας	καί	Καϊάφας	γίνομαι	ῥῆμα	θεός	ἐπί
에피	아르키에레오스	한나	카이	카이아파	에게네토	레마	테우	에피
때에	대제사장의	안나스	와	가야바의	임하였더라	말씀이	하나님의	위로
전.소	명.소.남.단	명.소.남.단.	접.등	명.소.남.단	동.직.2과.중디.3단.	명.주.중.단.	명.소.남.단.	전.목

2491	3588	2197	5207	1722	3588	2048
Ἰωάννην	τὸν	Ζαχαρίου	υἱὸν	ἐν	τῇ	ἐρήμῳ.
Ἰωάννης	ὁ	Ζαχαρίας	υἱός	ἐν	ἡ	ἔρημος
요안넨	톤	자카리우	휘온	엔	테	에레모
요한을	그	사가랴의	아들	가운데	그	광야에
명.목.남.단	관.목.남.단.	명.소.남.단	명.목.남.단.	전.여격.	관.여격.여.단.	형.대.여격.여.단.

3 요한이 요단 강 부근 각처에 와서 죄 사함을 받게 하는 회개의 세례를 전파하니

And he came into all the country about Jordan, preaching the baptism of repentance for the remission of sins;

2532	2064	1519	3956	3588	4066	3588	2446	2784
Καὶ	ἦλθεν	εἰς	πᾶσαν	τὴν	περίχωρον	τοῦ	Ἰορδάνου	κηρύσσων
καί	ἔρχομαι	εἰς	πᾶς	ἡ	περίχωρος	ὁ	Ἰορδάνης	κηρύσσω
카이	엘텐	에이스	파산	텐	페리코론	투	요르다누	케뤼쏜
그리고	그(요한)가 왔다	으로	모든	그	인근지방	그	요단강의	선포하며
접.등	동.직.2과.능.3단.	전.목	형.목.여.단.	관.목.여.단.	형.대.목.여.단	관.소.남.단.	명.소.남.단	동.분.현.능.주.남.단

908	3341	1519	859	266
βάπτισμα	μετανοίας	εἰς	ἄφεσιν	ἁμαρτιῶν,
βάπτισμα	μετάνοια	εἰς	ἄφεσις	ἁμαρτία
밥티스마	메타노이아스	에이스	아페신	하마르티온
세례를	회개의	위하여	용서를	죄들의
명.목.중.단	명.소.여.단	전.목	명.목.여.단	명.소.여.복

4 선지자 이사야의 책에 쓴 바 광야에서 외치는 자의 소리가 있어 이르되 너희는 주의 길을 준비하라 그의 오실 길을 곧게 하라

As it is written in the book of the words of Esaias the prophet, saying, The voice of one crying in the wilderness, Prepare ye the way of the Lord, make his paths straight.

5613	1125	1722	976	3056	2268	3588	4396	5456
ὡς	γέγραπται	ἐν	βίβλῳ	λόγων	Ἠσαΐου	τοῦ	προφήτου,	φωνὴ
ὡς	γράφω	ἐν	βίβλος	λόγος	Ἠσαΐας	ὁ	προφήτης	φωνή
호스	게그랖타이	엔	비블로	로곤	에사이우	투	프로페투	포네
같이	기록되어 있던 것	안에	책에	말씀들의	이사야의	그	선지자	소리가
접종	동.직.1완.수.3단	전여격	명.여격.여.단.	명.소.남.복	명.소.남.단	관.소.남.단.	명.소.남.단	명.주.여.단

994	1722	3588	2048	2090	3588	3598	2962
βοῶντος	ἐν	τῇ	ἐρήμῳ·	ἑτοιμάσατε	τὴν	ὁδὸν	κυρίου,
βοάω	ἐν	ἡ	ἔρημος	ἑτοιμάζω	ἡ	ὁδός	κύριος
보온토스	엔	테	에레모	헤토이마사테	텐	호돈	퀴리우
외치는 이의	가운데	그	광야에	너희는 예비하라	그	길을	주의
동.분.현.능.소.남.단.	전.여격	관.여격.여.단.	형.대.여격.여.단.	동.명.1과.능.2복	관.목.여.단.	명.목.여.단	명.소.남.단

2117	4160	3588	5147	846
εὐθείας	ποιεῖτε	τὰς	τρίβους	αὐτοῦ·
εὐθύς	ποιέω	ἡ	τρίβος	αὐτός
유데이아스	포이에이테	타스	트리부스	아우투
곧게	만들라	그	행로들을	그의
형.목.여.복.	동.명.현.능.2복.	관.목.여.복.	명.목.여.복	대.인.소.남.3단

5 모든 골짜기가 메워지고 모든 산과 작은 산이 낮아지고 굽은 것이 곧아지고 험한 길이 평탄하여질 것이요

Every valley shall be filled, and every mountain and hill shall be brought low; and the crooked shall be made straight, and the rough ways shall be made smooth;

3956	5327	4137	2532	3956	3735	2532	1015
πᾶσα	φάραγξ	πληρωθήσεται	καὶ	πᾶν	ὄρος	καὶ	βουνὸς
πᾶς	φάραγξ	πληρόω	καί	πᾶς	ὄρος	καί	βουνός
파사	파랑크스	플레로데세타이	카이	판	오로스	카이	부노스
모든	골짜기가	메워질 것이다	그리고	마다	산	과	언덕
형.주.여.단.	명.주.여.단	동.직.미.수.3단	접등	형.주.중.단.	명.주.중.단.	접등	명.주.남.단

5013	2532	1510	3588	4646	1519	2117	2532
ταπεινωθήσεται,	καὶ	ἔσται	τὰ	σκολιὰ	εἰς	εὐθεῖαν	καὶ
ταπεινόω	καί	εἰμί	τό	σκολιός	εἰς	εὐθύς	καί
타페이노데세타이	카이	에스타이	타	스콜리아	에이스	유데이안	카이
낮아질 것이다	그리고	될 것이다	그	굽은 것들이	으로	곧은 것	그리고
동.직.미.수.3단	접등	동.직.미.중디.3단.	관.주.중.복.	형.대.주.중.복.	전목	형.대.목.여.단	접등

3588	5138	1519	3598	3006
αἱ	τραχεῖαι	εἰς	ὁδοὺς	λείας·
ἡ	τραχύς	εἰς	ὁδός	λεῖος
하이	트라케이아이	에이스	호두스	레이아스
그	험한 곳들이	(으)로	길들	평탄한
관.주.여.복	형.대.주.여.복	전목	명.목.여.복.	형.목.여.복

6 모든 육체가 하나님의 구원하심을 보리라 함과 같으니라

And all flesh shall see the salvation of God.

2532	3708	3956	4561	3588	4992	3588	2316
καὶ	ὄψεται	πᾶσα	σὰρξ	τὸ	σωτήριον	τοῦ	θεοῦ.
καί	ὁράω	πᾶς	σάρξ	τό	σωτήριον	ὁ	θεός
카이	옾세타이	파사	사륵스	토	소테리온	투	테우
또	볼 것이다	모든	육체가	그	구원을	그	하나님의
접등	동.직.미.중디.3단.	형.주.여.단.	명.주.여.단.	관.목.중.단.	형.대.목.중.단	관.소.남.단.	명.소.남.단

7 요한이 세례 받으러 나아오는 무리에게 이르되 독사의 자식들아 누가 너희에게 일러
장차 올 진노를 피하라 하더냐

Then said he to the multitude that came forth to be baptized of him, O generation of vipers, who hath warned you to flee from the wrath to come?

3004	3767	3588	1607	3793	907	5259
Ἔλεγεν	οὖν	τοῖς	ἐκπορευομένοις	ὄχλοις	βαπτισθῆναι	ὑπ’
λέγω	οὖν	ὁ	ἐκπορεύομαι	ὄχλος	βαπτίζω	ὑπό
엘레겐	운	토이스	에크포류오메노이스	오클로이스	밮티스데나이	휲
그가 말하고 있었다	그러므로	그	나오면서	무리들에게	세례받기 위하여	의하여
동.직.미완.능.3단.	접.등	관.여격.남.복	동.분.현.중.여격.남.복	명.여격.남.복	동.부.1과.수	전.소

846	1081	2191	5101	5263	4771	5343	575
αὐτοῦ,	Γεννήματα	ἐχιδνῶν,	τίς	ὑπέδειξεν	ὑμῖν	φυγεῖν	ἀπὸ
αὐτός	γέννημα	ἔχιδνα	τίς	ὑποδείκνυμι	σύ	φεύγω	ἀπό
아우투	겐네마타	에키드논	티스	휘페데익센	휘민	퓌게인	아포
그에	자식들아	독사들의	누가	미리 경고하였느냐	너희에게	피하도록	부터
대.인.소.남.3단.	명.호.중.복	명.소.여.복	대.의.주.남.단.	동.직.1과.능.3단	대.인.여격.2복.	동.부.2과.능	전.소

3588	3195	3709
τῆς	μελλούσης	ὀργῆς;
ἡ	μέλλω	ὀργή
테스	멜루세스	오르게스
그	장차 오려하는	진노로
관.소.여.단	동.분.현.능.소.여.단.	명.소.여.단

8 그러므로 회개에 합당한 열매를 맺고 속으로 아브라함이 우리 조상이라 말하지 말라
내가 너희에게 이르노니 하나님이 능히 이 돌들로도 아브라함의 자손이 되게 하시리라

Bring forth therefore fruits worthy of repentance, and begin not to say within yourselves, We have Abraham to our father: for I say unto you, That God is able of these stones to raise up children unto Abraham.

4160	3767	2590	514	3588	3341	2532	3361	756
ποιήσατε	οὖν	καρποὺς	ἀξίους	τῆς	μετανοίας	καὶ	μὴ	ἄρξησθε
ποιέω	οὖν	καρπός	ἄξιος	ἡ	μετάνοια	καί	μή	ἄρχομαι
포이에사테	운	카르푸스	악시우스	테스	메타노이아스	카이	메	아릅세스데
맺어라	그러므로	열매들을	합당한	그	회개의	그리고	말라	너희는 시작하지
동.명.1과.능.2복	접.우	명.목.남.복	형.목.남.복	관.소.여.단.	명.소.여.단	접.등	부	동.가.1과.중.2복

3004	1722	1438	3962	2192	3588	11	3004
λέγειν	ἐν	ἑαυτοῖς,	πατέρα	ἔχομεν	τὸν	Ἀβραάμ.	λέγω
λέγω	ἐν	ἑαυτοῦ	πατήρ	ἔχω	ὁ	Ἀβραάμ	λέγω
레게인	엔	헤아우토이스	파테라	에코멘	톤	아브라암	레고
말하는 것을	속에	너희 자신들	조상	우리는 가지노라	그	아브라함을	내가 말하노라
동.부.현.능	전.여격.	대.인.여격.남.2복.	명.목.남.단	동.직.현.능.1복.	관.목.남.단.	명.목.남.단.	동.직.현.능.1단.

1063	4771	3754	1410	3588	2316	1537	3588	3037	3778
γὰρ	ὑμῖν	ὅτι	δύναται	ὁ	θεὸς	ἐκ	τῶν	λίθων	τούτων
γάρ	σύ	ὅτι	δύναμαι	ὁ	θεός	ἐκ	ὁ	λίθος	οὗτος
가르	휘민	호티	뒤나타이	호	테오스	에크	톤	리돈	투톤
참으로	너희에게	것을	하실수 있는	그	하나님께서	부터도	그	돌들로	이런
접.종.	대.인.여격.2복.	접.우	동.직.현.중수디.3단.	관.주.남.단.	명.주.남.단.	전.소	관.소.남.복.	명.소.남.복.	대.지.소.남.복.

1453	5043	3588	11
ἐγεῖραι	τέκνα	τῷ	Ἀβραάμ.
ἐγείρω	τέκνον	ὁ	Ἀβραάμ
에게이라이	테크나	토	아브라암
일어나는 것을	자녀들을	그	아브라함에게
동.부.1과.능	명.목.중.복	관.여격.남.단.	명.여격.남.단

9 이미 도끼가 나무 뿌리에 놓였으니 좋은 열매 맺지 아니하는 나무마다 찍혀 불에
던져지리라

And now also the ax is laid unto the root of the trees: every tree therefore which bringeth not forth good fruit is hewn down, and cast into the fire.

2235	1161	2532	3588	513	4314	3588	4491	3588	1186	2749
ἤδη	δὲ	καὶ	η	ἀξίνη	πρὸς	τὴν	ῥίζαν	τῶν	δένδρων	κεῖται·
ἤδη	δέ	καί	ἡ	ἀξίνη	πρός	ἡ	ῥίζα	ὁ	δένδρον	κεῖμαι
에데	데	카이	헤	악시네	프로스	텐	흐리잔	톤	덴드론	케이타이
이미	그런데	까지도	그	도끼	가까이	그	뿌리를	그	나무들의	놓여 있다
부	접등	부.	관.주.여.단.	명.주.여.단.	전목	관.목.여.단.	명.목.여.단.	관.소.중.복.	명.소.중.복	동.직.현.중수디.3단

3956	3767	1186	3361	4160	2590	2570	1581	2532
πᾶν	οὖν	δένδρον	μὴ	ποιοῦν	καρπὸν	καλὸν	ἐκκόπτεται	καὶ
πᾶς	οὖν	δένδρον	μή	ποιέω	καρπός	καλός	ἐκκόπτω	καί
판	운	덴드론	메	포이운	카르폰	칼론	엑콥테타이	카이
마다	그러므로	나무	아니하는	맺지	열매를	아름다운	찍혀진다	이에
형.주.중.단.	접.우	명.주.중.단	부	동.분.현.능.주.중.단.	명.목.남.단	형.목.남.단.	동.직.현.수.3단	접.등

1519	4442	906
εἰς	πῦρ	βάλλεται.
εἰς	πῦρ	βάλλω
에이스	퓌르	발레타이
속으로	불	던져진다
전목	명.목.중.단.	동.직.현.수.3단

10 무리가 물어 이르되 그러면 우리가 무엇을 하리이까

And the people asked him, saying, What shall we do then?

2532	1905	846	3588	3793	3004	5101	3767
Καὶ	ἐπηρώτων	αὐτὸν	οἱ	ὄχλοι	λέγοντες,	τί	οὖν
καί	ἐπερωτάω	αὐτός	ὁ	ὄχλος	λέγω	τίς	οὖν
카이	에페로톤	아우톤	호이	오클로이	레곤테스	티	운
그리고	캐묻고 있었다	그를	그	무리들이	말하기를	무엇을	그리하면
접.등	동.직.미완.능.3복.	대.인.목.남.3단.	관.주.남.복.	명.주.남.복.	동.분.현.능.주.남.복.	대.의.목.중.단.	접.우

4160
ποιήσωμεν;
ποιέω
포이에소멘
우리가 하리이까?
동.가.1과.능.1복

11 대답하여 이르되 옷 두 벌 있는 자는 옷 없는 자에게 나눠 줄 것이요 먹을 것이 있는
자도 그렇게 할 것이니라 하고

He answereth and saith unto them, He that hath two coats, let him impart to him that hath none; and he that hath meat, let him do likewise.

611	1161	3004	846	3588	2192	1417	5509
ἀποκριθεὶς	δὲ	ἔλεγεν	αὐτοῖς,	ὁ	ἔχων	δύο	χιτῶνας
ἀποκρίνομαι	δέ	λέγω	αὐτός	ὁ	ἔχω	δύο	χιτών
아포크리테이스	데	엘레겐	아우토이스	호	에콘	뒤오	키토나스
대답하여	이에	그가 말하였었다	그들에게	그(사람은)	가지는	두 벌	속옷들을
동.분.1과.수디.주.남.단.	접.우.	동.직.미완.능.3단.	대.인.여격.남.3복.	관.주.남.단	동.분.현.능.주.남.단	기.목.남.복.	명.목.남.복

3330	3588	3361	2192	2532	3588	2192	1033
μεταδότω	τῷ	μὴ	ἔχοντι,	καὶ	ὁ	ἔχων	βρώματα
μεταδίδωμι	ὁ	μή	ἔχω	καί	ὁ	ἔχω	βρῶμα
메타도토	토	메	에콘티.	카이	호	에콘	브로마타
나눠주어라	그(사람에게)	못하는	가지지	그리고	그(사람도)	가진	음식들을
동.명.2과.능.3단.	관.여격.남.단	부.	동.분.현.능.여격.남.단.	접.등.	관.주.남.단.	동.분.현.능.주.남.단.	명.목.중.복

3668	4160
ὁμοίως	ποιείτω.
ὁμοίως	ποιέω
호모이오스	포이에이토
그와 같이	행하게 하라
부	동.명.현.능.3단

12 세리들도 세례를 받고자 하여 와서 이르되 선생이여 우리는 무엇을 하리이까 하매
Then came also publicans to be baptized, and said unto him, Master, what shall we do?

2064	1161	2532	5057	907	2532	2036	4314	846
ἦλθον	δὲ	καὶ	τελῶναι	βαπτισθῆναι	καὶ	εἶπαν	πρὸς	αὐτόν,
ἔρχομαι	δέ	καί	τελώνης	βαπτίζω	καί	ἔπω	πρός	αὐτός
엘돈	데	카이	텔로나이	밮티스데나이	카이	에이판	프로스	아우톤
왔다	그리고	까지도	세리들	세례를 받으려고	또	그들이 말하였다	향하여	그를
동.직.2과.능.3복	접.등	부	명.주.남.복	동.부.1과.수	접.등	동.직.2과.능.3복	전.목	대.인.목.남.3단

1320	5101	4160
διδάσκαλε,	τί	ποιήσωμεν;
διδάσκαλος	τίς	ποιέω
디다스칼레	티	포이에소멘
선생님이여	무엇을	우리는 하리이까
명.호.남.단	대.의.목.중.단.	동.가.1과.능.1복

13 이르되 부과된 것 외에는 거두지 말라 하고
And he said unto them, Exact no more than that which is appointed you.

3588	1161	3004(2036)	4314	846	3367	4119	3844	3588
ὁ	δὲ	εἶπεν	πρὸς	αὐτούς,	μηδὲν	πλέον	παρὰ	τὸ
ὁ	δέ	λέγω.ἔπω	πρός	αὐτός	μηδείς	πλείων	παρα	τό
호	데	에이펜	프로스	아우투스	메덴	플레온	파라	토
그가	그러자	말하였다	향하여	그들을	아무것도 말라	더 많은 것을	외에	그(그것)
관.주.남.단	접.우.	동.직.2과.능.3단.	전.목	대.인.목.남.3복.	형.기.목.중.단.	형.대.비.목.중.단.	전.목.	관.목.중.단.

1299	4771	4238
διατεταγμένον	ὑμῖν	πράσσετε.
διατάσσω	σύ	πράσσω
디아테타그메논	휘민	프라쎄테
지정되어 있는	너희에게	너희는 강요하지 말라
동.분.1완.수.목.중.단	대.인.여격.2복.	동.명.현.능.2복

14 군인들도 물어 이르되 우리는 무엇을 하리이까 하매 이르되 사람에게서 강탈하지 말며
거짓으로 고발하지 말고 받는 급료를 족한 줄로 알라 하니라
And the soldiers likewise demanded of him, saying, And what shall we do? And he said unto them, Do violence to no man, neither accuse any falsely; and be content with your wages.

1905	1161	846	2532	4754	3004	5101
ἐπηρώτων	δε	αὐτὸν	καὶ	στρατευόμενοι	λέγοντες,	τί
ἐπερωτάω	δέ	αὐτός	καί	στρατεύομαι	λέγω	τίς
에페로톤	데	아우톤	카이	스트라튜오메노이	레곤테스	티
질문하였다	그리고	그를	역시	군인으로 있는	말하기를	무엇을
동.직.미완.능.3복	접.등	대.인.목.남.3단.	부	동.분.현.중.주.남.복	동.분.현.능.주.남.복.	대.의.목.중.단.

4160	2532	1473	2532	3004(2036)	846	3367	1286
ποιήσωμεν	καὶ	ἡμεῖς;	καὶ	εἶπεν	αὐτοῖς,	μηδένα	διασείσητε
ποιέω	καί	ἐγώ	καί	λέγω.ἔπω	αὐτός	μηδείς	διασείω
포이에소멘	카이	헤메이스	카이	에이펜	아우토이스	메데나	디아세이세테
행하리이까	역시	우리도	그러자	그가 말하였다	그들에게	아무도 말라	억압하지
동.가.1과.능.1복	부	대.인.주.1복	접.등	동.직.2과.능.3단.	대.인.여격.남.3복.	형.대.기.목.남.단	동.가.1과.능.2복

3366	4811	2532	714	3588	3800	4771
μηδὲ	συκοφαντήσητε	καὶ	ἀρκεῖσθε	τοῖς	ὀψωνίοις	ὑμῶν.
μηδέ	συκοφαντέω	καί	ἀρκέω	τό	ὀψώνιον	σύ
메데	쉬코판테세테	카이	아르케이스테	토이스	옵소니오이스	휘몬
도 말라	거짓으로 고발하지	그리고	만족하라	그	급료들로	너희의
접.등	동.가.1과.능.2복	접.등	동.명.현.수.2복	관.여격.중.복.	명.여격.중.복	대.인.소.2복

15 백성들이 바라고 기다리므로 모든 사람들이 요한을 혹 그리스도신가 심중에 생각하니
And as the people were in expectation, and all men mused in their hearts of John, whether he were the Christ, or not;

4328	1161	3588	2992	2532	1260	3956	1722
Προσδοκῶντος	δὲ	τοῦ	λαοῦ	καὶ	διαλογιζομένων	πάντων	ἐν
προσδοκάω	δέ	ὁ	λαός	καί	διαλογίζομαι	πᾶς	ἐν
프로스도콘토스	데	투	라우	카이	디알로기조메논	판톤	엔
기다리면서	그런데	그	백성(의)이	그래서	따져 생각할 때에	모든 자들의	속에
동.분.한.능.소.남.단	접.등	관.소.남.단.	명.소.남.단.	접.등	동.분.현.중수디.소.남.복	형.대.소.남.복	전.여격

3588	2588	846	4012	3588	2491	3379	846	1510
ταῖς	καρδίαις	αὐτῶν	περὶ	τοῦ	Ἰωάννου,	μήποτε	αὐτὸς	εἴη
ἡ	καρδία	αὐτός	περί	ὁ	Ἰωάννης	μήποτε	αὐτός	εἰμί
타이스	카르디아이스	아우톤	페리	투	요안누	메포테	아우토스	에이에
그	마음들	그들의	대하여	그	요한에	혹시 아닐까	이분이	이시지나
관.여격.여.복.	명.여격.여.복	대.인.소.남.3복.	전.소	관.소.남.단.	명.소.남.단	불.의	대.인.주.남.3단.	동.희.한.능.3단

3588	5547
ὁ	χριστός,
ὁ	Χριστός
호	크리스토스
그	그리스도가
관.주.남.단.	명.주.남.단

16 요한이 모든 사람에게 대답하여 이르되 나는 물로 너희에게 세례를 베풀거니와 나보다
능력이 많으신 이가 오시나니 나는 그의 신발끈을 풀기도 감당하지 못하겠노라 그는
성령과 불로 너희에게 세례를 베푸실 것이요
John answered, saying unto them all, I indeed baptize you with water; but one mightier than I cometh, the latchet of whose shoes I am not worthy to unloose: he shall baptize you with the Holy Ghost and with fire:

611	3004	3956	3588	2491	1473	3303	5204
ἀπεκρίνατο	λέγων	πᾶσιν	ὁ	Ἰωάννης,	ἐγὼ	μὲν	ὕδατι
ἀποκρίνομαι	λέγω	πᾶς	ὁ	Ἰωάννης	ἐγώ	μέν	ὕδωρ
아페크리나토	레곤	파신	호	요안네스	에고	멘	휘다티
대답하였다	말하기를	모든 사람에게	그	요한이	나는	참으로	물로
동.직.1과.중디.3단	동.분.현.능.주.남.단.	형.대.여격.남.복.	관.주.남.단.	명.주.남.단	대.인.주.1단	접.종	명.여격.중단

907	4771	2064	1161	3588	2478	1473	3739
βαπτίζω	ὑμᾶς·	ἔρχεται	δὲ	ὁ	Ἰσχυρότερός	μου,	οὗ
βαπτίζω	σύ	ἔρχομαι	δέ	ὁ	ἰσχυρός	ἐγώ	ὅς
밮티조	휘마스	에르케타이	데	호	이스퀴로테로스	무	후
세례를 주고 있다	너희를	오신다	그러나	그	더 능력이 많으신 분이	나(의)보다	그(분의)
동.직.현.능.1단	대.인.목.2복.	동.직.현.중수디.3단.	접.우	관.주.남.단	형.대.비.주.남.단	대.인.소.1단.	대.관.소.남.단

3756	1510	2425	3089	3588	2438	3588	5266	846
οὐκ	εἰμὶ	ἱκανὸς	λῦσαι	τὸν	ἱμάντα	τῶν	ὑποδημάτων	αὐτοῦ·
ου	εἰμι	ἱκανός	λύω	ὁ	ἱμάς	τό	ὑπόδημα	αὐτός
우크	에이미	히카노스	뤼사이	톤	히만타	톤	휘포데마톤	아우투
없다	나는 하노라	적당치	푸는 것도	그	끈들	그	신들의	그의
부	동.직.현.능.1단.	형.주.남.단	동.부.1과.능.	관.목.남.단.	명.목.남.단	관.소.중.복.	명.소.중.복	대.인.소.남.3단

846	4771	907	1722	4151	40	2532	4442
αὐτὸς	ὑμᾶς	βαπτίσει	ἐν	πνεύματι	ἁγίῳ	καὶ	πυρί·
αὐτός	σύ	βαπτίζω	ἐν	πνεῦμα	ἅγιος	καί	πῦρ
아우토스	휘마스	밮티세이	엔	프뉴마티	하기오	카이	퓌리
그분은	너희를	세례를 주실 것이다	(으)로	령	성	과	불
대.인주.남.3단.	대.인목.2복.	동.직.미.능.3단	전.여격.	명.여격.중.단	형.여격.중.단.	접.등	명.여격.중.단

17 손에 키를 들고 자기의 타작 마당을 정하게 하사 알곡은 모아 곳간에 들이고 쭉정이는 꺼지지 않는 불에 태우시리라

Whose fan is in his hand, and he will thoroughly purge his floor, and will gather the wheat into his garner; but the chaff he will burn with fire unquenchable.

3739	3588	4425	1722	3588	5495	846	1245	3588
οὗ	τὸ	πτύον	ἐν	τῇ	χειρὶ	αὐτοῦ	διακαθᾶραι	τὴν
ὅς	τό	πτύον	ἐν	ἡ	χείρ	αὐτός	διακαθαρίζω	ἡ
후	토	프튀온	엔	테	케이리	아우투	디아카다라이	텐
그 분의	그	키가(있으니)	안에	그	손에	그의	매우 깨끗이 하는 것을	그
대.관.소.남.단.	관.주.중.단.	명.주.중.단	전.여격	관.여격.여.단	명.여격.여.단.	대.인.소.남.3단.	동.부.1과.능	관.목.여.단

257	846	2532	4863	3588	4621	1519	3588	596
ἅλωνα	αὐτοῦ	καὶ	συναγαγεῖν	τὸν	σῖτον	εἰς	τὴν	ἀποθήκην
ἅλων	αὐτός	καί	συνάγω	ὁ	σῖτος	εἰς	ἡ	ἀποθήκη
할로나	아우투	카이	쉬나가게인	톤	시톤	에이스	텐	아포데켄
타작마당을	그의	그래서	모아들이는 것을	그	밀을	안으로	그	곡물창고를
명.목.여.단	대.인.소.남.3단	접.등	동.부.2과.능	관.목.남.단	명.목.남.단	전.목	관.목.여.단.	명.목.여.단.

846	3588	1161	892	2618	4442	762
αὐτοῦ,	τὸ	δὲ	ἄχυρον	κατακαύσει	πυρὶ	ἀσβέστῳ.
αὐτός	τό	δέ	ἄχυρον	κατακαίω	πῦρ	ἄσβεστος
아우투	토	데	아퀴론	카타카우세이	퓌리	아스베스토
그의	그	그러나	쭉정이를	그가 다 태우실 것이다	불에	꺼지지 않는
대.인.소.남.3단.	관.목.중.단.	접.우.	명.목.중.단	동.직.미.능.3단	명.여격.중.단.	형.여격.중.단

18 또 그밖에 여러 가지로 권하여 백성에게 좋은 소식을 전하였으나

And many other things in his exhortation preached he unto the people.

4183	3303	3767	2532	2087	3870	2097	3588	2992
Πολλὰ	μὲν	οὖν	καὶ	ἕτερα	παρακαλῶν	εὐηγγελίζετο	τὸν	λαόν.
πολύς	μέν	οὖν	καί	ἕτερος	παρακαλέω	εὐαγγελίζω	ὁ	λαός
폴라	멘	운	카이	헤테라	파라칼론	유엥겔리제토	톤	라온
많은 일로	참으로	그러므로	또	다른 일들을	권면하며	좋은 소식을 전하고 있었다	그	백성(을)에게
형.대.목.중.복.	접.등	접.등/접.우.	접.등	형.대.목.중.복.	동.분.현.능.주.남.단	동.직.미완.중.3단	관.목.남.단.	명.목.남.단

19 분봉 왕 헤롯은 그의 동생의 아내 헤로디아의 일과 또 자기가 행한 모든 악한 일로 말미암아 요한에게 책망을 받고

But Herod the tetrarch, being reproved by him for Herodias his brother Philip's wife, and for all the evils which Herod had done,

3588	1161	2264	3588	5076	1651	5259	846	4012
Ὁ	δε	Ἡρῴδης	ὁ	τετραάρχης,	ἐλεγχόμενος	ὑπ’	αὐτοῦ	περὶ
ὁ	δέ	Ἡρῴδης	ὁ	τετρα(ά)ρχης	ἐλέγχω	ὑπό	αὐτός	περί
호	데	헤로데스	호	테트라아르케스	엘렝코메노스	휲	아우투	페리
그	그러나	헤롯은	그	분봉왕	책망을 받고서	의하여	그에	관하여
관.주.남.단.	접.등	명.주.남.단	관.주.남.단.	명.주.남.단	동.분.현.수.주.남.단	전.소	대.인.소.남.3단.	전.소

2266	3588	1135	3588	80	846	2532	4012	3956
Ἡρῳδιάδος	τῆς	γυναικὸς	τοῦ	ἀδελφοῦ	αὐτοῦ	καὶ	περὶ	πάντων
Ἡρῳδιάς	ὁ	γυνή	ὁ	ἀδελφός	αὐτός	καί	περί	πᾶς
헤로디아도스	테스	귀나이코스	투	아델푸	아우투	카이	페리	판톤
헤로디아에	그	아내	그	형제의	그의	그리고	관하여	모든
명.소.여.단	관.소.남.단.	명.소.여.단	관.소.남.단.	명.소.남.단	대.인.소.남.3단.	접.등	전.소	형.소.중.복

3739	4160	4190	3588	2264
ὧν	ἐποίησεν	πονηρῶν	ὁ	Ἡρῴδης,
ὅς	ποιέω	πονηρός	ὁ	Ἡρῴδης
혼	에포이에센	포네론	호	헤로데스
바	그가 행하였다	사악한 일들에	그	헤롯이
대.관.소중.복.+	동.직.1과.능.3단	형.대.소중.복	관.주.남.단.	명.주.남.단

20 그 위에 한 가지 악을 더하여 요한을 옥에 가두니라
Added yet this above all, that he shut up John in prison.

4369	2532	3778	1909	3956	2532	2623	3588
προσέθηκεν	καὶ	τοῦτο	ἐπὶ	πᾶσιν	καὶ	κατέκλεισεν	τὸν
προστίθημι	καί	οὗτος	ἐπι	πᾶς	καί	κατακλείω	ὁ
프로세데켄	카이	투토	에피	파신	카이	카테클레이센	톤
그가 더하였다	또한	이 일을	위에	모든 것에	곧	그가 가두었다	그
동.직.1과.능.3단	부	대.지.목.중.단	전.여격	형.대.여격.주.복	부/접.등	동.직.1과.능.3단	관.목.남.단

2491	1722	5438
Ἰωάννην	ἐν	φυλακῇ.
Ἰωάννης	ἐν	φυλακή
요안넨	엔	퓔라케
요한을	속에	감옥
명.목.남.단	전.여격.	명.여격.여.단

21 백성이 다 세례를 받을새 예수도 세례를 받으시고 기도하실 때에 하늘이 열리며
Now when all the people were baptized, it came to pass, that Jesus also being baptized, and praying, the heaven was opened,

1096	1161	1722	3588	907	537	3588	2992	2532
Ἐγένετο	δὲ	ἐν	τῷ	βαπτισθῆναι	ἅπαντα	τὸν	λαὸν	καὶ
γίνομαι	δέ	ἐν	τό	βαπτίζω	ἅπας	ὁ	λαός	καί
에게네토	데	엔	토	밮티스데나이	하판타	톤	라온	카이
일어났다	이제	때에	그	세례를 받을	모든	그	백성이	그런데
동.직.2과.중디.3단.	접.등	전.여격.	관.여격.중.단.	동.부.1과.수.여격	형.목.남.단	관.목.남.단.	명.목.남.단	접.등

2424	907	2532	4336	455	3588	3772
Ἰησοῦ	βαπτισθέντος	καὶ	προσευχομένου	ἀνεῳχθῆναι	τὸν	οὐρανὸν
Ἰησοῦς	βαπτίζω	καί	προσεύχομαι	ἀνοίγω	ὁ	οὐρανός
예수	밮티스덴토스	카이	프로슈코메누	아네오크데나이	톤	우라논
예수님께서	세례 받으신 후	그리고	기도하실 때에	열려지는 것이	그	하늘을
명.소.남.단	동.분.1과.수.소.남.단	접.등	동.분.현.중수디.소.남.단	동.부.1과.수	관.목.남.단.	명.목.남.단

22 성령이 비둘기 같은 형체로 그의 위에 강림하시더니 하늘로부터 소리가 나기를 너는 내
사랑하는 아들이라 내가 너를 기뻐하노라 하시니라
And the Holy Ghost descended in a bodily shape like a dove upon him, and a voice came from heaven, which said, Thou art my beloved Son; in thee I am well pleased.

2532	2597	3588	4151	3588	40	4984	1491	5613
καὶ	καταβῆναι	τὸ	πνεῦμα	τὸ	ἅγιον	σωματικῷ	εἴδει	ὡς
καί	καταβαίνω	τό	πνεῦμα	τό	ἅγιος	σωματικός	εἶδος	ὡς
카이	카타베나이	토	프뉴마	토	하기온	소마티코	에이데이	호스
과	내려오시는 것이	그	령을	그	성	형체가 있는	형상이	같은
접.등	동.부.2과.능	관.목.중.단	명.목.중.단	관.목.중.단	형.목.중.단	형.여격.중.단	명.여격.중.단	접.종

4058	1909	846	2532	5456	1537	3772	1096	4771
περιστερὰν,	ἐπ'	αὐτόν	καὶ	φωνὴν	ἐξ	οὐρανοῦ	γενέσθαι	σὺ
περιστερά	ἐπί	αὐτός	καί	φωνή	ἐκ	οὐρανός	γίνομαι	σύ
페리스테란	엪	아우톤	카이	포넨	엑스	우라누	게네스다이	쉬
비둘기와	위로	그를	그러면서	한 소리를	부터	하늘로	일어나는 것이	너는
명.목.여.단	전.목	대.인.목.남.3단.	접.등	명.목.여.단	전.소	명.소.남.단	동.부.2과.중디	대.인.주.2단.

1510	3588	5207	1473	3588	27	1722	4771	2106
εἶ	ὁ	υἱός	μου	ὁ	ἀγαπητός,	ἐν	σοι	εὐδόκησα.
εἰμί	ο	υἱός	ἐγώ	ὁ	ἀγαπητός	ἐν	σύ	εὐδοκέω
에이	호	휘오스	무	호	아가페토스	엔	소이	유도케사
이라	그	아들	내	그	사랑하는	의하여	너에	내가 기뻐하였다
동.직.현.능.2단.	관.주.남.단.	명.주.남.단.	대.인.소.1단.	관.주.남.단.	형.주.남.단	전.여격.	대.인.여격.2단.	동.직.1과.능.1단

23 예수께서 가르치심을 시작하실 때에 삼십 세쯤 되시니라 사람들이 아는 대로는 요셉의
아들이니 요셉의 위는 헬리요

And Jesus himself began to be about thirty years of age, being (as was supposed) the son of Joseph, which was the son of Heli,

2532	846	1510	2424	756	5616	2094	5144
Καὶ	αὐτὸς	ἦν	Ἰησοῦς	ἀρχόμενος	ὡσεὶ	ἐτῶν	τριάκοντα,
καί	αὐτός	εἰμι	Ἰησοῦς	ἄρχομαι	ὡσεί	ἔτος	τριάκοντα
카이	아우토스	엔	예수스	아르코메노스	호세이	에톤	트리아콘타
그리고	친히	있었다	예수께서	시작하여	쯤에	세	삼십
접.등	대.인.주.남.3단	동.직.미완.능.3단.+	명.주.남.단	+동.분.현.중.주.남.단	부	명.소.중.복	형.기.소.중.복

1510	5207	5613	3543	2501	3588	2242
ὢν	υἱός,	ὡς	ἐνομίζετο,	Ἰωσὴφ	τοῦ	Ἡλὶ
εἰμί	υἱός	ὡς	νομίζω	Ἰωσήφ	ὁ	Ἡλί
온	휘오스	호스	에노미제토	요세프	투	엘리
이니	아들	같이	사람이 생각되고 있었던 것	요셉의	그	헬리의
동.분.현.능.주.남.단.	명.주.남.단.	접.종	동.직.미완.수.3단	명.소.남.단	관.소.남.단.	명.소.남.단

24 그 위는 맛닷이요 그 위는 레위요 그 위는 멜기요 그 위는 얀나요 그 위는 요셉이요

Which was the son of Matthat, which was the son of Levi, which was the son of Melchi, which was the son of Janna, which was the son of Joseph,

3588	3158	3588	3018	3588	3197	3588	2388	3588	2501
τοῦ	Μαθθὰτ	τοῦ	Λευὶ	τοῦ	Μελχὶ	τοῦ	Ἰανναὶ	τοῦ	Ἰωσὴφ
ὁ	Μαθθάτ	ὁ	Λευΐς	ὁ	Μελχί	ὁ	Ἰανναί	ὁ	Ἰωσήφ
투	맏다트	투	레위	투	멜키	투	이안나이	투	요세프
그	맛닷의	그	레위의	그	멜기의	그	얀나의	그	요셉의
관.소.남.단.	명.소.남.단	관.소.남.단.	명.소.남.단.	관.소.남.단.	명.소.남.단.	관.소.남.단.	명.소.남.단	관.소.남.단.	명.소.남.단

25 그 위는 맛다디아요 그 위는 아모스요 그 위는 나훔이요 그 위는 에슬리요 그 위는
낙개요

Which was the son of Mattathias, which was the son of Amos, which was the son of Naum, which was the son of Esli, which was the son of Nagge,

3588	3161	3588	301	3588	3486	3588	2069	3588	3477
τοῦ	Ματταθίου	τοῦ	Ἀμὼς	τοῦ	Ναοὺμ	τοῦ	Ἑσλὶ	τοῦ	Ναγγαι
ὁ	Ματταθίας	ὁ	Ἀμώς	ὁ	Ναούμ	ὁ	Ἑσλί	ὁ	Ναγγαί
투	말타디우	투	아모스	투	나움	투	헤슬리	투	낭가이
그	맛다디아의	그	아모스의	그	나훔의	그	에슬리의	그	낙개의
관.소.남.단.	명.소.남.단	관.소.남.단.	명.소.남.단	관.소.남.단.	명.소.남.단	관.소.남.단.	명.소.남.단.	관.소.남.단.	명.소.남.단

26 그 위는 마앗이요 그 위는 맛다디아요 그 위는 서머인이요 그 위는 요섹이요 그 위는
요다요

Which was the son of Maath, which was the son of Mattathias, which was the son of Semei, which was the son of Joseph, which was the son of Juda,

3588	3092	3588	3161	3588	4584	3588	2501	3588	2448
τοῦ	Μάαθ	τοῦ	Ματταθίου	τοῦ	Σεμεΐν	τοῦ	Ἰωσὴχ	τοῦ	Ἰωδὰ
ὁ	Μαάθ	ὁ	Ματταθίας	ὁ	Σεμεΐν	ὁ	Ἰωσῆχ	ὁ	Ἰωδά
투	마아드	투	말타티우	투	세메인	투	요세크	투	요다
그	마앗의	그	맛다디아의	그	서머인의	그	요섹의	그	요다의
관.소.남.단.	명.소.남.단.	관.소.남.단.	명.소.남.단	관.소.남.단.	명.소.남.단	관.소.남.단.	명.소.남.단	관.소.남.단.	명.소.남.단

27 그 위는 요아난이요 그 위는 레사요 그 위는 스룹바벨이요 그 위는 스알디엘이요 그
위는 네리요
Which was the son of Joanna, which was the son of Rhesa, which was the son of Zorobabel,
which was the son of Salathiel, which was the son of Neri,

3588	2490	3588	4488	3588	2216	3588	4528	3588	3518
τοῦ	Ἰωαννὰν	τοῦ	Ῥησὰ	τοῦ	Ζοροβαβὲλ	τοῦ	Σαλαθιὴλ	τοῦ	Νηρὶ
ὁ	Ἰωανάν	ὁ	Ῥησα	ὁ	Ζοροβάβελ	ὁ	Σαλαθιήλ	ὁ	Νηρί
투	요안난	투	흐레사	투	조로바벨	투	살라디엘	투	네리
그	요아난의	그	레사의	그	스룹바벨의	그	스알디엘의	그	네리의
관.소.남.단.	명.소.남.단	관.소.남.단.	명.소.남.단	관.소.남.단.	명.소.남.단	관.소.남.단.	명.소.남.단	관.소.남.단	명.소.남.단

28 그 위는 멜기요 그 위는 앗디요 그 위는 고삼이요 그 위는 엘마담이요 그 위는 에르요
Which was the son of Melchi, which was the son of Addi, which was the son of Cosam, which
was the son of Elmodam, which was the son of Er,

3588	3197	3588	78	3588	2973	3588	1678	3588	2262
τοῦ	Μελχὶ	τοῦ	Ἀδδὶ	τοῦ	Κωσὰμ	τοῦ	Ἐλμαδὰμ	τοῦ	Ἢρ
ὁ	Μελχι	ὁ	Ἀδδί	ὁ	Κωσάμ	ὁ	Ἐλμωδάμ	ὁ	Ἤρ
투	멜키	투	안디	투	코삼	투	엘마담	투	에르
그	멜기의	그	앗디의	그	고삼의	그	엘마담의	그	에르의
관.소.남.단.	명.소.남.단	관.소.남.단.	명.소.남.단.	관.소.남.단.	명.소.남.단	관.소.남.단.	명.소.남.단	관.소.남.단.	명.소.남.단

29 그 위는 예수요 그 위는 엘리에서요 그 위는 요림이요 그 위는 맛닷이요 그 위는 레위요
Which was the son of Jose, which was the son of Eliezer, which was the son of Jorim, which
was the son of Matthat, which was the son of Levi,

3588	2424	3588	1663	3588	2497	3588	3158	3588	3018
τοῦ	Ἰησοῦ	τοῦ	Ἐλιέζερ	τοῦ	Ἰωρὶμ	τοῦ	Μαθθὰτ	τοῦ	Λευὶ
ὁ	Ἰησοῦς	ὁ	Ἐλιέζερ	ὁ	Ἰωρείμ	ὁ	Ματθάτ	ὁ	Λευίς
투	예수	투	엘리에제르	투	요림	투	맏다트	투	레위
그	예수의	그	엘리의	그	요림의	그	맛닷의	그	레위의
관.소.남.단.	명.소.남.단.	관.소.남.단.	명.소.남.단	관.소.남.단.	명.소.남.단.	관.소.남.단.	명.소.남.단	관.소.남.단.	명.소.남.단

30 그 위는 시므온이요 그 위는 유다요 그 위는 요셉이요 그 위는 요남이요 그 위는 엘리아김이요
Which was the son of Simeon, which was the son of Juda, which was the son of Joseph, which
was the son of Jonan, which was the son of Eliakim,

3588	4826	3588	2455	3588	2501	3588	2494	3588	1662
τοῦ	Συμεὼν	τοῦ	Ἰούδα	τοῦ	Ἰωσὴφ	τοῦ	Ἰωνὰμ	τοῦ	Ἐλιακὶμ
ὁ	Συμεών	ὁ	Ἰουδάς	ὁ	Ἰωσήφ	ὁ	Ἰωνάν	ὁ	Ἐλιακίμ
투	쉬메온	투	유다	투	요세프	투	요남	투	엘리아킴
그	시므온의	그	유다의	그	요셉의	그	요남의	그	엘리아김의
관.소.남.단.	명.소.남.단	관.소.남.단.	명.소.남.단	관.소.남.단.	명.소.남.단	관.소.남.단.	명.소.남.단	관.소.남.단.	명.소.남.단

31 그 위는 멜레아요 그 위는 멘나요 그 위는 맛다다요 그 위는 나단이요 그 위는 다윗이요
Which was the son of Melea, which was the son of Menan, which was the son of Mattatha, which
was the son of Nathan, which was the son of David,

3588	3190	3588	3104	3588	3160	3588	3481	3588	1138
τοῦ	Μελεὰ	τοῦ	Μεννὰ	τοῦ	Ματταθὰ	τοῦ	Ναθὰμ	τοῦ	Δαυὶδ
ὁ	Μελεᾶς	ὁ	Μεννά	ὁ	Ματταθά	ὁ	Ναθάν	ὁ	Δαυίδ
투	멜레아	투	멘나	투	맡타다	투	나담	투	다윋
그	멜레아의	그	멘나의	그	맛다다의	그	나단의	그	다윗의
관.소.남.단.	명.소.남.단	관.소.남.단.	명.소.남.단	관.소.남.단.	명.소.남.단	관.소.남.단.	명.소.남.단	관.소.남.단.	명.소.남.단

32 그 위는 이새요 그 위는 오벳이요 그 위는 보아스요 그 위는 살몬이요 그 위는 나손이요
Which was the son of Jesse, which was the son of Obed, which was the son of Booz, which was the son of Salmon, which was the son of Naasson,

3588	2421	3588	5601	3588	1003	3588	4527	3588	3476
τοῦ	Ἰεσσαὶ	τοῦ	Ἰωβὴδ	τοῦ	Βόος	τοῦ	Σαλὰ	τοῦ	Ναασσὼν
ὁ	Ἰεσσαι	ὁ	Ἰωβήδ	ὁ	Βόες	ὁ	Σαλά	ὁ	Ναασσών
투	예싸이	투	요벧	투	보오스	투	살라	투	나아쏜
그	이새의	그	오벳의	그	보아스의	그	살라의	그	나손의
관.소.남.단.	명.소.남.단	관.소.남.단.	명.소.남.단.	관.소.남.단.	명.소.남.단.	관.소.남.단.	명.소.남.단.	관.소.남.단.	명.소.남.단

33 그 위는 아미나답이요 그 위는 아니요 그 위는 헤스론이요 그 위는 베레스요 그 위는 유다요
Which was the son of Aminadab, which was the son of Aram, which was the son of Esrom, which was the son of Phares, which was the son of Juda,

3588	284	3588	689	3588	2496	3588	2074	3588	5329
τοῦ	Ἀμιναδὰβ	τοῦ	Ἀδμὶν	τοῦ	Ἀρνὶ	τοῦ	Ἑσρὼμ	τοῦ	Φάρες
ὁ	Ἀμιναδάβ	ὁ	Ἀδμίν	ὁ	Ἀρνί	ὁ	Ἐσρώμ	ὁ	Φαρές
투	아미나답	투	아드민	투	아르니	투	헤스롬	투	파레스
그	아미나답의	그	아드민의	그	아니의	그	헤스롬의	그	베레스의
관.소.남.단.	명.소.남.단	관.소.남.단.	명.소.남.단	관.소.남.단.	명.소.남.단.	관.소.남.단.	명.소.남.단	관.소.남.단.	명.소.남.단

3588	2455
τοῦ	Ἰούδα
ὁ	Ἰουδάς
투	유다
그	유다의
관.소.남.단.	명.소.남.단

34 그 위는 야곱이요 그 위는 이삭이요 그 위는 아브라함이요 그 위는 데라요 그 위는 나홀이요
Which was the son of Jacob, which was the son of Isaac, which was the son of Abraham, which was the son of Thara, which was the son of Nachor,

3588	2384	3588	2464	3588	11	3588	2291	3588	3493
τοῦ	Ἰακὼβ	τοῦ	Ἰσαὰκ	τοῦ	Ἀβραὰμ	τοῦ	Θάρα	τοῦ	Ναχὼρ
ὁ	Ἰακώβ	ὁ	Ἰσαάκ	ὁ	Ἀβραάμ	ὁ	Θάρα	ὁ	Ναχώρ
투	야콥	투	이삭	투	아브라암	투	다라	투	나코르
그	야곱의	그	이삭의	그	아브르함의	그	데라의	그	나홀의
관.소.남.단.	명.소.단.남	관.소.남.단.	명.소.남.단	관.소.남.단.	명.소.남.단	관.소.남.단.	명.소.남.단.	관.소.남.단.	명.소.남.단

35 그 위는 스룩이요 그 위는 르우요 그 위는 벨렉이요 그 위는 헤버요 그 위는 살라요
Which was the son of Saruch, which was the son of Ragau, which was the son of Phalec, which was the son of Heber, which was the son of Sala,

3588	4562	3588	4466	3588	5317	3588	1443	3588	4527
τοῦ	Σαροὺχ	τοῦ	Ῥαγαὺ	τοῦ	Φάλεκ	τοῦ	Ἔβερ	τοῦ	Σαλὰ
ὁ	Σερούχ	ὁ	Ῥαγαῦ	ὁ	Φάλεκ	ὁ	Ἐβέρ	ὁ	Σαλά
투	사루크	투	흐라가우	투	팔렉	투	에베르	투	살라
그	스룩의	그	르우의	그	벨렉의	그	헤버의	그	살라의
관.소.남.단.	명.소.남.단	관.소.남.단.	명.소.남.단	관.소.남.단.	명.소.남.단	관.소.남.단.	명.소.남.단.	관.소.남.단.	명.소.남.단

36 그 위는 가이난이요 그 위는 아박삿이요 그 위는 셈이요 그 위는 노아요 그 위는 레멕이요
Which was the son of Cainan, which was the son of Arphaxad, which was the son of Sem, which was the son of Noe, which was the son of Lamech,

3588	2536	3588	742	3588	4590	3588	3575	3588	2984
τοῦ	Καϊνὰμ	τοῦ	Ἀρφαξὰδ	τοῦ	Σὴμ	τοῦ	Νῶε	τοῦ	Λάμεχ
ὁ	Καϊνάν	ὁ	Ἀρφαξάδ	ὁ	Σήμ	ὁ	Νῶε	ὁ	Λάμεχ
투	카이남	투	아르팍사드	투	셈	투	노에	투	라메크
그	가이난의	그	아박삿의	그	셈의	그	노아의	그	레멕의
관.소.남.단.	명.소.남.단	관.소.남.단.	명.소.남.단	관.소.남.단.	명.소.남.단.	관.소.남.단.	명.소.남.단.	관.소.남.단.	명.소.남.단

37 그 위는 므두셀라요 그 위는 에녹이요 그 위는 야렛이요 그 위는 마할랄렐이요 그 위는 가이난이요

Which was the son of Mathusala, which was the son of Enoch, which was the son of Jared, which was the son of Maleleel, which was the son of Cainan,

3588	3103	3588	1802	3588	2391	3588	3121	3588
τοῦ	Μαθουσαλὰ	τοῦ	Ἑνὼχ	τοῦ	Ἰάρετ	τοῦ	Μαλελεὴλ	τοῦ
ὁ	Μαθουσάλα	ὁ	Ἑνώχ	ὁ	Ἰάρεδ	ὁ	Μαλελεήλ	ὁ
투	마두살라	투	헤녹크	투	야렡	투	말렐레엘	투
그	므두셀라의	그	에녹의	그	야렛의	그	마할랄렐의	그
관.소.남.단.	명.소.남.단	관.소.남.단.	명.소.남.단.	관.소.남.단.	명.소.남.단	관.소.남.단.	명.소.남.단	관.소.남.단

2536
Καϊνὰμ
Καϊνάν
카이남
가이난의
명.소.남.단

38 그 위는 에노스요 그 위는 셋이요 그 위는 아담이요 그 위는 하나님이시니라

Which was the son of Enos, which was the son of Seth, which was the son of Adam, which was the son of God.

3588	1802	3588	4589	3588	76	3588	2316
τοῦ	Ἐνὼς	τοῦ	Σὴθ	τοῦ	Ἀδὰμ	τοῦ	θεοῦ.
ὁ	Ἐνώχ	ὁ	Σήθ	ὁ	Ἀδάμ	ὁ	θεός
투	에노스	투	셑	투	아담	투	데우
그	에노스의	그	셋의	그	아담의	그	하나님의
관.소.남.단.	명.소.남.단.	관.소.남.단.	명.소.남.단.	관.소.남.단.	명.소.남.단.	관.소.남.단.	명.소.남.단

4 예수께서 성령의 충만함을 입어 요단 강에서 돌아오사 광야에서 사십 일 동안 성령에게 이끌리시며

And Jesus being full of the Holy Ghost returned from Jordan, and was led by the Spirit into the wilderness,

2424	1161	4134	4151	40	5290	575	3588
Ἰησοῦς	δὲ	πλήρης	πνεύματος	ἁγίου	ὑπέστρεψεν	ἀπὸ	τοῦ
Ἰησοῦς	δε	πλήρης	πνεῦμα	ἅγιος	ὑποστρέφω	ἀπό	ὁ
예수스	데	플레레스	프뉴마토스	하기우	휘페스트렢센	아포	투
예수께서	그리고	충만하셔서	령으로	성	다시 돌아오셨다	부터	그
명.주.남.단	접.등	형.주.남.단	명.소.중.단	형.소.중.단	동.직.1과.능.3단	전.소	관.소.남.단.

2446	2532	71	1722	3588	4151	1722	3588	2048
Ἰορδάνου	καὶ	ἤγετο	ἐν	τῷ	πνεύματι	ἐν	τῇ	ἐρήμῳ
Ἰορδάνης	καί	ἄγω	ἐν	τό	πνεῦμα	ἐν	ἡ	ἔρημος
요르다누	카이	헤게토	엔	투	프뉴마티	엔	테	에레모
요단으로	그리하여	이끌리고 계셨다	에게	그	성에	가운데	그	광야에
명.소.남.단	접.등	동.직.미완.수.3단.	전.여격.	관.여격.중.단.	명.여격.중.단	전.여격.	관.여격.여.단.	형.대.여격.여.단

2 마귀에게 시험을 받으시더라 이 모든 날에 아무 것도 잡수시지 아니하시니 날 수가 다하매 주리신지라

Being forty days tempted of the devil. And in those days he did eat nothing: and when they were ended, he afterward hungered.

2250	5062	3985	5259	3588	1228	2532	3756
ἡμέρας	τεσσεράκοντα	πειραζόμενος	ὑπὸ	τοῦ	διαβόλου.	καὶ	οὐκ
ἡμέρα	τεσσεράκοντα	πειράζω	ὑπό	ὁ	διάβολος	καί	οὐ
헤메라스	테쎄라콘타	페이라조메노스	휘포	투	디아볼루	카이	우크
일들을	사십	유혹을 받으시면서	의하여	그	마귀에	그리하여	않았다
명.목.여.복	형.기.목.여.복	동.분.현.수.주.남.단	전.소	관.소.남.단.	형.대.소.남.단	접.등	부

5315	3762	1722	3588	2250	1565	2532	4931
ἔφαγεν	οὐδὲν	ἐν	ταῖς	ἡμέραις	ἐκείναις	καὶ	συντελεσθεισῶν
φάγω	οὐδείς	ἐν	ἡ	ἡμέρα	ἐκεῖνος	καί	συντελέω
에파겐	우덴	엔	타이스	헤메라이스	에케이나이스	카이	쉰텔레스데이손
잡수시지	아무것도	동안에	그	날들	이러한	그래서	끝나게 된 후에
동.작.2과.능.3단.	형.대.기.목.중.단.	전.여격.	관.여격.여.복.	명.여격.여.복	대.지.여격.여.복.	접.등	동.분.1과.수.소.여.복

846	3983
αὐτῶν	ἐπείνασεν.
αὐτός	πεινάω
아우톤	에페이나센
그것들이	굶주리셨다
대.인.소.여.3복.	동.직.1과.능.3단

3 마귀가 이르되 네가 만일 하나님의 아들이어든 이 돌들에게 명하여 떡이 되게 하라
And the devil said unto him, If thou be the Son of God, command this stone that it be made bread.

3004(2036)	1161	846	3588	1228	1487	5207	1510	3588	2316
εἶπεν	δὲ	αὐτῷ	ὁ	διάβολος,	εἰ	υἱὸς	εἶ	τοῦ	θεοῦ,
λέγω.ἔπω	δέ	αὐτός	ὁ	διάβολος	εἰ	υἱός	εἰμί	ὁ	θεός
에이펜	데	아우토	호	디아볼로스	에이	휘오스	에이	투	데우
말하였다	그러자	그에게	그	마귀가	만일	아들	네가~이거든	그	하나님의
동.직.2과.능.3단.	접.우.	대.인.여격.남.3단.	관.주.남.단.	형.대.주.남.단	접.종	명.주.남.단.	동.직.현.능.2단.	관.소.남.단.	명.소.남.단

3004(2036)	3588	3037	3778	2443	1096	740
εἰπὲ	τῷ	λίθῳ	τούτῳ	ἵνα	γένηται	ἄρτος.
λέγω.ἔπω	ὁ	λίθος	οὗτος	ἵνα	γίνομαι	ἄρτος
에이페	토	리도	투토	히나	게네타이	아르토스
말하라	그	돌에게	이	위하여	그것이 되게하기	떡이
동.명.2과.능.2단.	관.여격.남.단.	명.여격.남.단.	대.지.여격.남.단.	접.등	동.가.2과.중디.3단.	명.주.남.단

4 예수께서 대답하시되 기록된 바 사람이 떡으로만 살 것이 아니라 하였느니라
And Jesus answered him, saying, It is written, That man shall not live by bread alone, but by every word of God.

2532	611	4314	846	3588	2424	1125	3754	3756
καὶ	απεκρίθη	πρὸς	αὐτὸν	ὁ	Ἰησοῦς,	γέγραπται	ὅτι	οὐκ
καί	ἀποκρίνομαι	πρός	αὐτός	ὁ	Ἰησοῦς	γράφω	ὅτι	οὐ
카이	아페리데	프로스	아우톤	호	예수스	게그랖타이	호티	우크
이에	대답하셨다	향하여	그를	그	예수께서	그것이 기록되어 있다		아니라
접.등	동.직.1과.수디.3단.	전.목	대.인.목.남.3단.	관.주.남.단.	명.주.남.단.	동.직.1완.수.3단.	접.등	부

1909	740	3441	2198	3588	444
ἐπ'	ἄρτῳ	μόνῳ	ζήσεται	ὁ	ἄνθρωπος.
ἐπί	ἄρτος	μόνος	ζάω	ὁ	ἄνθρωπος
엪	아르토	모노	제세타이	호	안드로포스
으로만	떡	오직	그를 위하여 살 것이다	그	사람이
전.여격	명.여격.남.단.	형.여격.남.단.	동.직.미.중.3단	관.주.남.단.	명.주.남.단.

5 마귀가 또 예수를 이끌고 올라가서 순식간에 천하 만국을 보이며
And the devil, taking him up into an high mountain, shewed unto him all the kingdoms of the world in a moment of time.

2532	321	846	1166	846	3956	3588	932
Καὶ	ἀναγαγὼν	αὐτὸν	ἔδειξεν	αὐτῷ	πάσας	τὰς	βασιλείας
και	ἀνάγω	αὐτός	δεικνύω	αὐτός	πᾶς	ἡ	βασιλεία
카이	아나가곤	아우톤	에데잌센	아우토	파사스	타스	바실레이아스
또	이끌고 올라가서	그를	그(마귀)가 보여주었다	그에게	모든	그	나라들을
접.등	동.분.2과.능.주.남.단.	대.인.목.남.3단.	동.직.1과.능.3단.	대.인.여격.남.3단.	형.목.여.복	관.목.여.복.	명.목.여.복

3588	3625	1722	4743	5550
τῆς	οἰκουμένης	ἐν	στιγμῇ	χρόνου
ἡ	οἰκουμένη	ἐν	στιγμή	χρόνος
테스	오이쿠메네스	엔	스티그메	크로누
그	세계의	에 있어	순간	시간의
관.소.여.단.	명.소.여.단	전.여격.	명.여격.여.단	명.소.남.단

6 이르되 이 모든 권위와 그 영광을 내가 네게 주리라 이것은 내게 넘겨 준 것이므로 내가 원하는 자에게 주노라

And the devil said unto him, All this power will I give thee, and the glory of them: for that is delivered unto me; and to whomsoever I will I give it.

2532	3004(2036)	846	3588	1228	4771	1325	3588	1849
καὶ	εἶπεν	αὐτῷ	ὁ	διάβολος,	σοὶ	δώσω	τὴν	ἐξουσίαν
καί	λέγω.ἔπω	αὐτός	ὁ	διάβολος	σύ	δίδωμι	ἡ	ἐξουσία
카이	에이펜	아우토	호	디아볼로스	소이	도소	텐	엑수시안
그리고	말하였다	그에게	그	마귀가	너에게	내가 줄 것이다	그	권세
접.등	동.직.2과.능.3단.	대.인.여격.남.3단.	관.주.남.단.	형.대.주.남.단	대.인.여격.2단.	동.직.미.능.1단.	관.목.여.단.	명.목.여.단

3778	537	2532	3588	1391	846	3754	1473
ταύτην	ἅπασαν	καὶ	τὴν	δόξαν	αὐτῶν,	ὅτι	ἐμοὶ
οὗτος	ἅπας	καί	ἡ	δόξα	αὐτός	ὅτι	ἐγώ
타우텐	하파산	카이	텐	독산	아우톤	호티	에모이
이	모든	와	그	영광을	그것들의	때문이며	나에게
대.지.목.여.단.	형.목.여.단	접.등	관.목.여.단.	명.목.여.단	대.인.소.여.3복.	접.종	대.인.여격.1단.

3860	2532	3739	1437	2309	1325	846
παραδέδοται	καὶ	ᾧ	ἐὰν	θέλω	δίδωμι	αὐτήν·
παραδίδωμι	καί	ὅς	ἐάν	θέλω	δίδωμι	αὐτός
파라데도타이	카이	호	에안	델로	디도미	아우텐
이것은 넘겨준 것이기	그래서	누구에게든	만일	내가 원하면	내가 준다	그것을
동.직.1완.수.3단	접.등	대.관.여격.남.단	불.동	동.가.현.능.1단.	동.직.현.능.1단.	대.인.목.여.3단

7 그러므로 네가 만일 내게 절하면 다 네 것이 되리라

If thou therefore wilt worship me, all shall be thine.

4771	3767	1437	4352	1799	473	1510	4771	3956
σὺ	οὖν	ἐὰν	προσκυνήσῃς	ἐνώπιον	ἐμοῦ,	ἔσται	σοῦ	πᾶσα.
σύ	οὖν	ἐάν	προσκυνέω	ἐνώπιον	ἐγώ	εἰμι	σύ	πᾶς
쉬	운	에안	프로스퀴네세스	에노피온	에무	에스타이	수	파사
네가	그러므로	만일	경배하면	앞에서	나의	될 것이다	너의 것이	모든 것이
대.인.주.2단.	접.우	접.종	동.가.1과.능.2단	전.소	대.인.소.1단.	동.직.미.중디.3단.	대.인.소.2단.	형.대.주.여.단

8 예수께서 대답하여 이르시되 기록된 바 주 너의 하나님께 경배하고 다만 그를 섬기라 하였느니라

And Jesus answered and said unto him, Get thee behind me, Satan: for it is written, Thou shalt worship the Lord thy God, and him only shalt thou serve.

2532	611	3588	2424	3004(2036)	846	1125	2962
καὶ	ἀποκριθεὶς	ὁ	Ἰησοῦς	εἶπεν	αὐτῷ,	γέγραπται,	κύριον
καί	ἀποκρίνομαι	ὁ	Ἰησοῦς	λέγω.ἔπω	αὐτός	γράφω	κύριος
카이	아포크리테이스	호	예수스	에이펜	아우토	게그랍타이	퀴리온
그러자	대답하여	그	예수께서	말씀하셨다	그에게	기록되어 있다	주
접.등.	동.분.1과.수디.주.남.단.	관.주.남.단.	명.주.남.단.	동.직.2과.능.3단.	대.인.여격.남.3단.	동.직.1완.수.3단	명.목.남.단.

3588	2316	4771	4352	2532	846	3441	3000
τὸν	θεόν	σου	προσκυνήσεις	καὶ	αὐτῷ	μόνῳ	λατρεύσεις.
ὁ	θεός	σύ	προσκυνέω	καί	αὐτός	μόνος	λατρεύω
톤	데온	수	프로스퀴네세이스	카이	아우토	모노	라트류세이스
그	하나님을	너의	너는 경배하라	그리고	그에게만	오직	너는 섬기라
관.목.남.단	명.목.남.단.	대.인.소.2단.	동.직.미.능.2단	접.등	대.인.여격.남.3단.	형.여격.남.단.	동.직.미.능.2단

9 또 이끌고 예루살렘으로 가서 성전 꼭대기에 세우고 이르되 네가 만일 하나님의
아들이어든 여기서 뛰어내리라
And he brought him to Jerusalem, and set him on a pinnacle of the temple, and said unto him, If thou be the Son of God, cast thyself down from hence:

71	1161	846	1519	2419	2532	2476	1909	3588
Ἤγαγεν	δὲ	αὐτὸν	εἰς	Ἰερουσαλὴμ	καὶ	ἔστησεν	ἐπὶ	τὸ
ἄγω	δέ	αὐτός	εἰς	Ἱερουσαλήμ	καί	ἵστημι	ἐπί	τό
에가겐	데	아우톤	에이스	예루살렘	카이	에스테센	에피	토
이끌고 갔다	또	그를	으로	예루살렘	그리고	세웠다	위로	그
동.직.2과.능.3단.	접.등.	대.인.목.남.3단.	전.목	명.목.여.단	접.등	동.직.1과.능.3단.	전.목.	관.목.중.단.

4419	3588	2411	2532	3004(2036)	846	1487	5207	1510
πτερύγιον	τοῦ	ἱεροῦ	καὶ	εἶπεν	αὐτῷ,	εἰ	υἱὸς	εἶ
πτερύγιον	τό	ἱερόν	καί	λέγω.ἔπω	αὐτός	εἰ	υἱός	εἰμί
프테뤼기온	투	히에루	카이	에이펜	아우토	에이	휘오스	에이
꼭대기를	그	성전의	그리고	말하였다	그에게	만일	아들	네가~이거든
명.목.중.단	관.소.중.단.	형.대.소.중.단.	접.등	동.직.2과.능.3단.	대.인.여격.남.3단.	접.종	명.주.남.단.	동.직.현.능.2단.

3588	2316	906	4572	1782	2736
τοῦ	θεοῦ,	βάλε	σεαυτὸν	ἐντεῦθεν	κάτω·
ὁ	θεός	βάλλω	σεαυτοῦ	ἐντεῦθεν	κάτω
투	데우	발레	세아우톤	엔튜덴	카토
그	하나님의	던져라	너 자신을	여기서부터	아래로
관.소.남.단.	명.소.남.단	동.명.2과.능.2단	대.인.목.남.2단	부	부

10 기록되었으되 하나님이 너를 위하여 그 사자들을 명하사 너를 지키게 하시리라 하였고
For it is written, He shall give his angels charge over thee, to keep thee:

1125	1063	3754	3588	32	846	1781	4012
γέγραπται	γὰρ	ὅτι	τοῖς	ἀγγέλοις	αὐτοῦ	ἐντελεῖται	περὶ
γράφω	γάρ	ὅτι	ὁ	ἄγγελος	αὐτός	ἐντέλλομαι	περί
게그랍타이	가르	호티	토이스	앙겔로이스	아우투	엔텔레이타이	페리
기록되었다	왜냐하면		그	천사들에게	그의	하나님이 명할 것이다	관하여
동.직.1완.수.3단	접.종	접.등	관.여격.남.복.	명.여격.남.복	대.인.소.남.3단.	동.직.미.중디.3단	전.소

4771	3588	1314	4771
σοῦ	τοῦ	διαφυλάξαι	σε
σύ	τό	διαφυλάσσω	σύ
수	투	디아퓔락사이	세
너에	그	보호하도록	너를
대.인.소.2단	관.소.중.단.	동.부.1과.능.소	대.인.목.2단

11 또한 그들이 손으로 너를 받들어 네 발이 돌에 부딪치지 않게 하시리라 하였느니라
And in their hands they shall bear thee up, lest at any time thou dash thy foot against a stone.

2532	3754	1909	5495	142	4771	3379	4350	4314
καὶ	ὅτι	ἐπὶ	χειρῶν	ἀροῦσίν	σε,	μήποτε	προσκόψῃς	πρὸς
καί	ὅτι	ἐπί	χείρ	αἴρω	σύ	μήποτε	προσκόπτω	πρός
카이	호티	에피	케이론	아루신	세	메포테	프로스콮세스	프로스
또한		위에다	(그들의)손들의	그들이 받을 것이다	너를	않도록	네가 부딪히지	대하여
접.등.	접.등	전.소	명.소.여.복	동.직.미.능.3복	대.인.목.2단.	접.종	동.가.1과.능.2단	전.목

3037	3588	4228	4771
λίθον	τὸν	πόδα	σου.
λίθος	ὁ	πούς	σύ
리돈	톤	포다	수
돌에	그	발을	너의
명.목.남.단	관.목.남.단.	명.목.남.단.	대.인.소.2단

12 예수께서 대답하여 이르시되 주 너의 하나님을 시험하지 말라 하였느니라
And Jesus answering said unto him, It is said, Thou shalt not tempt the Lord thy God.

2532	611	3004(2036)	846	3588	2424	3754	2046
καὶ	ἀποκριθεὶς	εἶπεν	αὐτῷ	ὁ	Ἰησοῦς	ὅτι	εἴρηται,
καί	ἀποκρίνομαι	λέγω.ἔπω	αὐτός	ὁ	Ἰησοῦς	ὅτι	ἐρέω
카이	아포크리데이스	에이펜	아우토	호	예수스	호티	에이레타이
니네	대답하여	말씀하셨다	그에게	것을	예수께서		그것이 말하여졌다는
접.등	동.분.1과.수디.주.남.단.	동.직.2과.능.3단.	대.인.여격.남.3단.	관.주.남.단.	명.주.남.단	접.등	동.직.1완.수.3단

3756	1598	2962	3588	2316	4771
οὐκ	ἐκπειράσεις	κύριον	τὸν	θεόν	σου.
οὐ	ἐκπειράζω	κύριος	ὁ	θεός	σύ
우크	에크페이라세이스	퀴리온	톤	데온	수
말라	너는 심히 유혹하지	주	그	하나님을	너의
부	동.직.미.능.2단	명.목.남.단	관.목.남.단.	명.목.남.단.	대.인.소.2단

13 마귀가 모든 시험을 다 한 후에 얼마 동안 떠나니라
And when the devil had ended all the temptation, he departed from him for a season.

2532	4931	3956	3986	3588	1228	868	575
Καὶ	συντελέσας	πάντα	πειρασμὸν	ὁ	διάβολος	ἀπέστη	ἀπ'
και	συντελέω	πᾶς	πειρασμός	ὁ	διάβολος	ἀφίστημι	ἀπό
카이	쉰텔레사스	판타	페이라스몬	호	디아볼로스	아페스테	앞
그리고	다 마친 후에	모든	유혹을	그	마귀가	떠났다	부터
접.등	동.분.1과.능.주.남.단	형.목.남.단	명.목.남.단	관.주.남.단.	대.주.남.단	동.직.2과.능.3단.	전.소.

846	891	2540
αὐτοῦ	ἄχρι	καιροῦ.
αὐτός	ἄχρι	καιρός
아우투	아크리	카이루
그로	동안을	때(얼마 동안을)
대.인.소.남.3단	전.소	명.소.남.단

14 예수께서 성령의 능력으로 갈릴리에 돌아가시니 그 소문이 사방에 퍼졌고
And Jesus returned in the power of the Spirit into Galilee: and there went out a fame of him
through all the region round about.

2532	5290	3588	2424	1722	3588	1411	3588	4151
Καὶ	ὑπέστρεψεν	ὁ	Ἰησοῦς	ἐν	τῇ	δυνάμει	τοῦ	πνεύματος
καί	ὑποστρέφω	ὁ	Ἰησοῦς	ἐν	ἡ	δύναμις	τό	πνεῦμα
카이	휘페스트렙센	호	예수스	엔	테	뒤나메이	투	프뉴마토스
그리고	다시 돌아가셨다	그	예수님께서	의하여	그	권능에	그	성의
접.등	동.직.1과.능.3단	관.주.남.단.	명.주.남.단	전.여격.	관.여격.여.단.	명.여격.여.단	관.소.중.단.	명.소.중.단

1519	3588	1056	2532	5345	1831	2596	3650	3588
εἰς	τὴν	Γαλιλαίαν.	καὶ	φήμη	ἐξῆλθεν	καθ'	ὅλης	τῆς
εἰς	ἡ	Γαλιλαία	καί	φήμη	ἐξέρχομαι	κατά	ὅλος	ἡ
에이스	텐	갈릴라이안	카이	페메	엑셀덴	칸	홀레스	테스
안으로	그	갈릴리	그러자	한 소문이	퍼져 나갔다	따라	온	그
전.목	관.목.여.단.	명.목.여.단.	접.등	명.주.여.단.	동.직.2과.능.3단.	전.소	형.소.여.단.	관.소.여.단.

4066	4012	846
περιχώρου	περὶ	αὐτοῦ.
περίχωρος	περί	αὐτός
페리코루	페리	아우투
인근지방을	관한	그에
형.대.소.여.단	전.소	대.인.소.남.3단

15 친히 그 여러 회당에서 가르치시매 뭇 사람에게 칭송을 받으시더라
And he taught in their synagogues, being glorified of all.

2532	846	1321	1722	3588	4864	846	1392
καὶ	αὐτὸς	ἐδίδασκεν	ἐν	ταῖς	συναγωγαῖς	αὐτῶν	δοξαζόμενος
καί	αὐτός	διδάσκω	ἐν	ἡ	συναγωγή	αὐτός	δοξάζω
카이	아우토스	에디다스켄	엔	타이스	쉬나고가이스	아우톤	독사조메노스
그리고	그가 친히	가르치고 계셨다	안에서	그	회당들에	그들의	영광을 받으시면서
접.등	대.인주.남.3단.	동.직.미완.능.3단	전.여격.	관.여격.여.복.	명.여격.여.복	대.인.소.남.3복.	동.분.현.수.주.남.단

5259	3956
ὑπὸ	πάντων.
ὑπό	πᾶς
휘포	판톤
의하여	많은 사람에
전.소	형.대.소.남.복

16 예수께서 그 자라나신 곳 나사렛에 이르사 안식일에 늘 하시던 대로 회당에 들어가사
성경을 읽으려고 서시매
And he came to Nazareth, where he had been brought up: and, as his custom was, he went into the synagogue on the sabbath day, and stood up for to read.

2532	2064	1519	3478	3757	1510	5142	2532	1525
Καὶ	ἦλθεν	εἰς	Ναζαρά,	οὗ	ἦν	τεθραμμένος,	καὶ	εἰσῆλθεν
καί	ἔρχομαι	εἰς	Ναζαρά,	οὗ	εἰμί	τρέφω	καί	εἰσέρχομαι
카이	엘덴	에이스	나자라	후	엔	테드람메노스	카이	에이셀덴
그리고	오셨다	으로	나사렛	그곳에서	그가 있었다	자라나신 곳인	이에	들어가셨다
접.등	동.직.2과.능.3단.	전.목	명.목.여.단	부.관.	동.직.미완.능.3단.+	+동.분.1완.수.주.남.단	접.등	동.직.2과.능.3단

2596	3588	1486	846	1722	3588	2250	3588	4521
κατὰ	τὸ	εἰωθὸς	αὐτῷ	ἐν	τῇ	ἡμέρᾳ	τῶν	σαββάτων
κατά	τό	εἴωθα.ἔθω	αὐτός	ἐν	ἡ	ἡμέρα	τό	σάββατον
카타	토	에이오도스	아우토	엔	테	헤메라	톤	삽바톤
따라서	그(것을)	습관이 되어있는	그에게	에 있어	그	날	그	안식들의
전.목	관.목.중.단.	동.분.1완.능.목.중.단.	대.인.여격.남.3단.	전.여격.	관.여격.여.단.	명.여격.여.단.	관.소.중.복.	명.소.중.복

1519	3588	4864	2532	450	314
εἰς	τὴν	συναγωγήν	καὶ	ἀνέστη	ἀναγνῶναι.
εἰς	ἡ	συναγωγη	καί	ἀνίστημι	ἀναγινώσκω
에이스	텐	쉬나고겐	카이	아네스테	아나그노나이
안으로	그	회당을	그리고	일어서셨다	(성경을)읽으려고
전.목	관.목.여.단.	명.목.여.단	접.등	동.직.2과.능.3단.	동.부.2과.능

17 선지자 이사야의 글을 드리거늘 책을 펴서 이렇게 기록된 데를 찾으시니 곧
And there was delivered unto him the book of the prophet Esaias. And when he had opened the book, he found the place where it was written,

2532	1929	846	975	3588	4396	2268	2532	380
καὶ	ἐπεδόθη	αὐτῷ	βιβλίον	τοῦ	προφήτου	Ἠσαΐου	καὶ	ἀναπτύξας
καί	ἐπιδίδωμι	αὐτός	βιβλίον	ὁ	προφήτης	Ἡσαΐας	καί	ἀναπτύσσω
카이	에페도데	아우토	비블리온	투	프로페투	에사이우	카이	아낲튁사스
그러자	주어졌다	그에게	책이	그	선지자	이사야의	이에	펴시고
접.등	동.직.1과.수.3단.	대.인.여격.남.3단.	명.주.중.단.	관.소.남.단.	명.소.남.단	명.소.남.단	접.등	동.분.1과.능.주.남.단

3588	975	2147	3588	5117	3757	1510	1125
τὸ	βιβλίον	εὗρεν	τὸν	τόπον	οὗ	ἦν	γεγραμμένον,
τό	βιβλίον	εὑρίσκω	ὁ	τόπος	οὗ	εἰμί	γράφω
토	비블리온	휴렌	톤	토폰	후	엔	게그람메논
그	책을	그가 찾으셨다	그	장소를	바 곳에	그것이 있었던	기록되어서
관.목.중.단.	명.목.중.단	동.직.2과.능.3단.	관.목.남.단.	명.목.남.단.	부.관.	동.직.미완.능.3단.+	+동.분.1완.수.주.중.단

18 주의 성령이 내게 임하셨으니 이는 가난한 자에게 복음을 전하게 하시려고 내게 기름을
부으시고 나를 보내사 포로 된 자에게 자유를, 눈 먼 자에게 다시 보게 함을 전파하며
눌린 자를 자유롭게 하고

The Spirit of the Lord is upon me, because he hath anointed me to preach the gospel to the poor; he hath sent me to heal the brokenhearted, to preach deliverance to the captives, and recovering of sight to the blind, to set at liberty them that are bruised,

4151	2962	1909	1473	3739	1752	5548	1473
πνεῦμα	κυρίου	ἐπ’	ἐμέ	οὗ	εἵνεκεν	ἔχρισέν	με
πνεῦμα	κύριος	ἐπί	ἐγω	ὅς	ἕνεκα	χρίω	ἐγώ
프뉴마	퀴리우	엪	에메	후	에이네켄	에크리센	메
성령께서 임하셨으니	주의	위로	내	그런	까닭으로	그가 기름을 부으셨다	나를
명.주.중.단	**명.소.남.단**	**전목**	**대.인목.1단.**	**대.관.소.중.단**	**전소**	**동.직.1과.능.3단**	**대.인목.1단.**

2097	4434	649	1473	2784	164
εὐαγγελίσασθαι	πτωχοῖς,	ἀπέσταλκέν	με,	κηρύξαι	αἰχμαλώτοις
εὐαγγελίζω	πτωχός	ἀποστέλλω	ἐγώ	κηρύσσω	αἰχμαλωτός
유앙겔리사스다이	프토코이스	아페스탈켄	메	케뤽사이	아이크말로토이스
복음을 전하시려고	가난한 자들에게	그가 보내셨다	나를	선포하시려고	포로들에게
동.부.1과.중	**형.대.여격.남.복**	**동.직.1완.능.3단**	**대.인목.1단**	**동.부.1과.능**	**명.여격.남.복.**

859	2532	5185	309	649	2352	1722
ἄφεσιν	καὶ	τυφλοῖς	ἀνάβλεψιν,	ἀποστεῖλαι	τεθραυσμένους	ἐν
ἄφεσις	καί	τυφλός	ἀνάβλεψις	ἀποστέλλω	θραύω	ἐν
아페신	카이	튀플로이스	아나블렙신	아포스테일라이	테드라우스메누스	엔
해방을	또	시각장애자들에게	다시 보게 함을	내보내시려고	눌려져 있는 (자들을)	으로
명.목.여.단	**접.등**	**형.대.여격.남.복**	**명.목.여.단**	**동.부.1과.능**	**동.분.1완.수.목.남.복**	**전.여격**

859
ἀφέσει,
ἄφεσις
아페세이
해방
명.여격.여.단

19 주의 은혜의 해를 전파하게 하려 하심이라 하였더라

To preach the acceptable year of the Lord.

2784	1763	2962	1184
κηρύξαι	ἐνιαυτὸν	κυρίου	δεκτόν.
κηρύσσω	ἐνιαυτός	κύριος	δεκτός
케뤽사이	에니아우톤	퀴리우	뎈톤
선포하려고	해를	주님의	받아들일 수 있는
동.부.1과.능	**명.목.남.단**	**명.소.남.단**	**형.목.남.단**

20 책을 덮어 그 맡은 자에게 주시고 앉으시니 회당에 있는 자들이 다 주목하여 보더라

And he closed the book, and he gave it again to the minister, and sat down. And the eyes of all them that were in the synagogue were fastened on him.

2532	4428	3588	975	591	3588	5257	2523	2532
καὶ	πτύξας	τὸ	βιβλίον	ἀποδοὺς	τῷ	ὑπηρέτῃ	ἐκάθισεν·	καὶ
καί	πτύσσω	τό	βιβλίον	ἀποδίδωμι	ὁ	ὑπηρέτης	καθίζω	καί
카이	프튁사스	토	비블리온	아포두스	토	휘페레테	에카디센	카이
그리고	둘둘 말고	그	두루마리를	돌려주시고	그	맡은 자에게	그가 앉으셨다	이에
접.등	**동.분.1과.능.주.남.단.**	**관.목.중.단.**	**명.목.중.단**	**동.분.2과.능.주.남.단.**	**관.여격.남.단.**	**명.여격.남.단**	**동.직.1과.능.3단.**	**접.등**

3956	588	3788	1722	3588	4864	1510	816
πάντων	οἱ	ὀφθαλμοὶ	ἐν	τῇ	συναγωγῇ	ἦσαν	ἀτενίζοντες
πᾶς	ὁ	ὀφθαλμός	ἐν	ἡ	συναγωγή	εἰμί	ἀτενίζω
판톤	호이	오프달모이	엔	테	쉬나고게	에산	아테니존테스
모든 사람의	그	눈들이	안에	그	회당에	있었다	주목하여
형.대.소.남.복	**관.주.남.복.**	**명.주.남.복**	**전.여격**	**관.여격.여.단.**	**명.여격.여.단**	**동.직.미완.능.3복.+**	**+동.분.현.능.주.남.복**

846
αὐτῷ.
αὐτός
아우토
그에게
대.인.여격.남.3단

21 이에 예수께서 그들에게 말씀하시되 이 글이 오늘 너희 귀에 응하였느니라 하시니
And he began to say unto them, This day is this scripture fulfilled in your ears.

756	1161	3004	4314	846	3754	4594	4137
ἤρξατο	δὲ	λέγειν	πρὸς	αὐτοὺς	ὅτι	σήμερον	πεπλήρωται
ἄρχομαι	δέ	λέγω	πρός	αὐτός	ὅτι	σήμερον	πληρόω
에릑사토	데	레게인	프로스	아우투스	호티	세메론	페플레로타이
그가 시작하셨다	이에	말씀하시는 것을	향하여	그들을	것을	오늘	이루어져 있다는
동.직.1과.중.3단.	접.등	동.부.현.능	전.목	대.인.목.남.3복.	접.등	부	동.직.1완.수.3단

3588	1124	3778	1722	3588	3775	4771
ἡ	γραφὴ	αὕτη	ἐν	τοῖς	ὠσὶν	ὑμῶν.
ἡ	γραφή	οὗτος	ἐν	τό	οὖς	σύ
헤	그라페	하우테	엔	토이스	오신	휘몬
그	성경이	이	속에	그	귀들에	너희의
관.주.여.단	명.주.여.단	대.지.주.여.단.	전.여격.	관.여격.중.복.	명.여격.중.복.	대.인.소.2복

22 그들이 다 그를 증언하고 그 입으로 나오는 바 은혜로운 말을 놀랍게 여겨 이르되 이
사람이 요셉의 아들이 아니냐
And all bare him witness, and wondered at the gracious words which proceeded out of his mouth. And they said, Is not this Joseph's son?

2532	3956	3140	846	2532	2296	1909	3588
Καὶ	πάντες	ἐμαρτύρουν	αὐτῷ	καὶ	ἐθαύμαζον	ἐπὶ	τοῖς
καί	πᾶς	μαρτυρέω	αὐτός	καί	θαυμάζω	ἐπί	ὁ
카이	판테스	에마르튀룬	아우토	카이	에다우마존	에피	토이스
그리고	모두가	그들이 증거하고 있었다	그에게	그리고	놀라고 있었다	대하여	그
접.등	형.대.주.남.복.	동.직.미완.능.3복	대.인.여격.남.3단.	접.등	동.직.미완.능.3복	전.여격.	관.여격.남.복.

3056	3588	5485	3588	1607	1537	3588	4750
λόγοις	τῆς	χάριτος	τοῖς	ἐκπορευομένοις	ἐκ	τοῦ	στόματος
λόγος	ἡ	χάρις	ὁ	ἐκπορεύομαι	ἐκ	τό	στόμα
로고이스	테스	카리토스	토이스	에크포류오메노이스	에크	투	스토마토스
말씀들에	그	은혜의	그	나오는	에서	그	입
명.여격.남.복	관.소.여.단.	명.소.여.단	관.여격.남.복	동.분.현.중디.여격.남.복	전.소	관.소.중.단.	명.소.중.단.

846	2532	3004	3780	5207	1510	2501	3778
αὐτοῦ	καὶ	ἔλεγον,	οὐχὶ	υἱός	ἐστιν	Ἰωσὴφ	οὗτος;'
αὐτός	καί	λέγω	οὐχί	υἱός	εἰμί	Ἰωσήφ	οὗτος
아우투	카이	엘레곤	우키	휘오스	에스틴	요세프	후토스
그의	이에	그들이 말하고 있었다	아니	아들이	이냐	요셉의	이 사람이
대.인.소.남.3단.	접.등	동.직.미완.능.3복.	불.의.	명.주.남.단.	동.직.현.중.3단.	명.소.남.단	대.지.주.남.단

23 예수께서 그들에게 이르시되 너희가 반드시 의사야 너 자신을 고치라 하는 속담을
인용하여 내게 말하기를 우리가 들은 바 가버나움에서 행한 일을 네 고향 여기서도
행하라 하리라
And he said unto them, Ye will surely say unto me this proverb, Physician, heal thyself: whatsoever we have heard done in Capernaum, do also here in thy country.

2532	3004(2036)	4314	846	3843	3004(2036)	1473	3588	3850
καὶ	εἶπεν	πρὸς	αὐτούς,	πάντως	ἐρεῖτέ	μοι	τὴν	παραβολὴν
καί	λέγω.ἔπω	πρός	αὐτός	πάντως	λέγω.ἔπω	ἐγώ	ἡ	παραβολή
카이	에이펜	프로스	아우투스	판토스	에레이테	모이	텐	파라볼렌
그러자	그가 말씀하셨다	향하여	그들을	틀림없이	말할 것이다	나에게	그	비유를
접.등	동.직.2과.능.3단	전.목	대.인.목.남.3복.	부	동.직.미.능.2복.	대.인.여격.1단.	관.목.여.단.	명.목.여.단

3778	2395	2323	4572	3745	191	1096
ταύτην·	ἰατρέ,	θεράπευσον	σεαυτόν·	ὅσα	ἠκούσαμεν	γενόμενα
οὗτος	ἰατρός	θεραπεύω	σεαυτοῦ	ὅσος	ἀκούω	γίνομαι
타우텐	야트레	데라퓨손	세아우톤	호사	에쿠사멘	게노메나
이	의사여	고치라	너 자신을	무엇이든지	우리가 들었던대로	일어난(일어나서)
대.지.목.여.단.	명.호.남.단	동.명.1과.능.2단	대.인.목.남.2단	대.관.목.중.복	동.직.1과.능.1복	동.분.2과.중디.중.복.

1519	3588	2584	4160	2532	5602	1722	3588	3968	4771
εἰς	τὴν	Καφαρναοὺμ	ποίησον	καὶ	ὧδε	ἐν	τῇ	πατρίδι	σου.
εἰς	ἡ	Καφαρναοὺμ	ποιέω	καί	ὧδε	ἐν	ἡ	πατρίς	σύ
에이스	텐	카파르나움	포이에손	카이	호데	엔	테	파트리디	수
안으로	그	가버나움을	행하라	역시	여기	안에도	이	고향에	너의
전목	관.목.여.단.	명.목.여.단	동.명.1과.능.2단	부	부	전.여격	관.여격.여.단	명.여격.여.단	대.인.소.2단

24 또 이르시되 내가 진실로 너희에게 이르노니 선지자가 고향에서는 환영을 받는 자가 없느니라
And he said, Verily, I say unto you, No prophet is accepted in his own country.

3004(2036)	1161	281	3004	4771	3754	3762	4396
εἶπεν	δέ,	ἀμὴν	λέγω	ὑμῖν	ὅτι	οὐδεὶς	προφήτης
λέγω.ἔπω	δέ	ἀμήν	λέγω	σύ	ὅτι	οὐδείς	προφήτης
에이펜	데	아멘	레고	휘민	호티	우데이스	프로페테스
말씀하셨다	또	진실로	내가 말한다	너희에게	것을	아무도 없다는	선지자가
동.직.2과.능.3단.	접.우	불.문	동.직.현.능.1단.	대.인.여격.2복.	접.등	형.기.주.남.단	명.주.남.단

1184	1510	1722	3588	3968	846
δεκτός	ἐστιν	ἐν	τῇ	πατρίδι	αὐτοῦ.
δεκτός	εἰμί	ἐν	ἡ	πατρίς	αὐτός
뎈토스	에스틴	엔	테	파트리디	아우투
받아들일 수 있는	있지	에서	그	고향	그의
형.주.남.단	동.직.현.능.3단.	전.여격.	관.여격.여.단.	명.여격.여.단	대.인.소.남.3단

25 내가 참으로 너희에게 이르노니 엘리야 시대에 하늘이 삼 년 육개월간 닫히어 온 땅에
큰 흉년이 들었을 때에 이스라엘에 많은 과부가 있었으되
But I tell you of a truth, many widows were in Israel in the days of Elias, when the heaven was shut up three years and six months, when great famine was throughout all the land;

1909	225	1161	3004	4771	4183	5503	1510	1722
ἐπ'	ἀληθείας	δὲ	λέγω	ὑμῖν,	πολλαὶ	χῆραι	ἦσαν	ἐν
ἐπί	ἀλήθεια	δέ	λέγω	σύ	πολύς	χήρα	εἰμί	ἐν
엪	알레데이아스	데	레고	휘민	폴라이	케라이	에산	엔
으로	참	그러나	내가 말한다	너희에게	많은	과부들이	있었다	중에
전.소	명.소.여.단	접.등	동.직.현.능.1단.	대.인.여격.2복.	형.주.여.복.	대.주.여.복.	동.직.미완.능.3복.	전.여격.

3588	2250	2243	1722	3588	2474	3753	2808	3588
ταῖς	ἡμέραις	Ἠλίου	ἐν	τῷ	Ἰσραήλ,	ὅτε	ἐκλείσθη	ὁ
ἡ	ἡμέρα	Ἠλίας	ἐν	ὁ	Ἰσραήλ	ὅτε	κλείω	ὁ
타이스	헤메라이스	엘리우	엔	토	이스라엘	호테	에클레이스데	호
그	날들	엘리야의	가운데	그	이스라엘	때에	닫혀졌을	그
관.여격.여.복	명.여격.여.복	명.소.남.단.	전.여격.	관.여격.남.단.	명.여격.남.단	부.관.	동.직.1과.수.3단.	관.주.남.단.

3772	1909	2094	5140	2532	3376	1803	5613	1096	3042
οὐρανὸς	ἐπὶ	ἔτη	τρία	καὶ	μῆνας	ἕξ,	ὡς	ἐγένετο	λιμὸς
οὐρανός	ἐπί	ἔτος	τρεῖς	καί	μήν	ἕξ	ὡς	γίνομαι	λιμός
우라노스	에피	에테	트리아	카이	메나스	헥스	호스	에게네토	리모스
하늘이	동안에	해들	세	와	달들을	여섯	때에	일어난	기근이
명.주.남.단	전목	명.목.중.복.	형.기.목.중.복.	접.등	명.목.남.복	형.기.목.남.복.	부.관.	동.직.2과.중디.3단.	명.주.남.단.

3173	1909	3956	3588	1093
μέγας	ἐπὶ	πᾶσαν	τὴν	γῆν,
μέγας	ἐπί	πᾶς	ἡ	γῆ
메가스	에피	파산	텐	겐
큰	위로	온	그	땅을
형.주.남.단	전목	형.목.여.단	관.목.여.단.	명.목.여.단

26 엘리야가 그 중 한 사람에게도 보내심을 받지 않고 오직 시돈 땅에 있는 사렙다의 한
과부에게 뿐이었으며
But unto none of them was Elias sent, save unto Sarepta, a city of Sidon, unto a woman that
was a widow.

2532	4314	3762	846	3992	2243	1487	3361	1519
καὶ	πρὸς	οὐδεμίαν	αὐτῶν	ἐπέμφθη	Ἠλίας	εἰ	μὴ	εἰς
καί	πρός	οὐδείς	αὐτός	πέμπω	Ἡλίας	εἰ	μή	εἰς
카이	프로스	우데미안	아우톤	에펨프데	엘리아스	에이	메	에이스
이에	에게로	아무도 않았다	그들 중의	보내심을 받지	엘리야가	는	외에	안으로
접등	전목	대.기.목.여.단	대.인.소.여.3복.	동.직.1과.수.3단	명.주.남.단	접종.	부	전목

4558	3588	4606	4314	1135	5503
Σάρεπτα	τῆς	Σιδωνίας	πρὸς	γυναῖκα	χήραν.
Σάρεπτα	ἡ	Σιδώνιος	πρός	γυνή	χήρα
사렙타	테스	시도니아스	프로스	귀나이카	케란
사렙다를	그	시돈의	에게로	한 여자	과부
명.목.중.복	관.소.여.단.	형.대.소.여.단	전목	명.목.여.단	형.목.여.단

27 또 선지자 엘리사 때에 이스라엘에 많은 나병환자가 있었으되 그 중의 한 사람도 깨끗함을
얻지 못하고 오직 수리아 사람 나아만뿐이었느니라
And many lepers were in Israel in the time of Eliseus the prophet; and none of them was cleansed,
saving Naaman the Syrian.

2532	4183	3015	1510	1722	3588	2474	1909	1666
καὶ	πολλοὶ	λεπροὶ	ἦσαν	ἐν	τῷ	Ἰσραὴλ	ἐπὶ	Ἐλισαίου
καί	πολύς	λεπρός	εἰμί	ἐν	ὁ	Ἰσραήλ	ἐπί	Ἐλισαῖος
카이	폴로이	레프로이	에산	엔	토	이스라엘	에피	엘리사이우
또	많은	나환자들이	있었다	가운데	그	이스라엘	때에	엘리사의
접.등.	형.주.남.복.	형.대.주.남.복.	동.직.미완.능.3복.	전.여격.	관.여격.남.단.	명.여격.남.단.	전.소	명.소.남.단.

3588	4396	2532	3762	846	2511	1487	3361	3497
τοῦ	προφήτου,	καὶ	οὐδεὶς	αὐτῶν	ἐκαθαρίσθη	εἰ	μὴ	Ναιμὰν
ὁ	προφήτης	καί	οὐδείς	αὐτός	καθαρίζω	εἰ	μή	Ναιμὰν
투	프로페투	카이	우데이스	아우톤	에카다리스데	에이	메	나이만
그	선지자	그런데	아무도 못하였다	그들 중의	깨끗함을 받지	는	외에	나아만
관.소.남.단.	명.소.남.단.	접.등.	형.대.기.주.남.단.	대.인.소.남.3복.	동.직.1과.수.3단.	접.종.	부.	명.주.남.단.

3588	4948
ὁ	Σύρος.
ὁ	Σύρος
호	쉬로스
그	수리아 사람
관.주.남.단.	명.주.남.단.

28 회당에 있는 자들이 이것을 듣고 다 크게 화가 나서
And all they in the synagogue, when they heard these things, were filled with wrath,

2532	4130	3956	2372	1722	3588	4864	191
καὶ	ἐπλήσθησαν	πάντες	θυμοῦ	ἐν	τῇ	συναγωγῇ	ἀκούοντες
καί	πλήθω	πᾶς	θυμός	ἐν	ἡ	συναγωγή	ἀκούω
카이	에플레스데산	판테스	뛰무	엔	테	쉬나고게	아쿠온테스
그런데	그들이 가득찼다	모든 자들이	분노로	안에	그	회당에	듣는 (사람들은)
접.등.	동.직.1과.수.3복.	형.대.주.남.복.	명.소.남.단.	전.여격.	관.여격.여.단.	명.여격.여.단.	동.분.현.능.주.남.복.

3778
ταῦτα
οὗτος
타우타
이것들을
대.지.목.중.복.

29 일어나 동네 밖으로 쫓아내어 그 동네가 건설된 산 낭떠러지까지 끌고 가서 밀쳐 떨어뜨리고자 하되
And rose up, and thrust him out of the city, and led him unto the brow of the hill whereon their city was built, that they might cast him down headlong.

2532	450	1544	846	1854	3588	4172	2532	71
καὶ	ἀναστάντες	ἐξέβαλον	αὐτὸν	ἔξω	τῆς	πόλεως	καὶ	ἤγαγον
καί	ἀνίστημι	ἐκβάλλω	αὐτός	ἔξω	ἡ	πόλις	καί	ἄγω
카이	아나스탄테스	엑세발론	아우톤	엑소	테스	폴레오스	카이	에가곤
이에	일어난 후	그들이 쫓아냈다	그를	밖으로	그	도시의	그리고	끌고 갔다
접등.	동.분.2과.능.주.남.복.	동.직.2과.능.3복.	대.인.목.남.3단.	전소	관.소.여.단.	명.소.여.단.	접등.	동.직.2과.능.3복.

846	2193	3790	3588	3735	1909	3739	3588	4172
αὐτὸν	ἕως	ὀφρύος	τοῦ	ὄρους	ἐφ'	οὗ	ἡ	πόλις
αὐτός	ἕως	ὀφρύς	τό	ὄρος	ἐπί	ὅς	ἡ	πόλις
아우톤	헤오스	오프뤼오스	투	오루스	엪	후	헤	폴리스
그를	까지	낭떠러지	그	산의	위에	바 곳의	그	도시가
대.인.목.남.3단.	전소	명.소.여.단	관.소.중.단.	명.소.중.단.	전소	대.관.소.중.단.	관.주.여.단.	명.주.여.단.

3618	846	5620	2630	846
ᾠκοδόμητο	αὐτῶν	ὥστε	κατακρημνίσαι	αὐτόν·
οἰκοδομέω	αὐτός	ὥστε	κατακρημνίζω	αὐτός
오코도메토	아우톤	호스테	카타크렘니사이	아우톤
건설된	그들의	위해	거꾸로 내던지기	그를
동.직.과완.수.3단.	대.인.소.남.3복.	접.종.	동.부.1과.능.	대.인.목.남.3단.

30 예수께서 그들 가운데로 지나서 가시니라
But he passing through the midst of them went his way,

846	1161	1330	1223	3319	846	4198
αὐτὸς	δὲ	διελθὼν	διὰ	μέσου	αὐτῶν	ἐπορεύετο.
αὐτός	δέ	διέρχομαι	διά	μέσος	αὐτός	πορεύομαι
아우토스	데	디엘돈	디아	메수	아우톤	에포류에토
그가	그러나	지나서	통하여	가운데를	그들의	가셨다
대.인.주.남.3단.	접.우.	동.분.2과.능.주.남.단.	전소	형.대.소.중.단.	대.인.소.남.3복.	동.직.미완.중.3단.

31 갈릴리의 가버나움 동네에 내려오사 안식일에 가르치시매
And came down to Capernaum, a city of Galilee, and taught them on the sabbath days.

2532	2718	1519	2584	4172	3588	1056	2532	1510
Καὶ	κατῆλθεν	εἰς	Καφαρναοὺμ	πόλιν	τῆς	Γαλιλαίας.	καὶ	ἦν
καί	κατέρχομαι	εἰς	Καφαρναοὺμ	πόλις	ἡ	Γαλιλαία	καί	εἰμί
카이	카텔덴	에이스	카파르나움	폴린	테스	갈릴라이아스	카이	엔
그래서	그가 내려갔다	으로	가버나움	한 도시	그	갈릴리의	그리고	그가 계셨다
접등.	동.직.2과.능.3단.	전목.	명.목.여.단.	명.목.여.단.	관.소.여.단.	명.소.여.단.	접등.	동.직.미완.능.3단.+

1321	846	1722	3588	4521
διδάσκων	αὐτοὺς	ἐν	τοῖς	σάββασιν·
διδάσκω	αὐτός	ἐν	τό	σάββατον
디다스콘	아우투스	엔	토이스	삽바신
가르치고	그들을	중에	그	안식일들
+동.분.현.능.주.남.단.	대.인.목.남.3복.	전.여격.	관.여격.중.복.	명.여격.중.복.

32 그들이 그 가르치심에 놀라니 이는 그 말씀이 권위가 있음이러라
And they were astonished at his doctrine: for his word was with power.

2532	1605	1909	3588	1322	846	3754	1722	1849
καὶ	ἐξεπλήσσοντο	ἐπὶ	τῇ	διδαχῇ	αὐτοῦ,	ὅτι	ἐν	ἐξουσίᾳ
καί	ἐκπλήσσω	ἐπί	ἡ	διδαχή	αὐτός	ὅτι	ἐν	ἐξουσία
카이	엑세플레쏜토	에피	테	디다케	아우투	호티	엔	엑수시아
그런데	충격을 받고 있었다	대하여	그	가르침에	그의	때문이라	의하여	권세에
접등.	동.직.미완.수.3복.	전.여격.	관.여격.여.단.	명.여격.여.단.	대.인.소.남.3단.	접.종.	전.여격.	명.여격.여.단.

1510	3588	3056	848
ἦν	ὁ	λόγος	αὐτοῦ.
εἰμί	ὁ	λόγος	αὐτός
엔	호	로고스	아우투
있었기	그	말씀이	그의
동.직.미완.능.3단.	관.주.남.단.	명.주.남.단.	대.인.소.남.3단.

33 회당에 더러운 귀신 들린 사람이 있어 크게 소리 질러 이르되
And in the synagogue there was a man, which had a spirit of an unclean devil, and cried out with a loud voice,

2532	1722	3588	4864	1510	444	2192	4151
Καὶ	ἐν	τῇ	συναγωγῇ	ἦν	ἄνθρωπος	ἔχων	πνεῦμα
καί	ἐν	ἡ	συναγωγή	εἰμί	ἄνθρωπος	ἔχω	πνεῦμα
카이	엔	테	쉬나고게	엔	안드로포스	에콘	프뉴마
그리고	안에	그	회당에	있었다	사람이	들린(가진)	영을
접.등.	전.여격.	관.여격.여.단.	명.여격.여.단.	동.직.미완.능.3단.	명.주.남.단.	동.분.현.능.주.남.단.	명.목.중.단.

1140	169	2532	349	5456	3173
δαιμονίου	ἀκαθάρτου	καὶ	ἀνέκραξεν	φωνῇ	μεγάλῃ,
δαιμόνιον	ἀκάθαρτος	καί	ἀνακράζω	φωνή	μέγας
다이모니우	아카다르투	카이	아네크락센	포네	메갈레
귀신의	더러운	그런데	울부짖었다	음성으로	큰
명.소.중.단.	형.소.중.단.	접.등.	동.직.1과.능.3단.	명.여격.여.단.	형.부.여.단.

34 아 나사렛 예수여 우리가 당신과 무슨 상관이 있나이까 우리를 멸하러 왔나이까 나는
당신이 누구인 줄 아노니 하나님의 거룩한 자니이다
Saying, Let us alone; what have we to do with thee, thou Jesus of Nazareth? art thou come to destroy us? I know thee who thou art; the Holy One of God.

1436	5101	1473	2532	4771	2424	3479	2064
ἔα,	τί	ἡμῖν	καὶ	σοί,	Ἰησοῦ	Ναζαρηνέ;	ἦλθες
ἔα	τίς	ἐγώ	καί	συ	Ἰησοῦς	Ναζαρηνός	ἔρχομαι
에아	티	헤민	카이	소이	예수	나자레네	엘데스
아	무슨 상관이 있나이까	우리에게	와	당신에게	예수여	나사렛사람	오셨습니까
불.문.	대.의.주.중.단.	대.인.여격.1복.	접.등.	대.인.여격.2단.	명.호.남.단.	형.호.남.단.	동.직.2과.능.2단.

622	1473	1492	4771	5101	1510	3588	40
ἀπολέσαι	ἡμᾶς;	οἶδά	σε	τίς	εἶ,	ὁ	ἅγιος
ἀπόλλυμι	ἐγώ	οἶδα.εἴδω	σύ	τίς	εἰμί	ὁ	ἅγιος
아폴레사이	헤마스	오이다	세	티스	에이	호	하기오스
멸망시키려고	우리를	나는 알고 있습니다	당신을	누구	당신이~이신지	그	거룩한 분이시니
동.부.1과.능.	대.인.목.1복.	동.직.1완.능.1단.	대.인.목.2단.	대.의.주.남.2단.	동.직.현.능.2단.	관.주.남.단.	형.대.수.남.단.

3588	2316
τοῦ	θεοῦ.
ὁ	θεός
투	데우
그	하나님의
관.소.남.단.	명.소.남.단.

35 예수께서 꾸짖어 이르시되 잠잠하고 그 사람에게서 나오라 하시니 귀신이 그 사람을
무리 중에 넘어뜨리고 나오되 그 사람은 상하지 아니한지라
And Jesus rebuked him, saying, Hold thy peace, and come out of him. And when the devil had thrown him in the midst, he came out of him, and hurt him not.

2532	2008	846	3588	2424	3004	5392	2532
καὶ	ἐπετίμησεν	αὐτῷ	ὁ	Ἰησοῦς	λέγων,	φιμώθητι	καὶ
καί	ἐπιτιμάω	αὐτός	ὁ	Ἰησοῦς	λέγω	φιμόω	καί
카이	에페티메센	아우토	호	예수스	레곤	피모데티	카이
이에	엄히 꾸짖으셨다	그에게	그	예수께서	말씀하시기를	잠잠하라	그리고
접.등.	동.직.1과.능.3단.	대.인.여격.남.3단.	관.주.남.단.	명.주.남.단.	동.분.현.능.주.남.단.	동.명.1과.수.2단.	접.등.

1831	575	846	2532	4496	846	3588	1140	1519
ἔξελθε	ἀπ'	αὐτοῦ.	καὶ	ῥῖψαν	αὐτὸν	τὸ	δαιμόνιον	εἰς
ἐξέρχομαι	ἀπό	αὐτός	καί	ῥίπτω	αὐτός	τό	δαιμόνιον	εἰς
엑셀데	앞	아우투	카이	흐립산	아우톤	토	다이모니온	에이스
나오라	부터	그로	그러자	넘어뜨리더니	그를	그	귀신이	안으로
동.명.2과.능.2단.	전소	대.인소.남.3단.	접.등.	동.분.1과.능.주.중.단.	대.인목.남.3단.	관.주.중.단.	명.주.중.단.	전목.

3588	3319	1831	575	846	3367	984	846
τὸ	μέσον	ἐξῆλθεν	ἀπ'	αὐτοῦ	μηδὲν	βλάψαν	αὐτόν.
τό	μέσος	ἐξέρχομαι	ἀπό	αὐτός	μηδείς	βλάπτω	αὐτός
토	메손	엑셀덴	앞	아우투	메덴	블랍산	아우톤
그	가운데	나왔다	부터	그로	아무것도 못하고	상처를 입히지	그를
관.목.중.단.	형.대.목.중.단.	동.직.2과.능.3단.	전소	대.인소.남.3단.	형.대.기.목.중.단.	동.분.1과.능.주.중.단.	대.인목.남.3단.

36 다 놀라 서로 말하여 이르되 이 어떠한 말씀인고 권위와 능력으로 더러운 귀신을 명하매
나가는도다 하더라

And they were all amazed, and spake among themselves, saying, What a word is this! for with authority and power he commandeth the unclean spirits, and they come out.

2532	1096	2285	1909	3956	2532	4814	4314
καὶ	ἐγένετο	θάμβος	ἐπὶ	πάντας	καὶ	συνελάλουν	πρὸς
καί	γίνομαι	θάμβος	ἐπί	πᾶς	καί	συλλαλέω	πρός
카이	에게네토	담보스	에피	판타스	카이	쉬넬랄룬	프로스
그리하여	일어났다	놀람이	위로	모든 사람을	이에	그들이 상의하고 있었다	향하여
접.등.	동.직.2과.중디.3단.	명.주.남.단/명.주.중.단.	전목.	형.대.목.남.복.	접.등.	동.직.미완.능.3복.	전목.

240	3004	5101	3588	3056	3778	3754	1722	1849
ἀλλήλους	λέγοντες,	τίς	ὁ	λόγος	οὗτος	ὅτι	ἐν	ἐξουσίᾳ
ἀλλήλων	λέγω	τίς	ὁ	λόγος	οὗτος	ὅτι	ἐν	ἐξουσία
알렐루스	레곤테스	티스	호	로고스	후토스	호티	엔	엑수시아
서로를	말하기를	어떤	그	말씀인가	이	때문이라	으로	권세
대.인목.남.3복.	동.분.현.능.주.남.복.	대.의.주.남.단.	관.주.남.단.	명.주.남.단.	대.지.주.남.단.	접.종.	전.여격.	명.여격.여.단.

2532	1411	2004	3588	169	4151	2532	1831
καὶ	δυνάμει	ἐπιτάσσει	τοῖς	ἀκαθάρτοις	πνεύμασιν	καὶ	ἐξέρχονται;
καί	δύναμις	ἐπιτάσσω	τό	ἀκάθαρτος	πνεῦμα	καί	ἐξέρχομαι
카이	뒤나메이	에피타쎄이	토이스	아카다르토이스	프뉴마신	카이	엑세르콘타이
와	능력	그가 명령하니	그	더러운	영들에게	이에	그것들이 나갔다
접.등.	명.여격.여.단.	동.직.현.능.3단.	관.여격.중.복.	형.여격.중.복.	명.여격.중.복.	접.등.	동.직.현.중수디.3복.

37 이에 예수의 소문이 그 근처 사방에 퍼지니라

And the fame of him went out into every place of the country round about.

2532	1607	2279	4012	846	1519	3956	5117	3588
καὶ	ἐξεπορεύετο	ἦχος	περὶ	αὐτοῦ	εἰς	πάντα	τόπον	τῆς
καί	ἐκπορεύομαι	ἦχος	περί	αὐτός	εἰς	πᾶς	τόπος	ἡ
카이	엑세포류에토	에코스	페리	아우투	에이스	판타	토폰	테스
그리하여	퍼지고 있었다	소문이	관한	그에	으로	모든	곳	그
접.등.	동.직.미완.중.3단.	명.주.중.단.	전소	대.인소.남.3단.	전목.	형.목.남.단.	명.목.남.단.	관.소.여.단.

4066
περιχώρου.
περίχωρος
페리코루
인근지방의
형.대.소.여.단.

38 예수께서 일어나 회당에서 나가사 시몬의 집에 들어가시니 시몬의 장모가 중한 열병을
앓고 있는지라 사람들이 그를 위하여 예수께 구하니

And he arose out of the synagogue, and entered into Simon's house. And Simon's wife's mother was taken with a great fever; and they besought him for her.

450	1161	575	3588	4864	1525	1519	3588	3614
Ἀναστὰς	δὲ	ἀπὸ	τῆς	συναγωγῆς	εἰσῆλθεν	εἰς	τὴν	οἰκίαν
ἀνίστημι	δέ	ἀπό	ἡ	συναγωγή	εἰσέρχομαι	εἰς	ἡ	οἰκία
아나스타스	데	아포	테스	쉬나고게스	에이셀텐	에이스	텐	오이키안
일어나시고	그리고	부터	그	회당으로	그가 들어가셨다	안으로	그	집을
동.분.2과.능.주.남.단.	접등.	전소	관.소.여.단.	명.소.여.단.	동.직.2과.능.3단.	전목.	관.목.여.단.	명.목.여.단.

4613	3994	1161	3588	4613	1510	4912	4446
Σίμωνος.	πενθερὰ	δὲ	τοῦ	Σίμωνος	ἦν	συνεχομένη	πυρετῷ
Σίμων	πενθερά	δέ	ὁ	Σίμων	εἰμι	συνέχω	πυρετός
시모노스	펜데라	데	투	시모노스	엔	쉬네코메네	퓌레토
시몬의	장모가	그런데	그	시몬의	있었다	붙잡혀서	열병에
명.소.남.단.	명.주.여.단.	접등.	관.소.남.단.	명.소.남.단.	동.직.미완.능.3단.+	+동.분.현.수.주.여.단.	명.여격.남.단.

3173	2532	2065	846	4012	846
μεγάλῳ	καὶ	ἠρώτησαν	αὐτὸν	περὶ	αὐτῆς.
μέγας	καί	ἐρωτάω	αὐτός	περί	αὐτός
메갈로	카이	에로테산	아우톤	페리	아우테스
중한	그래서	사람들이 간청하였다	그를	관하여	그 여자에
형.여격.남.단.	접등.	동.직.1과.능.3복.	대.인.목.남.3단.	전소	대.인.소.여.3단.

39 예수께서 가까이 서서 열병을 꾸짖으신대 병이 떠나고 여자가 곧 일어나 그들에게 수종드니라
And he stood over her, and rebuked the fever; and it left her: and immediately she arose and ministered unto them.

2532	2186	1883	846	2008	3588	4446	2532
καὶ	ἐπιστὰς	ἐπάνω	αὐτῆς	ἐπετίμησεν	τῷ	πυρετῷ	καὶ
καί	ἐφίστημι	ἐπάνω	αὐτός	ἐπιτιμάω	ὁ	πυρετός	καί
카이	에피스타스	에파노	아우테스	에페티메센	토	퓌레토	카이
이에	위로 서신 후에	위에서	그녀의	엄히 꾸짖으셨다	그	열병에게	그러자
접등.	동.분.2과.능.주.남.단.	전소	대.인.소.여.3단.	동.직.1과.능.3단.	관.여격.남.단.	명.여격.남.단.	접등.

863	846	3916	1161	450	1247	846
ἀφῆκεν	αὐτήν·	παραχρῆμα	δὲ	ἀναστᾶσα	διηκόνει	αὐτοῖς.
ἀφίημι	αὐτός	παραχρῆμα	δέ	ἀνίστημι	διακονέω	αὐτός
아페켄	아우텐	파라크레마	데	아나스타사	디에코네이	아우토이스
그것이 떠났다	그를	즉시	이에	다시 일어나서	그가 시중들고 있었다	그들에게
동.직.1과.능.3단.	대.인.목.여.3단.	부.	접우.	동.분.2과.능.주.여.단.	동.직.미완.능.3단.	대.인.여격.남.3복.

40 해 질 무렵에 사람들이 온갖 병자들을 데리고 나아오매 예수께서 일일이 그 위에 손을
얹으사 고치시니
Now when the sun was setting, all they that had any sick with divers diseases brought them unto him; and he laid his hands on every one of them, and healed them.

1416	1161	3588	2246	537	3745	2192	770
Δύνοντος	δὲ	τοῦ	ἡλίου	ἅπαντες	ὅσοι	εἶχον	ἀσθενοῦντας
δύνω	δέ	ὁ	ἥλιος	ἅπας	ὅσος	ἔχω	ἀσθενέω
뒤논토스	데	투	헬리우	하판테스	호소이	에이콘	아스데눈타스
질 무렵에	그리고	그	해(의)가	모든 사람이	만큼 많이	가지고 있었던	약한 (사람들을)
동.분.현.능.소.남.단.	접등.	관.소.남.단.	명.소.남.단.	형.대.주.남.복.	대.관.주.남.복.	동.직.미완.능.3복.	동.분.현.능.목.남.복.

3554	4164	71	846	4314	846	3588	1161
νόσοις	ποικίλαις	ἤγαγον	αὐτοὺς	πρὸς	αὐτόν·	ὁ	δὲ
νόσος	ποικίλος	ἄγω	αὐτός	πρός	αὐτός	ὁ	δέ
노소이스	포이킬라이스	에가곤	아우투스	프로스	아우톤	호	데
질병으로	각색	데리고 왔다	그들을	에게로	그(를)	그(예수)가	이에
명.여격.여.복.	형.여격.여.복.	동.직.2과.능.3복.	대.인.목.남.3복.	전목.	대.인.목.남.3단.	관.주.남.단	접등.

1520	1538	846	3588	5495	2007	2323	846
ἑνὶ	ἑκάστῳ	αὐτῶν	τὰς	χεῖρας	ἐπιτιθεὶς	ἐθεράπευεν	αὐτούς.
εἷς	ἕκαστος	αὐτός	ἡ	χείρ	ἐπιτίθημι	θεραπεύω	αὐτός
헤니	헤카스토	아우톤	타스	케이라스	에피티데이스	에데라퓨엔	아우투스
하나에게	각각	그들 중의	그(그의)	두 손을	얹어서	고치고 계셨다	그들을
형.대.기.여.남.단.	형.여격.남.단.	대.인.소.남.3복.	관.목.여.복.	명.목.여.복.	동.분.현.능.주.남.단.	동.직.미완.능.3단.	대.인.목.남.3복.

41 여러 사람에게서 귀신들이 나가며 소리 질러 이르되 당신은 하나님의 아들이니이다
예수께서 꾸짖으사 그들이 말함을 허락하지 아니하시니 이는 자기를 그리스도인 줄 앎이러라
And devils also came out of many, crying out, and saying, Thou art Christ the Son of God. And he rebuking them suffered them not to speak: for they knew that he was Christ.

1831	1161	2532	1140	575	4183	2905	2532
ἐξήρχετο	δὲ	καὶ	δαιμόνια	ἀπὸ	πολλῶν	κρ(αυγ)άζοντα	καὶ
ἐξέρχομαι	δέ	καί	δαιμόνιον	ἀπό	πολύς	κραυγάζω	καί
엑세르케토	데	카이	다이모니아	아포	폴론	크라우가존타	카이
나가고 있었다	그리고	역시	귀신들이	부터	많은 사람들로	소리지르면서	그리고
동.직.미완.중.3단.	접.등.	부.	명.주.중.복.	전.소.	형.대.소.남.복.	동.분.현.능.주.중.복.	접.등.

3004	3754	4771	1510	3588	5207	3588	2316	2532
λέγοντα	ὅτι	σὺ	εἶ	ὁ	υἱὸς	τοῦ	θεοῦ.	καὶ
λέγω	ὅτι	σύ	εἰμί	ὁ	υἱός	ὁ	θεός	καί
레곤타	호티	쉬	에이	호	휘오스	투	데우	카이
말하면서		당신은	이니이다	그	아들	그	하나님의	그러자
동.분.현.능.주.중.복.	접.등.	대.인.주.2단.	동.직.현.능.2단.	관.주.남.단.	명.주.남.단.	관.소.남.단.	명.소.남.단.	접.등.

2008	3756	1439	846	2980	3754	1492	3588
ἐπιτιμῶν	οὐκ	εἴα	αὐτὰ	λαλεῖν,	ὅτι	ᾔδεισαν	τὸν
ἐπιτιμάω	οὐ	ἐάω	αὐτός	λαλέω	ὅτι	οἶδα.εἴδω	ὁ
에피티몬	우크	에이아	아우타	랄레인	호티	에데이산	톤
엄히 꾸짖으며	않고 계셨다	그가 허락하지	그들을	말하는 것을	때문이라	그들이 알았기	그
동.분.현.능.주.남.단.	부.	동.직.미완.능.3단.	대.인.목.중.3복.	동.부.현.능.	접.종.	동.직.과완.능.3복.	관.목.남.단.

5547	846	1510
χριστὸν	αὐτὸν	εἶναι.
Χριστός	αὐτός	εἰμί
크리스톤	아우톤	에이나이
그리스도	자기를	이라는 것을
명.목.남.단.	대.인.목.남.3단.	동.부.현.능.

42 날이 밝으매 예수께서 나오사 한적한 곳에 가시니 무리가 찾다가 만나서 자기들에게서
떠나시지 못하게 만류하려 하매
And when it was day, he departed and went into a desert place: and the people sought him, and came unto him, and stayed him, that he should not depart from them.

1096	1161	2250	1831	4198	1519	2048	5117
Γενομένης	δὲ	ἡμέρας	ἐξελθὼν	ἐπορεύθη	εἰς	ἔρημον	τόπον·
γίνομαι	δέ	ἡμέρα	ἐξέρχομαι	πορεύομαι	εἰς	ἔρημος	τόπος
게노메네스	데	헤메라스	엑셀돈	에포류데	에이스	에레몬	토폰
밝은 후에	그리고	날의	나오셔서	예수께서 가셨다	으로	광야	한 곳
동.분.2과.중디.소.여.단.	접.등.	명.소.여.단.	동.분.2과.능.주.남.단.	동.직.1과.수디.3단.	전.목.	형.목.남.단.	명.목.남.단.

2532	3588	3793	1934	846	2532	2064	2193	846
καὶ	οἱ	ὄχλοι	ἐπεζήτουν	αὐτόν	καὶ	ἦλθον	ἕως	αὐτοῦ
καί	ὁ	ὄχλος	ἐπιζητέω	αὐτός	καί	ἔρχομαι	ἕως	αὐτός
카이	호이	오클로이	에페제툰	아우톤	카이	엘돈	헤오스	아우투
그러자	그	무리들이	열심히 찾고 있었다	그를	이에	왔으며	까지	그(의)에게
접.등.	관.주.남.복.	명.주.남.복.	동.직.미완.능.3복.	대.인.목.남.3단.	접.등.	동.직.2과.능.3복.	전.소.	대.인.소.남.3단.

2532	2722	846	3588	3361	4198	575	846
καὶ	κατεῖχον	αὐτὸν	τοῦ	μὴ	πορεύεσθαι	ἀπ'	αὐτῶν.
καί	κατέχω	αὐτός	τό	μή	πορεύομαι	ἀπό	αὐτός
카이	카테이콘	아우톤	투	메	포류에스다이	압	아우톤
그래서	말리고 있었다	그를	그	못하도록	가시는 것을	부터	그들로
접.등.	동.직.미완.능.3복.	대.인.목.남.3단.	관.소.중.단.	부.	동.부.현.중수디.소	전.소.	대.인.소.남.3복.

43 예수께서 이르시되 내가 다른 동네들에서도 하나님의 나라 복음을 전하여야 하리니 나는
이 일을 위해 보내심을 받았노라 하시고
And he said unto them, I must preach the kingdom of God to other cities also: for therefore am I sent.

3588	1161	3004	4314	846	3754	2532	3588	2087
ὁ	δὲ	εἶπεν	πρὸς	αὐτοὺς	ὅτι	καὶ	ταῖς	ἑτέραις
ὁ	δέ	λέγω	πρός	αὐτός	ὅτι	καί	ἡ	ἕτερος
호	데	에이펜	프로스	아우투스	호티	카이	타이스	헤테라이스
그가	그러자	말씀하셨다	향하여	그들을		역시	그	다른
관.주.남.단	접.우.	동.직.2과.능.3단.	전목.	대.인.목.남.3복.	접.등.	부.	관.여격.여.복.	형.여격.여.복.

4172	2097	1473	1163	3588	932	3588
πόλεσιν	εὐαγγελίσασθαί	με	δεῖ	τὴν	βασιλείαν	τοῦ
πόλις	εὐαγγελίζω	ἐγω	δεῖ	ἡ	βασιλεία	ὁ
폴레신	유앙겔리사스다이	메	데이	텐	바실레이안	투
도시들에	복음을 전하는 것을	나(를)는	반드시 하여야하는	그	나라를	그
명.여격.여.복.	동.부.1과.중.	대.인.목.1단.	동.직.현.능.3단.	관.목.여.단.	명.목.여.단.	관.소.남.단.

2316	3754	1909	3778	649
θεοῦ,	ὅτι	ἐπὶ	τοῦτο	ἀπεστάλην.
θεός	ὅτι	ἐπί	οὗτος	ἀποστέλλω
데우	호티	에피	투토	아페스탈렌
하나님의	때문이라	위하여	이 일을	내가 보내어졌기
명.소.남.단.	접.종.	전목.	대.지.목.중.단.	동.직.2과.수.1단.

44 갈릴리 여러 회당에서 전도하시더라
And he preached in the synagogues of Galilee.

2532	1510	2784	1519	3588	4864	3588	2449
Καὶ	ἦν	κηρύσσων	εἰς	τὰς	συναγωγὰς	τῆς	Ἰουδαίας.
καί	εἰμί	κηρύσσω	εἰς	ἡ	συναγωγή	ἡ	Ἰουδαία
카이	엔	케뤼쏜	에이스	타스	쉬나고가스	테스	유다이아스
그래서	계셨다	선포하시고	으로	그	여러 회당	그	유대의
접.등	동.직.미완.능.3단+	+동.분.현.능.주.남.단	전목	관.목.여.복.	명.목.여.복	관.소.여.단.	명.소.여.단

5 무리가 몰려와서 하나님의 말씀을 들을새 예수는 게네사렛 호숫가에 서서
And it came to pass, that, as the people pressed upon him to hear the word of God, he stood by the lake of Gennesaret,

1096	1161	1722	3588	3588	3793	1945	846	2532
Ἐγένετο	δὲ	ἐν	τῷ	τὸν	ὄχλον	ἐπικεῖσθαι	αὐτω	καὶ
γίνομαι	δέ	ἐν	τό	ὁ	ὄχλος	ἐπίκειμαι	αὐτός	καί
에게네토	데	엔	토	톤	오클론	에피케이스다이	아우토	카이
일어났다	이제	때에	그	그	무리가	몰려들어	그에게	그리고
동.직.2과.중디.3단.	접등	전.여격.	관.여격.중.단.	관.목.남.단.	명.목.남.단.	동.부.현.중수디.여	대.인.여격.남.3단.	접.능.

191	3588	3056	3588	2316	2532	846	1510	2476
ἀκούειν	τὸν	λόγον	τοῦ	θεου	και	αὐτὸς	ἦν	ἑστὼς
ἀκούω	ὁ	λόγος	ὁ	θεός	καί	αὐτός	εἰμί	ἵστημι
아쿠에인	톤	로곤	투	데우	카이	아우토스	엔	헤스토스
들을	그	말씀을	그	하나님의	그리고	친히	(그가) 계셨다	서서
동.부.현.능.여격.	관.목.남.단.	명.목.남.단.	관.소.남.단.	명.소.남.단.	접우	대.인.주.남.3단.	동.직.미완.능.3단.+	+동.분.1완.능.주.남.단

3844	3588	3041	1082
παρα	τὴν	λίμνην	Γεννησαρέτ·
παρα	ἡ	λίμνη	Γεννησαρέτ
파라	텐	림넨	겐네사
가로	그	호수	게네사렛의
전목	관.목.여.단.	명.목.여.단	명.목.여.단/명.소.여.단

2 호숫가에 배 두 척이 있는 것을 보시니 어부들은 배에서 나와서 그물을 씻는지라
And saw two ships standing by the lake: but the fishermen were gone out of them, and were washing their nets.

2532	3708(1492)	1417	4143	2476	3844	3588	3041	3588	1161
καὶ	εἶδεν	δύο	πλοῖα	ἑστῶτα	παρὰ	τὴν	λίμνην·	οἱ	δὲ
καί	ὁράω.εἶδω	δύο	πλοῖον	ἵστημι	παρά	ἡ	λίμνη	ὁ	δέ
카이	에이덴	뒤오	플로이아	헤스토타	파라	텐	림넨	호이	데
이에	보셨다	두	배들을	대어 있는	가로	그	호숫	그	그런데
접등	동.직.2과.능.3단.	형.기.목.중.복.	명.목.중.복.	동.분.1완.능.목.중.복.	전목	관.목.여.단.	명.목.여.단	관.주.남.복.	접등

231	576	846	576	4150	3588	1350
ἁλιεῖς	ἀπ’	αὐτῶν	ἀποβάντες	ἔπλυνον	τα	δίκτυα.
ἁλιεύς	ἀπό	αὐτός	ἀποβαίνω	πλύνω	τό	δίκτυον
할리에이스	앞	아우톤	아포반테스	에플뤼논	타	딕튀아
어부들은	부터	그것들로	나와서	씻고 있었다	그	그물들을
명.주.남.복	전소	대.인.소.중.3복.	동.분.2과.능.주.남.복	동.직.미완.능.3복.	관.목.중.복.	명.목.중.복

3 예수께서 한 배에 오르시니 그 배는 시몬의 배라 육지에서 조금 떼기를 청하시고 앉으사
배에서 무리를 가르치시더니
And he entered into one of the ships, which was Simon's, and prayed him that he would thrust out a little from the land. And he sat down, and taught the people out of the ship.

1684	1161	1519	1520	3588	4143	3739	1510	4613
ἐμβὰς	δὲ	εἰς	ἓν	τῶν	πλοίων,	ὃ	ἦν	Σίμωνος,
ἐμβαίνω	δέ	εἰς	εἷς	τό	πλοῖον	ὅς	εἰμί	Σίμων
엠바스	데	에이스	헨	톤	플로이온	호	엔	시모노스
오르시니	그런데	안으로	한 (배를)	그	배들 중의	그것은	이었다	시몬의 것(배)
동.분.2과.능.주.남.단.	접등	전목	형.대.기.목.중.단.	관.소.중.복.	명.소.중.복	대.관.주.중.단.	동.직.미완.능.3단.	명.소.남.단

2065	846	575	3588	1093	1877	3641	2523
ἠρώτησεν	αὐτὸν	ἀπὸ	τῆς	γῆς	ἐπαναγαγεῖν	ὀλίγον,	καθίσας
ἐρωτάω	αὐτός	ἀπό	ἡ	γῆ	ἐπανάγω	ὀλίγος	καθίζω
에로테센	아우톤	아포	테스	게스	에파나가게인	올리곤	카디사스
청하시고	그를	부터	그	육지로	나아가기를	조금	앉으시고
동.직.1과.능.3단	대.인.목.남.3단	전소	관.소.여.단.	명.소.여.단.	동.부.2과.능	형.대.목.중.단.	동.분.1과.능.주.남.단

1161	1537	3588	4143	1321	3588	3793
δὲ	ἐκ	τοῦ	πλοίου	ἐδίδασκεν	τοὺς	ὄχλους.
δέ	ἐκ	τό	πλοῖον	διδάσκω	ὁ	ὄχλος
데	에크	투	플로이우	에디다스켄	투스	오클루스
그리고	에서	그	배	가르치고 계셨다	그	무리들을
접등	전소	관.소.중.단.	명.소.중.단	동.직.미완.능.3단	관.목.남.복.	명.목.남.복

4 말씀을 마치시고 시몬에게 이르시되 깊은 데로 가서 그물을 내려 고기를 잡으라
Now when he had left speaking, he said unto Simon, Launch out into the deep, and let down your nets for a draught.

5613	1161	3973	2980	3004(2036)	4314	3588	4613	1877
Ὡς	δὲ	ἐπαύσατο	λαλῶν,	εἶπεν	πρὸς	τὸν	Σίμωνα,	επανάγαγε
ὡς	δε	παύω	λαλέω	λέγω.ἔπω	πρός	ὁ	Σίμων	ἐπανάγω
호스	데	에파우사토	랄론	에이펜	프로스	톤	시모나	에파나가게
때에	그리고	그가 마치셨을	말씀하기를	그가 말씀하셨다	향하여	그	시몬을	되돌리라
접.종.	접등	동.직.1과.중.3단	동.분.현.능.주.남.단.	동.직.2과.능.3단.	전목	관.목.남.단.	명.목.남.단	동.명.2과.능.2단

1519	3588	899	2532	5465	3588	1350	4771	1519	61
εἰς	τὸ	βάθος	και	χαλάσατε	τα	δίκτυα	ὑμῶν	εἰς	ἄγραν.
εἰς	τό	βάθος	καί	χαλάω	τό	δίκτυον	σύ	εἰς	ἄγρα
에이스	토	바도스	카이	칼라사테	타	딕튀아	휘몬	에이스	아그란
으로	그	깊은 곳	그래서	내려라	그	그물들을	너희의	위하여	고기를 잡기
전목	관.목.중.단.	명.목.중.단	접등	동.명.1과.능.2복	관.목.중.복.	명.목.중.복	대.인.소.2복.	전목	명.목.여.단

5 시몬이 대답하여 이르되 선생님 우리들이 밤이 새도록 수고하였으되 잡은 것이 없지마는
말씀에 의지하여 내가 그물을 내리리이다 하고

And Simon answering said unto him, Master, we have toiled all the night, and have taken nothing: nevertheless at thy word I will let down the net.

2532	611	4613	3004(2036)	1988	1223	3650	3571
καὶ	ἀποκριθεὶς	Σίμων	εἶπεν,	ἐπιστάτα,	δι'	ὅλης	νυκτὸς
καί	ἀποκρίνομαι	Σίμων	λέγω.ἔπω	ἐπιστάτης	διά	ὅλος	νύξ
카이	아포크리데이스	시몬	에이펜	에피스타타	디	홀레스	뉙토스
그러자	대답하여	시몬이	말하였다	선생이여	동안을	온	밤
접.등	동.분.1과.수디.주.남.단.	명.주.남.단.	동.직2과.능.3단.	명.호.남.단	전.소	형.소.여.단	명.소.여.단

2872	3762	2983	1909	1161	3588	4487	4771
κοπιάσαντες	οὐδὲν	ἐλάβομεν·	ἐπὶ	δε	τω	ῥήματί	σου
κοπιάω	οὐδείς	λαμβάνω	ἐπί	δέ	ὁ	ῥῆμα	σύ
코피아산테스	우덴	엘라보멘	에피	데	토	흐레마티	수
우리가 수고하고	아무것도 못하였습니다	우리가 얻지	의하여	그러나	그	말씀에	당신의
동.분.1과.능.주.남.1복	형.대.기.목.중.단	동.직.2과.능.1복	전.여격.	접.우	관.여격.중.단.	명.여격.중.단	대.인.소.2단

5465	588	1350
χαλάσω	τὰ	δίκτυα.
χαλάω	τό	δίκτυον
칼라소	타	딕튀아
내가 내릴 것이다	이	그물들을
동.직.미.능.1단	관.목.중.복.	명.목.중.복

6 그렇게 하니 고기를 잡은 것이 심히 많아 그물이 찢어지는지라

And when they had this done, they enclosed a great multitude of fishes: and their net brake.

2532	3778	4160	4788	4128	2486	4183
καὶ	τοῦτο	ποιήσαντες	συνέκλεισαν	πλῆθος	ἰχθύων	πολύ,
καί	οὗτος	ποιέω	συγκλείω	πλῆθος	ἰχθύς	πολύς
카이	투토	포이에산테스	수네클레이산	플레도스	잌흐뒤온	폴뤼
그리고	이것을	한 후에	그들이 에워쌌다	한 떼를	물고기들의	많은
접.등.	대.지.목.중.단.	동.분.1과.능.주.남.복.	동.직.1과.능.3복	명.목.중.단	명.소.남.복	형.목.중.단

1284	1161	3588	1350	846
διερρήσσετο	δὲ	τὰ	δίκτυα	αὐτῶν.
διαῤῥήσσω	δέ	τό	δίκτυον	αὐτός
디에르레쎄토	데	타	딕튀아	아우톤
찢어지고 있었다	그래서	그	그물들이	그들의
동.직.미완.수.3단	접.우	관.주.중.복.	명.주.중.복	대.인.소.3복

7 이에 다른 배에 있는 동무들에게 손짓하여 와서 도와 달라 하니 그들이 와서 두 배에
채우매 잠기게 되었더라

And they beckoned unto their partners, which were in the other ship, that they should come and help them. And they came, and filled both the ships, so that they began to sink.

2532	2656	3588	3353	1722	3588	2087	4143
καὶ	κατένευσαν	τοῖς	μετόχοις	ἐν	τῷ	ἑτέρῳ	πλοίῳ
καί	κατανεύω	ὁ	μέτοχος	ἐν	τό	ἕτερος	πλοῖον
카이	카테뉴산	토이스	메토코이스	엔	토	헤테로	플로이오
그래서	손짓하였다	그(자기들)	동무들에게	안에(있는)	그	다른	배에
접.등	동.직.1과.능.3복	관.여격.남.복.	형.대.여격.남.복	전.여격.	관.여격.중.단.	형.여격.중.단.	명.여격.중.단.

3588	2064	4815	846	2532	2064	2532	4130
τοῦ	ἐλθόντας	συλλαβέσθαι	αὐτοῖς·	καὶ	ἦλθον	καὶ	ἔπλησαν
τό	ἔρχομαι	συλλαμβάνω	αὐτός	καί	ἔρχομαι	καί	πλήθω
투	엘돈타스	쉴라베스다이	아우토이스	카이	엘돈	카이	에플레산
그	와서	돕도록	그들에게	그러자	그들이 왔다	그리고	가득 채웠다
관.소.중.단	동.분.2과.능.목.남.복.	동.부.2과.중.소	대.인.여격.남.3복.	접.등	동.직.2과.능.3복.	접.등.	동.직.1과.능.3복

297	3588	4143	5620	1036	846
ἀμφότερα	τὰ	πλοῖα	ὥστε	βυθίζεσθαι	αὐτά.
ἀμφότερος	τό	πλοῖον	ὥστε	βυθίζω	αὐτός
암포테라	타	플로이아	호스테	뷔디제스다이	아우타
둘 다	그	배들을	하도록	잠기게	그 배들을
형.목.중.복	관.목.중.복.	명.목.중.복.	접.우	동.부.현.수	대.인.목.중.3복

8 시몬 베드로가 이를 보고 예수의 무릎 아래에 엎드려 이르되 주여 나를 떠나소서 나는
죄인이로소이다 하니

When Simon Peter saw it, he fell down at Jesus' knees, saying, Depart from me; for I am a sinful man, O Lord.

1492	1161	4613	4074	4363	3588	1119	2424
Ἰδὼν	δὲ	Σίμων	Πέτρος	προσέπεσεν	τοῖς	γόνασιν	Ἰησοῦ
οἶδα.εἴδω	δέ	Σίμων	Πέτρος	προσπίπτω	τό	γονύ	Ἰησοῦς
이돈	데	시몬	페트로스	프로세페센	토이스	고나신	예수
보고	이에	시몬	베드로가	앞으로 엎드렸다	그	두 무릎에	예수님의
동.분.2과.능.주.남.단.	접.우	명.주.남.단.	명.주.남.단	동.직.2과.능.3단	관.여격.중.복.	명.여격.중 복	명.소.남.단

3004	1831	575	1473	3754	435	268	1510	2962
λέγων,	ἔξελθε	ἀπ'	ἐμοῦ,	ὅτι	ἀνὴρ	ἁμαρτωλός	εἰμι,	κύριε.
λέγω	ἐξέρχομαι	ἀπό	ἐγώ	ὅτι	ἀνήρ	ἁμαρτωλός	εἰμί	κύριος
레곤	엑셀데	압	에무	호티	아네르	하마르톨로스	에이미	퀴리에
말하기를	떠나소서	부터	나로	때문이니	사람	죄있는	나는 이로소이다	주여
동.분.현.능.주.남.단.	동.명.2과.능.2단.	전.소	대.인.소.1단.	접.종	명.주.남.단.	형.주.남.단	동.직.현.능.1단.	명.호.남.단

9 이는 자기 및 자기와 함께 있는 모든 사람이 고기 잡힌 것으로 말미암아 놀라고

For he was astonished, and all that were with him, at the draught of the fishes which they had taken:

2285	1063	4023	846	2532	3956	3588	4862
θάμβος	γὰρ	περιέσχεν	αὐτὸν	καὶ	πάντας	τοὺς	σὺν
θάμβος	γάρ	περιέχω	αὐτός	καί	πᾶς	ὁ	σύν
담보스	가르	페리에스켄	아우톤	카이	판타스	투스	쉰
놀라움이	왜냐하면	붙잡았다	자기	와	모두	그(사람들을)	함께 (있는)
명.주.남.단./명.주.중.단.	접.종	동.직.2과.능.3단	대.인.목.남.3단.	접.등	형.목.남.복	관.목.남.복	전.여격

846	1909	3588	61	3588	2486	3739	4815
αὐτῷ	ἐπὶ	τῇ	ἄγρᾳ	τῶν	ἰχθύων	ὧν	συνέλαβον,
αὐτός	ἐπί	ἡ	ἄγρα	ὁ	ἰχθύς	ὅς	συλλαμβάνω
아우토	에피	테	아그라	톤	익뒤온	혼	쉬넬라본
그와	대하여	그	잡힌 것에	그	물고기들의	바	그들이 잡았던
대.인.여격.남.3단.	전.여격	관.여격.여.단.	명.여격.여.단.	관.소.남.복.	명.소.남.복.	대.관.소.남.복	동.직.2과.능.3복

10 세베대의 아들로서 시몬의 동업자인 야고보와 요한도 놀랐음이라 예수께서 시몬에게
이르시되 무서워하지 말라 이제 후로는 네가 사람을 취하리라 하시니

And so was also James, and John, the sons of Zebedee, which were partners with Simon. And Jesus said unto Simon, Fear not; from henceforth thou shalt catch men.

3668	1161	2532	2385	2532	2491	5207	2199
ὁμοίως	δὲ	καὶ	Ἰάκωβον	καὶ	Ἰωάννην	υἱοὺς	Ζεβεδαίου,
ὁμοίως	δέ	καί	Ἰάκωβος	καί	Ἰωάννης	υἱός	Ζεβεδαῖος
호모이오스	데	카이	야코본	카이	요안넨	휘우스	제베다이우
마찬가지로	그리고	까지도	야고보	와	요한	아들	세배대의
부	접.등	부/접.등.	명.목.남.단	접.등	명.목.남.단	명.목.남.복.	명.소.남.단

3739	1510	2844	3588	4613	2532	3004(2036)	4314	3588
οἳ	ἦσαν	κοινωνοὶ	τῷ	Σίμωνι.	καὶ	εἶπεν	πρὸς	τὸν
ὅς	εἰμί	κοινωνός	ὁ	Σίμων	καί	λέγω.ἔπω	πρός	ὁ
호이	에산	코이노노이	토	시모니	카이	에이펜	프로스	톤
그들은	있었다	동업자들로	그	시몬에게	그리고	말씀하셨다	향하여	그
대.관.주.남.복	동.직.미완.능.3복.	명.주.남.복	관.여격.남.단.	명.여격.남.단.	접.등	동.직.2과.능.3단.	전.목	관.목.남.단

4613	3588	2424	3361	5399	575	3588	3568	444
Σίμωνα	ὁ	Ἰησοῦς,	μὴ	φοβοῦ·	ἀπὸ	τοῦ	νῦν	ἀνθρώπους
Σίμων	ὁ	Ἰησοῦς	μή	φοβέω	ἀπό	ὁ	νῦν	ἄνθρωπος
시모나	호	예수스	메	포부	아포	투	뉜	안트로푸스
시몬을	그	예수께서	말라	너는 무서워	부터	그	이제로	사람들을
명.목.남.단	**관.주.남.단.**	**명.주.남.단**	**부**	**동.명.현.중수디.2단.**	**전.소**	**관.소.남.단.**	**부**	**명.목.남.복**

1510	2221
ἔσῃ	ζωγρῶν.
εἰμί	ζωγρέω
에세	조그론
너는 될 것이다	사로잡는 (사람이)
동.직.미.중디.2단+동.명.현.능.2단.	**+동.분.현.능.주.남.2단**

11 그들이 배들을 육지에 대고 모든 것을 버려 두고 예수를 따르니라
And when they had brought their ships to land, they forsook all, and followed him.

2532	2609	3588	4143	1909	3588	1093	863	3956
καὶ	καταγαγόντες	τὰ	πλοῖα	ἐπὶ	τὴν	γῆν	ἀφέντες	πάντα
καί	κατάγω	τό	πλοῖον	ἐπί	ἡ	γῆ	ἀφίημι	πᾶς
카이	카타가곤테스	타	플로이아	에피	텐	겐	아펜테스	판타
그리고	끌어낸 후에	그	배들을	위로	그	육지를	버려두고	모든 것을
접.등	**동.분.2과.능.주.남.복**	**관.목.중.복.**	**명.목.중.복**	**전.목**	**관.목.여.단.**	**명.목.여.단.**	**동.분.2과.능.주.남.복.**	**형.대.목.중.복**

190	846
ἠκολούθησαν	αὐτῷ.
ἀκολουθέω	αὐτός
에콜루데산	아우토
그들이 따랐다	그에게
동.직.1과.능.3복	**대.인.여격.남.3단**

12 예수께서 한 동네에 계실 때에 온 몸에 나병 들린 사람이 있어 예수를 보고 엎드려
구하여 이르되 주여 원하시면 나를 깨끗하게 하실 수 있나이다 하니
And it came to pass, when he was in a certain city, behold a man full of leprosy: who seeing
Jesus fell on his face, and besought him, saying, Lord, if thou wilt, thou canst make me clean.

2532	1096	1722	3588	1510	846	1722	3391	3588
Καὶ	ἐγένετο	ἐν	τῷ	εἶναι	αὐτὸν	ἐν	μιᾷ	τῶν
καί	γίνομαι	ἐν	τό	εἰμί	αὐτός	ἐν	μία	ἡ
카이	에게네토	엔	토	에이나이	아우톤	엔	미아	톤
그리고	되었다	때에	그	계신	그가	안에서	한 곳에	그
접.등	**동.직.2과.중디.3단.**	**전.여격.**	**관.여격.중.단.**	**동.부.현.능.여격.**	**대.인.목.남.3단**	**전.여격**	**형.대.기.여격.여.단**	**관.소.여.복**

4172	2532	2400	435	4134	3014	3708(1492)	1161	3588
πόλεων	καὶ	ἰδοὺ	ἀνὴρ	πλήρης	λέπρας·	ἰδὼν	δὲ	τὸν
πόλις	καί	ἰδού	ἀνήρ	πλήρης	λέπρα	ὁράω.εἴδω	δέ	ὁ
폴레온	카이	이두	아네르	플레레스	레프라스	이돈	데	톤
도시 중의	그런데	보라	한 남자가	가득한	나병의	본 후에	이에	그
명.소.여.복	**접.우**	**불.문**	**명.주.남.단**	**형.주.남.단**	**명.소.여.단**	**동.분.2과.능.주.남.단**	**접.등**	**관.목.남.단.**

2424	4098	1909	4383	1189	846	3004	2962
Ἰησοῦν,	πεσὼν	ἐπὶ	πρόσωπον	ἐδεήθη	αὐτοῦ	λέγων,	κύριε,
Ἰησοῦς	πίπτω	ἐπί	πρόσωπον	δέομαι	αὐτός	λέγω	κύριος
예순	페손	에피	프로소폰	에데에데	아우투	레곤	퀴리에
예수님을	엎드리고	위로 대고	얼굴을	간청하였다	그에게	말하기를	주여
명.목.남.단	**동.분.2과.능.주.남.단.**	**전.목**	**명.목.중.단**	**동.직.1과.수디.3단.**	**대.인.소.남.3단.**	**동.분.현.능.주.남.단**	**명.호.남.단**

1437	2309	1410	1473	2511
ἐὰν	θέλῃς	δύνασαί	με	καθαρίσαι.
ἐάν	θέλω	δύναμαι	ἐγώ	καθαρίζω
에안	델레스	뒤나사이	메	카다리사이
만일	당신이 원하시면	하실 수 있나이다	나를	깨끗하게 하는 것을
접.종	**동.가.현.능.2단**	**동.직.현.중수디.2단.**	**대.인.목.1단.**	**동.부.1과.능**

13 예수께서 손을 내밀어 그에게 대시며 이르시되 내가 원하노니 깨끗함을 받으라 하신대
나병이 곧 떠나니라
And he put forth his hand, and touched him, saying, I will: be thou clean. And immediately the leprosy departed from him.

2532	1614	3588	5495	680	846	3004	2309
καὶ	ἐκτείνας	τὴν	χεῖρα	ἥψατο	αὐτοῦ	λέγων,	Θέλω,
καί	ἐκτείνω	ἡ	χείρ	ἅπτομαι	αὐτός	λέγω	θέλω
카이	테이나스	텐	케이라	핲사토	아우투	레곤	델로
이에	내밀어	그	손을	그가 대셨다	그에게	말씀하시기를	내가 원한다
접등	동.분.1과.능.주.남.단.	관.목.여.단	명.목.여.단.	동.직.1과.중.3단.	대.인.소.남.3단	동.분.현.능.주.남.단.	동.직.현.능.1단

2511	2532	2112	3588	3014	565	575	846
καθαρίσθητι·	καὶ	εὐθέως	ἡ	λέπρα	ἀπῆλθεν	ἀπ᾽	αὐτοῦ.
καθαρίζω	καί	εὐθέως	ἡ	λέπρα	ἀπέρχομαι	ἀπό	αὐτός
카다리스데티	카이	유데오스	헤	레프라	아펠덴	앞	아우투
네가 깨끗하게 되어라	그러자	즉시	그	나병이	떠나갔다	부터	그로
동.명.1과.수.2단	접등	부	관.주.여.단.	명.주.여.단.	동.직.2과.능.3단.	전소	대.인.소.남.3단

14 예수께서 그를 경고하시되 아무에게도 이르지 말고 가서 제사장에게 네 몸을 보이고
또 네가 깨끗하게 됨으로 인하여 모세가 명한 대로 예물을 드려 그들에게 입증하라 하셨더니
And he charged him to tell no man: but go, and show thyself to the priest, and offer for thy cleansing, according as Moses commanded, for a testimony unto them.

2532	846	3853	846	3367	3004(2036)	235	565
καὶ	αὐτὸς	παρήγγειλεν	αὐτῷ	μηδενὶ	εἰπεῖν,	ἀλλ᾽	ἀπελθὼν
καί	αὐτός	παραγγέλλω	αὐτός	μηδείς	λέγω.ἔπω	ἀλλά	ἀπέρχομαι
카이	아우토스	파렝게일렌	아우토	메데니	에이페인	알	아펠돈
그리고	그가	지시하였다	그에게	아무에게도 말고	말하지	그러나	너는 가라
접등.	대.인.주.남.3단.	동.직.1과.능.3단	대.인.여격.남.3단.	형.대.기.여격.남.단.	동.부.2과.능.	접.우.	동.분명.2과.능.주.남.2단

1166	4572	3588	2409	2532	4374	4012	3588
δεῖξον	σεαυτὸν	τῷ	ἱερεῖ	καὶ	προσένεγκε	περὶ	τοῦ
δεικνύω	σεαυτοῦ	ὁ	ἱερεύς	καί	προσφέρω	περί	ὁ
데잌손	세아우톤	토	히에레이	카이	프로세넹케	페리	투
보이라	너 자신을	그	제사장에게	또	(예물을) 바치라	관하여	그
동.분명.1과.능.2단.	대.인.목.남.2단.	관.여격.남.단.	명.여격.남.단.	접등	동.명.2과.능.2단	전소	관.소.남.단

2512	4771	2531	4367	3475	1519	3142
καθαρισμοῦ	σου	καθὼς	προσέταξεν	Μωϋσῆς,	εἰς	μαρτύριον
καθαρισμός	σύ	καθώς	προστάσσω	Μωϋσῆς,	εἰς	μαρτύριον
카타리스무	수	카도스	프로세탁센	모위세스	에이스	마르튀리온
깨끗함에	너의	대로	명령하였던	모세가	위하여	증거를
명.소.남.단	대.인.소.2단.	접.종	동.직.1과.능.3단	명.주.남.단	전목	명.목.중.단

846
αὐτοῖς.
αὐτός
아우토이스
그들에게
대.인.여격.남.3복

15 예수의 소문이 더욱 퍼지매 수많은 무리가 말씀도 듣고 자기 병도 고침을 받고자 하여
모여 오되
But so much the more went there a fame abroad of him: and great multitudes came together to hear, and to be healed by him of their infirmities.

1330	1161	3123	3588	3056	4012	846	2532	4905
διήρχετο	δὲ	μᾶλλον	ὁ	λόγος	περὶ	αὐτοῦ,	καὶ	συνήρχοντο
διέρχομαι	δέ	μᾶλλον	ὁ	λόγος	περί	αὐτός	καί	συνέρχομαι
디에르케토	데	말론	호	로고스	페리	아우투	카이	쉬네르콘토
널리 퍼지고 있었다	그러나	더욱	그	말이	관한	그에	그래서	모이고 있었다
동.직.미완.중수디.3단.	접우	부.비	관.주.남.단.	명.주.남.단	전소	대.인.소.남.3단.	접등	동.직.미완.중수디.3복

3793	4183	191	2532	2323	575	3588	769	846
ὄχλοι	πολλοὶ	ἀκούειν	καὶ	θεραπεύεσθαι	ἀπὸ	τῶν	ἀσθενειῶν	αὐτῶν·
ὄχλος	πολύς	ἀκούω	καί	θεραπεύω	ἀπό	ἡ	ἀσθένεια	αὐτός
오클로이	폴로이	아쿠에인	카이	데라퓨에스다이	아포	톤	아스데네이온	아우톤
무리들이	많은	말씀을 들으려고	그리고	병고침을 받으려고	부터	그	병들로	그들의
명.주.남.복.	형.주.남.복	동.부.현.능	접.등	동.부.현.수	전.소	관.소.여.복.	명.소.여.복	대.인.소.남.3복

16 예수는 물러가사 한적한 곳에서 기도하시니라
And he withdrew himself into the wilderness, and prayed.

846	1161	1510	5298	1722	3588	2048	2532
αὐτὸς	δὲ	ἦν	ὑποχωρῶν	ἐν	ταῖς	ἐρήμοις	καὶ
αὐτός	δέ	εἰμί	ὑποχωρέω	ἐν	ἡ	ἔρημος	καί
아우토스	데	엔	휘포코론	엔	타이스	에레모이스	카이
그가	그러나	계셨다	뒤로 물러가셔서	안에	그	광야에	그리고
대.인.주.남.3단	접.등	동.직.미완.능.3단.+	+동.분.현.능.주.남.단	전.여격	관.여격.여.복	형.대.여격.여.복	접.등

4336
προσευχόμενος.
προσεύχομαι
프로슈코메노스
기도하시면서
동.분.현.중수디.주.남.단

17 하루는 가르치실 때에 갈릴리의 각 마을과 유대와 예루살렘에서 온 바리새인과
율법교사들이 앉았는데 병을 고치는 주의 능력이 예수와 함께 하더라
And it came to pass on a certain day, as he was teaching, that there were Pharisees and doctors of the law sitting by, which were come out of every town of Galilee, and Judaea, and Jerusalem: and the power of the Lord was present to heal them.

2532	1096	1722	3391	3588	2250	2532	846	1510
Καὶ	ἐγένετο	ἐν	μιᾷ	τῶν	ἡμερῶν	καὶ	αὐτὸς	ἦν
καί	γίνομαι	ἐν	μία	ἡ	ἡμέρα	καί	αὐτός	εἰμί
카이	에게네토	엔	미아	톤	헤메론	카이	아우토스	엔
그리고	되었다	동안에	하루	그	날들 중의	또한	친히	계시었다
접.등	동.직.2과.중디.3단.	전.여격.	형.대.기.여격.여.단.	관.소.여.복.	명.소.여.복	접.우	대.인.주.남.3단.	동.직.미완.능.3단.+

1321	2532	1510	2521	5330	2532	3547
διδάσκων,	καὶ	ἦσαν	καθήμενοι	Φαρισαῖοι	καὶ	νομοδιδάσκαλοι
διδάσκω	καί	εἰμί	κάθημαι	Φαρισαῖος	καί	νομοδιδάσκαλος
디다스콘	카이	에산	카데메노이	파리사이오이	카이	노모디다스칼로이
가르치며	그런데	있었다	앉아서	바리새인들	과	율법교사들이
+동.분.현.능.주.남.단.	접.등	동.직.미완.능.3복.+	+동.분.현.중수디.주.남.복.	명.주.남.복	접.등	명.주.남.복

3739	1510	2064	1537	3956	2968	3588	1056
οἳ	ἦσαν	ἐληλυθότες	ἐκ	πάσης	κώμης	τῆς	Γαλιλαίας
ὅς	εἰμι	ἔρχομαι	ἐκ	πᾶς	κώμη	ἡ	Γαλιλαία
호이	에산	엘렐뤼도테스	에크	파세스	코메스	테스	갈릴라이아스
바	있었던	와서	부터	여러	마을로	그	갈릴리
대.관.주.남.복.	동.직.미완.능.3복.+	+동.분.2완.능.주.남.복.	전.소	형.소.여.단	명.소.여.단	관.소.여.단.	명.소.여.단

2532	2449	2532	2419	2532	1411	2962	1510	1519
καὶ	Ἰουδαίας	καὶ	Ἰερουσαλήμ·	καὶ	δύναμις	κυρίου	ἦν	εἰς
καί	Ἰουδαία	καὶ	Ἱερουσαλήμ	καί	δύναμις	κύριος	εἰμι	εἰς
카이	유다이아스	카이	예루살렘	카이	뒤나미스	퀴리우	엔	에이스
과	유대	와	예루살렘의	또한	능력이	주의	있었다	위하여
접.등	명.소.여.단	접.등	명.소.여.단	접.등	명.주.여.단	명.소.남.단	동.직.미완.능.3단.	전.목

3588	2390	846
τὸ	ἰᾶσθαι	αὐτόν.
τό	ἰάομαι	αὐτός
토	이아스다이	아우톤
그	병을 고치기	그들을
관.목.중.단	동.부.현.중수디.목.	대.인.목.남.3단

18 한 중풍병자를 사람들이 침상에 메고 와서 예수 앞에 들여놓고자 하였으나
And, behold, men brought in a bed a man which was taken with a palsy: and they sought means to bring him in, and to lay him before him.

2532	2400	435	5342	1909	2825	444	3739	1510
καὶ	ἰδοὺ	ἄνδρες	φέροντες	ἐπὶ	κλίνης	ἄνθρωπον	ὃς	ἦν
καί	ἰδού	ἀνήρ	φέρω	ἐπί	κλίνη	ἄνθρωπος	ὅς	εἰμί
카이	이두	안드레스	페론테스	에피	클리네스	안드로폰	호스	엔
그런데	보라	남자들이	메고 온	위에	침대의	한 사람을	바	있었던
접등	불문	명.주.남.복	동.분.현.능.주.남.복	전소	명.소.여.단	명.목.남.단	대.관.주.남.단	동.직.미완.능.3단.+

3886	2532	2212	846	1533	2532	5087
παραλελυμένος	καὶ	ἐζήτουν	αὐτὸν	εἰσενεγκεῖν	καὶ	θεῖναι
παραλύω	καί	ζητέω	αὐτός	εἰσφέρω	καί	τίθημι
파랄렐뤼메노스	카이	에제툰	아우톤	에이세넹케인	카이	데이나이
중풍 병 걸려서	그리고	그들이 찾고 있었다	그를	데리고 들어가려고	그래서	놓으려고
+동.분.1완.수.주.남.단	접등	동.직.미완.능.3복	대.인.목.남.3단.	동.부.2과.능	접.등.	동.부.2과.능.

846	1799	846
αὐτὸν	ἐνώπιον	αὐτοῦ.
αὐτός	ἐνώπιον	αὐτός
아우톤	에노피온	아우투
그를	앞에서	그의
대.인.목.남.3단.	전소	대.인.소.남.3단

19 무리 때문에 메고 들어갈 길을 얻지 못한지라 지붕에 올라가 기와를 벗기고 병자를
침상째 무리 가운데로 예수 앞에 달아 내리니
And when they could not find by what way they might bring him in because of the multitude, they went upon the housetop, and let him down through the tiling with his couch into the midst before Jesus.

2532	3361	2147	4169	1533	846	1223	3588	3793
καὶ	μὴ	εὑρόντες	ποίας	εἰσενέγκωσιν	αὐτὸν	διὰ	τὸν	ὄχλον
καί	μή	εὑρίσκω	ποῖος	εἰσφέρω	αὐτός	δια	ὁ	ὄχλος
카이	메	휴론테스	포이아스	에이세넹코신	아우톤	디아	톤	오클론
그러나	못하고	찾아내지	무슨 방법을	그들이 메고 들어갈	그를	인하여	그	무리를
접등	부	동.분.2과.능.주.남.복.	대.의.소.여.단.	동.가.2과.능.3복	대.인.목.남.3단.	전목	관.목.남.단.	명.목.남.단

305	1909	3588	1430	1223	3588	2766	2524	846
ἀναβάντες	ἐπὶ	τὸ	δῶμα	διὰ	τῶν	κεράμων	καθῆκαν	αὐτὸν
ἀναβαίνω	ἐπί	τό	δῶμα	διά	ὁ	κέραμος	καθίημι	αὐτός
아나반테스	에피	토	도마	디아	톤	케라몬	카데칸	아우톤
올라가서	위로	그	지붕을	벗기고	그	기와들을	그들이 내려보냈다	그를
동.분.2과.능.주.남.복.	전목	관.목.중.단.	명.목.중.단.	전소	관.소.남.복.	명.소.남.복	종.직.1과.능.3복.	대.인.목.남.3단.

4862	3588	2826	1519	3588	3319	1715	3588	2424
σὺν	τῷ	κλινιδίῳ	εἰς	τὸ	μέσον	ἔμπροσθεν	τοῦ	Ἰησοῦ.
σύν	τό	κλινίδιον	εἰς	τό	μέσος	ἔμπροσθεν	ὁ	Ἰησοῦς
쉰	토	클리니디오	에이스	토	메손	엠프로스덴	투	예수
함께	그	침대와	안으로	그	가운데	앞에	그	예수의
전.여격	관.여격.중.단.	명.여격.중.단	전목	관.목.중.단.	형.대.목.중.단.	전소	관.소.남.단.	명.소.남.단

20 예수께서 그들의 믿음을 보시고 이르시되 이 사람아 네 죄 사함을 받았느니라 하시니
And when he saw their faith, he said unto him, Man, thy sins are forgiven thee.

2532	3708(1492)	3588	4102	846	3004(2036)	444	863
καὶ	ἰδὼν	τὴν	πίστιν	αὐτῶν	εἶπεν,	Ἄνθρωπε,	ἀφέωνταί
καί	ὁράω.εἴδω	ἡ	πίστις	αὐτός	λέγω.ἔπω	ἄνθρωπος	ἀφίημι
카이	이돈	텐	피스틴	아우톤	에이펜	안드로페	아페온타이
그러자	보시고	그	믿음을	그들의	그가 말씀하셨다	(이) 사람아	용서되었다
접등	동.분.2과.능.주.남.단.	관.목.여.단.	명.목.여.단	대.인.소.남.3복.	동.직.2과.능.3단	명.호.남.단	동.직.1완.수.3복

4771	3588	266	4771
σοι	αἱ	ἁμαρτίαι	σου.
σύ	ἡ	ἁμαρτία	σύ
소이	하이	하마르티아이	수
너에게	그	죄들이	너의
대.인.여격.2단.	관.주.여.복.	명.주.여.복	대.인.소.2단

21 서기관과 바리새인들이 생각하여 이르되 이 신성 모독 하는 자가 누구냐 오직 하나님
외에 누가 능히 죄를 사하겠느냐
And the scribes and the Pharisees began to reason, saying, Who is this which speaketh blasphemies? Who can forgive sins, but God alone?

2532	756	1260	3588	1122	2532	3588	5330
καὶ	ἤρξαντο	διαλογίζεσθαι	οἱ	γραμματεῖς	καὶ	οἱ	Φαρισαῖοι
καί	ἄρχομαι	διαλογίζομαι	ὁ	γραμματεύς	καί	ὁ	Φαρισαῖος
카이	에륵산토	디알로기제스타이	호이	그람마테이스	카이	호이	파리사이오이
이에	시작하였다	의논하기를	그	서기관들	과	그	바리새인들이
접.등	동.직.1과.중.3복.	동.부.현.중수디	관.주.남.복.	명.주.남.복	접.등.	관.주.남.복	명.주.남.복

3004	5101	1510	3778	3739	2980	988
λέγοντες,	τίς	ἐστιν	οὗτος	ὃς	λαλεῖ	βλασφημίας;
λέγω	τίς	εἰμί	οὗτος	ὅς	λαλέω	βλασφημία
레곤테스	티스	에스틴	후토스	호스	랄레이	블라스페미아스
말하기를	누구	이냐	이 사람이	바	말을 하는	하나님을 모독하는 말들
동.분.현.능.주.남.복.	대.의.주.남.단.	동.직.현.능.3단.	대.지.주.남.단.	대.관.주.남.단.	동.직.현.능.3단.	명.목.여.복

5101	1410	266	863	1487	3361	3441	3588	2316
τίς	δύναται	ἁμαρτίας	ἀφεῖναι	εἰ	μὴ	μόνος	ὁ	θεός;
τίς	δύναμαι	ἁμαρτία	ἀφίημι	εἰ	μή	μόνος	ὁ	θεός
티스	뒤나타이	하마르티아스	아페이나이	에이	메	모노스	호	테오스
누가	할 수 있느냐	죄들을	용서하기를	에	외	오직	그	하나님
대.의.주.남.단.	동.직.현.중수디.3단.	명.목.여.복	동.부.2과.수	접.종	부.	형.주.남.단.	관.주.남.단.	명.주.남.단

22 예수께서 그 생각을 아시고 대답하여 이르시되 너희 마음에 무슨 생각을 하느냐
But when Jesus perceived their thoughts, he answering said unto them, What reason ye in your hearts?

1921	1161	3588	2424	3588	1261	846	611
ἐπιγνοὺς	δὲ	ὁ	Ἰησοῦς	τοὺς	διαλογισμοὺς	αὐτῶν	ἀποκριθεὶς
ἐπιγινώσκω	δέ	ὁ	Ἰησοῦς	ὁ	διαλογισμός	αὐτός	ἀποκρίνομαι
에피그누스	데	호	예수스	투스	디알로기스무스	아우톤	아포크리데이스
잘 아시고	그러나	그	예수께서	그	의논들을	그들의	대답하여
동.분.2과.능.주.남.단.	접.우	관.주.남.단.	명.주.남.단	관.목.남.복.	명.목.남.복	대.인.소.남.3복.	동.분.1과.수디.주.남.단

3004(2036)	4314	846	5101	1260	1722	3588	2588
εἶπεν	πρὸς	αὐτούς,	τί	διαλογίζεσθε	ἐν	ταῖς	καρδίαις
λέγω.ἔπω	πρός	αὐτός	τίς	διαλογίζομαι	ἐν	ἡ	καρδία
에이펜	프로스	아우투스	티	디알로기제스데	엔	타이스	카르디아이스
말씀하셨다	향하여	그들을	어찌하여	너희가 따져 생각하느냐	속에	그	마음들
동.직.2과.능.3단.	전.목	대.인.목.남.3복.	대.의.목.중.단	동.직.현.중수디.2복	전.여격.	관.여격.여.복.	명.여격.여.복

4771
ὑμῶν;
σύ
휘몬
너희의
대.인.소.2복

23 네 죄 사함을 받았느니라 하는 말과 일어나 걸어가라 하는 말이 어느 것이 쉽겠느냐
Whether is easier, to say, Thy sins be forgiven thee; or to say, Rise up and walk?

5101	1510	2123	3004(2036)	863	4771	3588
τί	ἐστιν	εὐκοπώτερον,	εἰπεῖν,	ἀφέωνταί	σοι	αἱ
τίς	εἰμί	εὐκοπώτερος	λέγω.ἔπω	ἀφίημι	σύ	ἡ
티	에스틴	유코포테론	에이페인	아페온타이	소이	하이
무엇이	이냐	더 쉬운 것	말하는 것	용서되었다	너에게	그
대.의.주.중.단.	동.직.현.능.3단.	형.비.주.중.단	동.부.2과.능	동.직.1완.수.3복	대.인.여격.2단	관.주.여.복

266	4771	2228	3004(2036)	1453	2532	4043
ἁμαρτίαι	σου,	ἢ	εἰπεῖν,	ἔγειρε	καὶ	περιπάτει;
ἁμαρτία	σύ	ἤ	λέγω.ἔπω	ἐγείρω	καί	περιπατέω
하마르티아이	수	에	에이페인	에게이레	카이	페리파테이
죄들이	너의	또는	말하는 것이	일어나라	그리고	걸어가라
명.주.여.복	대.인.소.2단.	접.등.	동.부.2과.능	동.명.현.능.2단.	접.등	동.명.현.능.2단

24 그러나 인자가 땅에서 죄를 사하는 권세가 있는 줄을 너희로 알게 하리라 하시고
중풍병자에게 말씀하시되 내가 네게 이르노니 일어나 네 침상을 가지고 집으로 가라
하시매
But that ye may know that the Son of man hath power upon earth to forgive sins, (he said unto the sick of the palsy,) I say unto thee, Arise, and take up thy couch, and go into thine house.

2443	1161	1492	3754	3588	5207	3588	444	1849	2192
ἵνα	δὲ	εἰδῆτε	ὅτι	ὁ	υἱὸς	τοῦ	ἀνθρώπου	ἐξουσίαν	ἔχει
ἵνα	δέ	οἶδα.εἴδω	ὅτι	ὁ	υἱός	ὁ	ἄνθρωπος	ἐξουσία	ἔχω
히나	데	에이데테	호티	호	휘오스	투	안드로푸	엑수시안	에케이
위함이라	그러나	너희가 알게	것을	그	아들이	그	사람의	권세를	가진다는
접.종	접.등	동.가.1완.능.2복.	접.등	관.주.남.단.	명.주.남.단.	관.소.남.단.	명.소.남.단	명.목.여.단.	동.직.현.능.3단

1909	3588	1093	863	266	3004(2036)	3588	3886
ἐπὶ	τῆς	γῆς	ἀφιέναι	ἁμαρτίας	εἶπεν	τῷ	παραλελυμένῳ,
ἐπί	ἡ	γῆ	ἀφίημι	ἁμαρτία	λέγω.ἔπω	ὁ	παραλύω
에피	테스	게스	아피에나이	하마르티아스	에이펜	토	파랄렐뤼메노
위에서	이	땅의	용서하도록	죄들을	말씀하셨다	그(사람에게)	중풍병에 걸린
전.소	관.소.여.단.	명.소.여.단.	동.부.현.능	명.목.여.복	동.직.2과.능.3단.	관.여격.남.단	동.분.1완.수.여격.남.단

4771	3004	1453	2532	142	3588	2826	4771
σοὶ	λέγω,	ἔγειρε	καὶ	ἄρας	τὸ	κλινίδιόν	σου
σύ	λέγω	ἐγείρω	καί	αἴρω	τό	κλινίδιον	σύ
소이	레고	에게이레	카이	아라스	토	클리니디온	수
네게	내가 말한다	일어나라	그리고	들어라	그	침대를	너의
대.인.여격.2단.	동.직.현.능.1단.	동.명.현.능.2단.	접.등.	동.분명.1과.능.주.남.2단.	관.목.중.단.	명.목.중.단	대.인.소.2단.

4198	1519	3588	3624	4771
πορεύου	εἰς	τὸν	οἶκόν	σου.
πορεύομαι	εἰς	ὁ	οἶκος	σύ
포류우	에이스	톤	오이콘	수
가라	으로	그	집	너의
동.명.현.중.수디.2단.	전.목	관.목.남.단.	명.목.남.단.	대.인.소.2단

25 그 사람이 그들 앞에서 곧 일어나 그 누웠던 것을 가지고 하나님께 영광을 돌리며 자기
집으로 돌아가니
And immediately he rose up before them, and took up that whereon he lay, and departed to his own house, glorifying God.

2532	3916	450	1799	846	142	1909	3739
καὶ	παραχρῆμα	ἀναστὰς	ἐνώπιον	αὐτῶν,	ἄρας	ἐφ'	ὃ
καί	παραχρῆμα	ἀνίστημι	ἐνώπιον	αὐτός	αἴρω	ἐπί	ὅς
카이	파라크레마	아나스타스	에노피온	아우톤	아라스	엪	호
그러자	즉시	일어난 후	앞에서	그들의	들고	위로	바 그것을
접.등	부	동.분.2과.능.주.남.단.	전.소	대.인.소.남.3복.	동.분.1과.능.주.남.단.	전.목.	대.관.목.중.단

2621	565	1519	3588	3624	846	1392	3588
κατέκειτο,	ἀπῆλθεν	εἰς	τὸν	οἶκον	αὐτοῦ	δοξάζων	τὸν
κατάκειμαι	ἀπέρχομαι	εἰς	ὁ	οἶκος	αὐτός	δοξάζω	ὁ
카테케이토	아펠덴	에이스	톤	오이콘	아우투	독사존	톤
그가 누워있다	그가 갔다	으로	그	집	그의	영광스럽게하며	그
동.직.미완.중수디.단.	동.직.2과.능.3단.	전목	관.목.남.단.	명.목.남.단.	대.인.소.남.3단.	동.분.현.능.주.남.단	관.목.남단.

2316
θεόν.
θεός
데온
하나님을
명.목.남.단.

26 모든 사람이 놀라 하나님께 영광을 돌리며 심히 두려워하여 이르되 오늘 우리가 놀라운
일을 보았다 하니라
And they were all amazed, and they glorified God, and were filled with fear, saying, We have seen strange things to day.

2532	1611	2983	537	2532	1392	3588	2316	2532
καὶ	ἔκστασις	ἔλαβεν	ἅπαντας	καὶ	ἐδόξαζον	τὸν	θεόν	καὶ
καί	ἔκστασις	λαμβάνω	ἅπας	καί	δοξάζω	ὁ	θεός	καί
카이	엑스타시스	엘라벤	하판타스	카이	에독사존	톤	데온	카이
그러자	놀라움이	사로잡았다	모든 사람을	이에	그들이 영광스럽게 하였다	그	하나님을	그리고
접.등	명.주.여.단	동.직.2과.능.3단.	대.목.남.복	접.등	동.직.미완.능.3복	관.목.남.단.	명.목.남.단.	접.등

4130	5401	3004	3754	3708(1492)	3861	4594
ἐπλήσθησαν	φόβου	λέγοντες	ὅτι	εἴδομεν	παράδοξα	σήμερον.
πλήθω	φόβος	λέγω	ὅτι	ὁράω.εἴδω	παράδοξος	σήμερον
에플레스데산	포부	레곤테스	호티	에이도멘	파라독사	세메론
가득차게 되었다	두려움으로	말하기를	것을	우리가 보았다는	이상한 일들을	오늘
동.직.1과.수.3복	명.소.남.단	동.분.현.능.주.남.복.	접.우	동.직.2과.능.1복.	형.대.목.중.복	부

27 그 후에 예수께서 나가사 레위라 하는 세리가 세관에 앉아 있는 것을 보시고 나를
따르라 하시니
And after these things he went forth, and saw a publican, named Levi, sitting at the receipt of custom: and he said unto him, Follow me.

2532	3326	3778	1831	2532	2300	5057	3686	3018
Καὶ	μετὰ	ταῦτα	ἐξῆλθεν	καὶ	ἐθεάσατο	τελώνην	ὀνόματι	Λευὶν
καί	μετά	οὗτος	ἐξέρχομαι	καί	θεάομαι	τελώνης	ὄνομα	Λευΐς
카이	메타	타우타	엑셀덴	카이	에데아사토	텔로넨	오노마티	레윈
그리고	후에	그 일들	그가 나가셨다	이에	보셨다	한 세리	이름으로	레위를
접.등	전목	대.지.목.중.복.	동.직.2과.능.3단	접.등	동.직.1과.중디.3단	명.목.남.단	명.여격.중.단	명.목.남.단

2521	1909	3588	5058	2532	3004(2036)	846	190
καθήμενον	ἐπὶ	τὸ	τελώνιον,	καὶ	εἶπεν	αὐτῷ,	ἀκολούθει
κάθημαι	ἐπί	τό	τελώνιον	καί	λέγω.ἔπω	αὐτός	ἀκολουθέω
카데메논	에피	토	텔로니온	카이	에이펜	아우토	아콜루데이
앉은	위로	그	세관을	이에	말씀하셨다	그에게	따르라
동.분.현.중수디.목.남.단.	전목	관.목.중.단.	명.목.중.단	접.등	동.직.2과.능.3단.	대.인.여격.남.3단.	동.명.현.능.2단

1473
μοι.
ἐγώ
모이
나에게
대.인.여격.1단

28 그가 모든 것을 버리고 일어나 따르니라
And he left all, rose up, and followed him.

2532	2641	3956	450	190	846
καὶ	καταλιπὼν	πάντα	ἀναστὰς	ἠκολούθει	αὐτῷ.
καί	καταλείπω	πᾶς	ἀνίστημι	ἀκολουθέω	αὐτός
카이	카탈리폰	판타	아나스타스	에콜루데이	아우토
그러자	버리고	모든 것들을	일어나서	그가 따랐다	그에게
접.등	동.분.2과.능.주.남.단.	대.목.중.복.	동.분.2과.능.주.남.단.	동.직.미완.능.3단.	대.인.여격.남.3단

29 레위가 예수를 위하여 자기 집에서 큰 잔치를 하니 세리와 다른 사람이 많이 함께 앉아
있는지라
And Levi made him a great feast in his own house: and there was a great company of publicans and of others that sat down with them.

2532	4160	1403	3173	3018	846	1722	3588	3614
Καὶ	ἐποίησεν	δοχὴν	μεγάλην	Λευὶς	αὐτῷ	ἐν	τῇ	οἰκίᾳ
καί	ποιέω	δοχή	μέγας	Λευΐς	αὐτός	ἐν	ἡ	οἰκία
카이	에포이에센	도켄	메갈렌	류이스	아우토	엔	테	오이키아
그리하여	베풀었다	잔치를	큰	레위가	그를 위하여	안에서	그	집에
접.등	동.직.1과.능.3단	명.목.여.단	형.목.여.단	명.주.남.단	대.인.여격.남.3단	전.여격	관.여격.여.단	명.여격.여.단

846	2532	1510	3793	4183	5057	2532	243	3739
αὐτοῦ,	καὶ	ἦν	ὄχλος	πολὺς	τελωνῶν	καὶ	ἄλλων	οἳ
αὐτός	καί	εἰμί	ὄχλος	πολύς	τελώνης	καί	ἄλλος	ὅς
아우투	카이	엔	오클로스	폴뤼스	텔로논	카이	알론	호이
그의	그래서	있었다	한 무리가	많은	세리들	과	다른 (사람들의)	바
대.인.소.남.3단	접.등	동.직.미완.능.3단.	명.주.남.단	형.주.남.단.	명.소.남.복	접.등	형.대.소.남.복	대.관.주.남.복

1510	3326	846	2621
ἦσαν	μετ᾽	αὐτῶν	κατακείμενοι.
εἰμί	μετά	αὐτός	κατάκειμαι
에산	멧	아우톤	카타케이메노이
있었던	함께	그들과	기대어 앉아서
동.직.미완.능.3복.+	전.소	대.인.소.남.3복.	+동.분.현.중수디.주.남.복

30 바리새인과 그들의 서기관들이 그 제자들을 비방하여 이르되 너희가 어찌하여 세리와
죄인과 함께 먹고 마시느냐
But their scribes and Pharisees murmured against his disciples, saying, Why do ye eat and drink with publicans and sinners?

2532	1111	3588	5330	2532	3588	1122	846	314
καὶ	ἐγόγγυζον	οἱ	Φαρισαῖοι	καὶ	οἱ	γραμματεῖς	αὐτῶν	πρὸς
καί	γογγύζω	ὁ	Φαρισαῖος	καί	ὁ	γραμματεύς	αὐτός	πρός
카이	에공귀존	호이	파리사이오이	카이	호이	그람마테이스	아우톤	프로스
그런데	불평하고 있었다	그	바리새인들	과	그	서기관들이	그들의	향하여
접.등	동.직.미완.능.3복	관.주.남.복.	명.주.남.복	접.등	관.주.남.복.	명.주.남.복	대.인.소.남.3복.	전.목

3588	3101	846	3004	1223	5101	3326	3588	5057
τοὺς	μαθητὰς	αὐτοῦ	λέγοντες,	διὰ	τί	μετὰ	τῶν	τελωνῶν
ὁ	μαθητής	αὐτός	λέγω	διά	τίς	μετά	ὁ	τελώνης
투스	마데타스	아우투	레곤테스	디아	티	메타	톤	텔로논
그	제자들을	그의	말하기를	하여	어찌	함께	그	세리들
관.목.남.복.	명.목.남.복	대.인.소.남.3단.	동.분.현.능.주.남.복.	전.목	대.의.목.중.단.	전.소	관.소.남.복.	명.소.남.복

2532	268	2068	2532	4095
καὶ	ἁμαρτωλῶν	ἐσθίετε	καὶ	πίνετε;
καί	ἁμαρτωλός	ἐσθίω	καί	πίνω
카이	하마르톨론	에스디에테	카이	피네테
과	죄인들과	너희가 먹고	그리고	마시느냐
접.등	형.대.소.남.복	동.직.현.능.2복.	접.등	동.직.현.능.2복

31 예수께서 대답하여 이르시되 건강한 자에게는 의사가 쓸 데 없고 병든 자에게라야 쓸 데 있나니
And Jesus answering said unto them, They that are whole need not a physician; but they that are sick.

2532	611	3588	2424	3004(2036)	4314	846	3756	5532
καὶ	ἀποκριθεὶς	ὁ	Ἰησοῦς	εἶπεν	πρὸς	αὐτούς,	οὐ	χρείαν
καί	ἀποκρίνομαι	ὁ	Ἰησοῦς	λέγω.ἔπω	πρός	αὐτός	οὐ	χρεία
카이	아포크리데이스	호	예수스	에이펜	프로스	아우투스	우	크레이안
이에	대답하여	그	예수께서	말씀하셨다	향하여	그들을	않는다	필요를
접.등	동.분.1과.수디.주.남.단.	관.주.남.단	명.주.남.단.	동.직.2과.능.3단.	전.목	대.인.목.남.3복	부	명.목.여.단

2192	3588	5198	2395	235	3588	2560	2192
ἔχουσιν	οἱ	ὑγιαίνοντες	ἰατροῦ	ἀλλ'	οἱ	κακῶς	ἔχοντες·
ἔχω	ὁ	ὑγιαίνω	ἰατρός	ἀλλά	ὁ	κακῶς	ἔχω
에쿠신	호이	휘기아이논테스	이아트루	알	호이	카코스	에콘테스
가지지	그(사람들은)	건강한	의사의	그러나	그(사람들이)	병을	가지는
동.직.현.능.3복.	관.주.남.복	동.분.현.능.주.남.복	명.소.남.단	접.우.	관.주.남.복.	부	동.분.현.능.주.남.복

32 내가 의인을 부르러 온 것이 아니요 죄인을 불러 회개시키러 왔노라
I came not to call the righteous, but sinners to repentance.

3756	2064	2564	1342	235	268	1519	3341
οὐκ	ἐλήλυθα	καλέσαι	δικαίους	ἀλλ'	ἁμαρτωλοὺς	εἰς	μετάνοιαν.
οὐ	ἔρχομαι	καλέω	δίκαιος	ἀλλα	ἁμαρτωλός	εἰς	μετάνοια
우크	엘렐뤼다	칼레사이	디카이우스	알	하마르톨루스	에이스	메타노이안
않았다	내가 오지	부르려고	의인들을	다만	죄인들을	위하여	회개를
부	동.직.2완.능.1단	동.부.1과.능	형.대.목.남.복	접.우	형.대.목.남.복	전.목	명.목.여.단

33 그들이 예수께 말하되 요한의 제자는 자주 금식하며 기도하고 바리새인의 제자들도 또한
그리하되 당신의 제자들은 먹고 마시나이다
And they said unto him, Why do the disciples of John fast often, and make prayers, and likewise the disciples of the Pharisees; but thine eat and drink?

3588	1161	3004(2036)	4314	846	3588	3101	2491
Οἱ	δὲ	εἶπαν	πρὸς	αὐτόν,	οἱ	μαθηταὶ	Ἰωάννου
ὁ	δέ	λέγω.ἔπω	πρός	αὐτός	ὁ	μαθητής	Ἰωάννης
호이	데	에이판	프로스	아우톤	호이	마테타이	요안누
그들이	또	말하였다	향하여	그를	그	제자들이	요한의
관.주.남.복	접.등	동.직.2과.능.3복.	전.목	대.인.목.남.3단	관.주.남.복	명.주.남.복	명.소.남.단

3522	4437	2532	1162	4160	3668	2532	3588
νηστεύουσιν	πυκνὰ	καὶ	δεήσεις	ποιοῦνται	ὁμοίως	καὶ	οἱ
νηστεύω	πυκνός	καί	δέησις	ποιέω	ὁμοίως	καί	ὁ
네스튜우신	퓌크나	카이	데에세이스	포이운타이	호모이오스	카이	호이
금식하며	자주	그리고	기도들을	합니다	이와같이	역시	그(제자들도)
동.직.현.능.3복	형.대.목.중.복	접.등	명.목.여.복	동.직.현.중.3복	부	부.	관.주.남.복

3588	5330	3588	1161	4674	2068	2532	4095
τῶν	Φαρισαίων,	οἱ	δὲ	σοὶ	ἐσθίουσιν	καὶ	πίνουσιν.
ὁ	Φαρισαῖος	ὁ	δέ	σός	ἐσθίω	καί	πίνω
톤	파리사이온	호이	데	소이	에스디우신	카이	피누신
그	바리새인들의	그(제자들은)	그러나	당신의	먹고	그리고	마십니다
관.소.남.복.	명.소.남.복.	관.주.남.복	접.우.	형.대.주.남.2복.	동.직.현.능.3복.	접.등	동.직.현.능.3복

34 예수께서 그들에게 이르시되 혼인 집 손님들이 신랑과 함께 있을 때에 너희가 그
손님으로 금식하게 할 수 있느냐
And he said unto them, Can ye make the children of the bridechamber fast, while the bridegroom is with them?

3588	1161	2424	3004(2036)	4314	846	3361	1410	3588
ὁ	δὲ	Ἰησοῦς	εἶπεν	πρὸς	αὐτούς,	μὴ	δύνασθε	τοὺς
ὁ	δέ	Ἰησοῦς	λέγω.ἔπω	πρός	αὐτός	μή	δύναμαι	ὁ
호	데	예수스	에이펜	프로스	아우투스	메	뒤나스데	투스
그	그러자	예수께서	말씀하셨다	향하여	그들을	아니라	너희가 할 수 있느냐	그
관.주.남.단.	접.우	명.주.남.단	동.직.2과.능.3단.	전.목	대.인.목.남.3복.	불.의	동.직.현.중.수디.2복.	관.목.남.복.

5207	3588	3567	1722	3739	3588	3566	3326	846
υἱοὺς	τοῦ	νυμφῶνος	ἐν	ᾧ	ὁ	νυμφίος	μετ'	αὐτῶν
υἱός	ὁ	νυμφών	ἐν	ὅς	ὁ	νυμφίος	μετά	αὐτός
휘우스	투	뉨포노스	엔	호	호	뉨피오스	멭	아우톤
아들들을	그	신부방의	동안에		그	신랑이	함께	그들과
명.목.남.복	관.소.남.단.	명.소.남.단	전.여격	대.관.여격.남.단.	관.주.남.단.	명.주.남.단	전.소	대.인.소.남.3복.

1510	4160	3522
ἐστιν	ποιῆσαι	νηστεῦσαι;
εἰμί	ποιέω	νηστεύω
에스틴	포이에사이	네스튜사이
있는	행하는 것	금식하는 것을
동.직.현.능.3단	동.부.1과.능	동.부.1과.능

35 그러나 그 날에 이르러 그들이 신랑을 빼앗기리니 그 날에는 금식할 것이니라

But the days will come, when the bridegroom shall be taken away from them, and then shall they fast in those days.

2064	1161	2250	2532	3752	522	575	846	3588
ἐλεύσονται	δὲ	ἡμέραι,	καὶ	ὅταν	ἀπαρθῇ	ἀπ'	αὐτῶν	ὁ
ἔρχομαι	δέ	ἡμέρα	καί	ὅταν	ἀπαίρω	ἀπό	αὐτός	ὁ
엘류손타이	데	헤메라이	카이	호탄	아파르데	압	아우톤	호
올 것이니	그러나	날들이	또한	때에	없어질	부터	그들로	그
동.직.미.중디.3복	접.등	명.주.여.복	부/접.등.	접.종	동.가.1과.수.3단.	전.소	대.인.소.남.3복	관.주.남.단

3566	5119	3522	1722	1565	3588	2250
νυμφίος,	τότε	νηστεύσουσιν	ἐν	ἐκείναις	ταῖς	ἡμέραις.
νυμφίος	τότε	νηστεύω	ἐν	ἐκεῖνος	ἡ	ἡμέρα
뉨피오스	토테	네스튜수신	엔	에케이나이스	타이스	헤메라이스
신랑이	그때에	그들은 금식할 것이라	에	그	그	날들
명.주.남.단	부	동.직.미.능.3복	전.여격.	대.지.여격.복	관.여격.여.복.	명.여격.여.복

36 또 비유하여 이르시되 새 옷에서 한 조각을 찢어 낡은 옷에 붙이는 자가 없나니 만일
그렇게 하면 새 옷을 찢을 뿐이요 또 새 옷에서 찢은 조각이 낡은 것에 어울리지
아니하리라

And he spake also a parable unto them; No man putteth a piece of a new garment upon an old; if otherwise, then both the new maketh a rent, and the piece that was taken out of the new agreeth not with the old.

3004	1161	2532	3850	4314	846	3754	3762	1915
Ἔλεγεν	δὲ	καὶ	παραβολὴν	πρὸς	αὐτοὺς	ὅτι	οὐδεὶς	ἐπίβλημα
λέγω	δέ	καί	παραβολή	πρός	αὐτός	ὅτι	οὐδείς	ἐπίβλημα
엘레겐	데	카이	파라볼렌	프로스	아우투스	호티	우데이스	에피블레마
그가 말씀하셨다	또	역시	한 비유를	향하여	그들을		아무도 아니하다	한 조각을
동.직.미완.능.3단	접.등	부	명.목.여.단	전.목	대.인.목.남.3복.	부.관	형.대.기.주.남.단	명.목.중.단

575	2440	2537	4977	1911	1909	2440	3820	1487
ἀπὸ	ἱματίου	καινοῦ	σχίσας	ἐπιβάλλει	ἐπὶ	ἱμάτιον	παλαιόν·	εἰ
ἀπό	ἱμάτιον	καινός	σχίζω	ἐπιβάλλω	ἐπί	ἱμάτιον	παλαιός	εἰ
아포	히마티우	카이누	스키사스	에피발레이	에피	히마티온	팔라이온	에이
부터	옷으로	새	찢어	붙이지	위로	옷을	낡은	만일
전.소	명.소.중.단	형.소.중.단	동.분.1과.능.주.남.단.	동.직.현.능.3단	전.목	명.목.중.단	형.목.중.단	접.종

1161	3361	1065	2532	3588	2537	4977	2532	3588	3820	3756
δὲ	μή	γε,	καὶ	τὸ	καινὸν	σχίσει	καὶ	τῷ	παλαιῷ	οὐ
δέ	μή	γέ	καί	τό	καινός	σχίζω	καί	τό	παλαιός	οὐ
데	메	게	카이	토	카이논	스키세이	카이	토	팔라이오	우
그래서	않으면	그렇지	또한	그	새(옷을)	찢을 것이다	또	그	낡은 옷에	않을 것이다
접.종	부	불.문	접.등	관.목.중.단.	형.대.목.중.단.	동.직.미.능.3단.	접.등	관.여격.중.단	형.대.여격.중.단	부

4856	3588	1915	3588	575	3588	2537
συμφωνήσει	τὸ	ἐπίβλημα	τὸ	ἀπὸ	τοῦ	καινοῦ.
συμφωνέω	τό	ἐπίβλημα	τό	ἀπό	τό	καινός
쉼포네세이	토	에피블레마	토	아포	투	카이누
어울리지	그	찢은 조각이	그	부터	그	새(옷으로)
동.직.미.능.3단	관.주.중.단.	명.주.중.단	관.주.중.단.	전소	관.소.중.단.	형.대.소.중.단

37 새 포도주를 낡은 가죽 부대에 넣는 자가 없나니 만일 그렇게 하면 새 포도주가 부대를 터뜨려 포도주가 쏟아지고 부대도 못쓰게 되리라

And no man putteth new wine into old bottles; else the new wine will burst the bottles, and be spilled, and the bottles shall perish.

2532	3762	906	3631	3501	1519	779	3820	1487
καὶ	οὐδεὶς	βάλλει	οἶνον	νέον	εἰς	ἀσκοὺς	παλαιούς·	εἰ
καί	οὐδείς	βάλλω	οἶνος	νέος	εἰς	ἀσκός	παλαιός	εἰ
카이	우데이스	발레이	오이논	네온	에이스	아스쿠스	빨라이우스	에이
또	아무도 아니한다	넣지	포도주를	새	속으로	가죽 부대들을	낡은	만일
접.등	형.대.기.주.남.단	동.직.현.능.3단.	명.목.남.단.	형.목.남.단.	전목	명.목.남.복	형.목.남.복	접.종

1161	3361	1065	4486	3588	3631	3588	3501	3588	779	2532
δὲ	μή	γε,	ῥήξει	ὁ	οἶνος	ὁ	νέος	τοὺς	ἀσκούς	καὶ
δέ	μή	γέ	ῥήγνυμι	ὁ	οἶνος	ὁ	νέος	ὁ	ἀσκός	καί
데	메	게	흐렉세이	호	오이노스	호	네오스	투스	아스쿠스	카이
그래서	않으면	그렇지	터뜨릴 것이다	그	포도주가	그	새	그	가죽부대들을	그래서
접.종	부	불.문	동.직.미.능.3단.	관.주.남.단.	명.주.남.단.	관.주.남.단.	형.주.남.단.	관.목.남.복.	명.목.남.복	접.등

846	1632	2532	3588	779	622
αὐτὸς	ἐκχυθήσεται	καὶ	οἱ	ἀσκοὶ	ἀπολοῦνται·
αὐτός	ἐκχέω	καί	ὁ	ἀσκός	ἀπόλλυμι
아우토스	엑퀴데세타이	카이	호이	아스코이	아폴룬타이
그것이	쏟아지게 될 것이다	그리하면	그	가죽 부대들도	망칠 것이다
대.인.주.남.3단	동.직.미.수.3단	접.등	관.주.남.복.	명.주.남.복	동.직.미.중.3복

38 새 포도주는 새 부대에 넣어야 할 것이니라

But new wine must be put into new bottles; and both are preserved.

235	3631	3501	1519	779	2537	992
ἀλλ'	οἶνον	νέον	εἰς	ἀσκοὺς	καινοὺς	βλητέον.
ἀλλα	οἶνος	νέος	εἰς	ἀσκός	καινός	βλητέος
알	오이논	네온	에이스	아스쿠스	카이누스	블레테온
그러나	포도주를	새	속으로	가죽 부대들을	새	넣어야 하리라
접.우	명.목.남.단.	형.목.남.단.	전목	명.목.남.복	형.목.남.복	형.주.중.단

39 묵은 포도주를 마시고 새 것을 원하는 자가 없나니 이는 묵은 것이 좋다 함이니라

No man also having drunk old wine straightway desireth new: for he saith, The old is better.

2532	3762	4095	3820	2309	3501	3004	1063
καὶ	οὐδεὶς	πιὼν	παλαιὸν	θέλει	νέον·	λέγει	γάρ,
καί	οὐδείς	πίνω	παλαιός	θέλω	νέος	λέγω	γάρ
카이	우데이스	피온	팔라이온	델레이	네온	레게이	가르
그리고	아무도 아니한다	마시고	묵은(포도주를)	원하지	새 것을	그가 말한다	왜냐하면
접.등	형.대.기.주.남.단	동.분.2과.능.주.남.단.	형.대.목.남.단	동.직.현.능.3단.	형.대.목.남.단.	동.직.현.능.3단.	접.종

3588	3820	5543	1510
ὁ	παλαιὸς	χρηστός	ἐστιν.
ὁ	παλαιός	χρηστός	εἰμί
호	팔라이오스	크레스토스	에스틴
그	묵은 것이	좋다	이다
관.주.남.단.	형.대.주.남.단	형.주.남.단	동.직.현.능.3단

6 안식일에 예수께서 밀밭 사이로 지나가실새 제자들이 이삭을 잘라 손으로 비비어 먹으니
And it came to pass on the second sabbath after the first, that he went through the corn fields; and his disciples plucked the ears of corn, and did eat, rubbing them in their hands.

1096	1161	1722	4521	1279	846	1223	4702
Ἐγένετο	δὲ	ἐν	σαββάτῳ	διαπορεύεσθαι	αὐτὸν	διὰ	σπορίμων,
γίνομαι	δέ	ἐν	σάββατον	διαπορεύομαι	αὐτός	διά	σπόριμος
에게네토	데	엔	삽바토	디아포류에스다이	아우톤	디아	스포리몬
일어났다	그리고	중에	안식일	지나 가시도록	그가	통하여	곡식밭들을
동.직.2과.중디.3단.	접.등.	전.여격.	명.여격.중.단.	동.부.현.중수디.	대.인.목.남.3단.	전.소.	형.대.소.중.복.

2532	5089	3588	3101	846	2532	2068	3588	4719
καὶ	ἔτιλλον	οἱ	μαθηταὶ	αὐτοῦ	καὶ	ἤσθιον	τοὺς	στάχυας
καί	τίλλω	ὁ	μαθητής	αὐτός	καί	ἐσθίω	ὁ	στάχυς
카이	에틸론	호이	마데타이	아우투	카이	에스디온	투스	스타퀴아스
그런데	따고 있었다	그	제자들이	그의	그래서	먹었다	그	이삭들을
접.등.	동.직.미완.능.3복.	관.주.남.복.	명.주.남.복.	대.인.소.남.3단.	접.등.	동.직.미완.능.3복.	관.목.남.복.	명.복.남.복.

5597	3588	5495
ψώχοντες	ταῖς	χερσίν.
ψώχω	ἡ	χείρ
프소콘테스	타이스	케르신
비비면서	그(그들의)	손들로
동.분.현.능.주.남.복.	관.여격.여.복.	명.여격.여.복.

2 어떤 바리새인들이 말하되 어찌하여 안식일에 하지 못할 일을 하느냐
And certain of the Pharisees said unto them, Why do ye that which is not lawful to do on the sabbath days?

5100	1161	3588	5330	3004(2036)	5101	4160	3739
τινὲς	δὲ	τῶν	Φαρισαίων	εἶπαν,	τί	ποιεῖτε	ὃ
τις	δέ	ὁ	Φαρισαῖος	λέγω.ἔπω	τίς	ποιέω	τό
티네스	데	톤	파리사이온	에이판	티	포이에이테	호
몇 명이	그러자	그	바리새인들 중의	말하였다	어찌하여	너희는 하느냐	바 일을
대.부.주.남.복.	접.우	관.소.남.복.	명.소.남.복	동.직.2과.능.3복.	대.의.목.중.단	동.직.현.능.2복.	대.관.주.중.단

3756	1832	3588	4521
οὐκ	ἔξεστιν	τοῖς	σάββασιν;
οὐ	ἔξεστι	τό	σάββατον
우크	엑세스틴	토이스	삽바신
않은	합당하지	그	안식일들에
부	동.직.현.능.3단	관.여격.중.복.	명.여격.중.복

3 예수께서 대답하여 이르시되 다윗이 자기 및 자기와 함께 한 자들이 시장할 때에 한일을
읽지 못하였느냐
And Jesus answering them said, Have ye not read so much as this, what David did, when himself was an hungered, and they which were with him;

2532	611	4314	846	3004(2036)	3588	2424	3761	3778
καὶ	ἀποκριθεὶς	πρὸς	αὐτοὺς	εἶπεν	ὁ	Ἰησοῦς,	οὐδὲ	τοῦτο
καί	ἀποκρίνομαι	πρός	αὐτός	λέγω.ἔπω	ὁ	Ἰησοῦς	οὐδέ	οὗτος
카이	아포크리데이스	프로스	아우투스	에이펜	호	예수스	우데	투토
이에	대답하여	향하여	그들을	말씀하셨다	그	예수께서	도 못하였느냐	그것을
접.등	동.분.1과.수디.주.남.단.	전.목	대.인.목.남.3복.	동.직.2과.능.3단.	관.주.남.단.	명.주.남.단.	부/불.의.	대.지.목.중.단

314	3739	4160	1138	3753	3983	846	2532
ἀνέγνωτε	ὃ	ἐποίησεν	Δαυὶδ	ὅτε	ἐπείνασεν	αὐτὸς	καὶ
ἀναγινώσκω	ὅς	ποιέω	δαυ(β)ίδ	ὅτε	πεινάω	αὐτός	καί
아네그노테	호	에포이에센	다윋	호테	에페이나센	아우토스	카이
너희는 읽지	바	하였던	다윗이	때에	굶주렸을	그가	또한
동.직.2과.능.2복	대.관.목.중.단.	동.직1과.능.3단	명.주.남.단	접.종	동.직.1과.능.3단	대.인.주.남.3단.	접.등.

3588	3326	846	1510
οἱ	μετ'	αὐτοῦ	[ὄντες];
ὁ	μετά	αὐτός	εἰμί
호이	멧	아우투	온테스
그(사람들이)	함께	그와	있는
관.주.남.복	전소	대.인.소.남.3단.	동.분.현.능.주.남.복.

4 그가 하나님의 전에 들어가서 다만 제사장 외에는 먹어서는 안 되는 진설병을 먹고 함께
한 자들에게도 주지 아니하였느냐
How he went into the house of God, and did take and eat the showbread, and gave also to them that were with him; which it is not lawful to eat but for the priests alone?

5613	1525	1519	3588	3624	3588	2316	2532	3588	740	3588
[ὡς]	εἰσῆλθεν	εἰς	τὸν	οἶκον	τοῦ	θεοῦ	καὶ	τοὺς	ἄρτους	τῆς
ὡς	εἰσέρχομαι	εἰς	ὁ	οἶκος	ὁ	θεός	καί	ὁ	ἄρτος	ἡ
호스	에이셀덴	에이스	톤	오이콘	투	데우	카이	투스	아르투스	테스
어떻게	그가 들어갔으며	안으로	그	집을	그	하나님의	그래서	그	떡들을	그
접.종.	동.직.2과.능.3단	전목	관.목.남.단.	명.목.남.단.	관.소.남.단.	명.소.남.단	접.등	관.목.남.복.	명.목.남.복	관.소.여.단

4286	2983	5315	2532	1325	3588	3326	848
προθέσεως	λαβὼν	ἔφαγεν	καὶ	ἔδωκεν	τοῖς	μετ'	αὐτοῦ,
πρόθεσις	λαμβάνω	φάγω	καί	δίδωμι	ὁ	μετά	αὐτός
프로데세오스	라본	에파겐	카이	에도켄	토이스	멧	아우투
진설의	취하여	그가 먹었고	그리고	주었느냐	그(사람들에게)	함께(있는)	자기와
명.소.여.단	동.분.2과.능.주.남.단.	동.직.2과.능.3단.	접.등	동.직.1과.능.3단	관.여격.남.복	전소	대.인.소.남.3단.

3739	3756	1832	5315	1487	3361	3441	3588	2409
οὓς	οὐκ	ἔξεστιν	φαγεῖν	εἰ	μὴ	μόνους	τοὺς	ἱερεῖς;
ὅς	οὐ	ἔξεστι	φάγω	εἰ	μή	μόνος	ὁ	ἱερεύς
후스	우크	엑세스틴	파게인	에이	메	모누스	투스	히에레이스
그것들을	아니한	합당하지	먹는 것이	는	외에	오직	그	제사장들을
대.관.목.남.복.	부	동.직.현.능.3단.	동.부.2과.능	접.종	부.	형.목.남.복	관.목.남.복.	명.목.남.복

5 또 이르시되 인자는 안식일의 주인이니라 하시더라
And he said unto them, That the Son of man is Lord also of the sabbath.

2532	3004	846	2962	1510	3588	4521	3588	5207
καὶ	ἔλεγεν	αὐτοῖς,	κύριός	ἐστιν	τοῦ	σαββάτου	ὁ	υἱὸς
καί	λέγω	αὐτός	κύριος	εἰμί	τό	σάββατον	ὁ	υἱός
카이	엘레겐	아우토이스	퀴리오스	에스틴	투	삽바투	호	휘오스
또	말씀하셨다	그들에게	주인	이다	그	안식일의	그	아들은
접.등	동.직.미완.능.3단.	대.인.여격.남.3복.	명.주.남.단	동.직.현.능.3단.	관.소.중.단.	명.소.중.단	관.주.남.단.	명.주.남.단

3588	444
τοῦ	ἀνθρώπου.
ὁ	ἄνθρωπος
투	안드로푸
그	사람의
관.소.남.단.	명.소.남.단

6 또 다른 안식일에 예수께서 회당에 들어가사 가르치실새 거기 오른손 마른 사람이 있는지라
And it came to pass also on another sabbath, that he entered into the synagogue and taught: and there was a man whose right hand was withered.

1096	1161	1722	2087	4521	1525	846	1519	3588
Ἐγένετο	δὲ	ἐν	ἑτέρῳ	σαββάτῳ	εἰσελθεῖν	αὐτὸν	εἰς	τὴν
γίνομαι	δέ	ἐν	ἕτερος	σάββατον	εἰσέρχομαι	αὐτός	εἰς	ἡ
에게네토	데	엔	헤테로	삽바토	에이셀데인	아우톤	에이스	텐
있었다	또	중에	다른	안식일	들어 가시는 것	그가	안으로	그
동.직.2과.중디.3단.	접.등.	전.여격.	형.여격.중.단	명.여격.중.단	동.부.2과.능	대.인.목.남.3단.	전.목	관.목.여.단

4864	2532	1321	2532	1510	444	1563	2532	3588
συναγωγὴν	καὶ	διδάσκειν.	καὶ	ἦν	ἄνθρωπος	ἐκεῖ	καὶ	ἡ
συναγωγή	καί	διδάσκω	καί	εἰμί	ἄνθρωπος	ἐκεῖ	καί	ἡ
수나고겐	카이	디다스케인	카이	엔	안드로포스	에케이	카이	헤
회당을	과	가르치시는 것을	그리고	있었다	한 사람이	거기	그런데	그
명.목.여.단	접.등	동.부.현.능	접.등	동.직.미완.능.3단.	명.주.남.단	부	접.등	관.주.여.단

5495	846	3588	1188	1510	3584
χεὶρ	αὐτοῦ	ἡ	δεξιὰ	ἦν	ξηρά.
χείρ	αὐτός	ἡ	δεξιός	εἰμί	ξηρός
케이르	아우투	헤	덱시아	엔	크세라
손이	그의	그	오른	있었다	말라서
명.주.여.단.	대.인.소.남.3단.	관.주.여.단.	형.주.여.단.	동.직.미완.능.3단.	형.주.여.단

7 서기관과 바리새인들이 예수를 고발할 증거를 찾으려 하여 안식일에 병을 고치시는가 엿보니
And the scribes and Pharisees watched him, whether he would heal on the sabbath day; that they might find an accusation against him.

3906	1161	846	3588	1122	2532	3588	5330
παρετηροῦντο	δὲ	αὐτὸν	οἱ	γραμματεῖς	καὶ	οἱ	Φαρισαῖοι
παρατηρέω	δέ	αὐτός	ὁ	γραμματεύς	καί	ὁ	Φαρισαῖος
파레테룬토	데	아우톤	호이	그람마테이스	카이	호이	파리사이오이
그들이 지켜보고 있었다	이에	그를	그	서기관들	과	그	바리새인들이
동.직.미완.중.3복	접.등	대.인.목.남.3단.	관.주.남.복.	명.주.남.복	접.등	관.주.남.복.	명.주.남.복

1487	1722	3588	4521	2323	2443	2147	2723	846
εἰ	ἐν	τῷ	σαββάτῳ	θεραπεύει,	ἵνα	εὕρωσιν	κατηγορεῖν	αὐτοῦ.
εἰ	ἐν	τό	σάββατον	θεραπεύω	ἵνα	εὑρίσκω	κατηγορέω	αὐτός
에이	엔	토	삽바토	데라퓨에이	히나	휴로신	카테고레인	아우투
는지	중에	그	안식일	그가 병을 고치시는	위하여	그들이 찾아내지	고발하는 것을	그를
불.의	전.여격.	관.여격.중.단.	명.여격.중.단	동.직.미.능.3단	접.종	동.가.2과.능.3복.	동.부.현.능	대.인.소.남.3단

8 예수께서 그들의 생각을 아시고 손 마른 사람에게 이르시되 일어나 한가운데 서라
하시니 그가 일어나 서거늘
But he knew their thoughts, and said to the man which had the withered hand, Rise up, and stand forth in the midst. And he arose and stood forth.

846	1161	1492	3588	1261	846	3004(2036)	1161
αὐτὸς	δὲ	ᾔδει	τοὺς	διαλογισμοὺς	αὐτῶν,	εἶπεν	δὲ
αὐτός	δέ	οἶδα.εἴδω	ὁ	διαλογισμός	αὐτός	λέγω.ἔπω	δέ
아우토스	데	에데이	투스	디알로기스무스	아우톤	에이펜	데
친히	그러나	아셨다	그	생각들을	그들의	말씀하셨다	이에
대.인.주.남.3단.	접.등	동.직.미.능.3단.	관.목.남.복.	명.목.남.복	대.인.소.남.3복.	동.직.2과.능.3단.	접.우.

3588	435	3588	3584	2192	3588	5495	1453	2532
τῷ	ἀνδρὶ	τῷ	ξηρὰν	ἔχοντι	τὴν	χεῖρα,	ἔγειρε	καὶ
ὁ	ἀνήρ	ὁ	ξηρός	ἔχω	ἡ	χείρ	ἐγείρω	καί
토	안드리	토	크세란	에콘티	텐	케이라	에게이레	카이
그	남자에게	그	마른	가진	그	손을	일어나라	그리고
관.여격.남.단	명.여격.남.단.	관.여격.남.단	형.목.여.단	동.분.현.능.여격.남.단.	관.목.여.단.	명.목.여.단	동.명.현.능.2단.	접.등

2476	1519	3588	3319	2532		
στῆθι	εἰς	τὸ	μέσον·	καὶ	ἀναστὰς	ἔστη.
ἵστημι	εἰς	τό	μέσος	καί	ἀνίστημι	ἵστημι
스테디	에이스	토	메손	카이	아나스타스	에스테
서라	안으로	그	가운데	이에	일어나서	그가 섰다
동.명.2과.능.2단.	전.목	관.목.중.단.	형.대.목.중.단.	접.등	동.분.2과.능.주.남.단.	동.직.2과.능.3단.

9 예수께서 그들에게 이르시되 내가 너희에게 묻노니 안식일에 선을 행하는 것과 악을
행하는 것, 생명을 구하는 것과 죽이는 것, 어느 것이 옳으냐 하시며
Then said Jesus unto them, I will ask you one thing; Is it lawful on the sabbath days to do good, or to do evil? to save life, or to destroy it?

3004(2036)	1161	3588	2424	4314	846	05	4771	1487
εἶπεν	δὲ	ὁ	Ἰησοῦς	πρὸς	αὐτούς,	ἐπερωτῶ	ὑμᾶς	εἰ
λέγω.ἔπω	δέ	ὁ	Ἰησοῦς	πρός	αὐτός	ἐπερωτάω	σύ	εἰ
에이펜	데	호	예수스	프로스	아우투스	에페로토	휘마스	에이
말씀하셨다	그러자	그	예수께서	향하여	그들을	내가 캐묻는다	너희를	이냐
동.직.2과.능.3단.	접.우	관.주.남.단.	명.주.남.단	전.목.	대.인.목.남.3복.	동.직.현.능.1단	대.인.목.2복.	불.의.

1832	3588	4521	15	2228	2554	5590
ἔξεστιν	τῷ	σαββάτῳ	ἀγαθοποιῆσαι	ἢ	κακοποιῆσαι,	ψυχὴν
ἔξεστι	τό	σάββατον	ἀγαθοποιέω	ἤ	κακοποιέω	ψυχή
엑세스틴	토	삽바토	아가도포이에사이	에	카코포이에사이	프쉬켄
(어느 것이)합당한 것	그	안식일에	선을 행하는 것	또는	악을 행하는 것	목숨을
동.직.현.능.3단	관.여격.중.단.	명.여격.중.단	동.부.1과.능	접.등	동.부.1과.능	명.목.여.단

4982	2228	622
σῶσαι	ἢ	ἀπολέσαι;
σώζω	ἤ	ἀπόλλυμι
소사이	에	아폴레사이
구원하는 것	또는	멸망시키는 것
동.부.1과.능.	접.등	동.부.1과.능

10 무리를 둘러보시고 그 사람에게 이르시되 네 손을 내밀라 하시니 그가 그리하매 그 손이
회복된지라

And looking round about upon them all, he said unto the man, Stretch forth thy hand. And he did so: and his hand was restored whole as the other.

2532	4017	3956	846	3004(2036)	846	1614
καὶ	περιβλεψάμενος	πάντας	αὐτοὺς	εἶπεν	αὐτῷ,	ἔκτεινον
καί	περιβλέπω	πᾶς	αὐτός	λέγω.ἔπω	αὐτός	ἐκτείνω
카이	페리블렙사메노스	판타스	아우투스	에이펜	아우토	에크테이논
그리고	둘러 보시고	모두	그들	말씀하시기를	그에게	내밀어라
접.등	동.분.1과.중.주.남.단	형.목.남.복	대.인.목.남.3복.	동.직.2과.능.3단.	대.인.여격.남.3단	동.명.1과.능.2단

88	5495	4771	3588	1161	4160	2532	600	3588
τὴν	χεῖρά	σου.	ὁ	δὲ	ἐποίησεν,	καὶ	ἀπεκατεστάθη	ἡ
ἡ	χείρ	σύ	ὁ	δέ	ποιέω	καί	ἀποκαθίστημι	ἡ
텐	케이라	수	호	데	에포이에센	카이	아페카테스타데	헤
그	손을	네	그가	이에	그리 하였더니	이에	회복되었다	그
관.목.여.단	명.목.여.단.	대.인.소.2단.	관.주.남.단	접.우	동.직.1과.능.3단	접.등	동.직.1과.수.3단	관.주.여.단.

5495	846
χεὶρ	αὐτοῦ.
χείρ	αὐτός
케이르	아우투
손이	그의
명.주.여.단.	대.인.소.남.3단

11 그들은 노기가 가득하여 예수를 어떻게 할까 하고 서로 의논하니라

And they were filled with madness; and communed one with another what they might do to Jesus.

846	1161	4130	454	2532	1255	4314	240
αὐτοὶ	δὲ	ἐπλήσθησαν	ἀνοίας	καὶ	διελάλουν	πρὸς	ἀλλήλους
αὐτός	δέ	πλήθω	ἄνοια	καί	διαλαλέω	πρός	ἀλλήλων
아우토이	데	에플레스테산	아노이아스	카이	디엘랄룬	프로스	알렐루스
그들이	그러나	가득하여졌고	광기로	그리하여	상의하고 있었더라	향하여	서로를
대.인.주.남.3복.	접.우	동.직.1과.수.3복	명.소.여.단	접.등	동.직.미완.능.3복	전.목	대.인.목.남.3복.

5101	302	4160	3588	2424
τί	ἂν	ποιήσαιεν	τῷ	Ἰησοῦ.
τίς	ἄν	ποιέω	ὁ	Ἰησοῦς
티	안	포이에사이엔	토	예수
무엇을		그들이 하려고 원하는지	그	예수님께
대.의.목.중.단	불.동	동.취.1과.능.3복	관.여격.남.단.	명.여격.남.단

12 이 때에 예수께서 기도하시러 산으로 가사 밤이 새도록 하나님께 기도하시고

And it came to pass in those days, that he went out into a mountain to pray, and continued all night in prayer to God.

1096	1161	1722	3588	2250	3778	1831	846	1519
Ἐγένετο	δὲ	ἐν	ταῖς	ἡμέραις	ταύταις	ἐξελθεῖν	αὐτὸν	εἰς
γίνομαι	δέ	ἐν	ἡ	ἡμέρα	οὗτος	ἐξέρχομαι	αὐτός	εἰς
에게네토	데	엔	타이스	헤메라이스	타우타이스	엑셀데인	아우톤	에이스
잇었다	이제	중에	그	날들	이런	나가시도록	그가	속으로
동.직.2과.중디.3단.	접.등	전.여격.	관.여격.여.복.	명.여격.여.복.	대.지.여격.여.복.	동.부.2과.능	대.인.목.남.3단.	전.목.

3588	3735	4336	2532	1510	1273	1722	3588
τὸ	ὄρος	προσεύξασθαι,	καὶ	ἦν	διανυκτερεύων	ἐν	τῇ
τό	ὄρος	προσεύχομαι	καί	εἰμί	διανυκτερεύω	ἐν	ἡ
토	오로스	프로슄사스다이	카이	엔	디아뉰테류온	엔	테
그	산을	기도하시려고	이에	있었다	온밤을 새우면서	중에	그
관.목.중.단	명.목.중.단.	동.부.1과.중디	접.등	동.직.미완.능.3단.+	+동.분.현.능.주.남.단	전.여격.	관.여격.여.단.

4335	3588	2316
προσευχῇ	τοῦ	θεοῦ.
προσευχή	ὁ	θεός
프로슈케	투	테우
기도	그	하나님께
명.여격.여.단	관.소.남.단.	명.소.남.단

13 밝으매 그 제자들을 부르사 그 중에서 열둘을 택하여 사도라 칭하셨으니

And when it was day, he called unto him his disciples: and of them he chose twelve, whom also he named apostles;

2532	3753	1096	2250	4377	3588	3101	846	2532
Καὶ	ὅτε	ἐγένετο	ἡμέρα,	προσεφώνησεν	τοὺς	μαθητὰς	αὐτοῦ,	καὶ
καί	ὅτε	γίνομαι	ἡμέρα	προσφωνέω	ὁ	μαθητής	αὐτός	καί
카이	호테	에게네토	헤메라	프로세포네센	투스	마데타스	아우투	카이
그리고	때에	되었을	날이	그가 앞으로 부르셨다	그	제자들을	그의	곧
접.등	접.종	동.직.2과.중디.3단.	명.주.여.단	동.직.1과.능.3단	관.목.남.복.	명.목.남.복	대.인.소.남.3단.	접.등

1586	575	846	1427	3739	2532	652	3687
ἐκλεξάμενος	ἀπ’	αὐτῶν	δώδεκα,	οὓς	καὶ	ἀποστόλους	ὠνόμασεν,
ἐκλέγομαι	ἀπό	αὐτός	δώδεκα	ὅς	καί	ἀπόστολος	ὀνομάζω
에클렉사메노스	앞	아우톤	도데카	후스	카이	아포스톨루스	오노마센
택한 후	부터	그들을	열 둘을	그들을	또한	사도들로	이름을 지었다
동.분.1과.중.주.남.단	전.소	대.인.소.남.3복.	형.대.기.목.남.복.	대.관.목.남.복.	부	명.목.남.복	동.직.1과.능.3단

14 곧 베드로라고도 이름을 주신 시몬과 그의 동생 안드레와 야고보와 요한과 빌립과
바돌로매와

Simon, (whom he also named Peter,) and Andrew his brother, James and John, Philip and Bartholomew,

4613	3739	2532	3687	4074	2532	406	3588	80
Σίμωνα	ὃν	καὶ	ὠνόμασεν	Πέτρον,	καὶ	Ἀνδρέαν	τὸν	ἀδελφὸν
Σίμων	ὅς	καί	ὀνομάζω	Πέτρος	καί	Ἀνδρέας	ὁ	ἀδελφός
시모나	혼	카이	오노마센	페트론	카이	안드레안	톤	아델폰
시몬을	그를	역시	그가 이름을 지었고	베드로라	그리고	안드레를	그	형제
명.목.남.단	대.관.목.남.단.	부	동.직.1과.능.3단	명.목.남.단	접.등	명.목.남.단	관.목.남.단.	명.목.남.단

848	2532	2385	2532	2491	2532	5376	2532	918
αὐτοῦ,	καὶ	Ἰάκωβον	καὶ	Ἰωάννην	καὶ	Φίλιππον	καὶ	Βαρθολομαῖον
αὐτός	καί	Ἰάκωβος	καί	Ἰωάννης	καί	Φίλιππος	καί	Βαρθολομαῖος
아우투	카이	야코본	카이	요안넨	카이	필맆폰	카이	바르돌로마이온
그의	그리고	야고보	와	요한	과	빌립	과	바돌로매
대.인.소.남.3단.	접.등.	명.목.남.단	접.등	명.목.남.단	접.등	명.목.남.단	접.등	명.목.남.단

15 마태와 도마와 알패오의 아들 야고보와 셀롯이라는 시몬과
Matthew and Thomas, James the son of Alphaeus, and Simon called Zelotes,

2532	3156	2532	2381	2532	2385	256	2532	4613
καὶ	Μαθθαῖον	καὶ	Θωμᾶν	καὶ	Ἰάκωβον	Ἁλφαίου	καὶ	Σίμωνα
καί	Μαθθαῖος	καί	Θωμᾶς	καί	Ἰάκωβος	Ἀλφαῖος	καί	Σίμων
카이	맏다이온	카이	도만	카이	야코본	알파이우	카이	시모나
와	마태	와	도마	그리고	야고보	알패오의 아들	와	시몬
접등	명.목.남.단	접.등.	명.목.남.단	접등	명.목.남.단	명.소.남.단	접등	명.목.남.단.

3588	2564	2208
τὸν	καλούμενον	Ζηλωτὴν
ὁ	καλέω	Ζηλωτής
톤	칼루메논	젤로텐
그(사람)	불려지는	셀롯이라
관.목.남.단	동.분.현.수.목.남.단	명.목.남.단

16 야고보의 아들 유다와 예수를 파는 자 될 가룟 유다라
And Judas the brother of James, and Judas Iscariot, which also was the traitor.

2532	2455	2385	2532	2455	2469	3739	1096	4273
καὶ	Ἰούδαν	Ἰακώβου	καὶ	Ἰούδαν	Ἰσκαριώθ,	ὃς	ἐγένετο	προδότης.
καί	Ἰουδάς	Ἰάκωβος	καί	Ἰουδάς	Ἰσκαριώθ	ὅς	γίνομαι	προδότης
카이	유단	야코부	카이	유단	이스카리온	호스	에게네토	프로도테스
과	유다	야고보의 아들	와	유다를	가룟사람	그가	되었다	배반자가
접등	명.목.남.단	명.소.남.단	접등	명.목.남.단	명.목.남.단.	대.관.주.남.단.	동.직.2과.중디.3단.	명.주.남.단

17 예수께서 그들과 함께 내려오사 평지에 서시니 그 제자의 많은 무리와 예수의 말씀도
듣고 병 고침을 받으려고 유대 사방과 예루살렘과 두로와 시돈의 해안으로부터 온 많은
백성도 있더라
And he came down with them, and stood in the plain, and the company of his disciples, and a great multitude of people out of all Judaea and Jerusalem, and from the sea coast of Tyre and Sidon, which came to hear him, and to be healed of their diseases;

2532	2597	3326	846	2476	1909	5117	3977	2532
Καὶ	καταβὰς	μετ'	αὐτῶν	ἔστη	ἐπὶ	τόπου	πεδινοῦ,	καὶ
καί	καταβαίνω	μετά	αὐτός	ἵστημι	ἐπί	τόπος	πεδινός	καί
카이	카타바스	멧	아우톤	에스테	에피	토푸	페디누	카이
그리고	내려와서	함께	그들과	서셨다	위에서	한 곳의	평평한	그러자
접등	동.분.2과.능.주.남.단.	전소	대.인.소.남.3복.	동.직.2과.능.3단.	전소	명.소.남.단.	형.소.남.단	접등.

3793	4183	3101	846	2532	4128	4183	3588	2992
ὄχλος	πολὺς	μαθητῶν	αὐτοῦ,	καὶ	πλῆθος	πολὺ	τοῦ	λαοῦ
ὄχλος	πολύς	μαθητής	αὐτός	καί	πλῆθος	πολύς	ὁ	λαός
오클로스	폴뤼스	마데톤	아우투	카이	플레도스	폴뤼	투	라우
한 무리가	많은	제자들의	그의	또	한 군중이	많은	그	백성의
명.주.남.단	형.주.남.단.	명.소.남.복	대.인.소.남.3단.	접등	명.주.중.단	형.주.중.단.	관.소.남.단.	명.소.남.단.

575	3956	3588	2449	2532	2419	2532	3588	3882
ἀπὸ	πάσης	τῆς	Ἰουδαίας	καὶ	Ἰερουσαλὴμ	καὶ	τῆς	παραλίου
ἀπό	πᾶς	ἡ	Ἰουδαία	καί	Ἱερουσαλήμ	καί	ἡ	παράλιος
아포	파세스	테스	유다이아스	카이	예루살렘	카이	테스	파랄리우
부터	모든	그	유대	과	예루살렘	과	그	해안으로
전소	형.소.여.단	관.소.여.단.	명.소.여.단	접.등	명.소.여.단	접.등.	관.소.여.단.	형.대.소.여.단.

5184	2532	4605
Τύρου	καὶ	Σιδῶνος,
Τύρος	καί	Σιδών
튀루	카이	시도노스
두로	와	시돈의
명.소.여.단.	접등	명.소.여.단

18 더러운 귀신에게 고난 받는 자들도 고침을 받은지라
And they that were vexed with unclean spirits: and they were healed.

3739	2064	191	846	2532	2390	575	3588
οἳ	ἦλθον	ἀκοῦσαι	αὐτοῦ	καὶ	ἰαθῆναι	ἀπὸ	τῶν
ὅς	ἔρχομαι	ἀκούω	αὐτός	καί	ἰάομαι	ἀπό	ἡ
호이	엘돈	아쿠사이	아우투	카이	이아데나이	아포	톤
그들은	왔다	말씀을 들으려고	그의	그리고	치유를 받으려고	부터	그
대.관.주.남.복.	동.직.2과.능.3복.	동.부.1과.능	대.인.소.남.3단.	접.등	동.부.1과.수	전.소	관.소.여.복

3554	846	2532	3588	1776	575	4151	169
νόσων	αὐτῶν·	καὶ	οἱ	ἐνοχλούμενοι	ἀπὸ	πνευμάτων	ἀκαθάρτων
νόσος	αὐτός	καί	ὁ	ἐνοχλέω	ἀπό	πνεῦμα	ἀκάθαρτος
노손	아우톤	카이	호이	에노클루메노이	아포	프뉴마톤	아카다르톤
질병들로	그들의	또	그(사람들도)	괴로움을 받는	부터	영들로	더러운
명.소.여.복	대.인.소.남.3복.	접.등	관.주.남.복	동.분.현.수.주.남.복	전.소	명.소.중.복	형.소.중.복

2323
ἐθεραπεύοντο,
θεραπεύω
에데라퓨온토
고침을 받고 있었다
동.직.미완.수.3복

19 온 무리가 예수를 만지려고 힘쓰니 이는 능력이 예수께로부터 나와서 모든 사람을 낫게 함이러라
And the whole multitude sought to touch him: for there went virtue out of him, and healed them all.

2532	3956	3588	3793	212	680	846	3754	1411
καὶ	πᾶς	ὁ	ὄχλος	ἐζήτουν	ἅπτεσθαι	αὐτοῦ,	ὅτι	δύναμις
καί	πᾶς	ὁ	ὄχλος	ζητέω	ἅπτομαι	αὐτός	ὅτι	δύναμις
카이	파스	호	오클로스	에제툰	핲테스다이	아우투	호티	뒤나미스
그리고	온	그	무리가	찾고 있었다	손을 대려고	그의	때문이라	능력이
접.등	형.주.남.단.	관.주.남.단.	명.주.남.단.	동.직.미완.능.3복.	동.부.현.중	대.인.소.남.3단.	접.종	명.주.여.단

3844	846	1831	2532	2390	3956
παρ᾽	αὐτοῦ	ἐξήρχετο	καὶ	ἰᾶτο	πάντας.
παρά	αὐτός	ἐξέρχομαι	καί	ἰάομαι	πᾶς
파르	아우투	엑세르케토	카이	이아토	판타스
에게서	그(의)	나가고 있었다	그리하여	치유하고 있었다	모든 사람을
전.소	대.인.소.남.3단.	동.직.미완.중수디.3단.	접.등	동.직.미완.중수디.3단.	형.대.목.남.복

20 예수께서 눈을 들어 제자들을 보시고 이르시되 너희 가난한 자는 복이 있나니 하나님의
나라가 너희 것임이요
And he lifted up his eyes on his disciples, and said, Blessed be ye poor: for yours is the kingdom of God.

2532	846	1869	3588	3788	846	1519	3588	3101
Καὶ	αὐτὸς	ἐπάρας	τοὺς	ὀφθαλμοὺς	αὐτοῦ	εἰς	τοὺς	μαθητὰς
καί	αὐτός	ἐπαίρω	ὁ	ὀφθαλμός	αὐτός	εἰς	ὁ	μαθητής
카이	아우토스	에파라스	투스	오프달무스	아우투	에이스	투스	마데타스
그리고	그가	들고	그	두 눈을	그의	향하여	그	제자들을
접.등	대.인.주.남.3단.	동.분.1과.능.주.남.단.	관.목.남.복.	명.목.남.복	대.인.소.남.3단.	전.목	관.목.남.복.	명.목.남.복

846	3004	3107	3588	4434	3754	5212	1510	3588
αὐτοῦ	ἔλεγεν,	Μακάριοι	οἱ	πτωχοί,	ὅτι	ὑμετέρα	ἐστὶν	ἡ
αὐτός	λέγω	μακάριος	ὁ	πτωχός	ὅτι	ὑμέτερος	εἰμί	ἡ
아우투	엘레겐	마카리오이	호이	프토코이	호티	휘메테라	에스틴	헤
그의	말씀하셨다	복이 있나니	그	가난한 자들아	때문이라	너희 것	이기	그
대.인.소.남.3단.	동.직.미완.능.3단.	형.주.남.복	관.주.남.복.	형.대.호.남.복	접.종	형.주.여.2단.	동.직.현.능.3단.	관.주.여.단.

932	3588	2316
βασιλεία	τοῦ	θεοῦ.
βασιλεία	ὁ	θεός
바실레이아	투	테우
나라가	그	하나님의
명.주.여.단	관.소.남.단.	명.소.남.단

21 지금 주린 자는 복이 있나니 너희가 배부름을 얻을 것임이요 지금 우는 자는 복이
있나니 너희가 웃을 것임이요

Blessed are ye that hunger now: for ye shall be filled. Blessed are ye that weep now: for ye shall laugh.

3107	3588	3983	3568	3754	5526	3107
μακάριοι	οἱ	πεινῶντες	νῦν,	ὅτι	χορτασθήσεσθε.	μακάριοι
μακάριος	ὁ	πεινάω	νῦν	ὅτι	χορτάζω	μακάριος
마카리오이	호이	페이논테스	뉜	호티	코르타스데세스데	마카리오이
복이 있나니	그(사람들이여)	굶주리는	지금	때문이라	너희는 배부르게 될 것이기	복이 (있나니)
형.주.남.복	관.호.남.복	동.분.현.능.호.남.2복.	부	접.종	동.직.미.수.2복	형.주.남.복

3588	2799	3568	3754	1070
οἱ	κλαίοντες	νῦν,	ὅτι	γελάσετε.
ὁ	κλαίω	νῦν	ὅτι	γελάω
호이	클라이온테스	뉜	호티	겔라세테
그(사람들이)	우는	지금	대문이라	너희는 웃을 것이기
관.호.남.복	동.분.현.능.호.남.2복.	부	접.종	동.직.미.능.2복

22 인자로 말미암아 사람들이 너희를 미워하며 멀리하고 욕하고 너희 이름을 악하다 하여
버릴 때에는 너희에게 복이 있도다

Blessed are ye, when men shall hate you, and when they shall separate you from their company, and shall reproach you, and cast out your name as evil, for the Son of man's sake.

3107	1510	3752	3404	4771	3588	444	2532	3752
μακάριοί	ἐστε	ὅταν	μισήσωσιν	ὑμᾶς	οἱ	ἄνθρωποι	καὶ	ὅταν
μακάριος	εἰμι	ὅταν	μισέω	σύ	ὁ	ἄνθρωπος	καί	ὅταν
마카리오이	에스테	호탄	미세소신	휘마스	호이	안드로포이	카이	호탄
복이	너희는 있나니	때에	미워할	너희를	그	사람들이	그리고	때에
형.주.남.복	동.직.현.능.2복	접.종	동.가.1과.능.3복	대.인.목.2복	관.주.남.복.	명.주.남.복	접.등	접.종

873	4771	2532	3679	2532	1544	3588	3686
ἀφορίσωσιν	ὑμᾶς	καὶ	ὀνειδίσωσιν	καὶ	ἐκβάλωσιν	τὸ	ὄνομα
ἀφορίζω	σύ	καί	ὀνειδίζω	καί	ἐκβάλλω	τό	ὄνομα
아포리소신	휘마스	카이	오네이디소신	카이	에크발론신	토	오노마
그들이 갈라놓고	너희를	그리고	욕하고	또	쫓아낼	그	이름을
동.가.1과.능.3복	대.인.목.2복.	접.등	동.가.1과.능.3복	접.등	동.가.2과.능.3복	관.목.중.단.	명.목.중.단.

4771	5613	4190	1752	3588	5207	3588	444
ὑμῶν	ὡς	πονηρὸν	ἕνεκα	τοῦ	υἱοῦ	τοῦ	ἀνθρώπου·
σύ	ὡς	πονηρός	ἕνεκα	ὁ	υἱός	ὁ	ἄνθρωπος
휘몬	호스	포네론	헤네카	투	휘우	투	안드로푸
너희의	처럼	사악한 것	인하여	그	아들의	그	사람의
대.인.소.2복	접.종	형.대.목.중.단	전.소	관.소.남.단.	명.소.남.단.	관.소.남.단.	명.소.남.단

23 그 날에 기뻐하고 뛰놀라 하늘에서 너희 상이 큼이라 그들의 조상들이 선지자들에게
이와 같이 하였느니라

Rejoice ye in that day, and leap for joy: for, behold, your reward is great in heaven: for in the like manner did their fathers unto the prophets.

5463	1722	1565	3588	2250	2532	4640	2400	1063
χάρητε	ἐν	ἐκείνῃ	τῇ	ἡμέρᾳ	καὶ	σκιρτήσατε,	ἰδοὺ	γὰρ
χαίρω	ἐν	ἐκεῖνος	ἡ	ἡμέρα	καί	σκιρτάω	ἰδου	γάρ
카레테	엔	에케이네	테	헤메라	카이	스키르테사테	이두	가르
너희는 기뻐하라	에 있어	그	그	날	그리고	기뻐서 뛰놀라	보라	왜냐하면
동.명.2과.수디.2복.	전.여격.	대.지.여격.여.단.	관.여격.여.단.	명.여격.여.단.	접.등	동.명.1과.능.2복	불.문	접.종

3588	3408	4771	4183	1722	3588	3772	2596	3588	846
ὁ	μισθὸς	ὑμῶν	πολὺς	ἐν	τῷ	οὐρανῷ·	κατὰ	τὰ	αὐτὰ
ὁ	μισθός	σύ	πολύς	ἐν	ὁ	οὐρανός	κατά	τό	αὐτός
호	미스도스	휘몬	폴뤼스	엔	토	우라노	카타	타	아우타
그	상이	너희의	많음이니	안에	그	하늘에	따라서	그	그같은 일들을
관.주.남.단.	명.주.남.단	대.인.소.2복.	형.주.남.단.	전.여격.	관.여격.남.단.	명.여격.남.단	전.목	관.목.중.복.	형.대.목.중.복

1063	4160	3588	4396	3588	3962	846
γὰρ	ἐποίουν	τοῖς	προφήταις	οἱ	πατέρες	αὐτῶν.
γάρ	ποιέω	ὁ	προφήτης	ὁ	πατήρ	αὐτός
가르	에포이운	토이스	프로페타이스	호이	파테레스	아우톤
왜냐하면	행하였다	그	선지자들에게	그	조상들이	그들의
접.종	동.직.미완.능.3복.	관.여격.남.복.	명.여격.남.복	관.주.남.복.	명.주.남.복	대.인.소.남.3복

24 그러나 화 있을진저 너희 부요한 자여 너희는 너희의 위로를 이미 받았도다
But woe unto you that are rich! for ye have received your consolation.

4133	3759	4771	3588	4145	3754	568	3588
Πλὴν	οὐαὶ	ὑμῖν	τοῖς	πλουσίοις,	ὅτι	ἀπέχετε	τὴν
πλήν	οὐαί	σύ	ὁ	πλούσιος	ὅτι	ἀπέχω	ἡ
플렌	우아이	휘민	토이스	플루시오이스	호티	아페케테	텐
그러나	화로다	너희	그	부요한 사람들에게	때문이다	너희는 이미 받았기	그
접.등	불.문	대.인.여격.2복	관.여격.남.복	형.대.여격.남.복	접.종	동.직.현.능.2복	관.목.여.단

3874	4771
παράκλησιν	ὑμῶν.
παράκλησις	σύ
파라클레신	휘몬
위로를	너희의
명.목.여.단	대.인.소.2복

25 화 있을진저 너희 지금 배부른 자여 너희는 주리리로다 화 있을진저 너희 지금 웃는
자여 너희가 애통하며 울리로다
Woe unto you that are full! for ye shall hunger. Woe unto you that laugh now! for ye shall mourn and weep.

3759	4771	3588	1705	3568	3754	3983	3759
οὐαὶ	ὑμῖν,	οἱ	ἐμπεπλησμένοι	νῦν,	ὅτι	πεινάσετε.	οὐαί,
οὐαί	σύ	ὁ	ἐμπίπλημι	νῦν	ὅτι	πεινάω	οὐαί
우아이	휘민	호이	엠페플레스메노이	뉜	호티	페이나세테	우아이
화로다	너희에게	그(사람들이여)	배부른	지금	때문이라	너희는 굶주릴 것이기	화로다
불.문	대.인.여격.2복.	관.호.남.복	동.분.1완.수.호.남.2복	부	접.종	동.직.미.능.2복	불.문

3588	1070	3568	3754	3996	2532	2799
οἱ	γελῶντες	νῦν,	ὅτι	πενθήσετε	καὶ	κλαύσετε.
ὁ	γελάω	νῦν	ὅτι	πενθέω	καί	κλαίω
호이	겔론테스	뉜	호티	펜데세테	카이	클라우세테
그(사람들이여)	웃는	지금	때문이라	너희는 애통할 것이며	그리고	울 것이기
관.호.남.복	동.분.현.능.호.남.2복.	부	접.종	동.직.미.능.2복	접.등	동.직.미.능.2복

26 모든 사람이 너희를 칭찬하면 화가 있도다 그들의 조상들이 거짓 선지자들에게 이와
같이 하였느니라
Woe unto you, when all men shall speak well of you! for so did their fathers to the false prophets.

3759	3752	4771	2573	3004(2036)	3956	3588	444	2596	3588
οὐαὶ	ὅταν	ὑμᾶς	καλῶς	εἴπωσιν	πάντες	οἱ	ἄνθρωποι·	κατα	τὰ
οὐαί	ὅταν	σύ	καλῶς	λέγω.ἔπω	πᾶς	ὁ	ἄνθρωπος	κατά	τό
우아이	호탄	휘마스	칼로스	에이포신	판테스	호이	안드로포이	카타	타
화로다	때에	너희를	좋게	말할	모든	그	사람들이	따라서	그
불.문	접.종	대.인.목.2복.	부	동.가.2과.능.3복.	형.주.남.복	관.주.남.복.	명.주.남.복	전.목.	관.목.중.복

846	1063	4160	3588	5578	3588	3962	846
αὐτὰ	γὰρ	ἐποίουν	τοῖς	ψευδοπροφήταις	οἱ	πατέρες	αὐτῶν.
αὐτός	γάρ	ποιέω	ὁ	ψευδοπροφήτης	ὁ	πατήρ	αὐτός
아우타	가르	에포이운	토이스	프슈도프로페타이스	호이	파테레스	아우톤
그런 일들을	왜냐하면	행하였다	그	거짓 선지자들에게	그	조상들이	그들의
형.대.목.중.복	접.종	동.직.미완.능.3복.	관.여격.남.복.	명.여격.남.복	관.주.남.복.	명.주.남.복	대.인.소.남.3복

27 그러나 너희 듣는 자에게 내가 이르노니 너희 원수를 사랑하며 너희를 미워하는 자를 선대하며
But I say unto you which hear, Love your enemies, do good to them which hate you,

235	4771	3004	3588	191	25	3588	2190
'Αλλ'	ὑμῖν	λέγω	τοῖς	ἀκούουσιν,	ἀγαπᾶτε	τοὺς	ἐχθροὺς
ἀλλά	σύ	λέγω	ὁ	ἀκούω	ἀγαπάω	ὁ	ἐχθρός
알	휘민	레고	토이스	아쿠우신	아가파테	투스	에크드루스
그러나	너희에게	내가 말한다	그(사람들에게)	듣는	너희는 사랑하라	그	원수를
접등	대.인.여격.2복.	동.직.현.능.1단.	관.여격.남.복	동.분.현.능.여격.남.2복.	동.명.현.능.2복	관.목.남.복	형.대.목.남.복

4771	2573	4160	3588	3404	4771
ὑμῶν,	καλῶς	ποιεῖτε	τοῖς	μισοῦσιν	ὑμᾶς,
σύ	καλῶς	ποιέω	ὁ	μισέω	σύ
휘몬	칼로스	포이에이테	토이스	미수신	휘마스
너희의	선을	행하라	그(사람들에게)	미워하는	너희를
대.인.소.2복.	부	동.명.현.능.2복.	관.여격.남.복	동.분.현.능.여격.남.복	대.인.목.2복

28 너희를 저주하는 자를 위하여 축복하며 너희를 모욕하는 자를 위하여 기도하라
Bless them that curse you, and pray for them which despitefully use you.

2127	3588	2672	4771	4336	4012	3588
εὐλογεῖτε	τοὺς	καταρωμένους	ὑμᾶς,	προσεύχεσθε	περὶ	τῶν
εὐλογέω	ὁ	καταράομαι	σύ	προσεύχομαι	περί	ὁ
율로게이테	투스	카타로메누스	휘마스	프로슈케스데	페리	톤
축복하라	그(사람들을)	저주하는	너희를	기도하라	대하여	그(사람들에)
동.명.현.능.2복	관.목.남.복	동.분.현.중수디.목.남.복	대.인.목.2복	동.명.현.중수디.2복	전소	관.소.남.복

1908	4771
ἐπηρεαζόντων	ὑμᾶς.
ἐπηρεάζω	σύ
에페레아존톤	휘마스
모욕하는	너희를
동.분.현.능.소.남.복	대.인.목.2복

29 너의 이 뺨을 치는 자에게 저 뺨도 돌려대며 네 겉옷을 빼앗는 자에게 속옷도 거절하지 말라
And unto him that smiteth thee on the one cheek offer also the other; and him that taketh away thy cloak forbid not to take thy coat also.

3588	5180	4771	1909	3588	4600	3930	2532	3588
τῷ	τύπτοντί	σε	ἐπὶ	τὴν	σιαγόνα	πάρεχε	καὶ	τὴν
ὁ	τύπτω	σύ	ἐπί	ἡ	σιαγών	παρέχω	καί	ἡ
토	튚톤티	세	에피	텐	시아고나	파레케	카이	텐
그(사람에게)	치는	너를	위로	그(네)	뺨을	돌려대라	역시	그
관.여격.남.단	동.분.현.능.여격.남.단.	대.인.목.2단.	전목	관.목.여.단.	명.목.여.단	동.명.현.능.2단.	부	관.목.여.단.

243	2532	575	3588	142	4771	3588	2440	2532	3588
ἄλλην,	καὶ	ἀπὸ	τοῦ	αἴροντός	σου	τὸ	ἱμάτιον	καὶ	τὸν
ἄλλος	καί	ἀπό	ὁ	αἴρω	σύ	τό	ἱμάτιον	καί	ὁ
알렌	카이	아포	투	아이론토스	수	토	히마티온	카이	톤
다른 쪽도	그리고	부터	그(사람으로)	가져가는	너의	그	겉옷을	역시	그
형.대.목.여.단.	접등	전소	관.소.남.단	동.분.현.능.소.남.단	대.인.소.2단.	관.목.중.단.	명.목.중.단	부	관.목.남.단.

5509	3361	2967
χιτῶνα	μὴ	κωλύσῃς.
χιτών	μή	κωλύω
키토나	메	콜뤼세스
속옷도	말라	금하지
명.목.남.단	부	동.가.1과.능.2단

30 네게 구하는 자에게 주며 네 것을 가져가는 자에게 다시 달라 하지 말며
Give to every man that asketh of thee; and of him that taketh away thy goods ask them not again.

3956	154	4771	1325	2532	575	3588	142	3588
Παντὶ	αἰτοῦντί	σε	δίδου,	καὶ	ἀπὸ	τοῦ	αἴροντος	τὰ
πᾶς	αἰτέω	σύ	δίδωμι	καί	ἀπό	ὁ	αἴρω	τό
판티	아이툰티	세	디두	카이	아포	투	아이론토스	타
모든 사람에게	구하는	너는	주라	그리고	부터	그(사람으로)	가져가는	그(것들을)
형.대.여격.남.단.	**동.분.현.능.여격.남.단.**	**대.인.목.2단.**	**동.명.현.능.2단.**	**접.등**	**전.소**	**관.소.남.단**	**동.분.현.능.소.남.단.**	**관.목.중.복.**

4674	3361	523
σὰ	μὴ	ἀπαίτει.
σός	μή	ἀπαιτέω
사	메	아파이테이
너의	말라	다시 달라 하지
대.인.목.중.2복.	**부**	**동.명.현.능.2단**

31 남에게 대접을 받고자 하는 대로 너희도 남을 대접하라
And as ye would that men should do to you, do ye also to them likewise.

2532	2531	2309	2443	4160	4771	3588	444	4160
Καὶ	καθὼς	θέλετε	ἵνα	ποιῶσιν	ὑμῖν	οἱ	ἄνθρωποι	ποιεῖτε
καί	καθώς	θέλω	ἵνα	ποιέω	σύ	ὁ	ἄνθρωπος	ποιέω
카이	카도스	델레테	히나	포이오신	휘민	호이	안드로포이	포이에이테
또	대로	너희가 원하는	것을	베풀어 주는	너희에게	그	사람들이	너희도 베풀어라
접.등	**접.종**	**동.직.현.능.2복.**	**접.등**	**동.가.현.능.3복.**	**대.인.여격.2복.**	**관.주.남.복.**	**명.주.남.복**	**동.명.현.능.2복**

846	3668
αὐτοῖς	ὁμοίως.
αὐτός	ὁμοίως
아우토이스	호모이오스
그들에게	똑같이
대.인.여격.남.3복.	**부**

32 너희가 만일 너희를 사랑하는 자만을 사랑하면 칭찬 받을 것이 무엇이냐 죄인들도
사랑하는 자는 사랑하느니라
For if ye love them which love you, what thank have ye? for sinners also love those that love them.

2532	1487	25	3588	25	4771	4169	4771
καὶ	εἰ	ἀγαπᾶτε	τοὺς	ἀγαπῶντας	ὑμᾶς,	ποία	ὑμῖν
καί	εἰ	ἀγαπάω	ὁ	ἀγαπάω	σύ	ποῖος	σύ
카이	에이	아가파테	투스	아가폰타스	휘마스	포이아	휘민
그리고	만일	너희가 사랑하면	그(사람을)	사랑하는	너희를	무슨	너희에게
접.등	**접.종**	**동.직.현.능.2복**	**관.목.남.복**	**동.분.현.능.목.남.복**	**대.인.목.2복.**	**형.의.주.여.단**	**대.인.여격.2복.**

5485	1510	2532	1063	3588	268	3588	25
χάρις	ἐστίν;	καὶ	γὰρ	οἱ	ἁμαρτωλοὶ	τοὺς	ἀγαπῶντας
χάρις	εἰμι	καί	γάρ	ὁ	ἁμαρτωλός	ὁ	ἀγαπάω
카리스	에스틴	카이	가르	호이	하마르톨로이	투스	아가폰타스
은혜가	있으리요	역시	왜냐하면	그	죄인들도	그(사람들을)	사랑하는
명.주.여.단	**동.직.현.능.3단.**	**부**	**접.종**	**관.주.남.복.**	**형.대.주.남.복.**	**관.목.남.복**	**동.분.현.능.목.남.복**

846	25
αὐτοὺς	ἀγαπῶσιν.
αὐτός	ἀγαπάω
아우투스	아가포신
자기들을	사랑함이니라
대.인.목.남.3복.	**동.직.현.능.3복**

33 너희가 만일 선대하는 자만을 선대하면 칭찬 받을 것이 무엇이냐 죄인들도 이렇게 하느니라
And if ye do good to them which do good to you, what thank have ye? for sinners also do even the same.

2532	1063	1437	15	3588	15	4771	4169
καὶ	[γὰρ]	ἐὰν	ἀγαθοποιῆτε	τοὺς	ἀγαθοποιοῦντας	ὑμᾶς,	ποία
καί	γάρ	ἐάν	ἀγαθοποιέω	ὁ	ἀγαθοποιέω	σύ	ποῖος
카이	가르	에안	아카도포이에테	투스	아가도포이운타스	휘마스	포이아
더욱더	왜냐하면	만일	선을 행하면	그(사람들을)	선을 행하는	너희를	무슨
부	접.종	접.종	동.가.현.능.2복	관.목.남.복	동.분.현.능.목.남.복	대.인.목.2복	형.의.주.여.단.

4771	5485	1510	2532	3588	268	3588	846	4160
ὑμῖν	χάρις	ἐστίν;	καὶ	οἱ	ἁμαρτωλοὶ	τὸ	αὐτὸ	ποιοῦσιν.
σύ	χάρις	εἰμί	καί	ὁ	ἁμαρτωλός	τό	αὐτός	ποιέω
휘민	카리스	에스틴	카이	호이	하마르톨로이	토	아우토	포이우신
너희에게	은혜가	있으리요	까지도	그	죄인들	그	같은 일을	행한다
대.인.여격.2복.	명.주.여.단	동.직.현.능.3단	부	관.주.남.복	형.대.주.남.복	관.목.중.단	형.대.목.중.단.	동.직.현.능.3복

34 너희가 받기를 바라고 사람들에게 꾸어 주면 칭찬 받을 것이 무엇이냐 죄인들도 그만큼
받고자 하여 죄인에게 꾸어 주느니라
And if ye lend to them of whom ye hope to receive, what thank have ye? for sinners also lend to sinners, to receive as much again.

2532	1437	1155	3844	3739	1679	2983	4169
καὶ	ἐὰν	δανίσητε	παρ’	ὧν	ἐλπίζετε	λαβεῖν,	ποία
καί	ἐάν	δανείζω	παρά	ὅς	ἐλπίζω	λαμβάνω	ποῖος
카이	에안	다니세테	파르	혼	엘피제테	라베인	포이아
또	만일	너희가 빌려주면	에게	바 사람들	너희가 바라는	받는 것을	무슨
접.등	접.종	동.가.1과.능.2복	전.소	대.관.소.남.복	동.직.현.능.2복	동.부.2과.능	형.의.주.여.단

4771	5485	1510	2532	268	268	1155
ὑμῖν	χάρις	[ἐστίν];	καὶ	ἁμαρτωλοὶ	ἁμαρτωλοῖς	δανίζουσιν
σύ	χάρις	εἰμί	καί	ἁμαρτωλός	ἁμαρτωλός	δανίζω.δανείζω
휘민	카리스	에스틴	카이	하마르톨로이	하마르톨로이스	다니주신
너희에게	감사가	있으리요	까지도	죄인들	죄인들에게	빌려준다
대.인.여격.2복	명.주.여.단	동.직.현.능.3단.	부	형.대.주.남.복	형.대.여격.남.복	동.직.현.능.3복

2443	618	3588	2470
ἵνα	ἀπολάβωσιν	τὰ	ἴσα.
ἵνα	ἀπολαμβάνω	τό	ἴσος
히나	아폴라보신	타	이사
위하여	그들이 다시 돌려받기	그	같은 것들을
접.종	동.가.2과.능.3복	관.목.중.복.	형.대.목.중.복

35 오직 너희는 원수를 사랑하고 선대하며 아무 것도 바라지 말고 꾸어 주라 그리하면 너희
상이 클 것이요 또 지극히 높으신 이의 아들이 되리니 그는 은혜를 모르는 자와 악한
자에게도 인자하시니라
But love ye your enemies, and do good, and lend, hoping for nothing again; and your reward shall be great, and ye shall be the children of the Highest: for he is kind unto the unthankful and to the evil.

4133	25	3588	2190	4771	2532	15	2532
πλὴν	ἀγαπᾶτε	τοὺς	ἐχθροὺς	ὑμῶν	καὶ	ἀγαθοποιεῖτε	καὶ
πλήν	ἀγαπάω	ὁ	ἐχθρός	σύ	καί	ἀγαθοποιέω	καί
플렌	아가파테	투스	에크드루스	휘몬	카이	아가도포이에이테	카이
그러나	사랑하라	그	원수들을	너희의	그리고	선을 행하라	또
접.우	동.명.현.능.2복	관.목.남.복.	형.대.목.남.복.	대.인.소.2복.	접.등	동.명.현.능.2복	접.등

1155	3367	560	2532	1510	3588	3408	4771
δανίζετε	μηδὲν	ἀπελπίζοντες	καὶ	ἔσται	ὁ	μισθὸς	ὑμῶν
δανίζω.δανείζω	μηδείς	ἀπελπίζω	καί	εἰμί	ὁ	μισθός	σύ
다니제테	메덴	아펠피존테스	카이	에스타이	호	미스도스	휘몬
빌려주라	아무것도 말고	다시 바라지	그리하면	있을 것이다	그	상이	너희의
동.명.현.능.2복	형.대.기.목.중.단.	동.분.명.현.능.주.남.2복	접.등	동.직.미.중디.3단.	관.주.남.단.	명.주.남.단	대.인.소.2복.

4183	2532	1510	5207	5310	3754	846	5543
πολύς,	καὶ	ἔσεσθε	υἱοὶ	ὑψίστου,	ὅτι	αὐτὸς	χρηστός
πολύς	καί	εἰμί	υἱός	ὕψιστος	ὅτι	αὐτός	χρηστός
폴뤼스	카이	에세스데	휘오이	휩시스투	호티	아우토스	크레스토스
많이	또	너희는 될 것이다	아들들이	가장 높으신 분의	때문이라	그는	인자함이
형.주.남.단.	접.등	동.직.미.중디.2복.	명.주.남.복.	형.대.최.소.남.단	접.종	대.인.주.남.3단.	형.주.남.단

1510	1909	3588	884	2532	4190
ἐστιν	ἐπὶ	τοὺς	ἀχαρίστους	καὶ	πονηρούς.
εἰμί	ἐπί	ὁ	ἀχάριστος	καί	πονηρός
에스틴	에피	투스	아카리스투스	카이	포네루스
있기	위로도	그	감사를 모르는 자들	과	사악한 자들
동.직.현.능.3단.	전.목	관.목.남.복	형.대.목.남.복	접.등	형.대.목.남.복

36 너희 아버지의 자비로우심 같이 너희도 자비로운 자가 되라
Be ye therefore merciful, as your Father also is merciful.

1096	3629	2531	2532	3588	3962	4771	3629
Γίνεσθε	οἰκτίρμονες	καθὼς	[καὶ]	ὁ	πατὴρ	ὑμῶν	οἰκτίρμων
γίνομαι	οἰκτίρμων	καθώς	καί	ὁ	πατήρ	σύ	οἰκτίρμων
기네스테	오잌티르모네스	카도스	카이	호	파테르	휘몬	오잌티르몬
너희는 되어라	자비로운 자들이	같이	(역시)	그	아버지께서	너희의	자비가
동.명.현.중수디.2복.	형.주.남.복	접.종	부	관.주.남.단.	명.주.남.단	대.인.소.2복.	형.주.남.단

1510
ἐστίν.
εἰμί
에스틴
있는 것
동.직.현.능.3단.

37 비판하지 말라 그리하면 너희가 비판을 받지 않을 것이요 정죄하지 말라 그리하면
너희가 정죄를 받지 않을 것이요 용서하라 그리하면 너희가 용서를 받을 것이요
Judge not, and ye shall not be judged: condemn not, and ye shall not be condemned: forgive, and ye shall be forgiven:

2532	3361	2919	2532	3756	3361	2919	2532	3361	2613
Καὶ	μὴ	κρίνετε,	καὶ	οὐ	μὴ	κριθῆτε	καὶ	μὴ	καταδικάζετε,
και	μή	κρίνω	καί	οὐ	μή	κρίνω	καί	μή	καταδικάζω
카이	메	크리네테	카이	우	메	크리데테	카이	메	카타디카제테
그리고	말라	비판하지	그리하면	결코	않을 것이다	너희가 비판을 받지	그리고	말라	정죄하지
접.등	부	동.명.현.능.2복	접.등	부	부	동.가.1과.수.2복	접.등	부	동.명.현.능.2복

2532	3756	3361	2613	630	2532	630
καὶ	οὐ	μὴ	καταδικασθῆτε.	ἀπολύετε,	καὶ	ἀπολυθήσεσθε·
καί	οὐ	μή	καταδικάζω	ἀπολύω	καί	ἀπολύω
카이	우	메	카타디카스데테	아폴뤼에테	카이	아폴뤼데세스데
그리하면	결코	않을 것이요	너희가 정죄를 받지	용서하라	그리하면	너희가 용서를 받을 것이요
접.등	부	부	동.가.1과.수.2복	동.명.현.능.2복	접.등	동.직.미.수.2복

38 주라 그리하면 너희에게 줄 것이니 곧 후히 되어 누르고 흔들어 넘치도록 하여 너희에게
안겨 주리라 너희가 헤아리는 그 헤아림으로 너희도 헤아림을 도로 받을 것이니라
Give, and it shall be given unto you; good measure, pressed down, and shaken together, and running over, shall men give into your bosom. For with the same measure that ye mete withal it shall be measured to you again.

1325	2532	1325	4771	3358	2570	4085
δίδοτε,	καὶ	δοθήσεται	ὑμῖν	μέτρον	καλὸν	πεπιεσμένον
δίδωμι	καί	δίδωμι	σύ	μέτρον	καλός	πιέζω
디도테	카이	도데세타이	휘민	메트론	칼론	페피에스메논
주어라	그리하면	주어질 것이다	너희에게	되를	후한	눌려있고
동.명.현.능.2복.	접.등	동.직.미.수.3단.	대.인.여격.2복.	명.목.중.단	형.목.중.단	동.분.1완.수.목.중.단

4531	5240	1325	1519	3588	2859	4771
σεσαλευμένον	ὑπερεκχυννόμενον	δώσουσιν	εἰς	τὸν	κόλπον	ὑμῶν·
σαλεύω	ὑπερεκχύνω	δίδωμι	εἰς	ὁ	κόλπος	σύ
세살류메논	휘페렉퀸노메논	도수신	에이스	톤	콜폰	휘몬
흔들려 있고	넘치게되는	그들이 줄 것이다	안으로	그	가슴을	너희의
동.분.1완.수.목.중.단	**동.분.현.수.목.중.단**	**동.직.미.능.3복**	**전목**	**관.목.남.단.**	**명.목.남.단**	**대.인.소.2복.**

3739	1063	3358	3354	488	4771
ᾧ	γὰρ	μέτρῳ	μετρεῖτε	ἀντιμετρηθήσεται	ὑμῖν.
ὅς	γάρ	μέτρον	μετρέω	ἀντιμετρέω	σύ
호	가르	메트로	메트레이테	안티메트레데세타이	휘민
그것에	왜냐하면	되로	너희가 헤아리는	헤아림을 도로 받을 것이다	너희에게
대.관.여격.중.단.+	**접.종**	**명.여격.중.단.**	**동.직.현.능.2복**	**동.직.미.수.3단**	**대.인.여격.2복**

39 또 비유로 말씀하시되 맹인이 맹인을 인도할 수 있느냐 둘이 다 구덩이에 빠지지 아니하겠느냐

And he spake a parable unto them, Can the blind lead the blind? shall they not both fall into the ditch?

3004(2036)	1161	2532	3850	846	3385	1410	5185	5185
Εἶπεν	δὲ	καὶ	παραβολὴν	αὐτοῖς·	μήτι	δύναται	τυφλὸς	τυφλὸν
λέγω.ἔπω	δέ	καί	παραβολή	αὐτός	μήτι	δύναμαι	τυφλός	τυφλός
에이펜	데	카이	파라볼렌	아우토이스	메티	뒤나타이	튀플로스	튀플론
그가 말씀하셨다	또	역시	한 비유를	그들에게	혹시	할 수 있느냐	시각장애자가	시각장애자를
동.직.2과.능.3단.	**접.등**	**부**	**명.목.여.단**	**대.인.여격.남.3복.**	**불.의**	**동.직.현.중수디.3단.**	**형.대.주.남.단.**	**형.대.목.남.단**

3594	3780	297	1519	999	1706
ὁδηγεῖν;	οὐχὶ	ἀμφότεροι	εἰς	βόθυνον	ἐμπεσοῦνται;
ὁδηγέω	οὐχί	ἀμφότερος	εἰς	βόθυνος	ἐμπίπτω
호데게인	우키	암포테로이	에이스	보뒤논	엠페순타이
인도하는 것을	아니냐	둘 다	속으로	구덩이를	빠질 것이다
동.부.현능	**불.의**	**형.대.주.남.복**	**전목**	**명.목.남.단**	**동.직.미.중디.3복**

40 제자가 그 선생보다 높지 못하나 무릇 온전하게 된 자는 그 선생과 같으리라

The disciple is not above his master: but every one that is perfect shall be as his master.

3756	1510	3101	5228	3588	1320	2675	1161
οὐκ	ἔστιν	μαθητὴς	ὑπὲρ	τὸν	διδάσκαλον·	κατηρτισμένος	δὲ
οὐ	εἰμί	μαθητής	ὑπέρ	ὁ	διδάσκαλος	καταρτίζω	δέ
우크	에스틴	마데테스	휘페르	톤	디다스칼론	카테르티스메노스	데
않다	있지	한 제자도	(보다)위에	그	선생	온전하게 되어있는	그러나
부	**동.직.현.능.3단.**	**명.주.남.단**	**전목**	**관.목.남.단**	**명.목.남.단**	**동.분.1완.수.주.남.단**	**접.우**

3956	1510	5613	3588	1320	846
πᾶς	ἔσται	ὡς	ὁ	διδάσκαλος	αὐτοῦ.
πᾶς	εἰμί	ὡς	ὁ	διδάσκαλος	αὐτός
파스	에스타이	호스	호	디다스칼로스	아우투
사람마다	될 것이다	같이	그	선생과	그의
형.대.주.남.단.	**동.직.미.중디.3단.**	**접.종**	**관.주.남.단.**	**명.주.남.단**	**대.인.소.남.3단**

41 어찌하여 형제의 눈 속에 있는 티는 보고 네 눈 속에 있는 들보는 깨닫지 못하느냐

And why beholdest thou the mote that is in thy brother's eye, but perceivest not the beam that is in thine own eye?

5101	1161	991	3588	2595	3588	1722	3588	3788
Τί	δὲ	βλέπεις	τὸ	κάρφος	τὸ	ἐν	τῷ	ὀφθαλμῷ
τίς	δέ	βλέπω	τό	κάρφος	τό	ἐν	ὁ	ὀφθαλμός
티	데	블레페이스	토	카르포스	토	엔	토	오프달모
어찌하여	그리고	너는 보고	그	티를	그	속에(있는)	그	눈
대.의.목.중.단	**접.등**	**동.직.현.능.2단.**	**관.목.중.단.**	**명.목.중.단**	**관.목.중.단.**	**전.여격**	**관.여격.남.단**	**명.여격.남.단**

3588	80	4771	3588	1161	1385	3588	1722	3588	2398
τοῦ	ἀδελφοῦ	σου,	τὴν	δὲ	δοκὸν	τὴν	ἐν	τῷ	ἰδίῳ
ὁ	ἀδελφός	σύ	ἡ	δέ	δοκός	ἡ	ἐν	ὁ	ἴδιος
투	아델푸	수	텐	데	도콘	텐	엔	토	이디오
그	형제의	너의	그	그러나	들보를	그	속에(있는)	그	네 자신
관.소.남.단.	명.소.남.단	대.인.소.2단	관.목.여.단	접.우	명.목.여.단	관.목.여.단	전.여격	관.여격.남.단.	형.여격.남.단

3788	3756	2657
ὀφθαλμῷ	οὐ	κατανοεῖς;
ὀφθαλμός	οὐ	κατανοέω
오프달모	우	카타노에이스
눈	못하느냐	너는 깨닫지
명.여격.남.단	부	동.직.현.능.2단

42 너는 네 눈 속에 있는 들보를 보지 못하면서 어찌하여 형제에게 말하기를 형제여 나로
네 눈 속에 있는 티를 빼게 하라 할 수 있느냐 외식하는 자여 먼저 네 눈 속에서 들보를
빼라 그 후에야 네가 밝히 보고 형제의 눈 속에 있는 티를 빼리라

Either how canst thou say to thy brother, Brother, let me pull out the mote that is in thine eye, when thou thyself beholdest not the beam that is in thine own eye? Thou hypocrite, cast out first the beam out of thine own eye, and then shalt thou see clearly to pull out the mote that is in thy brother's eye.

4459	1410	3004	3588	80	4771	80	863	1544
πῶς	δύνασαι	λέγειν	τῷ	ἀδελφῷ	σου,	ἀδελφέ,	ἄφες	ἐκβάλω
πῶς	δύναμαι	λέγω	ὁ	ἀδελφός	σύ	ἀδελφός	ἀφίημι	ἐκβάλλω
포스	뒤나사이	레게인	토	아델포	수	아델페	아페스	에크발로
어떻게	너는 할 수 있느냐	말하는 것을	그	형제에게	너의	형제여	허락하라	내가 빼도록
부.의	동.직.현.중수디.2단,	동.부.현.능.	관.여격.남.단.	명.여격.남.단	대.인.소.2단.	명.호.남.단.	동.명.2과.능.2단.	동.가.2과.능.1단

3588	2595	3588	1722	3588	3788	4771	846	3588
τὸ	κάρφος	τὸ	ἐν	τῷ	ὀφθαλμῷ	σου,	αὐτὸς	τὴν
τό	κάρφος	τό	ἐν	ὁ	ὀφθαλμός	σύ	αὐτός	ὁ
토	카르포스	토	엔	토	오프달모	수	아우토스	텐
그	티를	그	속에(있는)	그	눈	네	너 자신은	그
관.목.중.단.	명.목.중.단	관.목.중.단.	전.여격	관.여격.남.단.	명.여격.남.단	대.인.소.2단.	대.인.주.남.3단.	관.목.여.단

1722	3588	3788	4771	1385	3756	991	5273	1544
ἐν	τῷ	ὀφθαλμῷ	σοῦ	δοκὸν	οὐ	βλέπων;	ὑποκριτά,	ἔκβαλε
ἐν	ὁ	ὀφθαλμός	σύ	δοκός	οὐ	βλέπω	ὑποκριτής	ἐκβάλλω
엔	토	오프달모	수	도콘	우	블레폰	휘포크리타	에크발레
속에	그	눈	네	들보를	못하면서	보지	위선자여	뽑아내라
전.여격	관.여격.남.단.	명.여격.남.단	대.인.소.2단.	명.목.여.단.	부	동.분.현.능.주.남.단.	명.호.남.단	동.명.2과.능.2단

4412	3588	1385	1537	3588	3788	4771	2532	5119	1227
πρῶτον	τὴν	δοκὸν	ἐκ	τοῦ	ὀφθαλμοῦ	σοῦ,	καὶ	τότε	διαβλέψεις
πρῶτον	ἡ	δοκός	ἐκ	ὁ	ὀφθαλμός	σύ	καί	τότε	διαβλέπω
프로톤	텐	도콘	에크	투	오프달무	수	카이	토테	디아블렙세이스
먼저	그	들보를	에서	그	눈	너의	그리고	그때에	밝히 볼 것이다
형.대.서.목.중.단	관.목.여.단.	명.목.여.단	전.소	관.소.남.단.	명.소.남.단.	대.인.소.2단.	접.등	부	동.직.미.능.2단

3588	2595	3588	1722	3588	3788	3588	80	4771	1544
τὸ	κάρφος	τὸ	ἐν	τῷ	ὀφθαλμῷ	τοῦ	ἀδελφοῦ	σου	ἐκβαλεῖν.
τό	κάρφος	τό	ἐν	ὁ	ὀφθαλμός	ὁ	ἀδελφός	σύ	ἐκβάλλω
토	카르포스	토	엔	토	오프달모	투	아델푸	수	에크발레인
그	티를	그	속에	그	눈	그	형제의	너의	빼어내도록
관.목.중.단.	명.목.중.단	관.목.중.단.	전.여격.	관.여격.남.단.	명.여격.남.단.	관.소.남.단.	명.소.남.단	대.인.소.2단.	동.부.2과.능

43 못된 열매 맺는 좋은 나무가 없고 또 좋은 열매 맺는 못된 나무가 없느니라

For a good tree bringeth not forth corrupt fruit; neither doth a corrupt tree bring forth good fruit.

3756	1063	1510	1186	2570	4160	2590	4550	3761
Οὐ	γάρ	ἐστιν	δένδρον	καλὸν	ποιοῦν	καρπὸν	σαπρόν,	οὐδὲ
οὐ	γάρ	εἰμί	δένδρον	καλός	ποιέω	καρπός	σαπρός	οὐδέ
우	가르	에스틴	덴드론	칼론	포이운	카르폰	사프론	우데
아니하고	왜냐하면	있지	나무가	아름다운	맺는	열매를	부패한	도 아니한
부	접종.	동.직현능.3단.	명.주.중.단	형.주.중.단	동.분.현능.주.중.단.	명.목.남.단	형.목.남.단	접등

3825	1186	4550	4160	2590	2570
πάλιν	δένδρον	σαπρὸν	ποιοῦν	καρπὸν	καλόν.
πάλιν	δένδρον	σαπρός	ποιέω	καρπός	καλός
팔린	덴드론	사프론	포이운	카르폰	칼론
더욱이	나무가	부패한	맺지	열매를	아름다운
부	명.주.중.단	형.주.중.단	동.분.현능.주.중.단.	명.목.남.단	형.목.남.단

44 나무는 각각 그 열매로 아나니 가시나무에서 무화과를, 또는 찔레에서 포도를 따지 못하느니라
For every tree is known by his own fruit. For of thorns men do not gather figs, nor of a bramble bush gather they grapes.

1538	1063	1186	1537	3588	2398	2590	1097	3756	1063
ἕκαστον	γὰρ	δένδρον	ἐκ	τοῦ	ἰδίου	καρποῦ	γινώσκεται	οὐ	γὰρ
ἕκαστος	γάρ	δένδρον	ἐκ	ὁ	ἴδιος	καρπός	γινώσκω	οὐ	γάρ
헤카스톤	가르	덴드론	에크	투	이디우	카르푸	기노스케타이	우	가르
각각	왜냐하면	나무는	에서	그	그 자체의	열매	알려진다	못하며	왜냐하면
형.주.중.단	접종	명.주.중.단	전소	관.소.남.단.	형.소.남.단	명.소.남.단	동.직.현수.3단	부	접종

1537	173	4816	4810	3761	1537	942	4718	5166
ἐξ	ἀκανθῶν	συλλέγουσιν	σῦκα	οὐδὲ	ἐκ	βάτου	σταφυλὴν	τρυγῶσιν.
ἐκ	ἄκανθα	συλλέγω	σῦκον	οὐδέ	ἐκ	βάτος	σταφυλή	τρυγάω
엑스	아칸돈	쉴레구신	쉬카	우데	에크	바투	스타퓔렌	트뤼고신
에서	가시나무들	그들이 모으지	무화과를	도 못하다	에서	찔레나무	포도를	그들이 거두지
전소	명.소.여.복	동.직.현능.3복	명.목.중.복.	접등	전소	명.소.남.단	명.목.여.단	동.직.현능.3복

45 선한 사람은 마음에 쌓은 선에서 선을 내고 악한 자는 그 쌓은 악에서 악을 내나니 이는
마음에 가득한 것을 입으로 말함이니라
A good man out of the good treasure of his heart bringeth forth that which is good; and an evil man out of the evil treasure of his heart bringeth forth that which is evil: for of the abundance of the heart his mouth speaketh.

3588	18	444	1537	3588	18	2344	3588	2588
ὁ	ἀγαθὸς	ἄνθρωπος	ἐκ	τοῦ	ἀγαθοῦ	θησαυροῦ	τῆς	καρδίας
ὁ	ἀγαθός	ἄνθρωπος	ἐκ	ὁ	ἀγαθός	θησαυρός	ἡ	καρδία
호	아가도스	안드로포스	에크	투	아가두	테사우루	테스	카르디아스
그	선한	사람은	부터	그	선하게	쌓은	그(그의)	마음으로
관.주.남.단.	형.주.남.단	명.주.남.단	전소	관.소.남.단.	형.소.남.단	명.소.남.단	관.소.여.단	명.소.여.단

4393	3588	18	2532	3588	4190	1537	3588	4190
προφέρει	τὸ	ἀγαθόν,	καὶ	ὁ	πονηρὸς	ἐκ	τοῦ	πονηροῦ
προφέρω	τό	ἀγαθός	και	ὁ	πονηρός	ἐκ	ὁ	πονηρός
프로페레이	토	아가돈	카이	호	포네로스	에크	투	포네루
내놓는다	그	선한 것을	그리고	그	사악한 자는	부터	그	사악한 것으로
동.직.현.능.3단	관.목.중.단.	형.대.목.중.단	접등	관.주.남.단.	형.대.주.남.단	전소	관.소.남.단	형.대.소.남.단

4393	3588	4190	1537	1063	4051	2588	2980
προφέρει	τὸ	πονηρόν	ἐκ	γὰρ	περισσεύματος	καρδίας	λαλεῖ
προφέρω	τό	πονηρός	ἐκ	γάρ	περίσσευμα	καρδία	λαλέω
프로페레이	토	포네론	에크	가르	페리쑤마토스	카르디아스	랄레이
내놓는다	그	사악한 것을	부터	왜냐하면	풍부한 것으로	(자기)마음의	말한다
동.직.현.능.3단	관.목.중.단.	형.대.목.중.단	전소	접종	명.소.중.단	명.소.여.단	동.직.현.능.3단

3588	4750	846
τὸ	στόμα	αὐτοῦ.
τό	στόμα	αὐτός
토	스토마	아우투
그	입이	자기의
관.주.중.단.	명.주.중.단	대.인.소.남.3단

46 너희는 나를 불러 주여 주여 하면서도 어찌하여 내가 말하는 것을 행하지 아니하느냐
And why call ye me, Lord, Lord, and do not the things which I say?

5101	1161	1473	2564	2962	2962	2532	3756	4160
Τί	δέ	με	καλεῖτε,	κύριε	κύριε,	καὶ	οὐ	ποιεῖτε
τίς	δέ	ἐγώ	καλέω	κύριος	κύριος	καί	οὐ	ποιέω
티	데	메	칼레이테	퀴리에	퀴리에	카이	우	포이에이테
어찌하여	그리고	나를	너희는 부르면서	주여	주여	그러면서	않느냐	너희가 행하지
대.의.목.중.단	접.등	대.인.목.1단	동.직.현.능.2복	명.호.남.단	명.호.남.단	접.등	부	동.직.현.능.2복

3739	3004
ἃ	λέγω;
ὅς	λέγω
하	레고
바 것들을	내가 말하는
대.관.목.중.복	동.직.현.능.1단

47 내게 나아와 내 말을 듣고 행하는 자마다 누구와 같은 것을 너희에게 보이리라
Whosoever cometh to me, and heareth my sayings, and doeth them, I will shew you to whom he is like:

3956	3588	2064	4314	1473	2532	191	1473
Πᾶς	ὁ	ἐρχόμενος	πρός	με	καὶ	ἀκούων	μου
πᾶς	ὁ	ἔρχομαι	πρός	ἐγώ	καί	ἀκούω	ἐγώ
파스	호	에르코메노스	프로스	메	카이	아쿠온	무
마다	사람	오며	에게로	나(를)	그리고	들으며	나의
형.대.주.남.단.	관.주.남.단	동.분.현.중수디.주.남.단.	전목	대.인.목.1단.	접.등.	동.분.현.능.주.남.단	대.인.소.1단

3588	3056	2532	4160	846	5263	4771	5101
τῶν	λόγων	καὶ	ποιῶν	αὐτούς,	ὑποδείξω	ὑμῖν	τίνι
ὁ	λόγος	καί	ποιέω	αὐτός	ὑποδείκνυμι	σύ	τίς
톤	로곤	카이	포이온	아우투스	휘포데잌소	휘민	티니
그	말들을	그래서	행하는	그것들을	내가 지적할 것이다	너희에게	누구와
관.소.남.복.	명.소.남.복	접.등	동.분.현.능.주.남.단	대.인.목.남.3복	동.직.미.능.1단	대.인.여격.2복	대.의.여격.남.단

1510	3664
ἐστὶν	ὅμοιος·
εἰμί	ὅμοιος
에스틴	호모이오스
그가~인지	같음
동.직.현.능.3단.	형.주.남.단

48 집을 짓되 깊이 파고 주추를 반석 위에 놓은 사람과 같으니 큰 물이 나서 탁류가 그
집에 부딪치되 잘 지었기 때문에 능히 요동하지 못하게 하였거니와
He is like a man which built an house, and digged deep, and laid the foundation on a rock: and when the flood arose, the stream beat vehemently upon that house, and could not shake it: for it was founded upon a rock.

3664	1510	444	3618	3614	3739	4626	2532
ὅμοιός	ἐστιν	ἀνθρώπῳ	οἰκοδομοῦντι	οἰκίαν	ὃς	ἔσκαψεν	καὶ
ὅμοιος	εἰμί	ἄνθρωπος	οἰκοδομέω	οἰκία	ὅς	σκάπτω	καί
호모이오스	에스틴	안드로포	오이코도문티	오이키안	호스	에스캎센	카이
같음	이다	사람과	짓는	집을	바	찼고	그리고
형.주.남.단	동.직.현.능.3단	명.여격.남.단	동.분.현.능.여격.남.단	명.목.여.단	대.관.주.남.단	동.직.1과.능.3단	접.등

900	2532	5087	2310	1909	3588	4073	4132	1161
ἐβάθυνεν	καὶ	ἔθηκεν	θεμέλιον	ἐπὶ	τὴν	πέτραν	πλημμύρης	δὲ
βαθύνω	καί	τίθημι	θεμέλιος	ἐπί	ὁ	πέτρα	πλημμύρα	δέ
에바뒤넨	카이	에데켄	테멜리온	에피	텐	페트란	플렘뮈레스	데
깊게 하였다	그리고	놓았다	기초를	위로	그	반석을	홍수가	이에
동.직.1과.능.3단	접.등	동.직.1과.능.3단	명.목.중.단	전목	관.목.여.단	명.목.여.단	명.소.여.단	접.등

1096	4366	3588	4215	3588	3614	1565	2532
γενομένης	προσέρηξεν	ὁ	ποταμὸς	τῇ	οἰκίᾳ	ἐκείνῃ,	καὶ
γίνομαι	προσρήγνυμι	ὁ	ποταμός	ἡ	οἰκία	ἐκεῖνος	καί
게노메네스	프로세렉센	호	포타모스	테	오이키아	에케이네	카이
일어난 후에	부딪혔다	그	강물이	그	집에	그	그래도
동.분.2과.중디.소.여.단.	동.직.1과.능.3단	관.주.남.단.	명.주.남.단	관.여격.여.단.	명.여격.여.단.	대.지.여격.여.단.	접.등

3756	2480	4531	846	1223	3588	2573	3618	846
οὐκ	ἴσχυσεν	σαλεῦσαι	αὐτὴν	διὰ	τὸ	καλῶς	οἰκοδομῆσθαι	αὐτήν.
οὐ	ἰσχύω	σαλεύω	αὐτός	διά	τό	καλῶς	οἰκοδομέω	αὐτός
우크	이스퀴센	살류사이	아우텐	디아	토	칼로스	오이코도메스다이	아우텐
없느니라	능히 할 수	흔드는 것을	그것(집)을	인하여	그	잘	지어져 있는 것을	그것(집)을
부	동.직.1과.능.3단	동.부.1과.능	대.인.목.여.3단.	전목	관.목.중.단.	부.	동.부.1완.수.목	대.인.목.여.3단

49 듣고 행하지 아니하는 자는 주추 없이 흙 위에 집 지은 사람과 같으니 탁류가 부딪치매
집이 곧 무너져 파괴됨이 심하니라 하시니라

But he that heareth, and doeth not, is like a man that without a foundation built an house upon the earth; against which the stream did beat vehemently, and immediately it fell; and the ruin of that house was great.

3588	1161	191	2532	3361	4160	3664	1510	444
ὁ	δὲ	ἀκούσας	καὶ	μὴ	ποιήσας	ὅμοιός	ἐστιν	ἀνθρώπῳ
ὁ	δέ	ἀκούω	καί	μή	ποιέω	ὅμοιος	εἰμί	ἄνθρωπος
호	데	아쿠사스	카이	메	포이에사스	호모이오스	에스틴	안드로포
그(사람은)	그러나	듣고	그래서	않은	행하지	같음	이니	사람과
관.주.남.단	접.등	동.분.1과.능.주.남.단.	접.등	부	동.분.1과.능.주.남.단.	형.주.남.단	동.직.현.능.3단.	명.여격.남.단

3618	3614	1909	3588	1093	5565	2310	3739
οἰκοδομήσαντι	οἰκίαν	ἐπὶ	τὴν	γῆν	χωρὶς	θεμελίου,	ᾗ
οἰκοδομέω	οἰκία	ἐπί	ἡ	γῆ	χωρίς	θεμέλιος	ὅς
오이코도메산티	오이키안	에피	텐	겐	코리스	데멜리우	헤
지은	집을	위로	그	땅	없이	기초의	그 (집에)
동.분.1과.능.여격.남.단	명.목.여.단	전목.	관.목.여.단	명.목.여.단	전소	명.소.중.단	대.관.여격.여.단.

366	3588	4215	2532	2117	4842	2532	1096
προσέρηξεν	ὁ	ποταμός,	καὶ	εὐθὺς	συνέπεσεν	καὶ	ἐγένετο
προσρήγνυμι	ὁ	ποταμός	καί	εὐθύς	συμπέμπω	καί	γίνομαι
프로세렉센	호	포타모스	카이	유뒤스	쉬네페센	카이	에게네토
부딪혔다	그	강물이	이에	곧	무너졌다	그리하여	되었더라
동.직.1과.능.3단	관.주.남.단.	명.주.남.단	접.등	형.대.주.남.단	동.직.2과.능.3단	접.등	동.직.2과.중디.3단.

3588	4485	3588	3614	1565	3173
τὸ	ῥῆγμα	τῆς	οἰκίας	ἐκείνης	μέγα.
τό	ῥῆγμα	ἡ	οἰκία	ἐκεῖνος	μέγας
토	흐레그마	테스	오이키아스	에케이네스	메가
그	파괴가	그	집의	그	심하게
관.주.중.단.	명.주.중.단	관.소.여.단.	명.소.여.단	대.지.소.여.단.	형.주.중.단

7 예수께서 모든 말씀을 백성에게 들려 주시기를 마치신 후에 가버나움으로 들어가시니라
Now when he had ended all his sayings in the audience of the people, he entered into Capernaum.

1894	4137	3956	3588	4487	846	1519	3588	189
Ἐπειδὴ	ἐπλήρωσεν	πάντα	τὰ	ῥήματα	αὐτοῦ	εἰς	τὰς	ἀκοὰς
ἐπειδή	πληρόω	πᾶς	τό	ῥῆμα	αὐτός	εἰς	ἡ	ἀκοή
에페이데	에플레로센	판타	타	흐레마타	아우투	에이스	타스	아코아스
때에	다 마쳤을	모두	그	말씀들을	그의	속으로	그	귀들을
접.종.	동.직.1과.능.3단.	형.목.중.복.	관.목.중.복.	명.목.중.복.	대.인.소.남.3단.	전.목.	관.목.여.복.	명.목.여.복.

3588	2992	1525	1519	2584
τοῦ	λαοῦ,	εἰσῆλθεν	εἰς	Καφαρναούμ.
ὁ	λαός	εἰσέρχομαι	εἰς	Καφαρναούμ
투	라우	에이셀덴	에이스	카파르나움
그	백성의	들어가셨다	안으로	가버나움을
관.소.남.단.	명.소.남.단.	동.직.2과.능.3단.	전.목.	명.목.여.단.

2 어떤 백부장의 사랑하는 종이 병들어 죽게 되었더니
And a certain centurion's servant, who was dear unto him, was sick, and ready to die.

1543	1161	5100	1401	2560	2192	3195	5053
Ἑκατοντάρχου	δέ	τινος	δοῦλος	κακῶς	ἔχων	ἤμελλεν	τελευτᾶν,
ἑκατοντάρχης	δέ	τις	δοῦλος	κακῶς	ἔχω	μέλλω	τελευτάω
헤카톤타르쿠	데	티노스	둘로스	카코스	에콘	에멜렌	텔류탄
한 백부장의	이제	어떤	종이	병	들어서	하고 있었다	죽으려고
명,소,남,단	접,등	부,소,남,단	명,주,남,단	부	동,분,현,능,주,남,단	동,직,미완,능,3단,+	+동,부,현,능

3739	1510	846	1784
ὃς	ἦν	αὐτῷ	ἔντιμος
ὅς	εἰμί	αὐτός	ἔντιμος
호스	엔	아우토	엔티모스
그(백부장)가	있었다	그에게	귀히 여기고
대,관,주,남,단	동,직,미완,능,3단	대,인,여격,남,3단	형,주,남,단

3 예수의 소문을 듣고 유대인의 장로 몇 사람을 예수께 보내어 오셔서 그 종을 구해
주시기를 청한지라
And when he heard of Jesus, he sent unto him the elders of the Jews, beseeching him that he would come and heal his servant.

191	1161	4012	3588	2424	649	4314	846	4245
ἀκούσας	δὲ	περὶ	τοῦ	Ἰησοῦ	ἀπέστειλεν	πρὸς	αὐτὸν	πρεσβυτέρους
ἀκούω	δέ	περί	ὁ	Ἰησοῦς	ἀποστέλλω	πρός	αὐτός	πρεσβύτερος
아쿠사스	데	페리	투	예수	아페스테일렌	프로스	아우톤	프레스뷔테루스
듣고	그런데	관하여	그	예수에	그가 보냈다	에게로	그(를)	장로들을
동,분,1과,능,주,남,단	접,우	전,소	관,소,남,단	명,소,남,단	동,직,1과,능,3단	전,목	대,인,목,남,3단	형,대,목,남,복

3588	2453	2065	846	3704	2064	1295	3588
τῶν	Ἰουδαίων	ἐρωτῶν	αὐτὸν	ὅπως	ἐλθὼν	διασώσῃ	τὸν
ὁ	Ἰουδαῖος	ἐρωτάω	αὐτός	ὅπως	ἔρχομαι	διασῴζω	ὁ
톤	유다이온	에로톤	아우톤	호포스	엘돈	디아소세	톤
그	유대인들의	간청하여	그를	위하여	오셔서	구원하기	그
관,소,남,복	형,대,소,남,복	동,분,현,능,주,남,단	대,인,목,남,3단	접,동	동,분,2과,능,주,남,단	동,가,1과,능,3단	관,목,남,단

1401	846
δοῦλον	αὐτοῦ.
δοῦλος	αὐτός
둘론	아우투
종을	그의
명,목,남,단	대,인,소,남,3단

4 이에 그들이 예수께 나아와 간절히 구하여 이르되 이 일을 하시는 것이 이 사람에게는 합당하니이다

And when they came to Jesus, they besought him instantly, saying, That he was worthy for whom he should do this:

3588	1161	3854	4314	3588	2424	3870	846
οἱ	δὲ	παραγενόμενοι	πρὸς	τὸν	Ἰησοῦν	παρεκάλουν	αὐτὸν
ὁ	δέ	παραγίνομαι	πρός	ὁ	Ἰησοῦς	παρακαλέω	αὐτός
호이	데	파라게노메노이	프로스	톤	예순	파레칼룬	아우톤
그들이	이에	곁으로 와서	에게로	그	예수	간청하였다	그를
관,주,남,복.	접,등	동,분,2과,중디,주,남,복	전,목	관,목,남,단	명,목,남,단	동,직,미완,능,3복	대,인,목,남,3단

4709	3004	3754	514	1510	3739	3930	3778
σπουδαίως	λέγοντες	ὅτι	ἄξιός	ἐστιν	ᾧ	παρέξῃ	τοῦτο·
σπουδαίως	λέγω	ὅτι	ἄξιος	εἰμί	ὅς	παρέχω	οὗτος
스푸다이오스	레곤테스	호티	악시오스	에스틴	호	파렉세	투토
간절히	말하기를		합당함	이다	바 사람에게	당신이 행할	이 일을
부	동,분,현,능,수,남,복	접,우	형,주,남,단.	동,직,현,능,3단	대,관,여격,남,단	동,직,미,중디,2단.	대,지,목,중,단

5 그가 우리 민족을 사랑하고 또한 우리를 위하여 회당을 지었나이다 하니

For he loveth our nation, and he hath built us a synagogue.

25	1063	3588	1484	1473	2532	3588	4864	846
ἀγαπᾷ	γὰρ	τὸ	ἔθνος	ἡμῶν	καὶ	τὴν	συναγωγὴν	αὐτὸς
ἀγαπάω	γάρ	τό	ἔθνος	ἐγώ	καί	ἡ	συναγωγή	αὐτός
아가파	가르	토	에드노스	헤몬	카이	텐	쉬나고겐	아우토스
그가 사랑하고	왜냐하면	이	민족을	우리의	또한	그	회당을	친히
동,직,현,능,3단	접,종	관,목,중,단	명,목,중,단	대,인,소,1복	접,등.	관,목,여,단	명,목,여,단	대,인,주,남,3단

3618	1473
ᾠκοδόμησεν	ἡμῖν.
οἰκοδομέω	ἐγώ
오코도메쎈	헤민
지었다	우리를 위하여
동,직,1과,능,3단	대,인,여격,1복

6 예수께서 함께 가실새 이에 그 집이 멀지 아니하여 백부장이 벗들을 보내어 이르되 주여 수고하시지 마옵소서 내 집에 들어오심을 나는 감당하지 못하겠나이다

Then Jesus went with them. And when he was now not far from the house, the centurion sent friends to him, saying unto him, Lord, trouble not thyself: for I am not worthy that thou shouldest enter under my roof:

3588	1161	2424	4198	4862	846	2235	1161	846	3756
ὁ	δὲ	Ἰησοῦς	ἐπορεύετο	σὺν	αὐτοῖς.	ἤδη	δὲ	αὐτοῦ	οὐ
ὁ	δέ	Ἰησοῦς	πορεύομαι	σύν	αὐτός	ἤδη	δέ	αὐτός	οὐ
호	데	예수스	에포류에토	쉰	아우토이스	헤데	데	아우투	우
그	이에	예수께서	가셨다	함께	그들과	이미	그리하여	그가	않을때
관,주,남,단	접,우	명,주,남,단	동,직,미완,중수디,3단.	전,여격	대,인,여격,남,3복	부	접,능	대,인,소,남,3단	부

3112	568	575	3588	3614	3992	5384	3588
μακρὰν	ἀπέχοντος	ἀπὸ	τῆς	οἰκίας	ἔπεμψεν	φίλους	ὁ
μακράν	ἀπέχω	ἀπό	ἡ	οἰκία	πέμπω	φίλος	ὁ
마크란	아페콘토스	아포	테스	아이키아스	에펨프센	필루스	호
멀지	멀리 있지	부터	그	집으로	보내었다	친구들을	그
형,대,목,여,단	동,분,현,능,소,남,단	전,소	관,소,여,단	명,소,여,단	동,직,1과,능,3단	형,대,목,남,복	관,주,남,단

1543	3004	846	2962	3361	4660	3756	1063
ἑκατοντάρχης	λέγων	αὐτῷ,	κύριε,	μὴ	σκύλλου,	οὐ	γὰρ
ἑκατοντάρχης	λέγω	αὐτός	κύριος	μή	σκύλλω	οὐ	γάρ
에카톤타르케스	레곤	아우토	퀴리에	메	스퀼루	우	가르
백부장이	말하기를	그에게	주여	마옵소서	번거롭게	못함	왜냐하면
명,주,남,단	동,분,현,능,주,남,단	대,인,여격,남,3단.	명,호,남,단	부	동,명,현,수,2단	부	접,종

2425	1510	2443	5259	3588	4721	1473	1525
ἱκανός	εἰμι	ἵνα	ὑπὸ	τὴν	στέγην	μου	εἰσέλθῃς·
ἱκανός	εἰμί	ἵνα	ὑπό	ἡ	στέγη	ἐγώ	εἰσέρχομαι
히카노스	에이미	히나	휘포	텐	스테겐	무	에이셀데스
합당한 자격	이다	것은	아래로	그	지붕을	나의	들어오시는
형,주,남,단	동,직,현,능,1단	접,등	전,목	관,목,여,단	명,목,여,단	대,인,소,1단	동,가,2과,능,2단

7 그러므로 내가 주께 나아가기도 감당하지 못할 줄을 알았나이다 말씀만 하사 내 하인을 낫게 하소서

Wherefore neither thought I myself worthy to come unto thee: but say in a word, and my servant shall be healed.

1352	3761	1683	515	4314	4771	2064	235	3004(2036)
διὸ	οὐδὲ	ἐμαυτὸν	ἠξίωσα	πρὸς	σὲ	ἐλθεῖν·	ἀλλ'	εἰπὲ
διό	οὐδέ	ἐμαυτοῦ	ἀξιόω	πρός	σύ	ἔρχομαι	ἀλλά	λέγω.ἔπω
디오	우데	에마우톤	엑시오사	프로스	세	엘데인	알	에이페
그러므로	못하겠나이다	나 자신을	난는 감당하지	에게로	당신께	오는 것도	다만	말하소서
접,우	부	대,인,목,남,1단	동,직,1과,능,1단.	전,목	대,인,목,2단.	동,부,2과,능	접,우	동,명,2과,2복

3056	2532	2390	3588	3816	1473
λόγῳ,	καὶ	ἰαθήτω	ὁ	παῖς	μου.
λόγος	καί	ἰάομαι	ὁ	παῖς	ἐγώ
로고	카이	이아데토	호	파이스	무
말씀만	그리하여	낫게하소서	그	하인이	나의
명,여격,남,단.	접,등.	동,명,1과,수,3단.	관,주,남,단.	명,주,남,단.	대,인,소,1단

8 나도 남의 수하에 든 사람이요 내 아래에도 병사가 있으니 이더러 가라 하면 가고 저더러 오라 하면 오고 내 종더러 이것을 하라 하면 하나이다

For I also am a man set under authority, having under me soldiers, and I say unto one, Go, and he goeth; and to another, Come, and he cometh; and to my servant, Do this, and he doeth it.

2532	1063	1473	444	1510	5259	1849	5021	2192
καὶ	γὰρ	ἐγὼ	ἄνθρωπός	εἰμι	ὑπὸ	ἐξουσίαν	τασσόμενος	ἔχων
καί	γάρ	ἐγώ	ἄνθρωπος	εἰμί	ὑπό	ἐξουσία	τάσσω	ἔχω
카이	가르	에고	안드로포스	에이미	휘포	엑수시안	타쏘메노스	에콘
역시	왜냐하면	저도	한 사람	이요	아래에	(남의)권한	배치된	가지는데
부	접,종.	대,인,주,1단	명,주,남,단.	동,직,현,능,1단.	전,목	명,목,여,단	동,분,현,수,주,남,1단.	동,분,현,능,주,남,1단

5259	1683	4757	2532	3004	3778	4198	2532
ὑπ'	ἐμαυτὸν	στρατιώτας,	καὶ	λέγω	τούτῳ,	πορεύθητι,	καὶ
ὑπό	ἐμαυτοῦ	στρατιώτης	καί	λέγω	οὗτος	πορεύομαι	καί
휲	에마우톤	스트라티오타스	카이	레고	투토	포류데티	카이
아래에도	제 자신	군병들을	그래서	제가 말하면	이(사람에게)	가라	그러면
전,목	대,인,목,남,1단	명,목,남,복	접,등.	동,직,현,능,1단	대,지,여격,남,단	동,명,1과,수디,2단	접,등.

4198	2532	243	2064	2532	2064	2532	3588	1401
πορεύεται,	καὶ	ἄλλῳ,	ἔρχου,	καὶ	ἔρχεται,	καὶ	τῷ	δούλῳ
πορεύομαι	καί	ἄλλος	ἔρχομαι	καί	ἔρχομαι	καί	ὁ	δοῦλος
프류에타이	카이	알로	에르쿠	카이	에르케타이	카이	토	둘로
그는 가고	그리고	다른(사람에게)	오라	그러면	그가 옵니다	또	그	종에게
동,직,현,중수디,3단.	접,등	형,대,여격,남,단.	동,명,현,중수디,2단	접,등	동,직,현,중수디,3단	접,등	관,여격,남,단.	명,여격,남,단

1473	4160	3778	2532	4160
μου,	ποίησον	τοῦτο,	καὶ	ποιεῖ.
ἐγώ	ποιέω	οὗτος	καί	ποιέω
무	포이에손	투토	카이	포이에이
나의	하라	이것을	그러면	그가 하나이다
대,인,소,1단	동,명,1과,능,2단	대,지,목,중,단	접,등	동,직,현,능,3단

9 예수께서 들으시고 그를 놀랍게 여겨 돌이키사 따르는 무리에게 이르시되 내가 너희에게
이르노니 이스라엘 중에서도 이만한 믿음은 만나보지 못하였노라 하시더라

When Jesus heard these things, he marvelled at him, and turned him about, and said unto the people that followed him, I say unto you, I have not found so great faith, no, not in Israel.

191	1161	3778	3588	2424	2296	846	2532
ἀκούσας	δὲ	ταῦτα	ὁ	Ἰησοῦς	ἐθαύμασεν	αὐτόν	καὶ
ἀκούω	δέ	οὗτος	ὁ	Ἰησοῦς	θαυμάζω	αὐτός	καί
아쿠사스	데	타우타	호	예수스	에다우마센	아우톤	카이
들으시고	그러자	이(말들을)	그	예수께서	놀라셨더라	그를	그리고
동,분,1과,능,주,남,단	접,우	대,지,목,중,복	관,주,남,단.	명,주,남,단	동,직,1과,능,3단	대,인,목,남,3단.	접,등

4762	3588	190	846	3793	3004(2036)	3004
στραφεὶς	τῷ	ἀκολουθοῦντι	αὐτῷ	ὄχλῳ	εἶπεν,	λέγω
στρέφω	ὁ	ἀκολουθέω	αὐτός	ὄχλος	λέγω.ἔπω	λέγω
스트라페이스	토	아콜루둔티	아우토	오클로	에이펜	레고
돌이키시고	그	따르는	그에게	무리에게	말씀하셨다	내가 말한다
동,분,2과,수,주,남,단	관,여격,남,단,	동,분,현,능,여격,남,단.	대,인,여격,남,3단,	명,여격,남,단.	동,직,2과,능,3단	동,직,현,능,1단.

4771	3761	1722	3588	2474	5118	4102	2147
ὑμῖν,	οὐδὲ	ἐν	τῷ	Ἰσραὴλ	τοσαύτην	πίστιν	εὗρον.
σύ	οὐδέ	ἐν	ὁ	Ἰσραήλ	τοσοῦτος	πίστις	εὑρίσκω
휘민	우데	엔	토	이스라엘	토사우텐	피스틴	휴론
너희에게	못하였다	중에	그	이스라엘	이렇게 큰	믿음을	나는 발견하지
대,인,여격,2복.	부	전,여격	관,여격,남,단.	명,여격,남,단	형,지,목,여,단	명,목,여,단	동,직,2과,능,1단

10 보내었던 사람들이 집으로 돌아가 보매 종이 이미 나아 있었더라

And they that were sent, returning to the house, found the servant whole that had been sick.

2532	5290	1519	3588	3624	3588	3992	2147
Καὶ	ὑποστρέψαντες	εἰς	τὸν	οἶκον	οἱ	πεμφθέντες	εὗρον
καί	ὑποστρέφω	εἰς	ὁ	οἶκος	ὁ	πέμπω	εὑρίσκω
카이	휘포스트렢산테스	에이스	톤	오이콘	호이	펨프덴테스	휴론
이에	되돌아가서	으로	그	집	그(사람들이)	보냄을 받은	발견하였다
접,등	동,분,1과,능,주,남,복	전,목.	관,목,남,단.	명,목,남,단.	관,주,남,복	동,분,1과,수,주,남,복.	동,직,2과,능,3복

3588	1401	5198
τὸν	δοῦλον	ὑγιαίνοντα.
ὁ	δοῦλος	ὑγιαίνω
톤	둘론	휘기아이논타
그	종을	(이미) 강건한
관,목,남,단	명,목,남,단	동,분,현,능,목,남,단

11 그 후에 예수께서 나인이란 성으로 가실새 제자와 많은 무리가 동행하더니

And it came to pass the day after, that he went into a city called Nain; and many of his disciples went with him, and much people.

2532	1096	1722	3588	1836	4198	1519	4172	2564	3484
Καὶ	ἐγένετο	ἐν	τῷ	ἑξῆς	ἐπορεύθη	εἰς	πόλιν	καλουμένην	Ναΐν
καί	γίνομαι	ἐν	ὁ	ἑξῆς	πορεύομαι	εἰς	πόλις	καλέω	Ναΐν
카이	에게네토	엔	토	엑세스	에포류데	에이스	폴린	칼루메넨	나인
그리고	되었다	중에	그	다음(날)	가셨다	안으로	도시를	불려지는	나인이라
접,등	동,직,2과,중디,3단	전,여격	관,여격,남,단	부,	동,직,1과,수디,3단	전,목	명,목,여,단	동,분,현,수,목,여,단	명,목,여,단

2532	4848	846	3588	3101	846	2532	3793	4183
καὶ	συνεπορεύοντο	αὐτῷ	οἱ	μαθηταὶ	αὐτοῦ	καὶ	ὄχλος	πολύς.
καί	συμπορεύομαι	αὐτός	ὁ	μαθητής	αὐτός	καί	ὄχλος	πολύς
카이	쉬네포류온토	아우토	호이	마데타이	아우투	카이	오클로스	폴뤼스
또한	함께하고 있었다	그에게	그	제자들	그의	과	한 무리가	많은
접,등	동,직,미완,중수디,3복	대,인,여격,남,3단.	관,주,남,복.	명,주,남,복	대,인,소,남,3단	접,등	명,주,남,단	형,주,남,단

12 성문에 가까이 이르실 때에 사람들이 한 죽은 자를 메고 나오니 이는 한 어머니의 독자요
그의 어머니는 과부라 그 성의 많은 사람도 그와 함께 나오거늘

Now when he came nigh to the gate of the city, behold, there was a dead man carried out, the only son of his mother, and she was a widow: and much people of the city was with her.

5613	1161	1448	3588	4439	3588	4172	2532	2400	1580
ὡς	δὲ	ἤγγισεν	τῇ	πύλῃ	τῆς	πόλεως,	καὶ	ἰδοὺ	ἐξεκομίζετο
ὡς	δέ	ἐγγίζω	ἡ	πύλη	ἡ	πόλις	καί	ἰδού	ἐκκομίζω
호스	데	엥기센	테	퓔레	테스	폴레오스	카이	이두	엑세코미제토
때에	그리하여	가까이 오셨을	그	문에	그	도시의	그런데	보라	메고 나왔다
접,종	접,등	동,직,1과,능,3단.	관,여격,여,단.	명,여격,여,단	관,소,여,단	명,소,여,단	접,등	불,문	동,직,미완,수,3단

2348	3439	5207	3588	3384	848	2532	846	1510
τεθνηκὼς	μονογενὴς	υἱὸς	τῇ	μητρὶ	αὐτοῦ	καὶ	αὐτὴ	ἦν
θνήσκω	μονογενής	υἱός	ἡ	μήτηρ	αὐτός	καί	αὐτός	εἰμί
테드네코스	모노게네스	휘오스	테	메트리	아우투	카이	아우테	엔
죽은	외(독)	아들이	그	어미에게	그의	그런데	그녀는	있었다
동,분,1완,능,주,남,단.	형,주,남,단	명,주,남,단.	관,여격,여,단.	명,여격,여,단.	대,인,소,남,3단	접,등	대,인,주,여,3단.	동,직,미완,능,3단.

5503	2532	3793	3588	4172	2425	1510	4862	846
χήρα,	καὶ	ὄχλος	τῆς	πόλεως	ἱκανὸς	ἦν	σὺν	αὐτῇ.
χήρα	καί	ὄχλος	ἡ	πόλις	ἱκανός	εἰμί	σύν	αὐτός
케라	카이	오클로스	테스	폴레오스	히카노스	엔	쉰	아우테
과부로	또한	한 무리가	그	도시의	많은	있었다	함께	그 여자와
형,대,주,여,단.	접,등	명,주,남,단	관,소,여,단	명,소,여,단	형,주,남,단.	동,직,미완,능,3단.	전,여격.	대,인,여격,여,3단

13 주께서 과부를 보시고 불쌍히 여기사 울지 말라 하시고

And when the Lord saw her, he had compassion on her, and said unto her, Weep not.

2532	3708(1492)	846	3588	2962	4697	1909	846
καὶ	ἰδὼν	αὐτὴν	ὁ	κύριος	ἐσπλαγχνίσθη	ἐπ'	αὐτῇ
καί	ὁράω.εἴδω	αὐτός	ὁ	κύριος	σπλαγχνίζομαι	ἐπί	αὐτός
카이	이돈	아우텐	호	퀴리오스	에스플랑크니스데	엪	아우테
이에	보시고	그녀를	그	주님께서	측은히 여기셨다	대하여	그 과부에
접,등	동,분,2과,능,주,남,단	대,인,목,여,3단	관,주,남,단	명,주,남,단	동,직,1과,수디,3단	전,여격	대,인,여격,여,3단

2532	3004(2036)	846	3361	2799
καὶ	εἶπεν	αὐτῇ,	μὴ	κλαῖε.
καί	λέγω.ἔπω	αὐτός	μή	κλαίω
카이	에이펜	아우테	메	클라이에
그래서	말씀하셨다	그녀에게	말라	울지
접,등	동,직,2과,능,3단	대,인,여격,여,3단	부	동,명,현,능,2단

14 가까이 가서 그 관에 손을 대시니 멘 자들이 서는지라 예수께서 이르시되 청년아 내가
네게 말하노니 일어나라 하시매

And he came and touched the bier: and they that bare him stood still. And he said, Young man, I say unto thee, Arise.

2532	4334	680	3588	4673	3588	1161	941
καὶ	προσελθὼν	ἥψατο	τῆς	σοροῦ,	οἱ	δὲ	βαστάζοντες
καί	προσέρχομαι	ἅπτομαι	ἡ	σορός	ὁ	δέ	βαστάζω
카이	프로셀돈	헾사토	테스	소루	호이	데	바스타존테스
그리고	가까기 오셔서	손을 대셨다	그	관에	그(사람들이)	그러자	메는
접,등	동,분,2과,능,주,남,단.	동,직,1과,중,3단.	관,소,여,단	명,소,여,단	관,주,남,복	접,우	동,분,현,능,주,남,복

2476	2532	3004(2036)	3495	4771	3004	1453
ἔστησαν,	καὶ	εἶπεν,	Νεανίσκε,	σοὶ	λέγω,	ἐγέρθητι.
ἵστημι	καί	λέγω.ἔπω	νεανίσκος	σύ	λέγω	ἐγείρω
에스테산	카이	에이펜	네아니스케	소이	레고	에게르데티
섰다	이에	그가 말씀하셨다	청년아	너에게	내가 말한다	일어나라
동,직,2과,능,3복	접,등	동,직,2과,능,3단.	명,호,남,단.	대,인,여격,2단	동,직,현,능,1단.	동,명,1과,수,2단

15 죽었던 자가 일어나 앉고 말도 하거늘 예수께서 그를 어머니에게 주시니
And he that was dead sat up, and began to speak. And he delivered him to his mother.

2532	339	3588	3498	2532	756	2980	2532	1325
καὶ	ἀνεκάθισεν	ὁ	νεκρὸς	καὶ	ἤρξατο	λαλεῖν,	καὶ	ἔδωκεν
καί	ἀνακαθίζω	ή	νεκρός	καί	ἄρχομαι	λαλέω	καί	δίδωμι
카이	아네카디센	호	네크로스	카이	에륵사토	랄레인	카이	에도켄
그랬더니	일어나 앉았다	그	죽은 사람이	그리고	시작하였다	말하는 것을	이에	예수께서 주셨다
접,등	동,직,1과,능,3단	관,주,남,단.	형,대,주,남,단.	접,등	동,직1과,중,3단.	동,부,현,능	접,등.	동,직,1과,능,3단.

846	3588	3384	846
αὐτὸν	τῇ	μητρὶ	αὐτοῦ.
αὐτός	ὁ	μήτηρ	αὐτός
아우톤	테	메트리	아우투
그를	그	어머니에게	그의
대,인,목,남,3단	관,여격,여,단	명,여격,여,단	대,인,소,남 3단

16 모든 사람이 두려워하며 하나님께 영광을 돌려 이르되 큰 선지자가 우리 가운데 일어나셨다
하고 또 하나님께서 자기 백성을 돌보셨다 하더라
And there came a fear on all: and they glorified God, saying, That a great prophet is risen up among us; and, That God hath visited his people.

2983	1161	5401	3956	2532	1392	3588	2316
ἔλαβεν	δὲ	φόβος	πάντας	καὶ	ἐδόξαζον	τὸν	θεὸν
λαμβάνω	δέ	φόβος	πᾶς	καί	δοξάζω	ὁ	θεός
엘라벤	데	포보스	판타스	카이	에독사존	톤	테온
취하였다	그러자	두려움이	모든 사람을	그리하여	그들이 영광스럽게 하였다	그	하나님을
동,직,2과,능,3단.	접,우	명,주,남,단.	형,대,목,남,복	접,등	동,직,미완,능,3복	관,목,남,단.	명,목,남,단.

3004	3754	4396	3173	1453	1722	1473	2532
λέγοντες	ὅτι	προφήτης	μέγας	ἠγέρθη	ἐν	ἡμῖν	καὶ
λέγω	ὅτι	προφήτης	μέγας	ἐγείρω	ἐν	ἐγώ	καί
레곤테스	호티	프로페테스	메가스	에게르테	엔	헤민	카이
말하기를	왜냐하면	선지자가	큰	일으키셨다	가운데	우리	또
동,분,현,능,주,남,복.	접,우	명,주,남,단	형,주,남,단	동,직,1,과,수,3단	전,여격.	대,인,여격,1복	접,등.

3754	1980	3588	2316	3588	2992	846
ὅτι	ἐπεσκέψατο	ὁ	θεὸς	τὸν	λαὸν	αὐτοῦ.
ὅτι	ἐπισκέπτομαι	ὁ	θεός	ὁ	λαός	αὐτός
호티	에페스켑사토	호	데오스	톤	라온	아우투
	돌보셨다	그	하나님께서	그	백성을	그의
접,우	동,직,1과,중디,3단	관,주,남,단	명,주,남,단	관,목,남,단.	명,목,남,단.	대,인,소,남,3단

17 예수께 대한 이 소문이 온 유대와 사방에 두루 퍼지니라
And this rumour of him went forth throughout all Judaea, and throughout all the region round about.

2532	1831	3588	3056	3778	1722	3650	3588	2449	4012
καὶ	ἐξῆλθεν	ὁ	λόγος	οὗτος	ἐν	ὅλῃ	τῇ	Ἰουδαίᾳ	περὶ
καί	ἐξέρχομαι	ὁ	λόγος	οὗτος	ἐν	ὅλος	ή	Ἰουδαία	περί
카이	엑셀덴	호	로고스	후토스	엔	홀레	테	유다이아	페리
그리하여	퍼져나갔다	그	말이	이	안에	온	그	유대에	관한
접,등	동,직,2과,능,3단	관,주,남,단	명,주,남,단	대,지,주,남,단.	전,여격.	형,여격,여,단.	관,여격,여,단.	명,여격,여,단	전,소

846	2532	3956	3588	4066
αὐτοῦ	καὶ	πάσῃ	τῇ	περιχώρῳ.
αὐτός	καί	πᾶς	ή	περίχωρος
아우투	카이	파세	테	페리코로
그에	와	여러	그	인근지방에
대,인,소,남,3단	접,등	형,여격,여,단	관,여격,여,단.	형,대,여격,여,단

18 요한의 제자들이 이 모든 일을 그에게 알리니
And the disciples of John shewed him of all these things.

2532	518	2491	3588	3101	846	4012	3956
Καὶ	ἀπήγγειλαν	Ἰωάννῃ	οἱ	μαθηταὶ	αὐτοῦ	περὶ	πάντων
καί	ἀπαγγέλλω	Ἰωάννης	ὁ	μαθητής	αὐτός	περί	πᾶς
카이	아펭게일란	요안네	호이	마데타이	아우투	페리	판톤
그리고	알렸다	요한에게	그	제자들이	그의	관하여	모든
접.등	동.직.1과.능.3복	명.여격.남.단	관.주.남.복	명.주.남.복	대.인.소.남.3단.	전.소	형.소.중.복

3778	2532	4341	1417	5100	3588	3101	848
τούτων.	καὶ	προσκαλεσάμενος	δύο	τινὰς	τῶν	μαθητῶν	αὑτοῦ
οὗτος	καί	προσκαλέομαι	δύο	τις	ὁ	μαθητής	αὑτοῦ
투톤	카이	프로스칼레사메노스	뒤오	티나스	톤	메데톤	아우투
이런 일들에	그러자	가까이 불러서	두 (사람을)	어떤	그	제자들 중의	자기의
대.지.소.중.복	접.등	동.분.1과.중디.주.남.단	대.기.목.남.복.	형.부.목.남.복.	관.소.남.복.	명.소.남.복	대.인.소.남.3단.

3588	2491
ὁ	Ἰωάννης
ὁ	Ἰωάννης
호	요안네스
그	요한이
관.주.남.단	명.주.남.단

19 요한이 그 제자 중 둘을 불러 주께 보내어 이르되 오실 그이가 당신이오니이까 우리가
다른 이를 기다리오리이까 하라 하매
And John calling unto him two of his disciples sent them to Jesus, saying, Art thou he that should come? or look we for another?

3992	4314	3588	2962	3004	4771	1510	3588	2064
ἔπεμψεν	πρὸς	τὸν	κύριον	λέγων,	σὺ	εἶ	ὁ	ἐρχόμενος
πέμπω	πρός	ὁ	κύριος	λέγω	σύ	εἰμί	ὁ	ἔρχομαι
에팸프센	프로스	톤	퀴리온	레곤	쉬	에이	호	에르코메노스
보냈다	에게로	그	주님	말하기를	당신	이니까	그 (분이)	오시는
동.직.1과.능.3단	전.목	관.목.남.단.	명.목.남.단	동.분.현.능.주.남.단.	대.인.주.2단.	동.직.현.능.2단.	관.주.남.단	동.분.현.중수디.주.남.단

2228	243	4328
ἢ	ἄλλον	προσδοκῶμεν;
ἤ	ἄλλος	προσδοκάω
헤	알론	프로스도코멘
그렇지 않으면	다른 (분을)	우리가 기다리오리까
접.등	형.대.목.남.단	동.직.현.능.1복/동.가.현.능.1복

20 그들이 예수께 나아가 이르되 세례 요한이 우리를 보내어 당신께 여쭈어 보라고 하기를
오실 그이가 당신이오니이까 우리가 다른 이를 기다리오리이까 하더이다 하니
When the men were come unto him, they said, John Baptist hath sent us unto thee, saying, Art thou he that should come? or look we for another?

3854	1161	4314	846	3588	435	3004(2036)	2491	3588
παραγενόμενοι	δὲ	πρὸς	αὐτὸν	οἱ	ἄνδρες	εἶπαν,	Ἰωάννης	ὁ
παραγίνομαι	δέ	πρός	αὐτός	ὁ	ἀνήρ	λέγω.ἔπω	Ἰωάννης	ὁ
파라케노메노이	데	프로스	아우톤	호이	안드레스	에이판	요안네스	호
곁으로 와서	이에	에게로	그(를)	그	남자들이	말하였다	요한이	그
동.분.2과.중디.주.남.복	접.우	전.목	대.인.목.남.3단.	관.주.남.복.	명.주.남.복	동.직.2과.능.3복.	명.주.남.단.	관.주.남.단

910	649	1473	4314	4771	3004	4771	1510
βαπτιστὴς	ἀπέστειλεν	ἡμᾶς	πρὸς	σε	λέγων,	σὺ	εἶ
Βαπτιστής	ἀποστέλλω	ἐγώ	πρός	σύ	λέγω	σύ	εἰμί
밥티스테스	아페스테일렌	헤마스	프로스	세	레곤	쉬	에이
세례자	보내었습니다	우리를	에게로	당신	말씀드리기를	당신	이니이까
명.주.남.단	동.직.1과.능 3단	대.인.목.1복.	전.목	대.인.목.2단.	동.분.현.능.주.남.단.	대.인.주.2단.	동.직.현.능.2단

3588	2064	2228	243	4328
ὁ	ἐρχόμενος	ἢ	ἄλλον	προσδοκῶμεν;
ὁ	ἔρχομαι	ἤ	ἄλλος	προσδοκάω
호	에르코메노스	에	알론	프로스도코멘
그 (분이)	오시는	혹은	다른 (분을)	우리가 기다리오리까
관.주.남.단	동.분.현.중수디.주.남.단.	접.등	형.대.목.남.단.	동.직.현.능.1복/동.가.현.능1복

21 마침 그 때에 예수께서 질병과 고통과 및 악귀 들린 자를 많이 고치시며 또 많은 맹인을
보게 하신지라

And in that same hour he cured many of their infirmities and plagues, and of evil spirits; and unto many that were blind he gave sight.

1722	1565	3588	5610	2323	4183	575	3554	2532
ἐν	ἐκείνῃ	τῇ	ὥρᾳ	ἐθεράπευσεν	πολλοὺς	ἀπὸ	νόσων	καὶ
ἐν	ἐκεῖνος	ἡ	ὥρα	θεραπεύω	πολύς	ἀπό	νόσος	καί
엔	에케이네	테	호라	에데라퓨센	폴루스	아포	노손	카이
에 있어	그	그	시간	그가 고쳐 주셨다	많은 사람을	부터	질병들	과
전.여격	대.지.여격.여.단.	관.여격.여.단.	명.여격.여.단.	동.직1.과.능.3단	형.대.목.남.복	전.소	명.소.여.복.	접.등

3148	2532	4151	4190	2532	5185	4183	5483
μαστίγων	καὶ	πνευμάτων	πονηρῶν	καὶ	τυφλοῖς	πολλοῖς	ἐχαρίσατο
μάστιξ	καί	πνεῦμα	πονηρός	καί	τυφλός	πολύς	χαρίζομαι
마스티곤	카이	프뉴마톤	포네론	카이	튀플로이스	폴로이스	에카리사토
(질병의) 채찍들	과	영들이 들린자들로	사악한	또	맹인들에게	많은	그가 해주셨다
명.소.여.복	접.등	명.소.중.복	형.소.중.복	접.등	형.대.여격.남.복.	형.여격.남.복	동.직.1과.중디.3단

991
βλέπειν.
βλέπω
블레페인
보도록
동.부.현.능

22 예수께서 대답하여 이르시되 너희가 가서 보고 들은 것을 요한에게 알리되 맹인이 보며
못 걷는 사람이 걸으며 나병환자가 깨끗함을 받으며 귀먹은 사람이 들으며 죽은 자가
살아나며 가난한 자에게 복음이 전파된다 하라

Then Jesus answering said unto them, Go your way, and tell John what things ye have seen and heard; how that the blind see, the lame walk, the lepers are cleansed, the deaf hear, the dead are raised, to the poor the gospel is preached.

2532	611	3004(2036)	846	4198	518	2491
καὶ	ἀποκριθεὶς	εἶπεν	αὐτοῖς,	πορευθέντες	ἀπαγγείλατε	Ἰωάννῃ
καί	ἀποκρίνομαι	λέγω.ἔπω	αὐτός	πορεύομαι	ἀπαγγέλλω	Ἰωάννης
카이	아포크리테이스	에이펜	아우토이스	포류텐테스	아팡게일라테	요안네
이에	대답하여	그가 말씀하셨다	그들에게	가서	보고하라	요한에게
접.등	동.분.1과.수디.주.남.단.	동.직2과.능.3단.	대.인.여격.남.3복.	동.분명.1과.수디.주.남.2복.	동.명.1과.능.2복	명.여격.남.단.

3739	3708(1492)	2532	191	5185	308	5560
ἃ	εἴδετε	καὶ	ἠκούσατε·	τυφλοὶ	ἀναβλέπουσιν,	χωλοὶ
ὅς	ὁράω.εἴδω	καί	ἀκούω	τυφλός	ἀναβλέπω	χωλός
하	에이데테	카이	에쿠사테	튀플로이	아나블레푸신	콜로이
바 것을	너희가 보았다	그리고	들었던	소경들이	다시 본다	앉은뱅이들이
대.관.목.중.복	동.직.2과.능.2복.	접.등	동.직.1관.능.2복	형.대.주.남.복	동.직.현.능.3복	형.대주.남.복

4043	3015	2511	2532	2974	191	3498
περιπατοῦσιν,	λεπροὶ	καθαρίζονται	καὶ	κωφοὶ	ἀκούουσιν,	νεκροὶ
περιπατέω	λεπρός	καθαρίζω	καί	κωφός	ἀκούω	νεκρός
페리파투신	레프로이	카타리존테이	카이	코포이	아쿠우씬	네크로이
걷는다	나환자들이	깨끗함을 받는다	그리고	귀먹은 자들이	듣는다	죽은 자들이
동.직.현.능.3복	형.대.주.남.복	동.직.현.수.3복	접.등	형.대.주.남.복	동.직.현.능.3복	형.대.주.남.복

1453	4434	2097
ἐγείρονται,	πτωχοὶ	εὐαγγελίζονται·
ἐγείρω	πτωχός	εὐαγγελίζω
에게이론타이	프토코이	유앙겔리존테이
살아나게 된다	가난한 자들이	복음이 받는도다
동.직.현.수.3복	형.대.주.남.복	동.직.현.수.3복

23 누구든지 나로 말미암아 실족하지 아니하는 자는 복이 있도다 하시니라
And blessed is he, whosoever shall not be offended in me.

2532	3107	1510	3739	1437	3361	4624	1722	1473
καὶ	μακάριός	ἐστιν	ὅς	ἐὰν	μὴ	σκανδαλισθῇ	ἐν	ἐμοί.
καί	μακάριος	εἰμί	ὅς	ἐάν	μή	σκανδαλίζω	ἐν	ἐγώ
카이	마카리오스	에스틴	호스	에안	메	스칸달리스데	엔	에모이
그리고	복이	있도다	누구	든지	아니한다	실족하게 되지	의하여	나에
접.등	형.주.남.단	동.직.현.능.3단.	대.관.주.남.단	불.동	부.	동.가.1과.수.3단	전.여격	대.인.여격.1단

24 요한이 보낸 자가 떠난 후에 예수께서 무리에게 요한에 대하여 말씀하시되 너희가
무엇을 보려고 광야에 나갔더냐 바람에 흔들리는 갈대냐
And when the messengers of John were departed, he began to speak unto the people concerning John, What went ye out into the wilderness for to see? A reed shaken with the wind?

565	1161	3588	32	2491	756	3004	4314
Ἀπελθόντων	δὲ	τῶν	ἀγγέλων	Ἰωάννου	ἤρξατο	λέγειν	πρὸς
ἀπέρχομαι	δέ	ὁ	ἄγγελος	Ἰωάννης	ἄρχομαι	λέγω	πρός
아펠돈톤	데	톤	앙겔론	요안누	에륵사토	레게인	프로스
떠난 후에	그리고	그	보낸 사람들의	요한의	시작하셨다	말씀하시는 것을	향하여
동.분.2과.능.소.남.복	접.등	관.소.남.복	명.소.남.복	명.소.남.단	동.직.1과.중.3단	동.부.현.능	전.목

3588	3793	4012	2491	5101	1831	1519	3588	2048
τοὺς	ὄχλους	περὶ	Ἰωάννου,	τί	ἐξήλθατε	εἰς	τὴν	ἔρημον
ὁ	ὄχλος	περί	Ἰωάννης	τίς	ἐξέρχομαι	εἰς	ἡ	ἔρημος
투스	오클루스	페리	요안누	티	엑셀다테	에이스	텐	에레몬
그	무리를	관하여	요한에	무엇을	나희가 나갔더냐	속으로	그	광야
관.목.남.복	명.목.남.복	전.소	명.소.남.단	대.의.목.중.단.	동.직.1과.능.2복	전.목	관.목.여.단	형.대.목.여.단

2300	2563	5259	417	4531
θεάσασθαι;	κάλαμον	ὑπὸ	ἀνέμου	σαλευόμενον;
θεάομαι	κάλαμος	ὑπό	ἄνεμος	σαλεύω
데아사스다이	칼라몬	휘포	아네무	살류오메논
보려고	갈대냐	의하여	바람에	흔들리는
동.부.1과.중디	명.목.남.단	전.소	명.소.남.단	동.분.현.수.목.남.단

25 그러면 너희가 무엇을 보려고 나갔더냐 부드러운 옷 입은 사람이냐 보라 화려한 옷을
입고 사치하게 지내는 자는 왕궁에 있느니라
But what went ye out for to see? A man clothed in soft raiment? Behold, they which are gorgeously apparelled, and live delicately, are in kings' courts.

235	5101	1831	3708(1492)	444	1722	3120	2440
ἀλλὰ	τί	ἐξήλθατε	ἰδεῖν;	ἄνθρωπον	ἐν	μαλακοῖς	ἱματίοις
ἀλλά	τίς	ἐξέρχομαι	ὁράω.εἴδω	ἄνθρωπος	ἐν	μαλακός	ἱμάτιον
알라	티	엑셀다테	에데인	안드로폰	엔	말라코이스	히마티오이스
그러면	무엇을	너희가 나갔더냐	보려고	사람(이냐)	(으)로	부드러운	옷들
접.우	대.의.목.중.단.	동.직.1과.능.1과.능.2복.	동.부.2과.능	명.목.남.단	전.여격	형.여격.중.복	명.여격.중.복

294	2400	3588	1722	2441	1741	2532	5172
ἠμφιεσμένον;	ἰδοὺ	οἱ	ἐν	ἱματισμῷ	ἐνδόξῳ	καὶ	τρυφῇ
ἀμφιέννυμι	ἰδού	ὁ	ἐν	ἱματισμός	ἔνδοξος	καί	τρυφή
엠피에스메논	이두	호이	엔	히마티스모	엔독소	카이	트뤼페
입혀져 있는	보라	그(사람들은)	으로 입고	옷	화려한	그리고	사치하게
동.분.1완.수.목.남.단	불.문	관.주.남.복	전.여격	명.여격.남.단	형.여격.남.단	접.등	명.여격.여.단

5225	1722	3588	933	1510
ὑπάρχοντες	ἐν	τοῖς	βασιλείοις	εἰσίν.
ὑπάρχω	ἐν	τό	βασίλειον	εἰμί
휘파르콘테스	엔	토이스	바실레이오이스	에이신
지내는	안에	그	왕궁들에	있다
동.분.현.능.주.남.복	전.여격	관.여격.중.복	형.대.여격.중.복	동.직.현.능3복.

26 그러면 너희가 무엇을 보려고 나갔더냐 선지자냐 옳다 내가 너희에게 이르노니
선지자보다도 훌륭한 자니라

But what went ye out for to see? A prophet? Yea, I say unto you, and much more than a prophet.

235	5101	1831	3708(1492)	4396	3483	3004	4771	2532
ἀλλὰ	τί	ἐξήλθατε	ἰδεῖν;	προφήτην;	ναί	λέγω	ὑμῖν,	καὶ
ἀλλά	τίς	ἐξέρχομαι	ὁράω.εἴδω	προφήτης	ναί	λέγω	σύ	καί
알라	티	엑셀다테	이데인	프로페텐	나이	레고	휘민	카이
그러면	무엇을	너희가 나갔더냐	보려고	선지자(이냐)	그러하도다	내가 말한다	너희에게	그런데
접.우	대.의.목.중.단.	동.직.1과.능2복	동.부.2과.능	명.목.남.단	불.문	동.직.현.능1단	대.인.여격.2복	접.등

4055	4396
περισσότερον	προφήτου.
περισσότερος	προφήτης
페리쏘테론	프로페투
(보다)더 나은 사람이라	선지자
형.대.비.목.남.단	명.소.남.단

27 기록된 바 보라 내가 내 사자를 네 앞에 보내노니 그가 네 앞에서 네 길을 준비하리라
한 것이 이 사람에 대한 말씀이라

This is he, of whom it is written, Behold, I send my messenger before thy face, which shall prepare thy way before thee.

3778	1510	4012	3739	1125	2400	649	3588
οὗτός	ἐστιν	περὶ	οὗ	γέγραπται,	ἰδοὺ	ἀποστέλλω	τὸν
οὗτος	εἰμί	περί	ὅς	γράφω	ἰδού	ἀποστέλλω	ὁ
후토스	에스틴	페리	후	게그랍타이	이두	아포스텔로	톤
이것은	이니라	관하여	바 사람에	그것이 기록되었다	보라	내가 보낸다	그
대.지.주.남.단.	동.직.현.능.3단.	전.소	대.관.소.남.단	동.직.1완.수.3단	불.문	동.직.현.능.1단	관.목.남.단

32	1473	4253	4383	4771	3739	2680	3588
ἄγγελόν	μου	πρὸ	προσώπου	σου,	ὃς	κατασκευάσει	τὴν
ἄγγελος	ἐγώ	πρό	πρόσωπον	σύ	ὅς	κατασκευάζω	ἡ
앙겔론	무	프로	프로소푸	수	호스	카타스큐아세이	텐
사자를	내	앞에	얼굴의	너의	그가	예비할 것이라	그
명.목.남.단	대.인.소.1단	전.소	명.소.중.단.	대.인.소.2단.	대.관.주.남.단	동.직.미.능.3단	관.목.여.단

3598	4771	1715	4771
ὁδόν	σου	ἔμπροσθέν	σου.
ὁδός	σύ	ἔμπροσθεν	σύ
호돈	수	엠프로스텐	수
길을	네	앞에서	네
명.목.여.단.	대.인.소.2단	전.소	대.인.소.2단

28 내가 너희에게 말하노니 여자가 낳은 자 중에 요한보다 큰 자가 없도다 그러나 하나님의
나라에서는 극히 작은 자라도 그보다 크니라 하시니

For I say unto you, Among those that are born of women there is not a greater prophet than John the Baptist: but he that is least in the kingdom of God is greater than he.

3004	4771	3173	1722	1084	1135	2491	3762
λέγω	ὑμῖν,	μείζων	ἐν	γεννητοῖς	γυναικῶν	Ἰωάννου	οὐδείς
λέγω	σύ	μέγας	ἐν	γεννητός	γυνή	Ἰωάννης	οὐδείς
레고	휘민	메이존	엔	겐네토이스	귀나이콘	요안누	우데이스
내가 말한다	너희에게	(보다)더 큰이가	중에	낳은 사람들	여자들의	요한	아무도 아니하다
동.직.현.능.1단	대.인.여격.2복.	형.비.주.남.단.	전.여격	형.대.여격.남.복	명.소.여.복	명.소.남.단	형.대.기.주.남.단

1510	3588	1161	3398	1722	3588	932	3588	2316
ἐστιν·	ὁ	δὲ	μικρότερος	ἐν	τῇ	βασιλείᾳ	τοῦ	θεοῦ
εἰμί	ὁ	δέ	μικρός	ἐν	ἡ	βασιλεία	ὁ	θεός
에스틴	호	데	미크로테로스	엔	테	바실레이아	투	데우
있지	그	그러나	극히 더 작은 자라도	안에	그	나라에	그	하나님의
동.직.현.능.3단.	**관.주.남.단**	**접.우**	**형.대.비.주.남.단**	**전.여격.**	**관.여격.여.단.**	**명.여격.여.단**	**관.소.남.단**	**명.소.남.단**

3173	846	1510
μείζων	αὐτοῦ	ἐστιν.
μέγας	αὐτός	εἰμί
메이존	아우투	에스틴
(보다)더 큼	그(의)	이니라
형.비.주.남.단	**대.인.소.남.3단**	**동.직.현.능.3단**

29 모든 백성과 세리들은 이미 요한의 세례를 받은지라 이 말씀을 듣고 하나님을 의롭다 하되
And all the people that heard him, and the publicans, justified God, being baptized with the baptism of John.

2532	3956	3588	2992	191	2532	3588	5057	1344	3588
Καὶ	πᾶς	ὁ	λαὸς	ἀκούσας	καὶ	οἱ	τελῶναι	ἐδικαίωσα	τὸν
καί	πᾶς	ὁ	λαός	ἀκούω	καί	ὁ	τελώνης	δικαιόω	ὁ
카이	파스	호	라오스	아쿠사스	카이	호이	텔로나이	에디카이오산	톤
그리고	모든	그	백성	이 말씀을 들은	과	그	세리들이	의롭다 하였다	그
접.등	**형.주.남.단**	**관.주.남.단**	**명.주.남.단**	**동.분.1과.능.주.남.단**	**접.등**	**관.주.남.복.**	**명.주.남.복**	**동.직.1과.능.3복.**	**관.목.남.단**

2316	907	3588	908	2491
θεόν	βαπτισθέντες	τὸ	βάπτισμα	Ἰωάννου·
θεός	βαπτίζω	τό	βάπτισμα	Ἰωάννης
데온	밮티스덴테스	토	밮티스마	요안누
하나님을	세례를 받은	그	세례를	요한의
명.목.남.단.	**동.분.1과.수.주.남.복**	**관.목.중.단**	**명.목.중.단**	**명.소.남.단**

30 바리새인과 율법교사들은 그의 세례를 받지 아니함으로 그들 자신을 위한 하나님의 뜻을
저버리니라
But the Pharisees and lawyers rejected the counsel of God against themselves, being not baptized of him.

3588	1161	5330	2532	3588	3544	3588	1012	3588	2316
οἱ	δὲ	Φαρισαῖοι	καὶ	οἱ	νομικοὶ	τὴν	βουλὴν	τοῦ	θεοῦ
ὁ	δέ	Φαρισαῖος	καί	ὁ	νομικός	ἡ	βουλή	ὁ	θεός
호이	데	파리사이오이	카이	호이	노미코이	텐	불렌	투	데우
그	그러나	바리새인들	과	그	율법사들은	그	계획을	그	하나님의
관.주.남.복	**접.등/접.우.**	**명.주.남.복**	**접.등**	**관.주.남.복**	**형.대.주.남.복**	**관.목.여.단**	**명.목.여.단**	**관.소.남.단**	**명.소.남.단**

114	1519	1438	3361	907	5259	846
ἠθέτησαν	εἰς	ἑαυτούς	μὴ	βαπτισθέντες	ὑπ'	αὐτοῦ.
ἀθετέω	εἰς	ἑαυτοῦ	μή	βαπτίζω	ὑπό	αὐτός
에데테산	에이스	헤아우투수	메	밮티스텐테스	휲	아우투
버렸다	위하여	그들 자신을	아니하며	세례를 받지	의하여	그에
동.직.1과.능.3복	**전.목**	**대.인.목.남.3복**	**부**	**동.분.1과.수.주.남.복**	**전.소**	**대.인.소.남.3단**

31 또 이르시되 이 세대의 사람을 무엇으로 비유할까 무엇과 같은가
And the Lord said, Whereunto then shall I liken the men of this generation? and to what are they like?

5101	3767	3666	3588	444	3588	1074	3778
Τίνι	οὖν	ὁμοιώσω	τοὺς	ἀνθρώπους	τῆς	γενεᾶς	ταύτης
τίς	οὖν	ὁμοιόω	ὁ	ἄνθρωπος	ἡ	γενεά	οὗτος
티니	운	호모이오소	투스	안드로푸스	테스	게네아스	타우테스
무엇과	그런즉	같다고 할 것인가	그	사람들을	그	세대의	이
대.의.여격.중.단	**접.우**	**동.직.미.능.1단**	**관.목.남복**	**명.목.남복**	**관.소.여.단.**	**명.소.여.복**	**대.지.소.여.단**

2532	5101	1510	3664
καὶ	τίνι	εἰσὶν	ὅμοιοι;
καί	τίς	εἰμί	ὅμοιος
카이	티니	에이신	호모이오이
또한	무엇과	그들은 있는가	같게
접.등	대.의.여격.중.단	동.직.현.능.3복	형.주.남.복

32 비유하건대 아이들이 장터에 앉아 서로 불러 이르되 우리가 너희를 향하여 피리를
불어도 너희가 춤추지 않고 우리가 곡하여도 너희가 울지 아니하였다 함과 같도다
They are like unto children sitting in the marketplace, and calling one to another, and saying, We have piped unto you, and ye have not danced; we have mourned to you, and ye have not wept.

3664	1510	3813	3588	1722	58	2521	2532
ὅμοιοί	εἰσιν	παιδίοις	τοῖς	ἐν	ἀγορᾷ	καθημένοις	καὶ
ὅμοιος	εἰμί	παιδίον	τό	ἐν	ἀγορά	κάθημαι	καί
호모이오이	에이씬	파이디오이스	토이스	엔	아고라	카테메노이스	카이
마치 같음	그들은~이니라	아이들에게	그	안에	시장터에	앉은	이에
형.주.남.복	동.직.현.능.3복.	명.여격.중.복	관.여격.중.복	전.여격	명.여격.여.단	동.분.현.중수디.여격.중.복	접.등

4377	240	3739	3004	832	4771	2532
προσφωνοῦσιν	ἀλλήλοις	ἃ	λέγει,	ηὐλήσαμεν	ὑμῖν	καὶ
προσφωνέω	ἀλλήλων	ὅς	λέγω	αὐλέω	σύ	καί
프로스포누신	알렐로이스	하	레게이	에윌레사멘	휘민	카이
가까이 부르며	서로에게	그들이	말하니라	우리가 피리를 불었다	너희에게	그러나
동.분.현.능.여격.중.복	대.인.여격.남.3복.	대.관.주.중.복	동.직.현.능.3단	동.직.1과.능.1복	대.인.여격.2복.	접.등

3756	3738	2354	2532	3756	2799
οὐκ	ὠρχήσασθε,	ἐθρηνήσαμεν	καὶ	οὐκ	ἐκλαύσατε.
οὐ	ὀρχέομαι	θρηνέω	καί	οὐ	κλαίω
우크	오르케사스테	에드레네사멘	카이	우크	에클라우사테
않았다	너희가 춤추지	우리가 애곡을 하였다	그래도	아니하였다	너희가 울지
부	동.직.1과.중디.2복	동.직.1과.능.1복	접.등	부	동.직.1과.능.2복

33 세례 요한이 와서 떡도 먹지 아니하며 포도주도 마시지 아니하매 너희 말이 귀신이
들렸다 하더니
For John the Baptist came neither eating bread nor drinking wine; and ye say, He hath a devil.

2064	1063	2491	3588	910	3361	2068	740	3383
ἐλήλυθεν	γὰρ	Ἰωάννης	ὁ	βαπτιστὴς	μὴ	ἐσθίων	ἄρτον	μήτε
ἔρχομαι	γάρ	Ἰωάννης	ὁ	Βαπτιστής	μή	ἐσθίω	ἄρτος	μήτε
엘렐뤼덴	가르	요안네스	호	밮티스테스	메	에스티온	아르톤	메테
와서 있으니	왜나하면	요한이	그	세례	아니하며	먹지	떡을	도 아니하니
동.직.미완.능.3단	접.종	명.주.남.단	관.주.남.단	명.주.남.단	부	동.분.현.능.주.남.단	명.목.남.단	접.등

4095	3631	2532	3004	1140	2192
πίνων	οἶνον,	καὶ	λέγετε,	δαιμόνιον	ἔχει.
πίνω	οἶνος	καί	λέγω	δαιμόνιον	ἔχω
피논	오이논	카이	레게테	다이모니온	에케이
마시지	포도주를	그러자	너희가 말한다	귀신을	들렸다
동.분.현.능.주.남.단.	명.목.남.단	접.등	동.직.현.능.2복	명.목.중.단	동.직.현.능.3단

34 인자는 와서 먹고 마시매 너희 말이 보라 먹기를 탐하고 포도주를 즐기는 사람이요
세리와 죄인의 친구로다 하니
The Son of man is come eating and drinking; and ye say, Behold a gluttonous man, and a winebibber, a friend of publicans and sinners!

2064	3588	5207	3588	444	2068	2532	4095	2532
ἐλήλυθεν	ὁ	υἱὸς	τοῦ	ἀνθρώπου	ἐσθίων	καὶ	πίνων,	καὶ
ἔρχομαι	ὁ	υἱός	ὁ	ἄνθρωπος	ἐσθίω	καί	πίνω	καί
엘렐뤼텐	호	휘오스	투	안드로푸	에스디온	카이	피논	카이
왔다	그	아들은	그	사람의	먹으면서	그리고	마시니	그러자
동.직.2완.능 3단	관.주.남.단	명.주.남.단	관.소.남.단	명.소.남.단	동.분.현.능.주.남.단	접.등	동.분.현.능.주.남.단.	접.등.

3004	2400	444	5314	2532	3630	5384	5057
λέγετε,	Ἰδοὺ	ἄνθρωπος	φάγος	καὶ	οἰνοπότης,	φίλος	τελωνῶν
λέγω	ἰδού	ἄνθρωπος	φάγος	καί	οἰνοπότης	φίλος	τελώνης
레게테	이두	안드로포스	파고스	카이	오이노프테스	필로스	텔로논
너희가 말한다	보라	사람	먹기를 탐하는	그리고	포도주를 즐기는 사람	친구로다	세리들
동.직.현.능.2복	불.문	명.주.남.단	명.주.남.단	접.등	명.주.남.단	형.대.주.남.단.	명.소.남.복.

2532	268
καὶ	ἁμαρτωλῶν.
καί	ἁμαρτωλός
카이	하마르톨론
과	죄인들의
접.등	형.대.소.남.복

35 지혜는 자기의 모든 자녀로 인하여 옳다 함을 얻느니라
But wisdom is justified of all her children.

2532	1344	3588	4678	575	3956	3588	5043	846
καὶ	ἐδικαιώθη	ἡ	σοφία	ἀπὸ	πάντων	τῶν	τέκνων	αὐτῆς.
καί	δικαιόω	ἡ	σοφία	ἀπό	πᾶς	τό	τέκνον	αὐτός
카이	에디카이오데	헤	소피아	아포	판톤	톤	테크논	아우테스
그러나	의롭게 되었다	그	지혜는	부터	모든	그	자녀들로	자기의
접.등	동.직.1과.수3단	관.주.여.단	명.주.여.단	전.소	형.소.중.복	관.소.중.복.	명.소.중.복	대.인.소.여.3단

36 한 바리새인이 예수께 자기와 함께 잡수시기를 청하니 이에 바리새인의 집에 들어가
앉으셨을 때에
And one of the Pharisees desired him that he would eat with him. And he went into the Pharisee's house, and sat down to meat.

2065	1161	5100	846	3588	5330	2443	5315	3326
Ἠρώτα	δέ	τις	αὐτὸν	τῶν	Φαρισαίων	ἵνα	φάγῃ	μετ'
ἐρωτάω	δέ	τις	αὐτός	ὁ	Φαρισαῖος	ἵνα	φάγω	μετά
에로타	데	티스	아우톤	톤	파리사이온	헤나	파게	멧
간청하였다	그리고	어떤 사람이	그를	그	바리새인들 중의	위하여	그가 잡수시기	함께
동.직.미완.능.3단	접.등	대.부.주.남.단	대.인.목.남.3단	관.소.남.복	명.소.남.복	접.등	동.가.2과.능.3단	전.소

846	2532	1525	1519	3588	3624	3588	5330	2625
αὐτοῦ,	καὶ	εἰσελθὼν	εἰς	τὸν	οἶκον	τοῦ	Φαρισαίου	κατεκλίθη.
αὐτός	καί	εἰσέρχομαι	εἰς	ὁ	οἶκος	ὁ	Φαρισαῖος	κατακλίνω
아우투	카이	에이셀돈	에이스	톤	오이콘	투	파리사이우	카테클리데
자기와	이에	들어오셔서	안으로	그	집을	그	바리새인의	기대어 앉으셨다
대.인.소.남.3단	접.등	동.분.2과.능.주.남.단.	전.목	관.목.남.단.	명.목.남.단	관.소.남.단	명.소.남.단	동.직.1과.수.3단.

37 그 동네에 죄를 지은 한 여자가 있어 예수께서 바리새인의 집에 앉아 계심을 알고 향유
담은 옥합을 가지고 와서
And, behold, a woman in the city, which was a sinner, when she knew that Jesus sat at meat in the Pharisee's house, brought an alabaster box of ointment,

2532	2400	1135	3748	1510	1722	3588	4172	268
καὶ	ἰδοὺ	γυνὴ	ἥτις	ἦν	ἐν	τῇ	πόλει	ἁμαρτωλός,
καί	ἰδού	γυνή	ὅστις	εἰμί	ἐν	ἡ	πόλις	ἁμαρτωλός
카이	이두	귀네	헤티스	엔	엔	테	폴레이	하마르톨로스
그런데	보라	한 여자가	바	있었던	안에	그	도시에	죄인으로
접.등	불.문	명.주.여.단	대.관.주.여.단	동.직.미완.능.3단	전.여격	관.여격.여.단	명.여격.여.단	형.주.여.단

2532	1921	3754	2621	1722	3588	3614	3588	5330
καὶ	ἐπιγνοῦσα	ὅτι	κατάκειται	ἐν	τῇ	οἰκίᾳ	τοῦ	Φαρισαίου,
καί	ἐπιγινώσκω	ὅτι	κατάκειμαι	ἐν	ἡ	οἰκία	ὁ	Φαρισαῖος
카이	에피그누사	호티	카타케이타이	엔	테	오이키아	투	파리사이우
이에	잘 알고	것을	식탁에 기대어 앉으신	안에	그	집에	그	바리새인의
접.등	동.분.2과.능.주.여.단	접.등	동.직.현.중수디.3단	전.여격	관.여격.여.단.	명.여격.여.단.	관.소.남.단.	명.소.남.단

2865	211	3464
κομίσασα	ἀλάβαστρον	μύρου
κομίζω	ἀλάβαστρον	μύρον
코미사사	알라바스트론	뮈루
가지고 와서	한 옥합을	향유의
동.분.1과.능.주.여.단	명.목.여.단/명.목.남.단	명.소.중.단

38 예수의 뒤로 그 발 곁에 서서 울며 눈물로 그 발을 적시고 자기 머리털로 닦고 그 발에
입맞추고 향유를 부으니

And stood at his feet behind him weeping, and began to wash his feet with tears, and did wipe them with the hairs of her head, and kissed his feet, and anointed them with the ointment.

2532	2476	3694	3844	3588	4228	846	2799	3588
καὶ	στᾶσα	ὀπίσω	παρὰ	τοὺς	πόδας	αὐτοῦ	κλαίουσα	τοῖς
καί	ἵστημι	ὀπίσω	παρά	ὁ	πούς	αὐτός	κλαίω	τό
카이	스타사	오피소	파라	투스	포다스	아우투	클라아우사	토이스
그래서	서서	뒤에	곁으로	그	두발을	그의	울면서	그(그의)
접.등	동.분.2과.능.주.여.단.	부	전.목	관.목.남.복.	명.목.남.복	대.인.소.남3단	동.분.현.능.주.여.단	관.여격.중.복

1144	756	1026	3588	4228	846	2532	3588	2359
δάκρυσιν	ἤρξατο	βρέχειν	τοὺς	πόδας	αὐτοῦ	καὶ	ταῖς	θριξὶν
δάκρυ	ἄρχομαι	βρέχω	ὁ	πούς	αὐτός	καί	ἡ	θρίξ
다크뤼신	에릌사토	브레케인	투스	포다스	아우투	카이	타이스	드릭신
눈물로	시작하였다	적시기를	그	두발을	그의	그리고	그	털들로
명.여격.중.복	동.직.1과.중.3단	동.부.현.능	관.목.남.복.	명.목.남.복	대.인.소.남.3단	접.등	관.여격.여.복	명.여격 여.복

3588	2776	846	1591	2532	2705	3588	4228
τῆς	κεφαλῆς	αὐτῆς	ἐξέμασσεν	καὶ	κατεφίλει	τοὺς	πόδας
ἡ	κεφαλή	αὐτός	ἐκμάσσω	καί	καταφιλέω	ὁ	πούς
테스	케팔레스	아우테스	엨세마쎈	카이	카테필레이	투스	포다스
그	머리의	그녀의	닦고 있었다	그리고	뜨겁게 입맞췄다	그	두발을
관.소.여.단.	명.소.여.단	대.인.소.여.3단	동.직.미완.능.3단	접.등	동.직.미완.능.3단	관.목.남.복.	명.목.남.복.

846	2532	218	3588	3464
αὐτοῦ	καὶ	ἤλειφεν	τῷ	μύρῳ.
αὐτός	καί	ἀλείφω	τό	μύρον
아우투	카이	엘레이펜	토	뮈로
그의	또	기름을 바르고 있었다	그	향유로
대.인.소.남.3단	접.등	동.직.미완.능.3단	관.여격.중.단.	명.여격.중.단

39 예수를 청한 바리새인이 그것을 보고 마음에 이르되 이 사람이 만일 선지자라면 자기를
만지는 이 여자가 누구며 어떠한 자 곧 죄인인 줄을 알았으리라 하거늘

Now when the Pharisee which had bidden him saw it, he spake within himself, saying, This man, if he were a prophet, would have known who and what manner of woman this is that toucheth him: for she is a sinner.

3708(1492)	1161	3588	5330	3588	2564	846	3004(2036)	1722
ἰδὼν	δὲ	ὁ	Φαρισαῖος	ὁ	καλέσας	αὐτὸν	εἶπεν	ἐν
ὁράω.εἴδω	δέ	ὁ	Φαρισαῖος	ὁ	καλέω	αὐτός	λέγω.ἔπω	ἐν
이돈	데	호	파리사이오스	호	칼레사스	아우톤	에이펜	엔
보고	그러나	그	바리새인이	그	초청한	그를	말하였다	속에
동.분.2과.능.주.남.단	접.우	관.주.남.단	명.주.남.단	관.주.남.단	동.분.1과.능.주.남.단	대.인.목.남.3단	동.직.2과.능.3.단.	전.여격

1438	3004	3778	1487	1510	4396	1097	302
ἑαυτῷ	λέγων,	οὗτος	εἰ	ἦν	προφήτης,	ἐγίνωσκεν	ἂν
ἑαυτοῦ	λέγω	οὗτος	εἰ	εἰμί	προφήτης	γινώσκω	ἄν
헤아우토	레곤	후토스	에이	엔	프로페테스	에기노스켄	안
그 자신	말하기를	이 사람이	만일	그가 있었다면	선지자로	알았으리라	며
대.인.여격.남.3단	동.분.현.능.주.남.단	대.지.주.남.단	접.종	동.직.미완.능.3단.	명.주.남.단	동.직.미완.능.3단	불.동

5101	2532	4217	3588	1135	3748	680	846	3754
τίς	καὶ	ποταπὴ	ἡ	γυνὴ	ἥτις	ἅπτεται	αὐτοῦ,	ὅτι
τίς	καί	ποταπός	ἡ	γυνή	ὅστις	ἅπτομαι	αὐτός	ὅτι
티스	카이	포타페	헤	귀네	헤티스	핲테타이	아우투	호티
누구	또	어떠한 여자인지	그	여자가	바	그가 만지는	자기를	때문이라
대.의.주.여.단.	접.등	대.의.주.여.단.	관.주.여.단.	명.주.여.단.	대.관.주.여.단	동.직.현.중.3단	대.인.소.남.3단.	접.종

268	1510
ἁμαρτωλός	ἐστιν.
ἁμαρτωλός	εἰμί
하마르톨로스	에스틴
죄인	이기
형.주.여.단	동.직.현.능.3단

40 예수께서 대답하여 이르시되 시몬아 내가 네게 이를 말이 있다 하시니 그가 이르되
선생님 말씀하소서

And Jesus answering said unto him, Simon, I have somewhat to say unto thee. And he saith, Master, say on.

2532	611	3588	2424	3004(2036)	4314	846	4613	2192
Καὶ	ἀποκριθεὶς	ὁ	Ἰησοῦς	εἶπεν	πρὸς	αὐτόν,	Σίμων,	ἔχω
καί	ἀποκρίνομαι	ὁ	Ἰησοῦς	λέγω.ἔπω	πρός	αὐτός	Σίμων	ἔχω
카이	아포크리테이스	호	예수스	에이펜	프로스	아우톤	시몬	에코
이에	대답하여	그	예수께서	말씀하셨다	향하여	그를	시몬아	내가 가지고 있다
접.등	동.분.1과.수.디.주.남.단.	관.주.남.단	명.주.남.단	동.직.2과.능.3단	전.목	대.인.목.남.3단.	명.호.남.단	동.직.현.능.1단

4771	5100	3004(2036)	3588	1161	1320	3004(2036)	5346
σοί	τι	εἰπεῖν.	ὁ	δέ,	διδάσκαλε,	εἰπέ,	φησίν.
σύ	τις	λέγω.ἔπω	ὁ	δέ	διδάσκαλος	λέγω.ἔπω	φημί
소이	티	에이페인	호	데	디다스칼레	에이페	페신
너에게	얼마간	말할 것을	그가	그러자	선생님이여	말씀하소서	예수께서 말씀하신다
대.인.여격.2단.	대.부.목.중.단.	동.부.2과.능	관.주.남.단	접.우	명.호.남.단	동.명.2과.능.2단.	동.직.현.능.3단

41 이르시되 빚 주는 사람에게 빚진 자가 둘이 있어 하나는 오백 데나리온을 졌고 하나는
오십 데나리온을 졌는데

There was a certain creditor which had two debtors: the one owed five hundred pence, and the other fifty.

1417	5533	1510	1157	5100	3588	1520
δύο	χρεοφειλέται	ἦσαν	δανιστῇ	τινι·	ὁ	εἷς
δύο	χρεωφειλέτης	εἰμί	δανειστής	τις	ὁ	εἷς
뒤오	크레오페일레타이	에산	다니스테	티니	호	헤이스
둘이	빚진 사람들	있었다	빚 주는 사람에게	어떤	그	한 사람은
형.기.목.남.복	명.주.남.복	동.직.미완.능.3복	명.여격.남.단	형.부.여격.남.단.	관.주.남.단	형.대.기.주.남.단

3784	1220	4001	3588	1161	2087	4004
ὤφειλεν	δηνάρια	πεντακόσια,	ὁ	δὲ	ἕτερος	πεντήκοντα.
ὀφείλω	δηνάριον	πεντακόσιοι	ὁ	δέ	ἕτερος	πεντήκοντα
오페일렌	데나리아	펜타코시아	호	데	헤테로스	펜테콘타
빚을 지고 있었다	데나리온을	오백	그	그리고	다른(사람은)	오십(데나리온을)
동.직.미완.능.3단	명.목.중.복.	형.기.목.중.복	관.주.남.단	접.등	형.대.주.남.단	형.대.기.목.중.복

42 갚을 것이 없으므로 둘 다 탕감하여 주었으니 둘 중에 누가 그를 더 사랑하겠느냐

And when they had nothing to pay, he frankly forgave them both. Tell me therefore, which of them will love him most?

3361	2192	846	591	297	5483	5101
μὴ	ἐχόντων	αὐτῶν	ἀποδοῦναι	ἀμφοτέροις	ἐχαρίσατο.	τίς
μή	ἔχω	αὐτός	ἀποδίδωμι	ἀμφότερος	χαρίζομαι	τίς
메	에콘톤	아우톤	아포두나이	암포테로이스	에카리사토	티스
아니하므로	가지지	그들이	갚을 것을	두 사람에게	탕감하여 주었다	누가
부	동.분.현.능.소.남.복	대.인.소.남.3복	동.부.2과.능	형.대.여격.남.복	동.직.1과.중디.3단	대.의.주.남.단

3767	846	4119	25	846
οὖν	αὐτῶν	πλεῖον	ἀγαπήσει	αὐτόν;
οὖν	αὐτός	πλείων	ἀγαπάω	αὐτός
운	아우톤	플레이온	아가페세이	아우톤
그런즉	그들 중의	더 많이	사랑할 것인가	그를
접.우	대.인.소.남.3복.	형.대.비.목.중.단.	동.직.미.능.3단	대.인.목.남.3단

43 시몬이 대답하여 이르되 내 생각에는 많이 탕감함을 받은 자니이다 이르시되 네 판단이
옳다 하시고

Simon answered and said, I suppose that he, to whom he forgave most. And he said unto him, Thou hast rightly judged.

611	4613	3004(2036)	5274	3754	3739	3588	4119
ἀποκριθεὶς	Σίμων	εἶπεν,	ὑπολαμβάνω	ὅτι	ᾧ	τὸ	πλεῖον
ἀποκρίνομαι	Σίμων	λέγω.ἔπω	ὑπολαμβάνω	ὅτι	ὅς	τό	πλείων
아포크리데이스	시몬	에이펜	휘폴람바노	호티	호	토	플레이온
대답하여	시몬이	말하였다	나는 생각하나이다		바 사람에게	그	더 많은 것을
동.분.1과.수디.주.남.단.	명.주.남.단.	동.직.2과.능.3단	동.직.현.능.1단.	접.등.	대.관.여격.남.단	관.목.중.단.	형.대.비.목.중.단.

5483	3588	1161	3004(2036)	846	3723	2919
ἐχαρίσατο.	ὁ	δὲ	εἶπεν	αὐτῷ,	ὀρθῶς	ἔκρινας.
χαρίζομαι	ὁ	δέ	λέγω.ἔπω	αὐτός	ὀρθῶς	κρίνω
에카리사토	호	데	에이펜	아우토	오르도스	에크리나스
탕감하여 주었다	예수께서	그러자	말씀하셨다	그에게	옳게	네가 판단하였다
동.직.1과.중디.3단.	관.주.남.단	접.우.	동.직.2과.능.3단.	대.인.여격.남.3단.	부	동.직.1과.능.2단

44 그 여자를 돌아보시며 시몬에게 이르시되 이 여자를 보느냐 내가 네 집에 들어올 때
너는 내게 발 씻을 물도 주지 아니하였으되 이 여자는 눈물로 내 발을 적시고 그
머리털로 닦았으며

And he turned to the woman, and said unto Simon, Seest thou this woman? I entered into thine house, thou gavest me no water for my feet: but she hath washed my feet with tears, and wiped them with the hairs of her head.

2532	4762	4314	3588	1135	3588	4613	5346
καὶ	στραφεὶς	πρὸς	τὴν	γυναῖκα	τῷ	Σίμωνι	ἔφη,
καί	στρέφω	πρός	ἡ	γυνή	ὁ	Σίμων	φημί
카이	스트라페이스	프로스	텐	귀나이카	토	시모니	에페
그리고	돌이키신 후	향하여	그	여자를	그	시몬에게	그가 말씀하셨다
접.등	동.분.2과.수.주.남.단.	전.목	관.목.여.단	명.목.여.단	관.여격.남.단.	명.여격.남.단	동.직.2과.능.3단/동.직.미완.능.3단

991	3778	3588	1135	1525	4771	1519	3588	3614
βλέπεις	ταύτην	τὴν	γυναῖκα;	εἰσῆλθόν	σου	εἰς	τὴν	οἰκίαν,
βλέπω	οὗτος	ἡ	γυνή	εἰσέρχομαι	σύ	εἰς	ἡ	οἰκία
블레페이스	타우텐	텐	귀나이카	에이셀돈	수	에이스	텐	오이키안
너는 보느냐	이	그	여자를	내가 들어왔다	너의	안으로	이	집을
동.직.현.능.2단	대.지.목.여.단	관.목.여.단.	명.목.여.단	동.직.2과.능.1단	대.인.소.2단.	전.목	관.목.여.단	명.목.여.단

5204	1473	1909	4228	3756	1325	3778	1161	3588	1144
ὕδωρ	μοι	ἐπὶ	πόδας	οὐκ	ἔδωκας·	αὕτη	δὲ	τοῖς	δάκρυσιν
ὕδωρ	ἐγώ	ἐπί	πούς	οὐ	δίδωμι	οὗτος	δέ	τό	δάκρυ
휘도르	모이	에피	포다스	우크	에도카스	하우테	데	토이스	다크뤼신
물도	나에게	위하여	두발을	아니하였다	너는 주지	이 여자는	그러나	그(그의)	눈물로
명.목.중.단.	대.인.여격.1단.	전.목	명.목.남.복	부	동.직.1과.능.2단.	대.지.주.여.단.	접.우	관.여격.중.복.	명.여격.중.복

1026	1473	3588	4228	2532	3588	2359	846	1591
ἔβρεξέν	μου	τοὺς	πόδας	καὶ	ταῖς	θριξὶν	αὐτῆς	ἐξέμαξεν.
βρέχω	ἐγώ	ὁ	πούς	καί	ἡ	θρίξ	αὐτός	ἐκμάσσω
에브렉센	무	투스	포다스	카이	타이스	드릭신	아우테스	엑세막센
적시었다	나의	이	두발을	또	그	머리털로	자기의	닦았다
동.직.1과.능.3단	대.인.소.1단.	관.목.남.복	명.목.남.복.	접.등	관.여격.여.복.	명.여격.여.복	대.인.소.여.3단.	동.직.1과.능.3단

45 너는 내게 입맞추지 아니하였으되 그는 내가 들어올 때로부터 내 발에 입맞추기를
그치지 아니하였으며

Thou gavest me no kiss: but this woman since the time I came in hath not ceased to kiss my feet.

5370	1473	3756	1325	3778	1161	575	3739	1525
φίλημά	μοι	οὐκ	ἔδωκας·	αὕτη	δὲ	ἀφ’	ἧς	εἰσῆλθον
φίλημα	ἐγώ	οὐ	δίδωμι	οὗτος	δέ	ἀπό	ὅς	εἰσέρχομαι
필레마	모이	우크	에도카스	하우테	데	압	헤스	에이셀돈
입맞춤을	나에게	아니하였다	너는 주지	이 여자는	그러나	부터	바 그때로	내가 들어왔을
명.목.중.단	대.인.여격.1단	부	동.직.1과.능.2단	대.지.주.여.단.	접.우	전.소	대.관.소.여.단	동.직.2과.능.1단

3756	1257	2705	1473	3588	4228
οὐ	διέλιπεν	καταφιλοῦσά	μου	τοὺς	πόδας.
οὐ	διαλείπω	καταφιλέω	ἐγώ	ὁ	πούς
우	디엘리펜	카타필루사	무	투스	포다스
아니하였다	그치지	입맞추는 것을	나의	이	두발에
부.	동.직.2과.능.3단	동.분.현.능.주.여.단	대.인.소.1단	관.목.남.복	명.목.남.복

46 너는 내 머리에 감람유도 붓지 아니하였으되 그는 향유를 내 발에 부었느니라

My head with oil thou didst not anoint: but this woman hath anointed my feet with ointment.

1637	3588	2776	1473	3756	218	3778	1161	3464
ἐλαίῳ	τὴν	κεφαλήν	μου	οὐκ	ἤλειψας·	αὕτη	δὲ	μύρῳ
ἔλαιον	ἡ	κεφαλή	ἐγώ	οὐ	ἀλείφω	οὗτος	δέ	μύρον
엘라이오	텐	케팔렌	무	우크	엘레잎사스	하우테	데	뮈로
감람유로	이	머리를	나의	아니하였다	너는 기름을 바르지	이 여자는	그러나	향유로
명.여격.중.단.	관.목.여.단	명.목.여.단	대.인.소.1단	부	동.직.1과.능.2단.	대.인.소.여.3단.	접.우	명.여격.중.단

218	3588	4228	1473
ἤλειψεν	τοὺς	πόδας	μου.
ἀλείφω	ὁ	πούς	ἐγώ
엘레잎센	투스	포다스	무
기름을 발랐다	이	두 발을	나의
동.직.1과.능.3단.	관.목.남.복	명.목.남.복.	대.인.소.1단

47 이러므로 내가 네게 말하노니 그의 많은 죄가 사하여졌도다 이는 그의 사랑함이 많음이라
사함을 받은 일이 적은 자는 적게 사랑하느니라

Wherefore I say unto thee, Her sins, which are many, are forgiven; for she loved much: but to whom little is forgiven, the same loveth little.

3739	5484	3004	4771	863	3588	266	846	3588
οὗ	χάριν	λέγω	σοι,	ἀφέωνται	αἱ	ἁμαρτίαι	αὐτῆς	αἱ
ὅς	χάριν	λέγω	σύ	ἀφίημι	ἡ	ἁμαρτία	αὐτός	ἡ
후	카린	레고	소이	아페온타이	하이	하마르티아이	아우테스	하이
그것을	위하여	내가 말한다	너에게	용서되었다	그	죄들이	그녀의	그
대.관.소.중.단	전.소	동.직.현.능.1단	대.인.여격.2단	동.직.1완.수.3복	관.주.여.복.	명.주.여.복	대.인.소.여.3단.	관.주.여.복.

4183	3754	25	4183	3739	1161	3641	863
πολλαί,	ὅτι	ἠγάπησεν	πολύ·	ᾧ	δὲ	ὀλίγον	ἀφίεται,
πολύς	ὅτι	ἀγαπάω	πολύς	ὅς	δέ	ὀλίγος	ἀφίημι
폴라이	호티	에가페센	폴뤼	호	데	올리곤	아피에타이
많은	때문이니	사랑하였기	많이	그에게	그러나	적은 것을	용서를 받으니
형.주.여.복	접.종	동.직.1과.능.3단	형.대.목.중.단	대.관.여격.남.단	접.등	형.대.주.중.단	동.직.현.수.3단

3641	25
ὀλίγον	ἀγαπᾷ.
ὀλίγος	ἀγαπάω
올리곤	아가파
적게	사랑한다
형.대.목.중.단.	동.직.현.능.3단

48 이에 여자에게 이르시되 네 죄 사함을 받았느니라 하시니
And he said unto her, Thy sins are forgiven.

3004(2036)	1161	846	863	4771	3588	266
εἶπεν	δὲ	αὐτῇ,	ἀφέωνταί	σου	αἱ	ἁμαρτίαι.
λέγω.ἔπω	δέ	αὐτός	ἀφίημι	σύ	ἡ	ἁμαρτία
에이펜	데	아우테	아페온타이	수	하이	하마르티아이
말씀하셨다	또	그 여자에게	용서되었다	너의	그	죄들이
동.직.2과.능.3단.	접.우	대.인.여격.여.3단.	동.직.1완.수.3복	대.인.소.2단	관.주.여.복	명.주.여.복

49 함께 앉아 있는 자들이 속으로 말하되 이가 누구이기에 죄도 사하는가 하더라
And they that sat at meat with him began to say within themselves, Who is this that forgiveth sins also?

2532	756	3588	4873	3004	1722	1438	5101
Καὶ	ἤρξαντο	οἱ	συνανακείμενοι	λέγειν	ἐν	ἑαυτοῖς,	τίς
καί	ἄρχομαι	ὁ	συνανάκειμαι	λέγω	ἐν	ἑαυτοῦ	τίς
카이	에릌산토	호이	쉬나나케이메노이	레게인	엔	헤아우토이스	티스
그러자	그들이 시작하였다	그(사람들이)	함께 기대어 앉은	말하는 것을	속에	그들 자신들	누구
접.등	동.직.1과.수.3복.	관.주.남.복	동.분.현.중수디.주.남.복	동.부.현.능	전.여격	대.인.여격.남.3복	대.의.주.남.단.

3778	1510	3739	2532	266	863
οὗτός	ἐστιν	ὃς	καὶ	ἁμαρτίας	ἀφίησιν;
οὗτος	εἰμί	ὅς	καί	ἁμαρτία	ἀφίημι
후토스	에스틴	호스	카이	하마르티아스	아피에신
이 사람이	인가	바	까지도	죄들	용서하는
대.지.주.남.단.	동.직.현.능.3단.	대.관.주.남.단.	부.	명.목.여.복	동.직.현.능.3단

50 예수께서 여자에게 이르시되 네 믿음이 너를 구원하였으니 평안히 가라 하시니라
And he said to the woman, Thy faith hath saved thee; go in peace.

3004(2036)	1161	4314	3588	1135	3588	4102	4771	4982
εἶπεν	δὲ	πρὸς	τὴν	γυναῖκα,	ἡ	πίστις	σου	σέσωκέν
λέγω.ἔπω	δέ	πρός	ἡ	γυνή	ἡ	πίστις	σύ	σώζω
에이펜	데	프로스	텐	귀나이카	헤	피스티스	수	세소켄
예수께서 말씀하셨다	그러나	향하여	그	여자를	그	믿음이	네	구원하였다
동.직.2과.능.3단	접.우	전.목	관.목.여.단	명.목.여.단	관.주.여.단	명.주.여.단	대.인.소.2단.	동.직.1완.능.3단

4771	4198	1519	1515
σε·	πορεύου	εἰς	εἰρήνην.
σύ	πορεύομαι	εἰς	εἰρήνη
세	포류우	에이스	에이레넨
너를	가라	으로	평안함
대.인.목.2단	동.명.현.중수디.2단	전.목	명.목.여.단

8 그 후에 예수께서 각 성과 마을에 두루 다니시며 하나님의 나라를 선포하시며 그 복음을 전하실새 열두 제자가 함께 하였고
And it came to pass afterward, that he went throughout every city and village, preaching and showing the glad tidings of the kingdom of God: and the twelve were with him,

2532	1096	1722	3588	2517	2532	846	1353	2596
Καὶ	ἐγένετο	ἐν	τῷ	καθεξῆς	καὶ	αὐτὸς	διώδευεν	κατὰ
καί	γίνομαι	ἐν	ὁ	καθεξῆς	καί	αὐτός	διοδεύω	κατά
카이	에게네토	엔	토	카텍세스	카이	아우토스	디오듀엔	카타
그리고	있었다		그	후에	또한	그가	두루 다니고 계셨다	마다
접.등	동.직.2과.중디.3단	전.여격	관.여격.남.단	부	접.우	대.인.주.남.3단	동.직.미완.능.3단	전.목

4172	2532	2968	2784	2532	2097	3588	932
πόλιν	καὶ	κώμην	κηρύσσων	καὶ	εὐαγγελιζόμενος	τὴν	βασιλείαν
πόλις	καί	κώμη	κηρύσσω	καί	εὐαγγελίζω	ἡ	βασιλεία
폴린	카이	코멘	케뤼쑨	카이	유앙겔리조메노스	텐	바실레이안
도시	와	마을	선포하시며	그리고	복음을 전하시며	그	나라의
명.목.여.단	접.등	명.목.여.단	동.분.현.능.주.남.단.	접.등	동.분.현.중.주.남.단	관.목.여.단	명.목.여.단

3588	2316	2532	3588	1427	4862	846
τοῦ	θεοῦ	καὶ	οἱ	δώδεκα	σὺν	αὐτῷ,
ὁ	θεός	καί	ὁ	δώδεκα	σύν	αὐτός
투	테우	카이	호이	도데카	쉰	아우토
그	하나님의	또	그	열두(제자들이)	함께	그와
관.소.남.단.	명.소.남.단.	접.등	관.주.남.복	형.대.기.주.남.복	전.여격	대.인.여격.남.3단

2 또한 악귀를 쫓아내심과 병 고침을 받은 어떤 여자들 곧 일곱 귀신이 나간 자
막달라인이라 하는 마리아와

And certain women, which had been healed of evil spirits and infirmities, Mary called Magdalene, out of whom went seven devils,

2532	1135	5100	3739	1510	2323	575	4151
καὶ	γυναῖκές	τινες	αἳ	ἦσαν	τεθεραπευμέναι	ἀπὸ	πνευμάτων
καί	γυνή	τις	ὅς	εἰμί	θεραπεύω	ἀπό	πνεῦμα
카이	귀나이케스	티네스	하이	에산	테데라퓨메나이	아포	프뉴마톤
또한	여자들이	어떤	바	있었던	고침을 받고서	부터	영들
접.등	명.주.여.복	형.부.주.여.복.	대.관.주.여.복.	동.직.미완.능.3복.+	+동.분.1완.수.주.여.복	전.소	명.소.중.복

4190	2532	769	3137	3588	2564	3094	575
πονηρῶν	καὶ	ἀσθενειῶν,	Μαρία	ἡ	καλουμένη	Μαγδαληνή,	ἀφ'
πονηρός	καί	ἀσθένεια	Μαρία	ἡ	καλέω	Μαγδαληνή	ἀπό
포네론	카이	아스데네이온	마리아	헤	칼루메네	막달레네	앞
사악한	과	연약함으로	마리아는	그	불리우는	막달라	부터
형.소.중.복	접.등	명.소.여.복	명.주.여.단	관.주.여.단	동.분.현.수.주.여.단.	명.주.여.단	전.소

3739	1140	2033	1831
ἧς	δαιμόνια	ἑπτὰ	ἐξεληλύθει,
ὅς	δαιμόνιον	ἑπτά	ἐξέρχομαι
헤스	다이모니아	헾타	엑셀렐뤼데이
그로	귀신들이	일곱	나갔었다
대.관.소.여.단.	명.주.중.복	형.기.주.중.복	동.직.과완.능.3단

3 헤롯의 청지기 구사의 아내 요안나와 수산나와 다른 여러 여자가 함께 하여 자기들의
소유로 그들을 섬기더라

And Joanna the wife of Chuza Herod's steward, and Susanna, and many others, which ministered unto him of their substance.

2532	2489	1135	5529	2012	2264	2532	4677
καὶ	Ἰωάννα	γυνὴ	Χουζᾶ	ἐπιτρόπου	Ἡρῴδου	καὶ	Σουσάννα
καί	Ἰωάννα	γυνή	Χουζᾶς	ἐπίτροπος	Ἡρῴδης	καί	Σουσάννα
카이	요안나	귀네	쿠자	에피트로푸	헤로두	카이	수산나
그리고	요안나	아내	구사의	청지기	헤롯의	와	수산나
접.등	명.주.여.단	명.주.여.단	명.소.남.단	명.소.남.단	명.소.남.단	접.등	명.주.여.단

2532	2087	4183	3748	1247	846	1537	3588
καὶ	ἕτεραι	πολλαί,	αἵτινες	διηκόνουν	αὐτοῖς	ἐκ	τῶν
καί	ἕτερος	πολύς	ὅστις	διακονέω	αὐτός	ἐκ	τό
카이	헤테라이	폴라이	하이티네스	디에코눈	아우토이스	에크	톤
와	다른 (여자들이)	많은	그녀들은	섬기고 있었다	그들에게	중에서	그
접.등	형.대.주.여.복	형.주.여.복	대.관.주.여.복.	동.직.미완.능.3복	대.인.여격.남.3복.	전.소	관.소.중.복

5225	846
ὑπαρχόντων	αὐταῖς.
ὑπάρχω	αὐτός
휘파르콘톤	아우타이스
소유하는	그녀들에게
동.분.현.능.소.중.복	대.인.여격.여.3복

4 각 동네 사람들이 예수께로 나아와 큰 무리를 이루니 예수께서 비유로 말씀하시되
And when much people were gathered together, and were come to him out of every city, he spake by a parable:

4896	1161	3793	4183	2532	3588	2596	4172
Συνιόντος	δὲ	ὄχλου	πολλοῦ	καὶ	τῶν	κατὰ	πόλιν
σύνειμι	δέ	ὄχλος	πολύς	καί	ὁ	κατά	πόλις
쉬니온토스	데	오클루	폴루	카이	톤	카타	폴린
모일 때에	그리고	한 무리가	큰(많은)	이에	그(사람들의)	마다	도시
동.분.현.능.소.남.단	접.등	명.소.남.단.	형.소.남.단.	접.등.	관.소.남.복.	전.목	명.목.여.난

1975	4314	846	3004(2036)	1223	3850
ἐπιπορευομένων	πρὸς	αὐτὸν	εἶπεν	διὰ	παραβολῆς·
ἐπιπορεύομαι	πρός	αὐτός	λέγω.ἔπω	διά	παραβολή
에피포류오메논	프로스	아우톤	에이펜	디아	파라볼레스
나가는	에게로	그를	말씀하셨다	통하여	한 비유를
동.분.현.중.수디.소.남.복	전.목	대.인.목.남.3단	동.직.2과.능.3단.	전.소	명.소.여.단

5 씨를 뿌리는 자가 그 씨를 뿌리러 나가서 뿌릴새 더러는 길 가에 떨어지매 밟히며
공중의 새들이 먹어버렸고
A sower went out to sow his seed: and as he sowed, some fell by the way side; and it was trodden down, and the fowls of the air devoured it.

1831	3588	4687	3588	4687	3588	4703	846	2532
ἐξῆλθεν	ὁ	σπείρων	τοῦ	σπεῖραι	τὸν	σπόρον	αὐτοῦ.	καὶ
ἐξέρχομαι	ὁ	σπείρω	τό	σπείρω	ὁ	σπόρος	αὐτός	καί
엑셀덴	호	스페이론	투	스페이라이	톤	스포론	아우투	카이
나갔다	그(사람이)	씨를 뿌리는	그	씨를 뿌리려고	그	씨를	그의	그런데
동.직.2과.능.3단	관.주.남.단	동.분.현.능.주.남.단.	관.소.중.단.	동.부.1과.능.소	관.목.남.단	명.목.남.단	대.인.소.남.3단.	접.등

1722	3588	4687	846	3739	3303	4098	3844	3588	3598
ἐν	τῷ	σπείρειν	αὐτὸν	ὃ	μὲν	ἔπεσεν	παρὰ	τὴν	ὁδόν
ἐν	τό	σπείρω	αὐτός	ὅς	μέν	πίπτω	παρά	ἡ	ὁδός
엔	토	스페이레인	아우톤	호	멘	에페센	파라	텐	호돈
때에	그	씨를 뿌릴	그가			떨어졌다	가로	그	길
전.여격.	관.여격.중.단.	동.부.현.능.여격.	대.인.목.남.3단	대.관.주.중.단	접.등	동.직.2과.능.3단.	전.목	관.목.여.단	명.목.여.단

2532	2662	2532	3588	4071	3588	3772	2719	846
καὶ	κατεπατήθη,	καὶ	τὰ	πετεινὰ	τοῦ	οὐρανοῦ	κατέφαγεν	αὐτό.
καί	καταπατέω	καί	τό	πετεινόν	ὁ	οὐρανός	κατεσθίω	αὐτός
카이	카테파테데	카이	타	페테이나	투	우라누	카테파겐	아우토
이에	짓밟혀졌다	그리고	그	새들이	그	하늘의	삼켜버렸다	그것을
접.등	동.직.1과.수.3단	접.등.	관.주.중.복.	형.대.주.중.복	관.소.남.단	명.소.남.단	동.직.2과.능.3단	대.인.목.중.3단

6 더러는 바위 위에 떨어지매 싹이 났다가 습기가 없으므로 말랐고
And some fell upon a rock; and as soon as it was sprung up, it withered away, because it lacked moisture.

2532	2087	4098	1909	3588	4073	2532	5453	3583
καὶ	ἕτερον	κατέπεσεν	ἐπὶ	τὴν	πέτραν,	καὶ	φυὲν	ἐξηράνθη
καί	ἕτερος	καταπίπτω	ἐπί	ἡ	πέτρα	καί	φύω	ξηραίνω
카이	헤테론	카테페센	에피	텐	페트란	카이	퓌엔	엑세란데
또	다른 씨는	떨어졌다	위로	그	바위를	그러자	자라게 된 후	말라버렸다
접.등	형.대.주.중.단	동.직.2과.능.3단	전.목	관.목.여.단	명.목.여.단	접.등.	동.분.2과.수.주.중.단.	동.직.1과.수.3단.

1223	3588	3361	2192	2429
διὰ	τὸ	μὴ	ἔχειν	ἰκμάδα.
διά	τό	μή	ἔχω	ἰκμάς
디아	토	메	에케인	이크마다
때문에	그	못하기	가지지	습기를
전목	관목.중.단.	부	동.부.현.능.목.	명.목.여.단

7 더러는 가시떨기 속에 떨어지매 가시가 함께 자라서 기운을 막았고
And some fell among thorns; and the thorns sprang up with it, and choked it.

2532	2087	4098	1722	3319	3588	173	2532	4855
καὶ	ἕτερον	ἔπεσεν	ἐν	μέσῳ	τῶν	ἀκανθῶν,	καὶ	συμφυεῖσαι
καί	ἕτερος	πίπτω	ἐν	μέσος	ἡ	ἄκανθα	καί	συμφύω
카이	헤테론	에페센	엔	메소	톤	아칸돈	카이	쉼퓌에이사이
또	다른 씨는	떨어졌다	속에	가운데	그	가시덤불들에	그러자	함께 자라게 된 후
접등	형.대.주.중.단	동.직.2과.능.3단	전.여격	형.대.여격.중.단	관.소.여.복	명.소.여.복	접등	동.분.2과.수.주.여.복

3588	173	638	846
αἱ	ἄκανθαι	ἀπέπνιξαν	αὐτό.
ἡ	ἄκανθα	ἀποπνίγω	αὐτός
하이	아칸다이	아페프닉산	아우토
그	가시들이	질식시켰다	그것을
관.주.여.복	명.주.여.복	동.직.1과.능.3복	대.인.목.중.3단

8 더러는 좋은 땅에 떨어지매 나서 백 배의 결실을 하였느니라 이 말씀을 하시고 외치시되
들을 귀 있는 자는 들을지어다
And other fell on good ground, and sprang up, and bare fruit an hundredfold. And when he had said these things, he cried, He that hath ears to hear, let him hear.

2532	2087	4098	1519	3588	1093	3588	18	2532	5453
καὶ	ἕτερον	ἔπεσεν	εἰς	τὴν	γῆν	τὴν	ἀγαθήν	καὶ	φυὲν
καί	ἕτερος	πίπτω	εἰς	ἡ	γῆ	ἡ	ἀγαθός	καί	φύω
카이	헤테론	에페센	에이스	텐	겐	텐	아가덴	카이	퓌엔
또	다른 씨는	떨어졌다	속으로	그	땅을	그	좋은	그래서	자라게 된 후
접등	형.대.주.중.단.	동.직.2과.능.3단	전목	관.목.여.단	병.목.여.단.	관.목.여.단.	형.목.여.단	접등	동.분.2과.수.주.중.단

4160	2590	1542	3778	3004	5455
ἐποίησεν	καρπὸν	ἑκατονταπλασίονα.	ταῦτα	λέγων	ἐφώνει,
ποιέω	καρπός	ἑκατονταπλασίων	οὗτος	λέγω	φωνέω
에포이에센	카르폰	헤카톤타플라시온타	타우타	레곤	에포네이
그것이 맺었다	열매를	백 배	이런 일들을	말씀하시면서	그가 외치셨다
동.직.1과.능.3단	명.목.남.단	형.목.남.단./형.대.목.중.복	대.지.목.중.복	동.분.현.능.주.남.단	동.직.미완.능.3단

3588	2192	3775	191	191
ὁ	ἔχων	ὦτα	ἀκούειν	ἀκουέτω.
ὁ	ἔχω	οὖς	ἀκούω	ἀκούω
호	에콘	오타	아쿠에인	아쿠에토
그(사람은)	가진	귀들을	들을	그는 들어라
관.주.남.단	동.분.현.능.주.남.단.	명.목.중.복	동.부.현.능	동.명.현.능.3단

9 제자들이 이 비유의 뜻을 물으니
And his disciples asked him, saying, What might this parable be?

1905	1161	846	3588	3101	846	5101	3778
Ἐπηρώτων	δὲ	αὐτὸν	οἱ	μαθηταὶ	αὐτοῦ	τίς	αὕτη
ἐπερωτάω	δέ	αὐτός	ὁ	μαθητής	αὐτός	τίς	οὗτος
에페로톤	데	아우톤	호이	마데타이	아우투	티스	하우테
캐물었다	그리고	그를	그	제자들이	그의	무엇	이
동.직.미완.능.3복	접등	대.인.목.능.3단.	관.주.남.복.	명.주.남.복	대.인.소.남.3단	대.의.주.여.단	대.지.주.여.단

1510	3588	3850
εἴη	ἡ	παραβολή.
εἰμί	ἡ	παραβολή
에이에	헤	파라볼레
인지	그	비유가
동.희.현.능.3단.	관.주.여.단.	명.주.여.단

10 이르시되 하나님 나라의 비밀을 아는 것이 너희에게는 허락되었으나 다른 사람에게는
비유로 하나니 이는 그들로 보아도 보지 못하고 들어도 깨닫지 못하게 하려 함이라
And he said, Unto you it is given to know the mysteries of the kingdom of God: but to others in parables; that seeing they might not see, and hearing they might not understand.

3588	1161	3004(2036)	4771	1325	1097	3588	3466
ὁ	δὲ	εἶπεν,	ὑμῖν	δέδοται	γνῶναι	τὰ	μυστήρια
ὁ	δέ	λέγω.ἔπω	σύ	δίδωμι	γινώσκω	τό	μυστήριον
호	데	에이펜	휘민	네도타이	그노나이	타	뮈스테리아
그(예수님)가	그러자	말씀하셨다	너희에게	그것이 주어졌다	아는 것을	그	비밀들을
관.주.남.단.	접.우	동.직.2과.능.3단.	대.인.여격.2복.	동.직.1완.수.3단	동.부.2과.능	관.목.중.복	명.목.중.복

3588	932	3588	2316	3588	1161	3062	1722	3850
τῆς	βασιλείας	τοῦ	θεοῦ,	τοῖς	δὲ	λοιποῖς	ἐν	παραβολαῖς,
ἡ	βασιλεία	ὁ	θεός	ὁ	δέ	λοιπος	ἐν	παραβολή
테스	바실레이아스	투	데우	토이스	데	로이포이스	엔	파라볼라이스
그	나라의	그	하나님의	그	그러나	남은 사람들에게	안에서	비유들
관.소.여.단	명.소.여.단	관.소.남.단.	명.소.남.단	관.여격.남.복.	접.등	형.대.여격.남.복	전.여격	명.여격.여.복

2443	991	3361	991	2532	191	3361	4920
ἵνα	βλέποντες	μὴ	βλέπωσιν	καὶ	ἀκούοντες	μὴ	συνιῶσιν.
ἵνα	βλέπω	μή	βλέπω	καί	ἀκούω	μή	συνίημι
히나	블레폰테스	메	블레포신	카이	아쿠온테스	메	쉬니오신
하려함이다	보면서도	못하고	그들이 보지	그리고	들으면서도	못하게	그들이 깨닫지
접.우/접.종	동.분.현.능.주.남.복.	부	동.가.현.능.3복	접.등	동.분.현.능.주.남.복	부	동.가.현.능.3복

11 이 비유는 이러하니라 씨는 하나님의 말씀이요
Now the parable is this: The seed is the word of God.

1510	1161	3778	3588	3850	3588	4703	1510	3588
Ἔστιν	δὲ	αὕτη	ἡ	παραβολή·	ὁ	σπόρος	ἐστὶν	ὁ
εἰμί	δέ	οὗτος	ἡ	παραβολή	ὁ	σπόρος	εἰμί	ὁ
에스틴	데	하우테	헤	파라볼레	호	스포로스	에스틴	호
이다	이제	이	그	비유	그	씨는	이다	그
동.직.현.능.3단	접.등	대.지.주.여.단.	관.주.여.단.	명.주.여.단	관.주.남.단.	명.주.남.단	동.직.현.능.3단	관.주.남.단

3056	3588	2316
λόγος	τοῦ	θεοῦ.
λόγος	ὁ	θεός
로고스	투	테우
말씀	그	하나님의
명.주.남.단	관.소.남.단	명.소.남.단

12 길 가에 있다는 것은 말씀을 들은 자니 이에 마귀가 가서 그들이 믿어 구원을 얻지
못하게 하려고 말씀을 그 마음에서 빼앗는 것이요
Those by the way side are they that hear; then cometh the devil, and taketh away the word out of their hearts, lest they should believe and be saved.

3588	1161	3844	3588	3598	1510	3588	191	1534
οἱ	δὲ	παρὰ	τὴν	ὁδόν	εἰσιν	οἱ	ἀκούσαντες,	εἶτα
ὁ	δέ	παρά	ἡ	ὁδός	εἰμί	ὁ	ἀκούω	εἶτα
호이	데	파라	텐	호돈	에이신	호이	아쿠산테스	에이타
그(사람들)	그런데	가에 (있는)	그	길	이니라	그(사람)	말씀을 들은	그러면
관.주.남.복	접.등	전.목	관.목.여.단	명.목.여.단.	동.직.현.능.3복	관.주.남.복	동.분.1과.능.주.남.복	부

2064	3588	1228	2532	142	3588	3056	575	3588
ἔρχεται	ὁ	διάβολος	καὶ	αἴρει	τὸν	λόγον	ἀπὸ	τῆς
ἔρχομαι	ὁ	διάβολος	καί	αἴρω	ὁ	λόγος	ἀπό	ἡ
에르케타이	호	디아볼로스	카이	아이레이	톤	로곤	아포	테스
온다	그	마귀가	그래서	빼앗는 것이다	그	말씀을	부터	그
동.직.현.중수디.3단.	관.주.남.단.	형.대.주.남.단	접.등	동.직.현.능.3단	관.목.남.단	명.목.남.단.	전.소	관.소.여.단

2588	846	2443	3361	4100	4982
καρδίας	αὐτῶν,	ἵνα	μὴ	πιστεύσαντες	σωθῶσιν.
καρδία	αὐτός	ἵνα	μή	πιστεύω	σῴζω
카르디아스	아우톤	히나	메	피스튜산테스	소도신
마음으로	그들의	하려함이라	못하게	믿어	그들이 구원을 받지
명.소.여.단	대.인.소.남.3복	접.종	부	동.분.1과.능.주.남.복	동.가.1과.수.3복

13 바위 위에 있다는 것은 말씀을 들을 때에 기쁨으로 받으나 뿌리가 없어 잠깐 믿다가
시련을 당할 때에 배반하는 자요

They on the rock are they, which, when they hear, receive the word with joy; and these have no root, which for a while believe, and in time of temptation fall away.

3588	1161	1909	3588	4073	3739	3752	191	3326
οἱ	δὲ	ἐπὶ	τῆς	πέτρας	οἳ	ὅταν	ἀκούσωσιν	μετὰ
ὁ	δέ	ἐπί	ἡ	πέτρα	ὅς	ὅταν	ἀκούω	μετά
호이	데	에피	테스	페트라스	호이	호탄	아쿠소신	메타
그(것들은)	또	위에서	그	바위의	바 사람들	때에	그들이 말씀을 들을	으로
관.주.남.복	접.등	전.소	관.소.여.단	명.소.여.단	대.관.주.남.복	접.종	동.가.1과.능.3복	전.소

5479	1209	3588	3056	2532	3778	4491	3756	2192
χαρᾶς	δέχονται	τὸν	λόγον,	καὶ	οὗτοι	ῥίζαν	οὐκ	ἔχουσιν,
χαρά	δέχομαι	ὁ	λόγος	καί	οὗτος	ῥίζα	οὐ	ἔχω
카라스	데콘타이	톤	로곤	카이	후토이	흐리잔	우크	에쿠신
기쁨	받음	그	말씀을	그러나	이 사람들은	뿌리를	못하다	가지고 있지
명.소.여.단	동.직.현.중수디.3복.	관.목.남.단.	명.목.남.단	접.등	대.지.주.남.복.	명.목.여.단	부	동.직.현.능.3복

3739	4314	2540	4100	2532	1722	2540	3986
οἳ	πρὸς	καιρὸν	πιστεύουσιν	καὶ	ἐν	καιρῷ	πειρασμοῦ
ὅς	πρός	καιρός	πιστεύω	καί	ἐν	καιρός	πειρασμός
호이	프로스	카이론	피스튜우신	카이	엔	카이로	페이라스무
그들은	동안	잠시	믿는다	그러나	중에	때	시련의
대.관.주.남.복.	전.목	명.목.남.단	동.직.현.능.3복	접.등	전.여격	명.여격.남.단	명.소.남.단

868
ἀφίστανται.
ἀφίστημι
아피스탄타이
그들이 떨어져 나간다
동.직.현.중.3복

14 가시떨기에 떨어졌다는 것은 말씀을 들은 자이나 지내는 중 이생의 염려와 재물과 향락에
기운이 막혀 온전히 결실하지 못하는 자요

And that which fell among thorns are they, which, when they have heard, go forth, and are choked with cares and riches and pleasures of this life, and bring no fruit to perfection.

3588	1161	1519	3588	173	4098	3778	1510	3588
τὸ	δὲ	εἰς	τὰς	ἀκάνθας	πεσόν,	οὗτοί	εἰσιν	οἱ
ὁ	δέ	εἰς	ἡ	ἄκανθα	πίπτω	οὗτος	εἰμί	ὁ
토	데	에이스	타스	아칸다스	페손	후토이	에이신	호이
그(것은)	또	속으로	그	가시떨기들을	떨어진	이 사람들은	이다	그(사람)
관.주.남.단	접.등	전.목	관.목.여.복	명.목.여.복	동.분.2과.능.주.중.단	대.지.주.남.복	동.직.현.능.3복	관.주.남.복

191	2532	5259	3308	2532	4149	2532	2237	3588
ἀκούσαντες,	καὶ	ὑπὸ	μεριμνῶν	καὶ	πλούτου	καὶ	ἡδονῶν	τοῦ
ἀκούω	καί	ὑπό	μέριμνα	καί	πλοῦτος	καί	ἡδονή	ὁ
아쿠산테스	카이	휘포	메림논	카이	플루투	카이	헤도논	투
말씀을 들은	그런데	의하여	염려들	과	재산(부)	와	쾌락들에	그
동.분.1과.능.주.남.복	**접.등**	**전.소**	**명.소.여.복**	**접.등**	**명.소.남.단**	**접.등**	**명.소.여.복**	**관.소.남.단.**

979	4198	4846	2532	3756	5052
βίου	πορευόμενοι	συμπνίγονται	καὶ	οὐ	τελεσφοροῦσιν.
βίος	πορεύομαι	συμπνίγω	καί	οὐ	τελεσφορέω
비우	포류오메노이	쉼프니곤타이	카이	우	텔레스포루신
생활의	나아가면서	완전히 질식시킨다	그래서	못한다	(열매를) 온전히 맺지
명.소.남.단	**동.분.현.중수디.주.남.복.**	**동.직.현.수.3복**	**접.등**	**부**	**동.직.현.능.3복**

15 좋은 땅에 있다는 것은 착하고 좋은 마음으로 말씀을 듣고 지키어 인내로 결실하는 자니라
But that on the good ground are they, which in an honest and good heart, having heard the word, keep it, and bring forth fruit with patience.

3588	1161	1722	3588	2570	1093	3778	1510	3748	1722
τὸ	δὲ	ἐν	τῇ	καλῇ	γῇ,	οὗτοί	εἰσιν	οἵτινες	ἐν
τό	δέ	ἐν	ἡ	καλός	γῆ	οὗτος	εἰμί	ὅστις	ἐν
토	데	엔	테	칼레	게	후토이	에이신	호이티네스	엔
그(사람은)	또	안에	그	아름다운	땅에	이 사람들은	이니라	바 사람들	속에
관.주.중.단	**접.등**	**전.여격**	**관.여격.여.단**	**형.여격.여.단**	**명.여격.여.단**	**대.지.주.남.복**	**동.직.현.능.3복**	**대.관.주.남.복**	**전.여격**

2588	2570	2532	18	191	3588	3056	2722	2532
καρδίᾳ	καλῇ	καὶ	ἀγαθῇ	ἀκούσαντες	τὸν	λόγον	κατέχουσιν	καὶ
καρδία	καλός	καί	ἀγαθός	ἀκούω	ὁ	λόγος	κατέχω	καί
카르디아	칼레	카이	아가데	아쿠산테스	톤	로곤	카테쿠신	카이
마음	아름답고	그리고	착한	듣고	그	말씀을	굳게 잡는다	그래서
명.여격.여.단	**형.여격.여.단**	**접.등**	**형.여격.여.단**	**동.분.1과.능.주.남.복**	**관.목.남.단**	**명.목.남.단**	**동.직.현.능.3복**	**접.등**

2592	1722	5281
καρποφοροῦσιν	ἐν	ὑπομονῇ.
καρποφορέω	ἐν	ὑπομονή
카르포포루신	엔	휘포모네
열매를 맺는다	중에	인내
동.직.현.능.3복	**전.여격**	**명.여격.여.단**

16 누구든지 등불을 켜서 그릇으로 덮거나 평상 아래에 두지 아니하고 등경 위에 두나니
이는 들어가는 자들로 그 빛을 보게 하려 함이라
No man, when he hath lighted a candle, covereth it with a vessel, or putteth it under a bed; but setteth it on a candlestick, that they which enter in may see the light.

3762	1161	3088	681	2572	846	4632	2228	5270
Οὐδεὶς	δὲ	λύχνον	ἅψας	καλύπτει	αὐτὸν	σκεύει	ἢ	ὑποκάτω
οὐδείς	δέ	λύχνος	ἅπτω	καλύπτω	αὐτός	σκεῦος	ἤ	ὑποκάτω
우데이스	데	뤼크논	핲사스	칼뤂테이	아우톤	스큐에이	에	휘포카토
아무도 않는다	그리고	등불을	켜서	덮거나	그것을	그릇으로	또는	아래로
형.대.기.주.남.단	**접.등**	**명.목.남.단**	**동.분.1과.능.주.남.단.**	**동.직.현.능.3단**	**대.인.목.남.3단.**	**명.여격.중.단.**	**접.등**	**전.소**

2825	5087	235	1909	3087	5087	2443	3588
κλίνης	τίθησιν,	ἀλλ'	ἐπὶ	λυχνίας	τίθησιν,	ἵνα	οἱ
κλίνη	τίθημι	ἀλλά	ἐπί	λυχνία	τίθημι	ἵνα	ὁ
클리네스	티데신	알	에피	뤼크니아스	티데신	히나	호이
침대의	두지	그러나	위에	등경의	두나니	하려함이라	그(사람들로)
명.소.여.단	**동.직.현.능.3단**	**접.우**	**전.소**	**명.소.여.단**	**동.직.현.능.3단.**	**접.종**	**관.주.남.복**

1531	991	3588	5457
εἰσπορευόμενοι	βλέπωσιν	τὸ	φῶς.
εἰσπορεύομαι	βλέπω	τό	φῶς
에이스포류오메노이	블레포신	토	포스
들어가는	보게	그	빛을
동.분.현.중수디.주.남.복	**동.가.현.능.3복**	**관.목.중.단.**	**명.목.중.단**

17 숨은 것이 장차 드러나지 아니할 것이 없고 감추인 것이 장차 알려지고 나타나지 않을
것이 없느니라
For nothing is secret, that shall not be made manifest; neither any thing hid, that shall not be known and come abroad.

3756	1063	1510	2927	3739	3756	5318	1096	3761
οὐ	γάρ	ἐστιν	κρυπτὸν	ὃ	οὐ	φανερὸν	γενήσεται	οὐδὲ
οὐ	γάρ	εἰμί	κρυπτός	ὅς	οὐ	φανερός	γίνομαι	οὐδέ
우	가르	에스틴	크뤕톤	호	우	파네론	게네세타이	우데
아니하고	왜냐하면	있지	감춘 것이	바	아니할	나타나게	장차 되지	또 없음이라
부	접종	동.직현능.3단	형.대.주.중.단	대.관.주.중.단	부	형.주.중.단	동.직.미.중디.3단	접.등

614	3739	3756	3361	1097	2532	1519	5318	2064
ἀπόκρυφον	ὃ	οὐ	μὴ	γνωσθῇ	καὶ	εἰς	φανερὸν	ἔλθῃ.
ἀπόκρυφος	ὅς	οὐ	μή	γινώσκω	καί	εἰς	φανερός	ἔρχομαι
아포크뤼폰	호	우	메	그노스데	카이	에이스	파네론	엘데
숨겨진 것이	바	아니할	결코	알려지고	그리고	으로	나타나는 것	오지
형.대.주.중.단	대.관.주.중.단	부	부	동.가.1과.수.3단	접.등	전.목	형.대.목.중.단	동.가.2과.능.3단

18 그러므로 너희가 어떻게 들을까 스스로 삼가라 누구든지 있는 자는 받겠고 없는 자는 그
있는 줄로 아는 것까지도 빼앗기리라 하시니라
Take heed therefore how ye hear: for whosoever hath, to him shall be given; and whosoever hath not, from him shall be taken even that which he seemeth to have.

991	3767	4459	191	3739	302	1063	2192	1325
Βλέπετε	οὖν	πῶς	ἀκούετε·	ὃς	ἂν	γὰρ	ἔχῃ,	δοθήσεται
βλέπω	οὖν	πῶς	ἀκούω	ὅς	ἄν	γάρ	ἔχω	δίδωμι
블레페테	운	포스	아쿠에테	호스	안	가르	에케	도데세타이
주의하라	그러므로	어떻게	너희가 듣는지	누구	든지	왜냐하면	가진 사람은	주어질 것이며
동.명.현.능.2복	접.우	부.의.	동.직.현.능.2복	대.관.주.남.단.+	불.동	접.종	동.가.현.능.3단	동.직.미.수.3단

846	2532	3739	302	3361	2192	2532	3739	1380	2192
αὐτῷ,	καὶ	ὃς	ἂν	μὴ·	ἔχῃ,	καὶ	ὃ	δοκεῖ	ἔχειν
αὐτός	καί	ὅς	ἄν	μή	ἔχω	καί	ὅς	δοκέω	ἔχω
아우토	카이	호스	안	메	에케	카이	호	도케이	에케인
그에게	그리고	누구	든지	못한(자는)	가지지	까지도	바 그것	그가 생각하는	가진 것을
대.인.여격.남.3단.	접.등.	대.관.주.남.단.	불.동	부	동.가.현.능.3단	부	대.관.목.중.단.+	동.직.현.능.3단	동.부.현.능

142	575	846
ἀρθήσεται	ἀπ᾽	αὐτοῦ.
αἴρω	ἀπό	αὐτός
아르데세타이	압	아우투
빼앗게 될 것이라	부터	그로
동.직.미.수.3단	전.소	대.인.소.남.3단

19 예수의 어머니와 그 동생들이 왔으나 무리로 인하여 가까이 하지 못하니
Then came to him his mother and his brethren, and could not come at him for the press.

3854	1161	4314	846	3588	3384	2532	3588	80	846
Παρεγένετο	δὲ	πρὸς	αὐτὸν	ἡ	μήτηρ	καὶ	οἱ	ἀδελφοὶ	αὐτοῦ
παραγίνομαι	δέ	πρός	αὐτός	ἡ	μήτηρ	καί	ὁ	ἀδελφός	αὐτός
파레게네토	데	프로스	아우톤	헤	메테르	카이	호이	아델포이	아우투
왔다	그리고	에게로	그(를)	그(그의)	어머니	와	그	형제들이	그의
동.직.2과.중디.3단	접.등	전.목	대.인.목.남.3단.	관.주.여.단.	명.주.여.단	접.등	관.주.남.복.	명.주.남.복	대.인.소.남.3단

2532	3756	1410	4940	846	1223	3588	3793
καὶ	οὐκ	ἠδύναντο	συντυχεῖν	αὐτῷ	διὰ	τὸν	ὄχλον.
καί	οὐ	δύναμαι	συντυγχάνω	αὐτός	διά	ὁ	ὄχλος
카이	우크	에뒤난토	쉰튀케인	아우토	디아	톤	오클론
그러나	없었다	할 수	만나는 것을	그에게	인하여	그	무리를
접.등	부	동.직.미완.중수디.3복	동.부.2과.능	대.인.여격.남.3단.	전.목	관.목.남.단.	명.목.남.단

20 어떤 이가 알리되 당신의 어머니와 동생들이 당신을 보려고 밖에 서 있나이다
And it was told him by certain which said, Thy mother and thy brethren stand without, desiring to see thee.

518	1161	846	3588	3384	4771	2532	3588	80	4771
ἀπηγγέλη	δὲ	αὐτῷ,	ἡ	μήτηρ	σου	καὶ	οἱ	ἀδελφοί	σου
ἀπαγγέλλω	δέ	αὐτός	ἡ	μήτηρ	σύ	καί	ὁ	ἀδελφός	σύ
아펭겔레	데	아우토	헤	메테르	수	카이	호이	아델포이	수
보고하게 되었다	그러자	그에게	그	어머니	당신의	와	그	형제들이	당신의
동.직.2과.수.3단	접.우	대.인.여격.남.3단.	관.주.여.단.	명.주.여.단	대.인.소.2단.	접.등	관.주.남.복.	명.주.남.복	대.인.소.2단

2476	1854	3708(1492)	2309	4771
ἑστήκασιν	ἔξω	ἰδεῖν	θέλοντές	σε.
ἵστημι	ἔξω	ὁράω.εἴδω	θέλω	σύ
헤스테카신	엑소	이데인	델론테스	세
서서 있나이다	밖에	보기를	원하며	당신을
동.직.1완.능.3복	부	동.부.2과.능.	동.분.현.능.주.남.복.	대.인.목.2단

21 예수께서 대답하여 이르시되 내 어머니와 내 동생들은 곧 하나님의 말씀을 듣고 행하는 이 사람들이라 하시니라
And he answered and said unto them, My mother and my brethren are these which hear the word of God, and do it.

3588	1161	611	3004(2036)	4314	846	3384	1473	2532
ὁ	δὲ	ἀποκριθεὶς	εἶπεν	πρὸς	αὐτούς,	μήτηρ	μου	καὶ
ὁ	δέ	ἀποκρίνομαι	λέγω.ἔπω	πρός	αὐτός	μήτηρ	ἐγώ	καί
호	데	아포크리데이스	에이펜	프로스	아우투스	메테르	무	카이
예수님께서	그러나	대답하여	말씀하셨다	향하여	그들을	어머니	나의	와
관.주.남.단	접.우	동.부.1과.수디.주.남.단	동.직.2과.능.3단.	전.목	대.인.목.남.3복	명.주.여.단	대.인.소.1단	접.등

80	1473	3778	1510	3588	3588	3056	3588	2316
ἀδελφοί	μου	οὗτοί	εἰσιν	οἱ	τὸν	λόγον	τοῦ	θεοῦ
ἀδελφός	ἐγώ	οὗτος	εἰμί	ὁ	ὁ	λόγος	ὁ	θεός
아델포이	무	후토이	에이신	호이	톤	로곤	투	데우
형제들은	나의	그 사람들은	이다	그(사람들)	그	말씀을	그	하나님의
명.주.남.복	대.인.소.1단.	대.지.주.남.복.	동.직.현.능.3복.	관.주.남.복	관.목.남.단	명.목.남.단	관.소.남.단	명.소.남.단.

191	2532	4160
ἀκούοντες	καὶ	ποιοῦντες.
ἀκούω	καί	ποιέω
아쿠온테스	카이	포이운테스
들으며	그리고	행하는
동.분.현.능.주.남.복	접.등	동.문.현.능.주.남.복

22 하루는 제자들과 함께 배에 오르사 그들에게 이르시되 호수 저편으로 건너가자 하시매 이에 떠나
Now it came to pass on a certain day, that he went into a ship with his disciples: and he said unto them, Let us go over unto the other side of the lake. And they launched forth.

1096	1161	1722	3391	3588	2250	2532	846	1684
Ἐγένετο	δὲ	ἐν	μιᾷ	τῶν	ἡμερῶν	καὶ	αὐτὸς	ἐνέβη
γίνομαι	δέ	ἐν	μία	ἡ	ἡμέρα	καί	αὐτός	ἐμβαίνω
에게네토	데	엔	미아	톤	헤메론	카이	아우토스	에네베
있었다	그리고	에 있어	하루	그	날들 중의	그런데	친히 예수님께서	오르셨다
동.직.2과.중디.3단	접.등	전.여격.	형.대.기.여격.여.단.	관.소.여.복.	명.소.여.복	접.우	대.인.주.남.3단.	동.직.2과.능.3단.

1519	4143	2532	3588	3101	846	2532	3004(2036)	4314	846
εἰς	πλοῖον	καὶ	οἱ	μαθηταὶ	αὐτοῦ	καὶ	εἶπεν	πρὸς	αὐτούς,
εἰς	πλοῖον	καί	ὁ	μαθητής	αὐτός	καί	λέγω.ἔπω	πρός	αὐτός
에이스	플로이온	카이	호이	마데타이	아우투	카이	에이펜	프로스	아우투스
안으로	한 배를	그리고	그	제자들이	그의	그리고	말씀하셨다	향하여	그들을
전.목	명.목.중.단	접.등	관.주.남.단.	명.주.남.복	대.인.소.남.3단	접.등	동.직.2과.능.3단.	전.목	대.인.목.남.3복

1330	1519	3588	4008	3588	3041	2532	321
διέλθωμεν	εἰς	τὸ	πέραν	τῆς	λίμνης,	καὶ	ἀνήχθησαν.
διέρχομαι	εἰς	τό	πέραν	ἡ	λίμνη	καί	ἀνάγω
디엘도멘	에이스	토	페란	테스	림네스	카이	아네크데산
우리는 건너가자	으로	그	건너편	이	호수의	이에	그들이 떠났다
동.가.2과.능.1복	전목	관.목.중.단	부	관.소.여.단.	명.소.여.단	접.등	동.직.1과.수.3복

23 행선할 때에 예수께서 잠이 드셨더니 마침 광풍이 호수로 내리치매 배에 물이 가득하게
되어 위태한지라

But as they sailed he fell asleep: and there came down a storm of wind on the lake; and they
were filled with water, and were in jeopardy.

4126	1161	846	879	2532	2597	2978	417	1519
πλεόντων	δὲ	αὐτῶν	ἀφύπνωσεν.	καὶ	κατέβη	λαῖλαψ	ἀνέμου	εἰς
πλέω	δέ	αὐτός	ἀφυπνόω	καί	καταβαίνω	λαῖλαψ	ἄνεμος	εἰς
플레온톤	데	아우톤	아퓌노센	카이	카테베	라일랖스	아네무	에이스
항해할 때에	그런데	그들이	잠이 드셨다	그런데	내려왔다	폭풍이	바람의	향하여
동.분.현.능.소.남.복	접.등	대.인.소.남.3복	동.직.1과.능.3단	접.등	동.직.2과.능.3단.	명.주.여.단	명.소.남.단	전목

3588	3041	2532	4845	2532	2793
τὴν	λίμνην	καὶ	συνεπληροῦντο	καὶ	ἐκινδύνευον.
ἡ	λίμνη	καί	συμπληρόω	καί	κινδυνεύω
텐	림넨	카이	쉬네플레룬토	카이	에킨뒤뉴온
그	호수를	그래서	물이 가득하게 채워져 있었다	그리하여	위험하였다
관.목.여.단	명.목.여.단	접.등	동.직.미완.수.3복	접.등	동.직.미완.능.3복

24 제자들이 나아와 깨워 이르되 주여 주여 우리가 죽겠나이다 한대 예수께서 잠을 깨사
바람과 물결을 꾸짖으시니 이에 그쳐 잔잔하여지더라

And they came to him, and awoke him, saying, Master, master, we perish. Then he arose, and
rebuked the wind and the raging of the water: and they ceased, and there was a calm.

4334	1161	1326	846	3004	1988	1988
προσελθόντες	δὲ	διήγειραν	αὐτὸν	λέγοντες,	ἐπιστάτα	ἐπιστάτα,
προσέρχομαι	δέ	διεγείρω	αὐτός	λέγω	ἐπιστάτης	ἐπιστάτης
프로셀돈테스	데	디에게이란	아우톤	레곤테스	에피스타타	에피스타타
가까이 와서	그래서	깨웠다	그를	말하기를	선생님이여	선생님이여
동.분.2과.능.주.남.복	접.우	동.직.1과.능.3복	대.인.목.남.3단.	동.분.현.능.주.남.복.	명.호.남.단	명.호.남.단

622	3588	1161	1326	2008	3588	417	2532
ἀπολλύμεθα.	ὁ	δὲ	διεγερθεὶς	ἐπετίμησεν	τῷ	ἀνέμῳ	καὶ
ἀπόλλυμι	ὁ	δέ	διεγείρω	ἐπιτιμάω	ὁ	ἄνεμος	καί
아폴뤼메다	호	데	디에게르데이스	에페티메센	토	아네모	카이
우리가 죽어갑니다	예수님께서	그러자	깨어 일어나	엄히 꾸짖으셨다	그	바람에게	와
동.직.현.중.1복	관.주.남.단	접.우	동.분.1과.수.주.남.단.	동.직.1과.능.3단	관.여격.남.단.	명.여격.남.단	접.등

3588	2830	3588	5204	2532	3973	2532	1096	1055
τῷ	κλύδωνι	τοῦ	ὕδατος·	καὶ	ἐπαύσαντο	καὶ	ἐγένετο	γαλήνη.
ὁ	κλύδων	τό	ὕδωρ	καί	παύω	καί	γίνομαι	γαλήνη
토	클뤼도니	투	휘다토스	카이	에파우산토	카이	에게네토	갈레네
그	거친 파도에게	그	물결의	그러자	그들이 멈추었다	그리고	되었다	고요함이
관.여격.남.단.	명.여격.남.단.	관.소.중.단.	명.소.중.단	접.등	동.직.1과.중.3복	접.등	동.직.2과.중디.3단.	명.주.여.단

25 제자들에게 이르시되 너희 믿음이 어디 있느냐 하시니 그들이 두려워하고 놀랍게 여겨
서로 말하되 그가 누구이기에 바람과 물을 명하매 순종하는가 하더라

And he said unto them, Where is your faith? And they being afraid wondered, saying one to another,
What manner of man is this! for he commandeth even the winds and water, and they obey him.

3004(2036)	1161	846	4226	3588	4102	4771	5399	1161
εἶπεν	δὲ	αὐτοῖς,	ποῦ	ἡ	πίστις	ὑμῶν;	φοβηθέντες	δὲ
λέγω.ἔπω	δέ	αὐτός	ποῦ	ἡ	πίστις	σύ	φοβέω	δέ
에이펜	데	아우토이스	푸	헤	피스티스	휘몬	포베덴테스	데
그가 말씀하셨다	때에	그들에게	어디	그	믿음이	너희의	두려워하고	이에
동.직.2과.능.3단	접.우	대.인.여격.남.3복.	부.의	관.주.여.단	명.주.여.단	대.인.소.2복.	동.분.1과.수디.주.남.복	접.우

2296	3004	4314	240	5101	686	3778	1510
ἐθαύμασαν	λέγοντες	πρὸς	ἀλλήλους,	τίς	ἄρα	οὗτός	ἐστιν
θαυμάζω	λέγω	πρός	ἀλλήλων	τίς	ἄρα	οὗτος	εἰμί
에다우마산	레곤테스	프로스	알렐루스	티스	아라	후토스	에스틴
그들이 놀랐다	말하기를	향하여	서로를	누구	그러면	이분이	이기에
동.직.1과.능.3복	동.분.현.능.주.남.복	전목	대.인목.남.3복	대.의주.남.단.	접.우	대.지.주.남.단.	동.직.현.능.3단

3754	2532	3588	417	2004	2532	3588	5204	2532
ὅτι	καὶ	τοῖς	ἀνέμοις	ἐπιτάσσει	καὶ	τῷ	ὕδατι,	καὶ
ὅτι	καί	ὁ	ἄνεμος	ἐπιτάσσω	καί	τό	ὕδωρ	καί
호티	카이	토이스	아네모이스	에피타쎄이	카이	토	휘다티	카이
때문에	까지도	그	바람들에게	그가 명령한다	와	그	물에게	이에
접.우/접.종.	부	관.여격.남.복.	명.여격.남.복	동.직.현.능.3단	접.등	관.여격.중.단.	명.여격.중.단.	접.등

5219	846
ὑπακούουσιν	αὐτῷ;
ὑπακούω	αὐτός
휘파쿠우신	아우토
그것이 순종하기	그에게
동.직.현.능.3복	대.인.여격.남.3단

26 그들이 갈릴리 맞은편 거라사인의 땅에 이르러
And they arrived at the country of the Gadarenes, which is over against Galilee.

2532	2668	1519	3588	5561	3588	1046	3748	1510
Καὶ	κατέπλευσαν	εἰς	τὴν	χώραν	τῶν	Γερασηνῶν,	ἥτις	ἐστὶν
καί	καταπλέω	εἰς	ἡ	χώρα	ὁ	Γερασηνός	ὅστις	εἰμί
카이	카텦플류산	에이스	텐	코란	톤	게라세논	헤티스	에스틴
그리고	그들이 상륙하였다	으로	그	지방	그	거라사 사람들의	그곳은	있다
접.등	동.직.1과.능.3복	전목	관.목.여.단.	명.목.여.단	관.소.남.복.	형.대.소.남.복	대.관.주.여.단.	동.직.현.능.3단

495	3588	1056
ἀντιπέρα	τῆς	Γαλιλαίας.
ἀντιπέραν	ἡ	Γαλιλαία
안티페라	테스	갈릴라이아스
맞은편에	그	갈릴리의
전소	관.소.여.단	명.소.여.단

27 예수께서 육지에 내리시매 그 도시 사람으로서 귀신 들린 자 하나가 예수를 만나니 그
사람은 오래 옷을 입지 아니하며 집에 거하지도 아니하고 무덤 사이에 거하는 자라
And when he went forth to land, there met him out of the city a certain man, which had devils long time, and ware no clothes, neither abode in any house, but in the tombs.

1831	1161	846	1909	3588	1093	5221	435	5100
ἐξελθόντι	δὲ	αὐτῷ	ἐπὶ	τὴν	γῆν	ὑπήντησεν	ἀνήρ	τις
ἐξέρχομαι	δέ	αὐτός	ἐπί	ἡ	γῆ	ὑπαντάω	ἀνήρ	τις
엑셀돈티	데	아우토	에피	텐	겐	휘펜테센	아네르	티스
나오신 후에	그런데	그가	위로	그	육지를	만났다	한 남자가	어떤
동.분.2과.능.여격.남.단.	접.등	대.인.여격.남.3단.	전목.	관.목.여.단.	명.목.여.단	동.직.1과.능.3단	명.주.남.단	형.부.주.남.단

1537	3588	4172	2192	1140	2532	5550	2425	3756
ἐκ	τῆς	πόλεως	ἔχων	δαιμόνια	καὶ	χρόνῳ	ἱκανῷ	οὐκ
ἐκ	ἡ	πόλις	ἔχω	δαιμόνιον	καί	χρόνος	ἱκανός	οὐ
에크	테스	폴레오스	에콘	다이모니아	카이	크로노	히카노	우크
에서	그	도시	들린	귀신들을	그런데	시간에	오래	않았다
전소	관.소.여.단.	명.소.여.단	동.분.현.능.주.남.단.	명.목.중.복	접.등	명.여격.남.단.	형.여격.남.단.	부

1746	2440	2532	1722	3614	3756	3306	235	1722
ἐνεδύσατο	ἱμάτιον	καὶ	ἐν	οἰκίᾳ	οὐκ	ἔμενεν	ἀλλ'	ἐν
ἐνδύω	ἱμάτιον	καί	ἐν	οἰκία	οὐ	μένω	ἀλλά	ἐν
에네뒤사토	히마티온	카이	엔	오이키아	우크	에메넨	알	엔
자기를 위하여 입지	겉옷을	그리고	안에	집	않고 있었다	머물지도	다만	안에 (머무니라)
동.직.1과.중.3단	명.목.중.단	접.등	전.여격.	명.여격.여.단	부	동.직.미완.능.3단	접.우	전.여격

3588	3418
τοῖς	μνήμασιν.
τό	μνῆμα
토이스	므네마신
그	무덤들에
관.여격.중.복.	명.여격.중.복

28 예수를 보고 부르짖으며 그 앞에 엎드려 큰 소리로 불러 이르되 지극히 높으신 하나님의
아들 예수여 당신이 나와 무슨 상관이 있나이까 당신께 구하노니 나를 괴롭게 하지
마옵소서 하니

When he saw Jesus, he cried out, and fell down before him, and with a loud voice said, What have I to do with thee, Jesus, thou Son of God most high? I beseech thee, torment me not.

3708(1492)	1161	3588	2424	349	4363	846	2532
ἰδὼν	δὲ	τὸν	Ἰησοῦν	ἀνακράξας	προσέπεσεν	αὐτῷ	καὶ
ὁράω.εἴδω	δέ	ὁ	Ἰησοῦς	ἀνακράζω	προσπίπτω	αὐτός	καί
이돈	데	톤	예순	아나크락사스	프로세페센	아우토	카이
보고	그런데	그	예수님을	부르짖은 후	앞에 엎드렸다	그에게	그리고
동.분.2과.능.주.남.단	접.등.	관.목.남.단.	명.목.남.단	동.분.1과.능.주.남.단.	동.직.2과.능.3단.	대.인.여격.남.3단.	접.등.

5456	3173	3004(2036)	5101	1473	2532	4771	2424	5207
φωνῇ	μεγάλῃ	εἶπεν,	τί	ἐμοὶ	καὶ	σοί,	Ἰησοῦ	υἱὲ
φωνή	μέγας	λέγω.ἔπω	τίς	ἐγώ	καί	σύ	Ἰησοῦς	υἱός
포네	메갈레	에이펜	티	에모이	카이	소이	예수	휘에
소리로	큰	말하였다	무슨 상관이 있나이까	내게	와	당신에게	예수여	아들
명.여격.여.단	형.여격.여.단	동.직.2과.능.3단.	대.의.주.중.단	대.인.여격.1단.	접.등.	대.인.여격.2단.	명.호.남.단.	명.호.남.단.

3588	2316	3588	5310	1189	4771	3361	1473	928
τοῦ	θεοῦ	τοῦ	ὑψίστου;	δέομαί	σου,	μή	με	βασανίσῃς.
ὁ	θεός	ὁ	ὕψιστος	δέομαι	σύ	μή	ἐγώ	βασανίζω
투	데우	투	휩시스투	데오마이	수	메	메	바사니세스
그	하나님의	그	가장 높으신	내가 간청하오니	당신께	마옵소서	나를	괴롭게 하지
관.소.남.단	명.소.남.단.	관.소.남.단.	형.최.소.남.단	동.직.현.중수디.1단.	대.인.소.2단.	부	대.인.목.1단.	동.가.1과.능.2단

29 이는 예수께서 이미 더러운 귀신을 명하사 그 사람에게서 나오라 하셨음이라 (귀신이
가끔 그 사람을 붙잡으므로 그를 쇠사슬과 고랑에 매어 지켰으되 그 맨 것을 끊고
귀신에게 몰려 광야로 나갔더라)

(For he had commanded the unclean spirit to come out of the man. For oftentimes it had caught him: and he was kept bound with chains and in fetters; and he brake the bands, and was driven of the devil into the wilderness.)

3853	1063	3588	4151	3588	169	1831	575
παρήγγειλεν	γὰρ	τῷ	πνεύματι	τῷ	ἀκαθάρτῳ	ἐξελθεῖν	ἀπὸ
παραγγέλλω	γάρ	τό	πνεῦμα	τό	ἀκάθαρτος	ἐξέρχομαι	ἀπό
파렝게일렌	가르	토	프뉴마티	토	아카다르토	엑셀데인	아포
명하시기를	왜냐하면	그	영에게	그	더러운	나오기를	부터
동.직.1과.능.3단	접.종	관.여격.중.단	명.여격.중.단	관.여격.중.단	형.여격.중.단	동.부.2과.능	전.소

3588	444	4183	1063	5550	4884	846	2532
τοῦ	ἀνθρώπου.	πολλοῖς	γὰρ	χρόνοις	συνηρπάκει	αὐτόν	καὶ
ὁ	ἄνθρωπος	πολύς	γάρ	χρόνος	συναρπάζω	αὐτός	καί
투	안드로푸	폴로이스	가르	크로노이스	쉬네르파케이	아우톤	카이
그	사람으로	많은	왜냐하면	시간들에	귀신이 붙잡았다	그를	그래서
관.소.남.단.	명.소.남.단	형.여격.남.복	접.종	명.여격.남.복	동.직.과완.능.3단	대.인.목.남.3단	접.등

1196	254	2532	3976	5442	2532	1284
ἐδεσμεύετο	ἁλύσεσιν	καὶ	πέδαις	φυλασσόμενος	καὶ	διαρρήσσων
δεσμέω	ἅλυσις	καί	πέδη	φυλάσσω	καί	διαῤῥήσσω
에데스뮤에토	알뤼세신	카이	페다이스	퓔라쏘메노스	카이	디아르레쏜
그가 매여 있었다	쇠사슬들	과	고랑들로	지켜지며	그래도	조각조각 끊으며
동.직.미완.수.3단	명.여격.여.복	접.등	명.여격.여.복.	동.분.현.수.주.남.단	접.등	동.분.현.능.주.남.단.

3588	1199	1643	5259	3588	1142	1519	3588	2048
τὰ	δεσμὰ	ἠλαύνετο	ὑπὸ	τοῦ	δαιμονίου	εἰς	τὰς	ἐρήμους.
τό	δεσμός	ἐλαύνω	ὑπό	τό	δαίμων	εἰς	ἡ	ἔρημος
타	데스마	엘라우네토	휘포	투	다이모니우	에이스	타스	에레무스
그	맨 것들을	내몰아지고 있었다	의하여	그	귀신에	속으로	그	광야들을
관.목.중.복	명.목.중.복	동.직.미완.수.3단.	전소	관.소.중.단.	명.소.중.단	전목	관.목.여.복.	형.대.목.여.복

30 예수께서 네 이름이 무엇이냐 물으신즉 이르되 군대라 하니 이는 많은 귀신이 들렸음이라
And Jesus asked him, saying, What is thy name? And he said, Legion: because many devils were entered into him.

1905	1161	846	3588	2424	5101	4771	3686	1510
ἐπηρώτησεν	δὲ	αὐτὸν	ὁ	Ἰησοῦς,	τί	σοι	ὄνομά	ἐστιν;
ἐπερωτάω	δέ	αὐτός	ὁ	Ἰησοῦς	τίς	σύ	ὄνομα	εἰμί
에페로테센	데	아우톤	호	예수스	티	소이	오노마	에스틴
캐물으셨다	그리고	그를	그	예수께서	무엇	너에게	이름이	이냐
동.직.1과.능.3단	접.우	대.인.목.남.3단.	관.주.남.단.	명.주.남.단	형.의.주.중.단.	대.인.여격.2단.	명.주.중.단.	동.직.현.능.3단

3588	1161	3004(2036)	3003	3754	1525	1140	4183	1519
ὁ	δὲ	εἶπεν,	λεγιών,	ὅτι	εἰσῆλθεν	δαιμόνια	πολλὰ	εἰς
ὁ	δέ	λέγω.ἔπω	λεγιών	ὅτι	εἰσέρχομαι	δαιμόνιον	πολύς	εἰς
호	데	에이펜	레기온	호티	에이셀덴	다이모니아	폴라	에이스
그가	그러자	말하였다	군단(입니다)	때문이라	들어갔기	귀신들이	많은	속으로
관.주.남.단	접.우	동.직.2과.능.3단.	명.주.여.단	접.종	동.직.2과.능.3단	명.주.중.복	형.주.중.복	전목

846
αὐτόν.
αὐτός
아우톤
그를
대.인.목.남.3단

31 무저갱으로 들어가라 하지 마시기를 간구하더니
And they besought him that he would not command them to go out into the deep.

2532	3870	846	2443	3361	2004	846	1519	3588
καὶ	παρεκάλουν	αὐτὸν	ἵνα	μὴ	ἐπιτάξῃ	αὐτοῖς	εἰς	τὴν
καί	παρακαλέω	αὐτός	ἵνα	μή	ἐπιτάσσω	αὐτός	εἰς	ἡ
카이	파레칼룬	아우톤	히나	메	에피탁세	아우토이스	에이스	텐
그런데	간청하고 있었다	그를	위하여	않기	그가 명령하지	그들에게	속으로	그
접.등	동.직.미완.능.3복	대.인.목.남.3단.	접.등	부	동.가.1과.능.3단.	대.인.여격.중.3복.	전목	관.목.여.단.

12	565
ἄβυσσον	ἀπελθεῖν.
ἄβυσσος	ἀπέρχομαι
아뷔쏜	아펠데인
무저갱을	떠나가도록
명.목.여.단	동.부.2과.능

32 마침 그 곳에 많은 돼지 떼가 산에서 먹고 있는지라 귀신들이 그 돼지에게로 들어가게
허락하심을 간구하니 이에 허락하시니
And there was there an herd of many swine feeding on the mountain: and they besought him that he would suffer them to enter into them. And he suffered them.

1510	1161	1563	34	5519	2425	1006	1722	3588
ἦν	δὲ	ἐκεῖ	ἀγέλη	χοίρων	ἱκανῶν	βοσκομένη	ἐν	τῷ
εἰμί	δέ	ἐκεῖ	ἀγέλη	χοῖρος	ἱκανός	βόσκω	ἐν	τό
엔	데	에케이	아겔레	코이론	히카논	보스코메네	엔	토
있었다	마침	거기에	한 떼가	돼지들의	많은	먹이게 되는	안에서	그
동.직.미완.능.3단.+	접.등	부	명.주.여.단	명.소.남.복	형.소.남.복	+동.분.현.수.주.여.단	전.여격.	관.여격.중.단

3735	2532	3870	846	2443	2010	846	1519
ὄρει·	καὶ	παρεκάλεσαν	αὐτὸν	ἵνα	ἐπιτρέψῃ	αὐτοῖς	εἰς
ὄρος	καί	παρακαλέω	αὐτός	ἵνα	ἐπιτρέπω	αὐτός	εἰς
오레이	카이	파레칼레산	아우톤	히나	에피트렙세	아우토이스	에이스
산에	그러자	귀신들이 간청하였다	그를	것을	그가 허락할	그것들에게	속으로
명.여격.중.단.	접.등	동.직.1과.능.3복	대.인.목.남.3단.	접.등	동.가.1과.능.3단.	대.인.여격.중.3복.	전.목

1565	1525	2532	2010	846
ἐκείνους	εἰσελθεῖν·	καὶ	ἐπέτρεψεν	αὐτοῖς.
ἐκεῖνος	εἰσέρχομαι	καί	ἐπιτρέπω	αὐτός
에케이누스	에이셀데인	카이	에페트렙센	아우토이스
그것들을	들어가는 것을	이에	그가 허락하셨다	그것들에게
대.지.목.남.복	동.부.2과.능	접.등	동.직.1과.능.3단	대.인.여격.중.3복

33 귀신들이 그 사람에게서 나와 돼지에게로 들어가니 그 떼가 비탈로 내리달아 호수에
들어가 몰사하거늘

Then went the devils out of the man, and entered into the swine: and the herd ran violently down a steep place into the lake, and were choked.

1831	1161	3588	1140	575	3588	444	1525	1519
ἐξελθόντα	δὲ	τὰ	δαιμόνια	ἀπὸ	τοῦ	ἀνθρώπου	εἰσῆλθον	εἰς
ἐξέρχομαι	δέ	τό	δαιμόνιον	ἀπό	ὁ	ἄνθρωπος	εἰσέρχομαι	εἰς
엑셀돈타	데	타	다이모니아	아포	투	안드로푸	에이셀돈	에이스
나와서	그러자	그	귀신들이	부터	그	사람으로	들어갔다	속으로
동.분.2과.능.주.중.복.	접.등	관.주.중.복.	명.주.중.복	전.소	관.소.남.단.	명.소.남.단	동.직.2과.능.3복.	전.목

3588	5519	2532	3729	3588	34	2596	3588	2911	1519
τοὺς	χοίρους,	καὶ	ὥρμησεν	ἡ	ἀγέλη	κατὰ	τοῦ	κρημνοῦ	εἰς
ὁ	χοῖρος	καί	ὁρμάω	ἡ	ἀγέλη	κατά	ὁ	κρημνός	εἰς
투스	코이루스	카이	호르메센	헤	아겔레	카타	투	크렘누	에이스
그	돼지들을	이에	돌진하였다	그	떼가	아래	그	비탈의	속으로
관.목.남.복.	명.목.남.복	접.등	동.직 1과.능.3단.	관.주.여.단.	명.주.여.단	전.소	관.소.남.단.	명.소.남.단	전.목

3588	3041	2532	638
τὴν	λίμνην	καὶ	ἀπεπνίγη.
ἡ	λίμνη	καί	ἀποπνίγω
텐	림넨	카이	아펲니게
그	호수를	그래서	질식을 당하였다
관.목.여.단.	명.목.여.단	접.등	동.직.2과.수.3단

34 치던 자들이 그 이루어진 일을 보고 도망하여 성내와 마을에 알리니

When they that fed them saw what was done, they fled, and went and told it in the city and in the country.

3708(1492)	1161	3588	1006	3588	1096	5343	2532
Ἰδόντες	δὲ	οἱ	βόσκοντες	τὸ	γεγονὸς	ἔφυγον	καὶ
ὁράω.εἴδω	δέ	ὁ	βόσκω	τό	γίνομαι	φεύγω	καί
이돈테스	데	호이	보스콘테스	토	게고노스	에퓌곤	카이
보고	이에	그(사람들이)	치는	그 (일을)	일어난	도망하였다	그래서
동.분.2과.능.주.남.복.	접.우	관.주.남.복	동.분.현.능.주.남.복.	관.목.중.단	동.분.2완.능.목.중.단.	동.직.2과.능.3복.	접.등

518	1519	3588	4172	2532	1519	3588	68
ἀπήγγειλαν	εἰς	τὴν	πόλιν	καὶ	εἰς	τοὺς	ἀγρούς.
ἀπαγγέλλω	εἰς	ἡ	πόλις	καί	εἰς	ὁ	ἀγρός
아펭게일란	에이스	텐	폴린	카이	에이스	투스	아그루스
보고하였다	안으로	그	도시를	그리고	안으로	그	촌들을
동.직.1과.능.3복	전.목	관.목.여.단.	명.목.여.단.	접.등	전.목	관.목.남.복.	명.목.남.복

35 사람들이 그 이루어진 일을 보러 나와서 예수께 이르러 귀신 나간 사람이 옷을 입고
정신이 온전하여 예수의 발치에 앉아 있는 것을 보고 두려워하거늘

Then they went out to see what was done; and came to Jesus, and found the man, out of whom the devils were departed, sitting at the feet of Jesus, clothed, and in his right mind: and they were afraid.

1831	1161	3708(1492)	3588	1096	2532	2064	4314	3588
ἐξῆλθον	δὲ	ἰδεῖν	τὸ	γεγονὸς	καὶ	ἦλθον	πρὸς	τὸν
ἐξέρχομαι	δέ	ὁράω.εἴδω	τό	γίνομαι	καί	ἔρχομαι	πρός	ὁ
엑셀돈	데	이데인	토	게고노스	카이	엘돈	프로스	톤
그들이 나아갔다	그러자	보려고	그 (일을)	일어난	이에	왔다	에게로	그
동.직.2과.능.3복.	접.우	동.부.2과.능.	관.목.중.단	동.분.2완.능.목.중.단.	접.등.	동.직.2과.능.3복	전.목	관.목.남.단.

2424	2532	2147	2521	3588	444	575	3739
Ἰησοῦν	καὶ	εὗρον	καθήμενον	τὸν	ἄνθρωπον	ἀφ’	οὗ
Ἰησοῦς	καί	εὑρίσκω	κάθημαι	ὁ	ἄνθρωπος	ἀπό	ὅς
예순	카이	휴론	카데메논	톤	안드로폰	압	후
예수	그리하여	발견하였다	앉은	그	사람을	부터	바 그로
명.목.남.단	접.등	동.직.2과.능.3복.	동.분.현.중수디.목.남.단.	관.목.남.단.	명.목.남.단	전.소	대.관.소.남.단.

3588	1140	1831	2439	2532	4993	3844	3588
τὰ	δαιμόνια	ἐξῆλθεν	ἱματισμένον	καὶ	σωφρονοῦντα	παρὰ	τοὺς
τό	δαιμόνιον	ἐξέρχομαι	ἱματίζω	καί	σωφρονέω	παρά	ὁ
타	다이모니아	엑셀덴	히마티스메논	카이	소프로눈타	파라	투스
그	귀신들이	나갔던	옷을 입고	그리고	정신을 차리고서	곁으로	그
관.주.중.복.	명.주.중.복	동.직.2과.능.3단.	동.분.1완.수.목.남.단	접.등	동.분.현.능.목.남.단	전.목	관.목.남.복.

4228	3588	2424	2532	5399
πόδας	τοῦ	Ἰησοῦ,	καὶ	ἐφοβήθησαν.
πούς	ὁ	Ἰησοῦς	καί	φοβέω
포다스	투	예수	카이	에포베데산
발들을	그	예수의	이에	그들이 두려워하였다
명.목.남.복	관.소.남.단.	명.소.남.단	접.등	동.직 1과.수디.3복

36 귀신 들렸던 자가 어떻게 구원 받았는지를 본 자들이 그들에게 이르매
They also which saw it told them by what means he that was possessed of the devils was healed.

518	1161	846	3588	3708(1492)	4459	4982	3588
ἀπήγγειλαν	δὲ	αὐτοῖς	οἱ	ἰδόντες	πῶς	ἐσώθη	ὁ
ἀπαγγέλλω	δέ	αὐτός	ὁ	ὁράω.εἴδω	πῶς	σῴζω	ὁ
아펭게일란	데	아우토이스	호이	이돈테스	포스	에소데	호
보고하였다	또한	그들에게	그(사람들이)	본	어떻게	구원받았는지	그(사람이)
동.직.1과.능.3복	접.등	대.인.여격.남.3복.	관.주.남.복	동.분.2과.능.주.남.복.	부.의	동.직.1과.수.3단.	관.주.남.단

1139
δαιμονισθείς.
δαιμονίζομαι
다이모니스데이스
귀신들린
동.분.1과.수디.주.남.단

37 거라사인의 땅 근방 모든 백성이 크게 두려워하여 예수께 떠나가시기를 구하더라
예수께서 배에 올라 돌아가실새
Then the whole multitude of the country of the Gadarenes round about besought him to depart from them; for they were taken with great fear: and he went up into the ship, and returned back again.

2532	2065	846	537	3588	4128	3588	4066	3588
καὶ	ἠρώτησεν	αὐτὸν	ἅπαν	τὸ	πλῆθος	τῆς	περιχώρου	τῶν
καί	ἐρωτάω	αὐτός	ἅπας	τό	πλῆθος	ἡ	περίχωρος	ὁ
카이	에로테센	아우톤	하판	토	플레도스	테스	페리코루	톤
그러자	요구하였다	그를	모든	그	군중이	그	인근지방의	그
접.등	동.직.1과.능.3단	대.인.목.남.3단.	형.주.중.단.	관.주.중.단.	명.주.중.단	관.소.여.단.	형.대.소.여.단	관.소.남.복

1046	565	575	846	3754	5401	3173	4912
Γερασηνῶν	ἀπελθεῖν	ἀπ’	αὐτῶν,	ὅτι	φόβῳ	μεγάλῳ	συνείχοντο·
Γερασηνός	ἀπέρχομαι	ἀπό	αὐτός	ὅτι	φόβος	μέγας	συνέχω
게라세논	아펠데인	앞	아우톤	호티	포보	메갈로	쉬네이콘토
거라사 사람들의	떠나가시기를	부터	자기들로	때문이라	두려움에	크게	그들이 붙잡혀 있었다
형.대.소.남.복	동.부.2과.능	전.소	대.인.소.남.3복.	접.종	명.여격.남.단.	형.여격.남.단	동.직.미완.수.3복

846	1161	1684	1519	4143	5290
αὐτὸς	δὲ	ἐμβὰς	εἰς	πλοῖον	ὑπέστρεψεν.
αὐτός	δέ	ἐμβαίνω	εἰς	πλοῖον	ὑποστρέφω
아우토스	데	엠바스	에이스	플로이온	휘페스트렙센
그가	그래서	오르신 후에	안으로	배	다시 돌아가셨다
대.인주.남.3단.	접.우	동.분.2과.능.주.남.단.	전.목	명.목.중.단	동.직.1과.능.3단

38 귀신 나간 사람이 함께 있기를 구하였으나 예수께서 그를 보내시며 이르시되
Now the man out of whom the devils were departed besought him that he might be with him: but Jesus sent him away, saying,

1189	1161	846	3588	435	575	3739	1831	3588
ἐδεῖτο	δὲ	αὐτοῦ	ὁ	ἀνὴρ	ἀφ’	οὗ	ἐξεληλύθει	τὰ
δέομαι	δέ	αὐτός	ὁ	ἀνήρ	ἀπό	ὅς	ἐξέρχομαι	τό
에데이토	데	아우투	호	아네르	앞	후	엑셀렐뤼데이	타
요청하고 있었다	그런데	그에게	그	남자가	부터	바 사람으로	나갔었던	그
동.직.미완.중.3단.	접.우	대.인.소.남.3단.	관.주.남.단.	명.주.남.단.	전.소	대.관.소.남.단.	동.직.과완.능.3단	관.주.중.복

1140	1510	4862	846	630	1161	846	3004
δαιμόνια	εἶναι	σὺν	αὐτῷ·	ἀπέλυσεν	δὲ	αὐτὸν	λέγων,
δαιμόνιον	εἰμί	σύν	αὐτός	ἀπολύω	δέ	αὐτός	λέγω
다이모니아	에이나이	쉰	아우토	아펠뤼센	데	아우톤	레곤
귀신들이	있는 것을	함께	그와	예수께서 보내셨다	그러나	그를	말씀하시기를
명.주.중.복	동.부.현.능	전.여격.	대.인.여격.남.3단.	동.직.1과.능.3단	접.우	대.인.목.남.3단.	동.분.현.능.주.남.단

39 집으로 돌아가 하나님이 네게 어떻게 큰 일을 행하셨는지를 말하라 하시니 그가 가서
예수께서 자기에게 어떻게 큰 일을 행하셨는지를 온 성내에 전파하니라
Return to thine own house, and show how great things God hath done unto thee. And he went his way, and published throughout the whole city how great things Jesus had done unto him.

5290	1519	3588	3624	4771	2532	1334	3745
ὑπόστρεφε	εἰς	τὸν	οἶκόν	σου	καὶ	διηγοῦ	ὅσα
ὑποστρέφω	εἰς	ὁ	οἶκος	σύ	καί	διηγέομαι	ὅσος
휘포스트레페	에이스	톤	오이콘	수	카이	디에구	호사
다시 돌아가라	으로	그	집	너의	그래서	자세히 말하라	만큼 많은 것을
동.명.현.능.2단	전.목	관.목.남.단.	명.목.남.단	대.인.소.2단.	접.등	동.명.현.중수디.2단.	대.관.목.중.복

4771	4160	3588	2316	2532	565	2596	3650	3588
σοι	ἐποίησεν	ὁ	θεός.	καὶ	ἀπῆλθεν	καθ’	ὅλην	τὴν
σύ	ποιέω	ὁ	θεός	καί	ἀπέρχομαι	κατά	ὅλος	ἡ
소이	에포이에센	호	데오스	카이	아펠덴	칸	홀렌	텐
너에게	행하셨던	그	하나님께서	이에	그가 떠나갔다	따라	온	그
대.인.여격.2단.	동.직.1과.능.3단	관.주.남.단.	명.주.남.단.	접.등	동.직.2과.능.3단.	전.목	형.목.여.단.	관.목.여.단

4172	2784	3745	4160	846	3588	2424
πόλιν	κηρύσσων	ὅσα	ἐποίησεν	αὐτῷ	ὁ	Ἰησοῦς.
πόλις	κηρύσσω	ὅσος	ποιέω	αὐτός	ὁ	Ἰησοῦς
폴린	케뤼쏜	호사	에포이에센	아우토	호	예수스
도시를	전파하며	만큼 많은 것을	행하셨던	그에게	그	예수께서
명.목.여.단.	동.분.현.능.주.남.단.	대.관.목.중.복	동.직.1과.능.3단	대.인.여격.남.3단.	관.주.남.단.	명.주.남.단

40 예수께서 돌아오시매 무리가 환영하니 이는 다 기다렸음이러라
And it came to pass, that, when Jesus was returned, the people gladly received him: for they were all waiting for him.

1722	1161	3588	5290	3588	2424	588	846	3588
Ἐν	δὲ	τῷ	ὑποστρέφειν	τὸν	Ἰησοῦν	ἀπεδέξατο	αὐτὸν	ὁ
ἐν	δέ	τό	ὑποστρέφω	ὁ	Ἰησοῦς	ἀποδέχομαι	αὐτός	ὁ
엔	데	토	휘포스트레페인	톤	예순	에페덱사토	아우톤	호
때에	이제	그	다시 돌아오실	그	예수께서	환영하였다	그를	그
전.여격.	접.등	관.여격.중.단.	동.부.현.능.여격	관.목.남.단.	명.목.남.단	동.직.1과.중디.3단	대.인.목.남.3단.	관.주.남.단

3793	1510	1063	3956	4328	846
ὄχλος,	ἦσαν	γὰρ	πάντες	προσδοκῶντες	αὐτόν.
ὄχλος	εἰμί	γάρ	πᾶς	προσδοκάω	αὐτός
오클로스	에산	가르	판테스	프로스도콘테스	아우톤
무리가	그들이 있었다	왜냐하면	모두가	기다리고며	그를
명.주.남.단	동.직.미완.능.3복.+	접.종	형.주.남.복	+동.분.현.능.주.남.복	대.인.목.남.3단

41 이에 회당장인 야이로라 하는 사람이 와서 예수의 발 아래에 엎드려 자기 집에 오시기를
간구하니
And, behold, there came a man named Jairus, and he was a ruler of the synagogue: and he fell down at Jesus' feet, and besought him that he would come into his house:

2532	2400	2064	435	3739	3686	2383	2532	3778	758
καὶ	ἰδοὺ	ἦλθεν	ἀνὴρ	ᾧ	ὄνομα	Ἰάϊρος	καὶ	οὗτος	ἄρχων
καί	ἰδού	ἔρχομαι	ἀνήρ	ὅς	ὄνομα	Ἰάϊρος	καί	οὗτος	ἄρχων
카이	이두	엘덴	아네르	호	오노마	이아이로스	카이	후토스	아르콘
그런데	보라	왔다	남자가	바	이름이	야이로(라 하는)	그런데	이 사람은	지배자로
접.등	불.문	동.직.2과.능.3단.	명.주.남.단.	대.관.여격.남.단.	명.주.중.단	명.주.남.단	접.등	대.지.주.남.단.	명.주.남.단

3588	4864	5225	2532	4098	3844	3588	4228	3588
τῆς	συναγωγῆς	ὑπῆρχεν,	καὶ	πεσὼν	παρὰ	τοὺς	πόδας	[τοῦ]
ἡ	συναγωγή	ὑπάρχω	καί	πίπτω	παρά	ὁ	πούς	ὁ
테스	쉬나고게스	휘페르켄	카이	페손	파라	투스	포다스	투
그	회당의	있었다	그리고	엎드리고	곁으로	그	발들을	그
관.소.여.단.	명.소.여.단	동.직.미완.능.3단.	접.등	동.분.2과.능.주.남.단.	전.목	관.목.남.복.	명.목.남.복.	관.소.남.단

2424	3870	846	1525	1519	3588	3624	846
Ἰησοῦ	παρεκάλει	αὐτὸν	εἰσελθεῖν	εἰς	τὸν	οἶκον	αὐτοῦ,
Ἰησοῦς	παρακαλέω	αὐτός	εἰσέρχομαι	εἰς	ὁ	οἶκος	αὐτός
예수	파레칼레이	아우톤	에이셀데인	에이스	톤	오이콘	아우투
예수의	그가 간청하고 있었다	그를	들어오시기를	안으로	그	집을	그의
명.소.남.단.	동.직.미완.능.3단	대.인.목.남.3단.	동.부.2과.능	전.목	관.목.남.단.	명.목.남.단	대.인.소.남.3단

42 이는 자기에게 열두 살 된 외딸이 있어 죽어감이러라 예수께서 가실 때에 무리가
밀려들더라
For he had one only daughter, about twelve years of age, and she lay a dying. But as he went the people thronged him.

3754	2364	3439	1510	846	5613	2094	1427
ὅτι	θυγάτηρ	μονογενὴς	ἦν	αὐτῷ	ὡς	ἐτῶν	δώδεκα
ὅτι	θυγάτηρ	μονογενής	εἰμί	αὐτός	ὡς	ἔτος	δώδεκα
호티	뒤가테르	모노게네스	엔	아우토	호스	에톤	도데카
때문이라	딸이	외	있었기	그에게	쯤된	년들의	열 두
접.종	명.주.여.단	형.주.여.단	동.직.미완.능.3단.	대.인.여격.남.3단.	부	명.소.중.복.	형.기.소.중.복

2532	846	599	1722	1161	3588	5217	846	3588
καὶ	αὐτὴ	ἀπέθνῃσκεν.	ἐν	δὲ	τῷ	ὑπάγειν	αὐτὸν	οἱ
καί	αὐτός	ἀποθνῄσκω	ἐν	δέ	τό	ὑπάγω	αὐτός	ὁ
카이	아우테	아페드네스켄	엔	데	토	휘파게인	아우톤	호이
그런데	그 딸이	죽어가고 있었기	때에	이제	그	가실	그가	그
접.등	대.인.주.여.3단.	동.직.미완.능.3단	전.여격.	접.등.	관.여격.중.단.	동.부.현.능.여격.	대.인.목.남.3단.	관.주.남.복.

3793	4846	846
ὄχλοι	συνέπνιγον	αὐτόν.
ὄχλος	συμπνίγω	αὐτός
오클로이	쉬넵니곤	아우톤
무리들이	밀려들고 있었다	그(를)에게
명.주.남.복.	동.직.미완.능.3복	대.인.목.남.3단

43 이에 열두 해를 혈루증으로 앓는 중에 아무에게도 고침을 받지 못하던 여자가

And a woman having an issue of blood twelve years, which had spent all her living upon physicians, neither could be healed of any,

2532	1135	1510	1722	4511	129	575	2094	1427
καὶ	γυνὴ	οὖσα	ἐν	ῥύσει	αἵματος	ἀπὸ	ἐτῶν	δώδεκα,
καί	γυνή	εἰμί	ἐν	ῥύσις	αἷμα	ἀπό	ἔτος	δώδεκα
카이	귀네	우사	엔	흐뤼세이	하이마토스	아포	에톤	도데카
그런데	한 여자가	있으니	으로 (앓고)	루증	혈	동안을	해들의	열 두
접.등	명.주.여.단.	동.분.현.능.주.여.단.	전.여격.	명.여격.여.단.	명.소.중.단	전.소	명.소.중.복.	형.기.소.중.복.

3748	2395	4321	3650	3588	979	3756	2480
ἥτις	[ἰατροῖς	προσαναλώσασα	ὅλον	τὸν	βίον]	οὐκ	ἴσχυσεν
ὅστις	ἰατρός	προσαναλίσκω	ὅλος	ὁ	βίος	οὐ	ἰσχύω
헤티스	이아트로이스	프로사날로사사	홀론	톤	비온	우크	이스퀴센
그 여자는	의사들에게	허비하였고	전부를	그	생활비	없었다	할 수
대.관.주.여.단	명.여격.남.복	동.분.1과.능.주.여.단	형.목.남.단.	관.목.남.단.	명.목.남.단.	부	동.직.1과.능.3단

575	3762	2323
ἀπ'	οὐδενὸς	θεραπευθῆναι,
ἀπό	οὐδείς	θεραπεύω
압	우데노스	데라퓨데나이
부터	아무것으로	고침을 받는 것을
전.소	대.기.소.중.단.	동.부.1과.수

44 예수의 뒤로 와서 그의 옷 가에 손을 대니 혈루증이 즉시 그쳤더라

Came behind him, and touched the border of his garment: and immediately her issue of blood stanched.

4334	3693	680	3588	2899	3588	2440	846
προσελθοῦσα	ὄπισθεν	ἥψατο	τοῦ	κρασπέδου	τοῦ	ἱματίου	αὐτοῦ
προσέρχομαι	ὄπισθεν	ἅπτομαι	τό	κράσπεδον	τό	ἱμάτιον	αὐτός
프로셀두사	오피스덴	헾사토	투	크라스페두	투	히마티우	아우투
가까이 와서	(그의) 뒤로	손을 대었다	그	가의	그	겉옷의	그의
동.분.2과.능.주.여.단	부	동.직.1과.중.3단.	관.소.중.단.	명.소.중.단	관.소.중.단.	명.소.중.단.	대.인.소.남.3단

2532	3916	2476	3588	4511	3588	129	846
καὶ	παραχρῆμα	ἔστη	ἡ	ῥύσις	τοῦ	αἵματος	αὐτῆς.
καί	παραχρῆμα	ἵστημι	ἡ	ῥύσις	τό	αἷμα	αὐτός
카이	파라크레마	에스테	헤	흐뤼시스	투	하이마토스	아우테스
그러자	즉시	멈추었다	그	유출이	그	혈의	그 여자의
접.등	부	동.직.2과.능.3단.	관.주.여.단.	명.주.여.단	관.소.중.단.	명.소.중.단	대.인.소.여.3단

45 예수께서 이르시되 내게 손을 댄 자가 누구냐 하시니 다 아니라 할 때에 베드로가
이르되 주여 무리가 밀려들어 미나이다

And Jesus said, Who touched me? When all denied, Peter and they that were with him said, Master, the multitude throng thee and press thee, and sayest thou, Who touched me?

2532	3004(2036)	3588	2424	5101	3588	680	1473
καὶ	εἶπεν	ὁ	Ἰησοῦς,	τίς	ὁ	ἁψάμενός	μου;
καί	λέγω.ἔπω	ὁ	Ἰησοῦς	τίς	ὁ	ἅπτομαι	ἐγώ
카이	에이펜	호	예수스	티스	호	핲사메노스	무
그랬더니	말씀하셨다	그	예수께서	누구냐	그(사람이)	손을 댄	나의
접.등	동.직.2과.능.3단.	관.주.남.단.	명.주.남.단	대.의.주.남.단.	관.주.남.단.	동.분.1과.중.주.남.단.	대.인.소.1단.

720	1161	3956	3004(2036)	3588	4074	1988	3588
ἀρνουμένων	δὲ	πάντων	εἶπεν	ὁ	Πέτρος,	ἐπιστάτα,	οἱ
ἀρνέομαι	δέ	πᾶς	λέγω.ἔπω	ὁ	Πέτρος	ἐπιστάτης	ὁ
아르누메논	데	판톤	에이펜	호	페트로스	에피스타타	호이
부인할 때에	이에	모든 사람들의	말하였다	그	베드로가	선생님이여	그
동.분.현.중수디.소.남.복.	접.우	형.대.소.남.복.	동.직.2과.능.3단.	관.주.남.단.	명.주.남.단	명.호.남.단	관.주.남.복.

3793	4912	4771	2532	598
ὄχλοι	συνέχουσίν	σε	καὶ	ἀποθλίβουσιν.
ὄχλος	συνέχω	σύ	καί	ἀποθλίβω
오클로이	쉬네쿠신	세	카이	아포들리부신
무리들이	모여들고 있었다	주님을	그래서	사방에서 밀려들고 있습니다
명.주.남.복	동.직.현.능.3복	대.인.목.2단.	접.등	동.직.현.능.3복

46 예수께서 이르시되 내게 손을 댄 자가 있도다 이는 내게서 능력이 나간 줄 앎이로다
하신대

And Jesus said, Somebody hath touched me: for I perceive that virtue is gone out of me.

3588	1161	2424	3004(2036)	680	1473	5100	1473	1063
ὁ	δὲ	Ἰησοῦς	εἶπεν,	ἥψατό	μού	τις,	ἐγὼ	γὰρ
ὁ	δέ	Ἰησοῦς	λέγω.ἔπω	ἅπτομαι	ἐγώ	τις	ἐγώ	γάρ
호	데	예수스	에이펜	헾사토	무	티스	에고	가르
그	그러나	예수께서	말씀하셨다	손을 대었도다	나에게	누가	내가	왜냐하면
관.주.남.단.	접.우	명.주.남.단	동.직.2과.능.3단.	동.직.1과.중.3단.	대.인.소.1단.	대.부.주.남.단.	대.인.주.1단.	접.종

1097	1411	1831	575	1473
ἔγνων	δύναμιν	ἐξεληλυθυῖαν	ἀπ'	ἐμοῦ.
γινώσκω	δύναμις	ἐξέρχομαι	ἀπό	ἐγώ
에그논	뒤나민	엑셀렐뤼뒤이안	앞	에무
알았음이로다	능력을	나가서 있는 것을	부터	나로
동.직.2과.능.1단.	명.목.여.단	동.분.1완.능.목.여.단	전.소	대.인.소.1단

47 여자가 스스로 숨기지 못할 줄 알고 떨며 나아와 엎드리어 그 손 댄 이유와 곧 나은
것을 모든 사람 앞에서 말하니

And when the woman saw that she was not hid, she came trembling, and falling down before him, she declared unto him before all the people for what cause she had touched him, and how she was healed immediately.

3708(1492)	1161	3588	1135	3754	3756	2990	5141	2064
ἰδοῦσα	δὲ	ἡ	γυνὴ	ὅτι	οὐκ	ἔλαθεν	τρέμουσα	ἦλθεν
ὁράω.εἴδω	δέ	ἡ	γυνή	ὅτι	οὐ	λανθάνω	τρέμω	ἔρχομαι
이두사	데	헤	귀네	호티	우크	엘라덴	트레무사	엘덴
보고	이에	그	여자가	것을	없었다는	여자가 숨길 수	떨면서	나아왔다
동.분.2과.능.주.여.단.	접.우	관.주.여.단.	명.주.여.단.	접.등	부	동.직.2과.능.3단.	동.분.현.능.주.여.단.	동.직.2과.능.3단.

2532	4363	846	1223	3739	156	680	846
καὶ	προσπεσοῦσα	αὐτῷ	δι'	ἣν	αἰτίαν	ἥψατο	αὐτοῦ
καί	προσπίπτω	αὐτός	διά	ὅς	αἰτία	ἅπτομαι	αὐτός
카이	프로스페수사	아우토	디	헨	아이티안	헾사토	아우투
그리고	앞으로 엎드리고	그에게	인하여	바	연고로	그 여자가 손을 대	그에게
접.등	동.분.2과.능.주.여.단	대.인.여격.남.3단.	전.목.	대.관.목.여.단.+	명.목.여.단	동.직.1과.중.3단.	대.인.소.남.3단.

518	1799	3956	3588	2992	2532	5613	2390
ἀπηγγειλεν	ἐνώπιον	παντὸς	τοῦ	λαοῦ	καὶ	ὡς	ἰάθη
ἀπαγγέλλω	ἐνώπιον	πᾶς	ὁ	λαός	καί	ὡς	ἰάομαι
아펭게일렌	에노피온	판토스	투	라우	카이	호스	이아데
보고하였다	앞에서	모든	그	백성들의	그리고	어떻게	그가 고침을 받았는지
동.직.1과.능.3단	전.소	형.소.남.단	관.소.남.단.	명.소.남.단.	접.등	접.등	동.직.1과.수.3단.

3916
παραχρῆμα.
παραχρῆμα
파라크레마
즉시
부

48 예수께서 이르시되 딸아 네 믿음이 너를 구원하였으니 평안히 가라 하시더라
And he said unto her, Daughter, be of good comfort: thy faith hath made thee whole; go in peace.

3588	1161	3004(2036)	846	2364	3588	4102	4771	4982
ὁ	δὲ	εἶπεν	αὐτῇ,	θυγάτηρ,	ἡ	πίστις	σου	σέσωκέν
ὁ	δέ	λέγω.ἔπω	αὐτός	θυγάτηρ	ἡ	πίστις	σύ	σῴζω
호	데	에이펜	아우테	뒤가테르	헤	피스티스	수	세소켄
그는	이에	말씀하셨다	그녀에게	딸아	그	믿음이	너의	구원하였도다
관.주.남.단	접.우.	동.직.2과.능.3단.	대.인.여격.여.3단.	명.주.여.단	관.주.여.단.	명.주.여.단.	대.인.소.2단	동.직.1완.능.3단.

4771	4198	1519	1515
σε·	πορεύου	εἰς	εἰρήνην.
σύ	πορεύομαι	εἰς	εἰρήνη
세	포류우	에이스	에이레넨
너를	가라	으로	평안함
대.인.목.2단.	동.명.현.중수디.2단.	전목	명.목.여.단.

49 아직 말씀하실 때에 회당장의 집에서 사람이 와서 말하되 당신의 딸이 죽었나이다
선생님을 더 괴롭게 하지 마소서 하거늘
While he yet spake, there cometh one from the ruler of the synagogue's house, saying to him, Thy daughter is dead; trouble not the Master.

2089	846	2980	2064	5100	3844	3588	752
Ἔτι	αὐτοῦ	λαλοῦντος	ἔρχεταί	τις	παρὰ	τοῦ	ἀρχισυναγώγου
ἔτι	αὐτός	λαλέω	ἔρχομαι	τις	παρά	ὁ	ἀρχισυνάγωγος
에티	아우투	랄룬토스	에르케타이	티스	파라	투	아르키쉬나고구
아직	그가	말씀하고 계실 때에	온다	어떤 사람이	부터	그	회당장으로
부	대.인.소.남.3단.	동.분.현.능.소.남.단.	동.직.현.중수디.3단.	대.부.주.남.단.	전소	관.소.남.단.	명.소.남.단

3004	3754	2348	3588	2364	4771	3371	4660
λέγων	ὅτι	τέθνηκεν	ἡ	θυγάτηρ	σου·	μηκέτι	σκύλλε
λέγω	ὅτι	θνήσκω	ἡ	θυγάτηρ	σύ	μηκέτι	σκύλλω
레곤	호티	테드네켄	헤	뒤가테르	수	메케티	스퀼레
말하기를		죽었나이다	그	딸이	당신의	더 이상 마소서	괴롭히지
동.분.현.능.주.남.단.	접.우	동.직.1완.능.3단.	관.주.여.단.	명.주.여.단	대.인.소.2단.	부	동.명.현.능.2단

3588	1320
τὸν	διδάσκαλον.
ὁ	διδάσκαλος
톤	디다스칼론
그	선생님을
관.목.남.단.	명.목.남.단

50 예수께서 들으시고 이르시되 두려워하지 말고 믿기만 하라 그리하면 딸이 구원을
얻으리라 하시고
But when Jesus heard it, he answered him, saying, Fear not: believe only, and she shall be made whole.

3588	1161	2424	191	611	846	3361	5399
ὁ	δὲ	Ἰησοῦς	ἀκούσας	ἀπεκρίθη	αὐτῷ,	μὴ	φοβοῦ,
ὁ	δέ	Ἰησοῦς	ἀκούω	ἀποκρίνομαι	αὐτός	μή	φοβέω
호	데	예수스	아쿠사스	아페크리데	아우토	메	포부
그	그러나	예수께서	들으시고	말씀하셨다	그에게	말라	너는 두려워
관.주.남.단.	접.우	명.주.여.단	동.분.1과.능.주.남.단.	동.직.1과.수디.3단.	대.인.여격.남.3단.	부	동.명.현.중수디.2단

3440	4100	2532	4982
μόνον	πίστευσον,	καὶ	σωθήσεται.
μόνον	πιστεύω	καί	σῴζω
모논	피스튜손	카이	소데세타이
오직	믿기만 하라	그리하면	그가 구원을 받을 것이다
형.대.목.중.단	동.명.1과.능.2단	접.등	동.직.미.수.3단

51 그 집에 이르러 베드로와 요한과 야고보와 아이의 부모 외에는 함께 들어가기를
허락하지 아니하시니라
And when he came into the house, he suffered no man to go in, save Peter, and James, and John, and the father and the mother of the maiden.

2064	1161	1519	3588	3614	3756	863	1525	5100
ἐλθὼν	δὲ	εἰς	τὴν	οἰκίαν	οὐκ	ἀφῆκεν	εἰσελθεῖν	τινα
ἔρχομαι	δέ	εἰς	ἡ	οἰκία	οὐ	ἀφίημι	εἰσέρχομαι	τις
엘돈	데	에이스	텐	오이키안	우크	아페켄	에이셀데인	티나
오셔서	그리고	안으로	그	집을	아니하셨다	허락하지	들어가는 것을	누구나
동.분.2과.능.주.남.단.	접.등	전.목	관.목.여.단.	명.목.여.단.	부	동.직.1과.능.3단.	동.부.2과.능	대.부.목.남.단

4862	846	1487	3361	4074	2532	2491	2532	2385	2532
σὺν	αὐτῷ	εἰ	μὴ	Πέτρον	καὶ	Ἰωάννην	καὶ	Ἰάκωβον	καὶ
σύν	αὐτός	εἰ	μή	Πέτρος	καί	Ἰωάννης	καί	Ἰάκωβος	καί
쉰	아우토	에이	메	페트론	카이	요안넨	카이	야코본	카이
함께	그와	에는	외	베드로	와	요한	과	야고보	그리고
전.여격	대.인.여격.남.3단.	접.종	부	명.목.남.단	접.등	명.목.남.단	접.등	명.목.남.단	접.등

3588	3962	3588	3816	2532	3588	3384
τὸν	πατέρα	τῆς	παιδὸς	καὶ	τὴν	μητέρα.
ὁ	πατήρ	ἡ	παῖς	καί	ἡ	μήτηρ
톤	파테라	테스	파이도스	카이	텐	메테라
그	아버지	그	아이의	와	그	어머니를
관.목.남.단	명.목.남.단	관.소.여.단.	명.소.여.단	접.등	관.목.여.단.	명.목.여.단

52 모든 사람이 아이를 위하여 울며 통곡하매 예수께서 이르시되 울지 말라 죽은 것이
아니라 잔다 하시니
And all wept, and bewailed her: but he said, Weep not; she is not dead, but sleepeth.

2799	1161	3956	2532	2875	846	3588	1161	3004(2036)
ἔκλαιον	δὲ	πάντες	καὶ	ἐκόπτοντο	αὐτήν.	ὁ	δὲ	εἶπεν,
κλαίω	δέ	πᾶς	καί	κόπτω	αὐτός	ὁ	δέ	λέγω.ἔπω
에클라이온	데	판테스	카이	에콮톤토	아우텐	호	데	에이펜
그들이 울고 있었다	때에	모두가	그리고	통곡하고 있었다	그 딸을 위하여	그	그러나	말씀하셨다
동.직.미완.능.3복.	접.우.	형.대.주.남.복.	접.등	동.직.미완.중.3복	대.인.목.여.3단	관.주.남.단	접.등	동.직.2과.능.3단.

3361	2799	3756	1063	599	235	2518
μὴ	κλαίετε,	οὐ	γὰρ	ἀπέθανεν	ἀλλὰ	καθεύδει.
μή	κλαίω	οὐ	γάρ	ἀποθνήσκω	ἀλλά	καθεύδω
메	클라이에테	우	가르	아페다넨	알라	카듀데이
말라	너희는 울지	아니하였습니다	왜냐하면	그가 죽지	다만	자고 있다
부	동.명.현.능.2복	부	접.종	동.직.2과.능.3단	접.우	동.직.현.능.3단

53 그들이 그 죽은 것을 아는 고로 비웃더라
And they laughed him to scorn, knowing that she was dead.

2532	2606	846	1492	3754	599
καὶ	κατεγέλων	αὐτοῦ	εἰδότες	ὅτι	ἀπέθανεν.
καί	καταγελάω	αὐτός	οἶδα.εἴδω	ὅτι	ἀποθνήσκω
카이	카테겔론	아우투	에이도테스	호티	아페다넨
그러자	그들이 비웃고 있었다	그를	알고 있었다	것을	그 아이가 죽었다는
접.등	동.직.미완.능.3복	대.인.소.남.3단.	동.분.1완.능.주.남.복.	접.우	동.직.2과.능.3단

54 예수께서 아이의 손을 잡고 불러 이르시되 아이야 일어나라 하시니
And he put them all out, and took her by the hand, and called, saying, Maid, arise.

846	1161	2902	3588	5495	846	5455	3004
αὐτὸς	δὲ	κρατήσας	τῆς	χειρὸς	αὐτῆς	ἐφώνησεν	λέγων,
αὐτός	δέ	κρατέω	ἡ	χείρ	αὐτός	φωνέω	λέγω
아우토스	데	크라테사스	테스	케이로스	아우테스	에포네센	레곤
그가	그러나	붙잡고	그	손을	그 딸의	불렀더라	말씀하시기를
대.인.주.남.3단.	접.등	동.분.1과.능.주.남.단.	관.소.여.단.	명.소.여.단	대.인.소.여.3단.	동.직.1과.능.3단	동.분.현.능.주.남.단

3588	3816	1453
ἡ	παῖς,	ἔγειρε.
ἡ	παῖς	ἐγείρω
헤	파이스	에게이레
그	소녀야	일어나라
관.호.여.단.	명.호.여.단.	동.명.현.능.2단

55 그 영이 돌아와 아이가 곧 일어나거늘 예수께서 먹을 것을 주라 명하시니
And her spirit came again, and she arose straightway: and he commanded to give her meat.

2532	1994	3588	4151	846	2532	450	3916	2532
καὶ	ἐπέστρεψεν	τὸ	πνεῦμα	αὐτῆς	καὶ	ἀνέστη	παραχρῆμα	καὶ
καί	ἐπιστρέφω	τό	πνεῦμα	αὐτός	καί	ἀνίστημι	παραχρῆμα	καί
카이	에페스트렢센	토	프뉴마	아우테스	카이	아네스테	파라크레마	카이
그런즉	되돌아왔다	그	영이	그의	그리하여	그가 일어났다	즉시	이에
접.등	동.직.1과.능.3단	관.주.중.단.	명.주.중.단	대.인.소.여.3단.	접.등	동.직.2과.능.3단.	부	접.등

1299	846	1325	5315
διέταξεν	αὐτῇ	δοθῆναι	φαγεῖν.
διατάσσω	αὐτός	δίδωμι	φάγω
디에탘센	아우테	도데나이	파게인
그가 명령하셨다	그에게	주어지도록	먹을 것을
동.직.1과.능.3단	대.인.여격.여.3단.	동.부.1과.수	동.부.2과.능

56 그 부모가 놀라는지라 예수께서 경고하사 이 일을 아무에게도 말하지 말라 하시니라
And her parents were astonished: but he charged them that they should tell no man what was done.

2532	1839	3588	1118	846	3588	1161	3853
καὶ	ἐξέστησαν	οἱ	γονεῖς	αὐτῆς·	ὁ	δὲ	παρήγγειλεν
καί	ἐξίστημι	ὁ	γονεύς	αὐτός	ὁ	δέ	παραγγέλλω
카이	엑세스테산	호이	고네이스	아우테스	호	데	파렝게일렌
그러자	몹시 놀랐다	그	부모들이	그의	그	그러자	명하셨다
접.등	동.직.2과.능.3복	관.주.남.복.	명.주.남.복	대.인.소.여.3단.	관.주.남.단	접.등	동.직.1과.능.3단

846	3367	3004(2036)	3588	1096
αὐτοῖς	μηδενὶ	εἰπεῖν	τὸ	γεγονός.
αὐτός	μηδείς	λέγω.ἔπω	τό	γίνομαι
아우토이스	메데니	에이페인	토	게고노스
그들에게	아무에게도 말라고	말하는 것을	그 (일을)	일어난
대.인.여격.남.3복.	형.대.기.여격.남.3단.	동.부.2과.능.	관.목.중.단	동.분.2완.능.목.중.단

9 예수께서 열두 제자를 불러 모으사 모든 귀신을 제어하며 병을 고치는 능력과 권위를 주시고
Then he called his twelve disciples together, and gave them power and authority over all devils, and to cure diseases.

4779	1161	3588	1427	1325	846	1411	2532
Συγκαλεσάμενος	δὲ	τοὺς	δώδεκα	ἔδωκεν	αὐτοῖς	δύναμιν	καὶ
συγκαλέω	δέ	ὁ	δώδεκα	δίδωμι	αὐτός	δύναμις	καί
싱칼레사메노스	데	투스	도데카	에도켄	아우토이스	뒤나민	카이
함께 부르시고	그리고	그	열 두(제자들을)	예수께서 주셨다	그들에게	능력	과
동.분.1과.중.주.남.단.	접.등.	관.목.남.복.	형.기.목.남.복.	동.직.1과.능.3단.	대.인.여격.남.3복.	명.목.여.단.	접.등.

1849	1909	3956	3588	1140	2532	3554	2323
ἐξουσίαν	ἐπὶ	πάντα	τὰ	δαιμόνια	καὶ	νόσους	θεραπεύειν
ἐξουσία	ἐπί	πᾶς	τό	δαιμόνιον	καί	νόσος	θεραπεύω
엑수시안	에피	판타	타	다이모니아	카이	노수스	데라퓨에인
권세를	제어하며	모든	그	귀신들을	그리고	질병들을	고치기 위하여
명.목.여.단.	전.목.	형.목.중.복.	관.목.중.복.	명.목.중.복.	접.등.	명.목.여.복	동.부.현.능.

2 하나님의 나라를 전파하며 앓는 자를 고치게 하려고 내보내시며
And he sent them to preach the kingdom of God, and to heal the sick.

2532	649	846	2784	3588	932	3588	2316
καὶ	ἀπέστειλεν	αὐτοὺς	κηρύσσειν	τὴν	βασιλείαν	τοῦ	θεοῦ
καί	ἀποστέλλω	αὔτος	κηρύσσω	ἡ	βασιλεία	ὁ	θεός
카이	아페스테일렌	아우투스	케뤼쎄인	텐	바실레이안	투	데우
그리고	보내셨다	그들을	전파하려고	그	나라를	그	하나님의
접.등.	동.직.1과.능.3단.	대.인.목.남.3복.	동.부.현.능.	관.목.여.단.	명.목.여.단.	관.소.남.단.	명.소.남.단.

2532	2390	3588	772
καὶ	ἰᾶσθαι	[τοὺς	ἀσθενεῖς],
καί	ἰάομαι	ὁ	ἀσθενής
카이	이아스다이	투스	아스데네이스
그리고	치유하려고	그	앓는 사람들을
접.등.	동.부.현.중수디.	관.목.남.복.	형.대.목.남.복.

3 이르시되 여행을 위하여 아무 것도 가지지 말라 지팡이나 배낭이나 양식이나 돈이나 두
벌 옷을 가지지 말며
And he said unto them, Take nothing for your journey, neither staves, nor scrip, neither bread, neither money; neither have two coats apiece.

2532	3004(2036)	4314	846	3367	142	1519	3588	3598
καὶ	εἶπεν	πρὸς	αὐτούς,	μηδὲν	αἴρετε	εἰς	τὴν	ὁδόν,
καί	λέγω.ἔπω	πρός	αὐτός	μηδείς	αἴρω	εἰς	ἡ	ὁδός
카이	에이펜	프로스	아우투스	메덴	아이레테	에이스	텐	호돈
그리고	말씀하셨다	향하여	그들을	아무것도 말라	너희는 들지	위하여	그	길을
접.등.	동.직.2과.능.3단.	전.목.	대.인.목.남.3복.	형.대.기.목.중.단.	동.명.현.능.2복.	전.목.	관.목.여.단.	명.목.여.단

3383	4464	3383	4082	3383	740	3383	694	3383
μήτε	ῥάβδον	μήτε	πήραν	μήτε	ἄρτον	μήτε	ἀργύριον,	μήτε
μήτε	ῥάβδος	μήτε	πήρα	μήτε	ἄρτος	μήτε	ἀργύριον	μήτε
메테	흐랍돈	메테	페란	메테	아르톤	메테	아르귀리온	메테
도 말고	지팡이	도 말고	주머니	도 말고	양식	도 말고	은	돌 말라
접.등.	명.목.여.단.	접.등.	명.목.여.단.	접.등.	명.목.남.단.	접.등.	명.목.중.단.	접.등.

303	1417	5509	2192
[ἀνὰ]	δύο	χιτῶνας	ἔχειν.
ἀνά	δύο	χιτών	ἔχω
아나	뒤오	키토나스	에케인
(각각)	두벌	속옷들을	가지지
부.	형.기.목.남.복.	명.목.남.복.	동.부.현.능.

4 어느 집에 들어가든지 거기서 머물다가 거기서 떠나라
And whatsoever house ye enter into, there abide, and thence depart.

2532	1519	3739	302	3614	1525	1563	3306	2532
καὶ	εἰς	ἣν	ἂν	οἰκίαν	εἰσέλθητε,	ἐκεῖ	μένετε	καὶ
καί	εἰς	ὅς	ἄν	οἰκία	εἰσέρχομαι	ἐκεῖ	μένω	καί
카이	에이스	헨	안	오이키안	에이셀데테	에케이	메네테	카이
그리고	안으로	어디	든지	집	너희가 들어가면	거기에	머물러라	그리고
접.등.	전.목.	대.관.목.여.단.	불.동.	명.목.여.단	동.가 2과.능.2복.	부.	동.명.현.능.2복.	접.등.

1564	1831
ἐκεῖθεν	ἐξέρχεσθε.
ἐκεῖθεν	ἐξέρχομαι
에케이덴	엑세르케스데
거기서부터	나가라
부.	동.명.현.중수디.2복.

5 누구든지 너희를 영접하지 아니하거든 그 성에서 떠날 때에 너희 발에서 먼지를 떨어
버려 그들에게 증거를 삼으라 하시니

And whosoever will not receive you, when ye go out of that city, shake off the very dust from your feet for a testimony against them.

2532	3745	302	3361	1209	4771	1831	575
καὶ	ὅσοι	ἂν	μὴ	δέχωνται	ὑμᾶς,	ἐξερχόμενοι	ἀπὸ
καί	ὅσος	ἄν	μή	δέχομαι	σύ	ἐξέρχομαι	ἀπό
카이	호소이	안	메	데콘타이	휘마스	엑세르코메노이	아포
또	누구	든지	아니하거든	영접하지	너희를	나가면서	부터
접등.	대.관.주.남.복.+	불.동.	부.	동.가.현.중수디.3복.	대.인.목.2복.	동.분명.현.중수디.주.남.2복.	전소.

3588	4172	1565	3588	2868	575	3588	4228	4771
τῆς	πόλεως	ἐκείνης	τὸν	κονιορτὸν	ἀπὸ	τῶν	ποδῶν	ὑμῶν
ἡ	πόλις	ἐκεῖνος	ὁ	κονιορτός	ἀπό	ὁ	πούς	σύ
테스	폴레오스	에케이네스	톤	코니오르톤	나포	톤	포돈	휘몬
그	도시로	그	그	먼지를	부터	그	발들로	너희의
관.소.여.단.	명.소.여.단.	대.지.소.여.단.	관.목.남.단.	명.목.남.단.	전소	관.소.남.복.	명.소.남.복.	대.인.소.2복.

660	1519	3142	1909	846
ἀποτινάσσετε	εἰς	μαρτύριον	ἐπ'	αὐτούς.
ἀποτινάσσω	εἰς	μαρτύριον	ἐπί	αὐτός
아포티나쎄테	에이스	마르튀리온	엪	아우투스
떨어버려라	위하여	증거를	거슬려서	그들을
동.명.현.능.2복.	전목.	명.목.중.단.	전목.	대.인.목.남.3복.

6 제자들이 나가 각 마을에 두루 다니며 곳곳에 복음을 전하며 병을 고치더라

And they departed, and went through the towns, preaching the gospel, and healing every where.

1831	1161	1330	2596	3588	2968	2097
ἐξερχόμενοι	δὲ	διήρχοντο	κατὰ	τὰς	κώμας	εὐαγγελιζόμενοι
ἐξέρχομαι	δέ	διέρχομαι	κατά	ἡ	κώμη	εὐαγγελίζω
엑세르코메노이	데	디에르콘토	카타	타스	코마스	유앙겔리조메노이
나가서	그리고	제자들이 두루 다녔다	따라	그	마을들을	복음을 전하며
동.분.현.중수디.주.남.복.	접.우.	동.직.미완.중수디.3복.	전목.	관.목.여.복.	명.목.여.복.	동.분.현.중.주.남.복.

2532	2323	3837
καὶ	θεραπεύοντες	πανταχοῦ.
καί	θεραπεύω	πανταχοῦ
카이	데라퓨온테스	판타쿠
그리고	병을 고치며	도처에
접등.	동.분.현.능.주.남.복.	부.

7 분봉 왕 헤롯이 이 모든 일을 듣고 심히 당황하니 이는 어떤 사람은 요한이 죽은 자
가운데서 살아났다고도 하며

Now Herod the tetrarch heard of all that was done by him: and he was perplexed, because that it was said of some, that John was risen from the dead;

191	1161	2264	3588	5076	3588	1096	3956
Ἤκουσεν	δὲ	Ἡρῴδης	ὁ	τετραάρχης	τὰ	γινόμενα	πάντα
ἀκούω	δέ	Ἡρῴδης	ὁ	τετρα(ά)ρχης	τό	γίνομαι	πᾶς
에쿠센	데	헤로데스	호	테트라아르케스	타	기노메나	판타
들었고	그리고	헤롯이	그	분봉왕	그(일들)	일어나는	모두를
동.직.1과.능.3단.	접등.	명.주.남.단.	관.주.남.단.	명.주.남.단.	관.목.중.복	동.분.현.중수디.목.중.복.	형.대.목.중.복.

2532	1280	1223	3588	3004	5259	5100	3754	2491
καὶ	διηπόρει	διὰ	τὸ	λέγεσθαι	ὑπό	τινων	ὅτι	Ἰωάννης
καί	διαπορέω	διά	τό	λέγω	ὑπό	τις	ὅτι	Ἰωάννης
카이	디에포레이	디아	토	레게스다이	휘포	티논	호티	요안네스
이에	심히 당황하였다	인하여	그	말하여는 것을	의하여	몇 사람에	것을	요한이
접등.	동.직.미완.능.3단.	전목.	관.목.중.단.	동.부.현.수.목.	전소.	형.대.주.소.남.복.	접등.	명.주.남.단.

1453	1537	3498
ἠγέρθη	ἐκ	νεκρῶν,
ἐγείρω	ἐκ	νεκρός
에게르데	에크	네크론
살아나게 되었다는	중에서	죽은 사람들
동.직.1과.수.3단.	전소.	형.대.소.남.복.

8 어떤 사람은 엘리야가 나타났다고도 하며 어떤 사람은 옛 선지자 한 사람이 다시
살아났다고도 함이라

And of some, that Elias had appeared; and of others, that one of the old prophets was risen again.

5259	5100	1161	3754	2243	5316	243	1161	3754	4396
ὑπό	τινων	δὲ	ὅτι	Ἠλίας	ἐφάνη,	ἄλλων	δὲ	ὅτι	προφήτης
ὑπό	τις	δέ	ὅτι	Ἠλίας	φαίνω	ἄλλος	δέ	ὅτι	προφήτης
휘포	티논	데	호티	엘리아스	에파네	알론	데	호티	프로페테스
의하여	몇 사람들에	또	것을	엘리야가	나타났다는	다른 사람들의	또	것을	선지자
전소.	대.부.소.남.복.	접.등.	접.등.	명.주.남.단.	동.직.2과.수.3단.	형.대.소.남.복.	접.등.	접.등.	명.주.남.단.

5100	3588	744	450
τις	τῶν	ἀρχαίων	ἀνέστη.
τις	ὁ	ἀρχαῖος	ἀνίστημι
티스	톤	아르카이온	아네스테
어떤	그	옛 (선지자들 중의)	다시 살아났다는
대.부.주.남.단.	관.소.남.복.	형.대.소.남.복.	동.직.2과.능.3단.

9 헤롯이 이르되 요한은 내가 목을 베었거늘 이제 이런 일이 들리니 이 사람이 누군가
하며 그를 보고자 하더라

And Herod said, John have I beheaded: but who is this, of whom I hear such things? And he desired to see him.

3004(2036)	1161	2264	2491	1473	607	5101	1161	1510
εἶπεν	δὲ	Ἡρῴδης,	Ἰωάννην	ἐγὼ	ἀπεκεφάλισα·	τίς	δέ	ἐστιν
λέγω.ἔπω	δέ	Ἡρῴδης	Ἰωάννης	ἐγώ	ἀποκεφαλίζω	τίς	δέ	εἰμί
에이펜	데	헤로데스	요안넨	에고	아페케팔리사	티스	데	에스틴
말하였다	그러나	헤롯이	요한을	내가	목을 베었다	누구	그런데	인가
동.직.2과.능.3단.	접.우.	명.주.남.단.	명.목.남.단.	대.인.주.1단.	동.직.1과.능.1단.	대.의.주.남.단.	접.우.	동.직.현.능.3단.

3778	4012	3739	191	5108	2532	2212	3708(1492)	846
οὗτος	περὶ	οὗ	ἀκούω	τοιαῦτα;	καὶ	ἐζήτει	ἰδεῖν	αὐτόν.
οὗτος	περί	ὅς	ἀκούω	τοιοῦτος	καί	ζητέω	ὁράω.εἴδω	αὐτός
후토스	페리	후	아쿠오	토이아우타	카이	에제테이	이데인	아우톤
이 사람이	관하여	이 사람에	내가 들은	이런 일들을	그래서	헤롯이 찾고 있었다	보려고	그를
대.지.주.남.단.	전소.	대.관.소.남.단.	동.직.현.능.1단.	대.지.목.중.복.	접.등.	동.직.미완.능.3단.	동.부.2과.능.	대.인.목.남.3단.

10 사도들이 돌아와 자기들이 행한 모든 것을 예수께 여쭈니 데리시고 따로 벳새다라는
고을로 떠나 가셨으나

And the apostles, when they were returned, told him all that they had done. And he took them, and went aside privately into a desert place belonging to the city called Bethsaida.

2532	5290	3588	652	1334	846	3745
Καὶ	ὑποστρέψαντες	οἱ	ἀπόστολοι	διηγήσαντο	αὐτῷ	ὅσα
καί	ὑποστρέφω	ὁ	ἀπόστολος	διηγέομαι	αὐτός	ὅσος
카이	휘포스트렙산테스	호이	아포스톨로이	디에게산토	아우토	호사
그리고	다시 돌아온 후에	그	사도들이	자세히 보고하였다	그에게	만큼 많은 일을
접.등.	동.분.1과.능.주.남.복.	관.주.남.복.	명.주.남.복.	동.직.1과.중디.3복.	대.인.여격.남.3단.	대.관.목.중.복

4160	2532	3880	846	5298	2596	2398	1519
ἐποίησαν.	καὶ	παραλαβὼν	αὐτοὺς	ὑπεχώρησεν	κατ᾽	ἰδίαν	εἰς
ποιέω	καί	παραλαμβάνω	αὐτός	ὑποχωρέω	κατά	ἴδιος	εἰς
에포이에산	카이	파랄라본	아우투스	휘페코레센	칼	이디안	에이스
그들이 행하였던	이에	데리시고	그들을	뒤로 물러가셨다	로	따	안으로
동.직.1과.능.3복.	접.등.	동.분.2과.능.주.남.단.	대.인.목.남.3복.	동.직.1과.능.3단.	전목.	형.대.목.여.단.	전목.

4172	2564	966
πόλιν	καλουμένην	Βηθσαϊδά.
πόλις	καλέω	Βηθσαϊδά
폴린	칼루메넨	베드사이다
도시	불려지는	벳세다라
명.목.여.단.	동.분.현.수.목.여.단.	명.목.여.단.

11 무리가 알고 따라왔거늘 예수께서 그들을 영접하사 하나님 나라의 일을 이야기하시며 병
고칠 자들은 고치시더라
And the people, when they knew it, followed him: and he received them, and spake unto them of the kingdom of God, and healed them that had need of healing.

3588	1161	3793	1097	190	846	2532	588
οἱ	δὲ	ὄχλοι	γνόντες	ἠκολούθησαν	αὐτῷ·	καὶ	ἀποδεξάμενος
ὁ	δέ	ὄχλος	γινώσκω	ἀκολουθέω	αὐτός	καί	ἀποδέχομαι
호이	데	오클로이	그논테스	에콜루데산	아우토	카이	아포덱사메노스
그	그러나	무리들이	알고	따랐다	그에게	그러자	환영한 후에
관.주.남.복.	접.등.	명.주.남.복.	동.분.2과.능.주.남.복.	동.직.1과.능.3복.	대.인.여격.남.3단.	접.등.	동.분.1과.중디.주.남.단.

846	2980	846	4012	3588	932	3588	2316	2532
αὐτοὺς	ἐλάλει	αὐτοῖς	περὶ	τῆς	βασιλείας	τοῦ	θεοῦ,	καὶ
αὐτός	λαλέω	αὐτός	περί	ἡ	βασιλεία	ὁ	θεός	καί
아우투스	엘랄레이	아우토이스	페리	테스	바실레이아스	투	데우	카이
그들을	이야기하셨다	그들에게	관하여	그	나라에	그	하나님의	그리고
대.인.목.남.3복.	동.직.미완.능.3단.	대.인.여격.남.3복.	전.소.	관.소.여.단.	명.소.여.단.	관.소.남.단.	명.소.남.단.	접.등.

3588	5532	2192	2322	2390
τοὺς	χρείαν	ἔχοντας	θεραπείας	ἰᾶτο.
ὁ	χρεία	ἔχω	θεραπεία	ἰάομαι
투스	크레이안	에콘타스	데라페이아스	이아토
그(사람들을)	필요를	가진	치료의	그는 치유하고 계셨다
관.목.남.복	명.목.여.단.	동.분.현.능.목.남.복.	명.소.여.단.	동.직.미완.중수디.3단.

12 날이 저물어 가매 열두 사도가 나아와 여짜오되 무리를 보내어 두루 마을과 촌으로 가서
유하며 먹을 것을 얻게 하소서 우리가 있는 여기는 빈 들이니이다
And when the day began to wear away, then came the twelve, and said unto him, Send the multitude away, that they may go into the towns and country round about, and lodge, and get victuals: for we are here in a desert place.

3588	1161	2250	756	2827	4334	1161	3588	1427
Ἡ	δὲ	ἡμέρα	ἤρξατο	κλίνειν·	προσελθόντες	δὲ	οἱ	δώδεκα
ἡ	δέ	ἡμέρα	ἄρχομαι	κλίνω	προσέρχομαι	δέ	ὁ	δώδεκα
헤	데	헤메라	에륵사토	클리네인	프로셀돈테스	데	호이	도데카
그	그러나	날이	시작하였다	저물기를	가까이 와서	그래서	그	열 두 (제자들이)
관.주.여.단.	접.등.	명.주.여.단.	동.직.1과.중.3단.	동.부.현.능.	동.분.2과.능.주.남.복.	접.우.	관.주.남.복.	형.대.기.주.남.복.

3004(2036)	846	630	3588	3793	2443	4198	1519	3588
εἶπαν	αὐτῷ,	ἀπόλυσον	τὸν	ὄχλον,	ἵνα	πορευθέντες	εἰς	τὰς
λέγω.ἔπω	αὐτός	ἀπολύω	ὁ	ὄχλος	ἵνα	πορεύομαι	εἰς	ἡ
에이판	아우토	아폴뤼손	톤	오클론	히나	포류덴테스	에이스	타스
말씀을 드렸다	그에게	보내소서	그	무리를	하소서	가서	안으로	그
동.직.2과.능.3복.	대.인.여격.남.3단.	동.명.1과.능.2단.	관.목.남.단.	명.목.남.단.	접.종.	동.분.1과.수디.주.남.복.	전.목.	관.목.여.복.

2945	2968	2532	68	2647	2532	2147	1979
κύκλῳ	κώμας	καὶ	ἀγροὺς	καταλύσωσιν	καὶ	εὕρωσιν	ἐπισιτισμόν,
κύκλῳ	κώμη	καί	ἀγρός	καταλύω	καί	εὑρίσκω	ἐπισιτισμός
퀴클로	코마스	카이	아그루스	카탈뤼소신	카이	휴로신	에피시티스몬
근처	마을들	과	촌들을	그들이 묵게하며	그리하여	찾아내게	음식물을
부★형.목.여.복.	명.목.여.복.	접.등.	명.목.남.복.	동.가.1과.능.3복.	접.등.	동.가.2과.능.3복.	명.목.남.단.

3754	5602	1722	2048	5117	1510
ὅτι	ὧδε	ἐν	ἐρήμῳ	τόπῳ	ἐσμέν.
ὅτι	ὧδε	ἐν	ἔρημος	τόπος	εἰμί
호티	호데	엔	에레모	토포	에스멘
때문이다	여기	가운데	광야	한 곳	우리가 있기
접.종.	부.	전.여격.	형.여격.남.단.	명.여격.남.단.	동.직.현.능.1복..

13 예수께서 이르시되 너희가 먹을 것을 주라 하시니 여짜오되 우리에게 떡 다섯 개와
물고기 두 마리밖에 없으니 이 모든 사람을 위하여 먹을 것을 사지 아니하고서는 할 수
없사옵나이다 하니

But he said unto them, Give ye them to eat. And they said, We have no more but five loaves and two fishes; except we should go and buy meat for all this people.

3004(2036)	1161	4314	846	1325	846	4771	5315
εἶπεν	δὲ	πρὸς	αὐτούς,	δότε	αὐτοῖς	ὑμεῖς	φαγεῖν.
λέγω.ἔπω	δέ	πρός	αὐτός	δίδωμι	αὐτός	σύ	φάγω
에이펜	데	프로스	아우투스	도테	아우토이스	휘메이스	파게인
말씀하셨다	그러나	향하여	그들을	주어라	그들에게	너희가	먹을 것을
동.직.2과.능.3단.	접.우.	전.목.	대.인.목.남.3복.	동.명.2과.능.2복.	대.인.여격.남.3복.	대.인.주.2복.	동.부.2과.능.

3588	1161	3004(2036)	3756	1510	1473	4119	2228	740	4002
οἱ	δὲ	εἶπαν,	οὐκ	εἰσὶν	ἡμῖν	πλεῖον	ἢ	ἄρτοι	πέντε
ὁ	δέ	λέγω.ἔπω	οὐ	εἰμί	ἐγώ	πλείων	ἤ	ἄρτος	πέντε
호이	데	에이판	우크	에이신	헤민	플에이온	에	아르토이	펜테
그들이	그런데	말씀드렸다	아니하니	있지	우리에게	더 많은 것이	박에	떡들	다섯 개
관.주.남.복.	접.우.	동.직.2과.능.3복.	부.	동.직.현.능.3복.	대.인.여격.1복.	대.비.주.중.단.	접.종.	명.주.남.복.	형.기.주.남.복.

2532	2486	1417	1487	3385	4198	1473	59
καὶ	ἰχθύες	δύο,	εἰ	μήτι	πορευθέντες	ἡμεῖς	ἀγοράσωμεν
καί	ἰχθύς	δύο	εἰ	μήτι	πορεύομαι	ἐγώ	ἀγοράζω
카이	이크뒤에스	뒤오	에이	메티	포류덴테스	헤메이스	아고라소멘
와	물고기들이	두 마리	혹시	아니하면	가서	우리가	사지
접.등.	명.주.남.복.	형.기.주.남.복.	접.종.	불.의	동.분.1과.수디.주.남.1복.	대.인.주.1복.	동.가.1과.능.1복.

1519	3956	3588	2992	3778	1033
εἰς	πάντα	τὸν	λαὸν	τοῦτον	βρώματα.
εἰς	πᾶς	ὁ	λαός	οὗτος	βρῶμα
에이스	판타	톤	라온	투톤	브로마타
위하여	모든	그	백성을	이	양식들을
전.목.	형.목.남.단.	관.목.남.단.	명.목.남.단.	대.지.목.남.단.	명.목.중.복.

14 이는 남자가 한 오천 명 됨이러라 제자들에게 이르시되 떼를 지어 한 오십 명씩 앉히라
하시니

For they were about five thousand men. And he said to his disciples, Make them sit down by fifties in a company.

1510	1063	5616	435	4000	3004(2036)	1161	4314
ἦσαν	γὰρ	ὡσεὶ	ἄνδρες	πεντακισχίλιοι.	εἶπεν	δὲ	πρὸς
εἰμί	γάρ	ὡσεί	ἀνήρ	πεντακισχίλιοι	λέγω.ἔπω	δέ	πρός
에산	가르	호세이	안드레스	펜타키스킬리오이	에이펜	데	프로스
있었다	왜냐하면	약	남자들이	오천 명이	그가 말씀하셨다	그러자	향하여
동.직.미완.능.3복.	접.종.	부.	명.주.남.복.	형.기.주.남.복.	동.직.2과.능.3단.	접.우.	전.목.

3588	3101	846	2625	846	2828	5616	303
τοὺς	μαθητὰς	αὐτοῦ,	κατακλίνατε	αὐτοὺς	κλισίας	[ὡσεὶ]	ἀνὰ
ὁ	μαθητής	αὐτός	κατακλίνω	αὐτός	κλισία	ὡσεί	ἀνά
투스	마데타스	아우투	카타클리나테	아우투스	클리시아스	호세이	아나
그	제자들을	그의	기대어 앉게 하라	그들을	떼를 지어	약	각각
관.목.남.복.	명.목.남.복.	대.인.소.남.3단.	동.명.1과.능.2복.	대.인.목.남.3복.	명.목.여.복.	부.	부.

4004
πεντήκοντα.
πεντήκοντα
펜테콘타
오십 명을
형.대.기.목.남.복.

15 제자들이 이렇게 하여 다 앉힌 후
And they did so, and made them all sit down.

2532	4160	3779	2532	2625	537
καὶ	ἐποίησαν	οὕτως	καὶ	κατέκλιναν	ἅπαντας.
καί	ποιέω	οὕτως	καί	κατακλίνω	ἅπας
카이	에포이에산	후토스	카이	카테클리난	하판타스
그러자	제자들이 행하였다	그렇게	이에	기대어 앉게하였다	모든 사람을
접.등.	동.직.1과.능.3복.	부.	접.등.	동.직.1과.능.3복.	형.대.목.남.복.

16 예수께서 떡 다섯 개와 물고기 두 마리를 가지사 하늘을 우러러 축사하시고 떼어
제자들에게 주어 무리에게 나누어 주게 하시니
Then he took the five loaves and the two fishes, and looking up to heaven, he blessed them, and brake, and gave to the disciples to set before the multitude.

2983	1161	3588	4002	740	2532	3588	1417	2486
λαβὼν	δὲ	τοὺς	πέντε	ἄρτους	καὶ	τοὺς	δύο	ἰχθύας
λαμβάνω	δέ	ὁ	πέντε	ἄρτος	καί	ὁ	δύο	ἰχθύς
라본	데	투스	펜테	아르투스	카이	투스	뒤오	이크뒤아스
취하사	그리고	그	다섯 개	떡들	과	그	두 마리	물고기들을
동.분.2과.능.주.남.단.	접.등.	관.목.남.복.	형.기.목.남.복.	명.목.남.복.	접.등.	관.목.남.복.	형.기.목.남.복.	명.목.남.복.

308	1519	3588	3772	2127	846	2532	2622
ἀναβλέψας	εἰς	τὸν	οὐρανὸν	εὐλόγησεν	αὐτοὺς	καὶ	κατέκλασεν
ἀναβλέπω	εἰς	ὁ	οὐρανός	εὐλογέω	αὐτός	καί	κατακλάω
아나블렙사스	에이스	톤	우라논	율로게센	아우투스	카이	카테클라센
우러러 보시고	향하여	그	하늘을	예수님께서 축복하셨다	그것들을	그리고	떼었다
동.분.1과.능.주.남.단.	전.목.	관.목.남.단.	명.목.남.단.	동.직.1과.능.3단.	대.인.목.남.3복.	접.등.	동.직.1과.능.3단.

2532	1325	3588	3101	3908	3588	3793
καὶ	ἐδίδου	τοῖς	μαθηταῖς	παραθεῖναι	τῷ	ὄχλῳ.
καί	δίδωμι	ὁ	μαθητής	παρατίθημι	ὁ	ὄχλος
카이	에디두	토이스	마데타이스	파라데이나이	토	오클로
그리고	주셨다	그	제자들에게	앞에 놓도록	그	무리에게
접.등.	동.직.미완.능.3단.	관.여격.남.복.	명.여격.남.복.	동.부.2과.능.	관.여격.남.단.	명.여격.남.단.

17 먹고 다 배불렀더라 그 남은 조각을 열두 바구니에 거두니라
And they did eat, and were all filled: and there was taken up of fragments that remained to them twelve baskets.

2532	5315	2532	5526	3956	2532	142	3588
καὶ	ἔφαγον	καὶ	ἐχορτάσθησαν	πάντες,	καὶ	ἤρθη	τὸ
καί	φάγω	καί	χορτάζω	πᾶς	καί	αἴρω	τό
카이	에파곤	카이	에코르타스데산	판테스	카이	에르데	토
그래서	그들이 먹었다	이에	배부르게 되었다	모두가	그리고	거두었다	그(것이)
접.등.	동.직.2과.능.3복.	접.등.	동.직.1과.수.3복.	형.대.주.남.복.	접.등.	동.직.1과.수.3단.	관.주.중.단.

4052	846	2801	2894	1427
περισσεῦσαν	αὐτοῖς	κλασμάτων	κόφινοι	δώδεκα.
περισσεύω	αὐτός	κλάσμα	κόφινος	δώδεκα
페리쓔산	아우토이스	클라스마톤	코피노이	도데카
남은	그들에게	조각들의	바구니들이	열 두
동.분.1과.능.주.중.단.	대.인.여격.남.3복.	명.소.중.복.	명.주.남.복.	형.기.주.남.복.

18 예수께서 따로 기도하실 때에 제자들이 주와 함께 있더니 물어 이르시되 무리가 나를
누구라고 하느냐
And it came to pass, as he was alone praying, his disciples were with him: and he asked them, saying, Whom say the people that I am?

2532	1096	1722	3588	1510	846	4336	2596
Καὶ	ἐγένετο	ἐν	τῷ	εἶναι	αὐτὸν	προσευχόμενον	κατὰ
καί	γίνομαι	ἐν	τό	εἰμί	αὐτός	προσεύχομαι	κατά
카이	에게네토	엔	토	에이나이	아우톤	프로슈코메논	카타
그리고	있었다	때에	그	계실	그가	기도하며	로
접.등.	동.직.2과.중디.3단.	전.여격.	관.여격.중.단.	동.부.현.능.여격.+.	대.인.,목.남.3단.	+동.분.현.중수디.목.남.단.	전.목.

3441	4895	846	3588	3101	2532	1905	846
μόνας	συνῆσαν	αὐτῷ	οἱ	μαθηταί,	καὶ	ἐπηρώτησεν	αὐτοὺς
μόνος	σύνειμι	αὐτός	ὁ	μαθητής	καί	ἐπερωτάω	αὐτός
모나스	쉬네산	아우토	호이	마데타이	카이	에페로테센	아우투스
따	함께 있었다	그와	그	제자들이	그리하여	그가 캐물으셨다	그들을
형.대.목.여.복.	동.직.미완.능3복.	대.인.여격.남.3단.	관.주.남.복.	명.주.남.복.	접.등.	동.직.1과.능.3단.	대.인.목.남.3복.

3004	5101	1473	3004	3588	3793	1510
λέγων,	τίνα	με	λέγουσιν	οἱ	ὄχλοι	εἶναι;
λέγω	τίς	ἐγώ	λέγω	ὁ	ὄχλος	εἰμί
레곤	티나	메	레구신	호이	오클로이	에이나이
말씀하시기를	누구를	나를	말하느냐	구	무리들이	이라고
동.분.현.능.주.남.단.	대.의.목.남.단.	대.인.목.1단.	동.직.현.능.3복.	관.주.남.복.	명.주.남.복.	동.부.현.능.

19 대답하여 이르되 세례 요한이라 하고 더러는 엘리야라, 더러는 옛 선지자 중의 한
사람이 살아났다 하나이다
They answering said, John the Baptist; but some say, Elias; and others say, that one of the old prophets is risen again.

3588	1161	611	3004(2036)	2491	3588	910	243
οἱ	δὲ	ἀποκριθέντες	εἶπαν,	Ἰωάννην	τὸν	βαπτιστήν,	ἄλλοι
ὁ	δέ	ἀποκρίνομαι	λέγω.ἔπω	Ἰωάννης	ὁ	Βαπτιστής	ἄλλος
호이	데	아포크리덴테스	에이판	요안넨	톤	밮티스텐	알로이
그들이	이에	대답하여	말하였다	요한을	그	세례	다른 사람들은
관.주.남.복	접.우.	동.분.1과.수디.주.남.복.	동.직.2과.능.3복.	명.목.남.단.	관.목.남.단.	명.목.남.단.	형.대.주.남.복.

1161	2243	243	1161	3754	4396	5100	3588	744
δὲ	Ἠλίαν,	ἄλλοι	δὲ	ὅτι	προφήτης	τις	τῶν	ἀρχαίων
δέ	Ἠλίας	ἄλλος	δέ	ὅτι	προφήτης	τις	ὁ	ἀρχαῖος
데	엘리안	알로이	데	호티	프로페테스	티스	톤	아르카이온
그러나	엘리야를	다른 사람들은	또	때문이라	선지자가	어떤	그	옛 (선지자들 중의)
접.등.	명.목.남.단.	형.대.주.남.복.	접.등.	접.등.	명.주.남.단.	대.부.주.남.단.	관.소.남.복.	형.대.소.남.복.

450
ἀνέστη.
ἀνίστημι
아네스테
다시 살아났다
동.직.2가.능.3단.

20 예수께서 이르시되 너희는 나를 누구라 하느냐 베드로가 대답하여 이르되 하나님의
그리스도시니이다 하니
He said unto them, But whom say ye that I am? Peter answering said, The Christ of God.

3004(2036)	1161	846	4771	1161	5101	1473	3004	1510
εἶπεν	δὲ	αὐτοῖς,	ὑμεῖς	δὲ	τίνα	με	λέγετε	εἶναι;
λέγω.ἔπω	δέ	αὐτός	σύ	δέ	τίς	ἐγώ	λέγω	εἰμί
에이펜	데	아우토이스	휘메이스	데	티나	메	레게테	에이나이
예수께서 말씀하셨다	그러자	그들에게	너희는	그러면	누구를	나를	말하느냐	이라고
동.직.2과.능.3단.	접.우.	대.인.여격.남.3복.	대.인.주.2복.	접.등.	대.의.목.남.단.	대.인.목.1단.	동.직.현.능.2복.	동.부.현.능.

4074	1161	611	3004(2036)	3588	5547	3588	2316
Πέτρος	δὲ	ἀποκριθεὶς	εἶπεν,	τὸν	χριστὸν	τοῦ	θεοῦ.
Πέτρος	δέ	ἀποκρίνομαι	λέγω.ἔπω	ὁ	Χριστός	ὁ	θεός
페트로스	데	아포크리데이스	에이펜	톤	크리스톤	투	데우
베드로가	이에	대답하여	말하였다	그	그리스도를	그	하나님의
명.주.남.단.	접.우.	동.분.1과.수디.주.남.단.	동.직.2과.능.3단.	관.목.남.단.	명.목.남.단.	관.소.남.단.	명.소.남.단.

21 경고하사 이 말을 아무에게도 이르지 말라 명하시고
And he straitly charged them, and commanded them to tell no man that thing;

3588	1161	2008	846	3853	3367	3004	3778
ὁ	δὲ	ἐπιτιμήσας	αὐτοῖς	παρήγγειλεν	μηδενὶ	λέγειν	τοῦτο
ὁ	δέ	ἐπιτιμάω	αὐτός	παραγγέλλω	μηδείς	λέγω	οὗτος
호	데	에피티메사스	아우토이스	파렝게일렌	메데니	레게인	투토
예수님께서	그러나	엄히 명하신 후에	그들에게	명령하셨다	아무에게도 말도록	말하지	이것을
관.주.남.단	접.등.	동.분.1과.능.주.남.단.	대.인.여격.남.3복.	동.직.1과.능.3단.	형.대.기.여격.남.단.	동.부.현.능.	대.지.목.중.단.

22 이르시되 인자가 많은 고난을 받고 장로들과 대제사장들과 서기관들에게 버린 바 되어
죽임을 당하고 제삼일에 살아나야 하리라 하시고
Saying, The Son of man must suffer many things, and be rejected of the elders and chief priests and scribes, and be slain, and be raised the third day.

3004(2036)	3754	1163	3588	5207	3588	444	4183	3958
εἰπὼν	ὅτι	δεῖ	τὸν	υἱὸν	τοῦ	ἀνθρώπου	πολλὰ	παθεῖν
λέγω.ἔπω	ὅτι	δεῖ	ὁ	υἱός	ὁ	ἄνθρωπος	πολύς	πάσχω
에이폰	호티	데이	톤	휘온	투	안드로푸	폴라	파데인
말씀하신 후에	것을	반드시 하리라는	그	아들을	그	사람의	많은 일로	고난을 겪는 것
동.분.2과.능.주.남.단.	접.우.	동.직.현.능.3단.	관.목.남.단.	명.목.남.단.	관.소.남.단.	명.소.남.단.	형.대.목.중.복.	동.부.2과.능.

2532	593	575	3588	4245	2532	749	2532
καὶ	ἀποδοκιμασθῆναι	ἀπὸ	τῶν	πρεσβυτέρων	καὶ	ἀρχιερέων	καὶ
καί	ἀποδοκιμάζω	ἀπό	ὁ	πρεσβύτερος	καί	ἀρχιερεύς	καί
카이	아포도키마스데나이	아포	톤	프레스뷔테론	카이	아르키에레온	카이
과	버림을 당하는 것	부터	그	장로들	과	대제사장들	과
접.등.	동.부.1과.수.	전.소.	관.소.남.복.	형.대.소.남.복.	접.등.	명.소.남.복.	접.등.

1122	2532	615	2532	3588	5154	2250	1453
γραμματέων	καὶ	ἀποκτανθῆναι	καὶ	τῇ	τρίτῃ	ἡμέρᾳ	ἐγερθῆναι.
γραμματεύς	καί	ἀποκτείνω	καί	ἡ	τρίτος	ἡμέρα	ἐγείρω
그람마테온	카이	아포크탄데나이	카이	테	트리테	헤메라	에게르데나이
서기관들로	과	죽임을 당하는 것	과	그	제 삼	일에	살아나게 되는 것을
명.소.남.복.	접.등.	동.부.1과.수.	접.등.	관.여격.여.단.	형.서.여격.여.단.	명.여격.여.단.	동.부.1과수.

23 또 무리에게 이르시되 아무든지 나를 따라오려거든 자기를 부인하고 날마다 제 십자가를
지고 나를 따를 것이니라
And he said to them all, If any man will come after me, let him deny himself, and take up his cross daily, and follow me.

3004	1161	4314	3956	1487	5100	2309	3694	1473
Ἔλεγεν	δὲ	πρὸς	πάντας,	εἴ	τις	θέλει	ὀπίσω	μου
λέγω	δέ	πρός	πᾶς	εἰ	τις	θέλω	ὀπίσω	ἐγω
엘레겐	데	프로스	판타스	에이	티스	델레이	오피소	무
말씀하셨다	그리고	향하여	모든 사람을	만일	누구든지	원하거든	뒤를 따라	나의
동.직.미완.능.3단.	접.등.	전.목.	형.대.목.남.복.	접.종.	대.부.주.남.단.	동.직.현.능.3단.	전.소.	대.인.소.1단.

2064	720	1438	2532	142	3588	4716	848
ἔρχεσθαι,	ἀρνησάσθω	ἑαυτὸν	καὶ	ἀράτω	τὸν	σταυρὸν	αὐτοῦ
ἔρχομαι	ἀρνέομαι	ἑαυτοῦ	καί	αἴρω	ὁ	σταυρός	αὐτοῦ
에르케스다이	아르네사스도	헤아우톤	카이	아라토	톤	스타우론	아우투
오는 것을	그는 부인하라	그 자신을	그리고	짊어지라	그	십자가를	자기의
동.부.현중.	동.명.1과.중디.3단.	대.인.목.남.3단.	접.등.	동.명.1과.능.3단.	관.목.남.단.	명.목.남.단.	대.인.소.남.3단.

2596	2250	2532	190	1473
καθ’	ἡμέραν	καὶ	ἀκολουθείτω	μοι.
κατά	ἡμέρα	καί	ἀκολουθέω	ἐγώ
칻	헤메란	카이	아콜루데이토	모이
마다	날	그리고	그는 따르라	나에게
전목.	명.목.여.단.	접.등.	동.명.현.능.3단.	대.인.여격.1단.

24 누구든지 제 목숨을 구원하고자 하면 잃을 것이요 누구든지 나를 위하여 제 목숨을 잃으면 구원하리라

For whosoever will save his life shall lose it: but whosoever will lose his life for my sake, the same shall save it.

3739	1063	302	2309	3588	5590	848	4982	622
ὃς	γὰρ	ἂν	θέλῃ	τὴν	ψυχὴν	αὑτοῦ	σῶσαι	ἀπολέσει
ὅς	γάρ	ἄν	θέλω	ἡ	ψυχή	αὑτοῦ	σώζω	ἀπόλλυμι
호스	가르	안	델레	텐	프쉬켄	아우투	소사이	아폴레세이
누구	왜냐하면	든지	원하는 사람은	그	목숨을	그의	구원하기를	잃을 것이다
대.관.주.남.단.	접.종.	불.동.	동.가.현.능.3단.	관.목.여.단.	명.목.여.단.	대.인.소.남.3단.	동.부.1과.능.	동.직.미.능.3단.

846	3739	1161	302	622	3588	5590	846	1752
αὐτήν·	ὃς	δ’	ἂν	ἀπολέσῃ	τὴν	ψυχὴν	αὐτοῦ	ἕνεκεν
αὐτός	ὅς	δέ	ἄν	ἀπόλλυμι	ἡ	ψυχή	αὐτός	ἕνεκα
아우텐	호스	드	안	아폴레세	텐	프쉬켄	아우투	헤네켄
그것을	누구	그러나	든지	잃어버리는 사람은	그	목숨을	그의	위하여
대.인.목.여.3단.	대.관.주.남.단.+	접.우.	불.동.	동.가.1과.능.3단.	관.목.여.단.	명.목.여.단.	대.인.소.남.3단.	전.소.

1473	3778	4982	846
ἐμοῦ	οὗτος	σώσει	αὐτήν.
ἐγώ	οὗτος	σώζω	αὐτός
에무	후토스	소세이	아우텐
나를	그 사람은	구원하리라	그것을
대.인.소.1단.	대.지.주.남.단.	동.직.미.능.3단.	대.인.목.여.3단.

25 사람이 만일 온 천하를 얻고도 자기를 잃든지 빼앗기든지 하면 무엇이 유익하리요

For what is a man advantaged, if he gain the whole world, and lose himself, or be cast away?

5101	1063	5623	444	2770	3588	2889	3650
τί	γὰρ	ὠφελεῖται	ἄνθρωπος	κερδήσας	τὸν	κόσμον	ὅλον
τίς	γάρ	ὠφελέω	ἄνθρωπος	κερδαίνω	ὁ	κόσμος	ὅλος
티	가르	오펠레이타이	안드로포스	케르데사스	톤	코스몬	홀론
무엇이	왜냐하면	이익이 되느냐	사람은	얻고	그	세상을	온
대.의.목.중.단.	접.종.	동.직.현.수.3단.	명.주.남.단.	동.부.1과.능.주.남.단.	관.목.남.단.	명.목.남.단.	형.목.남.단.

1438	1161	622	2228	2210
ἑαυτὸν	δὲ	ἀπολέσας	ἢ	ζημιωθείς;
ἑαυτοῦ	δέ	ἀπόλλυμι	ἤ	ζημιόω
헤아우톤	데	아폴레사스	에	제미오데이스
그 자신을	그러나	잃어버리거나	또는	빼앗겨진
대.인.목.남.3단.	접.등.	동.분.1과.능.주.남.단.	접.등.	동.분.1과.수.주.남.단.

26 누구든지 나와 내 말을 부끄러워하면 인자도 자기와 아버지와 거룩한 천사들의 영광으로 올 때에 그 사람을 부끄러워하리라

For whosoever shall be ashamed of me and of my words, of him shall the Son of man be ashamed, when he shall come in his own glory, and in his Father's, and of the holy angels.

3739	1063	302	1870	1473	2532	3588	1699	3056
ὃς	γὰρ	ἂν	ἐπαισχυνθῇ	με	καὶ	τοὺς	ἐμοὺς	λόγους,
ὅς	γάρ	ἄν	ἐπαισχύνομαι	ἐγώ	καί	ὁ	ἐμός	λόγος
호스	가르	안	에파이스퀸데	메	카이	투스	에무스	로구스
누구	왜냐하면	든지	심히 부끄러워하면	나를	그리고	그	나의	말들을
대.관.주.남.단+	접.종.	불.동.	동.가.1과.수.디.3단.	대.인.목.1단.	접.등.	관.목.남.복.	대.인.목.남.1복.	명.목.남.복.

3778	3588	5207	3588	444	1870	3752	2064
τοῦτον	ὁ	υἱὸς	τοῦ	ἀνθρώπου	ἐπαισχυνθήσεται,	ὅταν	ἔλθῃ
οὗτος	ὁ	υἱός	ὁ	ἄνθρωπος	ἐπαισχύνομαι	ὅταν	ἔρχομαι
투톤	호	휘오스	투	안드로푸	에파이스퀸데세타이	호탄	엘데
그 사람을	그	아들이	그	사람의	심히 부끄러워 할 것이다	때에	그가 올
대.지.목.남.단.	관.주.남.단.	명.주.남.단.	관.소.남.단.	명.소.남.단.	동.직.미.수디.3단.	접.종.	동.가.2과.능.3단.

1722	3588	1391	846	2532	3588	3962	2532	3588	40
ἐν	τῇ	δόξῃ	αὐτοῦ	καὶ	τοῦ	πατρὸς	καὶ	τῶν	ἁγίων
ἐν	ἡ	δόξα	αὐτός	καί	ὁ	πατήρ	καί	ὁ	ἅγιος
엔	테	독세	아우투	카이	투	파트로스	카이	톤	하기온
중에	그	영광	그의	와	그	아버지	와	그	거룩한
전.여격.	관.여격.여.단.	명.여격.여.단.	대.인.소.남.3단.	접.등.	관.소.남.단.	명.소.남.단.	접.등.	관.소.남.복.	형.소.남.복.

32
ἀγγέλων.
ἄγγελος
앙겔론
천사들의
명.소.남.복.

27 내가 참으로 너희에게 이르노니 여기 서 있는 사람 중에 죽기 전에 하나님의 나라를 볼
자들도 있느니라

But I tell you of a truth, there be some standing here, which shall not taste of death, till they see the kingdom of God.

3004	1161	4771	230	1510	5100	3588	847
λέγω	δὲ	ὑμῖν	ἀληθῶς,	εἰσίν	τινες	τῶν	αὐτοῦ
λέγω	δέ	σύ	ἀληθῶς	εἰμι	τις	ὁ	αὐτοῦ
레고	데	휘민	알레도스	에이신	티네스	톤	아우투
내가 말한다	그러나	너희에게	참으로	있느니라	몇 사람들이	그(사람들 중의)	여기
동.직.현.능.1단.	접.등.	대.인.여격.2복.	부.	동.직.현.능.3복.	대.부.주.남.복.	관.소.남.복.	부.

2476	3739	3756	3361	1089	2288	2193	302
ἑστηκότων	οἳ	οὐ	μὴ	γεύσωνται	θανάτου	ἕως	ἂν
ἵστημι	ὅς	οὐ	μή	γεύομαι	θάνατος	ἕως	ἄν
헤스테코톤	호이	우	메	규손타이	다나투	헤오스	안
서서 있는	바 사람들이	아니할	결단코	맛을 보지	죽음의	까지	때
동.분.1완.능.소.남.복.	대.관.주.남.복.	부.	부.	동.가.1과.중디.3복.	명.소.남.단.	접.종.	불.동.

3708(1492)	3588	932	3588	2316
ἴδωσιν	τὴν	βασιλείαν	τοῦ	θεοῦ.
ὁράω.εἴδω	ἡ	βασιλεία	ὁ	θεός
이도신	텐	바실레이안	투	데우
그들이 볼	그	나라를		하나님의
동.가.2과.능.3복.	관.목.여.단.	명.목.여.단.	관.소.남.단.	명.소.남.단.

28 이 말씀을 하신 후 팔 일쯤 되어 예수께서 베드로와 요한과 야고보를 데리고 기도하시러
산에 올라가사

And it came to pass about an eight days after these sayings, he took Peter and John and James, and went up into a mountain to pray.

1096	1161	3326	3588	3056	3778	5616	2250	3638
Ἐγένετο	δὲ	μετὰ	τοὺς	λόγους	τούτους	ὡσεὶ	ἡμέραι	ὀκτὼ
γίνομαι	δέ	μετά	ὁ	λόγος	οὗτος	ὡσεί	ἡμέρα	ὀκτώ
에게네토	데	메타	투스	로구스	투투스	호세이	헤메라이	옥토
되었다	그리고	후에	그	말씀들	이	쯤에	일들	팔
동.직.2과.중디.3단.	접.등.	전.목.	관.목.남.복.	명.목.남.복.	대.지.목.남.복.	부.	명.주.여.복.	형.기.주.여.복.

2532	3880	4074	2532	2491	2532	2385	305	1519
[καὶ]	παραλαβὼν	Πέτρον	καὶ	Ἰωάννην	καὶ	Ἰάκωβον	ἀνέβη	εἰς
καί	παραλαμβάνω	Πέτρος	καί	Ἰωάννης	καί	Ἰάκωβος	ἀναβαίνω	εἰς
카이	파랄라본	페트론	카이	요안넨	카이	야코본	아네베	에이스
그리고	데리시고	베드로	와	요한	과	야고보를	올라가셨다	속으로
접.우.	동.분.2과.능.주.남.단.	명.목.남.단.	접.등.	명.목.남.단.	접.등.	명.목.남.단.	동.직.2과.능.3단.	전.목.

3588	3735	4336
τὸ	ὄρος	προσεύξασθαι.
τό	ὄρος	προσεύχομαι
토	오로스	프로슈사스다이
그	산을	기도하시려고
관.목.중.단.	명.목.중.단.	동.부.1과.중디.

29 기도하실 때에 용모가 변화되고 그 옷이 희어져 광채가 나더라
And as he prayed, the fashion of his countenance was altered, and his raiment was white and glistering.

2532	1096	1722	3588	4336	846	3588	1491	3588
καὶ	ἐγένετο	ἐν	τῷ	προσεύχεσθαι	αὐτὸν	τὸ	εἶδος	τοῦ
καί	γίνομαι	ἐν	τό	προσεύχομαι	αὐτός	τό	εἶδος	τό
카이	에게네토	엔	토	프로슈케스다이	아우톤	토	에이도스	투
그런데	되었다	때에	그	기도하실	그가	그	모습이	그
접.등.	동.직.2과.중디.3단.	전.여격.	관.여격.중.단.	동.부.현.중수디.여격.	대.인.목.남.3단.	관.주.중.단.	명.주.중.단.	관.소.중.단.

4383	846	2087	2532	3588	2441	846	3022
προσώπου	αὐτοῦ	ἕτερον	καὶ	ὁ	ἱματισμὸς	αὐτοῦ	λευκὸς
πρόσωπον	αὐτός	ἕτερος	καί	ὁ	ἱματισμός	αὐτός	λευκός
프로소푸	아우투	헤테론	카이	호	히마티스모스	아우투	류코스
얼굴의	그의	변하고	그리고	그	겉옷이	그의	희게
명.소.중.단.	대.인.소.남.3단.	형.주.중.단.	접.등.	관.주.남.단.	명.주.남.단.	대.인.소.남.3단.	형.주.남.단.

1823
ἐξαστράπτων.
ἐξαστράπτω
엑사스트랍톤
광채가 나는
동.분.현.능.주.남.단.

30 문득 두 사람이 예수와 함께 말하니 이는 모세와 엘리야라
And, behold, there talked with him two men, which were Moses and Elias:

2532	2400	435	1417	4814	846	3748	1510
καὶ	ἰδοὺ	ἄνδρες	δύο	συνελάλουν	αὐτῷ,	οἵτινες	ἦσαν
καί	ἰδού	ἀνήρ	δύο	συλλαλέω	αὐτός	ὅστις	εἰμί
카이	이두	안드레스	뒤오	쉬넬랄룬	아우토	호이티네스	에산
그런데	보라	남자들이	두	함께 말하였다	그와	그들은	이었다
접.등.	불.문.	명.주.남.복.	형.기.주.남.복.	동.직.미완.능.3복.	대.인.여격.남.3단.	대.관.주.남.복.	동.직.미완.능.3복.

3475	2532	2243
Μωϋσῆς	καὶ	Ἠλίας,
Μωϋσῆς	καί	Ἠλίας
모위세스	카이	엘리아스
모세	와	엘리야
명.주.남.단.	접.등.	명.주.남.단.

31 영광중에 나타나서 장차 예수께서 예루살렘에서 별세하실 것을 말할새
Who appeared in glory, and spake of his decease which he should accomplish at Jerusalem.

3739	3708	1722	1391	3004	3588	1841	846
οἳ	ὀφθέντες	ἐν	δόξῃ	ἔλεγον	τὴν	ἔξοδον	αὐτοῦ,
ὅς	ὁράω	ἐν	δόξα	λέγω	ἡ	ἔξοδος	αὐτός
호이	오프덴테스	엔	독세	엘레곤	텐	엑소돈	아우투
그들은	나타나게되어	중에	영광	말씀하시고 계셨다	그	떠남을	그의
대.관.주.남.복.	동.분.1과.수.주.남.복.	전.여격.	명.여격.여.단.	동.직.미완.능.3복.	관.목.여.단.	명.목.여.단.	대.인.소.남.3단.

3739	3195	4137	1722	2419
ἣν	ἤμελλεν	πληροῦν	ἐν	Ἰερουσαλήμ.
ὅς	μέλλω	πληρόω	ἐν	Ἰερουσαλήμ
헨	에멜렌	플레룬	엔	예루살렘
바	하려고 있었다	이루시는 것을	안에서	예루살렘
대.관.목.여.단.	동.직.미완.능.3단.+	+동.부.현.능.	전.여격.	명.여격.여.단.

32 베드로와 및 함께 있는 자들이 깊이 졸다가 온전히 깨어나 예수의 영광과 및 함께 선 두
사람을 보더니

But Peter and they that were with him were heavy with sleep: and when they were awake, they saw his glory, and the two men that stood with him.

3588	1161	4074	2532	3588	4862	846	1510	916
ὁ	δὲ	Πέτρος	καὶ	οἱ	σὺν	αὐτῷ	ἦσαν	βεβαρημένοι
ὁ	δέ	Πέτρος	καί	ὁ	σύν	αὐτός	εἰμί	βαρέω
호	데	페트로스	카이	호이	쉰	아우토	에산	베바레메노이
그	그러나	베드로	와	그(사람들이)	함께 (있는)	그와	있었다가	무겁게 덮쳐서
관.주.남.단.	접.등.	명.주.남.단.	접.등.	관.주.남.복.	전.여격.	대.인.여격.남.3단.	동.직.미완.능.3복.+.	+동.분.1완.수.주.남.복.

5258	1235	1161	3708(1492)	3588	1391	846	2532
ὕπνῳ·	διαγρηγορήσαντες	δὲ	εἶδον	τὴν	δόξαν	αὐτοῦ	καὶ
ὕπνος	διαγρηγορέω	δέ	ὁράω.εἴδω	ἡ	δόξα	αὐτός	καί
휘프노	디아그레고레산테스	데	에이돈	텐	독산	아우투	카이
잠에	완전히 깨어난 후에	그러나	그들이 보았다	그	영광	그의	과
명.여격.남.단.	동.분.1과.능.주.남.복.	접.우.	동.직.2과.능.3복.	관.목.여.단.	명.목.여.단.	대.인.소.남.3단.	접.등.

3588	1417	435	3588	4921	846
τοὺς	δύο	ἄνδρας	τοὺς	συνεστῶτας	αὐτῷ.
ὁ	δύο	ἀνήρ	ὁ	συνιστάω	αὐτός
투스	뒤오	안드라스	투스	쉬네스토타스	아우토
그	두	남자들을	그	함께 서있는	그와
관.목.남.복.	형.기.목.남.복.	명.목.남.복.	관.목.남.복	동.분.1완.능.목.남.복.	대.인.여격.남.3단.

33 두 사람이 떠날 때에 베드로가 예수께 여짜오되 주여 우리가 여기 있는 것이 좋사오니
우리가 초막 셋을 짓되 하나는 주를 위하여, 하나는 모세를 위하여, 하나는 엘리야를
위하여 하사이다 하되 자기가 하는 말을 자기도 알지 못하더라

And it came to pass, as they departed from him, Peter said unto Jesus, Master, it is good for us to be here: and let us make three tabernacles; one for thee, and one for Moses, and one for Elias: not knowing what he said.

2532	1096	1722	3588	1316	846	575	846
καὶ	ἐγένετο	ἐν	τῷ	διαχωρίζεσθαι	αὐτοὺς	ἀπ'	αὐτοῦ
καί	γίνομαι	ἐν	τό	διαχωρίζομαι	αὐτός	ἀπό	αὐτός
카이	에게네토	엔	토	디아코리제스다이	아우투스	앞	아우투
그런데	되었다	때에	그	다 떠나게 될	그들이	부터	그로
접.등.	동.직.2과.중디.3단.	전.여격.	관.여격.중.단.	동.부.현.수.여격.	대.인.목.남.3복.	전.소.	대.인.소.남.3단.

3004(2036)	3588	4074	4314	3588	2424	1988	2570	1510
εἶπεν	ὁ	Πέτρος	πρὸς	τὸν	Ἰησοῦν,	ἐπιστάτα,	καλόν	ἐστιν
λέγω.ἔπω	ὁ	Πέτρος	πρός	ὁ	Ἰησοῦς	ἐπιστάτης	καλός	εἰμί
에이펜	호	페트로스	프로스	톤	예순	에피스타타	칼론	에스틴
말씀을 드렸다	그	베드로가	향하여	그	예수님을	선생님이여	좋은 것	그것이~이니
동.직.2과.능.3단.	관.주.남.단.	명.주.남.단.	전.목.	관.목.남.단.	명.목.남.단.	명.호.남.단.	형.대.주.중.단.	동.직.현.능.3단.

1473	5602	1510	2532	4160	4633	5140	3391	4771
ἡμᾶς	ὧδε	εἶναι,	καὶ	ποιήσωμεν	σκηνὰς	τρεῖς,	μίαν	σοὶ
ἐγώ	ὧδε	εἰμί	καί	ποιέω	σκηνη	τρεῖς	μία	σύ
헤마스	호데	에이나이	카이	포이에소멘	스케나스	트레이스	미안	소이
우리를	여기에	있는 것이	그래서	우리가 만듭시다	장막들을	셋	하나를	당신을 위하여
대.인.목.1복.	부.	동.부.현.능.	접.등.	동.가.1과.능.1복.	명.목.여.복.	형.기.목.여.복.	형.대.기.목.여.단.	대.인.여격.2단.

2532	3391	3475	2532	3391	2243	3361	1492	3739
καὶ	μίαν	Μωϋσεῖ	καὶ	μίαν	Ἠλίᾳ,	μὴ	εἰδὼς	ὃ
καί	μία	Μωϋσῆς	καί	μία	Ἡλίας	μή	οἶδα.εἴδω	ὅς
카이	미안	모위세이	카이	미안	엘리아	메	에이도스	호
그리고	하나를	모세를 위하여	또	하나를	엘리아를 위하여	못하더라	알고 있지	바 것을
접등.	형.대.기.목.여.단.	명.여격.남.단.	접등.	형.대.기.목.여.단.	명.여격.남.단.	부.	동.분.1완.능.주.남.단.	대.관.목.중.단.

3004
λέγει.
λέγω
레게이
그가 말하는
동.직.현.능.3단.

34 이 말 할 즈음에 구름이 와서 그들을 덮는지라 구름 속으로 들어갈 때에 그들이
무서워하더니

While he thus spake, there came a cloud, and overshadowed them: and they feared as they entered into the cloud.

3778	1161	846	3004	1096	3507	2532	1982
ταῦτα	δὲ	αὐτοῦ	λέγοντος	ἐγένετο	νεφέλη	καὶ	ἐπεσκίαζεν
οὗτος	δέ	αὐτός	λέγω	γίνομαι	νεφέλη	καί	ἐπισκιάζω
타우타	데	아우투	레곤토스	에게네토	네펠레	카이	에페스키아젠
이런 일들을	그런데	그의	말할때에	일어났다	한 구름이	그래서	위로 덮고 있었다
대.지.목.중.복.	접등.	대.인.소.남.3단.	동.분.현.능.소.남.단.	동.직.2과.중디.3단.	명.주.여.단.	접.등.	동.직.미완.능.3단.

846	5399	1161	1722	3588	1525	846	1519
αὐτούς·	ἐφοβήθησαν	δὲ	ἐν	τῷ	εἰσελθεῖν	αὐτοὺς	εἰς
αὐτός	φοβέω	δέ	ἐν	τό	εἰσέρχομαι	αὐτός	εἰς
아우투스	에포베데산	데	엔	토	에이셀데인	아우투스	에이스
그들을	그들이 무서워하였다	이에	때에	그	들어갈	그들이	속으로
대.인.목.남.3복.	동.직.1과.수디.3복.	접.우.	전.여격.	관.여격.중.단.	동.부.2과.능.여격.	대.인.목.남.3복.	전.목.

3588	3507
τὴν	νεφέλην.
ἡ	νεφέλη
텐	네펠렌
그	구름을
관.목.여.단.	명.목.여.단.

35 구름 속에서 소리가 나서 이르되 이는 나의 아들 곧 택함을 받은 자니 너희는 그의 말을
들으라 하고

And there came a voice out of the cloud, saying, This is my beloved Son: hear him.

2532	5456	1096	1537	3588	3507	3004	3778	1510
καὶ	φωνὴ	ἐγένετο	ἐκ	τῆς	νεφέλης	λέγουσα,	οὗτός	ἐστιν
καί	φωνή	γίνομαι	ἐκ	ἡ	νεφέλη	λέγω	οὗτος	εἰμί
카이	포네	에게네토	에크	테스	네펠레스	레구사	후토스	에스틴
그리고	한 소리가	났다	에서	그	구름	말씀하기를	이 사람은	이요
접등.	명.주.여.단.	동.직.2과.중디.3단.	전소.	관.소.여.단.	명.소.여.단.	동.분.현.능.주.여.단.	대.지.주.남.단.	동.직.현.능.3단.

3588	5207	1473	3588	1586	846	191
ὁ	υἱός	μου	ὁ	ἐκλελεγμένος,	αὐτοῦ	ἀκούετε.
ὁ	υἱός	ἐγω	ὁ	ἐκλέγομαι	αὐτός	ἀκούω
호	휘오스	무	호	에클렐레그메노스	아우투	아쿠에테
그	아들	나의	그	택함을 받고있는	그의	너희는 말을 들어라
관.주.남.단.	명.주.남.단.	대.인.소.1단.	관.주.남.단.	동.분.1완.수.주.남.단.	대.인.소.남.3단.	동.명.현.능.2복.

36 소리가 그치매 오직 예수만 보이더라 제자들이 잠잠하여 그 본 것을 무엇이든지 그 때에는 아무에게도 이르지 아니하니라

And when the voice was past, Jesus was found alone. And they kept it close, and told no man in those days any of those things which they had seen.

2532	1722	3588	1096	3588	5456	2147	2424	3440
καὶ	ἐν	τῷ	γενέσθαι	τὴν	φωνὴν	εὑρέθη	Ἰησοῦς	μόνος.
καί	ἐν	τό	γίνομαι	ἡ	φωνή	εὑρίσκω	Ἰησοῦς	μόνον
카이	엔	토	게네스다이	텐	포넨	휴레데	예수스	모노스
그리고	때에	그	일어날	그	소리를	발견되었다	예수만	오직
접등.	전.여격.	관.여격.중.단.	동.부.2과.중디.여격.	관.목.여.단.	명.목.여.단.	동.직.1과.수.3단.	명.주.남.단.	형.주.남.단.

2532	846	4601	2532	3762	518	1722	1565
καὶ	αὐτοὶ	ἐσίγησαν	καὶ	οὐδενὶ	ἀπήγγειλαν	ἐν	ἐκείναις
καί	αὐτός	σιγάω	καί	οὐδείς	ἀπαγγέλλω	ἐν	ἐκεῖνος
카이	아우토이	에시게산	카이	우데니	아펭게일란	엔	에케이나이스
이에	그들이	잠잠하였다	그리고	아무에게도 아니하였다	알리지	중에	그
접등.	대.인주.남.3복.	동.직.1과.능.3복.	접등.	형.대.기.여격.남.단.	동.직.1과.능.3복.	전.여격.	대.지.여격.여.복.

3588	2250	3762	3739	3708
ταῖς	ἡμέραις	οὐδὲν	ὧν	ἑώρακαν.
ἡ	ἡμέρα	οὐδείς	ὅς	ὁράω
타이스	헤메라이스	우덴	혼	헤오라칸
그	날들	아무것도	바 것들의	그들이 보고 있던
관.여격.여.복.	명.여격.여.복.	형.대.기.목.중.단.	대.관.소.중.복.	동.직.1완.능.3복.

37 이튿날 산에서 내려오시니 큰 무리가 맞을새

And it came to pass, that on the next day, when they were come down from the hill, much people met him.

1096	1161	3588	1836	2250	2718	846	575	3588
Ἐγένετο	δὲ	τῇ	ἑξῆς	ἡμέρᾳ	κατελθόντων	αὐτῶν	ἀπὸ	τοῦ
γίνομαι	δέ	ἡ	ἑξῆς	ἡμέρα	κατέρχομαι	αὐτός	ἀπό	τό
에게네토	데	테	헥세스	헤메라	카텔돈톤	아우톤	아포	투
되었다	그리고	그	이튿	날에	내려온 후에	그들이	부터	그
동.직.2과.중디.3단.	접등.	관.여격.여.단.	부.	명.여격.여.단.	동.분.2과.능.소.남.복.	대.인.소.남.3복.	전.소.	관.소.중.단.

3735	4876	846	3793	4183
ὄρους	συνήντησεν	αὐτῷ	ὄχλος	πολύς.
ὄρος	συναντάω	αὐτός	ὄχλος	πολύς
오루스	쉬넨테센	아우토	오클로스	폴뤼스
산으로	만났다	그에게	한 무리가	많은
명.소.중.단.	동.직.1과.능.3단.	대.인.여격.남.3단.	명.주.남.단.	형.주.남.단.

38 무리 중의 한 사람이 소리 질러 이르되 선생님 청컨대 내 아들을 돌보아 주옵소서 이는 내 외아들이니이다

And, behold, a man of the company cried out, saying, Master, I beseech thee, look upon my son: for he is mine only child.

2532	2400	435	575	3588	3793	994	3004	1320
καὶ	ἰδοὺ	ἀνὴρ	ἀπὸ	τοῦ	ὄχλου	ἐβόησεν	λέγων,	διδάσκαλε,
καί	ἰδού	ἀνήρ	ἀπό	ὁ	ὄχλος	βοάω	λέγω	διδάσκαλος
카이	이두	아네르	아포	투	오클루	에보에센	레곤	디다스칼레
그런데	보라	한 남자가	부터	그	무리로	소리쳤다	말하기를	선생님이여
접등.	불문.	명.주.남.단.	전.소.	관.소.남.단.	명.소.남.단.	동.직.1과.능.3단.	동.분.현.능.주.남.단.	명.호.남.단.

1189	4771	1914	1909	3588	5207	1473	3754
δέομαί	σου	ἐπιβλέψαι	ἐπὶ	τὸν	υἱόν	μου,	ὅτι
δέομαι	σύ	ἐπιβλέπω	ἐπί	ὁ	υἱός	ἐγώ	ὅτι
데오마이	수	에피블렙사이	에피	톤	휘온	무	호티
제가 간청합니다	당신의	돌보아 주기를	위로	그	아들을	나의	때문입니다
동.직.현.중수디.1단.	대.인.소.2단.	동.부.1과.능.	전.목.	관.목.남.단.	명.목.남.단.	대.인.소.1단.	접.종.

3439	1473	1510
μονογενής	μοί	ἐστιν,
μονογενής	ἐγώ	εἰμί
모노게네스	모이	에스틴
외아들	제가	그가~이기
형.대.주.남.단.	대.인.여격.1단.	동.직.현.능.3단.

39 귀신이 그를 잡아 갑자기 부르짖게 하고 경련을 일으켜 거품을 흘리게 하며 몹시 상하게
하고야 겨우 떠나 가나이다
And, lo, a spirit taketh him, and he suddenly crieth out; and it teareth him that he foameth again, and bruising him hardly departeth from him.

2532	2400	4151	2983	846	2532	1810	2896	2532
καὶ	ἰδοὺ	πνεῦμα	λαμβάνει	αὐτόν	καὶ	ἐξαίφνης	κράζει	καὶ
καί	ἰδού	πνεῦμα	λαμβάνω	αὐτός	καί	ἐξαίφνης	κράζω	καί
카이	이두	프뉴마	람바네이	아우톤	카이	엑사이프네스	크라제이	카이
그런데	보라	(더러운)영이	취한다	그를	그래서	갑자기	소리를 지른다	또
접.등.	불.문.	명.주.중.단.	동.직.현.능.3단.	대.인.목.남.3단.	접.등.	부.	동.직.현.능.3단.	접.등.

4682	846	3326	876	2532	3425	672	575	846
σπαράσσει	αὐτὸν	μετὰ	ἀφροῦ	καὶ	μόγις	ἀποχωρεῖ	ἀπ'	αὐτοῦ
σπαράσσω	αὐτός	μετά	ἀφρός	καί	μόγις	ἀποχωρέω	ἀπό	αὐτός
스파라쎄이	아우톤	메타	아프루	카이	모기스	아포코레이	앞	아우투
경련을 일으킨다	그를	함께	거품과	그리고	겨우	떠나간다	부터	그로
동.직.현.능.3단.	대.인.목.남.3단.	전.소.	명.소.남.단.	접.등.	부.	동.직.현.능.3단.	전.소.	대.인.소.남.3단.

4937	846
συντρῖβον	αὐτόν·
συντρίβω	αὐτός
쉰트리본	아우톤
상처를 주며	그를
동.분.현.능.주.중.단.	대.인.목.남.3단.

40 당신의 제자들에게 내쫓아 주기를 구하였으나 그들이 능히 못하더이다
And I besought thy disciples to cast him out; and they could not.

2532	1189	3588	3101	4771	2443	1544	846	2532
καὶ	ἐδεήθην	τῶν	μαθητῶν	σου	ἵνα	ἐκβάλωσιν	αὐτό,	καὶ
καί	δέομαι	ὁ	μαθητής	σύ	ἵνα	ἐκβάλλω	αὐτός	καί
카이	에데에덴	톤	마데톤	수	히나	에크발로신	아우토	카이
그래서	제가 간청하였다	그	제자들에게	당신의	위하여	그들이 내어쫓아주기	그것을	그러나
접.등.	동.직.1과.수디.1단.	관.소.남.복.	명.소.남.복.	대.인.소.2단.	접.등.	동.가.2과.능.3복.	대.인.목.중.3단.	접.등.

3756	1410
οὐκ	ἠδυνήθησαν.
οὐ	δύναμαι
우크	에뒤네데산
없었습니다	그들이 할 수
부.	동.직.1과.수디.3복.

41 예수께서 대답하여 이르시되 믿음이 없고 패역한 세대여 내가 얼마나 너희와 함께
있으며 너희에게 참으리요 네 아들을 이리로 데리고 오라 하시니
And Jesus answering said, O faithless and perverse generation, how long shall I be with you, and suffer you? Bring thy son hither.

611	1161	3588	2424	3004(2036)	5599	1074	571	2532
ἀποκριθεὶς	δὲ	ὁ	Ἰησοῦς	εἶπεν,	ὦ	γενεὰ	ἄπιστος	καὶ
ἀποκρίνομαι	δέ	ὁ	Ἰησοῦς	λέγω.ἔπω	ὦ	γενεά	ἄπιστος	καί
아포크리데이스	데	호	예수스	에이펜	오	게네아	아피스토스	카이
대답하여	이에	그	예수께서	말씀하셨다	오	세대여	믿음이 없고	그리고
동.분.1과.수디.주.남.단.	접.우.	관.주.남.단.	명.주.남.단.	동.직.2과.능.3단.	불.문.	명.호.여.단.	형.호.여.단.	접.등.

1294	2193	4219	1510	4314	4771	2532	430
διεστραμμένη,	ἕως	πότε	ἔσομαι	πρὸς	ὑμᾶς	καὶ	ἀνέξομαι
διαστρέφω	ἕως	πότε	εἰμί	πρός	σύ	καί	ἀνέχομαι
디에스트람메네	헤오스	포테	에소마이	프로스	휘마스	카이	아넥소마이
패악하여져 있는	까지	언제	내가 있을 것이다	함께	너희와	그리고	참을 것이다
동.분.1완.수.호.여.2단.	전.소.	부.의	동.직.미.중디.1단.	전.목.	대.인.목.2복.	접.등.	동.직.미.중.1단.

4771	4317	5602	3588	5207	4771
ὑμῶν;	προσάγαγε	ὧδε	τὸν	υἱόν	σου.
σύ	προσάγω	ὧδε	ὁ	υἱός	σύ
휘몬	프로사가게	호데	톤	휘온	수
너희를	데리고 오라	이리로	그	아들을	너의
대.인.소.2복.	동.명.2과.능.2단.	부.	관.목.남.단.	명.목.남.단.	대.인.소.2단.

42 올 때에 귀신이 그를 거꾸러뜨리고 심한 경련을 일으키게 하는지라 예수께서 더러운
귀신을 꾸짖으시고 아이를 낫게 하사 그 아버지에게 도로 주시니
And as he was yet a coming, the devil threw him down, and tare him. And Jesus rebuked the unclean spirit, and healed the child, and delivered him again to his father.

2089	1161	4334	846	4486	846	3588	1140	2532
ἔτι	δὲ	προσερχομένου	αὐτοῦ	ἔρρηξεν	αὐτὸν	τὸ	δαιμόνιον	καὶ
ἔτι	δέ	προσέρχομαι	αὐτός	ῥήγνυμι	αὐτός	τό	δαιμόνιον	καί
에티	데	프로세르코메누	아우투	에르렉센	아우톤	토	다이모니온	카이
아직	그러나	나아 올 때에	그가	거꾸러뜨렸다	그를	그	귀신이	그리고
부.	접.등.	동.분.현.중수디.소.남.단.	대.인.소.남.3단.	동.직.1과.능.3단.	대.인.목.남.3단.	관.주.중.단.	명.주.중.단.	접.등.

4952	2008	1161	3588	2424	3588	4151	3588
συνεσπάραξεν·	ἐπετίμησεν	δὲ	ὁ	Ἰησοῦς	τῷ	πνεύματι	τῷ
συσπαράσσω	ἐπιτιμάω	δέ	ὁ	Ἰησοῦς	τό	πνεῦμα	τό
쉬네스파락센	에페티메센	데	호	예수스	토	프뉴마티	토
심한 경련을 일으켰다	엄히 꾸짖으셨다	그러나	그	예수께서	그	영에게	그
동.직.1과.능.3단.	동.직.1과.능.3단.	접.우.	관.주.남.단.	명.주.남.단.	관.여격.중.단.	명.여격.중.단.	관.여격.중.단.

169	2532	2390	3588	3816	2532	591	846	3588
ἀκαθάρτῳ	καὶ	ἰάσατο	τὸν	παῖδα	καὶ	ἀπέδωκεν	αὐτὸν	τῷ
ἀκάθαρτος	καί	ἰάομαι	ὁ	παῖς	καί	ἀποδίδωμι	αὐτός	ὁ
아카다르토	카이	이아사토	톤	파이다	카이	아페도켄	아우톤	토
더러운	그리고	치유하셨다	그	아이를	그래서	도로 주셨다	그를	그
형.여격.중.단.	접.등.	동.직.1과.중디.3단.	관.목.남.단.	명.목.남.단.	접.등.	동.직.1과.능.3단.	대.인.목.남.3단.	관.여격.남.단.

3962	846
πατρὶ	αὐτοῦ.
πατήρ	αὐτός
파트리	아우투
아비에게	그의
명.여격.남.단.	대.인.소.남.3단.

43 사람들이 다 하나님의 위엄에 놀라니라 그들이 다 그 행하시는 모든 일을 놀랍게 여길새
예수께서 제자들에게 이르시되
And they were all amazed at the mighty power of God. Jesus did, he said unto his disciples,

1605	1161	3956	1909	3588	3168	3588	2316
ἐξεπλήσσοντο	δὲ	πάντες	ἐπὶ	τῇ	μεγαλειότητι	τοῦ	θεοῦ.
ἐκπλήσσω	δέ	πᾶς	ἐπί	ἡ	μεγαλειότης	ὁ	θεός
엑세플레쏜토	데	판테스	에피	테	메갈레이오테티	투	데우
그들이 몹시 놀라워했다	그러자	모두가	대하여	그	위엄에	그	하나님의
동.직.미완.수.3복.	접.우.	형.대.주.남.복.	전.여격.	관.여격.여.단.	명.여격.여.단.	관.소.남.단.	명.소.남.단.

3956	1161	2296	1909	3956	3739	4160	3004(2036)
Πάντων	δὲ	θαυμαζόντων	ἐπὶ	πᾶσιν	οἷς	ἐποίει	εἶπεν
πᾶς	δέ	θαυμάζω	ἐπί	πᾶς	ὅς	ποιέω	λέγω.ἔπω
판톤	데	다우마존톤	에피	파신	호이스	에포이에이	에이펜
모든 사람이	그리고	놀라고 있을 때에	대하여	모든 일에	바	그가 행하셨던	그가 말씀하셨다
형.대.소.남.복	접.등.	동.분.현.능.소.남.복.	전.여격.	형.대.여격.중.복.	대.관.여격.중.복.	동.직.미완.능.3단.	동.직.2과.능.3단.

4314	3588	3101	846
πρὸς	τοὺς	μαθητὰς	αὐτοῦ,
πρός	ὁ	μαθητής	αὐτός
프로스	투스	마데타스	아우투
향하여	그	제자들을	그의
전목.	관.목.남.복.	명.목.남.복.	대.인.소.남.3단.

44 이 말을 너희 귀에 담아 두라 인자가 장차 사람들의 손에 넘겨지리라 하시되
Let these sayings sink down into your ears: for the Son of man shall be delivered into the hands of men.

5087	4771	1519	3588	3775	4771	3588	3056	3778	3588
θέσθε	ὑμεῖς	εἰς	τὰ	ὦτα	ὑμῶν	τοὺς	λόγους	τούτους·	ὁ
τίθημι	σύ	εἰς	τό	οὖς	σύ	ὁ	λόγος	οὗτος	ὁ
데스데	휘메이스	에이스	타	오타	휘몬	투스	로구스	투투스	호
담아두어라	너희는	속으로	그	귀들을	너희의	그	말들을	이	그
동.명.2과.중.2복.	대.인.주.2복.	전목.	관.목.중.복.	명.목.중.복.	대.인.소.2복.	관.목.남.복.	명.목.남.복.	대.지.목.남.복.	관.주.남.단.

1063	5207	3588	444	3195	3860	1519	5495	444
γὰρ	υἱὸς	τοῦ	ἀνθρώπου	μέλλει	παραδίδοσθαι	εἰς	χεῖρας	ἀνθρώπων.
γάρ	υἱός	ὁ	ἄνθρωπος	μέλλω	παραδίδωμι	εἰς	χείρ	ἄνθρωπος
가르	휘오스	투	안드로푸	멜레이	파라디도스다이	에이스	케이라스	안드로폰
왜냐하면	아들이	그	사람의	하려 할 것이다	넘겨지도록	안으로	손들을	사람들의
접.종.	명.주.남.단.	관.소.남.단.	명.소.남.단.	동.직.현.능.3단+	+동.부.현.수.	전목.	명.목.여.복.	명.소.남.복.

45 그들이 이 말씀을 알지 못하니 이는 그들로 깨닫지 못하게 숨긴 바 되었음이라 또
그들은 이 말씀을 묻기도 두려워하더라
But they understood not this saying, and it was hid from them, that they perceived it not: and they feared to ask him of that saying.

3588	1161	50	3588	4487	3778	2532	1510
οἱ	δὲ	ἠγνόουν	τὸ	ῥῆμα	τοῦτο	καὶ	ἦν
ὁ	δέ	ἀγνοέω	τό	ῥῆμα	οὗτος	καί	εἰμί
호이	데	에그노운	토	흐레마	투토	카이	엔
그들이	그러나	알지 못하였다	그	말씀을	이	이에	이것은~이었다
관.주.남.복	접.우.	동.직.미완.능.3복.	관.목.중.단.	명.목.중.단.	대.지.목.중.단.	접.등.	동.직.미완.능.3단+

3871	575	846	2443	3361	143	846	2532
παρακεκαλυμμένον	ἀπ’	αὐτῶν	ἵνα	μὴ	αἴσθωνται	αὐτό,	καὶ
παρακαλύπτω	ἀπό	αὐτός	ἵνα	μή	αἰσθάνομαι	αὐτός	καί
파라케칼륌메논	압	아우톤	히나	메	아이스돈타이	아우토	카이
가리워져서	부터	그들로	위하여	못하기	그들이 깨닫지	그것을	또
+동.분.1완.수.주.중.단.	전소	대.인.소.남.3복.	접.종.	부.	동.가.2과.중디.3복.	대.인.목.중.3단.	접.등.

5399	2065	846	4012	3588	4487	3778
ἐφοβοῦντο	ἐρωτῆσαι	αὐτὸν	περὶ	τοῦ	ῥήματος	τούτου.
φοβέω	ἐρωτάω	αὐτός	περί	τό	ῥῆμα	οὗτος
에포분토	에로테사이	아우톤	페리	투	흐레마토스	투투
그들이 두려워하였다	묻는 것을	그를	관하여	그	말씀에	이
동.직.미완.중.3복.	동.부.1과.능.	대.인.목.남.3단.	전소	관.소.중.단.	명.소.중.단.	대.지.소.중.단.

46 제자 중에서 누가 크냐 하는 변론이 일어나니
Then there arose a reasoning among them, which of them should be greatest.

1525	1161	1261	1722	846	3588	5101	302	1510
Εἰσῆλθεν	δὲ	διαλογισμὸς	ἐν	αὐτοῖς,	τὸ	τίς	ἂν	εἴη
εἰσέρχομαι	δέ	διαλογισμός	ἐν	αὐτός	τό	τίς	ἄν	εἰμί
에이셀덴	데	디알로기스모스	엔	아우토이스	토	티스	안	에이에
들어갔다	그리고	한 논쟁이	가운데	그들에게	그	누가	인지	하는 것
동.직.2과.능.3단.	접.등.	명.주.남.단.	전.여격.	대.인.여격.남.3복.	관.주.중.단.	대.의.주.남.단.	불.동.	동.희.현.능.3단.

3187	846
μείζων	αὐτῶν.
μείζων	αὐτός
메이존	아우톤
더 큼이	그들 중의
형.비.주.남.단.	대.인.소.남.3복.

47 예수께서 그 마음에 변론하는 것을 아시고 어린 아이 하나를 데려다가 자기 곁에 세우시고
And Jesus, perceiving the thought of their heart, took a child, and set him by him,

3588	1161	2424	1492	3588	1261	3588	2588	846
ὁ	δὲ	Ἰησοῦς	εἰδὼς	τὸν	διαλογισμὸν	τῆς	καρδίας	αὐτῶν,
ὁ	δέ	Ἰησοῦς	οἶδα.εἴδω	ὁ	διαλογισμός	ἡ	καρδία	αὐτός
호	데	예수스	에이도스	톤	디알로기스몬	테스	카르디아스	아우톤
그	그러자	예수께서	아시고 있으면서	그	논쟁함을	그	마음의	그들의
관.주.남.단.	접.우.	명.주.남.단.	동.분.1완.능.주.남.단.	관.목.남.단.	명.목.남.단.	관.소.여.단.	명.소.여.단.	대.인.소.남.3복.

1949	3813	2476	846	3844	1438
ἐπιλαβόμενος	παιδίον	ἔστησεν	αὐτὸ	παρ’	ἑαυτῷ
ἐπιλαμβάνομαι	παιδίον	ἵστημι	αὐτός	παρά	ἑαυτοῦ
에필라보메노스	파이디온	에스테센	아우토	파르	헤아우토
데려다가	한 어린아이를	세웠다	그를	곁에	그 자신
동.분.2가.중디.주.남.단.	명.목.중.단.	동.직.1과.능.3단.	대.인.목.중.3단.	전.여격.	대.인.여격.남.3단.

48 그들에게 이르시되 누구든지 내 이름으로 이런 어린 아이를 영접하면 곧 나를 영접함이요
또 누구든지 나를 영접하면 곧 나를 보내신 이를 영접함이라 너희 모든 사람 중에 가장
작은 그가 큰 자니라
And said unto them, Whosoever shall receive this child in my name receiveth me: and whosoever shall receive me receiveth him that sent me: for he that is least among you all, the same shall be great.

2532	3004(2036)	846	3739	1437	1209	3778	3588	3813
καὶ	εἶπεν	αὐτοῖς,	ὃς	ἐὰν	δέξηται	τοῦτο	τὸ	παιδίον
καί	λέγω.ἔπω	αὐτός	ὅς	ἐάν	δέχομαι	οὗτος	τό	παιδίον
카이	에이펜	아우토이스	호스	에안	덱세타이	투토	토	파이디온
그리고	말씀하셨다	그들에게	누구	든지	영접하는 사람은	이	그	어린 아이를
접.등.	동.직.2과.능.3단.	대.인.여격.남.3복.	대.관.주.남.단.	불.동.	동.가.1과.능디.3단.	대.지.목.중.단.	관.목.중.단.	명.목.중.단.

1909	3588	3686	1473	1473	1209	2532	3739	302	1473
ἐπὶ	τῷ	ὀνόματί	μου,	ἐμὲ	δέχεται·	καὶ	ὃς	ἂν	ἐμὲ
ἐπί	τό	ὄνομα	ἐγώ	ἐγώ	δέχομαι	καί	ὅς	ἄν	ἐγώ
에피	토	오노마티	무	에메	데케타이	카이	호스	안	에메
으로	그	이름	내	나를	그는 영접함이다	또	누구	든지	나를
전.여격.	관.여격.중.단.	명.여격.중.단.	대.인.소.1단.	대.인.목.1단.	동.직.현.중수디.3단.	접.등.	대.관.주.남.단.	불.동.	대.인.목.1단.

1209	1209	3588	649	1473	3588	1063	3398
δέξηται,	δέχεται	τὸν	ἀποστείλαντά	με·	ὁ	γὰρ	μικρότερος
δέχομαι	δέχομαι	ὁ	ἀποστέλλω	ἐγώ	ὁ	γάρ	μικρός
덱세타이	데케타이	톤	아포스테일란타	메	호	가르	미크로테로스
영접하는 사람은	그는 영접함이다	그(분을)	보내신	나를	그(사람이)	왜냐하면	더 작게
동.가.1과.중디.3단.	동.직.현.중수디.3단.	관.목.남.단	동.분.1과.	대.인.목.1단.	관.주.남.단	접.종.	형.비.주.남.단.

1722	3956	4771	5225	3778	1510	3173
ἐν	πᾶσιν	ὑμῖν	ὑπάρχων	οὗτός	ἐστιν	μέγας.
ἐν	πᾶς	σύ	ὑπάρχω	οὗτος	εἰμί	μέγας
엔	파신	휘민	휘파르콘	후토스	에스틴	메가스
가운데	모든	너희들	있는	그가	이다	큼
전.여격.	형.여격.남.복.	대.인.여격.2복.	동.분.현.능.주.남.단.	대.지.주.남.단.	동.직.현.능.3단.	형.주.남.단.

49 요한이 여짜오되 주여 어떤 사람이 주의 이름으로 귀신을 내쫓는 것을 우리가 보고
우리와 함께 따르지 아니하므로 금하였나이다
And John answered and said, Master, we saw one casting out devils in thy name; and we forbad him, because he followeth not with us.

611	1161	2491	3004(2036)	1988	3708(1492)	5100	1722
Ἀποκριθεὶς	δὲ	Ἰωάννης	εἶπεν,	ἐπιστάτα,	εἴδομέν	τινα	ἐν
ἀποκρίνομαι	δέ	Ἰωάννης	λέγω.ἔπω	ἐπιστάτης	ὁράω.εἴδω	τις	ἐν
아포크리데이스	데	요안네스	에이펜	에피스타타	에이도멘	티나	엔
대답하여	그리고	요한이	말씀드렸다	선생님이여	우리가 보았다	어떤 사람을	으로
동.분.1과.수디.주.남.단.	접.우.	명.주.남.단.	동.직.2과.능.3단.	명.호.남.단.	동.직.2과.능.1복.	대.부.목.남.단.	전.여격.

3588	3686	4771	1544	1140	2532	2967	846
τῷ	ὀνόματί	σου	ἐκβάλλοντα	δαιμόνια	καὶ	ἐκωλύομεν	αὐτὸν,
τό	ὄνομα	σύ	ἐκβάλλω	δαιμόνιον	καί	κωλύω	αὐτός
토	오노마티	수	에크발론타	다이모니아	카이	에콜뤼오멘	아우톤
그	이름	주님의	내어 쫓는	귀신들을	그래서	우리가 금하였다	그를
관.여격.중.단.	명.여격.중.단.	대.인.소.2단.	동.분.현.능.목.남.단.	명.목.중.복.	접.등.	동.직.미완.능.1복.	대.인.목.남.3단.

3754	3756	190	3326	1473
ὅτι	οὐκ	ἀκολουθεῖ	μεθ’	ἡμῶν.
ὅτι	οὐ	ἀκολουθέω	μετά	ἐγώ
호티	우크	아콜루데이	멘	헤몬
때문에	아니하기	그가 따르지	함께	우리와
접.종.	부.	동.직.현.능.2단.	전.소.	대.인.소.1복.

50 예수께서 이르시되 금하지 말라 너희를 반대하지 않는 자는 너희를 위하는 자니라
하시니라
And Jesus said unto him, Forbid him not: for he that is not against us is for us.

3004(2036)	1161	4314	846	3588	2424	3361	2967	3739
εἶπεν	δὲ	πρὸς	αὐτὸν	ὁ	Ἰησοῦς,	μὴ	κωλύετε·	ὃς
λέγω.ἔπω	δέ	πρός	αὐτός	ὁ	Ἰησοῦς	μή	κωλύω	ὅς
에이펜	데	프로스	아우톤	호	예수스	메	콜뤼에테	호스
말씀하셨다	이에	향하여	그를	그	예수께서	말라	금하지	그가
동.직.2과.능.3단.	접.우.	전.목.	대.인.목.남.3단.	관.주.남.단.	명.주.남.단.	부.	동.명.현.능.2복.	대.관.주.남.단

1063	3756	1510	2596	4771	5228	4771	1510
γὰρ	οὐκ	ἔστιν	καθ’	ὑμῶν,	ὑπὲρ	ὑμῶν	ἐστιν.
γάρ	οὐ	εἰμί	κατά	σύ	ὑπέρ	σύ	εἰμί
가르	우크	에스틴	캇	휘몬	휘페르	휘몬	에스틴
왜냐하면	아니하니	있지	반대하고	너희를	위하는 것	너희를	그는~이다
접.종.	부.	동.직.현.능.3단.	전.소.	대.인.소.2복	전.소.	대.인.소.2복	동.직.현.능.3단.

51 예수께서 승천하실 기약이 차가매 예루살렘을 향하여 올라가기로 굳게 결심하시고
And it came to pass, when the time was come that he should be received up, he stedfastly set his face to go to Jerusalem,

1096	1161	1722	3588	4845	3588	2250	3588	354
Ἐγένετο	δὲ	ἐν	τῷ	συμπληροῦσθαι	τὰς	ἡμέρας	τῆς	ἀναλήμψεως
γίνομαι	δέ	ἐν	τό	συμπληρόω	ἡ	ἡμέρα	ἡ	ἀνάλημψις
에게네토	데	엔	토	쉼플레루스다이	타스	헤메라스	테스	아날렘프세오스
되었다	그리고	때에	그	다 채워진	그	날들을	그	승천의
동.직.2과.중디.3단.	접.등.	전.여격.	관.여격.중.단.	동.부.현.수.여격.	관.목.여.복.	명.목.여.복.	관.소.여.단.	명.소.여.단.

846	2532	846	3588	4383	4741	3588	4198	1519
αὐτοῦ	καὶ	αὐτὸς	τὸ	πρόσωπον	ἐστήρισεν	τοῦ	πορεύεσθαι	εἰς
αὐτός	καί	αὐτός	τό	πρόσωπον	στηρίζω	τό	πορεύομαι	εἰς
아우투	카이	아우토스	토	프로소폰	에스테리센	투	포류에스다이	에이스
그의	그래서	그가	그(그의)	얼굴을	굳어지게 하였다	그	가는 것을	으로
대.인.소.남.3단.	접.우.	대.인.주.남.3단.	관.목.중.단.	명.목.중.단.	동.직.1과.능.3단.	관.소.중.단.	동.부.현.중수디.소	전.목.

2419
Ἰερουσαλήμ.
Ἱερουσαλήμ
예루살렘
예루살렘
명.목.여.단.

52 사자들을 앞서 보내시매 그들이 가서 예수를 위하여 준비하려고 사마리아인의 한 마을에
들어갔더니

And sent messengers before his face: and they went, and entered into a village of the Samaritans, to make ready for him.

2532	649	32	4253	4383	848	2532	4198
Καὶ	ἀπέστειλεν	ἀγγέλους	πρὸ	προσώπου	αὐτοῦ.	καὶ	πορευθέντες
καί	ἀποστέλλω	ἄγγελος	πρό	πρόσωπον	αὐτοῦ	καί	πορεύομαι
카이	아페스테일렌	앙겔루스	프로	프로소푸	아우투	카이	포류텐테스
그리고	보내셨다	사자들을	앞서	얼굴의	그의	이에	가서
접.등.	동.직.1과.능.3단.	명.목.남.복.	전소.	명.소.중.단.	대.인.소.남.3단.	접.등.	동.분.1과.수디.주.남.복.

1525	1519	2968	4541	5613	2090	846
εἰσῆλθον	εἰς	κώμην	Σαμαριτῶν	ὡς	ἑτοιμάσαι	αὐτῷ·
εἰσέρχομαι	εἰς	κώμη	Σαμαρίτης	ὡς	ἑτοιμάζω	αὐτός
에이셀돈	에이스	코멘	사마리톤	호스	헤토이마사이	아우토
그들이 들어갔다	안으로	한 마을을	사마리아 사람들의	하려고	준비하는 것을	그를 위하여
동.직.2과.능.3복.	전목.	명.목.여.단.	명.소.남.복.	접.종.	동.부.1과.능.	대.인.여격.남.3단.

53 예수께서 예루살렘을 향하여 가시기 때문에 그들이 받아들이지 아니 하는지라

And they did not receive him, because his face was as though he would go to Jerusalem.

2532	3756	1209	846	3754	3588	4383	846	1510
καὶ	οὐκ	ἐδέξαντο	αὐτόν,	ὅτι	τὸ	πρόσωπον	αὐτοῦ	ἦν
καί	οὐ	δέχομαι	αὐτός	ὅτι	τό	πρόσωπον	αὐτός	εἰμί
카이	우크	에덱산토	아우톤	호티	토	프로소폰	아우투	엔
그러나	아니하였다	그들이 받아들이지	그를	때문이라	그	얼굴이	그의	있었기
접.등.	부.	동.직.1과.중디.3복.	대.인.목.남.3단.	접.종.	관.주.중.단.	명.주.중.단.	대.인.소.남.3단.	동.직.미완.능.3단+

4198	1519	2419
πορευόμενον	εἰς	Ἰερουσαλήμ.
πορεύομαι	εἰς	Ἱερουσαλήμ
포류오메논	에이스	예루살렘
가시며	으로	예루살렘
+동.분.현.중수디.주.중.단.	전목.	명.목.여.단.

54 제자 야고보와 요한이 이를 보고 이르되 주여 우리가 불을 명하여 하늘로부터 내려
저들을 멸하라 하기를 원하시나이까

And when his disciples James and John saw this, they said, Lord, wilt thou that we command fire to come down from heaven, and consume them, even as Elias did?

3708(1492)	1161	3588	3101	2385	2532	2491	3004(2036)	2962
ἰδόντες	δὲ	οἱ	μαθηταὶ	Ἰάκωβος	καὶ	Ἰωάννης	εἶπαν,	κύριε,
ὁράω.εἶδω	δέ	ὁ	μαθητής	Ἰάκωβος	καί	Ἰωάννης	λέγω.ἔπω	κύριος
이돈테스	데	호이	마데타이	야코보스	카이	요안네스	에이판	퀴리에
보고	이에	그	제자들이	야고보	와	요한이	말하였다	주여
동.분.2과.능.주.남.복.	접.우.	관.주.남.복.	명.주.남.복.	명.주.남.단.	접.등.	명.주.남.단.	동.직.2과.능.3복.	명.호.남.단.

2309	3004(2036)	4442	2597	575	3588	3772	2532
θέλεις	εἴπωμεν	πῦρ	καταβῆναι	ἀπὸ	τοῦ	οὐρανοῦ	καὶ
θέλω	λέγω.ἔπω	πῦρ	καταβαίνω	ἀπο	ὁ	οὐρανός	καί
델레이스	에이포멘	퓌르	카타베나이	아포	투	우라누	카이
주님께서 원하시나이까	우리가 말하여	불을	내려오는 것을	부터	그	하늘로	그래서
동.직.현.능.2단.	동.가.2과.능;.1복.	명.목.중.단.	동.부.2과.능.	전소	관.소.남.단.	명.소.남.단.	접.등.

355	846
ἀναλῶσαι	αὐτούς;
ἀναλίσκω	αὐτός
아날로사이	아우투스
소멸하는 것을	그들을
동.부.1과.능.	대.인.목.남.3복.

55 예수께서 돌아보시며 꾸짖으시고
But he turned, and rebuked them, and said, Ye know not what manner of spirit ye are of.

4762	1161	2008	846
στραφεὶς	δὲ	ἐπετίμησεν	αὐτοῖς.
στρέφω	δέ	ἐπιτιμάω	αὐτός
스트라페이스	데	에페티메센	아우토이스
돌이키신 후에	그러나	예수님께서 엄히 꾸짖으셨다	그들에게
동.분.2과.수.주.남.단.	접.우.	동.직.1과.능.3단.	대.인.여격.남.3복.

56 함께 다른 마을로 가시니라
For the Son of man is not come to destroy men's lives, but to save them. And they went to another village.

2532	4198	1519	2087	2968
καὶ	ἐπορεύθησαν	εἰς	ἑτέραν	κώμην.
καί	πορεύομαι	εἰς	ἕτερος	κώμη
카이	에포류데산	에이스	헤테란	코멘
그리고	그들은 갔다	로	다른	마을
접.등.	동.직.1과.수디.3복.	전.목.	형.목.여.단.	명.목.여.단.

57 길 가실 때에 어떤 사람이 여짜오되 어디로 가시든지 나는 따르리이다
And it came to pass, that, as they went in the way, a certain man said unto him, Lord, I will follow thee whithersoever thou goest.

2532	4198	846	1722	3588	3598	3004(2036)	5100
Καὶ	πορευομένων	αὐτῶν	ἐν	τῇ	ὁδῷ	εἶπέν	τις
καί	πορεύομαι	αὐτός	ἐν	ἡ	ὁδός	λέγω.ἔπω	τις
카이	포류오메논	아우톤	엔	테	호도	에이펜	티스
그리고	갈때에	그들이	안에서	그	길에	말씀을 드렸다	어떤 사람이
접.등.	동.분.현.중수디.소.남.복.	대.인.소.남.3복.	전.여격.	관.여격.여.단.	명.여격.여.단.	동.직.2과.능.3단.	대.부.주.남.단.

4314	846	190	4771	3699	1437	565
πρὸς	αὐτόν,	ἀκολουθήσω	σοι	ὅπου	ἐὰν	ἀπέρχῃ.
πρός	αὐτός	ἀκολουθέω	σύ	ὅπου	ἐάν	ἀπέρχομαι
프로스	아우톤	아콜루데소	소이	호푸	에안	아페르케
향하여	그를	저는 따를 것이다	당신에게	어디	든지	당신이 가시면
전.목.	대.인.목.남.3단.	동.직.미.능.1단.	대.인.여격.2단.	접.종.	불.동.	동.가.현.중수디.2단.

58 예수께서 이르시되 여우도 굴이 있고 공중의 새도 집이 있으되 인자는 머리 둘 곳이
없도다 하시고
And Jesus said unto him, Foxes have holes, and birds of the air have nests; but the Son of man hath not where to lay his head.

2532	3004(2036)	846	3588	2424	3588	258	5454
καὶ	εἶπεν	αὐτῷ	ὁ	Ἰησοῦς,	αἱ	ἀλώπεκες	φωλεοὺς
καί	λέγω.ἔπω	αὐτός	ὁ	Ἰησοῦς	ἡ	ἀλώπηξ	φωλεός
카이	에이펜	아우토	호	예수스	하이	알로페케스	폴레우스
이에	말씀하셨다	그에게	그	예수께서	그	여우들이	굴들을
접.등.	동.직.2과.능.3단.	대.인.여격.남.3단.	관.주.남.단.	명.주.남.단.	관.주.여.복.	명.주.여.복.	명.목.남.복.

2192	2532	3588	4071	3588	3772	2682	3588
ἔχουσιν	καὶ	τὰ	πετεινὰ	τοῦ	οὐρανοῦ	κατασκηνώσεις,	ὁ
ἔχω	καί	τό	πετεινόν	ὁ	οὐρανός	κατασκήνωσις	ὁ
에쿠신	카이	타	페테이나	투	우라누	카타스케노세이스	호
가지고 있다	그리고	그	새들도	그	하늘의	보금자리들을	그
동.직.현.능.3복.	접.등.	관.주.중.복.	형.대.주.중.복.	관.소.남.단.	명.소.남.단.	명.목.여.복.	관.주.남.단.

1161	5207	3588	444	3756	2192	4226	3588	2776
δὲ	υἱὸς	τοῦ	ἀνθρώπου	οὐκ	ἔχει	ποῦ	τὴν	κεφαλὴν
δέ	υἱός	ὁ	ἄνθρωπος	οὐ	ἔχω	ποῦ	ἡ	κεφαλή
데	휘오스	투	안드로푸	우크	에케이	푸	텐	케팔렌
그러나	아들은	그	사람의	아니하도다	가지지	곳을	그	머리를
접.우.	명.주.남.단.	관.소.남.단.	명.소.남.단.	부.	동.직.현.능.3단.	부.의	관.목.여.단.	명.목.여.단.

2827
κλίνῃ.
κλίνω
클리네
그는 놓을
동.가.1과.능.3단./동.가.현.능.3단.

59 또 다른 사람에게 나를 따르라 하시니 그가 이르되 나로 먼저 가서 내 아버지를 장사하게
허락하옵소서

And he said unto another, Follow me. But he said, Lord, suffer me first to go and bury my father.

3004(2036)	1161	4314	2087	190	1473	3588	1161	3004(2036)
Εἶπεν	δὲ	πρὸς	ἕτερον,	ἀκολούθει	μοι.	ὁ	δὲ	εἶπεν,
λέγω.ἔπω	δέ	πρός	ἕτερος	ἀκολουθέω	ἐγω	ὁ	δέ	λέγω.ἔπω
에이펜	데	프로스	헤테론	아콜루데이	모이	호	데	에이펜
그가 말씀하셨다	또	향하여	다른 (사람을)	따르라	나에게	그가	그러나	말하였다
동.직.2과.능.3단.	접.등.	전.목.	형.대.목.남.단.	동.명.현.능.2단.	대.인.여격.1단.	관.주.남.단	접.우.	동.직.2과.능.3단.

2962	2010	1473	565	4412	2290	3588	3962
[κύριε],	ἐπίτρεψόν	μοι	ἀπελθόντι	πρῶτον	θάψαι	τὸν	πατέρα
κύριος	ἐπιτρέπω	ἐγώ	ἀπέρχομαι	πρῶτον	θάπτω	ὁ	πατήρ
퀴리에	에피트렙손	모이	아펠돈티	프로톤	답사이	톤	파테라
주여	허락하옵소서	나에게	떠나가서	먼저	장사하도록	그	아버지를
명.호.남.단.	동.명.1과.능.2단.	대.인.여격.1단.	동.분.2과.능.여격.남.1단.	형.대.서.목.중.단.	동.부.1과.능.	관.목.남.단.	명.목.남.단.

1473
μου.
ἐγώ
무
나의
대.인.소.1단.

60 이르시되 죽은 자들로 자기의 죽은 자들을 장사하게 하고 너는 가서 하나님의 나라를
전파하라 하시고

Jesus said unto him, Let the dead bury their dead: but go thou and preach the kingdom of God.

3004(2036)	1161	846	863	3588	3498	2290	3588	1438
εἶπεν	δὲ	αὐτῷ,	ἄφες	τοὺς	νεκροὺς	θάψαι	τοὺς	ἑαυτῶν
λέγω.ἔπω	δέ	αὐτός	ἀφίημι	ὁ	νεκρός	θάπτω	ὁ	ἑαυτοῦ
에이펜	데	아우토	아페스	투스	네크루스	답사이	투스	헤아우톤
그가 말씀하셨다	그러나	그에게	내버려두라	그	죽은 사람들을	장사하도록	그	그들 자신의
동.직.2과.능.3단.	접.우.	대.인.여격.남.3단.	동.명.2과.능.2단.	관.목.남.복.	형.대.목.남.복.	동.부.1과.능.	관.목.남.복.	대.인.소.남.3복.

3498	4771	1161	565	1229	3588	932	3588	2316
νεκρούς,	σὺ	δὲ	ἀπελθὼν	διάγγελλε	τὴν	βασιλείαν	τοῦ	θεοῦ.
νεκρός	σύ	δέ	ἀπέρχομαι	διαγγέλλω	ἡ	βασιλεία	ὁ	θεός
네크루스	쉬	데	아펠돈	디앙겔레	텐	바실레이안	투	데우
죽은 사람들로	너는	그러나	떠나가서	널리 알리라	그	나라를	그	하나님의
형.대.목.남.복.	대.인.주.2단.	접.등/접.우.	동.분명.2과.능.주.남.2단.	동.명.현.능.2단.	관.목.여.단.	명.목.여.단.	관.소.남.단.	명.소.남.단.

61 또 다른 사람이 이르되 주여 내가 주를 따르겠나이다마는 나로 먼저 내 가족을 작별하게 허락하소서
And another also said, Lord, I will follow thee; but let me first go bid them farewell, which are at home at my house.

3004(2036)	1161	2532	2087	190	4771	2962	4412	1161
Εἶπεν	δὲ	καὶ	ἕτερος,	ἀκολουθήσω	σοι,	κύριε·	πρῶτον	δὲ
λέγω.ἔπω	δέ	καί	ἕτερος	ἀκολουθέω	σύ	κύριος	πρῶτον	δέ
에이펜	데	카이	헤테로스	아콜루데소	소이	퀴리에	프로톤	데
말씀드렸다	또	역시	다른 (사람도)	저는 따를 것이다	주님께	주여	먼저	그러나
동.직.2과.능.3단.	접.등.	부.	대.주.남.단.	동.직.미.능.1단.	대.인.여격.2단.	명.호.남.단.	형.대.서.목.중.단	접.우.

2010	1473	657	3588	1519	3588	3624	1473
ἐπίτρεψόν	μοι	ἀποτάξασθαι	τοῖς	εἰς	τὸν	οἶκόν	μου.
ἐπιτρέπω	ἐγώ	ἀποτάσσομαι	ὁ	εἰς	ὁ	οἶκος	ἐγω
에피트렙손	모이	아포탁사스다이	토이스	에이스	톤	오이콘	무
허락하소서	제게	작별하는 것을	그(사람들에게)	안으로	그	집	나의
동.명.1과.능.2단.	대.인.여격.1단.	동.부.1과.중.	관.여격.남.복	전.목.	관.목.남.단.	명.목.남.단.	대.인.소.1단.

62 예수께서 이르시되 손에 쟁기를 잡고 뒤를 돌아보는 자는 하나님의 나라에 합당하지
아니하니라 하시니라
And Jesus said unto him, No man, having put his hand to the plow, and looking back, is fit for the kingdom of God.

3004(2036)	1161	4314	846	3588	2424	3762	1911	3588
εἶπεν	δὲ	[πρὸς	αὐτὸν]	ὁ	Ἰησοῦς,	οὐδεὶς	ἐπιβαλὼν	τὴν
λέγω.ἔπω	δέ	πρός	αὐτός	ὁ	Ἰησοῦς	οὐδείς	ἐπιβάλλω	ἡ
에이펜	데	프로스	아우톤	호	예수스	우데이스	에피발론	텐
말씀하셨다	그러나	향하여	그를	그	예수님께서	아무도 아니함	잡고	그(자기)
동.직.2과.능.3단.	접.우.	전.목.	대.인.목.남.3단.	관.주.남.단.	명.주.남.단.	형.대.기.주.남.단.	동.분.2과.능.주.남.단.	관.목.여.단.

5495	1909	723	2532	991	1519	3588	3694	2111
χεῖρα	ἐπ'	ἄροτρον	καὶ	βλέπων	εἰς	τὰ	ὀπίσω	εὔθετός
χείρ	ἐπί	ἄροτρον	καί	βλέπω	εἰς	τό	ὀπίσω	εὔθετος
케이라	엪	아로트론	카이	블래폰	에이스	타	오피소	유데토스
손을	위로	쟁기를	그리고	보는 사람은	향하여	그(것들을)	뒤에 (있는)	적당하지
명.목.여.단.	전.목.	명.목.중.단.	접.등.	동.분.현.능.주.남.단.	전.목.	관.목.중.복.	부	형.주.남.단.

1510	3588	932	3588	2316
ἐστιν	τῇ	βασιλείᾳ	τοῦ	θεοῦ.
εἰμί	ἡ	βασιλεία	ὁ	θεός
에스틴	테	바실레이아	투	데우
그는~이라	그	나라에	그	하나님의
동.직.현.능.3단.	관.여격.여.단.	명.여격.여.단.	관.소.남.단.	명.소.남.단.

10 그 후에 주께서 따로 칠십 인을 세우사 친히 가시려는 각 동네와 각 지역으로 둘씩 앞서
보내시며
After these things the Lord appointed other seventy also, and sent them two and two before his face into every city and place, whither he himself would come.

3326	1161	3778	322	3588	2962	2087	1440
Μετὰ	δὲ	ταῦτα	ἀνέδειξεν	ὁ	κύριος	ἑτέρους	ἑβδομήκοντα
μετά	δέ	οὗτος	ἀναδείκνυμι	ὁ	κύριος	ἕτερος	ἑβδομήκοντα
메타	데	타우타	아네데잌센	호	퀴리오스	헤테루스	헵도메콘타
후에	이제	이 일들을	임명하였다	그	주님께서	다른 (사람들을)	칠 십
전.목.	접.등.	대.지.목.중.복.	동.직.1과.능.3단.	관.주.남.단.	명.주.나.단.	형.대.목.남.복.	형.기.목.남.복.

1417	2532	649	846	303	1417	1417	4253
[δύο]	καὶ	ἀπέστειλεν	αὐτοὺς	ἀνὰ	δύο	[δύο]	πρὸ
δύο	καί	ἀποστέλλω	αὐτός	ἀνά	δύο	δύο	πρό
뒤오	카이	아페스테일렌	아우투스	아나	뒤오	뒤오	프로
이	그리고	보내셨다	그들을	각각	두 사람을	두 사람을	앞에서
형.기.목.남.복.	접.등.	동.직.1과.능.3단.	대.인.목.남.3복.	부.	형.대.기.목.남.복.	형.대.기.목.남.복.	전.소.

4383	848	1519	3956	4172	2532	5117	3757	3195
προσώπου	αὐτοῦ	εἰς	πᾶσαν	πόλιν	καὶ	τόπον	οὗ	ἤμελλεν
πρόσωπον	αὐτοῦ	εἰς	πᾶς	πόλις	καί	τόπος	οὗ	μέλλω
프로소푸	아우투	에이스	파산	폴린	카이	토폰	후	에멜렌
얼굴의	그의	안으로	많은	도시	와	장소를	바 곳에	하려고 있었다
명.소.중.단.	**대.인.소.남.3단.**	**전.목.**	**형.목.여.단.**	**명.목.여.단.**	**접.등.**	**명.목.남.단.**	**부.관.**	**동.직.미완.능.3단.**

846	2064
αὐτὸς	ἔρχεσθαι.
αὐτός	ἔρχομαι
아우토스	에르케스다이
그가	오시는 것을
대.인.주.남.3단.	**+동.부.현.중수디.**

2 이르시되 추수할 것은 많되 일꾼이 적으니 그러므로 추수하는 주인에게 청하여 추수할 일꾼들을 보내 주소서 하라

Therefore said he unto them, The harvest truly is great, but the labourers are few: pray ye therefore the Lord of the harvest, that he would send forth labourers into his harvest.

3004	1161	4314	846	3588	3303	2326	4183	3588
Ἔλεγεν	δὲ	πρὸς	αὐτούς,	ὁ	μὲν	θερισμὸς	πολύς,	οἱ
λέγω	δέ	πρός	αὐτός	ὁ	μέν	θερισμός	πολύς	ὁ
엘레겐	데	프로스	아우투스	호	멘	데리스모스	폴뤼스	호이
예수께서 말씀하셨다	그리고	향하여	그들을	그	참으로	추수가	많으나	그
동.직.미완.능.3단.	**접.등.**	**전.목.**	**대.인.목.남.3복.**	**관.주.남.단.**	**접.등.**	**명.주.남..단.**	**형.주.남.단.**	**관.주.남.복.**

1161	2040	3641	1189	3767	3588	2962	3588	2326
δὲ	ἐργάται	ὀλίγοι·	δεήθητε	οὖν	τοῦ	κυρίου	τοῦ	θερισμοῦ
δέ	ἐργάτης	ὀλίγος	δέομαι	οὖν	ὁ	κύριος	ὁ	θερισμός
데	에르가타이	올리고이	데에데테	운	투	퀴리우	투	데기스무
그러나	일꾼들이	적으니	너희는 간청하라	그러므로	그	주인에게	그	추수의
접.등.	**명.주.남.복.**	**형.주.남.복.**	**동.명.1과.수디.2복.**	**접.우.**	**관.소.남.단.**	**명.소.남.단.**	**관.소.남.단.**	**명.소.남.단.**

3704	2040	1544	1519	3588	2326	848
ὅπως	ἐργάτας	ἐκβάλῃ	εἰς	τὸν	θερισμὸν	αὐτοῦ.
ὅπως	ἐργάτης	ἐκβάλλω	εἰς	ὁ	θερισμός	αὐτοῦ
호포스	에르가타스	엑발레	에이스	톤	데리스몬	아우투
위하여	일꾼들을	그가 보내어 주기	위하여	그	추수를	그의
접.등.	**명.목.남.복.**	**동.가.2과.능.3단.**	**전.목.**	**관.목.남.단.**	**명.목.남.단.**	**대.인.소.남.3단.**

3 갈지어다 내가 너희를 보냄이 어린 양을 이리 가운데로 보냄과 같도다

Go your ways: behold, I send you forth as lambs among wolves.

5217	2400	649	4771	5613	704	1722	3319	3074
ὑπάγετε·	ἰδοὺ	ἀποστέλλω	ὑμᾶς	ὡς	ἄρνας	ἐν	μέσῳ	λύκων.
ὑπάγω	ἰδού	ἀποστέλλω	σύ	ὡς	ἀρήν	ἐν	μέσος	λύκος
휘파게테	이두	아포스텔로	휘마스	호스	아르나스	엔	메소	뤼콘
너희는 가라	보라	내가 보낸다	너희를	같이	어린 양들과	속에	가운데	이리들의
동.명.현.능.2복.	**불.문.**	**동.직.현.능.1단.**	**대.인.목.2복.**	**접.종.**	**명.목.남.복.**	**전.여격.**	**형.대.여격.중.단.**	**명.소.남.복.**

4 전대나 배낭이나 신발을 가지지 말며 길에서 아무에게도 문안하지 말며

Carry neither purse, nor scrip, nor shoes: and salute no man by the way.

3361	941	905	3361	4082	3361	5266	2532
μὴ	βαστάζετε	βαλλάντιον,	μὴ	πήραν,	μὴ	ὑποδήματα,	καὶ
μή	βαστάζω	βαλάντιον	μή	πήρα	μή	ὑπόδημα	καί
메	바스타제테	발란티온	메	페란	메	휘포데마타	카이
말라	가져가지	전대를	말며	주머니도	말며	신들도	그리고
부.	**동.명.현.능.2복.**	**명.목.중.단.**	**부.**	**명.목.여.단.**	**부.**	**명.목.중.복.**	**접.등.**

3367	2596	3588	3598	782
μηδένα	κατὰ	τὴν	ὁδὸν	ἀσπάσησθε.
μηδείς	κατά	ἡ	ὁδός	ἀσπάζομαι
메데나	카타	텐	호돈	아스파세스데
아무도 말라	에서	그	길	인사하지
형.대.기.목.남.단.	**전목.**	**관.목.여.단.**	**명.목.여.단.**	**동.가.1과.중디.2복.**

5 어느 집에 들어가든지 먼저 말하되 이 집이 평안할지어다 하라
And into whatsoever house ye enter, first say, Peace be to this house.

1519	3739	1161	302	1525	3614	4412	3004	1515
εἰς	ἣν	δ'	ἂν	εἰσέλθητε	οἰκίαν,	πρῶτον	λέγετε,	εἰρήνη
εἰς	ὅς	δέ	ἄν	εἰσέρχομαι	οἰκία	πρῶτον	λέγω	εἰρήνη
에이스	헨	드	안	에이셀데테	오이키안	프로톤	레게테	에이레네
안으로	그리고	어디	든지	너희가 들어가면	집	먼저	말하라	평안이 (있으라)
전목.	**형.관.목.여.단.**	**접.등.**	**불.동.**	**동.가.2과.능.2복.**	**명.목.여.단.**	**형.대.서.목.중.단.**	**동.명.현.능.2복.**	**명.주.여.단.**

3588	3624	3778
τῷ	οἴκῳ	τούτῳ.
ὁ	οἶκος	οὗτος
토	오이코	투토
그	집에	그
관.여격.남.단	**명.여격.남.단.**	**대.지.여격.남.단.**

6 만일 평안을 받을 사람이 거기 있으면 너희의 평안이 그에게 머물 것이요 그렇지 않으면
너희에게로 돌아오리라
And if the son of peace be there, your peace shall rest upon it: if not, it shall turn to you again.

2532	1437	1563	1510	5207	1515	1879	1909	846
καὶ	ἐὰν	ἐκεῖ	ᾖ	υἱὸς	εἰρήνης,	ἐπαναπαήσεται	ἐπ'	αὐτὸν
καί	ἐάν	ἐκεῖ	εἰμί	υἱός	εἰρήνη	ἐπαναπαύομαι	ἐπί	αὐτός
카이	에안	에케이	에	휘오스	에이레네스	에파나파에세타이	엪	아우톤
그런데	만일	거기	있으면	아들이	평안의	그대로 있을 것이다	위로	그 집을
접.등.	**접.종.**	**부.**	**동.가.현.능.3단.**	**명.주.남.단.**	**명.소.여.단.**	**동.직.미.수디.3단.**	**전목.**	**대.인.목.남.3단.**

3588	1515	4771	1487	1161	3361	1065	1909	4771	344
ἡ	εἰρήνη	ὑμῶν·	εἰ	δὲ	μή	γε,	ἐφ'	ὑμᾶς	ἀνακάμψει.
ἡ	εἰρήνη	σύ	εἰ	δέ	μή	γέ	ἐπί	σύ	ἀνακάμπτω
헤	에이레네	휘몬	에이	데	메	게	엪	휘마스	아나캄프세이
그	평안이	너희의	만일	그러나	않으면	그렇지	위로	너희를	그것이 되돌아오리라
관.주.여.단.	**명.주.여.단.**	**대.인.소.2복.**	**접.종.**	**접.등.**	**부.**	**불.문.**	**전목.**	**대.인.목.2복.**	**동.직.미.능.3단.**

7 그 집에 유하며 주는 것을 먹고 마시라 일꾼이 그 삯을 받는 것이 마땅하니라 이 집에서
저 집으로 옮기지 말라
And in the same house remain, eating and drinking such things as they give: for the labourer is worthy of his hire. Go not from house to house.

1722	846	1161	3588	3614	3306	2068	2532	4095
ἐν	αὐτῇ	δὲ	τῇ	οἰκίᾳ	μένετε	ἐσθίοντες	καὶ	πίνοντες
ἐν	αὐτός	δέ	ἡ	οἰκία	μένω	ἐσθίω	καί	πίνω
엔	아우테	데	테	오이키아	메네테	에스디온테스	카이	피논테스
안에	같은	그리고	그	집에	머물러라	먹으며	또	마시라
전.여격.	**대.인.여격.여.3단**	**접.등.**	**관.여격.여.단.**	**명.여격.여.단.**	**동.명.현.능.2복.**	**동.분명.현.능.주.남.2복.**	**접.등.**	**동.분명.현.능.주.남.2복.**

3588	3844	846	514	1063	3588	2040	3588	3408
τὰ	παρ'	αὐτῶν·	ἄξιος	γὰρ	ὁ	ἐργάτης	τοῦ	μισθοῦ
τό	παρά	αὐτός	ἄξιος	γάρ	ὁ	ἐργάτης	ὁ	μισθός
타	파르	아우톤	악시오스	가르	호	에르가테스	투	미스두
그(것들을)	부터 (주는)	그들로	합당하니라	왜냐하면	그	일꾼이	그	삯의(받는 것이)
관.목.중.복.	**전소.**	**대.인.소.남.3복.**	**형.주.남.단.**	**접.종.**	**관.주.남.단.**	**명.주.남.단.**	**관.소.남.단.**	**명.소.남.단.**

848	3361	3327	1537	3614	1519	3614
αὐτοῦ.	μὴ	μεταβαίνετε	ἐξ	οἰκίας	εἰς	οἰκίαν.
αὐτοῦ	μή	μεταβαίνω	ἐκ	οἰκία	εἰς	οἰκία
아우투	메	메타바이네테	엑스	오이키아스	에이스	오이키안
그의	말라	옮기지	부터	(이) 집으로	으로	(저) 집
대.인소.남.3단.	부.	동.명.현.능.2복.	전소.	명.소.여.단.	전목.	명.목.여.단.

8 어느 동네에 들어가든지 너희를 영접하거든 너희 앞에 차려놓는 것을 먹고
And into whatsoever city ye enter, and they receive you, eat such things as are set before you:

2532	1519	3739	302	4172	1525	2532	1209	4771
καὶ	εἰς	ἣν	ἂν	πόλιν	εἰσέρχησθε	καὶ	δέχωνται	ὑμᾶς,
καί	εἰς	ὅς	ἄν	πόλις	εἰσέρχομαι	καί	δέχομαι	σύ
카이	에이스	헨	안	폴린	에이세르케스데	카이	데콘타이	휘마스
그리고	안으로	어느	든지	도시를	너희가 들어가거든	이에	그들이 영접하면	너희를
접.등.	전목.	형.관.목.여.단.	불.동.	명.목.여.단.	동.가.현.중수디.2복.	접.등.	동.가.현.중수디.3복.	대.인.목.2복.

2068	3588	3908	4771
ἐσθίετε	τὰ	παρατιθέμενα	ὑμῖν
ἐσθίω	τό	παρατίθημι	σύ
에스디에테	타	파라티데메나	휘민
먹어라	그(것들을)	앞에 차려 놓여지는	너희에게
동.명.현.능.2복.	관.목.중.복.	동.분.현.수.목.중.복.	대.인.여격.2복.

9 거기 있는 병자들을 고치고 또 말하기를 하나님의 나라가 너희에게 가까이 왔다 하라
And heal the sick that are therein, and say unto them, The kingdom of God is come nigh unto you.

2532	2323	3588	1722	846	772	2532	3004
καὶ	θεραπεύετε	τοὺς	ἐν	αὐτῇ	ἀσθενεῖς	καὶ	λέγετε
καί	θεραπεύω	ὁ	ἐν	αὐτός	ἀσθενής	καί	λέγω
카이	데라퓨에테	투스	엔	아우테	아스데네이스	카이	레게테
그리고	고치라	그	안에 (있는)	그 곳	병자들을	또	말하라
접.등.	동.명.현.능.2복.	관.목.남.복.	전.여격.	대.인.여격.여.3단.	형.대.목.남.복.	접.등.	동.명.현.능.2복.

846	1448	1909	4771	3588	932	3588	2316
αὐτοῖς,	ἤγγικεν	ἐφ᾽	ὑμᾶς	ἡ	βασιλεία	τοῦ	θεοῦ.
αὐτός	ἐγγίζω	ἐπί	σύ	ἡ	βασιλεία	ὁ	θεός
아우토이스	엥기켄	엪	휘마스	헤	바실레이아	투	데우
그들에게	가까이 왔다	위로	너희를	그	나라가	그	하나님의
대.인.여격.남.3복.	동.직.1완.능.3단.	전목.	대.인.목.2복.	관.주.여.단.	명.주.여.단	관.소.남.단.	명.소.남.단.

10 어느 동네에 들어가든지 너희를 영접하지 아니하거든 그 거리로 나와서 말하되
But into whatsoever city ye enter, and they receive you not, go your ways out into the streets
of the same, and say,

1519	3739	1161	302	4172	1525	2532	3361	1209	4771
εἰς	ἣν	δ᾽	ἂν	πόλιν	εἰσέλθητε	καὶ	μὴ	δέχωνται	ὑμᾶς,
εἰς	ὅς	δέ	ἄν	πόλις	εἰσέρχομαι	καί	μή	δέχομαι	σύ
에이스	헨	드	안	폴린	에이셀데테	카이	메	데콘타이	휘마스
안으로	그러나	어디	든지	도시를	너히가 들어가거든	이에	아니하면	그들이 영접하지	너희를
전목.	형.관.목.여.단.	접.등.	불.동.	명.목.여.단.	동.가.2과.능.2복.	접.등.	부.	동.가.현.중수디.3복.	대.인.목.2복.

1831	1519	3588	4113	846	3004(2036)
ἐξελθόντες	εἰς	τὰς	πλατείας	αὐτῆς	εἴπατε,
ἐξέρχομαι	εἰς	ἡ	πλατεῖα	αὐτός	λέγω.ἔπω
엑셀돈테스	에이스	타스	플라테이아스	아우테스	에이파테
나오라	안으로	그	길거리들을	그곳의	말하라
동.분명.2과.능.주.남.2복.	전목.	관.목.여.복.	형.대.목.여.복.	대.인.소.여.3단.	동.명.2과.능.2복.

11 너희 동네에서 우리 발에 묻은 먼지도 너희에게 떨어버리노라 그러나 하나님의 나라가
가까이 온 줄을 알라 하라

Even the very dust of your city, which cleaveth on us, we do wipe off against you: notwithstanding be ye sure of this, that the kingdom of God is come nigh unto you.

2532	3588	2868	3588	2853	1473	1537	3588	4172	4771
καὶ	τὸν	κονιορτὸν	τὸν	κολληθέντα	ἡμῖν	ἐκ	τῆς	πόλεως	ὑμῶν
καί	ὁ	κονιορτός	ὁ	κολλάω	ἐγώ	ἐκ	ἡ	πόλις	σύ
카이	톤	코니오르톤	톤	콜레덴타	헤민	에크	테스	폴레오스	휘몬
까지도	그	먼지	그	묻혀진	우리에게	에서	그	도시	너희의
부.	관.목.남.단.	명.목.남.단.	관.목.남.단.	동.분.1과.수.목.남.단.	대.인.여격.1복.	전.소.	관.소.여.단.	명.소.여.단.	대.인.소.2복.

1519	3588	4228	631	4771	4133	3778	1097	3754
εἰς	τοὺς	πόδας	ἀπομασσόμεθα	ὑμῖν·	πλὴν	τοῦτο	γινώσκετε	ὅτι
εἰς	ὁ	πούς	ἀπομάσσομαι	σύ	πλήν	οὗτος	γῖνωσκω	ὅτι
에이스	투스	포다스	아포마쏘메다	휘민	플렌	투토	기노스케테	호티
안으로	그	발들을	떨어 버린다	너희에게	그러나	이것을	너희는 알라	것을
전.목.	관.목.남.복.	명.목.남.복.	동.직.현.중.1복.	대.인.여격.2복.	접.우.	대.지.목.중.단.	동.직.현.능.2복.	부.관.

1448	2228	932	3588	2316
ἤγγικεν	ἡ	βασιλεία	τοῦ	θεοῦ.
ἐγγίζω	ἡ	βασιλεία	ὁ	θεός
엥기켄	헤	바실레이아	투	데우
가까이 와 있다는	그	나라가	그	하나님의
동.직.1완.능.3단.	관.주.여.단.	명.주.여.단.	관.소.남.단.	명.소.남.단.

12 내가 너희에게 말하노니 그 날에 소돔이 그 동네보다 견디기 쉬우리라

But I say unto you, that it shall be more tolerable in that day for Sodom, than for that city.

3004	4771	3754	4670	1722	3588	2250	1565	414
λέγω	ὑμῖν	ὅτι	Σοδόμοις	ἐν	τῇ	ἡμέρᾳ	ἐκείνῃ	ἀνεκτότερον
λέγω	σύ	ὅτι	Σόδομα	ἐν	ἡ	ἡμέρα	ἐκεῖνος	ἀνεκτότερος
레고	휘민	호티	소도모이스	엔	테	헤메라	에케이네	아넥토테론
내가 말한다	너희에게	때문에	소돔이	에 있어	그	날	그	더 쉽게 견디어
동.직.현.능.1단.	대.인.여격.2복.	접.우.	명.여격.중.복.	전.여격.	관.여격.여.단.	명.여격.여.복.	대.지.여격.여.단.	형.비.주.중.단.

1510	2228	3588	4172	1565
ἔσται	ἤ	τῇ	πόλει	ἐκείνῃ.
εἰμί	ἤ	ἡ	πόλις	ἐκεῖνος
에스타이	에	테	폴레이	에케이네
그곳이 있을 것이다	보다	그	도시에게	그
동.직.미.중디.3단.	접.종.	관.여격.여.단.	명.여격.여.단.	대.지.여격.여.단.

13 화 있을진저 고라신아, 화 있을진저 벳새다야, 너희에게 행한 모든 권능을 두로와
시돈에서 행하였더라면 그들이 벌써 베옷을 입고 재에 앉아 회개하였으리라

Woe unto thee, Chorazin! woe unto thee, Bethsaida! for if the mighty works had been done in Tyre and Sidon, which have been done in you, they had a great while ago repented, sitting in sackcloth and ashes.

3759	4771	5523	3759	4771	966	3754	1487	1722	5184
Οὐαί	σοι,	Χοραζίν,	οὐαί	σοι,	Βηθσαϊδά·	ὅτι	εἰ	ἐν	Τύρῳ
οὐαί	σύ	Χοραζίν	οὐαί	σύ	Βηθσαϊδά	ὅτι	εἰ	ἐν	Τύρος
우아이	소이	코라진	우아이	소이	베드사이다	호티	에이	엔	튀로
화로다	너에게	고라신아	화로다	너에게	벳세다야	때문이라	만일	안에서	두로
불.문.	대.인.여격.2단.	명.호.여.단.	불.문.	대.인.여격.2단.	명.호.여.단.	접.종.	접.종.	전.여격.	명.여격.여.단.

2532	4605	1096	3588	1411	3588	1096	1722	4771
καὶ	Σιδῶνι	ἐγενήθησαν	αἱ	δυνάμεις	αἱ	γενόμεναι	ἐν	ὑμῖν,
καί	Σιδών	γίνομαι	ἡ	δύναμις	ἡ	γίνομαι	ἐν	σύ
카이	시도니	에게네데산	하이	뒤나메이스	하이	게노메나이	엔	휘민
와	시돈에	일어났다면	그	능력들이	그	일어난	중에	너희
접.등.	명.여격.여.단.	동.직.1과.수디.3복.	관.주.여.복.	명.주.여.복.	관.주.여.복	동.분.2과.중디.주.여.복.	전.여격.	대.인.여격.2복.

3819	302	1722	4526	2532	4700	2521	3340
πάλαι	ἂν	ἐν	σάκκῳ	καὶ	σποδῷ	καθήμενοι	μετενόησαν.
πάλαι	ἄν	ἐν	σάκκος	καί	σποδός	κάθημαι	μετανοέω
팔라이	안	엔	삭코	카이	스포도	카데메노이	메테노에산
오래전	으로	입고	베옷	그리고	재에	앉아서	그들이 회개하였다
부.	불동.	전.여격.	명.여격.남.단.	접.등.	명.여격.여.간	동.분.현.중수디.주.남.복.	동.직.1과.능.3복.

14 심판 때에 두로와 시돈이 너희보다 견디기 쉬우리라
But it shall be more tolerable for Tyre and Sidon at the judgment, than for you.

4133	5184	2532	4605	414	1510	1722	3588	2920
πλὴν	Τύρῳ	καὶ	Σιδῶνι	ἀνεκτότερον	ἔσται	ἐν	τῇ	κρίσει
πλήν	Τύρος	καί	Σιδών	ἀνεκτότερος	εἰμί	ἐν	ἡ	κρίσις
플렌	튀로	카이	시도니	아넥토테론	에스타이	엔	테	크리세이
그러나	두로	와	시돈이	쉽게 견디어	그곳이 있을 것이다		그	심판
접.등.	명.여격.여.단.	접.등.	명.여격.여.단.	형.비.주.중.단.	동.직.미.중디.3단.	전.여격.	관.여격.여.단.	명.여격.여.단.

2228	4771
ἢ	ὑμῖν.
ἤ	σύ
에	휘민
보다	너희에게
접.종.	대.인.여격.2복.

15 가버나움아 네가 하늘에까지 높아지겠느냐 음부에까지 낮아지리라
And thou, Capernaum, which art exalted to heaven, shalt be thrust down to hell.

2532	4771	2584	3361	2193	3772	5312	2193	3588
καὶ	σύ,	Καφαρναούμ,	μὴ	ἕως	οὐρανοῦ	ὑψωθήσῃ;	ἕως	τοῦ
καί	σύ	Καφαρναούμ	μή	ἕως	οὐρανός	ὑψόω	ἕως	ὁ
카이	쉬	카파르나움	메	헤오스	우라누	휩소데세	헤오스	투
그리고	너는	가버나움아	아니라	까지	하늘에	네가 높아지게 될 것인가	까지	그
접.등.	대.인.주.2단.	명.호.여.단.	불.의	전.소	명.소.남.단.	동.직.미.수.2단.	전.소	관.소.남.단.

86	2597
ᾅδου	καταβήσῃ.
ᾅδης	καταβαίνω
하두	카타베세
음부	너는 내려갈 것이다
명.소.남.단.	동.직.미.중디.2단.

16 너희 말을 듣는 자는 곧 내 말을 듣는 것이요 너희를 저버리는 자는 곧 나를 저버리는
것이요 나를 저버리는 자는 나 보내신 이를 저버리는 것이라 하시니라
He that heareth you heareth me; and he that despiseth you despiseth me; and he that despiseth me despiseth him that sent me.

3588	191	4771	1473	191	2532	3588	114	4771
Ὁ	ἀκούων	ὑμῶν	ἐμοῦ	ἀκούει,	καὶ	ὁ	ἀθετῶν	ὑμᾶς
ὁ	ἀκούω	σύ	ἐγώ	ἀκούω	καί	ὁ	ἀθετέω	σύ
호	아쿠온	휘몬	에무	아쿠에이	카이	호	아데톤	휘마스
그(사람은)	말을 듣는	너희의	내	말을 듣는 것이다	그리고	그(사람은)	버리는	너희를
관.주.남.단	동.분.현.능.주.남.단.	대.인.소.2복.	대.인.소.1단.	동.직.현.능.3단.	접.등.	관.주.남.단	동.분.현.능.주.남.단.	대.인.목.2복.

1473	114	3588	1161	1473	114	114	3588
ἐμὲ	ἀθετεῖ·	ὁ	δὲ	ἐμὲ	ἀθετῶν	ἀθετεῖ	τὸν
ἐγώ	ἀθετέω	ὁ	δέ	ἐγώ	ἀθετέω	ἀθετέω	ὁ
에메	아데테이	호	데	에메	아데톤	아데테이	톤
나를	버린다	그(사람은)	또한	나를	버리는	버린다	그(그분을)
대.인.목.1단.	동.직.현.능.3단.	관.주.남.단	접.등.	대.인.목.1단.	동.분.현.능.주.남.단.	동.직.현.능.3단.	관.목.남.단

649	1473
ἀποστείλαντά	με.
ἀποστέλλω	ἐγώ
아포스테일란타	메
보내신	나를
동.분.1과.능.목.남.단.	대.인.목.1단

17 칠십 인이 기뻐하며 돌아와 이르되 주여 주의 이름이면 귀신들도 우리에게 항복하더이다
And the seventy returned again with joy, saying, Lord, even the devils are subject unto us through thy name.

5290	1161	3588	1440	1417	3326	5479	3004
Ὑπέστρεψαν	δὲ	οἱ	ἑβδομήκοντα	[δύο]	μετὰ	χαρᾶς	λέγοντες,
ὑποστρέφω	δέ	ὁ	ἑβδομήκοντα	δύο	μετα	χαρά	λέγω
휘페스트렢산	데	호이	헵도메콘타	뒤오	메타	카라스	레곤테스
되돌아왔다	그리고	그	칠 십	(둘씩)	으로	기쁨	말하기를
동.직.1과.능.3복.	접.등.	관.주.남.복.	형.대.기.주.남.복.	형.대.기.주.남.복.	전.소	명.소.여.단.	동.분.현.능.주.남.복.

2962	2532	3588	1140	5293	1473	1722	3588	3686
κύριε,	καὶ	τὰ	δαιμόνια	ὑποτάσσεται	ἡμῖν	ἐν	τῷ	ὀνόματί
κύριος	καί	τό	δαιμόνιον	ὑποτάσσω	ἐγώ	ἐν	τό	ὄνομα
퀴리에	카이	타	다이모니아	휘포타쎄타이	헤민	엔	토	오노마티
주여	조차도	그	귀신들	복종하게 된다	우리에게	에 있어	그	이름
명.호.남.단.	부.	관.주.중.복.	명.주.중.복.	동.직.현.수.3단.	대.인.여격.1복.	전.여격.	관.여격.중.단.	명.여격.중.단.

4771
σου.
σύ
수
당신의
대.인.소.2단.

18 예수께서 이르시되 사탄이 하늘로부터 번개 같이 떨어지는 것을 내가 보았노라
And he said unto them, I beheld Satan as lightning fall from heaven.

3004(2036)	1161	846	2334	3588	4567	5613	796
εἶπεν	δὲ	αὐτοῖς,	ἐθεώρουν	τὸν	σατανᾶν	ὡς	ἀστραπὴν
λέγω.ἔπω	δέ	αὐτός	θεωρέω	ὁ	Σατανᾶς	ὡς	ἀστραπή
에이펜	데	아우토이스	에데오룬	톤	사타난	호스	아스트라펜
예수께서 말씀하셨다	이에	그들에게	내가 보고 있었다	그	사탄을	같이	번개와
동.직.2과.능.3단.	접.우.	대.인.여격.남.3복.	동.직.미완.능.1단.	관.목.남.단.	명.목.남.단.	접.종.	명.목.여.단.

1537	3588	3772	4098
ἐκ	τοῦ	οὐρανοῦ	πεσόντα.
ἐκ	ὁ	οὐρανός	πίπτω
에크	투	우라누	페손타
부터	그	하늘로	떨어지는 것을
전.소	관.소.남.단.	명.소.남.단.	동.분.2과.능.목.남.단.

19 내가 너희에게 뱀과 전갈을 밟으며 원수의 모든 능력을 제어할 권능을 주었으니 너희를
해칠 자가 결코 없으리라
Behold, I give unto you power to tread on serpents and scorpions, and over all the power of the enemy: and nothing shall by any means hurt you.

2400	1325	4771	3588	1849	3588	3961	1883	3789
ἰδοὺ	δέδωκα	ὑμῖν	τὴν	ἐξουσίαν	τοῦ	πατεῖν	ἐπάνω	ὄφεων
ἰδού	δίδωμι	σύ	ἡ	ἐξουσία	τό	πατέω	ἐπάνω	ὄφις
이두	데도카	휘민	텐	엨수시안	투	파테인	에파노	오페온
보라	내가 주었다	너희에게	그	권세를	그	짓밟도록	위에서	뱀들
불.문.	동.직.1완.능.1단.	대.인.여격.2복.	관.목.여.단.	명.목.여.단.	관.소.중.단.	동.부.현.능.소.	전.소.	명.소.남.복.

2532	4651	2532	1909	3956	3588	1411	3588	2190	2532
καὶ	σκορπίων,	καὶ	ἐπὶ	πᾶσαν	τὴν	δύναμιν	τοῦ	ἐχθροῦ,	καὶ
καί	σκορπίος	καί	ἐπί	πᾶς	ἡ	δύναμις	ὁ	ἐχθρός	καί
카이	스코르피온	카이	에피	파산	텐	뒤나민	투	에크드루	카이
과	전갈들의	그리고	대적하여	모든	그	능력을	그	원수의	그런즉
접.등.	명.소.남.복.	접.등.	전.목.	형.목.여.단.	관.목.여.단.	명.목.여.단.	관.소.남.단.	형.대.소.남.단.	접.등.

3762	4771	3756	3361	91
οὐδὲν	ὑμᾶς	οὐ	μὴ	ἀδικήσῃ.
οὐδείς	σύ	οὐ	μή	ἀδικέω
우덴	휘마스	우	메	아디케세
아무것도	너희를	못하리라	결코	해치지
형.대.기.주.중.단.	대.인.목.2복.	부.	부.	동.가.1과.능.3단.

20 그러나 귀신들이 너희에게 항복하는 것으로 기뻐하지 말고 너희 이름이 하늘에 기록된
것으로 기뻐하라 하시니라

Notwithstanding in this rejoice not, that the spirits are subject unto you; but rather rejoice, because your names are written in heaven.

4133	1722	3778	3361	5463	3754	3588	4151	4771
πλὴν	ἐν	τούτῳ	μὴ	χαίρετε	ὅτι	τὰ	πνεύματα	ὑμῖν
πλήν	ἐν	οὗτος	μή	χαίρω	ὅτι	τό	πνεῦμα	σύ
플렌	엔	투토	메	카이레테	호티	타	프뉴마타	휘민
그러나	으로	이것	말라	너희는 기뻐하지	것을	그(더러운)	영들이	너희에게
접.우.	전.여격.	대.지.여격.중.단.	부.	동.명.현.능.2복.	부.관.	관.주.중.복.	명.주.중.복.	대.인.여격.2복.

5293	5463	1161	3754	3588	3686	4771	1449
ὑποτάσσεται,	χαίρετε	δὲ	ὅτι	τὰ	ὀνόματα	ὑμῶν	ἐγγέγραπται
ὑποτάσσω	χαίρω	δέ	ὅτι	τό	ὄνομα	σύ	ἐγγράφω
휘포타쎄타이	카이레테	데	호티	타	오노마타	휘몬	엥게그랍타이
복종하게 되는	기뻐하라	그러나	것을	그	이름들이	너희의	기록되어 있다는
동.직.현.수.3단.	동.명.현.능.2복.	접.우.	접.등/접.종.	관.주.중.복.	명.주.중.복.	대.인.소.2복.	동.직.1완.수.3단.

1722	3588	3772
ἐν	τοῖς	οὐρανοῖς.
ἐν	ὁ	οὐρανός
엔	토이스	우라노이스
안에	그	하늘들
전.여격.	관.여격.남.복.	명.여격.남.복.

21 그 때에 예수께서 성령으로 기뻐하시며 이르시되 천지의 주재이신 아버지여 이것을
지혜롭고 슬기 있는 자들에게는 숨기시고 어린 아이들에게는 나타내심을 감사하나이다
옳소이다 이렇게 된 것이 아버지의 뜻이니이다

In that hour Jesus rejoiced in spirit, and said, I thank thee, O Father, Lord of heaven and earth, that thou hast hid these things from the wise and prudent, and hast revealed them unto babes: even so, Father; for so it seemed good in thy sight.

1722	846	3588	5610	21	1722	3588	4151	3588
Ἐν	αὐτῇ	τῇ	ὥρᾳ	ἠγαλλιάσατο	[ἐν]	τῷ	πνεύματι	τῷ
ἐν	αὐτός	ἡ	ὥρα	ἀγαλλιάω	ἐν	τό	πνεῦμα	τό
엔	아우테	테	호라	에갈리아사토	엔	토	프뉴마티	토
에 있어	같은	그	시간	예수님께서 기뻐하셨다	안에서	그	령	그
전.여격.	대.인.여격.여.3단	관.여격.여.단.	명.여격.여.단.	동.직.1과.중.3단.	전.여격.	관.여격.중.단.	명.여격.중.단.	관.여격.중.단.

40	2532	3004(2036)	1843	4771	3962	2962	3588
ἁγίῳ	καὶ	εἶπεν,	ἐξομολογοῦμαί	σοι,	πάτερ,	κύριε	τοῦ
ἅγιος	καί	λέγω.ἔπω	ἐξομολογέω	σύ	πατήρ	κύριος	ὁ
하기오	카이	에이펜	엑소몰로구마이	소이	파테르	퀴리에	투
성	그리고	말씀하셨다	내가 찬양을 합니다	아버지께	아버지여	주재시여	그
형.여격.중.단.	접.등.	동.직.2과.능.3단.	동.직.현.중.1단.	대.인.여격.2단.	명.호.남.단.	명.호.남.단.	관.소.남.단.

3772	2532	3588	1093	3754	613	3778	575	4680
οὐρανοῦ	καὶ	τῆς	γῆς,	ὅτι	ἀπέκρυψας	ταῦτα	ἀπὸ	σοφῶν
οὐρανός	καί	ἡ	γη	ὅτι	ἀποκρύπτω	οὗτος	ἀπό	σοφός
우라누	카이	테스	게스	호티	아페크륖사스	타우타	아포	소폰
하늘	과	그	땅의	때문이며	아버지께서 숨기셨다	이것들을	부터	지혜로운 사람들
명.소.남.단.	접.등.	관.소.여.단.	명.소.여.단.	접.등/접.종.	동.직.1과.능.2단.	대.지.목.중.복.	전.소.	형.대.소.남.복.

2532	4908	2532	601	846	3516	3483	3588	3962
καὶ	συνετῶν	καὶ	ἀπεκάλυψας	αὐτὰ	νηπίοις·	ναί	ὁ	πατήρ,
καί	συνετός	καί	ἀποκαλύπτω	αὐτός	νήπιος	ναί	ὁ	πατήρ
카이	쉬네톤	카이	아페칼륖사스	아우타	네피오이스	나이	호	파테르
과	현명한 사람들로	또한	나타내셨기	이것들을	아기들에게	그러하나이다	그	아버지여
접.등.	형.대.소.남.복.	접.등.	동.직.1과.능.2단.	대.인.목.중.3복.	형.대.여격.남.복.	불.문.	관.호.남.단.	명.주.남.단

3754	3779	2107	1096	1715	4771
ὅτι	οὕτως	εὐδοκία	ἐγένετο	ἔμπροσθέν	σου.
ὅτι	οὕτως	εὐδοκία	γίνομαι	ἔμπροσθεν	σύ
호티	후토스	유도키아	에게네토	엠프로스텐	수
때문이니이다	이와같이	기쁨이	그것이 되었기	앞에서	아버지
접.종.	부.	명.주.여.단.	동.직.2과.중디.3단.	전.소.	대.인.소.2단.

22 내 아버지께서 모든 것을 내게 주셨으니 아버지 외에는 아들이 누구인지 아는 자가 없고 아들과
또 아들의 소원대로 계시를 받는 자 외에는 아버지가 누구인지 아는 자가 없나이다 하시고
All things are delivered to me of my Father: and no man knoweth who the Son is, but the Father; and who the Father is, but the Son, and he to whom the Son will reveal him.

3956	1473	3860	5259	3588	3962	1473	2532	3762
πάντα	μοι	παρεδόθη	ὑπὸ	τοῦ	πατρός	μου,	καὶ	οὐδεὶς
πᾶς	ἐγώ	παραδίδωμι	ὑπό	ὁ	πατήρ	ἐγώ	καί	οὐδείς
판타	모이	파레도데	휘포	투	파트로스	무	카이	우데이스
모든 것은	내게	넘겨주셨다	께서	그	아버지	내	그래서	아무도 못하며
형.대.주.중.복.	대.인.여격.1단.	동.직.1과.수.3단.	전.소.	관.소.남.단.	명.소.남.단.	대.인.소.1단.	접.등.	형.대.기.주.남.단.

1097	5101	1510	3588	5207	1487	3361	3588	3962	2532
γινώσκει	τίς	ἐστιν	ὁ	υἱὸς	εἰ	μὴ	ὁ	πατήρ,	καὶ
γινώσκω	τίς	εἰμί	ὁ	υἱός	εἰ	μή	ὁ	πατήρ	καί
기노스케이	티스	에스틴	호	휘오스	에이	메	호	파테르	카이
알지	누구	인지	그	아들이	는	외에	그	아버지	그리고
동.직.현.능.3단.	대.의.주.남.단.	동.직.현.능.3단.	관.주.남.단.	명.주.남.단.	접.종.	부.	관.주.남.단.	명.주.남.단.	접.등.

5101	1510	3588	3962	1487	3361	3588	5207	2532	3739
τίς	ἐστιν	ὁ	πατὴρ	εἰ	μὴ	ὁ	υἱὸς	καὶ	ᾧ
τίς	εἰμί	ὁ	πατήρ	εἰ	μή	ὁ	υἱός	καί	ὅς
티스	에스틴	호	파테르	에이	메	호	휘오스	카이	호
누구	인지(아무도 알지못한다)	그	아버지가	는	외에	그	아들	과	누구
대.의.주.남.단.	동.직.현.능.3단	관.주.남.단.	명.주.남.단.	접.종.	부.	관.주.남.단.	명.주.남.단.	접.등.	대.관.여격.남.단

1437	1014	3588	5207	601
ἐὰν	βούληται	ὁ	υἱὸς	ἀποκαλύψαι.
ἐάν	βούλομαι	ὁ	υἱός	ἀποκαλύπτω
에안	불레타이	호	휘오스	아포칼륖사이
이든지	원하면	그	아들이	계시하는 것을
불.동.	동.가.현.중수디.3단.	관.주.남.단.	명.주.남.단.	동.부.1과.능

23 제자들을 돌아 보시며 조용히 이르시되 너희가 보는 것을 보는 눈은 복이 있도다
And he turned him unto his disciples, and said privately, Blessed are the eyes which see the things that ye see:

2532	4762	4314	3588	3101	2596	2398	3004(2036)	3107
Καὶ	στραφεὶς	πρὸς	τοὺς	μαθητὰς	κατ'	ἰδίαν	εἶπεν,	μακάριοι
καί	στρέφω	πρός	ὁ	μαθητής	κατά	ἴδιος	λέγω.ἔπω	μακάριος
카이	스트라페이스	프로스	투스	마데타스	캍	이디안	에이펜	마카리오이
그리고	돌이키신 후에	향하여	그	제자들을	로	따	그가 말씀하셨다	복이 있도다
접.등.	동.분.2과.수.주.남.단.	전.목.	관.목.남.복.	명.목.남.복.	전.목.	형.대.목.여.단.	동.직.2과.능.3단.	형.주.남.복.

3588	3788	3588	991	3739	991
οἱ	ὀφθαλμοὶ	οἱ	βλέποντες	ἃ	βλέπετε.
ὁ	ὀφθαλμός	ὁ	βλέπω	ὅς	βλέπω
호이	오프달모이	호이	블레폰테스	하	블레페테
그	눈들이	그	보는	바 것들을	너희가 보는
관.주.남.복.	명.주.남.복.	관.주.남.복	동.분.현.능.주.남.복.	대.관.목.중.복.	동.명.현.능.2복.

24 내가 너희에게 말하노니 많은 선지자와 임금이 너희가 보는 바를 보고자 하였으되 보지
못하였으며 너희가 듣는 바를 듣고자 하였으되 듣지 못하였느니라

For I tell you, that many prophets and kings have desired to see those things which ye see, and have not seen them; and to hear those things which ye hear, and have not heard them.

3004	1063	4771	3754	4183	4396	2532	935	2309
λέγω	γὰρ	ὑμῖν	ὅτι	πολλοὶ	προφῆται	καὶ	βασιλεῖς	ἠθέλησαν
λέγω	γάρ	σύ	ὅτι	πολύς	προφήτης	καί	βασιλεύς	θέλω
레고	가르	휘민	호티	폴로이	프로페타이	카이	바실레이스	에델레산
내가 말한다	왜냐하면	너희에게	것을	많은	선지자들	과	왕들이	원하였다
동.직.현.능.1단.	접.종.	대.인.여격.2복.	접.우.	형.주.남.복.	명.주.남.복.	접.등.	명.주.남.복.	동.직.1과.능.3복.

3708(1492)	3739	4771	991	2532	3756	1492	2532	191
ἰδεῖν	ἃ	ὑμεῖς	βλέπετε	καὶ	οὐκ	εἶδαν,	καὶ	ἀκοῦσαι
ὁράω.εἴδω	ὅς	σύ	βλέπω	καί	οὐ	εἴδω	καί	ἀκούω
이데인	하	휘메이스	블레페테	카이	우크	에이단	카이	아쿠사이
보는 것을	바 것들을	너희가	보는	그러나	못하였다	그들이 보지	그리고	듣는 것을
동.부.2과.능.	대.관.목.중.복.	대.인.주.2복.	동.직.현.능.2복.	접.등.	부.	동.직.1과.능.3복.	접.등.	동.부.1과.능.

3739	191	2532	3756	191
ἃ	ἀκούετε	καὶ	οὐκ	ἤκουσαν.
ὅς	ἀκούω	καί	οὐ	ἀκούω
하	아쿠에테	카이	우크	에쿠산
바 것들을	너희가 듣는	그러나	못하였다	그들이 듣지
대.관.목.중.복	동.직.형.능.2복.	접.등.	부.	동.직.1과.능.3복.

25 어떤 율법교사가 일어나 예수를 시험하여 이르되 선생님 내가 무엇을 하여야 영생을
얻으리이까

And, behold, a certain lawyer stood up, and tempted him, saying, Master, what shall I do to inherit eternal life?

2532	2400	3544	5100	450	1598	846	3004
Καὶ	ἰδοὺ	νομικός	τις	ἀνέστη	ἐκπειράζων	αὐτὸν	λέγων,
καί	ἰδού	νομικός	τις	ἀνίστημι	ἐκπειράζω	αὐτός	λέγω
카이	이두	노미코스	티스	아네스테	에크페이라존	아우톤	레곤
그런데	보라	한 율법사가	어떤	일어났다	심히 유혹하여	그를	말하기를
접.등.	불.문.	형.대.주.남.단.	대.부.주.남.단.	동.직.2과.능.3단.	동.분.현.능.주.남.단.	대.인.목.남.3단.	동.분.현.능.주.남.단.

1320	5101	4160	2222	166	2816
διδάσκαλε,	τί	ποιήσας	ζωὴν	αἰώνιον	κληρονομήσω;
διδάσκαλος	τίς	ποιέω	ζωή	αἰώνιος	κληρονομέω
디다스칼레	티	포이에사스	조엔	아이오니온	클레로노메소
선생님이여	무엇을	행한 후에	생명을	영원한	내가 상속으로 받을 것이니이까
명.호.남.단.	대.의.목.중.단.	동.분.1과.능.주.남.1단.	명.목.여.단.	형.목.여.단.	동.직.미.능.1단.

26 예수께서 이르시되 율법에 무엇이라 기록되었으며 네가 어떻게 읽느냐

He said unto him, What is written in the law? how readest thou?

3588	1161	3004(2036)	4314	846	1722	3588	3551	5101
ὁ	δὲ	εἶπεν	πρὸς	αὐτόν,	ἐν	τῷ	νόμῳ	τί
ὁ	δέ	λέγω.ἔπω	πρός	αὐτός	ἐν	ὁ	νόμος	τίς
호	데	에이펜	프로스	아우톤	엔	토	노모	티
예수께서	이에	말씀하셨다	향하여	그를	안에는	그	율법에	무엇이
관.주.남.단	접.우.	동.직.2과.능.3단.	전.목.	대.인.목.남.3단.	전.여격.	관.여격.남.단.	명.여격.남.단.	대.의.주.중.단.

1125	4459	314
γέγραπται;	πῶς	ἀναγινώσκεις;
γράφω	πῶς	ἀναγινώσκω
게그랖타이	포스	아나기노스케이스
기록되어 있느냐	어떻게	네가 읽느냐
동.직.1완.수.3단.	부.의.	동.직.현.능.2단.

27 대답하여 이르되 네 마음을 다하며 목숨을 다하며 힘을 다하며 뜻을 다하여 주 너의
하나님을 사랑하고 또한 네 이웃을 네 자신 같이 사랑하라 하였나이다
And he answering said, Thou shalt love the Lord thy God with all thy heart, and with all thy soul, and with all thy strength, and with all thy mind; and thy neighbour as thyself.

3588	1161	611	3004(2036)	25	2962	3588	2316
ὁ	δὲ	ἀποκριθεὶς	εἶπεν,	ἀγαπήσεις	κύριον	τὸν	θεόν
ὁ	δέ	ἀποκρίνομαι	λέγω.ἔπω	ἀγαπάω	κύριος	ὁ	θεός
호	데	아포크리데이스	에이펜	아가페세이스	퀴리온	톤	데온
그가	이에	대답하여	말하였다	너는 사랑하라	주	그	하나님을
관.주.남.단.	접.우.	동.분.1과.수디.주.남.단.	동.직.2과.능.3단.	동.직.미.능.2단.	명.목.남.단.	관.목.남.단.	명.목.남.단.

4771	1537	3650	3588	2588	4771	2532	1722	3650	3588
σου	ἐξ	ὅλης	[τῆς]	καρδίας	σου	καὶ	ἐν	ὅλῃ	τῇ
σύ	ἐκ	ὅλος	ἡ	καρδία	σύ	καί	ἐν	ὅλος	ἡ
수	엑스	홀레스	테스	카르디아스	수	카이	엔	홀레	테
너의	하여서	다(온)	그	마음(으로)을	너의	그리고	하여서	다(온)	그
대.인.소.2단.	전.소.	형.소.여.단.	관.소.여.단.	명.소.여.단.	대.인.소.2단.	접.등.	전.여격.	형.여격.여.단.	관.여격.여.단.

5590	4771	2532	1722	3650	3588	2479	4771	2532	1722	3650
ψυχῇ	σου	καὶ	ἐν	ὅλῃ	τῇ	ἰσχύϊ	σου	καὶ	ἐν	ὅλῃ
ψυχή	σύ	καί	ἐν	ὅλος	ἡ	ἰσχύς	σύ	καί	ἐν	ὅλος
프쉬케	수	카이	엔	홀레	테	이스퀴이	수	카이	엔	홀레
목숨을	너의	그리고	하여서	다(온)	그	힘을	너의	또	하여서	다(온)
명.여격.여.단.	대.인.소.2단.	접.등.	전.여격.	형.대.여격.여.단.	관.여격.여.단.	명.여격.여.단.	대.인.소.2단.	접.등.	전.여격.	형.부.여.단.

3588	1271	4771	2532	3588	4139	4771	5613	4572
τῇ	διανοίᾳ	σου,	καὶ	τὸν	πλησίον	σου	ὡς	σεαυτόν.
ἡ	διάνοια	σύ	καί	ὁ	πλησίον	σύ	ὡς	σεαυτοῦ
테	디아노이아	수	카이	톤	플레시온	수	호스	세아우톤
그	뜻을	너의	또한	그	이웃사람을	너의	같이	너 자신과
관.여격.여.단.	명.여격.여.단.	대.인.소.2단.	접.등.	관.목.남.단.	부	대.인.소.2단.	접.종.	대.인.목.남.2단.

28 예수께서 이르시되 네 대답이 옳도다 이를 행하라 그러면 살리라 하시니
And he said unto him, Thou hast answered right: this do, and thou shalt live.

3004(2036)	1161	846	3723	611	3778	4160	2532
εἶπεν	δὲ	αὐτῷ,	ὀρθῶς	ἀπεκρίθης·	τοῦτο	ποίει	καὶ
λέγω.ἔπω	δέ	αὐτός	ὀρθῶς	ἀποκρίνομαι	οὗτος	ποιέω	καί
에이펜	데	아우토	오르도스	아페크리데스	투토	포이에이	카이
예수께서 말씀하셨다	이에	그에게	바르게	네가 대답하였다	이것을	행하라	그러면
동.직.2과.능.3단.	접.우.	대.인.여격.남.3단.	부.	동.직.1과.수디.2단.	대.지.목.중.단.	동.명.현.능.2단.	접.등.

2198
ζήσῃ.
ζάω
제세
네가 살리라
동.직.미.능.2단

29 그 사람이 자기를 옳게 보이려고 예수께 여짜오되 그러면 내 이웃이 누구니이까
But he, willing to justify himself, said unto Jesus, And who is my neighbour?

3588	1161	2309	1344	1438	3004(2036)	4314	3588
ὁ	δὲ	θέλων	δικαιῶσαι	ἑαυτὸν	εἶπεν	πρὸς	τὸν
ὁ	δέ	θέλω	δικαιόω	ἑαυτοῦ	λέγω.ἔπω	πρός	ὁ
호	데	델론	디카이오사이	헤아우톤	에이펜	프로스	톤
그(사람이)	그러나	원하는	의롭게 보이려는 것을	그 자신을	말씀을 드렸다	향하여	그
관.주.남.단	접.우.	동.분.현.능.주.남.단.	동.부.1과.능.	대.인목.남.3단.	동.직.2과.능.3단.	전.목.	관.목.남.단.

2424	2532	5101	1510	1473	4139
Ἰησοῦν,	καὶ	τίς	ἐστίν	μου	πλησίον;
Ἰησοῦς	καί	τίς	εἰμί	ἐγώ	πλησίον
예순	카이	티스	에스틴	무	플레시온
예수를	그러면	누구	이니까	나의	이웃사람은
명.목.남.단.	접.등.	대.의.주.남.단.	동.직.현.능.3단.	대.인소.1단.	부

30 예수께서 대답하여 이르시되 어떤 사람이 예루살렘에서 여리고로 내려가다가 강도를
만나매 강도들이 그 옷을 벗기고 때려 거의 죽은 것을 버리고 갔더라
And Jesus answering said, A certain man went down from Jerusalem to Jericho, and fell among thieves, which stripped him of his raiment, and wounded him, and departed, leaving him half dead.

5274	3588	2424	3004(2036)	444	5100	2597	575
Ὑπολαβὼν	ὁ	Ἰησοῦς	εἶπεν,	ἄνθρωπός	τις	κατέβαινεν	ἀπὸ
ὑπολαμβάνω	ὁ	Ἰησοῦς	λέγω.ἔπω	ἄνθρωπος	τις	καταβαίνω	ἀπό
휘폴라본	호	예수스	에이펜	안드로포스	티스	카테바이넨	아포
받아들인 후에	그	예수께서	말씀하셨다	한 사람이	어떤	내려가고 있었다	부터
동.분.2과.능.주.남.단.	관.주.남.단.	명.주.남.단.	동.직.2과.능.3단.	명.주.남.단.	대.부.주.남.단.	동.직.미완.능.3단.	전.소.

2419	1519	2410	2532	3027	4045	3739	2532
Ἰερουσαλὴμ	εἰς	Ἰεριχὼ	καὶ	λῃσταῖς	περιέπεσεν,	οἳ	καὶ
Ἱερουσαλήμ	εἰς	Ἱεριχω	καί	λῃστης	περιπίπτω	ὅς	καί
예루살렘	에이스	예리코	카이	레스타이스	페리에페센	호이	카이
예루살렘으로	향하여	여리고를	그런데	강도들에게	우연히 마주쳤다	강도들이	또한
명.소.여.단	전.목.	명.목.여.단.	접.등.	명.여격.남.복.	동.직.2과.능.3단.	대.관.주.남.복.	부./접.등.

1562	846	2532	4127	2007	565	863
ἐκδύσαντες	αὐτὸν	καὶ	πληγὰς	ἐπιθέντες	ἀπῆλθον	ἀφέντες
ἐκδύω	αὐτός	καί	πληγή	ἐπιτίθημι	ἀπέρχομαι	ἀφίημι
에크뒤산테스	아우톤	카이	플레가스	에피데테스	아펠돈	아펜테스
옷을 벗기고	그를	그리고	상처들을	때려서 입히고	떠나 갔다	버리고
동.분.1과.능.주.남.복.	대.인목.남.3단.	접.등.	명.목.여.복.	동.분.2과.능.주.남.복.	동.직.2과.능.3복.	동.분.2과.능.주.남.복.

2253
ἡμιθανῆ.
ἡμιθανής
헤미다네
거의 죽은 것을
형.목.남.단.

31 마침 한 제사장이 그 길로 내려가다가 그를 보고 피하여 지나가고
And by chance there came down a certain priest that way: and when he saw him, he passed by on the other side.

2596	4795	1161	2409	5100	2597	1722	3588	3598
κατὰ	συγκυρίαν	δὲ	ἱερεύς	τις	κατέβαινεν	ἐν	τῇ	ὁδῷ
κατά	συγκυρία	δέ	ἱερεύς	τις	καταβαίνω	ἐν	ἡ	ὁδός
카타	슁퀴리안	데	히에류스	티스	카테바이넨	엔	테	호도
의하여	우연에	마침	한 제사장이	어떤	내려가고 있었다	안에서	그	길에
전.목.	명.목.여.단.	접.등.	명.주.남.단.	대.부.주.남.단.	동.직.미완.능.3단.	전.여격.	관.여격.여.단.	명.여격.여.단.

1565	2532	3708(1492)	846	492
ἐκείνῃ	καὶ	ἰδὼν	αὐτὸν	ἀντιπαρῆλθεν·
ἐκεῖνος	καί	ὁράω.εἴδω	αὐτός	ἀντιπαρέρχομαι
에케이네	카이	이돈	아우톤	안티파렐덴
그	이에	보고	그를	맞은편으로 지나갔다
대.지.여격.여.단.	접.등.	동.분.2과.능.주.남.단.	대.인.목.남.3단.	동.직.2과.능.3단.

32 또 이와 같이 한 레위인도 그 곳에 이르러 그를 보고 피하여 지나가되
And likewise a Levite, when he was at the place, came and looked on him, and passed by on the other side.

3668	1161	2532	3019	1096	2596	3588	5117	2064
ὁμοίως	δὲ	καὶ	Λευίτης	[γενόμενος]	κατὰ	τὸν	τόπον	ἐλθὼν
ὁμοίως	δέ	και	Λευΐτης	γίνομαι	κατά	ὁ	τόπος	ἔρχομαι
호모이오스	데	카이	레위테스	게노메노스	카타	톤	토폰	엘돈
이와같이	또	역시	한 레위인도	있어	으로(위로)	그	곳(을)	와서
부.	접.등.	부.	명.주.남.단.	동.분.2과.중디.주.남.단.	전.목.	관.목.남.단.	명.목.남.단.	동.분.2과.능.주.남.단.

2532	3708(1492)	492
καὶ	ἰδὼν	ἀντιπαρῆλθεν.
καί	ὁράω.εἴδω	ἀντιπαρέρχομαι
카이	이돈	안티파렐덴
그리고	보고	그도 맞은편으로 지나갔다
접.등.	동.분.2과.능.주.남.단.	동.직.2과.능.3단.

33 어떤 사마리아 사람은 여행하는 중 거기 이르러 그를 보고 불쌍히 여겨
But a certain Samaritan, as he journeyed, came where he was: and when he saw him, he had compassion on him,

4541	1161	5100	3593	2064	2596	846	2532
Σαμαρίτης	δέ	τις	ὁδεύων	ἦλθεν	κατ'	αὐτὸν	καὶ
Σαμαρίτης	δέ	τις	ὁδεύω	ἔρχομαι	κατά	αὐτός	καί
사마리테스	데	티스	호듀온	엘덴	칼	아우톤	카이
한 사마리아 사람은	그러나	어떤	여행하는	왔다	에게(위로)	그 사람	이에
명.주.남.단.	접.등.	대.부.주.남.단.	동.분.현.능.주.남.단.	동.직.2과.능.3단.	전.목.	대.인.목.남.3단.	접.등.

3708(1492)	4697
ἰδὼν	ἐσπλαγχνίσθη,
ὁράω.εἴδω	σπλαγχνίζομαι
이돈	에스플랑크니스데
보고	측은히 여겼다
동.분.2과.능.주.남.단.	동.직.1과.수디.3단.

34 가까이 가서 기름과 포도주를 그 상처에 붓고 싸매고 자기 짐승에 태워 주막으로 데리고
가서 돌보아 주니라
And went to him, and bound up his wounds, pouring in oil and wine, and set him on his own beast, and brought him to an inn, and took care of him.

2532	4334	2611	3588	5134	846	2022	1637
καὶ	προσελθὼν	κατέδησεν	τὰ	τραύματα	αὐτοῦ	ἐπιχέων	ἔλαιον
καί	προσέρχομαι	καταδέω	τό	τραῦμα	αὐτός	ἐπιχέω	ἔλαιον
카이	프로셀돈	카테데센	타	트라우마타	아우투	에피케온	엘라이온
그래서	가까이 와서	싸매었다	그	상처들을	그의	부으며	기름
접.등.	동.분.2과.능.주.남.단.	동.직.1과.능.3단.	관.목.중.복.	명.목.중.복.	대.인.소.남.3단.	동.분.현.능.주.남.단.	명.목.중.단.

2532	3631	1913	1161	846	1909	3588	2398	2934	71
καὶ	οἶνον,	ἐπιβιβάσας	δὲ	αὐτὸν	ἐπὶ	τὸ	ἴδιον	κτῆνος	ἤγαγεν
καί	οἶνος	ἐπιβιβάζω	δέ	αὐτός	ἐπί	τό	ἴδιος	κτῆνος	ἄγω
카이	오이논	에피비바사스	데	아우톤	에피	토	이디온	크테노스	에가겐
과	포도주를	위에 태우고	그리고	그를	위로	그	자기의	짐승을	데리고 갔다
접.등.	명.목.남.단.	동.분.1과.능.주.남.단.	접.등.	대.인.목.남.3단.	전.목.	관.목.중.단.	형.목.중.단.	명.목.중.단.	동.직.2과.능.3단.

846	1519	3829	2532	1959	846
αὐτὸν	εἰς	πανδοχεῖον	καὶ	ἐπεμελήθη	αὐτοῦ.
αὐτός	εἰς	πανδοχεῖον	καί	ἐπιμελέομαι	αὐτός
아우톤	에이스	판도케이온	카이	에페멜레데	아우투
그를	안으로	여관	그리고	친절히 돌보아 주었다	그(의)를
대.인목.남.3단.	전목.	명.목.중.단.	접.등.	동.직.1과.수디.3단.	대.인소.남.3단.

35 그 이튿날 그가 주막 주인에게 데나리온 둘을 내어 주며 이르되 이 사람을 돌보아 주라
비용이 더 들면 내가 돌아올 때에 갚으리라 하였으니

And on the morrow when he departed, he took out two pence, and gave them to the host, and said unto him, Take care of him; and whatsoever thou spendest more, when I come again, I will repay thee.

2532	1909	3588	839	1544	1325	1417	1220	3588
καὶ	ἐπὶ	τὴν	αὔριον	ἐκβαλὼν	ἔδωκεν	δύο	δηνάρια	τῷ
καί	ἐπί	ἡ	αὔριον	ἐκβάλλω	δίδωμι	δύο	δηνάριον	ὁ
카이	에피	텐	아우리온	엑발론	에도켄	뒤오	데나리아	토
그리고	에 있어	그	이튿날	꺼내어서	그가 주었다	둘을	데나리온들	그
접.등.	전목.	관.목.여.단.	부	동.분.2과.능.주.남.단.	동.직.1과.능.3단.	형.기.목.중.복.	명.목.중.복.	관.여격.남.단.

3830	2532	3004(2036)	1959	846	2532	3739
πανδοχεῖ	καὶ	εἶπεν,	ἐπιμελήθητι	αὐτοῦ,	καὶ	ὅ
πανδοχεύς	καί	λέγω.ἔπω	ἐπιμελέομαι	αὐτός	καί	ὅς
판도케이	카이	에이펜	에피멜레데티	아우투	카이	호
여관 주인에게	그리고	말하였다	너는 친절히 돌보아 주라	그(의)를	그러면	
명.여격.남.단.	접.등.	동.직.2과.능.3단.	동.명.1과.수디.2단.	대.인소.남.3단.	접.등.	대.관목.중.단

5100	302	4325	1473	1722	3588	1880	1473
τι	ἂν	προσδαπανήσῃς	ἐγὼ	ἐν	τῷ	ἐπανέρχεσθαί	με
τις	ἄν	προσδαπανάω	ἐγώ	ἐν	τό	ἐπανέρχομαι	ἐγώ
티	안	프로스다파네세스	에고	엔	토	에파네르케스다이	메
얼마	든지	너는 (비용이) 더 들면	나는	때에	그	다시 돌아올	(나를)내가
대.부.목.중.단.	불.동.	동.가.1과.능.2단.	대.인주.1단.	전.여격.	관.여격.중.단.	동.부.형.중수디.여격.	대.인목.1단.

591	4771
ἀποδώσω	σοι.
ἀποδίδωμι	σύ
아포도소	소이
갚을 것이다	너에게
동.직.미.능.1단.	대.인.여격.2단.

36 네 생각에는 이 세 사람 중에 누가 강도 만난 자의 이웃이 되겠느냐

Which now of these three, thinkest thou, was neighbour unto him that fell among the thieves?

5101	3778	3588	5140	4139	1380	4771	1096
τίς	τούτων	τῶν	τριῶν	πλησίον	δοκεῖ	σοι	γεγονέναι
τίς	οὗτος	ὁ	τρεῖς	πλησίον	δοκέω	σύ	γίνομαι
티스	투톤	톤	트리온	플레시온	도케이	소이	게고네나이
누가	이	그	세 사람 중의	이웃 사람이	생각이 드느냐	네게	되어있는 것을
대.의.주.남.단.	대.지.소.남.복.	관.소.남.복.	형.대.기.소.남.복.	부	동.직.현.능.3단.	대.인.여격.2단.	동.부.2완.능.

3588	1706	1519	3588	3027
τοῦ	ἐμπεσόντος	εἰς	τοὺς	λῃστάς;
ὁ	ἐμπίπτω	εἰς	ὁ	λῃστης
투	엠페손토스	에이스	투스	레스타스
그(사람의)	빠진	속으로	그	강도들을
관.소.남.단	동.분.2과.능.소.남.단.	전목.	관.목.남.복.	명.목.남.복.

37 이르되 자비를 베푼 자니이다 예수께서 이르시되 가서 너도 이와 같이 하라 하시니라

And he said, He that showed mercy on him. Then said Jesus unto him, Go, and do thou likewise.

3588	1161	3004(2036)	3588	4160	3588	1656	3326	846
ὁ	δὲ	εἶπεν,	ὁ	ποιήσας	τὸ	ἔλεος	μετ’	αὐτοῦ.
ὁ	δέ	λέγω.ἔπω	ὁ	ποιέω	τό	ἔλεος	μετά	αὐτός
호	데	에이펜	호	포이에사스	토	엘레오스	멧	아우투
그가	이에	말하였다	그(사람이)	베푼	그	자비를	더불어	그와
관.주.남.단	접.우.	동.직.2과.능.3단.	관.주.남.단	동.분.1과.능.주.남.단.	관.목.중.단.	명.목.중.단.	전.소.	대.인.소.남.3단.

3004(2036)	1161	846	3588	2424	4198	2532	4771	4160
εἶπεν	δὲ	αὐτῷ	ὁ	Ἰησοῦς,	πορεύου	καὶ	σὺ	ποίει
λέγω.ἔπω	δέ	αὐτός	ὁ	Ἰησοῦς	πορεύομαι	καί	σύ	ποιέω
에이펜	데	아우토	호	예수스	포류우	카이	쉬	포이에이
말씀하셨다	그런즉	그에게	그	예수께서	가라	그리고	너도	행하라
동.직.2과.능.3단.	접.우.	대.인.여격.남.3단.	관.주.남.단.	명.주.남.단.	동.명.현.중수디.2단.	접.등.	대.인.주.2단.	동.명.현.능.2단.

3668
ὁμοίως.
ὁμοίως
호모이오스
이와같이
부.

38 그들이 길 갈 때에 예수께서 한 마을에 들어가시매 마르다라 이름하는 한 여자가 자기
집으로 영접하더라
Now it came to pass, as they went, that he entered into a certain village: and a certain woman named Martha received him into her house.

1722	1161	3588	4198	846	846	1525	1519	2968
Ἐν	δὲ	τῷ	πορεύεσθαι	αὐτοὺς	αὐτὸς	εἰσῆλθεν	εἰς	κώμην
ἐν	δέ	τό	πορεύομαι	αὐτός	αὐτός	εἰσέρχομαι	εἰς	κώμη
엔	데	토	포류에스다이	아우투스	아우토스	에이셀덴	에이스	코멘
때에	그리고	그	(길을)가고 있을	그들(을)이	그가	들어가셨다	안으로	한 마을을
전.여격.	접.등.	관.여격.중.단.	동.부.현.중수디.여격.	대.인.목.남.3복.	대.인.주.남.3단.	동.직.2과.능.3단.	전.목.	명.목.여.단.

5100	1135	1161	5100	3686	3136	5264	846
τινά·	γυνὴ	δέ	τις	ὀνόματι	Μάρθα	ὑπεδέξατο	αὐτόν.
τις	γυνή	δέ	τις	ὄνομα	Μάρθα	ὑποδέχομαι	αὐτός
티나	귀네	데	티스	오노마티	마르다	휘페덱사토	아우톤
어떤	한 여자가	그런데	어떤	이름으로	마르다가	영접하였다	그를
대.부.목.여.단.	명.주.여.단.	접.등.	대.부.주.여.단.	명.여격.중.단.	명.주.여.단.	동.직.1과.중디.3단.	대.인.목.남.3단.

39 그에게 마리아라 하는 동생이 있어 주의 발치에 앉아 그의 말씀을 듣더니
And she had a sister called Mary, which also sat at Jesus' feet, and heard his word.

2532	3592	1510	79	2564	37	3739	2532
καὶ	τῇδε	ἦν	ἀδελφὴ	καλουμένη	Μαριάμ,	[ἣ]	καὶ
καί	ὅδε	εἰμί	ἀδελφή	καλέω	Μαρία	ὅς	καί
카이	테데	엔	아델페	칼루메네	마리암	헤	카이
또	그녀에게	있었다	한 여동생이	불려지는	마리아라	그녀(마리아)는	그런데
접.등.	대.지.여격.여.단.	동.직.미완.능.3단.	명.주.여.단.	동.분.현.수.주.여.단.	명.주.여.단.	대.인.관.주.여.단.	부.

3869	4314	3588	4228	3588	2962	191	3588
παρακαθεσθεῖσα	πρὸς	τοὺς	πόδας	τοῦ	κυρίου	ἤκουεν	τὸν
παρακαθίζω	πρός	ὁ	πούς	ὁ	κύριος	ἀκούω	ὁ
파라카데스데이사	프로스	투스	포다스	투	퀴리우	에쿠엔	톤
곁에 앉고	가까이	그	두발을	그	주님의	듣고 있었다	그
동.분.1과.수디.주.여.단.	전.목.	관.목.남.복.	명.목.남.복.	관.소.남.단.	명.소.남.단.	동.직.미완.능.3단.	관.목.남.단.

3056	846
λόγον	αὐτοῦ.
λόγος	αὐτός
로곤	아우투
말씀을	그의
명.목.남.단.	대.인.소.남.3단.

40 마르다는 준비하는 일이 많아 마음이 분주한지라 예수께 나아가 이르되 주여 내 동생이
나 혼자 일하게 두는 것을 생각하지 아니하시나이까 그를 명하사 나를 도와 주라 하소서
But Martha was cumbered about much serving, and came to him, and said, Lord, dost thou not care that my sister hath left me to serve alone? bid her therefore that she help me.

3588	1161	3136	4049	4012	4183	1248	2186
ἡ	δὲ	Μάρθα	περιεσπᾶτο	περὶ	πολλὴν	διακονίαν·	ἐπιστᾶσα
ἡ	δέ	Μάρθα	περισπάω	περί	πολύς	διακονία	ἐφίστημι
헤	데	마르다	페리에스파토	페리	폴렌	디아코니안	에피스타사
그	그러나	마르다는	마음이 분주하게 되었다	관하여	많은	섬기는 일에	곁에 와서
관.주.여.단.	접.우.	명.주.여.단.	동.직.미완.수.3단.	전.목.	형.목.여.단.	명.목.여.단	동.분.2과.능.주.여.단.

1161	3004(2036)	2962	3756	3199	4771	3754	3588	79	1473
δὲ	εἶπεν,	κύριε,	οὐ	μέλει	σοι	ὅτι	ἡ	ἀδελφή	μου
δέ	λέγω.ἔπω	κύριος	οὐ	μέλω	σύ	ὅτι	ἡ	ἀδελφή	ἐγώ
데.	에이펜	퀴리에	우	멜레이	소이	호티	헤	아델페	무
그래서	마르다가 말하였다	주여	없으시니이까	관심이	당신께서	것을	그	자매가	나의
접.우	동.직.2과.능.3단.	명.호.남.단.	부.	동.직.현.능.3단.	대.인.여격.2단.	접.등.	관.주.여.단.	명.주.여.단.	대.인.소.1단.

3440	1473	2641	1247	3004(2036)	3767	846	2443	1473
μόνην	με	κατέλιπεν	διακονεῖν;	εἰπὲ	οὖν	αὐτῇ	ἵνα	μοι
μόνον	ἐγώ	καταλείπω	διακονέω	λέγω.ἔπω	οὖν	αὐτός	ἵνα	ἐγώ
모넨	메	카텔리펜	디아코네인	에이페	운	아우테	히나	모이
혼자	저를	두었다는	섬기도록	말씀하옵소서	그런즉	그에게	의하여	나에게
형.목.여.단.	대.인.목.1단.	동.직.2과.능.3단.	동.부.현.능.	동.명.2과.능.2단.	접.우.	대.인.여격.여.3단.	접.등.	대.인.여격.1단.

4878
συναντιλάβηται.
συναντιλαμβάνομαι
쉬난틸라베타이
그가 도와주기
동.가.2과.중디.3단.

41 주께서 대답하여 이르시되 마르다야 마르다야 네가 많은 일로 염려하고 근심하나
And Jesus answered and said unto her, Martha, Martha, thou art careful and troubled about many things:

611	1161	3004(2036)	846	3588	2962	3136	3136
ἀποκριθεὶς	δὲ	εἶπεν	αὐτῇ	ὁ	κύριος,	Μάρθα	Μάρθα,
ἀποκρίνομαι	δέ	λέγω.ἔπω	αὐτός	ὁ	κύριος	Μάρθα	Μάρθα
아포크리데이스	데	에이펜	아우테	호	퀴리오스	마르다	마르다
대답하여	그러나	말씀하셨다	그에게	그	주님께서	마르다야	마르다야
동.분.1과.수디.주.남.단.	접.우.	동.직.2과.능.3단.	대.인.여격.여.3단.	관.주.남.단.	명.주.남.단.	명.호.여.단.	명.호.여.단.

3309	2532	2350	4012	4183
μεριμνᾷς	καὶ	θορυβάζῃ	περὶ	πολλά,
μεριμνάω	καί	θορυβάζῃ	περί	πολύς
메림나스	카이	도뤼바제	페리	폴라
네가 염려하고	그리고	분주하게 된다	관하여	많은 일에
동.직.현.능.2단.	접.등.	동.직.현.수.2단.	전.목.	형.대.목.중.복.

42 몇 가지만 하든지 혹은 한 가지만이라도 족하니라 마리아는 이 좋은 편을 택하였으니
빼앗기지 아니하리라 하시니라
But one thing is needful: and Mary hath chosen that good part, which shall not be taken away from her.

1520	1161	1510	5532	3137	1063	3588	18	3310
ἑνὸς	δέ	ἐστιν	χρεία·	Μαριὰμ	γὰρ	τὴν	ἀγαθὴν	μερίδα
εἷς	δέ	εἰμί	χρεία	Μαρία	γάρ	ἡ	ἀγαθός	μερίς
헤노스	데	에스틴	크레이아	마리암	가르	텐	아가덴	메리다
하나	그러나	이니라	필요한 것은	마리아는	왜냐하면	이	좋은	편을
형.대.기.소.중.단.	접.등.	동.직.현.능.3단.	명.주.여.단.	명.주.여.단.	접.종.	관.목.여.단.	형.목.여.단.	명.목.여.단.

1586	3748	3756	851	846
ἐξελέξατο	ἥτις	οὐκ	ἀφαιρεθήσεται	αὐτῆς.
ἐκλέγομαι	ὅστις	οὐ	ἀφαιρέω	αὐτός
엑셀렉사토	헤티스	우크	아파이레데세타이	아우테스
그가 택하였다	바	아니하리라	빼앗기지	그(의)는
동.직.1과.중.3단.	대.관.주.여.단.	부.	동.직.미.수.3단.	대.인.소.여.3단.

11 예수께서 한 곳에서 기도하시고 마치시매 제자 중 하나가 여짜오되 주여 요한이 자기
제자들에게 기도를 가르친 것과 같이 우리에게도 가르쳐 주옵소서

And it came to pass, that, as he was praying in a certain place, when he ceased, one of his disciples said unto him, Lord, teach us to pray, as John also taught his disciples.

2532	1096	1722	3588	1510	846	1722	5117	5100
Καὶ	ἐγένετο	ἐν	τῷ	εἶναι	αὐτὸν	ἐν	τόπῳ	τινὶ
καί	γίνομαι	ἐν	τό	εἰμί	αὐτός	ἐν	τόπος	τις
카이	에게네토	엔	토	에이나이	아우톤	엔	토포	티니
그리고	되었다	때에	그	있을	그(를)가	안에서	한 곳에	어떤
접.등.	동.직.2과.중디.3단.	전.여격.	관.여격.중.단.	동.부.현.능.여격+	대.인.목.남.3단.	전.여격.	명.여격.남.단.	대.부.여격.남.단.

4336	5613	3973	3004(2036)	5100	3588	3101	848
προσευχόμενον,	ὡς	ἐπαύσατο,	εἶπεν	τις	τῶν	μαθητῶν	αὐτοῦ
προσεύχομαι	ὡς	παύω	λέγω.ἔπω	τις	ὁ	μαθητής	αὐτοῦ
프로슈코메논	호스	에파우사토	에이펜	티스	톤	마데톤	아우투
기도하시며	때에	그가 멈추었을	말씀을 드렸다	어떤 사람이	그	제자들 중의	그의
+동.분.현.중수디.목.남.단.	접.종.	동.직.1과.중.3단.	동.직.2과.능.3단.	대.부.주.남.단.	관.소.남.복.	명.소.남.복.	대.인.소.남.3단.

4314	846	2962	1321	1473	4336	2531	2532
πρὸς	αὐτόν,	κύριε,	δίδαξον	ἡμᾶς	προσεύχεσθαι,	καθὼς	καὶ
πρός	αὐτός	κύριος	διδάσκω	ἐγω	προσεύχομαι	καθώς	καί
프로스	아우톤	퀴리에	디닥손	헤마스	프로슈케스다이	카도스	카이
향하여	그를	주여	가르쳐 주옵소서	우리를	기도하는 것을	같이	역시
전.목.	대.인.목.남.3단.	명.호.남.단.	동.명.1과.능.2단.	대.인.목.1복.	동.부.현.중수디.	접.종.	부.

2491	1321	3588	3101	846
Ἰωάννης	ἐδίδαξεν	τοὺς	μαθητὰς	αὐτοῦ.
Ἰωάννης	διδάσκω	ὁ	μαθητής	αὐτός
요안네스	에디닥센	투스	마데타스	아우투
요한이	가르쳤던 것과	그	제자들을	그의
명.주.남.단	동.직.1과.능.3단.	관.목.남.복.	명.목.남.복.	대.인.소.남.3단.

2 예수께서 이르시되 너희는 기도할 때에 이렇게 하라 아버지여 이름이 거룩히 여김을
받으시오며 나라가 임하시오며

And he said unto them, When ye pray, say, Our Father which art in heaven, Hallowed be thy name. Thy kingdom come. Thy will be done, as in heaven, so in earth.

3004(2036)	1161	846	3752	4336	3004	3962
εἶπεν	δὲ	αὐτοῖς,	ὅταν	προσεύχησθε	λέγετε,	Πάτερ,
λέγω.ἔπω	δέ	αὐτός	ὅταν	προσεύχομαι	λέγω	πατήρ
에이펜	데	아우토이스	호탄	프로슈케스데	레게테	파테르
예수께서 말씀하셨다	그리하여	그들에게	때에	너희는 기도할	(이렇게) 말하라	아버지여
동.직.2과.능.3단.	접.우.	대.인.여격.남.3복.	접.종.	동.가.현.중수디.2복.	동.명.현.능.2복.	명.호.남.단.

37	3588	3686	4771	2064	3588	932	4771
ἁγιασθήτω	τὸ	ὄνομά	σου·	ἐλθέτω	ἡ	βασιλεία	σου·
ἁγιάζω	τό	ὄνομα	σύ	ἔρχομαι	ἡ	βασιλεία	σύ
하기아스테토	토	오노마	수	엘데토	헤	바실레이아	수
거룩히 여김을 받으소서	그	이름이	당신의	임하옵소서	그	나라가	당신의
동.명.1과.수.3단.	관.주..중.단.	명.주.중.단.	대.인.소.2단.	동.명.2과.능.3단.	관.주.여.단.	명.주.여.단.	대.인.소.2단

3 우리에게 날마다 일용할 양식을 주시옵고
Give us day by day our daily bread.

3588	740	1473	3588	1967	1325	1473	3588	2596	2250
τὸν	ἄρτον	ἡμῶν	τὸν	ἐπιούσιον	δίδου	ἡμῖν	τὸ	καθ'	ἡμέραν·
ὁ	ἄρτος	ἐγώ	ὁ	ἐπιούσιος	δίδωμι	ἐγώ	τό	κατά	ἡμέρα
톤	아르톤	헤몬	톤	에피우시온	디두	헤민	토	칸	헤메란
그	양식을	우리의	그	일용할	주옵소서	우리에게	그	마다	날
관.목.남.단.	명.목.남.단.	대.인.소.1복.	관.목.남.단.	형.목.남.단.	동.명.현.능.2단.	대.인.여격.1복.	관.목.중.단.	전.목.	명.목.여.단

4 우리가 우리에게 죄 지은 모든 사람을 용서하오니 우리 죄도 사하여 주시옵고 우리를
시험에 들게 하지 마시옵소서 하라
And forgive us our sins; for we also forgive every one that is indebted to us. And lead us not into temptation; but deliver us from evil.

2532	863	1473	3588	266	1473	2532	1063	846
καὶ	ἄφες	ἡμῖν	τὰς	ἁμαρτίας	ἡμῶν,	καὶ	γὰρ	αὐτοὶ
καί	ἀφίημι	ἐγώ	ἡ	ἁμαρτία	ἐγώ	καί	γάρ	αὐτός
카이	아페스	헤민	타스	하마르티아스	헤몬	카이	가르	아우토이
그리고	용서해 주옵소서	우리에게	그	죄들을	우리의	역시	왜냐하면	우리 자신이
접.등.	동.명.2과.능.2단.	대.인.여격.1복.	관.목.여.복.	명.목.여.복.	대.인.소.1복.	부.	접.종.	대.인.주.남.3복.

863	3956	3784	1473	2532	3361	1533
ἀφίομεν	παντὶ	ὀφείλοντι	ἡμῖν·	καὶ	μὴ	εἰσενέγκῃς
ἀφίημι	πᾶς	ὀφείλω	ἐγώ	καί	μή	εἰσφέρω
아피오멘	판티	오페일론티	헤민	카이	메	에이세넹케스
우리도 용서합니다	모든 사람에게	빚을 지는	우리에게	그리고	맑게 하옵소서	끌려 들어가게 하지
동.직.현.능.1복.	형.대.여격.남.단.	동.분.현.능.여격.남.단.	대.인.여격.1복.	접.등.	부.	동.가.1과.능.2단

1473	1519	3986
ἡμᾶς	εἰς	πειρασμόν.
ἐγώ	εἰς	πειρασμός
헤마스	에이스	페이라스몬
우리를	속으로	유혹
대.인.목.1복.	전.목.	명.목.남.단

5 또 이르시되 너희 중에 누가 벗이 있는데 밤중에 그에게 가서 말하기를 벗이여 떡 세
덩이를 내게 꾸어 달라
And he said unto them, Which of you shall have a friend, and shall go unto him at midnight, and say unto him, Friend, lend me three loaves;

2532	3004(2036)	4314	846	5101	1537	4771	2192	5384	2532
Καὶ	εἶπεν	πρὸς	αὐτούς,	τίς	ἐξ	ὑμῶν	ἕξει	φίλον	καὶ
καί	λέγω.ἔπω	πρός	αὐτός	τίς	ἐκ	σύ	ἔχω	φίλος	καί
카이	에이펜	프로스	아우투스,	티스	엑스	휘몬	헥세이	필론	카이
또	말씀하셨다	향하여	그들을	누가	중에서	너희	가질 것이다	친구를	그러면
접.등.	동.직.2과.능.3단.	전.목.	대.인.목.남.3복.	대.의.주.남.단.	전.소	대.인.소.2복.	동.직.미.능.3단.	형.대.목.남.단.	접.등.

4198	4314	846	3317	2532	3004(2036)	846	5384
πορεύσεται	πρὸς	αὐτὸν	μεσονυκτίου	καὶ	εἴπῃ	αὐτῷ,	φίλε,
πορεύομαι	πρός	αὐτός	μεσονύκτιον	καί	λέγω.ἔπω	αὐτός	φίλος
포류세타이	프로스	아우톤	메소뉙티우	카이	에이페	아우토	필레
갈 것이다	에게로	그(를)	밤중의	그리고	말하면	그에게	친구여
동.직.미.중디.3단.	전.목.	대.인.목.남.3단.	명.소.중.단.	접.등.	동.가.2과.능.3단.	대.인.여격.남.3단.	형.대.호.남.단.

5531	1473	5140	740
χρῆσόν	μοι	τρεῖς	ἄρτους,
κίχρημι	ἐγώ	τρεῖς	ἄρτος
크레손	모이	트레이스	아르투스
빌려주라	내게	세 덩이를	떡들
동.명.1과.능.2단.	대.인.여격.1단.	형.기.목.남.복.	명.목.남.복

6 내 벗이 여행중에 내게 왔으나 내가 먹일 것이 없노라 하면
For a friend of mine in his journey is come to me, and I have nothing to set before him?

1894	5384	1473	3854	1537	3598	4314	1473	2532
ἐπειδὴ	φίλος	μου	παρεγένετο	ἐξ	ὁδοῦ	πρός	με	καὶ
ἐπειδή	φίλος	ἐγώ	παραγίνομαι	ἐκ	ὁδός	πρός	ἐγώ	καί
에페이데	필로스	무	파레게네토	엑스	호두	프로스	메	카이
으므로	친구가	나의	도착하였다	중에서	여행	게로	나	그러나
접종	형.대.주.남.단.	대.인.소.1단.	동.직.2과.중디.3단.	전소.	명.소.여.단.	전목.	대.인.목.1단.	접등.

3756	2192	3739	3908	846
οὐκ	ἔχω	ὃ	παραθήσω	αὐτῷ·
οὐ	ἔχω	ὅς	παρατίθημι	αὐτός
우크	에코	호	파라데소	아우토
못한다	내가 가지지	바 것을	내가 앞에 차려놓을	그에게
부.	동.직.현.능.1단.	대.관.목.중.단	동.직.미.능.1단.	대.인.여격.남.3단.

7 그가 안에서 대답하여 이르되 나를 괴롭게 하지 말라 문이 이미 닫혔고 아이들이 나와
함께 침실에 누웠으니 일어나 네게 줄 수가 없노라 하겠느냐
And he from within shall answer and say, Trouble me not: the door is now shut, and my children are with me in bed; I cannot rise and give thee.

2548	2081	611	3004(2036)	3361	1473	2873	3930
κἀκεῖνος	ἔσωθεν	ἀποκριθεὶς	εἴπῃ,	μή	μοι	κόπους	πάρεχε·
κακεῖνος	ἔσωθεν	ἀποκρίνομαι	λέγω.ἔπω	μή	ἐγώ	κόπος	παρέχω
카케이노스	에소덴	아포크리데이스	에이페	메	모이	코푸스	파레케
그런데 그가	안으로부터	대답하여	말할지라도	말라	나에게	괴로움들을	일으키지
접.등&대.지.주.남.단.	부.	동.분.1과.수디.주.남.단.	동.가.2과.능.3단.	부.	대.인.여격.1단.	명.목.남.복.	동.명.현.능.2단.

2235	3588	2374	2808	2532	3588	3813	1473	3326	1473
ἤδη	ἡ	θύρα	κέκλεισται	καὶ	τὰ	παιδία	μου	μετ᾽	ἐμοῦ
ἤδη	ἡ	θύρα	κλείω	καί	τό	παιδίον	ἐγώ	μετά	ἐγώ
에데	헤	뒤라	케클레이스타이	카이	타	파이디아	무	멧	에무
이미	그	문이	닫혀져 있다	또	그	아이들이	나의	함께	나와
부.	관.주.여.단.	명.주.여.단.	동.직.1완.수.3단.	접등.	관.주.중.복.	명.주.중.복.	대.인.소.1단.	전소.	대.인.소.1단.

1519	3588	2845	1510	3756	1410	450	1325	4771
εἰς	τὴν	κοίτην	εἰσίν·	οὐ	δύναμαι	ἀναστὰς	δοῦναί	σοι.
εἰς	ἡ	κοίτη	εἰμί	οὐ	δύναμαι	ἀνίστημι	δίδωμι	σύ
에이스	텐	코이텐	에이신	우	뒤나마이	아나스타스	두나이	소이
안으로	그	잠자리를	있으니	없다	나는 할 수가	일어나	주는 것을	너에게
전목.	관.목.여.단.	명.목.여.단.	동.직.현.능.3복.	부.	동.직.현.중수디.1단.	동.분.2과.능.주.남.1단.	동.부.2과.능.	대.인.여격.2단

8 내가 너희에게 말하노니 비록 벗 됨으로 인하여서는 일어나서 주지 아니할지라도 그
간청함을 인하여 일어나 그 요구대로 주리라
I say unto you, Though he will not rise and give him, because he is his friend, yet because of his importunity he will rise and give him as many as he needeth.

3004	4771	1487	2532	3756	1325	846	450	1223	3588
λέγω	ὑμῖν,	εἰ	καὶ	οὐ	δώσει	αὐτῷ	ἀναστὰς	διὰ	τὸ
λέγω	σύ	εἰ	καί	οὐ	δίδωμι	αὐτός	ἀνίστημι	διά	τό
레고	휘민	에이	카이	우	도세이	아우토	아나스타스	디아	토
내가 말한다	너희에게	지라도	비록	아니할	주지	그에게	일어난 후	때문에	그
동.직.현.능.1단.	대.인.여격.2복.	접종.	부.	부.	동.직.미.능.3단.	대.인.여격.남.3단.	동.분.2과.능.주.남.단.	전목	관.목.중.단

1510	5384	846	1223	1065	3588	335	846	1453
εἶναι	φίλον	αὐτοῦ,	διά	γε	τὴν	ἀναίδειαν	αὐτοῦ	ἐγερθεὶς
εἰμί	φίλος	αὐτός	διά	γέ	ἡ	ἀναίδεια	αὐτός	ἐγείρω
에이나이	필론	아우투	디아	게	텐	아나이데이안	아우투	에게르데이스
이기	친구	그의	때문에	적어도	그	강청을	그의	다시 일으키고
동.부.현.능.목.	형.대.목.남.단.	대.인.소.남.3단.	전목.	불문.	관.목.여.단.	명.목.여.단	대.인.소.남.3단.	동.분.1과.수.주.남.단.

1325	846	3745	5535
δώσει	αὐτῷ	ὅσων	χρῄζει.
δίδωμι	αὐτός	ὅσος	χρῄζω
도세이	아우토	호손	크레제이
그가 줄 것이다	그에게	만큼 많이	그가 필요한
동.직.미.능.3단.	대.인.여격.남.3단.	대.관.소.중.복.	동.직.현.능.3단

9 내가 또 너희에게 이르노니 구하라 그러면 너희에게 주실 것이요 찾으라 그러면 찾아낼
것이요 문을 두드리라 그러면 너희에게 열릴 것이니

And I say unto you, Ask, and it shall be given you; seek, and ye shall find; knock, and it shall be opened unto you.

2504	4771	3004	154	2532	1325	4771	2212
Κἀγὼ	ὑμῖν	λέγω,	αἰτεῖτε	καὶ	δοθήσεται	ὑμῖν,	ζητεῖτε
κἀγώ	σύ	λέγω	αἰτέω	καί	δίδωμι	σύ	ζητέω
카고	휘민	레고	아이테이테	카이	도데세타이	휘민	제테이테
또 내가	너희에게	말한다	구하라	그리하면	그것이 주어질 것이다	너희에게	찾으라
접.등&대.인.주.1단.	대.인.여격.2복.	동.직.현.능.1단.	동.명.현.능.2복.	접.등.	동.직.미.수.3단.	대.인.여격.2복.	동.명.현.능.2복.

2532	2147	2925	2532	455	4771
καὶ	εὑρήσετε,	κρούετε	καὶ	ἀνοιγήσεται	ὑμῖν·
καί	εὑρίσκω	κρούω	καί	ἀνοίγω	σύ
카이	휴레세테	크루에테	카이	아노이게세타이	휘민
그리하면	너희가 발견할 것이다	문을 두드리라	그리하면	그것이 열릴 것이다	너희에게
접.등	동.직.미.능.2복.	동.명.현.능.2복.	접.등.	동.직.미.수.3단.	대.인.여격.2복

10 구하는 이마다 받을 것이요 찾는 이는 찾아낼 것이요 두드리는 이에게는 열릴 것이니라

For every one that asketh receiveth; and he that seeketh findeth; and to him that knocketh it shall be opened.

3956	1063	3588	154	2983	2532	3588	2212	2147
πᾶς	γὰρ	ὁ	αἰτῶν	λαμβάνει	καὶ	ὁ	ζητῶν	εὑρίσκει
πᾶς	γάρ	ὁ	αἰτέω	λαμβάνω	καί	ὁ	ζητέω	εὑρίσκω
파스	가르	호	아이톤	람바네이	카이	호	제톤	휴리스케이
사람마다	왜냐하면	그	구하는	받는다	그리고	그(사람은)	찾는	발견한다
형.대.주.남.단.	접.종.	관.주.남.단.	동.분.현.능.주.남.3단.	동.직.현.능.3단.	접.등.	관.주.남.단	동.분.현.능.주.남.단.	동.직.현.능.3단.

2532	3588	2925	455
καὶ	τῷ	κρούοντι	ἀνοιγήσεται.
καί	ὁ	κρούω	ἀνοίγω
카이	토	크루온티	아노이게세타이
또	그(사람에게)	두드리는	그것이 열릴 것이다
접.등.	관.여격.남.단	동.분.현.능.여격.남.단.	동.직.미.수.3단/동.직.현.수.3단.

11 너희 중에 아버지 된 자로서 누가 아들이 생선을 달라 하는데 생선 대신에 뱀을 주며

If a son shall ask bread of any of you that is a father, will he give him a stone? or if he ask a fish, will he for a fish give him a serpent?

5101	1161	1537	4771	3588	3962	154	3588	5207	2486
τίνα	δὲ	ἐξ	ὑμῶν	τὸν	πατέρα	αἰτήσει	ὁ	υἱὸς	ἰχθύν,
τίς	δέ	ἐκ	σύ	ὁ	πατήρ	αἰτέω	ὁ	υἱός	ἰχθύς
티나	데	엑스	휘몬	톤	파테라	아이테세이	호	휘오스	이크뒨
누구나	그리고	중에서	너희	그	아버지를	달라 할 것이다	그	아들이	물고기를
형.의.목.남.단.	접.등.	전.소	대.인.소.2복.	관.목.남.단.	명.목.남.단.	동.직.미.능.3단.	관.주.남.단.	명.주.남.단.	명.목.남.단.

2532	473	2486	3789	846	1929
καὶ	ἀντὶ	ἰχθύος	ὄφιν	αὐτῷ	ἐπιδώσει;
καί	ἀντί	ἰχθύς	ὄφις	αὐτός	ἐπιδίδωμι
카이	안티	이크뒤오스	오핀	아우토	에피도세이
그런데	대신에	물고기의	뱀을	그에게	내어 줄 것인가
접.등.	전.소	명.소.남.단.	명.목.남.단.	대.인.여격.남.3단.	동.직.미.능.3단

12 알을 달라 하는데 전갈을 주겠느냐
Or if he shall ask an egg, will he offer him a scorpion?

2228	2532	154	5609	1929	846	4651
ἢ	καὶ	αἰτήσει	ᾠόν,	ἐπιδώσει	αὐτῷ	σκορπίον;
ἤ	καί	αἰτέω	ᾠόν	ἐπιδίδωμι	αὐτός	σκορπίος
에	카이	아이테세이	오온	에피도세이	아우토	스코르피온
또는	더욱이	그가 달라할 것이다	알을	내어 줄 것인가	그에게	전갈을
접등.	부.	동.직.미.능.3단.	명.목.중.단.	동.직.미.능.3단.	대.인.여격.남.3단.	명.목.남.단

13 너희가 악할지라도 좋은 것을 자식에게 줄 줄 알거든 하물며 너희 하늘 아버지께서
구하는 자에게 성령을 주시지 않겠느냐 하시니라
If ye then, being evil, know how to give good gifts unto your children: how much more shall your heavenly Father give the Holy Spirit to them that ask him?

1487	3767	4771	4190	5225	1492	1390	18
εἰ	οὖν	ὑμεῖς	πονηροὶ	ὑπάρχοντες	οἴδατε	δόματα	ἀγαθὰ
εἰ	οὖν	συ	πονηρός	ὑπάρχω	οἶδα.εἴδω	δόμα	ἀγαθός
에이	운	휘메이스	포네로이	휘파르콘테스	오이다테	도마타	아가다
만일	그런즉	너희가	사악하여	있으면서	알고 있다	선물들을	좋은
접종	접우	대.인.주.2복.	형.주.남.복.	동.분.현.능.주.남.2복.	동.직.1완.능.2복.	명.목.중.복.	형.목.중.복.

1325	3588	5043	4771	4214	3123	3588	3962	3588
διδόναι	τοῖς	τέκνοις	ὑμῶν,	πόσῳ	μᾶλλον	ὁ	πατὴρ	[ὁ]
δίδωμι	τό	τέκνον	σύ	πόσος	μᾶλλον	ὁ	πατήρ	ὁ
디도나이	토이스	테크노이스	휘몬	포소	말론	호	파테르	호
주는 것을	그	자식들에게	너희의	얼마나 (많이)	더욱	그	아버지께서	그
동.부.현.능.	관.여격.중.복.	명.여격.중.복.	대.인.소.2복.	대.의.여격.중.단.	부.비.	관.주.남.단.	명.주.남.단.	관.주.남.단.

1537	3772	1325	4151	40	3588	154	846
ἐξ	οὐρανοῦ	δώσει	πνεῦμα	ἅγιον	τοῖς	αἰτοῦσιν	αὐτόν.
ἐκ	οὐρανός	δίδωμι	πνεῦμα	ἅγιος	ὁ	αἰτέω	αὐτός
엑스	우라누	도세이	프뉴마	하기온	토이스	아이투신	아우톤
부터	하늘로	보내 줄 것이다	령님을	성	그(사람들에게)	구하는	그를
전소	명.소.남.단	동.직.미.능.3단.	명.목.중.단.	형.목.중.단	관.여격.남.복	동.분.현.능.여격.남.복.	대.인.목.남.3단

14 예수께서 한 말 못하게 하는 귀신을 쫓아내시니 귀신이 나가매 말 못하는 사람이
말하는지라 무리들이 놀랍게 여겼으나
And he was casting out a devil, and it was dumb. And it came to pass, when the devil was gone out, the dumb spake; and the people wondered.

2532	1510	1544	1140	2532	846	1510	2974
Καὶ	ἦν	ἐκβάλλων	δαιμόνιον,	[καὶ	αὐτὸ	ἦν]	κωφόν·
καί	εἰμί	ἐκβάλλω	δαιμόνιον	καί	αὐτός	εἰμί	κωφός
카이	엔	에크발론	다이모니온	카이	아우토	엔	코폰
그리고	그가 계셨다	쫓아내시며	귀신을	또	그는	있었다.	언어장애자로
접등	동.직.미완.능.3단.+	+동.분.현.능.주.남.단.	명.목.중.단.	접등.	대.인.주.중.3단.	동.직.미완.능.3단.	형.주.중.단.

1096	1161	3588	1140	1831	2980	3588	2974
ἐγένετο	δὲ	τοῦ	δαιμονίου	ἐξελθόντος	ἐλάλησεν	ὁ	κωφός
γίνομαι	δέ	τό	δαιμόνιον	ἐξέρχομαι	λαλέω	ὁ	κωφός
에게네토	데	투	다이모니우	엑셀돈토스	엘랄레센	호	코포스
되었다	이에	그	귀신의	나간 후에	말하였다	그	언어장애자가
동.직.2과.중디.3단.	접등.	관.소.중.단.	명.소.중.단.	동.분.2과.능.소.중.단.	동.직.1과.능.3단.	관.주.남.단.	형.대.주.남.단.

2532	2296	3588	3793
καὶ	ἐθαύμασαν	οἱ	ὄχλοι.
καί	θαυμάζω	ὁ	ὄχλος
카이	에다우마산	호이	오클로이
그러자	놀랐다	그	무리들이
접등.	동.직.1과.능.3복.	관.주.남.복.	명.주.남.복

15 그 중에 더러는 말하기를 그가 귀신의 왕 바알세불을 힘입어 귀신을 쫓아낸다 하고
But some of them said, He casteth out devils through Beelzebub the chief of the devils.

5100	1161	1537	846	3004(2036)	1722	954	3588	758
τινὲς	δὲ	ἐξ	αὐτῶν	εἶπον,	ἐν	Βεελζεβοὺλ	τῷ	ἄρχοντι
τις	δέ	ἐκ	αὐτός	λέγω.ἔπω	ἐν	Βεελζεβούλ	ὁ	ἄρχων
티네스	데	엑스	아우톤	에이폰	엔	베엘제불	토	아르콘티
몇 사람들이	그러나	중에서	그들	말하였다	의하여	바알세불에	그	우두머리
대.부.주.남.복.	접.우.	전.소.	대.인.소.남.3복.	동.직.2과.능.3복.	전.여격.	명.여격.남.단.	관.여격.남.단.	명.여격.남.단

3588	1140	1544	3588	1140
τῶν	δαιμονίων	ἐκβάλλει	τὰ	δαιμόνια·
τό	δαιμόνιον	ἐκβάλλω	τό	δαιμόνιον
톤	다이모니온	에크발레이	타	다이모니아
그	귀신들의	그가 쫓아낸다	그	귀신들을
관.소.중.복.	명.소.중.복.	동.직.현.능.3단.	관.목.중.복.	명.목.중.복.

16 또 더러는 예수를 시험하여 하늘로부터 오는 표적을 구하니
And others, tempting him, sought of him a sign from heaven.

2087	1161	3985	4592	1537	3772	2212	3844
ἕτεροι	δὲ	πειράζοντες	σημεῖον	ἐξ	οὐρανοῦ	ἐζήτουν	παρ'
ἕτερος	δέ	πειράζω	σημεῖον	ἐκ	οὐρανός	ζητέω	παρά
헤테로이	데	페이라존테스	세메이온	엑스	우라누	에제툰	파르
다른 사람들은	또	유혹하며	한 표적을	부터 (오는)	하늘로	찾고있었다	에게서
형.대.주.남.복.	접.등.	동.분.현.능.주.남.복.	명.목.중.단.	전.소.	명.소.남.단.	동.직.미.완.능.3복.	전.소.

846
αὐτοῦ.
αὐτός
아우투
그(의)
대.인.소.남.3단

17 예수께서 그들의 생각을 아시고 이르시되 스스로 분쟁하는 나라마다 황폐하여지며
스스로 분쟁하는 집은 무너지느니라
But he, knowing their thoughts, said unto them, Every kingdom divided against itself is brought to desolation; and a house divided against a house falleth.

846	1161	1492	846	3588	1270	3004(2036)	846
αὐτὸς	δὲ	εἰδὼς	αὐτῶν	τὰ	διανοήματα	εἶπεν	αὐτοῖς,
αὐτός	δέ	οἶδα.εἴδω	αὐτός	τό	διανόημα	λέγω.ἔπω	αὐτός
아우토스	데	에이도스	아우톤	타	디아노에마타	에이펜	아우토이스
그가	그러나	아시고 있으면서	그들의	그	생각들을	말씀하셨다	그들에게
대.인.주.남.3단.	접.우.	동.분.1완.능.주.남.단.	대.인.소.남.3복.	관.목.중.복.	명.목.중.복.	동.직.2과.능.3단.	대.인.여격.남.3복.

3956	932	1909	1438	1266	2049	2532	3624
πᾶσα	βασιλεία	ἐφ'	ἑαυτὴν	διαμερισθεῖσα	ἐρημοῦται	καὶ	οἶκος
πᾶς	βασιλεία	ἐπί	ἑαυτοῦ	διαμερίζω	ἐρημόω	καί	οἶκος
파사	바실레이아	엪	헤아우텐	디아메리스데이사	에레무타이	카이	오이코스
마다	나라	대적하여	그 스스로를	심히 갈라지게 된	황폐하게 되고	또	그(집은)
형.주.여.단.	명.주.여.단.	전.목.	대.인.목.여.3단.	동.분.1과.수.주.여.단.	동.직.현.수.3단.	접.등.	명.주.남.단.

1909	3624	4098
ἐπὶ	οἶκον	πίπτει.
ἐπί	οἶκος	πίπτω
에피	오이콘	핖테이
대적하면	집을	무너진다
전목	명.목.남.단.	동.직.현.능.3단

18 너희 말이 내가 바알세불을 힘입어 귀신을 쫓아낸다 하니 만일 사탄이 스스로 분쟁하면
그의 나라가 어떻게 서겠느냐
If Satan also be divided against himself, how shall his kingdom stand? because ye say that I cast out devils through Beelzebub.

1487	1161	2532	3588	4567	1909	1438	1266	4459	2476
εἰ	δὲ	καὶ	ὁ	σατανᾶς	ἐφ'	ἑαυτὸν	διεμερίσθη,	πῶς	σταθήσεται
εἰ	δέ	καί	ὁ	Σατανᾶς	ἐπί	ἑαυτοῦ	διαμερίζω	πῶς	ἵστημι
에이	데	카이	호	사타나스	엪	헤아우톤	디에메리스데	포스	스타데세타이
만일	그러나	역시	그	사탄이	대적하여	그 스스로를	심히 갈라졌다	어떻게	서게 될 것인가
접종.	접등.	부.	관주남단.	명주남단.	전목.	대인목남3단.	동직1과수3단.	부의.	동직미수3단.

3588	932	848	3754	3004	1722	954	1544
ἡ	βασιλεία	αὐτοῦ;	ὅτι	λέγετε	ἐν	Βεελζεβοὺλ	ἐκβάλλειν
ἡ	βασιλεία	αὐτοῦ	ὅτι	λέγω	ἐν	Βεελζεβούλ	ἐκβάλλω
헤	바실레이아	아우투	호티	레게테	엔	베엘제불	에크발레인
그	나라가	그의	때문이다	너희가 말하기	의하여	바알세불에	쫓아낸다는 것을
관주여단.	명주여단.	대인소남3단.	접종.	동직현능2복.	전여격.	명여격남단.	동부현능.

1473	3588	1140
με	τὰ	δαιμόνια.
ἐγώ	τό	δαιμόνιον
메	타	다이모니아
(나를)내가	그	귀신들을
대인목1단.	관목중복.	명목중복

19 내가 바알세불을 힘입어 귀신을 쫓아내면 너희 아들들은 누구를 힘입어 쫓아내느냐
그러므로 그들이 너희 재판관이 되리라
And if I by Beelzebub cast out devils, by whom do your sons cast them out? therefore shall they be your judges.

1487	1161	1473	1722	954	1544	3588	1140	3588	5207
εἰ	δὲ	ἐγὼ	ἐν	Βεελζεβοὺλ	ἐκβάλλω	τὰ	δαιμόνια,	οἱ	υἱοὶ
εἰ	δέ	ἐγώ	ἐν	Βεελζεβούλ	ἐκβάλλω	τό	δαιμόνιον	ὁ	υἱός
에이	데	에고	엔	베엘제불	에크발로	타	다이모니아	호이	휘오이
만일	그러나	내가	의하여	바알세불에	쫓아낸다면	그	귀신들을	그	아들들은
접종.	접등.	대인주1단.	전여격.	명여격남단.	동직현능1단.	관목중복.	명목중복.	관주남복.	명주남복.

4771	1722	5101	1544	1223	3778	846
ὑμῶν	ἐν	τίνι	ἐκβάλλουσιν;	διὰ	τοῦτο	αὐτοὶ
σύ	ἐν	τίς	ἐκβάλλω	διά	οὗτος	αὐτός
휘몬	엔	티니	에크발루신	디아	투토	아우토이
너희의	의하여	누구에	그들이 쫓아내느냐?	므로	그러	그들이
대인소2복.	전여격.	대의여격남단/대의여격중단.	동직현능3복.	전목	대지목중단.	대인주남3복.

4771	2923	1510
ὑμῶν	κριταὶ	ἔσονται.
σύ	κριτής	εἰμί
휘몬	크리타이	에손타이
너희의	재판관들이	될 것이다
대인소2복.	명주남복.	동직미중디3복

20 그러나 내가 만일 하나님의 손을 힘입어 귀신을 쫓아낸다면 하나님의 나라가 이미
너희에게 임하였느니라
But if I with the finger of God cast out devils, no doubt the kingdom of God is come upon you.

1487	1161	1722	1147	2316	1473	1544	3588	1140	686
εἰ	δὲ	ἐν	δακτύλῳ	θεοῦ	[ἐγω]	ἐκβάλλω	τὰ	δαιμόνια,	ἄρα
ει	δέ	ἐν	δάκτυλος	θεός	ἐγώ	ἐκβάλλω	τό	δαιμόνιον	ἄρα
에이	데	엔	닥튈로	테우	에고	에크발로	타	다이모니아	아라
만일	그러나	의하여	손가락에	하나님의	내가	쫓아낸다면	그	귀신들을	그때에는
접종.	접우.	전여격.	명여격남단.	명소남단.	대인주1단.	동직 현능 1단.	관목중복.	명목중복.	접우.

5348	1909	4771	3588	932	3588	2316
ἔφθασεν	ἐφ’	ὑμᾶς	ἡ	βασιλεία	τοῦ	θεοῦ.
φθάνω	ἐπί	σύ	ἡ	βασιλεία	ὁ	θεός
에프다센	엪	휘마스	헤	바실레이아	투	테우
임하였다	위로	너희를	그	나라가	그	하나님의
동.직.1과.증.3단.	전.목.	대.인.목.2복.	관.주.여.단.	명.주.여.단.	관.소.남.단.	명.소.남.단.

21 강한 자가 무장을 하고 자기 집을 지킬 때에는 그 소유가 안전하되
When a strong man armed keepeth his palace, his goods are in peace:

3752	3588	2478	2528	5442	3588	1438	833
ὅταν	ὁ	ἰσχυρὸς	καθωπλισμένος	φυλάσσῃ	τὴν	ἑαυτοῦ	αὐλήν,
ὅταν	ὁ	ἰσχυρός	καθοπλίζω	φυλάσσω	ἡ	ἑαυτοῦ	αὐλή
호탄	호	이스퀴로스	카도플리스메노스	퓔라쎄	텐	헤아우투	아울렌
때에	그	힘센 자가	무장을 하고 있으며	지킬	그	자신의	안뜰을
접.종	관.주.남.단.	형.대.주.남.단.	동.분.1완.중.주.남.단.	동.가.현.능.3단.	관.목.여.단.	대.인.소.남.3단.	명.목.여.단.

1722	1515	1510	3588	5225	846
ἐν	εἰρήνῃ	ἐστὶν	τὰ	ὑπάρχοντα	αὐτοῦ·
ἐν	εἰρήνη	εἰμί	τό	ὑπάρχω	αὐτός
엔	에이레네	에스틴	타	휘파르콘타	아우투
가운데	평안함	있다	그(것들이)	소유하는	그의
전.여격.	명.여격.여.단.	동.직.현.능.3단.	관.주.중.복	동.분.현.능.주.중.복.	대.인.소.남.3단

22 더 강한 자가 와서 그를 굴복시킬 때에는 그가 믿던 무장을 빼앗고 그의 재물을
나누느니라
But when a stronger than he shall come upon him, and overcome him, he taketh from him all his armour wherein he trusted, and divideth his spoils.

1875	1161	2478	846	1904	3528	846	3588
ἐπὰν	δὲ	ἰσχυρότερος	αὐτοῦ	ἐπελθὼν	νικήσῃ	αὐτόν,	τὴν
ἐπάν	δέ	ἰσχυρός	αὐτός	ἐπέρχομαι	νικάω	αὐτός	ἡ
에판	데	이스퀴로테로스	아우투	에펠돈	니케세	아우톤	텐
때에	그러나	더 힘센 자가	그(보다)	와서	이길	그를	그
접.종	접.등.	형.대.비.주.남.단.	대.인.소.남.3단.	동.분.2과.능.주.남.단.	동.가.1과.능.3단.	대.인.소.남.3단.	관.목.여.단.

3833	846	142	1909	3739	3982	2532	3588
πανοπλίαν	αὐτοῦ	αἴρει	ἐφ’	ᾗ	ἐπεποίθει	καὶ	τὰ
πανοπλία	αὐτός	αἴρω	ἐπί	ὅς	πείθω	καί	τό
파노플리안	아우투	아이레이	엪	헤	에페포이데이	카이	타
갑옷을	그의	그는 빼앗는다	대하여	바 것에	그가 신뢰하였던	그리고	그
명.목.여.단	대.인.소.남.3단.	동.직.현.능.3단.	전.여격.	대.관.여격.여.단.	동.직.과완.능.3단.	접.등.	관.목.중.복.

4661	846	1239
σκῦλα	αὐτου	διαδίδωσιν.
σκῦλον	αὐτός	διαδίδωμι
스퀼라	아우투	디아디도신
노획품들을	그의	나눈다
명.목.중.복	대.인.소.남.3단.	동.직.현.능.3단

23 나와 함께 하지 아니하는 자는 나를 반대하는 자요 나와 함께 모으지 아니하는 자는
헤치는 자니라
He that is not with me is against me: and he that gathereth not with me scattereth.

3588	3361	1510	3326	1473	2596	1473	1510	2532
Ὁ	μὴ	ὢν	μετ’	ἐμοῦ	κατ’	ἐμοῦ	ἐστιν,	καὶ
ὁ	μή	εἰμί	μετά	ἐγώ	κατά	ἐγώ	εἰμί	καί
호	메	온	멭	에무	칼	에무	에스틴	카이
그(사람들은)	아니하는	있지	함께	나와	반대하는 것	나의	이다	그리고
관.주.남.단	부.	동.분.현.능.주.남.단.	전.소.	대.인.소.1단.	전.소.	대.인.소.1단.	동.직.현.능.3단.	접.등.

3588	3361	4863	3326	1473	4650
ὁ	μὴ	συνάγων	μετ’	ἐμοῦ	σκορπίζει.
ὁ	μή	συνάγω	μετά	ἐγώ	σκορπίζω
호	메	쉬나곤	멭	에무	스코르피제이
그(사람은)	아니하는	모으지	함께	나와	흩어 버린다
관.주.남.단	부	동.분.현.능.주.남.단.	전소.	대.인.소.1단.	동.직.현.능.3단

24 더러운 귀신이 사람에게서 나갔을 때에 물 없는 곳으로 다니며 쉬기를 구하되 얻지
못하고 이에 이르되 내가 나온 내 집으로 돌아가리라 하고

When the unclean spirit is gone out of a man, he walketh through dry places, seeking rest; and finding none, he saith, I will return unto my house whence I came out.

3752	3588	169	4151	1831	575	3588	444
῞Οταν	τὸ	ἀκάθαρτον	πνεῦμα	ἐξέλθῃ	ἀπὸ	τοῦ	ἀνθρώπου,
ὅταν	τό	ἀκάθαρτος	πνεῦμα	ἐξέρχομαι	ἀπο	ὁ	ἄνθρωπος
호탄	토	아카다르톤	프뉴마	엑셀데	아포	투	안드로푸
때에	그	더러운	영이	나갔을	부터	그	사람으로
접종	관.주.중.단.	형.주.중.단.	명.주.중.단.	동.가.2과.능.3단.	전소.	관.소.남.단.	명.소.남.단.

1330	1223	504	5117	2212	372	2532	3361
διέρχεται	δι’	ἀνύδρων	τόπων	ζητοῦν	ἀνάπαυσιν	καὶ	μη
διέρχομαι	διά	ἄνυδρος	τόπος	ζητέω	ἀνάπαυσις	καί	μή
디에르케타이	디	아뉘드론	토폰	제툰	아나파우신	카이	메
귀신이 돌아다닌다	통하여	물 없는	곳들을	찾으며	쉼을	그러나	못할 때
동.직.현.중수.3단.	전소.	형.소.남.복.	명.소.남.복.	동.분.현.능.주.중.단.	명.목.여.단.	접.등.	부.

2147	5119	3004	5290	1519	3588	3624	1473
εὑρίσκον·	[τότε]	λέγει,	ὑποστρέψω	εἰς	τὸν	οἶκόν	μου
εὑρίσκω	τότε	λέγω	ὑποστρέφω	εἰς	ὁ	οἶκος	ἐγώ
휴리스콘	토테	레게이	휘포스트렙소	에이스	톤	오이콘	무
발견하지	그때에	말하니라	나는 다시 돌아갈 것이다	안으로	그	집을	나의
동.분.현.능.주.중.단.	부.	동.직.현.능.3단.	동.직.미.능.1단.	전목.	관.목.남.단.	명.목.남.단.	대.인.소.1단.

3606	1831
ὅθεν	ἐξῆλθον·
ὅθεν	ἐξέρχομαι
호덴	엑셀돈
거기서부터	내가 나왔도다
부관.	동.직.2과.능.1단

25 가서 보니 그 집이 청소되고 수리되었거늘

And when he cometh, he findeth it swept and garnished.

2532	2064	2147	4563	2532	2885
καὶ	ἐλθὸν	εὑρίσκει	σεσαρωμένον	καὶ	κεκοσμημένον.
καί	ἔρχομαι	εὑρίσκω	σαρόω	καί	κοσμέω
카이	엘돈	휴리스케이	세사로메논	카이	케코스메메논
이에	와서	귀신이 발견한다	청소가 되어 있으며	또	잘 정돈되어 있는 것을
접.등.	동.분.2과.능.주.중.단.	동.직.현.능.3단.	동.분.1완.수.목.남.단.	접.등.	동.분.1완.수.목.남.단

26 이에 가서 저보다 더 악한 귀신 일곱을 데리고 들어가서 거하니 그 사람의 나중 형편이
전보다 더 심하게 되느니라

Then goeth he, and taketh to him seven other spirits more wicked than himself; and they enter in, and dwell there: and the last state of that man is worse than the first.

5119	4198	2532	3880	2087	4151	4190
τότε	πορεύεται	καὶ	παραλαμβάνει	ἕτερα	πνεύματα	πονηρότερα
τότε	πορεύομαι	καί	παραλαμβάνω	ἕτερος	πνεῦμα	πονηρός
토테	포류에타이	카이	파랄람바네이	헤테라	프뉴마타	포네로테라
그때에	그것이 가서	그리고	데리고 온다	다른	영들을	더 사악한
부	동.직.현.중수디.3단.	접.등.	동.직.현.능.3단.	형.목.중.복.	명.목.중.복.	형.비.목.중.복.

1438	2033	2532	1525	2730	1563	2532	1096
ἑαυτοῦ	ἑπτά	καὶ	εἰσελθόντα	κατοικεῖ	ἐκεῖ·	καὶ	γίνεται
ἑαυτοῦ	ἑπτά	καί	εἰσέρχομαι	κατοικέω	ἐκεῖ	καί	γίνομαι
헤아우투	헾타	카이	에이셀돈타	카토이케이	에케이	카이	기네타이
그 자신(보다)	일곱을	그래서	들어가서	그것이 거주한다	거기에	그러자	된다
대.인.소.중.3단.	형.기.목.중.복.	접.등.	동.분.2과.능.주.중.복.	동.직.현.능.3단.	부.	접.등.	동.직.현.중수디.3단.

3588	2078	3588	444	1565	5501	3588	4413
τὰ	ἔσχατα	τοῦ	ἀνθρώπου	ἐκείνου	χείρονα	τῶν	πρώτων.
τό	ἔσχατος	ὁ	ἄνθρωπος	ἐκεῖνος	χείρων	τό	πρῶτος
타	에스카타	투	안드로푸	에케이누	케이로나	톤	프로톤
그	나중 (형편들이)	그	사람의	그	(보다)더 심하게	그	처음(형편들)
관.주.중.복	형.대.주.중.복.	관.소.남.단.	명.소.남.단.	대.지.소.남.단.	형.비.주.중.복.	관.소.중.복.	형.대.서.소.중.복

27 이 말씀을 하실 때에 무리 중에서 한 여자가 음성을 높여 이르되 당신을 밴 태와 당신을
먹인 젖이 복이 있나이다 하니

And it came to pass, as he spake these things, a certain woman of the company lifted up her voice, and said unto him, Blessed is the womb that bare thee, and the paps which thou hast sucked.

1096	1161	1722	3588	3004	846	3778	1869	5100
Ἐγένετο	δὲ	ἐν	τῷ	λέγειν	αὐτὸν	ταῦτα	ἐπάρασά	τις
γίνομαι	δέ	ἐν	τό	λέγω	αὐτός	οὗτος	ἐπαίρω	τις
에게네토	데	엔	토	레게인	아우톤	타우타	에파라사	티스
되었다	그리고	때에	그	말씀하실	그가	이런 일들을	높여서	어떤
동.직.2과.중디.3단.	접.등.	전.여격.	관.여격.중.단.	동.부.현.능.여격.	대.인.목.남.3단.	대.지.목.중.복.	동.분.1과.능.주.여.단.	형.부.주.여.단.

5456	1135	1537	3588	3793	3004(2036)	846	3107	3588
φωνὴν	γυνὴ	ἐκ	τοῦ	ὄχλου	εἶπεν	αὐτῷ,	μακαρία	ἡ
φωνή	γυνή	ἐκ	ὁ	ὄχλος	λέγω.ἔπω	αὐτός	μακάριος	ἡ
포넨	귀네	에크	투	오클루	에이펜	아우토	마카리아	헤
음성을	여자가	중에서	그	무리	말하였다	그에게	복이 (있도다)	그
명.목.여.단.	명.주.여.단.	전.소.	관.소.남.단.	명.소.남.단.	동.직.2과.능.3단.	대.인.여격.남.3단.	명.주.여.단.	관.주.여.단.

2836	3588	941	4771	2532	3149	3739	2337
κοιλία	ἡ	βαστάσασά	σε	καὶ	μαστοὶ	οὓς	ἐθήλασας.
κοιλία	ἡ	βαστάζω	σύ	καί	μαστός	ὅς	θηλάζω
코일리아	헤	바스타사사	세	카이	마스토이	후스	에델라사스
태	그	밴	당신을	와	젖이	바	당신이 젖을 먹였던
명.주.여.단.	관.주.여.단	동.분.1과 능.주.여.단.	대.인.목.2단.	접.등.	명.주.남.복.	대.관.목.남.복.	동.직.1과.능.2단

28 예수께서 이르시되 오히려 하나님의 말씀을 듣고 지키는 자가 복이 있느니라 하시니라

But he said, Yea rather, blessed are they that hear the word of God, and keep it.

846	1161	3004(2036)	3304	3107	3588	191	3588
αὐτὸς	δὲ	εἶπεν,	μενοῦν	μακάριοι	οἱ	ἀκούοντες	τὸν
αὐτός	δέ	λέγω.ἔπω	μενουν	μακάριος	ὁ	ἀκούω	ὁ
아우토스	데	에이펜	메눈	마카리오이	호이	아쿠온테스	톤
그가	그러나	말씀하셨다	오히려	복이 (있느니라)	그(사람들이)	들으며	그
대.인.주.남.3단.	접.우.	동.직.2과.능.3단.	불.문.	형.주.남.복.	관.주.남.복	동.분.현.능.주.남.복.	관.목.남.단.

3056	3588	2316	2532	5442
λόγον	τοῦ	θεοῦ	καὶ	φυλάσσοντες.
λόγος	ὁ	θεός	καί	φυλάσσω
로곤	투	데우	카이	퓔라쏜테스
말씀을	그	하나님의	그리고	지키는
명.목.남.단.	관.소.남.단.	명.소.남.단.	접.등.	동.분.현.능.주.남.복

29 무리가 모였을 때에 예수께서 말씀하시되 이 세대는 악한 세대라 표적을 구하되 요나의
표적 밖에는 보일 표적이 없나니

And when the people were gathered thick together, he began to say, This is an evil generation: they seek a sign; and there shall no sign be given it, but the sign of Jonas the prophet.

3588	1161	3793	1865	756	3004	3588	1074
Τῶν	δὲ	ὄχλων	ἐπαθροιζομένων	ἤρξατο	λέγειν,	ἡ	γενεα
ὁ	δέ	ὄχλος	ἐπαθροίζω	ἄρχομαι	λέγω	ἡ	γενεά
톤	데	오클론	에파드로이조메논	에륵사토	레게인	헤	게네아
그	그리고	무리들(의)	모이게 될 때에	그가 시작하셨다	말씀하시는 것을	그	세대는
관.소.남.복.	접.등.	명.소.남.복.	동.분.현.수.소.남.복.	동.직.1과.중.3단.	동.부.현.능.	관.주.여.단.	명.주.여.단.

3778	1074	4190	1510	4592	2212	2532	4592
αὕτη	γενεὰ	πονηρά	ἐστιν·	σημεῖον	ζητεῖ,	καὶ	σημεῖον
οὗτος	γενεά	πονηρός	εἰμί	σημεῖον	ζητέω	καί	σημεῖον
하우테	게네아	포네라	에스틴	세메이온	제테이	카이	세메이온
이	세대	사악한	이니라	표적을	이 세대가 찾는다	그러나	한 표적도
대.지.주.여.단.	명.주.여.단.	형.주.여.단.	동.직.현.능.3단.	명.목.중.단.	동.직.현.능.3단.	접.등.	명.주.중.단.

3756	1325	846	1487	3361	3588	4592	2495
οὐ	δοθήσεται	αὐτῇ	εἰ	μὴ	τὸ	σημεῖον	Ἰωνᾶ.
οὐ	δίδωμι	αὐτός	εἰ	μή	τό	σημεῖον	Ἰωνᾶς
우	도데세타이	아우테	에이	메	토	세메이온	요나
않을 것이다	주어지지	그것에게	에	외	그	표적	요나의
부.	동.직.미.수.3단.	대.인.여격.여.3단.	접.종.	부.	관.주.중.단.	명.주.중.단.	명.소.남.단.

30 요나가 니느웨 사람들에게 표적이 됨과 같이 인자도 이 세대에 그러하리라
For as Jonas was a sign unto the Ninevites, so shall also the Son of man be to this generation.

2531	1063	1096	2495	3588	3536	4592	3779
καθὼς	γὰρ	ἐγένετο	Ἰωνᾶς	τοῖς	Νινευίταις	σημεῖον,	οὕτως
καθώς	γάρ	γίνομαι	Ἰωνᾶς	ὁ	Νινευΐτης	σημεῖον	οὕτως
카도스	가르	에게네토	요나스	토이스	니네위타이스	세메이온	후토스
같이	왜냐하면	되었던 것	요나가	그	니느웨 사람들에게	한 표적이	그렇게
접.종	접.종	동.직.2과.중디.3단.	명.주.남.단.	관.여격.남.복.	명.여격.남.복.	명.주.중.단.	부.

1510	2532	3588	5207	3588	444	3588	1074	3778
ἔσται	καὶ	ὁ	υἱὸς	τοῦ	ἀνθρώπου	τῇ	γενεᾷ	ταύτῃ.
εἰμί	καί	ὁ	υἱός	ὁ	ἄνθρωπος	ἡ	γενεά	οὗτος
에스타이	카이	호	휘오스	투	안드로푸	테	게네아	타우테
될 것이라	역시	그	아들이	그	사람의	그	세대에게	이
동.직.미.중디.3단	부.	관.주.남.단.	명.주.남.단.	관.소.남.단.	명.소.남.단.	관.여격.여.단.	명.여격.여.단.	대.지.여격.여.단

31 심판 때에 남방 여왕이 일어나 이 세대 사람을 정죄하리니 이는 그가 솔로몬의 지혜로운
말을 들으려고 땅 끝에서 왔음이거니와 솔로몬보다 더 큰 이가 여기 있으며
The queen of the south shall rise up in the judgment with the men of this generation, and condemn them: for she came from the utmost parts of the earth to hear the wisdom of Solomon; and, behold, a greater than Solomon is here.

938	3558	1453	1722	3588	2920	3326	3588	435
βασίλισσα	νότου	ἐγερθήσεται	ἐν	τῇ	κρίσει	μετὰ	τῶν	ἀνδρῶν
βασίλισσα	νότος	ἐγείρω	ἐν	ἡ	κρίσις	μετά	ὁ	ἀνήρ
바실리싸	노투	에게르데세타이	엔	테	크리세이	메타	톤	안드론
(그) 여왕이	남방의	일어나게 될 것이다	때에	그	심판	함께	그	남자들과
명.주.여.단	명.소.남.단.	동.직.미.수.3단.	전.여격.	관.여격.여.단.	명.여격.여.단.	전.소.	관.소.남.복.	명.소.남.복

3588	1074	3778	2532	2632	846	3754	2064
τῆς	γενεᾶς	ταύτης	καὶ	κατακρινεῖ	αὐτούς,	ὅτι	ἦλθεν
ἡ	γενεά	οὗτος	καί	κατακρίνω	αὐτός	ὅτι	ἔρχομαι
테스	게네아스	타우테스	카이	카타크리네이	아우투스	호티	엘덴
그	세대의	이	그리고	정죄할 것이다	그들을	때문이다	그가 왔기
관.소.여.단.	명.소.여.복.	대.지.소.여.단.	접.등.	동.직.미.능.3단.	대.인.목.남.3복.	접.종.	동.직.2과.능.3단.

1537	3588	4009	3588	1093	191	3588	4678	4672
ἐκ	τῶν	περάτων	τῆς	γῆς	ἀκοῦσαι	τὴν	σοφίαν	Σολομῶνος,
ἐκ	τό	πέρας	ἡ	γῆ	ἀκούω	ἡ	σοφία	Σολομών
에크	톤	페라톤	테스	게스	아쿠사이	텐	소피안	솔로모노스
부터	그	끝들로	이	땅의	들으려고	그	지혜를	솔로몬의
전.소	관.소.중.복.	명.소.중.복.	관.소.여.단.	명.소.여.단.	동.부.1과.능.	관.목.여.단.	명.목.여.단.	명.소.남.단.

2532	2400	4119	4672	5602
καὶ	ἰδοὺ	πλεῖον	Σολομῶνος	ὧδε.
καί	ἰδού	πλείων	Σολομών	ὧδε
카이	이두	플레이온	솔로모노스	호데
그런데	보라	(보다) 더 큰이가	솔로몬	여기(있다)
접.등.	불.문.	형.대.비.주.중.단.	명.소.남.단.	부

32 심판 때에 니느웨 사람들이 일어나 이 세대 사람을 정죄하리니 이는 그들이 요나의
전도를 듣고 회개하였음이거니와 요나보다 더 큰 이가 여기 있느니라
The men of Nineve shall rise up in the judgment with this generation, and shall condemn it: for
they repented at the preaching of Jonas; and, behold, a greater than Jonas is here.

435	3535	450	1722	3588	2920	3326	3588
ἄνδρες	Νινευῖται	ἀναστήσονται	ἐν	τῇ	κρίσει	μετὰ	τῆς
ἀνήρ	Νινευι	ἀνίστημι	ἐν	ἡ	κρίσις	μετά	ἡ
안드레스	니네위타이	아나스테손타이	엔	테	크리세이	메타	테스
남자들이	니느웨	그들이 일어날 것이다	때에	그	심판	함께	그
명.주.남.복.	명.주.남.복.	동.직.미.중.3복.	전.여격.	관.여격.여.단.	명.여격.여.단.	전.소.	관.소.여.단.

1074	3778	2532	2632	846	3754	3340	1519
γενεᾶς	ταύτης	καὶ	κατακρινοῦσιν	αὐτήν·	ὅτι	μετενόησαν	εἰς
γενεά	οὗτος	και	κατακρίνω	αὐτός	ὅτι	μετανοέω	εἰς
게네아스	타우테스	카이	카타크리누신	아우텐	호티	메테노에산	에이스
세대와	이	그리고	정죄할 것이다	그것을	때문이라	그들이 회개하였기	으로
명.소.여.복	대.지.소.여.단.	접.등.	동.직.미.능.3복.	대.인.목.여.3단.	접.종.	동.직.1과.능.3복.	전.목.

3588	2782	2495	2532	2400	4119	2495	5602
τὸ	κήρυγμα	Ἰωνᾶ,	καὶ	ἰδοὺ	πλεῖον	Ἰωνᾶ	ὧδε.
τό	κήρυγμα	Ἰωνᾶς	καί	ἰδού	πλείων	Ἰωνᾶς	ὧδε
토	케뤼그마	요나	카이	이두	플레이온	요나	호데
그	전파함	요나의	그런데	보라	(보다)더 큰이가	요나	여기 (있다)
관.목.중.단.	명.목.중.단.	명.소.남.단.	접.등.	불.문.	형.대.비.주.중.단.	명.소.남.단.	부.

33 누구든지 등불을 켜서 움 속에나 말 아래에 두지 아니하고 등경 위에 두나니 이는
들어가는 자로 그 빛을 보게 하려 함이라
No man, when he hath lighted a candle, putteth it in a secret place, neither under a bushel, but
on a candlestick, that they which come in may see the light.

3762	3088	681	1519	2926	5087	3761	5259	3588
Οὐδεὶς	λύχνον	ἅψας	εἰς	κρύπτην	τίθησιν	[οὐδὲ	ὑπὸ	τὸν
οὐδείς	λύχνος	ἅπτω	εἰς	κρυπτή	τίθημι	οὐδέ	ὑπό	ὁ
우데이스	뤼크논	핲사스	에이스	크뤂텐	티데신	우데	휘포	톤
아무도 아니하고	등불을	켜서	속으로	은밀한 곳	그것은 두지	도 아니하니	아래	그
형.대.기.주.남.단.	명.목.남.단.	동.분.1과.능.주.남.단.	전.목.	명.목.여.단.	동.직.현.능.3단.	접.등.	전.목.	관.목.남.단.

3426	235	1909	3588	3087	2443	3588	1531	3588
μόδιον]	ἀλλ'	ἐπὶ	τὴν	λυχνίαν,	ἵνα	οἱ	εἰσπορευόμενοι	τὸ
μόδιος	ἀλλά	ἐπί	ἡ	λυχνία	ἵνα	ὁ	εἰσπορεύομαι	τό
모디온	알	에피	텐	뤼크니안	히나	호이	에이스포류오메노이	토
말을	그러나	위로	그	등경을	위함이라	그(사람들이)	들어가는	그
명.목.남.단.	접.우.	전.목.	관.목.여.단.	명.목.여.단.	접.종.	관.주.남.복	동.분.현.중수디.주.남.복.	관.목.중.단

5457	991
φῶς	βλέπωσιν.
φῶς	βλέπω
포스	블레포신
빛을	보기
명.목.중.단.	동.가.현.능.3복

34 네 몸의 등불은 눈이라 네 눈이 성하면 온 몸이 밝을 것이요 만일 나쁘면 네 몸도 어두우리라

The light of the body is the eye: therefore when thine eye is single, thy whole body also is full of light; but when thine eye is evil, thy body also is full of darkness.

3588	3088	3588	4983	1510	3588	3788	4771	3752
Ὁ	λύχνος	τοῦ	σώματός	ἐστιν	ὁ	ὀφθαλμός	σου.	ὅταν
ὁ	λύχνος	τό	σῶμα	εἰμί	ὁ	ὀφθαλμός	σύ	ὅταν
호	뤼크노스	투	소마토스	에스틴	호	오프달모스	수	호탄
그	등불은	그	몸의	이다	그	눈	너의	때에
관.주.남.단.	명.주.남.단.	관.소.중.단.	명.소.중.단.	동.직.현.능.3단.	관.주.남.단.	명.주.남.단.	대.인.소.2단.	접.종.

3588	3788	4771	573	1510	2532	3650	3588	4983	4771
ὁ	ὀφθαλμός	σου	ἁπλοῦς	ᾖ,	καὶ	ὅλον	τὸ	σῶμά	σου
ὁ	ὀφθαλμός	σύ	ἁπλοῦς	εἰμί	καί	ὅλος	τό	σῶμα	σύ
호	오프달모스	수	하플루스	에	카이	홀론	토	소마	수
그	눈이	너의	성하여	있을	역시	온	그	몸도	너의
관.주.남.단.	명.주.남.단.	대.인.소.2단.	형.주.남.단.	동.가.현.능.3단.	부.	형.주.중.단.	관.주.중.단.	명.주.중.단.	대.인.소.2단.

5460	1510	1875	1161	4190	1510	2532	3588	4983	4771
φωτεινόν	ἐστιν·	ἐπὰν	δὲ	πονηρὸς	ᾖ,	καὶ	τὸ	σῶμά	σου
φωτεινός	εἰμί	ἐπάν	δέ	πονηρός	εἰμί	καί	τό	σῶμα	σύ
포테이논	에스틴	에판	데	포네로스	에	카이	토	소마	수
밝을 것	이다	때에	그러나	나쁘게	그것이 있을	역시	그	몸도	너의
형.주.중.단.	동.직.현.능.3단.	접.종.	접.등.접.우.	형.주.남.단.	동.가.현.능.3단.	부.	관.주.중.단.	명.주.중.단.	대.인.소.2단.

4652
σκοτεινόν.
σκοτεινός
스코테이논
어두우니라
형.주.중.단

35 그러므로 네 속에 있는 빛이 어둡지 아니한가 보라

Take heed therefore that the light which is in thee be not darkness.

4648	3767	3361	3588	5457	3588	1722	4771	4655	1510
σκόπει	οὖν	μὴ	τὸ	φῶς	τὸ	ἐν	σοὶ	σκότος	ἐστίν.
σκοπέω	οὖν	μή	τό	φῶς	τό	ἐν	σύ	σκότος	εἰμί
스코페이	운	메	토	포스	토	엔	소이	스코토스	에스틴
너는 살피라	그러므로	않을까	그	빛이	그	속에	너의	어두움이	있지
동.명.현.능.2단.	접.우.	접.종.	관.주.중.단.	명.주.중.단.	관.주.중.단.	전.여.격.	대.인.여.격.2단.	명.주.중.단.	동.직.현.능.3단

36 네 온 몸이 밝아 조금도 어두운 데가 없으면 등불의 빛이 너를 비출 때와 같이 온전히 밝으리라 하시니라

If thy whole body therefore be full of light, having no part dark, the whole shall be full of light, as when the bright shining of a candle doth give thee light.

1487	3767	3588	4983	4771	3650	5460	3361	2192	3313
εἰ	οὖν	τὸ	σῶμά	σου	ὅλον	φωτεινόν,	μὴ	ἔχον	μέρος
εἰ	οὖν	τό	σῶμα	σύ	ὅλος	φωτεινός	μή	ἔχω	μέρος
에이	운	토	소마	수	홀론	포테이논	메	에콘	메로스
만일	그러므로	그	몸이	너의	온	밝게 있으면	아니하며	가지지	부분을
접.종.	접.우.	관.주.중.단.	명.주.중.단.	대.인.소.2단.	형.주.중.단.	형.주.중.단.	부.	동.분.현.능.주.중.단.	명.목.중.단.

5100	4652	1510	5460	3650	5613	3752	3588
τι	σκοτεινόν,	ἔσται	φωτεινὸν	ὅλον	ὡς	ὅταν	ὁ
τις	σκοτεινός	εἰμί	φωτεινός	ὅλος	ὡς	ὅταν	τό
티	스코테이논	에스타이	포테이논	홀론	호스	호탄	호
조금도	어두운	그것이 있을 것이다	밝게	온전히	같이	때와	그
형.부.목.중.단.	형.목.중.단.	동.직.미.중디.3단.	형.주.중.단.	형.주.중.단.	접.종.	접.종.	관.주.중.단.

3088	3588	796	5461	4771
λύχνος	τῇ	ἀστραπῇ	φωτίζῃ	σε.
λύχνος	ἡ	ἀστραπή	φωτίζω	σύ
뤼크노스	테	아스트라페	포티제	세
등불이	그	빛으로	비출	너를
명.주.남.단.	관.여격.여.단.	명.여격.여.단.	동.가.현.능.3단.	대.인목.2단.

37 예수께서 말씀하실 때에 한 바리새인이 자기와 함께 점심 잡수시기를 청하므로 들어가 앉으셨더니

And as he spake, a certain Pharisee besought him to dine with him: and he went in, and sat down to meat.

1722	1161	3588	2980	2065	846	5330	3704	709
Ἐν	δὲ	τῷ	λαλῆσαι	ἐρωτᾷ	αὐτὸν	Φαρισαῖος	ὅπως	ἀριστήσῃ
ἐν	δέ	τό	λαλέω	ἐρωτάω	αὐτός	Φαρισαῖος	ὅπως	ἀριστάω
엔	데	토	랄레사이	에로타	아우톤	파리사이오스	호포스	아리스테세
때에	이제	그	말씀하실	청하니	그를	바리새인이	위하여	식사하기
전.여격.	접.등.	관.여격.중.단.	동.부.1과.능.여격.	동.직.현.능.3단.	대.인목.남.3단.	명.주.남.단.	접.등.	동.가.1과.능.3단

3844	846	1525	1161	377
παρ'	αὐτῷ·	εἰσελθὼν	δὲ	ἀνέπεσεν.
παρά	αὐτός	εἰσέρχομαι	δέ	ἀναπίπτω
파르	아우토	에이셀돈	데	아네페센
함께	자기와	들어가시고	이에	기대어 앉으셨다
전.여격.	대.인.여격.남.3단.	동.분.2과.능.주.남.단.	접.우.	동.직.2과.능.3단.

38 잡수시기 전에 손 씻지 아니하심을 그 바리새인이 보고 이상히 여기는지라

And when the Pharisee saw it, he marvelled that he had not first washed before dinner.

3588	1161	5330	3708(1492)	2296	3754	3756	4412
ὁ	δὲ	Φαρισαῖος	ἰδὼν	ἐθαύμασεν	ὅτι	οὐ	πρῶτον
ὁ	δέ	Φαρισαῖος	ὁράω.εἴδω	θαυμάζω	ὅτι	οὐ	πρῶτον
호	데	파리사이오스	이돈	에다우마센	호티	우	프로톤
그	그러나	바리새인이	보고	이상히 여겼다	것을	아니하였다는	먼저
관.주.남.단.	접.우.	명.주.남.단.	동.분.2과.능.주.남.단.	동.직.1과.능.3단.	접.등/접.종.	부.	형.대.서.목.중.단.

907	4253	3588	712
ἐβαπτίσθη	πρὸ	τοῦ	ἀρίστου.
βαπτίζω	πρό	τό	ἄριστον
에밮티스데	프로	투	아리스투
그가 (손을) 씻게 되지	전에	그	식사의
동.직.1과.수.3단.	전.소.	관.소.중.단.	명.소.중.단

39 주께서 이르시되 너희 바리새인은 지금 잔과 대접의 겉은 깨끗이 하나 너희 속에는 탐욕과 악독이 가득하도다

And the Lord said unto him, Now do ye Pharisees make clean the outside of the cup and the platter; but your inward part is full of ravening and wickedness.

3004(2036)	1161	3588	2962	4314	846	3568	4771	3588	5330
εἶπεν	δὲ	ὁ	κύριος	πρὸς	αὐτόν,	νῦν	ὑμεῖς	οἱ	Φαρισαῖοι
λέγω.ἔπω	δέ	ὁ	κύριος	πρός	αὐτός	νῦν	σύ	ὁ	Φαρισαῖος
에이펜	데	호	퀴리오스	프로스	아우톤	뉜	휘메이스	호이	파리사이오이
말씀하셨다	그러나	그	주님께서	향하여	그를	지금	너희	그	바리새인들은
동.직.2과.능.3단.	접.우.	관.주.남.단.	명.주.남.단.	전.목.	대.인.목.남.3단.	부.	대.인.주.2복.	관.주.남.복.	명.주.남.복.

3588	1855	3588	4221	2532	3588	4094	2511	3588
τὸ	ἔξωθεν	τοῦ	ποτηρίου	καὶ	τοῦ	πίνακος	καθαρίζετε,	τὸ
τό	ἔξωθεν	τό	ποτήριον	καί	ὁ	πίναξ	καθαρίζω	τό
토	엑소덴	투	포테리우	카이	투	피나코스	카타리제테	토
그	겉을	그	잔	과	그	대접의	깨끗이 한다	그
관.목.중.단.	부	관.소.중.단.	명.소.중.단.	접.등.	관.소.남.단.	명.소.남.단.	동.직.현.능.2복.	관.주.중.단

1161	2081	4771	1073	724	2532	4189
δὲ	ἔσωθεν	ὑμῶν	γέμει	ἁρπαγῆς	καὶ	πονηρίας.
δέ	ἔσωθεν	σύ	γέμω	ἁρπαγή	καί	πονηρία
데	에소덴	휘몬	게메이	하르파게스	카이	포네리아스
그러나	속은	너희의	가득하다	약탈	과	사악으로
접.우.	부	대.인.소.2복.	동.직.현.능.3단.	명.소.여.단.	접.등.	명.소.여.단

40 어리석은 자들아 겉을 만드신 이가 속도 만들지 아니하셨느냐
Ye fools, did not he that made that which is without make that which is within also?

878	3756	3588	4160	3588	1855	2532	3588	2081
ἄφρονες,	οὐχ	ὁ	ποιήσας	τὸ	ἔξωθεν	καὶ	τὸ	ἔσωθεν
ἄφρων	οὐ	ὁ	ποιέω	τό	ἔξωθεν	καί	τό	ἔσωθεν
아프로네스	우크	호	포이에사스	토	엑소덴	카이	토	에소덴
어리석은 자들아	아니하였느냐	그(분이)	만드신	그	밖의 것을	역시	그	속에 것도
형.대.호.남.복.	불.의.	관.주.남.단	동.분.1과.능.주.남.단.	관.목.중.단.	부.	부.	관.목.중.단.	부

4160
ἐποίησεν;
ποιέω
에포이에센
만들지
동.직.1과.능.3단

41 그러나 그 안에 있는 것으로 구제하라 그리하면 모든 것이 너희에게 깨끗하리라
But rather give alms of such things as ye have; and, behold, all things are clean unto you.

4133	3588	1751	1325	1654	2532	2400	3956
πλὴν	τὰ	ἐνόντα	δότε	ἐλεημοσύνην,	καὶ	ἰδοὺ	πάντα
πλήν	τό	ἔνειμι	δίδωμι	ἐλεημοσύνη	καί	ἰδού	πᾶς
플렌	타	에논타	도테	엘레에모쉬넨	카이	이두	판타
그러나	그(것들로)	그안에 있는	하라	구제를	그리하면	보라	모든 것이
접.등	관.목.중.복	동.분.현.능.목.복.	동.명.2과.능.2복.	명.목.여.단.	접.등.	불.문.	형.대.주.중.복.

2513	4771	1510
καθαρα	ὑμῖν	ἐστιν.
καθαρός	σύ	εἰμί
카다라	휘민	에스틴
깨끗함	너희에게	이다
형.주.중.복.	대.인.여격.2복.	동.직.현.능.3단

42 화 있을진저 너희 바리새인이여 너희가 박하와 운향과 모든 채소의 십일조는 드리되
공의와 하나님께 대한 사랑은 버리는도다 그러나 이것도 행하고 저것도 버리지 말아야
할지니라
But woe unto you, Pharisees! for ye tithe mint and rue and all manner of herbs, and pass over judgment and the love of God: these ought ye to have done, and not to leave the other undone.

235	3759	4771	3588	5330	3754	586	3588
ἀλλ’	οὐαὶ	ὑμῖν	τοῖς	Φαρισαίοις,	ὅτι	ἀποδεκατοῦτε	τὸ
ἀλλά	οὐαί	σύ	ὁ	Φαρισαῖος	ὅτι	ἀποδεκατόω	τό
알	우아이	휘민	토이스	파리사이오이스	호티	아포데카투테	토
그러나	화로다	너희	그	바리새인에게	때문이니	너희가 십일조를 드리면서	그
접.등	불.문.	대.인.여격.2복.	관.여격.남.복.	명.여격.남.복.	접.종	동.직.현.능.2복.	관.목.중.단.

2238	2532	3588	4076	2532	3956	3001	2532	3928
ἡδύοσμον	καὶ	τὸ	πήγανον	καὶ	πᾶν	λάχανον	καὶ	παρέρχεσθε
ἡδύοσμον	καί	τό	πήγανον	καί	πᾶς	λάχανον	καί	παρέρχομαι
헤뒤오스몬	카이	토	페가논	카이	판	라카논	카이	파레르케스데
박하	와	그	운향	과	모든	채소를	그런데	지나가기
명.목.중.단.	접.등.	관.목.중.단.	명.목.중.단.	접.등.	형.목.중.단.	명.목.중.단.	접.등.	동.직.현.중수디.2복.

3588	2920	2532	3588	26	3588	2316	3778	1161
τὴν	κρίσιν	καὶ	τὴν	ἀγάπην	τοῦ	θεοῦ·	ταῦτα	δὲ
ἡ	κρίσις	και	ἡ	ἀγάπη	ὁ	θεός	οὗτος	δέ
텐	크리신	카이	텐	아가펜	투	데우	타우타	데
그	심판	과	그	사랑을	그	하나님의	이런 것들을	그런즉
관.목.여.단.	명.목.여.단.	접.등.	관.목.여.단.	명.목.여.단.	관.소.남.단.	명.소.남.단.	대.지.목.중.복.	접.등.

1163	4160	2548	3361	3935
ἔδει	ποιῆσαι	κἀκεῖνα	μὴ	παρεῖναι.
δεῖ	ποιέω	κακεῖνος	μή	παρίημι
에데이	포이에사이	카케이나	메	파레이나이
반드시 하고 있어야 하느니라	행하는 것을	그리고 저것들도	말도록	버리지
동.직.미완.능.3단	동.부.1과.능.	접.등&대.지.목.중.복.	부.	동.부.1과.능

43 화 있을진저 너희 바리새인이여 너희가 회당의 높은 자리와 시장에서 문안 받는 것을 기뻐하는도다

Woe unto you, Pharisees! for ye love the uppermost seats in the synagogues, and greetings in the markets.

3759	4771	3588	5330	3754	25	3588	4410
Οὐαὶ	ὑμῖν	τοῖς	Φαρισαίοις,	ὅτι	ἀγαπᾶτε	τὴν	πρωτοκαθεδρίαν
οὐαί	σύ	ὁ	Φαρισαῖος	ὅτι	ἀγαπάω	ἡ	πρωτοκαθεδρία
우아이	휘민	토이스	파리사이오이스	호티	아가파테	텐	프로토카데드리안
화로다	너희	그	바리새인들에게	때문이라	너희가 사랑하기	그	제일 높은 자리
불.문	대.인.여격.2복.	관.여격.남.복.	명.여격.남.복.	접.종.	동.직.현.능.2복.	관.목.여.단.	명.목.여.단.

1722	3588	4864	2532	3588	783	1722	3588	58
ἐν	ταῖς	συναγωγαῖς	καὶ	τοὺς	ἀσπασμοὺς	ἐν	ταῖς	ἀγοραῖς.
ἐν	ἡ	συναγωγή	καί	ὁ	ἀσπασμός	ἐν	ἡ	ἀγορά
엔	타이스	쉬나고가이스	카이	투스	아스파스무스	엔	타이스	아고라이스
안에	그	회당들에	와	그	인사받는 것을	안에서	그	시장들에
전.여격.	관.여격.여복.	명.여격.여.복.	접.등.	관.목.남.복.	명.목.남.복.	전.여격.	관.여격.여.복.	명.여격.여.복

44 화 있을진저 너희여 너희는 평토장한 무덤 같아서 그 위를 밟는 사람이 알지 못하느니라

Woe unto you, scribes and Pharisees, hypocrites! for ye are as graves which appear not, and the men that walk over them are not aware of them.

3759	4771	3754	1510	5613	3588	3419	3588	82	2532
Οὐαὶ	ὑμῖν,	ὅτι	ἐστὲ	ὡς	τὰ	μνημεῖα	τὰ	ἄδηλα,	καὶ
οὐαί	σύ	ὅτι	εἰμί	ὡς	τό	μνημεῖον	τό	ἄδηλος	καί
우아이	휘민	호티	에스테	호스	타	므네메이아	타	아델라	카이
화로다	너희에게	때문이니	너희는 있기	같이	그	무덤들과	그	보이지 아니하는	그래서
불문	대.인.여.2복.	접.종.	동.직.현.능.2복.	접.종.	관.주.중.복.	명.주.중.복.	관.주.중.복.	형.주.중.복.	접.등.

3588	444	3588	4043	1883	3756	1492
οἱ	ἄνθρωποι	οἱ	περιπατοῦντες	ἐπάνω	οὐκ	οἴδασιν.
ὁ	ἄνθρωπος	ὁ	περιπατέω	ἐπάνω	οὐ	οἶδα.εἴδω
호이	안드로포이	호이	페리파툰테스	에파노	우크	오이다신
그	사람들이	그	걸어다니는	그 위로	못하였다	알고 있지
관.주.남.복.	명.주.남.복.	관.주.남.복	동.분.현.능.주.남.복.	부.	부.	동.직.1완.능.3복

45 한 율법교사가 예수께 대답하여 이르되 선생님 이렇게 말씀하시니 우리까지 모욕하심이니이다

Then answered one of the lawyers, and said unto him, Master, thus saying thou reproachest us also.

611	1161	5100	3588	3544	3004	846	1320
Ἀποκριθεὶς	δέ	τις	τῶν	νομικῶν	λέγει	αὐτῷ,	διδάσκαλε,
ἀποκρίνομαι	δέ	τις	ὁ	νομικός	λέγω	αὐτός	διδάσκαλος
아포크리데이스	데	티스	톤	노미콘	레게이	아우토	디다스칼레
대답하여	그러자	어떤 사람이	그	율법사들 중의	말한다	그에게	선생님이여
동.분.1과.수디.주.남.단.	접.우.	대.부.주.남.단.	관.소.남.복.	형.대.소.남.복.	동.직.현.능.3단.	대.인.여격.남.3단.	명.호.남.단.

3778	3004	2532	1473	5195
ταῦτα	λέγων	καὶ	ἡμᾶς	ὑβρίζεις.
οὗτος	λέγω	καί	ἐγώ	ὑβρίζω
타우타	레곤	카이	헤마스	휘브리제이스
이런 일들을	말씀하시면서	역시	우리를	모욕하십니다
대.지.목.중.복.	동.분.현.능.주.남.2단.	부.	대.인.목.1복.	동.직.현.능.2단.

46 이르시되 화 있을진저 또 너희 율법교사여 지기 어려운 짐을 사람에게 지우고 너희는 한
손가락도 이 짐에 대지 않는도다
And he said, Woe unto you also, ye lawyers! for ye lade men with burdens grievous to be borne, and ye yourselves touch not the burdens with one of your fingers.

3588	1161	3004(2036)	2532	4771	3588	3544	3759	3754
ὁ	δὲ	εἶπεν,	καὶ	ὑμῖν	τοῖς	νομικοῖς	οὐαί,	ὅτι
ὁ	δέ	λέγω.ἔπω	καί	σύ	ὁ	νομικός	οὐαί	ὅτι
호	데	에이펜	카이	휘민	토이스	노미코이스	우아이	호티
예수님께서	이에	말씀하셨다	역시	너희	그	율법사들에게	화로다	때문이다
관.주.남.단	접.우.	동.직.2과.능.3단.	부.	대.인.여격.2복.	관.여격.남.복.	형.대.여격.남.복.	불.문.	접.종.

5412	3588	444	5413	1419	2532	846
φορτίζετε	τοὺς	ἀνθρώπους	φορτία	δυσβάστακτα,	καὶ	αὐτοὶ
φορτίζω	ὁ	ἄνθρωπος	φορτίον	δυσβάστακτος	καί	αὐτός
포르티제테	투스	안드로푸스	포르티아	뒤스바스타크타	카이	아우토이
너희는 짐을 지우고	그	사람들을	짐들을	지기 어려운	그런데	너희 자신은
동.직.현.능.2복.	관.목.남.복.	명.목.남.복.	명.목.중.복.	형.목.중.복.	접.등.	대.인.주.남.3복.

1520	3588	1147	4771	3756	4379	3588	5413
ἑνὶ	τῶν	δακτύλων	ὑμῶν	οὐ	προσψαύετε	τοῖς	φορτίοις.
εἷς	ὁ	δάκτυλος	σύ	οὐ	προσψαύω	τό	φορτίον
헤니	톤	닥퀼론	휘몬	우	프로스프사우에테	토이스	포르티오이스
하나도	그	손가락들 중의	너희의	아니한다	너희는 가까이 대지	그	짐들에
형.대.기.여격.남.단.	관.소.남.복.	명.소.남.복.	대.인.소.2복.	부.	동.직.현.능.2복.	관.여격.중.복.	명.여격.중.복.

47 화 있을진저 너희는 선지자들의 무덤을 만드는도다 그들을 죽인 자도 너희 조상들이로다
Woe unto you! for ye build the sepulchres of the prophets, and your fathers killed them.

3759	4771	3754	3618	3588	3419	3588	4396	3588
Οὐαὶ	ὑμῖν,	ὅτι	οἰκοδομεῖτε	τὰ	μνημεῖα	τῶν	προφητῶν,	οἱ
οὐαί	σύ	ὅτι	οἰκοδομέω	τό	μνημεῖον	ὁ	προφήτης	ὁ
우아이	휘민	호티	오이코도메이테	타	므네메이아	톤	프로페톤	호이
화로다	너희에게	때문이라	너희는 쌓기	그	무덤들을	그	선지자들의	그
불.문.	대.인.여격.2복.	접.종.	동.직.현.능.2복.	관.목.중.복.	명.목.중.복.	관.소.남.복.	명.소.남.복.	관.주.남.복.

1161	3962	4771	615	846
δὲ	πατέρες	ὑμῶν	ἀπέκτειναν	αὐτούς.
δέ	πατήρ	σύ	ἀποκτείνω	αὐτός
데	파테레스	휘몬	아펙테이난	아우투스
그런데	조상들이	너희의	죽였도다	그들을
접.등.	명.주.남.복.	대.인.소.2복.	동.직.1과.능.3복.	대.인.목.남.3복.

48 이와 같이 그들은 죽이고 너희는 무덤을 만드니 너희가 너희 조상의 행한 일에 증인이
되어 옳게 여기는도다
Truly ye bear witness that ye allow the deeds of your fathers: for they indeed killed them, and ye build their sepulchres.

686	3144	1510	2532	4909	3588	2041	3588
ἄρα	μάρτυρές	ἐστε	καὶ	συνευδοκεῖτε	τοῖς	ἔργοις	τῶν
ἄρα	μάρτυς	εἰμί	καί	συνευδοκέω	τό	ἔργον	ὁ
아라	마르튀레스	에스테	카이	쉬뉴도케이테	토이스	에르고이스	톤
그러므로	증인들이	너희가 되어	이에	너희가 동조한다	그	행한 일들에	그
접.우.	명.주.남.복.	동.직.현.능.2복.	접.등.	동.직.현.능.2복.	관.여격.중.복.	명.여격.중.복.	관.소.남.복.

3962	4771	3754	846	3303	615	846	4771
πατέρων	ὑμῶν,	ὅτι	αὐτοὶ	μὲν	ἀπέκτειναν	αὐτοὺς	ὑμεῖς
πατήρ	σύ	ὅτι	αὐτός	μέν	ἀποκτείνω	αὐτός	σύ
파테론	휘몬	호티	아우토이	멘	아펰테이난	아우투스	휘메이스
조상들의	너희의	때문이라	그들은	한편	죽었다	그들을	너희가
명.소.남.복.	대.인.소.2복.	접.종.	대.인.주.남.3복.	접.등.	동.직.1과.능.3복.	대.인.목.남.3복.	대.인.주.2복.

1161	3618
δὲ	οἰκοδομεῖτε.
δέ	οἰκοδομέω
데	오이코도메이테
다른 편으로	쌓기
접.등.	동.직.현.능.2복.

49 그러므로 하나님의 지혜가 일렀으되 내가 선지자와 사도들을 그들에게 보내리니 그
중에서 더러는 죽이며 또 박해하리라 하였느니라
Therefore also said the wisdom of God, I will send them prophets and apostles, and some of them they shall slay and persecute:

1223	3778	2532	3588	4678	3588	2316	3004(2036)	649	1519
διὰ	τοῦτο	καὶ	ἡ	σοφία	τοῦ	θεοῦ	εἶπεν,	ἀποστελῶ	εἰς
διά	οὗτος	καί	ἡ	σοφία	ὁ	θεός	λέγω.ἔπω	ἀποστέλλω	εἰς
디아	투토	카이	헤	소피아	투	데우	에이펜	아포스텔로	에이스
므로	이러	또한	그	지혜가	그	하나님의	말씀하셨다	내가 보낼 것이다	에게
전.목.	대.지.목.중.단.	부.	관.주.여.단.	명.주.여.단.	관.소.남.단.	명.소.남.단.	동.직.2과.능.3단.	동.직.미.능.1단.	전.목.

846	4396	2532	652	2532	1537	846	615
αὐτοὺς	προφήτας	καὶ	ἀποστόλους,	καὶ	ἐξ	αὐτῶν	ἀποκτενοῦσιν
αὐτός	προφήτης	καί	ἀπόστολος	καί	ἐκ	αὐτός	ἀποκτείνω
아우투스	프로페타스	카이	아포스톨루스	카이	엨스	아우톤	아포크테누신
그들	선지자들	과	사도들을	그러면	중에서	그들	그들이 죽일 것이다
대.인.목.남.3복.	명.목.남.복.	접.등.	명.목.남.복.	접.등.	전.소.	대.인.소.남.3복.	동.직.미.능.3복.

2532	1377
καὶ	διώξουσιν,
καί	διώκω
카이	디옥수신
또	핍박할 것이다
접.등.	동.직.미.능.3복.

50 창세 이후로 흘린 모든 선지자의 피를 이 세대가 담당하되
That the blood of all the prophets, which was shed from the foundation of the world, may be required of this generation;

2443	1567	3588	129	3956	3588	4396	3588
ἵνα	ἐκζητηθῇ	τὸ	αἷμα	πάντων	τῶν	προφητῶν	τὸ
ἵνα	ἐκζητέω	τό	αἷμα	πᾶς	ὁ	προφήτης	τό
히나	에크제테데	토	하이마	판톤	톤	프로페톤	토
하리라	아주 책임을 져야	그	피는	모든	그	선지자들의	그
접.우.	동.가.1과.수.3단.	관.주.중.단.	명.주.중.단.	형.소.남.복.	관.소.남.복.	명.소.남.복.	관.주.중.단

1632	575	2602	2889	575	3588	1074	3778
ἐκκεχυμένον	ἀπὸ	καταβολῆς	κόσμου	ἀπὸ	τῆς	γενεᾶς	ταύτης,
ἐκχέω	ἀπό	καταβολή	κόσμος	ἀπό	ἡ	γενεά	οὗτος
엨케퀴메논	아포	카타볼레스	코스무	아포	테스	게네아스	타우테스
흘리는	부터	기초를 놓음으로	세상의	부터	그	세대(로)	이
동.분.1완.수.주.중.단.	전.소.	명.소.여.단.	명.소.남.단.	전.소.	관.소.여.단.	명.소.여.단.	대.지.소.여.단.

51 곧 아벨의 피로부터 제단과 성전 사이에서 죽임을 당한 사가랴의 피까지 하리라 내가
너희에게 이르노니 과연 이 세대가 담당하리라
From the blood of Abel unto the blood of Zacharias, which perished between the altar and the temple: verily I say unto you, It shall be required of this generation.

575	129	6	2193	129	2197	3588	622
ἀπὸ	αἵματος	Ἄβελ	ἕως	αἵματος	Ζαχαρίου	τοῦ	ἀπολομένου
ἀπό	αἷμα	Ἄβελ	ἕως	αἷμα	Ζαχαρίας	ὁ	ἀπόλλυμι
아포	하이마토스	하벨	헤오스	하이마토스	자카리우	투	아폴로메누
부터	피로	아벨의	까지	피	사가랴의	그	죽은
전소.	명.소중.단.	명.소남.단.	전소.	명.소중.단.	명.소남.단.	관.소남.단	동.분.2과.중.소남.단.

3342	3588	2379	2532	3588	3624	3483	3004	4771
μεταξὺ	τοῦ	θυσιαστηρίου	καὶ	τοῦ	οἴκου·	ναί	λέγω	ὑμῖν,
μεταξύ	τό	θυσιαστήριον	καί	ὁ	οἶκος	ναί	λέγω	σύ
메탁쉬	투	뒤시아스테리우	카이	투	오이쿠	나이	레고	휘민
사이에서	그	제단	과	그	집의	그러하다	내가 말한다	너희에게
전소.	관.소중.단.	명.소중.단.	접.등.	관.소남.단.	명.소남.단.	불.문.	동.직.현.능.1단.	대.인.여격.2복.

1567	575	3588	1074	3778
ἐκζητηθήσεται	ἀπὸ	τῆς	γενεᾶς	ταύτης.
ἐκζητέω	ἀπό	ἡ	γενεά	οὗτος
에크제테데세타이	아포	테스	게네아스	타우테스
그것은 아주 책임을 지게 될 것이다	부터	그	세대로	이
동.직.미.수.3단.	전소.	관.소.여.단.	명.소.여.단.	형.대.소.여.단.

52 화 있을진저 너희 율법교사여 너희가 지식의 열쇠를 가져가서 너희도 들어가지 않고 또
들어가고자 하는 자도 막았느니라 하시니라

Woe unto you, lawyers! for ye have taken away the key of knowledge: ye entered not in yourselves, and them that were entering in ye hindered.

3759	4771	3588	3544	3754	142	3588	2807	3588
Οὐαὶ	ὑμῖν	τοῖς	νομικοῖς,	ὅτι	ἤρατε	τὴν	κλεῖδα	τῆς
οὐαί	σύ	ὁ	νομικός	ὅτι	αἴρω	ἡ	κλείς	ἡ
우아이	휘민	토이스	노미코이스	호티	에라테	텐	클레이다	테스
화로다	너희	그	율법사들에게	때문이라	너희가 가져갔기	그	열쇠를	그
불.문.	대.인.여격.2복.	관.여격.남.복.	형.대.여격.남.복.	접.종.	동.직.1과.능.2복.	관.목.여.단.	명.목.여.단.	관.소.여.단.

1108	846	3756	1525	2532	3588	1525
γνώσεως·	αὐτοὶ	οὐκ	εἰσήλθατε	καὶ	τοὺς	εἰσερχομένους
γνῶσις	αὐτός	οὐ	εἰσέρχομαι	καί	ὁ	εἰσέρχομαι
그노세오스	아우토이	우크	에이셀다테	카이	투스	에이세르코메누스
지식의	너희 자신이	아니하였다	너희는 들어가지	또	그(사람들도)	들어가려는
명.소.여.단.	대.인.주.남.2복.	부.	동.직.1과.능.2복.	접.등.	관.목.남.복&대.관.주.남.복.	동.분.현.중수디.목.남.복.

2967
ἐκωλύσατε.
κωλύω
에콜뤼사테
너희가 막았다
동.직.1과.능.2복.

53 거기서 나오실 때에 서기관과 바리새인들이 거세게 달려들어 여러 가지 일을 따져 묻고

And as he said these things unto them, the scribes and the Pharisees began to urge him vehemently, and to provoke him to speak of many things:

2547	1831	846	756	3588	1122	2532	3588
Κἀκεῖθεν	ἐξελθόντος	αὐτοῦ	ἤρξαντο	οἱ	γραμματεῖς	καὶ	οἱ
κἀκεῖθεν	ἐξέρχομαι	αὐτός	ἄρχομαι	ὁ	γραμματεύς	καί	ὁ
카케이덴	엑셀돈토스	아우투	에륵산토	호이	그람마테이스	카이	호이
그리고 거기서부터	나오신 후에	그가	시작하였다	그	서기관들	과	그
접.등&부.	동.분.2과.능.소남.단.	대.인.소남.3단.	동.직.1과.중.3복.	관.주.남.복.	명.주.남.복.	접.등.	관.주.남.복.

5330	1171	1758	2532	653	846	4012
Φαρισαῖοι	δεινῶς	ἐνέχειν	καὶ	ἀποστοματίζειν	αὐτὸν	περὶ
Φαρισαῖος	δεινῶς	ἐνέχω	καί	ἀποστοματίζω	αὐτός	περί
파리사이오이	데이노스	에네케인	카이	아포스토마티제인	아우톤	페리
바리새인들이	맹렬히	적의를 품는 것	과	힐문하는 것을	그를	관하여
명.주.남.복.	부.	동.부.현.능.	접.등.	동.부.현.능.	대.인.목.남.3단.	전소.

4119
πλειόνων,
πλείων
플레이오논
더 많은 일들에
형.대.비.소.중.복.

54 그 입에서 나오는 말을 책잡고자 하여 노리고 있더라
Laying wait for him, and seeking to catch something out of his mouth, that they might accuse him.

1748	846	2340	5100	1537	3588	4750	846
ἐνεδρεύοντες	**αὐτὸν**	**θηρεῦσαί**	**τι**	**ἐκ**	**τοῦ**	**στόματος**	**αὐτοῦ.**
ἐνεδρεύω	αὐτός	θηρεύω	τις	ἐκ	τό	στόμα	αὐτός
에네드류온테스	아우톤	데류사이	티	에크	투	스토마토스	아우투
숨어 기다리면서	그를	책잡는 것을	무엇인가	부터	그	입으로	그의
동.분.현.능.주.남.복.	대.인.목.남.3단.	동.부.1과.능.	대.부.목.중.단.	전.소.	관.소.중.단.	명.소.중.단.	대.인.소.남.3단.

12 그 동안에 무리 수만 명이 모여 서로 밟힐 만큼 되었더니 예수께서 먼저 제자들에게
말씀하여 이르시되 바리새인들의 누룩 곧 외식을 주의하라
In the mean time, when there were gathered together an innumerable multitude of people, insomuch that they trode one upon another, he began to say unto his disciples first of all, Beware ye of the leaven of the Pharisees, which is hypocrisy.

1722	3739	1996	3588	3461	3588	3793	5620
Ἐν	**οἷς**	**ἐπισυναχθεισῶν**	**τῶν**	**μυριάδων**	**τοῦ**	**ὄχλου,**	**ὥστε**
ἐν	ὅς	ἐπισυνάγω	ἡ	μυρίας	ὁ	ὄχλος	ὥστε
엔	호이스	에피쉬나크데이손	톤	뮈리아돈	투	오클루	호스테
동안에	이런 일들	열심히 모여들어서	그	수만 명이	그	무리의	그러므로
전.여격.	대.관.여격.중.복.	동.분.1과.수.소.여.복.	관.소.여.복.	명.소.여.복.	관.소.남.단.	명.소.남.단.	접.우.

2662	240	756	3004	4314	3588	3101
καταπατεῖν	**ἀλλήλους,**	**ἤρξατο**	**λέγειν**	**πρὸς**	**τοὺς**	**μαθητὰς**
καταπατέω	ἀλλήλων	ἄρχομαι	λέγω	πρός	ὁ	μαθητής
카타파테인	알렐루스	에륵사토	레게인	프로스	투스	마데타스
밟힐 만큼 되니라	서로를	그가 시작하셨다	말씀하시는 것을	향하여	그	제자들을
동.부.현.능.	대.인.목.남.3복.	동.직.1과.중.3단.	동.부.현.능.	전.목.	관.목.남.복.	명.목.남.복.

846	4412	4337	1438	575	3588	2219	3748
αὐτοῦ	**πρῶτον,**	**προσέχετε**	**ἑαυτοῖς**	**ἀπὸ**	**τῆς**	**ζύμης,**	**ἥτις**
αὐτός	πρῶτον	προσέχω	ἑαυτοῦ	ἀπό	ἡ	ζύμη	ὅστις
아우투	프로톤	프로세케테	헤아우토이스	아포	테스	쥐메스	헤티스
그의	먼저	조심하라	너희 자신을 위하여	부터	그	누룩으로	그것은
대.인.소.남.3단.	형.대.서.목.중.단.	동.명.현.능.2복.	대.인.여격.남.2복.	전.소.	관.소.여.단.	명.소.여.단.	대.관.주.여.단.

1510	5272	3588	5330
ἐστὶν	**ὑπόκρισις,**	**τῶν**	**Φαρισαίων.**
εἰμί	ὑπόκρισις	ὁ	Φαρισαῖος
에스틴	휘포크리시스	톤	파리사이온
이다	위선	그	바리새인들의
동.직.현.능.3단.	명.주.여.단.	관.소.남.복.	명.소.남.복.

2 감추인 것이 드러나지 않을 것이 없고 숨긴 것이 알려지지 않을 것이 없나니
For there is nothing covered, that shall not be revealed; neither hid, that shall not be known.

3762	1161	4780	1510	3739	3756
Οὐδὲν	**δὲ**	**συγκεκαλυμμένον**	**ἐστὶν**	**ὃ**	**οὐκ**
οὐδείς	δέ	συγκαλύπτω	εἰμί	ὅς	οὐ
우덴	데	쉉케칼륌메논	에스틴	호	우크
아니하고	그리고	완전히 감춰진 것이	있지	바	않을 것이다
형.대.기.주.중.단.	접.종.	동.분.1완.수.주.중.단.	동.직.현.능.3단.	대.관.주.중.단.	부.

601	2532	2927	3739	3756	1097
ἀποκαλυφθήσεται	καὶ	κρυπτὸν	ὃ	οὐ	γνωσθήσεται.
ἀποκαλύπτω	καί	κρυπτός	ὅς	οὐ	γινώσκω
아포칼뤼프데세타이	카이	크뤕톤	호	우	그노스데세타이
드러나지	그리고	숨겨진 것이	바	않을	알려지지
동.직미.수.3단.	접.등.	형.주.중.단.	대.관.주.중.단.	부.	동.직미.수.3단.

3 이러므로 너희가 어두운 데서 말한 모든 것이 광명한 데서 들리고 너희가 골방에서 귀에
대고 말한 것이 지붕 위에서 전파되리라

Therefore whatsoever ye have spoken in darkness shall be heard in the light; and that which ye have spoken in the ear in closets shall be proclaimed upon the housetops.

473	3739	3745	1722	3588	4653	3004(2036)	1722	3588
ἀνθ'	ὧν	ὅσα	ἐν	τῇ	σκοτίᾳ	εἴπατε	ἐν	τῷ
ἀντί	ὅς	ὅσος	ἐν	ἡ	σκοτία	λέγω.ἔπω	ἐν	τό
안드	혼	호사	엔	테	스코티아	에이파테	엔	토
므로	그러	만큼 많은 것을	가운데	그	어두움	너희가 말하였다	가운데	그
전소.	대.관.소.중.복	대.관.목.중.복	전.여격.	관.여격.여.단.	명.여격.여.단.	동.직2과.능.2복.	전.여격.	관.여격.중.단.

5457	191	2532	3739	4314	3588	3775	2980
φωτὶ	ἀκουσθήσεται,	καὶ	ὃ	πρὸς	τὸ	οὖς	ἐλαλήσατε
φῶς	ἀκούω	καί	ὅς	πρός	τό	οὖς	λαλέω
포티	아쿠스데세타이	카이	호	프로스	토	우스	엘랄레사테
빛	듣게 될 것이다	또	바 것을	가까이	그	귀를	너희가 말하였다
명.여격.중.단.	동.직.미.수.3단.	접.등.	대.관.목.중.단	전.목.	관.목.중.단.	명.목.중.단.	동.직.1과.능.2복.

1722	3588	5009	2784	1909	3588	1430
ἐν	τοῖς	ταμείοις	κηρυχθήσεται	ἐπὶ	τῶν	δωμάτων.
ἐν	τό	ταμεῖον	κηρύσσω	ἐπί	τό	δῶμα
엔	토이스	타메이오이스	케뤼크데세타이	에피	톤	도마톤
안에서	그	골방들	전파될 것이다	위에서	그	지붕들의
전.여격.	관.여격.중.복.	명.여격.중.복.	동.직.미.수.3단.	전소.	관.소.중.복.	명.소.중.복.

4 내가 내 친구 너희에게 말하노니 몸을 죽이고 그 후에는 능히 더 못하는 자들을
두려워하지 말라

And I say unto you my friends, Be not afraid of them that kill the body, and after that have no more that they can do.

3004	1161	4771	3588	5384	1473	3361	5399	575
Λέγω	δὲ	ὑμῖν	τοῖς	φίλοις	μου,	μὴ	φοβηθῆτε	ἀπὸ
λέγω	δέ	σύ	ὁ	φίλος	ἐγώ	μή	φοβέω	ἀπό
레고	데	휘민	토이스	필로이스	무	메	포베데테	아포
내가 말한다	그리고	너희에게	그	친구들	나의	말라	두려워하지	부터
동.직.현.능.1단.	접.등.	대.인.여격.2복.	관.여격.남.복.	명.여격.남.복.	대.인.소.1단.	부.	동.가.1과.수디.2복	전소.

3588	615	3588	4983	2532	3326	3778	3361
τῶν	ἀποκτεινόντων	τὸ	σῶμα	καὶ	μετὰ	ταῦτα	μὴ
ὁ	ἀποκτείνω	τό	σῶμα	καί	μετά	οὗτος	μή
톤	아포크테이논톤	토	소마	카이	메타	타우타	메
그(사람들로)	죽이며	그	몸을	그리고	후에는	이 일들을	못하는
관.소.남.복&대.관.주.남.복.	동.분.현.능.소.남.복.	관.목.중.단.	명.목.중.단.	접.등.	전.목.	대.지.목.중.복.	부.

2192	4054	5100	4160
ἐχόντων	περισσότερόν	τι	ποιῆσαι.
ἔχω	περισσότερον	τις	ποιέω
에콘톤	페리쏘테론	티	포이에사이
가지지	더 많은 것을	아무것도	하는 것을
동.분.현.능.소.남.복.	형.대.비.목.중.단.	대.부.목.중.단.	동.부.1과.능.

5 마땅히 두려워할 자를 내가 너희에게 보이리니 곧 죽인 후에 또한 지옥에 던져 넣는
권세 있는 그를 두려워하라 내가 참으로 너희에게 이르노니 그를 두려워하라
But I will forewarn you whom ye shall fear: Fear him, which after he hath killed hath power to cast into hell; yea, I say unto you, Fear him.

5263	1161	4771	5101	5399	5399	3588	3326
ὑποδείξω	δὲ	ὑμῖν	τίνα	φοβηθῆτε·	φοβήθητε	τὸν	μετὰ
ὑποδείκνυμι	δέ	σύ	τίς	φοβέω	φοβέω	ὁ	μετά
휘포데잌소	데	휘민	티나	포베데테	포베데테	톤	메타
내가 보여줄 것이다	그러나	너희에게	누구를	두려워해야 하는지	두려워하라	그(분을)	후에
동.직.미.능.1단.	접.우.	대.인.여격.2복.	대.의.목.남.단.	동.가.1과.수디.2복.	동.명.1과.수디.2복.	관.목.남.단&형.대.	전목.

3588	615	2192	1849	1685	1519	3588	1067
τὸ	ἀποκτεῖναι	ἔχοντα	ἐξουσίαν	ἐμβαλεῖν	εἰς	τὴν	γέενναν.
τό	ἀποκτείνω	ἔχω	ἐξουσία	ἐμβάλλω	εἰς	ἡ	γέεννα
토	아포크테이나이	에콘타	엑수시안	엠발레인	에이스	텐	게엔난
그	죽인	가지는	권세를	던져넣도록	속으로	그	지옥을
관.목.중.단.	동.부.1과.능.목.	동.분.현.능.목.남.단.	명.목.여.단.	동.부.2과.능.	전목.	관.목.여.단.	명.목.여.단.

3483	3004	4771	3778	5399
ναί	λέγω	ὑμῖν,	τοῦτον	φοβήθητε.
ναί	λέγω	σύ	οὗτος	φοβέω
나이	레고	휘민	투톤	포베데테
그러하다	내가 말한다	너희에게	그 분을	너희는 두려워하라
불문.	동.직.현.능.1단.	대.인.여격.2복.	대.지.목.남.단.	동.명.1과.수디.2복.

6 참새 다섯 마리가 두 앗사리온에 팔리는 것이 아니냐 그러나 하나님 앞에는 그 하나도
잊어버리시는 바 되지 아니하는도다
Are not five sparrows sold for two farthings, and not one of them is forgotten before God?

3780	4002	4765	4453	787	1417	2532	1520	1537
οὐχὶ	πέντε	στρουθία	πωλοῦνται	ἀσσαρίων	δύο;	καὶ	ἓν	ἐξ
οὐχί	πέντε	στρουθίον	πωλέω	ἀσσάριον	δύο	καί	εἷς	ἐκ
우키	펜테	스트루디아	폴룬타이	아싸리온	뒤오	카이	헨	엑스
아니냐	다섯이	참새들	팔려진다	앗사리온들	둘의	그러나	하나라도	중에서
불.의.	형.기.주.중.복.	명.주.중.복.	동.직.현.수.3복.	명.수.중.복.	형.기.소.중.복.	접.등.	형.대.기.주.중.단.	전소.

846	3756	1510	1950	1799	3588	2316
αὐτῶν	οὐκ	ἔστιν	ἐπιλελησμένον	ἐνώπιον	τοῦ	θεοῦ.
αὐτός	οὐ	εἰμί	ἐπιλανθάνομαι	ἐνώπιον	ὁ	θεός
아우톤	우크	에스틴	에필렐레스메논	에노피온	투	데우
그들의	아니하도다	있지	잊혀지는 것이	앞에서	그	하나님의
대.인.소.중.3복.	부.	동.직.현.능.3단.+	+동.분.1완.수.주.중.단.	전소.	관.소.남.단.	명.소.남.단.

7 너희에게는 심지어 머리털까지도 다 세신 바 되었나니 두려워하지 말라 너희는 많은
참새보다 더 귀하니라
But even the very hairs of your head are all numbered. Fear not therefore: ye are of more value than many sparrows.

235	2532	3588	2359	3588	2776	4771	3956	705
ἀλλὰ	καὶ	αἱ	τρίχες	τῆς	κεφαλῆς	ὑμῶν	πᾶσαι	ἠρίθμηνται.
ἀλλά	καί	ἡ	θρίξ	ἡ	κεφαλή	σύ	πᾶς	ἀριθμέω
알라	카이	하이	트리케스	테스	케팔레스	휘몬	파사이	에리드멘타이
오히려	까지도	그	털들	그	머리의	너희의	다	계산이 되었다
접.등.	부.	관.주.여.복.	명.주.여.복.	관.소.여.단.	명.소.여.단.	대.인.소.2복.	형.주.여.복.	동.직.1완.수.3복.

3361	5399	4183	4765	1308
μὴ	φοβεῖσθε·	πολλῶν	στρουθίων	διαφέρετε.
μή	φοβέω	πολύς	στρουθίον	διαφέρω
메	포베이스데	폴론	스트루디온	디아페레테
말라	너희는 두려워하지	많은	참새들	너희는 귀하다
부.	동.명.현.중수디.2복.	형.소.중.복.	명.소.중.복.	동.직.현.능.2복.

8 내가 또한 너희에게 말하노니 누구든지 사람 앞에서 나를 시인하면 인자도 하나님의 사자들 앞에서 그를 시인할 것이요
Also I say unto you, Whosoever shall confess me before men, him shall the Son of man also confess before the angels of God:

3004	1161	4771	3956	3739	302	3670	1722	1473
Λέγω	δὲ	ὑμῖν,	πᾶς	ὃς	ἂν	ὁμολογήσῃ	ἐν	ἐμοὶ
λέγω	δέ	σύ	πᾶς	ὅς	ἄν	ὁμολογέω	ἐν	ἐγώ
레고	데	휘민	파스	호스	안	호몰로게세	엔	에모이
내가 말한다	또	너희에게	사람마다	누구	든지	시인하는 사람은		나에게
동.직.현.능.1단.	접.등.	대.인.여격.2복.	형.대.주.남.단.	대.관.주.남.단.	불.동.	동.가.1과.능.3단.	전.여격.	대.인.여격.1단.

1715	3588	444	2532	3588	5207	3588	444
ἔμπροσθεν	τῶν	ἀνθρώπων,	καὶ	ὁ	υἱὸς	τοῦ	ἀνθρώπου
ἔμπροσθεν	ὁ	ἄνθρωπος	καί	ὁ	υἱός	ὁ	ἄνθρωπος
엠프로스덴	톤	안드로폰	카이	호	휘오스	투	안드로푸
앞에서	그	사람들의	역시	그	아들이	그	사람의
전.소	관.소.남.복.	명.소.남.복.	부.	관.주.남.단.	명.주.남.단.	관.소.남.단.	명.소.남.단.

3670	1722	846	1715	3588	32	3588	2316
ὁμολογήσει	ἐν	αὐτῷ	ἔμπροσθεν	τῶν	ἀγγέλων	τοῦ	θεοῦ·
ὁμολογέω	ἐν	αὐτός	ἔμπροσθεν	ὁ	ἄγγελος	ὁ	θεός
호몰로게세이	엔	아우토	엠프로스덴	톤	앙겔론	투	데우
시인할 것이다		그에게	앞에서	그	천사들의	그	하나님의
동.직.미.능.3단.	전.여격.	대.인.여격.남.3단.	전.소	관.소.남.복.	명.소.남.복.	관.소.남.단.	명.소.남.단.

9 사람 앞에서 나를 부인하는 자는 하나님의 사자들 앞에서 부인을 당하리라
But he that denieth me before men shall be denied before the angels of God.

3588	1161	720	1473	1799	3588	444
ὁ	δὲ	ἀρνησάμενός	με	ἐνώπιον	τῶν	ἀνθρώπων
ὁ	δέ	ἀρνέομαι	ἐγώ	ἐνώπιον	ὁ	ἄνθρωπος
호	데	아르네사메노스	메	에노피온	톤	안드로폰
그(사람은)	그러나	부인한	나를	앞에서	그	사람들의
관.주.남.단&대.관.주.남.단.	접.등.	동.분.1과.중디.주.남.단.	대.인.목.1단.	전.소	관.소.남.복.	명.소.남.복.

533	1799	3588	32	3588	2316
ἀπαρνηθήσεται	ἐνώπιον	τῶν	ἀγγέλων	τοῦ	θεοῦ.
ἀπαρνέομαι	ἐνώπιον	ὁ	ἄγγελος	ὁ	θεός
아파르네데세타이	에노피온	톤	앙겔론	투	데우
정녕 부인당할 것이다	앞에서	그	천사들의	그	하나님의
동.직.미.수.3단.	전.소	관.소.남.복.	명.소.남.복.	관.소.남.단.	명.소.남.단.

10 누구든지 말로 인자를 거역하면 사하심을 받으려니와 성령을 모독하는 자는 사하심을 받지 못하리라
And whosoever shall speak a word against the Son of man, it shall be forgiven him: but unto him that blasphemeth against the Holy Ghost it shall not be forgiven.

2532	3956	3739	2046	3056	1519	3588	5207	3588	444
Καὶ	πᾶς	ὃς	ἐρεῖ	λόγον	εἰς	τὸν	υἱὸν	τοῦ	ἀνθρώπου,
καί	πᾶς	ὅς	ἐρέω	λόγος	εἰς	ὁ	υἱός	ὁ	ἄνθρωπος
카이	파스	호스	에레이	로곤	에이스	톤	휘온	투	안드로푸
그리고	마다	바 사람	거역하는	말을	에게	그	아들	그	사람의
접.등.	형.대.주.남.단.	대.관.주.남.단.	동.직.미.능.3단.	명.목.남.단.	전.목.	관.목.남.단.	명.목.남.단.	관.소.남.단.	명.소.남.단.

863	846	3588	1161	1519	3588	40
ἀφεθήσεται	αὐτῷ·	τῷ	δὲ	εἰς	τὸ	ἅγιον
ἀφίημι	αὐτός	ὁ	δέ	εἰς	τό	ἅγιος
아페데세타이	아우토	토	데	에이스	토	하기온
용서를 받을 것이다	그에게	그(사람에게)	그러나	을	그	성
동.직.미.수.3단.	대.인.여격.남.3단.	관.여격.남.단&대.관.주.남.단.	접.우.	전.목.	관.목.중.단.	형.목.중.단.

4151	987	3756	863
πνεῦμα	βλασφημήσαντι	οὐκ	ἀφεθήσεται.
πνεῦμα	βλασφημέω	οὐ	ἀφίημι
프뉴마	블라스페메산티	우크	아페데세타이
령님을	신성모독한	못하리라	용서를 받지
명.목.중.단.	동.분.1과.능.여격.남.단.	부.	동.직.미.수.3단.

11 사람이 너희를 회당이나 위정자나 권세 있는 자 앞에 끌고 가거든 어떻게 무엇으로
대답하며 무엇으로 말할까 염려하지 말라
And when they bring you unto the synagogues, and unto magistrates, and powers, take ye no thought how or what thing ye shall answer, or what ye shall say:

3752	1161	1533	4771	1909	3588	4864	2532	3588
Ὅταν	δὲ	εἰσφέρωσιν	ὑμᾶς	ἐπὶ	τὰς	συναγωγὰς	καὶ	τὰς
ὅταν	δέ	εἰσφέρω	σύ	ἐπί	ἡ	συναγωγή	καί	ἡ
호탄	데	에이스페로신	휘마스	에피	타스	쉬나고가스	카이	타스
때에	그리고	그들이 끌고 갈	너희를	앞으로	그	회당들	과	그
접.종.	접.등.	동.가.현.능.3복.	대.인.목.2복.	전.목.	관.목.여.복.	명.목.여.복.	접.등.	관.목.여.복.

746	2532	3588	1849	3361	3309	4459	2228	5101
ἀρχὰς	καὶ	τὰς	ἐξουσίας,	μὴ	μεριμνήσητε	πῶς	ἢ	τί
ἀρχή	καί	ἡ	ἐξουσία	μή	μεριμνάω	πῶς	ἤ	τίς
아르카스	카이	타스	엑수시아스	메	메림네세테	포스	에	티
통치자들	과	그	권세 있는 자들을	말라	염려하지	어떻게	혹은	무엇을
명.목.여.복.	접.등.	관.목.여.복.	명.목.여.복.	부.	동.가.1과.능.2복	부.의.	접.등.	대.의.목.중.단.

626	2228	5101	3004(2036)
ἀπολογήσησθε	ἢ	τί	εἴπητε·
ἀπολογέομαι	ἤ	τίς	λέγω.ἔπω
아폴로게세스데	에	티	에이페테
너희가 변명하며	혹은	무엇을	너희가 말할지
동.가.1과.중디.2복.	접.등.	대.의.목.중.단.	동.가.2과.능.2복.

12 마땅히 할 말을 성령이 곧 그 때에 너희에게 가르치시리라 하시니라
For the Holy Ghost shall teach you in the same hour what ye ought to say.

3588	1063	40	4151	1321	4771	1722	846	3588
τὸ	γὰρ	ἅγιον	πνεῦμα	διδάξει	ὑμᾶς	ἐν	αὐτῇ	τῇ
τό	γάρ	ἅγιος	πνεῦμα	διδάσκω	σύ	ἐν	αὐτός	ἡ
토	가르	하기온	프뉴마	디답세이	휘마스	엔	아우테	테
그	왜냐하면	성	령께서	가르칠 것이다	너희를	안에	같은	그
관.주.중.단.	접.종.	형.주.중.단.	명.주.중.단.	동.직.미.능.3단.	대.인.목.2복.	전.여격.	대.인.여격.여.3단	관.여격.여.단.

5610	3739	1163	3004(2036)
ὥρᾳ	ἃ	δεῖ	εἰπεῖν.
ὥρα	ὅς	δεῖ	λέγω.ἔπω
호라	하	데이	에이페인
시간에	바 것들을	반드시 해야하는	말하는 것을
명.여격.여.단.	대.관.목.중.복	동.직.현.능.3단.	동.부.2과.능.

13 무리 중에 한 사람이 이르되 선생님 내 형을 명하여 유산을 나와 나누게 하소서 하니
And one of the company said unto him, Master, speak to my brother, that he divide the inheritance with me.

3004(2036)	1161	5100	1537	3588	3793	846	1320	3004(2036)
Εἶπεν	δέ	τις	ἐκ	τοῦ	ὄχλου	αὐτῷ,	διδάσκαλε,	εἰπὲ
λέγω.ἔπω	δέ	τις	ἐκ	ὁ	ὄχλος	αὐτός	διδάσκαλος	λέγω.ἔπω
에이펜	데	티스	에크	투	오클루	아우토	디다스칼레	에이페
말하였다	그러자	어떤 사람이	중에서	그	무리	그에게	선생님이여	말씀하소서
동.직.2과.능.3단.	접.등.	대.부.주.남.단.	전.소.	관.소.남.단.	명.소.남.단.	대.인.여격.남.3단.	명.호.남.단.	동.명.2과.능.2단.

3588	80	1473	3307	3326	1473	3588	2817
τῷ	ἀδελφῷ	μου	μερίσασθαι	μετ'	ἐμοῦ	τὴν	κληρονομίαν.
ὁ	ἀδελφός	ἐγώ	μερίζω	μετά	ἐγώ	ἡ	κληρονομία
토	아델포	무	메리사스다이	멭	에무	텐	클레로노미안
그	형제에게	저의	나누도록	함께	저와	그	상속을
관.여격.남.단.	명.여격.남.단.	대.인.소.1단.	동.부.1과.중.	전.소.	대.인.소.1단.	관.목.여.단.	명.목.여.단.

14 이르시되 이 사람아 누가 나를 너희의 재판장이나 물건 나누는 자로 세웠느냐 하시고
And he said unto him, Man, who made me a judge or a divider over you?

3588	1161	3004(2036)	846	444	5101	1473	2525
ὁ	δὲ	εἶπεν	αὐτῷ,	ἄνθρωπε,	τίς	με	κατέστησεν
ὁ	δέ	λέγω.ἔπω	αὐτός	ἄνθρωπος	τίς	ἐγώ	καθίστημι
호	데	에이펜	아우토	안드로페	티스	메	카테스테센
예수님께서	그러나	말씀하셨다	그에게	(이) 사람아	누가	나를	세웠느냐
관.주.남.단	접.우.	동.직.2과.능.3단.	대.인.여격.남.3단.	명.호.남.단.	대.의.주.남.단.	대.인.목.1단.	동.직.2과.능.3단.

2923	2228	3312	1909	4771
κριτὴν	ἢ	μεριστὴν	ἐφ'	ὑμᾶς;
κριτής	ἤ	μεριστής	ἐπί	σύ
크리텐	에	메리스텐	엪	휘마스
재판관	이나	물건 나누는 자로	위로	너희들을
명.목.남.단.	접.등.	명.목.남.단.	전.목.	대.인.목.1단.

15 그들에게 이르시되 삼가 모든 탐심을 물리치라 사람의 생명이 그 소유의 넉넉한 데 있지
아니하니라 하시고
And he said unto them, Take heed, and beware of covetousness: for a man's life consisteth not in the abundance of the things which he possesseth.

3004(2036)	1161	4314	846	3708	2532	5442	575
εἶπεν	δὲ	πρὸς	αὐτούς,	ὁρᾶτε	καὶ	φυλάσσεσθε	ἀπὸ
λέγω.ἔπω	δέ	πρός	αὐτός	ὁράω	καί	φυλάσσω	ἀπό
에이펜	데	프로스	아우투스	호라테	카이	퓔라쎄스데	아포
말씀하셨다	또	향하여	그들을	삼가라	그리고	너희는 지키라	부터
동.직.2과.능.3단.	접.우.	전.목.	대.인.목.남.3복.	동.명.현.능.2복.	접.등.	동.명.현.중.2복.	전.소.

3956	4124	3754	3756	1722	3588	4052	5100
πάσης	πλεονεξίας,	ὅτι	οὐκ	ἐν	τῷ	περισσεύειν	τινὶ
πᾶς	πλεονεξία	ὅτι	οὐ	ἐν	τό	περισσεύω	τις
파세스	플레오넥시아스	호티	우크	엔	토	페리쓔에인	티니
모든	탐역으로	때문이라	아니하기	때에	그	풍부할	아무에게도
형.소.여.단.	명.소.여.단.	접.종.	부.	전.여격.	관.여격.중.단.	동.부.현.능.여격.	대.부.여격.남.단.

3588	2222	846	1510	1537	3588	5225	846
ἡ	ζωὴ	αὐτοῦ	ἐστιν	ἐκ	τῶν	ὑπαρχόντων	αὐτῷ.
ἡ	ζωή	αὐτός	εἰμί	ἐκ	τό	ὑπάρχω	αὐτός
헤	조에	아우투	에스틴	에크	톤	휘파르콘톤	아우토
그	생명이	그의	있지	부터	그(것들로)	소유하는	그에게
관.주.여.단.	명.주.여.단.	대.인.소.남.3단.	동.직.현.능.3단.	전.소.	관.소.중.복.	동.분.현.능.소.중.복.	대.인.여격.남.3단.

16 또 비유로 그들에게 말하여 이르시되 한 부자가 그 밭에 소출이 풍성하매
And he spake a parable unto them, saying, The ground of a certain rich man brought forth plentifully:

3004(2036)	1161	3850	4314	846	3004	444	5100
Εἶπεν	δὲ	παραβολὴν	πρὸς	αὐτοὺς	λέγων,	ἀνθρώπου	τινὸς
λέγω.ἔπω	δέ	παραβολή	πρός	αὐτός	λέγω	ἄνθρωπος	τις
에이펜	데	파라볼렌	프로스	아우투스	레곤	안드로푸	티노스
그가 말씀하셨다	또	한 비유를	향하여	그들을	말씀하시기를	한 사람의	어떤
동.직.2과.능.3단.	접.우.	명.목.여.단.	전.목.	대.인.목.남.3복.	동.분.현.능.주.남.단.	명.소.남.단.	형.부.소.남.단.

4145	2164	3588	5561
πλουσίου	εὐφόρησεν	ἡ	χώρα.
πλούσιος	εὐφορέω	ἡ	χώρα
플루시우	유포레센	헤	코라
부자	소출로 풍성하였다	그	토지가
형.소.남.단.	동.직.1과.능.3단.	관.주.여.단.	명.주.여.단.

17 심중에 생각하여 이르되 내가 곡식 쌓아 둘 곳이 없으니 어찌할까 하고
And he thought within himself, saying, What shall I do, because I have no room where to bestow my fruits?

2532	1260	1722	1438	3004	5101	4160	3754	3756
καὶ	διελογίζετο	ἐν	ἑαυτῷ	λέγων,	τί	ποιήσω,	ὅτι	οὐκ
καί	διαλογίζομαι	ἐν	ἑαυτοῦ	λέγω	τίς	ποιέω	ὅτι	οὐ
카이	디엘로기제토	엔	헤아우토	레곤	티	포이에소	호티	우크
그래서	그가 생각하였다	속에	그 자신	말하기를	무엇을	내가 할까	때문이라	않기
접.등.	동.직.미완.중수디.3단.	전.여격.	대.인.여격.남.3단.	동.분.현.능.주.남.단.	대.의.목.중.단.	동.가.1과.능.1단.	접.종.	부.

2192	4226	4863	3588	2590	1473
ἔχω	ποῦ	συνάξω	τοὺς	καρπούς	μου;
ἔχω	ποῦ	συνάγω	ὁ	καρπός	ἐγώ
에코	푸	쉬낙소	투스	카르푸스	무
나는 가지지	곳을	내가 함께 모아둘	그	열매들을	나의
동.직.현.능.1단.	부.의.	동.직.미.능.1단.	관.목.남.복.	명.목.남.복.	대.인.소.1단.

18 또 이르되 내가 이렇게 하리라 내 곳간을 헐고 더 크게 짓고 내 모든 곡식과 물건을
거기 쌓아 두리라
And he said, This will I do: I will pull down my barns, and build greater; and there will I bestow all my fruits and my goods.

2532	3004(2036)	3778	4160	2507	1473	3588	596	2532
καὶ	εἶπεν,	τοῦτο	ποιήσω,	καθελῶ	μου	τὰς	ἀποθήκας	καὶ
καί	λέγω.ἔπω	οὗτος	ποιέω	καθαιρέω	ἐγώ	ἡ	ἀποθήκη	καί
카이	에이펜	투토	포이에소	카델로	무	타스	아포데카스	카이
또	그가 말하였다	이것을	내가 할 것이다	내가 헐 것이다	나의	그	곡물창고들을	그래서
접.등.	동.직.2과.능.3단.	대.지.목.중.단.	동.직.미.능.1단.	동.직.미.능.1단.	대.인.소.1단.	관.목.여.복.	명.목.여.복.	접.등.

3173	3618	2532	4863	1563	3956	3588	4621
μείζονας	οἰκοδομήσω	καὶ	συνάξω	ἐκεῖ	πάντα	τὸν	σῖτον
μέγας	οἰκοδομέω	καί	συνάγω	ἐκεῖ	πᾶς	ὁ	σῖτος
메이조나스	오이코도메소	카이	쉬낙소	에케이	판타	톤	시톤
더크게	내가 지을 것이다	그래서	내가 거두어 들일 것이다	거기에	모든	그	밀
형.대.비.목.여.복.	동.직.미.능.1단.	접.등.	동.직.미.능.1단.	부.	형.목.남.단.	관.목.남.단.	명.목.남.단.

2532	3588	18	1473
καὶ	τὰ	ἀγαθά	μου
καί	τό	ἀγαθός	ἐγώ
카이	타	아가다	무
과	그	물건들을	나의
접.등.	관.목.중.복.	형.대.목.중.복.	대.인.소.1단.

19 또 내가 내 영혼에게 이르되 영혼아 여러 해 쓸 물건을 많이 쌓아 두었으니 평안히 쉬고
먹고 마시고 즐거워하자 하리라 하되
And I will say to my soul, Soul, thou hast much goods laid up for many years; take thine ease, eat, drink, and be merry.

2532	3004(2036)	3588	5590	1473	5590	2192	4183	18
καὶ	ἐρῶ	τῇ	ψυχῇ	μου,	Ψυχή,	ἔχεις	πολλὰ	ἀγαθὰ
καί	λέγω.ἔπω	ἡ	ψυχή	ἐγώ	ψυχή	ἔχω	πολύς	ἀγαθός
카이	에로	테	프쉬케	무	프쉬케	에케이스	폴라	아가다
또	내가 말할 것이다	그	(영)혼에게	내	(영)혼아	너는 가진다	많은	물건들을
접.등.	동.직.미.능.1단.	관.여격.여.단.	명.여격.여.단.	대.인.소.1단.	명.호.여.단.	동.직.현.능.2단.	형.목.중.복.	형.대.목.중.복.

2749	1519	2094	4183	373	5315	4095	2165
κείμενα	εἰς	ἔτη	πολλά·	ἀναπαύου,	φάγε,	πίε,	εὐφραίνου.
κεῖμαι	εἰς	ἔτος	πολύς	ἀναπαύω	φάγω	πίνω	εὐφραίνω
케이메나	에이스	에테	폴라	아나파우우	파게	피에	유프라이누
저축해두는	위하여	해들을	여러	너는 쉬어라	먹어라	마시라	즐겁게 되어라
동.분.현.중수디.목.중.복.	전목.	명.목.중.복.	형.목.중.복.	동.명.현.중.2단.	동.명.2과.능.2단.	동.명.2과.능.2단.	동.명.현.수.2단.

20 하나님은 이르시되 어리석은 자여 오늘 밤에 네 영혼을 도로 찾으리니 그러면 네 준비한
것이 누구의 것이 되겠느냐 하셨으니
But God said unto him, Thou fool, this night thy soul shall be required of thee: then whose shall those things be, which thou hast provided?

3004(2036)	1161	846	3588	2316	878	3778	3588	3571
εἰπεν	δὲ	αὐτῷ	ὁ	θεός,	ἄφρων,	ταύτῃ	τῇ	νυκτὶ
λέγω.ἔπω	δέ	αὐτός	ὁ	θεός	ἄφρων	οὗτος	ἡ	νύξ
에이펜	데	아우토	호	데오스	아프론	타우테	테	뉙티
말씀하셨다	그러나	그에게	그	하나님께서	어리석은 자여	이	그	밤에
동.직.2과.능.3단.	접.우.	대.인.여격.남.3단.	관.주.남.단.	명.주.남.단.	형.대.호.남.단.	대.지.여격.여.단.	관.여격.여.단.	명.여격.여.단.

3588	5590	4771	523	575	4771	3739	1161	2090
τὴν	ψυχήν	σου	ἀπαιτοῦσιν	ἀπὸ	σοῦ·	ἃ	δὲ	ἡτοίμασας,
ἡ	ψυχή	σύ	ἀπαιτέω	ἀπό	σύ	ὅς	δέ	ἑτοιμάζω
텐	프쉬켄	수	아파이투신	아포	수	하	데	헤토이마사스
그	(영)혼을	너의	다시 요구하신다	부터	너로	그것들을	그러나	네가 예비하였다
관.목.여.단.	명.목.여.단.	대.인.소.2단.	동.직.현.능.3복.	전소	대.인.소.2단.	대.관.목.중.복	접.등.	동.직.1과.능.2단.

5101	1510
τίνι	ἔσται;
τίς	εἰμί
티니	에스타이
누구에게	있을 것인가
대.의.여격.남.단.	동.직.미.중디.3단.

21 자기를 위하여 재물을 쌓아 두고 하나님께 대하여 부요하지 못한 자가 이와 같으니라
So is he that layeth up treasure for himself, and is not rich toward God.

3779	3588	2343	1438	2532	3361	1519	2316	4147
οὕτως	ὁ	θησαυρίζων	ἑαυτῷ	καὶ	μὴ	εἰς	θεὸν	πλουτῶν.
οὕτως	ὁ	θησαυρίζω	ἑαυτοῦ	καί	μή	εἰς	θεός	πλουτέω
후토스	호	데사우리존	헤아우토	카이	메	에이스	데온	플루톤
이와 같으니라	그(사람은)	쌓아두면서	자신을 위하여	그리고	못하는	향하여	하나님을	부요하지
부.	관.주.남.단	동.분.현.능.주.남.단.	대.인.여격.남.3단.	접.등.	부	전목.	명.목.남.단.	동.분.현.능.주.남.단.

22 또 제자들에게 이르시되 그러므로 내가 너희에게 이르노니 너희 목숨을 위하여 무엇을
먹을까 몸을 위하여 무엇을 입을까 염려하지 말라
And he said unto his disciples, Therefore I say unto you, Take no thought for your life, what ye shall eat; neither for the body, what ye shall put on.

3004(2036)	1161	4314	3588	3101	846	1223	3778	3004
Εἶπεν	δὲ	πρὸς	τοὺς	μαθητάς	[αὐτοῦ]	αιὰ	τοῦτο	λέγω
λέγω.ἔπω	δέ	πρός	ὁ	μαθητής	αὐτός	διά	οὗτος	λέγω
에이펜	데	프로스	투스	마데타스	아우투	디아	투토	레고
그가 말씀하셨다	또	향하여	그	제자들을	그의	므로	그러	내가 말한다
동.직.2과.능.3단.	접.등.	전목.	관.목.남.복.	명.목.남.복.	대.인.소.남.3단.	전목.	대.지.목.중.단.	동.직.현.능.1단.

4771	3361	3309	3588	5590	5101	5315	3366	3588
ὑμῖν·	μὴ	μεριμνᾶτε	τῇ	ψυχῇ	τί	φάγητε,	μηδὲ	τῷ
σύ	μή	μεριμνάω	ἡ	ψυχή	τίς	φάγω	μηδέ	τό
휘민	메	메림나테	테	프쉬케	티	파게테	메데	토
너희에게	말라	염려하지	그	목숨을 위하여	무엇을	너희가 먹을지	그리고 말라	그
대.인.여격.2복.	부.	동.명.현.능.2복.	관.여격.여.단.	명.여격.여.단.	대.의.목.중.단.	동.가.2과.능.2복.	접.등.	관.여격.중.단.

4983	5101	1746
σώματι	τί	ἐνδύσησθε.
σῶμα	τίς	ἐνδύω
소마티	티	엔뒤세스데
몸을 위하여	무엇을	너희가 입을지
명.여격.중.단.	대.의.목.중.단.	동.가.1과.중.2복.

23 목숨이 음식보다 중하고 몸이 의복보다 중하니라
The life is more than meat, and the body is more than raiment.

3588	1063	5590	4119	1510	3588	5160	2532	3588
ἡ	γὰρ	ψυχὴ	πλεῖόν	ἐστιν	τῆς	τροφῆς	καὶ	τὸ
ἡ	γάρ	ψυχή	πλείων	εἰμί	ἡ	τροφή	καί	τό
헤	가르	프쉬케	플레이온	에스틴	테스	트로페스	카이	토
그	왜냐하면	목숨이	(보다) 더 중요한 것	이다	그	음식	그리고	그
관.주.여.단.	접.종.	명.주.여.단.	형.대.비.주.중.단.	동.직.현.능.3단.	관.소.여.단.	명.소.여.단.	접.등.	관.주.중.단.

4983	3588	1742
σῶμα	τοῦ	ἐνδύματος.
σῶμα	τό	ἔνδυμα
소마	투	엔뒤마토스
몸이	그	의복(보다)
명.주.중.단.	관.소.중.단.	명.소.중.단.

24 까마귀를 생각하라 심지도 아니하고 거두지도 아니하며 골방도 없고 창고도 없으되
하나님이 기르시나니 너희는 새보다 얼마나 더 귀하냐
Consider the ravens: for they neither sow nor reap; which neither have storehouse nor barn; and God feedeth them: how much more are ye better than the fowls?

2657	3588	2876	3754	3756	4687	3761	2325
κατανοήσατε	τοὺς	κόρακας	ὅτι	οὐ	σπείρουσιν	οὐδὲ	θερίζουσιν,
κατανοέω	ὁ	κόραξ	ὅτι	οὐ	σπείρω	οὐδέ	θερίζω
카타노에사테	투스	코라카스	호티	우	스페이루신	우데	데리주신
너희는 깊이 생각하라	그	까마귀들을		아니하고	씨를 뿌리지도	도 아니하며	거두지
동.명.1과.능.2복.	관.목.남.복.	명.목.남.복.	접.등.	부.	동.직.현.능.3복.	접.등.	동.직.현.능.3복.

3739	3756	1510	5009	3761	596	2532	3588	2316
οἷς	οὐκ	ἔστιν	ταμεῖον	οὐδὲ	ἀποθήκη,	καὶ	ὁ	θεὸς
ὅς	οὐ	εἰμί	ταμεῖον	οὐδέ	ἀποθήκη	καί	ὁ	θεός
호이스	우크	에스틴	타메이온	우데	아포데케	카이	호	데오스
그것들에게	않으며	있지	곳간이	도 없되	곡물창고	그러나	그	하나님께서
대.관.여격.여.복.	부.	동.직.현.능.3단.	명.주.중.단.	접.등.	명.주.여.단.	접.등.	관.주.남.단.	명.주.남.단.

5142	846	4214	3123	4771	1308	3588	4071
τρέφει	αὐτούς·	πόσῳ	μᾶλλον	ὑμεῖς	διαφέρετε	τῶν	πετεινῶν.
τρέφω	αὐτός	πόσος	μᾶλλον	σύ	διαφέρω	τό	πετεινόν
트레페이	아우투스	포소	말론	휘메이스	디아페레테	톤	페테이논
기르시느니라	그것들을	얼마나 많이	더욱	너희는	보다 귀하다	그	새들
동.직.현.능.3단.	대.인.목.남.3복.	대.의.여격.중.단.	부.비.	대.인.주.2복.	동.직.현.능.2복.	관.소.중.복.	형.대.소.중.복.

25 또 너희 중에 누가 염려함으로 그 키를 한 자라도 더할 수 있느냐
And which of you with taking thought can add to his stature one cubit?

5101	1161	1537	4771	3309	1410	1909	3588	2244
τίς	δὲ	ἐξ	ὑμῶν	μεριμνῶν	δύναται	ἐπὶ	τὴν	ἡλικίαν
τίς	δέ	ἐκ	σύ	μεριμνάω	δύναμαι	ἐπί	ἡ	ἡλικία
티스	데	엑스	휘몬	메림논	뒤나타이	에피	텐	헬리키안
누가	또	중에서	너희	염려할 때	할 수 있느냐	위로	그	키를
대.의.주.남.단.	접.등.	전.소.	대.인.소.2복.	동.분.현.능.주.남.단.	동.직.현.중수디.3단.	전.목.	관.목.여.단.	명.목.여.단.

846	4369	4083
αὐτοῦ	προσθεῖναι	πῆχυν;
αὐτός	προστίθημι	πῆχυς
아우투	프로스데이나이	페퀸
그의	더하는 것을	한 큐빗을
대.인.소.남.3단.	동.부.2과.능.	명.목.남.단.

26 그런즉 가장 작은 일도 하지 못하면서 어찌 다른 일들을 염려하느냐
If ye then be not able to do that thing which is least, why take ye thought for the rest?

1487	3767	3761	1646	1410	5101	4012	3588	3062
εἰ	οὖν	οὐδὲ	ἐλάχιστον	δύνασθε,	τί	περὶ	τῶν	λοιπῶν
εἰ	οὖν	οὐδέ	ἐλάχιστος	δύναμαι	τίς	περί	τό	λοιπος
에이	운	우데	엘라키스톤	뒤나스데	티	페리	톤	로이폰
만일	그러므로	도 없다면	가장 작은 것도	너희가 할 수	어찌하여	관하여	그	나머지 일들에
접.종.	접.우.	부.	형.대.최.목.중.단.	동.직.현.중수디.2복.	대.의.목.중.단	전.소.	관.소.중.복.	형.대.소.중.복.

3309
μεριμνᾶτε;
μεριμνάω
메림나테
너희가 염려하느냐
동.직.현.능.2복.

27 백합화를 생각하여 보라 실도 만들지 않고 짜지도 아니하느니라 그러나 내가 너희에게
말하노니 솔로몬의 모든 영광으로도 입은 것이 이 꽃 하나만큼 훌륭하지 못하였느니라
Consider the lilies how they grow: they toil not, they spin not; and yet I say unto you, that Solomon in all his glory was not arrayed like one of these.

2657	3588	2918	4459	837	3756	2872	3761
κατανοήσατε	τὰ	κρίνα	πῶς	αὐξάνει·	οὐ	κοπιᾷ	οὐδὲ
κατανοέω	τό	κρίνον	πῶς	αὐξάνω	οὐ	κοπιάω	οὐδέ
카타노에사테	타	크리나	포스	아욱사네이	우	코피아	우데
너희는 깊이 생각하라	그	백합화들을	어떻게	그것이 자란다	않고	수고도	도 아니한다
동.명.1과.능.2복.	관.목.중.복.	명.목.중.복.	부.의.	동.직.현.능.3단.	부.	동.직.현.능.3단.	접.등.

3514	3004	1161	4771	3761	4672	1722	3956	3588
νήθει·	λέγω	δὲ	ὑμῖν,	οὐδὲ	Σολομὼν	ἐν	πάσῃ	τῇ
νήθω	λέγω	δέ	σύ	οὐδέ	Σολομών	ἐν	πᾶς	ἡ
네데이	레고	데	휘민	우데	솔로몬	엔	파세	테
실을 짜지	내가 말한다	그러나	너희에게	아니했다	솔로몬이	중에도	모든	그
동.직.현.능.3단.	동.직.현.능.1단.	접.우.	대.인.여격.2복.	부.	명.주.남.단.	전.여격.	형.여격.여.단.	관.여격.여.단.

1391	846	4016	5613	1520	3778
δόξῃ	αὐτοῦ	περιεβάλετο	ὡς	ἓν	τούτων.
δόξα	αὐτός	περιβάλλω	ὡς	εἷς	οὗτος
독세	아우투	페리에발레토	호스	헨	투톤
영광	그의	그가 입었다	같지	하나만	이런 (꽃들 중의)
명.여격.여.단.	대.인.소.남.3단.	동.직.2과.중.3단.	접.종.	형.대.기.주.중.단.	대.지.소.중.복.

28 오늘 있다가 내일 아궁이에 던져지는 들풀도 하나님이 이렇게 입히시거든 하물며
너희일까보냐 믿음이 작은 자들아
If then God so clothe the grass, which is to day in the field, and to morrow is cast into the oven; how much more will he clothe you, O ye of little faith?

1487	1161	1722	68	3588	5528	1510	4594	2532	839
εἰ	δὲ	ἐν	ἀγρῷ	τὸν	χόρτον	ὄντα	σήμερον	καὶ	αὔριον
εἰ	δέ	ἐν	ἀγρός	ὁ	χόρτος	εἰμί	σήμερον	καί	αὔριον
에이	데	엔	아그로	톤	코르톤	온타	세메론	카이	아우리온
거든	그러나	가운데	들	그	풀도	있다가	오늘	그러나	내일
접.종.	접.우.	전.여격.	명.여격.남.단.	관.목.남.단.	명.목.남.단.	동.분.현.능.목.남.단.	부.	접.등.	부.

1519	2823	906	3588	2316	3779	294	4214
εἰς	κλίβανον	βαλλόμενον	ὁ	θεὸς	οὕτως	ἀμφιέζει,	πόσῳ
εἰς	κλίβανος	βάλλω	ὁ	θεός	οὕτως	ἀμφιέζω	πόσος
에이스	클리바논	발로메논	호	데오스	후토스	암피에제이	포소
속으로	아궁이	던져지는	그	하나님께서	이렇게	아름답게 차려 입힌다	얼마나 많이
전.목.	명.목.남.단.	동.분.현.수.목.남.단.	관.주.남.단.	명.주.남.단.	부.	동.직.현.능.3단.	대.의.여격.중.단.

3123	4771	3640
μᾶλλον	ὑμᾶς,	ὀλιγόπιστοι.
μᾶλλον	σύ	ὀλιγόπιστος
말론	휘마스	올리고피스토이
더욱	너희를	믿음이 적은 자들아
부.비.	대.인.목.2복.	형.대.호.남.복.

29 너희는 무엇을 먹을까 무엇을 마실까 하여 구하지 말며 근심하지도 말라
And seek not ye what ye shall eat, or what ye shall drink, neither be ye of doubtful mind.

2532	4771	3361	2212	5101	5315	2532	5101	4095	2532
καὶ	ὑμεῖς	μὴ	ζητεῖτε	τί	φάγητε	καὶ	τί	πίητε	καὶ
καί	σύ	μή	ζητέω	τίς	φάγω	καί	τίς	πίνω	καί
카이	휘메이스	메	제테이테	티	파게테	카이	티	피에테	카이
그런즉	너희는	말라	찾지	무엇을	너희가 먹을지	그리고	무엇은	너희가 마실지	그리고
접.등.	대.인.주.2복.	부.	동.명.현.능.2복.	대.의.목.중.단.	동.가.2과.능.2복.	접.등.	부.	동.가.2과.능.2복.	접.등.

3361	3349
μὴ	μετεωρίζεσθε·
μή	μετεωρίζω
메	메테오리제스데
말라	염려하지
부.	동.명.현.중수디.2복.

30 이 모든 것은 세상 백성들이 구하는 것이라 너희 아버지께서는 이런 것이 너희에게
있어야 할 것을 아시느니라
For all these things do the nations of the world seek after: and your Father knoweth that ye have need of these things.

3778	1063	3956	3588	1484	3588	2889	1934
ταῦτα	γὰρ	πάντα	τὰ	ἔθνη	τοῦ	κόσμου	ἐπιζητοῦσιν,
οὗτος	γάρ	πᾶς	τό	ἔθνος	ὁ	κόσμος	ἐπιζητέω
타우타	가르	판타	타	에드네	투	코스무	에피제투신
이런 것들을	왜냐하면	모든	그	이방사람들이	이	세상의	열심히 찾는 것이다
대.지.목.중.복.	접.종.	형.목.중.복/형.주.중.복.	관.주.중.복.	명.주.중.복.	관.소.남.단.	명.소.남.단.	동.직.현.능.3복.

4771	1161	3588	3962	1492	3754	5535	3778
ὑμῶν	δὲ	ὁ	πατὴρ	οἶδεν	ὅτι	χρῄζετε	τούτων.
σύ	δέ	ὁ	πατήρ	οἶδα.εἴδω	ὅτι	χρῄζω	οὗτος
휘몬	데	호	파테르	오이덴	호티	크레제테	투톤
너희의	그러나	그	아버지께서	알고 계셨다	것을	너희가 필요하다	이런 것들의
대.인.소.2복.	접.우.	관.주.남.단.	명.주.남.단.	동.직.1완.능.3단.	접.등.	동.직.현.능.2복.	대.지.소.중.복.

31 다만 너희는 그의 나라를 구하라 그리하면 이런 것들은 너희에게 더하시리라
But rather seek ye the kingdom of God; and all these things shall be added unto you.

4133	2212	3588	932	846	2532	3778	4369
πλὴν	ζητεῖτε	τὴν	βασιλείαν	αὐτοῦ,	καὶ	ταῦτα	προστεθήσεται
πλήν	ζητέω	ἡ	βασιλεία	αὐτός	καί	οὗτος	προστίθημι
플렌	제테이테	텐	바실레이안	아우투	카이	타우타	프로스테데세타이
그러나	너희는 찾아라	그	나라를	그의	그리하면	이런 것들이	더하여질 것이다
접.등.	동.명.현.능.2복.	관.목.여.단.	명.목.여.단.	대.인.소.남.3단.	접.등.	대.지.주.중.복.	동.직.미.수.3단.

4771
ὑμῖν.
σύ
휘민
너희에게
대.인.여격.2복.

32 적은 무리여 무서워 말라 너희 아버지께서 그 나라를 너희에게 주시기를 기뻐하시느니라
Fear not, little flock; for it is your Father's good pleasure to give you the kingdom.

3361	5399	3588	3398	4168	3754	2106	3588
Μὴ	φοβοῦ,	τὸ	μικρὸν	ποίμνιον,	ὅτι	εὐδόκησεν	ὁ
μή	φοβέω	τό	μικρός	ποίμνιον	ὅτι	εὐδοκέω	ὁ
메	포부	토	미크론	포이므니온	호티	유도케센	호
말라	너희는 무서워	그	적은	양떼여	때문이라	기뻐하셨기	그
부.	동.명.현.중수디.2단.	관.호.중.단.	형.호.중.단.	명.호.중.단.	접.종.	동.직.1과.능.3단.	관.주.남.단.

3962	4771	1325	4771	3588	932
πατὴρ	ὑμῶν	δοῦναι	ὑμῖν	τὴν	βασιλείαν.
πατήρ	σύ	δίδωμι	σύ	ἡ	βασιλεία
파테르	휘몬	두나이	휘민	텐	바실레이안
아버지께서	너희의	주시기를	너희에게	그	나라를
명.주.남.단.	대.인.소.2복.	동.부.2과.능.	대.인.여격.2복.	관.목.여.단.	명.목.여.단.

33 너희 소유를 팔아 구제하여 낡아지지 아니하는 배낭을 만들라 곧 하늘에 둔 바 다함이
없는 보물이니 거기는 도둑도 가까이 하는 일이 없고 좀도 먹는 일이 없느니라
Sell that ye have, and give alms; provide yourselves bags which wax not old, a treasure in the heavens that faileth not, where no thief approacheth, neither moth corrupteth.

4453	3588	5225	4771	2532	1325
Πωλήσατε	τὰ	ὑπάρχοντα	ὑμῶν	καὶ	δότε
πωλέω	τό	ὑπάρχω	σύ	καί	δίδωμι
폴레사테	타	휘파르콘타	휘몬	카이	도테
팔아라	그(것들을)	소유하는	너희의	그리고	하라
동.명.1과.능.2복.	관.목.중.복&대.관.주.중.복.	동.분.현.능.목.중.복.	대.인.소.2복.	접.등.	동.명.2과.능.2복.

1654	4160	1438	905	3361	3822
ἐλεημοσύνην·	ποιήσατε	ἑαυτοῖς	βαλλάντια	μὴ	παλαιούμενα,
ἐλεημοσύνη	ποιέω	ἑαυτοῦ	βαλάντιον	μή	παλαιόω
엘레에모쉬넨	포이에사테	헤아우토이스	발란티아	메	팔라이우메나
구제를	만들어라	너희 스스로를 위하여	주머니들을	아니하는	낡아지게 되지
명.목.여.단.	동.명.1과.능.2복.	대.인.여격.남.2복.	명.목.중.복.	부.	동.분.현.수.목.중.복.

2344	413	1722	3588	3772	3699	2812	3756
θησαυρὸν	ἀνέκλειπτον	ἐν	τοῖς	οὐρανοῖς,	ὅπου	κλέπτης	οὐκ
θησαυρός	ἀνέκλειπτος	ἐν	ὁ	οὐρανός	ὅπου	κλέπτης	οὐ
데사우론	아네클레잎톤	엔	토이스	우라노이스	호푸	클렙테스	우크
보물을	다함이 없는	안에	그	하늘들에	그곳에는	도적이	못하고
명.목.남.단.	형.목.남.단.	전.여격.	관.여격.남.복.	명.여격.남.복.	부.관.	명.주.남.단.	부.

1448	3761	4597	1311
ἐγγίζει	οὐδὲ	σὴς	διαφθείρει·
ἐγγίζω	οὐδέ	σής	διαφθείρω
엥기제이	우데	세스	디아프데이레이
가까이 하지	도 못하니	좀이	완전히 파괴하지
동.직.현.능.3단.	접.등.	명.주.남.단.	동.직.현.능.3단.

34 너희 보물 있는 곳에는 너희 마음도 있으리라
For where your treasure is, there will your heart be also.

3699	1063	1510	3588	2344	4771	1563	2532	3588	2588
ὅπου	γάρ	ἐστιν	ὁ	θησαυρὸς	ὑμῶν,	ἐκεῖ	καὶ	ἡ	καρδία
ὅπου	γάρ	εἰμί	ὁ	θησαυρός	σύ	ἐκεῖ	καί	ἡ	καρδία
호푸	가르	에스틴	호	데사우로스	휘몬	에케이	카이	헤	카르디아
그곳에	왜냐하면	있으면	그	보물이	너희의	거기에	역시	그	마음도
접종.	접종.	동.직.현.능.3단.	관.주.남.단.	명.주.남.단.	대.인.소.2복.	부.	부.	관.주.여.단.	명.주.여.단.

4771	1510
ὑμῶν	ἔσται.
σύ	εἰμί
휘몬	에스타이
너희의	있을 것이다
대.인.소.2복.	동.직.미.중디.3단.

35 허리에 띠를 띠고 등불을 켜고 서 있으라
Let your loins be girded about, and your lights burning;

1510	4771	3588	3751	4024	2532	3588	3088
Ἔστωσαν	ὑμῶν	αἱ	ὀσφύες	περιεζωσμέναι	καὶ	οἱ	λύχνοι
εἰμί	σύ	ἡ	ὀσφύς	περιζώννυμι	καί	ὁ	λύχνος
에스토산	휘몬	하이	오스퓌에스	페리에조스메나이	카이	호이	뤼크노이
있으라	너희의	그	허리들이	띠를 띠고 있는대로	그리고	그	등불들이
동.명.현.능.3복.+	대.인.소.2복.	관.주.여.복.	명.주.여.복.	+동.분.1완.수.주.여.복.	접.등.	관.주.남.복.	명.주.남.복.

2545
καιόμενοι·
καίω
카이오메노이
켜진대로
+동.분.현.능.수.주.남.복.

36 너희는 마치 그 주인이 혼인 집에서 돌아와 문을 두드리면 곧 열어 주려고 기다리는
사람과 같이 되라
And ye yourselves like unto men that wait for their lord, when he will return from the wedding; that when he cometh and knocketh, they may open unto him immediately.

2532	4771	3664	444	4327	3588	2962	1438
καὶ	ὑμεῖς	ὅμοιοι	ἀνθρώποις	προσδεχομένοις	τὸν	κύριον	ἑαυτῶν
καί	σύ	ὅμοιος	ἄνθρωπος	προσδέχομαι	ὁ	κύριος	ἑαυτοῦ
카이	휘메이스	호모이오이	안드로포이스	프로스데코메노이스	톤	퀴리온	헤아우톤
그러면	너희는	같이되라	사람들과	기다리는	그	주인을	그들 자신의
접.등.	대.인.주.2복.	형.주.남.복.	명.여격.남.복.	동.분.현.중수디.여격.남.복.	관.목.남.단.	명.목.남.단.	대.인.소.남.3복.

4219	360	1537	3588	1062	2443	2064	2532	2925
πότε	ἀναλύσῃ	ἐκ	τῶν	γάμων,	ἵνα	ἐλθόντος	καὶ	κρούσαντος
πότε	ἀναλύω	ἐκ	ὁ	γάμος	ἵνα	ἔρχομαι	καί	κρούω
포테	아날뤼세	에크	톤	가몬	히나	엘돈토스	카이	크루산토스
그때에	그가 다시 돌아왔을	부터	그	결혼식으로	위함이라	와서	그래서	문을 두드린 후에
부.의.	동.가.1과.능.3단.	전.소.	관.소.남.복.	명.소.남.복.	접.종.	동.분.2과.능.소.남.단.	접.등.	동.분.1과.능.소.남.단.

2112	455	846
εὐθέως	ἀνοίξωσιν	αὐτῷ.
εὐθέως	ἀνοίγω	αὐτός
유데오스	아노익소신	아우토
곧	그들이 열어주기	그에게
부.	동.가.1과.능.3단.	대.인.여격.남.3단.

37 주인이 와서 깨어 있는 것을 보면 그 종들은 복이 있으리로다 내가 진실로 너희에게 이르노니 주인이 띠를 띠고 그 종들을 자리에 앉히고 나아와 수종들리라

Blessed are those servants, whom the lord when he cometh shall find watching: verily I say unto you, that he shall gird himself, and make them to sit down to meat, and will come forth and serve them.

3107	3588	1401	1565	3739	2064	3588	2962
μακάριοι	οἱ	δοῦλοι	ἐκεῖνοι,	οὓς	ἐλθὼν	ὁ	κύριος
μακάριος	ὁ	δοῦλος	ἐκεῖνος	ὅς	ἔρχομαι	ὁ	κύριος
마카리오이	호이	둘로이	에케이노이	후스	엘돈	호	퀴리오스
복이 (있다)	그	종들은	그런	그들을	와서	그	주인이
형.주.남.복.	관.주.남.복.	명.주.남.복.	대.지.주.남.복.	대.관.목.남.복.	동.분.2과.능.주.남.단.	관.주.남.단.	명.주.남.단.

2147	1127	281	3004	4771	3754	4024	2532
εὑρήσει	γρηγοροῦντας·	ἀμὴν	λέγω	ὑμῖν	ὅτι	περιζώσεται	καὶ
εὑρίσκω	γρηγορέω	ἀμήν	λέγω	σύ	ὅτι	περιζώννυμι	καί
휴레세이	그레고룬타스	아멘	레고	휘민	호티	페리조세타이	카이
발견할 것이다	깨어 있는	진실로	내가 말한다	너희에게	것을	주인이 띠를 띨 것이다	그리고
동.직.미.능.3단.	동.분.현.능.목.남.복.	불문.	동.직.현.능.1단.	대.인.여격.2복.	접.등.	동.직.미.중.3단.	접.등.

347	846	2532	3928	1247	846
ἀνακλινεῖ	αὐτοὺς	καὶ	παρελθὼν	διακονήσει	αὐτοῖς.
ἀνακλίνω	αὐτός	καί	παρέρχομαι	διακονέω	αὐτός
아나클리네이	아우투스	카이	파렐돈	디아코네세이	아우토이스
(식탁에)기대어 앉힐 것이다	그 종들을	또한	곁에 와서	시중을 들 것이다	그들에게
동.직.미.능.3단.	대.인.목.남.3복.	접.등.	동.분.2과.능.주.남.단.	동.직.미.능.3단.	대.인.여격.남.3복.

38 주인이 혹 이경에나 혹 삼경에 이르러서도 종들이 그같이 하고 있는 것을 보면 그 종들은 복이 있으리로다

And if he shall come in the second watch, or come in the third watch, and find them so, blessed are those servants.

2579	1722	3588	1208	2579	1722	3588	5154	5438
κἂν	ἐν	τῇ	δευτέρᾳ	κἂν	ἐν	τῇ	τρίτῃ	φυλακῇ
κἄν	ἐν	ἡ	δεύτερος	κἄν	ἐν	ἡ	τρίτος	φυλακή
칸	엔	테	듀테라	칸	엔	테	트리테	퓔라케
그리고 만일	안에	그	제 이(경)	그리고 만일	안에	그	제 삼	경
접.등&접.종.	전.여격.	관.여격.여.단.	형.대.서.여격.여.단.	접.등&접.종.	전.여격.	관.여격.여.단.	형.서.여격.여.단.	명.여격.여.단.

2064	2532	2147	3779	3107	1510	1565
ἔλθῃ	καὶ	εὕρῃ	οὕτως,	μακάριοί	εἰσιν	ἐκεῖνοι.
ἔρχομαι	καί	εὑρίσκω	οὕτως	μακάριος	εἰμί	ἐκεῖνος
엘테	카이	휴레	후토스	마카리오이	에이신	에케이노이
주인이 오더라도	그래도	발견한다면	그렇게 하고 있는 것을	복이	있도다	그 종들은
동.가.2과.능.3단.	접.등.	동.가.2과.능.3단.	부.	형.주.남.복.	동.직.현.능.3복.	대.지.주.남.복.

39 너희도 아는 바니 집 주인이 만일 도둑이 어느 때에 이를 줄 알았더라면 그 집을 뚫지 못하게 하였으리라

And this know, that if the goodman of the house had known what hour the thief would come, he would have watched, and not have suffered his house to be broken through.

3778	1161	1097	3754	1487	1492	3588	3617	4169
τοῦτο	δὲ	γινώσκετε	ὅτι	εἰ	ᾔδει	ὁ	οἰκοδεσπότης	ποίᾳ
οὗτος	δέ	γινώσκω	ὅτι	εἰ	οἶδα.εἴδω	ὁ	οἰκοδεσπότης	ποῖος
투토	데	기노스케테	호티	에이	에데이	호	오이코데스포테스	포이아
이것을	그러나	너희는 알라	것을	만일	알았더라면	그	집주인이	어느
대.지.목.중.단.	접.등.	동.명.현.능.2복.	부.관.	접.종.	동.직.과완.능.3단.	관.주.남.단.	명.주.남.단.	형.의.여격.여.단.

5610	3588	2812	2064	3756	302	863	1358
ὥρᾳ	ὁ	κλέπτης	ἔρχεται,	οὐκ	ἂν	ἀφῆκεν	διορυχθῆναι
ὥρα	ὁ	κλέπτης	ἔρχομαι	οὐ	ἄν	ἀφίημι	διορύσσω
호라	호	클렙테스	에르케타이	우크	안	아페켄	디오뤽데나이
때에	그	도적이	올지	아니	하였으리라	그가 내버려두지	뚫려지는 것을
명.여격.여.단.	관.주.남.단.	명.주.남.단.	동.직.현.중수디.3단.	부.	불동.	동.직.현.능.3단.	동.부.1과.수.

3588	3624	846
τὸν	οἶκον	αὐτοῦ.
ὁ	οἶκος	αὐτός
톤	오이콘	아우투
그	집을	그의
관.목.남.단.	명.목.남.단.	대.인.소.남.3단.

40 그러므로 너희도 준비하고 있으라 생각하지 않은 때에 인자가 오리라 하시니라
Be ye therefore ready also: for the Son of man cometh at an hour when ye think not.

2532	4771	1096	2092	3754	3739	5610	3756	1380
καὶ	ὑμεῖς	γίνεσθε	ἕτοιμοι,	ὅτι	ᾗ	ὥρᾳ	οὐ	δοκεῖτε
καί	σύ	γίνομαι	ἕτοιμος	ὅτι	ὅς	ὥρα	οὐ	δοκέω
카이	휘메이스	기네스데	헤토이모이	호티	헤	호라	우	도케이테
역시	너희도	있으라	준비하고	때문이라	바	시간에	않은	너희가 생각지
부.	대.인.주.2복.	동.직.현.중수디.2복.	형.주.남.복.	접.종.	대.관.여격.여.단.+	명.여격.여.단.	부.	동.직.현.능.2복.

3588	5207	3588	444	2064
ὁ	υἱὸς	τοῦ	ἀνθρώπου	ἔρχεται.
ὁ	υἱός	ὁ	ἄνθρωπος	ἔρχομαι
호	휘오스	투	안드로푸	에르케타이
그	아들이	그	사람의	온다
관.주.남.단.	명.주.남.단.	관.소.남.단.	명.소.남.단.	동.직.현.중수디.3단.

41 베드로가 여짜오되 주께서 이 비유를 우리에게 하심이니이까 모든 사람에게 하심이니이까
Then Peter said unto him, Lord, speakest thou this parable unto us, or even to all?

3004(2036)	1161	3588	4074	2962	4314	1473	3588	3850
Εἶπεν	δὲ	ὁ	Πέτρος,	κύριε,	πρὸς	ἡμᾶς	τὴν	παραβολὴν
λέγω.ἔπω	δέ	ὁ	Πέτρος	κύριος	πρός	ἐγώ	ἡ	παραβολή
에이펜	데	호	페트로스	퀴리에	프로스	헤마스	텐	파라볼렌
말씀드렸다	그러자	그	베드로가	주여	에게	우리	그	비유를
동.직.2과.능.3단.	접.우.	관.주.남.단.	명.주.남.단.	명.호.남.단.	전.목.	대.인.목.1복.	관.목.여.단.	명.목.여.단.

3778	3004	2228	2532	4314	3956
ταύτην	λέγεις	ἢ	καὶ	πρὸς	πάντας;
οὗτος	λέγω	ἤ	καί	πρός	πᾶς
타우텐	레게이스	에	카이	프로스	판타스
이	주님께서 말씀하시나이까	또는	역시 (하시나이까)	에게로	모든 사람
대.지.목.여.단.	동.직.현.능.2단.	접.등.	부.	전.목.	형.대.목.남.복.

42 주께서 이르시되 지혜 있고 진실한 청지기가 되어 주인에게 그 집 종들을 맡아 때를 따라 양식을 나누어 줄 자가 누구냐
And the Lord said, Who then is that faithful and wise steward, whom his lord shall make ruler over his household, to give them their portion of meat in due season?

2532	3004(2036)	3588	2962	5101	686	1510	3588	4103
καὶ	εἶπεν	ὁ	κύριος,	τίς	ἄρα	ἐστὶν	ὁ	πιστὸς
καί	λέγω.ἔπω	ὁ	κύριος	τίς	ἄρα	εἰμί	ὁ	πιστός
카이	에이펜	호	퀴리오스	티스	아라	에스틴	호	피스토스
이에	말씀하셨다	그	주님께서	누구	그러면	이냐	그	신실하고
접.등.	동.직.2과.능.3단.	관.주.남.단.	명.주.남.단.	대.의.주.남.단.	접.우.	동.직.현.능.3단.	관.주.남.단.	형.주.남.단.

3623	3588	5429	3739	2525	3588	2962	1909	3588
οἰκονόμος	ὁ	φρόνιμος,	ὃν	καταστήσει	ὁ	κύριος	ἐπὶ	τῆς
οἰκονόμος	ὁ	φρόνιμος	ὅς	καθίστημι	ὁ	κύριος	ἐπί	ἡ
오이코노모스	호	프로니모스	혼	카타스테세이	호	퀴리오스	에피	테스
청지기가	그	현명한	그를	맡길 것이다	그	주인이	에게	그
명.주.남.단.	관.주.남.단.	형.주.남.단.	대.관.목.남.단.	동.직.미.능.3단.	관.주.남.단.	명.주.남.단.	전.소.	관.소.여.단.

2322	846	3588	1325	1722	2540	3588	4620
θεραπείας	αὐτοῦ	τοῦ	διδόναι	ἐν	καιρῷ	[τὸ]	σιτομέτριον;
θεραπεία	αὐτός	τό	δίδωμι	ἐν	καιρός	τό	σιτόμετρον
데라페이아스	아우투	투	디도나이	엔	카이로	토	시토메트리온
(집)종을	자기의	그	주기 위하여	안에	때	그	정량의 양식을
명.소.여.단.	대.인.소.남.3단.	관.소.중.단.	동.부.현.능.소.	전.여격.	명.여격.남.단.	관.목.중.단.	명.목.중.단.

43 주인이 이를 때에 그 종이 그렇게 하는 것을 보면 그 종은 복이 있으리로다
Blessed is that servant, whom his lord when he cometh shall find so doing.

3107	3588	1401	1565	3739	2064	3588	2962
μακάριος	ὁ	δοῦλος	ἐκεῖνος,	ὃν	ἐλθὼν	ὁ	κύριος
μακάριος	ὁ	δοῦλος	ἐκεῖνος	ὅς	ἔρχομαι	ὁ	κύριος
마카리오스	호	둘로스	에케이노스	혼	엘돈	호	퀴리오스
복이 (있도다)	그	종이	그	그를	온 후에	그	주인이
형.주.남.단.	관.주.남.단.	명.주.남.단.	대.지.주.남.단.	대.관.목.남.단.	동.분.2과.능.주.남.단.	관.주.남.단.	명.주.남.단.

846	2147	4160	3779
αὐτοῦ	εὑρήσει	ποιοῦντα	οὕτως.
αὐτός	εὑρίσκω	ποιέω	οὕτως
아우투	휴레세이	포이운타	후토스
자기의	발견할 것이다	하는 때에	그렇게
대.인.소.남.3단.	동.직.미.능.3단.	동.분.현.능.목.남.단.	부.

44 내가 참으로 너희에게 이르노니 주인이 그 모든 소유를 그에게 맡기리라
Of a truth I say unto you, that he will make him ruler over all that he hath.

230	3004	4771	3754	1909	3956	3588	5225
ἀληθῶς	λέγω	ὑμῖν	ὅτι	ἐπὶ	πᾶσιν	τοῖς	ὑπάρχουσιν
ἀληθῶς	λέγω	σύ	ὅτι	ἐπί	πᾶς	τό	ὑπάρχω
알레도스	레고	휘민	호티	에피	파신	토이스	휘파르쿠신
참으로	내가 말한다	너희에게	것을	다스리도록	모두를	그(것들)	소유하는
부.	동.직.현.능.1단.	대.인.여격.2복.	접.등.	전.여격.	형.대.여격.중.복.	관.여격.중.복	동.분.현.능.여격.중.복.

846	2525	846
αὐτοῦ	καταστήσει	αὐτόν.
αὐτός	καθίστημι	αὐτός
아우투	카타스테세이	아우톤
자기의	주인이 맡길 것이다	그를
대.인.소.남.3단.	동.직.미.능.3단.	대.인.목.남.3단.

45 만일 그 종이 마음에 생각하기를 주인이 더디 오리라 하여 남녀 종들을 때리며 먹고
마시고 취하게 되면
But and if that servant say in his heart, My lord delayeth his coming; and shall begin to beat the menservants and maidens, and to eat and drink, and to be drunken;

1437	1161	3004(2036)	3588	1401	1565	1722	3588	2588	846
ἐὰν	δὲ	εἴπῃ	ὁ	δοῦλος	ἐκεῖνος	ἐν	τῇ	καρδίᾳ	αὐτοῦ,
ἐάν	δέ	λέγω.ἔπω	ὁ	δοῦλος	ἐκεῖνος	ἐν	ἡ	καρδία	αὐτός
에안	데	에이페	호	둘로스	에케이노스	엔	테	카르디아	아우투
만일	그러나	말하며	그	종이	그	속에	그	마음	그의
접.종.	접.등.	동.가.2과.능.3단.	관.주.남.단.	명.주.남.단.	대.지.주.남.단.	전.여격.	관.여격.여.단.	명.여격.여.단.	대.인.소.남.3단.

5549	3588	2962	1473	2064	2532	756	5180
χρονίζει	ὁ	κύριός	μου	ἔρχεσθαι,	καὶ	ἄρξηται	τύπτειν
χρονίζω	ὁ	κύριος	ἐγώ	ἔρχομαι	καί	ἄρχομαι	τύπτω
크로니제이	호	퀴리오스	무	에르케스다이	카이	아릅세타이	튑테인
지체한다	그	주인이	나의	오는 것을	그래서	시작하면	때리는 것을
동.직.현.능.3단.	관.주.남.단.	명.주.남.단.	대.인.소.1단.	동.부.현.중수디.	접.등.	동.가.1과.중.3단.	동.부.현.능.

3588	3816	2532	3588	3814	2068	5037	2532	4095
τοὺς	παῖδας	καὶ	τὰς	παιδίσκας,	ἐσθίειν	τε	καὶ	πίνειν
ὁ	παῖς	καί	ἡ	παιδίσκη	ἐσθίω	τε	καί	πίνω
투스	파이다스	카이	타스	파이디스카스	에스디에인	테	카이	피네인
그	남종들	과	그	여종들을	먹는 것	그리고	과	마시는 것
관.목.남.복.	명.목.남.복.	접.등.	관.목.여.복.	명.목.여.복.	동.부.현.능.	접.등.	접.등.	동.부.현.능.

2532	3182
καὶ	μεθύσκεσθαι,
καί	μεθύσκω
카이	메뒤스케스다이
과	술 취하게 되는 것을
접.등.	동.부.현.수.

46 생각하지 않은 날 알지 못하는 시각에 그 종의 주인이 이르러 엄히 때리고 신실하지
아니한 자의 받는 벌에 처하리니

The lord of that servant will come in a day when he looketh not for him, and at an hour when he is not aware, and will cut him in sunder, and will appoint him his portion with the unbelievers.

2240	3588	2962	3588	1401	1565	1722	2250	3739
ἥξει	ὁ	κύριος	τοῦ	δούλου	ἐκείνου	ἐν	ἡμέρᾳ	ᾗ
ἥκω	ὁ	κύριος	ὁ	δοῦλος	ἐκεῖνος	ἐν	ἡμέρα	ὅς
헥세이	호	퀴리오스	투	둘루	에케이누	엔	헤메라	헤
올 것이다	그	주인이	그	종의	그	안에	날	바
동.직.미.능.3단.	관.주.남.단.	명.주.남.단.	관.소.남.단.	명.소.남.단.	대.지.소.남.단.	전.여격.	명.여격.여.단.	대.관.여격.여.단

3756	4328	2532	1722	5610	3739	3756	1097	2532
οὐ	προσδοκᾷ	καὶ	ἐν	ὥρᾳ	ᾗ	οὐ	γινώσκει,	καὶ
οὐ	προσδοκάω	καί	ἐν	ὥρα	ὅς	οὐ	γινώσκω	καί
우	프로스도카	카이	엔	호라	헤	우	기노스케이	카이
않은	그가 예기치	그리고	안에	시간	바	못하는	그가 알지	그래서
부.	동.직.현.능.3단.	접.등.	전.여격.	명.여격.여.단.	대.관.여격.여.단	부.	동.직.현.능.3단.	접.등.

1371	846	2532	3588	3313	846	3326	3588	571
διχοτομήσει	αὐτὸν	καὶ	τὸ	μέρος	αὐτοῦ	μετα	τῶν	ἀπίστων
διχοτομέω	αὐτός	καί	τό	μέρος	αὐτός	μετά	ὁ	ἄπιστος
디코토메세이	아우톤	카이	토	메로스	아우투	메타	톤	아피스톤
엄히 벌할 것이다	그를	또한	그	몫을	그의	함께	그	신실하지 않은 자들과
동.직.미.능.3단.	대.인.목.남.3단.	접.등.	관.목.중.단.	명.목.중.단.	대.인.소.남.3단.	전.소.	관.소.남.복.	형.대.소.남.복.

5087
θήσει.
τίθημι
데세이
지정할 것이다
동.직.미.능.3단.

47 주인의 뜻을 알고도 준비하지 아니하고 그 뜻대로 행하지 아니한 종은 많이 맞을 것이요

And that servant, which knew his lord's will, and prepared not himself, neither did according to his will, shall be beaten with many stripes.

1565	1161	3588	1401	3588	1097	3588	2307	3588
Ἐκεῖνος	δὲ	ὁ	δοῦλος	ὁ	γνοὺς	τὸ	θέλημα	τοῦ
ἐκεῖνος	δέ	ὁ	δοῦλος	ὁ	γινώσκω	τό	θέλημα	ὁ
에케이노스	데	호	둘로스	호	그누스	토	델레마	투
그	또	그	종은	그	알고	그	뜻을	그
대.지.주.남.단.	접.등.	관.주.남.단.	명.주.남.단.	관.주.남.단	동.분.2과.능.주.남.단.	관.목.중.단.	명.목.중.단.	관.소.남.단.

2962	846	2532	3361	2090	2228	4160	4314	3588
κυρίου	αὐτοῦ	καὶ	μὴ	ἑτοιμάσας	ἢ	ποιήσας	πρὸς	τὸ
κύριος	αὐτός	καί	μή	ἑτοιμάζω	ἤ	ποιέω	πρός	τό
퀴리우	아우투	카이	메	헤토이마사스	에	포이에사스	프로스	토
주인의	자기의	그러나	아니하고	준비하지	또는	행하지 아니한	따라	그
명.소.남.단.	대.인.소.남.3단.	접.등.	부.	동.분.1과.능.주.남.단.	접.등.	동.분.1과.능.주.남.단.	전.목.	관.목.중.단.

2307	846	1194	4183
θέλημα	αὐτοῦ	δαρήσεται	πολλάς·
θέλημα	αὐτός	δέρω	πολύς
델레마	아우투	다레세타이	폴라스
뜻을	그의	채찍으로 맞을 것이다	많은 매를
명.목.중.단.	대.인.소.남.3단.	동.직.미.수.3단.	형.대.목.여.복.

48 알지 못하고 맞을 일을 행한 종은 적게 맞으리라 무릇 많이 받은 자에게는 많이 요구할 것이요 많이 맡은 자에게는 많이 달라 할 것이니라

But he that knew not, and did commit things worthy of stripes, shall be beaten with few stripes. For unto whomsoever much is given, of him shall be much required: and to whom men have committed much, of him they will ask the more.

3588	1161	3361	1097	4160	1161	514	4127
ὁ	δὲ	μὴ	γνούς,	ποιήσας	δὲ	ἄξια	πληγῶν
ὁ	δέ	μή	γινώσκω	ποιέω	δέ	ἄξιος	πληγή
호	데	메	그누스	포이에사스	데	악시아	플레곤
그(종은)	그러나	못한	알지	행한 후에	그러나	합당한 일들을	맞을 일들의
관.주.남.단&대.관.주.남.단	접.등.	부.	동.분.2과.능.주.남.단.	동.분.1과.능.주.남.단.	접.등.	형.대.목.중.복.	명.소.여.복.

1194	3641	3956	1161	3739	1325	4183	4183
δαρήσεται	ὀλίγας.	παντὶ	δὲ	ᾧ	ἐδόθη	πολύ,	πολὺ
δέρω	ὀλίγος	πᾶς	δέ	ὅς	δίδωμι	πολύς	πολύς
다레세타이	올리가스	판티	데	호	에도데	폴뤼	폴뤼
채찍에 맞으리라	적은 매를	모든 사람에게	그러나	바	주어졌던	많은 것이	많은 것이
동.직.미.수.3단.	형.대.목.여.복.	형.대.여격.남.단.	접.종.	대.관.여격.남.단.	동.직.1과.수.3단.	형.대.주.중.단.	형.대.주.중.단.

2212	3844	846	2532	3739	3908	4183	4054
ζητηθήσεται	παρ'	αὐτοῦ,	καὶ	ᾧ	παρέθεντο	πολύ,	περισσότερον
ζητέω	παρά	αὐτός	καί	ὅς	παρατίθημι	πολύς	περισσότερον
제테데세타이	파르	아우투	카이	호	파레덴토	폴뤼	페리쏘테론
찾게 될 것이다	에게서	그 사람	그리고	바 사람에게	그들이 맡겼던	많은 것을	더 풍부한 것을
동.직.미.수.3단.	전.소.	대.인.소.남.3단.	접.등.	대.관.여격.남.단.+	동.직.2과.중.3복.	형.대.목.중.단.	형.대.비.목.중.단.

154	846
αἰτήσουσιν	αὐτόν.
αἰτέω	αὐτός
아이테수신	아우톤
그들이 요구할 것이다	그를
동.직.미.능.3복.	대.인.목.남.3단.

49 내가 불을 땅에 던지러 왔노니 이 불이 이미 붙었으면 내가 무엇을 원하리요

I am come to send fire on the earth; and what will I, if it be already kindled?

4442	2064	906	1909	3588	1093	2532	5101	2309	1487
Πῦρ	ἦλθον	βαλεῖν	ἐπὶ	τὴν	γῆν,	καὶ	τί	θέλω	εἰ
πῦρ	ἔρχομαι	βάλλω	ἐπί	ἡ	γῆ	καί	τίς	θέλω	εἰ
퓌르	엘돈	발레인	에피	텐	겐	카이	티	델로	에이
불을	내가 왔다	던지려고	위로	이	땅을	그런데	무엇을	내가 원한다	면
명.목.중.단.	동.직.2과.능.1단.	동.부.2과.능.	전.목.	관.목.여.단.	명.목.여.단.	접.등.	대.의.목.중.단	동.직.현.능.1단.	접.등.

2235	381
ἤδη	ἀνήφθη.
ἤδη	ἀνάπτω
에데	아네프데
이미	그 불이 붙었다
부.	동.직.1과.수.3단.

50 나는 받을 세례가 있으니 그것이 이루어지기까지 나의 답답함이 어떠하겠느냐
But I have a baptism to be baptized with; and how am I straitened till it be accomplished!

908	1161	2192	907	2532	4459	4912
βάπτισμα	δὲ	ἔχω	βαπτισθῆναι,	καὶ	πῶς	συνέχομαι
βάπτισμα	δέ	ἔχω	βαπτίζω	καί	πῶς	συνέχω
밮티스마	데	에코	밮티스데나이	카이	포스	쉬네코마이
세례를	그러나	나는 가진다	세례를 받을 것을	그리하여	어떻게 해서든지	나는 괴로움을 당한다
명.목.중.단.	접.등.	동.직.현.능.1단.	동.부.1과.수.	접.등.	부.의.	동.직.현.수.1단.

2193	3755	5055
ἕως	ὅτου	τελεσθῇ.
ἕως	ὅτου	τελέω
헤오스	호투	텔레스데
까지	때	이루어질
전.소.	대.관.소.남.단&대.관.여격.남.단.	동.가.1과.수.3단.

51 내가 세상에 화평을 주려고 온 줄로 아느냐 내가 너희에게 이르노니 아니라 도리어
분쟁하게 하려 함이로라
Suppose ye that I am come to give peace on earth? I tell you, Nay; but rather division:

1380	3754	1515	3854	1325	1722	3588	1093
δοκεῖτε	ὅτι	εἰρήνην	παρεγενόμην	δοῦναι	ἐν	τῇ	γῇ;
δοκέω	ὅτι	εἰρήνη	παραγίνομαι	δίδωμι	ἐν	ἡ	γῆ
도케이테	호티	에이레넨	파레게노멘	두나이	엔	테	게
너희는 생각하느냐	줄로	평화를	내가 왔던	주려고	안에	이	땅에
동.직.현.능.2복.	접.등.	명.목.여.단.	동.직.2과.중디.1단.	동.부.2과.능.	전.여격.	관.여격.여.단.	명.여격.여.단.

3780	3004	4771	235	2228	1267
οὐχί,	λέγω	ὑμῖν,	ἀλλ’	ἢ	διαμερισμόν.
οὐχί	λέγω	σύ	ἀλλά	ἤ	διαμερισμός
우키	레고	휘민	알	에	디아메리스몬
아니라	내가 말한다	너희에게	다만	오히려	분열을 (일으키려 왔노라)
불.문.	동.직.현.능.1단.	대.인.여격.2복.	접.우.	접.종.	명.목.남.단.

52 이후부터 한 집에 다섯 사람이 있어 분쟁하되 셋이 둘과, 둘이 셋과 하리니
For from henceforth there shall be five in one house divided, three against two, and two against three.

1510	1063	575	3588	3568	4002	1722	1520	3624
ἔσονται	γὰρ	ἀπὸ	τοῦ	νῦν	πέντε	ἐν	ἑνὶ	οἴκῳ
εἰμί	γάρ	ἀπό	ὁ	νῦν	πέντε	ἐν	εἷς	οἶκος
에손타이	가르	아포	투	뉜	펜테	엔	헤니	오이코
있을 것이다	왜냐하면	부터	그	이제	다섯(사람들이)	안에	한	집에
동.직.미.중디.3복.	접.종.	전.소.	관.소.남.단.	부	형.대.기.주.남.복.	전.여격.	형.기.여격.남.단.	명.여격.남.단.

1266	5140	1909	1417	2532	1417	1909	5140
διαμεμερισμένοι,	τρεῖς	ἐπὶ	δυσὶν	καὶ	δύο	ἐπὶ	τρισίν,
διαμερίζω	τρεῖς	ἐπί	δύο	καί	δύο	ἐπί	τρεῖς
디아메메리스메노이	트레이스	에피	뒤신	카이	뒤오	에피	트리신
(완전히)갈라져 있는	세 사람이	대적하고	두 사람에게	그리고	두 사람이	대적하리니	세 사람에게
동.분.1완.수.주.남.복.	형.대.기.주.남.복.	전.여격.	형.대.기.여격.남.복.	접.등.	형.대.기.주.남.복.	전.여격.	형.대.기.여격.남.복.

53 아버지가 아들과, 아들이 아버지와, 어머니가 딸과, 딸이 어머니와, 시어머니가 며느리와,
며느리가 시어머니와 분쟁하리라 하시니라
The father shall be divided against the son, and the son against the father; the mother against the daughter, and the daughter against the mother; the mother in law against her daughter in law, and the daughter in law against her mother in law.

1266	3962	1909	5207	2532	5207	1909	3962	3384
διαμερισθήσονται	πατὴρ	ἐπὶ	υἱῷ	καὶ	υἱὸς	ἐπὶ	πατρί,	μήτηρ
διαμερίζω	πατήρ	ἐπί	υἱός	καί	υἱός	ἐπί	πατήρ	μήτηρ
디아메리스데손타이	파테르	에피	휘오	카이	휘오스	에피	파트리	메테르
(완전히)갈라지게 될 것이다	아비가	대적하며	아들에게	그리고	아들이	대적하고	아비에게	어미가
동.직.미.수.3복.	명.주.남.단.	전.여격.	명.여격.남.단.	접.등.	명.주.남.단.	전.여격.	명.여격.남.단.	명.주.여.단.

1909	3588	2364	2532	2364	1909	3588	3384	3994	1909
ἐπὶ	τὴν	θυγατέρα	καὶ	θυγάτηρ	ἐπὶ	τὴν	μητέρα,	πενθερὰ	ἐπὶ
ἐπί	ἡ	θυγάτηρ	καί	θυγάτηρ	ἐπί	ἡ	μήτηρ	πενθερά	ἐπί
에피	텐	뒤가테라	카이	뒤가테르	에피	텐	메테라	펜데라	에피
대적하고	그	딸을	또	딸이	대적하고	그	어미를	시어미가	대적하고
전목.	관.목.여.단.	명.목.여.단.	접.등.	명.주.여.단.	전목.	관.목.여.단.	명.목.여.단.	명.주.여.단.	전목.

3588	3565	846	2532	3565	1909	3588	3994
τὴν	νύμφην	αὐτῆς	καὶ	νύμφη	ἐπὶ	τὴν	πενθεράν.
ἡ	νύμφη	αὐτός	καί	νύμφη	ἐπί	ἡ	πενθερά
텐	뉨펜	아우테스	카이	뉨페	에피	텐	펜데란
그	며느리를	자기의	그리고	며느리가	대적하여	그	시어미를
관.목.여.단.	명.목.여.단.	대.인.소.여.3단.	접.등.	명.주.여.단.	전목.	관.목.여.단.	명.목.여.단.

54 또 무리에게 이르시되 너희가 구름이 서쪽에서 이는 것을 보면 곧 말하기를 소나기가
오리라 하나니 과연 그러하고

And he said also to the people, When ye see a cloud rise out of the west, straightway ye say, There cometh a shower; and so it is.

3004	1161	2532	3588	3793	3752	3708(1492)	3588	3507
Ἔλεγεν	δὲ	καὶ	τοῖς	ὄχλοις,	ὅταν	ἴδητε	[τὴν]	νεφέλην
λέγω	δέ	καί	ὁ	ὄχλος	ὅταν	ὁράω.εἴδω	ἡ	νεφέλη
엘레겐	데	카이	토이스	오클로이스	호탄	이데테	텐	네펠렌
말씀하셨다	또	역시	그	무리들에게	때에	너희가 볼	그	구름을
동.직.미완.능.3단.	접.등.	부.	관.여격.남.복.	명.여격.남.복.	접.종.	동.가.2과.능.2복.	관.목.여.단.	명.목.여.단.

393	1909	1424	2112	3004	3754	3655	2064
ἀνατέλλουσαν	ἐπὶ	δυσμῶν,	εὐθέως	λέγετε	ὅτι	ὄμβρος	ἔρχεται,
ἀνατέλλω	ἐπί	δυσμή	εὐθέως	λέγω	ὅτι	ὄμβρος	ἔρχομαι
아나텔루산	에피	뒤스몬	유데오스	레게테	호티	옴브로스	에르케타이
떠오르는	위에서	서쪽의	즉시	너희가 말한다	것을	소나기가	오리라는
동.분.현.능.목.여.단.	전.소.	명.소.여.복.	부.	동.직.현.능.2복.	접.등.	명.주.남.단.	동.직.현.중수디.3단.

2532	1096	3779
καὶ	γίνεται	οὕτως·
καί	γίνομαι	οὕτως
카이	기네타이	후토스
그러면	그것이 된다	그렇게
접.등.	동.직.현.중수디.3단.	부.

55 남풍이 부는 것을 보면 말하기를 심히 더우리라 하나니 과연 그러하니라

And when ye see the south wind blow, ye say, There will be heat; and it cometh to pass.

2532	3752	3558	4154	3004	3754	2742	1510	2532
καὶ	ὅταν	νότον	πνέοντα,	λέγετε	ὅτι	καύσων	ἔσται,	καὶ
καί	ὅταν	νότος	πνέω	λέγω	ὅτι	καύσων	εἰμί	καί
카이	호탄	노톤	프네온타	레게테	호티	카우손	에스타이	카이
또	때에	남풍을	부는	너희는 말한다	것을	(심한) 더위가	있을 것이다	그러면
접.등.	접.종.	명.목.남.단.	동.분.현.능.목.남.단.	동.직.현.능.2복.	접.우.	명.주.남.단.	동.직.미.중디.3단.	접.등.

1096
γίνεται.
γίνομαι
기네타이
그것이 된다
동.직.현.중수디.3단.

56 외식하는 자여 너희가 천지의 기상은 분간할 줄 알면서 어찌 이 시대는 분간하지 못하느냐
Ye hypocrites, ye can discern the face of the sky and of the earth; but how is it that ye do not discern this time?

5273	3588	4383	3588	1093	2532	3588	3772	1492
ὑποκριταί,	τὸ	πρόσωπον	τῆς	γῆς	καὶ	τοῦ	οὐρανοῦ	οἴδατε
ὑποκριτής	τό	πρόσωπον	ἡ	γῆ	καί	ὁ	οὐρανός	οἶδα.εἴδω
휘포크리타이	토	프로소폰	테스	게스	카이	투	우라누	오이다테
위선자들이여	그	기상을	이	땅	과	그	하늘의	너희가 알았다
명.호.남.복.	관.목.중.단.	명.목.중.단.	관.소.여.단.	명.소.여.단.	접.등.	관.소.남.단.	명.소.남.단.	동.직.1완.능.2복.

1381	3588	2540	1161	3778	4459	3756	1492	1381
δοκιμάζειν,	τὸν	καιρὸν	δὲ	τοῦτον	πῶς	οὐκ	οἴδατε	δοκιμάζειν;
δοκιμάζω	ὁ	καιρός	δέ	οὗτος	πῶς	οὐ	οἶδα.εἴδω	δοκιμάζω
도키마제인	톤	카이론	데	투톤	포스	우크	오이다테	도키마제인
분별하는 것을	그	시대를	그러나	이	어떻게	못하였느냐	너희가 알지	분간하는 것을
동.부.현.능.	관.목.남.단.	명.목.남.단.	접.우.	대.지.목.중.단.	부.의.	부.	동.직.1완.능.2복.	동.부.현.능.

57 또 어찌하여 옳은 것을 스스로 판단하지 아니하느냐
Yea, and why even of yourselves judge ye not what is right?

5101	1161	2532	575	1438	3756	2919	3588	1342
Τί	δὲ	καὶ	ἀφ'	ἑαυτῶν	οὐ	κρίνετε	τὸ	δίκαιον;
τίς	δέ	καί	ἀπό	ἑαυτοῦ	οὐ	κρίνω	τό	δίκαιος
티	데	카이	앞	헤아우톤	우	크리네테	토	디카이온
어찌하여	그런데	또한	부터	너희 자신으로	못하느냐	너희가 판단하지	그	옳은 것을
대.의.목.중.단	접.등.	부.	전.소.	대.인.소.남.2복.	부.	동.직.현.능.2복.	관.목.중.단.	형.대.목.중.단.

58 네가 너를 고발하는 자와 함께 법관에게 갈 때에 길에서 화해하기를 힘쓰라 그가 너를 재판장에게 끌어가고 재판장이 너를 옥졸에게 넘겨주어 옥졸이 옥에 가둘까 염려하라
When thou goest with thine adversary to the magistrate, as thou art in the way, give diligence that thou mayest be delivered from him; lest he hale thee to the judge, and the judge deliver thee to the officer, and the officer cast thee into prison.

5613	1063	5217	3326	3588	476	4771	1909	758	1722
ὡς	γὰρ	ὑπάγεις	μετὰ	τοῦ	ἀντιδίκου	σου	ἐπ'	ἄρχοντα,	ἐν
ὡς	γάρ	ὑπάγω	μετά	ὁ	ἀντίδικος	σύ	ἐπί	ἄρχων	ἐν
호스	가르	휘파게이스	메타	투	안티디쿠	수	엪	아르콘타	엔
때에	왜냐하면	네가 갈	함께	그	대적하는 사람과	너의	앞으로	통치자를	안에서
접.종.	접.종.	동.직.현.능.2단.	전.소.	관.소.남.단.	명.소.남.단.	대.인.소.2단.	전.목.	명.목.남.단.	전.여격.

3588	3598	1325	2039	525	575	846	3379
τῇ	ὁδῷ	δὸς	ἐργασίαν	ἀπηλλάχθαι	ἀπ'	αὐτοῦ,	μήποτε
ἡ	ὁδός	δίδωμι	ἐργασία	ἀπαλλάσσω	ἀπό	αὐτός	μήποτε
테	호도	도스	에르가시안	아펠라크다이	압	아우투	메포테
그	길에	하라	노력을	자유로워져 있기를	부터	그로	염려함이라
관.여격.여.단.	명.여격.여.단.	동.명.2과.능.2단.	명.목.여.단.	동.부.1완.수.	전.소.	대.인.소.남.3단.	접.종.

2694	4771	4314	3588	2923	2532	3588	2923	4771	3860
κατασύρῃ	σε	πρὸς	τὸν	κριτήν,	καὶ	ὁ	κριτής	σε	παραδώσει
κατασύρω	σύ	πρός	ὁ	κριτής	καί	ὁ	κριτής	σύ	παραδίδωμι
카타쉬레	세	프로스	톤	크리텐	카이	호	크리테스	세	파라도세이
그가 끌어가서	너를	에게로	그	재판관	그러면	그	재판관이	너를	넘길 것이다
동.가.현.능.3단.	대.인.목.2단.	전.목.	관.목.남.단.	명.목.남.단.	접.등.	관.주.남.단.	명.주.남.단.	대.인.목.2단.	동.직.미.능.3단.

3588	4233	2532	3588	4233	4771	906	1519	5438
τῷ	πράκτορι,	καὶ	ὁ	πράκτωρ	σε	βαλεῖ	εἰς	φυλακήν.
ὁ	πράκτωρ	καί	ὁ	πράκτωρ	σύ	βάλλω	εἰς	φυλακή
토	프랔토리	카이	호	프랔토르	세	발레이	에이스	퓔라켄
그	관속에게	그리고	그	관속이	너를	던질 것이다	속으로	감옥
관.여격.남.단.	명.여격.남.단.	접.등.	관.주.남.단.	명.주.남.단.	대.인.목.2단.	동.직.미.능.3단.	전.목.	명.목.여.단.

59 네게 이르노니 한 푼이라도 남김이 없이 갚지 아니하고서는 결코 거기서 나오지 못하리라
하시니라
I tell thee, thou shalt not depart thence, till thou hast paid the very last mite.

3004	4771	3756	3361	1831	1564	2193	2532	3588
λέγω	σοι,	οὐ	μὴ	ἐξέλθῃς	ἐκεῖθεν,	ἕως	καὶ	τὸ
λέγω	σύ	οὐ	μή	ἐξέρχομαι	ἐκεῖθεν	ἕως	καί	τό
레고	소이	우	메	엑셀데스	에케이덴	헤오스	카이	토
내가 말한다	너에게	못하리라	결코	너는 나오지	거기서부터	까지	조차도	그
동.직.현.능.1단.	대.인.여격.2단.	부.	부.	동.가.2과.능.2단.	부.	부.	접.종.	관.목.중.단.

2078	3016	591
ἔσχατον	λεπτὸν	ἀποδῷς.
ἔσχατος	λεπτόν	ἀποδίδωμι
에스카톤	렙톤	아포도스
마지막	렙돈	네가 갚기
형.목.중.단.	형.대.목.중.단.	동.가.2과.능.2단.

13 그 때 마침 두어 사람이 와서 빌라도가 어떤 갈릴리 사람들의 피를 그들의 제물에 섞은
일로 예수께 아뢰니
There were present at that season some that told him of the Galilaeans, whose blood Pilate had mingled with their sacrifices.

3918	1161	5100	1722	846	3588	2540	518
Παρῆσαν	δέ	τινες	ἐν	αὐτῷ	τῷ	καιρῷ	ἀπαγγέλλοντες
πάρειμι	δέ	τις	ἐν	αὐτός	ὁ	καιρός	ἀπαγγέλλω
파레산	데	티네스	엔	아우토	토	카이로	아팡겔론테스
왔다	그리고	어떤 사람들이	에 있어	같은	그	시간	보고하며
동.직.미완.능.3복.	접.등.	대.부.주.남.복.	전.여격.	대.인.여격.남.3단	관.여격.남.단.	명.여격.남.단.	동.분.현.능.주.남.복.

846	4012	3588	1057	3739	3588	129	4091	3396
αὐτῷ	περὶ	τῶν	Γαλιλαίων	ὧν	τὸ	αἷμα	Πιλᾶτος	ἔμιξεν
αὐτός	περί	ὁ	Γαλιλαῖος	ὅς	τό	αἷμα	Πιλάτος	μίγνυμι
아우토	페리	톤	갈릴라이온	혼	토	하이마	필라토스	에믹센
그에게	관하여	그	갈릴리 사람들에	바	그	피를	빌라도가	섞었다
대.인.여격.남.3단.	전.소.	관.소.남.복.	형.대.소.남.복.	대.관.소.남.복.	관.목.중.단.	명.목.중.단.	명.주.남.단.	동.직.1과.능.3단.

3326	3588	2378	846
μετὰ	τῶν	θυσιῶν	αὐτῶν.
μετά	ἡ	θυσία	αὐτός
메타	톤	뒤시온	아우톤
함께	그	제물들과	그들의
전.소.	관.소.여.복.	명.소.여.복.	대.인.소.남.3복.

2 대답하여 이르시되 너희는 이 갈릴리 사람들이 이같이 해 받으므로 다른 모든 갈릴리
사람보다 죄가 더 있는 줄 아느냐
And Jesus answering said unto them, Suppose ye that these Galilaeans were sinners above all the Galilaeans, because they suffered such things?

2532	611	3004(2036)	846	1380	3754	3588	1057
καὶ	ἀποκριθεὶς	εἶπεν	αὐτοῖς,	δοκεῖτε	ὅτι	οἱ	Γαλιλαῖοι
καί	ἀποκρίνομαι	λέγω.ἔπω	αὐτός	δοκέω	ὅτι	ὁ	Γαλιλαῖος
카이	아포크리데이스	에이펜	아우토이스	도케이테	호티	호이	갈릴라이오이
그러자	대답하여	말씀하셨다	그들에게	너희는 생각하느냐	것을	그	갈릴리 사람들이
접.등.	동.분.1과.수디.주.남.단.	동.직.2과.능.3단.	대.인.여격.남.3복.	동.직.현.능.2복.	접.등.	관.주.남.복.	형.대.주.남.복.

3778	268	3844	3956	3588	1057	1096	3754
οὗτοι	ἁμαρτωλοὶ	παρὰ	πάντας	τοὺς	Γαλιλαίους	ἐγένοντο,	ὅτι
οὗτος	ἁμαρτωλός	παρά	πᾶς	ὁ	Γαλιλαῖος	γίνομαι	ὅτι
후토이	하마르톨로이	파라	판타스	투스	갈릴라이우스	에게논토	호티
이	죄들이	보다 더	모든	그	갈릴리 사람들	있었다	때문이라
지.주.남.복.	형.주.남.복.	전.목.	형.목.남.복.	관.목.남.복.	형.대.목.남.복.	동.직.2과.중디.3복.	접.종.

3778	3958
ταῦτα	πεπόνθασιν;
οὗτος	πάσχω
타우타	페폰다신
이런 일들로	그들이 고통을 받고 있기
대.지.목.남.복.	동.직.2완.능.3복.

3 너희에게 이르노니 아니라 너희도 만일 회개하지 아니하면 다 이와 같이 망하리라
I tell you, Nay: but, except ye repent, ye shall all likewise perish.

3780	3004	4771	235	1437	3361	3340	3956	3668
οὐχί,	λέγω	ὑμῖν,	ἀλλ'	ἐὰν	μὴ	μετανοῆτε	πάντες	ὁμοίως
οὐχί	λέγω	σύ	ἀλλά	ἐάν	μή	μετανοέω	πᾶς	ὁμοίως
우키	레고	휘민	알	에안	메	메타노에테	판테스	호모이오스
아니라	내가 말한다	너희에게	또한	만일~면	아니하	너희도 회개하지	모두가	이와같이
불.문.	동.직.현.능.1단.	대.인.여격.2복.	접.우.	접.종.	부.	동.가.현.능.2복.	형.대.주.남.복.	부.

622
ἀπολεῖσθε.
ἀπόλλυμι
아폴레이스데
멸망할 것이다
동.직.미.중.2복.

4 또 실로암에서 망대가 무너져 치어 죽은 열여덟 사람이 예루살렘에 거한 다른 모든
사람보다 죄가 더 있는 줄 아느냐
Or those eighteen, upon whom the tower in Siloam fell, and slew them, think ye that they were sinners above all men that dwelt in Jerusalem?

2228	1565	3588	1176	1909	3739	4098	3588	4444
ἢ	ἐκεῖνοι	οἱ	δεκαοκτὼ	ἐφ'	οὓς	ἔπεσεν	ὁ	πύργος
ἤ	ἐκεῖνος	ὁ	δεκαοκτώ	ἐπί	ὅς	πίπτω	ὁ	πύργος
에	에케이노이	호이	데카옥토	엪	후스	에페센	호	퓌르고스
또는	저	그	열여덟 사람이	위로	바 사람들을	무너졌다	그	망대가
접.등.	대.지.주.남.복.	관.주.남.복.	형.대.기.주.남.복.	전.목.	대.관.목.남.복.	동.직.2과.능.3단.	관.주.남.단.	명.주.남.단.

1722	3588	4611	2532	615	846	1380	3754	846
ἐν	τῷ	Σιλωὰμ	καὶ	ἀπέκτεινεν	αὐτούς,	δοκεῖτε	ὅτι	αὐτοὶ
ἐν	ὁ	Σιλωάμ	καί	ἀποκτείνω	αὐτός	δοκέω	ὅτι	αὐτός
엔	토	실로암	카이	아페크테이넨	아우투스	도케이테	호티	아우토이
안에	그	실로암	이에	치어 죽었다	그들을	생각하느냐	줄로	그들이
전.여격.	관.여격.남.단.	명.여격.남.단.	접.등.	동.직.1과.능.3단.	대.인.목.남.3복.	동.직.현.능.2복.	접.등.	대.인.주.남.3복.

3781	1096	3844	3956	3588	444	3588
ὀφειλέται	ἐγένοντο	παρὰ	πάντας	τοὺς	ἀνθρώπους	τοὺς
ὀφειλέτης	γίνομαι	παρά	πᾶς	ὁ	ἄνθρωπος	ὁ
오페일레타이	에게논토	파라	판타스	투스	안드로푸스	투스
죄지은 자들로	있었다	보다 더	모든	그	사람들	그
명.주.남.복.	동.직.2과.중디.3복.	전.목.	형.목.남.복.	관.목.남.복.	명.목.남.복.	관.목.남.복

2730	2419
κατοικοῦντας	Ἰερουσαλήμ;
κατοικέω	Ἱερουσαλήμ
카토이쿤타스	예루살렘
거주하는	예루살렘을
동.분.현.능.목.남.복.	명.목.여.단.

5 너희에게 이르노니 아니라 너희도 만일 회개하지 아니하면 다 이와 같이 망하리라
I tell you, Nay: but, except ye repent, ye shall all likewise perish.

3780	3004	4771	235	1437	3361	3340	3956	5615
οὐχί,	λέγω	ὑμῖν,	ἀλλ'	ἐὰν	μὴ	μετανοῆτε	πάντες	ὡσαύτως
οὐχί	λέγω	σύ	ἀλλά	ἐάν	μή	μετανοέω	πᾶς	ὡσαύτως
우키	레고	휘민	알	에안	메	메타노에테	판테스	호사우토스
아니라	내가 말한다	너희에게	다만	만일	아니하면	너희도 회개하지	모두가	이와같이
불문.	동.직.현.능.1단.	대.인.여격.2복.	접.우.	접.종.	부.	동.가.현.능.2복.	형.대.주.남.복.	부.

622
ἀπολεῖσθε.
ἀπόλλυμι
아폴레이스데
너희는 멸망할 것이다
동.직.미.중.2복.

6 이에 비유로 말씀하시되 한 사람이 포도원에 무화과나무를 심은 것이 있더니 와서 그
열매를 구하였으나 얻지 못한지라

He spake also this parable; A certain man had a fig tree planted in his vineyard; and he came and sought fruit thereon, and found none.

3004	1161	3778	3588	3850	4808	2192	5100
Ἔλεγεν	δὲ	ταύτην	τὴν	παραβολήν·	συκῆν	εἶχέν	τις
λέγω	δέ	οὗτος	ἡ	παραβολή	συκῆ	ἔχω	τις
엘레겐	데	타우텐	텐	파라볼렌	쉬켄	에이켄	티스
말씀하셨다	그리고	이	그	비유를	무화과 나무를	가지고 있었다	어떤 사람이
동.직.미완.능.3단.	접.등.	대.지.목.여.단.	관.목.여.단.	명.목.여.단.	명.목.여.단.	동.직.미완.능.3단.	대.부.주.남.단.

5452	1722	3588	290	846	2532	2064	2212
πεφυτευμένην	ἐν	τῷ	ἀμπελῶνι	αὐτοῦ,	καὶ	ἦλθεν	ζητῶν
φυτεύω	ἐν	ὁ	ἀμπελών	αὐτός	καί	ἔρχομαι	ζητέω
페퓌튜메넨	엔	토	암펠로니	아우투	카이	엘덴	제톤
심겨져 있는	안에	그	포도원에	자기의	그래서	왔다	찾으며
동.분.1완.수.목.여.단.	전.여격.	관.여격.남.단.	명.여격.남.단.	대.인.소.남.3단.	접.등.	동.직.2과.능.3단.	동.분.현.능.주.남.단.

2590	1722	846	2532	3756	2147
καρπὸν	ἐν	αὐτῇ	καὶ	οὐχ	εὗρεν.
καρπός	ἐν	αὐτός	καί	οὐ	εὑρίσκω
카르폰	엔	아우테	카이	우크	휴렌
열매를	안에	그것에	그러나	못하였다	발견하지
명.목.남.단.	전.여격.	대.인.여격.여.3단.	접.등.	부.	동.직.2과.능.3단.

7 포도원지기에게 이르되 내가 삼 년을 와서 이 무화과나무에서 열매를 구하되 얻지
못하니 찍어버리라 어찌 땅만 버리게 하겠느냐

Then said he unto the dresser of his vineyard, Behold, these three years I come seeking fruit on this fig tree, and find none: cut it down; why cumbereth it the ground?

3004(2036)	1161	4314	3588	289	2400	5140	2094	575
εἶπεν	δὲ	πρὸς	τὸν	ἀμπελουργόν,	ἰδοὺ	τρία	ἔτη	ἀφ'
λέγω.ἔπω	δέ	πρός	ὁ	ἀμπελουργός	ἰδού	τρεῖς	ἔτος	ἀπό
에이펜	데	프로스	톤	암펠루르곤	이두	트리아	에테	압
그가 말하였다	그러자	향하여	그	포도원지기를	보라	삼	년을	부터
동.직.2과.능.3단.	접.우.	전.목.	관.목.남.단.	명.목.남.단.	불문.	형.기.목.중.복.	명.목.중.복.	전.소.

3739	2064	2212	2590	1722	3588	4808	3778
οὗ	ἔρχομαι	ζητῶν	καρπὸν	ἐν	τῇ	συκῇ	ταύτῃ
ὅς	ἔρχομαι	ζητέω	καρπός	ἐν	ἡ	συκῆ	οὗτος
후	에르코마이	제톤	카르폰	엔	테	쉬케	타우테
때	내가 온	찾으며	열매를	안에서	그	무화과 나무	이
대.관.소.남.단	동.직.현.중수디.1단.	동.분.현.능.주.남.1단.	명.목.남.단.	전.여격.	관.여격.여.단.	명.여격.여.단.	대.지.여격.여.단.

2532	3756	2147	1581	3767	846	2444	2532	3588
καὶ	οὐχ	εὑρίσκω·	ἔκκοψον	[οὖν]	αὐτήν,	ἱνατί	καὶ	τὴν
καί	οὐ	εὑρίσκω	ἐκκόπτω	οὖν	αὐτός	ἱνατί	καί	ἡ
카이	우크	휴리스코	엑콮손	운	아우텐	히나티	카이	텐
그런데	못한다	내가 발견하지	너는 찍어버리라	그러므로	그것을	어찌하여	마저도	이
접.등.	부.	동.직.현.능.1단.	동.명.1과.능.2단.	접.우.	대.인.목.여.3단.	부.의.	부.	관.목.여.단.

1093	2673
γῆν	καταργεῖ;
γῆ	καταργέω
겐	카타르게이
땅	그것이 쓸모없게 하느냐
명.목.여.단.	동.직.현.능.3단.

8 대답하여 이르되 주인이여 금년에도 그대로 두소서 내가 두루 파고 거름을 주리니
And he answering said unto him, Lord, let it alone this year also, till I shall dig about it, and dung it:

3588	1161	611	3004	846	2962	863	846
ὁ	δὲ	ἀποκριθεὶς	λέγει	αὐτῷ,	κύριε,	ἄφες	αὐτὴν
ὁ	δέ	ἀποκρίνομαι	λέγω	αὐτός	κύριος	ἀφίημι	αὐτός
호	데	아포크리데이스	레게이	아우토	퀴리에	아페스	아우텐
그가	그러나	대답하여	말한다	그에게	주인이여	그대로 두소서	그 나무를
관.목.남.단	접.우.	동.분.1과.수디.주.남.단.	동.직.현.능.3단.	대.인.여격.남.3단.	명.호.남.단.	동.명.2과.능.2단.	대.인.목.여.3단.

2532	3778	3588	2094	2193	3755	4626	4012	846
καὶ	τοῦτο	τὸ	ἔτος,	ἕως	ὅτου	σκάψω	περὶ	αὐτὴν
καί	οὗτος	τό	ἔτος	ἕως	ὅτου	σκάπτω	περί	αὐτός
카이	투토	토	에토스	헤오스	호투	스캅소	페리	아우텐
역시	금	그	년도	까지	때	내가 파고	주위를	그 나무에
부.	형.지.목.중.단.	관.목.중.단.	명.목.중.단.	전.소.	대.관.소.남.단	동.가.1과.능.1단.	전.목.	대.인.목.여.3단.

2532	906	2874
καὶ	βάλω	κόπρια,
καί	βάλλω	κοπρίον
카이	발로	코프리아
그리고	넣을	거름들을
접.등.	동.가.2과.능.1단.	명.목.중.복.

9 이후에 만일 열매가 열면 좋거니와 그렇지 않으면 찍어버리소서 하였다 하시니라
And if it bear fruit, well: and if not, then after that thou shalt cut it down.

2579	3303	4160	2590	1519	3588	3195
κἂν	μὲν	ποιήσῃ	καρπὸν	εἰς	τὸ	μέλλον·
κἄν	μέν	ποιέω	καρπός	εἰς	τό	μέλλω
칸	멘	포이에세	카르폰	에이스	토	멜론
그래도 만일	참으로	그것이 맺으면	열매를	안으로	그(기한)	장차 하려고 하는
접.등&접.종.	접.등/접.종.	동.가.1과.능.3단.	명.목.남.단.	전.목.	관.목.중.단&대.관.주.중.단.	동.분.현.능.목.중.단.

1487	1161	3361	1065	1581	846
εἰ	δὲ	μή	γε,	ἐκκόψεις	αὐτήν.
εἰ	δέ	μή	γέ	ἐκκόπτω	αὐτός
에이	데	메	게	엑콮세이스	아우텐
면	그러나	않으	그렇지	당신은 찍어 버릴 것이다	그것을
접.종.	접.등/접.우.	부.	불.문.	동.직.미.능.2단	대.인.목.여.3단.

10 예수께서 안식일에 한 회당에서 가르치실 때에
And he was teaching in one of the synagogues on the sabbath.

1510	1161	1321	1722	3391	3588	4864	1722	3588
Ἦν	δὲ	διδάσκων	ἐν	μιᾷ	τῶν	συναγωγῶν	ἐν	τοῖς
εἰμί	δέ	διδάσκω	ἐν	μία	ὁ	συναγωγή	ἐν	τό
엔	데	디다스콘	엔	미아	톤	쉬나고곤	엔	토이스
그가 계셨다	그리고	가르치시며	안에서	한 (회당)	그	회당들 중의	중에	그
동.직.미완.능.3단.+	접.등.	+동.분.현.능.주.남.단.	전.여격.	형.대.기.여격.여.단.	관.소.여.복.	명.소.여.복.	전.여격.	관.여격.중.복.

4521
σάββασιν.
σάββατον
삽바신
안식일들
명.여격.중.복.

11 열여덟 해 동안이나 귀신 들려 앓으며 꼬부라져 조금도 펴지 못하는 한 여자가 있더라
And, behold, there was a woman which had a spirit of infirmity eighteen years, and was bowed together, and could in no wise lift up herself.

2532	2400	1135	4151	2192	769	2094	1176	2532
καὶ	ἰδοὺ	γυνὴ	πνεῦμα	ἔχουσα	ἀσθενείας	ἔτη	δεκαοκτὼ	καὶ
καί	ἰδού	γυνή	πνεῦμα	ἔχω	ἀσθένεια	ἔτος	δεκαοκτώ.δέκα	καί
카이	이두	귀네	프뉴마	에쿠사	아스데네이아스	에테	데카옥토	카이
그런데	보라	한 여자가	(더러운) 령을	들려서	병약의	년을	십팔	그래서
접.등.	불.문.	명.주.여.단.	명.목.중.단.	동.분.현.능.주.여.단.	명.소.여.단.	명.목.중.복.	형.기.목.중.복.	접.등.

1510	4794	2532	3361	1410	352	1519	3588
ἦν	συγκύπτουσα	καὶ	μὴ	δυναμένη	ἀνακύψαι	εἰς	τὸ
εἰμί	συγκύπτω	καί	μή	δύναμαι	ἀνακύπτω	εἰς	τό
엔	쉉퀍투사	카이	메	뒤나메네	아나퀍사이	에이스	토
그는 있었다	허리가 굽어져	그리하여	없다	할 수	몸을 일으키는 것을		그
동.직.미완.능.3단.+	+동.분.현.능.주.여.단.	접.등.	부.	+동.분.현중수디.주.여.단.	동.부.1과.능.	전.목.	관.목.중.단.

3838
παντελές.
παντελής
판텔레스
조금(전혀)
형.대.목.중.단.

12 예수께서 보시고 불러 이르시되 여자여 네가 네 병에서 놓였다 하시고
And when Jesus saw her, he called her to him, and said unto her, Woman, thou art loosed from thine infirmity.

3708(1419)	1161	846	3588	2424	4377	2532	3004(2036)
ἰδὼν	δὲ	αὐτὴν	ὁ	Ἰησοῦς	προσεφώνησεν	καὶ	εἶπεν
ὁράω.εἴδω	δὲ	αὐτός	ὁ	Ἰησοῦς	προσφωνέω	καί	λέγω.ἔπω
이돈	데	아우텐	호	예수스	프로세포네센	카이	에이펜
보시고	그런데	그녀	그	예수께서	가까이 불렀다	그리고	말씀하셨다
동.분.2과.능.주.남.단.	접.우.	대.인.목.여.3단.	관.주.남.단.	명.주.남.단.	동.직.1과.능.3단.	접.등.	동.직.2과.능.3단.

846	1135	630	3588	769	4771
αὐτῇ,	γύναι,	ἀπολέλυσαι	τῆς	ἀσθενείας	σου,
αὐτός	γυνή	ἀπολύω	ἡ	ἀσθένεια	σύ
아우테	귀나이	아폴렐뤼사이	테스	아스데네이아스	수
그에게	여자여	네가 놓여져 있다	그	병약함에서	너의
대.인.여격.여.3단.	명.호.여.단.	동.직.1완.수.2단.	관.소.여.단.	명.소.여.단.	대.인.소.2단.

13 안수하시니 여자가 곧 펴고 하나님께 영광을 돌리는지라
And he laid his hands on her: and immediately she was made straight, and glorified God.

2532	2007	846	3588	5495	2532	3916	461
καὶ	ἐπέθηκεν	αὐτῇ	τὰς	χεῖρας·	καὶ	παραχρῆμα	ἀνωρθώθη
καί	ἐπιτίθημι	αὐτός	ἡ	χείρ	καί	παραχρῆμα	ἀνορθόω
카이	에페데켄	아우테	타스	케이라스	카이	파라크레마	아노르도데
그리고	그가 얹으셨다	그녀에게	그(그의)	두 손을	그러자	즉시	똑바로 서게되었다
접.등.	동.직.2과.능.3단.	대.인.여격.여.3단.	관.목.여.복.	명.목.여.복.	접.등.	부.	동.직.1과.수.3단.

2532	1392	3588	2316
καὶ	ἐδόξαζεν	τὸν	θεόν.
καί	δοξάζω	ὁ	θεός
카이	에독사젠	톤	데온
그래서	영광스럽게 하였다	그	하나님을
접.등.	동.직.미완.능.3단.	관.목.남.단.	명.목.남.단.

14 회당장이 예수께서 안식일에 병 고치시는 것을 분 내어 무리에게 이르되 일할 날이
엿새가 있으니 그 동안에 와서 고침을 받을 것이요 안식일에는 하지 말 것이니라 하거늘

And the ruler of the synagogue answered with indignation, because that Jesus had healed on the sabbath day, and said unto the people, There are six days in which men ought to work: in them therefore come and be healed, and not on the sabbath day.

611	1161	3588	752	23	3754	3588
ἀποκριθεὶς	δὲ	ὁ	ἀρχισυνάγωγος,	ἀγανακτῶν	ὅτι	τῷ
ἀποκρίνομαι	δέ	ὁ	ἀρχισυνάγωγος	ἀγανακτέω	ὅτι	τό
아포크리데이스	데	호	아르키쉬나고고스	아가낙톤	호티	토
대답하여	그런데	그	회당장이	분을 내며	때문에	그
동.분.1과.수디.주.남.단.	접.우.	관.주.남.단.	명.주.남.단.	동.분.현.능.주.남.단.	접.등/접.종.	관.여격.중.단.

4521	2323	3588	2424	3004	3588	3793	3754	1803
σαββάτῳ	ἐθεράπευσεν	ὁ	Ἰησοῦς,	ἔλεγεν	τῷ	ὄχλῳ	ὅτι	ἕξ
σάββατον	θεραπεύω	ὁ	Ἰησοῦς	λέγω	ὁ	ὄχλος	ὅτι	ἕξ
삽바토	에데라퓨센	호	예수스	엘레겐	토	오클로	호티	헥스
안식일에	병을 고치셨기	그	예수께서	말하였다	그	무리에게	것을	육
명.여격.중.단.	동.직.1과.능.3단.	관.주.남.단.	명.주.남.단.	동.직.미완.능.3단.	관.여격.남.단.	명.여격.남.단.	접.등.	형.기.주.여.복.

2250	1510	1722	3739	1163	2038	1722	846	3767
ἡμέραι	εἰσὶν	ἐν	αἷς	δεῖ	ἐργάζεσθαι·	ἐν	αὐταῖς	οὖν
ἡμέρα	εἰμί	ἐν	ὅς	δεῖ	ἐργάζομαι	ἐν	αὐτός	οὖν
헤마라이	에이신	엔	하이스	데이	에르가제스다이	엔	아우타이스	운
일들이	있다는	중에	바 날들	반드시 해야하는	일하는 것을	동안에	그날들	그러므로
명.주.여.복.	동.직.현.능.3복.	전.여격.	대.관.여격.여.복.	동.직.현.능.3단.	동.부.현.중수디.	전.여격.	대.인.여격.여.3복.	접.우.

2064	2323	2532	3361	3588	2250	3588	4521
ἐρχόμενοι	θεραπεύεσθε	καὶ	μὴ	τῇ	ἡμέρᾳ	τοῦ	σαββάτου.
ἔρχομαι	θεραπεύω	καί	μή	ἡ	ἡμέρα	τό	σάββατον
에르코메노이	데라퓨에스데	카이	메	테	헤메라	투	삽바투
와서	병고침을 받아라	그리고	말아야하니라	그	날에	그	안식의
동.분.명.현.중수디.주.남.2복.	동.명.현.수.2복.	접.등.	부.	관.여격.여.단.	명.여격.여.단.	관.소.중.단.	명.소.중.단.

15 주께서 대답하여 이르시되 외식하는 자들아 너희가 각각 안식일에 자기의 소나 나귀를
외양간에서 풀어내어 이끌고 가서 물을 먹이지 아니하느냐

The Lord then answered him, and said, Thou hypocrite, doth not each one of you on the sabbath loose his ox or his ass from the stall, and lead him away to watering?

611	1161	846	3588	2962	2532	3004(2036)	5273
ἀπεκρίθη	δὲ	αὐτῷ	ὁ	κύριος	καὶ	εἶπεν,	ὑποκριταί,
ἀποκρίνομαι	δέ	αὐτός	ὁ	κύριος	καί	λέγω.ἔπω	ὑποκριτής
아페크리데	데	아우토	호	퀴리오스	카이	에이펜	휘포크리타이
대답하였다	그러나	그에게	그	주님께서	그리고	말씀하셨다	위선자들아
동.직.1과.수디.3단.	접.우.	대.인.여격.남.3단.	관.주.남.단.	명.주.남.단.	접.등.	동.직.2과.능.3단.	명.호.남.단.

1538	4771	3588	4521	3756	3089	3588	1016	848
ἕκαστος	ὑμῶν	τῷ	σαββάτῳ	οὐ	λύει	τὸν	βοῦν	αὐτοῦ
ἕκαστος	σύ	τό	σάββατον	οὐ	λύω	ὁ	βοῦς	αὑτοῦ
헤카스토스	휘몬	토	삽바토	우	뤼에이	톤	분	아우투
각자가	너희의	그	안식일에	아니하느냐	그가 풀어내어	그	소를	그의
형.대.주.남.단.	대.인.소.2복.	관.여격.중.단.	명.여격.중.단.	불.의.	동.직.현.능.3단.	관.목.남.단.	명.목.남.단.	대.인.소.남.3단.

2228	3588	3688	575	3588	5336	2532	520	4222
ἢ	τὸν	ὄνον	ἀπὸ	τῆς	φάτνης	καὶ	ἀπαγαγὼν	ποτίζει;
ἤ	ὁ	ὄνος	ἀπό	ἡ	φάτνη	καί	ἀπάγω	ποτίζω
에	톤	오논	아포	테스	파트네스	카이	아파가곤	포티제이
혹은	그	나귀를	부터	그	외양간으로	그래서	이끌고 가서	물을 주지
접.등.	관.목.남.단.	명.목.남.단.	전.소.	관.소.여.단.	명.소.여.단.	접.등.	동.분.2과.능.주.남.단.	형.기.주.여.복.

16 그러면 열여덟 해 동안 사탄에게 매인 바 된 이 아브라함의 딸을 안식일에 이 매임에서
푸는 것이 합당하지 아니하냐

And ought not this woman, being a daughter of Abraham, whom Satan hath bound, lo, these eighteen years, be loosed from this bond on the sabbath day?

3778	1161	2364	11	1510	3739	1210	3588
ταύτην	δὲ	θυγατέρα	Ἀβραὰμ	οὖσαν,	ἣν	ἔδησεν	ὁ
οὗτος	δέ	θυγάτηρ	Ἀβραάμ	εἰμί	ὅς	δέω	ὁ
타우텐	데	뒤가테라	아브라암	우산	헨	에데센	호
이	그러면	딸로	아브라함의	있는	그녀를	매였다	그
대.지.목.여.단.	접.우.	명.목.여.단.	명.소.남.단.	동.분.현.능.목.여.단.	대.관.목.여.단.	동.직.1과.능.3단.	관.주.남.단.

4567	2400	1176	2532	3638	2094	3756	1163	3089	575
σατανᾶς	ἰδοὺ	δέκα	καὶ	ὀκτὼ	ἔτη,	οὐκ	ἔδει	λυθῆναι	ἀπὸ
Σατανᾶς	ἰδού	δέκα	καί	ὀκτώ	ἔτος	οὐ	δεῖ	λύω	ἀπό
사타나스	이두	데카	카이	옥토	에테	우크	에데이	뤼데나이	아포
사탄이	보라	십	그리고	팔	년을	않느냐	마땅치	풀려지는 것이	부터
명.주.남.단.	불.문.	형.기.목.중.복.	접.등.	형.기.목.중.복.	명.목.중.복.	불.의.	동.직.미완.능.3단.	동.부.1과.수.	전.소.

3588	1199	3778	3588	2250	3588	4521
τοῦ	δεσμοῦ	τούτου	τῇ	ἡμέρᾳ	τοῦ	σαββάτου;
ὁ	δεσμός	οὗτος	ἡ	ἡμέρα	ὁ	σάββατον
투	데스무	투투	테	헤메라	투	삽바투
그	매임으로	이	그	날에도	그	안식의
관.소.남.단.	명.소.남.단.	대.지.소.남.단.	관.여격.여.단.	명.여격.여.단.	관.소.중.단.	명.소.중.단.

17 예수께서 이 말씀을 하시매 모든 반대하는 자들은 부끄러워하고 온 무리는 그가 하시는
모든 영광스러운 일을 기뻐하니라
And when he had said these things, all his adversaries were ashamed: and all the people rejoiced for all the glorious things that were done by him.

2532	3778	3004	846	2617	3956	3588
καὶ	ταῦτα	λέγοντος	αὐτοῦ	κατῃσχύνοντο	πάντες	οἱ
καί	οὗτος	λέγω	αὐτός	καταισχύνω	πᾶς	ὁ
카이	타우타	레곤토스	아우투	카테스퀴논토	판테스	호이
그러자	이런 일들을	말씀하실 때에	그(의)가	심히 부끄러움을 당하였다	모두가	그(사람들)
접.등.	대.지.목.중.복.	동.분.현.능.소.남.단.	대.인.소.남.3단.	동.직.미완.수.3복.	형.대.주.남.복.	관.주.남.복

480	846	2532	3956	3588	3793	5463	1909	3956
ἀντικείμενοι	αὐτῷ,	καὶ	πᾶς	ὁ	ὄχλος	ἔχαιρεν	ἐπὶ	πᾶσιν
ἀντίκειμαι	αὐτός	καί	πᾶς	ὁ	ὄχλος	χαίρω	ἐπί	πᾶς
안티케이메노이	아우토	카이	파스	호	오클로스	에카이렌	에피	파신
반대하는	그에게	그리고	다	그	무리는	기뻐하였다	대하여	모든
동.분.현.중수디.주.남.복.	대.인.여격.남.3단.	접.등.	형.주.남.단.	관.주.남.단.	명.주.남.단.	동.직.미완.능.3단.	전.여격.	형.여격.중.복.

3588	1741	3588	1096	5259	846
τοῖς	ἐνδόξοις	τοῖς	γινομένοις	ὑπ'	αὐτοῦ.
τό	ἔνδοξος	τό	γίνομαι	ὑπό	αὐτός
토이스	엔독소이스	토이스	기노메노이스	휘	아우투
그	영광스러운 일들에	그	일어나는	의하여	그에
관.여격.중.복.	형.대.여격.중.복.	관.여격.중.복	동.분.현.중수디.여격.중.복.	전.소	대.인.소.남.3단.

18 그러므로 예수께서 이르시되 하나님의 나라가 무엇과 같을까 내가 무엇으로 비교할까
Then said he, Unto what is the kingdom of God like? and whereunto shall I resemble it?

3004	3767	5101	3664	1510	3588	932	3588	2316
Ἔλεγεν	οὖν,	τίνι	ὁμοία	ἐστὶν	ἡ	βασιλεία	τοῦ	θεοῦ
λέγω	οὖν	τίς	ὅμοιος	εἰμί	ἡ	βασιλεία	ὁ	θεός
엘레겐	운	티니	호모이아	에스틴	헤	바실레이아	투	데우
예수께서 말씀하셨다	그러므로	무엇과	같이	있으며	그	나라가	그	하나님의
동.직.미완.능.3단.	접.등.	대.의.여격.중.단.	형.주.여.단.	동.직.현.능.3단.	관.주.여.단.	명.주.여.단.	관.소.남.단.	명.소.남.단.

2532	5101	3666	846
καὶ	τίνι	ὁμοιώσω	αὐτήν;
καί	τίς	ὁμοιόω	αὐτός
카이	티니	호모이오소	아우텐
그리고	무엇에	내가 같다고 할 것인가	그것을
접.등.	대.의.여격.중.단.	동.직.미.능.1단.	대.인.목.남.3단.

19 마치 사람이 자기 채소밭에 갖다 심은 겨자씨 한 알 같으니 자라 나무가 되어 공중의
새들이 그 가지에 깃들였느니라

It is like a grain of mustard seed, which a man took, and cast into his garden; and it grew, and waxed a great tree; and the fowls of the air lodged in the branches of it.

3664	1510	2848	4615	3739	2983	444	906
ὁμοία	ἐστὶν	κόκκῳ	σινάπεως,	ὃν	λαβὼν	ἄνθρωπος	ἔβαλεν
ὅμοιος	εἰμί	κόκκος	σίναπι	ὅς	λαμβάνω	ἄνθρωπος	βάλλω
호모이아	에스틴	콕코	시나페오스	혼	라본	안드로포스	에발렌
같음	이니라	한 알과	겨자씨의	그것을	취하여	한 사람이	던졌다
형.주.여.단.	동.직.현.능.3단.	명.여격.남.단.	명.소.중.단.	대.관.목.남.단.	동.분.2과.능.주.남.단.	명.주.남.단.	동.직.2과.능.3단.

1519	2779	1438	2532	837	2532	1096	1519	1186
εἰς	κῆπον	ἑαυτοῦ,	καὶ	ηὔξησεν	καὶ	ἐγένετο	εἰς	δένδρον,
εἰς	κῆπος	ἑαυτοῦ	καί	αὐξάνω	καί	γίνομαι	εἰς	δένδρον
에이스	케폰	헤아우투	카이	에욱세센	카이	에게네토	에이스	덴드론
안으로	정원을	그 자신의	이에	자라났다	그래서	되었다	(으)로	한 나무
전.목.	명.목.남.단.	대.인.소.남.3단.	접.등.	동.직.1과.능.3단.	접.등.	동.직.2과.중디.3단.	전.목.	명.목.중.단.

2532	3588	4071	3588	3772	2681	1722	3588
καὶ	τὰ	πετεινὰ	τοῦ	οὐρανοῦ	κατεσκήνωσεν	ἐν	τοῖς
καί	τό	πετεινόν	ὁ	οὐρανός	κατασκηνόω	ἐν	ὁ
카이	타	페테이나	투	우라누	카테스케노센	엔	토이스
그랬더니	그	새들이	그	하늘의	깃들였다	속에	그
접.등.	관.주.중.복.	형.대.주.중.복.	관.소.남.단.	명.소.남.단.	동.직.1과.능.3단.	전.여격.	관.여격.남.복.

2798	846
κλάδοις	αὐτοῦ.
κλάδος	αὐτός
클라도이스	아우투
가지들에	그것의
명.여격.남.복.	대.인.소.중.3단.

20 또 이르시되 내가 하나님의 나라를 무엇으로 비교할까

And again he said, Whereunto shall I liken the kingdom of God?

2532	3825	3004(2036)	5101	3666	3588	932	3588	2316
Καὶ	πάλιν	εἶπεν,	τίνι	ὁμοιώσω	τὴν	βασιλείαν	τοῦ	θεοῦ;
καί	πάλιν	λέγω.ἔπω	τίς	ὁμοιόω	ἡ	βασιλεία	ὁ	θεός
카이	팔린	에이펜	티니	호모이오소	텐	바실레이안	투	데우
또	다시	말씀하셨다	무엇에	내가 같다고할까	그	나라를	그	하나님의
접.등.	부.	동.직.2과.능.3단.	대.의.여격.중.단.	동.직.미.능.1단.	관.목.여.단.	명.목.여.단.	관.소.남.단.	명.소.남.단.

21 마치 여자가 가루 서 말 속에 갖다 넣어 전부 부풀게 한 누룩과 같으니라 하셨더라

It is like leaven, which a woman took and hid in three measures of meal, till the whole was leavened.

3664	1510	2219	3739	2983	1135	1470	1519
ὁμοία	ἐστὶν	ζύμῃ,	ἣν	λαβοῦσα	γυνὴ	(ἐν)ἔκρυψεν	εἰς
ὅμοιος	εἰμί	ζύμη	ὅς	λαμβάνω	γυνή	ἐγκρύπτω	εἰς
호모이아	에스틴	쥐메	헨	라부사	귀네	엔에크륍센	에이스
같음	이니라	누룩과	그것을	취하여	한 여자가	숨겨 넣다	속으로
형.주.여.단.	동.직.현.능.3단.	명.여격.여.단.	대.관.목.여.단.	동.분.2과.능.주.여.단	명.주.여.단.	동.직.1과.능.3단.	전.목.

224	4568	5140	2193	3739	2220	3650
ἀλεύρου	σάτα	τρία	ἕως	οὗ	ἐζυμώθη	ὅλον.
ἄλευρον	σάτον	τρεῖς	ἕως	ὅς	ζυμόω	ὅλος
알류루	사타	트리아	헤오스	후	에쥐모데	홀론
가루의	말들을	서	때까지	그	부풀려졌을	전부
명.소.중.단.	명.목.중.복.	형.기.목.중.복.	전.소.	대.관.소.남.단	동.직.1과.수.3단.	형.대.주.중.단.

22 예수께서 각 성 각 마을로 다니사 가르치시며 예루살렘으로 여행하시더니

And he went through the cities and villages, teaching, and journeying toward Jerusalem.

2532	1279	2596	4172	2532	2968	1321	2532	4197
Καὶ	διεπορεύετο	κατὰ	πόλεις	καὶ	κώμας	διδάσκων	καὶ	πορείαν
καί	διαπορεύομαι	κατά	πόλις	καί	κώμη	διδάσκω	καί	πορεία
카이	디에포류에토	카타	폴레이스	카이	코마스	디다스콘	카이	포레이안
그리고	예수께서 지나가셨다	향하여	도시들	과	마을들을	가르치시며	그리고	여행을
접.등.	동.직.미완.중수디.3단.	전.목.	명.목.여.복.	접.등.	명.목.여.복.	동.분.현.능.주.남.단.	접.등.	명.목.여.단.

4160	1519	2414
ποιούμενος	εἰς	Ἱεροσόλυμα.
ποιέω	εἰς	Ἱεροσόλυμα
포이우메노스	에이스	히에로솔뤼마
하시며	향하여	예루살렘을
동.분.현.중.주.남.단.	전.목.	명.목.중.복.

23 어떤 사람이 여짜오되 주여 구원을 받는 자가 적으니이까 그들에게 이르시되
Then said one unto him, Lord, are there few that be saved? And he said unto them,

3004(2036)	1161	5100	846	2962	1487	3641	3588	4982
Εἶπεν	δέ	τις	αὐτῷ,	κύριε,	εἰ	ὀλίγοι	οἱ	σῳζόμενοι;
λέγω.ἔπω	δέ	τις	αὐτός	κύριος	εἰ	ὀλίγος	ὁ	σώζω
에이펜	데	티스	아우토	퀴리에	에이	올리고이	호이	소조메노이
말씀을 드렸다	그런데	어떤 사람이	그에게	주여	이까	적은 사람들이	그(사람들이)	구원을 받는
동.직.2과.능.3단.	접.등.	대.부.주.남.단.	대.인.여격.남.3단.	명.호.남.단.	불.의.	형.대.주.남.복.	관.주.남.복	동.분.현.수.주.남.복.

3588	1161	3004(2036)	4314	846
ὁ	δὲ	εἶπεν	πρὸς	αὐτούς,
ὁ	δέ	λέγω.ἔπω	πρός	αὐτός
호	데	에이펜	프로스	아우투스
예수께서	이에	말씀하셨다	향하여	그들을
관.주.남.단	접.우.	동.직.2과.능.3단.	전.목.	대.인.목.남.3복.

24 좁은 문으로 들어가기를 힘쓰라 내가 너희에게 이르노니 들어가기를 구하여도 못하는
자가 많으리라
Strive to enter in at the strait gate: for many, I say unto you, will seek to enter in, and shall not be able.

75	1525	1223	3588	4728	2374	3754	4183
ἀγωνίζεσθε	εἰσελθεῖν	διὰ	τῆς	στενῆς	θύρας,	ὅτι	πολλοί,
ἀγωνίζομαι	εἰσέρχομαι	διά	ἡ	στενός	θύρα	ὅτι	πολύς
아고니제스데	에시셀데인	디아	테스	스테네스	뒤라스	호티	폴로이
힘쓰라	들어가기를	통하여	그	좁은	문을	때문이라	많은 사람들이
동.명.현.중수디.2복.	동.부.2과.능.	전.소.	관.소.여.단.	형.소.여.단.	명.소.여.단.	접.종.	형.대.주.남.복.

3004	4771	2212	1525	2532	3756	2480
λέγω	ὑμῖν,	ζητήσουσιν	εἰσελθεῖν	καὶ	οὐκ	ἰσχύσουσιν.
λέγω	σύ	ζητέω	εἰσέρχομαι	καί	οὐ	ἰσχύω
레고	휘민	제테수신	에이셀데인	카이	우크	이스퀴수신
내가 말한다	너희에게	그들이 찾을 것이다	들어가는 것을	그러나	없을 것이다	할 수
동.직.현.능.1단.	대.인.여격.2복.	동.직.미.능.3복.	동.부.2과.능.	접.등.	부.	동.직.미.능.3복.

25 집 주인이 일어나 문을 한 번 닫은 후에 너희가 밖에 서서 문을 두드리며 주여 열어
주소서 하면 그가 대답하여 이르되 나는 너희가 어디에서 온 자인지 알지 못하노라 하리니
When once the master of the house is risen up, and hath shut to the door, and ye begin to stand without, and to knock at the door, saying, Lord, Lord, open unto us; and he shall answer and say unto you, I know you not whence ye are:

575	3739	302	1453	3588	3617	2532	608	3588
ἀφ'	οὗ	ἂν	ἐγερθῇ	ὁ	οἰκοδεσπότης	καὶ	ἀποκλείσῃ	τὴν
ἀπό	ὅς	ἄν	ἐγείρω	ὁ	οἰκοδεσπότης	καί	ἀποκλείω	ἡ
압	후	안	에게르데	호	오이코데스포테스	카이	아포클레이세	텐
부터	그때로		일어나게 되어	그	집주인이	그리하여	완전히 닫아버리면	그
전.소	대.관.소.남.단	불.동.	동.가.1과.수.3단.	관.주.남.단.	명.주.남.단.	접.등.	동.가.1과.능.3단.	관.목.여.단.

2374	2532	756	1854	2476	2532	2925	3588	2374
θύραν	καὶ	ἄρξησθε	ἔξω	ἑστάναι	καὶ	κρούειν	τὴν	θύραν
θύρα	καί	ἄρχομαι	ἔξω	ἵστημι	καί	κρούω	ἡ	θύρα
뒤란	카이	아릅세스데	엑소	헤스타나이	카이	크루에인	텐	뒤란
문을	그러면	너희가 시작하리라	밖에	서서 있는 것	과	두드리는 것을	그	문을
명.목.여.단.	접.등.	동.가.1과.중.2복.	부.	동.부.1완.능.	접.등.	동.부.1완.능.	관.목.여.단.	명.목.여.단.

3004	2962	455	1473	2532	611	3004(2046)	4771
λέγοντες,	κύριε,	ἄνοιξον	ἡμῖν,	καὶ	ἀποκριθεὶς	ἐρεῖ	ὑμῖν,
λέγω	κύριος	ἀνοίγω	ἐγώ	καί	ἀποκρίνομαι	λέγω.ἐρέω	σύ
레곤테스	퀴리에	아노익손	헤민	카이	아포크리데이스	에레이	휘민
말하기를	주여	열어 주소서	우리에게	그러나	대답하여	그가 말할 것이다	너희에게
동.분.현.능.주.남.2복.	명.호.남.단.	동.명.1과.능.2단.	대.인.여격.1복.	접.등.	동.분.1과.수디.주.남.단.	동.직.미.능.3단.	대.인.여격.2복.

3756	1492	4771	4159	1510
οὐκ	οἶδα	ὑμᾶς	πόθεν	ἐστέ.
οὐ	οἶδα.εἴδω	σύ	πόθεν	εἰμί
우크	오이다	휘마스	포덴	에스테
못하였다	나는 알지	너희를	어디서부터	너희가 ~인지
부.	동.직.1완.능.1단.	대.인.목.2복.	부.의.	동.직.현.능.2복.

26 그 때에 너희가 말하되 우리는 주 앞에서 먹고 마셨으며 주는 또한 우리를 길거리에서
가르치셨나이다 하나
Then shall ye begin to say, We have eaten and drunk in thy presence, and thou hast taught in our streets.

5119	756	3004	5315	1799	4771	2532	4095	2532
τότε	ἄρξεσθε	λέγειν,	ἐφάγομεν	ἐνώπιόν	σου	καὶ	ἐπίομεν,	καὶ
τότε	ἄρχομαι	λέγω	φάγω	ἐνώπιον	σύ	καί	πίνω	καί
토테	아릅세스데	레게인	에파고멘	에노피온	수	카이	에피오멘	카이
그 때에	너희가 시작하리라	말하는 것을	우리가 먹었다	앞에서	주님	그리고	마셨다	또한
부.	동.직.미.중.2복.	동.부.현.능.	동.직.2과.능.1복.	전.소.	대.인.소.2단.	접.등.	동.직.2과.능.1복.	접.등.

1722	3588	4113	1473	1321
ἐν	ταῖς	πλατείαις	ἡμῶν	ἐδίδαξας·
ἐν	ἡ	πλατεῖα	ἐγώ	διδάσκω
엔	타이스	플라테이아이스	헤몬	에디답사스
안에서	그	여러 길거리에	우리의	가르치셨다
전.여격.	관.여격.여.복.	형.대.여격.여.복.	대.인.소.1복.	동.직.1과.능.2단.

27 그가 너희에게 말하여 이르되 나는 너희가 어디에서 왔는지 알지 못하노라 행악하는
모든 자들아 나를 떠나 가라 하리라
But he shall say, I tell you, I know you not whence ye are; depart from me, all ye workers of iniquity.

2532	3004(2046)	3004	4771	3756	1492	4771	4159	1510
καὶ	ἐρεῖ	λέγων	ὑμῖν,	οὐκ	οἶδα	[ὑμᾶς]	πόθεν	ἐστέ·
καί	λέγω.ἐρέω	λέγω	σύ	οὐ	οἶδα.εἴδω	σύ	πόθεν	εἰμί
카이	에레이	레곤	휘민	오크	오이다	휘마스	포덴	에스테
그러자	그가 말할 것이다	말하기를	너희에게	못하였다	나는 알지	너희를	어디서부터	이인지
접.등.	동.직.미.능.3단.	동.분.현.능.주.남.단.	대.인.여격.2복.	부.	동.직.1완.능.1단.	대.인.목.2복.	부.의.	동.직.현.능.2복.

868	575	1473	3956	2040	93
ἀπόστητε	ἀπ'	ἐμοῦ,	πάντες	ἐργάται	ἀδικίας.
ἀφίστημι	ἀπό	ἐγώ	πᾶς	ἐργάτης	ἀδικία
아포스테테	앞	에무	판테스	에르가타이	아디키아스
물러가라	부터	나로	모든	실천한 자들아	불의의
동.명.2과.능.2복.	전.소.	대.인.소.1단.	형.호.남.복.	명.호.남.복.	명.소.여.단.

28 너희가 아브라함과 이삭과 야곱과 모든 선지자는 하나님 나라에 있고 오직 너희는 밖에
쫓겨난 것을 볼 때에 거기서 슬피 울며 이를 갈리라
There shall be weeping and gnashing of teeth, when ye shall see Abraham, and Isaac, and Jacob, and all the prophets, in the kingdom of God, and you yourselves thrust out.

1563	1510	3588	2805	2532	3588	1030	3588	3599
ἐκεῖ	ἔσται	ὁ	κλαυθμὸς	καὶ	ὁ	βρυγμὸς	τῶν	ὀδόντων,
ἐκεῖ	εἰμί	ὁ	κλαυθμός	καί	ὁ	βρυγμός	ὁ	ὀδούς
에케이	에스타이	호	클라우드모스	카이	호	브뤼그모스	톤	오돈톤
거기서	있을 것이다	그	울부짖음	과	그	갊이	그	이들의
부.	동.직미.중디.3단.	관.주.남.단.	명.주.남.단.	접.등.	관.주.남.단.	명.주.남.단.	관.소.남.복.	명.소.남.복.

3752	3708	11	2532	2464	2532	2384	2532	3956
ὅταν	ὄψεσθε	Ἀβραὰμ	καὶ	Ἰσαὰκ	καὶ	Ἰακὼβ	καὶ	πάντας
ὅταν	ὁράω	Ἀβραάμ	καί	Ἰσαάκ	καί	Ἰακώβ	καί	πᾶς
호탄	옾세스데	아브라암	카이	이사악	카이	야콥	카이	판타스
때에	너희가 볼	아브라함	과	이삭	과	야곱	과	모든
접.종.	동.직미.중디.2복.	명.목.남.단.	접.등.	명.목.남.단.	접.등.	명.목.남.단.	접.등.	형.목.남.단.

3588	4396	1722	3588	932	3588	2316	4771	1161
τοὺς	προφήτας	ἐν	τῇ	βασιλείᾳ	τοῦ	θεοῦ,	ὑμᾶς	δὲ
ὁ	προφήτης	ἐν	ἡ	βασιλεία	ὁ	θεός	σύ	δέ
투스	프로페타스	엔	테	바실레이아	투	데우	휘마스	데
그	선지자들을	안에(있는)	그	나라에	그	하나님의	너희를	그러나
관.목.남.복.	명.목.남.복.	전.여격.	관.여격.여.단.	명.여격.여.단.	관.소.남.단.	명.소.남.단.	대.인.목.2복.	접.우.

1544	1854
ἐκβαλλομένους	ἔξω.
ἐκβάλλω	ἔξω
에크발로메누스	엑소
쫓겨난 것을	밖에
동.분.현.수.목.남.2복.	부.

29 사람들이 동서남북으로부터 와서 하나님의 나라 잔치에 참여하리니

And they shall come from the east, and from the west, and from the north, and from the south, and shall sit down in the kingdom of God.

2532	2240	575	395	2532	1424	2532	575	1005	2532
καὶ	ἥξουσιν	ἀπὸ	ἀνατολῶν	καὶ	δυσμῶν	καὶ	ἀπὸ	βοῤῥᾶ	καὶ
καί	ἥκω	ἀπό	ἀνατολή	καί	δυσμή	καί	ἀπό	βοῤῥᾶς	καί
카이	헥수신	아포	아나톨론	카이	뒤스몬	카이	아포	보르라	카이
또	사람들이 올 것이다	부터	동쪽들	과	서쪽들로	그리고	부터	북쪽	과
접.등.	동.직미.능.3복.	전소	명.소.여복.	접.등.	명.소.여복.	접.등.	전소	명.소.남.단.	접.등.

3558	2532	347	1722	3588	932	3588	2316
νότου	καὶ	ἀνακλιθήσονται	ἐν	τῇ	βασιλείᾳ	τοῦ	θεοῦ.
νότος	καί	ἀνακλίνω	ἐν	ἡ	βασιλεία	ὁ	θεός
노투	카이	아나클리데손타이	엔	테	바실레이아	투	데우
남쪽으로	그리하여	기대어 앉게 될 것이다	안에	그	나라에	그	하나님의
명.소.남.단.	접.등.	동.직.미.능.3복.	전.여격.	관.여격.여.단.	명.여격.여.단.	관.소.남.단.	명.소.남.단.

30 보라 나중 된 자로서 먼저 될 자도 있고 먼저 된 자로서 나중 될 자도 있느니라 하시더라

And, behold, there are last which shall be first, and there are first which shall be last.

2532	2400	1510	2078	3739	1510	4413	2532	1510
καὶ	ἰδοὺ	εἰσὶν	ἔσχατοι	οἳ	ἔσονται	πρῶτοι	καὶ	εἰσὶν
καί	ἰδού	εἰμί	ἔσχατος	ὅς	εἰμί	πρῶτος	καί	εἰμί
카이	이두	에이신	에스카토이	호이	에손타이	프로토이	카이	에이신
그런데	보라	있고	나중 사람들이	바	있을 것이다	먼저	그리고	있느니라
접.등.	불.문.	동.직.현.능.3복.	형.대.주.남.복.	대.관.주.남.복.	동.직.미.중디.3복.	형.서.주.남.복.	접.등.	동.직.현.능.3복.

4413	3739	1510	2078
πρῶτοι	οἳ	ἔσονται	ἔσχατοι.
πρῶτος	ὅς	εἰμί	ἔσχατος
프로토이	호이	에손타이	에스카토이
먼저 사람들도	바	있을 것이다	나중
형.대.서.주.남.복.	대.관.주.남.복.	동.직.미.중디.3복.	형.주.남.복.

31 곧 그 때에 어떤 바리새인들이 나아와서 이르되 나가서 여기를 떠나소서 헤롯이 당신을
죽이고자 하나이다

The same day there came certain of the Pharisees, saying unto him, Get thee out, and depart hence: for Herod will kill thee.

1722	846	3588	5610	4334	5100	5330	3004
Ἐν	αὐτῇ	τῇ	ὥρᾳ	προσῆλθάν	τινες	Φαρισαῖοι	λέγοντες
ἐν	αὐτός	ἡ	ὥρα	προσέρχομαι	τις	Φαρισαῖος	λέγω
엔	아우테	테	호라	프로셀단	티네스	파리사이오이	레곤테스
에 있어	같은	그	시간	가까이 왔다	어떤	바리새인들이	말하기를
전.여격.	대.인.여격.여.3단	관.여격.여.단.	명.여격.여.단.	동.직.1과.능.3복.	형.부.주.남.복.	명.주.남.복.	동.분.현.능.주.남.복.

846	1831	2532	4198	1782	3754	2264	2309
αὐτῷ,	ἔξελθε	καὶ	πορεύου	ἐντεῦθεν,	ὅτι	Ἡρῴδης	θέλει
αὐτός	ἐξέρχομαι	καί	πορεύομαι	ἐντεύθεν	ὅτι	Ἡρώδης	θέλω
아우토	엑셀데	카이	포류우	엔튜덴	호티	헤로데스	델레이
그에게	나가소서	그리고	가소서	여기로부터	때문이니라	헤롯이	원하기
대.인.여격.남.3단.	동.명.2과.능.2단.	접.등.	동.명.현.중수디.2단.	부.	접.종.	명.주.남.단.	동.직.현.능.3단.

4771	615
σε	ἀποκτεῖναι.
σύ	ἀποκτείνω
세	아포크테이나이
당신을	죽이는 것을
대.인.목.2단.	동.부.1과.능.

32 이르시되 너희는 가서 저 여우에게 이르되 오늘과 내일은 내가 귀신을 쫓아내며 병을
고치다가 제삼일에는 완전하여지리라 하라

And he said unto them, Go ye, and tell that fox, Behold, I cast out devils, and I do cures to day and to morrow, and the third day I shall be perfected.

2532	3004(2036)	846	4198	3004(2036)	3588	258	3778
καὶ	εἶπεν	αὐτοῖς,	πορευθέντες	εἴπατε	τῇ	ἀλώπεκι	ταύτῃ,
καί	λέγω.ἔπω	αὐτός	πορεύομαι	λέγω.ἔπω	ἡ	ἀλώπηξ	οὗτος
카이	에이펜	아우토이스	포류데테스	에이파테	테	알로페키	타우테
이에	말씀하셨다	그들에게	가서	너희는 말하라	그	여우에게	저
접.등.	동.직.2과.능.3단.	대.인.여격.남.3복.	동.분.명.1과.수디.주.남.2복.	동.명.2과.능.2복.	관.여격.여.단.	명.여격.여.단.	대.지.여격.여.단.

2400	1544	1140	2532	2392	658	4594	2532	839
ἰδοὺ	ἐκβάλλω	δαιμόνια	καὶ	ἰάσεις	ἀποτελῶ	σήμερον	καὶ	αὔριον
ἰδού	ἐκβάλλω	δαιμόνιον	καί	ἴασις	ἀποτελέω	σήμερον	καί	αὔριον
이두	에크발로	다이모니아	카이	이아세이스	아포텔로	세메론	카이	아우리온
보라	내가 쫓아낸다	귀신들을	그리고	치유들을	완성한다	오늘	과	내일
불.문.	동.직.현.능.1단.	명.목.중.복.	접.등.	명.목.여.복.	동.직.현.능.1단.	부.	접.등.	부.

2532	3588	5154	5048
καὶ	τῇ	τρίτῃ	τελειοῦμαι.
καί	ἡ	τρίτος	τελειόω
카이	테	트리테	텔레이우마이
그리고	그	제 삼(일에)	네가 완전하여진다
접.등.	관.여격.여.단.	형.대.서.여격.여.단.	동.직.현.수.1단.

33 그러나 오늘과 내일과 모레는 내가 갈 길을 가야 하리니 선지자가 예루살렘 밖에서는
죽는 법이 없느니라

Nevertheless I must walk to day, and to morrow, and the day following: for it cannot be that a prophet perish out of Jerusalem.

4133	1163	1473	4594	2532	839	2532	3588
πλὴν	δεῖ	με	σήμερον	καὶ	αὔριον	καὶ	τῇ
πλήν	δεῖ	ἐγώ	σήμερον	καί	αὔριον	καί	ἡ
플렌	데이	메	세메론	카이	아우리온	카이	테
그러나	반드시 하리니	나를	오늘	과	내일	과	그(날에)
접.등.	동.직.현.능.3단.	대.인.목.1단.	부.	접.등.	부.	접.등.	관.여격.여.단&대.관.주.여.단.

2192	4198	3754	3756	1735	4396	622
ἐχομένῃ	πορεύεσθαι,	ὅτι	οὐκ	ἐνδέχεται	προφήτην	ἀπολέσθαι
ἔχω	πορεύομαι	ὅτι	οὐ	ἐνδέχεται	προφήτης	ἀπόλλυμι
에코메네	포류에스다이	호티	우크	엔데케타이	프로페텐	아폴레스다이
다음에 오는	갈 길을 가는 것을	때문이라	않다	그것이 가능하지	선지자를	죽는 것이
동.분.현.중.여격.여.단.	**동.부.현.중수디.**	**접.종.**	**부.**	**동.직.현.중수디.3단.**	**명.목.남.단.**	**동.부.2과.중.**

1854	2419
ἔξω	Ἰερουσαλήμ.
ἔξω	Ἰερουσαλήμ
엑소	예루살렘
밖에서	예루살렘의
전.소.	**명.소.여.단.**

34 예루살렘아 예루살렘아 선지자들을 죽이고 네게 파송된 자들을 돌로 치는 자여 암탉이
제 새끼를 날개 아래에 모음 같이 내가 너희의 자녀를 모으려 한 일이 몇 번이냐 그러나
너희가 원하지 아니하였도다

O Jerusalem, Jerusalem, which killest the prophets, and stonest them that are sent unto thee; how often would I have gathered thy children together, as a hen doth gather her brood under her wings, and ye would not!

2419	2419	3588	615	3588	4396	2532
Ἰερουσαλὴμ	Ἰερουσαλήμ,	ἡ	ἀποκτείνουσα	τοὺς	προφήτας	καὶ
Ἰερουσαλήμ	Ἰερουσαλήμ	ἡ	ἀποκτείνω	ὁ	προφήτης	καί
예루살렘	예루살렘	헤	아포크테이누사	투스	프로페타스	카이
예루살렘아	예루살렘아	그(자여)	죽이며	그	선지자들을	그리고
명.호.여.단.	**명.호.여.단.**	**관.호.여.단**	**동.분.현.능.호.여.2단.**	**관.목.남.복.**	**명.목.남.복.**	**접.등.**

3036	3588	649	4314	846	4212	2309
λιθοβολοῦσα	τοὺς	ἀπεσταλμένους	πρὸς	αὐτήν,	ποσάκις	ἠθέλησα
λιθοβολέω	ὁ	ἀποστέλλω	πρός	αὐτός	ποσάκις	θέλω
리도볼루사	투스	아페스탈메누스	프로스	아우텐	포사키스	에델레사
돌로 치는	그(사람들을)	보내심을 받고있는	위하여	너를	몇 번이나	내가 원하였다
동.분.현.능.호.여.2단.	**관.목.남.복**	**동.분.1완.수.목.남.복.**	**전.목.**	**대.인.목.여.2단.**	**부.의.**	**동.직.1과.능.1단.**

1996	3588	5043	4771	3739	5158	3733	3588
ἐπισυνάξαι	τὰ	τέκνα	σου	ὃν	τρόπον	ὄρνις	τὴν
ἐπισυνάγω	τό	τέκνον	σύ	ὅς	τρόπος	ὄρνις	ἡ
에피쉬낙사이	타	테크나	수	혼	트로폰	오르니스	텐
다 모으려고	그	자녀들을	너희의		같이	암탉이	그
동.부.1과.능.	**관.목.중.복.**	**명.목.중.복.**	**대.인.소.2단.**	**대.관.목.남.단.+**	**명.목.남.단.**	**명.목.여.단.**	**관.목.여.단.**

1438	3555	5259	3588	4420	2532	3756	2309
ἑαυτῆς	νοσσιὰν	ὑπὸ	τὰς	πτέρυγας,	καὶ	οὐκ	ἠθελήσατε.
ἑαυτοῦ	νοσσιά	ὑπό	ἡ	πτέρυξ	καί	οὐ	θέλω
헤아우테스	노씨안	휘포	타스	프테뤼가스	카이	우크	에델레사테
그 자신의	새끼들을	아래로	그(그의)	두 날개를	그러나	않았다	너희가 원하지
대.인.소.여.3단.	**명.목.여.단.**	**전.목.**	**관.목.여.복.**	**명.목.여.복.**	**접.등.**	**부.**	**동.직.1과.능.2복.**

35 보라 너희 집이 황폐하여 버린 바 되리라 내가 너희에게 이르노니 너희가 주의 이름으로
오시는 이를 찬송하리로다 할 때까지는 나를 보지 못하리라 하시니라

Behold, your house is left unto you desolate: and verily I say unto you, Ye shall not see me, until the time come when ye shall say, Blessed is he that cometh in the name of the Lord.

2400	863	4771	3588	3624	4771	3004	1161	4771	3756
ἰδοὺ	ἀφίεται	ὑμῖν	ὁ	οἶκος	ὑμῶν.	λέγω	[δὲ]	ὑμῖν,	οὐ
ἰδού	ἀφίημι	σύ	ὁ	οἶκος	σύ	λέγω	δέ	σύ	οὐ
이두	아피에타이	휘민	호	오이코스	휘몬	레고	데	휘민	우
보라	버림을 받았다	너희에게	그	집이	너희의	내가 말한다	그리고	너희에게	못하리라
불.문.	**동.직.현.수.3단.**	**대.인.여격.2복.**	**관.주.남.단.**	**명.주.남.단.**	**대.인.소.2복.**	**동.직.현.능.1단.**	**접.등.**	**대.인.여격.2복.**	**부.**

3361	3708(1492)	1473	2193	2240	3753	3004(2036)	2127
μὴ	ἴδητέ	με	ἕως	[ἥξει	ὅτε]	εἴπητε,	εὐλογημένος
μή	ὁράω.εἴδω	ἐγώ	ἕως	ἥκω	ὅτε	λέγω.ἔπω	εὐλογέω
메	이데테	메	헤오스	헥세이	호테	에이페테	율로게메노스
결코	너희가 보지	나를	까지	그가 오실	때	너희가 말할	찬송을 받으시옵소서
부.	동.가.2과.능.2복.	대.인.목.1단.	접.종.	동.직.미.능.3단.	접.종.	동.가.2과.능.2복.	동.분.1완.수.주.남.단.

3588	2064	1722	3686	2962
ὁ	ἐρχόμενος	ἐν	ὀνόματι	κυρίου.
ὁ	ἔρχομαι	ἐν	ὄνομα	κύριος
호	에르코메노스	엔	오노마티	퀴리우
그(분은)	오시는	으로	이름	주님의
관.주.남.단	동.분.현.중수디.주.남.단.	전.여격.	명.여격.중.단.	명.소.남.단.

14 안식일에 예수께서 한 바리새인 지도자의 집에 떡 잡수시러 들어가시니 그들이 엿보고 있더라
And it came to pass, as he went into the house of one of the chief Pharisees to eat bread on the sabbath day, that they watched him.

2532	1096	1722	3588	2064	846	1519	3624	5100
Καὶ	ἐγένετο	ἐν	τῷ	ἐλθεῖν	αὐτὸν	εἰς	οἶκόν	τινος
καί	γίνομαι	ἐν	τό	ἔρχομαι	αὐτός	εἰς	οἶκος	τις
카이	에게네토	엔	토	엘데인	아우톤	에이스	오이콘	티노스
그리고	되었다	때에	그	오셨을	그가	안으로	집	어떤 사람의
접.등.	동.직.2과.중디.3단.	전.여격.	관.여격.중.단.	동.부.2과.능.여격.	대.인.목.남.3단.	전.목.	명.목.남.단.	대.부.소.남.단.

3588	758	3588	5330	4521	5315	740	2532
τῶν	ἀρχόντων	[τῶν]	Φαρισαίων	σαββάτῳ	φαγεῖν	ἄρτον	καὶ
ὁ	ἄρχων	ὁ	Φαρισαῖος	σάββατον	φάγω	ἄρτος	καί
톤	아르콘톤	톤	파리사이온	삽바토	파게인	아르톤	카이
그	지도자들 중의	그	바리새인들의	안식일에	잡수시려고	떡을	그러자
관.소.남.복.	명.소.남.복.	관.소.남.복.	명.소.남.복.	명.여격.중.단.	동.부.2과.능.	명.목.남.단.	접.우.

846	1510	3906	846
αὐτοὶ	ἦσαν	παρατηρούμενοι	αὐτόν.
αὐτός	εἰμί	παρατηρέω	αὐτός
아우토이	에산	파라테루메노이	아우톤
그들이	있었다	주의깊게 지켜보며	그를
대.인.주.남.3복.	동.직.미완.능.3복.+	+동.분.현.중.주.남.복.	대.인.목.남.3단.

2 주의 앞에 수종병 든 한 사람이 있는지라
And, behold, there was a certain man before him which had the dropsy.

2532	2400	444	5100	1510	5203	1715	846
καὶ	ἰδοὺ	ἄνθρωπός	τις	ἦν	ὑδρωπικὸς	ἔμπροσθεν	αὐτοῦ.
καί	ἰδού	ἄνθρωπος	τις	εἰμί	ὑδρωπικός	ἔμπροσθεν	αὐτός
카이	이두	안드로포스	티스	엔	휘드로피코스	엠프로스덴	아우투
그런데	보라	한 사람이	어떤	있었다	수종병에 걸린	앞에서	그의
접.등.	불.문.	명.주.남.단.	형.부.주.남.단.	동.직.미완.능.3단.	형.주.남.단.	전.소.	대.인.소.남.3단.

3 예수께서 대답하여 율법교사들과 바리새인들에게 이르시되 안식일에 병 고쳐 주는 것이
합당하냐 아니하냐
And Jesus answering spake unto the lawyers and Pharisees, saying, Is it lawful to heal on the sabbath day?

2532	611	3588	2424	3004(2036)	4314	3588	3544	2532
καὶ	ἀποκριθεὶς	ὁ	Ἰησοῦς	εἶπεν	πρὸς	τοὺς	νομικοὺς	καὶ
καί	ἀποκρίνομαι	ὁ	Ἰησοῦς	λέγω.ἔπω	πρός	ὁ	νομικός	καί
카이	아포크리데이스	호	예수스	에이펜	프로스	투스	노미쿠스	카이
이에	대답하여	그	예수께서	말씀하셨다	향하여	그	율법사들	과
접.등.	동.분.1과.수디.주.남.단.	관.주.남.단.	명.주.남.단.	동.직.2과.능.3단.	전.목.	관.목.남.복.	형.대.목.남.복.	접.등.

5330	3004	1832	3588	4521	2323	2228	3756
Φαρισαίους	λέγων,	ἔξεστιν	τῷ	σαββάτῳ	θεραπεῦσαι	ἢ	οὔ;
Φαρισαῖος	λέγω	ἔξεστι	τό	σάββατον	θεραπεύω	ἤ	οὐ
파리사이우스	레곤	엑세스틴	토	삽바토	데라퓨사이	에	우
바리새인들	말씀하시기를	그것이 합당하냐	그	안식일에	병고치는 것이	또는	아니냐
명.목.남.복.	동.분.현.능.주.남.단.	동.직.현.능.3단.	관.여격.중.단.	명.여격.중.단.	동.부.1과.능.	접.등.	부.

4 그들이 잠잠하거늘 예수께서 그 사람을 데려다가 고쳐 보내시고
And they held their peace. And he took him, and healed him, and let him go;

3588	1161	2270	2532	1949	2390	846
οἱ	δὲ	ἡσύχασαν.	καὶ	ἐπιλαβόμενος	ἰάσατο	αὐτὸν
ὁ	δέ	ἡσυχάζω	καί	ἐπιλαμβάνομαι	ἰάομαι	αὐτός
호이	데	헤쉬카산	카이	에필라보메노스	이아사토	아우톤
그들이	그러나	잠잠하였다	또한	붙들고	예수께서 병을 치료하셨다	그를
관.주.남.복	접.우.	동.직.1과.능.3복.	접.등.	동.분.2과.중디.주.남.단.	동.직.1과.중디.3단.	대.인.목.남.3단.

2532	630
καὶ	ἀπέλυσεν.
καί	αὐτός
카이	아펠뤼센
그리고	보내셨다
접.등.	동.직.1과.능.3단.

5 또 그들에게 이르시되 너희 중에 누가 그 아들이나 소가 우물에 빠졌으면 안식일에라도
곧 끌어내지 않겠느냐 하시니
And answered them, saying, Which of you shall have an ass or an ox fallen into a pit, and will not straightway pull him out on the sabbath day?

2532	4314	846	3004(2036)	5101	4771	5207	2228	1016	1519
καὶ	πρὸς	αὐτοὺς	εἶπεν,	τίνος	ὑμῶν	υἱὸς	ἢ	βοῦς	εἰς
καί	πρός	αὐτός	λέγω.ἔπω	τίς	σύ	υἱός	ἤ	βοῦς	εἰς
카이	프로스	아우투스	에이펜	티노스	휘몬	휘오스	에	부스	에이스
또	향하여	그들을	말씀하셨다	누구의	너희 중	아들	이나	소가	속으로
접.등.	전.목.	대.인.목.남.3복.	동.직.2과.능.3단.	대.의.소.남.단.	대.인.소.2복.	명.주.남.단.	접.등.	명.주.남.단.	전.목.

542	4098	2532	3756	2112	385	846	1722	2250
φρέαρ	πεσεῖται,	καὶ	οὐκ	εὐθέως	ἀνασπάσει	αὐτὸν	ἐν	ἡμέρᾳ
φρέαρ	πίπτω	καί	οὐ	εὐθέως	ἀνασπάω	αὐτός	ἐν	ἡμέρα
프레아르	페세이타이	카이	우크	유데오스	아나스파세이	아우톤	엔	헤메라
우물을	빠질 것이다	그러면	아니할것인가	즉시	그가 끌어올리지	그것을	중에도	날
명.목.중.단.	동.직.미.중디.3단.	접.등.	부.의.	부.	동.직.미.능.3단.	대.인.목.남.3단.	전.여격.	명.여격.여.단.

3588	4521
τοῦ	σαββάτου;
τό	σάββατον
투	삽바투
그	안식의
관.소.중.단.	명.소.중.단.

6 그들이 이에 대하여 대답하지 못하니라
And they could not answer him again to these things.

2532	3756	2480	470	4314	3778
καὶ	οὐκ	ἴσχυσαν	ἀνταποκριθῆναι	πρὸς	ταῦτα.
καί	οὐ	ἰσχύω	ἀνταποκρίνομαι	πρός	οὗτος
카이	우크	이스퀴산	안타포크리데나이	프로스	타우타
이에	없었다	그들이 할 수	다시 대답하는 것을	대하여	이런 일들에
접.등.	부.	동.직.1과.능.3복.	동.부.1과.수디.	전.목.	대.지.목.중.복.

7 청함을 받은 사람들이 높은 자리 택함을 보시고 그들에게 비유로 말씀하여 이르시되
And he put forth a parable to those which were bidden, when he marked how they chose out the chief rooms; saying unto them,

3004	1161	4314	3588	2564	3850	1907	4459
Ἔλεγεν	δὲ	πρὸς	τοὺς	κεκλημένους	παραβολήν,	ἐπέχων	πῶς
λέγω	δέ	πρός	ὁ	καλέω	παραβολή	ἐπέχω	πῶς
엘레겐	데	프로스	투스	케클레메누스	파라볼렌	에페콘	포스
말씀하셨다	그리고	향하여	그(사람들을)	초청을 받은	한 비유를	주목하시며	어떻게
동.직.미완.능.3단.	접.등.	전목.	관.목.남.복	동.분.1완.수.목.남.복.	명.목.여.단.	동.분.현.능.주.남.단.	접.등.

3588	4411	1586	3004	4314	846
τὰς	πρωτοκλισίας	ἐξελέγοντο,	λέγων	πρὸς	αὐτούς,
ἡ	πρωτοκλισία	ἐκλέγομαι	λέγω	πρός	αὐτός
타스	프로토클리시아스	엑셀레곤토	레곤	프로스	아우투스
그	높은 자리들을	그들이 택하였다	말씀하시기를	향하여	그들을
관.목.여.복.	명.목.여.복.	동.직.미완.중.3복.	동.분.현.능.주.남.단.	전목.	대.인.목.남.3복.

8 네가 누구에게나 혼인 잔치에 청함을 받았을 때에 높은 자리에 앉지 말라 그렇지 않으면
너보다 더 높은 사람이 청함을 받은 경우에
When thou art bidden of any man to a wedding, sit not down in the highest room; lest a more honourable man than thou be bidden of him;

3752	2564	5259	5100	1519	1062	3361	2625	1519
ὅταν	κληθῇς	ὑπό	τινος	εἰς	γάμους,	μὴ	κατακλιθῇς	εἰς
ὅταν	καλέω	ὑπό	τις	εἰς	γάμος	μή	κατακλίνω	εἰς
호탄	클레데스	휘포	티노스	에이스	가무스	메	카타클리데스	에이스
때에	내가 초청을 받았을	의하여	어떤 사람에	안으로	혼인 잔치들	말라	기대어 앉게 되지	안으로
접.종.	동.가.1과.수.2단.	전소.	대.부.소.남.단.	전목.	명.목.남.복	부.	동.가.1과.수.2단	전목.

3588	4411	3379	1784	4771	1510	2564
τὴν	πρωτοκλισίαν,	μήποτε	ἐντιμότερός	σου	ᾖ	κεκλημένος
ἡ	πρωτοκλισία	μήποτε	ἔντιμος	σύ	εἰμί	καλέω
텐	프로토클리시안	메포테	엔티모테로스	수	에	케클레메노스
그	제일 높은 자리를	혹시 않을까 하노라	(보다) 더 귀한 사람이	너(의)	있지나	초청을 받은 (사람이)
관.목.여.단.	명.목.여.단.	접.종.	형.대.비.주.남.단.	대.인.소.2단.	동.가.현.능.3단.+	+동.분.1완.수.주.남.단.

5259	846
ὑπ᾽	αὐτοῦ,
ὑπό	αὐτός
휲	아우투
의하여	그에
전소	대.인.소.남.3단.

9 너와 그를 청한 자가 와서 너더러 이 사람에게 자리를 내주라 하리니 그 때에 네가
부끄러워 끝자리로 가게 되리라
And he that bade thee and him come and say to thee, Give this man place; and thou begin with shame to take the lowest room.

2532	2064	3588	4771	2532	846	2564	3004(2046)	4771
καὶ	ἐλθὼν	ὁ	σὲ	καὶ	αὐτὸν	καλέσας	ἐρεῖ	σοι,
καί	ἔρχομαι	ὁ	σύ	καί	αὐτός	καλέω	λέγω.ἐρέω	σύ
카이	엘돈	호	세	카이	아우톤	칼레사스	에레이	소이
그러면	와서	그(사람이)	너	와	그를	초청한	말할 것이다	너에게
접.등.	동.분.2과.능.주.남.단.	관.주.남.단	대.인.목.2단.	접.등.	대.인.목.남.3단.	동.분.1과.능.주.남.단.	동.직.미.능.3단.	대.인.여격.2단.

1325	3778	5117	2532	5119	756	3326	152
δὸς	τούτῳ	τόπον,	καὶ	τότε	ἄρξῃ	μετὰ	αἰσχύνης
δίδωμι	οὗτος	τόπος	καί	τότε	ἄρχομαι	μετά	αἰσχύνη
도스	투토	토폰	카이	토테	아릑세	메타	아이스퀴네스
주라	그 사람에게	자리를	그래서	그때에	네가 시작할 것이다	으로	부끄러움
동.명.2과.능.2단.	대.지.여격.남.단.	명.목.남.단.	접.등.	부.	동.직.미.중.2단.	전소	명.소.여.단.

3588	2078	5117	2722
τὸν	ἔσχατον	τόπον	κατέχειν.
ὁ	ἔσχατος	τόπος	κατέχω
톤	에스카톤	토폰	카테케인
그	가장 낮은	자리를	차지하는 것을
관.목.남.단.	형.목.남.단.	명.목.남.단.	동.부.현.능.

10 청함을 받았을 때에 차라리 가서 끝자리에 앉으라 그러면 너를 청한 자가 와서 너더러
벗이여 올라 앉으라 하리니 그 때에야 함께 앉은 모든 사람 앞에서 영광이 있으리라

But when thou art bidden, go and sit down in the lowest room; that when he that bade thee cometh, he may say unto thee, Friend, go up higher: then shalt thou have worship in the presence of them that sit at meat with thee.

235	3752	2564	4198	377	1519	3588	2078
ἀλλ'	ὅταν	κληθῇς	πορευθεὶς	ἀνάπεσε	εἰς	τὸν	ἔσχατον
ἀλλά	ὅταν	καλέω	πορεύομαι	ἀναπίπτω	εἰς	ὁ	ἔσχατος
알	호탄	클레데스	포류데이스	아나페세	에이스	톤	에스카톤
그러나	때에	네가 초청을 받았을	가서	기대어 앉아라	를	그	더 낮은
접.우.	접.종.	동.가.1과.수.2단.	동.분.명.1과.수디.주.남.2단.	동.명.2과.능.2단.	전.목.	관.목.남.단.	형.목.남.단.

5117	2443	3752	2064	3588	2564	4771	3004(2046)	4771
τόπον,	ἵνα	ὅταν	ἔλθῃ	ὁ	κεκληκώς	σε	ἐρεῖ	σοι,
τόπος	ἵνα	ὅταν	ἔρχομαι	ὁ	καλέω	σύ	λέγω.ἐρέω	σύ
토폰	히나	호탄	엘데	호	케클레코스	세	에레이	소이
자리	위함이니	때를	왔을	그(사람이)	초청하고 있는	너를	그가 말할 것이라	너더러
명.목.남.단.	접.종.	접.종.	동.가.2과.능.3단.	관.주.남.단	동.분.1완.능.주.남.단.	대.인.목.2단.	동.직.미.능.3단.	대.인.여격.2단.

5384	4320	511	5119	1510	4771	1391	1799
φίλε,	προσανάβηθι	ἀνώτερον·	τότε	ἔσται	σοι	δόξα	ἐνώπιον
φίλος	προσαναβαίνω	ἀνώτερος	τότε	εἰμί	σύ	δόξα	ἐνώπιον
필레	프로사나베디	아노테론	토테	에스다이	소이	독사	에노피온
친구여	더 올라가라	더 높이	그 때에	있을 것이다	너에게	영광이	앞에서
형.대.호.남.단.	동.명.2과.능.2단.	형.대.비.목.중.단	부.	동.직.미.중디.3단.	대.인.여격.2단.	명.주.여.단.	전.소

3956	3588	4873	4771
πάντων	τῶν	συνανακειμένων	σοι.
πᾶς	ὁ	συνανάκειμαι	σύ
판톤	톤	쉬나나케이메논	소이
모두의	그(사람들)	함께 기대어 앉은	너에게
형.대.소.남.복.	관.소.남.복	동.분.현.중수디.소.남.복.	대.인.여격.2단.

11 무릇 자기를 높이는 자는 낮아지고 자기를 낮추는 자는 높아지리라

For whosoever exalteth himself shall be abased; and he that humbleth himself shall be exalted.

3754	3956	3588	5312	1438	5013	2532	3588
ὅτι	πᾶς	ὁ	ὑψῶν	ἑαυτὸν	ταπεινωθήσεται,	καὶ	ὁ
ὅτι	πᾶς	ὁ	ὑψόω	ἑαυτοῦ	ταπεινόω	καί	ὁ
호티	파스	호	휩손	헤아우톤	타페이노데세타이	카이	호
때문이라	마다	사람	높이는	그 자신을	낮아지게 될 것이다	그리고	그(사람은)
접.종.	형.대.주.남.단.	관.주.남.단	동.분.현.능.주.남.단.	대.인.목.남.3단.	동.직.미.수.3단.	접.등.	관.주.남.단

5013	1438	5312
ταπεινῶν	ἑαυτὸν	ὑψωθήσεται.
ταπεινόω	ἑαυτοῦ	ὑψόω
타페이논	헤아우톤	휩소데세타이
낮추는	그 자신을	높아지게 될 것이다
동.분.현.능.주.남.단.	대.인.목.남.3단.	동.직.미.수.3단.

12 또 자기를 청한 자에게 이르시되 네가 점심이나 저녁이나 베풀거든 벗이나 형제나
친척이나 부한 이웃을 청하지 말라 두렵건대 그 사람들이 너를 도로 청하여 네게 갚음이
될까 하노라

Then said he also to him that bade him, When thou makest a dinner or a supper, call not thy friends, nor thy brethren, neither thy kinsmen, nor thy rich neighbours; lest they also bid thee again, and a recompense be made thee.

3004	1161	2532	3588	2564	846	3752	4160	712
Ἔλεγεν	δὲ	καὶ	τῷ	κεκληκότι	αὐτόν,	ὅταν	ποιῇς	ἄριστον
λέγω	δέ	καί	ὁ	καλέω	αὐτός	ὅταν	ποιέω	ἄριστον
엘레겐	데	카이	토	케클레코티	아우톤	호탄	포이에스	아리스톤
말씀하셨다	또	역시	그(사람에게)	초청한	그를	때에	네가 베풀	점심
동.직.미완.능.3단.	접등.	부.	관.여격.남.단	동.분.1완.능.여격.남.단.	대.인.목.남.3단.	접종.	동.가.현.능.2단.	명.목.중.단.

2228	1173	3361	5455	3588	5384	4771	3366	3588	80
ἤ	δεῖπνον,	μὴ	φώνει	τοὺς	φίλους	σου	μηδὲ	τοὺς	ἀδελφούς
ἤ	δεῖπνον	μή	φωνέω	ὁ	φίλος	σύ	μηδέ	ὁ	ἀδελφός
에	데잎논	메	포네이	투스	필루스	수	메데	투스	아델푸스
이나	저녁을	말라	초청하지	그	친구들을	너의	도 말고	그	형제들
접등.	명.목.중.단.	부.	동.명.현.능.2단.	관.목.남.복.	형.대.목.남.복.	대.인.소.2단.	접등.	관.목.남.복.	명.목.남.복.

4771	3366	3588	4773	4771	3366	1069	4145
σου	μηδὲ	τοὺς	συγγενεῖς	σου	μηδὲ	γείτονας	πλουσίους,
σύ	μηδέ	ὁ	συγγενής	σύ	μηδέ	γείτων	πλούσιος
수	메데	투스	쉉게네이스	수	메데	게이토나스	플루시우스
너의	도 말고	그	친척들	너의	도 말라	이웃들	부유한
대.인.소.2단.	접등.	관.목.남.복.	형.대.목.남.복.	대.인.소.2단.	접등.	명.목.남.복.	형.목.남.복.

3379	2532	846	479	4771	2532	1096	468
μήποτε	καὶ	αὐτοὶ	ἀντικαλέσωσίν	σε	καὶ	γένηται	ἀνταπόδομά
μήποτε	καί	αὐτός	ἀντικαλέω	σύ	καί	γίνομαι	ἀνταπόδομα
메포테	카이	아우토이	안디칼레소신	세	카이	게네타이	안타포도마
혹시 않을까	역시	그 사람들이	도로 초청하여	너를	그래서	되지나	갚음이
접종.	부.	대.인.주.남.3복	동.가.1과.능.3복.	대.인.목.2단.	접등.	동.가.2과.중디.3단.	명.주.중.단.

4771
σοι.
σύ
소이
너에게
대.인.여격.2단.

13 잔치를 베풀거든 차라리 가난한 자들과 몸 불편한 자들과 저는 자들과 맹인들을 청하라

But when thou makest a feast, call the poor, the maimed, the lame, the blind:

235	3752	1403	4160	2564	4434	376	5560
ἀλλ'	ὅταν	δοχὴν	ποιῇς,	κάλει	πτωχούς,	ἀναπείρους,	χωλούς,
ἀλλά	ὅταν	δοχή	ποιέω	καλέω	πτωχός	ἀνάπειρος	χωλός
알	호탄	도켄	포이에스	칼레이	프토쿠스	아나페이루스	콜루스
다만	때에	잔치를	너는 베풀	초청하라	가난한 사람들을	불구자들을	다리 저는 사람들을
접우.	접종.	동.가.현.능.2단.	동.명.현.능.2단.	동.명.현.능.2단.	형.대.목.남.복.	형.대.목.남.복.	형.대.목.남.복.

5185
τυφλούς·
τυφλός
튀플루스
맹인들을
형.대.목.남.복.

14 그리하면 그들이 갚을 것이 없으므로 네게 복이 되리니 이는 의인들의 부활시에 네가
갚음을 받겠음이라 하시더라

And thou shalt be blessed; for they cannot recompense thee: for thou shalt be recompensed at the resurrection of the just.

2532	3107	1510	3754	3756	2192	467	4771
καὶ	μακάριος	ἔσῃ,	ὅτι	οὐκ	ἔχουσιν	ἀνταποδοῦναί	σοι,
καί	μακάριος	εἰμί	ὅτι	οὐ	ἔχω	ἀνταποδίδωμι	σύ
카이	마카리오스	에세	호티	우크	에쿠신	안타포두나이	소이
그리면	복이	너는 있을 것이다	때문이니	못하기	그들이 가지지	도로 갚을 것을	너에게
접.등.	형.주.남.단.	동.직.미.중디.2단.	접.종.	부.	동.직.현.능.3복.	동.부.2과.능.	대.인.여격.2단.

467	1063	4771	1722	3588	386	3588	1342
ἀνταποδοθήσεται	γάρ	σοι	ἐν	τῇ	ἀναστάσει	τῶν	δικαίων.
ἀνταποδίδωμι	γάρ	σύ	ἐν	ἡ	ἀνάστασις	ὁ	δίκαιος
안타포도데세타이	가르	소이	엔	테	아나스타세이	톤	디카이온
도로 갚음을 받게 될 것이다	왜냐하면	너에게	때에	그	부활	그	의인들의
동.직.미.수.3단.	접.종.	대.인.여격.2단.	전.여격.	관.여격.여.단.	명.여격.여.단.	관.소.남.복.	형.대.소.남.복.

15 함께 먹는 사람 중의 하나가 이 말을 듣고 이르되 무릇 하나님의 나라에서 떡을 먹는
자는 복되도다 하니

And when one of them that sat at meat with him heard these things, he said unto him, Blessed is he that shall eat bread in the kingdom of God.

191	1161	5100	3588	4873	3778	3004(2036)
Ἀκούσας	δέ	τις	τῶν	συνανακειμένων	ταῦτα	εἶπεν
ἀκούω	δέ	τις	ὁ	συνανάκειμαι	οὗτος	λέγω.ἔπω
아쿠사스	데	티스	톤	쉬나나케이메논	타우타	에이펜
듣고	그리고	어떤 사람이	그(사람들 중의)	(식탁에) 함께 기대어 앉은	이일들을	말하였다
동.분.1과.능.주.남.단.	접.등.	대.부.주.남.단.	관.소.남.복	동.분.현.중수디.소.남.복.	대.지.목.중.복.	동.직.2과.능.3단.

846	3107	3748	5315	740	1722	3588	932
αὐτῷ,	Μακάριος	ὅστις	φάγεται	ἄρτον	ἐν	τῇ	βασιλείᾳ
αὐτός	μακάριος	ὅστις	φάγω	ἄρτος	ἐν	ἡ	βασιλεία
아우토	마카리오스	호스티스	파게타이	아르톤	엔	테	바실레이아
그에게	복이 (있도다)	바 사람은	먹을	떡을	안에서	그	나라에
대.인.여격.남.3단.	형.주.남.단.	대.관.주.남.단	동.직.미.중디.3단.	명.목.남.단.	전.여격.	관.여격.여.단.	명.여격.여.단.

3588	2316
τοῦ	θεοῦ.
ὁ	θεός
투	데우
그	하나님의
관.소.남.단.	명.소.남.단.

16 이르시되 어떤 사람이 큰 잔치를 베풀고 많은 사람을 청하였더니

Then said he unto him, A certain man made a great supper, and bade many:

3588	1161	3004(2036)	846	444	5100	4160	1173
Ὁ	δὲ	εἶπεν	αὐτῷ,	ἄνθρωπός	τις	ἐποίει	δεῖπνον
ὁ	δέ	λέγω.ἔπω	αὐτός	ἄνθρωπος	τις	ποιέω	δεῖπνον
호	데	에이펜	아우토	안드로포스	티스	에포이에이	데잎논
예수님께서	그러자	말씀하셨다	그에게	한 사람이	어떤	베풀었다	잔치를
관.주.남.단	접.등.	동.직.2과.능.3단.	대.인.여격.남.3단.	명.주.남.단.	대.부.주.남.단.	동.직.미완.능.3단.	명.목.중.단.

3173	2532	2564	4183
μέγα,	καὶ	ἐκάλεσεν	πολλούς
μέγας	καί	καλέω	πολύς
메가	카이	에칼레센	폴루스
큰	그래서	초청하였다	많은 사람을
형.목.중.단.	접.등.	동.직.1과.능.3단.	형.대.목.남.복.

17 잔치할 시각에 그 청하였던 자들에게 종을 보내어 이르되 오소서 모든 것이 준비되었나이다
하매

And sent his servant at supper time to say to them that were bidden, Come; for all things are now ready.

2532	649	3588	1401	846	3588	5610	3588	1173
καὶ	ἀπέστειλεν	τὸν	δοῦλον	αὐτοῦ	τῇ	ὥρᾳ	τοῦ	δείπνου
καί	ἀποστέλλω	ὁ	δοῦλος	αὐτός	ἡ	ὥρα	τό	δεῖπνον
카이	아페스테일렌	톤	둘론	아우투	테	호라	투	데잎누
이에	그가 보냈다	그	종을	그의	그	시간에	그	만찬의
접.등.	동.직.1과.능.3단.	관.목.남.단.	명.목.남.단.	대.인.소.남.3단.	관.여격.여.단.	명.여격.여.단.	관.소.중.단.	명.소.중.단.

3004(2036)	3588	2564	2064	3754	2235	2092	1510
εἰπεῖν	τοῖς	κεκλημένοις,	ἔρχεσθε,	ὅτι	ἤδη	ἕτοιμά	ἐστιν.
λέγω.ἔπω	ὁ	καλέω	ἔρχομαι	ὅτι	ἤδη	ἕτοιμος	εἰμί
에이페인	토이스	케클레메노이스	에르케스데	호티	에데	헤토이마	에스틴
말하려고	그(사람들에게)	초청받았던	오소서	때문이라	이미	준비들이	잔치가 되었기
동.부.2과.능.	관.여격.남.복	동.분.1완.수.여격.남.복.	동.명.현.중수디.2복.	접.종.	부.	형.주.중.복.	동.직.현.능.3단.

18 다 일치하게 사양하여 한 사람은 이르되 나는 밭을 샀으매 아무래도 나가 보아야
하겠으니 청컨대 나를 양해하도록 하라 하고

And they all with one consent began to make excuse. The first said unto him, I have bought a piece of ground, and I must needs go and see it: I pray thee have me excused.

2532	756	575	3391	3956	3868	3588	4413
καὶ	ἤρξαντο	ἀπὸ	μιᾶς	πάντες	παραιτεῖσθαι.	ὁ	πρῶτος
καί	αρχομαι	ἀπό	μία	πᾶς	παραιτέομαι	ὁ	πρῶτος
카이	에릌산토	아포	미아스	판테스	파라이테이스다이	호	프로토스
그러자	시작하였다	부터	한(마음으로)	모든 사람이	사양하기를	그	첫째(사람이)
접.등.	동.직.1과.중.3복.	전.목.	형.대.기.소.여.단.	형.대.주.남.복.	동.부.현.중수디.	관.주.남.단.	형.대.서.주.남.단.

3004(2036)	846	68	59	2532	2192	318	1831
εἶπεν	αὐτῷ,	ἀγρὸν	ἠγόρασα	καὶ	ἔχω	ἀνάγκην	ἐξελθὼν
λέγω.ἔπω	αὐτός	ἀγρός	ἀγοράζω	καί	ἔχω	ἀναγκή	ἐξέρχομαι
에이펜	아우토	아그론	에고라사	카이	에코	아낭켄	엑셀돈
말하였다	그에게	밭을	나는 샀다	그래서	나는 가진다	불가피함을	나가서
동.직.2과.능.3단.	대.인.여격.남.3단.	명.목.남.단.	동.직.1과.능.1단.	접.등.	동.직.현.능.1단.	명.목.남.단.	동.분.2과.능.주.남.1단.

3708(1492)	846	2065	4771	2192	1473	3868
ἰδεῖν	αὐτόν·	ἐρωτῶ	σε,	ἔχε	με	παρῃτημένον.
ὁράω.εἴδω	αὐτός	ἐρωτάω	σύ	ἔχω	ἐγώ	παραιτέομαι
이데인	아우톤	에로토	세	에케	메	파레테메논
보는 것을	그것을	내가 청한다	당신을	취하라	나를	사양하게 하도록
동.부.2과.능.	대.인.목.남.3단.	동.직.현.능.1단.	대.인.목.2단.	동.명.현.능.2단.	대.인.목.1단.	동.분.1완.수.목.남.1단.

19 또 한 사람은 이르되 나는 소 다섯 겨리를 샀으매 시험하러 가니 청컨대 나를 양해하도록
하라 하고

And another said, I have bought five yoke of oxen, and I go to prove them: I pray thee have me excused.

2532	2087	3004(2036)	2201	1016	59	4002	2532	4198
καὶ	ἕτερος	εἶπεν,	ζεύγη	βοῶν	ἠγόρασα	πέντε	καὶ	πορεύομαι
καί	ἕτερος	λέγω.ἔπω	ζεῦγος	βοῦς	ἀγοράζω	πέντε	καί	πορεύομαι
카이	헤테로스	에이펜	쥬게	보온	에고라사	펜테	카이	포류오마이
또	다른 (사람이)	말하였다	겨리들을	소들의	나는 샀다	다섯	그래서	나는 간다
접.등.	형.대.주.남.단.	동.직.2과.능.3단.	명.목.중.복.	명.소.남.복.	동.직.1과.능.1단.	형.기.목.중.복.	접.등.	동.직.현.중수디.1단.

1381	846	2065	4771	2192	1473	3868
δοκιμάσαι	αὐτά·	ἐρωτῶ	σε,	ἔχε	με	παρῃτημένον.
δοκιμάζω	αὐτός	ἐρωτάω	σύ	ἔχω	ἐγώ	παραιτέομαι
도키마사이	아우타	에로토	세	에케	메	파레테메논
시험하려고	그것을	내가 청한다	당신을	취하라	나를	사양하게 하도록
동.부.1과.능.	대.인.목.중.3복.	동.직.현.능.1단.	대.인.목.2단.	동.명.현.능.2단.	대.인.목.1단.	동.분.1완.수.목.남.1단.

20 또 한 사람은 이르되 나는 장가 들었으니 그러므로 가지 못하겠노라 하는지라
And another said, I have married a wife, and therefore I cannot come.

2532	2087	3004(2036)	1135	1060	2532	1223	3778	3756
καὶ	ἕτερος	εἶπεν,	γυναῖκα	ἔγημα	καὶ	διὰ	τοῦτο	οὐ
καί	ἕτερος	λέγω.ἔπω	γυνή	γαμέω	καί	διά	οὗτος	οὐ
카이	헤테로스	에이펜	귀나이카	에게마	카이	디아	투토	우
또	다른 (사람이)	말하였다	아내와	결혼하였다	이에	므로	그러	없다
접.등.	형.대.주.남.단.	동.직.2과.능.3단.	명.목.여.단.	동.직.1과.능.1단.	접.등.	전.목.	대.지.목.중.단.	부.

1410	2064
δύναμαι	ἐλθεῖν.
δύναμαι	ἔρχομαι
뒤나마이	엘데인
나는 할 수	오는 것을
동.직.현.중수디.1단.	동.부.2과.능.

21 종이 돌아와 주인에게 그대로 고하니 이에 집 주인이 노하여 그 종에게 이르되 빨리
시내의 거리와 골목으로 나가서 가난한 자들과 몸 불편한 자들과 맹인들과 저는 자들을
데려오라 하니라
So that servant came, and showed his lord these things. Then the master of the house being angry said to his servant, Go out quickly into the streets and lanes of the city, and bring in hither the poor, and the maimed, and the halt, and the blind.

2532	3854	3588	1401	518	3588	2962	848
καὶ	παραγενόμενος	ὁ	δοῦλος	ἀπήγγειλεν	τῷ	κυρίῳ	αὐτοῦ
καί	παραγίνομαι	ὁ	δοῦλος	ἀπαγγέλλω	ὁ	κύριος	αὐτός
카이	파라게노메노스	호	둘로스	아펭게일렌	토	퀴리오	아우투
그리하여	곁에 와서	그	종이	보고하였다	그	주인에게	그의
접.등.	동.분.2과.중디.주.남.단.	관.주.남.단.	명.주.남.단.	동.직.1과.능.3단.	관.여격.남.단.	명.여격.남.단.	대.인.소.남.3단.

3778	5119	3710	3588	3617	3004(2036)	3588	1401
ταῦτα.	τότε	ὀργισθεὶς	ὁ	οἰκοδεσπότης	εἶπεν	τῷ	δούλῳ
οὗτος	τότε	ὀργίζω	ὁ	οἰκοδεσπότης	λέγω.ἔπω	ὁ	δοῦλος
타우타	토테	오르기스데이스	호	오이코데스포테스	에이펜	토	둘로
그런 일들을	그때에	분노하여	그	집주인이	말하였다	그	종에게
대.지.목.중.복.	부.	동.분.1과.수디.주.남.단.	관.주.남.단.	명.주.남.단.	동.직.2과.능.3단.	관.여격.남.단.	명.여격.남.단.

846	1831	5030	1519	3588	4113	2532	4505	3588
αὐτοῦ,	ἔξελθε	ταχέως	εἰς	τὰς	πλατείας	καὶ	ῥύμας	τῆς
αὐτός	ἐξέρχομαι	ταχέως	εἰς	ἡ	πλατεῖα	καί	ῥύμη	ἡ
아우투	엑셀데	타케오스	에이스	타스	플라테이아스	카이	흐뤼마스	테스
그의	나가라	빨리	안으로	그	길거리들	과	골목들을	그
대.인.소.남.3단.	동.명.2과.능.2단.	부.	전.목.	관.목.여.복.	형.대.목.여.복.	접.등.	명.목.여.복.	관.소.여.단.

4172	2532	3588	4434	2532	376	2532	5185	2532
πόλεως	καὶ	τοὺς	πτωχοὺς	καὶ	ἀναπείρους	καὶ	τυφλοὺς	καὶ
πόλις	καί	ὁ	πτωχός	καί	ἀνάπειρος	καί	τυφλός	καί
폴레오스	카이	투스	프토쿠스	카이	아나페이루스	카이	튀플루스	카이
도시의	그래서	그	가난한 사람들	과	불구자들	과	시각장애인들	과
명.소.여.단.	접.등.	관.목.남.복.	형.대.목.남.복.	접.등.	형.대.목.남.복.	접.등.	형.대.목.남.복.	접.등.

5560	1521	5602
χωλοὺς	εἰσάγαγε	ὧδε.
χωλός	εἰσάγω	ὧδε
콜루스	에이사가게	호데
다리장애인들을	데려오라	여기로
형.대.목.남.복.	동.명.2과.능.2단.	부.

22 종이 이르되 주인이여 명하신 대로 하였으되 아직도 자리가 있나이다
And the servant said, Lord, it is done as thou hast commanded, and yet there is room.

2532	3004(2036)	3588	1401	2962	1096	3739	2004	2532
καὶ	εἶπεν	ὁ	δοῦλος,	κύριε,	γέγονεν	ὃ	ἐπέταξας,	καὶ
καί	λέγω.ἔπω	ὁ	δοῦλος	κύριος	γίνομαι	ὅς	ἐπιτάσσω	καί
카이	에이펜	호	둘로스	퀴리에	게고넨	호	에페탁사스	카이
그러나	말하였다	그(그의)	종이	주인이여	되어있다	바 그것을	당신이 명하였다	그러나
접등.	동.직.2과.능.3단.	관.주.남.단.	명.주.남.단.	명.호.남.단.	동.직.2완.능.3단.	대.관.목.중.단	동.직.1과.능.2단.	접등.

2089	5117	1510
ἔτι	τόπος	ἐστίν.
ἔτι	τόπος	εἰμί
에티	토포스	에스틴
아직도	자리가	있나이다
부.	명.주.남.단.	동.직.현.능.3단.

23 주인이 종에게 이르되 길과 산울타리 가로 나가서 사람을 강권하여 데려다가 내 집을
채우라
And the lord said unto the servant, Go out into the highways and hedges, and compel them to come in, that my house may be filled.

2532	3004(2036)	3588	2962	4314	3588	1401	1831	1519	3588
καὶ	εἶπεν	ὁ	κύριος	πρὸς	τὸν	δοῦλον,	ἔξελθε	εἰς	τὰς
καί	λέγω.ἔπω	ὁ	κύριος	πρός	ὁ	δοῦλος	ἐξέρχομαι	εἰς	ἡ
카이	에이펜	호	퀴리오스	프로스	톤	둘론	엑셀데	에이스	타스
그러자	말하였다	그	주인이	향하여	그	종을	나가라	안으로	그
접등.	동.직.2과.능.3단.	관.주.남.단.	명.주.남.단.	전목.	관.목.남.단.	명.목.남.단.	동.명.2과.능.2단.	전목.	관.목.여.복.

3598	2532	5418	2532	315	1525	2443	1072
ὁδοὺς	καὶ	φραγμοὺς	καὶ	ἀνάγκασον	εἰσελθεῖν,	ἵνα	γεμισθῇ
ὁδός	καί	φραγμός	καί	ἀναγκάζω	εἰσέρχομαι	ἵνα	γεμίζω
호두스	카이	프라그무스	카이	아낭카손	에이셀데인	히나	게미스데
길들	과	산울타리들을	그래서	강권하라	들어오도록	위함이라	가득 채워지게
명.목.여.복.	접등.	명.목.남.복.	접등.	동.명.1과.능.2단.	동.부.2과.능.	접종.	동.가.1과.수.3단.

1473	3588	3624
μου	ὁ	οἶκος·
ἐγώ	ὁ	οἶκος
무	호	오이코스
나의	이	집이
대.인.소.1단.	관.주.남.단.	명.주.남.단.

24 내가 너희에게 말하노니 전에 청하였던 그 사람들은 하나도 내 잔치를 맛보지 못하리라
하였다 하시니라
For I say unto you, That none of those men which were bidden shall taste of my supper.

3004	1063	4771	3754	3762	3588	435	1565	3588
λέγω	γὰρ	ὑμῖν	ὅτι	οὐδεὶς	τῶν	ἀνδρῶν	ἐκείνων	τῶν
λέγω	γάρ	σύ	ὅτι	οὐδείς	τό	ἀνήρ	ἐκεῖνος	ὁ
레고	가르	휘민	호티	우데이스	톤	안드론	에케이논	톤
내가 말한다	참으로	너희에게	때문에	아무도 못할 것이니	그	사람들 중의	그	그
동.직.현.능.1단.	접종.	대.인.여격.2복.	접.우.	형.대.기.주.남.단.	관.소.남.복.	명.소.남.복.	형.지.소.남.복.	관.소.남.복

2564	1089	1473	3588	1173
κεκλημένων	γεύσεταί	μου	τοῦ	δείπνου.
καλέω	γεύομαι	ἐγώ	τό	δεῖπνον
케클레메논	규세타이	무	투	데잎누
(전에)초청받았다	맛을 보지	내	그	만찬의
동.분.1완.수.소.남.복.	동.직.미.중디.3단.	대.인.소.1단.	관.소.중.단.	명.소.중.단.

25 수많은 무리가 함께 갈새 예수께서 돌이키사 이르시되
And there went gre t multitudes with him: and he turned, and said unto them,

4848	1161	846	3793	4183	2532	4762	3004(2036)
Συνεπορεύοντο	δὲ	αὐτῷ	ὄχλοι	πολλοί,	καὶ	στραφεὶς	εἶπεν
συμπορεύομαι	δέ	αὐτός	ὄχλος	πολύς	καί	στρέφω	λέγω.ἔπω
쉬네포류온토	데	아우토	오클로이	폴로이	카이	스트라페이스	에이펜
함께 갔다	그리고	그와	무리들이	많은	이에	돌이키시고	그가 말씀하셨다
동.직.미완.중수디.3복.	접.등.	대.인.여격.남.3단.	명.주.남.복.	형.주.남.복.	접.등.	동.분.2과.수.주.남.단.	동.직.2과.능.3단.

4314	846
πρὸς	αὐτούς,
πρός	αὐτός
프로스	아우투스
향하여	그들을
전.목.	대.인.목.남.3복.

26 무릇 내게 오는 자가 자기 부모와 처자와 형제와 자매와 더욱이 자기 목숨까지 미워하지
아니하면 능히 내 제자가 되지 못하고

If any man come to me, and hate not his father, and mother, and wife, and children, and brethren, and sisters, yea, and his own life also, he cannot be my disciple.

1487	5100	2064	4314	1473	2532	3756	3404	3588	3962
εἴ	τις	ἔρχεται	πρός	με	καὶ	οὐ	μισεῖ	τὸν	πατέρα
εἰ	τις	ἔρχομαι	πρός	ἐγώ	καί	οὐ	μισέω	ὁ	πατήρ
에이	티스	에르케타이	프로스	메	카이	우	미세이	톤	파테라
만일	누구든지	온다면	게로	내	이에	아니하면	미워하지	그	아버지
접.종.	대.부.주.남.단.	동.직.현.중수디.3단.	전.목.	대.인.목.1단.	접.등.	부.	동.직.현.능.3단.	관.목.남.단.	명.목.남.단.

1438	2532	3588	3384	2532	3588	1135	2532	3588	5043
ἑαυτοῦ	καὶ	τὴν	μητέρα	καὶ	τὴν	γυναῖκα	καὶ	τὰ	τέκνα
ἑαυτοῦ	καί	ἡ	μήτηρ	καί	ἡ	γυνή	καί	τό	τέκνον
헤아우투	카이	텐	메테라	카이	텐	귀나이카	카이	타	테크나
그 자신의	와	그	어머니	와	그	아내	와	그	자식들
대.인소.남.3단.	접.등.	관.목.여.단.	명.목.여.단.	접.등.	관.목.여.단.	명.목.여.단.	접.등.	관.목.중.복.	명.목.중.복.

2532	3588	80	2532	3588	79	2089	5037	2532	3588	5590
καὶ	τοὺς	ἀδελφοὺς	καὶ	τὰς	ἀδελφάς	ἔτι	τε	καὶ	τὴν	ψυχὴν
καί	ὁ	ἀδελφός	καί	ἡ	ἀδελφή	ἔτι	τε	καί	ἡ	ψυχή
카이	투스	아델푸스	카이	타스	아델파스	에티	테	카이	텐	프쉬켄
과	그	형제들	과	그	자매들을	더욱	또	까지도	그	목숨
접.등.	관.목.남.복.	명.목.남.복.	접.등.	관.목.여.복.	명.목.여.복.	부.	접.등.	접.등.	관.목.여.단.	명.목.여.단.

1438	3756	1410	1510	1473	3101
ἑαυτοῦ,	οὐ	δύναται	εἶναί	μου	μαθητής.
ἑαυτοῦ	οὐ	δύναμαι	εἰμί	ἐγώ	μαθητής
헤아우투	우	뒤나타이	에이나이	무	마데테스
자기 자신의	없다	그는 할 수	되는 것을	나의	제자가
대.인소.남.3단.	부.	동.직.현.중수디.3단.	동.부.현.능.	대.인소.1단.	명.주.남.단.

27 누구든지 자기 십자가를 지고 나를 따르지 않는 자도 능히 내 제자가 되지 못하리라

And whosoever doth not bear his cross, and come after me, cannot be my disciple.

3748	3756	941	3588	4716	1438	2532	2064
ὅστις	οὐ	βαστάζει	τὸν	σταυρὸν	ἑαυτοῦ	καὶ	ἔρχεται
ὅστις	οὐ	βαστάζω	ὁ	σταυρός	ἑαυτοῦ	καί	ἔρχομαι
호스티스	우	바스타제이	톤	스타우론	헤아우투	카이	에르케타이
누구든지	않고	짊어진다	그	십자가를	그 자신의	그래서	와도
대.관.주.남.단	부.	동.직.현.능.3단.	관.목.남.단.	명.목.남.단.	대.인.소.남.3단.	접.등.	동.직.현.중수디.3단.

3694	1473	3756	1410	1510	1473	3101
ὀπίσω	μου,	οὐ	δύναται	εἶναί	μου	μαθητής.
ὀπίσω	ἐγώ	οὐ	δύναμαι	εἰμί	ἐγώ	μαθητής
오피소	무	우	뒤나타이	에이나이	무	마데테스
뒤를 따라	나의	없다	그는 할 수	되는 것을	나의	제자가
전소	대소.1단.	부.	동.직.현.중수디.3단.	동.부.현.능.	대.인.소.1단.	명.주.남.단.

28 너희 중의 누가 망대를 세우고자 할진대 자기의 가진 것이 준공하기까지에 족할는지
먼저 앉아 그 비용을 계산하지 아니하겠느냐
For which of you, intending to build a tower, sitteth not down first, and counteth the cost, whether he have sufficient to finish it?

5101	1063	1537	4771	2309	4444	3618	3780	4412
Τίς	γὰρ	ἐξ	ὑμῶν	θέλων	πύργον	οἰκοδομῆσαι	οὐχὶ	πρῶτον
τίς	γάρ	ἐκ	σύ	θέλω	πύργος	οἰκοδομέω	οὐχί	πρῶτον
티스	가르	엑스	휘몬	델론	퓌르곤	오이코도메사이	우키	프로톤
누가	왜냐하면	중에서	너희	원하면서	망대 하나를	세우기를	아니하느냐	먼저
대.의.주.남.단.	접.종.	전.소.	대.인.소.2복.	동.분.현.능.주.남.단.	명.목.남.단.	동.부.1과.능.	불.의.	형.대.서.목.중.단

2523	5585	3588	1160	1487	2192	1519	535
καθίσας	ψηφίζει	τὴν	δαπάνην,	εἰ	ἔχει	εἰς	ἀπαρτισμόν;
καθίζω	ψηφίζω	ἡ	δαπάνη	εἰ	ἔχω	εἰς	ἀπαρτισμός
카디사스	프세피제이	텐	다파넨	에이	에케이	에이스	아파르티스몬
앉아서	계산하지	그	비용을	인지	그가 가진 것	위하여	완공을
동.분.1과.능.주.남.단.	동.직.현.능.3단.	관.목.여.단.	명.목.여.단.	불.의.	동.직.현.능.3단.	전.목.	명.목.남.단.

29 그렇게 아니하여 그 기초만 쌓고 능히 이루지 못하면 보는 자가 다 비웃어
Lest haply, after he hath laid the foundation, and is not able to finish it, all that behold it begin to mock him,

2443	3379	5087	846	2310	2532	3361	2480
ἵνα	μήποτε	θέντος	αὐτοῦ	θεμέλιον	καὶ	μὴ	ἰσχύοντος
ἵνα	μήποτε	τίθημι	αὐτός	θεμέλιος	καί	μή	ἰσχύω
히나	메포테	덴토스	아우투	데멜리온	카이	메	이스퀴온토스
위함이라	염려하지 않기	놓고	그것의	기초만을	그리고	없을 때에	할 수
접.종.	접.종.	동.분.2과.능.소.남.단.	대.인.소.남.3단.	명.목.중.단.	접.등.	부.	동.분.현.능.소.남.단.

1615	3956	3588	2334	756	846	1702
ἐκτελέσαι	πάντες	οἱ	θεωροῦντες	ἄρξωνται	αὐτῷ	ἐμπαίζειν
ἐκτελέω	πᾶς	ὁ	θεωρέω	ἄρχομαι	αὐτός	ἐμπαίζω
엑텔레사이	판테스	호이	데오룬테스	아릑손타이	아우토	엠파이제인
완성되는 것을	모두가	그(사람을)	바라보는	시작하지나	그에게	조롱하기를
동.부.1과.능.	형.대.주.남.복.	관.주.남.복	동.분.현.능.주.남.복.	동.가.1과.중.3복.	대.인.여격.남.3단.	동.부.현.능.

30 이르되 이 사람이 공사를 시작하고 능히 이루지 못하였다 하리라
Saying, This man began to build, and was not able to finish.

3004	3754	3778	3588	444	756	3618	2532
λέγοντες	ὅτι	οὗτος	ὁ	ἄνθρωπος	ἤρξατο	οἰκοδομεῖν	καὶ
λέγω	ὅτι	οὗτος	ὁ	ἄνθρωπος	ἄρχομαι	οἰκοδομέω	καί
레곤테스	호티	후토스	호	안드로포스	에릌사토	오이코도메인	카이
그들이 말하기를		이	그	사람이	시작하였다	짓는 것을	그러나
동.분.현.능.주.남.복.	접.우.	대.지.주.남.단.	관.주.남.단.	명.주.남.단.	동.직.1과.중.3단.	동.부.현.능.	접.등.

3756	2480	1615
οὐκ	ἴσχυσεν	ἐκτελέσαι.
οὐ	ἰσχύω	ἐκτελέω
우크	이스퀴센	엑텔레사이
없었다	할 수	다 완성하는 것을
부.	동.직.1과.능.3단.	동.부.1과.능.

31 또 어떤 임금이 다른 임금과 싸우러 갈 때에 먼저 앉아 일만 명으로써 저 이만 명을
거느리고 오는 자를 대적할 수 있을까 헤아리지 아니하겠느냐
Or what king, going to make war against another king, sitteth not down first, and consulteth whether he be able with ten thousand to meet him that cometh against him with twenty thousand?

2228	5101	935	4198	2087	935	4820	1519
Ἢ	τίς	βασιλεὺς	πορευόμενος	ἑτέρῳ	βασιλεῖ	συμβαλεῖν	εἰς
ἤ	τίς	βασιλεύς	πορεύομαι	ἕτερος	βασιλεύς	συμβάλλω	εἰς
에	티스	바실류스	포류오메노스	헤테로	바실레이	쉼발레인	에이스
또는	어떤	왕이	갈 때에	다른	왕에게	공격하려고	위하여
접.등.	대.의.주.남.단.	명.주.남.단.	동.분.현.중수디.주.남.단.	형.여격.남.단.	명.여격.남.단.	동.부.2과.능.	전.목.

4171	3780	2523	4412	1011	1487	1415
πόλεμον	οὐχὶ	καθίσας	πρῶτον	βουλεύσεται	εἰ	δυνατός
πόλεμος	οὐχί	καθίζω	πρῶτον	βουλεύω	εἰ	δυνατός
폴레몬	우키	카디사스	프로톤	불류세타이	에이	뒤나토스
전쟁을	아니할 것인가	앉아서	먼저	결정하지	인지 아닌지	할 수
명.목.남.단.	불.의.	동.분.1과.능.주.남.단.	형.대.서.목.중.단	동.직.미.중디.3단.	불.의.	형.주.남.단.

1510	1722	1176	5505	5221	3588	3326	1501
ἐστιν	ἐν	δέκα	χιλιάσιν	ὑπαντῆσαι	τῷ	μετὰ	εἴκοσι
εἰμί	ἐν	δέκα	χιλιάς	ὑπαντάω	ὁ	μετά	εἴκοσι
에스틴	엔	데카	킬리아신	휘판테사이	토	메타	에이코시
그가 있는	으로	십	천	만나는 것을	그(사람에게)	함께	이십
동.직.현.능.3단.	전.여격.	형.기.여격.여.복.	명.여격.여.복.	동.부.1과.능.	관.여격.남.단	전.소.	형.기.소.여.복.

5505	2064	1909	846
χιλιάδων	ἐρχομένῳ	ἐπ'	αὐτόν;
χιλιάς	ἔρχομαι	ἐπί	αὐτός
킬리아돈	에르코메노	엪	아우톤
천과	오는	대적하여	그를
명.소.여.복.	동.분.현.중수디.여격.남.단.	전.목.	대.인.목.남.3단.

32 만일 못할 터이면 그가 아직 멀리 있을 때에 사신을 보내어 화친을 청할지니라
Or else, while the other is yet a great way off, he sendeth an ambassage, and desireth conditions of peace.

1487	1161	3361	1065	2089	846	4206	1510	4242	649
εἰ	δὲ	μή	γε,	ἔτι	αὐτοῦ	πόρρω	ὄντος	πρεσβείαν	ἀποστείλας
εἰ	δέ	μή	γέ	ἔτι	αὐτός	πόῤῥω	εἰμί	πρεσβεία	ἀποστέλλω
에이	데	메	게	에티	아우투	포르로	온토스	프레스베이안	아포스테일라스
만일	이에	못하면	그렇지	아직	그(의)가	멀리	있을 때에	사절을	보내어
접.종.	접.등.	부.	부.	부.	대.인.소.남.3단.	부.	동.분.현.능.소.남.단.	명.목.여.단.	동.분.1과.능.주.남.단.

2065	3588	4314	1515
ἐρωτᾷ	τὰ	πρὸς	εἰρήνην.
ἐρωτάω	τό	πρός	εἰρήνη
에로타	타	프로스	에에레넨
그는 요청한다	그(일들을)	위하여	평화를
동.직.현.능.3단.	관.목.중.복	전.목.	명.목.여.단.

33 이와 같이 너희 중의 누구든지 자기의 모든 소유를 버리지 아니하면 능히 내 제자가
되지 못하리라
So likewise, whosoever he be of you that forsaketh not all that he hath, he cannot be my disciple.

3779	3767	3956	1537	4771	3739	3756	657	3956
οὕτως	οὖν	πᾶς	ἐξ	ὑμῶν	ὃς	οὐκ	ἀποτάσσεται	πᾶσιν
οὕτως	οὖν	πᾶς	ἐκ	σύ	ὅς	οὐ	ἀποτάσσομαι	πᾶς
후토스	운	파스	엑스	휘몬	호스	우크	아포타쎄타이	파신
이와 같이	그러므로	사람마다	중에서	너희	바	아니하는	그가 버리지	모두(에)를
부.	접.우.	형.대.주.남.단.	전.소.	대.인.소.2복.	대.관.주.남.단.	부.	동.직.현.중.3단.	형.대.여격.중.복.

3588	1438	5225	3756	1410	1510	1473	3101
τοῖς	ἑαυτοῦ	ὑπάρχουσιν	οὐ	δύναται	εἶναί	μου	μαθητής.
τό	ἑαυτοῦ	ὑπάρχω	οὐ	δύναμαι	εἰμί	ἐγώ	μαθητής
토이스	헤아우투	휘파르쿠신	우	뒤나타이	에이나이	무	마데테스
그(것들)	그 자신의	소유하는	없다	할 수	되는 것을	내	제자가
관.여격.중.복	대.인.소.남.3단.	동.분.현.능.여격.중.복.	부.	동.직.현.중수디.3단.	동.부.현.능.	대.인.소.1단.	명.주.남.단.

34 소금이 좋은 것이나 소금도 만일 그 맛을 잃으면 무엇으로 짜게 하리요
Salt is good: but if the salt have lost his savour, wherewith shall it be seasoned?

2570	3767	3588	217	1437	1161	2532	3588	217	3471	1722
Καλὸν	οὖν	τὸ	ἅλας·	ἐὰν	δὲ	καὶ	τὸ	ἅλας	μωρανθῇ,	ἐν
καλός	οὖν	τό	ἅλας	ἐάν	δέ	καί	τό	ἅλας	μωραίνω	ἐν
칼론	운	토	할라스	에안	데	카이	토	할라스	모란데	엔
좋은 것이나	그러므로	그	소금이	만일	그러나	더욱이	그	소금이	그 맛을 잃게되면	으로
형.주.중.단.	접.등.	관.주.중.단.	명.주.중.단.	접.종.	접.등.	부.	관.주.중.단.	명.주.중.단.	동.가.1과.수.	전.여격.

5101	741
τίνι	ἀρτυθήσεται;
τίς	ἀρτύω
티니	아르튀데세타이
무엇	그것이 맛을 나게 할 것인가
대.의.여격.중.단.	동.직.미.수.3단.

35 땅에도, 거름에도 쓸 데 없어 내버리느니라 들을 귀가 있는 자는 들을지어다 하시니라
It is neither fit for the land, nor yet for the dunghill; but men cast it out. He that hath ears to hear, let him hear.

3777	1519	1093	3777	1519	2874	2111	1510	1854	906
οὔτε	εἰς	γῆν	οὔτε	εἰς	κοπρίαν	εὔθετόν	ἐστιν,	ἔξω	βάλλουσιν
οὔτε	εἰς	γῆ	οὔτε	εἰς	κοπρία	εὔθετος	εἰμί	ἔξω	βάλλω
우테	에이스	겐	우테	에이스	코프리안	유데톤	에스틴	엑소	발루신
도 없고	위하여	땅을	도 아니하다	위하여	거름을	적합하여	있지	밖으로	내던진다
접.등.	전.목.	명.목.여.단.	접.등.	전.목.	명.목.여.단.	형.주.중.단.	동.직.현.능.3단.	부.	동.직.현.능.3복.

846	3588	2192	3775	191	191
αὐτό.	ὁ	ἔχων	ὦτα	ἀκούειν	ἀκουέτω.
αὐτός	ὁ	ἔχω	οὖς	ἀκούω	ἀκούω
아우토	호	에콘	오타	아쿠에인	아쿠에토
그것을	그(사람은)	가진	귀들을	들을	들어라
대.인.목.중.3단.	관.주.남.단	동.분.현.능.주.남.단.	명.목.중.복.	동.부.현.능.	동.명.현.능.3단.

15 모든 세리와 죄인들이 말씀을 들으러 가까이 나아오니
Then drew near unto him all the publicans and sinners for to hear him.

1510	1161	846	1448	3956	3588	5057	2532	3588
Ἦσαν	δὲ	αὐτῷ	ἐγγίζοντες	πάντες	οἱ	τελῶναι	καὶ	οἱ
εἰμί	δέ	αὐτός	ἐγγίζω	πᾶς	ὁ	τελώνης	καί	ὁ
에산	데	아우토	엥기존테스	판테스	호이	텔로나이	카이	호이
있었다	이제	그에게	가까이 나와서	모든	그	세리들	과	그
동.직.미완.능.3복.+	접.등.	대.인.여격.남.3단.	+동.분.현.능.주.남.복.	형.주.남.복.	관.주.남.복.	명.주.남.복.	접.등.	관.주.남.복.

268	191	846
ἁμαρτωλοὶ	ἀκούειν	αὐτοῦ.
ἁμαρτωλός	ἀκούω	αὐτός
하마르톨로이	아쿠에인	아우투
죄인들이	말씀을 들으려고	그의
형.대.주.남.복.	동.부.현.능.	대.인.소.남.3단.

2 바리새인과 서기관들이 수군거려 이르되 이 사람이 죄인을 영접하고 음식을 같이 먹는다 하더라
And the Pharisees and scribes murmured, saying, This man receiveth sinners, and eateth with them.

2532	1234	3588	5037	5330	2532	3588	1122
καὶ	διεγόγγυζον	οἵ	τε	Φαρισαῖοι	καὶ	οἱ	γραμματεῖς
καί	διαγογγύζω	ὁ	τε	Φαρισαῖος	καί	ὁ	γραμματεύς
카이	디에공귀존	호이	테	파리사이오이	카이	호이	그람마테이스
그러자	크게 불평하고 있었다	그	둘다	바리새인들	과	그	서기관들이
접.등.	동.직.미완.능.3복.	관.주.남.복.	접.등.	명.주.남.복.	접.등.	관.주.남.복.	명.주.남.복.

3004	3754	3778	268	4327	2532	4906
λέγοντες	ὅτι	οὗτος	ἁμαρτωλοὺς	προσδέχεται	καὶ	συνεσθίει
λέγω	ὅτι	οὗτος	ἁμαρτωλός	προσδέχομαι	καί	συνεσθίω
레곤테스	호티	후토스	하마르톨루스	프로스데케타이	카이	쉬네스디에이
말하면서	것을	이 사람이	죄인들을	영접하여	그래서	함께 음식을 먹는다
동.분.현.능.주.남.복.	접.우.	대.지.주.남.단.	형.대.목.남.복.	동.직.현.중수디.3단.	접.등.	동.직.현.능.3단.

846
αὐτοῖς.
αὐτός
아우토이스
그들과
대.인.여격.남.3복.

3 예수께서 그들에게 이 비유로 이르시되
And he spake this parable unto them, saying,

3004(2036)	1161	4314	846	3588	3850	3778	3004
Εἶπεν	δὲ	πρὸς	αὐτοὺς	τὴν	παραβολὴν	ταύτην	λέγων,
λέγω.ἔπω	δέ	πρός	αὐτός	ἡ	παραβολή	οὗτος	λέγω
에이펜	데	프로스	아우투스	텐	파라볼렌	타우텐	레곤
말씀하셨다	그러자	향하여	그들을	그	비유를	이	말씀하시기를
동.직.2과.능.3단.	접.우.	전.목.	대.인.목.남.3복.	관.목.여.단.	명.목.여.단.	대.지.목.여.단.	동.분.현.능.주.남.복.

4 너희 중에 어떤 사람이 양 백 마리가 있는데 그 중의 하나를 잃으면 아흔아홉 마리를
들에 두고 그 잃은 것을 찾아내기까지 찾아다니지 아니하겠느냐
What man of you, having an hundred sheep, if he lose one of them, doth not leave the ninety and nine in the wilderness, and go after that which is lost, until he find it?

5101	444	1537	4771	2192	1540	4263	2532
τίς	ἄνθρωπος	ἐξ	ὑμῶν	ἔχων	ἑκατὸν	πρόβατα	καὶ
τίς	ἄνθρωπος	ἐκ	σύ	ἔχω	ἑκατόν	πρόβατον	καί
티스	안드로포스	엑스	휘몬	에콘	헤카톤	프로바타	카이
어떤	사람이	중에서	너희	가진	일백 (마리)	양들을	그런데
형.의.주.남.단.	명.주.남.단.	전.소.	대.인.소.2복.	동.분.현.능.주.남.단.	형.기.목.중.복.	명.목.중.복.	접.등.

622	1537	846	1520	3756	2641	3588	1768
ἀπολέσας	ἐξ	αὐτῶν	ἓν	οὐ	καταλείπει	τὰ	ἐνενήκοντα
ἀπόλλυμι	ἐκ	αὐτός	εἷς	οὐ	καταλείπω	τό	ἐνενήκοντα
아폴레사스	엑스	아우톤	헨	우	카탈레이페이	타	에네네콘타
잃은 후에	중에서	그것들	하나를	아니하냐	남겨두고	그	아흔
동.분.1과.능.주.남.단.	전.소.	대.인.소.중.3복.	형.대.기.목.중.단.	불.의.	동.직.현.능.3단.	관.목.중.복.	형.기.목.중.복.

1767	1722	3588	2048	2532	4198	1909	3588	622
ἐννέα	ἐν	τῇ	ἐρήμῳ	καὶ	πορεύεται	ἐπὶ	τὸ	ἀπολωλὸς
ἐννέα	ἐν	ἡ	ἔρημος	καί	πορεύομαι	ἐπί	τό	ἀπόλλυμι
엔네아	엔	테	에레모	카이	포류에타이	에피	토	아폴롤로스
아홉 (마리를)	가운데	그	광야에	그리고	다니지	위하여	그(양을)	잃어버린
형.대.기.목.중.복.	전.여격.	관.여격.여.단.	형.대.여격.여.단.	접.등.	동.직.현.중수디.3단.	전.목.	관.목.중.단	동.분.2완.능.목.중.단.

2193	2147	846
ἕως	εὕρῃ	αὐτό;
ἕως	εὑρίσκω	αὐτός
헤오스	휴레	아우토
까지	그가 찾아내기	그것을
접.종.	동.가.2과.능.3단.	대.인.목.중.3단.

5 또 찾아낸즉 즐거워 어깨에 메고
And when he hath found it, he layeth it on his shoulders, rejoicing.

2532	2147	2007	1909	3588	5606	846	5463
καὶ	εὑρὼν	ἐπιτίθησιν	ἐπὶ	τοὺς	ὤμους	αὐτοῦ	χαίρων
καί	εὑρίσκω	ἐπιτίθημι	ἐπί	ὁ	ὦμος	αὐτός	χαίρω
카이	휴론	에피티데신	에피	투스	오무스	아우투	카이론
그리하여	찾아낸 후에	메고	위로	그	두 어깨를	자기의	즐거워하며
접.등.	동.분.2과.능.주.남.단.	동.직.현.능.3단.	전.목.	관.목.남.복.	명.목.남.복.	대.인.소.남.3단.	동.분.현.능.주.남.단.

6 집에 와서 그 벗과 이웃을 불러 모으고 말하되 나와 함께 즐기자 나의 잃은 양을
찾아내었노라 하리라
And when he cometh home, he calleth together his friends and neighbours, saying unto them, Rejoice with me; for I have found my sheep which was lost.

2532	2064	1519	3588	3624	4779	3588	5384	2532	3588
καὶ	ἐλθὼν	εἰς	τὸν	οἶκον	συγκαλεῖ	τοὺς	φίλους	καὶ	τοὺς
καί	ἔρχομαι	εἰς	ὁ	οἶκος	συγκαλέω	ὁ	φίλος	καί	ὁ
카이	엘돈	에이스	톤	오이콘	쉉칼레이	투스	필루스	카이	투스
그리고	와서	안으로	그	집을	그가 함께 부르고	그	친구들	과	그
접.등.	동.분.2과.능.주.남.단.	전.목.	관.목.남.단.	명.목.남.단.	동.직.현.능.3단.	관.목.남.복.	명.목.남.복.	접.등.	관.목.남.복.

1069	3004	846	4796	1473	3754	2147	3588
γείτονας	λέγων	αὐτοῖς,	συγχάρητέ	μοι,	ὅτι	εὗρον	τὸ
γείτων	λέγω	αὐτός	συγχαίρω	ἐγώ	ὅτι	εὑρίσκω	τό
게이토나스	레곤	아우토이스	쉉카레테	모이	호티	휴론	토
이웃들을	말하기를	그들에게	함께 즐기자	나와	때문이라	내가 찾아내었기	그
명.목.남.복.	동.분.현.능.주.남.단.	대.인.여격.남.3복.	동.명.2과.수디.2복.	대.인.여격.1단.	접.종.	동.직.2과.능.1단.	관.목.중.단.

4263	1473	3588	622
πρόβατόν	μου	τὸ	ἀπολωλός.
πρόβατον	ἐγώ	τό	ἀπόλλυμι
프로바톤	무	토	아폴롤로스
양을	나의	그	잃어버렸던
명.목.중.단.	대.인.소.1단.	관.목.중.단	동.분.1완.능.목.중.단.

7 내가 너희에게 이르노니 이와 같이 죄인 한 사람이 회개하면 하늘에서는 회개할 것 없는
의인 아흔아홉으로 말미암아 기뻐하는 것보다 더하리라
I say unto you, that likewise joy shall be in heaven over one sinner that repenteth, more than over ninety and nine just persons, which need no repentance.

3004	4771	3754	3779	5479	1722	3588	3772	1510
λέγω	ὑμῖν	ὅτι	οὕτως	χαρὰ	ἐν	τῷ	οὐρανῷ	ἔσται
λέγω	σύ	ὅτι	οὕτως	χαρά	ἐν	ὁ	οὐρανός	εἰμί
레고	휘민	호티	후토스	카라	엔	토	우라노	에스타이
내가 말한다	너희에게	것을	이와 같이	기쁨이	안에	그	하늘에	있을 것이라는
동.직.현.능.1단.	대.인.여격.2복.	접.우.	부.	명.주.여.단.	전.여격.	관.여격.남.단.	명.여격.남.단.	동.직.미.중디.3단.

1909	1520	268	3340	2228	1909	1768	1767
ἐπὶ	ἑνὶ	ἁμαρτωλῷ	μετανοοῦντι	ἢ	ἐπὶ	ἐνενήκοντα	ἐννέα
ἐπί	εἷς	ἁμαρτωλός	μετανοέω	ἤ	ἐπί	ἐνενήκοντα	ἐννέα
에피	헤니	하마르톨로	메타노운티	에	에피	엔에네콘타	엔네아
대하여	하나에	죄인	회개하는	보다	대하여	아흔	아홉
전.여격.	형.기.여격.남.단.	형.대.여격.남.단.	동.분.현.능.여격.남.단.	접.종.	전.여격.	형.기.여격.남.복.	형.기.여격.남.복.

1342	3748	3756	5532	2192	3341
δικαίοις	οἵτινες	οὐ	χρείαν	ἔχουσιν	μετανοίας.
δίκαιος	ὅστις	οὐ	χρεία	ἔχω	μετάνοια
디카이오이스	호이티네스	우	크레이안	에쿠신	메타노이아스
의인들에	바 사람들	않는	필요를	가지지	회개의
형.대.여격.남.복.	대.관.주.남.복.	부.	명.목.여.단.	동.직.현.능.3복.	명.소.여.단.

8 어떤 여자가 열 드라크마가 있는데 하나를 잃으면 등불을 켜고 집을 쓸며 찾아내기까지
부지런히 찾지 아니하겠느냐
Either what woman having ten pieces of silver, if she lose one piece, doth not light a candle,
and sweep the house, and seek diligently till she find it?

2228	5101	1135	1406	2192	1176	1437	622	1406
Ἢ	τίς	γυνὴ	δραχμὰς	ἔχουσα	δέκα	ἐὰν	ἀπολέσῃ	δραχμὴν
ἤ	τίς	γυνή	δραχμή	ἔχω	δέκα	ἐάν	ἀπόλλυμι	δραχμή
에	티스	귀네	드라크마스	에쿠사	데카	에안	아폴레세	드라크멘
또	어떤	여자가	드라크마들을	가진	열	만일	그가 잃으면	드라크마
접등.	대.의주.여.단.	명.주.여.단.	명.목.여.복.	동.분.현.능.주.여.단.	형.기.목.여.복.	접종.	동.가.1과.능.3단.	명.목.여.단.

3391	3780	681	3088	2532	4563	3588	3614	2532	2212
μίαν,	οὐχὶ	ἅπτει	λύχνον	καὶ	σαροῖ	τὴν	οἰκίαν	καὶ	ζητεῖ
μία	οὐχί	ἅπτω	λύχνος	καί	σαρόω	ἡ	οἰκία	καί	ζητέω
미안	우키	테이	뤼크논	카이	사로이	텐	오이키안	카이	제테이
하나를	아니하느냐	불을 켜고	등을	그리고	쓸며	그	집을	그리고	찾지
형.기.목.여.단.	불.의.	동.직.현.능.3단.	명.목.남.단.	접등.	동.직.현.능.3단.	관.목.여.단.	명.목.여.단.	접등.	동.직.현.능.3단.

1960	2193	3739	2147
ἐπιμελῶς	ἕως	οὗ	εὕρῃ;
ἐπιμελῶς	ἕως	ὅς	εὑρίσκω
에피멜로스	헤오스	후	휴레
주의하여	까지	때	그가 찾아낼
부.	전소	대.관.소.남.단.&대.관.여격.남.단.	동.가.2과.능.3단.

9 또 찾아낸즉 벗과 이웃을 불러 모으고 말하되 나와 함께 즐기자 잃은 드라크마를
찾아내었노라 하리라
And when she hath found it, she calleth herfriends and her neighbours together, saying, Rejoice
with me; for I have found the piece which I had lost.

2532	2147	4779	3588	5384	2532	1069	3004
καὶ	εὑροῦσα	συγκαλεῖ	τὰς	φίλας	καὶ	γείτονας	λέγουσα,
καί	εὑρίσκω	συγκαλέω	ἡ	φίλος	καί	γείτων	λέγω
카이	휴루사	쉉칼레이	타스	필라스	카이	게이토나스	레구사
그리하여	찾아낸 후에	함께 부른다	그	친구들	과	이웃들을	말하기를
접등.	동.분.2과.능.주.여.단.	동.직.현.능.3단.	관.목.여.복.	형.대.목.여.복.	접등.	명.목.여.복.	동.분.현.능.주.여.단.

4796	1473	3754	2147	3588	1406	3739	622
συγχάρητέ	μοι,	ὅτι	εὗρον	τὴν	δραχμὴν	ἣν	ἀπώλεσα.
συγχαίρω	ἐγώ	ὅτι	εὑρίσκω	ἡ	δραχμή	ὅς	ἀπόλλυμι
쉉카레테	모이	호티	휴론	텐	드라크멘	헨	아폴레사
함께 즐기자	나와	때문이라	내가 찾아내었기	그	드라크마를	바	내가 잃었던
동.명.2과.수디.2복.	대.인.여격.1단.	접종.	동.직.2과.능.1단.	관.목.여.단.	명.목.여.단.	대.관.목.여.단.	동.직.1과.능.1단.

10 내가 너희에게 이르노니 이와 같이 죄인 한 사람이 회개하면 하나님의 사자들 앞에
기쁨이 되느니라
Likewise, I say unto you, there is joy in the presence of the angels of God over one sinner that
repenteth.

3779	3004	4771	1096	5479	1799	3588	32	3588
οὕτως,	λέγω	ὑμῖν,	γίνεται	χαρὰ	ἐνώπιον	τῶν	ἀγγέλων	τοῦ
οὕτως	λέγω	σύ	γίνομαι	χαρά	ἐνώπιον	ὁ	ἄγγελος	ὁ
후토스	레고	휘민	기네타이	카라	에노피온	톤	앙겔론	투
이와같이	내가 말한다	너희에게	된다	기쁨이	앞에서	그	천사들의	그
부.	동.직.현.능.1단.	대.인.여격.2복.	동.직.현.중수디.3단.	명.주.여.단.	전소	관.소.남.복.	명.소.남.복.	관.소.남.단.

2316	1909	1520	268	3340
θεοῦ	ἐπὶ	ἑνὶ	ἁμαρτωλῷ	μετανοοῦντι.
θεός	ἐπί	εἷς	ἁμαρτωλός	μετανοέω
데우	에피	헤니	하마르톨로	메타노운티
하나님의	대하여	한	죄인에	회개하는
명.소.남.단.	전.여격.	형.기.여격.남.단.	형.대.여격.남.단.	동.분.현.능.여격.남.단.

11 또 이르시되 어떤 사람에게 두 아들이 있는데
And he said, A certain man had two sons:

3004(2036)	1161	444	5100	2192	1417	5207
Εἶπεν	δέ,	ἄνθρωπός	τις	εἶχεν	δύο	υἱούς.
λέγω.ἔπω	δέ	ἄνθρωπος	τις	ἔχω	δύο	υἱός
에이펜	데	안드로포스	티스	에이켄	뒤오	휘우스
말씀하셨다	또	한 사람이	어떤	두고 있었다	두	아들들을
동.직.2과.능.3단.	접.등.	명.주.남.단.	형.부.주.남.단.	동.직.미완.능.3단.	형.기.목.남.복.	명.목.남.복.

12 그 둘째가 아버지에게 말하되 아버지여 재산 중에서 내게 돌아올 분깃을 내게 주소서
하는지라 아버지가 그 살림을 각각 나눠 주었더니
And the younger of them said to his father, Father, give me the portion of goods that falleth to me. And he divided unto them his living.

2532	3004(2036)	3588	3501	846	3588	3962	3962	1325
καὶ	εἶπεν	ὁ	νεώτερος	αὐτῶν	τῷ	πατρί,	πάτερ,	δός
καί	λέγω.ἔπω	ὁ	νέος	αὐτός	ὁ	πατήρ	πατήρ	δίδωμι
카이	에이펜	호	네오테로스	아우톤	토	파트리	파테르	도스
그런데	말하였다	그	더 젊은 아들이	그들 중의	그	아버지에게	아버지여	주소서
접.등.	동.직.2과.능.3단.	관.주.남.단.	형.대비.주.남.단.	대.인.소.남.3복.	관.여격.남.단.	명.여격.남.단.	명.호.남.단.	동.명.2과.능.2단.

1473	3588	1911	3313	3588	3776	3588	1161	1244
μοι	τὸ	ἐπιβάλλον	μέρος	τῆς	οὐσίας.	ὁ	δὲ	διεῖλεν
ἐγώ	τό	ἐπιβάλλω	μέρος	ἡ	οὐσία	ὁ	δέ	διαιρέω
모이	토	에피발론	메로스	테스	우시아스	호	데	디에일렌
내게	그	(내게) 넘어오는	몫을	그	재산의	아비가	그러자	나눠주었다
대.인.여격.1단.	관.목.중.단	동.분.현.능.목.중.단.	명.목.중.단.	관.소.여.단.	명.소.여.단.	관.주.남.단	접.우.	동.직.2과.능.3단.

846	3588	979
αὐτοῖς	τὸν	βίον.
αὐτός	ὁ	βίος
아우토이스	톤	비온
그들에게	그	살림을
대.인.여격.남.3복.	관.목.남.단.	명.목.남.단.

13 그 후 며칠이 안 되어 둘째 아들이 재물을 다 모아 가지고 먼 나라에 가 거기서
허랑방탕하여 그 재산을 낭비하더니
And not many days after the younger son gathered all together, and took his journey into a far country, and there wasted his substance with riotous living.

2532	3326	3756	4183	2250	4863	3956	3588	3501
καὶ	μετ’	οὐ	πολλὰς	ἡμέρας	συναγαγὼν	πάντα	ὁ	νεώτερος
καί	μετά	οὐ	πολύς	ἡμέρα	συνάγω	πᾶς	ὁ	νέος
카이	멧	우	폴라스	헤메라스	쉬나가곤	판타	호	네오테로스
그리하여	후에	아닌	많은	날들을	모아 가지고	모든 것을	그	작은
접.등.	전.목.	부.	형.목.여.복.	명.목.여.복.	동.분.2과.능.주.남.단.	형.대.목.중.복.	관.주.남.단.	형.비.주.남.단.

5207	589	1519	5561	3117	2532	1563	1287
υἱὸς	ἀπεδήμησεν	εἰς	χώραν	μακράν	καὶ	ἐκεῖ	διεσκόρπισεν
υἱός	ἀποδημέω	εἰς	χώρα	μακρός	καί	ἐκεῖ	διασκορπίζω
휘오스	아페데메센	에이스	코란	마크란	카이	에케이	디에스코르피센
아들이	떠나 갔다	안으로	나라	먼	그리고	거기서	다 낭비하였다
명.주.남.단.	동.직.1과.능.3단.	전.목.	명.목.여.단.	형.목.여.단.	접.등.	부.	동.직.1과.능.3단.

3588	3776	846	2198	811
τὴν	οὐσίαν	αὐτοῦ	ζῶν	ἀσώτως.
ἡ	οὐσία	αὐτός	ζάω	ἀσώτως
텐	우시안	아우투	존	아소토스
그	재산을	그의	살면서	방탕하게
관.목.여.단.	명.목.여.단.	대.인.소.남.3단.	동.분.현.능.주.남.단.	부.

14 다 없앤 후 그 나라에 크게 흉년이 들어 그가 비로소 궁핍한지라
And when he had spent all, there arose a mighty famine in that land; and he began to be in want.

1159	1161	846	3956	1096	3042	2478	2596
δαπανήσαντος	δὲ	αὐτοῦ	πάντα	ἐγένετο	λιμὸς	ἰσχυρὰ	κατὰ
δαπανάω	δέ	αὐτός	πᾶς	γίνομαι	λιμός	ἰσχυρός	κατά
다파네산토스	데	아우투	판타	에게네토	리모스	이스퀴라	카타
다 허비한 후에	그러나	그가	모든 것을	일어났다	기근이	심한	두루
동.분.1과.능.소.남.단.	접.등.	대.인.소.남.3단.	형.대.목.중.복.	동.직.2과.중디.3단.	명.주.여.단.	형.주.여.단.	전.목.

3588	5561	1565	2532	846	756	5302
τὴν	χώραν	ἐκείνην,	καὶ	αὐτὸς	ἤρξατο	ὑστερεῖσθαι.
ἡ	χώρα	ἐκεῖνος	καί	αὐτός	ἄρχομαι	ὑστερέω
텐	코란	에케이넨	카이	아우토스	에륵사토	휘스테레이스다이
그	나라를	그	그리하여	그가	시작되었다	궁핍하여 지기를
관.목.여.단.	명.목.여.단.	형.지.목.여.단.	접.등.	대.인.주.남.3단.	동.직.1과.중.3단.	동.부.1과.수.

15 가서 그 나라 백성 중 한 사람에게 붙여 사니 그가 그를 들로 보내어 돼지를 치게 하였는데
And he went and joined himself to a citizen of that country; and he sent him into his fields to feed swine.

2532	4198	2853	1520	3588	4177	3588	5561	1565
καὶ	πορευθεὶς	ἐκολλήθη	ἑνὶ	τῶν	πολιτῶν	τῆς	χώρας	ἐκείνης,
καί	πορεύομαι	κολλάω	εἷς	ὁ	πολίτης	ἡ	χώρα	ἐκεῖνος
카이	포류데이스	에콜레데	헤니	톤	폴리톤	테스	코라스	에케이네스
그래서	가서	붙여 살았다	하나에게	그	백성들 중의	그	나라의	그
접.등.	동.분.1과.수디.주.남.단.	동.직.1과.수.3단.	형.대.기.여격.남.단.	관.소.남.복.	명.소.남.복.	관.소.여.단.	명.소.여.단.	대.인.지.소.여.단.

2532	3992	846	1519	3588	68	846	1006	5519
καὶ	ἔπεμψεν	αὐτὸν	εἰς	τοὺς	ἀγροὺς	αὐτοῦ	βόσκειν	χοίρους,
καί	πέμπω	αὐτός	εἰς	ὁ	ἀγρός	αὐτός	βόσκω	χοῖρος
카이	에펨프센	아우톤	에이스	투스	아그루스	아우투	보스케인	코이루스
이에	그가 보내었다	그를	속으로	그	여러들을	자기의	치도록	돼지들을
접.등.	동.직.1과.능.3단.	대.인.목.남.3단.	전.목.	관.목.남.복.	명.목.남.복.	대.인.소.남.3단.	동.부.현.능.	명.목.남.복.

16 그가 돼지 먹는 쥐엄 열매로 배를 채우고자 하되 주는 자가 없는지라
And he would fain have filled his belly with the husks that the swine did eat: and no man gave unto him.

2532	1937	5526	1537	3588	2769	3739	2068
καὶ	ἐπεθύμει	χορτασθῆναι	ἐκ	τῶν	κερατίων	ὧν	ἤσθιον
καί	ἐπιθυμέω	χορτάζω	ἐκ	τό	κεράτιον	ὅς	ἐσθίω
카이	에페뒤메이	코르타스데나이	에크	톤	케라티온	혼	에스디온
그런데	그가 간절히 바랐다	배가 채워지기를	부터	그	쥐엄열매로	바	먹고 있었다
접.등.	동.직.미완.능.3단.	동.부.1과.수.	전.소.	관.소.중.복.	명.소.중.복.	대.관.소.중.복	동.직.미완.능.3복.

3588	5519	2532	3762	1325	846
οἱ	χοῖροι,	καὶ	οὐδεὶς	ἐδίδου	αὐτῷ.
ὁ	χοῖρος	καί	οὐδείς	δίδωμι	αὐτός
호이	코이로이	카이	우데이스	에디두	아우토
그	돼지들이	그러나	아무도 아니했다	주지	그에게
관.주.남.복.	명.주.남.복.	접.등.	형.대.기.주.남.단.	동.직.미완.능.3단.	대.인.여격.남.3단.

17 이에 스스로 돌이켜 이르되 내 아버지에게는 양식이 풍족한 품꾼이 얼마나 많은가 나는 여기서 주려 죽는구나
And when he came to himself, he said, How many hired servants of my father's have bread enough and to spare, and I perish with hunger!

1519	1438	1161	2064	5346	4214	3407	3588
εἰς	ἑαυτὸν	δὲ	ἐλθὼν	ἔφη,	πόσοι	μίσθιοι	τοῦ
εἰς	ἑαυτοῦ	δέ	ἔρχομαι	φημί	πόσος	μίσθιος	ὁ
에이스	헤아우톤	데	엘돈	에페	포소이	미스디오이	투
에게로	그 자신	그러자	와서	그가 말하였다	얼마나 많이	품꾼들이	그
전.목.	대.인.목.남.3단.	접.등.	동.분.2과.능.주.남.단.	동.직.2과.능.3단/동.직.미완.능.3단.	형.의.주.남.복.	형.대.주.남.복.	관.소.남.단.

3962	1473	4052	740	1473	1161	3042	5602
πατρός	μου	περισσεύονται	ἄρτων,	ἐγὼ	δὲ	λιμῷ	ὧδε
πατήρ	ἐγώ	περισσεύω	ἄρτος	ἐγώ	δέ	λιμός	ὧδε
파트로스	무	페리쓔온타이	아르톤	에고	데	리모	호데
아버지의	내	풍족한가	양식들의	나는	그런데	기근으로	여기서
명.소.남.단.	대.인.소.1단.	동.직.현.중.3복.	명.소.남.복.	대.인.주.1단.	접.우.	명.여격.여.단/명.여격.남.단.	부.

622
ἀπόλλυμαι.
ἀπόλλυμι
아폴뤼마이
죽게 되는구나
동.직.현.중.1단.

18 내가 일어나 아버지께 가서 이르기를 아버지 내가 하늘과 아버지께 죄를 지었사오니
I will arise and go to my father, and will say unto him, Father, I have sinned against heaven,
and before thee,

450	4198	4314	3588	3962	1473	2532	3004(2046)
ἀναστὰς	πορεύσομαι	πρὸς	τὸν	πατέρα	μου	καὶ	ἐρῶ
ἀνίστημι	πορεύομαι	πρός	ὁ	πατήρ	ἐγώ	καί	λέγω.ἐρέω
아나스타스	포류소마이	프로스	톤	파테라	무	카이	에로
일어나	나는 갈 것이다	에게로	그	아버지	나의	그리고	내가 말할 것이다
동.분.2과.능.주.남.1단.	동.직.미.중디.1단.	전.목.	관.목.남.단.	명.목.남.단.	대.인.소.1단.	접.등.	동.직.미.중디.1단.

846	3962	264	1519	3588	3772	2532	1799	4771
αὐτῷ,	πάτερ,	ἥμαρτον	εἰς	τὸν	οὐρανὸν	καὶ	ἐνώπιόν	σου,
αὐτός	πατήρ	ἁμαρτάνω	εἰς	ὁ	οὐρανός	καί	ἐνώπιον	σύ
아우토	파테르	헤마르톤	에이스	톤	우라논	카이	에노피온	수
그에게	아버지여	내가 죄를 지었다	거역하고	그	하늘을	그리고	앞에서	당신의
대.인.여격.남.3단.	명.호.남.단.	동.직.2과.능.1단.	전.목.	관.목.남.단.	명.목.남.단.	접.등.	전.소	대.인.소.2단.

19 지금부터는 아버지의 아들이라 일컬음을 감당하지 못하겠나이다 나를 품꾼의 하나로
보소서 하리라 하고
And am no more worthy to be called thy son: make me as one of thy hired servants.

3765	1510	514	2564	5207	4771	4160	1473
οὐκέτι	εἰμὶ	ἄξιος	κληθῆναι	υἱός	σου·	ποίησόν	με
οὐκέτι	εἰμί	ἄξιος	καλέω	υἱός	σύ	ποιέω	ἐγώ
우케티	에이미	악시오스	클레데나이	휘오스	수	포이에손	메
더 이상 아니함	저는~이다	합당하지	불려지는 것이	아들이라	당신의	참아주소서	나를
부.	동.직.현.능.1단.	형.주.남.단.	동.부.1과.수.	명.주.남.단.	대.인.소.2단.	동.명.1과.능.2단.	대.인.목.1단.

5613	1520	3588	3407	4771
ὡς	ἕνα	τῶν	μισθίων	σου.
ὡς	εἷς	ὁ	μίσθιος	σύ
호스	헤나	톤	미스디온	수
처럼	하나	그	품꾼들 중의	당신의
접.종.	형.대.기.목.남.단.	관.소.남.복.	형.대.소.남.복.	대.인.소.2단.

20 이에 일어나서 아버지께로 돌아가니라 아직도 거리가 먼데 아버지가 그를 보고 측은히
여겨 달려가 목을 안고 입을 맞추니
And he arose, and came to his father. But when he was yet a great way off, his father saw him,
and had compassion, and ran, and fell on his neck, and kissed him.

2532	450	2064	4314	3588	3962	1438	2089	1161	846
καὶ	ἀναστὰς	ἦλθεν	πρὸς	τὸν	πατέρα	ἑαυτοῦ.	ἔτι	δὲ	αὐτοῦ
καί	ἀνίστημι	ἔρχομαι	πρός	ὁ	πατήρ	ἑαυτοῦ	ἔτι	δέ	αὐτός
카이	아나스타스	엘덴	프로스	톤	파테라	헤아우투	에티	데	아우투
이에	일어난 후	그가 왔다	향하여	그	아버지를	그 자신의	아직도	그러나	그가
접.등.	동.분.2과.능.주.남.단.	동.직.2과.능.3단.	전.목.	관.목.남.단.	명.목.남.단.	대.인.소.남.3단.	부.	접.등.	대.인.소.남.3단.

3112	568	3708(1492)	846	3588	3962	846	2532
μακρὰν	ἀπέχοντος	εἶδεν	αὐτὸν	ὁ	πατὴρ	αὐτοῦ	καὶ
μακράν	ἀπέχω	ὁράω.εἶδω	αὐτός	ὁ	πατήρ	αὐτός	καί
마크란	아페콘토스	에이덴	아우톤	호	파테르	아우투	카이
멀리	있을 때에	보았다	그를	그	아버지가	그의	그런데
형.대.목.여.단	동.분.현.능.소.남.단.	동.직.2과.능.3단.	대.인.목.남.3단.	관.주.남.단.	명.주.남.단.	대.인.소.남.3단.	접.등.

4697	2532	5143	1968	1909	3588	5137	846
ἐσπλαγχνίσθη	καὶ	δραμὼν	ἐπέπεσεν	ἐπὶ	τὸν	τράχηλον	αὐτοῦ
σπλαγχνίζομαι	καί	τρέχω	ἐπιπίπτω	ἐπί	ὁ	τράχηλος	αὐτός
에스플랑크니스데	카이	드라몬	에페페센	에피	톤	트라켈론	아우투
측은히 여겼다	이에	달려가서	껴안았다	위로	그	목을	그의
동.직.1과.수디.3단.	접.등.	동.분.2과.능.주.남.단.	동.직.2과.능.3단.	전목.	관.목.남.단.	명.목.남.단.	대.인.소.남.3단.

2532	2705	846
καὶ	κατεφίλησεν	αὐτόν.
καί	καταφιλέω	αὐτός
카이	카테필레센	아우톤
그리고	열렬히 입을 맞추었다	그를
접.등.	동.직.1과.능.3단.	대.인.목.남.3단.

21 아들이 이르되 아버지 내가 하늘과 아버지께 죄를 지었사오니 지금부터는 아버지의 아들이라 일컬음을 감당하지 못하겠나이다 하나

And the son said unto him, Father, I have sinned against heaven, and in thy sight, and am no more worthy to be called thy son.

3004(2036)	1161	3588	5207	846	3962	264	1519	3588	3772
εἶπεν	δὲ	ὁ	υἱὸς	αὐτῷ,	πάτερ,	ἥμαρτον	εἰς	τὸν	οὐρανὸν
λέγω.ἔπω	δέ	ὁ	υἱός	αὐτός	πατήρ	ἁμαρτάνω	εἰς	ὁ	οὐρανός
에이펜	데	호	휘오스	아우토	파테르	헤마르톤	에이스	톤	우라논
말하였다	그러자	그	아들이	그에게	아버지여	내가 죄를 지었다	거역하고	그	하늘을
동.직.2과.능.3단.	접.등.	관.주.남.단.	명.주.남.단.	대.인.여격.남.3단.	명.호.남.단.	동.직.2과.능.1단.	전목.	관.목.남.단.	명.목.남.단.

2532	1799	4771	3765	1510	514	2564	5207	4771
καὶ	ἐνώπιόν	σου,	οὐκέτι	εἰμὶ	ἄξιος	κληθῆναι	υἱός	σου.
καί	ἐνώπιον	σύ	οὐκέτι	εἰμί	ἄξιος	καλέω	υἱός	σύ
카이	에노피온	수	우케티	에이미	악시오스	클레데나이	휘오스	수
과	앞에서	아버지의	더 이상 아니함	저는~이니이다	합당치	불려지는 것이	아들이라	아버지의
접.등.	전소	대.인.소.2단.	부.	동.직.현.능.1단.	형.주.남.단.	동.부.1과.수.	명.주.남.단.	대.인.소.2단.

22 아버지는 종들에게 이르되 제일 좋은 옷을 내어다가 입히고 손에 가락지를 끼우고 발에 신을 신기라

But the father said to his servants, Bring forth the best robe, and put it on him; and put a ring on his hand, and shoes on his feet:

3004(2036)	1161	3588	3962	4314	3588	1401	846	5035
εἶπεν	δὲ	ὁ	πατὴρ	πρὸς	τοὺς	δούλους	αὐτοῦ,	ταχὺ
λέγω.ἔπω	δέ	ὁ	πατήρ	πρός	ὁ	δοῦλος	αὐτός	ταχύ
에이펜	데	호	파테르	프로스	투스	둘루스	아우투	타퀴
말하였다	그러나	그	아버지는	향하여	그	종들을	그의	속히
동.직.2과.능.3단.	접.우.	관.주.남.단.	명.주.남.단.	전목.	관.목.남.복.	명.목.남.복.	대.인.소.남.3단.	형.대.목.중.단

1627	4749	3588	4413	2532	1746	846	2532
ἐξενέγκατε	στολὴν	τὴν	πρώτην	καὶ	ἐνδύσατε	αὐτόν,	καὶ
ἐκφέρω	στολή	ἡ	πρῶτος	καί	ἐνδύω	αὐτός	καί
엑세넹카테	스톨렌	텐	프로텐	카이	엔뒤사테	아우톤	카이
가지고 나오라	긴옷을	그	제일 (좋은)	그래서	입히라	그를	그리고
동.명.1과.능.2복.	명.목.여.단.	관.목.여.단.	형.서.목.여.단.	접.등.	동.명.1과.능.2복.	대.인.목.남.3단.	접.등.

1325	1146	1519	3588	5495	846	2532	5266	1519
δότε	δακτύλιον	εἰς	τὴν	χεῖρα	αὐτοῦ	καὶ	ὑποδήματα	εἰς
δίδωμι	δακτύλιος	εἰς	ἡ	χείρ	αὐτός	καί	ὑπόδημα	εἰς
도테	닥튈리온	에이스	텐	케이라	아우투	카이	휘포데마타	에이스
(끼워)주라	가락지를	위하여	그	손을	그의	또	신발을 신기라	위하여
동.명.2과.능.2복.	명.목.남.단.	전목.	관.목.여.단.	명.목.여.단.	대.인.소.남.3단.	접.등.	명.목.중.복.	전목.

3588	4228
τοὺς	πόδας,
ὁ	πούς
투스	포다스
그	두발을
관.목.남.복.	명.목.남.복.

23 그리고 살진 송아지를 끌어다가 잡으라 우리가 먹고 즐기자
And bring hither the fatted calf, and kill it; and let us eat, and be merry:

2532	5342	3588	3448	3588	4618	2380	2532	5315
καὶ	φέρετε	τὸν	μόσχον	τὸν	σιτευτόν,	θύσατε,	καὶ	φαγόντες
καί	φέρω	ὁ	μόσχος	ὁ	σιτευτός	θύω	καί	φάγω
카이	페레테	톤	모스콘	톤	시튜톤	뒤사테	카이	파곤테스
그리고	끌어오라	그	송아지를	그	살진	잡아라	그리하여	먹고
접.등.	동.명.현.능.2복.	관.목.남.단.	명.목.남.단.	관.목.남.단.	형.목.남.단.	동.명.1과.능.2복.	접.등.	동.분.2과.능.주.남.1복.

2165
εὐφρανθῶμεν,
εὐφραίνω
유프란도멘
우리가 즐거워지게 하자
동.가.1과.수.1복.

24 이 내 아들은 죽었다가 다시 살아났으며 내가 잃었다가 다시 얻었노라 하니 그들이
즐거워하더라
For this my son was dead, and is alive again; he was lost, and is found. And they began to be merry.

3754	3778	3588	5207	1473	3498	1510	2532	326
ὅτι	οὗτος	ὁ	υἱός	μου	νεκρὸς	ἦν	καὶ	ἀνέζησεν,
ὅτι	οὗτος	ὁ	υἱός	ἐγώ	νεκρός	εἰμί	καί	ἀναζάω
호티	후토스	호	휘오스	무	네크로스	엔	카이	아네제센
때문이라	이	그	아들은	내	죽어	있었다	그러나	다시 살아났다
접.종.	대.지.주.남.단.	관.주.남.단.	명.주.남.단.	대.인.소.1단.	형.주.남.단.	동.직.미완.능.3단.	접.등.	동.직.1과.능.3단.

1510	622	2532	2147	2532	756	2165
ἦν	ἀπολωλὼς	καὶ	εὑρέθη.	καὶ	ἤρξαντο	εὐφραίνεσθαι.
εἰμί	ἀπόλλυμι	καί	εὑρίσκω	καί	ἄρχομαι	εὐφραίνω
엔	아폴롤로스	카이	휴레데	카이	에륵산토	유프라이네스다이
있었다	잃어버려	또한	(다시) 찾아냈다	이에	그들이 시작하였다	즐거워지기를
동.직.미완.능.3단.+	+동.분.2완.능.주.남.단.	접.등.	동.직.1과.수.3단.	접.등.	동.직.1과.중.3복.	동.부.현.수.

25 맏아들은 밭에 있다가 돌아와 집에 가까이 왔을 때에 풍악과 춤추는 소리를 듣고
Now his elder son was in the field: and as he came and drew nigh to the house, he heard music
and dancing.

1510	1161	3588	5207	846	3588	4245	1722	68	2532
Ἦν	δὲ	ὁ	υἱὸς	αὐτοῦ	ὁ	πρεσβύτερος	ἐν	ἀγρῷ·	καὶ
εἰμί	δέ	ὁ	υἱός	αὐτός	ὁ	πρεσβύτερος	ἐν	ἀγρός	καί
엔	데	호	휘오스	아우투	호	프레스뷔테로스	엔	아그로	카이
있었다가	그러나	그	아들이	그의	그	맏	안에서	들에	그런데
동.직.미완.능.3단.	접.등.	관.주.남.단.	명.주.남.단.	대.인.소.남.3단.	관.주.남.단.	형.비.주.남.단.	전.여격.	명.여격.남.단.	접.등.

5613	2064	1448	3588	3614	191	4858	2532
ὡς	ἐρχόμενος	ἤγγισεν	τῇ	οἰκίᾳ,	ἤκουσεν	συμφωνίας	καὶ
ὡς	ἔρχομαι	ἐγγίζω	ἡ	οἰκία	ἀκούω	συμφωνία	καί
호스	에르코메노스	엥기센	테	오이키아	에쿠센	쉼포니아스	카이
때에	(돌아)와서	그가 가까이 왔다	그	집에	소리를 들었다	음악	과
접.종.	동.분.현.중수디.주.남.단.	동.직.1과.능.3단.	관.여격.여.단.	명.여격.여.단.	동.직.1과.능.3단.	명.소.여.단.	접.등.

5525
χορῶν,
χορός
코론
춤들의
명.소.남.복.

26 한 종을 불러 이 무슨 일인가 물은대
And he called one of the servants, and asked what these things meant.

2532	4341	1520	3588	3816	4441	5101
καὶ	προσκαλεσάμενος	ἕνα	τῶν	παίδων	ἐπυνθάνετο	τί
καί	προσκαλέομαι	εἷς	ὁ	παῖς	πυνθάνομαι	τίς
카이	프로스칼레사메노스	헤나	톤	파이돈	에퓐다네토	티
그래서	가까이 불러서	하나를	그	아이들의	그가 문의하였다	무슨 일
접.등.	동.분.1과.중디.주.남.단.	형.대.기.목.남.단.	관.소.남.복.	명.소.남.복.	동.직.미완.중수디.3단.	대.의.주.중.단.

302	1510	3778
ἂν	εἴη	ταῦτα.
ἄν	εἰμί	οὗτος
안	에이에	타우타
가	인	이 일들이
불.동.	동.희.현.능.3단.	대.지.주.중.복.

27 대답하되 당신의 동생이 돌아왔으매 당신의 아버지가 건강한 그를 다시 맞아들이게
되므로 인하여 살진 송아지를 잡았나이다 하니
And he said unto him, Thy brother is come; and thy father hath killed the fatted calf, because
he hath received him safe and sound.

3588	1161	3004(2036)	846	3754	3588	80	4771	2240
ὁ	δὲ	εἶπεν	αὐτῷ	ὅτι	ὁ	ἀδελφός	σου	ἥκει,
ὁ	δέ	λέγω.ἔπω	αὐτός	ὅτι	ὁ	ἀδελφός	σύ	ἥκω
호	데	에이펜	아우토	호티	호	아델포스	수	헤케이
그 종이	그러자	말하였다	그에게		그	형제가	당신의	오니
관.주.남.단	접.우.	동.직.2과.능.3단.	대.인.여격.남.3단.	접.등.	관.주.남.단.	명.주.남.단.	대.인.소.2단.	동.직.현.능.3단.

2532	2380	3588	3962	4771	3588	3448	3588	4618
καὶ	ἔθυσεν	ὁ	πατήρ	σου	τὸν	μόσχον	τὸν	σιτευτόν,
καί	θύω	ὁ	πατήρ	σύ	ὁ	μόσχος	ὁ	σιτευτός
카이	에뒤센	호	파테르	수	톤	모스콘	톤	시튜톤
그래서	잡았다	그	아버지께서	당신의	그	송아지를	그	살진
접.등.	동.직.1과.능.3단.	관.주.남.단.	명.주.남.단.	대.인.소.2단.	관.목.남.단.	명.목.남.단.	관.목.남.단.	형.목.남.단.

3754	5198	846	618
ὅτι	ὑγιαίνοντα	αὐτὸν	ἀπέλαβεν.
ὅτι	ὑγιαίνω	αὐτός	ἀπόλαμβάνω
호티	휘기아이논타	아우톤	아펠라벤
왜냐하면	건강한	그를	그가 다시 맞아들였다
접.종.	동.분.현.능.목.남.단.	대.인.목.남.3단.	동.직.2과.능.3단.

28 그가 노하여 들어가고자 하지 아니하거늘 아버지가 나와서 권한대
And he was angry, and would not go in: therefore came his father out, and itreated him.

3710	1161	2532	3756	2309	1525	3588	1161	3962	846
ὠργίσθη	δὲ	καὶ	οὐκ	ἤθελεν	εἰσελθεῖν,	ὁ	δὲ	πατὴρ	αὐτοῦ
ὀργίζω	δέ	καί	οὐ	θέλω	εἰσέρχομαι	ὁ	δέ	πατήρ	αὐτός
오르기스데	데	카이	우크	에델렌	에이셀데인	호	데	파테르	아우투
그가 분노하여	그러나	그리고	않았다	원하지	들어가는 것을	그	그래서	아버지가	그의
동.직.1과.수디.3단.	접.우.	접.등.	부.	동.직.미완.능.3단.	동.부.2과.능.	관.주.남.단.	접.우.	명.주.남.단.	대.인.소.남.3단.

1831	3870	846
ἐξελθὼν	παρεκάλει	αὐτόν.
ἐξέρχομαι	παρακαλέω	αὐτός
엑셀돈	파레칼레이	아우톤
나와서	권하였다	그를
동.분.2과.능.주.남.단.	동.직.미완.능.3단.	대.인.목.남.3단.

29 아버지께 대답하여 이르되 내가 여러 해 아버지를 섬겨 명을 어김이 없거늘 내게는 염소
새끼라도 주어 나와 내 벗으로 즐기게 하신 일이 없더니

And he answering said to his father, Lo, these many years do I serve thee, neither transgressed I at any time thy commandment: and yet thou never gavest me a kid, that I might make merry with my friends:

3588	1161	611	3004(2036)	3588	3962	846	2400	5118
ὁ	δὲ	ἀποκριθεὶς	εἶπεν	τῷ	πατρὶ	αὐτοῦ,	ἰδοὺ	τοσαῦτα
ὁ	δέ	ἀποκρίνομαι	λέγω.ἔπω	ὁ	πατήρ	αὐτός	ἰδού	τοσοῦτος
호	데	아포크리데이스	에이펜	토	파트리	아우투	이두	토사우타
그가	그러나	대답하여	말하였다	그	아버지께	그의	보소서	여러
관.주.남.단	접.우.	동.분.1과.수디.주.남.단.	동.직.2과.능.3단.	관.여격.남.단.	명.여격.남.단.	대.인.소.남.3단.	불문.	형.지.목.중.복.

2094	1398	4771	2532	3763	1785	4771	3928
ἔτη	δουλεύω	σοι	καὶ	οὐδέποτε	ἐντολήν	σου	παρῆλθον,
ἔτος	δουλεύω	σύ	καί	οὐδέποτε	ἐντολή	σύ	παρέρχομαι
에테	둘류오	소이	카이	우데포테	엔톨렌	수	파렐돈
해들을	제가 섬긴다	아버지께	그리고	결코 없었거늘	명령을	아버지의	저는 어김이
명.목.중.복.	동.직.현.능.1단.	대.인.여격.2단.	접.등.	부.	명.목.여.단.	대.인.소.2단.	동.직.2과.능.1단.

2532	1473	3763	1325	2056	2443	3326	3588	5384
καὶ	ἐμοὶ	οὐδέποτε	ἔδωκας	ἔριφον	ἵνα	μετὰ	τῶν	φίλων
καί	ἐγώ	οὐδέποτε	δίδωμι	ἔριφος	ἵνα	μετά	ὁ	φίλος
카이	에모이	우데포테	에도카스	에리폰	히나	메타	톤	필론
그러나	제게	결코 아니했으나	아버지는 주시지	염소새끼 하나라도	위하여	함께	그	친구들과
접.등.	대.인.여격.1단.	부.	동.직.1과.능.2단.	명.목.남.단.	접.종.	전.소.	관.소.남.복.	형.대.소.남.복.

1473	2165
μου	εὐφρανθῶ·
ἐγώ	εὐφραίνω
무	유프란도
저의	제가 즐기게 되기
대.인.소.1단.	동.가.1과.수.1단.

30 아버지의 살림을 창녀들과 함께 삼켜 버린 이 아들이 돌아오매 이를 위하여 살진
송아지를 잡으셨나이다

But as soon as this thy son was come, which hath devoured thy living with harlots, thou hast killed for him the fatted calf.

3753	1161	3588	5207	4771	3778	3588	2719	4771
ὅτε	δὲ	ὁ	υἱός	σου	οὗτος	ὁ	καταφαγών	σου
ὅτε	δέ	ὁ	υἱός	σύ	οὗτος	ὁ	κατεσθίω	σύ
호테	데	호	휘오스	수	후토스	호	카타파곤	수
때에	그런데	그	아들이	아버지의	이	그	삼켜버린	아버지의
접.종.	접.우.	관.주.남.단.	명.주.남.단.	대.인.소.2단.	대.지.주.남.단.	관.주.남.단	동.분.2과.능.주.남.단.	대.인.소.2단.

3588	979	3326	4204	2064	2380	846	3588
τὸν	βίον	μετὰ	πορνῶν	ἦλθεν,	ἔθυσας	αὐτῷ	τὸν
ὁ	βίος	μετά	πόρνη	ἔρχομαι	θύω	αὐτός	ὁ
톤	비온	메타	포르논	엘덴	에뒤사스	아우토	톤
그	살림을	더불어	창녀들과	(돌아)왔을	아버지는 잡으셨다	그를 위하여	그
관.목.남.단.	명.목.남.단.	전.소.	명.소.여.복.	동.직.2과.능.3단.	동.직.1과.능.2단.	대.인.여격.남.3단.	관.목.남.단.

4618	3448
σιτευτὸν	μόσχον.
σιτευτός	μόσχος
시튜톤	모스콘
살진	송아지를
형.목.남.단.	명.목.남.단.

31 아버지가 이르되 얘 너는 항상 나와 함께 있으니 내 것이 다 네 것이로되
And he said unto him, Son, thou art ever with me, and all that I have is thine.

3588	1161	3004(2036)	846	5043	4771	3842	3326	1473
ὁ	δὲ	εἶπεν	αὐτῷ,	τέκνον,	σὺ	πάντοτε	μετ᾽	ἐμοῦ
ὁ	δέ	λέγω.ἔπω	αὐτός	τέκνον	σύ	πάντοτε	μετά	ἐγώ
호	데	에이펜	아우토	테크논	쉬	판토테	멭	에무
아버지가	그러자	말하였다	그에게	얘야	너는	항상	함께	나와
관.주.남.단	접.우.	동.직.2과.능.3단.	대.인.여격.남.3단.	명.호.중.단.	대.인.주.2단.	부.	전.소.	대.인.소.1단.

1510	2532	3956	3588	1699	4674	1510
εἶ,	καὶ	πάντα	τὰ	ἐμὰ	σά	ἐστιν·
εἰμί	καί	πᾶς	τό	ἐμός	σός	εἰμί
에이	카이	판타	타	에마	사	에스틴
있다	그러니	모두	그	나의 것이	너의 것	이다
동.직.현.능.2단.	접.등.	형.주.중.복.	관.주.중.복.	형.대.주.중.1복.	형.주.중.2복.	동.직.현.능.3단.

32 이 네 동생은 죽었다가 살아났으며 내가 잃었다가 얻었기로 우리가 즐거워하고 기뻐하는
것이 마땅하다 하니라
It was meet that we should make merry, and be glad: for this thy brother was dead, and is alive again; and was lost, and is found.

2165	1161	2532	5463	1163	3754	3588	80	4771
εὐφρανθῆναι	δὲ	καὶ	χαρῆναι	ἔδει,	ὅτι	ὁ	ἀδελφός	σου
εὐφραίνω	δέ	καί	χαίρω	δεῖ	ὅτι	ὁ	ἀδελφός	σύ
유프란데나이	데	카이	카레나이	에데이	호티	호	아델포스	수
즐겁게 되는 것	그래서	과	기뻐하는 것이	그것이 마땅하다	때문이라	그	형제는	너의
동.부.1과.수.	접.등.	접.등.	동.부.2과.수디.	동.직.미완.능.3단.	접.종.	관.주.남.단.	명.주.남.단.	대.인.소.2단.

3778	3498	1510	2532	2198	2532	622	2532	2147
οὗτος	νεκρὸς	ἦν	καὶ	ἔζησεν,	καὶ	ἀπολωλὼς	καὶ	εὑρέθη.
οὗτος	νεκρός	εἰμί	καί	ζάω	καί	ἀπόλλυμι	καί	εὑρίσκω
후토스	네크로스	엔	카이	에제센	카이	아폴롤로스	카이	휴레데
이	죽어	있었다	그러나	살았다	그리고	잃고 있다가	그러나	찾아내었다
대.지.주.남.단.	형.주.남.단.	동.직.미완.능.3단.	접.등.	동.직.1과.능.3단.	접.등.	동.분.2완.능.주.남.단.	접.등.	동.직.1과.수.3단.

16 또한 제자들에게 이르시되 어떤 부자에게 청지기가 있는데 그가 주인의 소유를
낭비한다는 말이 그 주인에게 들린지라
And he said also unto his disciples, There was a certain rich man, which had a steward; and the same was accused unto him that he had wasted his goods.

3004	1161	2532	4314	3588	3101	444	5100	1510
Ἔλεγεν	δὲ	καὶ	πρὸς	τοὺς	μαθητάς,	Ἄνθρωπός	τις	ἦν
λέγω	δέ	καί	πρός	ὁ	μαθητής	ἄνθρωπος	τις	εἰμί
엘레겐	데	카이	프로스	투스	마데타스	안드로포스	티스	엔
말씀하셨다	그리고	역시	향하여	그	제자들을	한 사람이	어떤	있었는데
동.직.미완.능.3단.	접.등.	부.	전.목.	관.목.남.복.	명.목.남.복.	명.주.남.단.	대.부.주.남.단.	동.직.미완.능.3단.

4145	3739	2192	3623	2532	3778	1225	846
πλούσιος	ὃς	εἶχεν	οἰκονόμον,	καὶ	οὗτος	διεβλήθη	αὐτῷ
πλούσιος	ὅς	ἔχω	οἰκονόμος	καί	οὗτος	διαβάλλω	αὐτός
플루시오스	호스	에이켄	오이코노몬	카이	후토스	디에블레데	아우토
부자	바	가지고 있었다	한 청지기를	그런데	이	비난을 받았다	그에게
형.주.남.단.	대.관.주.남.단.	동.직.미완.능.3단.	명.목.남.단.	접.등.	대.지.주.남.단.	동.직.1과.수.3단.	대.인.여격.남.3단.

5613	1287	3588	5225	846
ὡς	διασκορπίζων	τὰ	ὑπάρχοντα	αὐτοῦ.
ὡς	διασκορπίζω	τό	ὑπάρχω	αὐτός
호스	디아스코르피존	타	휘파르콘타	아우투
때에	다 낭비할	그(것들을)	소유하는	그의
접.등.	동.분.현.능.주.남.단.	관.목.중.복	동.분.현.능.목.중.복.	대.인.소.남.3단.

2 주인이 그를 불러 이르되 내가 네게 대하여 들은 이 말이 어찌 됨이냐 네가 보던 일을 셈하라 청지기 직무를 계속하지 못하리라 하니

And he called him, and said unto him, How is it that I hear this of thee? give an account of thy stewardship; for thou mayest be no longer steward.

2532	5455	846	3004(2036)	846	5101	3778	191
καὶ	φωνήσας	αὐτὸν	εἶπεν	αὐτῷ,	τί	τοῦτο	ἀκούω
καί	φωνέω	αὐτός	λέγω.ἔπω	αὐτός	τίς	οὗτος	ἀκούω
카이	포네사스	아우톤	에이펜	아우토	티	투토	아쿠오
그래서	불러서	그를	주인이 말하였다	그에게	무슨 일이냐	이 말을	내가 들음은
접.등.	동.분.현.능.주.남.단.	대.인.목.남.3단.	동.직.2과.능.3단.	대.인.여격.남.3단.	대.의.목.중.단	대.지.목.중.단.	동.직.현.능.1단.

4012	4771	591	3588	3056	3588	3622	4771	3756
περὶ	σοῦ;	ἀπόδος	τὸν	λόγον	τῆς	οἰκονομίας	σου,	οὐ
περί	σύ	ἀποδίδωμι	ὁ	λόγος	ἡ	οἰκονομία	σύ	οὐ
페리	수	아포도스	톤	로곤	테스	오이코노미아스	수	우
대하여	너에게	하라	그	계산을	그	청지기 일의	너의	없음이니라
전.소	대.인.소.2단.	동.명.2과.능.2단.	관.목.남.단.	명.목.남.단.	관.소.여.단.	명.소.여.단.	대.인.소.2단.	부.

1063	1410	2089	3621
γὰρ	δύνῃ	ἔτι	οἰκονομεῖν.
γάρ	δύναμαι	ἔτι	οἰκονομέω
가르	뒤네	에티	오이코노메인
왜냐하면	할 수	더 이상	청지기 사무를
접.종.	동.직.현.중수디.2단.	부.	동.부.현.능.

3 청지기가 속으로 이르되 주인이 내 직분을 빼앗으니 내가 무엇을 할까 땅을 파자니 힘이 없고 빌어 먹자니 부끄럽구나

Then the steward said within himself, What shall I do? for my lord taketh away from me the stewardship: I cannot dig; to beg I am ashamed.

3004(2036)	1161	1722	1438	3588	3623	5101	4160	3754
εἶπεν	δὲ	ἐν	ἑαυτῷ	ὁ	οἰκονόμος,	τί	ποιήσω,	ὅτι
λέγω.ἔπω	δέ	ἐν	ἑαυτοῦ	ὁ	οἰκονόμος	τίς	ποιέω	ὅτι
에이펜	데	엔	헤아우토	호	오이코노모스	티	포이에소	호티
말하였다	그러자	속에	그 자신	그	청지기가	무엇을	내가 할까	때문이라
동.직.2과.능.3단.	접.우.	전.여격.	대.인.여격.남.3단.	관.주.남.단.	명.주.남.단.	대.의.목.중.단.	동.가.1과.능.1단.	접.종.

3588	2962	1473	851	3588	3622	575	1473
ὁ	κύριός	μου	ἀφαιρεῖται	τὴν	οἰκονομίαν	ἀπ’	ἐμοῦ;
ὁ	κύριος	ἐγώ	ἀφαιρέω	ἡ	οἰκονομία	ἀπό	ἐγώ
호	퀴리오스	무	아파이레이타이	텐	오이코노미안	앞	에무
그	주인이	나의	그가 빼앗아 가기	그	청지기 직분을	부터	나에게로
관.주.남.단.	명.주.남.단.	대.인.소.1단.	동.직.현.중.3단.	관.목.여.단.	명.목.여.단.	전.소	대.인.소.1단.

4626	3756	2480	1871	153
σκάπτειν	οὐκ	ἰσχύω,	ἐπαιτεῖν	αἰσχύνομαι.
σκάπτω	οὐ	ἰσχύω	ἐπαιτέω	αἰσχύνομαι
스캎테인	우크	이스퀴오	에파이테인	아이스퀴노마이
땅을 파는 것을	없고	내가 할 수	빌어먹는 것도	내가 부끄러워 한다
동.부.현.능.	부.	동.직.현.능.1단.	동.부.현.능.	동.직.현.중.1단.

4 내가 할 일을 알았도다 이렇게 하면 직분을 빼앗긴 후에 사람들이 나를 자기 집으로 영접하리라 하고

I am resolved what to do, that, when I am put out of the stewardship, they may receive me into their houses.

1097	5101	4160	2443	3752	3179	1537	3588
ἔγνων	τί	ποιήσω,	ἵνα	ὅταν	μετασταθῶ	ἐκ	τῆς
γινώσκω	τίς	ποιέω	ἵνα	ὅταν	μεθίστημι	ἐκ	ἡ
에그논	티	포이에소	히나	호탄	메타스타도	에크	테스
내가 알았다	무엇을	내가 해야할지	위함이라	때에	내가 옮기워질	부터	그
동.직.2과.능.1단.	대.의.목.중.단.	동.가.1과.능.1단.	접.종.	접.종.	동.가.1과.수.1단.	전.소	관.소.여.단.

3622	1209	1473	1519	3588	3624	846
οἰκονομίας	δέξωνταί	με	εἰς	τοὺς	οἴκους	αὐτῶν.
οἰκονομία	δέχομαι	ἐγώ	εἰς	ὁ	οἶκος	αὐτός
오이코노미아스	덱손타이	메	에이스	투스	오이쿠스	아우톤
청지기 직분으로	그들이 받아들이기	나를	안으로	그	집들을	자기들의
명.소.여.단.	동.가.1과.중디.3복.	대.인.목.1단.	전.목.	관.목.남.복.	명.목.남.복.	대.인.소.남.3복.

5 주인에게 빚진 자를 일일이 불러다가 먼저 온 자에게 이르되 네가 내 주인에게 얼마나 빚졌느냐

So he called every one of his lord's debtors unto him, and said unto the first, How much owest thou unto my lord?

2532	4341	1520	1538	3588	5533	3588
καὶ	προσκαλεσάμενος	ἕνα	ἕκαστον	τῶν	χρεοφειλετῶν	τοῦ
καί	προσκαλέομαι	εἷς	ἕκαστος	ὁ	χρεωφειλέτης	ὁ
카이	프로스칼레사메노스	헤나	헤카스톤	톤	크레오페일레톤	투
그래서	가까이 불러다가	한 (사람을)	각각	그	빚진 사람들 중의	그
접.등.	동.분.1과.중디.주.남.단.	형.대.기.목.남.단.	형.목.남.단.	관.소.남.복.	명.소.남.복.	관.소.남.단.

2962	1438	3004	3588	4413	4214	3784	3588
κυρίου	ἑαυτοῦ	ἔλεγεν	τῷ	πρώτῳ,	πόσον	ὀφείλεις	τῷ
κύριος	ἑαυτοῦ	λέγω	ὁ	πρῶτος	πόσος	ὀφείλω	ὁ
퀴리우	헤아우투	엘레겐	토	프로토	포손	오페일레이스	토
주인의	그 자신의	그가 말하였다	그	첫 번째 (사람에게)	얼마나 많은 것을	네가 빚을 지느냐	그
명.소.남.단.	대.인.소.남.3단.	동.직.미완.능.3단.	관.여격.남.단.	형.대.서.여격.남.단.	대.의.목.중.단.	동.직.현.능.2단.	관.여격.남.단.

2962	1473
κυρίῳ	μου;
κύριος	ἐγώ
퀴리오	무
주인에게	나의
명.여격.남.단.	대.인.소.1단.

6 말하되 기름 백 말이니이다 이르되 여기 네 증서를 가지고 빨리 앉아 오십이라 쓰라 하고

And he said, An hundred measures of oil. And he said unto him, Take thy bill, and sit down quickly, and write fifty.

3588	1161	3004(2036)	1540	943	1637	3588	1161	3004(2036)
ὁ	δὲ	εἶπεν,	ἑκατὸν	βάτους	ἐλαίου.	ὁ	δὲ	εἶπεν
ὁ	δέ	λέγω.ἔπω	ἑκατόν	βάτος	ἔλαιον	ὁ	δέ	λέγω.ἔπω
호	데	에이펜	헤카톤	바투스	엘라이우	호	데	에이펜
그가	이에	말하였다	백	말들을	기름의	그가	그러자	말하였다
관.주.남.단	접.우.	동.직.2과.능.3단.	형.기.목.남.복.	명.목.남.복.	명.소.중.단.	관.주.남.단	접.우.	동.직.2과.능.3단.

846	1209	4771	3588	1121	2532	2523	5030
αὐτῷ,	δέξαι	σου	τὰ	γράμματα	καὶ	καθίσας	ταχέως
αὐτός	δέχομαι	σύ	τό	γράμμα	καί	καθίζω	ταχέως
아우토	덱사이	수	타	그람마타	카이	카디사스	타케오스
그에게	취하라	너의	그	증서들을	그리고	앉아서	빨리
대.인.여격.남.3단.	동.명.1과.중디.2단.	대.인.소.2단.	관.목.중.복.	명.목.중.복.	접.등.	동.분.명.1과.능.주.남.2단.	부.

1125	4004
γράψον	πεντήκοντα.
γράφω	πεντήκοντα
그랖손	펜테콘타
쓰라	오십을
동.명.1과.능.2단.	형.대.기.목.남.복.

7 또 다른 이에게 이르되 너는 얼마나 빚졌느냐 이르되 밀 백 석이니이다 이르되 여기 네
증서를 가지고 팔십이라 쓰라 하였는지라
Then said he to another, And how much owest thou? And he said, An hundred measures of wheat. And he said unto him, Take thy bill, and write fourscore.

1899	2087	3004(2036)	4771	1161	4214	3784	3588
ἔπειτα	ἑτέρῳ	εἶπεν,	σὺ	δὲ	πόσον	ὀφείλεις;	ὁ
ἔπειτα	ἕτερος	λέγω.ἔπω	σύ	δέ	πόσος	ὀφείλω	ὁ
에페이타	헤테로	에이펜	쉬	데	포손	오페일레이스	호
그리고나서	다른 (사람에게)	그가 말하였다	너는	그런데	얼마나 많은 것을	빚졌느냐	그가
부.	형.대.여격.남.단.	동.직.2과.능.3단.	대.인.주.2단.	접.등.	대.의.목.중.단.	동.직.현.능.2단.	관.주.남.단

1161	3004(2036)	1540	2884	4621	3004	846	1209
δὲ	εἶπεν,	ἑκατὸν	κόρους	σίτου.	λέγει	αὐτῷ,	δέξαι
δέ	λέγω.ἔπω	ἑκατόν	κόρος	σῖτος	λέγω	αὐτός	δέχομαι
데	에이펜	헤카톤	코루스	시투	레게이	아우토	덱사이
이에	말하였다	백	석들을	밀의	그가 말한다	그에게	취하라
접.우.	동.직.2과.능.3단.	형.기.목.남.복.	명.목.남.복.	명.소.남.단.	동.직.현.능.3단.	대.인.여격.남.3단.	동.명.1과.중디.2단.

4771	3588	1121	2532	1125	3589
σου	τὰ	γράμματα	καὶ	γράψον	ὀγδοήκοντα.
σύ	τό	γράμμα	καί	γράφω	ὀγδοήκοντα
수	타	그람마타	카이	그랖손	옥도에콘타
너의	그	증서를	그리고	쓰라	팔십을
대.인.소.2단.	관.목.중.복.	명.목.중.복.	접.등.	동.명.1과.능.2단.	형.대.기.목.남.복.

8 주인이 이 옳지 않은 청지기가 일을 지혜 있게 하였으므로 칭찬하였으니 이 세대의
아들들이 자기 시대에 있어서는 빛의 아들들보다 더 지혜로움이니라
And the lord commended the unjust steward, because he had done wisely: for the children of this world are in their generation wiser than the children of light.

2532	1867	3588	2962	3588	3623	3588	93	3754
καὶ	ἐπῄνεσεν	ὁ	κύριος	τὸν	οἰκονόμον	τῆς	ἀδικίας	ὅτι
καί	ἐπαινέω	ὁ	κύριος	ὁ	οἰκονόμος	ἡ	ἀδικία	ὅτι
카이	에페네센	호	퀴리오스	톤	오이코노몬	테스	아디키아스	호티
이에	칭찬하였다	그	주인이	그	청지기를	그	불의한	것을
접.등.	동.직.1과.능.3단.	관.주.남.단.	명.주.남.단.	관.목.남.단.	명.목.남.단.	관.소.여.단.	명.소.여.단.	접등/접종.

5430	4160	3754	3588	5207	3588	165	3778
φρονίμως	ἐποίησεν·	ὅτι	οἱ	υἱοὶ	τοῦ	αἰῶνος	τούτου
φρονίμως	ποιέω	ὅτι	ὁ	υἱός	ὁ	αἰών	οὗτος
프로니모스	에포이에센	호티	호이	휘오이	투	아이오노스	투투
현명하게	그가 하였다는	때문이라	그	아들들이	그	시대의	이
부.	동.직.1과.능.3단.	접종.	관.주.남.복.	명.주.남.복.	관.소.남.단.	명.소.남.단.	형.지.소.남.단.

5429	5228	3588	5207	3588	5457	1519	3588	1074
φρονιμώτεροι	ὑπὲρ	τοὺς	υἱοὺς	τοῦ	φωτὸς	εἰς	τὴν	γενεὰν
φρόνιμος	ὑπέρ	ὁ	υἱός	τό	φῶς	εἰς	ἡ	γενεά
프로니모스테로이	휘페르	투스	휘우스	투	포토스	에이스	텐	게네안
더 현명하게	보다	그	아들들	그	빛의	를	이	세대
형.비.주.남.복.	전목.	관.목.남.복.	명.목.남.복.	관.소.중.단.	명.소.중.단.	전목.	관.목.여.단.	명.목.여.단.

3588	1438	1510
τὴν	ἑαυτῶν	εἰσιν.
ἡ	ἑαυτοῦ	εἰμί
텐	헤아우톤	에이신
그	그들 자신의	있기
관.목.여.단.	대.인.소.남.3복.	동.직.현.능.3복.

9 내가 너희에게 말하노니 불의의 재물로 친구를 사귀라 그리하면 그 재물이 없어질 때에
그들이 너희를 영주할 처소로 영접하리라

And I say unto you, Make to yourselves friends of the mammon of unrighteousness; that, when ye fail, they may receive you into everlasting habitations.

2532	1473	4771	3004	1438	4160	5384	1537	3588
Καὶ	ἐγὼ	ὑμῖν	λέγω,	ἑαυτοῖς	ποιήσατε	φίλους	ἐκ	τοῦ
καί	ἐγώ	σύ	λέγω	ἑαυτοῦ	ποιέω	φίλος	ἐκ	ὁ
카이	에고	휘민	레고	헤아우토이스	포이에사테	필루스	에크	투
그리고	나는	너희에게	말한다	너희 자신을 위하여	만들어라	친구들을	의하여	그
접.등.	대.인.주.1단.	대.인.여격.2복.	동.직.현.능.1단.	대.인.여격.남.2복.	동.명.1과.능.2복.	형.대.목.남.복.	전.소.	관.소.남.단.

3126	3588	93	2443	3752	1587	1209	4771	1519
μαμωνᾶ	τῆς	ἀδικίας,	ἵνα	ὅταν	ἐκλίπῃ	δέξωνται	ὑμᾶς	εἰς
μαμμωνᾶς	ἡ	ἀδικία	ἵνα	ὅταν	ἐκλείπω	δέχομαι	σύ	εἰς
마모나	테스	아디키아스	히나	호탄	에클리페	덱손타이	휘마스	에이스
재물에	그	불의의	하려함이라	때에	그것이 없어질	그들이 받아들이기	너희를	안으로
명.소.남.단.	관.소.여.단.	명.소.여.단.	접.종.	접.종.	동.가.2과.능.3단.	동.가.1과.중디.3복.	대.인.목.2복.	전.목.

3588	166	4633
τὰς	αἰωνίους	σκηνάς.
ἡ	αἰώνιος	σκηνή
타스	아이오니우스	스케나스
그	영원한	처소들을
관.목.여.복.	형.목.여.복.	명.목.여.복.

10 지극히 작은 것에 충성된 자는 큰 것에도 충성되고 지극히 작은 것에 불의한 자는 큰
것에도 불의하니라

He that is faithful in that which is least is faithful also in much: and he that is unjust in the least is unjust also in much.

3588	4103	1722	1646	2532	1722	4183	4103
Ὁ	πιστὸς	ἐν	ἐλαχίστῳ	καὶ	ἐν	πολλῷ	πιστός
ὁ	πιστός	ἐν	ἐλάχιστος	καί	ἐν	πολύς	πιστός
호	피스토스	엔	엘라키스토	카이	엔	폴로	피스토스
그	신실한 자는	에 있어	가장 작은 일	역시	에 있어도	큰 일	신실하게
관.주.남.단.	형.대.주.남.단.	전.여격.	형.대.최.여격.중.단.	부.	전.여격.	형.대.여격.중.단.	형.주.남.단.

1510	2532	3588	1722	1646	94	2532	1722	4183
ἐστιν,	καὶ	ὁ	ἐν	ἐλαχίστῳ	ἄδικος	καὶ	ἐν	πολλῷ
εἰμί	καί	ὁ	ἐν	ἐλάχιστος	ἄδικος	καί	ἐν	πολύς
에스틴	카이	호	엔	엘라키스토	아디코스	카이	엔	폴로
되고	그리고	그	에 있어	가장 작은 일	불의한 사람	역시	에 있어도	큰 일
동.직.현.능.3단.	접.등.	관.주.남.단.	전.여격.	형.대.최.여격.중.단.	형.대.주.남.단.	부.	전.여격.	형.대.여격.중.단.

94	1510
ἄδικός	ἐστιν.
ἄδικος	εἰμί
아디코스	에스틴
불의함	이다
형.주.남.단.	동.직.현.능.3단.

11 너희가 만일 불의한 재물에도 충성하지 아니하면 누가 참된 것으로 너희에게 맡기겠느냐
If therefore ye have not been faithful in the unrighteous mammon, who will commit to your trust the true riches?

1487	3767	1722	3588	94	3126	4103	3756	1096
εἰ	οὖν	ἐν	τῷ	ἀδίκῳ	μαμωνᾷ	πιστοὶ	οὐκ	ἐγένεσθε,
εἰ	οὖν	ἐν	ὁ	ἄδικος	μαμμωνᾶς	πιστός	οὐ	γίνομαι
에이	운	엔	토	아디코	마모나	피스토이	우크	에게네스데
만일	그러므로	에 있어	그	불의한	재물	신실하게	아니하면	너희가 되지
접.종.	접.우.	전.여격.	관.여격.남.단.	형.여격.남.단.	명.여격.남.단.	형.주.남.복.	부.	동.직.2과.중디.2복.

3588	228	5101	4771	4100
τὸ	ἀληθινὸν	τίς	ὑμῖν	πιστεύσει;
τό	ἀληθινός	τίς	σύ	πιστεύω
토	알레디논	티스	휘민	피스튜세이
그	참된 것을	누가	너희에게	맡길 것인가
관.목.중.단.	형.대.목.중.단.	대.의.주.남.단.	대.인.여격.2복.	동.직.미.능.3단.

12 너희가 만일 남의 것에 충성하지 아니하면 누가 너희의 것을 너희에게 주겠느냐
And if ye have not been faithful in that which is another man's, who shall give you that which is your own?

2532	1487	1722	3588	245	4103	3756	1096	3588
καὶ	εἰ	ἐν	τῷ	ἀλλοτρίῳ	πιστοὶ	οὐκ	ἐγένεσθε,	τὸ
καί	εἰ	ἐν	τό	ἀλλότριος	πιστός	οὐ	γίνομαι	τό
카이	에이	엔	토	알로트리오	피스토이	우크	에게네스데	토
그리고	만일	에 있어	그	남의 것	신실하게	아니하면	너희가 되지	그
접.등.	접.종.	전.여격.	관.여격.중.단.	형.대.여격.중.단.	형.주.남.복.	부.	동.직.2과.중디.2복.	관.목.중.단.

5212	5101	4771	1325
ὑμέτερον	τίς	ὑμῖν	δώσει;
ὑμέτερος	τίς	σύ	δίδωμι
휘메테론	티스	휘민	도세이
너의 것을	누가	너희에게	줄 것인가
형.대.목.중.2단.	대.의.주.남.단.	대.인.여격.2복.	동.직.미.능.3단.

13 집 하인이 두 주인을 섬길 수 없나니 혹 이를 미워하고 저를 사랑하거나 혹 이를 중히
여기고 저를 경히 여길 것임이니라 너희는 하나님과 재물을 겸하여 섬길 수 없느니라
No servant can serve two masters: for either he will hate the one, and love the other; or else he will hold to the one, and despise the other. Ye cannot serve God and mammon.

3762	3610	1410	1417	2962	1398	2228	1063
Οὐδεὶς	οἰκέτης	δύναται	δυσὶν	κυρίοις	δουλεύειν·	ἢ	γὰρ
οὐδείς	οἰκέτης	δύναμαι	δύο	κύριος	δουλεύω	ἤ	γάρ
우데이스	오이케테스	뒤나타이	뒤신	퀴리오이스	둘류에인	에	가르
아무도 없다	집안 하인이	할 수	두	주인들에게	섬기는 것을	혹은	왜냐하면
형.기.주.남.단.	명.주.남.단.	동.직.현.중수디.3단.	형.기.여격.남.복.	명.여격.남.복.	동.부.현.능.	접.등.	접.종.

3588	1520	3404	2532	3588	2087	25	2228	1520
τὸν	ἕνα	μισήσει	καὶ	τὸν	ἕτερον	ἀγαπήσει,	ἢ	ἑνὸς
ὁ	εἷς	μισέω	καί	ὁ	ἕτερος	ἀγαπάω	ἤ	εἷς
톤	헤나	미세세이	카이	톤	헤테론	아가페세이	에	헤노스
그	한편을	미워할 것이다	그러면	그	다른 편을	사랑할 것이다	혹은	한편의
관.목.남.단.	형.대.기.목.남.단.	동.직.미.능.3단.	접.등.	관.목.남.단.	형.대.목.남.단.	동.직.미.능.3단.	접.등.	형.대.기.소.남.단.

472	2532	3588	2087	2706	3756	1410	2316
ἀνθέξεται	καὶ	τοῦ	ἑτέρου	καταφρονήσει.	οὐ	δύνασθε	θεῷ
ἀντέχομαι	καί	ὁ	ἕτερος	καταφρονέω	οὐ	δύναμαι	θεός
안텍세타이	카이	투	헤테루	카타프로네세이	우	뒤나스데	데오
중히 여길 것이다	또한	그	다른 편의	그가 경멸할 것이라	없다	너희가 할 수	하나님에게
동.직.미.중.3단.	접.등.	관.소.남.단.	형.대.소.남.단.	동.직.미.능.3단.	부.	동.직.현.중수디.2복.	명.여격.남.단.

1398	2532	3126
δουλεύειν	καὶ	μαμωνᾷ.
δουλεύω	καί	μαμμωνᾶς
둘류에인	카이	마모나
섬기는 것을	과	재물을
동.부.현.능.	접.등.	명.여격.남.단.

14 바리새인들은 돈을 좋아하는 자들이라 이 모든 것을 듣고 비웃거늘
And the Pharisees also, who were covetous, heard all these things: and they derided him.

191	1161	3778	3956	3588	5330	5366	5225
Ἤκουον	δὲ	ταῦτα	πάντα	οἱ	Φαρισαῖοι	φιλάργυροι	ὑπάρχοντες
ἀκούω	δέ	οὗτος	πᾶς	ὁ	Φαρισαῖος	φιλάργυρος	ὑπάρχω
에쿠온	데	타우타	판타	호이	파리사이오이	필라르귀로이	휘파르콘테스
듣고 있었다	이제	이런 덧들을	모든	그	바리새인들이	돈을 좋아하고	있으니
동.직.미완.능.3복.	접.등.	대.지.목.중.복.	형.목.중.복.	관.주.남.복.	명.주.남.복.	형.주.남.복.	동.분.현.능.주.남.복.

2532	1592	846
καὶ	ἐξεμυκτήριζον	αὐτόν.
καί	ἐκμυκτερίζω	αὐτός
카이	엑세뮈크테리존	아우톤
이에	그들이 몹시 비웃고 있었다	그를
접.등.	동.직.미완.능.3복.	대.인.목.남.3단.

15 예수께서 이르시되 너희는 사람 앞에서 스스로 옳다 하는 자들이나 너희 마음을
하나님께서 아시나니 사람 중에 높임을 받는 그것은 하나님 앞에 미움을 받는 것이니라
And he said unto them, Ye are they which justify yourselves before men; but God knoweth your hearts: for that which is highly esteemed among men is abomination in the sight of God.

2532	3004(2036)	846	4771	1510	3588	1344	1438
καὶ	εἶπεν	αὐτοῖς,	ὑμεῖς	ἐστε	οἱ	δικαιοῦντες	ἑαυτοὺς
καί	λέγω.ἔπω	αὐτός	σύ	εἰμί	ὁ	δικαιόω	ἑαυτοῦ
카이	에이펜	아우토이스	휘메이스	에스테	호이	디카이운테스	헤아우투스
이에	그가 말씀하셨다	그들에게	너희는	이나	그(사람들)	의롭다 하는	너희 자신을
접.등.	동.직.2과.능.3단.	대.인.여격.남.3복.	대.인.주.2복.	동.직.현.능.2복.	관.주.남.복	동.분.현.능.주.남.2복.	대.인.목.남.2복.

1799	3588	444	3588	1161	2316	1097	3588	2588
ἐνώπιον	τῶν	ἀνθρώπων,	ὁ	δὲ	θεὸς	γινώσκει	τὰς	καρδίας
ἐνώπιον	ὁ	ἄνθρωπος	ὁ	δέ	θεός	γινώσκω	ἡ	καρδία
에노피온	톤	안드로폰	호	데	데오스	기노스케이	타스	카르디아스
앞에서	그	사람들의	그	그러나	하나님께서	아신다	그	마음들을
전.소.	관.소.남.복.	명.소.남.복.	관.주.남.단.	접.우.	명.주.남.단.	동.직.현.능.3단.	관.목.여.복.	명.목.여.복.

4771	3754	3588	1722	444	5308	946	1799	3588
ὑμῶν·	ὅτι	τὸ	ἐν	ἀνθρώποις	ὑψηλὸν	βδέλυγμα	ἐνώπιον	τοῦ
σύ	ὅτι	τό	ἐν	ἄνθρωπος	ὑψηλός	βδέλυγμα	ἐνώπιον	ὁ
휘몬	호티	토	엔	안드로포이스	휩셀론	브델뤼그마	에노피온	투
너희의	때문이라	그	중에	사람들	높아진 것은	미운 것(이기)	앞에서	그
대.인.소.2복.	접.종.	관.주.중.단.	전.여격.	명.여격.남.복.	형.대.주.중.단.	명.주.중.단.	전.소.	관.소.남.단.

2316
θεοῦ.
θεός
데우
하나님의
명.소.남.단.

16 율법과 선지자는 요한의 때까지요 그 후부터는 하나님 나라의 복음이 전파되어 사람마다
그리로 침입하느니라

The law and the prophets were until John: since that time the kingdom of God is preached, and every man presseth into it.

3588	3551	2532	3588	4396	3360	2491	575	5119
Ὁ	νόμος	καὶ	οἱ	προφῆται	μέχρι	Ἰωάννου·	ἀπὸ	τότε
ὁ	νόμος	καί	ὁ	προφήτης	μέχρι	Ἰωάννης	ἀπό	τότε
호	노모스	카이	호이	프로페타이	메크리	요안누	아포	토테
그	율법	과	그	선지자들은	때까지요	요한의	부터	그 때
관.주.남.단.	명.주.남.단.	접.우.	관.주.남.복.	명.주.남.복.	전.소.	명.소.남.단.	전.소.	부

3588	932	3588	2316	2097	2532	3956	1519	846
ἡ	βασιλεία	τοῦ	θεοῦ	εὐαγγελίζεται	καὶ	πᾶς	εἰς	αὐτὴν
ἡ	βασιλεία	ὁ	θεός	εὐαγγελίζω	καί	πᾶς	εἰς	αὐτός
헤	바실레이아	투	데우	유앙겔리제타이	카이	파스	에이스	아우텐
그	나라가	그	하나님의	복음이 전파되어	그리하여	(사람)마다	안으로	그 것을
관.주.여.단.	명.주.여.단.	관.소.남.단.	명.소.남.단.	동.직.현.수.3단.	접.등.	형.대.주.남.단.	전.목.	대.인.목.여.3단.

971
βιάζεται.
βιάζω
비아제타이
힘으로 밀고 들어간다
동.직.현.중수디.3단.

17 그러나 율법의 한 획이 떨어짐보다 천지가 없어짐이 쉬우리라

And it is easier for heaven and earth to pass, than one tittle of the law to fail.

2123	1161	1510	3588	3772	2532	3588	1093	3928
εὐκοπώτερον	δέ	ἐστιν	τὸν	οὐρανὸν	καὶ	τὴν	γῆν	παρελθεῖν
εὐκοπώτερος	δέ	εἰμί	ὁ	οὐρανός	καί	ἡ	γῆ	παρέρχομαι
유코포테론	데	에스틴	톤	우라논	카이	텐	겐	파렐데인
더 쉬운 것	그러나	이라	그	하늘	과	이	땅을	없어지는 것이
형.비.주.중.단.	접.우.	동.직.현.능.3단.	관.목.남.단.	명.목.남.단.	접.등.	관.목.여.단.	명.목.여.단.	동.부.2과.능.

2228	3588	3551	3391	2762	4098
ἤ	τοῦ	νόμου	μίαν	κεραίαν	πεσεῖν.
ἤ	ὁ	νόμος	μία	κεραία	πίπτω
에	투	노무	미안	케라이안	페세인
보다	그	율법의	한	획을	떨어지는 것
접.종.	관.소.남.단.	명.소.남.단.	형.기.목.여.단.	명.목.여.단.	동.부.2과.능.

18 무릇 자기 아내를 버리고 다른 데 장가 드는 자도 간음함이요 무릇 버림당한 여자에게
장가드는 자도 간음함이니라

Whosoever putteth away his wife, and marrieth another, committeth adultery: and whosoever marrieth her that is put away from her husband committeth adultery.

3956	3588	630	3588	1135	846	2532	1060	2087
Πᾶς	ὁ	ἀπολύων	τὴν	γυναῖκα	αὐτοῦ	καὶ	γαμῶν	ἑτέραν
πᾶς	ὁ	ἀπολύω	ἡ	γυνή	αὐτός	καί	γαμέω	ἕτερος
파스	호	아폴뤼온	텐	귀나이카	아우투	카이	가몬	헤테란
마다	사람	내버리며	그	아내를	그의	그래서	결혼하는	다른 여자를
형.대.주.남.단.	관.주.남.단	동.분.현.능.주.남.단.	관.목.여.단.	명.목.여.단.	대.인.소.남.3단.	접.등.	동.분.현.능.주.남.단	형.대.목.여.단.

3431	2532	3588	630	575	435	1060	3431
μοιχεύει,	καὶ	ὁ	ἀπολελυμένην	ἀπὸ	ἀνδρὸς	γαμῶν	μοιχεύει.
μοιχεύω	καί	ὁ	ἀπολύω	ἀπό	ἀνήρ	γαμέω	μοιχεύω
모이큐에이	카이	호	아폴렐뤼메넨	아포	안드로스	가몬	모이큐에이
간음을 한다	그리고	그(사람도)	내버려져 있는 (여자를)	부터	남편으로	결혼하는 자는	간음을 범한다
동.직.현.능.3단.	접.등.	관.주.남.단	동.분.1완.수.목.여.단.	전.소.	명.소.남.단.	동.분.현.능.주.남.단.	동.직.현.능.3단.

19 한 부자가 있어 자색 옷과 고운 베옷을 입고 날마다 호화롭게 즐기더라
There was a certain rich man, which was clothed in purple and fine linen, and fared sumptuously every day:

444	1161	5100	1510	4145	2532	1737	4209
Ἄνθρωπος	δέ	τις	ἦν	πλούσιος,	καὶ	ἐνεδιδύσκετο	πορφύραν
ἄνθρωπος	δέ	τις	εἰμί	πλούσιος	καί	ἐνδιδύσκω	πορφύρα
안드로포스	데	티스	엔	플루시오스	카이	에네디뒤스케토	포르퓌란
한 사람이	이제	어떤	있었다	부자	그런데	그가 입고 있었다	자색옷
명.주.남.단.	접등.	형.부.주.남.단.	동.직.미완.능.3단.	형.주.남.단.	접등.	동.직.미완.중.3단.	명.목.여.단.

2532	1040	2165	2596	2250	2988
καὶ	βύσσον	εὐφραινόμενος	καθ'	ἡμέραν	λαμπρῶς.
καί	βύσσος	εὐφραίνω	κατά	ἡμέρα	λαμπρῶς
카이	뷧손	유프라이노메노스	칻	헤메란	람프로스
과	고운 베옷을	즐거워하였다	마다	날	화려하게
접등.	명.목.여.단.	동.분.현.수.주.남.단.	전목.	명.목.여.단.	부.

20 그런데 나사로라 이름하는 한 거지가 헌데 투성이로 그의 대문 앞에 버려진 채
And there was a certain beggar named Lazarus, which was laid at his gate, full of sores,

4434	1161	5100	3686	2976	906	4314	3588	4440
πτωχὸς	δέ	τις	ὀνόματι	Λάζαρος	ἐβέβλητο	πρὸς	τὸν	πυλῶνα
πτωχός	δέ	τις	ὄνομα	Λάζαρος	βάλλω	πρός	ὁ	πυλών
프토코스	데	티스	오노마티	라자로스	에베블레토	프로스	톤	퓔로나
한 거지가	그런데	어떤	이름으로	나사로가	눕혀졌었다	가까이	그	대문을
형.대.주.남.단.	접등.	형.부.주.남.단.	명.여격.중.단.	명.주.남.단.	동.직.과완.수.3단.	전목.	관.목.남.단.	명.목.남.단.

846	1669
αὐτοῦ	εἱλκωμένος
αὐτός	ἑλκόω
아우투	헤알코메노스
그의	헌데를 앓으며
대.인.소.남.3단.	동.분.1완.수.주.남.단.

21 그 부자의 상에서 떨어지는 것으로 배불리려 하매 심지어 개들이 와서 그 헌데를 핥더라
And desiring to be fed with the crumbs which fell from the rich man's table: moreover the dogs came and licked his sores.

2532	1937	5526	575	3588	4098	575	3588
καὶ	ἐπιθυμῶν	χορτασθῆναι	ἀπὸ	τῶν	πιπτόντων	ἀπὸ	τῆς
καί	ἐπιθυμέω	χορτάζω	ἀπό	τό	πίπτω	ἀπό	ἡ
카이	에피뒤몬	코르타스데나이	아포	톤	핍톤톤	아포	테스
그리고	간절히 바라며	배부르게 되기를	부터	그(것들로)	떨어지는	부터	그
접등.	동.분.현.능.주.남.단.	동.부.1과.수.	전소.	관.소.중.복	동.분.현.능.소.중.복.	전소.	관.소.여.단.

5132	3588	4145	235	2532	3588	2965	2064
τραπέζης	τοῦ	πλουσίου·	ἀλλὰ	καὶ	οἱ	κύνες	ἐρχόμενοι
τράπεζα	ὁ	πλούσιος	ἀλλά	καί	ὁ	κύων	ἔρχομαι
트라페제스	투	플루시우	알라	카이	호이	퀴네스	에르코메노이
식탁으로	그	부자의	심지어	그러나	그	개들이	와서
명.소.여.단.	관.소.남.단.	형.대.소.남.단.	접등.	부.	관.주.남.복.	명.주.남.복.	동.분.현.중수디.주.남.복.

621	3588	1668	846
ἐπέλειχον	τὰ	ἕλκη	αὐτοῦ.
ἀπολείχω	τό	ἕλκος	αὐτός
에펠레이콘	타	헬케	아우투
핥고 있었다	그	헌데들을	그의
동.직.미완.능.3복.	관.목.중.복.	명.목.중.복.	대.인.소.남.3단.

22 이에 그 거지가 죽어 천사들에게 받들려 아브라함의 품에 들어가고 부자도 죽어 장사되매
And it came to pass, that the beggar died, and was carried by the angels into Abraham's bosom: the rich man also died, and was buried;

1096	1161	599	3588	4434	2532	667	846
ἐγένετο	δὲ	ἀποθανεῖν	τὸν	πτωχὸν	καὶ	ἀπενεχθῆναι	αὐτὸν
γίνομαι	δέ	ἀποθνήσκω	ὁ	πτωχός	καί	ἀποφέρω	αὐτός
에게네토	데	아포다네인	톤	프토콘	카이	아페네크데나이	아우톤
되었다	이에	죽는 것이	그	거지가	그래서	데려감을 받게	그를
동.직.2과.중디.3단.	접.등.	동.부.2과.능.	관.목.남.단.	형.대.목.남.단.	접.등.	동.부.1과.수.	대.인.목.남.3단.

5259	3588	32	1519	3588	2859	11	599	1161
ὑπὸ	τῶν	ἀγγέλων	εἰς	τὸν	κόλπον	’Αβραάμ·	ἀπέθανεν	δὲ
ὑπό	ὁ	ἄγγελος	εἰς	ὁ	κόλπος	’Αβραάμ	ἀποθνήσκω	δέ
휘포	톤	앙겔론	에이스	톤	콜폰	아브라암	아페다넨	데
의하여	그	천사들에	속으로	그	품을	아브라함의	죽었다	그런데
전.소	관.소.남.복.	명.소.남.복.	전.목.	관.목.남.단.	명.목.남.단.	명.소.남.단.	동.직.2과.능.3단.	접.등.

2532	3588	4145	2532	2290
καὶ	ὁ	πλούσιος	καὶ	ἐτάφη.
καί	ὁ	πλούσιος	καί	θάπτω
카이	호	프루시오스	카이	에타페
역시	그	부자도	그래서	장사가 되었다
부.	관.주.남.단.	형.대.주.남.단.	접.등.	동.직.2과.수.3단.

23 그가 음부에서 고통 중에 눈을 들어 멀리 아브라함과 그의 품에 있는 나사로를 보고
And in hell he lift up his eyes, being in torments, and seeth Abraham afar off, and Lazarus in his bosom.

2532	1722	3588	86	1869	3588	3788	846	5225
καὶ	ἐν	τῷ	ᾅδῃ	ἐπάρας	τοὺς	ὀφθαλμοὺς	αὐτοῦ,	ὑπάρχων
καί	ἐν	ὁ	ᾅδης	ἐπαίρω	ὁ	ὀφθαλμός	αὐτός	ὑπάρχω
카이	엔	토	하데	에파라스	투스	오프달무스	아우투	휘파르콘
이에	가운데서	그	음부에	들고	그	두 눈을	그의	지내며
접.등.	전.여격.	관.여격.남.단.	명.여격.남.단.	동.분.1과.능.주.남.단.	관.목.남.복.	명.목.남.복.	대.인.소.남.3단.	동.분.현.능.주.남.단.

1722	931	3708	11	575	3113	2532	2976	1722
ἐν	βασάνοις,	ὁρᾷ	’Αβραὰμ	ἀπὸ	μακρόθεν	καὶ	Λάζαρον	ἐν
ἐν	βάσανος	ὁράω	’Αβραάμ	ἀπό	μακρόθεν	καί	Λάζαρος	ἐν
엔	바사노이스	호라	아브라암	아포	마크로덴	카이	라자론	엔
중에	고통들	그가 본다	아브라함	부터	멀리로	과	나사로를	속에
전.여격.	명.여격.여.복.	동.직.현.능.3단.	명.목.남.단.	전.소	부	접.등.	명.목.남.단.	전.여격.

3588	2859	846
τοῖς	κόλποις	αὐτοῦ.
ὁ	κόλπος	αὐτός
토이스	콜포이스	아우투
그	품들	그의
관.여격.남.복.	명.여격.남.복.	대.인.소.남.3단.

24 불러 이르되 아버지 아브라함이여 나를 긍휼히 여기사 나사로를 보내어 그 손가락 끝에
물을 찍어 내 혀를 서늘하게 하소서 내가 이 불꽃 가운데서 괴로워하나이다
And he cried and said, Father Abraham, have mercy on me, and send Lazarus, that he may dip the tip of his finger in water, and cool my tongue; for I am tormented in this flame.

2532	846	5455	3004(2036)	3962	11	1653	1473
καὶ	αὐτὸς	φωνήσας	εἶπεν,	πάτερ	’Αβραάμ,	ἐλέησόν	με
καί	αὐτός	φωνέω	λέγω.ἔπω	πατήρ	’Αβραάμ	ἐλεέω	ἐγώ
카이	아우토스	포네사스	에이펜	파테르	아브라암	엘레에손	메
그러자	그 자신이	소리를 질러	그는 말하였다	아버지	아브라함이여	긍휼히 여기소서	저를
접.등.	대.인.주.남.3단.	동.분.1과.능.주.남.단.	동.직.2과.능.3단.	명.호.남.단.	명.호.남.단.	동.명.1과.능.2단.	대.인.목.1단.

2532	3992	2976	2443	911	3588	206	3588	1147
καὶ	πέμψον	Λάζαρον	ἵνα	βάψῃ	τὸ	ἄκρον	τοῦ	δακτύλου
καί	πέμπω	Λάζαρος	ἵνα	βάπτω	τό	ἄκρον	ὁ	δάκτυλος
카이	펨프손	라자론	히나	밮세	토	아크론	투	닥튈루
그리고	보내소서	나사로를	위하여	그가 찍어	그	끝을	그	손가락의
접.등.	동.명.1과.능.2단.	명.목.남.단.	접.종.	동.가.1과.능.3단.	관.목.중.단.	명.목.중.단.	관.소.남.단.	명.소.남.단.

846	5204	2532	2711	3588	1100	1473	3754
αὐτοῦ	ὕδατος	καὶ	καταψύξῃ	τὴν	γλῶσσάν	μου,	ὅτι
αὐτός	ὕδωρ	καί	καταψύχω	ἡ	γλῶσσα	ἐγώ	ὅτι
아우투	휘다토스	카이	카탑쉭세	텐	글로싼	무	호티
그의	물(의)을	그래서	서늘하게 하기	이	혀를	나의	때문입니다
대.인.소.남.3단.	명.소.중.단.	접.등.	동.가.1과.능.3단.	관.목.여.단.	명.목.여.단.	대.인.소.1단.	접.종.

3600	1722	3588	5395	3778
ὀδυνῶμαι	ἐν	τῇ	φλογὶ	ταύτῃ.
ὀδυνάω	ἐν	ἡ	φλόξ	οὗτος
오뒤노마이	엔	테	플로기	다우테
내가 고통을 받기	가운데	그	불꽃	이
동.직.현.중수디.1단.	전.여격.	관.여격.여.단.	명.여격.여.단.	대.지.여격.여.단.

25 아브라함이 이르되 얘 너는 살았을 때에 좋은 것을 받았고 나사로는 고난을 받았으니
이것을 기억하라 이제 그는 여기서 위로를 받고 너는 괴로움을 받느니라

But Abraham said, Son, remember that thou in thy lifetime receivedst thy good things, and likewise Lazarus evil things: but now he is comforted, and thou art tormented.

3004(2036)	1161	11	5043	3415	3754	618	3588
εἶπεν	δὲ	Ἀβραάμ·	τέκνον,	μνήσθητι	ὅτι	ἀπέλαβες	τὰ
λέγω.ἔπω	δέ	Ἀβραάμ	τέκνον	μνάομαι	ὅτι	ἀπολαμβάνω	τό
에이펜	데	아브라암	테크논	므네스데티	호티	아펠라베스	타
말하였다	그러나	아브라함이	얘야	기억하라	것을	충분히 받았다는	그
동.직.2과.능.3단.	접.우.	명.주.남.단.	명.호.중.단.	동.명.1과.수디.2단.	접.등.	동.직.2과.능.2단.	관.목.중.복.

18	4771	1722	3588	2222	4771	2532	2976	3668
ἀγαθά	σου	ἐν	τῇ	ζωῇ	σου,	καὶ	Λάζαρος	ὁμοίως
ἀγαθός	σύ	ἐν	ἡ	ζωή	σύ	καί	Λάζαρος	ὁμοίως
아가다	수	엔	테	조에	수	카이	라자로스	호모이오스
좋은 것들을	너의	동안에	그	일생	너의	그런데	나사로는	그와 같이
형.대.목.중.복.	대.인.소.2단.	전.여격.	관.여격.여.단.	명.여격.여.단.	대.인.소.2단.	접.등.	명.주.남.단.	부.

3588	2556	3568	1161	5602	3870	4771	1161	3600
τὰ	κακά·	νῦν	δὲ	ὧδε	παρακαλεῖται,	σὺ	δὲ	ὀδυνᾶσαι.
τό	κακός	νῦν	δέ	ὧδε	παρακαλέω	σύ	δέ	ὀδυνάω
타	카카	뉜	데	호데	파라칼레이타이	쉬	데	오뒤나사이
그	나쁜 것들을	이제	그러나	여기서	그는 위로를 받고	너는	그러나	몹시 고통을 받는다
관.목.중.복.	형.대.목.중.복.	부.	접.우.	부.	동.직.현.수.3단.	대.인.주.2단.	접.등.	동.직.현.중수디.2단.

26 그뿐 아니라 너희와 우리 사이에 큰 구렁텅이가 놓여 있어 여기서 너희에게 건너가고자
하되 갈 수 없고 거기서 우리에게 건너올 수도 없게 하였느니라

And beside all this, between us and you there is a great gulf fixed: so that they which would pass from hence to you cannot; neither can they pass to us, that would come from thence.

2532	1722	3956	3778	3342	1473	2532	4771	5490	3173
καὶ	ἐν	πᾶσιν	τούτοις	μεταξὺ	ἡμῶν	καὶ	ὑμῶν	χάσμα	μέγα
καί	ἐν	πᾶς	οὗτος	μεταξύ	ἐγώ	καί	σύ	χάσμα	μέγας
카이	엔	파신	투토이스	메탁쉬	헤몬	카이	휘몬	카스마	메가
그리고	중에도	모든	이런 일들	사이에	우리	와	너희의	한 구렁텅이가	큰
접.등.	전.여격.	형.여격.중.복.	대.지.여격.중.복.	전.소.	대.인.소.1복.	접.등.	대.인.소.2복.	명.주.중.단.	형.주.중.단.

4741	3704	3588	2309	1224	1759	4314
ἐστήρικται,	ὅπως	οἱ	θέλοντες	διαβῆναι	ἔνθεν	πρὸς
στηρίζω	ὅπως	ὁ	θέλω	διαβαίνω	ἔνθεν	πρός
에스테릭타이	호포스	호이	델론테스	디아베나이	엔덴	프로스
굳게 고정되어 있다	그러므로	그(사람들이)	원하는	건너가는 것을	여기서 부터	에게로
동.직.1완.수.3단.	접.우.	관.주.남.복&대.관.주.남.복.	동.분.현.능.주.남.복.	동.부.2과.능.	부.	전.목.

4771	3361	1410	3366	1564	4314	1473	1276
ὑμᾶς	μὴ	δύνωνται,	μηδὲ	ἐκεῖθεν	πρὸς	ἡμᾶς	διαπερῶσιν.
σύ	μή	δύναμαι	μηδέ	ἐκεῖθεν	πρός	ἐγώ	διαπεράω
휘마스	메	뒤논타이	메데	에케이덴	프로스	헤마스	디아페로신
너희	없다	할 수	도 못한다	거기서부터	에게로	우리	그들이 건너 오지
대.인목.2복.	부.	동.가.현.중수디.3복.	접.등.	부.	전목.	대.인목.1복.	동.가.현.능.3복.

27 이르되 그러면 아버지여 구하노니 나사로를 내 아버지의 집에 보내소서
Then he said, I pray thee therefore, father, that thou wouldest send him to my father's house:

3004(2036)	1161	2065	4771	3767	3962	2443	3992	846	1519
εἶπεν	δέ,	ἐρωτῶ	σε	οὖν,	πάτερ,	ἵνα	πέμψῃς	αὐτὸν	εἰς
λέγω.ἔπω	δέ	ἐρωτάω	σύ	οὖν	πατήρ	ἵνα	πέμπω	αὐτός	εἰς
에이펜	데	에로토	세	운	파테르	히나	펨프세스	아우톤	에이스
그가 말하였다	이에	제가 간청합니다	당신을	그러면	아버지여	주소서	당신을 보내어	그를	안으로
동.직.2과.능.3단.	접.우.	동.직.현.능.1단.	대.인목.2단.	접.우.	명.호.남.단.	접.등.	동.가.1과.능.2단.	대.인목.남.3단.	전목.

3588	3624	3588	3962	1473
τὸν	οἶκον	τοῦ	πατρός	μου,
ὁ	οἶκος	ὁ	πατήρ	ἐγώ
톤	오이콘	투	파트로스	무
그	집을	그	아버지의	나의
관.목.남.단.	명.목.남.단.	관.소.남.단.	명.소.남.단.	대.인.소.1단.

28 내 형제 다섯이 있으니 그들에게 증언하게 하여 그들로 이 고통 받는 곳에 오지 않게 하소서
For I have five brethren; that he may testify unto them, lest they also come into this place of torment.

2192	1063	4002	80	3704	1263	846	2443
ἔχω	γὰρ	πέντε	ἀδελφούς,	ὅπως	διαμαρτύρηται	αὐτοῖς,	ἵνα
ἔχω	γάρ	πέντε	ἀδελφός	ὅπως	διαμαρτύρομαι	αὐτός	ἵνα
에코	가르	펜테	아델푸스	호포스	디아마르튀레타이	아우토이스	히나
내가 가졌다	왜냐하면	다섯	형제들을	그러므로	그가 증거하게 하여	그들에게	하소서
동.직.현.능.1단.	접.종.	형.기.목.남.복.	명.목.남.복.	접.등.	동.가.현.중수디.3단.	대.인.여격.남.3복.	접.종.

3361	2532	846	2064	1519	3588	5117	3778	3588	931
μὴ	καὶ	αὐτοὶ	ἔλθωσιν	εἰς	τὸν	τόπον	τοῦτον	τῆς	βασάνου.
μη	καί	αὐτός	ἔρχομαι	εἰς	ὁ	τόπος	οὗτος	ἡ	βάσανος
메	카이	아우토이	엘도신	에이스	톤	토폰	투톤	테스	바사누
않게	역시	그들도	오지	안으로	그	곳을	이	그	고통의
부.	부.	대.인.주.남.3복.	동.가.2과.능.3복.	전목.	관.목.남.단.	명.목.남.단.	대.지.목.남.단.	관.소.여.단.	명.소.여.단.

29 아브라함이 이르되 그들에게 모세와 선지자들이 있으니 그들에게 들을지니라
Abraham saith unto him, They have Moses and the prophets; let them hear them.

3004	1161	11	2192	3475	2532	3588	4396
λέγει	δὲ	Ἀβραάμ,	ἔχουσιν	Μωϋσέα	καὶ	τοὺς	προφήτας·
λέγω	δέ	Ἀβραάμ	ἔχω	Μωϋσῆς	καί	ὁ	προφήτης
레게이	데	아브라암	에쿠신	모위세아	카이	투스	프로페타스
말한다	그러나	아브라함이	그들은 가진다	모세	와	그	선지자들을
동.직.현.능.3단.	접.우.	명.주.남.단.	동.직.현.능.3복.	명.목.남.단.	접.등.	관.목.남.복.	명.목.남.복.

191	846
ἀκουσάτωσαν	αὐτῶν.
ἀκούω	αὐτός
아쿠사토산	아우톤
그들은 말을 듣게 하라	그들의
동.명.1과.능.3복.	대.인.소.남.3복.

30 이르되 그렇지 아니하니이다 아버지 아브라함이여 만일 죽은 자에게서 그들에게 가는
자가 있으면 회개하리이다
And he said, Nay, father Abraham: but if one went unto them from the dead, they will repent.

3588	1161	3004(2036)	3780	3962	11	235	1437	5100
ὁ	δὲ	εἶπεν,	οὐχί,	πάτερ	Ἀβραάμ,	ἀλλ'	ἐάν	τις
ὁ	δέ	λέγω.ἔπω	οὐχί	πατήρ	Ἀβραάμ	ἀλλά	ἐάν	τις
호	데	에이펜	우키	파테르	아브라암	알	에안	티스
그가	그러나	말하였다	아니옵나이다	아버지	아브라함이여	그러나	만일	누군가
관.주.남.단	접.우.	동.직.2과.능.3단.	불.문.	명.호.남.단.	명.호.남.단.	접.우.	접.종.	대.부.주.남.단.

575	3498	4198	4314	846	3340
ἀπὸ	νεκρῶν	πορευθῇ	πρὸς	αὐτοὺς	μετανοήσουσιν.
ἀπό	νεκρός	πορεύομαι	πρός	αὐτός	μετανοέω
아포	네크론	포류데	프로스	아우투스	메타노에수신
부터	죽은 사람들로	간다면	에게로	그들	그들이 회개할 것이다
전.소	형.대.소.남.복.	동.가.1과.수디.3단.	전.목.	대.인.목.남.3복.	동.직.미.능.3복.

31 이르되 모세와 선지자들에게 듣지 아니하면 비록 죽은 자 가운데서 살아나는 자가
있을지라도 권함을 받지 아니하리라 하였다 하시니라

And he said unto him, If they hear not Moses and the prophets, neither will they be persuaded, though one rose from the dead.

3004(2036)	1161	846	1487	3475	2532	3588	4396
εἶπεν	δὲ	αὐτῷ,	εἰ	Μωϋσέως	καὶ	τῶν	προφητῶν
λέγω.ἔπω	δέ	αὐτός	εἰ	Μωϋσης	καί	ὁ	προφήτης
에이펜	데	아우토	에이	모위세오스	카이	톤	프로페톤
그가 말하였다	그러나	그에게	만일	모세	와	그	선지자들의
동.직.1과.능.3단.	접.우.	대.인.주.남.3단.	접.종.	명.소.남.단.	접.등.	관.소.남.복.	명.소.남.복.

3756	191	3761	1437	5100	1537	3498	450
οὐκ	ἀκούουσιν,	οὐδ'	ἐάν	τις	ἐκ	νεκρῶν	ἀναστῇ
οὐ	ἀκούω	οὐδέ	ἐάν	τις	ἐκ	νεκρός	ἀνίστημι
우크	아쿠우신	욷	에안	티스	에크	네크론	아나스테
아니하다	듣지	아니할 것이라	만일	누군가	중에서	죽은 사람들	다시 살아날지라도
부.	동.직.현.능.3복.	부.	접.종.	대.부.주.남.단.	전.소	형.대.소.남.복.	동.가.2과.능.3단.

3982
πεισθήσονται.
πείθω
페이스데손타이
그들이 설득되지
동.직.미.수.3복.

17 예수께서 제자들에게 이르시되 실족하게 하는 것이 없을 수는 없으나 그렇게 하게 하는
자에게는 화로다

Then said he unto the disciples, It is impossible but that offences will come: but woe unto him, through whom they come!

3004(2036)	1161	4314	3588	3101	846	418	1510
Εἶπεν	δὲ	πρὸς	τοὺς	μαθητὰς	αὐτοῦ,	ἀνένδεκτόν	ἐστιν
λέγω.ἔπω	δέ	πρός	ὁ	μαθητής	αὐτός	ἀνένδεκτος	εἰμί
에이펜	데	프로스	투스	마데타스	아우투	아넨덱톤	에스틴
말씀하셨다	그리고	향하여	그	제자들을	그의	불가능한 것	그것은~이나
동.직.1과.능.3단.	접.등.	전.목.	관.목.남.복.	명.목.남.복.	대.인.소.남.3단.	형.주.중.단.	동.직.현.능.3단.

3588	3588	4625	3361	2064	4133	3759	1223	3739
τοῦ	τὰ	σκάνδαλα	μὴ	ἐλθεῖν,	πλὴν	οὐαὶ	δι'	οὗ
τό	τό	σκάνδαλον	μή	ἔρχομαι	πλήν	οὐαί	διά	ὅς
투	타	스칸달라	메	엘데인	플렌	우아이	디	후
그	그	실족케하는 일들을	못하도록	오지	그럼에도	화로다	인하여	바 사람으로
관.소.중.단.	관.목.중.복.	명.목.중.복.	부.	동.부.2과.능.소.	접.우.	불.문.	전.소	대.관.소.남.단

2064
ἔρχεται·
ἔρχομαι
에르케타이
온다
동.직.현.중수디.3단.

2 그가 이 작은 자 중의 하나를 실족하게 할진대 차라리 연자맷돌이 그 목에 매여 바다에 던져지는 것이 나으리라

It were better for him that a millstone were hanged about his neck, and he cast into the sea, than that he should offend one of these little ones.

3081	846	1487	3037	3457	4029	4012	3588
λυσιτελεῖ	αὐτῷ	εἰ	λίθος	μυλικὸς	περίκειται	περὶ	τὸν
λυσιτελεῖ	αὐτός	εἰ	λίθος	μυλικός	περίκειμαι	περί	ὁ
뤼시텔레이	아우토	에이	리도스	뮐리코스	페리케이타이	페리	톤
그것이 유익하다	그를 위하여	면	돌을	연자맷	잡아 매고	주위에	그
동.직.현.능.3단.	대.인.여격.남.3단.	접.등.	명.주.남.단.	형.주.남.단.	동.직.현.중수디.3단.	전목.	관.목.남.단.

5137	846	2532	4496	1519	3588	2281	2228	2443
τράχηλον	αὐτοῦ	καὶ	ἔρριπται	εἰς	τὴν	θάλασσαν	ἢ	ἵνα
τράχηλος	αὐτός	καί	ῥίπτω	εἰς	ἡ	θάλασσα	ἤ	ἵνα
트라켈론	아우투	카이	에르맆타이	에이스	텐	달라싼	에	히나
목을	그의	그리고	그가 던져졌다	속으로	그	바다를	보다	하는 것
명.목.남.단.	대.인.소.남.3단.	접.등.	동.직.1완.수.3단.	전목.	관.목.여.단.	명.목.여.단.	접.종.	접.등.

4624	3588	3398	3778	1520
σκανδαλίσῃ	τῶν	μικρῶν	τούτων	ἕνα.
σκανδαλίζω	ὁ	μικρός	οὗτος	εἷς
스칸달리세	톤	미크론	투톤	헤나
그가 실족케	그	작은 자들 중의	이런	한(사람을)
동.가.1과.능.3단.	관.소.남.복.	형.대.목.남.복.	대.지.소.남.복.	형.대.기.목.단.

3 너희는 스스로 조심하라 만일 네 형제가 죄를 범하거든 경고하고 회개하거든 용서하라

Take heed to yourselves: If thy brother trespass against thee, rebuke him; and if he repent, forgive him.

4337	1438	1437	264	3588	80	4771	2008
προσέχετε	ἑαυτοῖς.	ἐὰν	ἁμάρτῃ	ὁ	ἀδελφός	σου	ἐπιτίμησον
προσέχω	ἑαυτοῦ	ἐάν	ἁμαρτάνω	ὁ	ἀδελφός	σύ	ἐπιτιμάω
프로세케테	헤아우토이스	에안	하마르테	호	아델포스	수	에피티메손
조심하라	너희는 스스로에게	만일	죄를 지으면	그	형제가	너의	엄히 꾸짖어라
동.명.현.능.2복.	대.인.여격.남.2복.	접.종.	동.가.2과.능.3단.	관.주.남.단.	명.주.남.단.	대.인.소.2단.	동.명.1과.능.2단.

846	2532	1437	3340	863	846
αὐτῷ,	καὶ	ἐὰν	μετανοήσῃ	ἄφες	αὐτῷ.
αὐτός	καί	ἐάν	μετανοέω	ἀφίημι	αὐτός
아우토	카이	에안	메타노에세	아페스	아우토
그에게	그리고	만일	그가 회개하면	용서하라	그에게
대.인.여격.남.3단.	접.등.	접.종.	동.가.1과.능.3단.	동.명.2과.능.2단.	대.인.여격.남.3단.

4 만일 하루에 일곱 번이라도 네게 죄를 짓고 일곱 번 네게 돌아와 내가 회개하노라 하거든 너는 용서하라 하시더라

And if he trespass against thee seven times in a day, and seven times in a day turn again to thee, saying, I repent; thou shalt forgive him.

2532	1437	2034	3588	2250	264	1519	4771	2532
καὶ	ἐὰν	ἑπτάκις	τῆς	ἡμέρας	ἁμαρτήσῃ	εἰς	σὲ	καὶ
καί	ἐάν	ἑπτακίς	ἡ	ἡμέρα	ἁμαρτάνω	εἰς	σύ	καί
카이	에안	헾타키스	테스	헤메라스	하마르테세	에이스	세	카이
그런데	만일	일곱 번	그	하루의	그가 죄를 지을지라도	거슬려	너를	그러나
접.등.	접.종.	부.	관.소.여.단.	명.소.여.단.	동.가.1과.능.3단.	전목.	대.인.목.2단.	접.등.

2034	1994	4314	4771	3004	3340	863	846
ἑπτάκις	ἐπιστρέψῃ	πρὸς	σὲ	λέγων,	Μετανοῶ,	ἀφήσεις	αὐτῷ.
ἑπτακίς	ἐπιστρέφω	πρός	σύ	λέγω	μετανοέω	ἀφίημι	αὐτός
헵타키스	에피스트렙세	프로스	세	레곤	메타노오	아페세이스	아우토
일곱 번	다시 돌아오면	게로	너	말하며	나는 회개한다	너는 용서하라	그에게
부.	동.가.1과.능.3단.	전목.	대.인.목.2단.	동.분.현.능.주.남.단.	동.직.현.능.1단.	동.직.미.능.2단	대.인.여격.남.3단.

5 사도들이 주께 여짜오되 우리에게 믿음을 더하소서 하니
And the apostles said unto the Lord, Increase our faith.

2532	3004(2036)	3588	652	3588	2962	4369	1473	4102
Καὶ	εἶπαν	οἱ	ἀπόστολοι	τῷ	κυρίῳ,	πρόσθες	ἡμῖν	πίστιν.
καί	λέγω.ἔπω	ὁ	ἀπόστολος	ὁ	κύριος	προστίθημι	ἐγώ	πίστις
카이	에이판	호이	아포스톨로이	토	퀴리오	프로스데스	헤민	피스틴
그리고	말씀드렸다	그	사도들이	그	주께	더하소서	우리에게	믿음을
접.등.	동.직.2과.능.3복.	관.주.남.복.	명.주.남.복.	관.여격.남.단.	명.여격.남.단.	동.명.2과.능.2단.	대.인.여격.1복.	명.목.여.단.

6 주께서 이르시되 너희에게 겨자씨 한 알만한 믿음이 있었더라면 이 뽕나무더러 뿌리가
뽑혀 바다에 심기어라 하였을 것이요 그것이 너희에게 순종하였으리라
And the Lord said, If ye had faith as a grain of mustard seed, ye might say unto this sycamine tree, Be thou plucked up by the root, and be thou planted in the sea; and it should obey you.

3004(2036)	1161	3588	2962	1487	2192	4102	5613	2848
εἶπεν	δὲ	ὁ	κύριος,	εἰ	ἔχετε	πίστιν	ὡς	κόκκον
λέγω.ἔπω	δέ	ὁ	κύριος	εἰ	ἔχω	πίστις	ὡς	κόκκος
에이펜	데	호	퀴리오스	에이	에케테	피스틴	호스	콕콘
말씀하셨다	또	그	주님께서	만일	너희가 가진	믿음을	만큼	한 알
동.직.2과.능.3단.	접.우.	관.주.남.단.	명.주.남.단.	접.종.	동.직.현.능.2복.	명.목.여.단.	접.종.	명.목.남.단.

4615	3004	302	3588	4807	3778	1610
σινάπεως,	ἐλέγετε	ἂν	τῇ	συκαμίνῳ	[ταύτῃ]	ἐκριζώθητι
σίναπι	λέγω	ἄν	ἡ	συκάμινος	οὗτος	ἐκριζόω
시나페오스	엘레게테	안	테	쉬카미노	타우테	에크리조데티
겨자씨의	너희가 말하였다	만일	그	뽕나무더러	이	너는 뿌리채 뽑혀져라
명.소.중.단.	동.직.미완.능.2복.	불.동.	관.여격.여.단.	명.여격.여.단.	대.지.여격.여.단.	동.명.1과.수.2단.

2532	5452	1722	3588	2281	2532	5219	302	4771
καὶ	φυτεύθητι	ἐν	τῇ	θαλάσσῃ·	καὶ	ὑπήκουσεν	ἂν	ὑμῖν.
καί	φυτεύω	ἐν	ἡ	θάλασσα	καί	ὑπακούω	ἄν	σύ
카이	퓌튜데티	엔	테	달라쎄	카이	휘페쿠센	안	휘민
그리고	너는 심겨져라	가운데	그	바다에	그러면	그것이 순종하였다		너희에게
접.등.	동.명.1과.수.2단.	전.여격.	관.여격.여.단.	명.여격.여.단.	접.등.	동.직.1과.능.3단.	불.동.	대.인.여격.2복.

7 너희 중 누구에게 밭을 갈거나 양을 치거나 하는 종이 있어 밭에서 돌아오면 그더러 곧
와 앉아서 먹으라 말할 자가 있느냐
But which of you, having a servant plowing or feeding cattle, will say unto him by and by, when he is come from the field, Go and sit down to meat?

5101	1161	1537	4771	1401	2192	722	2228	4165
Τίς	δὲ	ἐξ	ὑμῶν	δοῦλον	ἔχων	ἀροτριῶντα	ἢ	ποιμαίνοντα,
τίς	δέ	ἐκ	σύ	δοῦλος	ἔχω	ἀροτριαω	ἤ	ποιμαίνω
티스	데	엑스	휘몬	둘론	에콘	아로트리온타	에	포이마이논타
누가	그런데	중에서	너희	종을	가지는 때	밭을 갈며	또는	양을 치는
대.의.주.남.단.	접.등.	전.소.	대.인.소.2복.	명.목.남.단.	동.분.현.능.주.남.단.	동.분.현.능.목.남.단.	접.등.	동.분.현.능.목.남.단.

3739	1525	1537	3588	68	3004(2046)	846	2112
ὃς	εἰσελθόντι	ἐκ	τοῦ	ἀγροῦ	ἐρεῖ	αὐτῷ,	εὐθέως
ὅς	εἰσέρχομαι	ἐκ	ὁ	ἀγρός	λέγω.ἐρέω	αὐτός	εὐθέως
호스	에이셀돈티	에크	투	아그루	에레이	아우토	유데오스
그가	돌아오면	에서	그	들	말할 것이다	그에게	곧
대.관.주.남.단.	동.분.2과.능.여격.남.단.	전.소.	관.소.남.단.	명.소.남.단.	동.직.미.능.3단.	대.인.여격.남.3단.	부.

3928	377
παρελθὼν	ἀνάπεσε,
παρέρχομαι	ἀναπίπτω
파렐돈	아나페세
곁에 와서	(식탁에)기대어 앉아라
동.분명.2과.능.주.남.2단.	동.명.2과.능.2단.

8 도리어 그더러 내 먹을 것을 준비하고 띠를 띠고 내가 먹고 마시는 동안에 수종들고
너는 그 후에 먹고 마시라 하지 않겠느냐

And will not rather say unto him, Make ready wherewith I may sup, and gird thyself, and serve me, till I have eaten and drunken; and afterward thou shalt eat and drink?

235	3780	3004(2046)	846	2090	5101	1172	2532
ἀλλ᾽	οὐχὶ	ἐρεῖ	αὐτῷ,	ἑτοίμασον	τί	δειπνήσω	καὶ
ἀλλά	οὐχί	λέγω.ἐρέω	αὐτός	ἑτοιμάζω	τίς	δειπνέω	καί
알	우키	에레이	아우토	헤토이마손	티	데잎네소	카이
도리어	않을 것인가	말하지	그에게	준비하라	무엇을	내가 식사를 하리니	그래서
접.등.	불.의.	동.직.미.능.3단.	대.인.여격.남.3단.	동.명.1과.능.2단.	대.의.목.중.단.	동.가.1과.능.1단.	접.등.

4024	1247	1473	2193	5315	2532	4095	2532
περιζωσάμενος	διακόνει	μοι	ἕως	φάγω	καὶ	πίω,	καὶ
περιζώννυμι	διακονέω	ἐγώ	ἕως	φάγω	καί	πίνω	καί
페리조사메노스	디아코네이	모이	헤오스	파고	카이	피오	카이
띠를 두르고	시중을 들어라	나에게	까지	내가 먹고	또	마시기	그리고
동.분명.1과.중.주.남.2단.	동.명.현.능.2단.	대.인.여격.1단.	접.종.	동.가.2과.능.1단.	접.등.	동.가.2과.능.1단.	접.등.

3326	3778	5315	2532	4095	4771
μετὰ	ταῦτα	φάγεσαι	καὶ	πίεσαι	σύ;
μετά	οὗτος	φάγω	καί	πίνω	σύ
메타	타우타	파게사이	카이	피에사이	쉬
후에	이런 일들을	먹어라	또	마시라	너는
전.목.	대.지.목.중.복.	동.직.미.중디.2단	접.등.	동.직.미.중디.2단	대.인.주.2단.

9 명한 대로 하였다고 종에게 감사하겠느냐

Doth he thank that servant because he did the things that were commanded him? I trow not.

3361	2192	5485	3588	1401	3754	4160	3588
μὴ	ἔχει	χάριν	τῷ	δούλῳ	ὅτι	ἐποίησεν	τὰ
μή	ἔχω	χάρις	ὁ	δοῦλος	ὅτι	ποιέω	τό
메	에케이	카린	토	둘로	호티	에포이에센	타
아니라	그가 가지느냐	감사함을	그	종에게	때문에	그가 하였기	그(일들을)
불.의.	동.직.현.능.3단.	명.목.여.단.	관.여격.남.단.	명.여격.남.단.	부.관/접.종.	동.직.1과.능.1단.	관.목.중.복

1299
διαταχθέντα;
διατάσσω
디아타크덴타
명령을 받은
동.분.1과.수.목.중.복.

10 이와 같이 너희도 명령 받은 것을 다 행한 후에 이르기를 우리는 무익한 종이라 우리가
하여야 할 일을 한 것뿐이라 할지니라

So likewise ye, when ye shall have done all those things which are commanded you, say, We are unprofitable servants: we have done that which was our duty to do.

3779	2532	4771	3752	4160	3956	3588	1299
οὕτως	καὶ	ὑμεῖς,	ὅταν	ποιήσητε	πάντα	τὰ	διαταχθέντα
οὕτως	καί	σύ	ὅταν	ποιέω	πᾶς	τό	διατάσσω
후토스	카이	휘메이스	호탄	포이에세테	판타	타	디아타크덴타
이와같이	역시	너희도	때에	너희가 하였을	모두를	그(일을)	명령을 받은
부.	부.	대.인.주.2복.	접.종.	동.가.2과.능.1단.	형.대.목.중.복.	관.목.중.복	동.분.1과.수.목.중.복.

4771	3004	3754	1401	888	1510	3739	3784
ὑμῖν,	λέγετε	ὅτι	δοῦλοι	ἀχρεῖοί	ἐσμεν,	ὃ	ὠφείλομεν
σύ	λέγω	ὅτι	δοῦλος	ἀχρεῖος	εἰμί	ὅς	ὀφείλω
휘민	레게테	호티	둘로이	아크레이오이	에스멘	호	오페일로멘
너희에게	말하라	것을	종들	무익한	우리는~이라는	그 일을	마땅히 하였다
대.인.여격.2복.	동.명.현.능.2복.	접.등.	명.주.남.복.	형.주.남.복.	동.직.현.능.1복.	대.관.목.중.단	동.직.미완.능.1복.

4160	4160
ποιῆσαι	πεποιήκαμεν.
ποιέω	ποιέω
포이에사이	페포이에카멘
행하는 것을	우리가 하고 서있었다
동.부.1과.능.	동.직.1완.능.1복.

11 예수께서 예루살렘으로 가실 때에 사마리아와 갈릴리 사이로 지나가시다가
And it came to pass, as he went to Jerusalem, that he passed through the midst of Samaria and Galilee.

2532	1096	1722	3588	4198	1519	2419	2532	846
Καὶ	ἐγένετο	ἐν	τῷ	πορεύεσθαι	εἰς	Ἰερουσαλὴμ	καὶ	αὐτὸς
καί	γίνομαι	ἐν	τό	πορεύομαι	εἰς	Ἱερουσαλήμ	καί	αὐτός
카이	에게네토	엔	토	포류에스다이	에이스	예루살렘	카이	아우토스
그리고	있었다	때에	그	가실	으로	예루살렘	이에	친히 예수께서
접.등.	동.직.2과.중디.3단.	전.여격.	관.여격.중.단.	동.부.현.중수디.여격.	전.목.	명.목.여.단.	접.우.	대.인.주.남.3단.

1330	1223	3319	4540	2532	1056
διήρχετο	διὰ	μέσον	Σαμαρείας	καὶ	Γαλιλαίας.
διέρχομαι	διά	μέσος	Σαμάρεια	καί	Γαλιλαία
디에르케토	디아	메손	사마레이아스	카이	갈릴라이아스
지나가셨다	통하여	가운데를	사마리아	와	갈릴리의
동.직.미완.중수디.3단.	전.목.	형.대.목.중.단.	명.소.여.단.	접.등.	명.소.여.단.

12 한 마을에 들어가시니 나병환자 열 명이 예수를 만나 멀리 서서
And as he entered into a certain village, there met him ten men that were lepers, which stood afar off:

2532	1525	846	1519	5100	2968	528	846
Καὶ	εἰσερχομένου	αὐτοῦ	εἴς	τινα	κώμην	ἀπήντησαν	[αὐτῷ]
καί	εἰσέρχομαι	αὐτός	εἰς	τις	κώμη	ἀπαντάω	αὐτός
카이	에이세르코메누	아우투	에이스	티나	코멘	아펜테산	아우토
그런데	들어가시니	그(의)가	안으로	어떤	한 마을을	만났다	그에게
접.등.	동.분.현.중수디.소.남.단.	대.인.소.남.3단.	전.목.	대.부.목.여.단.	명.목.여.단.	동.직.1과.능.3복.	대.인.여격.남.3단.

1176	3015	435	3739	2476	4207
δέκα	λεπροὶ	ἄνδρες,	οἳ	ἔστησαν	πόρρωθεν
δέκα	λεπρός	ἀνήρ	ὅς	ἵστημι	πόρρωθεν
데카	레프로이	안드레스	호이	에스테산	포르로덴
열	나병이 걸린	남자들이	그들은	서서	멀리서부터
형.기.주.남.복.	형.주.남.복.	명.주.남.복.	대.관.주.남.복.	동.직.1과.능.3복.	부.

13 소리를 높여 이르되 예수 선생님이여 우리를 불쌍히 여기소서 하거늘
And they lifted up their voices, and said, Jesus, Master, have mercy on us.

2532	846	142	5456	3004	2424	1988	1653
καὶ	αὐτοὶ	ἦραν	φωνὴν	λέγοντες,	Ἰησοῦ	ἐπιστάτα,	ἐλέησον
καί	αὐτός	αἴρω	φωνή	λέγω	Ἰησοῦς	ἐπιστάτης	ἐλεέω
카이	아우토이	에란	포넨	레곤테스	예수	에피스타타	엘레에손
그리고	그들이	높였더라	소리를	말하기를	예수	선생님이시여	불쌍히 여기소서
접.등.	대.인.주.남.3복.	동.직.1과.능.3복.	명.목.여.단.	동.분.현.능.주.남.복.	명.호.남.단.	명.호.남.단.	동.명.1과.능.2단.

1473
ἡμᾶς.
ἐγώ
헤마스
우리를
대.인.목.1복.

14 보시고 이르시되 가서 제사장들에게 너희 몸을 보이라 하셨더니 그들이 가다가 깨끗함을 받은지라

And when he saw them, he said unto them, Go shew yourselves unto the priests. And it came to pass, that, as they went, they were cleansed.

2532	3708(1492)	3004(2036)	846	4198	1925	1438
καὶ	ἰδὼν	εἶπεν	αὐτοῖς,	πορευθέντες	ἐπιδείξατε	ἑαυτοὺς
καί	ὁράω.εἴδω	λέγω.ἔπω	αὐτός	πορεύομαι	ἐπιδείκνυμι	ἑαυτοῦ
카이	이돈	에이펜	아우토이스	포류덴테스	에피데잌사테	헤아우투스
그러자	보시고	말씀하셨다	그들에게	가라	분명하게 보이라	너희 자신을
접.등.	**동.분.2과.능.주.남.단.**	**동.직.2과.능.3단.**	**대.인.여격.남.3복.**	**동.분명.1과.수디.주.남.2복.**	**동.명.1과.능.2복.**	**대.인.목.남.2복.**

3588	2409	2532	1096	1722	3588	5217	846
τοῖς	ἱερεῦσιν.	καὶ	ἐγένετο	ἐν	τῷ	ὑπάγειν	αὐτοὺς
ὁ	ἱερεύς	καί	γίνομαι	ἐν	τό	ὑπάγω	αὐτός
토이스	히에류신	카이	에게네토	엔	토	휘파게인	아우투스
그	제사장들에게	이에	되었다	동안에	그	가는	그들(을)이
관.여격.남.복.	**명.여격.남.복.**	**접.등.**	**동.직.2과.중디.3단.**	**전.여격.**	**관.여격.중.단.**	**동.부.현.능.여격.**	**대.인.목.남.3복.**

2511
ἐκαθαρίσθησαν.
καθαρίζω
에카다리스데산
그들이 다 깨끗하게 되었다
동.직.1과.수.3복.

15 그 중의 한 사람이 자기가 나은 것을 보고 큰 소리로 하나님께 영광을 돌리며 돌아와

And one of them, when he saw that he was healed, turned back, and with a loud voice glorified God,

1520	1161	1537	846	3708(1492)	3754	2390	5290
Εἷς	δὲ	ἐξ	αὐτῶν,	ἰδὼν	ὅτι	ἰάθη,	ὑπέστρεψεν
εἷς	δέ	ἐκ	αὐτός	ὁράω.εἴδω	ὅτι	ἰάομαι	ὑποστρέφω
헤이스	데	엑스	아우톤	이돈	호티	이아데	휘페스트렙센
한 (사람이)	그런데	중에서	그들의	보고	것을	자기가 나아졌다는	되돌아왔다
형.대.기.주.남.단.	**접.우.**	**전.소.**	**대.인.소.남.3복.**	**동.분.2과.능.주.남.단.**	**접.우.**	**동.직.1과.수.3단.**	**동.직.1과.능.3단.**

3326	5456	3173	1392	3588	2316
μετὰ	φωνῆς	μεγάλης	δοξάζων	τὸν	θεόν,
μετά	φωνή	μέγας	δοξάζω	ὁ	θεός
메타	포네스	메갈레스	독사존	톤	데온
으로	음성	큰	영광스럽게 하며	그	하나님을
전.소.	**명.소.여.단.**	**형.소.여.단.**	**동.분.현.능.주.남.단.**	**관.목.남.단.**	**명.목.남.단.**

16 예수의 발 아래에 엎드리어 감사하니 그는 사마리아 사람이라

And fell down on his face at his feet, giving him thanks: and he was a Samaritan.

2532	4098	1909	4383	3844	3588	4228	846	2168
καὶ	ἔπεσεν	ἐπὶ	πρόσωπον	παρὰ	τοὺς	πόδας	αὐτοῦ	εὐχαριστῶν
καί	πίπτω	ἐπί	πρόσωπον	παρά	τό	πούς	αὐτός	εὐχαριστέω
카이	에페센	에피	프로소폰	파라	투스	포다스	아우투	유카리스톤
그리고	엎드렸더라	위로 대고	(그의) 얼굴을	곁으로	그	두 발을	그의	감사하며
접.등.	**동.직.2과.능.3단.**	**전.목.**	**명.목.중.단.**	**전.목.**	**관.목.중.복.**	**명.목.중.복.**	**대.인.소.남.3단.**	**동.분.현.능.주.남.단.**

846	2532	846	1510	4541
αὐτῷ·	καὶ	αὐτὸς	ἦν	Σαμαρίτης.
αὐτός	καί	αὐτός	εἰμί	Σαμαρίτης
아우토	카이	아우토스	엔	사마리테스
그에게	그런데	그는	있었다	사마리아 사람으로
대.인.여격.남.3단.	**접.등.**	**대.인.주.남.3단.**	**동.직.미완.능.3단.**	**명.주.남.단.**

17 예수께서 대답하여 이르시되 열 사람이 다 깨끗함을 받지 아니하였느냐 그 아홉은 어디 있느냐
And Jesus answering said, Were there not ten cleansed? but where are the nine?

611	1161	3588	2424	3004(2036)	3780	3588	1176
ἀποκριθεὶς	δὲ	ὁ	Ἰησοῦς	εἶπεν,	οὐχὶ	οἱ	δέκα
ἀποκρίνομαι	δέ	ὁ	Ἰησοῦς	λέγω.ἔπω	οὐχί	ὁ	δέκα
아포크리데이스	데	호	예수스	에이펜	우키	호이	데카
대답하여	이에	그	예수께서	말씀하셨다	아니하였느냐	그	열(사람이)
동.분.1과.수디.주.남.단.	접.우.	관.주.남.단.	명.주.남.단.	동.직.2과.능.3단.	불.의.	관.주.남.복.	형.대.기.주.남.복.

2511	3588	1161	1767	4226
ἐκαθαρίσθησαν;	οἱ	δὲ	ἐννέα	ποῦ;
καθαρίζω	ὁ	δέ	ἐννέα	ποῦ
에카다리스데산	호이	데	엔네아	푸
다 깨끗하게 되지	그	그런데	아홉 (사람은)	어디 (있느냐)
동.직.1과.수.3복.	관.주.남.복.	접.우.	형.대.기.주.남.복.	부.의.

18 이 이방인 외에는 하나님께 영광을 돌리러 돌아온 자가 없느냐 하시고
There are not found that returned to give glory to God, save this stranger.

3756	2147	5290	1325	1391	3588	2316	1487
οὐχ	εὑρέθησαν	ὑποστρέψαντες	δοῦναι	δόξαν	τῷ	θεῷ	εἰ
οὐ	εὑρίσκω	ὑποστρέφω	δίδωμι	δόξα	ὁ	θεός	εἰ
우크	휴레데산	휘포스트렢산테스	두나이	독산	토	데오	에이
아니했다	발견되지	되돌아온 (사람들이)	돌리려고	영광을	그	하나님께	는
부.	동.직.1과.수.3복.	동.분.1과.능.주.남.복.	동.부.2과.능.	명.목.여.단.	관.여격.남.단.	명.여격.남.단.	접.종.

3361	3588	241	3778
μὴ	ὁ	ἀλλογενὴς	οὗτος;
μή	ὁ	ἀλλογενής	οὗτος
메	호	알로게네스	후토스
외에	그	이방사람	이
부.	관.주.남.단.	형.대.주.남.단.	대.지.주.남.단.

19 그에게 이르시되 일어나 가라 네 믿음이 너를 구원하였느니라 하시더라
And he said unto him, Arise, go thy way: thy faith hath made thee whole.

2532	3004(2036)	846	450	4198	3588	4102	4771
καὶ	εἶπεν	αὐτῷ,	ἀναστὰς	πορεύου·	ἡ	πίστις	σου
καί	λέγω.ἔπω	αὐτός	ἀνίστημι	πορεύομαι	ἡ	πίστις	σύ
카이	에이펜	아우토	아나스타스	포류우	헤	피스티스	수
그리고	말씀하셨다	그에게	너는 일어나라	너는 가라	그	믿음이	너의
접.등.	동.직.2과.능.3단.	대.인.여격.남.3단.	동.분명.2과.능.주.남.2단.	동.명.현.중수디.2단.	관.주.여.단.	명.주.여.단.	대.인.소.2단.

4982	4771
σέσωκέν	σε.
σώζω	σύ
세소켄	세
구원하였다	너를
동.직.1완.능.3단.	대.인.목.2단.

20 바리새인들이 하나님의 나라가 어느 때에 임하나이까 묻거늘 예수께서 대답하여 이르시되
하나님의 나라는 볼 수 있게 임하는 것이 아니요
And when he was demanded of the Pharisees, when the kingdom of God should come, he answered them and said, The kingdom of God cometh not with observation:

1905	1161	5259	3588	5330	4219	2064	3588
Ἐπερωτηθεὶς	δὲ	ὑπὸ	τῶν	Φαρισαίων	πότε	ἔρχεται	ἡ
ἐπερωτάω	δέ	ὑπό	ὁ	Φαρισαῖος	πότε	ἔρχομαι	ἡ
에페로테데이스	데	휘포	톤	파리사이온	포테	에르케타이	헤
캐물으심을 받고	그리고	의하여	그	바리새인들에	언제	임하나이까	그
동.분.1과.수.주.남.단.	접.등.	전.소.	관.소.남.복.	명.소.남.복.	부.의.	동.직.현.중수디.3단.	관.주.여.단.

932	3588	2316	611	846	2532	3004(2036)	3756
βασιλεία	τοῦ	θεοῦ	ἀπεκρίθη	αὐτοῖς	καὶ	εἶπεν,	οὐκ
βασιλεία	ὁ	θεός	ἀποκρίνομαι	αὐτός	καί	λέγω.ἔπω	οὐ
바실레이아	투	데우	아페크리데	아우토이스	카이	에이펜	우크
나라가	그	하나님의	예수께서 대답하셨다며	그들에게	이에	말씀하셨다	아니하고
명.주.여.단.	**관.소.남.단.**	**명.소.남.단.**	**동.직.1과.수디.3단.**	**대.인.여격.남.3복.**	**접.등.**	**동.직.2과.능.3단.**	**부.**

2064	3588	932	3588	2316	3326	3907
ἔρχεται	ἡ	βασιλεία	τοῦ	θεοῦ	μετὰ	παρατηρήσεως,
ἔρχομαι	ἡ	βασιλεία	ὁ	θεός	μετά	παρατήρησις
에르케타이	헤	바실레이아	투	데우	메타	파라테레세오스
임하지	그	나라가	그	하나님의	으로	볼 수 있는 모습
동.직.현.중수디.3단.	**관.주.여.단.**	**명.주.여.단.**	**관.소.남.단.**	**명.소.남.단.**	**전.소.**	**명.소.여.단.**

21 또 여기 있다 저기 있다고도 못하리니 하나님의 나라는 너희 안에 있느니라
Neither shall they say, Lo here! or, lo there! for, behold, the kingdom of God is within you.

3761	3004(2036)	2400	5602	2228	1563	2400	1063	3588
οὐδὲ	ἐροῦσιν,	ἰδοὺ	ὧδε	ἤ,	ἐκεῖ,	ἰδοὺ	γὰρ	ἡ
οὐδέ	λέγω.ἔπω	ἰδού	ὧδε	ἤ	ἐκεῖ	ἰδού	γάρ	ἡ
우데	에루신	이두	호데	에	에케이	이두	가르	헤
또 못할 것이다	그들이 말하지	보라	여기에	또는	거기에	보라	왜냐하면	그
접.등.	**동.직.미.능.3복**	**불.문.**	**부.**	**접.등.**	**부.**	**불.문.**	**접.종.**	**관.주.여.단.**

932	3588	2316	1787	4771	1510
βασιλεία	τοῦ	θεοῦ	ἐντὸς	ὑμῶν	ἐστιν.
βασιλεία	ὁ	θεός	ἐντός	σύ	εἰμί
바실레이아	투	데우	엔토스	휘몬	에스틴
나라는	그	하나님의	안에	너희의	있다
명.주.여.단.	**관.소.남.단.**	**명.소.남.단.**	**전.소.**	**대.인.소.2복.**	**동.직.현.능.3단.**

22 또 제자들에게 이르시되 때가 이르리니 너희가 인자의 날 하루를 보고자 하되 보지
못하리라
And he said unto the disciples, The days will come, when ye shall desire to see one of the days of the Son of man, and ye shall not see it.

3004(2036)	1161	4314	3588	3101	2064	2250	3753
Εἶπεν	δὲ	πρὸς	τοὺς	μαθητάς,	ἐλεύσονται	ἡμέραι	ὅτε
λέγω.ἔπω	δέ	πρός	ὁ	μαθητής	ἔρχομαι	ἡμέρα	ὅτε
에이펜	데	프로스	투스	마데타스	엘류손타이	헤메라이	호테
말씀하셨다	또	향하여	그	제자들을	올 것이라	(그) 날들이	때에
동.직.2과.능.3단.	**접.등.**	**전.목.**	**관.목.남.복.**	**명.목.남.복.**	**동.직.미.중디.3복.**	**명.주.여.복.**	**부.관.**

1937	3391	3588	2250	3588	5207	3588	444
ἐπιθυμήσετε	μίαν	τῶν	ἡμερῶν	τοῦ	υἱοῦ	τοῦ	ἀνθρώπου
ἐπιθυμέω	μία	ἡ	ἡμέρα	ὁ	υἱός	ὁ	ἄνθρωπος
에피뒤메세테	미안	톤	헤메론	투	휘우	투	안드로푸
너희가 간절히 바랄 것이다	하루를	그	날들 중의	그	아들의	그	사람의
동.직.미.능.2복.	**형.대.기.목.여.단.**	**관.소.여.복.**	**명.소.여.복.**	**관.소.남.단.**	**명.소.남.단.**	**관.소.남.단.**	**명.소.남.단.**

3708(1492)	2532	3756	3708
ἰδεῖν	καὶ	οὐκ	ὄψεσθε.
ὁράω.εἴδω	καί	οὐ	ὁράω
이데인	카이	우크	옵세스데
보는 것을	그러나	못하리라	너희는 보지
동.부.2과.능.	**접.등.**	**부.**	**동.직.미.중디.2복.**

23 사람이 너희에게 말하되 보라 저기 있다 보라 여기 있다 하리라 그러나 너희는 가지도
말고 따르지도 말라
And they shall say to you, See here; or, see there: go not after them, nor follow them.

2532	3004(2046)	4771	2400	1563	2228	2400	5602	3361	565
καὶ	ἐροῦσιν	ὑμῖν,	ἰδοὺ	ἐκεῖ,	[ἤ]	Ἰδοὺ	ὧδε·	μὴ	ἀπέλθητε
καί	λέγω.ἐρέω	σύ	ἰδού	ἐκεῖ	ἤ	ἰδού	ὧδε	μή	ἀπέρχομαι
카이	에루신	휘민	이두	에케이	에	이두	호데	메	아펠데테
그리고	그들이 말할 것이다	너희에게	보라	거기에	또는	보라	여기에	말고	너희가 떠나지
접.등.	동.직.미.능.3복.	대.인.여격.2복.	불.문.	부.	접.등.	불.문.	부.	부.	동.가.2과.능.2복

3366	1377
μηδὲ	διώξητε.
μηδέ	διώκω
메데	디옥세테
도 말라	좇지
접.등.	동.가.1과.능.2복

24 번개가 하늘 아래 이쪽에서 번쩍이어 하늘 아래 저쪽까지 비침같이 인자도 자기 날에
그러하리라

For as the lightning, that lighteneth out of the one part under heaven, shineth unto the other part under heaven; so shall also the Son of man be in his day.

5618	1063	3588	796	797	1537	3588	5259	3588
ὥσπερ	γὰρ	ἡ	ἀστραπὴ	ἀστράπτουσα	ἐκ	τῆς	ὑπὸ	τὸν
ὥσπερ	γάρ	ἡ	ἀστραπή	ἀστράπτω	ἐκ	ἡ	ὑπό	ὁ
호스페르	가르	헤	아스트라페	아스트랖투사	에크	테스	휘포	톤
마치 같이	왜냐하면	그	번개가	번쩍이는	에서	그(이편)	아래	그
접.종.	접.종.	관.주.여.단.	명.주.여.단.	동.분.현.능.주.여.단.	전.소.	관.소.여.단.	전.목.	관.목.남.단.

3772	1519	3588	5259	3772	2989	3779	1510	3588
οὐρανὸν	εἰς	τὴν	ὑπ'	οὐρανὸν	λάμπει,	οὕτως	ἔσται	ὁ
οὐρανός	εἰς	ἡ	ὑπό	οὐρανός	λάμπω	οὕτως	εἰμί	ὁ
우라논	에이스	텐	휲	우라논	람페이	후토스	에스타이	호
하늘을	까지	그(저편)	아래	하늘을	비추는 것	그와 같이	있을 것이다	그
명.목.남.단.	전.목.	관.목.여.단	전.목.	명.목.남.단.	동.직.현.능.3단.	부.	동.직.미.중디.3단.	관.주.남.단.

5207	3588	444	1722	3588	2250	846
υἱὸς	τοῦ	ἀνθρώπου	[ἐν	τῇ	ἡμέρᾳ	αὐτοῦ].
υἱός	ὁ	ἄνθρωπος	ἐν	ἡ	ἡμέρα	αὐτός
휘오스	투	안드로푸	엔	테	헤메라	아우투
아들이	그	사람의	중에	그	날	그의
명.주.남.단.	관.소.남.단.	명.소.남.단.	전.여격.	관.여격.여.단.	명.여격.여.단.	대.인.소.남.3단.

25 그러나 그가 먼저 많은 고난을 받으며 이 세대에게 버린 바 되어야 할지니라

But first must he suffer many things, and be rejected of this generation.

4412	1161	1163	846	4183	3958	2532	593
πρῶτον	δὲ	δεῖ	αὐτὸν	πολλὰ	παθεῖν	καὶ	ἀποδοκιμασθῆναι
πρῶτον	δέ	δεῖ	αὐτός	πολύς	πάσχω	καί	ἀποδοκιμάζω
프로톤	데	데이	아우톤	폴라	파데인	카이	아포도키마스데나이
먼저	그러나	반드시 하리라	그를	많은 일로	고난을 겪는 것	과	버림을 받는 것을
형.대.서.목.중.단.	접.우.	동.직.현.능.3단.	대.인.목.남.3단.	형.대.목.중.복.	동.부.2과.능.	접.등.	동.부.1과.수.

575	3588	1074	3778
ἀπὸ	τῆς	γενεᾶς	ταύτης.
ἀπό	ἡ	γενεά	οὗτος
아포	테스	게네아스	타우테스
부터	그	세대로	이
전.소.	관.소.여.단.	명.소.여.단.	대.지.소.여.단.

26 노아의 때에 된 것과 같이 인자의 때에도 그러하리라
And as it was in the days of Noe, so shall it be also in the days of the Son of man.

2532	2531	1096	1722	3588	2250	3575	3779	1510
καὶ	καθὼς	ἐγένετο	ἐν	ταῖς	ἡμέραις	Νῶε,	οὕτως	ἔσται
καί	καθώς	γίνομαι	ἐν	ἡ	ἡμέρα	Νῶε	οὕτως	εἰμί
카이	카도스	에게네토	엔	타이스	헤메라이스	노에	후토스	에스타이
또	같이	되었다	중에	그	날들	노아의	그와 같이	그것이 있을 것이다
접등.	접종.	동.직2과.중디.3단.	전여격.	관.여격.여.복.	명.여격.여.복.	명.소.남.단.	부.	동.직.미.중디.3단.

2532	1722	3588	2250	3588	5207	3588	444
καὶ	ἐν	ταῖς	ἡμέραις	τοῦ	υἱοῦ	τοῦ	ἀνθρώπου·
καί	ἐν	ἡ	ἡμέρα	ὁ	υἱός	ὁ	ἄνθρωπος
카이	엔	타이스	헤메라이스	투	휘우	투	안드로푸
역시	중에도	그	날들	그	아들의	그	사람의
부.	전여격.	관.여격.여.복.	명.여격.여.복.	관.소.남.단.	명.소.남.단.	관.소.남.단.	명.소.남.단.

27 노아가 방주에 들어가던 날까지 사람들이 먹고 마시고 장가 들고 시집 가더니 홍수가
나서 그들을 다 멸망시켰으며
They did eat, they drank, they married wives, they were given in marriage, until the day that Noe entered into the ark, and the flood came, and destroyed them all.

2068	4095	1060	1547	891	3739	2250
ἤσθιον,	ἔπινον,	ἐγάμουν,	ἐγαμίζοντο,	ἄχρι	ἧς	ἡμέρας
ἐσθίω	πίνω	γαμέω	γαμίζω	ἄχρι	ὅς	ἡμέρα
에스디온	에피톤	에가문	에가미존토	아크리	헤스	헤메라스
그들이 먹었다	마셨다	장가 갔다	시집갔다	까지	바	(그)날
동.직.미완.능.3복.	동.직.미완.능.3복.	동.직.미완.능.3복.	동.직.미완.수.3복.	전소.	대.관.소.여.단.+	명.소.여.단.

1525	3575	1519	3588	2787	2532	2064	3588	2627
εἰσῆλθεν	Νῶε	εἰς	τὴν	κιβωτόν	καὶ	ἦλθεν	ὁ	κατακλυσμὸς
εἰσέρχομαι	Νῶε	εἰς	ἡ	κιβωτός	καί	ἔρχομαι	ὁ	κατακλυσμός
에이셀덴	노에	에이스	텐	키보톤	카이	엘덴	호	카타클뤼스모스
들어갔다	노아가	안으로	그	방주를	그러나	왔다	그	홍수가
동.직2과.능.3단.	명.주.남.단.	전목.	관.목.여.단.	명.목.여.단.	접등.	동.직2과.능.3단.	관.주.남.단.	명.주.남.단.

2532	622	3956
καὶ	ἀπώλεσεν	πάντας.
καί	ἀπόλλυμι	πᾶς
카이	아폴레센	판타스
그래서	멸망케 하였다	모든 사람을
접등.	동.직.1과.능.3단.	형.대.목.남.복.

28 또 롯의 때와 같으리니 사람들이 먹고 마시고 사고 팔고 심고 집을 짓더니
Likewise also as it was in the days of Lot; they did eat, they drank, they bought, they sold, they planted, they builded;

3668	2531	1096	1722	3588	2250	3091	2068
Ὁμοίως	καθὼς	ἐγένετο	ἐν	ταῖς	ἡμέραις	Λώτ·	ἤσθιον,
ὁμοίως	καθώς	γίνομαι	ἐν	ἡ	ἡμέρα	Λώτ	ἐσθίω
호모이오스	카도스	에게네토	엔	타이스	헤메라이스	롵	에스디온
그와 같이	같이	되었던 것	중에	그	날들	롯의	그들이 먹고 있었다
부.	접종.	동.직.2과.중디.3단.	전.여격.	관.여격.여.복.	명.여격.여.복.	명.소.남.단.	동.직.미완.능.3복.

4095	59	4453	5452	3618
ἔπινον,	ἠγόραζον,	ἐπώλουν,	ἐφύτευον,	ᾠκοδόμουν·
πίνω	ἀγοράζω	πωλέω	φυτεύω	οἰκοδομέω
에피논	에고라존	에폴룬	에퓌튜온	오코도문
마시고 있었다	사고 있었다	팔고 있었다	심고 있었다	집을 짓고 있었다
동.직.미완.능.3복.	동.직.미완.능.3복.	동.직.미완.능.3복.	동.직.미완.능.3복.	동.직.미완.능.3복.

29 롯이 소돔에서 나가던 날에 하늘로부터 불과 유황이 비오듯 하여 그들을 멸망시켰느니라
But the same day that Lot went out of Sodom it rained fire and brimstone from heaven, and destroyed them all.

3739	1161	2250	1831	3091	575	4670	1026	4442
ᾗ	δὲ	ἡμέρᾳ	ἐξῆλθεν	Λὼτ	ἀπὸ	Σοδόμων,	ἔβρεξεν	πῦρ
ὅς	δέ	ἡμέρα	ἐξέρχομαι	Λώτ	ἀπό	Σόδομα	βρέχω	πῦρ
헤	데	헤메라	엑셀덴	롯	아포	소도몬	에브렉센	퓌르
그 때	그러나	그(날에)	나갔다	롯이	부터	소돔으로	비 오듯 하였다	불
대.관.여격.여.단.+	접.등.	명.여격.여.단.	동.직.2과.능.3단.	명.주.남.단.	전소.	명.소.중.복.	동.직.2과.능.3단.	명.목.중.단.

2532	2303	575	3772	2532	622	3956
καὶ	θεῖον	ἀπ᾽	οὐρανοῦ	καὶ	ἀπώλεσεν	πάντας.
καί	θεῖον	ἀπό	οὐρανός	καί	ἀπόλλυμι	πᾶς
카이	데이온	압	우라누	카이	아폴레센	판타스
과	유황을	부터	하늘로	그리고	멸망시켰다	모든 사람을
접.등.	명.목.중.단.	전소.	명.소.남.단.	접.등.	동.직.1과.능.3단.	형.대.목.남.복.

30 인자가 나타나는 날에도 이러하리라
Even thus shall it be in the day when the Son of man is revealed.

2596	3588	846	1510	3739	2250	3588	5207	3588
κατὰ	τὰ	αὐτὰ	ἔσται	ᾗ	ἡμέρᾳ	ὁ	υἱὸς	τοῦ
κατά	τό	αὐτός	εἰμί	ὅς	ἡμέρα	ὁ	υἱός	ὁ
카타	타	아우타	에스타이	헤	헤메라	호	휘오스	투
따라	그	같은 일들을	될 것이라	바	(그) 날에도	그	아들이	그
전목.	관.목.중.복.	형.대.목.중.복.	동.직.미.중디.3단.	대.관.여격.여.단.+	명.여격.여.단.	관.주.남.단.	명.주.남.단.	관.소.남.단.

444	601
ἀνθρώπου	ἀποκαλύπτεται.
ἄνθρωπος	ἀποκαλύπτω
안드로푸	아포칼륖테타이
사람의	나타나게 되는
명.소.남.단.	동.직.현.수.3단.

31 그 날에 만일 사람이 지붕 위에 있고 그의 세간이 그 집 안에 있으면 그것을 가지러
내려가지 말 것이요 밭에 있는 자도 그와 같이 뒤로 돌이키지 말 것이니라
In that day, he which shall be upon the housetop, and his stuff in the house, let him not come down to take it away: and he that is in the field, let him likewise not return back.

1722	1565	3588	2250	3739	1510	1909	3588	1430
ἐν	ἐκείνῃ	τῇ	ἡμέρᾳ	ὃς	ἔσται	ἐπὶ	τοῦ	δώματος
ἐν	ἐκεῖνος	ἡ	ἡμέρα	ὅς	εἰμί	ἐπί	ὁ	δῶμα
엔	에케이네	테	헤메라	호스	에스타이	에피	투	도마토스
에 있어	그	그	날	바 그 사람은	있을 것이다	위에서	그	지붕의
전.여격.	대.지.여격.여.단.	관.여격.여.단.	명.여격.여.단.	대.관.주.남.단	동.직.미.중디.3단.	전소.	관.소.남.단.	명.소.남.단.

2532	3588	4632	846	1722	3588	3614	3361	2597	142
καὶ	τὰ	σκεύη	αὐτοῦ	ἐν	τῇ	οἰκίᾳ,	μὴ	καταβάτω	ἆραι
καί	τό	σκεῦος	αὐτός	ἐν	ἡ	οἰκία	μή	καταβαίνω	αἴρω
카이	타	스큐에	아우투	엔	테	오이키아	메	카타바토	아라이
그런데	그	세간들은	자기의	안에 (있는)	그	집에	말라	내려오지	가지려고
접.등.	관.주.중.복.	명.주.중.복.	대.소.남.3단.	전.여격.	관.여격.여.단.	명.여격.여.단.	부.	동.명.2과.능.3단.	동.부.1과.능.

846	2532	3588	1722	68	3668	3361	1994	1519
αὐτά,	καὶ	ὁ	ἐν	ἀγρῷ	ὁμοίως	μὴ	ἐπιστρεψάτω	εἰς
αὐτός	καί	ὁ	ἐν	ἀγρός	ὁμοίως	μή	ἐπιστρέφω	εἰς
아우타	카이	호	엔	아그로	호모이오스	메	에피스트렢사토	에이스
그것들을	그것들을	그(사람도)	안에	들에	이와같이	말라	다시 돌아서지	위하여
대.인.목.중.3복.	접.등.	관.주.남.단	전.여격.	명.여격.남.단.	부.	부.	동.명.1과.능.3단.	전목.

3588	3694
τὰ	ὀπίσω.
τό	ὄπίσω
타	오피소
그(것들을)	뒤에 (있는)
관목중복.	**부**

32 롯의 처를 기억하라
Remember Lot's wife.

3421	3588	1135	3091
μνημονεύετε	τῆς	γυναικὸς	Λώτ.
μνημονεύω	ἡ	γυνή	Λώτ
므네모뉴에테	테스	귀나이코스	롵
기억하라	그	아내(의)를	롯의
동.명.현.능.2복.	**관.소.여.단.**	**명.소.여.단.**	**명.소.남.단.**

33 무릇 자기 목숨을 보전하고자 하는 자는 잃을 것이요 잃는 자는 살리리라
Whosoever shall seek to save his life shall lose it; and whosoever shall lose his life shall preserve it.

3739	1437	2212	3588	5590	846	4046
ὃς	ἐὰν	ζητήσῃ	τὴν	ψυχὴν	αὐτοῦ	περιποιήσασθαι
ὅς	ἐάν	ζητέω	ἡ	ψυχή	αὐτός	περιποιέομαι
호스	에안	제테세	텐	프쉬켄	아우투	페리포이에사스다이
누구	든지	찾는 사람은	그	목숨을	그의	보존하려고
대.관.주.남.단	**불.동.**	**동.가.1과.능.3단.**	**관.목.여.단.**	**명.목.여.단.**	**대.인.소.남.3단.**	**동.부.1과.중.**

622	846	3739	1161	302	622	2225	846
ἀπολέσει	αὐτήν,	ὃς	δ’	ἂν	ἀπολέσῃ	ζῳογονήσει	αὐτήν.
ἀπόλλυμι	αὐτός	ὅς	δέ	ἄν	ἀπόλλυμι	ζῳογονέω	αὐτός
아폴레세이	아우텐	호스	드	안	아폴레세	조오고네세이	아우텐
그는 잃을 것이다	그것을	누구	그리고	든지	잃어버리는 자는	그는 살릴 것이다	그것을
동.직.미.능.3단.	**대.인.목.여.3단.**	**대.관.주.남.단**	**접.등.**	**불.동.**	**동.가.1과.능.3단.**	**동.직.미.능.3단.**	**대.인.목.여.3단.**

34 내가 너희에게 이르노니 그 밤에 둘이 한 자리에 누워 있으매 하나는 데려감을 얻고
하나는 버려둠을 당할 것이요
I tell you, in that night there shall be two men in one bed; the one shall be taken, and the other shall be left.

3004	4771	3778	3588	3571	1510	1417	1909
λέγω	ὑμῖν,	ταύτῃ	τῇ	νυκτὶ	ἔσονται	δύο	ἐπὶ
λέγω	σύ	οὗτος	ἡ	νύξ	εἰμί	δύο	ἐπί
레고	휘민	타우테	테	뉰티	에손타이	뒤오	에피
내가 말한다	너희에게	그	그	밤에	있을 것이라	두 (남자가)	위에서
동.직.현.능.1단.	**대.인.여격.2복.**	**대.지.여격.여.단.**	**관.여격.여.단.**	**명.여격.여.단.**	**동.직.미.중디.3복.**	**형.대.기.주.남.복.**	**전.소.**

2825	3391	3588	1520	3880	2532	3588	2087
κλίνης	μιᾶς,	ὁ	εἷς	παραλημφθήσεται	καὶ	ὁ	ἕτερος
κλίνη	μία	ὁ	εἷς	παραλαμβάνω	καί	ὁ	ἕτερος
클리네스	미아스	호	헤이스	파랄렘프데세타이	카이	호	헤테로스
침대의	한	그	한 (남자는)	데려가게 될 것이다	그리고	그	다른 (이는)
명.소.여.단.	**형.기.소.여.단.**	**관.주.남.단.**	**형.대.기.주.남.단.**	**동.직.미.수.3단.**	**접.등.**	**관.주.남.단.**	**형.대.주.남.단.**

863
ἀφεθήσεται·
ἀφίημι
아페데세타이
버려두게 될 것이다
동.직.미.수.3단.

35 두 여자가 함께 맷돌을 갈고 있으매 하나는 데려감을 얻고 하나는 버려둠을 당할 것이니라
Two women shall be grinding together; the one shall be taken, and the other left.

1510	1417	229	1909	3588	846	3588	3391
ἔσονται	δύο	ἀλήθουσαι	ἐπὶ	τὸ	αὐτό,	ἡ	μία
εἰμί	δύο	ἀλήθω	ἐπί	τό	αὐτός	ἡ	μία
에손타이	뒤오	알레두사이	에피	토	아우토	헤	미아
있을 것이다	두 (여자가)	매를 갈며		그	함께	그	한 (여자는)
동.직.미.중디.3복.+	형.대.기.주.여.복.	+동.분.현.능.주.여.복.	전.목.	관.목.중.단.	형.대.목.중.단.	관.주.여.단.	형.대.기.주.여.단.

3880	3588	1161	2087	863
παραλημφθήσεται,	ἡ	δὲ	ἑτέρα	ἀφεθήσεται.
παραλαμβάνω	ἡ	δέ	ἕτερος	ἀφίημι
파랄렘프데세타이	헤	데	헤테라	아페데세타이
데려가게 될 것이다	그	그러나	다른 (여자는)	내버려두게 될 것이다
동.직.미.수.3단.	관.주.여.단.	접.등.	형.대.주.여.단.	동.직.미.수.3단.

36 (없음)
Two [men] shall be in the field; the one shall be taken, and the other left.

37 그들이 대답하여 이르되 주여 어디오니이까 이르시되 주검 있는 곳에는 독수리가
모이느니라 하시니라
And they answered and said unto him, Where, Lord? And he said unto them, Wheresoever the body is, thither will the eagles be gathered together.

2532	611	3004	846	4226	2962	3588	1161	3004(2036)
καὶ	ἀποκριθέντες	λέγουσιν	αὐτῷ,	ποῦ,	κύριε;	ὁ	δὲ	εἶπεν
καί	ἀποκρίνομαι	λέγω	αὐτός	ποῦ	κύριος	ὁ	δέ	λέγω.ἔπω
카이	아포크리덴테스	레구신	아우토	푸	퀴리에	호	데	에이펜
그랬더니	대답하여	그들이 말한다	그에게	어디니이까	주여	예수께서	이에	말씀하셨다
접.등.	동.분.1과.수디.주.남.복.	동.직.현.능.3복.	대.인.여격.남.3단.	부.의.	명.호.남.단.	관.주.남.단	접.우.	동.직.2과.능.3단.

846	3699	3588	4983	1563	2532	3588	105	1996
αὐτοῖς,	ὅπου	τὸ	σῶμα,	ἐκεῖ	καὶ	οἱ	ἀετοὶ	ἐπισυναχθήσονται.
αὐτός	ὅπου	τό	σῶμα	ἐκεῖ	καί	ὁ	ἀετός	ἐπισυνάγω
아우토이스	호푸	토	소마	에케이	카이	호이	아에토이	에피쉬나크데손타이
그들에게	곳에는	그	몸이 (있는)	거기에	역시	그	독수리들이	함께 모이게 될 것이다
대.인.여격.남.3복.	접.종.	관.주.중.단.	명.주.중.단.	부.	부.	관.주.남.복.	명.주.남.복.	동.직.미.수.3복.

18 예수께서 그들에게 항상 기도하고 낙심하지 말아야 할 것을 비유로 말씀하여
And he spake a parable unto them to this end, that men ought always to pray, and not to faint;

3004	1161	3850	846	4314	3588	1163	3842
Ἔλεγεν	δὲ	παραβολὴν	αὐτοῖς	πρὸς	τὸ	δεῖν	πάντοτε
λέγω	δέ	παραβολή	αὐτός	πρός	τό	δεῖ	πάντοτε
엘레겐	데	파라볼렌	아우토이스	프로스	토	데인	판토테
예수께서 말씀하셨다	그리고	한 비유를	그들에게	위하여	그	반드시 하기	항상
동.직.미완.능.3단.	접.등.	명.목.여.단.	대.인.여격.남.3복.	전.목.	관.목.중.단.	동.부.현.능.목.	부.

4336	846	2532	3361	1457
προσεύχεσθαι	αὐτοὺς	καὶ	μὴ	ἐγκακεῖν,
προσεύχομαι	αὐτός	καί	μή	ἐγκακέω
프로슈케스다이	아우투스	카이	메	엥카케인
기도하도록	그들을	그리고	말도록	낙담하지
동.부.현.중수디.	대.인.목.남.3복.	접.등.	부.	동.부.현.능.

2 이르시되 어떤 도시에 하나님을 두려워하지 않고 사람을 무시하는 한 재판장이 있는데
Saying, There was in a city a judge, which feared not God, neither regarded man:

3004	2923	5100	1510	1722	5100	4172	3588
λέγων,	κριτής	τις	ἦν	ἔν	τινι	πόλει	τὸν
λέγω	κριτής	τις	εἰμί	ἐν	τις	πόλις	ὁ
레곤	크리테스	티스	엔	엔	티니	폴레이	톤
말씀하시기를	한 재판관이	어떤	있었다	안에	어떤	도시에	그
동.분.현.능.주.남.단.	명.주.남.단.	대.부.주.남.단.	동.직.미완.능.3단.	전.여격.	대.부.여격.여.단.	명.여격.여.단.	관.목.남.단.

2316	3361	5399	2532	444	3361	1788
θεὸν	μὴ	φοβούμενος	καὶ	ἄνθρωπον	μὴ	ἐντρεπόμενος.
θεός	μή	φοβέω	καί	ἄνθρωπος	μή	ἐντρέπω
데온	메	포부메노스	카이	안드로폰	메	엔트레포메노스
하나님	아니하며	두려워하지	과	사람을	않는	존중하게 여기게 되지
명.목.남.단.	부.	동.분.현.중수디.주.남.단.	접.등.	명.목.남.단.	부.	동.분.현.수.주.남.단.

3 그 도시에 한 과부가 있어 자주 그에게 가서 내 원수에 대한 나의 원한을 풀어 주소서 하되
And there was a widow in that city; and she came unto him, saying, Avenge me of mine adversary.

5503	1161	1510	1722	3588	4172	1565	2532	2064	4314
χήρα	δὲ	ἦν	ἐν	τῇ	πόλει	ἐκείνῃ	καὶ	ἤρχετο	πρὸς
χήρα	δέ	εἰμί	ἐν	ἡ	πόλις	ἐκεῖνος	καί	ἔρχομαι	πρός
케라	데	엔	엔	테	폴레이	에케이네	카이	에르케토	프로스
한 과부가	그런데	있었다	안에	그	도시에	그	이에	그가 왔다	에게로
형.대.주.여.단.	접.등.	동.직.미완.능.3단.	전.여격.	관.여격.여.단.	명.여격.여.단.	대.지.여격.여.단.	접.등.	동.직.미완.중수디.3단.	전.목.

846	3004	1556	1473	575	3588	476	1473
αὐτὸν	λέγουσα,	ἐκδίκησόν	με	ἀπὸ	τοῦ	ἀντιδίκου	μου.
αὐτός	λέγω	ἐκδικέω	ἐγώ	ἀπό	ὁ	ἀντίδικος	ἐγώ
아우톤	레구사	에크디케손	메	아포	투	안티디쿠	무
그 사람	말하기를	원수를 갚아주소서	나를	부터	그	적대자로	나의
대.인.목.남.3단.	동.분.현.능.주.여.단.	동.명.1과.능.2단.	대.인.목.1단.	전.소.	관.소.남.단.	명.소.남.단.	대.인.소.1단.

4 그가 얼마 동안 듣지 아니하다가 후에 속으로 생각하되 내가 하나님을 두려워하지 않고
사람을 무시하나
And he would not for a while: but afterward he said within himself, Though I fear not God, nor regard man;

2532	3756	2309	1909	5550	3326	1161	3778	3004(2036)	1722
καὶ	οὐκ	ἤθελεν	ἐπὶ	χρόνον.	μετὰ	δὲ	ταῦτα	εἶπεν	ἐν
καί	οὐ	θέλω	ἐπί	χρόνος	μετά	δέ	οὗτος	λέγω.ἔπω	ἐν
카이	우크	에델렌	에피	크로논	메타	데	타우타	에이펜	엔
그런데	않았다	그가 원하지	위하여	얼마동안	후에	그러나	이 일들을	그가 말하였다	속에
접.등.	부.	동.직.미완.능.3단.	전.목.	명.목.남.단.	전.목.	접.우.	대.지.목.중.복.	동.직.2과.능.3단.	전.여격.

1438	1487	2532	3588	2316	3756	5399	3761	444
ἑαυτῷ,	εἰ	καὶ	τὸν	θεὸν	οὐ	φοβοῦμαι	οὐδὲ	ἄνθρωπον
ἑαυτοῦ	εἰ	καί	ὁ	θεός	οὐ	φοβέω	οὐδέ	ἄνθρωπος
헤아우토	에이	카이	톤	데온	우	포부마이	우데	안드로폰
그 자신	더라도	참으로	그	하나님을	아니하고	내가 두려워	도 아니하	사람을
대.인.여격.남.3단.	접.종.	부.	관.목.남.단.	명.목.남.단.	부.	동.직.현.중수디.1단.	접.등.	명.목.남.단.

1788
ἐντρέπομαι,
ἐντρέπω
엔트레포마이
존중히 여기게 된다
동.직.현.수.1단.

5 이 과부가 나를 번거롭게 하니 내가 그 원한을 풀어 주리라 그렇지 않으면 늘와서 나를
괴롭게 하리라 하였느니라
Yet because this widow troubleth me, I will avenge her, lest by her continual coming she weary me.

1223	1065	3588	3930	1473	2873	3588	5503	3778
διά	γε	τὸ	παρέχειν	μοι	κόπον	τὴν	χήραν	ταύτην
διά	γέ	τό	παρέχω	ἐγώ	κόπος	ἡ	χήρα	οὗτος
디아	게	토	파레케인	모이	코폰	텐	케란	타우텐
때문에	적어도	그	일으키기	나에게	괴로움을	그	과부	이
전.목.	불.문.	관.목.중.단.	동.부.현.능.목.	대.인.여격.1단.	명.목.남.단.	관.목.여.단.	형.대.목.여.단.	대.지.목.여.단.

1556	846	2443	3361	1519	5056	2064	5299
ἐκδικήσω	αὐτήν,	ἵνα	μὴ	εἰς	τέλος	ἐρχομένη	ὑπωπιάζῃ
ἐκδικέω	αὐτός	ἵνα	μή	εἰς	τέλος	ἔρχομαι	ὑπωπιάζω
에크디케소	아우텐	히나	메	에이스	텔로스	에르코메네	휘포피아졔
내가 원수를 갚아 주리라	그 여자를	위함이라	못하게하기	까지	끝	오면서	그가 귀찮게 굴지
동.직.미.능.1단.	대.인.목.여.3단.	접.종.	부.	전.목.	명.목.중.단.	동.분.현.중수디.주.여.단.	동.가.현.능.3단.

1473
με.
ἐγώ
메
나를
대.인.목.1단.

6 주께서 또 이르시되 불의한 재판장이 말한 것을 들으라
And the Lord said, Hear what the unjust judge saith.

3004(2036)	1161	3588	2962	191	5101	3588	2923	3588
Εἶπεν	δὲ	ὁ	κύριος,	ἀκούσατε	τί	ὁ	κριτὴς	τῆς
λέγω.ἔπω	δέ	ὁ	κύριος	ἀκούω	τίς	ὁ	κριτής	ἡ
에이펜	데	호	퀴리오스	아쿠사테	티	호	크리테스	테스
말씀하셨다	또	그	주님께서	너희는 들어라	무엇을	그	재판관이	그
동.직.2과.능.3단.	접.등.	관.주.남.단.	명.주.남.단.	동.명.1과.능.2복.	대.의.목.중.단.	관.주.남.단.	명.주.남.단.	관.소.여.단.

93	3004
ἀδικίας	λέγει·
ἀδικία	λέγω
아디키아스	레게이
불의의	말을 하는지
명.소.여.단.	동.직.현.능.3단.

7 하물며 하나님께서 그 밤낮 부르짖는 택하신 자들의 원한을 풀어 주지 아니하시겠느냐
그들에게 오래 참으시겠느냐
And shall not God avenge his own elect, which cry day and night unto him, though he bear long with them?

3588	1161	2316	3756	3361	4160	3588	1557	3588
ὁ	δὲ	θεὸς	οὐ	μὴ	ποιήσῃ	τὴν	ἐκδίκησιν	τῶν
ὁ	δέ	θεός	οὐ	μή	ποιέω	ἡ	ἐκδίκησις	ὁ
호	데	데오스	우	메	포이에세	텐	에크디케신	톤
그	그런데	하나님께서	아니하실 것이니	결코	그가 행하지	그	원수갚는 것을	그
관.주.남.단.	접.우.	명.주.남.단.	불.의.	불.의.	동.가.1과.능.3단.	관.목.여.단.	명.목.여.단.	관.소.남.복.

1588	846	3588	994	846	2250	2532	3576
ἐκλεκτῶν	αὐτοῦ	τῶν	βοώντων	αὐτῷ	ἡμέρας	καὶ	νυκτός,
ἐκλεκτός	αὐτός	ὁ	βοάω	αὐτός	ἡμέρα	καί	νωθρός
에클렉톤	아우투	톤	보온톤	아우토	헤메라스	카이	뉙토스
택하신 사람들의	자기의	그	부르짖는	자기에게	낮	과	밤의
형.대.소.남.복.	대.인.소.남.3단.	관.소.남.복	동.분.현.능.소.남.복.	대.인.여격.남.3단.	명.소.여.단.	접.등.	명.소.여.단.

2532	3114	1909	846
καὶ	μακροθυμεῖ	ἐπ'	αὐτοῖς;
καί	μακροθυμέω	ἐπί	αὐτός
카이	마크로뒤메이	엪	아우토이스
또한	오래 참으신다	대하여	그들에
접.등.	동.직.현.능.3단.	전.여격.	대.인.여격.남.3복.

8 내가 너희에게 이르노니 속히 그 원한을 풀어 주시리라 그러나 인자가 올 때에 세상에서 믿음을 보겠느냐 하시니라
I tell you that he will avenge them speedily. Nevertheless when the Son of man cometh, shall he find faith on the earth?

3004	4771	3754	4160	3588	1557	846	1722	5034
λέγω	ὑμῖν	ὅτι	ποιήσει	τὴν	ἐκδίκησιν	αὐτῶν	ἐν	τάχει.
λέγω	σύ	ὅτι	ποιέω	ἡ	ἐκδίκησις	αὐτός	ἐν	τάχος
레고	휘민	호티	포이에세이	텐	에크디케신	아우톤	엔	타케이
내가 말하노니	너희에게	것을	그가 행할것이라는	그	원수갚는 것을	그들의	히	신속
동.직.현.능.1단.	대.인.여격.2복.	접.우.	동.직.미.능.3단.	관.목.여.단.	명.목.여.단.	대.인.소.남.3복.	전.여격.	명.여격.중.단.

4133	3588	5207	3588	444	2064	687	2147	3588
πλὴν	ὁ	υἱὸς	τοῦ	ἀνθρώπου	ἐλθὼν	ἆρα	εὑρήσει	τὴν
πλήν	ὁ	υἱός	ὁ	ἄνθρωπος	ἔρχομαι	ἆρα	εὑρίσκω	ἡ
플렌	호	휘오스	투	안드로푸	엘돈	아라	휴레세이	텐
그렇지만	그	아들이	그	사람의	온 후에	그때에	찾아낼 수 있을까	그
접.등.	관.주.남.단.	명.주.남.단.	관.소.남.단.	명.소.남.단.	동.분.2과.능.주.남.단.	불.의.	동.직.미.능.3단.	관.목.여.단.

4102	1909	3588	1093
πίστιν	ἐπὶ	τῆς	γῆς;
πίστις	ἐπί	ἡ	γῆ
피스틴	에피	테스	게스
믿음을	위에서	이	땅의
명.목.여.단.	전.소	관.소.여.단.	명.소.여.단.

9 또 자기를 의롭다고 믿고 다른 사람을 멸시하는 자들에게 이 비유로 말씀하시되
And he spake this parable unto certain which trusted in themselves that they were righteous, and despised others:

3004(2036)	1161	2532	4314	5100	3588	3982	1909
Εἶπεν	δὲ	καὶ	πρός	τινας	τοὺς	πεποιθότας	ἐφ'
λέγω.ἔπω	δέ	καί	πρός	τις	ὁ	πείθω	ἐπί
에이펜	데	카이	프로스	티나스	투스	페포이도타스	엪
말씀하셨다	또	역시	향하여	몇 사람들을	그(사람들)	확신하고 있으면서	대하여
동.직.2과.능.3단.	접.등.	부.	전.목.	대.부.목.남.복.	관.목.남.복	동.분.2완.능.목.남.복.	전.여격.

1438	3754	1510	1342	2532	1848	3588	3062
ἑαυτοῖς	ὅτι	εἰσὶν	δίκαιοι	καὶ	ἐξουθενοῦντας	τοὺς	λοιποὺς
ἑαυτοῦ	ὅτι	εἰμί	δίκαιος	καί	ἐξουθενέω	ὁ	λοιπος
헤아우토이스	호티	에이신	디카이오이	카이	엑수데눈타스	투스	로이푸스
그들 자신에	것을	그들은~이라는	의로운 사람들	그러나	멸시하는	그	남은 (사람들을)
대.인.여격.남.3복.	접.등.	동.직.현.능.3복.	형.주.남.복.	접.등.	동.분.현.능.목.남.복.	관.목.남.복.	형.대.목.남.복.

3588	3850	3778
τὴν	παραβολὴν	ταύτην·
ἡ	παραβολή	οὗτος
텐	파라볼렌	타우텐
그	비유를	이
관.목.여.단.	명.목.여.단.	대.지.목.여.단.

10 두 사람이 기도하러 성전에 올라가니 하나는 바리새인이요 하나는 세리라
Two men went up into the temple to pray; the one a Pharisee, and the other a publican.

444	1417	305	1519	3588	2411	4336	3588
Ἄνθρωποι	δύο	ἀνέβησαν	εἰς	τὸ	ἱερὸν	προσεύξασθαι,	ὁ
ἄνθρωπος	δύο	ἀναβαίνω	εἰς	τό	ἱερόν	προσεύχομαι	ὁ
안드로포이	뒤오	아네베산	에이스	토	히에론	프로슈사스다이	호
사람들이	두	올라갔다	안으로	그	성전을	기도하려고	그
명.주.남.복.	형.기.주.남.복.	동.직.2과.능.3복.	전.목.	관.목.중.단.	형.대.목.중.단.	동.부.1과.중디.	관.주.남.단.

1520	5330	2532	3588	2087	5057
εἷς	Φαρισαῖος	καὶ	ὁ	ἕτερος	τελώνης.
εἷς	Φαρισαῖος	καί	ὁ	ἕτερος	τελώνης
헤이스	파리사이오스	카이	호	헤테로스	텔로네스
한(사람은)	바리새인	과	그	다른 (사람은)	한 세리가
형.대.기.주.남.단.	명.주.남.단.	접.등.	관.주.남.단.	형.대.주.남.단.	명.주.남.단.

11 바리새인은 서서 따로 기도하여 이르되 하나님이여 나는 다른 사람들 곧 토색, 불의,
간음을 하는 자들과 같지 아니하고 이 세리와도 같지 아니함을 감사하나이다
The Pharisee stood and prayed thus with himself, God, I thank thee, that I am not as other men are, extortioners, unjust, adulterers, or even as this publican.

3588	5330	2476	4314	1438	3778	4336	3588
ὁ	Φαρισαῖος	σταθεὶς	πρὸς	ἑαυτὸν	ταῦτα	προσηύχετο,	ὁ
ὁ	Φαρισαῖος	ἵστημι	πρός	ἑαυτοῦ	οὗτος	προσεύχομαι	ὁ
호	파리사이오스	스타데이스	프로스	헤아우톤	타우타	프로세위케토	호
그	바리새인이	서게되어	로	홀	이런 것들을	기도하였다	그
관.주.남.단.	명.주.남.단.	동.분.1과.수.주.남.단.	전.목.	대.인.목.남.3단.	대.지.목.중.복.	동.직.미완.중.3단.	관.호.남.단.

2316	2168	4771	3754	3756	1510	5618	3588	3062
θεός,	εὐχαριστῶ	σοι	ὅτι	οὐκ	εἰμὶ	ὥσπερ	οἱ	λοιποὶ
θεός	εὐχαριστέω	σύ	ὅτι	οὐ	εἰμί	ὥσπερ	ὁ	λοιποί
데오스	유카리스토	소이	호티	우크	에이미	호스페르	호이	로이포이
하나님이여	저는 감사하나이다	당신에게	것을	아니하고	저는 있지	같이	그	남은 사람들과
명.주.남.단	동.직.현.능.1단.	대.인.여격.2단.	접.등/접.종.	부.	동.직.현.능.1단.	접.종.	관.주.남.복.	형.대.주.남.복.

3588	444	727	94	3432	2228	2532	5613	3778
τῶν	ἀνθρώπων,	ἅρπαγες,	ἄδικοι,	μοιχοί,	ἢ	καὶ	ὡς	οὗτος
ὁ	ἄνθρωπος	ἅρπαξ	ἄδικος	μοιχός	ἤ	καί	ὡς	οὗτος
톤	안드로폰	하르파게스	아디코이	모이코이	에	카이	호스	후토스
그	사람들 중의	강탈하고	불의하고	간음하는 자들로	또는	더욱더	처럼	이
관.소.남.복.	명.소.남.복.	형.주.남.복.	형.주.남.복.	명.주.남.복.	접.등.	부.	접.종.	대.지.주.남.단.

3588	5057
ὁ	τελώνης·
ὁ	τελώνης
호	텔로네스
그	세리
관.주.남.단.	명.주.남.단.

12 나는 이레에 두 번씩 금식하고 또 소득의 십일조를 드리나이다 하고
I fast twice in the week, I give tithes of all that I possess.

3522	1364	3588	4521	586	3956	3745	2932
νηστεύω	δὶς	τοῦ	σαββάτου,	ἀποδεκατῶ	πάντα	ὅσα	κτῶμαι.
νηστεύω	δίς	τό	σάββατον	ἀποδεκατόω	πᾶς	ὅσος	κτάομαι
네스튜오	디스	투	삽바투	아포데카토	판타	호사	크토마이
금식하고	두 번씩	그	이레의	십일조를 드린다는	모든 것을	만큼 많이	소득한
동.직.현.능.1단.	부.	관.소.중.단.	명.소.중.단.	동.직.현.능.1단.	형.대.목.중.복.	대.관.목.중.복.	동.직.현.중수디.1단.

13 세리는 멀리 서서 감히 눈을 들어 하늘을 쳐다보지도 못하고 다만 가슴을 치며 이르되
하나님이여 불쌍히 여기소서 나는 죄인이로소이다 하였느니라
And the publican, standing afar off, would not lift up so much as his eyes unto heaven, but smote upon his breast, saying, God be merciful to me a sinner.

3588	1161	5057	3113	2476	3756	2309	3761	3588
ὁ	δὲ	τελώνης	μακρόθεν	ἑστὼς	οὐκ	ἤθελεν	οὐδὲ	τοὺς
ὁ	δέ	τελώνης	μακρόθεν	ἵστημι	οὐ	θέλω	οὐδέ	ὁ
호	데	텔로네스	마크로텐	헤스토스	우크	에델렌	우데	투스
그	그런데	세리는	멀리로부터	서서있는	아니했으며	원하지도	도 못하고	그(그의)
관.주.남.단.	접.등.	명.주.남.단.	부.	동.분.1완.능.주.남.단.	부.	동.직.미완.능.3단.	부.	관.목.남.복.

3788	1869	1519	3588	3772	235	5180	3588	4738
ὀφθαλμοὺς	ἐπᾶραι	εἰς	τὸν	οὐρανόν,	ἀλλ᾽	ἔτυπτεν	τὸ	στῆθος
ὀφθαλμός	ἐπαίρω	εἰς	ὁ	οὐρανός	ἀλλά	τύπτω	τό	στῆθος
옾달무스	에파라이	에이스	톤	우라논	알	에튚텐	토	스테도스
두 눈을	쳐들지	향하여	그	하늘을	다만	치고 있었다	그	가슴을
명.목.남.복.	동.부.1과.능.	전.목.	관.목.남.단.	명.목.남.단.	접.우.	동.직.미완.능.3단.	관.목.중.단.	명.목.중.단.

846	3004	3588	2316	2433	1473	3588	268
αὐτοῦ	λέγων,	ὁ	θεός,	ἱλάσθητί	μοι	τῷ	ἁμαρτωλῷ.
αὐτός	λέγω	ὁ	θεός	ἱλάσκομαι	ἐγώ	ὁ	ἁμαρτωλός
아우투	레곤	호	데오스	힐라스데티	모이	토	하마르톨로
자기의	말하기를	그	하나님이여	불쌍히 여기옵소서	저에게	이	죄인인
대.인.소.남.3단.	동.분.현.능.주.남.단.	관.호.남.단.	명.주.남.단	동.명.1과.수.2단.	대.인.여격.1단.	관.여격.남.단.	형.대.여격.남.단.

14 내가 너희에게 이르노니 이에 저 바리새인이 아니고 이 사람이 의롭다 하심을 받고 그의
집으로 내려갔느니라 무릇 자기를 높이는 자는 낮아지고 자기를 낮추는 자는 높아지리라
하시니라
I tell you, this man went down to his house justified rather than the other: for every one that exalteth himself shall be abased; and he that humbleth himself shall be exalted.

3004	4771	2597	3778	1344	1519	3588	3624
λέγω	ὑμῖν,	κατέβη	οὗτος	δεδικαιωμένος	εἰς	τὸν	οἶκον
λέγω	σύ	καταβαίνω	οὗτος	δικαιόω	εἰς	ὁ	οἶκος
레고	휘민	카테베	후토스	데디카이오메노스	에이스	톤	오이콘
내가 말하노니	너희에게	내려갔다	이(사람)이	의롭게 되어	으로	그	집
동.직.현.능.1단.	대.인.여격.2복.	동.직.2과.능.3단.	대.지.주.남.단.	동.분.1완.수.주.남.단.	전.목.	관.목.남.단.	명.목.남.단.

846	3844	1565	3754	3956	3588	5312	1438
αὐτοῦ	παρ᾽	ἐκεῖνον·	ὅτι	πᾶς	ὁ	ὑψῶν	ἑαυτὸν
αὐτός	παρά	ἐκεῖνος	ὅτι	πᾶς	ὁ	ὑψόω	ἑαυτοῦ
아우투	파르	에케이논	호티	파스	호	휲손	헤아우톤
자기의	보다	그 사람	때문이라	마다	사람	높이는	그 자신을
대.인.소.남.3단.	전.목.	대.지.목.남.단.	접.종.	형.대.주.남.단.	관.주.남.단	동.분.현.능.주.남.단.	대.인.목.남.3단.

5013	3588	1161	5013	1438	5312
ταπεινωθήσεται,	ὁ	δὲ	ταπεινῶν	ἑαυτὸν	ὑψωθήσεται.
ταπεινόω	ὁ	δέ	ταπεινόω	ἑαυτοῦ	ὑψόω
타페이노데세타이	호	데	타페이논	헤아우톤	휲소데세타이
낮아지게 될 것이다	그(사람은)	그리고	낮추는	그 자신을	높아지게 될 것이다
동.직.미.수.3단.	관.주.남.단	접.등./접.우.	동.분.현.능.주.남.단.	대.인.목.남.3단.	동.직.미.수.3단.

15 사람들이 예수께서 만져 주심을 바라고 자기 어린 아기를 데리고 오매 제자들이 보고 꾸짖거늘
And they brought unto him also infants, that he would touch them: but when his disciples saw it, they rebuked them.

4374	1161	846	2532	3588	1025	2443	846	680
Προσέφερον	δὲ	αὐτῷ	καὶ	τὰ	βρέφη	ἵνα	αὐτῶν	ἅπτηται·
προσφέρω	δέ	αὐτός	καί	τό	βρέφος	ἵνα	αὐτός	ἅπτομαι
프로세페론	데	아우토	카이	타	브레페	히나	아우톤	핲테타이
그들이 데려왔다	또	그에게	까지도	그	아기를	위하여	그들의	만져주시기
동.직.미완.능.3복.	접.등.	대.인.여격.남.3단.	부.	관.목.중.복.	명.목.중.복.	접.종.	대.인.소.중.3복.	동.가.현.중.3단.

3708(1492)	1161	3588	3101	2008	846
ἰδόντες	δὲ	οἱ	μαθηταὶ	ἐπετίμων	αὐτοῖς.
ὁράω.εἴδω	δέ	ὁ	μαθητής	ἐπιτιμάω	αὐτός
이돈테스	데	호이	마데타이	에페티몬	아우토이스
보고	그러나	그	제자들이	엄히 꾸짖었다	그들에게
동.분.현.능.주.남.복.	접.우.	관.주.남.복.	명.주.남.복.	동.직.미완.능.3복.	대.인.여격.남.3복.

16 예수께서 그 어린 아이들을 불러 가까이 하시고 이르시되 어린 아이들이 내게 오는 것을
용납하고 금하지 말라 하나님의 나라가 이런 자의 것이니라
But Jesus called them unto him, and said, Suffer little children to come unto me, and forbid them not: for of such is the kingdom of God.

3588	1161	2424	4341	846	3004	863	3588
ὁ	δὲ	Ἰησοῦς	προσεκαλέσατο	αὐτὰ	λέγων,	ἄφετε	τὰ
ὁ	δέ	Ἰησοῦς	προσκαλέομαι	αὐτός	λέγω	ἀφίημι	τό
호	데	예수스	프로세칼레사토	아우타	레곤	아페테	타
그	그러나	예수께서	가까이 불렀다	그들을	말씀하시기를	허락하라	그
관.주.남.단.	접.우.	명.주.남.단.	동.직.1과.중디.3단.	대.인.목.중.3복.	동.분.현.능.주.남.단.	동.명.2과.능.2복.	관.목.중.복.

3813	2064	4314	1473	2532	3361	2967	846	3588
παιδία	ἔρχεσθαι	πρός	με	καὶ	μὴ	κωλύετε	αὐτά,	τῶν
παιδίον	ἔρχομαι	πρός	ἐγώ	καί	μή	κωλύω	αὐτός	τό
파이디아	에르케스다이	프로스	메	카이	메	콜뤼에테	아우타	톤
어린아이들을	오는 것을	게로	내	그리고	말라	금하지	그들을	그
명.목.중.복.	동.부.현.중수디.	전.목.	대.인.목.1단.	접.등.	부.	동.명.현.능.2복.	대.인.목.중.3복.	관.소.중.복.

1063	5108	1510	3588	932	3588	2316
γὰρ	τοιούτων	ἐστὶν	ἡ	βασιλεία	τοῦ	θεοῦ.
γάρ	τοιοῦτος	εἰμί	ἡ	βασιλεία	ὁ	θεός
가르	토이우톤	에스틴	헤	바실레이아	투	데우
왜냐하면	이런 사람들의 것	임이니라	그	나라가	그	하나님의
접.종.	대.지.소.중.복.	동.직.현.능.3단.	관.주.여.단.	명.주.여.단.	관.소.남.단.	명.소.남.단.

17 내가 진실로 너희에게 이르노니 누구든지 하나님의 나라를 어린 아이와 같이 받아들이지
않는 자는 결단코 거기 들어가지 못하리라 하시니라
Verily I say unto you, Whosoever shall not receive the kingdom of God as a little child shall in no wise enter therein.

281	3004	4771	3739	302	3361	1209	3588	932
ἀμὴν	λέγω	ὑμῖν,	ὃς	ἂν	μὴ	δέξηται	τὴν	βασιλείαν
ἀμήν	λέγω	σύ	ὅς	ἄν	μή	δέχομαι	ἡ	βασιλεία
아멘	레고	휘민	호스	안	메	덱세타이	텐	바실레이안
진실로	내가 말한다	너희에게	누구	든지	아니하는	받아드리지	그	나라를
불.문.	동.직.현.능.1단.	대.인.여격.2복.	대.관.주.남.단	불.동.	부.	동.가.1과.중디.3단.	관.목.여.단.	명.목.여.단.

3588	2316	5613	3813	3756	3361	1525	1519	846
τοῦ	θεοῦ	ὡς	παιδίον,	οὐ	μὴ	εἰσέλθῃ	εἰς	αὐτήν.
ὁ	θεός	ὡς	παιδίον	οὐ	μή	εἰσέρχομαι	εἰς	αὐτός
투	데우	호스	파이디온	우	메	에이셀데	에이스	아우텐
그	하나님의	같이	한 어린아이와	못한다	결단코	그는 들어가지	안으로	그 곳을
관.소.남.단.	명.소.남.단.	접.종.	명.주.중.단.	부.	부.	동.가.2과.능.3단.	전.목.	대.인.목.여.3단.

18 어떤 관리가 물어 이르되 선한 선생님이여 내가 무엇을 하여야 영생을 얻으리이까
And a certain ruler asked him, saying, Good Master, what shall I do to inherit eternal life?

2532	1905	5100	846	758	3004	1320	18
Καὶ	ἐπηρώτησέν	τις	αὐτὸν	ἄρχων	λέγων,	διδάσκαλε	ἀγαθέ,
καί	ἐπερωτάω	τις	αὐτός	ἄρχων	λέγω	διδάσκαλος	ἀγαθός
카이	에페로테센	티스	아우톤	아르콘	레곤	디다스칼레	아가데
그리고	캐물으셨다	어떤	그를	한 관원이	말하기를	선생님이여	선한
접.등.	동.직.1과.능.3단.	형.부.주.남.단.	대.인.목.남.3단.	명.주.남.단.	동.분.현.능.주.남.단.	명.호.남.단.	형.호.남.단.

5101	4160	2222	166	2816
τί	ποιήσας	ζωὴν	αἰώνιον	κληρονομήσω;
τίς	ποιέω	ζωή	αἰώνιος	κληρονομέω
티	포이에사스	조엔	아이오니온	클레로노메소
무엇을	행한 후에	생명을	영원한	내가 상속으로 받을 것이니까
대.의.목.중.단.	동.분.1과.능.주.남.1단.	명.목.여.단.	형.목.여.단.	동.직.미.능.1단.

19 예수께서 이르시되 네가 어찌하여 나를 선하다 일컫느냐 하나님 한 분 외에는 선한 이가 없느니라

And Jesus said unto him, Why callest thou me good? none is good, save one, that is, God.

3004(2036)	1161	846	3588	2424	5101	1473	3004
εἶπεν	δὲ	αὐτῷ	ὁ	Ἰησοῦς,	τί	με	λέγεις
λέγω.ἔπω	δέ	αὐτός	ὁ	Ἰησοῦς	τίς	ἐγώ	λέγω
에이펜	데	아우토	호	예수스	티	메	레게이스
말씀하셨다	이에	그에게	그	예수께서	어찌하여	나를	네가 말하느냐
동.직.2과.능.3단.	접.우.	대.인.여격.남.3단.	관.주.남.단.	명.주.남.단.	대.의.목.중.단	대.인.목.1단.	동.직.현.능.2단.

18	3762	18	1487	3361	1520	3588	2316
ἀγαθόν;	οὐδεὶς	ἀγαθὸς	εἰ	μὴ	εἷς	ὁ	θεός.
ἀγαθός	οὐδείς	ἀγαθός	εἰ	μή	εἷς	ὁ	θεός
아가돈	우데이스	아가도스	에이	메	헤이스	호	데오스
선하다	아무도 아니하리라	선하지	에	외	한 분	그	하나님
형.목.남.단.	형.대.기.주.남.단.	형.주.남.단.	접.종.	부.	형.대.기.주.남.단.	관.주.남.단.	명.주.남.단.

20 네가 계명을 아나니 간음하지 말라, 살인하지 말라, 도둑질하지 말라, 거짓 증언 하지 말라, 네 부모를 공경하라 하였느니라

Thou knowest the commandments, Do not commit adultery, Do not kill, Do not steal, Do not bear false witness, Honour thy father and thy mother.

3588	1785	1492	3361	3431	3361	5407	3361	2813
τὰς	ἐντολὰς	οἶδας·	μὴ	μοιχεύσῃς,	μὴ	φονεύσῃς,	μὴ	κλέψῃς,
ἡ	ἐντολή	οἶδα.εἴδω	μή	μοιχεύω	μή	φονεύω	μή	κλέπτω
타스	엔톨라스	오이다스	메	모이큐세스	메	포뉴세스	메	클렙세스
그	계명들을	네가 알고 있다	말라	간음하지	말라	살인하지	말라	도적질하지
관.목.여.복.	명.목.여.복.	동.직.1완.능.2단.	부.	동.가.1과.능.2단	부.	동.가.1과.능.2단	부.	동.가.1과.능.2단

3361	5576	5091	3588	3962	4771	2532	3588	3384
μὴ	ψευδομαρτυρήσῃς,	τίμα	τὸν	πατέρα	σου	καὶ	τὴν	μητέρα.
μή	ψευδομαρτυρέω	τιμάω	ὁ	πατήρ	σύ	καί	ἡ	μήτηρ
메	프슈도마르튀레세스	티마	톤	파테라	수	카이	텐	메테라
말라	거짓 증거하지	공경하라	그	아버지	너의	와	그	어머니를
부.	동.가.1과.능.2단	동.명.현.능.2단.	관.목.남.단.	명.목.남.단.	대.인.소.2단.	접.등.	관.목.여.단.	명.목.여.단.

21 여짜오되 이것은 내가 어려서부터 다 지키었나이다

And he said, All these have I kept from my youth up.

3588	1161	3004(2036)	3778	3956	5442	1537	3503
ὁ	δὲ	εἶπεν,	ταῦτα	πάντα	ἐφύλαξα	ἐκ	νεότητος.
ὁ	δέ	λέγω.ἔπω	οὗτος	πᾶς	φυλάσσω	ἐκ	νεότης
호	데	에이펜	타우타	판타	에퓔락사	에크	네오테토스
그가	이에	말씀드렸다	이런 것들을	모두	내가 지켰다	부터	젊어서
관.주.남.단	접.우.	동.직.2과.능.3단.	대.지.목.중.복.	형.목.중.복.	동.직.1과.능.1단.	전.소.	명.소.여.단.

22 예수께서 이 말을 들으시고 이르시되 네게 아직도 한 가지 부족한 것이 있으니 네게 있는 것을 다 팔아 가난한 자들에게 나눠 주라 그리하면 하늘에서 네게 보화가 있으리라 그리고 와서 나를 따르라 하시니

Now when Jesus heard these things, he said unto him, Yet lackest thou one thing: sell all that thou hast, and distribute unto the poor, and thou shalt have treasure in heaven: and come, follow me.

191	1161	3588	2424	3004(2036)	846	2089	1520	4771
ἀκούσας	δὲ	ὁ	Ἰησοῦς	εἶπεν	αὐτῷ,	ἔτι	ἕν	σοι
ἀκούω	δέ	ὁ	Ἰησοῦς	λέγω.ἔπω	αὐτός	ἔτι	εἷς	σύ
아쿠사스	데	호	예수스	에이펜	아우토	에티	헨	소이
들으시고	그러나	그	예수께서	말씀하셨다	그에게	아직도	하나가	너에게
동.분.1과.능.주.남.단.	접.우.	관.주.남.단.	명.주.남.단.	동.직.2과.능.3단.	대.인.여격.남.3단.	부.	형.대.기.주.중.단.	대.인.여격.2단.

3007	3956	3745	2192	4453	2532	1239	4434
λείπει·	πάντα	ὅσα	ἔχεις	πώλησον	καὶ	διάδος	πτωχοῖς,
λείπω	πᾶς	ὅσος	ἔχω	πωλέω	καί	διαδίδωμι	πτωχός
레이페이	판타	호사	에케이스	폴레손	카이	디아도스	프토코이스
부족하다	모든 것을	만큼 많은	네가 가진다	팔아라	그래서	나눠주라	가난한 자들에게
동.직.현.능.3단.	형.대.목.중.복.	대.관.목.중.복.	동.직.현.능.2단.	동.명.1과.능.2단.	접.등.	동.명.2과.능.2단.	형.대.여격.남.복.

2532	2192	2344	1722	3588	3772	2532	1204	190
καὶ	ἕξεις	θησαυρὸν	ἐν	[τοῖς]	οὐρανοῖς,	καὶ	δεῦρο	ἀκολούθει
καί	ἔχω	θησαυρός	ἐν	ὁ	οὐρανός	καί	δεῦρο	ἀκολουθέω
카이	헥세이스	데사우론	엔	토이스	우라노이스	카이	듀로	아콜루데이
그러면	가지게 될 것이다	보화를	안에	그	하늘들에	그리고	와서	따르라
접.등.	동.직.미.능.2단.	명.목.남.단.	전.여격.	관.여격.남.복.	명.여격.남.복.	접.등.	부	동.명.현.능.2단.

1473
μοι.
ἐγώ
모이
나에게
대.인.여격.1단.

23 그 사람이 큰 부자이므로 이 말씀을 듣고 심히 근심하더라
And when he heard this, he was very sorrowful: for he was very rich.

3588	1161	191	3778	4036	1096	1510
ὁ	δὲ	ἀκούσας	ταῦτα	περίλυπος	ἐγενήθη·	ἦν
ὁ	δέ	ἀκούω	οὗτος	περίλυπος	γίνομαι	εἰμί
호	데	아쿠사스	타우타	페릴뤼포스	에게네데	엔
그가	그러나	들은 후에	이 말씀들을	심히 슬퍼하게	되었다	그가 있었다
관.주.남.단	접.우.	동.분.1과.능.주.남.단.	대.지.목.중.복.	형.주.남.단.	동.직.1과.수디.3단.	동.직.미완.능.3단.

1063	4145	4970
γὰρ	πλούσιος	σφόδρα.
γάρ	πλούσιος	σφόδρα
가르	플루시오스	스포드라
왜냐하면	부자로	매우 큰
접.종.	형.주.남.단.	부.

24 예수께서 그를 보시고 이르시되 재물이 있는 자는 하나님의 나라에 들어가기가 얼마나
어려운지
And when Jesus saw that he was very sorrowful, he said, How hardly shall they that have riches enter into the kingdom of God!

3708(1492)	1161	846	3588	2424	4036	1096	3004(2036)
Ἰδὼν	δὲ	αὐτὸν	ὁ	Ἰησοῦς	[περίλυπον	γενόμενον]	εἶπεν,
ὁράω.εἴδω	δέ	αὐτός	ὁ	Ἰησοῦς	περίλυπος	γίνομαι	λέγω.ἔπω
이돈	데	아우톤	호	예수스	페릴뤼폰	게노메논	에이펜
보시고	이에	그를	그	예수께서	심히 슬퍼하시게	되어서	말씀하셨다
동.분.2과.능.주.남.단.	접.우.	대.인.목.남.3단.	관.주.남.단.	명.주.남.단.	형.목.남.단.	동.분.2과.중디.목.남.단.	동.직.2과.능.3단.

4459	1423	3588	3588	5536	2192	1519	3588
πῶς	δυσκόλως	οἱ	τὰ	χρήματα	ἔχοντες	εἰς	τὴν
πῶς	δυσκόλως	ὁ	τό	χρῆμα	ἔχω	εἰς	ἡ
포스	뒤스콜로스	호이	타	크레마타	에콘테스	에이스	텐
참으로	어렵게	그(사람들이)	그	재물들을	가진	안으로	그
부.	부.	관.주.남.복	관.목.중.복.	명.목.중.복.	동.분.현.능.주.남.복.	전.목.	관.목.여.단.

932	3588	2316	1531
βασιλείαν	τοῦ	θεοῦ	εἰσπορεύονται·
βασιλεία	ὁ	θεός	εἰσπορεύομαι
바실레이안	투	데우	에이스포류온타이
나라를	그	하나님의	들어간다
명.목.여.단.	관.소.남.단.	명.소.남.단.	동.직.현.중수디.3복.

25 낙타가 바늘귀로 들어가는 것이 부자가 하나님의 나라에 들어가는 것보다 쉬우니라 하시니
For it is easier for a camel to go through a needle's eye, than for a rich man to enter into the kingdom of God.

2123	1063	1510	2574	1223	5168	956	1525
εὐκοπώτερον	γάρ	ἐστιν	κάμηλον	διὰ	τρήματος	βελόνης	εἰσελθεῖν
εὐκοπώτερος	γάρ	εἰμί	κάμηλος	διά	τρῆμα	βέλονη	εἰσέρχομαι
유코포테론	가르	에스틴	카멜론	디아	트레마토스	벨로네스	에이셀데인
더 쉬운 것	왜냐하면	임이라	약대를	통하여	귀를	바늘의	들어가는 것이
형.비.주.중.단.	접.종.	동.직.현.능.3단.	명.목.여.단.	전.소	명.소.중.단.	명.소.여.단.	동.부.2과.능.

2228	4145	1519	3588	932	3588	2316	1525
ἤ	πλούσιον	εἰς	τὴν	βασιλείαν	τοῦ	θεοῦ	εἰσελθεῖν.
ἤ	πλούσιος	εἰς	ἡ	βασιλεία	ὁ	θεός	εἰσέρχομαι
에	플루시온	에이스	텐	바실레이안	투	데우	에이셀데인
보다	부자를	안으로	그	나라를	그	하나님의	들어가는 것
접.종.	형.대.목.남.단.	전.목.	관.목.여.단.	명.목.여.단.	관.소.남.단.	명.소.남.단.	동.부.2과.능.

26 듣는 자들이 이르되 그런즉 누가 구원을 얻을 수 있나이까
And they that heard it said, Who then can be saved?

3004(2036)	1161	3588	191	2532	5101	1410	4982
εἶπαν	δὲ	οἱ	ἀκούσαντες,	καὶ	τίς	δύναται	σωθῆναι;
λέγω.ἔπω	δέ	ὁ	ἀκούω	καί	τίς	δύναμαι	σώζω
에이판	데	호이	아쿠산테스	카이	티스	뒤나타이	소데나이
말하였다	그러자	그(사람들이)	들은	그러면	누가	할 수 있나이까	구원받는 것을
동.직.2과.능.3복.	접.우.	관.주.남.복	동.분.1과.능.주.남.복.	접.등.	대.의.주.남.단.	동.직.현.중수디.3단.	동.부.1과.수.

27 이르시되 무릇 사람이 할 수 없는 것을 하나님은 하실 수 있느니라
And he said, The things which are impossible with men are possible with God.

3588	1161	3004(2036)	3588	102	3844	444	1415	3844
ὁ	δὲ	εἶπεν,	τὰ	ἀδύνατα	παρὰ	ἀνθρώποις	δυνατὰ	παρὰ
ὁ	δέ	λέγω.ἔπω	τό	ἀδύνατος	παρά	ἄνθρωπος	δυνατός	παρά
호	데	에이펜	타	아뒤나타	파라	안드로포이스	뒤나타	파라
예수께서	이에	말씀하셨다	그	할 수 없는 것을	에게서는	사람들	하실 수	에게서
관.주.남.단	접.우.	동.직.2과.능.3단.	관.주.중.복.	형.대.주.중.복.	전.여격.	명.여격.남.복.	형.주.중.복.	전.여격.

3588	2316	1510
τῷ	θεῷ	ἐστιν.
ὁ	θεός	εἰμί
토	데오	에스틴
그	하나님	이다
관.여격.남.단.	명.여격.남.복.	동.직.현.능.3단.

28 베드로가 여짜오되 보옵소서 우리가 우리의 것을 다 버리고 주를 따랐나이다
Then Peter said, Lo, we have left all, and followed thee.

3004(2036)	1161	3588	4074	2400	1473	863	3588
Εἶπεν	δὲ	ὁ	Πέτρος,	ἰδοὺ	ἡμεῖς	ἀφέντες	τὰ
λέγω.ἔπω	δέ	ὁ	Πέτρος	ἰδού	ἐγώ	ἀφίημι	τό
에이펜	데	호	페트로스	이두	헤메이스	아펜테스	타
말씀드렸다	그러자	그	베드로가	보옵소서	우리가	버리고	그
동.직.2과.능.3단.	접.우.	관.주.남.단.	명.주.남.단.	불.문.	대.인.주.1복.	동.분.2과.능.주.남.1복.	관.목.중.복.

2398	190	4771
ἴδια	ἠκολουθήσαμέν	σοι.
ἴδιος	ἀκολουθέω	σύ
이디아	에콜루데사멘	소이
자신의 것들을	따랐다	당신에게
형.대.목.중.복.	동.직.1과.능.1복.	대.인.여격.2단.

29 이르시되 내가 진실로 너희에게 이르노니 하나님의 나라를 위하여 집이나 아내나 형제나
부모나 자녀를 버린 자는
And he said unto them, Verily I say unto you, There is no man that hath left house, or parents, or brethren, or wife, or children, for the kingdom of God's sake,

3588	1161	3004(2036)	846	281	3004	4771	3754	3762
ὁ	δὲ	εἶπεν	αὐτοῖς,	ἀμὴν	λέγω	ὑμῖν	ὅτι	οὐδείς
ὁ	δέ	λέγω.ἔπω	αὐτός	ἀμήν	λέγω	σύ	ὅτι	οὐδείς
호	데	에이펜	아우토이스	아멘	레고	휘민	호티	우데이스
예수님께서	이에	말씀하셨다	그들에게	진실로	내가 말한다	너희에게		아무도 아니다
관.주.남.단	접.우.	동.직.2과.능.3단.	대.인.여격.남.3복.	불.문.	동.직.현.능.1단.	대.인.여격.2복.	접.등.	형.대.기.주.남.단.

1510	3739	863	3614	2228	1135	2228	80	2228
ἐστιν	ὃς	ἀφῆκεν	οἰκίαν	ἢ	γυναῖκα	ἢ	ἀδελφοὺς	ἢ
εἰμί	ὅς	ἀφίημι	οἰκία	ἤ	γυνή	ἤ	ἀδελφός	ἤ
에스틴	호스	아페켄	오이키안	에	귀나이카	에	아델푸스	에
있지	바 사람이	버렸던	집	이나	아내	나	형제들	이나
동.직.현.능.3단.	대.관.주.남.단.	동.직.1과.능.3단.	명.목.여.단.	접.등.	명.목.여.단.	접.등.	명.목.남.복.	접.등.

1118	2228	5043	1752	3588	932	3588	2316
γονεῖς	ἢ	τέκνα	ἕνεκεν	τῆς	βασιλείας	τοῦ	θεοῦ,
γονεύς	ἤ	τέκνον	ἕνεκα	ἡ	βασιλεία	ὁ	θεός
고네이스	에	테크나	헤네켄	테스	바실레이아스	투	데우
부모들	이나	자녀들을	위하여	그	나라를	그	하나님의
명.목.남.복.	접.등.	명.목.중.복.	전.소	관.소.여.단.	명.소.여.단.	관.소.남.단.	명.소.남.단.

30 현세에 여러 배를 받고 내세에 영생을 받지 못할 자가 없느니라 하시니라
Who shall not receive manifold more in this present time, and in the world to come life everlasting.

3739	3780	3361	618	4179	1722	3588	2540
ὃς	οὐχὶ	μὴ	[ἀπο]λάβῃ	πολλαπλασίονα	ἐν	τῷ	καιρῷ
ὅς	οὐχί	μή	ἀπολαμβάνω	πολλαπλασίων	ἐν	ὁ	καιρός
호스	우키	메	아폴라베	폴라플라시오나	엔	토	카이로
그는	아니하리라	못하지	받지	여러 배를	안에서	그	시대에
대.관.주.남.단.	부.	부.	동.가.2과.능.3단.	형.대.목.중.복.	전.여격.	관.여격.남.단.	명.여격.남.단.

3778	2532	1722	3588	165	3588	2064	2222	166
τούτῳ	καὶ	ἐν	τῷ	αἰῶνι	τῷ	ἐρχομένῳ	ζωὴν	αἰώνιον.
οὗτος	καί	ἐν	ὁ	αἰών	ὁ	ἔρχομαι	ζωή	αἰώνιος
투토	카이	엔	토	아이오니	토	에르코메노	조엔	아이오니온
이	와	안에서	그	세대에	그	오는	생명을	영원한
대.지.여격.남.단.	접.등.	전.여격.	관.여격.남.단.	명.여격.남.단.	관.여격.남.단	동.분.현.중수디.여격.남.단.	명.목.여.단.	형.목.여.단.

31 예수께서 열두 제자를 데리시고 이르시되 보라 우리가 예루살렘으로 올라가노니
선지자들을 통하여 기록된 모든 것이 인자에게 응하리라
Then he took unto him the twelve, and said unto them, Behold, we go up to Jerusalem, and all things that are written by the prophets concerning the Son of man shall be accomplished.

3880	1161	3588	1427	3004(2036)	4314	846	2400
Παραλαβὼν	δὲ	τοὺς	δώδεκα	εἶπεν	πρὸς	αὐτούς	ἰδοὺ
παραλαμβάνω	δέ	ὁ	δώδεκα	λέγω.ἔπω	πρός	αὐτός	ἰδού
파랄라본	데	투스	도데카	에이펜	프로스	아우투스	이두
데리시고	그리고	그	열 두(제자들을)	· 말씀하셨다	향하여	그들을	보라
동.분.2과.능.주.남.단.	접.등.	관.목.남.복.	형.대.기.목.남.복.	동.직.2과.능.3단.	전.목.	대.인.목.남.3복.	불.문.

305	1519	2419	2532	5055	3956	3588
ἀναβαίνομεν	εἰς	Ἰερουσαλήμ,	καὶ	τελεσθήσεται	πάντα	τὰ
ἀναβαίνω	εἰς	Ἰερουσαλήμ	καί	τελέω	πᾶς	τό
아나바이노멘	에이스	예루살렘	카이	텔레스데세타이	판타	타
우리가 올라가노라	으로	예루살렘	그리하면	다 이루어 질 것이다	모든 일이	그
동.직.현.능.1복.	전목.	명.목.여.단.	접.등.	동.직.미.수.3단.	형.대.주.중.복.	관.주.중.복

1125	1223	3588	4396	3588	5207	3588	444
γεγραμμένα	διὰ	τῶν	προφητῶν	τῷ	υἱῷ	τοῦ	ἀνθρώπου·
γράφω	διά	ὁ	προφήτης	ὁ	υἱός	ὁ	ἄνθρωπος
게그람메나	디아	톤	프로페톤	토	휘오	투	안드로푸
기록되어 있는	말미암아	그	선지자들로	그	아들에게	그	사람의
동.분.1완.수.주.중.복.	전소.	관.소.남.복.	명.소.남.복.	관.여격.남.단.	명.여격.남.단.	관.소.남.단.	명.소.남.단.

32 인자가 이방인들에게 넘겨져 희롱을 당하고 능욕을 당하고 침 뱉음을 당하겠으며

For he shall be delivered unto the Gentiles, and shall be mocked, and spitefully entreated, and spitted on:

3860	1063	3588	1484	2532	1702	2532
παραδοθήσεται	γὰρ	τοῖς	ἔθνεσιν	καὶ	ἐμπαιχθήσεται	καὶ
παραδίδωμι	γάρ	τό	ἔθνος	καί	ἐμπαίζω	καί
파라도데세타이	가르	토이스	에드네신	카이	엠파이크데세타이	카이
그가 넘겨질 것이다	왜냐하면	그	이방인들에게	그러면	조롱을 당을 것이다	그리고
동.직.미.수.3단.	접.종.	관.여격.중.복.	명.여격.중.복.	접.등.	동.직.미.수.3단.	접.등.

5195	2532	1716
ὑβρισθήσεται	καὶ	ἐμπτυσθήσεται
ὑβρίζω	καί	ἐμπτύω
휘브리스데세타이	카이	엠프튀스데세타이
능욕을 당할 것이다	또	침 뱉음을 받을 것이다
동.직.미.수.3단.	접.등.	동.직.미.수.3단.

33 그들은 채찍질하고 그를 죽일 것이나 그는 삼 일 만에 살아나리라 하시되

And they shall scourge him, and put him to death: and the third day he shall rise again.

2532	3146	615	846	2532	3588	2250	3588
καὶ	μαστιγώσαντες	ἀποκτενοῦσιν	αὐτόν,	καὶ	τῇ	ἡμέρᾳ	τῇ
καί	μαστιγόω	ἀποκτείνω	αὐτός	καί	ἡ	ἡμέρα	ἡ
카이	마스티고산테스	아포크테누신	아우톤	카이	테	헤메라	테
그리고	채찍질한 후에	그들은 죽일 것이다	그를	그러면	그	일 만에	그
접.등.	동.분.1과.능.주.남.복.	동.직.미.능.3복.	대.인.목.남.3단.	접.등.	관.여격.여.단.	명.여격.여.단.	관.여격.여.단.

5154	450
τρίτῃ	ἀναστήσεται.
τρίτος	ἀνίστημι
트리테	아나스테세타이
제 삼	그가 다시 살아나리라
형.서.여격.여.단.	동.직.미.중.3단.

34 제자들이 이것을 하나도 깨닫지 못하였으니 그 말씀이 감취었으므로 그들이 그 이르신
바를 알지 못하였더라

And they understood none of these things: and this saying was hid from them, neither knew they the things which were spoken.

2532	846	3762	3778	4920	2532	1510	3588	4487
καὶ	αὐτοὶ	οὐδὲν	τούτων	συνῆκαν	καὶ	ἦν	τὸ	ῥῆμα
καί	αὐτός	οὐδείς	οὗτος	συνίημι	καί	εἰμί	τό	ῥῆμα
카이	아우토이	우덴	투톤	쉬네칸	카이	엔	토	흐레마
그런데	그들이	아무것도 못하였으니	이것들의	깨닫지	그래서	있었으므로	그	말씀이
접.등.	대.인.주.남.3복.	형.대.기.목.중.단.	대.지.소.중.복.	동.직.1과.능.3복.	접.등.	동.직.미완.능.3단.+	관.주.중.단.	명.주.중.단.

3778	2928	575	846	2532	3756	1097	3588
τοῦτο	κεκρυμμένον	ἀπ’	αὐτῶν	καὶ	οὐκ	ἐγίνωσκον	τὰ
οὗτος	κρύπτω	ἀπό	αὐτός	καί	οὐ	γινώσκω	τό
투토	케크륌메논	압	아우톤	카이	우크	에기노스콘	타
이	감추어져 있는	부터	그들로	그래서	못하였다	그들은 알지	그(것들을)
대.지.주.중.단.	+동.분.1완.수.주.중.단.	전소.	대.인.소.남.3복.	접.등.	부.	동.직.미완.능.3복.	관.목.중.복

3004
λεγόμενα.
λέγω
레고메나
말씀되어진
동.분.현.수.목.중.복.

35 여리고에 가까이 가셨을 때에 한 맹인이 길 가에 앉아 구걸하다가
And it came to pass, that as he was come nigh unto Jericho, a certain blind man sat by the way side begging:

1096	1161	1722	3588	1448	846	1519	2410	5185
Ἐγένετο	δὲ	ἐν	τῷ	ἐγγίζειν	αὐτὸν	εἰς	Ἰεριχὼ	τυφλός
γίνομαι	δέ	ἐν	τό	ἐγγίζω	αὐτός	εἰς	Ἰεριχώ	τυφλός
에게네토	데	엔	토	엥기제인	아우톤	에이스	예리코	튀플로스
되었더라	그리고	때에	그	가까이 올	그가	안으로	여리고를	시각장애인이
동.직.2과.중디.3단.	접.등.	전.여격.	관.여격.중.단.	동.부.현.능.여격.	대.인.목.남.3단.	전.목.	명.목.여.단.	형.대.주.남.단.

5100	2521	3844	3588	3598	1871
τις	ἐκάθητο	παρὰ	τὴν	ὁδὸν	ἐπαιτῶν.
τις	κάθημαι	παρά	ἡ	ὁδός	ἐπαιτέω
티스	에카데토	파라	텐	호돈	에파이톤
어떤	앉아 있었다	가로	그	길을	구걸하며
대.부.주.남.단.	동.직.미완.중수디.3단.	전.목.	관.목.여.단.	명.목.여.단.	동.분.현.능.주.남.단.

36 무리가 지나감을 듣고 이 무슨 일이냐고 물은대
And hearing the multitude pass by, he asked what it meant.

191	1161	3793	1279	4441	5101	1510
ἀκούσας	δὲ	ὄχλου	διαπορευομένου	ἐπυνθάνετο	τί	εἴη
ἀκούω	δέ	ὄχλος	διαπορεύομαι	πυνθάνομαι	τίς	εἰμί
아쿠사스	데	오클루	디아포류오메누	에퓐다네토	티	에이에
듣고	그런데	한 무리의	지나갈 때	문의하였다	무슨 일	인지
동.분.1과.능.주.남.단.	접.우.	명.소.남.단.	동.분.현.중수디.소.남.단.	동.직.미완.중수디.3단.	대.의.주.중.단.	동.희.현.능.3단.

3778
τοῦτο.
οὗτος
투토
이것이
대.지.주.중.단.

37 그들이 나사렛 예수께서 지나가신다 하니
And they told him, that Jesus of Nazareth passeth by.

518	1161	846	3754	2424	3588	3480	3928
ἀπήγγειλαν	δὲ	αὐτῷ	ὅτι	Ἰησοῦς	ὁ	Ναζωραῖος	παρέρχεται.
ἀπαγγέλλω	δέ	αὐτός	ὅτι	Ἰησοῦς	ὁ	Ναζωραῖος	παρέρχομαι
아펭게일란	데	아우토	호티	예수스	호	나조라이오스	파레르케타이
그들이 알려주었다	이에	그에게	것을	예수께서	그	나사렛사람	지나가신다는
동.직.1과.능.3복.	접.우.	대.인.여격.남.3단.	접.등.	명.주.남.단.	관.주.남.단.	명.주.남.단.	동.직.현.중수디.3단.

38 맹인이 외쳐 이르되 다윗의 자손 예수여 나를 불쌍히 여기소서 하거늘
And he cried, saying, Jesus, thou son of David, have mercy on me.

2532	994	3004	2424	5207	1138	1653	1473
καὶ	ἐβόησεν	λέγων,	Ἰησοῦ	υἱὲ	Δαυίδ,	ἐλέησόν	με.
καί	βοάω	λέγω	Ἰησοῦς	υἱός	Δαβίδ	ἐλεέω	ἐγώ
카이	에보에센	레곤	예수	휘에	다윗	엘레에손	메
그러자	그가 외쳤다	말하기를	예수여	자손	다윗의	불쌍히 여기소서	나를
접등.	동.직.1과.능.3단.	동.분.현.능.주.남.단.	명.호.남.단.	명.호.남.단.	명.소.남.단.	동.명.1과.능.2단.	대.인.목.1단.

39 앞서 가는 자들이 그를 꾸짖어 잠잠하라 하되 그가 더욱 크게 소리 질러 다윗의
자손이여 나를 불쌍히 여기소서 하는지라
And they which went before rebuked him, that he should hold his peace: but he cried so much the more, Thou son of David, have mercy on me.

2532	3588	4254	2008	846	2443	4601	846
καὶ	οἱ	προάγοντες	ἐπετίμων	αὐτῷ	ἵνα	σιγήσῃ,	αὐτὸς
καί	ὁ	προάγω	ἐπιτιμάω	αὐτός	ἵνα	σιωπάω	αὐτός
카이	호이	프로아곤테스	에페티몬	아우토	히나	시게세	아우토스
그랬더니	그(사람들이)	앞서 가는	엄히 꾸짖었다	그에게	위하여	잠잠하기	그 사람이
접등.	관.주.남.복	동.분.현.능.주.남.복.	동.직.미완.능.3복.	대.인.여격.남.3단.	접등.	동.가.1과.능.3단.	대.인.주.남.3단.

1161	4183	3123	2896	5207	1138	1653	1473
δὲ	πολλῷ	μᾶλλον	ἔκραζεν,	υἱὲ	Δαυίδ,	ἐλέησόν	με.
δέ	πολύς	μᾶλλον	κράζω	υἱός	δαυ(β)ίδ	ἐλεέω	ἐγώ
데	폴로	말론	에크라젠	휘에	다윗	엘레에손	메
그러나	많은 것으로	더욱	소리쳤다	자손이여	다윗의	불쌍히 여기소서	나를
접.우.	형.대.여격.중.단.	부.	동.직.미완.능.3단.	명.호.남.단.	명.소.남.단.	동.명.1과.능.2단.	대.인.목.1단.

40 예수께서 머물러 서서 명하여 데려오라 하셨더니 그가 가까이 오매 물어 이르시되
And Jesus stood, and commanded him to be brought unto him: and when he was come near, he asked him,

2476	1161	3588	2424	2753	846	71	4314
σταθεὶς	δὲ	ὁ	Ἰησοῦς	ἐκέλευσεν	αὐτὸν	ἀχθῆναι	πρὸς
ἵστημι	δέ	ὁ	Ἰησοῦς	κελεύω	αὐτός	ἄγω	πρός
스타데이스	데	호	예수스	에켈류센	아우톤	아크데나이	프로스
서게 되어	그리하여	그	예수께서	명하셨다	그를	데려오도록	가까이
동.분.1과.수.주.남.단.	접.우.	관.주.남.단.	명.주.남.단.	동.직.1과.능.3단.	대.인.목.남.3단.	동.부.1과.수.	전.목.

846	1448	1161	846	1905	846
αὐτόν.	ἐγγίσαντος	δὲ	αὐτοῦ	ἐπηρώτησεν	αὐτόν,
αὐτός	ἐγγίζω	δέ	αὐτός	ἐπερωτάω	αὐτός
아우톤	엥기산토스	데	아우투	에페로테센	아우톤
그를	가까이 온 후에	그래서	그가	예수님께서 캐물으셨다	그를
대.인.목.남.3단.	동.분.1과.능.소.남.단.	접등.	대.인.소.남.3단.	동.직.1과.능.3단.	대.인.목.남.3단.

41 네게 무엇을 하여 주기를 원하느냐 이르되 주여 보기를 원하나이다
Saying, What wilt thou that I shall do unto thee? And he said, Lord, that I may receive my sight.

5101	4771	2309	4160	3588	1161	3004(2036)	2962
τί	σοι	θέλεις	ποιήσω;	ὁ	δὲ	εἶπεν,	κύριε,
τίς	σύ	θέλω	ποιέω	ὁ	δέ	λέγω.ἔπω	κύριος
티	소이	델레이스	포이에소	호	데	에이펜	퀴리에
무엇을	너에게	너는 원하느냐	내가 하여 주기를	그가	그러자	말하였다	주여
대.의.목.중.단.	대.인.여격.2단.	동.직.현.능.2단.	동.가.1과.능.1단.	관.주.남.단	접.우.	동.직.2과.능.3단.	명.호.남.단.

2443	308
ἵνα	ἀναβλέψω.
ἵνα	ἀναβλέπω
히나	아나블렙소
원하나이다	내가 쳐다보기
접.우.	동.가.1과.능.1단.

42 예수께서 그에게 이르시되 보라 네 믿음이 너를 구원하였느니라 하시매
And Jesus said unto him, Receive thy sight: thy faith hath saved thee.

2532	3588	2424	3004(2036)	846	308	3588	4102	4771
καὶ	ὁ	Ἰησοῦς	εἶπεν	αὐτῷ,	ἀνάβλεψον·	ἡ	πίστις	σου
καί	ὁ	Ἰησοῦς	λέγω.ἔπω	αὐτός	ἀναβλέπω	ἡ	πίστις	σύ
카이	호	예수스	에이펜	아우토	아나블렙손	헤	피스티스	수
이에	그	예수께서	말씀하셨다	그에게	쳐다보라	그	믿음이	너의
접.등.	관.주.남.단.	명.주.남.단.	동.직.2과.능.3단.	대.인.여격.남.3단.	동.명.1과.능.2단.	관.주.여.단.	명.주.여.단.	대.인.소.2단.

4982	4771
σέσωκέν	σε.
σώζω	σύ
세소켄	세
구원하였다	너를
동.직.1완.능.3단.	대.인.목.2단.

43 곧 보게 되어 하나님께 영광을 돌리며 예수를 따르니 백성이 다 이를 보고 하나님을 찬양하니라
And immediately he received his sight, and followed him, glorifying God: and all the people, when they saw it, gave praise unto God.

2532	3916	308	2532	190	846	1392
καὶ	παραχρῆμα	ἀνέβλεψεν	καὶ	ἠκολούθει	αὐτῷ	δοξάζων
καί	παραχρῆμα	ἀναβλέπω	καί	ἀκολουθέω	αὐτός	δοξάζω
카이	파라크레마	아네블렙센	카이	에콜루데이	아우토	독사존
그러자	곧	쳐다보았다	이에	따르고 있었다	그에게	영광스럽게 하며
접.등.	부.	동.직.1과.능.3단.	접.등.	동.직.미완.능.3단.	대.인.여격.남.3단.	동.분.현.능.주.남.단.

3588	2316	2532	3956	3588	2992	3708(1492)	1325	136
τὸν	θεόν.	καὶ	πᾶς	ὁ	λαὸς	ἰδὼν	ἔδωκεν	αἶνον
ὁ	θεός	καί	πᾶς	ὁ	λαός	ὁράω.εἴδω	δίδωμι	αἶνος
톤	데온	카이	파스	호	라오스	이돈	에도켄	아이논
그	하나님을	그리고	모두	그	백성이	보고	돌렸다	찬양을
관.목.남.단.	명.목.남.단.	접.등.	형.주.남.단.	관.주.남.단.	명.주.남.단.	동.분.2과.능.주.남.단.	동.직.1과.능.3단.	명.목.남.단.

3588	2316
τῷ	θεῷ.
ὁ	θεός
토	데오
그	하나님께
관.여격.남.단.	명.여격.남.단.

19 예수께서 여리고로 들어가 지나가시더라
And Jesus entered and passed through Jericho.

2532	1525	1330	3588	2410
Καὶ	εἰσελθὼν	διήρχετο	τὴν	Ἰεριχώ.
καί	εἰσέρχομαι	διέρχομαι	ἡ	Ἰεριχώ
카이	에이셀돈	디에르케토	텐	예리코
그리고	들어가서	그가 지나가셨다	그	여리고를
접.등.	동.분.2과.능.주.남.단.	동.직.미완.중수디.3단.	관.목.여.단.	명.목.여.단.

2 삭개오라 이름하는 자가 있으니 세리장이요 또한 부자라
And, behold, there was a man named Zacchaeus, which was the chief among the publicans, and he was rich.

2532	2400	435	3686	2564	2195	2532	846
Καὶ	ἰδοὺ	ἀνὴρ	ὀνόματι	καλούμενος	Ζακχαῖος,	καὶ	αὐτὸς
καί	ἰδού	ἀνήρ	ὄνομα	καλέω	Ζακχαῖος	καί	αὐτός
카이	이두	아네르	오노마티	칼루메노스	작카이오스	카이	아우토스
그런데	보라	한 남자가	이름에	불려지는	삭개오라	그런데	그는
접.등.	불.문.	명.주.남.단.	명.여격.중.단.	동.분.현.수.주.남.단.	명.주.남.단.	접.등.	대.인.주.남.3단.

1510	754	2532	846	4145
ἦν	ἀρχιτελώνης	καὶ	αὐτὸς	πλούσιος·
εἰμί	ἀρχιτελώνης	καί	αὐτός	πλούσιος
엔	아르키텔로네스	카이	아우토스	플루시오스
있었다	세리장으로	그리고	그는	부자이니라
동.직.미완.능.3단.	명.주.남.단.	접.등.	대.인.주.남.3단.	형.주.남.단.

3 그가 예수께서 어떠한 사람인가 하여 보고자 하되 키가 작고 사람이 많아 할 수 없어

And he sought to see Jesus who he was; and could not for the press, because he was little of stature.

2532	2212	3708(1492)	3588	2424	5101	1510	2532	3756
καὶ	ἐζήτει	ἰδεῖν	τὸν	Ἰησοῦν	τίς	ἐστιν	καὶ	οὐκ
καί	ζητέω	ὁράω.εἴδω	ὁ	Ἰησοῦς	τίς	εἰμί	καί	οὐ
카이	에제테이	이데인	톤	예순	티스	에스틴	카이	우크
그런데	그가 찾았다	보려고	그	예수를	누구	이신가	그러나	없었다
접.등.	동.직.미완.능.3단.	동.부.2과.능.	관.목.남.단.	명.목.남.단.	대.의.주.남.단.	동.직.현.능.3단.	접.등.	부.

1410	575	3588	3793	3754	3588	2244	3398	1510
ἠδύνατο	ἀπὸ	τοῦ	ὄχλου,	ὅτι	τῇ	ἡλικίᾳ	μικρὸς	ἦν.
δύναμαι	ἀπό	ὁ	ὄχλος	ὅτι	ἡ	ἡλικία	μικρός	εἰμί
에뒤나토	아포	투	오클루	호티	테	헬리키아	미크로스	엔
그가 할 수	부터	그	무리로	때문에	그	키에	(키가) 작은	있었기
동.직.미완.중수디.3단.	전소.	관.소.남.단.	명.소.남.단.	접.종.	관.여격.여.단.	명.여격.여.단.	형.주.남.단.	동.직.미완.능.3단.

4 앞으로 달려가서 보기 위하여 돌무화과나무에 올라가니 이는 예수께서 그리로 지나가시게 됨이러라

And he ran before, and climbed up into a sycamore tree to see him: for he was to pass that way.

2532	4390	1519	3588	1715	305	1909	4809	2443
καὶ	προδραμὼν	εἰς	τὸ	ἔμπροσθεν	ἀνέβη	ἐπὶ	συκομορέαν	ἵνα
καί	προτρέχω	εἰς	τό	ἔμπροσθεν	ἀναβαίνω	ἐπί	συκομορέα	ἵνα
카이	프로드라몬	에이스	토	엠프로스덴	아네베	에피	쉬코모레안	히나
그래도	앞으로 달려가서	향하여	그	앞을	올라갔다	위로	뽕나무를	위하여
접.등.	동.분.2과.능.주.남.단.	전.목.	관.목.중.단.	부	동.직.2과.능.3단.	전.목.	명.목.여.단.	접.종.

3708(1492)	846	3754	1565	3195	1330
ἴδῃ	αὐτόν	ὅτι	ἐκείνης	ἤμελλεν	διέρχεσθαι.
ὁράω.εἴδω	αὐτός	ὅτι	ἐκεῖνος	μέλλω	διέρχομαι
이데	아우톤	호티	에케이네스	에멜렌	디에르케스다이
그가 보기	그를	때문이었다	그 (길로)	그가 하였기	지나가시는 것을
동.가.2과.능.3단.	대.인.목.남.3단.	접.종.	대.지.소.여.단.	동.직.미완.능.3단.+	+동.부.현.중수디.

5 예수께서 그 곳에 이르사 쳐다 보시고 이르시되 삭개오야 속히 내려오라 내가 오늘 네 집에 유하여야 하겠다 하시니

And when Jesus came to the place, he looked up, and saw him, and said unto him, Zacchaeus, make haste, and come down; for to day I must abide at thy house.

2532	5613	2064	1909	3588	5117	308	3588	2424	3004(2036)
καὶ	ὡς	ἦλθεν	ἐπὶ	τὸν	τόπον,	ἀναβλέψας	ὁ	Ἰησοῦς	εἶπεν
καί	ὡς	ἔρχομαι	ἐπί	ὁ	τόπος	ἀναβλέπω	ὁ	Ἰησοῦς	λέγω.ἔπω
카이	호스	엘덴	에피	톤	토폰	아나블렙사스	호	예수스	에이펜
그런데	때에	오셨을	앞으로	그	곳을	쳐다보시고	그	예수께서	말씀하셨다
접.등.	접.종.	동.직.2과.능.3단.	전.목.	관.목.남.단.	명.목.남.단.	동.분.1과.능.주.남.단.	관.주.남.단.	명.주.남.단.	동.직.2과.능.3단.

4314	846	2195	4692	2597	4594	1063	1722
πρὸς	αὐτόν·	Ζακχαῖε,	σπεύσας	κατάβηθι,	σήμερον	γὰρ	ἐν
πρός	αὐτός	Ζακχαῖος	σπεύδω	καταβαίνω	σήμερον	γάρ	ἐν
프로스	아우톤	잘카이에	스퓨사스	카타베디	세메론	가르	엔
향하여	그를	삭개오야	서둘러서	내려오라	오늘	왜냐하면	안에
전.목.	대.인.목.남.3단.	명.호.남.단.	동.분.명.1과.능.주.남.2단.	동.명.2과.능.2단.	부.	접.종.	전.여격.

3588	3624	4771	1163	1473	3306
τῷ	οἴκῳ	σου	δεῖ	με	μεῖναι.
ὁ	οἶκος	σύ	δεῖ	ἐγώ	μένω
토	오이코	수	데이	메	메이나이
그	집에	너의	반드시 해야 함이니라	나를	머무는 것을
관.여격.남.단.	명.여격.남.단.	대.인소.2단.	동.직.현.능.3단.	대.인목.1단.	동.부.1과.능.

6 급히 내려와 즐거워하며 영접하거늘
And he made haste, and came down, and received him joyfully.

2532	4692	2597	2532	5264	846	5463
καὶ	σπεύσας	κατέβη	καὶ	ὑπεδέξατο	αὐτὸν	χαίρων.
καί	σπεύδω	καταβαίνω	καί	ὑποδέχομαι	αὐτός	χαίρω
카이	스퓨사스	카테베	카이	휘페덱사토	아우톤	카이론
그러자	서둘러서	그가 내려왔다	그리고	환영하였다	그를	즐거워하며
접.등.	동.분.1과.능.주.남.단.	동.직.2과.능.3단.	접.등.	동.직.1과.중디.3단.	대.인목.남.3단.	동.분.현.능.주.남.단.

7 뭇 사람이 보고 수군거려 이르되 저가 죄인의 집에 유하러 들어갔도다 하더라
And when they saw it, they all murmured, saying, That he was gone to be guest with a man that is a sinner.

2532	3708(1492)	3956	1234	3004	3754	3844	268
καὶ	ἰδόντες	πάντες	διεγόγγυζον	λέγοντες	ὅτι	παρὰ	ἁμαρτωλῷ
καί	ὁράω.εἶδω	πᾶς	διαγογγύζω	λέγω	ὅτι	παρά	ἁμαρτωλός
카이	이돈테스	판테스	디에공귀존	레곤테스	호티	파라	하마르톨로
그런데	보고	모두가	심히 수군거렸다	말하기를		곁에	죄있는
접.등.	동.분.2과.능.주.남.복.	형.대.주.남.복.	동.직.미완.능.3복.	동.분.현.능.주.남.복.	접.우.	전.여격.	형.여격.남.단.

435	1525	2647
ἀνδρὶ	εἰσῆλθεν	καταλῦσαι.
ἀνήρ	εἰσέρχομαι	καταλύω
안드리	에이셀덴	카탈뤼사이
남자에	그가 들어갔다	묵으려고
명.여격.남.단.	동.직.2과.능.3단.	동.부.1과.능.

8 삭개오가 서서 주께 여짜오되 주여 보시옵소서 내 소유의 절반을 가난한 자들에게
주겠사오며 만일 누구의 것을 속여 빼앗은 일이 있으면 네 갑절이나 갚겠나이다
And Zacchaeus stood, and said unto the Lord; Behold, Lord, the half of my goods I give to the poor; and if I have taken any thing from any man by false accusation, I restore [him] four fold.

2476	1161	2195	3004(2036)	4314	3588	2962	2400	3588
σταθεὶς	δὲ	Ζακχαῖος	εἶπεν	πρὸς	τὸν	κύριον,	ἰδοὺ	τὰ
ἵστημι	δέ	Ζακχαῖος	λέγω.ἔπω	πρός	ὁ	κύριος	ἰδού	τό
스타데이스	데	잨카이오스	에이펜	프로스	톤	퀴리온	이두	타
서게되어	그러자	삭개오가	말씀드렸다	향하여	그	주님을	보시옵소서	그
동.분.1과.수.주.남.단.	접.등/접.우.	명.주.남.단.	동.직.2과.능.3단.	전.목.	관.목.남.단.	명.목.남.단.	불.문.	관.목.중.복.

2255	1473	3588	5225	2962	3588	4434	1325
ἡμίσιά	μου	τῶν	ὑπαρχόντων,	κύριε,	τοῖς	πτωχοῖς	δίδωμι,
ἥμισυς	ἐγώ	τό	ὑπάρχω	κύριος	ὁ	πτωχός	δίδωμι
헤미시아	무	톤	휘파르콘톤	퀴리에	토이스	프토코이스	디도미
절반을	저의	그(것들의)	소유하는	주여	그	가난한 자들에게	내가 줍니다
형.대.목.중.복.	대.인소.1단.	관.소.중.복	동.분.현.능.소.중.복.	명.호.남.단.	관.여격.남.복.	형.대.여격.남.복.	동.직.현.능.1단.

2532	1487	5100	5100	4811	591	5073
καὶ	εἴ	τινός	τι	ἐσυκοφάντησα	ἀποδίδωμι	τετραπλοῦν.
καί	εἰ	τις	τις	συκοφαντέω	ἀποδίδωμι	τετραπλόυς
카이	에이	티노스	티	에쉬코판테사	아포디도미	테트라플룬
또	만일	누구의	무엇이든	거짓으로 고발하였다	내가 갚겠습니다	사 배를
접.등.	접.종.	대.부.소.남.단.	대.부.목.중.단.	동.직.1과.능.1단.	동.직.현.능.1단.	형.대.목.중.단.

9 예수께서 이르시되 오늘 구원이 이 집에 이르렀으니 이 사람도 아브라함의 자손임이로다
And Jesus said unto him, This day is salvation come to this house, forsomuch as he also is a son of Abraham.

3004(2036)	1161	4314	846	3588	2424	3754	4594	4991
εἶπεν	δὲ	πρὸς	αὐτὸν	ὁ	Ἰησοῦς	ὅτι	σήμερον	σωτηρία
λέγω.ἔπω	δέ	πρός	αὐτός	ὁ	Ἰησοῦς	ὅτι	σήμερον	σωτηρία
에이펜	데	프로스	아우톤	호	예수스	호티	세메론	소테리아
말씀하셨다	이에	향하여	그(삭개오)를	그	예수께서		오늘	구원이
동.직.2과.능.3단.	접우.	전목.	대.인.목.남.3단.	관.주.남.단.	명.주.남.단.	접등.	부.	명.주.여.단.

3588	3624	3778	1096	2530	2532	846	5207
τῷ	οἴκῳ	τούτῳ	ἐγένετο,	καθότι	καὶ	αὐτὸς	υἱὸς
ὁ	οἶκος	οὗτος	γίνομαι	καθότι	καί	αὐτός	υἱός
토	오이코	투토	에게네토	카도티	카이	아우토스	휘오스
그	집에	이	이르렀다	이므로	까지도	이 사람	한 자손
관.여격.남.단.	명.여격.남.단.	대.지.여격.남.단.	동.직.2과.중디.3단.	접종.	부.	대.인.주.남.3단.	명.주.남.단.

11	1510
Ἀβραάμ	ἐστιν·
Ἀβραάμ	εἰμί
아브라암	에스틴
아브라함의	이다
명.소.남.단.	동.직.현.능.3단.

10 인자가 온 것은 잃어버린 자를 찾아 구원하려 함이니라
For the Son of man is come to seek and to save that which was lost.

2064	1063	3588	5207	3588	444	2212	2532	4982
ἦλθεν	γὰρ	ὁ	υἱὸς	τοῦ	ἀνθρώπου	ζητῆσαι	καὶ	σῶσαι
ἔρχομαι	γάρ	ὁ	υἱός	ὁ	ἄνθρωπος	ζητέω	καί	σῴζω
엘덴	가르	호	휘오스	투	안드로푸	제테사이	카이	소사이
왔다	왜냐하면	그	아들은	그	사람의	찾으려고	그리하여	구원하려고
동.직.2과.능.3단.	접종.	관.주.남.단.	명.주.남.단.	관.소.남.단.	명.소.남.단.	동.부.1과.능.	접등.	동.부.1과.능.

3588	622
τὸ	ἀπολωλός.
τό	ἀπόλλυμι
토	아폴롤로스
그(사람을)	잃어버린
관.목.중.단	동.분.2완.능.목.중.단.

11 그들이 이 말씀을 듣고 있을 때에 비유를 더하여 말씀하시니 이는 자기가 예루살렘에
가까이 오셨고 그들은 하나님의 나라가 당장에 나타날 줄로 생각함이더라
And as they heard these things, he added and spake a parable, because he was nigh to Jerusalem, and because they thought that the kingdom of God should immediately appear.

191	1161	846	3778	4369	3004(2036)	3850	1223
Ἀκουόντων	δὲ	αὐτῶν	ταῦτα	προσθεὶς	εἶπεν	παραβολὴν	διὰ
ἀκούω	δέ	αὐτός	οὗτος	προστίθημι	λέγω.ἔπω	παραβολή	διά
아쿠온톤	데	아우톤	타우타	프로스데이스	에이펜	파라볼렌	디아
듣고 있을 때에	그리고	그들이	이런 일들을	더하여	그가 말씀하셨다	한 비유를	때문에
동.분.현.능.소.남.복.	접등.	대.인.소.남.3복.	대.지.목.중.복.	동.분.2과.능.주.남.단.	동.직.2과.능.3단.	명.목.여.단.	전목.

3588	1451	1510	2419	846	2532	1380	846	3754
τὸ	ἐγγὺς	εἶναι	Ἰερουσαλὴμ	αὐτὸν	καὶ	δοκεῖν	αὐτοὺς	ὅτι
τό	ἐγγύς	εἰμί	Ἱερουσαλήμ	αὐτός	καί	δοκέω	αὐτός	ὅτι
토	엥귀스	에이나이	예루살렘	아우톤	카이	도케인	아우투스	호티
그	가까이	있기	예루살렘에	그가	이에	생각하므로	그들이	줄을
관.목.중.단.	전.여격/전.소	동.부.현.능.목.	명.여격.여.단/명.소.여.단.	대.인.목.남.3단.	접등.	동.부.현.능.목.	대.인.목.남.3복.	접등.

3916	3195	3588	932	3588	2316	398
παραχρῆμα	μέλλει	ἡ	βασιλεία	τοῦ	θεοῦ	ἀναφαίνεσθαι.
παραχρῆμα	μέλλω	ἡ	βασιλεία	ὁ	θεός	ἀναφαίνω
파라크레마	멜레이	헤	바실레이아	투	데우	아나파이네스다이
당장에	하려고 하는	그	나라가	그	하나님의	나타나게 되는 것을
부.	동.직.현.능.3단.+	관.주.여.단.	명.주.여.단.	관.소.남.단.	명.소.남.단.	+동.부.현.수.

12 이르시되 어떤 귀인이 왕위를 받아가지고 오려고 먼 나라로 갈 때에
He said therefore, A certain nobleman went into a far country to receive for himself a kingdom, and to return.

3004(2036)	3767	444	5100	2104	4198	1519	5561
εἶπεν	οὖν,	ἄνθρωπός	τις	εὐγενὴς	ἐπορεύθη	εἰς	χώραν
λέγω.ἔπω	οὖν	ἄνθρωπος	τις	εὐγένης	πορεύομαι	εἰς	χώρα
에이펜	운	안드로포스	티스	유게네스	에포류데	에이스	코란
말씀하셨다	그러므로	한 사람이	어떤	귀한	갔다	안으로	나라
동.직.2과.능.3단.	접.우.	명.주.남.단.	대.부.주.남.단.	형.주.남.단.	동.직.1과.수디.3단.	전.목.	명.목.여.단.

3117	2983	1438	932	2532	5290
μακρὰν	λαβεῖν	ἑαυτῷ	βασιλείαν	καὶ	ὑποστρέψαι.
μακρός	λαμβάνω	ἑαυτοῦ	βασιλεία	καί	ὑποστρέφω
마크란	라베인	헤아우토	바실레이안	카이	휘포스트렙사이
먼	받기 위하여	그 자신을 위하여	왕위를	그리고	다시 돌아오려고
형.목.여.단.	동.부.2과.능.	대.인.여격.남.3단.	명.목.여.단.	접.등.	동.부.1과.능.

13 그 종 열을 불러 은화 열 므나를 주며 이르되 내가 돌아올 때까지 장사하라 하니라
And he called his ten servants, and delivered them ten pounds, and said unto them, Occupy till I come.

2564	1161	1176	1401	1438	1325	846	1176
καλέσας	δὲ	δέκα	δούλους	ἑαυτοῦ	ἔδωκεν	αὐτοῖς	δέκα
καλέω	δέ	δέκα	δοῦλος	ἑαυτοῦ	δίδωμι	αὐτός	δέκα
칼레사스	세	데카	둘루스	헤아우투	에도켄	아우토이스	데카
불러서	그래서	열을	종들	그 자신의	그가 주었다	그들에게	열
동.분.1과.능.주.남.단.	접.등.	형.기.목.남.복.	명.목.남.복.	대.인.소.남.3단.	동.직.1과.능.3단.	대.인.여격.남.3복.	형.기.목.여.복.

3414	2532	3004(2036)	4314	846	4231	1722	3739
μνᾶς	καὶ	εἶπεν	πρὸς	αὐτούς,	πραγματεύσασθε	ἐν	ᾧ
μνᾶ	καί	λέγω.ἔπω	πρός	αὐτός	πραγματεύομαι	ἐν	ὅς
므나스	카이	에이펜	프로스	아우투스	프라그마튜사스데	엔	호
므나들을	그리고	말씀하셨다	향하여	그들을	장사하라	에	동안
명.목.여.복.	접.등.	동.직.2과.능.3단.	전.목.	대.인.목.남.3복.	동.명.1과.중디.2복.	전.여격.	대.관.여격.남.단.

2064
ἔρχομαι.
ἔρχομαι
에르코마이
내가 온다
동.직.현.중수디.1단.

14 그런데 그 백성이 그를 미워하여 사자를 뒤로 보내어 이르되 우리는 이 사람이 우리의
왕 됨을 원하지 아니하나이다 하였더라
But his citizens hated him, and sent a message after him, saying, We will not have this man to reign over us.

3588	1161	4177	846	3404	846	2532	649
οἱ	δὲ	πολῖται	αὐτοῦ	ἐμίσουν	αὐτόν	καὶ	ἀπέστειλαν
ὁ	δέ	πολίτης	αὐτός	μισέω	αὐτός	καί	ἀποστέλλω
호이	데	폴리타이	아우투	에미순	아우톤	카이	아페스테일란
그	그런데	시민들이	그의	미워하였다	그를	그래서	보내었다
관.주.남.복.	접.등.	명.주.남.복.	대.인.소.남.3단.	동.직.미완.능.3복.	대.인.목.남.3단.	접.등.	동.직.1과.능.3복.

4242	3694	846	3004	3756	2309	3778	936
πρεσβείαν	ὀπίσω	αὐτοῦ	λέγοντες,	οὐ	θέλομεν	τοῦτον	βασιλεῦσαι
πρεσβεία	ὀπίσω	αὐτός	λέγω	οὐ	θέλω	οὗτος	βασιλεύω
프레스베이안	오피소	아우투	레곤테스	우	델로멘	투톤	바실류사이
한 사신을	뒤로	그의	말하기를	않는다	우리는 원하지	이 사람을	왕이 되는 것을
명.목.여.단.	전소.	대.인.소.남.3단.	동.분.현.능.주.남.복.	부.	동.직.현.능.1복.	대.지.목.남.단.	동.부.1과.능.

1909	1473
ἐφ’	ἡμᾶς.
ἐπί	ἐγώ
엪	헤마스
다스릴	우리를
전.목.	대.인.목.1복.

15 귀인이 왕위를 받아가지고 돌아와서 은화를 준 종들이 각각 어떻게 장사하였는지를
알고자 하여 그들을 부르니
And it came to pass, that when he was returned, having received the kingdom, then he commanded these servants to be called unto him, to whom he had given the money, that he might know how much every man had gained by trading.

2532	1096	1722	3588	1880	846	2983	3588
Καὶ	ἐγένετο	ἐν	τῷ	ἐπανελθεῖν	αὐτὸν	λαβόντα	τὴν
καί	γίνομαι	ἐν	τό	ἐπανέρχομαι	αὐτός	λαμβάνω	ἡ
카이	에게네토	엔	토	에파넬데인	아우톤	라본타	텐
그러나	되었다	때에	그	다시 돌아온	그가	받아 가지고	그
접.등.	동.직.2과.중디.3단.	전.여격.	관.여격.중.단.	동.부.2과.능.여격.	대.인.목.남.3단.	동.분.2과.능.목.남.단.	관.목.여.단.

932	2532	3004(2036)	5455	846	3588	1401	3778
βασιλείαν	καὶ	εἶπεν	φωνηθῆναι	αὐτῷ	τοὺς	δούλους	τούτους
βασιλεία	καί	λέγω.ἔπω	φωνέω	αὐτός	ὁ	δοῦλος	οὗτος
바실레이안	카이	에이펜	포네데나이	아우토	투스	둘루스	투투스
왕위를	그런데	그가 말하였다	불러 오도록	그에게	그	종들을	그
명.목.여.단.	접.우.	동.직.2과.능.3단.	동.부.1과.수.	대.인.여격.남.3단.	관.목.남.복.	명.목.남.복.	대.지.목.남.복.

3739	1325	3588	694	2443	1097	5101
οἷς	δεδώκει	τὸ	ἀργύριον,	ἵνα	γνοῖ	τί
ὅς	δίδωμι	τό	ἀργύριον	ἵνα	γινώσκω	τίς
호이스	데도케이	토	아르귀리온	히나	그노이	티
바	그가 주었다	그	은을	위함이라	그가 알기	무슨
대.관.여격.남.복.	동.직.과완.능.3단.	관.목.중.단.	명.목.중.단.	접.종.	동.가.2과.능.3단.	대.의.목.중.단.

1281
διεπραγματεύσαντο.
διαπραγματεύομαι
디에프라그마튜산토
장사하여 이익을 보았다
동.직.1과.중디.3복.

16 그 첫째가 나아와 이르되 주인이여 당신의 한 므나로 열 므나를 남겼나이다
Then came the first, saying, Lord, thy pound hath gained ten pounds.

3854	1161	3588	4413	3004	2962	3588	3414	4771
παρεγένετο	δὲ	ὁ	πρῶτος	λέγων,	κύριε,	ἡ	μνᾶ	σου
παραγίνομαι	δέ	ὁ	πρῶτος	λέγω	κύριος	ἡ	μνᾶ	σύ
파레게네토	데	호	프로토스	레곤	퀴리에	헤	므나	수
곁으로 왔다	그러자	그	첫째 (사람이)	말하기를	주인이여	그	한 므나가	당신의
동.직.2과.중디.3단.	접.우.	관.주.남.단.	형.대.서.주.남.단.	동.분.현.능.주.남.단.	명.호.남.단.	관.주.여.단.	명.주.여.단.	대.인.소.2단.

1176	4333	3414
δέκα	προσηργάσατο	μνᾶς.
δέκα	προσεργάζομαι	μνᾶ
데카	프로세르가사토	므나스
열	더 벌었나이다	므나들을
형.기.목.여.복.	동.직.1과.중디.3단.	명.목.여.복.

17 주인이 이르되 잘하였다 착한 종이여 네가 지극히 작은 것에 충성하였으니 열 고을
권세를 차지하라 하고
And he said unto him, Well, thou good servant: because thou hast been faithful in a very little, have thou authority over ten cities.

2532	3004(2036)	846	2095	18	1401	3754	1722	1646
καὶ	εἶπεν	αὐτῷ,	εὖγε,	ἀγαθὲ	δοῦλε,	ὅτι	ἐν	ἐλαχίστῳ
καί	λέγω.ἔπω	αὐτός	εὖγε	ἀγαθός	δοῦλος	ὅτι	ἐν	ἐλάχιστος
카이	에이펜	아우토	유게	아가데	둘레	호티	엔	엘라키스토
그러자	주인이 말하였다	그에게	잘하였다	선한	종아	때문이라	에 있어	가장 작은 일
접.등.	동.직.2과.능.3단.	대.인.여격.남.3단.	불.문.	형.호.남.단.	명.호.남.단.	불.문.	전.여격.	형.대.최.여격.중.단.

4103	1096	1510	1849	2192	1883	1176	4172
πιστὸς	ἐγένου,	ἴσθι	ἐξουσίαν	ἔχων	ἐπάνω	δέκα	πόλεων.
πιστός	γίνομαι	εἰμί	ἐξουσία	ἔχω	ἐπάνω	δέκα	πόλις
피스토스	에게누	이스디	엑수시안	에콘	에파노	데카	폴레온
신실하게	네가 하였기	너는 되어라	권세를	차지하는 (사람이)	다스릴	열	도시들을
형.주.남.단.	동.직.2과.중디.2단.	동.명.현.능.2단.+	명.목.여.단.	+동.분.현.능.주.남.2단.	전소.	형.기.소.여.복.	명.소.여.복.

18 그 둘째가 와서 이르되 주인이여 당신의 한 므나로 다섯 므나를 만들었나이다
And the second came, saying, Lord, thy pound hath gained five pounds.

2532	2064	3588	1208	3004	3588	3414	4771	2962
καὶ	ἦλθεν	ὁ	δεύτερος	λέγων,	ἡ	μνᾶ	σου,	κύριε,
καί	ἔρχομαι	ὁ	δεύτερος	λέγω	ὁ	μνᾶ	σύ	κύριος
카이	엘덴	호	듀테로스	레곤	헤	므나	수	퀴리에
그러자	왔다	그	둘째 (사람이)	말하기를	그	한 므나가	당신의	주인이여
접.등.	동.직.2과.능.3단.	관.주.남.단.	형.대.서.주.남.단.	동.분.현.능.주.남.2단.	관.주.여.단.	명.주.여.단.	대.인.소.2단.	명.호.남.단.

4160	4002	3414
ἐποίησεν	πέντε	μνᾶς.
ποιέω	πέντε	μνᾶ
에포이에센	펜테	므나스
만들었나이다	다섯	므나들을
동.직.1과.능.3단.	형.기.목.여.복.	명.목.여.복.

19 주인이 그에게도 이르되 너도 다섯 고을을 차지하라 하고
And he said likewise to him, Be thou also over five cities.

3004(2036)	1161	2532	3778	2532	4771	1883	1096	4002
εἶπεν	δὲ	καὶ	τούτῳ,	καὶ	σὺ	ἐπάνω	γίνου	πέντε
λέγω.ἔπω	δέ	καί	οὗτος	καί	σύ	ἐπάνω	γίνομαι	πέντε
에이펜	데	카이	투토	카이	쉬	에파노	기누	펜테
주인이 말하였다	때에	역시	이 사람에게도	역시	너도	다스리도록	되어라	다섯
동.직.2과.능.3단.	접.우.	부.	대.지.여격.남.단.	부/접.등.	대.인.주.2단.	전소.	동.명.현.중수디.2단.	형.기.소.여.복.

4172
πόλεων.
πόλις
폴레온
도시들을
명.소.여.복.

20 또 한 사람이 와서 이르되 주인이여 보소서 당신의 한 므나가 여기 있나이다 내가
수건으로 싸 두었었나이다
And another came, saying, Lord, behold, here is thy pound, which I have kept laid up in a napkin:

2532	3588	2087	2064	3004	2962	2400	3588	3414	4771
καὶ	ὁ	ἕτερος	ἦλθεν	λέγων,	κύριε,	ἰδοὺ	ἡ	μνᾶ	σου
καί	ὁ	ἕτερος	ἔρχομαι	λέγω	κύριος	ἰδού	ἡ	μνᾶ	σύ
카이	호	헤테로스	엘덴	레곤	퀴리에	이두	헤	므나	수
또	그	다른 자가	왔다	말하기를	주인이여	보소서	그	한 므나를	당신의
접.등.	관.주.남.단.	형.대.주.남.단.	동.직.2과.능.3단.	동.분.현.능.주.남.단.	명.호.남.단.	불.문.	관.주.여.단.	명.주.여.단.	대.인.소.2단.

3739	2192	606	1722	4676
ἣν	εἶχον	ἀποκειμένην	ἐν	σουδαρίῳ·
ὅς	ἔχω	ἀπόκειμαι	ἐν	σουδάριον
헨	에이콘	아포케이메넨	엔	수다리오
바	내가 가지고 있었던	싸서	속에	수건
대.관.목.여.단.	동.직.미완.능.1단.	동.분.현.중수디.목.여.단.	전.여격.	명.여격.중.단.

21 이는 당신이 엄한 사람인 것을 내가 무서워함이라 당신은 두지 않은 것을 취하고 심지 않은 것을 거두나이다

For I feared thee, because thou art an austere man: thou takest up that thou layedst not down, and reapest that thou didst not sow.

5399	1063	4771	3754	444	840	1510	142
ἐφοβούμην	γάρ	σε,	ὅτι	ἄνθρωπος	αὐστηρὸς	εἶ,	αἴρεις
φοβέω	γάρ	σύ	ὅτι	ἄνθρωπος	αὐστηρός	εἰμί	αἴρω
에포부멘	가르	세	호티	안드로포스	아우스테로스	에이	아이레이스
내가 무서워하였다	왜냐하면	당신을	때문이니	사람	엄한	당신은 이기	당신은 취하고
동.직.미완.중수디.1단.	접.종.	대.인.목.2단.	접.종.	명.주.남.단.	형.주.남.단.	동.직.현.능.2단.	동.직.현.능.2단.

3739	3756	5087	2532	2325	3739	3756	4687
ὃ	οὐκ	ἔθηκας	καὶ	θερίζεις	ὃ	οὐκ	ἔσπειρας.
ὅς	οὐ	τίθημι	καί	θερίζω	ὅς	οὐ	σπείρω
호	우크	에데카스	카이	데리제이스	호	우크	에스페이라스
바 것을	않았던	당신은 두지	그리고	당신은 거두나이다	바 것을	않은	당신은 씨뿌리지
대.관.목.중.단.	부.	동.직.1과.능.2단.	접.등.	동.직.현.능.2단.	대.관.목.중.단	부.	동.직.1과.능.2단.

22 주인이 이르되 악한 종아 내가 네 말로 너를 심판하노니 너는 내가 두지 않은 것을 취하고 심지 않은 것을 거두는 엄한 사람인 줄로 알았느냐

And he saith unto him, Out of thine own mouth will I judge thee, thou wicked servant. Thou knewest that I was an austere man, taking up that I laid not down, and reaping that I did not sow:

3004	846	1537	3588	4750	4771	2919	4771	4190
λέγει	αὐτῷ,	ἐκ	τοῦ	στόματός	σου	κρινῶ	σε,	πονηρὲ
λέγω	αὐτός	ἐκ	τό	στόμα	σύ	κρίνω	σύ	πονηρός
레게이	아우투	에크	투	스토마토스	수	크리노	세	포네레
그가 말한다	그에게	에서	그	입	너의	내가 심판하리라	너를	사악한
동.직.현.능.3단.	대.인.여격.남.3단.	전.소.	관.소.중.단.	명.소.중.단.	대.인.소.2단.	동.직.미.능.1단.	대.인.목.2단.	형.호.남.단.

1401	1492	3754	1473	444	840	1510	142
δοῦλε.	ᾔδεις	ὅτι	ἐγὼ	ἄνθρωπος	αὐστηρός	εἰμι,	αἴρων
δοῦλος	οἶδα.εἴδω	ὅτι	ἐγώ	ἄνθρωπος	αὐστηρός	εἰμί	αἴρω
둘레	에데이스	호티	에고	안드로포스	아우스테로스	에이미	아이론
종아	너는 알았었느냐	것로	내가	사람	엄한	이라는	취하며
명.호.남.단.	동.직.과완.능.2단.	접.등/접우.	대.인.주.1단.	명.주.남.단.	형.주.남.단.	동.직.현.능.1단.	동.분.현.능.주.남.1단.

3739	3756	5087	2532	2325	3739	3756	4687
ὃ	οὐκ	ἔθηκα	καὶ	θερίζων	ὃ	οὐκ	ἔσπειρα;
ὅς	οὐ	τίθημι	καί	θερίζω	ὅς	οὐ	σπείρω
호	우크	에데카	카이	데리존	호	우크	에스페이라
바 것을	않았던	내가 두지	그리고	거두는	바 것을	않았던	내가 씨뿌리지
대.관.목.중.단	부.	동.직.1과.능.1단.	접.등.	동.분.현.능.주.남.1단.	대.관.목.중.단	부.	동.직.1과.능.2단.

23 그러면 어찌하여 내 돈을 은행에 맡기지 아니하였느냐 그리하였으면 내가 와서 그 이자와 함께 그 돈을 찾았으리라 하고

Wherefore then gavest not thou my money into the bank, that at my coming I might have required mine own with usury?

2532	1223	5101	3756	1325	1473	3588	694	1909
καὶ	διὰ	τί	οὐκ	ἔδωκάς	μου	τὸ	ἀργύριον	ἐπὶ
καί	διά	τίς	οὐ	δίδωμι	ἐγώ	τό	ἀργύριον	ἐπί
카이	디아	티	우크	에도카스	무	토	아르귀리온	에피
그러면	하여	어찌	아니하였느냐	너는 맡기지	나의	그	은을	으로
접.등.	전.목.	대.의.목.중.단.	부.	동.직.1과.능.2단.	대.인.소.1단.	관.목.중.단.	명.목.중.단.	전.목.

5132	2504	2064	4862	5110	302	846	4238
τράπεζαν;	κἀγὼ	ἐλθὼν	σὺν	τόκῳ	ἂν	αὐτὸ	ἔπραξα.
τράπεζα	κἀγώ	ἔρχομαι	σύν	τόκος	ἄν	αὐτός	πράσσω
트라페잔	카고	엘돈	쉰	토코	안	아우토	에프락사
은행	그러면 내가	와서	함께	이자와		그것을	청구하였다
명.목.여.단.	**접.등&대.인.주.1단.**	**동.분.2과.능.주.남.1단.**	**전.여격.**	**명.여격.남.단.**	**불.동.**	**대.인.목.중.3단.**	**동.직.1과.능.1단.**

24 곁에 섰는 자들에게 이르되 그 한 므나를 빼앗아 열 므나 있는 자에게 주라 하니
And he said unto them that stood by, Take from him the pound, and give it to him that hath ten pounds.

2532	3588	3936	3004(2036)	142	575	846	3588
καὶ	τοῖς	παρεστῶσιν	εἶπεν,	ἄρατε	ἀπ'	αὐτοῦ	τὴν
καί	ὁ	παρίστημι	λέγω.ἔπω	αἴρω	ἀπό	αὐτός	ἡ
카이	토이스	파레스토신	에이펜	아라테	압	아우투	텐
그리고	그(사람들에게)	곁에 서있는	주인이 말하였다	빼앗아라	부터	그로	그
접.등.	**관.여격.남.복**	**동.분.1완.능.여격.남.복.**	**동.직.2과.능.3단.**	**동.명.1과.능.2복.**	**전.소.**	**대.인.소.남.3단.**	**관.목.여.단.**

3414	2532	1325	3588	3588	1176	3414	2192
μνᾶν	καὶ	δότε	τῷ	τὰς	δέκα	μνᾶς	ἔχοντι
μνᾶ	καί	δίδωμι	ὁ	ἡ	δέκα	μνᾶ	ἔχω
므난	카이	도테	토	타스	데카	므나스	에콘티
므나를	그래서	주어라	그(사람에게)	그	열	므나를	가지고 있는
명.목.여.단.	**접.등.**	**동.명.2과.능.2복.**	**관.여격.남.단**	**관.목.여.복.**	**형.기.목.여.복.**	**명.목.여.복.**	**동.분.현.능.여격.남.단.**

25 그들이 이르되 주여 그에게 이미 열 므나가 있나이다
And they said unto him, Lord, he hath ten pounds.

2532	3004(2036)	846	2962	2192	1176	3414
καὶ	εἶπαν	αὐτῷ,	κύριε,	ἔχει	δέκα	μνᾶς
καί	λέγω.ἔπω	αὐτός	κύριος	ἔχω	δέκα	μνᾶ
카이	에이판	아우토	퀴리에	에케이	데카	므나스
그러자	그들이 말하였다	그에게	주인이여	그가 가지나이다	열	므나들을
접.등.	**동.직.2과.능.3복.**	**대.인.여격.남.3단.**	**명.호.남.단.**	**동.직.현.능.3단.**	**형.기.목.여.복.**	**명.목.여.복.**

26 주인이 이르되 내가 너희에게 말하노니 무릇 있는 자는 받겠고 없는 자는 그 있는 것도 빼앗기리라
For I say unto you, That unto every one which hath shall be given; and from him that hath not, even that he hath shall be taken away from him.

3004	4771	3754	3956	3588	2192	1325	575
λέγω	ὑμῖν	ὅτι	παντὶ	τῷ	ἔχοντι	δοθήσεται,	ἀπὸ
λέγω	σύ	ὅτι	πᾶς	ὁ	ἔχω	δίδωμι	ἀπό
레고	휘민	호티	판티	토	에콘티	도데세타이	아포
내가 말한다	너희에게	것을	모두에게	그(사람)	가지는	주어질 것이다	부터
동.직.현.능.1단.	**대.인.여격.2복.**	**접.우.**	**형.대.여격.남.단.**	**관.여격.남.단**	**동.분.현.능.여격.남.단.**	**동.직.미.수.3단.**	**전.소**

1161	3588	3361	2192	2532	3739	2192	142
δὲ	τοῦ	μὴ	ἔχοντος	καὶ	ὃ	ἔχει	ἀρθήσεται.
δέ	ὁ	μή	ἔχω	καί	ὅς	ἔχω	αἴρω
데	투	메	에콘토스	카이	호	에케이	아르데세타이
그리고	그(사람으로)	않은	가지지	까지도	바 그것	그가 가진	빼앗기게 되리라
접.등/접.우.	**관.소.남.단**	**부.**	**동.분.현.능.소.남.단.**	**부.**	**대.관.목.중.단**	**동.직.현.능.3단.**	**동.직.미.수.3단.**

27 그리고 내가 왕 됨을 원하지 아니하던 저 원수들을 이리로 끌어다가 내 앞에서 죽이라 하였느니라
But those mine enemies, which would not that I should reign over them, bring hither, and slay them before me.

4133	3588	2190	1473	3778	3588	3361	2309	1473
πλὴν	τοὺς	ἐχθρούς	μου	τούτους	τοὺς	μὴ	θελήσαντάς	με
πλήν	ὁ	ἐχθρός	ἐγώ	οὗτος	ὁ	μή	θέλω	ἐγώ
플렌	투스	에크드루스	무	투투스	투스	메	델레산타스	메
그렇지만	그	원수들을	내	그	그(사람들)	않은	원하지	나를
접.등.	**관.목.남.복.**	**형.대.목.남.복.**	**대.인.소.1단.**	**대.지.목.남.복.**	**관.목.남.복**	**부.**	**동.분.1과.능.목.남.복.**	**대.인.목.1단.**

936	1909	846	71	5602	2532	2695	846
βασιλεῦσαι	ἐπ'	αὐτοὺς	ἀγάγετε	ὧδε	καὶ	κατασφάξατε	αὐτοὺς
βασιλεύω	ἐπί	αὐτός	ἄγω	ὧδε	καί	κατασφάττω	αὐτός
바실류사이	엪	아우투스	아가게테	호데	카이	카타스퐈사테	아우투스
왕이되는 것을	다스릴	그들을	너희가 끌고오너라	이리로	그래서	모두 죽이라	그들을
동.부.2과.능.	**전목.**	**대.인.목.남.3복.**	**동.명.2과.능.2복.**	**부.**	**접.등.**	**동.명.1과.능.2복.**	**대.인.목.남.3복.**

1715	1473
ἔμπροσθέν	μου.
ἔμπροσθεν	ἐγώ
엠프로스텐	무
앞에서	나의
전소.	**대.인.소.1단.**

28 예수께서 이 말씀을 하시고 예루살렘을 향하여 앞서서 가시더라
And when he had thus spoken, he went before, ascending up to Jerusalem.

2532	3004(2036)	3778	4198	1715	305	1519
Καὶ	εἰπὼν	ταῦτα	ἐπορεύετο	ἔμπροσθεν	ἀναβαίνων	εἰς
καί	λέγω.ἔπω	οὗτος	πορεύομαι	ἔμπροσθεν	ἀναβαίνω	εἰς
카이	에이폰	타우타	에포류에토	엠프로스텐	아나바이논	에이스
그래서	말씀하신 후에	이런 일들을	예수님께서 가셨다	앞서서	올라 가시면서	향하여
접.등.	**동.분.2과.능.주.남.단.**	**대.지.목.중.복.**	**동.직.미완.중수디.3단.**	**부.**	**동.분.현.능.주.남.단.**	**전목.**

2414
Ἱεροσόλυμα.
Ἱεροσόλυμα
히에로솔뤼마
예루살렘을
명.목.중.복.

29 감람원이라 불리는 산쪽에 있는 벳바게와 베다니에 가까이 가셨을 때에 제자 중 둘을
보내시며
And it came to pass, when he was come nigh to Bethphage and Bethany, at the mount called the mount of Olives, he sent two of his disciples,

2532	1096	5613	1448	1519	967	2532	963	4314
Καὶ	ἐγένετο	ὡς	ἤγγισεν	εἰς	Βηθφαγὴ	καὶ	Βηθανία	πρὸς
καί	γίνομαι	ὡς	ἐγγίζω	εἰς	Βηθφαγή	καί	Βηθανία	πρός
카이	에게네토	호스	엥기센	에이스	벧파게	카이	베다니아	프로스
그리하여	되었다	때에	가까이 오셨을	안으로	벳바게	와	베다니를	가까이 있는
접.등.	**동.직.2과.중디.3단.**	**접.종.**	**동.직.1과.능.3단.**	**전목.**	**명.목.여.단.**	**접.등.**	**명.목.여.단.**	**전목.**

3588	3735	3588	2564	1636	649	1417	3588
τὸ	ὄρος	τὸ	καλούμενον	Ἐλαιῶν,	ἀπέστειλεν	δύο	τῶν
οτό	ὄρος	τό	καλέω	ἐλαία	ἀποστέλλω	δύο	ὁ
토	오로스	토	칼루메논	엘라이온	아페스테일렌	뒤오	톤
그	산에	그	불려지는	감람원이라	예수께서 보내셨다	둘을	그
관.목.중.단.	**명.목.중.단.**	**관.목.중.단**	**동.분.현.수.목.중.단.**	**명.소.여.복.**	**동.직.1과.능.3단.**	**형.대.기.목.남.복.**	**관.소.남.복.**

3101
μαθητῶν
μαθητής
마데톤
제자들의
명.소.남.복.

30 이르시되 너희는 맞은편 마을로 가라 그리로 들어가면 아직 아무도 타 보지 않은 나귀
새끼가 매여 있는 것을 보리니 풀어 끌고 오라
Saying, Go ye into the village over against you; in the which at your entering ye shall find a colt tied, whereon yet never man sat: loose him, and bring him hither.

3004	5217	1519	3588	2713	2968	1722	3739
λέγων,	ὑπάγετε	εἰς	τὴν	κατέναντι	κώμην,	ἐν	ᾗ
λέγω	ὑπάγω	εἰς	ἡ	κατέναντι	κώμη	ἐν	ὅς
레곤	휘파게테	에이스	텐	카테난티	코멘	엔	헤
말씀하시기를	너희는 가라	안으로	그	맞은편	마을을	안에	그곳에
동.분.현.능.주.남.단.	동.명.현.능.2복.	전목.	관.목.여.단.	부	명.목.여.단.	전.여격.	대.관.여격.여.단.

1531	2147	4454	1210	1909	3739	3762
εἰσπορευόμενοι	εὑρήσετε	πῶλον	δεδεμένον,	ἐφ'	ὃν	οὐδεὶς
εἰσπορεύομαι	εὑρίσκω	πῶλος	δέω	ἐπί	ὅς	οὐδείς
에이스포류오메노이	휴레세테	폴론	데데메논	엪	혼	우데이스
들어가면	발견할 것이다	나귀새끼를	매여져 있는	위에	그 (나귀를)	아무도 안했다
동.분.현.중수디.주.남.2복.	동.직.미.능.2복.	명.목.남.단.	동.분.1완.수.목.남.단.	전목.	대.관.목.남.단.	형.대.기.주.남.단.

4455	444	2523	2532	3089	846	71
πώποτε	ἀνθρώπων	ἐκάθισεν,	καὶ	λύσαντες	αὐτὸν	ἀγάγετε.
πώποτε	ἄνθρωπος	καθίζω	καί	λύω	αὐτός	ἄγω
포포테	안드로폰	에카디센	카이	뤼산테스	아우톤	아가게테
아직까지	사람들의	타보지	이에	풀어	그것을	끌고 오너라
부.부.	명.소.남.복.	동.직.1과.능.3단.	접.등.	동.분명.1과.능.주.남.2복.	대.인.목.남.3단.	동.명.2과.능.2복.

31 만일 누가 너희에게 어찌하여 푸느냐 묻거든 말하기를 주가 쓰시겠다 하라 하시매
And if any man ask you, Why do ye loose him? thus shall ye say unto him, Because the Lord hath need of him.

2532	1437	5100	4771	2065	1223	5101	3089	3779
καὶ	ἐάν	τις	ὑμᾶς	ἐρωτᾷ,	διὰ	τί	λύετε;	οὕτως
καί	ἐάν	τις	σύ	ἐρωτάω	διά	τίς	λύω	οὕτως
카이	에안	티스	휘마스	에로타	디아	티	뤼에테	후토스
그리고	만일	누가	너희를	묻거든	하여	어찌	너희가 푸느냐	이렇게
접.등.	접.종.	대.부.주.남.단.	대.인.목.2복.	동.가.현.능.3단.	전목.	대.의.목.중.단.	동.직.현.능.2복.	부.

3004(2046)	3754	3588	2962	846	5532	2192
ἐρεῖτε·	ὅτι	ὁ	κύριος	αὐτοῦ	χρείαν	ἔχει.
λέγω.ἐρέω	ὅτι	ὁ	κύριος	αὐτός	χρεία	ἔχω
에레이테	호티	호	퀴리오스	아우투	크레이안	에케이
너희가 말하라	것을	그	주께서	그의	필요를	가지신다는
동.직.미.능.2복	접.등/접.종.	관.주.남.단.	명.주.남.단.	대.인.소.남.3단.	명.목.여.단.	동.직.현.능.3단.

32 보내심을 받은 자들이 가서 그 말씀하신 대로 만난지라
And they that were sent went their way, and found even as he had said unto them.

565	1161	3588	649	2147	2531	3004(2036)
'Απελθόντες	δὲ	οἱ	ἀπεσταλμένοι	εὗρον	καθὼς	εἶπεν
ἀπέρχομαι	δέ	ὁ	ἀποστέλλω	εὑρίσκω	καθώς	λέγω.ἔπω
아펠돈테스	데	호이	아페스탈메노이	휴론	카도스	에이펜
떠나가서	그리하여	그(사람들이)	보내어져 있는	발견하였다	대로	예수께서 말씀하셨던
동.분.2과.능.주.남.복.	접.우.	관.주.남.복	동.분.1완.수.주.남.복.	동.직.2과.능.3복.	접.종.	동.직.2과.능.3단.

846
αὐτοῖς.
αὐτός
아우토이스
그들에게
대.인.여격.남.3복.

33 나귀 새끼를 풀 때에 그 임자들이 이르되 어찌하여 나귀 새끼를 푸느냐
And as they were loosing the colt, the owners thereof said unto them, Why loose ye the colt?

3089	1161	846	3588	4454	3004(2036)	3588	2962	846
λυόντων	δὲ	αὐτῶν	τὸν	πῶλον	εἶπαν	οἱ	κύριοι	αὐτοῦ
λύω	δέ	αὐτός	ὁ	πῶλος	λέγω.ἔπω	ὁ	κύριος	αὐτός
뤼온톤	데	아우톤	톤	폴론	에이판	호이	퀴리오이	아우투
푸는 때에	이에	그들(의)이	그	나귀새끼를	말하였다	그	주인들이	그것의
동.분.현.능.소.남.복.	접.등.	대.인.소.남.3복.	관.목.남.단.	명.목.남.단.	동.직.2과.능.3복.	관.주.남.복.	명.주.남.복.	대.인.소.남.3단.

4314	846	5101	3089	3588	4454
πρὸς	αὐτούς,	τί	λύετε	τὸν	πῶλον;
πρός	αὐτός	τίς	λύω	ὁ	πῶλος
프로스	아우투스	티	뤼에테	톤	폴론
향하여	그들을	어찌하여	너희는 푸느냐	그	나귀새끼를
전.목.	대.인.목.남.3복.	대.의.목.중.단	동.직.현.능.2복.	관.목.남.단.	명.목.남.단.

34 대답하되 주께서 쓰시겠다 하고
And they said, The Lord hath need of him.

3588	1161	3004(2036)	3754	3588	2962	846	5532	2192
οἱ	δὲ	εἶπαν·	ὅτι	ὁ	κύριος	αὐτοῦ	χρείαν	ἔχει.
ὁ	δέ	λέγω.ἔπω	ὅτι	ὁ	κύριος	αὐτός	χρεία	ἔχω
호이	데	에이판	호티	호	퀴리오스	아우투	크레이안	에케이
그들이	그러자	말하였다	것을	그	주님께서	그것의	필요를	가지신다는
관.주.남.복	접.우.	동.직.2과.능.3복.	접.등/접.종.	관.주.남.단.	명.주.남.단.	대.인.소.남.3단.	명.목.남.단.	동.직.현.능.2복

35 그것을 예수께로 끌고 와서 자기들의 겉옷을 나귀 새끼 위에 걸쳐 놓고 예수를 태우니
And they brought him to Jesus: and they cast their garments upon the colt, and they set Jesus thereon.

2532	71	846	4314	3588	2424	2532	1977
καὶ	ἤγαγον	αὐτὸν	πρὸς	τὸν	Ἰησοῦν	καὶ	ἐπιρίψαντες
καί	ἄγω	αὐτός	πρός	ὁ	Ἰησοῦς	καί	ἐπιβιβάζω
카이	에가곤	아우톤	프로스	톤	예순	카이	에피맆산테스
그리하여	그들이 끌고 왔다	그것을	에게로	그	예수님	그리고	위에 걸쳐 놓은 후에
접.등.	동.직.2과.능.3복.	대.인.목.남.3단.	전.목.	관.목.남.단.	명.목.남.단.	접.등.	동.분.1과.능.주.남.복.

846	3588	2440	1909	3588	4454	1913	3588	2424
αὐτῶν	τὰ	ἱμάτια	ἐπὶ	τὸν	πῶλον	ἐπεβίβασαν	τὸν	Ἰησοῦν.
αὐτός	τό	ἱμάτιον	ἐπί	ὁ	πῶλος	ἐπιβιβάζω	ὁ	Ἰησοῦς
아우톤	타	히마티아	에피	톤	폴론	에페비바산	톤	예순
자기들의	그	겉옷들을	위로	그	나귀새끼를	위에 타시게 하였다	그	예수님을
대.인.소.남.3복.	관.목.중.복.	명.목.중.복.	전.목.	관.목.남.단.	명.목.남.단.	동.직.1과.능.3복.	관.목.남.단.	명.목.남.단.

36 가실 때에 그들이 자기의 겉옷을 길에 펴더라
And as he went, they spread their clothes in the way.

4198	1161	846	5291	3588	2440	846
πορευομένου	δὲ	αὐτοῦ	ὑπεστρώννυον	τὰ	ἱμάτια	αὐτῶν
πορεύομαι	δέ	αὐτός	ὑποστρώννυμι	τό	ἱμάτιον	αὐτός
포류오메누	데	아우투	휘페스트론뉘온	타	히마티아	아우톤
가실 때에	그리고	그(의)가	그들이 아래에 펴고 있었다	그	겉옷들을	자기들의
동.분.현.중수디.소.남.단.	접.등.	대.인.소.남.3단.	동.직.미완.능.3복.	관.목.중.복.	명.목.중.복.	대.인.소.남.3복.

1722	3588	3598
ἐν	τῇ	ὁδῷ.
ἐν	ἡ	ὁδός
엔	테	호도
안에	그	길에
전.여격.	관.여격.여.단.	명.여격.여.단.

37 이미 감람 산 내리막길에 가까이 오시매 제자의 온 무리가 자기들이 본 바 모든 능한
일로 인하여 기뻐하며 큰 소리로 하나님을 찬양하여
And when he was come nigh, even now at the descent of the mount of Olives, the whole multitude of the disciples began to rejoice and praise God with a loud voice for all the mighty works that they had seen;

1448	1161	846	2235	4314	3588	2600	3588	3735
Ἐγγίζοντος	δὲ	αὐτοῦ	ἤδη	πρὸς	τῇ	καταβάσει	τοῦ	ὄρους
ἐγγίζω	δέ	αὐτός	ἤδη	πρός	ἡ	κατάβασις	τό	ὄρος
엥기존토스	데	아우투	에데	프로스	테	카타바세이	투	오루스
가까이 오실 때에	이에	그(의)가	이미	곁에	그	내려가는 길에	그	산의
동.분.현.능.소.남.단.	접.등.	대.인.소.남.3단.	부.	전.여격.	관.여격.여.단.	명.여격.여.단.	관.소.중.단.	명.소.중.단.

3588	1636	756	537	3588	4128	3588	3101	5463
τῶν	ἐλαιῶν	ἤρξαντο	ἅπαν	τὸ	πλῆθος	τῶν	μαθητῶν	χαίροντες
ἡ	ἐλαία	ἄρχομαι	ἅπας	τό	πλῆθος	ὁ	μαθητής	χαίρω
톤	엘라이온	에륵산토	하판	토	플레도스	톤	마데톤	카이론테스
그	감람나무들의	시작하였다	모두	그	군중이	그	제자들의	기뻐하며
관.소.여.복.	명.소.여.복.	동.직.1과.중.3복.	형.주.중.단.	관.주.중.단.	명.주.중.단.	관.소.남.복.	명.소.남.복.	동.분.현.능.주.남.복.

134	3588	2316	5456	3173	4012	3956	3739	3708(1492)
αἰνεῖν	τὸν	θεὸν	φωνῇ	μεγάλῃ	περὶ	πασῶν	ὧν	εἶδον
αἰνέω	ὁ	θεός	φωνή	μέγας	περί	πᾶς	ὅς	ὁράω.εἴδω
아이네인	톤	데온	포네	메갈레	페리	파손	혼	에이돈
찬양하기를	그	하나님을	한 소리로	큰	대하여	모든	바	자기들이 보았던
동.부.현.능.	관.목.남.단.	명.목.남.단.	명.여격.여.단.	형.여격.여.단.	전.소	형.소.여.복.	대.관.소.여.복.+	동.직.2과.능.3복.

1411
δυνάμεων,
δύναμις
뒤나메온
능한 일들에
명.소.여.복.

38 이르되 찬송하리로다 주의 이름으로 오시는 왕이여 하늘에는 평화요 가장 높은 곳에는
영광이로다 하니
Saying, Blessed be the King that cometh in the name of the Lord: peace in heaven, and glory in the highest.

3004	2127	3588	2064	3588	935	1722
λέγοντες,	εὐλογημένος	ὁ	ἐρχόμενος,	ὁ	βασιλεὺς	ἐν
λέγω	εὐλογέω	ὁ	ἔρχομαι	ὁ	βασιλεύς	ἐν
레곤테스	율로게메노스	호	에르코메노스	호	바실류스	엔
말하기를	찬송을 받으시옵소서	그(분은)	오시는	그	왕은	으로
동.분.현.능.주.남.복.	동.분.1완.수.주.남.단.	관.주.남.단	동.분.현.중수디.주.남.단.	관.주.남.단.	명.주.남.단.	전.여격.

3686	2962	1722	3772	1515	2532	1391	1722	5310
ὀνόματι	κυρίου·	ἐν	οὐρανῷ	εἰρήνη	καὶ	δόξα	ἐν	ὑψίστοις.
ὄνομα	κύριος	ἐν	οὐρανός	εἰρήνη	καί	δόξα	ἐν	ὕψιστος
오노마티	퀴리우	엔	우라노	에이레네	카이	독사	엔	휩시스토이스
이름	주님의	안에	하늘	평화가	그리고	영광이	안에	가장 높은 곳
명.여격.중.단.	명.소.남.단.	전.여격.	명.여격.남.단.	명.주.여.단.	접.등.	명.주.여.단.	전.여격.	형.대.최.여격.중.복.

39 무리 중 어떤 바리새인들이 말하되 선생이여 당신의 제자들을 책망하소서 하거늘
And some of the Pharisees from among the multitude said unto him, Master, rebuke thy disciples.

2532	5100	3588	5330	575	3588	3793	3004(2036)	4314
καί	τινες	τῶν	Φαρισαίων	ἀπὸ	τοῦ	ὄχλου	εἶπαν	πρὸς
καί	τις	ὁ	Φαρισαῖος	ἀπό	ὁ	ὄχλος	λέγω.ἔπω	πρός
카이	티네스	톤	파리사이온	아포	투	오클루	에이판	프로스
그런데	몇 사람들이	그	바리새인들 중의	부터	그	무리로	말하였다	향하여
접.등.	대.부.주.남.복.	관.소.남.복.	명.소.남.복.	전.소	관.소.남.단.	명.소.남.단.	동.직.2과.능.3복.	전.목.

846	1320	2008	3588	3101	4771
αὐτόν,	διδάσκαλε,	ἐπιτίμησον	τοῖς	μαθηταῖς	σου.
αὐτός	διδάσκαλος	ἐπιτιμάω	ὁ	μαθητής	σύ
아우톤	디다스칼레	에피티메손	토이스	마데타이스	수
그를	선생님이여	엄히 꾸짖으소서	그	제자들에게	당신의
대.인.목.남.3단.	명.호.남.단.	동.명.1과.능.2단.	관.여격.남.복.	명.여격.남.복.	대.인.소.2단.

40 대답하여 이르시되 내가 너희에게 말하노니 만일 이 사람들이 침묵하면 돌들이 소리
지르리라 하시니라
And he answered and said unto them, I tell you that, if these should hold their peace, the stones would immediately cry out.

2532	611	3004(2036)	3004	4771	1437	3778	4623
καὶ	ἀποκριθεὶς	εἶπεν,	λέγω	ὑμῖν,	ἐὰν	οὗτοι	σιωπήσουσιν,
καί	ἀποκρίνομαι	λέγω.ἔπω	λέγω	σύ	ἐάν	οὗτος	σιωπάω
카이	아포크리데이스	에이펜	레고	휘민	에안	후토이	시오페수신
이에	대답하여	그가 말씀하셨다	내가 말한다	너희에게	만일	이 사람들이	잠잠하면
접.등.	동.분.1과.수디.주.남.단.	동.직.2과.능.3단.	동.직.현.능.1단.	대.인.여격.2복.	접.종.	대.지.주.남.복.	동.직.미.능.3복.

3588	3037	2896
οἱ	λίθοι	κράξουσιν.
ὁ	λίθος	κράζω
호이	리도이	크랍수신
그	돌들이	소리를 칠 것이다
관.주.남.복.	명.주.남.복.	동.직.미.능.3복.

41 가까이 오사 성을 보시고 우시며
And when he was come near, he beheld the city, and wept over it,

2532	5613	1448	3708(1492)	3588	4172	2799	1909	846
Καὶ	ὡς	ἤγγισεν	ἰδὼν	τὴν	πόλιν	ἔκλαυσεν	ἐπ'	αὐτήν
καί	ὡς	ἐγγίζω	ὁράω.εἴδω	ἡ	πόλις	κλαίω	ἐπί	αὐτός
카이	호스	엥기센	이돈	텐	폴린	에클라우센	엪	아우텐
그리고	때에	가까이 오셨다	보시고	그	도시를	우셨다	향하여	그 곳을
접.등.	접.종.	동.직.1과.능.3단.	동.분.2과.능.주.남.단.	관.목.여.단.	명.목.여.단.	동.직.1과.능.3단.	전.목.	대.인.목.여.3단.

42 이르시되 너도 오늘 평화에 관한 일을 알았더라면 좋을 뻔하였거니와 지금 네 눈에
숨겨졌도다
Saying, If thou hadst known, even thou, at least in this thy day, the things which belong unto thy peace! but now they are hid from thine eyes.

3004	3754	1487	1097	1722	3588	2250	3778	2532	4771
λέγων	ὅτι	εἰ	ἔγνως	ἐν	τῇ	ἡμέρᾳ	ταύτῃ	καὶ	σὺ
λέγω	ὅτι	εἰ	γινώσκω	ἐν	ἡ	ἡμέρα	οὗτος	καί	σύ
레곤	호티	에이	에그노스	엔	테	헤메라	타우테	카이	쉬
말씀하시기를		만일	네가 알았더라면	에 있어	그	날	이	이라도	너만
동.분.현.능.주.남.단.	접.우.	접.종.	동.직.2과.능.2단.	전.여격.	관.여격.여.단.	명.여격.여.단.	대.지.여격.여.단.	부.	대.인.주.2단

3588	4314	1515	3568	1161	2928	575	3788	4771
τὰ	πρὸς	εἰρήνην·	νῦν	δὲ	ἐκρύβη	ἀπὸ	ὀφθαλμῶν	σου.
τό	πρός	εἰρήνη	νῦν	δέ	κρύπτω	ἀπό	ὀφθαλμός	σύ
타	프로스	에이레넨	뉜	데	에크뤼베	아포	오프달몬	수
그(일들을)	위한	평화를	지금	그러나	숨기워졌도다	부터	눈들로	너의
관.목.중.복.	전.목.	명.목.여.단.	부.	접.우.	동.직.2과.수.3단.	전.소.	명.소.남.복.	대.인.소.2단.

43 날이 이를지라 네 원수들이 토둔을 쌓고 너를 둘러 사면으로 가두고
For the days shall come upon thee, that thine enemies shall cast a trench about thee, and compass thee round, and keep thee in on every side,

3754	2240	2250	1909	4771	2532	4016	3588	2190
ὅτι	ἥξουσιν	ἡμέραι	ἐπὶ	σὲ	καὶ	παρεμβαλοῦσιν	οἱ	ἐχθροί
ὅτι	ἥκω	ἡμέρα	ἐπί	σύ	καί	παρεμβάλλω	ὁ	ἐχθρός
호티	헥수신	헤메라이	에피	세	카이	파렘발루신	호이	에크드로이
때문이라	올 것이다	날들이	위로	너를	그런데	둘러 쌓을 것이다	그	원수들이
접.종.	동.직.미.능.3복.	명.주.여.복.	전.목.	대.인.목.2단.	접.등.	동.직.미.능.3복.	관.주.남.복.	형.대.주.남.복.

4771	5482	4771	2532	4033	4771	2532	4912
σου	χάρακά	σοι	καὶ	περικυκλώσουσίν	σε	καὶ	συνέξουσίν
σύ	χάραξ	σύ	καί	περικυκλόω	σύ	καί	συνέχω
수	카라카	소이	카이	페리퀴클로수신	세	카이	쉬넥수신
너의	토성을	너에게	그리고	둘러쌀 것이다	너를	그래서	가둘 것이다
대.인.소.2단.	명.목.남.단.	대.인.여격.2단.	접.등.	동.직.미.능.3복.	대.인.목.2단.	접.등.	동.직.미.능.3복.

4771	3840
σε	πάντοθεν,
σύ	παντόθεν
세	판토덴
너를	사면으로
대.인.목.2단.	부.

44 또 너와 및 그 가운데 있는 네 자식들을 땅에 메어치며 돌 하나도 돌 위에 남기지
아니하리니 이는 네가 보살핌 받는 날을 알지 못함을 인함이니라
And shall lay thee even with the ground, and thy children within thee; and they shall not leave in thee one stone upon another; because thou knewest not the time of thy visitation.

2532	1474	4771	2532	3588	5043	4771	1722	4771	2532
καὶ	ἐδαφιοῦσίν	σε	καὶ	τὰ	τέκνα	σου	ἐν	σοί,	καὶ
καί	ἐδαφίζω	σύ	καί	τό	τέκνον	σύ	ἐν	σύ	καί
카이	에다피우신	세	카이	타	테크나	수	엔	소이	카이
또	땅에 메어칠 것이다	너	와	그	자식들을	너의	가운데(있는)	너의	그리고
접.등.	동.직.미.능.3복.	대.인.목.2단.	접.등.	관.목.중.복.	명.목.중.복.	대.인.소.2단.	전.여격.	대.인.여격.2단.	접.등.

3756	863	3037	1909	3037	1722	4771	473	3739
οὐκ	ἀφήσουσιν	λίθον	ἐπὶ	λίθον	ἐν	σοί,	ἀνθ’	ὧν
οὐ	ἀφίημι	λίθος	ἐπί	λίθος	ἐν	σύ	ἀντί	ὅς
우크	아페수신	리돈	에피	리돈	엔	소이	안드	혼
아니하리니	남겨두지	돌 하나를	위로	돌을	안에	너에게	왜냐하면	것
부.	동.직.미.능.3복.	명.목.남.단.	전.목.	명.목.남.단.	전.여격.	대.인.여격.2단.	전.소	대.관.소.중.복

3756	1097	3588	2540	3588	1984	4771
οὐκ	ἔγνως	τὸν	καιρὸν	τῆς	ἐπισκοπῆς	σου.
οὐ	γινώσκω	ὁ	καιρός	ἡ	ἐπισκοπή	σύ
우크	에그노스	톤	카이론	테스	에피스코페스	수
못하는	네가 알지	그	때를	그	방문의	너의
부.	동.직.2과.능.2단.	관.목.남.단.	명.목.남.단.	관.소.여.단.	명.소.여.단.	대.인.소.2단.

45 성전에 들어가사 장사하는 자들을 내쫓으시며
And he went into the temple, and began to cast out them that sold therein, and them that bought;

2532	1525	1519	3588	2411	756	1544	3588
Καὶ	εἰσελθὼν	εἰς	τὸ	ἱερὸν	ἤρξατο	ἐκβάλλειν	τοὺς
καί	εἰσέρχομαι	εἰς	τό	ἱερόν	ἄρχομαι	ἐκβάλλω	ὁ
카이	에이셀돈	에이스	토	히에론	에릌사토	에크발레인	투스
그리고	들어가신 후	안으로	그	성전을	시작하셨다	내어 쫓는 것을	그(사람들을)
접.등.	동.분.2과.능.주.남.단.	전.목.	관.목.중.단.	형.대.목.중.단.	동.직.1과.중.3단.	동.부.현.능.	관.목.남.복

4453
πωλοῦντας
πωλέω
폴룬타스
장사하는
동.분.현.능.목.남.복.

46 그들에게 이르시되 기록된 바 내 집은 기도하는 집이 되리라 하였거늘 너희는 강도의
소굴을 만들었도다 하시니라

Saying unto them, It is written, My house is the house of prayer: but ye have made it a den of thieves.

3004	846	1125	2532	1510	3588	3624	1473
λέγων	αὐτοῖς,	γέγραπται,	καὶ	ἔσται	ὁ	οἶκός	μου
λέγω	αὐτός	γράφω	καί	εἰμί	ὁ	οἶκος	ἐγώ
레곤	아우토이스	게그랖타이	카이	에스타이	호	오이코스	무
말씀하시기를	그들에게	그것이 기록되었다	그러나	될 것이	그	집은	내
동.분.현.능.주.남.단.	대.인.여격.남.3복.	동.직.1완.수.3단.	접.등.	동.직.미.중디.3단	관.주.남.단.	명.주.남.단.	대.인.소.1단.

3624	4335	4771	1161	846	4160	4693	3027
οἶκος	προσευχῆς,	ὑμεῖς	δὲ	αὐτὸν	ἐποιήσατε	σπήλαιον	λῃστῶν.
οἶκος	προσευχή	σύ	δέ	αὐτός	ποιέω	σπήλαιον	λῃστης
오이코스	프로슈케스	휘메이스	데	아우톤	에포이에사테	스펠라이온	레스톤
집이	기도의	너희는	그러나	그것을	만들었도다	한 소굴을	강도들의
명.주.남.단.	명.소.여.단.	대.인.주.2복.	접.우.	대.인.목.남.3단.	동.직.1과.능.2복.	명.목.중.단.	명.소.남.복.

47 예수께서 날마다 성전에서 가르치시니 대제사장들과 서기관들과 백성의 지도자들이 그를
죽이려고 꾀하되

And he taught daily in the temple. But the chief priests and the scribes and the chief of the people sought to destroy him,

2532	1510	1321	3588	2596	2250	1722	3588	2411
Καὶ	ἦν	διδάσκων	τὸ	καθ'	ἡμέραν	ἐν	τῷ	ἱερῷ.
καί	εἰμί	διδάσκω	τό	κατά	ἡμέρα	ἐν	τό	ἱερόν
카이	엔	디다스콘	토	칸	헤메란	엔	토	히에로
그리고	예수께서 계셨다	가르치며	그	마다	날	안에서	그	성전에
접.등.	동.직.미완.능.3단.+	+동.분.현.능.주.남.단.	관.목.중.단	전.목.	명.목.여.단.	전.여격.	관.여격.중.단.	형.대.여격.중.단.

3588	1161	749	2532	3588	1122	2212	846	622
οἱ	δὲ	ἀρχιερεῖς	καὶ	οἱ	γραμματεῖς	ἐζήτουν	αὐτὸν	ἀπολέσαι
ὁ	δέ	ἀρχιερεύς	καί	ὁ	γραμματεύς	ζητέω	αὐτός	ἀπόλλυμι
호이	데	아르키에레이스	카이	호이	그람마테이스	에제툰	아우톤	아폴레사이
그	그러나	대제사장들	과	그	서기관들	찾고 있었다	그를	죽이려고
관.주.남.복.	접.등.	명.주.남.복.	접.등.	관.주.남.복.	명.주.남.복.	동.직.미완.능.3복.	대.인.목.남.3단.	동.부.1과.능.

2532	3588	4413	3588	2992
καὶ	οἱ	πρῶτοι	τοῦ	λαοῦ,
καί	ὁ	πρῶτος	ὁ	λαός
카이	호이	프로토이	투	라우
과	그	지도자들이	그	백성의
접.등.	관.주.남.복.	명.주.남.복.	관.소.남.단.	명.소.남.단.

48 백성이 다 그에게 귀를 기울여 들으므로 어찌할 방도를 찾지 못하였더라

And could not find what they might do: for all the people were very attentive to hear him.

2532	3756	2147	3588	5101	4160	3588	2992	1063
καὶ	οὐχ	εὕρισκον	τὸ	τί	ποιήσωσιν,	ὁ	λαὸς	γὰρ
καί	οὐ	εὑρίσκω	τό	τίς	ποιέω	ὁ	λαός	γάρ
카이	우크	휴리스콘	토	티	포이에소신	호	라오스	가르
그러나	못했다	찾아내지	그	무엇을	그들이 해야 할지	그	백성이	왜냐하면
접.등.	부.	동.직.미완.능.3복.	관.목.중.단	대.의.목.중.단.	동.가.1과.능.3복.	관.주.남.단.	명.주.남.단.	접.종.

537	1582	846	191
ἅπας	ἐξεκρέματο	αὐτοῦ	ἀκούων.
ἅπας	ἐκκρέμαμαι	αὐτός	ἀκούω
하파스	엑세크레마토	아우투	아쿠온
모두	귀를 귀울였다	그의	말씀을 들으려고
형.주.남.단.	동.직.1과.중.3단.	대.인.소.남.3단.	동.분.현.능.주.남.단.

20 하루는 예수께서 성전에서 백성을 가르치시며 복음을 전하실새 대제사장들과 서기관들이 장로들과 함께 가까이 와서

And it came to pass, that on one of those days, as he taught the people in the temple, and preached the gospel, the chief priests and the scribes came upon him with the elders,

2532	1096	1722	3391	3588	2250	1321	846
Καὶ	ἐγένετο	ἐν	μιᾷ	τῶν	ἡμερῶν	διδάσκοντος	αὐτοῦ
καί	γίνομαι	ἐν	μία	ἡ	ἡμέρα	διδάσκω	αὐτός
카이	에게네토	엔	미아	톤	헤메론	디다스콘토스	아우투
그리고	되었다	중에	하루	그	여러 날들의	가르치시며	그(의)가
접.등.	동.직.2과.중디.3단.	전.여격.	형.대.기.여격.여.단.	관.소.여.복.	명.소.여.복.	동.분.현.능.소.남.단.	대.인.소.남.3단.

3588	2992	1722	3588	2411	2532	2097	2186
τὸν	λαὸν	ἐν	τῷ	ἱερῷ	καὶ	εὐαγγελιζομένου	ἐπέστησαν
ὁ	λαός	ἐν	τό	ἱερόν	καί	εὐαγγελίζω	ἐφίστημι
톤	라온	엔	토	히에로	카이	유앙겔리조메누	에페스테산
그	백성을	안에서	그	성전에	그런데	복음을 전하실 때에	몰려왔다
관.목.남.단.	명.목.남.단.	전.여격.	관.여격.중.단.	형.대.여격.중.단.	접.등.	동.분.현.능.소.남.단.	동.직.2과.능.3복.

3588	749	2532	3588	1122	4862	3588	4245
οἱ	ἀρχιερεῖς	καὶ	οἱ	γραμματεῖς	σὺν	τοῖς	πρεσβυτέροις
ὁ	ἀρχιερεύς	καί	ὁ	γραμματεύς	σύν	ὁ	πρεσβύτερος
호이	아르키에레이스	카이	호이	그람마테이스	쉰	토이스	프레스뷔테로이스
그	제사장들	과	그	서기관들이	함께	그	장로들과
관.주.남.복.	명.주.남.복.	접.등.	관.주.남.복.	명.주.남.복.	전.여격.	관.여격.남.복.	형.대.여격.남.복.

2 말하여 이르되 당신이 무슨 권위로 이런 일을 하는지 이 권위를 준 이가 누구인지 우리에게 말하라

And spake unto him, saying, Tell us, by what authority doest thou these things? or who is he that gave thee this authority?

2532	3004(2036)	3004	4314	846	3004(2036)	1473	1722	4169
καὶ	εἶπαν	λέγοντες	πρὸς	αὐτόν,	εἰπὸν	ἡμῖν	ἐν	ποίᾳ
καί	λέγω.ἔπω	λέγω	πρός	αὐτός	λέγω.ἔπω	ἐγώ	ἐν	ποῖος
카이	에이판	레곤테스	프로스	아우톤	에이폰	헤민	엔	포이아
이에	말하였다	말하기를	향하여	그를	말하라	우리에게	의하여	무슨
접.등.	동.직.2과.중디.3복.	동.분.현.능.주.남.복.	전.목.	대.인.목.남.3단.	동.명.2과.능.2단.	대.인.여격.2복.	전.여격.	형.의.여격.여.단.

1849	3778	4160	2228	5101	1510	3588	1325
ἐξουσίᾳ	ταῦτα	ποιεῖς,	ἢ	τίς	ἐστιν	ὁ	δούς
ἐξουσία	οὗτος	ποιέω	ἤ	τίς	εἰμί	ὁ	δίδωμι
엑수시아	타우타	포이에이스	에	티스	에스틴	호	두스
권세에	이런 일들을	당신이 하는지	또는	누구	인지	그(이가)	준
명.여격.여.단.	대.지.목.중.복.	동.직.현.능.2단.	접.등.	대.의.주.남.단.	동.직.현.능.3단.	관.주.남.단	동.분.2과.능.주.남.단.

4771	3588	1849	3778
σοι	τὴν	ἐξουσίαν	ταύτην;
σύ	ἡ	ἐξουσία	οὗτος
소이	텐	엑수시안	타우텐
당신에게	그	권세를	이
대.인.여격.2단.	관.목.여.단.	명.목.여.단.	대.지.목.여.단.

3 대답하여 이르시되 나도 한 말을 너희에게 물으리니 내게 말하라

And he answered and said unto them, I will also ask you one thing; and answer me:

611	1161	3004(2036)	4314	846	2065	4771	2504
ἀποκριθεὶς	δὲ	εἶπεν	πρὸς	αὐτούς,	ἐρωτήσω	ὑμᾶς	κἀγὼ
ἀποκρίνομαι	δέ	λέγω.ἔπω	πρός	αὐτός	ἐρωτάω	σύ	κἀγώ
아포크리데이스	데	에이펜	프로스	아우투스	에로테소	휘마스	카고
대답하여	이에	그가 말씀하셨다	향하여	그들을	물을 것이다	너희를	역시나도
동.분.1과.수디.주.남.단.	접.우.	동.직.2과.능.3단.	전.목.	대.인.목.남.3복.	동.직.미.능.1단.	대.인.목.2복.	부&대.인.주.1단.

3056	2532	3004(2036)	1473
λόγον,	καὶ	εἴπατέ	μοι·
λόγος	καί	λέγω.ἔπω	ἐγώ
로곤	카이	에이파테	모이
한마디 말을	그런즉	너희는 말하라	나에게
명.목.남.단.	접.등.	동.명.2과.능.2복.	대.인.여격.1단.

4 요한의 세례가 하늘로부터냐 사람으로부터냐
The baptism of John, was it from heaven, or of men?

3588	908	2491	1537	3772	1510	2228	1537	444
τὸ	βάπτισμα	Ἰωάννου	ἐξ	οὐρανοῦ	ἦν	ἢ	ἐξ	ἀνθρώπων;
τό	βάπτισμα	Ἰωάννης	ἐκ	οὐρανός	εἰμί	ἤ	ἐκ	ἄνθρωπος
토	밮티스마	요안누	엑스	우라누	엔	에	엑스	안드로폰
그	세례가	요한의	부터	하늘로	그것이 있었느냐	그렇지 않으면	부터	사람들로
관.주.중.단.	명.주.중.단.	명.소.남.단.	전.소.	명.소.남.단.	동.직.미완.능.3단.	접.등.	전.소.	명.소.남.복.

5 그들이 서로 의논하여 이르되 만일 하늘로부터라 하면 어찌하여 그를 믿지 아니하였느냐
할 것이요
And they reasoned with themselves, saying, If we shall say, From heaven; he will say, Why then believed ye him not?

3588	1161	4817	4314	1438	3004	3754	1437
οἱ	δὲ	συνελογίσαντο	πρὸς	ἑαυτοὺς	λέγοντες	ὅτι	ἐὰν
ὁ	δέ	συλλογίζομαι	πρός	ἑαυτοῦ	λέγω	ὅτι	ἐάν
호이	데	쉬넬로기산토	프로스	헤아우투스	레곤테스	호티	에안
그들이	그러자	의논하였다	끼리	그 자신들	말하기를		만일
관.주.남.복	접.우.	동.직.1과.중디.3복.	전.목.	대.인.목.남.3복.	동.분.현.능.주.남.복.	접.우.	접.종.

3004(2036)	1537	3772	3004(2046)	1223	5101	3756	4100
εἴπωμεν,	ἐξ	οὐρανοῦ,	ἐρεῖ,	διὰ	τί	οὐκ	ἐπιστεύσατε
λέγω.ἔπω	ἐκ	οὐρανός	λέγω.ἐρέω	διά	τίς	οὐ	πιστεύω
에이포멘	엑스	우라누	에레이	디아	티	우크	에피스튜사테
우리가 말하면	부터라	하늘로	그는 말할 것이다	하여	어찌	않았느냐	너희가 믿지
동.가.2과.능.1복.	전.소.	명.소.남.단.	동.직.미.능.3단.	전.목.	대.의.목.중.단.	부.	동.직.1과.능.2복.

846
αὐτῷ;
αὐτός
아우토
그에게
대.인.여격.남.3단.

6 만일 사람으로부터라 하면 백성이 요한을 선지자로 인정하니 그들이 다 우리를 돌로 칠
것이라 하고
But and if we say, Of men; all the people will stone us: for they be persuaded that John was a prophet.

1437	1161	3004(2036)	1537	444	3588	2992	537	2642
ἐὰν	δὲ	εἴπωμεν,	ἐξ	ἀνθρώπων,	ὁ	λαὸς	ἅπας	καταλιθάσει
ἐάν	δέ	λέγω.ἔπω	ἐκ	ἄνθρωπος	ὁ	λαός	ἅπας	καταλιθάζω
에안	데	에이포멘	엑스	안드로폰	호	라오스	하파스	카탈리다세이
만일	그리고	우리가 말하면	부터라	사람들로	그	백성이	다	돌로 칠 것이다
접.종.	접.등.	동.가.2과.능.1복.	전.소.	명.소.남.복.	관.주.남.단.	명.주.남.단.	형.주.남.단.	동.직.미.능.3단.

1473	3982	1063	1510	2491	4396	1510
ἡμᾶς,	πεπεισμένος	γάρ	ἐστιν	Ἰωάννην	προφήτην	εἶναι.
ἐγώ	πείθω	γάρ	εἰμί	Ἰωάννης	προφήτης	εἰμί
헤마스	페페이스메노스	가르	에스틴	요안넨	프로페텐	에이나이
우리를	믿고	왜냐하면	있음이라	요한을	한 선지자	이라고
대.인.목.1복.	동.분.1완.수.주.남.단.+	접.종.	+동.직.현.능.3단.	명.목.남.단.	명.목.남.단.	동.부.현.능.

7 대답하되 어디로부터인지 알지 못하노라 하니
And they answered, that they could not tell whence it was.

2532	611	3361	1492	4159
καὶ	ἀπεκρίθησαν	μὴ	εἰδέναι	πόθεν.
καί	ἀποκρίνομαι	μή	οἶδα.εἴδω	πόθεν
카이	아페크리데산	메	에이데나이	포덴
이에	그들이 대답하였다	못한다고	알고 있지	어디로부터인지
접.등.	동.직.1과.수디.3복.	부.	동.부.1완.능.	부.의.

8 예수께서 이르시되 나도 무슨 권위로 이런 일을 하는지 너희에게 이르지 아니하리라 하시니라
And Jesus said unto them, Neither tell I you by what authority I do these things.

2532	3588	2424	3004(2036)	846	3761	1473	3004	4771
καὶ	ὁ	Ἰησοῦς	εἶπεν	αὐτοῖς,	οὐδὲ	ἐγὼ	λέγω	ὑμῖν
καί	ὁ	Ἰησοῦς	λέγω.ἔπω	αὐτός	οὐδέ	ἐγώ	λέγω	σύ
카이	호	예수스	에이펜	아우토이스	우데	에고	레고	휘민
이에	그	예수께서	말씀하셨다	그들에게	아니한다	나는	말하지	너희에게
접.등.	관.주.남.단.	명.주.남.단.	동.직.2과.능.3단.	대.인.여격.남.3복.	부.	대.인.주.1단.	동.직.현.능.1단.	대.인.여격.2복.

1722	4169	1849	3778	4160
ἐν	ποίᾳ	ἐξουσίᾳ	ταῦτα	ποιῶ.
ἐν	ποῖος	ἐξουσία	οὗτος	ποιέω
엔	포이아	엑수시아	타우타	포이오
의하여	무슨	권세에	이런 일들을	내가 행한다
전.여격	형.의.여격.여.단.	명.여격.여.단.	대.지.목.중.복.	동.직.현.능.1단.

9 그가 또 이 비유로 백성에게 말씀하시기 시작하시니라 한 사람이 포도원을 만들어
농부들에게 세로 주고 타국에 가서 오래 있다가
Then began he to speak to the people this parable; A certain man planted a vineyard, and let it forth to husbandmen, and went into a far country for a long time.

756	1161	4314	3588	2992	3004	3588	3850	3778
Ἤρξατο	δὲ	πρὸς	τὸν	λαὸν	λέγειν	τὴν	παραβολὴν	ταύτην·
ἄρχομαι	δέ	πρός	ὁ	λαός	λέγω	ἡ	παραβολή	οὗτος
에릌사토	데	프로스	톤	라온	레게인	텐	파라볼렌	타우텐
시작하셨다	또	향하여	그	백성을	말씀하시는 것을	그	비유를	이
동.직.1과.중.3단.	접.등.	전.목.	관.목.남.단.	명.목.남.단.	동.부.현.능.	관.목.여.단.	명.목.여.단.	대.지.목.여.단.

444	5100	5452	290	2532	1554	846
ἄνθρωπός	[τις]	ἐφύτευσεν	ἀμπελῶνα	καὶ	ἐξέδετο	αὐτὸν
ἄνθρωπος	τις	φυτεύω	ἀμπελών	καί	ἐκδίδωμι	αὐτός
안드로포스	티스	에퓌튜센	암펠로나	카이	엨세데토	아우톤
한 사람이	어떤	재배하였다	포도원을	그리고	세로 주었다	그것을
명.주.남.단.	대.부.주.남.단.	동.직.1과.능.3단.	명.목.남.단.	접.등.	동.직.2과.중.3단.	대.인.목.남.3단.

1092	2532	589	5550	2425
γεωργοῖς	καὶ	ἀπεδήμησεν	χρόνους	ἱκανούς.
γεωργός	καί	ἀποδημέω	χρόνος	ἱκανός
게오르고이스	카이	아페데메센	크로누스	히카누스
농부들에게	그리고	멀리 떠나갔다	시간들을	오랜
명.여격.남.복.	접.등.	동.직.1과.능.3단.	명.목.남.복.	형.목.남.복.

10 때가 이르매 포도원 소출 얼마를 바치게 하려고 한 종을 농부들에게 보내니 농부들이
종을 몹시 때리고 거저 보내었거늘
And at the season he sent a servant to the husbandmen, that they should give him of the fruit of the vineyard: but the husbandmen beat him, and sent him away empty.

2532	2540	649	4314	3588	1092	1401	2443	575
καὶ	καιρῷ	ἀπέστειλεν	πρὸς	τοὺς	γεωργοὺς	δοῦλον	ἵνα	ἀπὸ
καί	καιρός	ἀποστέλλω	πρός	ὁ	γεωργός	δοῦλος	ἵνα	ἀπό
카이	카이로	아페스테일렌	프로스	투스	게오르구스	둘론	히나	아포
그런데	때에	그가 보냈다	에게로	그	농부들	종 하나를	하려고	부터
접.등.	명.여격.남.단.	동.직.1과.능.3단.	전.목.	관.목.남.복.	명.목.남.복.	명.목.남.단.	접.종.	전.소.

3588	2590	3588	290	1325	846	3588	1161	1092
τοῦ	καρποῦ	τοῦ	ἀμπελῶνος	δώσουσιν	αὐτῷ·	οἱ	δὲ	γεωργοὶ
ὁ	καρπός	ὁ	ἀμπελών	δίδωμι	αὐτός	ὁ	δέ	γεωργός
투	카르푸	투	아펠로노스	도수신	아우토	호이	데	게오르고이
그	열매로	그	포도원의	그들이 바치게	자기에게	그	그러나	농부들이
관.소.남.단.	명.소.남.단.	관.소.남.단.	명.소.남.단.	동.직.미.능.3복.	대.인.여격.남.3단.	관.주.남.복.	접.우.	명.주.남.복.

1821	846	1194	2756
ἐξαπέστειλαν	αὐτὸν	δείραντες	κενόν.
ἐξαποστέλλω	αὐτός	δέρω	κενός
엑사페스테일란	아우톤	데이란테스	케논
쫓아냈다	그를	심히 때리고	거저
동.직.1과.능.3복.	대.인.목.남.3단.	동.분.1과.능.주.남.복.	형.목.남.단.

11 다시 다른 종을 보내니 그도 몹시 때리고 능욕하고 거저 보내었거늘
And again he sent another servant: and they beat him also, and entreated him shamefully, and sent him away empty.

2532	4369	2087	3992	1401	3588	1161	2548
καὶ	προσέθετο	ἕτερον	πέμψαι	δοῦλον·	οἱ	δὲ	κἀκεῖνον
καί	προστίθημι	ἕτερος	πέμπω	δοῦλος	ὁ	δέ	κακεῖνος
카이	프로세데토	헤테론	펨프사이	둘론	호이	데	카케이논
그래서	더하였다	다른	보내기를	종을	그들이	그러나	그종도 역시
접.등.	동.직.2과.중.3단.	형.목.남.단.	동.부.1과.능.	명.목.남.단.	관.주.남.복	접.우.	부&대.지.목.남.단.

1194	2532	818	1821	2756
δείραντες	καὶ	ἀτιμάσαντες	ἐξαπέστειλαν	κενόν.
δέρω	καί	ἀτιμάζω	ἐξαποστέλλω	κενός
데이란테스	카이	아티마산테스	엑사페스테일란	케논
심히 때리고	그리고	모욕한 후	쫓아 보냈다	거저
동.분.1과.능.주.남.복.	접.등.	동.분.1과.능.주.남.복.	동.직.1과.능.3복.	형.목.남.단.

12 다시 세 번째 종을 보내니 이 종도 상하게 하고 내쫓은지라
And again he sent a third: and they wounded him also, and cast him out.

2532	4369	5154	3992	3588	1161	2532	3778
καὶ	προσέθετο	τρίτον	πέμψαι·	οἱ	δὲ	καὶ	τοῦτον
καί	προστίθημι	τρίτος	πέμπω	ὁ	δέ	καί	οὗτος
카이	프로세데토	트리톤	펨프사이	호이	데	카이	투톤
그래도	더하였다	세 번째 (종을)	보내는 것을	그들이	그러나	역시	이 종도
접.등.	동.직.2과.중.3단.	형.대.서.목.남.단/형.대.서.목.중.단	동.부.1과.능.	관.주.남.복	접.우.	부.	대.지.목.남.단.

5135	1544
τραυματίσαντες	ἐξέβαλον.
τραυματίζω	ἐκβάλλω
트라우마티산테스	엑세발론
상처를 입히고	내쫓아 버렸다
동.분.1과.능.주.남.복.	동.직.1과.능.3복.

13 포도원 주인이 이르되 어찌할까 내 사랑하는 아들을 보내리니 그들이 혹 그는
존대하리라 하였더니
Then said the lord of the vineyard, What shall I do? I will send my beloved son: it may be they will reverence him when they see him.

3004(2036)	1161	3588	2962	3588	290	5101	4160	3992
εἶπεν	δὲ	ὁ	κύριος	τοῦ	ἀμπελῶνος,	τί	ποιήσω;	πέμψω
λέγω.ἔπω	δέ	ὁ	κύριος	ὁ	ἀμπελών	τίς	ποιέω	πέμπω
에이펜	데	호	퀴리오스	투	암펠로노스	티	포이에소	펨프소
말씀하셨다	이에	그	주인이	그	포도원의	무엇을	내가 할까	내가 보낼 것이다
동.직.2과.능.3단.	접.우.	관.주.남.단.	명.주.남.단.	관.소.남.단.	명.소.남.단.	대.의.목.중.단.	동.가.1과.능.1단.	동.직.미.능.1단.

3588	5207	1473	3588	27	2481	3778	1788
τὸν	υἱόν	μου	τὸν	ἀγαπητόν·	ἴσως	τοῦτον	ἐντραπήσονται.
ὁ	υἱός	ἐγώ	ὁ	ἀγαπητός	ἴσως	οὗτος	ἐντρέπω
톤	휘온	무	톤	아가페톤	이소스	투톤	엔트라페손타이
그	아들을	내	그	사랑하는	아마도	그를	그들이 공경하게 될 것이다
관.목.남.단.	명.목.남.단.	대.인.소.1단.	관.목.남.단.	형.목.남.단.	부.	대.지.목.남.단.	동.직.미.수.3복.

14 농부들이 그를 보고 서로 의논하여 이르되 이는 상속자니 죽이고 그 유산을 우리의
것으로 만들자 하고
But when the husbandmen saw him, they reasoned among themselves, saying, This is the heir: come, let us kill him, that the inheritance may be ours.

3708(1492)	1161	846	3588	1092	1260	4314	240
ἰδόντες	δὲ	αὐτὸν	οἱ	γεωργοὶ	διελογίζοντο	πρὸς	ἀλλήλους
ὁράω.εἴδω	δέ	αὐτός	ὁ	γεωργός	διαλογίζομαι	πρός	ἀλλήλων
이돈테스	데	아우톤	호이	게오르고이	디엘로기존토	프로스	알렐루스
보고	그러나	그를	그	농부들이	의논하고 있었다	함께	서로
동.분.2과.능.주.남.복.	접.우.	대.인.목.남.3단.	관.주.남.복.	명.주.남.복.	동.직.미완.중수디.3복.	전.목.	대.인.목.남.3복.

3004	3778	1510	3588	2818	615	846
λέγοντες,	οὗτός	ἐστιν	ὁ	κληρονόμος·	ἀποκτείνωμεν	αὐτόν,
λέγω	οὗτος	εἰμί	ὁ	κληρονόμος	ἀποκτείνω	αὐτός
레곤테스	후토스	에스틴	호	클레로노모스	아포크테이노멘	아우톤
말하기를	이 사람은	이니	그	상속자	우리가 죽이자	그를
동.분.현.능.주.남.복.	대.지.주.남.단.	동.직.현.능.3단.	관.주.남.단.	명.주.남.단.	동.가.현.능.1복.	대.인.목.남.3단.

2443	1473	1096	3588	2817
ἵνα	ἡμῶν	γένηται	ἡ	κληρονομία.
ἵνα	ἐγώ	γίνομαι	ἡ	κληρονομία
히나	헤몬	게네타이	헤	클레로노미아
위함이라	우리의 (것이)	되기	그	상속이
접.종.	대.인.소.1복.	동.가.2과.중디.3단.	관.주.여.단.	명.주.여.단.

15 포도원 밖에 내쫓아 죽였느니라 그런즉 포도원 주인이 이 사람들을 어떻게 하겠느냐
So they cast him out of the vineyard, and killed him. What therefore shall the lord of the vineyard do unto them?

2532	1544	846	1854	3588	290	615	5101
καὶ	ἐκβαλόντες	αὐτὸν	ἔξω	τοῦ	ἀμπελῶνος	ἀπέκτειναν.	τί
καί	ἐκβάλλω	αὐτός	ἔξω	ὁ	ἀμπελών	ἀποκτείνω	τίς
카이	엑발론테스	아우톤	엑소	투	암펠로노스	아페크테이난	티
그리하여	내쫓은 후에	그를	밖으로	그	포도원의	그들이 죽였다	무엇을
접.등.	동.분.2과.능.주.남.복.	대.인.목.남.3단.	전.소	관.소.남.단.	명.소.남.단.	동.직.1과.능.3복.	대.의.목.중.단.

3767	4160	846	3588	2962	3588	290
οὖν	ποιήσει	αὐτοῖς	ὁ	κύριος	τοῦ	ἀμπελῶνος;
οὖν	ποιέω	αὐτός	ὁ	κύριος	ὁ	ἀμπελών
운	포이에세이	아우토이스	호	퀴리오스	투	암펠로노스
그런즉	행할 것이다	그들에게	그	주인이	그	포도원의
접.우.	동.직.미.능.3단.	대.인.여격.남.복.	관.주.남.단.	명.주.남.단.	관.소.남.단.	명.소.남.단.

16 와서 그 농부들을 진멸하고 포도원을 다른 사람들에게 주리라 하시니 사람들이 듣고
이르되 그렇게 되지 말아지이다 하거늘
He shall come and destroy these husbandmen, and shall give the vineyard to others. And when they heard it, they said, God forbid.

2064	2532	622	3588	1092	3778	2532	1325
ἐλεύσεται	καὶ	ἀπολέσει	τοὺς	γεωργοὺς	τούτους	καὶ	δώσει
ἔρχομαι	καί	ἀπόλλυμι	ὁ	γεωργός	οὗτος	καί	δίδωμι
엘류세타이	카이	아폴레세이	투스	게오르구스	투투스	카이	도세이
주인이 올 것이다	그리고	멸망시킬 것이다	그	농부들을	그런	그리고	줄 것이다
동.직.미.중디.3단.	접.등.	동.직.미.능.3단.	관.목.남.복.	명.목.남.복.	대.지.목.남.복.	접.등.	동.직.미.능.3단.

3588	290	243	191	1161	3004(2036)	3361	1096
τὸν	ἀμπελῶνα	ἄλλοις.	ἀκούσαντες	δὲ	εἶπαν,	μὴ	γένοιτο.
ὁ	ἀμπελών	ἄλλος	ἀκούω	δέ	λέγω.ἔπω	μή	γίνομαι
톤	암펠로나	알로이스	아쿠산테스	데	에이판	메	게노이토
그	포도원을	다른 (농부들에게)	듣고	이에	사람들이 말하였다	말지이다	그렇게 되지
관.목.남.단.	명.목.남.단.	형.대.여격.남.복.	동.분.1과.능.주.남.복.	접.우.	동.직.2과.능.3복.	부.	동.희.2과.중디.3단.

17 그들을 보시며 이르시되 그러면 기록된 바 건축자들의 버린 돌이 모퉁이의 머릿돌이
되었느니라 함이 어찜이냐
And he beheld them, and said, What is this then that is written, The stone which the builders rejected, the same is become the head of the corner?

3588	1161	1689	846	3004(2036)	5101	3767	1510
ὁ	δὲ	ἐμβλέψας	αὐτοῖς	εἶπεν,	τί	οὖν	ἐστιν
ὁ	δέ	ἐμβλέπω	αὐτός	λέγω.ἔπω	τίς	οὖν	εἰμί
호	데	엠블렙사스	아우토이스	에이펜	티	운	에스틴
예수님께서	이에	바라보시고	그들에게	말씀하셨다	무엇	그러면	이냐
관.주.남.단	접.우.	동.분.1과.능.주.남.복.	대.인.여격.남.3복.	동.직.2과.능.3단.	대.의.주.중.단.	접.우.	동.직.현.능.3단.

3588	1125	3778	3037	3739	593	3588
τὸ	γεγραμμένον	τοῦτο·	λίθον	ὃν	ἀπεδοκίμασαν	οἱ
τό	γράφω	οὗτος	λίθος	ὅς	ἀποδοκιμάζω	ὁ
토	게그람메논	투토	리돈	혼	아페도키마산	호이
그	기록되어 있는	이것이	(그)돌을	바	버렸다	그(사람들이)
관.주.중.단	동.분.1완.수.주.중.단.	대.지.주.중.단.	명.목.남.단.	대.관.목.남.단.	동.직.1과.능.3복.	관.주.남.복

3618	3778	1096	1519	2776	1137
οἰκοδομοῦντες,	οὗτος	ἐγενήθη	εἰς	κεφαλὴν	γωνίας;
οἰκοδομέω	οὗτος	γίνομαι	εἰς	κεφαλή	γωνία
오이코도문테스	후토스	에게네데	에이스	케팔렌	고니아스
건축하는	이것이	되었다	(으)로	머릿돌	모퉁이의
동.분.현.능.주.남.복.	대.지.주.남.단.	동.직.1과.수.디.3단.	전.목.	명.목.여.단.	명.소.여.단.

18 무릇 이 돌 위에 떨어지는 자는 깨어지겠고 이 돌이 사람 위에 떨어지면 그를 가루로
만들어 흩으리라 하시니라
Whosoever shall fall upon that stone shall be broken; but on whomsoever it shall fall, it will grind him to powder.

3956	3588	4098	1909	1565	3588	3037	4917
πᾶς	ὁ	πεσὼν	ἐπ’	ἐκεῖνον	τὸν	λίθον	συνθλασθήσεται·
πᾶς	ὁ	πίπτω	ἐπί	ἐκεῖνος	ὁ	λίθος	συνθλάω
파스	호	페손	엡	에케이논	톤	리돈	쉰들라스데세타이
마다	사람	떨어진	위로	그	그	돌을	깨어져 산산조각이 될 것이다
형.대.주.남.단.	관.주.남.단	동.분.2과.능.주.남.단.	전.목.	대.지.목.남.단.	관.목.남.단.	명.목.남.단.	동.직.미.수.3단.

1909	3739	1161	302	4098	3039	846
ἐφ’	ὃν	δ’	ἂν	πέσῃ,	λικμήσει	αὐτόν.
ἐπί	ὅς	δέ	ἄν	πίπτω	λικμάω	αὐτός
엪	혼	드	안	페세	릭메세이	아우톤
위로	그(사람)	그러나	만일	이 돌이 떨어지면	그것이 가루로 만들 것이다	그를
전.목.	대.관.목.남.단.+	접.등.	불.동.	동.가.2과.능.3단.	동.직.미.능.3단.	대.인.목.남.3단.

19 서기관들과 대제사장들이 예수의 이 비유는 자기들을 가리켜 말씀하심인 줄 알고 즉시
잡고자 하되 백성을 두려워하더라
And the chief priests and the scribes the same hour sought to lay hands on him; and they feared the people: for they perceived that he had spoken this parable against them.

2532	2212	3588	1122	2532	3588	749	1911
Καὶ	ἐζήτησαν	οἱ	γραμματεῖς	καὶ	οἱ	ἀρχιερεῖς	ἐπιβαλεῖν
καί	ζητέω	ὁ	γραμματεύς	καί	ὁ	ἀρχιερεύς	ἐπιβάλλω
카이	에제테산	호이	그람마테이스	카이	호이	아르키에레이스	에피발레인
그리고	찾았다	그	서기관들	과	그	대제사장들이	잡으려고
접.등.	동.직.1과.능.3복.	관.주.남.복.	명.주.남.복.	접.등.	관.주.남.복.	명.주.남.복.	동.부.2과.능.

1909	846	3588	5495	1722	846	3588	5610	2532
ἐπ'	αὐτὸν	τὰς	χεῖρας	ἐν	αὐτῇ	τῇ	ὥρᾳ,	καὶ
ἐπί	αὐτός	ἡ	χείρ	ἐν	αὐτός	ἡ	ὥρα	καί
엪	아우톤	타스	케이라스	엔	아우테	테	호라	카이
위로 대어	그를	그(그들의)	손들을	에 있어	같은	그	시간	그런데
전목.	대.인.목.남.3단.	관.목.여.복.	명.목.여.복.	전.여격.	대.인.여격.여.3단	관.여격.여.단.	명.여격.여.단.	접.등.

5399	3588	2992	1097	1063	3754	4314	846
ἐφοβήθησαν	τὸν	λαόν,	ἔγνωσαν	γὰρ	ὅτι	πρὸς	αὐτοὺς
φοβέω	ὁ	λαός	γινώσκω	γάρ	ὅτι	πρός	αὐτός
에포베데산	톤	라온	에그노산	가르	호티	프로스	아우투스
두려워하였다	그	백성을	그들이 알았다	왜냐하면	것을	대하여	그들에게
동.직.1과.수디.3복.	관.목.남.단.	명.목.남.단.	동.직.2과.능.3복.	접.종.	접.우.	전.목.	대.인.목.남.3복.

3004(2036)	3588	3850	3778
εἶπεν	τὴν	παραβολὴν	ταύτην.
λέγω.ἔπω	ἡ	παραβολή	οὗτος
에이펜	텐	파라볼렌	타우텐
예수께서 말씀하셨다는	그	비유를	이
동.직.2과.능.3단.	관.목.여.단.	명.목.여.단.	대.지.목.여.단.

20 이에 그들이 엿보다가 예수를 총독의 다스림과 권세 아래에 넘기려 하여 정탐들을 보내어
그들로 스스로 의인인 체하며 예수의 말을 책잡게 하니

And they watched him, and sent forth spies, which should feign themselves just men, that they might take hold of his words, that so they might deliver him unto the power and authority of the governor.

2532	3906	649	1455	5271	1438
Καὶ	παρατηρήσαντες	ἀπέστειλαν	ἐγκαθέτους	ὑποκρινομένους	ἑαυτοὺς
καί	παρατηρέω	ἀποστέλλω	ἐγκάθετος	ὑποκρίνομαι	ἑαυτοῦ
카이	파라테레산테스	아페스테일란	엥카데투스	휘포크리노메누스	헤아우투스
그래서	주의깊이 지켜보고	그들이 보내었다	정탐꾼들을	가장하여	그들 스스로를
접.등.	동.분.1과.능.주.남.복.	동.직.1과.능.3복.	형.대.목.남.복.	동.분.현.중수디.목.남.복.	대.인.목.남.3복.

1342	1510	2443	1949	846	3056	5620	3860
δικαίους	εἶναι,	ἵνα	ἐπιλάβωνται	αὐτοῦ	λόγου,	ὥστε	παραδοῦναι
δίκαιος	εἰμί	ἵνα	ἐπιλαμβάνομαι	αὐτός	λόγος	ὥστε	παραδίδωμι
디카이우스	에이나이	히나	에필라본타이	아우투	로구	호스테	파라두나이
의인들	이라고	위함이라	그들이 책잡기	그의	말씀의	그래서	넘겨주려고
형.목.남.복.	동.부.현.능.	접.종.	동.가.2과.중디3복.	대.인.소.남.3단.	명.소.남.단.	접.종.	동.부.2과.능.

846	3588	746	2532	3588	1849	3588	2232
αὐτὸν	τῇ	ἀρχῇ	καὶ	τῇ	ἐξουσίᾳ	τοῦ	ἡγεμόνος.
αὐτός	ἡ	ἀρχή	καί	ἡ	ἐξουσία	ὁ	ἡγεμών
아우톤	테	아르케	카이	테	엑수시아	투	헤게모노스
그를	그	치리	와	그	권세에	그	총독의
대.인.목.남.3단.	관.여격.여.단.	명.여격.여.단.	접.등.	관.여격.여.단.	명.여격.여.단.	관.소.남.단.	명.소.남.단.

21 그들이 물어 이르되 선생님이여 우리가 아노니 당신은 바로 말씀하시고 가르치시며
사람을 외모로 취하지 아니하시고 오직 진리로써 하나님의 도를 가르치시나이다

And they asked him, saying, Master, we know that thou sayest and teachest rightly, neither acceptest thou the person of any, but teachest the way of God truly:

2532	1905	846	3004	1320	1492	3754	3723
καὶ	ἐπηρώτησαν	αὐτὸν	λέγοντες,	διδάσκαλε,	οἴδαμεν	ὅτι	ὀρθῶς
καί	ἐπερωτάω	αὐτός	λέγω	διδάσκαλος	οἶδα.εἴδω	ὅτι	ὀρθῶς
카이	에페로테산	아우톤	레곤테스	디다스칼레	오이다멘	호티	오르도스
이에	그들이 캐물었다	그를	말하기를	선생님이여	우리가 알았나이다	줄을	바르게
접.등.	동.직.1과.능.3복.	대.인.목.남.3단.	동.분.현.능.주.남.복.	명.호.남.단.	동.직.1완.능.1복.	접.우.	부.

3004	2532	1321	2532	3756	2983	4383	235	1909
λέγεις	καὶ	διδάσκεις	καὶ	οὐ	λαμβάνεις	πρόσωπον,	ἀλλ'	ἐπ'
λέγω	καί	διδάσκω	καί	οὐ	λαμβάνω	πρόσωπον	ἀλλά	ἐπί
레게이스	카이	디다스케이스	카이	우	람바네이스	프로소폰	알	엪
당신은 말씀하신다	그리고	가르치시고	또	아니하시는	취한다	얼굴을	다만	으로
동.직현.능.2단.	접.등.	동.직현.능.2단.	접.등.	부.	동.직현.능.2단.	명.목.중.단.	접.우.	전소.

225	3588	3598	3588	2316	1321
ἀληθείας	τὴν	ὁδὸν	τοῦ	θεοῦ	διδάσκεις·
ἀλήθεια	ἡ	ὁδός	ὁ	θεός	διδάσκω
알레데이아스	텐	호돈	투	데우	디다스케이스
참	그	길을	그	하나님의	가르치신다
명.소.여.단.	관.목.여.단.	명.목.여.단.	관.소.남.단.	명.소.남.단.	동.직현.능.2단.

22 우리가 가이사에게 세를 바치는 것이 옳으니이까 옳지 않으니이까 하니
Is it lawful for us to give tribute unto Caesar, or no?

1832	1473	2541	5411	1325	2228	3756
ἔξεστιν	ἡμᾶς	Καίσαρι	φόρον	δοῦναι	ἢ	οὔ;
ἔξεστι	ἐγώ	Καῖσαρ	φόρος	δίδωμι	ἤ	οὐ
엑세스틴	헤마스	카이사리	포론	두나이	에	우
그것이 합당하니이까	우리(를)가	가이사에게	세금을	바치는 것이	혹은	않으니이까
동.직.현.능.3단.	대.인.목.1복.	명.여격.남.단.	명.목.남.단.	동.부.2과.능.	접.등.	부.

23 예수께서 그 간계를 아시고 이르시되
But he perceived their craftiness, and said unto them, Why tempt ye me?

2657	1161	846	3588	3834	3004(2036)	4314	846
Κατανοήσας	δὲ	αὐτῶν	τὴν	πανουργίαν	εἶπεν	πρὸς	αὐτούς,
κατανοέω	δέ	αὐτός	ἡ	πανουργία	λέγω.ἔπω	πρός	αὐτός
카타노에사스	데	아우톤	텐	파누르기안	에이펜	프로스	아우투스
깨달으시고	그러자	그들의	그	교활함을	예수께서 말씀하셨다	향하여	그들을
동.분.1과.능.주.남.단.	접.우.	대.인.소.남.3복.	관.목.여.단.	명.목.여.단.	동.직.2과.능.3단.	전.목.	대.인.소.남.3복.

24 데나리온 하나를 내게 보이라 누구의 형상과 글이 여기 있느냐 대답하되 가이사의 것이니이다
Shew me a penny. Whose image and superscription hath it? They answered and said, Caesar's.

1166	1473	1220	5101	2192	1504	2532	1923
δείξατέ	μοι	δηνάριον·	τίνος	ἔχει	εἰκόνα	καὶ	ἐπιγραφήν;
δεικνύω	ἐγώ	δηνάριον	τίς	ἔχω	εἰκών	καί	ἐπιγραφή
데잌사테	모이	데나리온	티노스	에케이	에이코나	카이	에피그라펜
보이라	내게	데나리온 하나를	누구의	그것이 가지느냐	초상	과	새겨진 글을
동.명.1과.능.2복.	대.인.여격.1단.	명.목.중.단.	대.의.소.남.단.	동.직.현.능.3단.	명.목.여.단.	접.등.	명.목.여.단.

588	1161	3004(2036)	2541
οἱ	δὲ	εἶπαν,	Καίσαρος.
ὁ	δέ	λέγω.ἔπω	Καῖσαρ
호이	데	에이판	카이사로스
그들이	이에	말하였다	가이사의 (것이니이다)
관.주.남.복	접.우.	동.직.2과.능.3복.	명.소.남.단.

25 이르시되 그런즉 가이사의 것은 가이사에게, 하나님의 것은 하나님께 바치라 하시니
And he said unto them, Render therefore unto Caesar the things which be Caesar's, and unto God the things which be God's.

3588	1161	3004(2036)	4314	846	5106	591	3588
ὁ	δὲ	εἶπεν	πρὸς	αὐτούς,	τοίνυν	ἀπόδοτε	τὰ
ὁ	δέ	λέγω.ἔπω	πρός	αὐτός	τοίνυν	ἀποδίδωμι	τό
호	데	에이펜	프로스	아우투스	토이뉜	아포도테	타
예수께서	이에	말씀하셨다	향하여	그들을	그러면	바치라	그(것들은)
관.주.남.단	접.우.	동.직.2과.능.3단.	전.목.	대.인.목.남.3복.	접.우.	동.명.2과.능.2복.	관.목.중.복.

2541	2541	2532	3588	3588	2316	3588	2316
Καίσαρος	Καίσαρι	καὶ	τὰ	τοῦ	θεοῦ	τῷ	θεῷ.
Καῖσαρ	Καῖσαρ	καί	τό	ὁ	θεός	ὁ	θεός
카이사로스	카이사리	카이	타	투	데우	토	데오
가이사의	가이사에게	그리고	그(것들을)	그	하나님의	그	하나님에게
명.소.남.단.	명.여격.남.단.	접.등.	관.목.중.복.	관.소.남.단.	명.소.남.단.	관.여격.남.단.	명.여격.남.단.

26 그들이 백성 앞에서 그의 말을 능히 책잡지 못하고 그의 대답을 놀랍게 여겨 침묵하니라
And they could not take hold of his words before the people: and they marvelled at his answer, and held their peace.

2532	3756	2480	1949	846	4487	1726	3588
καὶ	οὐκ	ἴσχυσαν	ἐπιλαβέσθαι	αὐτοῦ	ῥήματος	ἐναντίον	τοῦ
καί	οὐ	ἰσχύω	ἐπιλαμβάνομαι	αὐτός	ῥῆμα	ἐναντίον	ὁ
카이	우크	이스퀴산	에필라베스다이	아우투	흐레마토스	에난티온	투
그러자	없었다	그들이 할 수	책잡는 것을	그의	말씀의	앞에서	그
접.등.	부.	동.직.1과.능.3복.	동.부.2과.중디.	대.인.소.남.3단.	명.소.중.단.	전.소	관.소.남.단.

2992	2532	2296	1909	3588	612	846	4601
λαοῦ	καὶ	θαυμάσαντες	ἐπὶ	τῇ	ἀποκρίσει	αὐτοῦ	ἐσίγησαν.
λαός	καί	θαυμάζω	ἐπί	ἡ	ἀπόκρισις	αὐτός	σιγάω
라우	카이	다우마산테스	에피	테	아포크리세이	아우투	에시게산
백성의	그리고	놀라서	대하여	그	대답에	그의	그들은 잠잠하였다
명.소.남.단.	접.등.	동.분.1과.능.주.남.복.	전.여격.	관.여격.여.단.	명.여격.여.단.	대.인.소.남.3단.	동.직.1과.능.3복.

27 부활이 없다고 주장하는 사두개인 중 어떤 이들이 와서
Then came to him certain of the Sadducees, which deny that there is any resurrection; and they asked him,

4334	1161	5100	3588	4523	3588	483
Προσελθόντες	δέ	τινες	τῶν	Σαδδουκαίων,	οἱ	ἀντιλέγοντες
προσέρχομαι	δέ	τις	ὁ	Σαδδουκαῖος	ὁ	ἀντίλεγω
프로셀돈테스	데	티네스	톤	삳두카이온	호이	안티레곤테스
가까이 와서	그리고	몇사람이	그	사두개인들 중의	그(사람들이)	반대하여 말하는
동.분.2과.능.주.남.복.	접.등.	대.부.주.남.복.	관.소.남.복.	명.소.남.복.	관.주.남.복	동.분.현.능.주.남.복.

386	3361	1510	1905	846
ἀνάστασιν	μὴ	εἶναι,	ἐπηρώτησαν	αὐτὸν
ἀνάστασις	μή	εἰμί	ἐπερωτάω	αὐτός
아나스타신	메	에이나이	에페로테산	아우톤
부활을	아니하다고	있지	그들이 캐물었다	그를
명.목.여.단.	부.	동.부.현.능.	동.직.1과.능.3복.	대.인.목.남.3단.

28 물어 이르되 선생님이여 모세가 우리에게 써 주기를 만일 어떤 사람의 형이 아내를 두고 자식이 없이 죽으면 그 동생이 그 아내를 취하여 형을 위하여 상속자를 세울지니라 하였나이다
Saying, Master, Moses wrote unto us, If any man's brother die, having a wife, and he die without children, that his brother should take his wife, and raise up seed unto his brother.

3004	1320	3475	1125	1473	1437	5100
λέγοντες,	διδάσκαλε,	Μωϋσῆς	ἔγραψεν	ἡμῖν,	ἐάν	τινος
λέγω	διδάσκαλος	Μωϋσῆς	γράφω	ἐγώ	ἐάν	τις
레곤테스	디다스칼레	모위세스	에그랖센	헤민	에안	티노스
말하기를	선생님이여	모세가	써주었다	우리에게	만일	어떤 사람의
동.분.현.능.주.남.복.	명.호.남.단.	명.주.남.단.	동.직.1과.능.3단.	대.인.여격.1복.	접.종.	대.부.소.남.단.

80	599	2192	1135	2532	3778	815	1510
ἀδελφὸς	ἀποθάνῃ	ἔχων	γυναῖκα,	καὶ	οὗτος	ἄτεκνος	ᾖ,
ἀδελφός	ἀποθνήσκω	ἔχω	γυνή	καί	οὗτος	ἄτεκνος	εἰμί
아델포스	아포다네	에콘	귀나이카	카이	후토스	아테크노스	에
형제가	죽거든	두고	아내를	그런데	이 사람이	자식이 없이	있다면
명.주.남.단.	동.가.2과.능.3단.	동.분.현.능.주.남.단.	명.목.여.단.	접.등.	대.지.주.남.단.	형.주.남.단.	동.가.현.능.3단.

2443	2983	3588	80	846	3588	1135	2532	1817
ἵνα	λάβῃ	ὁ	ἀδελφὸς	αὐτοῦ	τὴν	γυναῖκα	καὶ	ἐξαναστήσῃ
ἵνα	λαμβάνω	ὁ	ἀδελφός	αὐτός	ἡ	γυνή	καί	ἐξανίστημι
히나	라베	호	아델포스	아우투	텐	귀나이카	카이	엑사나스테세
하려함이다	취하여	그	형제가	그의	그	아내로	그리하여	(반드시) 일으키게
접.등.	동.가.2과.능.3단.	관.주.남.단.	명.주.남.단.	대.인.소.남.3단.	관.목.여.단.	명.목.여.단.	접.등.	동.가.1과.능.3단.

4690	3588	80	846
σπέρμα	τῷ	ἀδελφῷ	αὐτοῦ.
σπέρμα	ὁ	ἀδελφός	αὐτός
스페르마	토	아델포	아우투
씨를	그	형제에게	그의
명.목.중.단.	관.여격.남.단.	명.여격.남.단.	대.인.소.남.3단.

29 그런데 칠 형제가 있었는데 맏이가 아내를 취하였다가 자식이 없이 죽고
There were therefore seven brethren: and the first took a wife, and died without children.

2033	3767	80	1510	2532	3588	4413	2983	1135
ἑπτὰ	οὖν	ἀδελφοὶ	ἦσαν·	καὶ	ὁ	πρῶτος	λαβὼν	γυναῖκα
ἑπτά	οὖν	ἀδελφός	εἰμί	καί	ὁ	πρῶτος	λαμβάνω	γυνή
헾타	운	아델포이	에산	카이	호	프로토스	라본	귀나이카
칠	그런데	형제들이	있었다	이에	그	맏이	취한 후에	아내를
형.기.주.남.복.	접.등.	명.주.남.복.	동.직.미완.능.3복.	접.등.	관.주.남.단.	형.대.서.주.남.단.	동.분.2과.능.주.남.단.	명.목.여.단.

599	815
ἀπέθανεν	ἄτεκνος·
ἀποθνήσκω	ἄτεκνος
아페다넨	아테크노스
죽었다	자식이 없이
동.직.2과.능.3단.	형.주.남.단.

30 그 둘째와 셋째가 그를 취하고
And the second took her to wife, and he died childless.

2532	3588	1208
καὶ	ὁ	δεύτερος
καί	ὁ	δεύτερος
카이	호	듀테로스
그리고	그	둘째가
접.등.	관.주.남.단.	형.대.서.주.남.단.

31 일곱이 다 그와 같이 자식이 없이 죽고
And the third took her; and in like manner the seven also: and they left no children, and died.

2532	3588	5154	2983	846	5615	1161	2532	3588	2033
καὶ	ὁ	τρίτος	ἔλαβεν	αὐτήν,	ὡσαύτως	δὲ	καὶ	οἱ	ἑπτὰ
καί	ὁ	τρίτος	λαμβάνω	αὐτός	ὡσαύτως	δέ	καί	ὁ	ἑπτά
카이	호	트리토스	엘라벤	아우텐	호사우토스	데	카이	호이	헾타
그리고	그	셋째가	취하였다	그 여자를	그와같이	또	역시	그	일곱 (사람이)
접.등.	관.주.남.단.	형.대.서.주.남.단.	동.직.미완.능.3복.	대.인.목.여.3단.	부.	접.등.	부.	관.주.남.복.	형.대.기.주.남.복.

3756	2641	5043	2532	599
οὐ	κατέλιπον	τέκνα	καὶ	ἀπέθανον.
οὐ	καταλείπω	τέκνον	καί	ἀποθνήσκω
우	카텔리폰	테크나	카이	아페다논
못하였다	남겨두지	자식을	그리고	죽었다
부.	동.직.2과.능.3복.	명.목.중.복.	접.등.	동.직.2과.능.3복.

32 그 후에 여자도 죽었나이다
Last of all the woman died also.

5305	2532	3588	1135	599
ὕστερον	καὶ	ἡ	γυνὴ	ἀπέθανεν.
ὕστερον	καί	ἡ	γυνή	ἀποθνήσκω
휘스테론	카이	헤	귀네	아페다넨
더 나중에	역시	그	여자도	죽었다
형.대.비.목.중.단	부.	관.주.여.단.	명.주.여.단.	동.직.2과.능.3단.

33 일곱이 다 그를 아내로 취하였으니 부활 때에 그 중에 누구의 아내가 되리이까
Therefore in the resurrection whose wife of them is she? for seven had her to wife.

3588	1135	3767	1722	3588	386	5101	846	1096
ἡ	γυνὴ	οὖν	ἐν	τῇ	ἀναστάσει	τίνος	αὐτῶν	γίνεται
ἡ	γυνή	οὖν	ἐν	ἡ	ἀνάστασις	τίς	αὐτός	γίνομαι
헤	귀네	운	엔	테	아나스타세이	티노스	아우톤	귀네타이
그	아내가	그러므로	때에	그	부활	누구의	그들 중의	되나이까
관.주.여.단.	명.주.여.단.	접.우.	전.여격.	관.여격.여.단.	명.여격.여.단.	대.의.소.남.단.	대.인.소.남.3복.	동.직.현.중수디.3단.

1135	3588	1063	2033	2192	846	1135
γυνή;	οἱ	γὰρ	ἑπτὰ	ἔσχον	αὐτὴν	γυναῖκα.
γυνή	ὁ	γάρ	ἑπτά	ἔχω	αὐτός	γυνή
귀네	호이	가르	헾타	에스콘	아우텐	귀나이카
아내가	그	왜냐하면	일곱 (사람이)	삼았음이니이다	그를	아내로
명.주.여.단.	관.주.남.복.	접.종.	형.대.기.주.남.복.	동.직.2과.능.3복.	대.인.목.여.3단.	명.목.여.단.

34 예수께서 이르시되 이 세상의 자녀들은 장가도 가고 시집도 가되
And Jesus answering said unto them, The children of this world marry, and are given in marriage:

2532	3004(2036)	846	3588	2424	3588	5207	3588	165
καὶ	εἶπεν	αὐτοῖς	ὁ	Ἰησοῦς,	οἱ	υἱοὶ	τοῦ	αἰῶνος
καί	λέγω.ἔπω	αὐτός	ὁ	Ἰησοῦς	ὁ	υἱός	ὁ	αἰών
카이	에이펜	아우토이스	호	예수스	호이	휘오이	투	아이오노스
그러자	말씀하셨다	그들에게	그	예수께서	그	아들들은	그	세대의
접.등.	동.직.2과.능.3단.	대.인.여격.남.3복.	관.주.남.단.	명.주.남.단.	관.주.남.복.	명.주.남.복.	관.소.남.단.	명.소.남.단.

3778	1060	2532	1061
τούτου	γαμοῦσιν	καὶ	γαμίσκονται,
οὗτος	γαμέω	καί	γαμίσκω
투투	가무신	카이	가미스콘타이
이	장가가고	그리고	시집도 가게되지만
대.지.소.남.단.	동.직.현.능.3복.	접.등.	동.직.현.수.3복.

35 저 세상과 및 죽은 자 가운데서 부활함을 얻기에 합당히 여김을 받은 자들은 장가 가고
시집 가는 일이 없으며
But they which shall be accounted worthy to obtain that world, and the resurrection from the dead, neither marry, nor are given in marriage:

3588	1161	2661	3588	165	1565	5177	2532	3588
οἱ	δὲ	καταξιωθέντες	τοῦ	αἰῶνος	ἐκείνου	τυχεῖν	καὶ	τῆς
ὁ	δέ	καταξιόω	ὁ	αἰών	ἐκεῖνος	τυγχάνω	καί	ἡ
호이	데	카탁시오덴테스	투	아이오노스	에케이누	튀케인	카이	테스
그(사람들은)	그러나	합당히 여김을 받은	그	세대	저	얻는 것에	와	그
관.주.남.복	접.우.	동.분.1과.수.주.남.복.	관.소.남.단.	명.소.남.단.	대.지.소.남.단.	동.부.2과.능.	접.등.	관.소.여.단.

386	3588	1537	3498	3777	1060	3777	1061
ἀναστάσεως	τῆς	ἐκ	νεκρῶν	οὔτε	γαμοῦσιν	οὔτε	γαμίζονται·
ἀνάστασις	ἡ	ἐκ	νεκρός	οὔτε	γαμέω	οὔτε	γαμίζω
아나스타세오스	테스	에크	네크론	우테	가무신	우테	가미존타이
부활의	그	중에서	죽은 사람들	도 않고	장가가지	도 않으며	시집가게 되지
명.소.여.단.	관.소.여.단.	전.소.	형.대.소.남.복.	접.등.	동.직.현.능.3복.	접.등.	동.직.현.수.3복.

36 그들은 다시 죽을 수도 없나니 이는 천사와 동등이요 부활의 자녀로서 하나님의 자녀임이라
Neither can they die any more: for they are equal unto the angels; and are the children of God, being the children of the resurrection.

3761	1063	599	2089	1410	2465	1063	1510	2532
οὐδὲ	γὰρ	ἀποθανεῖν	ἔτι	δύνανται,	ἰσάγγελοι	γάρ	εἰσιν	καὶ
οὔτε	γάρ	ἀποθνήσκω	ἔτι	δύναμαι	ἰσάγγελος	γάρ	εἰμί	καί
우데	가르	아포다네인	에티	뒤난타이	이상겔로이	가르	에이신	카이
도 없다	왜냐하면	죽는 것을	더 이상	그들은 할 수	천사들과 동등함	왜냐하면	그들이~이라	그리고
부.	접종.	동.부.2과.능.	부.	동.직.현.중수디.3복.	형.주.남.복.	접종.	동.직.현.능.3복.	접등.

5207	1510	2316	3588	386	5207	1510
υἱοί	εἰσιν	θεοῦ	τῆς	ἀναστάσεως	υἱοὶ	ὄντες.
υἱός	εἰμί	θεός	ἡ	ἀνάστασις	υἱός	εἰμί
휘오이	에이신	데우	테스	아나스타세오스	휘오이	온테스
아들들	그들은~임이라	하나님의	그	부활의	아들들로	있으며
명.주.남.복.	동.직.현.능.3복.	명.소.남.단.	관.소.여.단.	명.소.여.단.	명.주.남.복.	동.분.현.능.주.남.복.

37 죽은 자가 살아난다는 것은 모세도 가시나무 떨기에 관한 글에서 주를 아브라함의
하나님이요 이삭의 하나님이요 야곱의 하나님이시라 칭하였나니
Now that the dead are raised, even Moses showed at the bush, when he calleth the Lord the God of Abraham, and the God of Isaac, and the God of Jacob.

3754	1161	1453	3588	3498	2532	3475	3377	1909
ὅτι	δὲ	ἐγείρονται	οἱ	νεκροί,	καὶ	Μωϋσῆς	ἐμήνυσεν	ἐπὶ
ὅτι	δέ	ἐγείρω	ὁ	νεκρός	καί	Μωϋσῆς	μηνύω	ἐπί
호티	데	에게이론타이	호이	네크로이	카이	모위세스	에메뉘센	에피
때문이라	그런데	일어나게 됨은	그	죽은 사람들이	까지도	모세	보여주었기	대한
접등.	접등.	동.직.현.수.3복.	관.주.남.복.	형.대.주.남.복.	부.	명.주.남.단.	동.직.1과.능.3단.	전소.

3588	942	5613	3004	2962	3588	2316	11	2532	2316
τῆς	βάτου,	ὡς	λέγει	κύριον	τὸν	θεὸν	Ἀβραὰμ	καὶ	θεὸν
ἡ	βάτος	ὡς	λέγω	κύριος	ὁ	θεός	Ἀβραάμ	καί	θεός
테스	바투	호스	레게이	퀴리온	톤	데온	아브라암	카이	데온
그	떨기나무의	같이	그가 부른 것	주	그	하나님	아브라함의	과	하나님
관.소.여.단.	명.소.여.단.	접종.	동.직.현.능.3단.	명.목.남.단.	관.목.남.단.	명.목.남.단.	명.소.남.단.	접등.	명.목.남.단.

2464	2532	2316	2384
Ἰσαὰκ	καὶ	θεὸν	Ἰακώβ.
Ἰσαάκ	καί	θεός	Ἰακώβ
이사	카이	데온	야콥
이삭의	그리고	하나님을	야곱의
명.목.남.단.	접등.	명.목.남.단.	명.소.남.단.

38 하나님은 죽은 자의 하나님이 아니요 살아 있는 자의 하나님이시라 하나님에게는 모든
사람이 살았느니라 하시니
For he is not a God of the dead, but of the living: for all live unto him.

2316	1161	3756	1510	3498	235	2198	3956	1063
θεὸς	δὲ	οὐκ	ἔστιν	νεκρῶν	ἀλλὰ	ζώντων,	πάντες	γὰρ
θεός	δέ	οὐ	εἰμί	νεκρός	ἀλλά	ζάω	πᾶς	γάρ
데오스	데	우크	에스틴	네크론	알라	존톤	판테스	가르
하나님은	그러나	아니	이요	죽은 사람들의	오직	산 자들의(하나님이시라)	모든 사람은	왜냐하면
명.주.남.단.	접등.	부.	동.직.현.능.3단.	형.대.소.남.복.	접우.	동.분.현.능.소.남.복.	형.대.주.남.복.	접종.

846	2198
αὐτῷ	ζῶσιν.
αὐτός	ζάω
아우토	조신
그를 위항혀	사느니라
대.인.여격.남.3단.	동.직.현.능.3복.

39 서기관 중 어떤 이들이 말하되 선생님 잘 말씀하셨나이다 하니
Then certain of the scribes answering said, Master, thou hast well said.

611	1161	5100	3588	1122	3004(2036)	1320
Ἀποκριθέντες	δέ	τινες	τῶν	γραμματέων	εἶπαν,	διδάσκαλε,
ἀποκρίνομαι	δέ	τις	ὁ	γραμματεύς	λέγω.ἔπω	διδάσκαλος
아포크리덴테스	데	티네스	톤	그람마테온	에이판	디다스칼레
대답하여	이에	몇사람들이	그	서기관들 중의	말하였다	선생님이여
동.분.1과.수디.주.남.복.	접.우.	대.부.주.남.복.	관.소.남.복.	명.소.남.복.	동.직.2과.능.3복.	명.호.남.단.

2573	3004(2036)
καλῶς	εἶπας.
καλῶς	λέγω.ἔπω
칼로스	에이파스
잘	당신이 말씀하셨습니다
부.	동.직.2과.능.2단.

40 그들은 아무 것도 감히 더 물을 수 없음이더라
And after that they durst not ask him any question at all.

3765	1063	5111	1905	846	3762
οὐκέτι	γὰρ	ἐτόλμων	ἐπερωτᾶν	αὐτὸν	οὐδέν.
οὐκέτι	γάρ	τολμάω	ἐπερωτάω	αὐτός	οὐδείς
우케티	가르	에톨몬	에페로탄	아우톤	우덴
더 이상 없었다	왜냐하면	그들이 감히 할 수	캐묻는 것을	그를	아무것도
부.	접.종.	동.직.미완.능.3복.	동.부.현.능.	대.인.목.남.3단.	형.대.기.목.중.단.

41 예수께서 그들에게 이르시되 사람들이 어찌하여 그리스도를 다윗의 자손이라 하느냐
And he said unto them, How say they that Christ is David's son?

3004(2036)	1161	4314	846	4459	3004	3588	5547
Εἶπεν	δὲ	πρὸς	αὐτούς,	πῶς	λέγουσιν	τὸν	Χριστὸν
λέγω.ἔπω	δέ	πρός	αὐτός	πῶς	λέγω	ὁ	Χριστός
에이펜	데	프로스	아우투스	포스	레구신	톤	크리스톤
예수께서 말씀하셨다	그리고	향하여	그들을	어떻게	사람들이 말하느냐	그	그리스도를
동.직.2과.능.3단.	접.등.	전.목.	대.인.목.남.3복.	부.의.	동.직.현.능.3복.	관.목.남.단.	명.목.남.단.

1510	1138	5207
εἶναι	Δαυὶδ	υἱόν;
εἰμί	δαυ(β)ίδ	υἱός
에이나이	다윋	휘온
이라고	다윗의	자손
동.부.현.능.	명.소.남.단.	명.목.남.단.

42 시편에 다윗이 친히 말하였으되 주께서 내 주께 이르시되
And David himself saith in the book of Psalms, The Lord said unto my Lord, Sit thou on my right hand,

846	1063	1138	3004	1722	976	5568	3004(2036)	2962
αὐτὸς	γὰρ	Δαυὶδ	λέγει	ἐν	βίβλῳ	ψαλμῶν,	εἶπεν	κύριος
αὐτός	γάρ	δαυ(β)ίδ	λέγω	ἐν	βίβλος	ψαλμός	λέγω.ἔπω	κύριος
아우토스	가르	다윋	레게이	엔	비블로	프살몬	에이펜	퀴리오스
친히	왜냐하면	다윗이	말함이라	안에	책에	시편들의	말씀하셨다	주님께서
대.인.주.남.3단.	접.종.	명.주.남.단.	동.직.현.능.3단.	전.여격.	명.여격.여.단.	명.소.남.복.	동.직.2과.능.3단.	명.주.남.단.

3588	2962	1473	2521	1537	1188	1473
τῷ	κυρίῳ	μου·	κάθου	ἐκ	δεξιῶν	μου
ὁ	κύριος	ἐγώ	κάθημαι	ἐκ	δεξιός	ἐγώ
토	퀴리오	무	카두	에크	덱시온	무
그	주께	나의	너는 앉아라	에서	오른편	나의
관.여격.남.단.	대.인.여격.남.단.	대.인.소.1단.	동.명.현.중수디.2단.	전.소.	형.대.소.중.복.	대.인.소.1단.

43 내가 네 원수를 네 발등상으로 삼을 때까지 내 우편에 앉았으라 하셨도다 하였느니라
Till I make thine enemies thy footstool.

2193	302	5087	3588	2190	4771	5286	3588	4228	4771
ἕως	ἂν	θῶ	τοὺς	ἐχθρούς	σου	ὑποπόδιον	τῶν	ποδῶν	σου.
ἕως	ἄν	τίθημι	ὁ	ἐχθρός	σύ	ὑποπόδιον	ὁ	πούς	σύ
헤오스	안	도	투스	에크드루스	수	휘포포디온	톤	포돈	수
까지	때	내가 둘	그	원수들을	너의	발등상으로	그	두발의	너의
접종.	불동.	동.가.2과.능.1단.	관.목.남.복.	형.대.목.남.복.	대.인.소.2단.	명.목.중.단.	관.소.남.복.	명.소.남.복.	대.인.소.2단.

44 그런즉 다윗이 그리스도를 주라 칭하였으니 어찌 그의 자손이 되겠느냐 하시니라
David therefore calleth him Lord, how is he then his son?

1138	3767	2962	846	2564	2532	4459	846	5207	1510
Δαυὶδ	οὖν	κύριον	αὐτὸν	καλεῖ,	καὶ	πῶς	αὐτοῦ	υἱός	ἐστιν;
δαυ(β)ίδ	οὖν	κύριος	αὐτός	καλέω	καί	πῶς	αὐτός	υἱός	εἰμί
다윋	운	퀴리온	아우톤	칼레이	카이	포스	아우투	휘오스	에스틴
다윗이	그러므로	주라	그를	부르니	그런즉	어떻게	그의	자손	그가~이냐
명.주.남.단.	접.우.	명.목.남.단.	대.인.목.남.3단.	동.직.현.능.3단.	접.등.	부.의.	대.인.소.남.3단.	명.주.남.단.	동.직.현.능.3단.

45 모든 백성이 들을 때에 예수께서 그 제자들에게 이르시되
Then in the audience of all the people he said unto his disciples,

191	1161	3956	3588	2992	3004(2036)	3588	3101	846
Ἀκούοντος	δὲ	παντὸς	τοῦ	λαοῦ	εἶπεν	τοῖς	μαθηταῖς	[αὐτοῦ],
ἀκούω	δέ	πᾶς	ὁ	λαός	λέγω.ἔπω	ὁ	μαθητής	αὐτός
아쿠온토스	데	판토스	투	라우	에이펜	토이스	마데타이스	아우투
들을 때에	그리고	모든	그	백성(의)이	말씀하셨다	그	제자들에게	그의
동.분.현.능.소.남.단.	접.등.	형.소.남.단.	관.소.남.단.	명.소.남.단.	동.직.2과.능.3단.	관.여격.남.복.	명.여격.남.복.	대.인.소.남.3단.

46 긴 옷을 입고 다니는 것을 원하며 시장에서 문안 받는 것과 회당의 높은 자리와 잔치의
윗자리를 좋아하는 서기관들을 삼가라
Beware of the scribes, which desire to walk in long robes, and love greetings in the markets, and the highest seats in the synagogues, and the chief rooms at feasts;

4337	575	3588	1122	3588	2309	4043
προσέχετε	ἀπὸ	τῶν	γραμματέων	τῶν	θελόντων	περιπατεῖν
προσέχω	ἀπό	ὁ	γραμματεύς	ὁ	θέλω	περιπατέω
프로세케테	아포	톤	그람마테온	톤	델론톤	페리파테인
주의하라	부터	그	서기관들로	그(사람들의)	원하며	다니는 것을
동.명.현.능.2복.	전.소	관.소.남.복.	명.소.남.복.	관.소.남.복	동.분.현.능.소.남.복.	동.부.현.능.

1722	4749	2532	5368	783	1722	3588	58
ἐν	στολαῖς	καὶ	φιλούντων	ἀσπασμοὺς	ἐν	ταῖς	ἀγοραῖς
ἐν	στολή	καί	φιλέω	ἀσπασμός	ἐν	ἡ	ἀγορά
엔	스톨라이스	카이	필룬톤	아스파스무스	엔	타이스	아고라이스
(으로)입고	긴 옷들	그리고	좋아하는	인사들	안에서	그	시장들에
전.여격.	명.여격.여.복.	접.등.	동.분.현.능.소.남.복.	명.목.남.복.	전.여격.	관.여격.여.복.	명.여격.여.복.

2532	4410	1722	3588	4864	2532	4411
καὶ	πρωτοκαθεδρίας	ἐν	ταῖς	συναγωγαῖς	καὶ	πρωτοκλισίας
καί	πρωτοκλισία	ἐν	ἡ	συναγωγή	καί	πρωτοκλισίας
카이	프로토카데드리아스	엔	타이스	쉬나고가이스	카이	프로토클리시아스
과	높은 자리를	안에서	그	회당들에	과	윗자리들을
접.등.	명.목.여.복.	전.여격.	관.여격.여.복.	명.여격.여.복.	접.등.	명.목.여.복.

1722	3588	1173
ἐν	τοῖς	δείπνοις,
ἐν	τό	δεῖπνον
엔	토이스	데잎노이스
중에	그	잔치들
전.여격.	관.여격.중.복.	명.여격.중.복.

47 그들은 과부의 가산을 삼키며 외식으로 길게 기도하니 그들이 더 엄중한 심판을 받으리라 하시니라
Which devour widows' houses, and for a show make long prayers: the same shall receive greater damnation.

3739	2719	3588	3614	3588	5503	2532	4392
οἱ	κατεσθίουσιν	τὰς	οἰκίας	τῶν	χηρῶν	καὶ	προφάσει
ὅς	κατεσθίω	ἡ	οἰκία	ἡ	χήρα	καί	πρόφασις
호이	카테스디우신	타스	오이키아스	톤	케론	카이	프로파세이
그들은	삼키며	그	집들을	그	과부들의	그리고	가식으로
대.관.주.남.복.	동.직.현.능.3복.	관.목.여.복.	명.목.여.복.	관.소.여.복.	형.대.소.여.복.	접.등.	명.여격.여.단.

3117	4336	3778	2983	4054	2917
μακρὰ	προσεύχονται·	οὗτοι	λήμψονται	περισσότερον	κρίμα.
μακρός	προσεύχομαι	οὗτος	λαμβάνω	περισσότερον	κρίμα
마크라	프로슈콘타이	후토이	렘프손타이	페리쏘테론	크리마
길게	기도한다	그런 사람들은	받을 것이다	더 중한	심판을
형.대.목.중.복.	동.직.현.중수디.3복.	대.지.주.남.복.	동.직.미.중디.3복.	형.비.목.중.단.	명.목.중.단.

21 예수께서 눈을 들어 부자들이 헌금함에 헌금 넣는 것을 보시고
And he looked up, and saw the rich men casting their gifts into the treasury.

308	1161	3708(1492)	3588	906	1519	3588	1049
Ἀναβλέψας	δὲ	εἶδεν	τοὺς	βάλλοντας	εἰς	τὸ	γαζοφυλάκιον
ἀναβλέπω	δέ	ὁράω.εἴδω	ὁ	βάλλω	εἰς	τό	γαζοφυλάκιον
아나블렙사스	데	에이덴	투스	발론타스	에이스	토	가조필라키온
쳐다보신 후에	그리고	그가 보셨다	그(사람들)	넣는	속으로	그	연보궤를
동.분.1과.능.주.남.단.	접.등.	동.직.2과.능.3단.	관.목.남.복	동.분.현.능.목.남.복.	전.목.	관.목.중.단.	명.목.중.단.

3588	1435	846	4145
τὰ	δῶρα	αὐτῶν	πλουσίους.
τό	δῶρον	αὐτός	πλούσιος
타	도라	아우톤	플루시우스
그	예물들을	그들의	부자들을
관.목.중.복.	명.목.중.복.	대.인.소.남.3복.	형.대.목.남.복.

2 또 어떤 가난한 과부가 두 렙돈 넣는 것을 보시고
And he saw also a certain poor widow casting in thither two mites.

3708(1492)	1161	5100	5503	3998	906	1563	3016	1417
εἶδεν	δέ	τινα	χήραν	πενιχρὰν	βάλλουσαν	ἐκεῖ	λεπτὰ	δύο,
ὁράω.εἴδω	δέ	τις	χήρα	πενιχρός	βάλλω	ἐκεῖ	λεπτόν	δύο
에이덴	데	티나	케란	페니크란	발루산	에케이	렙타	뒤오
그가 보셨다	또	어떤	한 과부를	가난한	넣는	거기에	렙돈들을	두
동.직.2과.능.3단.	접.등.	부.목.여.단.	형.대.목.여.단.	형.목.여.단.	동.분.현.능.목.여.단.	부	형.대.목.중.복.	형.기.목.중.복.

3 이르시되 내가 참으로 너희에게 말하노니 이 가난한 과부가 다른 모든 사람보다 많이 넣었도다
And he said, Of a truth I say unto you, that this poor widow hath cast in more than they all:

2532	3004(2036)	230	3004	4771	3754	3588	5503	3778	3588
καὶ	εἶπεν,	ἀληθῶς	λέγω	ὑμῖν	ὅτι	ἡ	χήρα	αὕτη	ἡ
καί	λέγω.ἔπω	ἀληθῶς	λέγω	σύ	ὅτι	ἡ	χήρα	οὗτος	ἡ
카이	에이펜	알레도스	레고	휘민	호티	헤	케라	하우테	헤
이에	그가 말씀하셨다	참으로	내가 말한다	너희에게	것을	그	과부가	이	그
접.등.	동.직.2과.능.3단.	부.	동.직.현.능.1단.	대.인.여격.2복.	접.등.	관.주.여.단.	형.대.주.여.단.	대.지.주.여.단.	관.주.여.단.

4434	4119	3956	906
πτωχὴ	πλεῖον	πάντων	ἔβαλεν·
πτωχός	πλείων	πᾶς	βάλλω
프토케	플레이온	판톤	에바렌
가난한	(보다) 더 많은 것을	모든 사람	넣었다
형.주.여.단.	형.대.비.목.중.단.	형.대.소.남.복.	동.직.2과.능.3단.

4 저들은 그 풍족한 중에서 헌금을 넣었거니와 이 과부는 그 가난한 중에서 자기가 가지고
있는 생활비 전부를 넣었느니라 하시니라

For all these have of their abundance cast in unto the offerings of God: but she of her penury hath cast in all the living that she had.

3956	1063	3778	1537	3588	4052	846	906
πάντες	γὰρ	οὗτοι	ἐκ	τοῦ	περισσεύοντος	αὐτοῖς	ἔβαλον
πᾶς	γάρ	οὗτος	ἐκ	τό	περισσεύω	αὐτός	βάλλω
판테스	가르	후토이	에크	투	페리쓔온토스	아우토이스	에발론
모두	왜냐하면	저 사람들은	중에서	그(것들)	풍족한	그들의	넣었다
형.주.남.복.	접.종.	대.지.주.남.복.	전.소.	관.소.중.단	동.분.현.능.소.중.단.	대.인.여격.남.3복.	동.직.2과.능.3복.

1519	3588	1435	3778	1161	1537	3588	5303	846
εἰς	τὰ	δῶρα,	αὕτη	δὲ	ἐκ	τοῦ	ὑστερήματος	αὐτῆς
εἰς	τό	δῶρον	οὗτος	δέ	ἐκ	τό	ὑστέρημα	αὐτός
에이스	타	도라	하우테	데	에크	투	휘스테레마토스	아우테스
을	그	예물들	이 과부는	그러나	중에서	그	궁핍한	그 여자의
전.목.	관.목.중.복.	명.목.중.복.	대.지.주.여.단.	접.우.	전.소.	관.소.중.단.	명.소.중.단.	대.인.소.여.3단.

3956	3588	979	3739	2192	906
πάντα	τὸν	βίον	ὃν	εἶχεν	ἔβαλεν.
πᾶς	ὁ	βίος	ὅς	ἔχω	βάλλω
판타	톤	비온	혼	에이켄	에발렌
전부를	그	생활비	바	그가 갖고 있었던	넣었다
형.목.남.단.	관.목.남.단.	명.목.남.단.	대.관.목.남.단.	동.직.미완.능.3단.	동.직.2과.능.3단.

5 어떤 사람들이 성전을 가리켜 그 아름다운 돌과 헌물로 꾸민 것을 말하매 예수께서
이르시되

And as some spake of the temple, how it was adorned with goodly stones and gifts, he said,

2532	5100	3004	4012	3588	2411	3754	3037	2570
Καί	τινων	λεγόντων	περὶ	τοῦ	ἱεροῦ	ὅτι	λίθοις	καλοῖς
καί	τις	λέγω	περί	τό	ἱερόν	ὅτι	λίθος	καλός
카이	티논	레곤톤	페리	투	히에루	호티	리도이스	칼로이스
그리고	어떤 사람들이	말을 하면서	관하여	그	성전에	때문이라	돌들	아름다운
접.등.	대.부.소.남.복.	동.분.현.능.소.남.복.	전.소.	관.소.중.단.	형.대.소.중.단.	접.등.	명.여격.남.복.	형.여격.남.복.

2532	334	2885	3004(2036)
καὶ	ἀναθήμασιν	κεκόσμηται	εἶπεν,
καί	ἀνάθημα	κοσμέω	λέγω.ἔπω
카이	아나데마신	케코스메타이	에이펜
과	헌물들로	그것이 꾸며져 있다	예수께서 말씀하셨다
접.등.	명.여격.중.복.	동.직.1완.수.3단.	동.직.2과.능.3단.

6 너희 보는 이것들이 날이 이르면 돌 하나도 돌 위에 남지 않고 다 무너뜨려지리라

As for these things which ye behold, the days will come, in the which there shall not be left one stone upon another, that shall not be thrown down.

3778	3739	2334	2064	2250	1722	3739
ταῦτα	ἃ	θεωρεῖτε,	ἐλεύσονται	ἡμέραι	ἐν	αἷς
οὗτος	ὅς	θεωρέω	ἔρχομαι	ἡμέρα	ἐν	ὅς
타우타	하	데오레이테	엘류손타이	헤메라이	엔	하이스
이것들을	바	너희가 바라보는	올 것이다	날들이	에 있어	바 그때
대.지.목.중.복/대.지.주.중.복.	대.관.목.중.복.	동.직.현.능.2복.	동.직.미.중디.3복.	명.주.여.복.	전.여격.	대.관.여격.여.복.

3756	863	3037	1909	3037	3739	3756	2647
οὐκ	ἀφεθήσεται	λίθος	ἐπὶ	λίθῳ	ὃς	οὐ	καταλυθήσεται.
οὐ	ἀφίημι	λίθος	ἐπί	λίθος	ὅς	οὐ	καταλύω
우크	아페데세타이	리도스	에피	리도	호스	우	카탈뤼데세타이
않을	남겨두지	돌 하나도	위에	돌에	바	않을 것이다	다 무너뜨려지지
부.	동.직.미.수.3단.	명.주.남.단.	전.여격.	명.여격.남.단.	대.관.주.남.단.	부.	동.직.미.수.3단.

7 그들이 물어 이르되 선생님이여 그러면 어느 때에 이런 일이 있겠사오며 이런 일이
일어나려 할 때에 무슨 징조가 있사오리이까

And they asked him, saying, Master, but when shall these things be? and what sign will there be when these things shall come to pass?

1905	1161	846	3004	1320	4219	3767
Ἐπηρώτησαν	δὲ	αὐτὸν	λέγοντες,	διδάσκαλε,	πότε	οὖν
ἐπερωτάω	δέ	αὐτός	λέγω	διδάσκαλος	πότε	οὖν
에페로테산	데	아우톤	레곤테스	디다스칼레	포테	운
그들이 캐물었다	또	그를	말하기를	선생님이여	언제	그러면
동.직.1과.능.3복.	접.우.	대.인.목.남.3단.	동.분.현.능.주.남.복.	명.호.남.단.	부.의.	접.등/접.우.

3778	1510	2532	5101	3588	4592	3752	3195
ταῦτα	ἔσται	καὶ	τί	τὸ	σημεῖον	ὅταν	μέλλῃ
οὗτος	εἰμί	καί	τίς	τό	σημεῖον	ὅταν	μέλλω
타우타	에스타이	카이	티	토	세메이온	호탄	멜레
이런 일들이	있을 것이다	그리고	무슨	그	표적이	때에	하려고 할
대.지.주.중.복.	동.직.미.중디.3단.	접.등.	대.의.주.중.단.	관.주.중.단.	명.주.중.단.	접.종.	동.가.현.능.3단.+

3778	1096
ταῦτα	γίνεσθαι;
οὗτος	γίνομαι
타우타	기네스다이
이런 일들이	일어나는 것을
대.지.주.중.복.	+동.부.현.중수디.

8 이르시되 미혹을 받지 않도록 주의하라 많은 사람이 내 이름으로 와서 이르되 내가 그라
하며 때가 가까이 왔다 하겠으나 그들을 따르지 말라

And he said, Take heed that ye be not deceived: for many shall come in my name, saying, I am Christ; and the time draweth near: go ye not therefore after them.

3588	1161	3004(2036)	991	3361	4105	4183	1063
ὁ	δὲ	εἶπεν,	βλέπετε	μὴ	πλανηθῆτε·	πολλοὶ	γὰρ
ὁ	δέ	λέγω.ἔπω	βλέπω	μή	πλανάω	πολύς	γάρ
호	데	에이펜	블레페테	메	플라네데테	폴로이	가르
예수께서	또	말씀하셨다	주의하라	않을까	너희가 미혹을 받지	많은 사람이	왜냐하면
관.주.남.단	접.우.	동.직.1과.능.3복.	동.가.현.능.3단.	접.종.	동.가.1과.수.2복.	형.대.주.남.복.	접.종.

2064	1909	3588	3686	1473	3004	1473	1510	2532
ἐλεύσονται	ἐπὶ	τῷ	ὀνόματί	μου	λέγοντες,	ἐγώ	εἰμι,	καί,
ἔρχομαι	ἐπί	τό	ὄνομα	ἐγώ	λέγω	ἐγώ	εἰμί	καί
엘류손타이	에피	토	오노마티	무	레곤테스	에고	에이미	카이
올 것이다	으로	그	이름	나의	말하기를	내가	(그)이니라	그리고
동.직.미.중디.3복.	전.여격.	관.여격.중.단.	명.여격.중.단.	대.인.소.1단.	동.분.현.능.주.남.복.	대.인.주.1단.	동.직.현.능.1단.	접.등.

3588	2540	1448	3361	4198	3694	846
ὁ	καιρὸς	ἤγγικεν.	μὴ	πορευθῆτε	ὀπίσω	αὐτῶν.
ὁ	καιρός	ἐγγίζω	μή	πορεύομαι	ὀπίσω	αὐτός
호	카이로스	엥기켄	메	포류데테	오피소	아우톤
그	때가	가까이와 있도다	말라	너희는 가지	뒤를 따라	그들의
관.주.남.단.	명.주.남.단.	동.직.1완.능.3단.	부.	동.가.1과.수디.2복	전.소.	대.인.소.남.3복.

9 난리와 소요의 소문을 들을 때에 두려워하지 말라 이 일이 먼저 있어야 하되 끝은 곧
되지 아니하리라

But when ye shall hear of wars and commotions, be not terrified: for these things must first come to pass; but the end is not by and by.

3752	1161	191	4171	2532	181	3361	4422
ὅταν	δὲ	ἀκούσητε	πολέμους	καὶ	ἀκαταστασίας,	μὴ	πτοηθῆτε·
ὅταν	δέ	ἀκούω	πόλεμος	καί	ἀκαταστασία	μή	πτοέω
호탄	데	아쿠세테	폴레무스	카이	아카타스타시아스	메	프토에데테
때에	그러나	너희가 들을	전쟁들	과	소요들을	말라	너희는 무서워
접.종.	접.등.	동.가.1과.능.2복.	명.목.남.복.	접.등.	명.목.여.복.	부.	동.가.1과.수.2복

1163	1063	3778	1096	4412	235	3756	2112
δεῖ	γὰρ	ταῦτα	γενέσθαι	πρῶτον,	ἀλλ’	οὐκ	εὐθέως
δεῖ	γάρ	οὗτος	γίνομαι	πρῶτον	ἀλλά	οὐ	εὐθέως
데이	가르	타우타	게네스다이	프로톤	알	우크	유데오스
반드시 해야함이라	왜냐하면	이런 일들이	일어나는 것이다	먼저	그러나	아니니라	즉시
동.직.현.능.3단.	접.종.	대.지.목.중.복.	동.부.2과.중디.	형.대.서.목.중.단.	접.등.	부.	부.

3588	5056
τὸ	τέλος.
τό	τέλος
토	텔로스
그	끝은
관.주.중.단.	명.주.중.단.

10 또 이르시되 민족이 민족을, 나라가 나라를 대적하여 일어나겠고

Then said he unto them, Nation shall rise against nation, and kingdom against kingdom:

5119	3004	846	1453	1484	1909	1484	2532
Τότε	ἔλεγεν	αὐτοῖς,	ἐγερθήσεται	ἔθνος	ἐπ’	ἔθνος	καὶ
τότε	λέγω	αὐτός	ἐγείρω	ἔθνος	ἐπί	ἔθνος	καί
토테	엘레겐	아우토이스	에게르데세타이	에드노스	엪	에드노스	카이
그때에	그가 말씀하셨다	그들에게	일어나게 될 것이며	민족이	대적하여	민족을	또
부.	동.직.미완.능.3단.	대.인.여격.남.3복.	동.직.미.수.3단.	명.주.중.단.	전목.	명.목.중.단.	접.등.

932	1909	932
βασιλεία	ἐπὶ	βασιλείαν,
βασιλεία	ἐπί	βασιλεία
바실레이아	에피	바실레이안
나라가	대적하여	나라를
명.주.여.단.	전목.	명.목.여.단.

11 곳곳에 큰 지진과 기근과 전염병이 있겠고 또 무서운 일과 하늘로부터 큰 징조들이
있으리라

And great earthquakes shall be in divers places, and famines, and pestilences; and fearful sights and great signs shall there be from heaven.

4578	5037	3173	2532	2596	5117	3042	2532	3061
σεισμοί	τε	μεγάλοι	καὶ	κατὰ	τόπους	λιμοὶ	καὶ	λοιμοὶ
σεισμός	τε	μέγας	καί	κατά	τόπος	λιμός	καί	λιμός
세이스모이	테	메갈로이	카이	카타	토푸스	리모이	카이	로이모이
지진들	그리고	큰	과	따라서	여러 곳들	기근들	과	역병들이
명.주.남.복.	접.등.	형.주.남.복.	접.등.	전목.	명.목.남.복.	명.주.여.복/명.주.남.복.	접.등.	명.주.남.복.

1510	5400	5037	2532	575	3772	4592	3173	1510
ἔσονται,	φόβητρά	τε	καὶ	ἀπ’	οὐρανοῦ	σημεῖα	μεγάλα	ἔσται.
εἰμί	φόβητρον	τε	καί	ἀπό	οὐρανός	σημεῖον	μέγας	εἰμί
에손타이	포베트라	테	카이	앞	우라누	세메이아	메갈라	에스타이
있을 것이다	두려운 광경들	또	과	부터	하늘로	표적들이	큰	있을 것이다
동.직.미.중디.3복.	명.주.중.복.	접.등.	접.등.	전소	명.소.남.단.	명.주.중.복.	형.주.중.복.	동.직.미.중디.3단.

12 이 모든 일 전에 내 이름으로 말미암아 너희에게 손을 대어 박해하며 회당과 옥에 넘겨
주며 임금들과 집권자들 앞에 끌어 가려니와

But before all these, they shall lay their hands on you, and persecute you, delivering you up to the synagogues, and into prisons, being brought before kings and rulers for my name's sake.

4253	1161	3778	3956	1911	1909	4771	3588	5495
Πρὸ	δὲ	τούτων	πάντων	ἐπιβαλοῦσιν	ἐφ'	ὑμᾶς	τὰς	χεῖρας
πρό	δέ	οὗτος	πᾶς	ἐπιβάλλω	ἐπί	σύ	ἡ	χείρ
프로	데	투톤	판톤	에피발루신	엪	휘마스	타스	케이라스
전에	그러나	이런 일들의	모든	그들이 댈 것이다	위로	너희를	그	손들을
전소.	접.등.	대.지.소.중.복.	형.소.중.복.	동.직.미.능.3복.	전목.	대.인.목.2복.	관.목.여.복.	명.목.여.복.

846	2532	1377	3860	1519	3588	4864	2532
αὐτῶν	καὶ	διώξουσιν,	παραδιδόντες	εἰς	τὰς	συναγωγὰς	καὶ
αὐτός	καί	διώκω	παραδίδωμι	εἰς	ἡ	συναγωγή	καί
아우톤	카이	디옥수신	파라디돈테스	에이스	타스	쉬나고가스	카이
그들의	그리고	핍박할 것이다	넘겨주면서	안으로	그	회당들	과
대.인.소.남.3복.	접.등.	동.직.미.능.3복.	동.분.현.능.주.남.복.	전목.	관.목.여.복.	명.목.여.복.	접.등.

5438	520	1909	935	2532	2232	1752	3588
φυλακάς,	ἀπαγομένους	ἐπὶ	βασιλεῖς	καὶ	ἡγεμόνας	ἕνεκεν	τοῦ
φυλακή	ἀπάγω	ἐπί	βασιλεύς	καί	ἡγεμών	ἕνεκα	τό
퓔라카스	아파고메누스	에피	바실레이스	카이	헤게모나스	헤네켄	투
감옥들을	끌려가면서	앞으로	왕들	과	총독들을	위하여	그
명.목.여.복.	동.분.현.수.목.남.2복.	전목.	명.목.남.복.	접.등.	명.목.남.복.	전소	관.소.중.단.

3686	1473
ὀνόματός	μου·
ὄνομα	ἐγώ
오노마토스	무
이름을	나의
명.소.중.단.	대.인.소.1단.

13 이 일이 도리어 너희에게 증거가 되리라

And it shall turn to you for a testimony.

576	4771	1519	3142
ἀποβήσεται	ὑμῖν	εἰς	μαρτύριον.
ἀποβαίνω	σύ	εἰς	μαρτύριον
아포베세타이	휘민	에이스	마르튀리온
이것이 결과가 될 것이다	너희에게	위한	한 증거를
동.직.미.중디.3단.	대.인.여격2복.	전목.	명.목.중.단.

14 그러므로 너희는 변명할 것을 미리 궁리하지 않도록 명심하라

Settle it therefore in your hearts, not to meditate before what ye shall answer:

5087	3767	1722	3588	2588	4771	3361	4304
θέτε	οὖν	ἐν	ταῖς	καρδίαις	ὑμῶν	μὴ	προμελετᾶν
τίθημι	οὖν	ἐν	ἡ	καρδία	σύ	μή	προμελετάω
데테	운	엔	타이스	카르디아이스	휘몬	메	프로멜레탄
결심하라	그러므로	속에	그	마음들	너희의	않도록	미리 생각하지
동.명.2과.능.2복.	접.우.	전.여격.	관.여격.여.복.	명.여격.여.복.	대.인.소.2복.	부.	동.부.현.능.

626
ἀπολογηθῆναι·
ἀπολογέομαι
아폴로게데나이
변명하는 것을
동.부.1과.수디.

15 내가 너희의 모든 대적이 능히 대항하거나 변박할 수 없는 구변과 지혜를 너희에게 주리라
For I will give you a mouth and wisdom, which all your adversaries shall not be able to gainsay nor resist.

1473	1063	1325	4771	4750	2532	4678	3739	3756
ἐγὼ	γὰρ	δώσω	ὑμῖν	στόμα	καὶ	σοφίαν	ᾗ	οὐ
ἐγώ	γάρ	δίδωμι	σύ	στόμα	καί	σοφία	ὅς	οὐ
에고	가르	도소	휘민	스토마	카이	소피안	헤	우
나는	왜냐하면	줄 것이다	너희에게	구변	과	지혜를	바	없는
대.인.주.1단.	접.종.	동.직.미.능.1단.	대.인.여격.2복.	명.목.중.단.	접.등.	명.목.여.단.	대.관.여격.여.단.	부.

1410	436	2228	471	537	3588	480
δυνήσονται	ἀντιστῆναι	ἢ	ἀντειπεῖν	ἅπαντες	οἱ	ἀντικείμενοι
δύναμαι	ἀνθίστημι	ἤ	ἀντέπω	ἅπας	ὁ	ἀντίκειμαι
뒤네손타이	안티스테나이	에	안테이페인	하판테스	호이	안티케이메노이
능히 할 수	대항하는 것을	또는	반박하는 것을	모두가	그(사람들)	대적하는
동.직.미.중디.3복.	동.부.2과.능.	접.등.	동.부.2과.능.	형.대.주.남.복.	관.주.남.복	동.분.현.중수디.주.남.복.

4771
ὑμῖν.
σύ
휘민
너희에게
대.인.여격.2복.

16 심지어 부모와 형제와 친척과 벗이 너희를 넘겨 주어 너희 중의 몇을 죽이게 하겠고
And ye shall be betrayed both by parents, and brethren, and kinsfolks, and friends; and some of you shall they cause to be put to death.

3860	1161	2532	5259	1118	2532	80	2532	4773
παραδοθήσεσθε	δὲ	καὶ	ὑπὸ	γονέων	καὶ	ἀδελφῶν	καὶ	συγγενῶν
παραδίδωμι	δέ	καί	ὑπό	γονεύς	καί	ἀδελφός	καί	συγγενής
파라도데세스데	데	카이	휘포	고네온	카이	아델폰	카이	쉉게논
너희는 넘겨질 것이다	그런데	심지어	의하여	부모들	과	형제들	과	친척들
동.직.미.수.2복.	접.등.	부.	전.소.	명.소.남.복.	접.등.	명.소.남.복.	접.등.	형.대.소.남.복.

2532	5384	2532	2289	1537	4771
καὶ	φίλων,	καὶ	θανατώσουσιν	ἐξ	ὑμῶν,
καί	φίλος	καί	θανατόω	ἐκ	σύ
카이	필론	카이	다나토수신	엑스	휘몬
과	친구들에	또	그들이 죽일 것이다	중에서	너희
접.등.	형.대.소.남.복.	접.등.	동.직.미.능.3복.	전.소.	대.인.소.2복.

17 또 너희가 내 이름으로 말미암아 모든 사람에게 미움을 받을 것이나
And ye shall be hated of all men for my name's sake.

2532	1510	3404	5259	3956	1223	3588	3686	1473
καὶ	ἔσεσθε	μισούμενοι	ὑπὸ	πάντων	διὰ	τὸ	ὄνομά	μου.
καί	εἰμί	μισέω	ὑπό	πᾶς	διά	τό	ὄνομα	ἐγώ
카이	에세스데	미수메노이	휘포	판톤	디아	토	오노마	무
그리고	너희는 있을 것이다	미움을 받으면서	의하여	모든 사람에	인하여	그	이름을	나의
접.등.	동.직.미.중디.2복.+	+동.분.현.수.주.남.2복.	전.소.	형.대.소.남.복.	전.목.	관.목.중.단.	명.목.중.단.	대.인.소.1단.

18 너희 머리털 하나도 상하지 아니하리라
But there shall not an hair of your head perish.

2532	2359	1537	3588	2776	4771	3756	3361	622
καὶ	θρὶξ	ἐκ	τῆς	κεφαλῆς	ὑμῶν	οὐ	μὴ	ἀπόληται.
καί	θρίξ	ἐκ	ἡ	κεφαλή	σύ	οὐ	μή	ἀπόλλυμι
카이	드릭스	에크	테스	케팔레스	휘몬	우	메	아폴레타이
그러나	털 하나도	에서	그	머리	너희의	결코	아니하리라	잃지
접.등.	명.주.여.단.	전.소.	관.소.여.단.	명.소.여.단.	대.인.소.2복.	부.	부.	동.가.2과.중.3단.

19 너희의 인내로 너희 영혼을 얻으리라
In your patience possess ye your souls.

1722	3588	5281	4771	2932	3588	5590	4771
ἐν	τῇ	ὑπομονῇ	ὑμῶν	κτήσασθε	τὰς	ψυχὰς	ὑμῶν.
ἐν	ἡ	ὑπομονή	σύ	κτάομαι	ἡ	ψυχή	σύ
엔	테	휘포모네	휘몬	크테사스데	타스	프쉬카스	휘몬
안에서	그	인내에	너희의	너희는 얻으라	그	(영)혼들을	너희의
전.여격.	관.여격.여.단.	명.여격.여.단.	대.인.소.2복.	동.명.1과.중디.2복.	관.목.여.복.	명.목.여.복.	대.인.소.2복.

20 너희가 예루살렘이 군대들에게 에워싸이는 것을 보거든 그 멸망이 가까운 줄을 알라
And when ye shall see Jerusalem compassed with armies, then know that the desolation thereof is nigh.

3752	1161	3708(1492)	2944	5259	4760	2419	5119
Ὅταν	δὲ	ἴδητε	κυκλουμένην	ὑπὸ	στρατοπέδων	Ἰερουσαλήμ,	τότε
ὅταν	δέ	ὁράω.εἴδω	κυκλόω	ὑπό	στρατόπεδον	Ἱερουσαλήμ	τότε
호탄	데	이데테	퀴클루메넨	휘포	스트라토페돈	예루살렘	토테
때에	그러나	너희가 볼	에워싸여지는 것을	의하여	군대들에	예루살렘을	그때에
접.종.	접.등.	동.가.2과.능.2복.	동.분.현.수.목.여.단.	전.소.	관.소.중.복.	명.목.여.단.	부.

1097	3754	1448	3588	2050	846
γνῶτε	ὅτι	ἤγγικεν	ἡ	ἐρήμωσις	αὐτῆς.
γινώσκω	ὅτι	ἐγγίζω	ἡ	ἐρήμωσις	αὐτός
그노테	호티	엥기켄	헤	에레모시스	아우테스
너희는 알라	것을	가까이 왔다는	그	멸망함이	그것의
동.명.2과.능.2복.	접.등.	동.직.1완.능.3단.	관.주.여.단.	명.주.여.단.	대.인.소.여.3단.

21 그 때에 유대에 있는 자들은 산으로 도망갈 것이며 성내에 있는 자들은 나갈 것이며
촌에 있는 자들은 그리로 들어가지 말지어다
Then let them which are in Judaea flee to the mountains; and let them which are in the midst of it depart out; and let not them that are in the countries enter thereinto.

5119	3588	1722	3588	2449	5343	1519	3588	3735
τότε	οἱ	ἐν	τῇ	Ἰουδαίᾳ	φευγέτωσαν	εἰς	τὰ	ὄρη
τότε	ὁ	ἐν	ἡ	Ἰουδαία	φεύγω	εἰς	τό	ὄρος
토테	호이	엔	테	유다이아	퓨게토산	에이스	타	오레
그때에	그(자들은)	안에(있는)	그	유대에	그들은 도망하라	속으로	그	산들을
부.	관.주.남.복.	전.여격.	관.여격.여.단.	명.여격.여.단.	동.명.현.능.3복.	전.목.	관.목.중.복.	명.목.중.복.

2532	3588	1722	3319	846	1633	2532	3588	1722
καὶ	οἱ	ἐν	μέσῳ	αὐτῆς	ἐκχωρείτωσαν	καὶ	οἱ	ἐν
καί	ὁ	ἐν	μέσος	αὐτός	ἐκχωρέω	καί	ὁ	ἐν
카이	호이	엔	메소	아우테스	엑코레이토산	카이	호이	엔
또	그(자들은)	안에(있는)	가운데	그 곳의	그들은 떠나가라	그리고	그(자들은)	안에(있는)
접.등.	관.주.남.복.	전.여격.	형.대.여격.중.단.	대.인.소.여.3단.	동.명.현.능.3복.	접.등.	관.주.남.복.	전.여격.

3588	5561	3361	1525	1519	846
ταῖς	χώραις	μὴ	εἰσερχέσθωσαν	εἰς	αὐτήν,
ἡ	χώρα	μή	εἰσέρχομαι	εἰς	αὐτός
타이스	코라이스	메	에이세르케스도산	에이스	아우텐
그	지방들에	말라	그들은 들어가지	안으로	그 곳
관.여격.여.복.	명.여격.여.복.	부.	동.명.현.중수디.3복.	전.목.	대.인.목.여.3단.

22 이 날들은 기록된 모든 것을 이루는 징벌의 날이니라
For these be the days of vengeance, that all things which are written may be fulfilled.

3754	2250	1557	3778	1510	3588	4130	3956
ὅτι	ἡμέραι	ἐκδικήσεως	αὗταί	εἰσιν	τοῦ	πλησθῆναι	πάντα
ὅτι	ἡμέρα	ἐκδίκησις	οὗτος	εἰμί	τό	πλήθω	πᾶς
호티	헤메라이	에크디케세오스	하우타이	에이신	투	플레스데나이	판타
때문이라	날들이	형벌의	이 날들은	이지	그	이루어지기 위한	모두를
접.종.	명.주.여.복.	명.소.여.단.	대.지.주.여.복.	동.직.현.능.3복.	관.소.중.단.	동.부.1과.수.소.	형.대.목.중.복.

3588	1125
τὰ	γεγραμμένα.
τό	γράφω
타	게그람메나
그(것들)	기록되어 있는
관.목.중.복.	동.분.1완.수.목.중.복.

23 그 날에는 아이 밴 자들과 젖먹이는 자들에게 화가 있으리니 이는 땅에 큰 환난과 이
백성에게 진노가 있겠음이로다

But woe unto them that are with child, and to them that give suck, in those days! for there shall be great distress in the land, and wrath upon this people.

3759	3588	1722	1064	2192	2532	3588	2337	1722
οὐαὶ	ταῖς	ἐν	γαστρὶ	ἐχούσαις	καὶ	ταῖς	θηλαζούσαις	ἐν
οὐαί	ἡ	ἐν	γαστήρ	ἔχω	καί	ἡ	θηλάζω	ἐν
우아이	타이스	엔	가스트리	에쿠사이스	카이	타이스	델라주사이스	엔
화로다	그(자들에게)	중에	아이를 밴	가지는	와	그(사람들에게)	젖먹이는	중에는
불.문.	관.여격.여.복	전.여격.	명.여격.여.단.	동.분.현.능.여격.여.복.	접.등.	관.여격.여.복	동.분.현.능.여격.여.복.	전.여격.

1565	3588	2250	1510	1063	318	3173	1909	3588
ἐκείναις	ταῖς	ἡμέραις·	ἔσται	γὰρ	ἀνάγκη	μεγάλη	ἐπὶ	τῆς
ἐκεῖνος	ἡ	ἡμέρα	εἰμί	γάρ	ἀναγκή	μέγας	ἐπί	ἡ
에케이나이스	타이스	헤메라이스	에스타이	가르	아낭케	메갈레	에피	테스
그	그	날들	있을 것이다	왜냐하면	고난이	큰	위에서	이
대.지.여격.여.복.	관.여격.여.복.	명.여격.여.단.	동.직.미.중디.3단.	접.종.	명.주.여.단.	형.주.여.단.	전.소.	관.소.여.단.

1093	2532	3709	3588	2992	3778
γῆς	καὶ	ὀργὴ	τῷ	λαῷ	τούτῳ,
γῆ	καί	ὀργή	ὁ	λαός	οὗτος
게스	카이	오르게	토	라오	투토
땅의	와	진노가	그	백성에게	이
명.소.여.단.	접.등.	명.주.여.단.	관.여격.남.단.	명.여격.남.단.	대.지.여격.남.단.

24 그들이 칼날에 죽임을 당하며 모든 이방에 사로잡혀 가겠고 예루살렘은 이방인의 때가
차기까지 이방인들에게 밟히리라

And they shall fall by the edge of the sword, and shall be led away captive into all nations: and Jerusalem shall be trodden down of the Gentiles, until the times of the Gentiles be fulfilled.

2532	4098	4750	3162	2532	163	1519
καὶ	πεσοῦνται	στόματι	μαχαίρης	καὶ	αἰχμαλωτισθήσονται	εἰς
καί	πίπτω	στόμα	μάχαιρα	καί	αἰχμαλωτίζω	εἰς
카이	페순타이	스토마티	마카이레스	카이	아이크말로티스데손타이	에이스
그리고	그들이 쓰러질 것이다	날에	칼의	또	사로잡혀 갈 것이다	안으로
접.등.	동.직.미.중디.3복.	명.여격.중.단.	명.소.여.단.	접.등.	동.직.미.수.3복.	전.목.

3588	1484	3956	2532	2419	1510	3961	5259
τὰ	ἔθνη	πάντα,	καὶ	Ἰερουσαλὴμ	ἔσται	πατουμένη	ὑπὸ
τό	ἔθνος	πᾶς	καί	Ἱερουσαλήμ	εἰμί	πατέω	ὑπό
타	에드네	판타	카이	예루살렘	에스타이	파투메네	휘포
그	이방나라들을	모든	그리고	예루살렘이	있을 것이다	짓밟혀지며	의하여
관.목.중.복.	명.목.중.복.	형.목.중.복.	접.등.	명.주.여.단.	동.직.미.중디.3단.+	+동.분.현.수.주.여.단.	전.소.

1484	891	3739	4137	2540	1484
ἐθνῶν,	ἄχρι	οὗ	πληρωθῶσιν	καιροὶ	ἐθνῶν.
ἔθνος	ἄχρι	ὅς	πληρόω	καιρός	ἔθνος
에드논	아크리	후	플레로도신	카이로이	에드논
이방인들에	때까지	바	다 채워질	때가	이방인들의
명.소.중.복.	전.소.	대.관.소.남.단	동.가.1과.수.3복.	명.주.남.복.	명.소.중.복.

25 일월 성신에는 징조가 있겠고 땅에서는 민족들이 바다와 파도의 성난 소리로 인하여
혼란한 중에 곤고하리라
And there shall be signs in the sun, and in the moon, and in the stars; and upon the earth distress of nations, with perplexity; the sea and the waves roaring;

2532	1510	4592	1722	2246	2532	4582	2532	798
Καὶ	ἔσονται	σημεῖα	ἐν	ἡλίῳ	καὶ	σελήνῃ	καὶ	ἄστροις,
καί	εἰμί	σημεῖον	ἐν	ἥλιος	καί	σελήνη	καί	ἄστρον
카이	에손타이	세메이아	엔	헬리오	카이	셀레네	카이	아스트로이스
그리고	있을 것이다	표적들이	가운데	해	와	달	과	별들
접등.	동.직.미.중디.3복.	명.주.중.복.	전.여격.	명.여격.남.단.	접등.	명.여격.여.단.	접등.	명.여격.중.복.

2532	1909	3588	1093	4928	1484	1722	640	2279	2281
καὶ	ἐπὶ	τῆς	γῆς	συνοχὴ	ἐθνῶν	ἐν	ἀπορίᾳ	ἤχους	θαλάσσης
καί	ἐπί	ἡ	γῆ	συνόχη	ἔθνος	ἐν	ἀπορία	ηχος	θάλασσα
카이	에피	테스	게스	쉬노케	에드논	엔	아포리아	에쿠스	달라쎄스
그리고	위에서	이	땅의	고통이	민족들의	중에	혼란	우는 소리로	바다
접등.	전소.	관.소.여.단.	명.소.여.단.	명.주.여.단.	명.소.중.복.	전.여격.	명.여격.여.단.	명.소.중.단.	명.소.여.단.

2532	4535
καὶ	σάλου,
καί	σάλος
카이	살루
와	큰 파도의
접등.	명.소.남.단.

26 사람들이 세상에 임할 일을 생각하고 무서워하므로 기절하리니 이는 하늘의 권능들이
흔들리겠음이라
Men's hearts failing them for fear, and for looking after those things which are coming on the earth: for the powers of heaven shall be shaken.

674	444	575	5401	2532	4329	3588
ἀποψυχόντων	ἀνθρώπων	ἀπὸ	φόβου	καὶ	προσδοκίας	τῶν
ἀποψύχω	ἄνθρωπος	ἀπό	φόβος	καί	προσδοκία	τό
아포프쉬콘톤	안드로폰	아포	포부	카이	프로스도키아스	톤
기절하며	사람들(의)이	부터	무서움	과	예상으로	그(일들의)
동.분.현.능.소.남.복.	명.소.남.복.	전.소.	명.소.남.단.	접등.	명.소.여.단.	관.소.중.복

1904	3588	3625	3588	1063	1411	3588	3772
ἐπερχομένων	τῇ	οἰκουμένῃ,	αἱ	γὰρ	δυνάμεις	τῶν	οὐρανῶν
ἐπέρχομαι	ἡ	οἰκουμένη	ἡ	γάρ	δύναμις	ὁ	οὐρανός
에페르코메논	테	오이쿠메네	하이	가르	뒤나메이스	톤	우라논
위에 임하는	이	세상에	그	왜냐하면	권능들이	그	하늘들의
동.분.현.중수디.소.중.복.	관.여격.여.단.	명.여격.여.단.	관.주.여.복.	접.종.	명.주.여.복.	관.소.남.복.	명.소.남.복.

4531
σαλευθήσονται.
σαλεύω
살류데손타이
흔들리게 될 것임이다
동.직.미.수.3복.

27 그 때에 사람들이 인자가 구름을 타고 능력과 큰 영광으로 오는 것을 보리라
And then shall they see the Son of man coming in a cloud with power and great glory.

2532	5119	3708	3588	5207	3588	444	2064	1722
καὶ	τότε	ὄψονται	τὸν	υἱὸν	τοῦ	ἀνθρώπου	ἐρχόμενον	ἐν
καί	τότε	ὁράω	ὁ	υἱός	ὁ	ἄνθρωπος	ἔρχομαι	ἐν
카이	토테	옵손타이	톤	휘온	투	안드로푸	에르코메논	엔
그리고	그때에	그들이 볼 것이다	그	아들을	그	사람의	오는	가운데
접등.	부.	동.직.미.중디.3복.	관.목.남.단.	명.목.남.단.	관.소.남.단.	명.소.남.단.	동.분.현.중수디.목.남.단.	전.여격.

3507	3326	1411	2532	1391	4183
νεφέλῃ	μετὰ	δυνάμεως	καὶ	δόξης	πολλῆς.
νεφέλη	μετά	δύναμις	καί	δόξα	πολύς
네펠레	메타	뒤나메오스	카이	독세스	폴레스
구름	으로	능력	과	영광	큰
명.여격.여.단.	전소.	명.소.여.단.	접.등.	명.소.여.단.	형.소.여.단.

28 이런 일이 되기를 시작하거든 일어나 머리를 들라 너희 속량이 가까웠느니라 하시더라
And when these things begin to come to pass, then look up, and lift up your heads; for your redemption draweth nigh.

756	1161	3778	1096	352	2532	1869	3588
ἀρχομένων	δὲ	τούτων	γίνεσθαι	ἀνακύψατε	καὶ	ἐπάρατε	τὰς
ἄρχομαι	δέ	οὗτος	γίνομαι	ἀνακύπτω	καί	ἐπαίρω	ἡ
아르코메논	데	투톤	기네스다이	아나퀍사테	카이	에파라테	타스
시작할 때에	그러나	이런 일들(의)이	일어나는 것을	쳐다보라	그리고	위로 들라	그
동.분.현.능.소.중.복.	접.등.	대.지.소.중.복.	동.부.현.중수디.	동.명.1과.능.2복.	접.등.	동.명.1과.능.2복.	관.목.여.복.

2776	4771	1360	1448	3588	629	4771
κεφαλὰς	ὑμῶν,	διότι	ἐγγίζει	ἡ	ἀπολύτρωσις	ὑμῶν.
κεφαλή	σύ	διότι	ἐγγίζω	ἡ	ἀπολύτρωσις	σύ
케팔라스	휘몬	디오티	엥기제이	헤	아폴뤼트로시스	휘몬
머리들을	너희의	왜냐하면	가까움이라	그	구속이	너희의
명.목.여.복.	대.인.소.2복.	접.종.	동.직.현.능.3단.	관.주.여.단.	명.주.여.단.	대.인.소.2복.

29 이에 비유로 이르시되 무화과나무와 모든 나무를 보라
And he spake to them a parable; Behold the fig tree, and all the trees;

2532	3004(2036)	3850	846	3708(1492)	3588	4808	2532	3956
Καὶ	εἶπεν	παραβολὴν	αὐτοῖς·	ἴδετε	τὴν	συκῆν	καὶ	πάντα
καί	λέγω.ἔπω	παραβολή	αὐτός	ὁράω.εἴδω	ἡ	συκῆ	καί	πᾶς
카이	에이펜	파라볼렌	아우토이스	이데테	텐	쉬켄	카이	판타
또	말씀하셨다	한 비유를	그들에게	너희는 보라	그	무화과나무	와	모든
접.등.	동.직.2과.능.3단.	명.목.여.단.	대.인.여격.남.3복.	동.명.2과.능.2복.	관.목.여.단.	명.목.여.단.	접.등.	형.목.중.복.

3588	1186
τὰ	δένδρα·
τό	δένδρον
타	덴드라
그	나무들을
관.목.중.복.	명.목.중.복.

30 싹이 나면 너희가 보고 여름이 가까운 줄을 자연히 아나니
When they now shoot forth, ye see and know of your own selves that summer is now nigh at hand.

3752	4261	2235	991	575	1438	1097	3754
ὅταν	προβάλωσιν	ἤδη,	βλέποντες	ἀφ'	ἑαυτῶν	γινώσκετε	ὅτι
ὅταν	προβάλλω	ἤδη	βλέπω	ἀπό	ἑαυτοῦ	γινώσκω	ὅτι
호탄	프로발로신	에데	블레폰테스	압	헤아우톤	기노스케테	호티
때에	그것들이 싹이 나올	이미	보면서	부터	너희 스스로	너희가 아나니	줄을
접.종.	동.가.2과.능.3복.	부.	동.분.현.능.주.남.2복.	전소.	대.인.소.남.2복.	동.직.현.능.2복.	접.우.

2235	1451	3588	2330	1510
ἤδη	ἐγγὺς	τὸ	θέρος	ἐστίν·
ἤδη	ἐγγύς	τό	θέρος	εἰμί
에데	엥귀스	토	데로스	에스틴
이미	가까이	그	여름이	있는
부.	부.	관.주.중.단.	명.주.중.단.	동.직.현.능.3단.

31 이와 같이 너희가 이런 일이 일어나는 것을 보거든 하나님의 나라가 가까이 온 줄을 알라
So likewise ye, when ye see these things come to pass, know ye that the kingdom of God is nigh at hand.

3779	2532	4771	3752	3708(1492)	3778	1096	1097
οὕτως	καὶ	ὑμεῖς,	ὅταν	ἴδητε	ταῦτα	γινόμενα,	γινώσκετε
οὕτως	καί	σύ	ὅταν	ὁράω.εἴδω	οὗτος	γίνομαι	γινώσκω
후토스	카이	휘메이스	호탄	이데테	타우타	기노메나	기노스케테
이와같이	역시	너희도	때에	너희가 볼	이런 일들을	일어나는 것을	알라
부.	부.	대.인.주.2복.	접.종.	동.가.2과.능.2복.	대.지.목.중.복.	동.분.현.중수디.목.중.복.	동.직.현.능.2복/동.명.현.능.2복.

3754	1451	1510	3588	932	3588	2316
ὅτι	ἐγγύς	ἐστιν	ἡ	βασιλεία	τοῦ	θεοῦ.
ὅτι	ἐγγύς	εἰμί	ἡ	βασιλεία	ὁ	θεός
호티	엥귀스	에스틴	헤	바실레이아	투	데우
줄을	가까이	있는	그	나라가	그	하나님의
접.등.	부.	동.직.현.능.3단.	관.주.여.단.	명.주.여.단.	관.소.남.단.	명.소.남.단.

32 내가 진실로 너희에게 말하노니 이 세대가 지나가기 전에 모든 일이 다 이루어지리라
Verily I say unto you, This generation shall not pass away, till all be fulfilled.

281	3004	4771	3754	3756	3361	3928	3588	1074	3778
ἀμὴν	λέγω	ὑμῖν	ὅτι	οὐ	μὴ	παρέλθῃ	ἡ	γενεὰ	αὕτη
ἀμήν	λέγω	σύ	ὅτι	οὐ	μή	παρέρχομαι	ἡ	γενεά	οὗτος
아멘	레고	휘민	호티	우	메	파렐데	헤	게네아	하우테
진실로	내가 말한다	너희에게	것을	결코	않는다	지나가지	그	세대가	이
불.문.	동.직.현.능.1단.	대.인.여격.2복.	접.등.	부.	부.	동.가.2과.능.3단.	관.주.여.단.	명.주.여.단.	대.지.주.여.단.

2193	302	3956	1096
ἕως	ἂν	πάντα	γένηται.
ἕως	ἄν	πᾶς	γίνομαι
헤오스	안	판타	게네타이
까지		모든 일이	일어나기
접.종.	불.동.	형.대.주.중.복.	동.가.2과.중디.3단.

33 천지는 없어지겠으나 내 말은 없어지지 아니하리라
Heaven and earth shall pass away: but my words shall not pass away.

3588	3772	2532	3588	1093	3928	3588	1161	3056	1473
ὁ	οὐρανὸς	καὶ	ἡ	γῆ	παρελεύσονται,	οἱ	δὲ	λόγοι	μου
ὁ	οὐρανός	καί	ἡ	γῆ	παρέρχομαι	ὁ	δέ	λόγος	ἐγώ
호	우라노스	카이	헤	게	파렐류손타이	호이	데	로고이	무
그	하늘	과	그	땅은	없어질 것이다	그	그러나	말들은	나의
관.주.남.단.	명.주.남.단.	접.등.	관.주.여.단.	명.주.여.단.	동.직.미.중디.3복.	관.주.남.복.	접.우.	명.주.남.복.	대.인.소.1단.

3756	3361	3928
οὐ	μὴ	παρελεύσονται.
οὐ	μή	παρέρχομαι
우	메	파렐류손타이
결코	아니한다	없어지지
부.	부.	동.직.미.중디.3복.

34 너희는 스스로 조심하라 그렇지 않으면 방탕함과 술취함과 생활의 염려로 마음이
둔하여지고 뜻밖에 그 날이 덫과 같이 너희에게 임하리라
And take heed to yourselves, lest at any time your hearts be overcharged with surfeiting, and drunkenness, and cares of this life, and so that day come upon you unawares.

4337	1161	1438	3379	916	4771	3588	2588
Προσέχετε	δὲ	ἑαυτοῖς	μήποτε	βαρηθῶσιν	ὑμῶν	αἱ	καρδίαι
προσέχω	δέ	ἑαυτοῦ	μήποτε	βαρέω	σύ	ἡ	καρδία
프로세케테	데	헤아우토이스	메포테	바레도신	휘몬	하이	카르디아이
너희는 주의하라	그리고	너희 스스로를 위하여	혹시 않을까	짐이 지워지지	너희의	그	마음들이
동.명.현.능.2복.	접.등.	대.인.여격.남.3복.	접.종.	동.가.1과.수.3복.	대.인.소.2복.	관.주.여.복.	명.주.여.복.

1722	2897	2532	3178	2532	3308	982	2532	2186
ἐν	κραιπάλῃ	καὶ	μέθῃ	καὶ	μερίμναις	βιωτικαῖς	καὶ	ἐπιστῇ
ἐν	κραιπάλη	καί	μέθη	καί	μέριμνα	βιωτικός	καί	ἐφίστημι
엔	크라이팔레	카이	메데	카이	메림나이스	비오티카이스	카이	에피스테
으로	방탕	과	술취함	과	염려들	생활들에	그리고	임하지나
전.여격.	명.여격.여.단.	접.등.	명.여격.여.단.	접.등.	명.여격.여.복.	형.여격.여.복	접.등.	동.가.2과.능.3단.

1909	4771	160	3588	2250	1565
ἐφ’	ὑμᾶς	αἰφνίδιος	ἡ	ἡμέρα	ἐκείνη
ἐπί	σύ	αἰφνίδιος	ἡ	ἡμέρα	ἐκεῖνος
엪	휘마스	아이프니디오스	헤	헤메라	에케이네
위로	너희들을	갑작스럽게	그	날이	그
전.목.	대.인.목.2복.	형.주.여.단.	관.주.여.단.	명.주.여.단.	대.지.주.여.단.

35 이 날은 온 지구상에 거하는 모든 사람에게 임하리라
For as a snare shall it come on all them that dwell on the face of the whole earth.

5613	3803	1904	1063	1909	3956	3588	2521
ὡς	παγίς·	ἐπεισελεύσεται	γὰρ	ἐπὶ	πάντας	τοὺς	καθημένους
ὡς	παγίς	επεισέρχομαι	γάρ	ἐπί	πᾶς	ὁ	κάθημαι
호스	파기스	에페이셀류세타이	가르	에피	판타스	투스	카데메누스
같이	덫과	그날이 갑자기 임할 것이다	왜냐하면	위로	모두를	그(사람들)	앉은
접.종.	명.주.여.단.	동.직.미.중디.3단.	접.종.	전.목.	형.대.목.남.복.	관.목.남.복	동.분.현.중수디.목.남.복.

1909	4383	3956	3588	1093
ἐπὶ	πρόσωπον	πάσης	τῆς	γῆς.
ἐπί	πρόσωπον	πᾶς	ἡ	γῆ
에피	프로소폰	파세스	테스	게스
위로	지면을	온	이	땅의
전.목.	명.목.중.단.	형.소.여.단.	관.소.여.단.	명.소.여.단.

36 이러므로 너희는 장차 올 이 모든 일을 능히 피하고 인자 앞에 서도록 항상 기도하며
깨어 있으라 하시니라
Watch ye therefore, and pray always, that ye may be accounted worthy to escape all these things that shall come to pass, and to stand before the Son of man.

69	1161	1722	3956	2540	1189	2443	2729
ἀγρυπνεῖτε	δὲ	ἐν	παντὶ	καιρῷ	δεόμενοι	ἵνα	κατισχύσητε
ἀγρυπνέω	δέ	ἐν	πᾶς	καιρός	δέομαι	ἵνα	κατισχύω
아그뤼네이테	데	엔	판티	카이로	데오메노이	히나	카티스퀴세테
깨어라	그런즉	중에	모든	시간	간구하며	위하여	너희가 할 수 있기
동.명.현.능.2복.	접.우.	전.여격.	형.여격.남.단.	명.여격.남.단.	동.분명.현.중수디.주.남.2복.	접.등.	동.가.1과.능.2복.

1628	3778	3956	3588	3195	1096	2532	2476
ἐκφυγεῖν	ταῦτα	πάντα	τὰ	μέλλοντα	γίνεσθαι	καὶ	σταθῆναι
ἐκφεύγω	οὗτος	πᾶς	τό	μέλλω	γίνομαι	καί	ἵστημι
엨퓌게인	타우타	판타	타	멜론타	기네스다이	카이	스타데나이
피하는 것을	이 일들을	모든	그	장차하려고 하는	일어나는 것을	그리고	세워지도록
동.부.2과.능.	대.지.목.중.복.	형.목.중.복.	관.목.중.복	동.분.현.능.목.중.복.+	+동.부.현.중수디.	접.등.	동.부.1과.수.

1715	3588	5207	3588	444
ἔμπροσθεν	τοῦ	υἱοῦ	τοῦ	ἀνθρώπου.
ἔμπροσθεν	ὁ	υἱός	ὁ	ἄνθρωπος
엠프로스덴	투	휘우	투	안드로푸
앞에서	그	아들	그	사람의
전.소.	관.소.남.단.	명.소.남.단.	관.소.남.단.	명.소.남.단.

37 예수께서 낮에는 성전에서 가르치시고 밤에는 나가 감람원이라 하는 산에서 쉬시니
And in the day time he was teaching in the temple; and at night he went out, and abode in the mount that is called the mount of Olives.

1510	1161	3588	2250	1722	3588	2411	1321	3588
Ἦν	δὲ	τὰς	ἡμέρας	ἐν	τῷ	ἱερῷ	διδάσκων,	τὰς
εἰμί	δέ	ἡ	ἡμέρα	ἐν	τό	ἱερόν	διδάσκω	ἡ
엔	데	타스	헤메라스	엔	토	히에로	디다스콘	타스
예수께서 계셨다	그리고	그	여러 낮을	안에서	그	성전에	가르치시며	그
동.직.미완.능.3단.+	접.등.	관.목.여.복.	명.목.여.복.	전.여격.	관.여격.중.단.	형.대.여격.중.단.	+동.분.현.능.주.남.단.	관.목.여.복.

1161	3571	1831	835	1519	3588	3735	3588
δὲ	νύκτας	ἐξερχόμενος	ηὐλίζετο	εἰς	τὸ	ὄρος	τὸ
δέ	νύξ	ἐξέρχομαι	αὐλίζομαι	εἰς	τό	ὄρος	τό
데	뉙타스	엑세르코메노스	에윌리제토	에이스	토	오로스	토
그리고	여러 밤을	나아가서	밤을 지내셨다	소에서	그	산	그
접.등.	명.목.여.복.	동.분.현.중수디.주.남.단.	동.직.미완.중수디.3단.	전.목.	관.목.중.단.	명.목.중.단.	관.목.중.단

2564	1636
καλούμενον	Ἐλαιῶν·
καλέω	ἐλαία
칼루메논	엘라이온
불려지는	감람원이라
동.분.현.수.목.중.단.	명.소.여.복.

38 모든 백성이 그 말씀을 들으려고 이른 아침에 성전에 나아가더라
And all the people came early in the morning to him in the temple, for to hear him.

2532	3956	3588	2992	3719	4314	846	1722	3588	2411
καὶ	πᾶς	ὁ	λαὸς	ὤρθριζεν	πρὸς	αὐτὸν	ἐν	τῷ	ἱερῷ
καί	πᾶς	ὁ	λαός	ὀρθρίζω	πρός	αὐτός	ἐν	τό	ἱερόν
카이	파스	호	라오스	오르드리젠	프로스	아우톤	엔	토	히에로
그런데	모든	그	백성이	이른 아침에 왔다	향하여	그를	안에	그	성전에
접.등.	형.주.남.단.	관.주.남.단.	명.주.남.단.	동.직.미완.능.3단.	전.목.	대.인.목.남.3단.	전.여격.	관.여격.중.단.	형.대.여격.중.단.

191	846
ἀκούειν	αὐτοῦ.
ἀκούω	αὐτός
아쿠에인	아우투
말씀을 들으려고	그의
동.부.현.능.	대.인.소.남.3단.

22 유월절이라 하는 무교절이 다가오매
Now the feast of unleavened bread drew nigh, which is called the Passover.

1448	1161	3588	1859	3588	106	3588	3004	3957
Ἤγγιζεν	δὲ	ἡ	ἑορτὴ	τῶν	ἀζύμων	ἡ	λεγομένη	πάσχα.
ἐγγίζω	δέ	ἡ	ἑορτή	ὁ	ἄζυμος	ἡ	λέγω	πάσχα
엥기젠	데	헤	헤오르테	톤	아쥐몬	헤	레고메네	파스카
가까이 있었다	이제	그	절이	그	무교	그	불려지는	유월절이라
동.직.미완.능.3단.	접.등.	관.주.여.단.	명.주.여.단.	관.소.중.복.	형.대.소.중.복.	관.주.여.단	동.분.현.수.주.여.단.	명.주.중.단.

2 대제사장들과 서기관들이 예수를 무슨 방도로 죽일까 궁리하니 이는 그들이 백성을
두려워함이더라
And the chief priests and scribes sought how they might kill him; for they feared the people.

2532	2212	3588	749	2532	3588	1122	3588	4459
καὶ	ἐζήτουν	οἱ	ἀρχιερεῖς	καὶ	οἱ	γραμματεῖς	τὸ	πῶς
καί	ζητέω	ὁ	ἀρχιερεύς	καί	ὁ	γραμματεύς	τό	πῶς
카이	에제툰	호이	아르키에레이스	카이	호이	그람마테이스	토	포스
그런데	찾고 있었다	그	대제사장	과	그	서기관들이	그	어떻게
접.등.	동.직.미완.능.3복.	관.주.남.복.	명.주.남.복.	접.등.	관.주.남.복.	명.주.남.복.	관.목.중.단	부.의.

337	846	5399	1063	3588	2992
ἀνέλωσιν	αὐτόν,	ἐφοβοῦντο	γὰρ	τὸν	λαόν.
ἀναιρέω	αὐτός	φοβέω	γάρ	ὁ	λαός
아넬로신	아우톤	에포분토	가르	톤	라온
그들이 죽일까	그를	그들이 두려워하였다	왜냐하면	그	백성을
동.가.2과.능.3복.	대.인.목.남.3단.	동.직.미완.중수디.3복.	접.종.	관.목.남.단.	명.목.남.단.

3 열둘 중의 하나인 가룟인이라 부르는 유다에게 사탄이 들어가니
Then entered Satan into Judas surnamed Iscariot, being of the number of the twelve.

1525	1161	4567	1519	2455	3588	2564	2469
Εἰσῆλθεν	δὲ	σατανᾶς	εἰς	Ἰουδαν	τὸν	καλούμενον	Ἰσκαριώτην,
εἰσέρχομαι	δέ	Σατανᾶς	εἰς	Ἰουδάς	ὁ	καλέω	Ἰσκαριώτης
에이셀덴	데	사타나스	에이스	유단	톤	칼루메논	이스카리오텐
들어갔다	그리고	사탄이	속으로	유다를	그	불려지는	가룟사람이라
동.직.2과.능.3단.	접.등.	명.주.남.단.	전.목.	명.목.남.단.	관.목.남.단	동.분.현.수.목.남.단.	명.목.남.단.

1510	1537	3588	706	3588	1427
ὄντα	ἐκ	τοῦ	ἀριθμοῦ	τῶν	δώδεκα·
εἰμί	ἐκ	ὁ	ἀριθμός	ὁ	δώδεκα
온타	에크	투	아리드무	톤	도데카
있는	중에서	그	수효	그	열둘의
동.분.현.능.목.남.단.	전.소	관.소.남.단.	명.소.남.단.	관.소.남.복.	형.대.기.소.남.복.

4 이에 유다가 대제사장들과 성전 경비대장들에게 가서 예수를 넘겨 줄 방도를 의논하매
And he went his way, and communed with the chief priests and captains, how he might betray him unto them.

2532	565	4814	3588	749	2532	4755	3588
καὶ	ἀπελθὼν	συνελάλησεν	τοῖς	ἀρχιερεῦσιν	καὶ	στρατηγοῖς	τὸ
καί	ἀπέρχομαι	συλλαλέω	ὁ	ἀρχιερεύς	καί	στρατηγός	τό
카이	아펠돈	쉬넬랄레센	토이스	아르키에류신	카이	스트라테고이스	토
이에	떠나가서	유다가 함께 말하였다	그	대제사장들에게	와	군관들에게	그
접.등.	동.분.2과.능.주.남.단.	동.직.1과.능.3단.	관.여격.남.복.	명.여격.남.복.	접.등.	명.여격.남.복	관.목.중.단.

4459	846	3860	846
πῶς	αὐτοῖς	παραδῷ	αὐτόν.
πῶς	αὐτός	παραδίδωμι	αὐτός
포스	아우토이스	파라도	아우톤
어떻게	그들에게	유다가 넘겨질지	그를
부.의.	대.인.여격.남.3복.	동.가.2과.능.3단.	대.인.목.남.3단.

5 그들이 기뻐하여 돈을 주기로 언약하는지라
And they were glad, and covenanted to give him money.

2532	5463	2532	4934	846	694	1325
καὶ	ἐχάρησαν	καὶ	συνέθεντο	αὐτῷ	ἀργύριον	δοῦναι.
καί	χαίρω	καί	συντίθεμαι	αὐτός	ἀργύριον	δίδωμι
카이	에카레산	카이	쉬네텐토	아우토	아르귀리온	두나이
그러자	그들이 기뻐하였다	이에	그들이 합의하였다	그와	은을	주는 것을
접.등.	동.직.2과.수디.3복.	접.등.	동.직.2과.중.3복.	대.인.여격.남.3단.	명.목.중.단.	동.부.2과.능.

6 유다가 허락하고 예수를 무리가 없을 때에 넘겨 줄 기회를 찾더라
And he promised, and sought opportunity to betray him unto them in the absence of the multitude.

2532	1843	2532	2212	2120	3588	3860
καὶ	ἐξωμολόγησεν,	καὶ	ἐζήτει	εὐκαιρίαν	τοῦ	παραδοῦναι
καί	ἐξομολογέω	καί	ζητέω	εὐκαιρία	τό	παραδίδωμι
카이	엑소몰로게센	카이	에제테이	유카이리안	투	파라두나이
그리하여	유더가 약속하였다	그리고	찾고 있었다	기회를	그	넘기기 위한
접.등.	동.직.1과.능.3단.	접.등.	동.직.미완.능.3단.	명.목.여.단.	관.소.중.단.	동.부.2과.능.소.

846	817	3793	846
αὐτὸν	ἄτερ	ὄχλου	αὐτοῖς.
αὐτός	ἄτερ	ὄχλος	αὐτός
아우톤	아테르	오클루	아우토이스
그를	없을 때	무리의	그들에게
대.인.목.남.3단.	전.소.	명.소.남.단.	대.인.여격.남.3복.

7 유월절 양을 잡을 무교절날이 이른지라
Then came the day of unleavened bread, when the passover must be killed.

2064	1161	3588	2250	3588	106	1722	3739	1163
Ἦλθεν	δὲ	ἡ	ἡμέρα	τῶν	ἀζύμων,	[ἐν]	ᾗ	ἔδει
ἔρχομαι	δέ	ἡ	ἡμέρα	τό	ἄζυμος	ἐν	ὅς	δεῖ
엘덴	데	헤	헤메라	톤	아쥐몬	엔	헤	에데이
왔다	이에	그	날이	그	무교	중에	그날	반드시 하였다
동.직.2과.능.3단.	접.등.	관.주.여.단.	명.주.여.단.	관.소.중.복.	형.대.소.중.복.	전.여격.	대.관.여격.여.단.	동.직.미완.능.3단.

2380	3588	3957
θύεσθαι	τὸ	πάσχα·
θύω	τό	πάσχα
뒤에스다이	토	파스카
(양이)죽임을 당하는 것을	그	유월절
동.부.현.수.	관.목.중.단.	명.목.중.단.

8 예수께서 베드로와 요한을 보내시며 이르시되 가서 우리를 위하여 유월절을 준비하여
우리로 먹게 하라
And he sent Peter and John, saying, Go and prepare us the passover, that we may eat.

2532	649	4074	2532	2491	3004(2036)	4198
καὶ	ἀπέστειλεν	Πέτρον	καὶ	Ἰωάννην	εἰπών,	πορευθέντες
καί	ἀποστέλλω	Πέτρος	καί	Ἰωάννης	λέγω.ἔπω	πορεύομαι
카이	아페스테일렌	페트론	카이	요안넨	에이폰	포류덴테스
그러자	예수께서 보내셨다	베드로	와	요한을	말씀하신 후에	가라
접.등.	동.직.1과.능.3단.	명.목.남.단.	접.등.	명.목.남.단.	동.분.2과.능.주.남.단.	동.분명.1과.수디.주.남.2복.

2090	1473	3588	3957	2443	5315
ἑτοιμάσατε	ἡμῖν	τὸ	πάσχα	ἵνα	φάγωμεν.
ἑτοιμάζω	ἐγώ	τό	πάσχα	ἵνα	φάγω
헤토이마사테	헤민	토	파스카	히나	파고멘
너희가 준비하라	우리를 위하여	그	유월절을	위하여	우리가 먹기
동.명.1과.능.2복.	대.인.여격.1복.	관.목.중.단.	명.목.중.단.	접.종.	동.가.2과.능.1복.

9 여짜오되 어디서 준비하기를 원하시나이까
And they said unto him, Where wilt thou that we prepare?

3588	1161	3004(2036)	846	4226	2309	2090
οἱ	δὲ	εἶπαν	αὐτῷ,	ποῦ	θέλεις	ἑτοιμάσωμεν;
ὁ	δέ	λέγω.ἔπω	αὐτός	ποῦ	θέλω	ἑτοιμάζω
호이	데	에이판	아우토	푸	델레이스	헤토이마소멘
그들이	그러나	말씀드렸다	그에게	어디서	원하시나이까	우리가 준비할 것을
관.주.남.복	접.우.	동.직.2과.능.3복.	대.인.여격.남.3단.	부.의.	동.직.현.능.2단.	동.가.1과.능.1복.

10 이르시되 보라 너희가 성내로 들어가면 물 한 동이를 가지고 가는 사람을 만나리니 그가
들어가는 집으로 따라 들어가서
And he said unto them, Behold, when ye are entered into the city, there shall a man meet you,
bearing a pitcher of water; follow him into the house where he entereth in.

3588	1161	3004(2036)	846	2400	1525	4771	1519	3588
ὁ	δὲ	εἶπεν	αὐτοῖς,	ἰδοὺ	εἰσελθόντων	ὑμῶν	εἰς	τὴν
ὁ	δέ	λέγω.ἔπω	αὐτός	ἰδού	εἰσέρχομαι	σύ	εἰς	ἡ
호	데	에이펜	아우토이스	이두	에이셀돈톤	휘몬	에이스	텐
예수께서	이에	말씀하셨다	그들에게	보라	들어간 후에	너희(의)가	안으로	그
관.주.남.단	접.우.	동.직.2과.능.3단.	대.인.여격.남.3복.	불.문.	동.분.2과.능.소.남.2복.	대.인.소.2복.	전.목.	관.목.여.단.

4172	4876	4771	444	2765	5204	941
πόλιν	συναντήσει	ὑμῖν	ἄνθρωπος	κεράμιον	ὕδατος	βαστάζων·
πόλις	συναντάω	σύ	ἄνθρωπος	κεράμιον	ὕδωρ	βαστάζω
폴린	쉬난테세이	휘민	안드로포스	케라미온	휘다토스	바스타존
도시를	만날 것이다	너희에게	한 사람이	한 동이를	물의	짊어지고 가는
명.목.여.단.	동.직.미.능.3단.	대.인.여격.2복.	명.주.남.단.	명.목.중.단.	명.소.중.단.	동.분.현.능.주.남.단.

190	846	1519	3588	3614	1519	3739	1531
ἀκολουθήσατε	αὐτῷ	εἰς	τὴν	οἰκίαν	εἰς	ἣν	εἰσπορεύεται,
ἀκολουθέω	αὐτός	εἰς	ἡ	οἰκία	εἰς	ὅς	εἰσπορεύομαι
아콜루데사테	아우토	에이스	텐	오이키안	에이스	헨	에이스포류에타이
너희는 따르라	그에게	안으로	그	집을		(~하는)바	그가 들어간다
동.명.1과.능.2복.	대.인.여격.남.3단.	전.목.	관.목.여.단.	명.목.여.단.	전.목.	대.관.목.여.단.	동.직.현.중수디.3단.

11 그 집 주인에게 이르되 선생님이 네게 하는 말씀이 내가 내 제자들과 함께 유월절을
먹을 객실이 어디 있느냐 하시더라 하라

And ye shall say unto the goodman of the house, The Master saith unto thee, Where is the guestchamber, where I shall eat the passover with my disciples?

2532	3004(2046)	3588	3617	3588	3614	3004	4771	3588
καὶ	ἐρεῖτε	τῷ	οἰκοδεσπότῃ	τῆς	οἰκίας,	λέγει	σοι	ὁ
καί	λέγω.ἐρέω	ὁ	οἰκοδεσπότης	ἡ	οἰκία	λέγω	σύ	ὁ
카이	에레이테	토	오이코데스포테	테스	오이키아스	레게이	소이	호
그래서	너희는 말하라	그	주인에게	그	집의	말씀하신다	당신에게	그
접.등.	동.직.미.능.2복	관.여격.남.단.	명.여격.남.단.	관.소.여.단.	명.소.여.단.	동.직.현.능.3단.	대.인.여격.2단.	관.주.남.단.

1320	4226	1510	3588	2646	3699	3588	3957	3326
διδάσκαλος,	ποῦ	ἐστιν	τὸ	κατάλυμα	ὅπου	τὸ	πάσχα	μετὰ
διδάσκαλος	ποῦ	εἰμί	τό	κατάλυμα	ὅπου	τό	πάσχα	μετά
디다스칼로스	푸	에스틴	토	카탈뤼마	호푸	토	파스카	메타
선생님이	어디	있느냐	그	객실이	바 그곳	그	유월절을	함께
명.주.남.단.	부.의.	동.직.현.능.3단.	관.주.중.단.	명.주.중.단.	부.관.	관.목.중.단.	명.목.중.단.	전.소.

3588	3101	1473	5315
τῶν	μαθητῶν	μου	φάγω;
ὁ	μαθητής	ἐγώ	φάγω
톤	마데톤	무	파고
그	제자들과	나의	내가 먹기 위한
관.소.남.복.	명.소.남.복.	대.인.소.1단.	동.가.2과.능.1단.

12 그리하면 그가 자리를 마련한 큰 다락방을 보이리니 거기서 준비하라 하시니

And he shall show you a large upper room furnished: there make ready.

2548	4771	1166	508	3173	4766	1563
κἀκεῖνος	ὑμῖν	δείξει	ἀνάγαιον	μέγα	ἐστρωμένον·	ἐκεῖ
κακεῖνος	σύ	δεικνύω	ἀνάγαιον	μέγας	στρώννυμι	ἐκεῖ
카케이노스	휘민	데잌세이	아나가이온	메가	에스트로메논	에케이
그리하면 그가	너희에게	보일 것이다	한 다락방을	큰	(자리가) 깔려있는	거기서
접.등&대.지.주.남.단.	대.인.여격.2복.	동.직.미.능.3단.	명.목.중.단.	형.목.중.단.	동.분.1완.수.목.중.단.	부.

2090
ἑτοιμάσατε.
ἑτοιμάζω
헤토이마사테
너희는 준비하라
동.명.1과.능.2복.

13 그들이 나가 그 하신 말씀대로 만나 유월절을 준비하니라

And they went, and found as he had said unto them: and they made ready the passover.

565	1161	2147	2531	2046	846	2532
ἀπελθόντες	δὲ	εὗρον	καθὼς	εἰρήκει	αὐτοῖς	καὶ
ἀπέρχομαι	δέ	εὑρίσκω	καθώς	ἐρέω	αὐτός	καί
아펠돈테스	데	휴론	카도스	에이레케이	아우토이스	카이
떠나가서	그러자	그들이 찾아내었다	대로	예수께서 말씀하셨다	그들에게	이에
동.분.2과.능.주.남.복.	접.우.	동.직.2과.능.3복.	접.종.	동.직.과완.능.3단.	대.인.여격.남.3복.	접.등.

2090	3588	3957
ἡτοίμασαν	τὸ	πάσχα.
ἑτοιμάζω	τό	πάσχα
헤토이마산	토	파스카
그들이 준비하였다	그	유월절을
동.직.1과.능.3복.	관.목.중.단.	명.목.중.단.

14 때가 이르매 예수께서 사도들과 함께 앉으사
And when the hour was come, he sat down, and the twelve apostles with him.

2532	3753	1096	3588	5610	377	2532	3588	652
Καὶ	ὅτε	ἐγένετο	ἡ	ὥρα,	ἀνέπεσεν	καὶ	οἱ	ἀπόστολοι
καί	ὅτε	γίνομαι	ἡ	ὥρα	ἀναπίπτω	καί	ὁ	ἀπόστολος
카이	호테	에게네토	헤	호라	아네페센	카이	호이	아포스톨로이
그리고	때에	되었다	그	시간이	기대어 앉으셨다	그리고	그	사도들이
접.등.	접.종.	동.직.2과.중디.3단.	관.주.여.단.	명.주.여.단.	동.직.2과.능.3단.	접.등.	관.주.남.복.	명.주.남.복.

4862	846
σὺν	αὐτῷ.
σύν	αὐτός
쉰	아우토
함께	그와
전.여격.	대.인.여격.남.3단.

15 이르시되 내가 고난을 받기 전에 너희와 함께 이 유월절 먹기를 원하고 원하였노라
And he said unto them, With desire I have desired to eat this passover with you before I suffer:

2532	3004(2036)	4314	846	1939	1937	3778	3588
καὶ	εἶπεν	πρὸς	αὐτούς,	ἐπιθυμίᾳ	ἐπεθύμησα	τοῦτο	τὸ
καί	λέγω.ἔπω	πρός	αὐτός	ἐπιθυμία	ἐπιθυμέω	οὗτος	τό
카이	에이펜	프로스	아우투스	에피뒤미아	에페뒤메사	투토	토
그리고	그가 말씀하셨다	향하여	그들을	간절히 원함으로	내가 간절히 원하였다	이	그
접.등.	동.직.2과.능.3단.	전.목.	대.인.목.남.3복.	명.여격.여.단.	동.직.1과.능.1단.	대.지.목.중.단.	관.목.중.단.

3957	5315	3326	4771	4253	3588	1473	3958
πάσχα	φαγεῖν	μεθ'	ὑμῶν	πρὸ	τοῦ	με	παθεῖν·
πάσχα	φάγω	μετά	σύ	πρό	τό	ἐγώ	πάσχω
파스카	파게인	멘	휘몬	프로	투	메	파데인
유월절을	먹는 것을	함께	너희와	전에	그	나를	고난을 겪기
명.목.중.단.	동.부.2과.능.	전.소	대.인.소.2복.	전.소	관.소.중.단.	대.인.목.2단.	동.부.2과.능.소.

16 내가 너희에게 이르노니 이 유월절이 하나님의 나라에서 이루기까지 다시 먹지 아니하리라
하시고
For I say unto you, I will not any more eat thereof, until it be fulfilled in the kingdom of God.

3004	1063	4771	3754	3756	3361	5315	846	2193
λέγω	γὰρ	ὑμῖν,	ὅτι	οὐ	μὴ	φάγω	αὐτὸ	ἕως
λέγω	γάρ	σύ	ὅτι	οὐ	μή	φάγω	αὐτός	ἕως
레고	가르	휘민	호티	우	메	파고	아우토	헤오스
내가 말한다	참으로	너희에게	것을	아니하리라는	결코	나는 먹지	이것을	까지
동.직.현.능.1단.	접.종.	대.인.여격.2복.	접.우.	부.	부.	동.가.2과.능.1단.	대.인.목.중.3단.	전.소.

3755	4137	1722	3588	932	3588	2316
ὅτου	πληρωθῇ	ἐν	τῇ	βασιλείᾳ	τοῦ	θεοῦ.
ὅτου	πληρόω	ἐν	ἡ	βασιλεία	ὁ	θεός
호투	플레로데	엔	테	바실레이아	투	데우
	유월절이 이루어지기	안에서	그	나라에	그	하나님의
대.관.소.남.단.	동.가.1과.수.3단.	전.여격.	관.여격.여.단.	명.여격.여.단.	관.소.남.단.	명.소.남.단.

17 이에 잔을 받으사 감사 기도 하시고 이르시되 이것을 갖다가 너희끼리 나누라
And he took the cup, and gave thanks, and said, Take this, and divide it among yourselves:

2532	1209	4221	2168	3004(2036)	2983	3778
καὶ	δεξάμενος	ποτήριον	εὐχαριστήσας	εἶπεν,	λάβετε	τοῦτο
καί	δέχομαι	ποτήριον	εὐχαριστέω	λέγω.ἔπω	λαμβάνω	οὗτος
카이	덱사메노스	포테리온	유카리스테사스	에이펜	라베테	투토
그리고	받으시고	잔을	감사하신 후에	그가 말씀하셨다	취하라	이것을
접.등.	동.분.1과.중디.주.남.단.	명.목.중.단.	동.분.1과.중디.주.남.단.	동.직.2과.능.3단.	동.명.2과.능.2복.	대.지.목.중.단.

2532	1266	1519	1438
καὶ	διαμερίσατε	εἰς	ἑαυτούς·
καί	διαμερίζω	εἰς	ἑαυτοῦ
카이	디아메리사테	에이스	헤아우투스
그리고	나누라	위하여	너희 자신들을
접.등.	동.명.1과.능.2복.	전.목.	대.인.목.남.3복.

18 내가 너희에게 이르노니 내가 이제부터 하나님의 나라가 임할 때까지 포도나무에서 난
것을 다시 마시지 아니하리라 하시고
For I say unto you, I will not drink of the fruit of the vine, until the kingdom of God shall come.

3004	1063	4771	3754	3756	3361	4095	575	3588	3568
λέγω	γὰρ	ὑμῖν	[ὅτι]	οὐ	μὴ	πίω	ἀπὸ	τοῦ	νῦν
λέγω	γάρ	σύ	ὅτι	οὐ	μή	πίνω	ἀπό	ὁ	νῦν
레고	가르	휘민	호티	우	메	피오	아포	투	뉜
내가 말한다	왜냐하면	너희에게	것을	결코	않으리라는	나는 마시지	부터	그	지금
동.직.현.능.1단.	접.종.	대.인.여격.2복.	접.우.	부.	부.	동.가.2과.능.1단.	전.소.	관.소.남.단.	부

575	3588	1081	3588	288	2193	3739	3588	932
ἀπὸ	τοῦ	γενήματος	τῆς	ἀμπέλου	ἕως	οὗ	ἡ	βασιλεία
ἀπό	τό	γένημα	ἡ	ἄμπελος	ἕως	ὅς	ἡ	βασιλεία
아포	투	게네마토스	테스	암펠루	헤오스	후	헤	바실레이아
부터	그	난 것으로	그	포도나무의	까지	때	그	나라가
전.소.	관.소.중.단.	명.소.중.단.	관.소.여.단.	명.소.여.단.	전.소.	대.관.소.남.단	관.주.여.단.	명.주.여.단.

3588	2316	2064
τοῦ	θεοῦ	ἔλθῃ.
ὁ	θεός	ἔρχομαι
투	데우	엘데
그	하나님의	임할
관.소.남.단.	명.소.남.단.	동.가.2과.능.3단.

19 또 떡을 가져 감사 기도 하시고 떼어 그들에게 주시며 이르시되 이것은 너희를 위하여
주는 내 몸이라 너희가 이를 행하여 나를 기념하라 하시고
And he took bread, and gave thanks, and brake it, and gave unto them, saying, This is my body which is given for you: this do in remembrance of me.

2532	2983	740	2168	2806	2532	1325	846
Καὶ	λαβὼν	ἄρτον	εὐχαριστήσας	ἔκλασεν	καὶ	ἔδωκεν	αὐτοῖς
καί	λαμβάνω	ἄρτος	εὐχαριστέω	κλάω	καί	δίδωμι	αὐτός
카이	라본	아르톤	유카리스테사스	에클라센	카이	에도켄	아우토이스
또	취하사	떡을	감사하신 다음에	떼셨다	그래서	주셨다	그들에게
접.등.	동.분.2과.능.주.남.단.	명.목.남.단.	동.분.1과.능.주.남.단.	동.직.1과.능.3단.	접.등.	동.직.1과.능.3단.	대.인.여격.남.3복.

3004	3778	1510	3588	4983	1473	3588	5228	4771
λέγων,	τοῦτό	ἐστιν	τὸ	σῶμά	μου	τὸ	ὑπὲρ	ὑμῶν
λέγω	οὗτος	εἰμί	τό	σῶμα	ἐγώ	τό	ὑπέρ	σύ
레곤	투토	에스틴	토	소마	무	토	휘페르	휘몬
말씀하시기를	이것은	이다	이	몸	내	그	위하여	너희를
동.분.현.능.주.남.단.	대.지.주.중.단.	동.직.현.능.3단.	관.주.중.단.	명.주.중.단.	대.인.소.1단.	관.주.중.단	전.소.	대.인.소.2복.

1325	3778	4160	1519	3588	1699	364
διδόμενον·	τοῦτο	ποιεῖτε	εἰς	τὴν	ἐμὴν	ἀνάμνησιν.
δίδωμι	οὗτος	ποιέω	εἰς	ἡ	ἐμός	ἀνάμνησις
디도메논	투토	포이에이테	에이스	텐	에멘	아남네신
주게되는	이것을	너희가 행하라	위하여	그	나를	기념을
동.분.현.수.주.중.단.	대.지.목.중.단.	동.명.현.능.2복.	전.목.	관.목.여.단.	형.목.여.1단.	명.목.여.단.

20 저녁 먹은 후에 잔도 그와 같이 하여 이르시되 이 잔은 내 피로 세우는 새 언약이니 곧
너희를 위하여 붓는 것이라

Likewise also the cup after supper, saying, This cup is the new testament in my blood, which is shed for you.

2532	3588	4221	5615	3326	3588	1172	3004	3778
καὶ	τὸ	ποτήριον	ὡσαύτως	μετὰ	τὸ	δειπνῆσαι,	λέγων,	τοῦτο
καί	τό	ποτήριον	ὡσαύτως	μετά	τό	δειπνέω	λέγω	οὗτος
카이	토	포테리온	호사우토스	메타	토	데이프네사이	레곤	투토
그리고	그	잔을	이와같이	후에	그	저녁식사를 한	말씀하시기를	이
접.등.	관.목.중.단.	명.목.중.단.	부.	전.목.	관.목.중.단.	동.부.1과.능.목.	동.분.현.능.주.남.단.	대.지.주.중.단.

3588	4221	3588	2537	1242	1722	3588	129	1473	3588
τὸ	ποτήριον	ἡ	καινὴ	διαθήκη	ἐν	τῷ	αἵματί	μου	τὸ
τό	ποτήριον	ἡ	καινός	διαθήκη	ἐν	τό	αἷμα	ἐγώ	τό
토	포테리온	헤	카이네	디아데케	엔	토	하이마티	무	토
그	잔은	그	새	언약(이니)	의한	그	피에	나의	그
관.주.중.단.	명.주.중.단.	관.주.여.단.	형.주.여.단.	명.주.여.단.	전.여격.	관.여격.중.단.	명.여격.중.단.	대.인.소.1단.	관.주.중.단

5228	4771	1632
ὑπὲρ	ὑμῶν	ἐκχυννόμενον.
ὑπέρ	σύ	ἐκχέω
휘페르	휘몬	엑퀸노메논
위하여	너희를	흘리는
전.소.	대.인.소.2복.	동.분.현.수.주.중.단.

21 그러나 보라 나를 파는 자의 손이 나와 함께 상 위에 있도다

But, behold, the hand of him that betrayeth me is with me on the table.

4133	2400	3588	5495	3588	3860	1473	3326	1473
Πλὴν	ἰδοὺ	ἡ	χεὶρ	τοῦ	παραδιδόντος	με	μετ'	ἐμοῦ
πλήν	ἰδού	ἡ	χείρ	ὁ	παραδίδωμι	ἐγώ	μετά	ἐγώ
플렌	이두	헤	케이르	투	파라디돈토스	메	멧	에무
그렇지만	보라	그	손이	그(사람의)	넘기는	나를	함께(있으니)	나와
접.등.	불.문.	관.주.여.단.	명.주.여.단.	관.소.남.단	동.분.현.능.소.남.단.	대.인.목.1단.	전.소.	대.인.소.1단.

1909	3588	5132
ἐπὶ	τῆς	τραπέζης·
ἐπί	ἡ	τράπεζα
에피	테스	트라페제스
위에서	이	식탁의
전.소.	관.소.여.단.	명.소.여.단.

22 인자는 이미 작정된 대로 가거니와 그를 파는 그 사람에게는 화가 있으리로다 하시니
And truly the Son of man goeth, as it was determined: but woe unto that man by whom he is betrayed!

3754	3588	5207	3303	3588	444	2596	3588	3724
ὅτι	ὁ	υἱὸς	μὲν	τοῦ	ἀνθρώπου	κατὰ	τὸ	ὡρισμένον
ὅτι	ὁ	υἱός	μέν	ὁ	ἄνθρωπος	κατά	τό	ὁρίζω
호티	호	휘오스	멘	투	안드로푸	카타	토	호리스메논
때문이라	그	아들이	참으로	그	사람의	따라서	그(것을)	이미 정하여져 있는
접종.	관.주.남.단.	명.주.남.단.	접종.	관.소.남.단.	명.소.남.단.	전목.	관.목.중.단	동.분.1완.수.목.중.단.

4198	4133	3759	3588	444	1565	1223	3739
πορεύεται,	πλὴν	οὐαὶ	τῷ	ἀνθρώπῳ	ἐκείνῳ	δι’	οὗ
πορεύομαι	πλήν	οὐαί	ὁ	ἄνθρωπος	ἐκεῖνος	διά	ὅς
포류에타이	플렌	우아이	토	안드로포	에케이노	디	우
가기	그렇지만	화로다	그	사람에게	그	인하여	바 사람을
동.직.현.중수디.3단.	접.우.	불.문.	관.여격.남.단.	명.여격.남.단.	대.지.여격.남.단.	전소.	대.관.소.남.단.

3860
παραδίδοται.
παραδίδωμι
파라디도타이
그가 넘기게 되는
동.직.현.수.3단.

23 그들이 서로 묻되 우리 중에서 이 일을 행할 자가 누구일까 하더라
And they began to inquire among themselves, which of them it was that should do this thing.

2532	846	756	4802	4314	1438	3588	5101	686
καὶ	αὐτοὶ	ἤρξαντο	συζητεῖν	πρὸς	ἑαυτοὺς	τὸ	τίς	ἄρα
καί	αὐτός	ἄρχομαι	συζητέω	πρός	ἑαυτοῦ	τό	τίς	ἄρα
카이	아우토이	에릌산토	쉬제테인	프로스	헤아우투스	토	티스	아라
그러자	친히	시작하였다	함께 묻기를	끼리	그들 자신들	그	누구	그러면
접.등.	대.인.주.남.3복.	동.직.1과.중.3복.	동.부.현.능.	전목.	대.인.목.남.3복.	관.목.중.단.	대.의.주.남.단.	접.우.

1510	1537	846	3588	3778	3195	4238
εἴη	ἐξ	αὐτῶν	ὁ	τοῦτο	μέλλων	πράσσειν.
εἰμί	ἐκ	αὐτός	ὁ	οὗτος	μέλλω	πράσσω
에이에	엨스	아우톤	호	투토	멜론	프라쎄인
인지	중에서	그들	그(자가)	이 일을	하려고 하는	실행하는 것을
동.희.현.능.3단.	전소.	대.인.소.남.3복.	관.주.남.단	대.지.목.중.단.	동.분.현.능.주.남.단.	동.부.현.능.

24 또 그들 사이에 그 중 누가 크냐 하는 다툼이 난지라
And there was also a strife among them, which of them should be accounted the greatest.

1096	1161	2532	5379	1722	846	3588	5101	846
Ἐγένετο	δὲ	καὶ	φιλονεικία	ἐν	αὐτοῖς,	τὸ	τίς	αὐτῶν
γίνομαι	δέ	καί	φιλονεικία	ἐν	αὐτός	τό	τίς	αὐτός
에게네토	데	카이	필로네이키아	엔	아우토이스	토	티스	아우톤
일어났다	또	역시	한 다툼이	가운데	그들	그	누가	그들 중의
동.직.2과.중디.3단.	접.등.	부.	명.주.여.단.	전.여격.	대.인.여격.남.3복.	관.주.중.단.	대.의.주.남.단.	대.인.소.남.3복.

1380	1510	3173
δοκεῖ	εἶναι	μείζων.
δοκέω	εἰμί	μέγας
도케이	에이나이	메이존
생각하느냐	이라고	더 큼
동.직.현.능.3단.	동.부.현.능.	형.비.주.남.단.

25 예수께서 이르시되 이방인의 임금들은 그들을 주관하며 그 집권자들은 은인이라 칭함을
받으나
And he said unto them, The kings of the Gentiles exercise lordship over them; and they that exercise authority upon them are called benefactors.

3588	1161	3004(2036)	846	3588	935	3588	1484
ὁ	δὲ	εἶπεν	αὐτοῖς,	οἱ	βασιλεῖς	τῶν	ἐθνῶν
ὁ	δέ	λέγω.ἔπω	αὐτός	ὁ	βασιλεύς	τό	ἔθνος
호	데	에이펜	아우토이스	호이	바실레이스	톤	에드논
예수님께서	그리하여	말씀하셨다	그들에게	그	왕들이	그	이방인들의
관.주.남.단	접.우.	동.직.2과.능.3단.	대.인.여격.남.3복.	관.주.남.복.	명.주.남.복.	관.소.중.복.	명.소.중.복.

2961	846	2532	3588	1850	846	2110
κυριεύουσιν	αὐτῶν	καὶ	οἱ	ἐξουσιάζοντες	αὐτῶν	εὐεργέται
κυριεύω	αὐτός	καί	ὁ	ἐξουσιάζω	αὐτός	εὐεργέτης
퀴리유우신	아우톤	카이	호이	엑수시아존테스	아우톤	유에르게타이
주장한다	그들(의)을	그리고	그(사람들이)	권리를 행사하는	그들의	은인들이라
동.직.현.능.3복.	대.인.소.남.3복.	접.등.	관.주.남.복	동.분.현.능.주.남.복.	대.인.소.중.3복.	명.주.남.복.

2564
καλοῦνται.
καλέω
칼룬타이
불려진다
동.직.현.수.3복.

26 너희는 그렇지 않을지니 너희 중에 큰 자는 젊은 자와 같고 다스리는 자는 섬기는 자와 같을지니라

But ye shall not be so: but he that is greatest among you, let him be as the younger; and he that is chief, as he that doth serve.

4771	1161	3756	3779	235	3588	3173	1722	4771	1096
ὑμεῖς	δὲ	οὐχ	οὕτως,	ἀλλ'	ὁ	μείζων	ἐν	ὑμῖν	γινέσθω
σύ	δέ	οὐ	οὕτως	ἀλλά	ὁ	μέγας	ἐν	σύ	γίνομαι
휘메이스	데	우크	후토스	알	호	메이존	엔	휘민	기네스도
너희는	그러나	않을지니	그렇지	다만	그	더 큰 사람은	가운데	너희	되어라
대.인.주.2복.	접.우.	부.	부.	접.우.	관.주.남.단.	형.대.비.주.남.단.	전.여격.	대.인.여격.2복.	동.명.현.중수디.3단.

5613	3588	3501	2532	3588	2233	5613	3588	1247
ὡς	ὁ	νεώτερος	καὶ	ὁ	ἡγούμενος	ὡς	ὁ	διακονῶν.
ὡς	ὁ	νέος	καί	ὁ	ἡγέομαι	ὡς	ὁ	διακονέω
호스	호	네오테로스	카이	호	헤구메노스	호스	호	디아코논
같이	그	더 젊은 사람과	그리고	그(사람은)	다스리는	같이 (될지라)	그(사람과)	섬기는
접.종.	관.주.남.단.	형.대.비.주.남.단.	접.등.	관.주.남.단.	형.대.비.주.남.단.	접.종.	관.주.남.단	동.분.현.능.주.남.단.

27 앉아서 먹는 자가 크냐 섬기는 자가 크냐 앉아서 먹는 자가 아니냐 그러나 나는 섬기는 자로 너희 중에 있노라

For whether is greater, he that sitteth at meat, or he that serveth? is not he that sitteth at meat? but I am among you as he that serveth.

5101	1063	3173	3588	345	2228	3588	1247
τίς	γὰρ	μείζων,	ὁ	ἀνακείμενος	ἢ	ὁ	διακονῶν;
τίς	γάρ	μέγας	ὁ	ἀνάκειμαι	ἤ	ὁ	διακονέω
티스	가르	메이존	호	아나케이메노스	에	호	디아코논
누가	왜냐하면	더 크냐	그(사람이)	기대어 앉은	혹은	그(사람이)	섬기는
대.의.주.남.단.	접.등.	형.대.비.주.남.단.	관.주.남.단	동.분.현.중수디.주.남.단.	접.등.	관.주.남.단	동.분.현.능.주.남.단.

3780	3588	345	1473	1161	1722	3319	4771	1510
οὐχὶ	ὁ	ἀνακείμενος;	ἐγὼ	δὲ	ἐν	μέσῳ	ὑμῶν	εἰμι
οὐχί	ὁ	ἀνάκειμαι	ἐγώ	δέ	ἐν	μέσος	σύ	εἰμί
우키	호	아나케이메노스	에고	데	엔	메소	휘몬	에이미
아니냐	그(사람이)	(식탁에) 기대어 앉은	나는	그러나	안에	가운데	너희	있노라
불.의.	관.주.남.단	동.분.현.중수디.주.남.단.	대.인.주.1단.	접.우.	전.여격.	형.대.여격.중.단.	대.인.소.2복.	동.직.현.능.1단.

5613	3588	1247
ὡς	ὁ	διακονῶν.
ὡς	ὁ	διακονέω
호스	호	디아코논
같이	그(사람과)	섬기는
접.종.	관.주.남.단	동.분.현.능.주.남.단.

28 너희는 나의 모든 시험 중에 항상 나와 함께 한 자들인즉
Ye are they which have continued with me in my temptations.

4771	1161	1510	3588	1265	3326	1473	1722	3588
Ὑμεῖς	δέ	ἐστε	οἱ	διαμεμενηκότες	μετ'	ἐμοῦ	ἐν	τοῖς
σύ	δέ	εἰμί	ὁ	διαμένω	μετά	ἐγώ	ἐν	ὁ
휘메이스	데	에스테	호이	디아메메네코테스	멭	에무	엔	토이스
너희는	그러나	이니라	그(사람들)	항상 머물고 있는	함께	나와	중에	그
대.인.주.2복.	접.등.	동.직.현.능.2복.	관.주.남.복	동.분.1완.능.주.남.2복.	전.소.	대.인.소.1단.	전.여격.	관.여격.남.복.

3986	1473
πειρασμοῖς	μου·
πειρασμός	ἐγώ
페이라스모이스	무
유혹들	나의
명.여격.남.복.	대.인.소.1단.

29 내 아버지께서 나라를 내게 맡기신 것 같이 나도 너희에게 맡겨
And I appoint unto you a kingdom, as my Father hath appointed unto me;

2504	1303	4771	2531	1303	1473	3588	3962
κἀγὼ	διατίθεμαι	ὑμῖν	καθὼς	διέθετό	μοι	ὁ	πατήρ
κἀγώ	διατίθεμαι	σύ	καθώς	διατίθεμαι	ἐγώ	ὁ	πατήρ
카고	디아티데마이	휘민	카도스	디에데토	모이	호	파테르
그리고 나도	지명한다	너희에게	같이	지명해 주셨다	나에게	그	아버지께서
접.등&대.인.주.1단.	동.직.현.중.1단.	대.인.여격.2복.	접.종.	동.직.2과.중.3단.	대.인.여격.1단.	관.주.남.단.	명.주.남.단.

1473	932
μου	βασιλείαν,
ἐγώ	βασιλεία
무	바실레이안
나의	나라를
대.인.소.1단.	명.목.여.단.

30 너희로 내 나라에 있어 내 상에서 먹고 마시며 또는 보좌에 앉아 이스라엘 열두 지파를
다스리게 하려 하노라
That ye may eat and drink at my table in my kingdom, and sit on thrones judging the twelve tribes of Israel.

2443	2068	2532	4095	1909	3588	5132	1473	1722
ἵνα	ἔσθητε	καὶ	πίνητε	ἐπὶ	τῆς	τραπέζης	μου	ἐν
ἵνα	ἐσθίω	καί	πίνω	ἐπί	ἡ	τράπεζα	ἐγώ	ἐν
히나	에스데테	카이	피네테	에피	테스	트라페제스	무	엔
위함이라	너희가 먹고	그리고	마시기	위에서	그	식탁의	내	안에(있는)
접.등.	동.가.현.능.2복.	접.등.	동.가.현.능.2복.	전.소.	관.소.여.단.	명.소.여.단.	대.인.소.1단.	전.여격.

3588	932	1473	2532	2523	1909	2362	3588	1427
τῇ	βασιλείᾳ	μου,	καὶ	καθήσεσθε	ἐπὶ	θρόνων	τὰς	δώδεκα
ἡ	βασιλεία	ἐγώ	καί	καθίζω	ἐπί	θρόνος	ἡ	δώδεκα
테	바실레이아	무	카이	카데세스데	에피	드로논	타스	도데카
그	나라에	내	또한	너희는 앉을 것이다	위에서	보좌들의	그	열 두
관.여격.여.단.	명.여격.남.복.	대.인.소.1단.	접.등.	동.가.현.능.2복.	전.소.	명.소.남.복.	관.목.여.복.	형.기.목.여.복.

5443	2919	3588	2474
φυλὰς	κρίνοντες	τοῦ	Ἰσραήλ.
φυλή	κρίνω	ὁ	Ἰσραήλ
필라스	크리논테스	투	이스라엘
지파들을	심판하며	그	이스라엘의
명.목.여.복.	동.분.현.능.주.남.2복.	관.소.남.단.	명.소.남.단.

31 시몬아, 시몬아, 보라 사탄이 너희를 밀 까부르듯 하려고 요구하였으나
And the Lord said, Simon, Simon, behold, Satan hath desired to have you, that he may sift you as wheat:

4613	4613	2400	3588	4567	1809	4771	3588	4617
Σίμων	Σίμων,	ἰδοὺ	ὁ	σατανᾶς	ἐξητήσατο	ὑμᾶς	τοῦ	σινιάσαι
Σίμων	Σίμων	ἰδού	ὁ	Σατανᾶς	ἐξαιτέομαι	σύ	τό	σινιάζω
시몬	시몬	이두	호	사타나스	엑세테사토	휘마스	투	시니아사이
시몬아	시몬아	보라	그	사탄이	요구하였다	너희를	그	까부르려고
명.호.남.단.	명.호.남.단.	불.문.	관.주.남.단.	명.주.남.단.	동.직.1과.중.3단.	대.인.목.2복.	관.소.중.단.	동.부.1과.능.소

5613	3588	4621
ὡς	τὸν	σῖτον·
ὡς	ὁ	σῖτος
호스	톤	시톤
처럼	그	밀
접.종.	관.목.남.단.	명.목.남.단.

32 그러나 내가 너를 위하여 네 믿음이 떨어지지 않기를 기도하였노니 너는 돌이킨 후에 네
형제를 굳게 하라
But I have prayed for thee, that thy faith fail not: and when thou art converted, strengthen thy brethren.

1473	1161	1189	4012	4771	2443	3361	1587	3588	4102
ἐγὼ	δὲ	ἐδεήθην	περὶ	σοῦ	ἵνα	μὴ	ἐκλίπῃ	ἡ	πίστις
ἐγώ	δέ	δέομαι	περί	σύ	ἵνα	μή	ἐκλείπω	ἡ	πίστις
에고	데	에데에덴	페리	수	히나	메	에클리페	헤	피스티스
나는	그러나	간구하였다	관하여	너에	위하여	않기	떨어지지	그	믿음이
대.인.주.1단.	접.우.	동.직.1과.수디.1단.	전.소.	대.인.소.2단.	접.등.	부.	동.가.2과.능.3단.	관.주.여.단.	명.주.여.단.

4771	2532	4771	4218	1994	4741	3588	80	4771
σου·	καὶ	σύ	ποτε	ἐπιστρέψας	στήρισον	τοὺς	ἀδελφούς	σου.
σύ	καί	σύ	ποτέ	ἐπιστρέφω	στηρίζω	ὁ	ἀδελφός	σύ
수	카이	쉬	포테	에피스트렢사스	스테리손	투스	아델푸스	수
너의	그런즉	너는	그때에	다시 돌아선 후에	굳세게 하라	그	형제들을	너의
대.인.소.2단.	접.등.	대.인.주.2단.	부.부.	동.분.1과.능.주.남.2단.	동.명.1과.능.2단.	관.목.남.복.	명.목.남.복.	대.인.소.2단.

33 그가 말하되 주여 내가 주와 함께 옥에도, 죽는 데에도 가기를 각오하였나이다
And he said unto him, Lord, I am ready to go with thee, both into prison, and to death.

3588	1161	3004(2036)	846	2962	3326	4771	2092	1510
ὁ	δὲ	εἶπεν	αὐτῷ,	κύριε,	μετὰ	σοῦ	ἕτοιμός	εἰμι
ὁ	δέ	λέγω.ἔπω	αὐτός	κύριος	μετά	σύ	ἕτοιμος	εἰμί
호	데	에이펜	아우토	퀴리에	메타	수	헤토이모스	에이미
베드로가	그러자	말하였다	그에게	주여	함께	주님과	준비가 되어	내가 있나이다
관.주.남.단	접.우.	동.직.2과.능.3단.	대.인.여격.남.3단.	명.호.남.단.	전.소.	대.인.소.2단.	형.주.남.단.	동.직.현.능.1단.

2532	1519	5438	2532	1519	2288	4198
καὶ	εἰς	φυλακὴν	καὶ	εἰς	θάνατον	πορεύεσθαι.
καί	εἰς	φυλακή	καί	εἰς	θάνατος	πορεύομαι
카이	에이스	필라켄	카이	에이스	다나톤	포류에스다이
그리고	으로	감옥	그리고	으로	죽음	가는 것을
부/접.등.	전.목.	명.목.여.단.	접.등.	전.목.	명.목.남.단.	동.부.현.중수디.

34 이르시되 베드로야 내가 네게 말하노니 오늘 닭 울기 전에 네가 세 번 나를 모른다고
부인하리라 하시니라
And he said, I tell thee, Peter, the cock shall not crow this day, before that thou shalt thrice deny that thou knowest me.

3588	1161	3004(2036)	3004	4771	4074	3756	5455	4594
ὁ	δὲ	εἶπεν,	λέγω	σοι,	Πέτρε,	οὐ	φωνήσει	σήμερον
ὁ	δέ	λέγω.ἔπω	λέγω	σύ	Πέτρος	οὐ	φωνέω	σήμερον
호	데	에이펜	레고	소이	페트레	우	포네세이	세메론
예수께서	그러나	말씀하셨다	내가 말한다	너에게	베드로야	않을 것이라	울지	오늘
관.주.남.단	접.우.	동.직.2과.능.3단.	동.직.현.능.1단.	대.인.여격.2단.	명.호.남.단.	부.	동.직.미.능.3단.	부.

220	2193	5151	1473	533	1492
ἀλέκτωρ	ἕως	τρίς	με	ἀπαρνήσῃ	εἰδέναι.
ἀλέκτωρ	ἕως	τρίς	ἐγώ	ἀπαρνέομαι	οἶδα.εἴδω
알렉토르	헤오스	트리스	메	아파르네세	에이데나이
닭이	때까지	세 번	나를	네가 정녕 부인할	알고 있는 것을
명.주.남.단.	접.종.	부.	대.인.목.1단.	형.주.남.단.	동.부.1완.능.

35 그들에게 이르시되 내가 너희를 전대와 배낭과 신발도 없이 보내었을 때에 부족한 것이
있더냐 이르되 없었나이다
And he said unto them, When I sent you without purse, and scrip, and shoes, lacked ye any thing? And they said, Nothing.

2532	3004(2036)	846	3753	649	4771	817	905
Καὶ	εἶπεν	αὐτοῖς,	ὅτε	ἀπέστειλα	ὑμᾶς	ἄτερ	βαλλαντίου
καί	λέγω.ἔπω	αὐτός	ὅτε	ἀποστέλλω	σύ	ἄτερ	βαλλάντιον
카이	에이펜	아우토이스	호테	아페스테일라	휘마스	아테르	발란티우
그리고	말씀하셨다	그들에게	때에	내가 보내었을	너희를	없이	전대
접.등.	동.직.2과.능.3단.	대.인.여격.남.3복.	접.종.	동.직.1과.능.1단.	대.인.목.2복.	전.소.	명.소.중.단.

2532	4082	2532	5266	3361	5100	5302	3588
καὶ	πήρας	καὶ	ὑποδημάτων,	μή	τινος	ὑστερήσατε;	οἱ
καί	πήρα	καί	ὑπόδημα	μή	τις	ὑστερέω	ὁ
카이	페라스	카이	휘포데마톤	메	티노스	휘스테레사테	호이
와	주머니	와	신들도	아니했느냐	무엇의	너희는 부족한 것이 있지	그들이
접.등.	명.소.여.단.	접.등.	명.소.중.복.	불.의.	대.부.소.중.단.	동.직.1과.능.2복.	관.주.남.복

1161	3004(2036)	3762
δὲ	εἶπαν,	οὐθενός.
δέ	λέγω.ἔπω	οὐδείς
데	에이판	우데노스
그러자	말하였다	아무것도 없나이다
접.우.	동.직.2과.능.3복.	형.대.기.소.중.단.

36 이르시되 이제는 전대 있는 자는 가질 것이요 배낭도 그리하고 검 없는 자는 겉옷을
팔아 살지어다
Then said he unto them, But now, he that hath a purse, let him take it, and likewise his scrip: and he that hath no sword, let him sell his garment, and buy one.

3004(2036)	1161	846	235	3568	3588	2192	905
εἶπεν	δὲ	αὐτοῖς,	ἀλλὰ	νῦν	ὁ	ἔχων	βαλλάντιον
λέγω.ἔπω	δέ	αὐτός	ἀλλά	νῦν	ὁ	ἔχω	βαλλάντιον
에이펜	데	아우토이스	알라	뉜	호	에콘	발란티온
그가 말씀하셨다	그리고	그들에게	그러나	이제	그(사람은)	가진	전대를
동.직.2과.능.3단.	접.우.	대.인.여격.남.3복.	접.등.	부.	관.주.남.단	동.분.현.능.주.남.단.	명.목.중.단.

142	3668	2532	4082	2532	3588	3361	2192	4453
ἀράτω,	ὁμοίως	καὶ	πήραν,	καὶ	ὁ	μὴ	ἔχων	πωλησάτω
αἴρω	ὁμοίως	καί	πήρα	καί	ὁ	μή	ἔχω	πωλέω
아라토	호모이오스	카이	페란	카이	호	메	에콘	폴레사토
집어들라	그와같이하고	역시	주머니도	또	그(사람은)	아니하는	(칼을)가지지	그는 말아라
동.명.1과.능.3단.	부.	부.	명.목.여.단.	부.	관.주.남.단	부.	동.분.현.능.주.남.단.	동.명.1과.능.3단.

3588	2440	846	2532	59	3162
τὸ	ἱμάτιον	αὐτοῦ	καὶ	ἀγορασάτω	μάχαιραν.
τό	ἱμάτιον	αὐτός	καί	ἀγοράζω	μάχαιρα
토	히마티온	아우투	카이	아고라사토	마카이란
그	겉옷을	그의	그래서	그는 사라	칼을
관.목.중.단.	명.목.중.단.	대.인.소.남.3단.	접.등.	동.명.1과.능.3단.	명.목.여.단.

37 내가 너희에게 말하노니 기록된 바 그는 불법자의 동류로 여김을 받았다 한 말이 내게
이루어져야 하리니 내게 관한 일이 이루어져 감이니라

For I say unto you, that this that is written must yet be accomplished in me, And he was reckoned among the transgressors: for the things concerning me have an end.

3004	1063	4771	3754	3778	3588	1125	1163
λέγω	γὰρ	ὑμῖν	ὅτι	τοῦτο	τὸ	γεγραμμένον	δεῖ
λέγω	γάρ	σύ	ὅτι	οὗτος	τό	γράφω	δεῖ
레고	가르	휘민	호티	투토	토	게그람메논	데이
내가 말한다	왜냐하면	너희에게	것을	이것이을	그	기록되어 있는	반드시 한다
동.직.현.능.1단.	접.종.	대.인.여.격.2복.	접.우.	대.지.목.중.단.	관.목.중.단	동.분.1완.수.목.중.단.	동.직.현.능.3단.

5055	1722	1473	3588	2532	3326	459	3049
τελεσθῆναι	ἐν	ἐμοί,	τὸ	καὶ	μετὰ	ἀνόμων	ἐλογίσθη·
τελέω	ἐν	ἐγώ	τό	καί	μετά	ἄνομος	λογίζομαι
텔레스데나이	엔	에모이	토	카이	메타	아노몬	엘로기스데
다 이루어지는 것을	의하여	내	그	그런데	함께	불법자들과	그가 여김을 받았다
동.부.1과.수.	전.여.격.	대.인.여.격.1단.	관.목.중.단	접.등.	전.소.	형.대.소.남.복.	동.직.1과.수.3단.

2532	1063	3588	4012	1473	5056	2192
καὶ	γὰρ	τὸ	περὶ	ἐμοῦ	τέλος	ἔχει.
καί	γάρ	τό	περί	ἐγώ	τέλος	ἔχω
카이	가르	토	페리	에무	텔로스	에케이
참으로	왜냐하면	그 (일이)	관한	내게	마지막을	가진다
부.	접.종.	관.주.중.단	전.소.	대.인.소.1단.	명.목.중.단.	동.직.현.능.3단.

38 그들이 여짜오되 주여 보소서 여기 검 둘이 있나이다 대답하시되 족하다 하시니라

And they said, Lord, behold, here are two swords. And he said unto them, It is enough.

3588	1161	3004(2036)	2962	2400	3162	5602	1417	3588
οἱ	δὲ	εἶπαν,	κύριε,	ἰδοὺ	μάχαιραι	ὧδε	δύο.	ὁ
ὁ	δέ	λέγω.ἔπω	κύριος	ἰδού	μάχαιρα	ὧδε	δύο	ὁ
호이	데	에이판	퀴리에	이두	마카이라이	호데	뒤오	호
그들이	이에	말씀드렸다	주여	보소서	칼들이	여기	둘이	예수께서
관.주.남.복	접.우.	동.직.2과.능.3복.	명.호.남.단.	불.문.	명.주.여.복.	부.	형.기.주.여.복.	관.주.남.단

1161	3004(2036)	846	2425	1510
δὲ	εἶπεν	αὐτοῖς,	ἱκανόν	ἐστιν.
δέ	λέγω.ἔπω	αὐτός	ἱκανός	εἰμί
데	에이펜	아우토이스	히카논	에스틴
그러자	말씀하셨다	그들에게	만족함	이라
접.우.	동.직.2과.능.3단.	대.인.여.격.남.3복.	형.주.중.단.	동.직.현.능.3단.

39 예수께서 나가사 습관을 따라 감람 산에 가시매 제자들도 따라갔더니

And he came out, and went, as he was wont, to the mount of Olives; and his disciples also followed him.

2532	1831	4198	2596	3588	1485	1519	3588	3735	3588
Καὶ	ἐξελθὼν	ἐπορεύθη	κατὰ	τὸ	ἔθος	εἰς	τὸ	ὄρος	τῶν
καί	ἐξέρχομαι	πορεύομαι	κατά	τό	ἔθος	εἰς	τό	ὄρος	ἡ
카이	엑셀돈	에포류데	카타	토	에도스	에이스	토	오로스	톤
그리고	나가신 후에	예수께서 가셨다	따라	그(그의)	습관을	으로	그	산	그
접.등.	동.분.2과.능.주.남.단.	동.직.1과.수디.3단.	전.목.	관.목.중.단.	명.목.중.단.	전.목.	관.목.중.단.	명.목.중.단.	관.소.여.복.

1636	190	1161	846	2532	3588	3101
ἐλαιῶν,	ἠκολούθησαν	δὲ	αὐτῷ	καὶ	οἱ	μαθηταί.
ἐλαία	ἀκολουθέω	δέ	αὐτός	καί	ὁ	μαθητής
엘라이온	에콜루데산	데	아우토	카이	호이	마데타이
감람들의	따랐다	이에	그에게	역시	그	제자들이
명.소.여.복.	**동.직.1과.능.3복.**	**접.등.**	**대.인.여격.남.3단.**	**부.**	**관.주.남.복.**	**명.주.남.복.**

40 그 곳에 이르러 그들에게 이르시되 유혹에 빠지지 않게 기도하라 하시고
And when he was at the place, he said unto them, Pray that ye enter not into temptation.

1096	1161	1909	3588	5117	3004(2036)	846	4336
γενόμενος	δὲ	ἐπὶ	τοῦ	τόπου	εἶπεν	αὐτοῖς,	προσεύχεσθε
γίνομαι	δέ	ἐπί	ὁ	τόπος	λέγω.ἔπω	αὐτός	προσεύχομαι
게노메노스	데	에피	투	토푸	에이펜	아우토이스	프로슈케스데
이르러	그리하여	위에서	그	곳의	말씀하셨다	그들에게	너희는 기도하라
동.분.2과.중디.주.남.단.	**접.등.**	**전소.**	**관.소.남.단.**	**명.소.남.단.**	**동.직.2과.능.3단.**	**대.인.여격.남.3복.**	**동.명.현.중수디.2복.**

3361	1525	1519	3986
μὴ	εἰσελθεῖν	εἰς	πειρασμόν.
μή	εἰσέρχομαι	εἰς	πειρασμός
메	에이셀데인	에이스	페이라스몬
않도록	들어가지	속으로	유혹
부.	**동.부.2과.능.**	**전목.**	**명.목.남.단.**

41 그들을 떠나 돌 던질 만큼 가서 무릎을 꿇고 기도하여
And he was withdrawn from them about a stone's cast, and kneeled down, and prayed,

2532	846	645	575	846	5616	3037	1000	2532
καὶ	αὐτὸς	ἀπεσπάσθη	ἀπ'	αὐτῶν	ὡσεὶ	λίθου	βολήν	καὶ
καί	αὐτός	ἀποσπάω	ἀπό	αὐτός	ὡσεί	λίθος	βολή	καί
카이	아우토스	아페스파스데	압	아우톤	호세이	리두	볼렌	카이
그리고	그가	물러나셨다	부터	그들로	만큼	돌	던질	그리고
접.등.	**대.인.주.남.3단.**	**동.직.1과.수.3단.**	**전소**	**대.인.소.남.3복.**	**부.**	**명.소.남.단.**	**명.목.여.단.**	**접.등.**

5087	3588	1119	4336
θεὶς	τὰ	γόνατα	προσηύχετο
τίθημι	τό	γονύ	προσεύχομαι
데이스	타	고나타	프로세위케토
꿇고	그	두 무릎을	그는 기도하셨다
동.분.2과.능.주.남.단.	**관.목.중.복.**	**명.목.중.복.**	**동.직.미완.중수디.3단.**

42 이르시되 아버지여 만일 아버지의 뜻이거든 이 잔을 내게서 옮기시옵소서 그러나 내
원대로 마시옵고 아버지의 원대로 되기를 원하나이다 하시니
Saying, Father, if thou be willing, remove this cup from me: nevertheless not my will, but thine, be done.

3004	3962	1487	1014	3911	3778	3588	4221
λέγων,	πάτερ,	εἰ	βούλει	παρένεγκε	τοῦτο	τὸ	ποτήριον
λέγω	πατήρ	εἰ	βούλομαι	παραφέρω	οὗτος	τό	ποτήριον
레곤	파테르	에이	불레이	파레넹케	투토	토	포테리온
말씀하시기를	아버지여	만일	당신이 원하신다	옮기시옵소서	이	그	잔을
동.분.현.능.주.남.단.	**명.호.남.단.**	**접.종.**	**동.직.현.중수디.2단.**	**동.명.2과.능.2단.**	**대.지.목.중.단.**	**관.목.중.단.**	**명.목.중.단.**

575	1473	4133	3361	3588	2307	1473	235	3588	4674
ἀπ'	ἐμοῦ·	πλὴν	μὴ	τὸ	θέλημά	μου	ἀλλὰ	τὸ	σὸν
ἀπό	ἐγώ	πλήν	μή	τό	θέλημα	ἐγώ	ἀλλά	τό	σός
압	에무	플렌	메	토	델레마	무	알라	토	손
부터	내게로	그러나	아니라	그	뜻이	나의	다만	그	당신이
전소.	**대.인.소.1단.**	**접.우.**	**부.**	**관.주.중.단.**	**명.주.중.단.**	**대.인.소.1단.**	**접.우.**	**관.주.중.단.**	**형.대.주.중.2단.**

1096
γινέσθω.
γίνομαι
기네스도
되옵소서
동.명.현.중수디.3단.

43 천사가 하늘로부터 예수께 나타나 힘을 더하더라
And there appeared an angel unto him from heaven, strengthening him.

3708	1161	846	32	575	3772	1765	846
[ὤφθη	δὲ	αὐτῷ	ἄγγελος	ἀπ'	οὐρανοῦ	ἐνισχύων	αὐτόν.
ὁράω	δέ	αὐτός	ἄγγελος	ἀπό	οὐρανός	ἐνισχύω	αὐτός
옾데	데	아우토	앙겔로스	앞	우라누	에니스퀴온	아우톤
나타났다	그리고	그에게	한 천사가	부터	하늘로	강건하게 하며	그를
동.직.1과.수.3단.	접.등.	대.인.여격.남.3단.	명.주.남.단.	전.소.	명.소.남.단.	동.분.현.능.주.남.단.	대.인.목.남.3단.

44 예수께서 힘쓰고 애써 더욱 간절히 기도하시니 땀이 땅에 떨어지는 핏방울 같이 되더라
And being in an agony he prayed more earnestly: and his sweat was as it were great drops of blood falling down to the ground.

2532	1096	1722	74	1617	4336	2532
καὶ	γενόμενος	ἐν	ἀγωνίᾳ	ἐκτενέστερον	προσηύχετο·	καὶ
καί	γίνομαι	ἐν	ἀγωνία	ἐκτενέστερον	προσεύχομαι	καί
카이	게노메노스	엔	아고니아	테네스테론	프로세위케토	카이
그리고	있을 때에	중에	고민	더욱 간절히	예수께서 기도하였다	그런데
접.등.	동.분.2과.중디.주.남.단.	전.여격.	명.여격.여.단.	형.대.비.목.중.단	동.직.미완.중수디.3단.	접.등.

1096	3588	2402	846	5616	2361	129	2597
ἐγένετο	ὁ	ἱδρὼς	αὐτοῦ	ὡσεὶ	θρόμβοι	αἵματος	καταβαίνοντος
γίνομαι	ὁ	ἱδρώς	αὐτός	ὡσεί	θρόμβος	αἷμα	καταβαίνω
에게네토	호	히드로스	아우투	호세이	드롬보이	하이마토스	카타바이논토스
되었다	그	땀이	그의	처럼	방울들	피의	떨어지는
동.직.2과.중디.2단.	관.주.남.단.	명.주.남.단.	대.인.소.남.3단.	접.종.	명.주.남.복.	명.소.중.단.	동.분.현.능.소.중.단.

1909	3588	1093
ἐπὶ	τὴν	γῆν.]
ἐπί	ἡ	γῆ
에피	텐	겐
위로	그	땅을
전.목.	관.목.여.단.	명.목.여.단.

45 기도 후에 일어나 제자들에게 가서 슬픔으로 인하여 잠든 것을 보시고
And when he rose up from prayer, and was come to his disciples, he found them sleeping for sorrow,

2532	450	575	3588	4335	2064	4314	3588	3101
καὶ	ἀναστὰς	ἀπὸ	τῆς	προσευχῆς	ἐλθὼν	πρὸς	τοὺς	μαθητὰς
καί	ἀνίστημι	ἀπό	ἡ	προσευχή	ἔρχομαι	πρός	ὁ	μαθητής
카이	아나스타스	아포	테스	프로슈케스	엘돈	프로스	투스	마데타스
그리고	일어나서	부터	그	기도로	오셔서	에게로	그	제자들
접.등.	동.분.2과.능.주.남.단.	전.소	관.소.여.단.	명.소.여.단.	동.분.2과.능.주.남.단.	전.목.	관.목.남.복.	명.목.남.복.

2147	2837	846	575	3588	3077
εὗρεν	κοιμωμένους	αὐτοὺς	ἀπὸ	τῆς	λύπης,
εὑρίσκω	κοιμάω	αὐτός	ἀπό	ἡ	λύπη
휴렌	코이모메누스	아우투스	아포	테스	뤼페스
그가 발견하셨다	잠자는	그들을	부터	그	슬픔으로
동.직.2과.능.3단.	동.분.현.중수디.목.남.복.	대.인.목.남.3복.	전.소	관.소.여.단.	명.소.여.단.

46 이르시되 어찌하여 자느냐 시험에 들지 않게 일어나 기도하라 하시니라
And said unto them, Why sleep ye? rise and pray, lest ye enter into temptation.

2532	3004(2036)	846	5101	2518	450	4336
καὶ	εἶπεν	αὐτοῖς,	τί	καθεύδετε;	ἀναστάντες	προσεύχεσθε,
καί	λέγω.ἔπω	αὐτός	τίς	καθεύδω	ἀνίστημι	προσεύχομαι
카이	에이펜	아우토이스	티	카듀데테	아나스탄테스	프로슈케스데
그리고	말씀하셨다	그들에게	어찌하여	너희는 자느냐	일어나서	너희는 기도하라
접.등.	동.직.2과.능.3단.	대.인.여격.남.3복.	대.의.목.중.단	동.직.현.능.2복.	동.분명.2과.능.주.남.2복.	동.명.현.중수디.2복.

2443	3361	1525	1519	3986
ἵνα	μὴ	εἰσέλθητε	εἰς	πειρασμόν.
ἵνα	μή	εἰσέρχομαι	εἰς	πειρασμός
히나	메	에이셀데테	에이스	페이라스몬
위함이라	않기	들어가지	속으로	유혹
접.등/접.종.	부.	동.가.2과.능.2복.	전.목.	명.목.남.단.

47 말씀하실 때에 한 무리가 오는데 열둘 중의 하나인 유다라 하는 자가 그들을 앞장서
와서
And while he yet spake, behold a multitude, and he that was called Judas, one of the twelve, went before them, and drew near unto Jesus to kiss him.

2089	846	2980	2400	3793	2532	3588	3004	2455
Ἔτι	αὐτοῦ	λαλοῦντος	ἰδοὺ	ὄχλος,	καὶ	ὁ	λεγόμενος	Ἰούδας
ἔτι	αὐτός	λαλέω	ἰδού	ὄχλος	καί	ὁ	λέγω	Ἰουδάς
에티	아우투	랄룬토스	이두	오클로스	카이	호	레고메노스	유다스
아직	그(의)가	말씀하실 때에	보라	한 무리가	그런데	그(자가)	불려지는	유다라
부.	대.인.소.남.3단.	동.분.현.능.소.남.단.	불.문.	명.주.남.단.	접.등.	관.주.남.단	동.분.현.수.주.남.단.	명.주.남.단.

1520	3588	1427	4281	846	2532	1448	3588
εἷς	τῶν	δώδεκα	προήρχετο	αὐτούς	καὶ	ἤγγισεν	τῷ
εἷς	ὁ	δώδεκα	προέρχομαι	αὐτός	καί	ἐγγίζω	ὁ
헤이스	톤	도데카	프로에르케토	아우투스	카이	엥기센	토
하나인	그	열 두(제자들 중의)	앞서서 왔다	그들을	그리고	가까이 왔다	그
형.대.기.주.남.단.	관.소.남.복.	형.대.기.소.남.복.	동.직.미완.중수디.3단.	대.인.목.남.3복.	접.등.	동.직.1과.능.3단.	관.여격.남.단.

2424	5368	846
Ἰησοῦ	φιλῆσαι	αὐτόν.
Ἰησοῦς	φιλέω	αὐτός
예수	필레사이	아우톤
예수님께	입을 맞추려고	그를
명.여격.남.단.	동.부.1과.능.	대.인.목.남.3단.

48 예수께 입을 맞추려고 가까이 하는지라 예수께서 이르시되 유다야 네가 입맞춤으로
인자를 파느냐 하시니
But Jesus said unto him, Judas, betrayest thou the Son of man with a kiss?

2424	1161	3004(2036)	846	2455	5370	3588	5207	3588
Ἰησοῦς	δὲ	εἶπεν	αὐτῷ,	Ἰούδα,	φιλήματι	τὸν	υἱὸν	τοῦ
Ἰησοῦς	δέ	λέγω.ἔπω	αὐτός	Ἰουδάς	φίλημα	ὁ	υἱός	ὁ
예수스	데	에이펜	아우토	유다	필레마티	톤	휘온	투
예수님께서	이에	말씀하셨다	그에게	유다야	입맞춤으로	그	아들을	그
명.주.남.단.	접.우.	동.직.2과.능.3단.	대.인.여격.남.3단.	명.호.남.단.	명.여격.중.단.	관.목.남.단.	명.목.남.단.	관.소.남.단.

444	3860
ἀνθρώπου	παραδίδως;
ἄνθρωπος	παραδίδωμι
안드로푸	파라디도스
사람의	네가 넘기느냐
명.소.남.단.	동.직.현.능.2단.

49 그의 주위 사람들이 그 된 일을 보고 여짜오되 주여 우리가 칼로 치리이까 하고
When they which were about him saw what would follow, they said unto him, Lord, shall we smite with the sword?

3708(1492)	1161	3588	4012	846	3588	1510	3004(2036)	2962
Ἰδόντες	δὲ	οἱ	περὶ	αὐτὸν	τὸ	ἐσόμενον	εἶπαν,	κύριε,
ὁράω.εἴδω	δέ	ὁ	περί	αὐτός	τό	εἰμί	λέγω.ἔπω	κύριος
이돈테스	데	호이	페리	아우톤	토	에소메논	에이판	퀴리에
보고	그리고	그(사람들이)	주위에	그를	그(일을)	되어질	말씀드렸다	주여
동.분.2과.능.주.남.복.	접.우.	관.주.남.복.	전.목.	대.인.목.남.3단.	관.목.중.단	동.분.미.중디.목.중.단.	동.직.2과.능.3복.	명.호.남.단.

1487	3960	1722	3162
εἰ	πατάξομεν	ἐν	μαχαίρῃ;
εἰ	πατάσσω	ἐν	μάχαιρα
에이	파탁소멘	엔	마카이레
이까 말리이까	우리가 치리	(으)로	칼
불.의.	동.직.미.능.1복.	전.여격.	명.여격.여.단.

50 그 중의 한 사람이 대제사장의 종을 쳐 그 오른쪽 귀를 떨어뜨린지라
And one of them smote the servant of the high priest, and cut off his right ear.

2532	3960	1520	5100	1537	846	3588	749	3588
καὶ	ἐπάταξεν	εἷς	τις	ἐξ	αὐτῶν	τοῦ	ἀρχιερέως	τὸν
καί	πατάσσω	εἷς	τις	ἐκ	αὐτός	ὁ	ἀρχιερεύς	ὁ
카이	에파탁센	헤이스	티스	엑스	아우톤	투	아르키에레오스	톤
그러면서	쳤다	한 사람이	어떤	중에서	그들	그	대제사장의	그
접.등.	동.직.1과.능.3단.	형.대.기.주.남.단.	대.부.주.남.단.	전.소.	대.인.소.남.3복.	관.소.남.단.	명.소.남.단.	관.목.남.단.

1401	2532	851	3588	3775	846	3588	1188
δοῦλον	καὶ	ἀφεῖλεν	τὸ	οὖς	αὐτοῦ	τὸ	δεξιόν.
δοῦλος	καί	ἀφαιρέω	ὁ	οὖς	αὐτός	ὁ	δεξιός
둘론	카이	아페일렌	토	우스	아우투	토	덱시온
종을	그리하여	잘라버렸다	그	귀를	그의	그	오른편
명.목.남.단.	접.등.	동.직.2과.능.3단.	관.목.남.단.	명.목.남.단.	대.인.소.남.3단.	관.목.남.단.	명.목.남.단.

51 예수께서 일러 이르시되 이것까지 참으라 하시고 그 귀를 만져 낫게 하시더라
And Jesus answered and said, Suffer ye thus far. And he touched his ear, and healed him.

611	1161	3588	2424	3004(2036)	1439	2193	3778	2532
ἀποκριθεὶς	δὲ	ὁ	Ἰησοῦς	εἶπεν,	ἐᾶτε	ἕως	τούτου·	καὶ
ἀποκρίνομαι	δέ	ὁ	Ἰησοῦς	λέγω.ἔπω	ἐάω	ἕως	οὗτος	καί
아포크리데이스	데	호	예수스	에이펜	에아테	헤오스	투투	카이
대답하여	그러자	그	예수께서	말씀하셨다	참으라	까지	이것	그리고
동.분.1과.수디.주.남.단.	접.우.	관.주.남.단.	명.주.남.단.	동.직.2과.능.3단.	동.명.현.능.2복.	전.소.	대.지.소.중.단.	접.등.

680	3588	5621	2390	846
ἁψάμενος	τοῦ	ὠτίου	ἰάσατο	αὐτόν.
ἅπτομαι	τό	ὠτίον	ἰάομαι	αὐτός
핲사메노스	투	오티우	이아사토	아우톤
만져서	그	귀를	그는 고쳐주셨다	그를
동.분.1과.수디.주.남.단.	관.소.중.단.	명.소.중.단.	동.직.1과.중디.3단.	대.인.목.남.3단.

52 예수께서 그 잡으러 온 대제사장들과 성전의 경비대장들과 장로들에게 이르시되 너희가
강도를 잡는 것 같이 검과 몽치를 가지고 나왔느냐
Then Jesus said unto the chief priests, and captains of the temple, and the elders, which were come to him, Be ye come out, as against a thief, with swords and staves?

3004(2036)	1161	2424	4314	3588	3854	1909	846
Εἶπεν	δὲ	Ἰησοῦς	πρὸς	τοὺς	παραγενομένους	ἐπ'	αὐτὸν
λέγω.ἔπω	δέ	Ἰησοῦς	πρός	ὁ	παραγίνομαι	ἐπί	αὐτός
에이펜	데	예수스	프로스	투스	파라게노메누스	엪	아우톤
말씀하셨다	그리고	예수께서	향하여	그	곁으로 온	대적하여	그를
동.직.2과.능.3단.	접.우.	명.주.남.단.	전.목.	관.목.남.복	동.분.2과.중디.목.남.복.	전.목.	대.인.목.남.3단.

749	2532	4755	3588	2411	2532	4245	5613
ἀρχιερεῖς	καὶ	στρατηγοὺς	τοῦ	ἱεροῦ	καὶ	πρεσβυτέρους,	ὡς
ἀρχιερεύς	καί	στρατηγός	τό	ἱερόν	καί	πρεσβύτερος	ὡς
아르키에레이스	카이	스트라테구스	투	히에루	카이	프레스뷔테루스	호스
대제사장들	과	군관들	그	성전의	과	장로들을	같이
명.목.남.복.	접.등.	명.목.남.복.	관.소.중.단.	형.대.소.중.단.	접.등.	형.대.목.남.복.	접.종.

1909	3027	1831	3326	3162	2532	3586
ἐπὶ	λῃστὴν	ἐξήλθατε	μετὰ	μαχαιρῶν	καὶ	ξύλων;
ἐπί	λῃστης	ἐξέρχομαι	μετά	μάχαιρα	καί	ξύλον
에피	레스텐	엑셀다테	메타	마카이론	카이	크쉴론
대적하는 것	강도를	너희가 나왔느냐	함께	칼들	과	몽둥이들과
전.목.	명.목.남.단.	동.직.1과.능.2복.	전.소.	명.소.여.복.	접.등.	명.소.중.복.

53 내가 날마다 너희와 함께 성전에 있을 때에 내게 손을 대지 아니하였도다 그러나 이제는
너희 때요 어둠의 권세로다 하시더라
When I was daily with you in the temple, ye stretched forth no hands against me: but this is your hour, and the power of darkness.

2596	2250	1510	1473	3326	4771	1722	3588	2411	3756
καθ'	ἡμέραν	ὄντος	μου	μεθ'	ὑμῶν	ἐν	τῷ	ἱερῷ	οὐκ
κατά	ἡμέρα	εἰμί	ἐγώ	μετά	σύ	ἐν	τό	ἱερόν	οὐ
칸	헤메란	온토스	무	멘	휘몬	엔	토	히에로	우크
마다	날	있을 때에	나의	함께	너희와	안에서	그	성전에	않았다
전.목.	명.목.여.단.	동.분.현.능.소.남.1단.	대.인.소.1단.	전.소.	대.인.소.2복.	전.여격.	관.여격.중.단.	형.대.여격.중.단.	부.

1614	3588	5495	1909	1473	235	3778	1510	4771
ἐξετείνατε	τὰς	χεῖρας	ἐπ'	ἐμέ,	ἀλλ'	αὕτη	ἐστὶν	ὑμῶν
ἐκτείνω	ἡ	χείρ	ἐπί	ἐγώ	ἀλλά	οὗτος	εἰμί	σύ
엑세테이나테	타스	케이라스	엪	에메	알	하우테	에스틴	휘몬
너희가 내밀지	그	손들을	대적하여	나를	그러나	이 (때는)	이로다	너희의
동.직.1과.능.2복.	관.목.여.복.	명.목.여.복.	전.목.	대.인.목.1단.	접.등.	대.지.주.여.단.	동.직.현.능.3단.	대.인.소.2복.

3588	5610	2532	3588	1849	3588	4655
ἡ	ὥρα	καὶ	ἡ	ἐξουσία	τοῦ	σκότους.
ἡ	ὥρα	καί	ἡ	ἐξουσία	τό	σκότος
헤	호라	카이	헤	엑수시아	투	스코투스
그	때	와	그	권세	그	어두움의
관.주.여.단.	명.주.여.단.	접.등.	관.주.여.단.	명.주.여.단.	관.소.중.단.	명.소.중.단.

54 예수를 잡아 끌고 대제사장의 집으로 들어갈새 베드로가 멀찍이 따라가니라
Then took they him, and led him, and brought him into the high priest's house. And Peter followed afar off.

4815	1161	846	71	2532	1521	1519	3588
Συλλαβόντες	δὲ	αὐτὸν	ἤγαγον	καὶ	εἰσήγαγον	εἰς	τὴν
συλλαμβάνω	δέ	αὐτός	ἄγω	καί	εἰσάγω	εἰς	ἡ
쉴라본테스	데	아우톤	에가곤	카이	에이세가곤	에이스	텐
체포한 후	그리하여	그를	끌고 갔다	그리고	끌고 들어갔다	안으로	그
동.분.2과.능.주.남.복.	접.등.	대.인.목.남.3단.	동.직.2과.능.3복.	접.등.	동.직.2과.능.3복.	전.목.	관.목.여.단.

3614	3588	749	3588	1161	4074	190	3113
οἰκίαν	τοῦ	ἀρχιερέως·	ὁ	δὲ	Πέτρος	ἠκολούθει	μακρόθεν.
οἶκος	ὁ	ἀρχιερεύς	ὁ	δέ	Πέτρος	ἀκολουθέω	μακρόθεν
오이키안	투	아르키에레오스	호	데	페트로스	에콜루데이	마크로덴
집을	그	대제사장의	그	그리고	베드로가	따르고 있었다	멀리서부터
명.목.여.단.	관.소.남.단.	명.소.남.단.	관.주.남.단.	접.등.	명.주.남.단.	동.직.미완.능.3단.	부.

55 사람들이 뜰 가운데 불을 피우고 함께 앉았는지라 베드로도 그 가운데 앉았더니
And when they had kindled a fire in the midst of the hall, and were set down together, Peter sat down among them.

4015	1161	4442	1722	3319	3588	833	2532	4776
περιαψάντων	δὲ	πῦρ	ἐν	μέσῳ	τῆς	αὐλῆς	καὶ	συγκαθισάντων
περιάπτω	δέ	πῦρ	ἐν	μέσος	ἡ	αὐλή	καί	συγκαθίζω
페리압산톤	데	퓌르	엔	메소	테스	아울레스	카이	슁카디산톤
피워놓고	그런데	불을	안에	한가운데	그	뜰의	그리고	함께 앉은 후에
동.분.1과.능.소.남.복.	접.등.	명.목.중.단.	전.여격.	형.대.여격.중.단.	관.소.여.단.	명.소.여.단.	접.등.	동.분.1과.능.소.남.복.

2521	3588	4074	3319	846
ἐκάθητο	ὁ	Πέτρος	μέσος	αὐτῶν.
κάθημαι	ὁ	Πέτρος	μέσος	αὐτός
에카데토	호	페트로스	메소스	아우톤
앉아 있었다	그	베드로도	가운데	그들
동.직.미완.중수디.3단.	관.주.남.단.	명.주.남.단.	형.주.남.단.	대.인.소.남.3복.

56 한 여종이 베드로의 불빛을 향하여 앉은 것을 보고 주목하여 이르되 이 사람도 그와
함께 있었느니라 하니

But a certain maid beheld him as he sat by the fire, and earnestly looked upon him, and said, This man was also with him.

3708(1492)	1161	846	3814	5100	2521	4314	3588	5457
ἰδοῦσα	δὲ	αὐτὸν	παιδίσκη	τις	καθήμενον	πρὸς	τὸ	φῶς
ὁράω.εἴδω	δέ	αὐτός	παιδίσκη	τις	κάθημαι	πρός	τό	φῶς
이두사	데	아우톤	파이디스케	티스	카데메논	프로스	토	포스
보고	그런데	그를	한 여종이	어떤	앉은	가까이	그	불빛을
동.분.2과.능.주.여.단.	접.우.	대.인.목.남.3단.	명.주.여.단.	대.부.주.여.단.	동.분.현.중수디.목.남.단.	전.목.	관.목.중.단.	명.목.중.단.

2532	816	846	3004(2036)	2532	3778	4862	846	1510
καὶ	ἀτενίσασα	αὐτῷ	εἶπεν,	Καὶ	οὗτος	σὺν	αὐτῷ	ἦν·
καί	ἀτενίζω	αὐτός	λέγω.ἔπω	καί	οὗτος	σύν	αὐτός	εἰμί
카이	아테니사사	아우토	에이펜	카이	후토스	쉰	아우톤	엔
이에	주목하고	그에게	말하였다	역시	이 사람도	함께	그와	있었도다
접.등.	동.분.1과.능.주.여.단.	대.인.여격.남.3단.	동.직.2과.능.3단.	부.	대.지.주.남.단.	전.여격.	대.인.여격.남.3단.	동.직.미완.능.3단.

57 베드로가 부인하여 이르되 이 여자여 내가 그를 알지 못하노라 하더라

And he denied him, saying, Woman, I know him not.

3588	1161	720	3004	3756	1492	846	1135
ὁ	δὲ	ἠρνήσατο	λέγων,	οὐκ	οἶδα	αὐτόν,	γύναι.
ὁ	δέ	ἀρνέομαι	λέγω	οὐ	οἶδα.εἴδω	αὐτός	γυνή
호	데	에르네사토	레곤	우크	오이다	아우톤	귀나이
베드로가	그러나	부인하였다	말하기를	못한다	나는 알지	그를	여자여
관.주.남.단	접.우.	동.직.1과.중디.3단.	동.분.현.능.주.남.단.	부.	동.직.1완.능.1단.	대.인.목.남.3단.	명.호.여.단.

58 조금 후에 다른 사람이 보고 이르되 너도 그 도당이라 하거늘 베드로가 이르되 이
사람아 나는 아니로라 하더라

And after a little while another saw him, and said, Thou art also of them. And Peter said, Man, I am not.

2532	3326	1024	2087	3708(1492)	846	5346	2532
καὶ	μετὰ	βραχὺ	ἕτερος	ἰδὼν	αὐτὸν	ἔφη,	καὶ
καί	μετά	βραχύς	ἕτερος	ὁράω.εἴδω	αὐτός	φημί	καί
카이	메타	브라퀴	헤테로스	이돈	아우톤	에페	카이
그리고	후에	조금	다른 사람이	보고	베드로를	말하였다	역시
접.등.	전.목.	형.대.목.중.단.	형.대.주.남.단.	동.분.2과.능.주.남.단.	대.인.목.남.3단.	동.직.2과.능.3단/동.직.미완.능.3단.	부.

4771	1537	846	1510	3588	1161	4074	5346
σὺ	ἐξ	αὐτῶν	εἶ.	ὁ	δὲ	Πέτρος	ἔφη,
σύ	ἐκ	αὐτός	εἰμί	ὁ	δέ	Πέτρος	φημί
쉬	엑스	아우톤	에이	호	데	페트로스	에페
너도	중에	그들	있도다	그	그러나	베드로가	말하였다
대.인.주.2단.	전.소.	대.인.소.남.3복.	동.직.현.능.2단.	관.주.남.단.	접.우.	명.주.남.단.	동.직.2과.능.3단/동.직.미완.능.3단.

444	3756	1510
ἄνθρωπε,	οὐκ	εἰμί.
ἄνθρωπος	οὐ	εἰμί
안드로페	우크	에이미
(이)사람아	아니라	나는~이다
명.호.남.단.	부.	동.직.현.능.1단.

59 한 시간쯤 있다가 또 한 사람이 장담하여 이르되 이는 갈릴리 사람이니 참으로 그와
함께 있었느니라
And about the space of one hour after another confidently affirmed, saying, Of a truth this fellow also was with him: for he is a Galilaean.

2532	1339	5616	5610	3391	243	5100	1340
καὶ	διαστάσης	ὡσεὶ	ὥρας	μιᾶς	ἄλλος	τις	διϊσχυρίζετο
καί	διΐστημι	ὡσεί	ὥρα	μία	ἄλλος	τις	διϊσχυρίζομαι
카이	디아스타세스	호세이	호라스	미아스	알로스	티스	디이스퀴리제토
또	지난 후에	쯤	시간	한	다른 사람이	어떤	강하게 주장하였다
접.등.	동.분.2과.능.소.여.단.	부.	명.소.여.단.	형.기.소.여.단.	형.대.주.남.단.	대.부.주.남.단.	동.직.미완.중수디.3단.

3004	1909	225	2532	3778	3326	846	1510	2532
λέγων,	ἐπ'	ἀληθείας	καὶ	οὗτος	μετ'	αὐτοῦ	ἦν,	καὶ
λέγω	ἐπί	ἀλήθεια	καί	οὗτος	μετά	αὐτός	εἰμί	καί
레곤	엪	알레데이아스	카이	후토스	멧	아우투	엔	카이
말하기를	으로	참	역시	이사람도	함께	그와	있었다	참으로
동.분.현.능.주.남.단.	전.소.	명.소.여.단.	부.	대.지.주.남.단.	전.소.	대.인.소.남.3단.	동.직.미완.능.3단.	부.

1063	1057	1510
γὰρ	Γαλιλαῖός	ἐστιν.
γάρ	Γαλιλαῖος	εἰμί
가르	갈릴라이오스	에스틴
왜냐하면	갈릴리사람	이다
접.종.	형.주.남.단.	동.직.현.능.2단.

60 베드로가 이르되 이 사람아 나는 네가 하는 말을 알지 못하노라고 아직 말하고 있을
때에 닭이 곧 울더라
And Peter said, Man, I know not what thou sayest. And immediately, while he yet spake, the cock crew.

3004(2036)	1161	3588	4074	444	3756	1492	3739	3004
εἶπεν	δὲ	ὁ	Πέτρος,	ἄνθρωπε,	οὐκ	οἶδα	ὃ	λέγεις.
λέγω.ἔπω	δέ	ὁ	Πέτρος	ἄνθρωπος	οὐ	οἶδα.εἴδω	ὅς	λέγω
에이펜	데	호	페트로스	안드로페	우크	오이다	호	레게이스
말하였다	그러자	그	베드로가	(이)사람아	못하였다	나는 알지	바 그것을	네가 말하는
동.직.2과.능.3단.	접.우.	관.주.남.단.	명.주.남.단.	명.호.남.단.	부.	동.직.1완.능.1단.	대.관.목.중.단	동.직.현.능.2단.

2532	3916	2089	2980	846	5455	220
καὶ	παραχρῆμα	ἔτι	λαλοῦντος	αὐτοῦ	ἐφώνησεν	ἀλέκτωρ.
καί	παραχρῆμα	ἔτι	λαλέω	αὐτός	φωνέω	ἀλέκτωρ
카이	파라에크레마	에티	랄룬토스	아우투	에포네센	알렉토르
그러자	즉시	아직	말할 때에	그(의)가	울었다	수탉이
접.등.	부.	부.	동.분.현.능.소.남.단.	대.인.소.남.3단.	동.직.1과.능.3단.	명.주.남.단.

61 주께서 돌이켜 베드로를 보시니 베드로가 주의 말씀 곧 오늘 닭 울기 전에 네가 세 번
나를 부인하리라 하심이 생각나서
And the Lord turned, and looked upon Peter. And Peter remembered the word of the Lord, how he had said unto him, Before the cock crow, thou shalt deny me thrice.

2532	4762	3588	2962	1689	3588	4074	2532	5279
καὶ	στραφεὶς	ὁ	κύριος	ἐνέβλεψεν	τῷ	Πέτρῳ,	καὶ	ὑπεμνήσθη
καί	στρέφω	ὁ	κύριος	ἐμβλέπω	ὁ	Πέτρος	καί	ὑπομιμνήσκω
카이	스트라페이스	호	퀴리오스	에네블렙센	토	페트로	카이	휘펨네스데
이에	돌이키시고	그	주님께서	쳐다보셨다	그	베드로에게	이에	분명하게 기억하였다
접.등.	동.분.2과.수.주.남.단.	관.주.남.단.	명.주.남.단.	동.직.1과.능.3단.	관.여격.남.단.	명.여격.남.단.	접.등.	동.직.1과.수.3단.

3588	4074	3588	4487	3588	2962	5613	3004(2036)	846
ὁ	Πέτρος	τοῦ	ῥήματος	τοῦ	κυρίου	ὡς	εἶπεν	αὐτῷ
ὁ	Πέτρος	τό	ῥῆμα	ὁ	κύριος	ὡς	λέγω.ἔπω	αὐτός
호	페트로스	투	흐레마토스	투	퀴리우	호스	에이펜	아우토
그	베드로가	그	말씀의	그	주님의	같이	그가 말씀하셨던 것	자기에게
관.주.남.단.	명.주.남.단.	관.소.중.단.	명.소.중.단.	관.소.남.단.	명.소.남.단.	부.관/접.종.	동.직.2과.능.3단.	대.인.여격.남.3단.

3754	4250	220	5455	4594	533	1473	5151
ὅτι	πρὶν	ἀλέκτορα	φωνῆσαι	σήμερον	ἀπαρνήσῃ	με	τρίς.
ὅτι	πρίν	ἀλέκτωρ	φωνέω	σήμερον	ἀπαρνέομαι	ἐγώ	τρίς
호티	프린	알렉토라	포네사이	세메론	아파르네세	메	트리스
것을	전에	수탉을	울기	오늘	네가 부인하리라	나를	세 번
부.관/접.우.	부	명.목.남.단.	동.부.1과.능.	부.	동.직.미.중디.2단.	대.인.목.1단.	부.

62 밖에 나가서 심히 통곡하니라

And Peter went out, and wept bitterly.

2532	1831	1854	2799	4090
καὶ	ἐξελθὼν	ἔξω	ἔκλαυσεν	πικρῶς.
καί	ἐξέρχομαι	ἔξω	κλαίω	πικρῶς
카이	엑셀돈	엑소	에클라우센	피크로스
그래서	나가서	밖으로	그는 통곡하였다	비통하게
접.등.	동.분.2과.능.주.남.단.	부.	동.직.1과.능.3단.	부.

63 지키는 사람들이 예수를 희롱하고 때리며

And the men that held Jesus mocked him, and smote him.

2532	3588	435	3588	4912	46	1702	846
Καὶ	οἱ	ἄνδρες	οἱ	συνέχοντες	αὐτὸν	ἐνέπαιζον	αὐτῷ
καί	ὁ	ἀνήρ	ὁ	συνέχω	αὐτός	ἐμπαίζω	αὐτός
카이	호이	안드레스	호이	쉬네콘테스	아우톤	에네파이존	아우토
또	그	남자들이	그	함께 붙잡은	그를	조롱하였다	그에게
접.등.	관.주.남.복.	명.주.남.복.	관.주.남.복	동.분.현.능.주.남.복.	대.인.목.남.3단.	동.직.미완.능.3복.	대.인.여격.남.3단.

1194
δέροντες,
δέρω
데론테스
때리며
동.분.현.능.주.남.복.

64 그의 눈을 가리고 물어 이르되 선지자 노릇 하라 너를 친 자가 누구냐 하고

And when they had blindfolded him, they struck him on the face, and asked him, saying, Prophesy, who is it that smote thee?

2532	4028	846	1905	3004	4395
καὶ	περικαλύψαντες	αὐτὸν	ἐπηρώτων	λέγοντες,	προφήτευσον,
καί	περικαλύπτω	αὐτός	ἐπερωτάω	λέγω	προφητεύω
카이	페리칼륍산테스	아우톤	에페로톤	레곤테스	프로페튜손
그리고	눈을 둘러 가리우고	그를	캐묻고 있었다	말하기를	예언하라
접.등.	동.분.1과.능.주.남.복.	대.인.목.남.3단.	동.직.미완.능.3복.	동.분.현.능.주.남.복.	동.명.1과.능.2단.

5101	1510	3588	3817	4771
τίς	ἐστιν	ὁ	παίσας	σε;
τίς	εἰμί	ὁ	παίω	σύ
티스	에스틴	호	파이사스	세
누구	인가	그(사람이)	때린	너를
대.의.주.남.단.	동.직.현.능.3단.	관.주.남.단	동.분.1과.능.주.남.단.	대.인.목.2단.

65 이 외에도 많은 말로 욕하더라
And many other things blasphemously spake they against him.

2532	2087	4183	987	3004	1519	846
καὶ	ἕτερα	πολλὰ	βλασφημοῦντες	ἔλεγον	εἰς	αὐτόν.
καί	ἕτερος	πολύς	βλασφημέω	λέγω	εἰς	αὐτός
카이	헤테라	폴라	블라스페문테스	엘레곤	에이스	아우톤
또	다른 말로	온갖	모독을 하면서	그들이 말하고 있었다	향하여	그를
접.등.	형.대.목.중.복.	형.목.중.복.	동.분.현.능.주.남.복.	동.직.미완.능.3복.	전.목.	대.인.목.남.3단.

66 날이 새매 백성의 장로들 곧 대제사장들과 서기관들이 모여서 예수를 그 공회로 끌어들여
And as soon as it was day, the elders of the people and the chief priests and the scribes came together, and led him into their council, saying,

2532	5613	1096	2250	4863	3588	4244	3588	2992
Καὶ	ὡς	ἐγένετο	ἡμέρα,	συνήχθη	τὸ	πρεσβυτέριον	τοῦ	λαοῦ,
καί	ὡς	γίνομαι	ἡμέρα	συνάγω	τό	πρεσβυτέριον	ὁ	λαός
카이	호스	에게네토	헤메라	쉬네크데	토	프레스뷔테리온	투	라우
그리고	때에	되었을	낮이	함께 모였다	그	장로들	그	백성의
접.등.	접.종.	동.직.2과.중디.3단.	명.주.여.단.	동.직.1과.수.3단.	관.주.중.단.	명.주.중.단.	관.소.남.단.	명.소.남.단.

749	5037	2532	1122	2532	520	846	1519	3588
ἀρχιερεῖς	τε	καὶ	γραμματεῖς,	καὶ	ἀπήγαγον	αὐτὸν	εἰς	τὸ
ἀρχιερεύς	τε	καί	γραμματεύς	καί	ἀπάγω	αὐτός	εἰς	τό
아르키에레이스	테	카이	그람마테이스	카이	아페가곤	아우톤	에이스	토
대제사장들	다	과	서기관들이	그리고	끌고갔다	그를	안으로	그
명.주.남.복.	접.등.	접.등.	명.주.남.복.	접.등.	동.직.2과.능.3복.	대.인.목.남.3단.	전.목.	관.목.중.단.

4892	846
συνέδριον	αὐτῶν
συνέδριον	αὐτός
쉬네드리온	아우톤
공회를	그들의
명.목.중.단.	대.인.소.남.3복.

67 이르되 네가 그리스도이거든 우리에게 말하라 대답하시되 내가 말할시라도 너희가 믿지
아니할 것이요
Art thou the Christ? tell us. And he said unto them, If I tell you, ye will not believe:

3004	1487	4771	1510	3588	5547	3004(2036)	1473
λέγοντες,	εἰ	σὺ	εἶ	ὁ	χριστός,	εἰπὸν	ἡμῖν.
λέγω	εἰ	σύ	εἰμί	ὁ	Χριστός	λέγω.ἔπω	ἐγώ
레곤테스	에이	쉬	에이	호	크리스토스	에이폰	헤민
말하기를	만일	네가	이라면	그	그리스도	말하라	우리에게
동.분.현.능.주.남.복.	접.종/불.의.	대.인.주.2단.	동.직.현.능.2단.	관.주.남.단.	명.주.남.단.	동.명.2과.능.2단.	대.인.여격.1복.

3004(2036)	1161	846	1437	4771	3004(2036)	3756	3361	4100
εἶπεν	δὲ	αὐτοῖς,	ἐὰν	ὑμῖν	εἴπω,	οὐ	μὴ	πιστεύσητε·
λέγω.ἔπω	δέ	αὐτός	ἐάν	σύ	λέγω.ἔπω	οὐ	μή	πιστεύω
에이펜	데	아우토이스	에안	휘민	에이포	우	메	피스튜세테
그가 말씀하셨다	이에	그들에게	만일	너희에게	내가 말할지라도	결코	아니하리라	너희가 믿지
동.직.2과.능.3단.	접.우.	대.인.여격.남.3복.	접.종.	대.인.여격.1복.	동.가.2과.능.1단.	부.	부.	동.가.1과.능.2복.

68 내가 물어도 너희가 대답하지 아니할 것이니라
And if I also ask you, ye will not answer me, nor let me go.

1437	1161	2065	3756	3361	611
ἐὰν	δὲ	ἐρωτήσω,	οὐ	μὴ	ἀποκριθῆτε.
ἐάν	δέ	ἐρωτάω	οὐ	μή	ἀποκρίνομαι
에안	데	에로테소	우	메	아포크리데테
만일	또	내가 물을지라도	결코	아니하리라	너희가 대답하지
접.종.	접.등.	동.가.1과.능.1단.	부.	부.	동.가.1과.수디.2복.

69 그러나 이제부터는 인자가 하나님의 권능의 우편에 앉아 있으리라 하시니
Hereafter shall the Son of man sit on the right hand of the power of God.

575	3588	3568	1161	1510	3588	5207	3588	444
ἀπὸ	τοῦ	νῦν	δὲ	ἔσται	ὁ	υἱὸς	τοῦ	ἀνθρώπου
ἀπό	ὁ	νῦν	δέ	εἰμί	ὁ	υἱός	ὁ	ἄνθρωπος
아포	투	뉜	데	에스타이	호	휘오스	투	안드로푸
부터	그	이제	그러나	있을 것이다	그	아들이	그	사람의
전소	관.소.남.단.	부	접.등.	동.직.미.중디.3단.+	관.주.남.단.	명.주.남.단.	관.소.남.단.	명.소.남.단.

2521	1537	1188	3588	1411	3588	2316
καθήμενος	ἐκ	δεξιῶν	τῆς	δυνάμεως	τοῦ	θεοῦ.
κάθημαι	ἐκ	δεξιός	ἡ	δύναμις	ὁ	θεός
카데메노스	에크	덱시온	테스	뒤나메오스	투	데우
앉아서	에서	오른편	그	권능의	그	하나님의
동.분.현.중수디.주.남.단.+	전소	형.대.소.중.복.	관.소.여.단.	명.소.여.단.	관.소.남.단.	명.소.남.단.

70 다 이르되 그러면 네가 하나님의 아들이냐 대답하시되 너희들이 내가 그라고 말하고
있느니라
Then said they all, Art thou then the Son of God? And he said unto them, Ye say that I am.

3004(2036)	1161	3956	4771	3767	1510	3588	5207	3588	2316
εἶπαν	δὲ	πάντες,	σὺ	οὖν	εἶ	ὁ	υἱὸς	τοῦ	θεοῦ;
λέγω.ἔπω	δέ	πᾶς	σύ	οὖν	εἰμί	ὁ	υἱός	ὁ	θεός
에이판	데	판테스	쉬	운	에이	호	휘오스	투	데우
그들이 말하였다	그리고	모두가	네가	그러면	이냐	그	아들	그	하나님의
동.직.2과.능.3복.	접.우.	형.대.주.남.복.	대.인.주.2단.	접.우.	동.직.현.능.2단.	관.주.남.단.	명.주.남.단.	관.소.남.단.	명.소.남.단.

3588	1161	4314	846	5346	4771	3004	3754	1473
ὁ	δὲ	πρὸς	αὐτοὺς	ἔφη,	ὑμεῖς	λέγετε	ὅτι	ἐγώ
ὁ	δέ	πρός	αὐτός	φημί	σύ	λέγω	ὅτι	ἐγώ
호	데	프로스	아우투스	에페	휘메이스	레게테	호티	에고
예수께서	그러자	향하여	그들을	말씀하셨다	너희가	말하고 있다	것을	나는
관.주.남.단	접.우.	전.목.	대.인.목.남.3복.	동.직.2과.능.3단/동.직.미.능.3단.	대.인.주.2복.	동.직.현.능.2복.	접.등.	대.인.주.1단.

1510
εἰμι.
εἰμί
에이미
나다
동.직.현.능.1단.

71 그들이 이르되 어찌 더 증거를 요구하리요 우리가 친히 그 입에서 들었노라 하더라
And they said, What need we any further witness? for we ourselves have heard of his own mouth.

3588	1161	3004(2036)	5101	2089	2192	3141	5532
οἱ	δὲ	εἶπαν,	τί	ἔτι	ἔχομεν	μαρτυρίας	χρείαν;
ὁ	δέ	λέγω.ἔπω	τίς	ἔτι	ἔχω	μαρτυρία	χρεία
호이	데	에이판	티	에티	에코멘	마르튀리아스	크레이안
그들이	그러자	말하였다	무슨	아직	우리가 가진다	증언의	필요를
관.주.남.복	접.우.	동.직.2과.능.3복.	대.의.목.중.단	부.	동.직.현.능.1복.	명.소.여.단.	명.목.여.단.

846	1063	191	575	3588	4750	846
αὐτοὶ	γὰρ	ἠκούσαμεν	ἀπὸ	τοῦ	στόματος	αὐτοῦ.
αὐτός	γάρ	ἀκούω	ἀπό	τό	στόμα	αὐτός
아우토이	가르	에쿠사멘	아포	투	스토마토스	아우투
그들	왜냐하면	우리가 들었다	부터서	그	입으로	그의
대.인.주.남.1복.	접.종.	동.직.1과.능.1복.	전소	관.소.중.단.	명.소.중.단.	대.인.소.남.3단.

23 무리가 다 일어나 예수를 빌라도에게 끌고 가서
And the whole multitude of them arose, and led him unto Pilate.

2532	450	537	3588	4128	846	71	846	1909
Καὶ	ἀναστὰν	ἅπαν	τὸ	πλῆθος	αὐτῶν	ἤγαγον	αὐτὸν	ἐπὶ
καί	ἀνίστημι	ἅπας	τό	πλῆθος	αὐτός	ἄγω	αὐτός	ἐπί
카이	아나스탄	하판	토	플레도스	아우톤	에가곤	아우톤	에피
그리고	일어나서	모든	그	군중이	그들의	끌고 갔다	그를	앞으로
접등.	동.분.2과.능.주.중.단.	형.주.중.단.	관.주.중.단.	명.주.중.단.	대.인.소.남.3복.	동.직.2과.능.3복.	대.인.목.남.3단.	전.목.

3588	4091
τὸν	Πιλᾶτον.
ὁ	Πιλάτος
톤	필라톤
그	빌라도를
관.목.남.단.	명.목.남.단.

2 고발하여 이르되 우리가 이 사람을 보매 우리 백성을 미혹하고 가이사에게 세금 바치는
것을 금하며 자칭 왕 그리스도라 하더이다 하니
And they began to accuse him, saying, We found this fellow perverting the nation, and forbidding to give tribute to Caesar, saying that he himself is Christ a King.

756	1161	2723	846	3004	3778	2147
Ἤρξαντο	δὲ	κατηγορεῖν	αὐτοῦ	λέγοντες,	τοῦτον	εὕραμεν
ἄρχομαι	δέ	κατηγορέω	αὐτός	λέγω	οὗτος	εὑρίσκω
에릌산토	데	카테고레인	아우투	레곤테스	투톤	휴라멘
시작하였다	그리고	고발하는 것을	그(의)를	말하기를	이 사람을	우리가 발견하였다
동.직.1과.중.3복.	접.등.	동.부.현.능.	대.인.소.남.3단.	동.분.현.능.주.남.복.	대.지.목.남.단.	동.직.2과.능.1복.

1294	3588	1484	1473	2532	2967	5411	2541
διαστρέφοντα	τὸ	ἔθνος	ἡμῶν	καὶ	κωλύοντα	φόρους	Καίσαρι
διαστρέφω	τό	ἔθνος	ἐγώ	καί	κωλύω	φόρος	Καῖσαρ
디아스트레폰타	토	에드노스	헤몬	카이	콜루온타	포루스	카이사리
그릇된 길로 빠지게하며	그	민족을	우리의	그리고	금하며	세금들을	가이사에게
동.분.현.능.목.남.단.	관.목.중.단.	명.목.중.단.	대.인.소.1복.	접.등.	동.분.현.능.목.남.단.	명.목.남.복.	명.여격.남.단.

1325	2532	3004	1438	5547	935	1510
διδόναι	καὶ	λέγοντα	ἑαυτὸν	Χριστὸν	βασιλέα	εἶναι.
δίδωμι	καί	λέγω	ἑαυτοῦ	Χριστός	βασιλεύς	εἰμί
디도나이	카이	레곤타	헤아우톤	크리스톤	바실레아	에이나이
바치는 것을	또한	말하는	그 자신을	그리스도	왕	이라고
동.부.현.능.	접.등.	동.분.현.능.목.남.단.	대.인.목.남.3단.	명.목.남.단.	명.목.남.단.	동.부.현.능.

3 빌라도가 예수께 물어 이르되 네가 유대인의 왕이냐 대답하여 이르시되 네 말이 옳도다
And Pilate asked him, saying, Art thou the King of the Jews? And he answered him and said, Thou sayest it.

3588	1161	4091	2065	846	3004	4771	1510
ὁ	δὲ	Πιλᾶτος	ἠρώτησεν	αὐτὸν	λέγων,	σὺ	εἶ
ὁ	δέ	Πιλάτος	ἐρωτάω	αὐτός	λέγω	σύ	εἰμί
호	데	필라토스	에로테센	아우톤	레곤	쉬	에이
그	그래서	빌라도가	질문하였다	그를	말하며	네가	이냐
관.주.남.단.	접.우.	명.주.남.단.	동.직.1과.능.3단.	대.인.목.남.3단.	동.분.현.능.주.남.단.	대.인.주.2단.	동.직.현.능.2단.

3588	935	3588	2453	3588	1161	611	846
ὁ	βασιλεὺς	τῶν	Ἰουδαίων;	ὁ	δὲ	ἀποκριθεὶς	αὐτῷ
ὁ	βασιλεύς	ὁ	Ἰουδαῖος	ὁ	δέ	ἀποκρίνομαι	αὐτός
호	바실류스	톤	유다이온	호	데	아포크리데이스	아우토
그	왕	그	유대 사람들의	그	이에	대답하여	그에게
관.주.남.단.	명.주.남.단.	관.소.남.복.	형.대.소.남.복.	관.주.남.단	접.우.	동.분.1과.수디.주.남.단.	대.인.여격.남.3단.

5346	4771	3004
ἔφη,	Σὺ	λέγεις.
φημί	σύ	λέγω
에페	쉬	레게이스
말씀하셨다	네가	말한다
동.직.2과.능.3단/동.직.미.능.3단.	대.인.주.2단.	동.직.현.능.2단.

4 빌라도가 대제사장들과 무리에게 이르되 내가 보니 이 사람에게 죄가 없도다 하니
Then said Pilate to the chief priests and to the people, I find no fault in this man.

3588	1161	4091	3004(2036)	4314	3588	749	2532	3588	3793
ὁ	δὲ	Πιλᾶτος	εἶπεν	πρὸς	τοὺς	ἀρχιερεῖς	καὶ	τοὺς	ὄχλους,
ὁ	δέ	Πιλάτος	λέγω.ἔπω	πρός	ὁ	ἀρχιερεύς	καί	ὁ	ὄχλος
호	데	필라토스	에이펜	프로스	투스	아르키에레이스	카이	투스	오클루스
그	그러자	빌라도가	말하였다	향하여	그	대제사장들	과	그	무리들을
관.주.남.단.	접.우.	명.주.남.단.	동.직.2과.능.3단.	전.목.	관.목.남.복.	명.목.남.복.	접.등.	관.목.남.복.	명.목.남.복.

3762	2147	158	1722	3588	444	3778
οὐδὲν	εὑρίσκω	αἴτιον	ἐν	τῷ	ἀνθρώπῳ	τούτῳ.
οὐδείς	εὑρίσκω	αἴτιον	ἐν	ὁ	ἄνθρωπος	οὗτος
우덴	휴리스코	아이티온	엔	토	안드로포	투토
아무것도 없도다	내가 찾아내지	흠잡을 만한 것을	안에	그	사람	이
형.기.목.중.단.	동.직.현.능.1단	형.대.목.중.단.	전.여격.	관.여격.남.단.	명.여격.남.단.	대.지.여격.남.단.

5 무리가 더욱 강하게 말하되 그가 온 유대에서 가르치고 갈릴리에서부터 시작하여 여기까지
와서 백성을 소동하게 하나이다
And they were the more fierce, saying, He stirreth up the people, teaching throughout all Jewry, beginning from Galilee to this place.

3588	1161	2001	3004	3754	383	3588	2992
οἱ	δὲ	ἐπίσχυον	λέγοντες	ὅτι	ἀνασείει	τὸν	λαὸν
ὁ	δέ	ἐπισχύω	λέγω	ὅτι	ἀνασείω	ὁ	λαός
호이	데	에피스퀴온	레곤테스	호티	아나세이에이	톤	라온
그들은	그러나	더욱 강해졌다	말하기를		그가 선동한다	그	백성을
관.주.남.복	접.우.	동.직.미완.능.3복.	동.분.현.능.주.남.복.	접.우.	동.직.현.능.3단.	관.목.남.단.	명.목.남.단.

1321	2596	3650	3588	2449	2532	756	575
διδάσκων	καθ'	ὅλης	τῆς	Ἰουδαίας,	καὶ	ἀρξάμενος	ἀπὸ
διδάσκω	κατά	ὅλος	ἡ	Ἰουδαία	καί	ἄρχομαι	ἀπό
디다스콘	칸	홀레스	테스	유다이아스	카이	아릌사메노스	아포
가르치며	두루다니며	온	그	유대에	역시	시작하여	부터
동.분.현.능.주.남.단.	전.소.	형.소.여.단.	관.소.여.단.	명.소.여.단.	부.	동.분.1과.중.주.남.단.	전.소.

3588	1056	2193	5602
τῆς	Γαλιλαίας	ἕως	ὧδε.
ἡ	Γαλιλαία	ἕως	ὧδε
테스	갈릴라이아스	헤오스	호데
그	갈릴리로	까지	여기
관.소.여.단.	명.소.여.단.	전.소.	부

6 빌라도가 듣고 그가 갈릴리 사람이냐 물어
When Pilate heard of Galilee, he asked whether the man were a Galilaean.

4091	1161	191	1905	1487	3588	444
Πιλᾶτος	δὲ	ἀκούσας	ἐπηρώτησεν	εἰ	ὁ	ἄνθρωπος
Πιλάτος	δέ	ἀκούω	ἐπερωτάω	εἰ	ὁ	ἄνθρωπος
필라토스	데	아쿠사스	에페로테센	에이	호	안드로포스
빌라도가	그러자	듣고	캐물었다	인지 아닌지	그	사람이
명.주.남.단.	접.우.	동.분.1과.능.주.남.단.	동.직.1과.능.3단.	불.의.	관.주.남.단.	명.주.남.단.

1057	1510
Γαλιλαῖός	ἐστιν·,
Γαλιλαῖος	εἰμί
갈릴라이오스	에스틴
갈릴리	이냐고
형.주.남.단.	동.직.현.능.3단.

7 헤롯의 관할에 속한 줄을 알고 헤롯에게 보내니 그 때에 헤롯이 예루살렘에 있더라
And as soon as he knew that he belonged unto Herod's jurisdiction, he sent him to Herod, who
himself also was at Jerusalem at that time.

2532	1921	3754	1537	3588	1849	2264	1510	375
καὶ	ἐπιγνοὺς	ὅτι	ἐκ	τῆς	ἐξουσίας	Ἡρῴδου	ἐστὶν	ἀνέπεμψεν
καί	ἐπιγινώσκω	ὅτι	ἐκ	ἡ	ἐξουσία	Ἡρῴδης	εἰμί	ἀναπέμπω
카이	에피그누스	호티	에크	테스	엑수시아스	헤로두	에스틴	아네펨프센
그리고	잘 알고서	것을	에서	그	권한	헤롯의	그가 있는	돌려 보내었다
접등.	동.분.2과.능.주.남.단.	접등.	전소.	관.소.여.단.	명.소.여.단.	명.소.남.단.	동.직.현.능.3단.	동.직.1과.능.3단.

846	4314	2264	1510	2532	846	1722	2414	1722
αὐτὸν	πρὸς	Ἡρῴδην,	ὄντα	καὶ	αὐτὸν	ἐν	Ἱεροσολύμοις	ἐν
αὐτός	πρός	Ἡρῴδης	εἰμί	καί	αὐτός	ἐν	Ἱεροσόλυμα	ἐν
아우톤	프로스	헤로덴	온타	카이	아우톤	엔	히에로솔뤼모이스	엔
그를	에게로	헤롯	있었다	역시	그(를)가	안에	예루살렘에	중에
대.인.목.남.3단.	전목.	명.목.남.단.	동.분.현.능.목.남.단.	부.	대.인.목.남.3단.	전.여격.	명.여격.중.복.	전.여격.

3778	3588	2250
ταύταις	ταῖς	ἡμέραις.
οὗτος	ἡ	ἡμέρα
타우타이스	타이스	헤메라이스
이런	그	날들
대.지.여격.여.복.	관.여격.여.복.	명.여격.여.복.

8 헤롯이 예수를 보고 매우 기뻐하니 이는 그의 소문을 들었으므로 보고자 한 지 오래였고
또한 무엇이나 이적 행하심을 볼까 바랐던 연고러라
And when Herod saw Jesus, he was exceeding glad: for he was desirous to see him of a long season,
because he had heard many things of him; and he hoped to have seen some miracle done by him.

3588	1161	2264	3708(1492)	3588	2424	5463	3029	1510
Ὁ	δὲ	Ἡρῴδης	ἰδὼν	τὸν	Ἰησοῦν	ἐχάρη	λίαν,	ἦν
ὁ	δέ	Ἡρῴδης	ὁράω.εἴδω	ὁ	Ἰησοῦς	χαίρω	λίαν	εἰμί
호	데	헤로데스	이돈	톤	예순	에카레	리안	엔
그	그러자	헤롯이	보고	그	예수를	기뻐하였다	매우	그가 있었다
관.주.남.단.	접.우.	명.주.남.단.	동.분.2과.능.주.남.단.	관.목.남.단.	명.목.남.단.	동.직.2과.수디.3단.	부.	동.직.미완.능.3단.+

1063	1537	2425	5550	2309	3708(1492)	846	1223	3588
γὰρ	ἐξ	ἱκανῶν	χρόνων	θέλων	ἰδεῖν	αὐτὸν	διὰ	τὸ
γάρ	ἐκ	ἱκανός	χρόνος	θέλω	ὁράω.εἴδω	αὐτός	διά	τό
가르	엑스	히카논	크로논	델론	이데인	아우톤	디아	토
왜냐하면	부터	오랫	시간들로	원하며	보기를	그를	때문에	그
접.종.	전소.	형.소.남.복.	명.소.남.복.	+동.분.현.능.주.남.단.	동.부.2과.능.	대.인.목.남.3단.	전목.	관.목.중.단.

191	4012	846	2532	1679	5100	4592	3708(1492)	5259
ἀκούειν	περὶ	αὐτοῦ	καὶ	ἤλπιζέν	τι	σημεῖον	ἰδεῖν	ὑπ’
ἀκούω	περί	αὐτός	καί	ἐλπίζω	τις	σημεῖον	ὁράω.εἴδω	ὑπό
아쿠에인	페리	아우투	카이	엘피젠	티	세메이온	이데인	휲
듣기	관하여	그에	또한	그가 바라고 있었다	무슨	표적을	보는 것을	의해서
동.부.현.능.목.	전소.	대.인.소.남.3단.	접등.	동.직.미완.능.3단.	대.부.목.중.단.	명.목.중.단.	동.부.2과.능.	전소.

846	1096
αὐτοῦ	γινόμενον.
αὐτός	γίνομαι
아우투	기노메논
그에	일어나는
대.인.소.남.3단.	동.분.현.중수디.목.중.단.

9 여러 말로 물으나 아무 말도 대답하지 아니하시니
Then he questioned with him in many words; but he answered him nothing.

1905	1161	846	1722	3056	2425	846	1161	3762
ἐπηρώτα	δὲ	αὐτὸν	ἐν	λόγοις	ἱκανοῖς,	αὐτὸς	δὲ	οὐδὲν
ἐπερωτάω	δέ	αὐτός	ἐν	λόγος	ἱκανός	αὐτός	δέ	οὐδείς
에페로타	데	아우톤	엔	로고이스	히카노이스	아우토스	데	우덴
그가 캐물었다	그래서	그를	(으)로	말들	여러	그가	그러나	아무것도 안했다
동.직.미완.능.3단.	접.우.	대.인.목.남.3단.	전.여격.	명.여격.남.복.	형.여격.남.복.	대.인.주.남.3단.	접.우.	형.대.기.목.중.단.

611	846
ἀπεκρίνατο	αὐτῷ.
ἀποκρίνομαι	αὐτός
아페크리나토	아우토
대답하지	그에게
동.직.1과.중디.3단.	대.인.여격.남.3단.

10 대제사장들과 서기관들이 서서 힘써 고발하더라
And the chief priests and scribes stood and vehemently accused him.

2476	1161	3588	749	2532	3588	1122	2159
εἱστήκεισαν	δὲ	οἱ	ἀρχιερεῖς	καὶ	οἱ	γραμματεῖς	εὐτόνως
ἵστημι	δέ	ὁ	ἀρχιερεύς	καί	ὁ	γραμματεύς	εὐτόνως
헤이스테케이산	데	호이	아르키에레이스	카이	호이	그람마테이스	유토노스
섰었다	그러자	그	대제사장들	과	그	서기관들이	강력하게
동.직.과완.능.3복.	접.등.	관.주.남.복.	명.주.남.복.	접.등.	관.주.남.복.	명.주.남.복.	부.

2723	846
κατηγοροῦντες	αὐτοῦ.
κατηγορέω	αὐτός
카테고룬테스	아우투
고발하며	그(의)를
동.분.현.능.주.남.복.	대.인.소.남.3단.

11 헤롯이 그 군인들과 함께 예수를 업신여기며 희롱하고 빛난 옷을 입혀 빌라도에게 도로
보내니
And Herod with his men of war set him at nought, and mocked him, and arrayed him in a gorgeous robe, and sent him again to Pilate.

1848	1161	846	2532	3588	2264	4862	3588
ἐξουθενήσας	δὲ	αὐτὸν	[καὶ]	ὁ	Ἡρῴδης	σὺν	τοῖς
ἐξουθενέω	δέ	αὐτός	καί	ὁ	Ἡρῴδης	σύν	ὁ
엑수데네사스	데	아우톤	카이	호	헤로데스	쉰	토이스
업신여기며	그리고	그를	또한	그	헤롯이	함께	그
동.분.1과.능.주.남.단.	접.등.	대.인.목.남.3단.	부.	관.주.남.단.	명.주.남.단.	전.여격.	관.여격.중.복.

4753	846	2532	1702	4016	2066	2986
στρατεύμασιν	αὐτοῦ	καὶ	ἐμπαίξας	περιβαλὼν	ἐσθῆτα	λαμπρὰν
στράτευμα	αὐτός	καί	ἐμπαίζω	περιβάλλω	ἐσθής	λαμπρός
스트라튜마신	아우투	카이	엠파익사스	페리발론	에스데타	람프란
군병들과	그의	그리고	조롱하고	입힌 후에	의복을	빛난
명.여격.중.복.	대.인.소.남.3단.	접.등.	동.분.1과.능.주.남.단.	동.분.2과.능.주.남.단.	명.목.여.단.	형.목.여.단.

375	846	3588	4091
ἀνέπεμψεν	αὐτὸν	τῷ	Πιλάτῳ.
ἀναπέμπω	αὐτός	ὁ	Πιλάτος
아네펨프센	아우톤	토	필라토
그가 도로 보냈다	그를	그	빌라도에게
동.직.1과.능.3단.	대.인.목.남.3단.	관.여격.남.단.	명.여격.남.단.

12 헤롯과 빌라도가 전에는 원수였으나 당일에 서로 친구가 되니라
And the same day Pilate and Herod were made friends together: for before they were at enmity between themselves.

1096	1161	5384	3739	5037	2264	2532	3588	4091	1722
ἐγένοντο	δὲ	φίλοι	ὅ	τε	Ἡρῴδης	καὶ	ὁ	Πιλᾶτος	ἐν
γίνομαι	δέ	φίλος	ὅς	τε	Ἡρῴδης	καί	ὁ	Πιλάτος	ἐν
에게논토	데	필로이	호	테	헤로데스	카이	호	필라토스	엔
되었다	그런데	친구들이	그	둘이	헤롯	과	그	빌라도가	중에
동.직.2과.중디.3복.	접.우.	형.대.주.남.복.	관.주.남.단.	접.등.	명.주.남.단.	접.등.	관.주.남.단.	명.주.남.단.	전.여격.

846	3588	2250	3326	240	4391	1063	1722
αὐτῇ	τῇ	ἡμέρᾳ	μετ’	ἀλλήλων·	προϋπῆρχον	γὰρ	ἐν
αὐτός	ἡ	ἡμέρα	μετά	ἀλλήλων	προϋπάρχω	γάρ	ἐν
아우테	테	헤메라	멧	알렐론	프루페르콘	가르	엔
바로	그	날	함께	서로	그들이 전에는 있었다	왜냐하면	(으)로
대.인.여격.여.3단	관.여격.여.단.	명.여격.여.단.	전.소.	대.인.소.남.3복.	동.직.미완.능.3복.+	접.종.	전.여격.

2189	1510	4314	846
ἔχθρᾳ	ὄντες	πρὸς	αὐτούς.
ἔχθρα	εἰμί	πρός	αὐτός
에크드라	온테스	프로스	아우투스
원수	지내고	끼리	그들
명.여격.여.단.	+동.분.현.능.주.남.복.	전.목.	대.인.목.남.3복.

13 빌라도가 대제사장들과 관리들과 백성을 불러 모으고
And Pilate, when he had called together the chief priests and the rulers and the people,

4091	1161	4779	3588	749	2532	3588	758
Πιλᾶτος	δὲ	συγκαλεσάμενος	τοὺς	ἀρχιερεῖς	καὶ	τοὺς	ἄρχοντας
Πιλάτος	δέ	συγκαλέω	ὁ	ἀρχιερεύς	καί	ὁ	ἄρχων
필라토스	데	쉉칼레사메노스	투스	아르키에레이스	카이	투스	아르콘타스
빌라도가	그리고	함께 부른 후에	그	대제사장들	과	그	관원들
명.주.남.단.	접.등.	동.분.1과.중.주.남.단.	관.목.남.복.	명.목.남.복.	접.등.	관.목.남.복.	명.목.남.복.

2532	3588	2992
καὶ	τὸν	λαὸν
καί	ὁ	λαός
카이	톤	라온
과	그	백성을
접.등.	관.목.남.단.	명.목.남.단.

14 이르되 너희가 이 사람이 백성을 미혹하는 자라 하여 내게 끌고 왔도다 보라 내가 너희
앞에서 심문하였으되 너희가 고발하는 일에 대하여 이 사람에게서 죄를 찾지 못하였고
Said unto them, Ye have brought this man unto me, as one that perverteth the people: and, behold, I, having examined him before you, have found no fault in this man touching those things whereof ye accuse him:

3004(2036)	4314	846	4374	1473	3588	444	3778
εἶπεν	πρὸς	αὐτούς,	προσηνέγκατέ	μοι	τὸν	ἄνθρωπον	τοῦτον
λέγω.ἔπω	πρός	αὐτός	προσφέρω	ἐγώ	ὁ	ἄνθρωπος	οὗτος
에이펜	프로스	아우투스	프로세넹카테	모이	톤	안드로폰	투톤
말하였다	향하여	그들을	너희가 끌어왔다	내게	그	사람을	이
동.직.2과.능.3단.	전.목.	대.인.목.남.3복.	동.직.1과.능.2복.	대.인.여격.1단.	관.목.남.단.	명.목.남.단.	대.지.목.남.단.

5613	654	3588	2992	2532	2400	1473	1799	4771
ὡς	ἀποστρέφοντα	τὸν	λαόν,	καὶ	ἰδοὺ	ἐγὼ	ἐνώπιον	ὑμῶν
ὡς	ἀποστρέφω	ὁ	λαός	καί	ἰδού	ἐγώ	ἐνώπιον	σύ
호스	아포스트레폰타	톤	라온	카이	이두	에고	에노피온	휘몬
으로서	그릇 인도하는 사람	그	백성을	그런데	보라	나는	앞에서	너희의
접.종.	동.분.현.능.목.남.단.	관.목.남.단.	명.목.남.단.	접.등.	불.문.	대.인.주.1단.	전.소	대.인.소.2복.

350	3762	2147	1722	3588	444	3778	158
ἀνακρίνας	οὐθὲν	εὗρον	ἐν	τῷ	ἀνθρώπῳ	τούτῳ	αἴτιον
ἀνακρίνω	οὐδείς	εὑρίσκω	ἐν	ὁ	ἄνθρωπος	οὗτος	αἴτιον
아나크리나스	우덴	휴론	엔	토	안드로포	투토	아이티온
심문한 후에	아무 것도 못했다	찾아내지	속에	그	사람	이	죄를
동.분.1과.능.주.남.1단.	형.대.기.목.중.단.	동.직.2과.능.1단.	전.여격.	관.여격.남.단.	명.여격.남.단.	대.지.여격.남.단.	형.대.목.중.단.

3739	2723	2596	846
ὧν	κατηγορεῖτε	κατ'	αὐτοῦ.
ὅς	κατηγορέω	κατά	αὐτός
혼	카테고레이테	캍	아우투
바 그 일에 대하여	너희가 고발한	대적하여	그를
대.관.소.중.복	동.직.현.능.2복.	전.소	대.인.소.남.3단.

15 헤롯이 또한 그렇게 하여 그를 우리에게 도로 보내었도다 보라 그가 행한 일에는 죽일
일이 없느니라

No, nor yet Herod: for I sent you to him; and, lo, nothing worthy of death is done unto him.

235	3761	2264	375	1063	846	4314	1473	2532
ἀλλ'	οὐδὲ	Ἡρῴδης,	ἀνέπεμψεν	γὰρ	αὐτὸν	πρὸς	ἡμᾶς,	καὶ
ἀλλά	οὐδέ	Ἡρῴδης	ἀναπέμπω	γάρ	αὐτός	πρός	ἐγώ	καί
알	우데	헤로데스	아네펨프센	가르	아우톤	프로스	헤마스	카이
그런데	도 못하였고	헤롯	그가 돌려 보내었다	왜냐하면	그를	에게로	우리	그런데
접.등.	부.	명.주.남.단.	동.직.1과.능.3단.	접.종.	대.인.목.남.3단.	전.목.	대.인.목.1복.	접.등.

2400	3762	514	2288	1510	4238	846
ἰδοὺ	οὐδὲν	ἄξιον	θανάτου	ἐστὶν	πεπραγμένον	αὐτῷ·
ἰδού	οὐδείς	ἄξιος	θάνατος	εἰμί	πράσσω	αὐτός
이두	우덴	앜시온	다나투	에스틴	페프라그메논	아우토
보라	하나도 아니하다	합당한 것이	사형의	있지	실행하여진 것이	그에게
불.문.	형.대.기.주.중.단.	형.주.중.단.	명.소.남.단.	+동.직.현.능.3단.	+동.분.1완.수.주.중.단.	대.인.여격.남.3단.

16 그러므로 때려서 놓겠노라

I will therefore chastise him, and release him.

3811	3767	846	630
παιδεύσας	οὖν	αὐτὸν	ἀπολύσω.
παιδεύω	οὖν	αὐτός	ἀπολύω
파이듀사스	운	아우톤	아폴뤼소
때려서	이러므로	그를	내가 놓을 것이다
동.분.1과.능.주.남.1단.	접.우.	대.인.목.남.3단.	동.직.미.능.1단.

17 (없음)

For of necessity he must release one unto them at the feast.

18 무리가 일제히 소리 질러 이르되 이 사람을 없이하고 바라바를 우리에게 놓아 주소서 하니

And they cried out all at once, saying, Away with this man, and release unto us Barabbas:

349	1161	3826	3004	142	3778	630
'Ανέκραγον	δὲ	παμπληθεὶ	λέγοντες,	αἶρε	τοῦτον,	ἀπόλυσον
ἀνακράζω	δέ	παμπληθεί	λέγω	αἴρω	οὗτος	ἀπολύω
아네크라곤	데	팜플레데이	레곤테스	아이레	투톤	아폴뤼손
그들이 소리질렀다	그러자	모든 군중과 함께	말하기를	없이하라	이 사람을	놓아주소서
동.직.2과.능.3복.	접.우.	부.	동.분.현.능.주.남.복.	동.명.현.능.2단.	대.지.목.남.단.	동.명.1과.능.2단.

1161	1473	3588	912
δὲ	ἡμῖν	τὸν	Βαραββᾶν·
δέ	ἐγώ	ὁ	Βαραββᾶς
데	헤민	톤	바랍반
그러나	우리에게	그	바라바를
접.등.	대.인.여격.1복.	관.목.남.단.	명.목.남.단.

19 이 바라바는 성중에서 일어난 민란과 살인으로 말미암아 옥에 갇힌 자러라
Who for a certain sedition made in the city, and for murder, was cast into prison.

3748	1510	1223	4714	5100	1096	1722	3588
ὅστις	ἦν	διὰ	στάσιν	τινὰ	γενομένην	ἐν	τῇ
ὅστις	εἰμί	διά	στάσις	τις	γίνομαι	ἐν	ἡ
호스티스	엔	디아	스타신	티나	게노메넨	엔	테
그가	있었다	인하여	폭동을	어떤	일어난	안에서	그
대.관.주.남.단.	동.직.미완.능.3단.+	전.목.	명.목.여.단.	대.부.목.여.단.	+동.분.2과.중디.목.여.단.	전.여격.	관.여격.여.단.

4172	2532	5408	906	1722	3588	5438
πόλει	καὶ	φόνον	βληθεὶς	ἐν	τῇ	φυλακῇ.
πόλις	καί	φόνος	βάλλω	ἐν	ἡ	φυλακή
폴레이	카이	포논	블레데이스	엔	테	퓔라케
도시에	과	살인을	던져진 (사람으로)	안에	그	감옥에
명.여격.여.단.	접.등.	명.목.남.단.	동.분.1과.수.주.남.단.	전.여격.	관.여격.여.단.	명.여격.여.단.

20 빌라도는 예수를 놓고자 하여 다시 그들에게 말하되
Pilate therefore, willing to release Jesus, spake again to them.

3825	1161	3588	4091	4377	846	2309	630
πάλιν	δὲ	ὁ	Πιλᾶτος	προσεφώνησεν	αὐτοῖς	θέλων	ἀπολῦσαι
πάλιν	δέ	ὁ	Πιλάτος	προσφωνέω	αὐτός	θέλω	ἀπολύω
팔린	데	호	필라토스	프로세포네센	아우토이스	델론	아폴뤼사이
다시	그런즉	그	빌라도는	가까이 불렀다	그들에게	원하여	놓아주기를
부.	접.우.	관.주.남.단.	명.주.남.단.	동.직.1과.능.3단.	대.인.여격.남.3복.	동.분.현.능.주.남.단.	동.부.1과.능.

3588	2424
τὸν	Ἰησοῦν.
ὁ	Ἰησοῦς
톤	예순
그	예수를
관.목.남.단.	명.목.남.단.

21 그들은 소리 질러 이르되 그를 십자가에 못 박게 하소서 십자가에 못 박게 하소서 하는지라
But they cried, saying, Crucify him, crucify him.

3588	1161	2019	3004	4717	4717	846
οἱ	δὲ	ἐπεφώνουν	λέγοντες,	σταύρου	σταύρου	αὐτόν.
ὁ	δέ	ἐπιφωνέω	λέγω	σταυρόω	σταυρόω	αὐτός
호이	데	에페포눈	레곤테스	스타우루	스타우루	아우톤
그들이	그러나	소리질렀다	말하기를	십자가에 못 박으소서	십자가에 못 박으소서	그를
관.주.남.복	접.우.	동.직.미완.능.3복.	동.분.현.능.주.남.복.	동.명.현.능.2단.	동.명.현.능.2단.	대.인.목.남.3단.

22 빌라도가 세 번째 말하되 이 사람이 무슨 악한 일을 하였느냐 나는 그에게서 죽일 죄를
찾지 못하였나니 때려서 놓으리라 하니
And he said unto them the third time, Why, what evil hath he done? I have found no cause of death in him: I will therefore chastise him, and let him go.

3588	1161	5154	3004(2036)	4314	846	5101	1063	2556
ὁ	δὲ	τρίτον	εἶπεν	πρὸς	αὐτούς,	τί	γὰρ	κακὸν
ὁ	δέ	τρίτος	λέγω.ἔπω	πρός	αὐτός	τίς	γάρ	κακός
호	데	트리톤	에이펜	프로스	아우투스	티	가르	카콘
빌라도가	그래도	세 번째	말하였다	향하여	그들을	무슨	참으로	악한 일을
관.주.남.단	접.우.	형.대.서.목.중.단	동.직.2과.능.3단.	전.목.	대.인.목.남.3복.	대.의.목.중.단.	접.종.	형.대.목.중.단.

4160	3778	3762	158	2288	2147	1722	846
ἐποίησεν	οὗτος;	οὐδὲν	αἴτιον	θανάτου	εὗρον	ἐν	αὐτῷ·
ποιέω	οὗτος	οὐδείς	αἴτιον	θάνατος	εὑρίσκω	ἐν	αὐτός
에포이에센	후토스	우덴	아이티온	다나투	휴론	엔	아우토
하였느냐	이 사람이	아무것도 못하였다	이유	사형의	내가 찾아내지	안에	그에
동.직.1과.능.3단.	대.지.주.남.단.	형.대.기.목.중.단.	형.대.목.중.단.	명.소.남.단.	동.직.2과.능.1단.	전.여격.	대.인.여격.남.3단.

3811	3767	846	630
παιδεύσας	οὖν	αὐτὸν	ἀπολύσω.
παιδεύω	οὖν	αὐτός	ἀπολύω
파이듀사스	운	아우톤	아폴뤼소
매질로 벌한 후	그러므로	그를	내가 놓을 것이라
동.분.1과.능.주.남.1단.	접.우.	대.인.목.남.3단.	동.직.미.능.1단.

23 그들이 큰 소리로 재촉하여 십자가에 못 박기를 구하니 그들의 소리가 이긴지라
And they were instant with loud voices, requiring that he might be crucified. And the voices of them and of the chief priests prevailed.

3588	1161	1945	5456	3173	154	846
οἱ	δὲ	ἐπέκειντο	φωναῖς	μεγάλαις	αἰτούμενοι	αὐτὸν
ὁ	δέ	ἐπίκειμαι	φωνή	μέγας	αἰτέω	αὐτός
호이	데	에페케인토	포나이스	메갈라이스	아이투메노이	아우톤
그들이	그러나	재촉하였다	소리들로	큰	요구하면서	그를
관.주.남.복	접.우.	동.직.미완.중수디.3복.	명.여격.여.복.	형.여격.여.복.	동.분.현.중.주.남.복.	대.인.목.남.3단.

4717	2532	2729	3588	5456	846
σταυρωθῆναι,	καὶ	κατίσχυον	αἱ	φωναὶ	αὐτῶν.
σταυρόω	καί	κατισχύω	ἡ	φωνή	αὐτός
스타우로데나이	카이	카티스퀴온	하이	포나이	아우톤
십자가에 못 박기를	그래서	이기고 있었다	그	소리들이	그들의
동.부.1과.수.	접.등.	동.직.미완.능.3복.	관.주.여.복.	명.주.여.복.	대.인.소.남.3복.

24 이에 빌라도가 그들이 구하는 대로 하기를 언도하고
And Pilate gave sentence that it should be as they required.

2532	4091	1948	1096	3588	155	846
Καὶ	Πιλᾶτος	ἐπέκρινεν	γενέσθαι	τὸ	αἴτημα	αὐτῶν·
καί	Πιλάτος	ἐπικρίνω	γίνομαι	τό	αἴτημα	αὐτός
카이	필라토스	에페크리넨	게네스다이	토	아이테마	아우톤
이에	빌라도가	선고하였다	되도록	그	요구를	그들의
접.등.	명.주.남.단.	동.직.1과.능.3단.	동.부.2과.중디.	관.목.중.단.	명.목.중.단.	대.인.소.남.3복.

25 그들이 요구하는 자 곧 민란과 살인으로 말미암아 옥에 갇힌 자를 놓아 주고 예수는
넘겨 주어 그들의 뜻대로 하게 하니라
And he released unto them him that for sedition and murder was cast into prison, whom they had desired; but he delivered Jesus to their will.

630	1161	3588	1223	4714	2532	5408	906	1519
ἀπέλυσεν	δὲ	τὸν	διὰ	στάσιν	καὶ	φόνον	βεβλημένον	εἰς
ἀπολύω	δέ	ὁ	διά	στάσις	καί	φόνος	βάλλω	εἰς
아펠뤼센	데	톤	디아	스타신	카이	포논	베블레메논	에이스
그는 놓아주었다	그리하여	그(사람을)	인하여	폭동	과	살인을	던져진	속으로
동.직.1과.능.3단.	접.우.	관.목.남.단	전.목.	명.목.여.단.	접.등.	명.목.남.단.	동.분.1완.수.목.남.단.	전.목.

5438	3739	154	3588	1161	2424	3860	3588
φυλακὴν	ὃν	ᾐτοῦντο,	τὸν	δὲ	Ἰησοῦν	παρέδωκεν	τῷ
φυλακή	ὅς	αἰτέω	ὁ	δέ	Ἰησοῦς	παραδίδωμι	τό
퓔라켄	혼	에툰토	톤	데	예순	파레도켄	토
감옥	바 사람을	그들이 요청했던	그	그러나	예수님을	넘겨 주었다	그
명.목.여.단.	대.관.목.남.단.	동.직.미완.중.3복.	관.목.남.단.	접.등/접.우.	명.목.남.단.	동.직.1과.능.3단.	관.여격.중.단.

2307	846
θελήματι	αὐτῶν.
θέλημα	αὐτός
델레마티	아우톤
뜻대로	그들의
명.여격.중.단.	대.인.소.남.3복.

26 그들이 예수를 끌고 갈 때에 시몬이라는 구레네 사람이 시골에서 오는 것을 붙들어
그에게 십자가를 지워 예수를 따르게 하더라
And as they led him away, they laid hold upon one Simon, a Cyrenian, coming out of the country,
and on him they laid the cross, that he might bear it after Jesus.

2532	5613	520	846	1949	4613	5100	2956
Καὶ	ὡς	ἀπήγαγον	αὐτόν,	ἐπιλαβόμενοι	Σίμωνά	τινα	Κυρηναῖον
καί	ὡς	ἀπάγω	αὐτός	ἐπιλαμβάνομαι	Σίμων	τις	Κυρηναῖος
카이	호스	아페가곤	아우톤	에필라보메노이	시모나	티나	퀴레나이온
그리고	때에	그들이 끌고 갈	그를	붙잡아서	시몬을	어떤	구레네 사람
접.등.	**접.종.**	**동.직.2과.능.3복.**	**대.인.목.남.3단.**	**동.분.2과.중디.주.남.복.**	**명.목.남.단**	**대.부.목.남.단.**	**명.목.남.단.**

2064	575	68	2007	846	3588	4716	5342
ἐρχόμενον	ἀπ'	ἀγροῦ	ἐπέθηκαν	αὐτῷ	τὸν	σταυρὸν	φέρειν
ἔρχομαι	ἀπό	ἀγρός	ἐπιτίθημι	αὐτός	ὁ	σταυρός	φέρω
에르코메논	압	아그루	에페데칸	아우토	톤	스타우론	페레인
오는	부터	시골로	그들은 지웠다	그에게	그	십자가를	짊어지도록
동.분.현.중수디.목.남.단.	**전소.**	**명.소.남.단.**	**동.직.1과.능.3복.**	**대.인.여격.남.3단.**	**관.목.남.단.**	**명.목.남.단.**	**동.부.현.능.**

3693	3588	2424
ὄπισθεν	τοῦ	Ἰησοῦ.
ὄπισθεν	ὁ	Ἰησοῦς
오피스덴	투	예수
뒤에서	그	예수의
전소.	**관.소.남.단.**	**명.소.남.단.**

27 또 백성과 및 그를 위하여 가슴을 치며 슬피 우는 여자의 큰 무리가 따라오는지라
And there followed him a great company of people, and of women, which also bewailed and
lamented him.

190	1161	846	4183	4128	3588	2992	2532	1135
Ἠκολούθει	δὲ	αὐτῷ	πολὺ	πλῆθος	τοῦ	λαοῦ	καὶ	γυναικῶν
ἀκολουθέω	δέ	αὐτός	πολύς	πλῆθος	ὁ	λαός	καί	γυνή
에콜루데이	데	아우토	폴뤼	플레도스	투	라우	카이	귀나이콘
따라오고 있었다	그리고	그에게	많은	군중이	그	백성	과	여자들의
동.직.미완.능.3단.	**접.등.**	**대.인.여격.남.3단.**	**형.주.중.단.**	**명.주.중.단.**	**관.소.남.단.**	**명.소.남.단.**	**접.등.**	**명.소.여.복.**

3739	2875	2532	2354	846
αἳ	ἐκόπτοντο	καὶ	ἐθρήνουν	αὐτόν.
ὅς	κόπτω	καί	θρηνέω	αὐτός
하이	에콥톤토	카이	에드레눈	아우톤
바	가슴을 치고 있었다	그리고	슬피 울었다	그를 위하여
대.관.주.여.복.	**동.직.미완.중.3복.**	**접.등.**	**동.직.미완.능.3복.**	**대.인.목.남.3단.**

28 예수께서 돌이켜 그들을 향하여 이르시되 예루살렘의 딸들아 나를 위하여 울지 말고
너희와 너희 자녀를 위하여 울라
But Jesus turning unto them said, Daughters of Jerusalem, weep not for me, but weep for yourselves,
and for your children.

4762	1161	4314	846	3588	2424	3004(2036)	2364
στραφεὶς	δὲ	πρὸς	αὐτὰς	[ὁ]	Ἰησοῦς	εἶπεν,	θυγατέρες
στρέφω	δέ	πρός	αὐτός	ὁ	Ἰησοῦς	λέγω.ἔπω	θυγάτηρ
스트라페이스	데	프로스	아우타스	호	예수스	에이펜	뒤가테레스
돌이키신 후에	이에	향하여	그들을	그	예수님께서	말씀하셨다	딸들아
동.분.2과.수.주.남.단.	**접.우.**	**전목.**	**대.인.목.여.3복.**	**관.주.남.단.**	**명.주.남.단.**	**동.직.2과.능.3단.**	**명.호.여.복.**

2419	3361	2799	1909	1473	4133	1909	1438
Ἰερουσαλήμ,	μὴ	κλαίετε	ἐπ'	ἐμέ·	πλὴν	ἐφ'	ἑαυτὰς
Ἱερουσαλήμ	μή	κλαίω	ἐπί	ἐγώ	πλήν	ἐπί	ἑαυτοῦ
예루살렘	메	클라이에테	엡	에메	플렌	엡	헤아우타스
예루살렘의	말라	너희는 울지	위하여	나를	그러나	위하여	너희 자신을
명.소.여.단.	**부.**	**동.명.현.능.2복.**	**전목.**	**대.인.목.1단.**	**접.우.**	**전목.**	**대.인.목.여.2복.**

2799	2532	1909	3588	5043	4771
κλαίετε	καὶ	ἐπὶ	τὰ	τέκνα	ὑμῶν,
κλαίω	καί	ἐπί	τό	τέκνον	σύ
클라이에테	카이	에피	타	테크나	휘몬
울라	그리고	위하여	그	자녀들을	너희의
동.명.현.능.2복.	접.등.	전.목.	관.목.중.복.	명.목.중.복.	대.인.소.2복.

29 보라 날이 이르면 사람이 말하기를 잉태하지 못하는 이와 해산하지 못한 배와 먹이지
못한 젖이 복이 있다 하리라
For, behold, the days are coming, in the which they shall say, Blessed are the barren, and the wombs that never bare, and the paps which never gave suck.

3754	2400	2064	2250	1722	3739	3004(2046)	3107	3588
ὅτι	ἰδοὺ	ἔρχονται	ἡμέραι	ἐν	αἷς	ἐροῦσιν,	μακάριαι	αἱ
ὅτι	ἰδού	ἔρχομαι	ἡμέρα	ἐν	ὅς	λέγω.ἐρέω	μακάριος	ἡ
호티	이두	에르콘타이	헤메라이	엔	하이스	에루신	마카리아이	하이
때문이라	보라	오기	날들이	때에	바	그들이 말할	복이 있으리라	그
접.종.	불.문.	동.직.현.중수디.3복.	명.주.여.복.	전.여격.	대.관.여격.여.복.	동.직.미.능.3복.	형.주.여.복.	관.주.여.복.

4723	2532	3588	2836	3739	3756	1080	2532	3149
στεῖραι	καὶ	αἱ	κοιλίαι	αἳ	οὐκ	ἐγέννησαν	καὶ	μαστοὶ
στεῖρος	καί	ἡ	κοιλία	ὅς	οὐ	γεννάω	καί	μαστός
스테이라이	카이	하이	코일리아이	하이	우크	에겐네산	카이	마스토이
잉태 못하는 여자들	과	그	배들이	바	못하였던	해산하지	그리고	가슴들이
형.대.주.여.복.	접.등.	관.주.여.복.	명.주.여.복.	대.관.주.여.복.	부.	동.직.1과.능.3복.	접.등.	명.주.남.복.

3739	3756	5142
οἳ	οὐκ	ἔθρεψαν.
ὅς	οὐ	τρέφω
호이	우크	에드렙산
바	못하였던	젖을 먹이지
대.관.주.남.복.	부.	동.직.1과.능.3복.

30 그 때에 사람이 산들을 대하여 우리 위에 무너지라 하며 작은 산들을 대하여 우리를
덮으라 하리라
Then shall they begin to say to the mountains, Fall on us; and to the hills, Cover us.

5119	756	3004	3588	3735	4098	1909	1473	2532
τότε	ἄρξονται	λέγειν	τοῖς	ὄρεσιν,	πέσετε	ἐφ'	ἡμᾶς,	καὶ
τότε	ἄρχομαι	λέγω	τό	ὄρος	πίπτω	ἐπί	ἐγώ	καί
토테	아륵손타이	레게인	토이스	오레신	페세테	엪	헤마스	카이
그 때에	그들이 시작할 것이다	말하는 것을	그	산들에게	무너져라	위로	우리를	그리고
부.	동.직.미.중.3복.	동.부.현.능.	관.여격.중.복.	명.여격.중.복.	동.명.2과.능.2복.	전.목.	대.인.목.1복.	접.등.

3588	1015	2572	1473
τοῖς	βουνοῖς,	καλύψατε	ἡμᾶς·
ὁ	βουνός	καλύπτω	ἐγώ
토이스	부노이스	칼륖사테	헤마스
그	언덕들에게	덮어라	우리를
관.여격.남.복.	명.여격.남.복.	동.명.1과.능.2복.	대.인.목.1복.

31 푸른 나무에도 이같이 하거든 마른 나무에는 어떻게 되리요 하시니라
For if they do these things in a green tree, what shall be done in the dry?

3754	1487	1722	3588	5200	3586	3778	4160	1722	3588
ὅτι	εἰ	ἐν	τῷ	ὑγρῷ	ξύλῳ	ταῦτα	ποιοῦσιν,	ἐν	τῷ
ὅτι	εἰ	ἐν	τό	ὑγρός	ξύλον	οὗτος	ποιέω	ἐν	τό
호티	에이	엔	토	휘그로	크쉴로	타우타	포이우신	엔	토
왜냐하면	면	안에	그	푸른	나무에	이런 일들이	그들이 행한다	안에	그
접.종.	접.종.	전.여격.	관.여격.중.단.	형.여격.중.단.	명.여격.중.단.	대.지.목.중.복.	동.직.현.능.3복.	전.여격.	관.여격.중.단.

3584	5101	1096
ξηρῷ	τί	γένηται;
ξηρός	τίς	γίνομαι
크세로	티	게네타이
마른 나무에	무슨 일이	일어날런지요
형.대.여격.중.단.	대.의.주.중.단.	동.가.2과.중디.3단.

32 또 다른 두 행악자도 사형을 받게 되어 예수와 함께 끌려 가니라
And there were also two other, malefactors, led with him to be put to death.

71	1161	2532	2087	2557	1417	4862	846	337
Ἤγοντο	δὲ	καὶ	ἕτεροι	κακοῦργοι	δύο	σὺν	αὐτῷ	ἀναιρεθῆναι.
ἄγω	δέ	καί	ἕτερος	κακοῦργος	δύο	σύν	αὐτός	ἀναιρέω
에곤토	데	카이	헤테로이	카쿠르고이	뒤오	쉰	아우토	아나이레데나이
끌려가고 있었다	그리고	역시	다른	행악자들이	두	함께	그와	사형을 당하기 위하여
동.직.미완.수.3복.	접.등.	부.	형.주.남.복.	형.대.주.남.복.	형.기.주.남.복.	전.여격.	대.인.여격.남.3단.	동.부.1과.수.

33 해골이라 하는 곳에 이르러 거기서 예수를 십자가에 못 박고 두 행악자도 그렇게 하니
하나는 우편에, 하나는 좌편에 있더라
And when they were come to the place, which is called Calvary, there they crucified him, and the malefactors, one on the right hand, and the other on the left.

2532	3753	2064	1909	3588	5117	3588	2564	2898
Καὶ	ὅτε	ἦλθον	ἐπὶ	τὸν	τόπον	τὸν	καλούμενον	Κρανίον,
καί	ὅτε	ἔρχομαι	ἐπί	ὁ	τόπος	ὁ	καλέω	κρανίον
카이	호테	엘돈	에피	톤	토폰	톤	칼루메논	크라니온
그리하여	때에	그들이 왔을	위로	그	곳을	그	불려지는	해골이라
접.등.	접.종.	동.직.2과.능.3복.	전.목.	관.목.남.단.	명.목.남.단.	관.목.남.단	동.분.현.수.목.남.단.	명.목.중.단.

1563	4717	846	2532	3588	2557	3739	3303
ἐκεῖ	ἐσταύρωσαν	αὐτὸν	καὶ	τοὺς	κακούργους,	ὃν	μὲν
ἐκεῖ	σταυρόω	αὐτός	καί	ὁ	κακοῦργος	ὅς	μέν
에케이	에스타우로산	아우톤	카이	투스	카쿠르구스	혼	멘
거기서	그들이 십자가에 못 박았다	그를	그리고	그	두 행악자들도	그(사람은)	
부.	동.직.1과.능.3복.	대.인.목.남.3단.	접.등.	관.목.남.복.	형.대.목.남.복.	대.관.목.남.단	접.등.

1537	1188	3739	1161	1537	710
ἐκ	δεξιῶν	ὃν	δὲ	ἐξ	ἀριστερῶν.
ἐκ	δεξιός	ὅς	δέ	ἐκ	ἀριστερός
에크	덱시온	혼	데	엑스	아리스테론
에서	오른편	저(사람)은	또	에서	왼편
전.소	형.대.소.중.복.	대.관.목.남.단	접.등.	전.소.	형.대.소.중.복.

34 이에 예수께서 이르시되 아버지 저들을 사하여 주옵소서 자기들이 하는 것을 알지
못함이니이다 하시더라 그들이 그의 옷을 나눠 제비 뽑을새
Then said Jesus, Father, forgive them; for they know not what they do. And they parted his raiment, and cast lots.

3588	1161	2424	3004	3962	863	846	3756	1063
ὁ	δὲ	Ἰησοῦς	ἔλεγεν,	πάτερ,	ἄφες	αὐτοῖς,	οὐ	γὰρ
ὁ	δέ	Ἰησοῦς	λέγω	πατήρ	ἀφίημι	αὐτός	οὐ	γάρ
호	데	예수스	엘레겐	파테르	아페스	아우토이스	우	가르
그	이에	예수께서	말씀하셨다	아버지여	용서하여 주옵소서	그들에게	못함이라	왜냐하면
관.주.남.단.	접.우.	명.주.남.단.	동.직.미완.능.3단.	명.호.남.단.	동.명.2과.능.2단.	대.인.여격.남.3복.	부.	접.종.

1492	5101	4160	1266	1161	3588	2440
οἴδασιν	τί	ποιοῦσιν.	διαμεριζόμενοι	δὲ	τὰ	ἱμάτια
οἶδα.εἴδω	τίς	ποιέω	διαμερίζω	δέ	τό	ἱμάτιον
오이다신	티	포이우신	디아메리조메노이	데	타	히마티아
그들이 알지	무엇을	그들이 행한다	그대로 나누며	그러나	그	겉옷들을
동.직.1완.능.3복.	대.의.목.중.단.	동.직.현.능.3복.	동.분.현.중.주.남.복.	접.등.	관.목.중.복.	명.목.중.복.

846	906	2819
αὐτοῦ	ἔβαλον	κλήρους.
αὐτός	βάλλω	κλῆρος
아우투	에발론	클레루스
그의	그들이 뽑았다	제비들를
대.인소.남.3단.	동.직2과.능.3복.	명.목.남.복.

35 백성은 서서 구경하는데 관리들은 비웃어 이르되 저가 남을 구원하였으니 만일 하나님이
택하신 자 그리스도이면 자신도 구원할지어다 하고
And the people stood beholding. And the rulers also with them derided him, saying, He saved
others; let him save himself, if he be Christ, the chosen of God.

2532	2476	3588	2992	2334	1592	1161	2532	3588
Καὶ	εἱστήκει	ὁ	λαὸς	θεωρῶν.	ἐξεμυκτήριζον	δὲ	καὶ	οἱ
καί	ἵστημι	ὁ	λαός	θεωρέω	ἐκμυκτερίζω	δέ	καί	ὁ
카이	헤이스테케이	호	라오스	데오론	엑세뮈크테리존	데	카이	호이
또	서서	그	백성은	바라보며	조소하였다	그리고	역시	그
접.등.	동.직.과완.능.3단.	관.주.남.단.	명.주.남.단.	동.분.현.능.주.남.단.	동.직.미완.능.3복.	접.등.	부.	관.주.남.복.

758	3004	243	4982	4982	1438	1487
ἄρχοντες	λέγοντες,	ἄλλους	ἔσωσεν,	σωσάτω	ἑαυτόν,	εἰ
ἄρχων	λέγω	ἄλλος	σώζω	σώζω	ἑαυτοῦ	εἰ
아르콘테스	레곤테스	알루스	에소센	소사토	헤아우톤	에이
관원들도	말하기를	남들을	그가 구원하였다	구원하라	자기 자신을	만일
명.주.남.복.	동.분.현.능.주.남.복.	형.대.목.남.복.	동.직.1과.능.3단.	동.명.1과.능.3단.	대.인목.남.3단.	접.종.

3778	1510	3588	5547	3588	2316	3588	1588
οὗτός	ἐστιν	ὁ	Χριστὸς	τοῦ	θεοῦ	ὁ	ἐκλεκτός.
οὗτος	εἰμί	ὁ	Χριστός	ὁ	θεός	ὁ	ἐκλεκτός
후토스	에스틴	호	크리스토스	투	데우	호	에클렉토스
이 사람이	이라면	그	그리스도	그	하나님의	그	택하신
대.지.주.남.단.	동.직.현.능.3단.	관.주.남.단.	명.주.남.단.	관.소.남.단.	명.소.남.단.	관.주.남.단.	형.주.남.단.

36 군인들도 희롱하면서 나아와 신 포도주를 주며
And the soldiers also mocked him, coming to him, and offering him vinegar,

1702	1161	846	2532	3588	4757	4334
ἐνέπαιξαν	δὲ	αὐτῷ	καὶ	οἱ	στρατιῶται	προσερχόμενοι,
ἐμπαίζω	δέ	αὐτός	καί	ὁ	στρατιώτης	προσέρχομαι
에네파잌산	데	아우톤	카이	호이	스트라티오타이	프로세르코메노이
조롱하였다	또한	그에게	역시	그	군병들이	가까이 와서
동.직.1과.능.3복.	접.등.	대.인.여격.남.3단.	부.	관.주.남.복.	명.주.남.복.	동.분.현.중수디.주.남.복.

3690	4374	846
ὄξος	προσφέροντες	αὐτῷ
ὄξος	προσφέρω	αὐτός
옥소스	프로스페론테스	아우토
신포도주를	들이대면서	그에게
명.목.중.단.	동.분.현.능.주.남.복.	대.인.여격.남.3단.

37 이르되 네가 만일 유대인의 왕이면 네가 너를 구원하라 하더라
And saying, If thou be the king of the Jews, save thyself.

2532	3004	1487	4771	1510	3588	935	3588	2453
καὶ	λέγοντες,	εἰ	σὺ	εἶ	ὁ	βασιλεὺς	τῶν	Ἰουδαίων,
καί	λέγω	εἰ	σύ	εἰμί	ὁ	βασιλεύς	ὁ	Ἰουδαῖος
카이	레곤테스	에이	쉬	에이	호	바실류스	톤	유다이온
그리고	말하기를	만일	네가	이거든	그	왕	그	유대인들의
접.등.	동.분.현.능.주.남.복.	접.종.	대.인.주.2단.	동.직.현.능.2단.	관.주.남.단.	명.주.남.단.	관.소.남.복.	형.대.소.남.복.

4982	4572
σῶσον	σεαυτόν.
σώζω	σεαυτοῦ
소손	세아우톤
네가 구원하라	너 자신을
동.명.1과.능.2단.	대.인.목.남.2단.

38 그의 위에 이는 유대인의 왕이라 쓴 패가 있더라
And a superscription also was written over him in letters of Greek, and Latin, and Hebrew, THIS IS THE KING OF THE JEWS.

1510	1161	2532	1923	1909	846	3588	935	3588
ἦν	δὲ	καὶ	ἐπιγραφὴ	ἐπ'	αὐτῷ,	ὁ	βασιλεὺς	τῶν
εἰμί	δέ	καί	ἐπιγραφή	ἐπί	αὐτός	ὁ	βασιλεύς	ὁ
엔	데	카이	에피그라페	엪	아우토	호	바실류스	톤
있었다	그리고	역시	쓴 패가	위에	그에게	그	왕이라	그
동.직.미완.능.3단.	접.등.	부.	명.주.여.단.	전.여격.	대.인.여격.남.3단.	관.주.남.단.	명.주.남.단.	관.소.남.복.

2453	3778
Ἰουδαίων	οὗτος.
Ἰουδαῖος	οὗτος
유다이온	후토스
유대인들의	이 사람은
형.대.소.남.복.	대.지.주.남.단.

39 달린 행악자 중 하나는 비방하여 이르되 네가 그리스도가 아니냐 너와 우리를 구원하라 하되
And one of the malefactors which were hanged railed on him, saying, If thou be Christ, save thyself and us.

1520	1161	3588	2910	2557	987	846
Εἷς	δὲ	τῶν	κρεμασθέντων	κακούργων	ἐβλασφήμει	αὐτὸν
εἷς	δέ	ὁ	κρεμάννυμι	κακοῦργος	βλασφημέω	αὐτός
헤이스	데	톤	크레마스덴톤	카쿠르곤	에블라스페메이	아우톤
한 사람은	그리고	그	달려진	행악자들 중의	비방하였다	그를
형.대.기.주.남.단.	접.등.	관.소.남.복	동.분.1과.수.소.남.복.	형.대.소.남.복.	동.직.미완.능.3단.	대.인.목.남.3단.

3004	3780	4771	1510	3588	5547	4982	4572
λέγων,	οὐχὶ	σὺ	εἶ	ὁ	χριστός;	σῶσον	σεαυτὸν
λέγω	οὐχί	σύ	εἰμί	ὁ	Χριστός	σώζω	σεαυτοῦ
레곤	우키	쉬	에이	호	크리스토스	소손	세아우톤
말하기를	아니하냐	네가	이다	그	그리스도가	구원하라	너 자신
동.분.현.능.주.남.단.	불.의.	대.인.주.2단.	동.직.현.능.2단.	관.주.남.단.	명.주.남.단.	동.명.1과.능.2단.	대.인.목.남.2단.

2532	1473
καὶ	ἡμᾶς.
καί	ἐγώ
카이	헤마스
과	우리를
접.등.	대.인.목.1복.

40 하나는 그 사람을 꾸짖어 이르되 네가 동일한 정죄를 받고서도 하나님을 두려워하지
아니하느냐
But the other answering rebuked him, saying, Dost not thou fear God, seeing thou art in the same condemnation?

611	1161	3588	2087	2008	846	5346
ἀποκριθεὶς	δὲ	ὁ	ἕτερος	ἐπιτιμῶν	αὐτῷ	ἔφη,
ἀποκρίνομαι	δέ	ὁ	ἕτερος	ἐπιτιμάω	αὐτός	φημί
아포크리데이스	데	호	헤테로스	에피티몬	아우토	에페
대답하여	그러나	그	다른 사람은	엄히 꾸짖으며	그에게	말하였다
동.분.1과.수디.주.남.단.	접.우.	관.주.남.단.	형.대.주.남.단.	동.분.현.능.주.남.단.	대.인.여격.남.3단.	동.직.2과.능.3단/동.직.미완.능.3단.

3761	5399	4771	3588	2316	3754	1722	3588	846
οὐδὲ	φοβῇ	σὺ	τὸν	θεόν,	ὅτι	ἐν	τῷ	αὐτῷ
οὐδέ	φοβέω	σύ	ὁ	θεός	ὅτι	ἐν	τό	αὐτός
우데	포베	쉬	톤	데온	호티	엔	토	아우토
도 아니하느냐	두려워하지	네가	그	하나님을	때문이라	중에	그	동일한
부.	동.직.현.중수디.2단.	대.인.주.2단.	관.목.남.단.	명.목.남.단.	접.종.	전.여격.	관.여격.중.단.	형.여격.중.단.

2917	1510
κρίματι	εἶ;
κρίμα	εἰμί
크리마티	에이
판결	이냐
명.여격.중.단.	동.직.현.능.2단.

41 우리는 우리가 행한 일에 상당한 보응을 받는 것이니 이에 당연하거니와 이 사람이 행한
것은 옳지 않은 것이 없느니라 하고
And we indeed justly; for we receive the due reward of our deeds: but this man hath done nothing amiss.

2532	1473	3303	1346	514	1063	3739	4238
καὶ	ἡμεῖς	μὲν	δικαίως,	ἄξια	γὰρ	ὧν	ἐπράξαμεν
καί	ἐγώ	μέν	δικαίως	ἄξιος	γάρ	ὅς	πράσσω
카이	헤메이스	멘	디카이오스	악시아	가르	혼	에프락사멘
이에	우리는	참으로	당연하지만	합당한 보응들을	왜냐하면	바 일들의	우리가 실행한
접.등.	대.인.주.1복.	접.종.	부.	형.대.목.중.복.	접.종.	대.관.소.중.복	동.직.1과.능.1복.

618	3778	1161	3762	824	4238
ἀπολαμβάνομεν·	οὗτος	δὲ	οὐδὲν	ἄτοπον	ἔπραξεν.
ἀπολαμβάνω	οὗτος	δέ	οὐδείς	ἄτοπος	πράσσω
아폴람밤노멘	후토스	데	우덴	아토폰	에프락센
우리가 도로 받는다	이 사람은	그러나	아무것도 하지 않았다	잘못을	실행하지
동.직.현.능.1복.	대.지.주.남.단.	접.우.	형.대.기.목.중.단.	형.대.목.중.단.	동.직.1과.능.3단.

42 이르되 예수여 당신의 나라에 임하실 때에 나를 기억하소서 하니
And he said unto Jesus, Lord, remember me when thou comest into thy kingdom.

2532	3004	2424	3415	1473	3752	2064	1519	3588
καὶ	ἔλεγεν,	Ἰησοῦ,	μνήσθητί	μου	ὅταν	ἔλθῃς	εἰς	τὴν
καί	λέγω	Ἰησοῦς	μνάομαι	ἐγώ	ὅταν	ἔρχομαι	εἰς	ἡ
카이	엘레겐	예수	므네스데티	무	호탄	엘데스	에이스	텐
그리고	그가 말하였다	예수여	기억하소서	저(의)를	때에	당신은 임하실	안으로	그
접.등.	동.직.미완.능.3단.	명.호.남.단.	동.명.1과.수디.2단.	대.인.소.1단.	접.종.	동.가.2과.능.2단.	전.목.	관.목.여.단.

932	4771
βασιλείαν	σου.
βασιλεία	σύ
바실레이안	수
나라를	당신의
명.목.여.단.	대.인.소.2단.

43 예수께서 이르시되 내가 진실로 네게 이르노니 오늘 네가 나와 함께 낙원에 있으리라
하시니라
And Jesus said unto him, Verily I say unto thee, To day shalt thou be with me in paradise.

2532	3004(2036)	846	281	4771	3004	4594	3326
καὶ	εἶπεν	αὐτῷ,	ἀμήν	σοι	λέγω,	σήμερον	μετ'
καί	λέγω.ἔπω	αὐτός	ἀμήν	σύ	λέγω	σήμερον	μετά
카이	에이펜	아우토	아멘	소이	레고	세메론	멧
이에	예수께서 말씀하셨다	그에게	진실로	너에게	내가 말한다	오늘	함께
접.등.	동.직.2과.능.3단.	대.인.여격.남.3단.	불.문.	대.인.여격.남.2단.	동.직.현.능.1단.	부.	전.소.

1473	1510	1722	3588	3857
ἐμοῦ	ἔσῃ	ἐν	τῷ	παραδείσῳ.
ἐγώ	εἰμί	ἐν	ὁ	παράδεισος
에무	에세	엔	토	파라데이소
나와	네가 있을 것이다	안에	그	낙원에
대.인.소.1단.	동.직.미.중디.2단.	전.여격.	관.여격.남.단.	명.여격.남.단.

44 때가 제육시쯤 되어 해가 빛을 잃고 온 땅에 어둠이 임하여 제구시까지 계속하며
And it was about the sixth hour, and there was a darkness over all the earth until the ninth hour.

2532	1510	2235	5616	5610	1623	2532	4655	1096
Καὶ	ἦν	ἤδη	ὡσεὶ	ὥρα	ἕκτη	καὶ	σκότος	ἐγένετο
καί	εἰμί	ἤδη	ὡσεί	ὥρα	ἕκτος	καί	σκότος	γίνομαι
카이	엔	에데	호세이	호라	헥테	카이	스코토스	에게네토
그리고	때가 되어 있었다	지금	쯤	시	(제) 육	그런데	어두움이	임하였다
접등.	동.직.미완.능.3단.	부.	부.	명.주.여.단.	형.서.주.여.단.	접등.	명.주.중.단.	동.직.2과.중디.3단.

1909	3650	3588	1093	2193	5610	1766
ἐφ'	ὅλην	τὴν	γῆν	ἕως	ὥρας	ἐνάτης
ἐπί	ὅλος	ἡ	γῆ	ἕως	ὥρα	ἔνατος
엪	홀렌	텐	겐	헤오스	호라스	에나테스
위로	온	이	땅을	까지	시	제 구
전.목.	형.목.여.단.	관.목.여.단.	명.목.여.단.	전.소.	명.소.여.단.	형.서.소.여.단.

45 성소의 휘장이 한가운데가 찢어지더라
And the sun was darkened, and the veil of the temple was rent in the midst.

3588	2246	1587	4977	1161	3588	2665	3588
τοῦ	ἡλίου	ἐκλιπόντος,	ἐσχίσθη	δὲ	τὸ	καταπέτασμα	τοῦ
ὁ	ἥλιος	ἐκλείπω	σχίζω	δέ	τό	καταπέτασμα	ὁ
투	헬리우	에클리폰토스	에스키스데	데	토	카타페타스마	투
그	해의 (빛을)	잃고	찢어졌다	그리고	그	휘장이	그
관.소.남.단.	명.소.남.단.	동.분.1과.능.소.남.단.	동.직.1과.수.3단.	접등.	관.주.중.단.	명.주.중.단.	관.소.남.단.

3485	3319
ναοῦ	μέσον.
ναός	μέσος
나우	메손
성전의	한가운데를
명.소.남.단.	형.대.목.중.단

46 예수께서 큰 소리로 불러 이르시되 아버지 내 영혼을 아버지 손에 부탁하나이다 하고 이
말씀을 하신 후 숨지시니라
And when Jesus had cried with a loud voice, he said, Father, into thy hands I commend my spirit: and having said thus, he gave up the ghost.

2532	5455	5456	3173	3588	2424	3004(2036)	3962	1519
καὶ	φωνήσας	φωνῇ	μεγάλῃ	ὁ	Ἰησοῦς	εἶπεν,	πάτερ,	εἰς
καί	φωνέω	φωνή	μέγας	ὁ	Ἰησοῦς	λέγω.ἔπω	πατήρ	εἰς
카이	포네사스	포네	메갈레	호	예수스	에이펜	파테르	에이스
그리고	부르짖어	소리로	큰	그	예수께서	말씀하셨다	아버지여	안으로
접등.	동.분.1과.능.주.남.단.	명.여격.여.단.	형.여격.여.단.	관.주.남.단.	명.주.남.단.	동.직.2과.능.3단.	명.호.남.단.	전.목.

5495	4771	3908	3588	4151	1473	3778	1161
χεῖράς	σου	παρατίθεμαι	τὸ	πνεῦμά	μου.	τοῦτο	δὲ
χείρ	σύ	παρατίθημι	τό	πνεῦμα	ἐγώ	οὗτος	δέ
케이라스	수	파라티데마이	토	프뉴마	무	투토	데
두손을	당신의	내가 맡깁니다	이	영을	나의	이	그리고
명.목.여.복.	대.인.소.2단.	동.직.현.중.1단.	관.목.중.단.	명.목.중.단.	대.인.소.2단.	대.지.목.중.단.	접등.

3004(2036)	1606
εἰπὼν	ἐξέπνευσεν.
λέγω.ἔπω	ἐκπνέω
에이폰	엑세프뉴센
말씀하신 후에	숨을 거두셨다
동.분.2과.능.주.남.단.	동.직.1과.능.3단.

47 백부장이 그 된 일을 보고 하나님께 영광을 돌려 이르되 이 사람은 정녕 의인이었도다 하고
Now when the centurion saw what was done, he glorified God, saying, Certainly this was a righteous man.

3708(1492)	1161	3588	1543	3588	1096	1392	3588
Ἰδὼν	δὲ	ὁ	ἑκατοντάρχης	τὸ	γενόμενον	ἐδόξαζεν	τὸν
ὁράω.εἴδω	δέ	ὁ	ἑκατοντάρχης	τό	γίνομαι	δοξάζω	ὁ
이돈	데	호	헤카톤타르케스	토	게노메논	에독사젠	톤
본 후에	그런데	그	백부장이	그(일을)	일어난	영광을 돌렸다	그
동.분.2과.능.주.남.단.	접.우.	관.주.남.단.	명.주.남.단.	관.목.중.단	동.분.2과.중디.목.중.단.	동.직.미완.능.3단.	관.목.남.단.

2316	3004	3689	3588	444	3778	1342	1510
θεὸν	λέγων,	ὄντως	ὁ	ἄνθρωπος	οὗτος	δίκαιος	ἦν.
θεός	λέγω	ὄντως	ὁ	ἄνθρωπος	οὗτος	δίκαιος	εἰμί
데온	레곤	온토스	호	안드로포스	후토스	디카이오스	엔
하나님을	말하기를	참으로	그	사람은	이	의인	이었도다
명.목.남.단.	동.분.현.능.주.남.단.	부.	관.주.남.단.	명.주.남.단.	대.지.주.남.단.	형.주.남.단.	동.직.미완.능.3단.

48 이를 구경하러 모인 무리도 그 된 일을 보고 다 가슴을 치며 돌아가고
And all the people that came together to that sight, beholding the things which were done, smote their breasts, and returned.

2532	3956	3588	4836	3793	1909	3588	2335
καὶ	πάντες	οἱ	συμπαραγενόμενοι	ὄχλοι	ἐπὶ	τὴν	θεωρίαν
καί	πᾶς	ὁ	συμπαραγίνομαι	ὄχλος	ἐπί	ἡ	θεωρία
카이	판테스	호이	쉼파라게노메노이	오클로이	에피	텐	데오리안
그러나	다	그	함께 온	무리들이	위하여	그	구경을
접.등.	형.주.남.복.	관.주.남.복	동.분.2과.중디.주.남.복.	명.주.남.복.	전.목.	관.목.여.단.	명.목.여.단.

3778	2334	3588	1096	5180	3588	4738
ταύτην,	θεωρήσαντες	τὰ	γενόμενα,	τύπτοντες	τὰ	στήθη
οὗτος	θεωρέω	τό	γίνομαι	τύπτω	τό	στῆθος
타우텐	데오레산테스	타	게노메나	튑톤테스	타	스테데
이것을	바라보고	그(일들을)	일어난	치면서	그(그들의)	가슴을
대.지.목.여.단.	동.분.1과.능.주.남.복.	관.목.중.복	동.분.2과.중디.목.중.복.	동.분.현.능.주.남.복.	관.목.중.복.	명.목.중.복.

5290
ὑπέστρεφον.
ὑποστρέφω
휘페스트레폰
되돌아갔다
동.직.미완.능.3복.

49 예수를 아는 자들과 갈릴리로부터 따라온 여자들도 다 멀리 서서 이 일을 보니라
And all his acquaintance, and the women that followed him from Galilee, stood afar off, beholding these things.

2476	1161	3956	3588	1110	846	575	3113
Εἱστήκεισαν	δὲ	πάντες	οἱ	γνωστοὶ	αὐτῷ	ἀπὸ	μακρόθεν
ἵστημι	δέ	πᾶς	ὁ	γνωστός	αὐτός	ἀπό	μακρόθεν
헤이스테케이산	데	판테스	호이	그노스토이	아우토	아포	마크로덴
서서	그리고	모두	그	아는 사람들이	그에게	부터	멀리로
동.직.과완.능.3복.	접.등.	형.주.남.복.	관.주.남.복.	형.대.주.남.복.	대.인.여격.남.3단.	전.소.	부

2532	1135	3588	4870	846	575	3588	1056
καὶ	γυναῖκες	αἱ	συνακολουθοῦσαι	αὐτῷ	ἀπὸ	τῆς	Γαλιλαίας,
καί	γυνή	ἡ	συνακολουθέω	αὐτός	ἀπό	ἡ	Γαλιλαία
카이	귀나이케스	하이	쉬나콜루두사이	아우토	아포	테스	갈릴라이아스
그리고	여자들도	그	함께 따르던	그에게	부터	그	갈릴리로
접등.	명.주.여.복.	관.주.여.복	동.분.현.능.주.여.복.	대.인.여격.남.3단.	전소.	관.소.여.단.	명.소.여.단.

3708	3778
ὁρῶσαι	ταῦτα
ὁράω	οὗτος
호로사이	타우타
바라보면서	이 (일)들을
동.분.현.능.주.여.복.	대.지.목.중.복.

50 공회 의원으로 선하고 의로운 요셉이라 하는 사람이 있으니
And, behold, there was a man named Joseph, a counsellor; and he was a good man, and a just:

2532	2400	435	3686	2501	1010	5225	2532	435
Καὶ	ἰδοὺ	ἀνὴρ	ὀνόματι	Ἰωσὴφ	βουλευτὴς	ὑπάρχων	[καὶ]	ἀνὴρ
καί	ἰδού	ἀνήρ	ὄνομα	Ἰωσήφ	βουλευτής	ὑπάρχω	καί	ἀνήρ
카이	이두	아네르	오노마티	요셉	불류테스	휘파르콘	카이	아네르
그런데	보라	한 남자가	이름으로	요셉이라는	공회 회원으로	있으니	또한	남자로
접등.	불문.	명.주.남.단.	명.여격.중.단.	명.주.남.단.	명.주.남.단.	동.분.현.능.주.남.단.	접등.	명.주.남.단.

18	2532	1342
ἀγαθὸς	καὶ	δίκαιος
ἀγαθός	καί	δίκαιος
아가도스	카이	디카이오스
선한	그리고	의로운
형.주.남.단.	접등.	형.주.남.단.

51 (그들의 결의와 행사에 찬성하지 아니한 자라) 그는 유대인의 동네 아리마대 사람이요
하나님의 나라를 기다리는 자라
(The same had not consented to the counsel and deed of them;) he was of Arimathaea, a city of the Jews: who also himself waited for the kingdom of God.

3778	3756	1510	4784	3588	1012	2532	3588
οὗτος	οὐκ	ἦν	συγκατατεθειμένος	τῇ	βουλῇ	καὶ	τῇ
οὗτος	οὐ	εἰμί	συγκατατίθεμαι	ἡ	βουλή	καί	ἡ
후토스	우크	엔	쉉카타테데이메노스	테	불레	카이	테
그 사람은	아니했다	있었다	동의하고 있지	그	결의	와	그
대.지.주.남.단.	부.	동.직.미완.능.3단.+	+동.분.1완.중수디.주.남.단.	관.여격.여.단.	명.여격.여.단.	접등.	관.여격.여.단.

4234	846	575	707	4172	3588	2453	3739
πράξει	αὐτῶν	ἀπὸ	Ἁριμαθαίας	πόλεως	τῶν	Ἰουδαίων,	ὃς
πρᾶξις	αὐτός	ἀπό	Ἁριμαθαία	πόλις	ὁ	Ἰουδαῖος	ὅς
프락세이	아우톤	아포	하리마다이아스	폴레오스	톤	유다이온	호스
행사에	그들의	출신으로	아리마대의	한 도시	그	유대인들의	그는
명.여격.여.단.	대.인.소.남.3복.	전소.	명.소.여.단.	명.소.여.단.	관.소.남.복.	형.대.소.남.복.	대.관.주.남.단.+

4327	3588	932	3588	2316
προσεδέχετο	τὴν	βασιλείαν	τοῦ	θεοῦ,
προσδέχομαι	ἡ	βασιλεία	ὁ	θεός
프로세데케토	텐	바실레이안	투	데우
기다리고 있었다	그	나라를	그	하나님의
동.직.미완.능3단.	관.목.여.단.	명.목.여.단.	관.소.남.단.	명.소.남.단.

52 그가 빌라도에게 가서 예수의 시체를 달라하여
This man went unto Pilate, and begged the body of Jesus.

3778	4334	3588	4091	154	3588	4983	3588	2424
οὗτος	προσελθὼν	τῷ	Πιλάτῳ	ᾐτήσατο	τὸ	σῶμα	τοῦ	Ἰησοῦ
οὗτος	προσέρχομαι	ὁ	Πιλάτος	αἰτέω	τό	σῶμα	ὁ	Ἰησοῦς
후토스	프로셀돈	토	필라토	에테사토	토	소마	투	예수
이 사람이	가가이 와서	그	빌라도에게	요구하였다	그	몸을	그	예수님의
대.지.주.남.단.	동.분.2과.능.주.남.단.	관.여격.남.단.	명.여격.남.단.	동.직.1과.중.3단.	관.목.중.단.	명.목.중.단.	관.소.남.단.	명.소.남.단.

53 이를 내려 세마포로 싸고 아직 사람을 장사한 일이 없는 바위에 판 무덤에 넣어 두니

And he took it down, and wrapped it in linen, and laid it in a sepulchre that was hewn in stone, wherein never man before was laid.

2532	2507	1794	846	4616	2532	5087	846
καὶ	καθελὼν	ἐνετύλιξεν	αὐτὸ	σινδόνι	καὶ	ἔθηκεν	αὐτὸν
καί	καθαιρέω	ἐντυλίσσω	αὐτός	σινδών	καί	τίθημι	αὐτός
카이	카델론	에네튈릭센	아우토	신도니	카이	에데켄	아우톤
그리하여	내린 후에	쌌으며	그 몸을	세마포에	그리고	넣어 두었다	그를
접.등.	동.분.2과.능.주.남.단.	동.직.1과.능.3단.	대.인.목.중.3단.	명.여격.여.단.	접.등.	동.직.1과.능.3단.	대.인.목.남.3단.

1722	3418	2991	3757	3756	1510	3762	3768	2749
ἐν	μνήματι	λαξευτῷ	οὗ	οὐκ	ἦν	οὐδεὶς	οὔπω	κείμενος.
ἐν	μνῆμα	λαξευτός	οὗ	οὐ	εἰμί	οὐδείς	οὔπω	κεῖμαι
엔	므네마티	락슈토	후	우크	엔	우데이스	우포	케이메노스
안에	무덤	돌로 쪼아낸	바 곳에	아니하고	있었던	아무도	아직	놓지
전.여격.	명.여격.중.단.	형.여격.중.단.	부.관.	부.	동.직.미완.능.3단.+	형.대.기.주.남.단.	부.	+동.분.현.중수디.주.남.단.

54 이 날은 준비일이요 안식일이 거의 되었더라

And that day was the preparation, and the sabbath drew on.

2532	2250	1510	3904	2532	4521	2020
καὶ	ἡμέρα	ἦν	παρασκευῆς	καὶ	σάββατον	ἐπέφωσκεν.
καί	ἡμέρα	εἰμί	παρασκευή	καί	σάββατον	ἐπιφώσκω
카이	헤메라	엔	파라스큐에스	카이	삽바톤	에페포스켄
그리고	일	(이날은)이요	예비	그리고	안식일이	거의 되었다
접.등.	명.주.여.단.	동.직.미완.능.3단.	명.소.여.단.	접.등.	명.주.중.단.	동.직.미완.능.3단.

55 갈릴리에서 예수와 함께 온 여자들이 뒤를 따라 그 무덤과 그의 시체를 어떻게 두었는지를 보고

And the women also, which came with him from Galilee, followed after, and beheld the sepulchre, and how his body was laid.

2628	1161	3588	1135	3748	1510
Κατακολουθήσασαι	δὲ	αἱ	γυναῖκες,	αἵτινες	ἦσαν
κατακολουθέω	δέ	ἡ	γυνή	ὅστις	εἰμί
카타콜루데사사이	데	하이	귀나이케스	하이티네스	에산
뒤를 따라온	그리고	그	여자들이	그 여자들은	있었다
동.분.1과.능.주.여.복.	접.등.	관.주.여.복.	명.주.여.복.	대.관.주.여.복.	동.직.미완.능.3복.+

4905	1537	3588	1056	846	2300	3588	3419
συνεληλυθυῖαι	ἐκ	τῆς	Γαλιλαίας	αὐτῷ,	ἐθεάσαντο	τὸ	μνημεῖον
συνέρχομαι	ἐκ	ἡ	Γαλιλαία	αὐτός	θεάομαι	τό	μνημεῖον
쉬넬렐뤼뒤이아이	에크	테스	갈릴라이아스	아우토	에데아산토	토	므네메이온
함께 와서	부터	그	갈릴리로	그와	바라보았다	그	무덤을
+동.분.1완.능.주.여.복.	전.소	관.소.여.단.	명.소.여.단.	대.인.여격.남.3단.	동.직.1과.중디.3복.	관.목.중.단.	명.목.중.단.

2532	5613	5087	3588	4983	846
καὶ	ὡς	ἐτέθη	τὸ	σῶμα	αὐτοῦ,
καί	ὡς	τίθημι	τό	σῶμα	αὐτός
카이	호스	에테데	토	소마	아우투
그리고	어떻게	두게 되었다	그	몸이	그의
접등.	접등.	동.직.1과.수.3단.	관.주.중.단.	명.주.중.단.	대.인소.남.3단.

56 돌아가 향품과 향유를 준비하더라 계명을 따라 안식일에 쉬더라
And they returned, and prepared spices and ointments; and rested the sabbath day according to the commandment.

5290	1161	2090	759	2532	3464	2532	3588	3303
ὑποστρέψασαι	δὲ	ἡτοίμασαν	ἀρώματα	καὶ	μύρα.	καὶ	τὸ	μὲν
ὑποστρέφω	δέ	ἑτοιμάζω	ἄρωμα	καί	μύρον	καί	τό	μέν
휘포스트렢사사이	데	헤토이마산	아로마타	카이	뮈라	카이	토	멘
되돌아가서	그리고	준비하였다	향료들	과	향유들을	그리고	그	참으로
동.분.1과.능.주.여.복.	접등.	동.직.1과.능.3복.	명.목.중.복.	접등.	명.목.중.복.	접등.	관.목.중.단.	접종.

4521	2270	2596	3588	1785
σάββατον	ἡσύχασαν	κατὰ	τὴν	ἐντολήν.
σάββατον	ἡσυχάζω	κατά	ἡ	ἐντολή
삽바톤	헤쉬카산	카타	텐	엔톨렌
안식일을	그들이 쉬었다	따라	그	계명을
명.목.중.단.	동.직.1과.능.3복.	전목.	관.목.여.단.	명.목.여.단.

24 안식 후 첫날 새벽에 이 여자들이 그 준비한 향품을 가지고 무덤에 가서
Now upon the first day of the week, very early in the morning, they came unto the sepulchre, bringing the spices which they had prepared, and certain others with them.

3588	1161	3391	3588	4521	3722	901	1909	3588
Τῇ	δὲ	μιᾷ	τῶν	σαββάτων	ὄρθρου	βαθέως	ἐπὶ	τὸ
ἡ	δέ	μία	τό	σάββατον	ὄρθρος	βαθύς	ἐπί	τό
테	데	미아	톤	삽바톤	오르드루	바데오스	에피	토
그	그러나	첫 (날)	그	안식일들의	새벽의	매우 이른	앞으로	그
관.여격.여.단.	접우.	형.대.기.여격.여.단.	관.소.중.복.	명.소.중.복.	명.소.남.단.	형.소.남.단.	전목.	관.목.중.단.

3418	2064	5342	3739	2090	759
μνῆμα	ἦλθον	φέρουσαι	ἃ	ἡτοίμασαν	ἀρώματα.
μνῆμα	ἔρχομαι	φέρω	ὅς	ἑτοιμάζω	ἄρωμα
므네마	엘돈	페루사이	하	헤토이마산	아로마타
무덤을	그들이 왔다	가지고서	바	그들이 준비하였다	향료들을
명.목.중.단.	동.직.2과.능.3복.	동.분.현.능.주.여.복.	대.관.목.중.복.+	동.직.1과.능.3복.	명.목.중.복.

2 돌이 무덤에서 굴려 옮겨진 것을 보고
And they found the stone rolled away from the sepulchre.

2147	1161	3588	3037	617	575	3588	3419
εὗρον	δὲ	τὸν	λίθον	ἀποκεκυλισμένον	ἀπὸ	τοῦ	μνημείου,
εὑρίσκω	δέ	ὁ	λίθος	ἀποκυλίω	ἀπό	τό	μνημεῖον
휴론	데	톤	리돈	아포케퀼리스메논	아포	투	므네메이우
그들이 발견하였다	그런데	그	돌을	굴려내어 있는	부터	그	무덤으로
동.직.2과.능.3복.	접등.	관.목.남.단.	명.목.남.단.	동.분.1완.수.목.남.단.	전소.	관.소.중.복.	명.소.중.복.

3 들어가니 주 예수의 시체가 보이지 아니하더라
And they entered in, and found not the body of the Lord Jesus.

1525	1161	3756	2147	3588	4983	3588	2962	2424
εἰσελθοῦσαι	δὲ	οὐχ	εὗρον	τὸ	σῶμα	τοῦ	κυρίου	Ἰησοῦ.
εἰσέρχομαι	δέ	οὐ	εὑρίσκω	τό	σῶμα	ὁ	κύριος	Ἰησοῦς
에이셀두사이	데	우크	휴론	토	소마	투	퀴리우	예수
들어가서	이에	못했다	그들이 찾아내지	그	몸을	그	주	예수의
동.분.2과.능.주.여.복.	**접.등.**	**부.**	**동.직.2과.능.3복.**	**관.목.중.단.**	**명.목.중.단.**	**관.소.남.단.**	**명.소.남.단.**	**명.소.남.단.**

4 이로 인하여 근심할 때에 문득 찬란한 옷을 입은 두 사람이 곁에 섰는지라
And it came to pass, as they were much perplexed thereabout, behold, two men stood by them in shining garments:

2532	1096	1722	3588	639	846	4012	3778	2532
καὶ	ἐγένετο	ἐν	τῷ	ἀπορεῖσθαι	αὐτὰς	περὶ	τούτου	καὶ
καί	γίνομαι	ἐν	τό	ἀπορέω	αὐτός	περί	οὗτος	καί
카이	에게네토	엔	토	아오레이스다이	아우타스	페리	투투	카이
그래서	일어났다	때에	그	매우 당황할	그들(을)이	대하여	이것에	그런데
접.등.	**동.직.2과.중디.3단.**	**전.여격.**	**관.여격.중.단.**	**동.부.현.능.여격.**	**대.인.인.목.여.3복.**	**전.소.**	**대.지.소.중.단.**	**접.우.**

2400	435	1417	2186	846	1722	2066	797
ἰδοὺ	ἄνδρες	δύο	ἐπέστησαν	αὐταῖς	ἐν	ἐσθῆτι	ἀστραπτούσῃ.
ἰδού	ἀνήρ	δύο	ἐφίστημι	αὐτός	ἐν	ἐσθής	ἀστράπτω
이두	안드레스	뒤오	에페스테산	아우타이스	엔	에스데티	아스트랖투세
보라	남자들이	두	곁에 섰다	그들에게	으로(입은)	옷	빛나는
불.문.	**명.주.남.복.**	**형.기.주.남.복.**	**동.직.2과.능.3복.**	**대.인.여격.여.3복.**	**전.여격.**	**명.여격.여.단.**	**동.분.현.능.여격.여.단.**

5 여자들이 두려워 얼굴을 땅에 대니 두 사람이 이르되 어찌하여 살아 있는 자를 죽은 자
가운데서 찾느냐
And as they were afraid, and bowed down their faces to the earth, they said unto them, Why seek ye the living among the dead?

1719	1161	1096	846	2532	2827	3588	4383	1519
ἐμφόβων	δὲ	γενομένων	αὐτῶν	καὶ	κλινουσῶν	τὰ	πρόσωπα	εἰς
ἔμφοβος	δέ	γίνομαι	αὐτός	καί	κλίνω	τό	πρόσωπον	εἰς
엠포본	데	게노메논	아우톤	카이	클리누손	타	프로소파	에이스
두려워하여	이에	있을 때에	그 여자들이	그래서	숙이고	그(그들의)	얼굴들을	으로
형.소.여.복.	**접.우.**	**동.분.2과.중.소.여.복.**	**대.인.소.여.3복.**	**접.등.**	**동.분.현.능.소.여.복.**	**관.목.중.복.**	**명.목.중.복.**	**전.목.**

3588	1093	3004(2036)	4314	846	5101	2212	3588	2198
τὴν	γῆν	εἶπαν	πρὸς	αὐτάς,	τί	ζητεῖτε	τὸν	ζῶντα
ἡ	γῆ	λέγω.ἔπω	πρός	αὐτός	τίς	ζητέω	ὁ	ζάω
텐	겐	에이판	프로스	아우타스	티	제테이테	톤	존타
ㄱ	땅	두사람이 말하였다	향하여	그들을	어찌하여	너희는 찾느냐	그(분을)	살아있는
관.목.여.단.	**명.목.여.단.**	**동.직.2과.능.3복.**	**전.목.**	**대.인.목.여.3복.**	**대.의.목.중.단**	**동.직.현.능.2복.**	**관.목.남.단**	**동.분.현.능.목.남.단.**

3326	3588	3498
μετὰ	τῶν	νεκρῶν·
μετά	ὁ	νεκρός
메타	톤	네크론
함께	그	죽은 사람들과
전.소.	**관.소.남.복.**	**형.대.소.남.복.**

6 여기 계시지 않고 살아나셨느니라 갈릴리에 계실 때에 너희에게 어떻게 말씀하셨는지를
기억하라
He is not here, but is risen: remember how he spake unto you when he was yet in Galilee,

3756	1510	5602	235	1453	3415	5613	2980	4771
οὐκ	ἔστιν	ὧδε,	ἀλλ'	ἠγέρθη.	μνήσθητε	ὡς	ἐλάλησεν	ὑμῖν
οὐ	εἰμί	ὧδε	ἀλλά	ἐγείρω	μνάομαι	ὡς	λαλέω	σύ
우크	에스틴	호데	알	에게르데	므네스데테	호스	엘랄레센	휘민
않다	그는 계시지	여기에	그러나	일어나셨다	기억하라	어떻게	그가 말씀하셨는지	너희에게
부.	**동.직.현.능.3단.**	**부.**	**접.우.**	**동.직.1과.수.3단.**	**동.명.1과.수디.2복.**	**접.등.**	**동.직.1과.능.3단.**	**대.인.여격.2복.**

2089	1510	1722	3588	1056
ἔτι	ὢν	ἐν	τῇ	Γαλιλαίᾳ
ἔτι	εἰμί	ἐν	ἡ	Γαλιλαία
에티	온	엔	테	갈릴라이아
아직히	계실 때에	안에	그	갈릴리에
부.	**동.분.현.능.주.남.단.**	**전.여격.**	**관.여격.여.단.**	**명.여격.여.단.**

7 이르시기를 인자가 죄인의 손에 넘겨져 십자가에 못 박히고 제삼일에 다시 살아나야
하리라 하셨느니라 한대

Saying, The Son of man must be delivered into the hands of sinful men, and be crucified, and the third day rise again.

3004	3588	5207	3588	444	3754	1163	3860
λέγων	τὸν	υἱὸν	τοῦ	ἀνθρώπου	ὅτι	δεῖ	παραδοθῆναι
λέγω	ὁ	υἱός	ὁ	ἄνθρωπος	ὅτι	δεῖ	παραδίδωμι
레곤	톤	휘온	투	안드로푸	호티	데이	파라도데나이
말씀하시기를	그	아들을	그	사람의		반드시 하리라	넘겨지는 것을
동.분.현.능.주.남.단.	**관.목.남.단.**	**명.목.남.단.**	**관.소.남.단.**	**명.소.남.단.**	**접.등.**	**동.직.현.능.3단.**	**동.부.1과.수.**

1519	5495	444	268	2532	4717	2532	3588
εἰς	χεῖρας	ἀνθρώπων	ἁμαρτωλῶν	καὶ	σταυρωθῆναι	καὶ	τῇ
εἰς	χείρ	ἄνθρωπος	ἁμαρτωλός	καί	σταυρόω	καί	ἡ
에이스	케이라스	안드로폰	하마르톨론	카이	스타우로데나이	카이	테
안으로	손들을	사람들의	죄있는	그래서	십자가에 못 박힌 것은	과	그
전.목.	**명.목.여.복.**	**명.소.남.복.**	**형.소.남.복.**	**접.등.**	**동.부.1과.수.**	**접.등.**	**관.여격.여.단.**

5154	2250	450
τρίτῃ	ἡμέρᾳ	ἀναστῆναι.
τρίτος	ἡμέρα	ἀνίστημι
트리테	헤메라	아나스테나이
제 삼	일에	다시 살아나는 것을
형.서.여격.여.단.	**명.여격.여.단.**	**동.부.2과.능.**

8 그들이 예수의 말씀을 기억하고

And they remembered his words,

2532	3415	3588	4487	846
καὶ	ἐμνήσθησαν	τῶν	ῥημάτων	αὐτοῦ.
καί	μνάομαι	τό	ῥῆμα	αὐτός
카이	엠네스데산	톤	흐레마톤	아우투
이에	그들이 기억하였다	그	말씀들의	그의
접.등.	**동.직.1과.수디.3복.**	**관.소.중.복.**	**명.소.중.복.**	**대.인.소.남.3단.**

9 무덤에서 돌아가 이 모든 것을 열한 사도와 다른 모든 이에게 알리니

And returned from the sepulchre, and told all these things unto the eleven, and to all the rest.

2532	5290	575	3588	3419	518	3778	3956
Καὶ	ὑποστρέψασαι	ἀπὸ	τοῦ	μνημείου	ἀπήγγειλαν	ταῦτα	πάντα
καί	ὑποστρέφω	ἀπό	τό	μνημεῖον	ἀπαγγέλλω	οὗτος	πᾶς
카이	휘포스트렢사사이	아포	투	므네메이우	아펭게일란	타우타	판타
그리하여	되돌아간 후에	부터	그	무덤으로	보고하였다	이 일들을	모두
접.등.	**동.분.1과.능.주.여.복.**	**전.소.**	**관.소.중.단.**	**명.소.중.단.**	**동.직.1과.능.3복.**	**대.지.목.중.복.**	**형.목.중.복.**

3588	1733	2532	3956	3588	3062
τοῖς	ἕνδεκα	καὶ	πᾶσιν	τοῖς	λοιποῖς.
ὁ	ἕνδεκα	καί	πᾶς	ὁ	λοιποί
토이스	헨데카	카이	파신	토이스	로이포이스
그	열한 (제자에게)	과	모든	그	나머지 사람에게
관.여격.남.복.	**형.대.기.여격.남.복.**	**접.등.**	**형.여격.남.복.**	**관.여격.남.복.**	**형.대.여격.남.복.**

10 (이 여자들은 막달라 마리아와 요안나와 야고보의 모친 마리아라 또 그들과 함께 한
다른 여자들도 이것을 사도들에게 알리니라)

It was Mary Magdalene, and Joanna, and Mary the mother of James, and other women that were with them, which told these things unto the apostles.

1510	1161	3588	3094	3137	2532	2489	2532	3137
ἦσαν	δὲ	ἡ	Μαγδαληνὴ	Μαρία	καὶ	Ἰωάννα	καὶ	Μαρία
εἰμί	δέ	ἡ	Μαγδαληνή	Μαρία	καί	Ἰωάννα	καί	Μαρία
에산	데	헤	막달레네	마리아	카이	요안나	카이	마리아
그녀들은 있었다	대에	그	막달라	마리아	와	요안나	와	마리아가
동.직미완.능.3복.	접.등.	관.주.여.단.	명.주.여.단.	명.주.여.단.	접.등.	명.주.여.단.	접.등.	명.주.여.단.

3588	2385	2532	3588	3062	4862	846	3004	4314
ἡ	Ἰακώβου	καὶ	αἱ	λοιπαὶ	σὺν	αὐταῖς.	ἔλεγον	πρὸς
ἡ	Ἰάκωβος	καί	ἡ	λοιπος	σύν	αὐτός	λέγω	πρός
헤	야코부	카이	하이	로이파이	쉰	아우타이스	엘레곤	프로스
그(어머니)	야고보의	또	그	다른 여자들도	함께(있는)	그들과	말하고 있었다	향하여
관.주.여.단.	명.소.남.단.	접.등.	관.주.여.복.	형.대.주.여.복.	전.여격.	대.인.여격.여.3복.	동.직.미완.능.3복.	전.목.

3588	652	3778
τοὺς	ἀποστόλους	ταῦτα,
ὁ	ἀπόστολος	οὗτος
투스	아포스톨루스	타우타
그	사도들을	이 일들을
관.목.남.복.	명.목.남.복.	대.지.목.중.복.

11 사도들은 그들의 말이 허탄한 듯이 들려 믿지 아니하나

And their words seemed to them as idle tales, and they believed them not.

2532	5316	1799	846	5616	3026	3588	4487	3778
καὶ	ἐφάνησαν	ἐνώπιον	αὐτῶν	ὡσεὶ	λῆρος	τὰ	ῥήματα	ταῦτα,
καί	φαίνω	ἐνώπιον	αὐτός	ὡσεί	λῆρος	τό	ῥῆμα	οὗτος
카이	에파네산	에노피온	아우톤	호세이	레로스	타	흐레마타	타우타
그러나	그것들이 보여졌다	앞에서	그들의	같이	어리석은 말	그	말들이	이런
접.등.	동.직2과.수.3복.	전.소.	대.인.소.남.3복.	접.종.	명.주.남.단.	관.주.중.복.	명.주.중.복.	대.지.주.중.복.

2532	569	846
καὶ	ἠπίστουν	αὐταῖς.
καί	ἀπιστέω	αὐτός
카이	에피스툰	아우타이스
그러나	그들이 믿지 않았다	그 여자들에게
접.등.	동.직.미완.능.3복.	대.인.여격.남.3복.

12 베드로는 일어나 무덤에 달려가서 구부려 들여다 보니 세마포만 보이는지라 그 된 일을
놀랍게 여기며 집으로 돌아가니라

Then arose Peter, and ran unto the sepulchre; and stooping down, he beheld the linen clothes laid by themselves, and departed, wondering in himself at that which was come to pass.

3588	1161	4074	450	5143	1909	3588	3419	2532
Ὁ	δὲ	Πέτρος	ἀναστὰς	ἔδραμεν	ἐπὶ	τὸ	μνημεῖον	καὶ
ὁ	δέ	Πέτρος	ἀνίστημι	τρέχω	ἐπί	τό	μνημεῖον	καί
호	데	페트로스	아나스타스	에드라멘	에피	토	므네메이온	카이
그	그러나	베드로는	일어나서	달려갔다	앞으로	그	무덤을	그리고
관.주.남.단.	접.우.	명.주.남.단.	동.분.2과.능.주.남.단.	동.직.2과.능.3단.	전.목.	관.목.중.단.	명.목.중.단.	접.등.

3879	991	3588	3608	3441	2532	565	4314	1438
παρακύψας	βλέπει	τὰ	ὀθόνια	μόνα,	καὶ	ἀπῆλθεν	πρὸς	ἑαυτὸν
παρακύπτω	βλέπω	τό	ὀθόνιον	μόνος	καί	ἀπέρχομαι	πρός	ἑαυτοῦ
파라큅사스	블레페이	타	오도니아	모나	카이	아펠덴	프로스	헤아우톤
몸을 굽히고	그가 본다	그	세마포들만을	오직	그래서	떠나갔다	으로	집
동.분.2과.능.주.남.단.	동.직.현.능.3단.	관.목.중.복.	명.목.중.복.	형.목.중.복.	접.등.	동.직.1과.능.3단.	전.목.	대.인.목.남.3단.

2296	3588	1096
θαυμάζων	τὸ	γεγονός.
θαυμάζω	τό	γίνομαι
다우마존	토	게고노스
이상히 여기면서	그(일을)	일어난 일을
동.분.현.능.주.남.단.	관.목.중.단	동.분.2완.능.목.중.단.

13 그 날에 그들 중 둘이 예루살렘에서 이십오 리 되는 엠마오라 하는 마을로 가면서
And, behold, two of them went that same day to a village called Emmaus, which was from Jerusalem about threescore furlongs.

2532	2400	1417	1537	846	1722	846	3588	2250
Καὶ	ἰδοὺ	δύο	ἐξ	αὐτῶν	ἐν	αὐτῇ	τῇ	ἡμέρᾳ
καί	ἰδού	δύο	ἐκ	αὐτός	ἐν	αὐτός	ἡ	ἡμέρα
카이	이두	뒤오	엑스	아우톤	엔	아우테	테	헤메라
그런데	보라	두 (사람이)	중에서	그들	안에	그	그	날에
접.등.	불.문.	형.대.기.주.남.복.	전.소	대.인.소.남.3복.	전.여격.	대.인.여격.여.3단	관.여격.여.단.	명.여격.여.단.

1510	4198	1519	2968	568	4712	1835
ἦσαν	πορευόμενοι	εἰς	κώμην	ἀπέχουσαν	σταδίους	ἑξήκοντα
εἰμί	πορεύομαι	εἰς	κώμη	ἀπέχω	στάδιον	ἑξήκοντα
에산	포류오메노이	에이스	코멘	아페쿠산	스타디우스	헥세콘타
있었다	가면서	안으로	한 마을	멀리있는	스다디온들을	육십
동.직.미완.능.3복.+	+동.분.현.중수디.주.남.복.	전.목.	명.목.여.단.	동.분.현.능.목.여.단.	명.목.남.복.	형.기.목.남.복.

575	2419	3739	3686	1695
ἀπὸ	Ἰερουσαλήμ,	ᾗ	ὄνομα	Ἐμμαοῦς,
ἀπό	Ἰερουσαλήμ	ὅς	ὄνομα	Ἐμμαούς
아포	예루살렘	헤	오노마	엠마우스
부터	예루살렘으로	그곳에	이름이	엠마오
전.소	명.소.여.단.	대.관.여격.여.단.	명.주.중.단.	명.주.여.단.

14 이 모든 된 일을 서로 이야기하더라
And they talked together of all these things which had happened.

2532	846	3656	4314	240	4012	3956	3588
καὶ	αὐτοὶ	ὡμίλουν	πρὸς	ἀλλήλους	περὶ	πάντων	τῶν
καί	αὐτός	ὁμιλέω	πρός	ἀλλήλων	περί	πᾶς	τό
카이	아우토이	호밀룬	프로스	알렐루스	페리	판톤	톤
그런데	그들은	대화를 하였다	함께	서로	관하여	모든	그
접.등.	대.인.주.남.3복.	동.직.미완.능.3복.	전.목.	대.인.목.남.3복.	전.소	형.소.중.복.	관.소.중.복

4819	3778
συμβεβηκότων	τούτων.
συμβαίνω	οὗτος
쉼베베코톤	투톤
일어난	이 일들의
동.분.1완.능.소.중.복.	대.지.소.중.복.

15 그들이 서로 이야기하며 문의할 때에 예수께서 가까이 이르러 그들과 동행하시나
And it came to pass, that, while they communed together and reasoned, Jesus himself drew near, and went with them.

2532	1096	1722	3588	3656	846	2532	4802	2532
καὶ	ἐγένετο	ἐν	τῷ	ὁμιλεῖν	αὐτοὺς	καὶ	συζητεῖν	καὶ
καί	γίνομαι	ἐν	τό	ὁμιλέω	αὐτός	καί	συζητέω	καί
카이	에게네토	엔	토	호밀레인	아우투스	카이	쉬제테인	카이
이에	일어났다	때에	그	대화하는 것	그들(을)이	과	의논할	그런데
접.등.	동.직.2과.중디.3단.	전.여격.	관.여격.중.단.	동.부.현.능.여격.	대.인.목.남.3복.	접.등.	동.부.현.능.여격.	접.등.

846	2424	1448	4848	846
αὐτὸς	Ἰησοῦς	ἐγγίσας	συνεπορεύετο	αὐτοῖς,
αὐτός	Ἰησοῦς	ἐγγίζω	συμπορεύομαι	αὐτός
아우토스	예수스	엥기사스	쉬네포류에토	아우토이스
친히	예수께서	가까이 오셔서	동행하고 있었다	그들과
대.인.주.남.3단.	명.주.남.단.	동.분.1과.능.주.남.단.	동.직.미완.중수디.3단.	대.인.여격.남.3복.

16 그들의 눈이 가리어져서 그인 줄 알아보지 못하거늘
But their eyes were holden that they should not know him.

3588	1161	3788	846	2902	3588	3361	1921	846
οἱ	δὲ	ὀφθαλμοὶ	αὐτῶν	ἐκρατοῦντο	τοῦ	μὴ	ἐπιγνῶναι	αὐτόν.
ὁ	δέ	ὀφθαλμός	αὐτός	κρατέω	τό	μή	ἐπιγινώσκω	αὐτός
호이	데	오프달모이	아우톤	에크라툰토	투	메	에피그노나이	아우톤
그	그러나	눈들이	그들의	가리워져서	그	못하거늘	잘 알아보지	그를
관.주.남.복.	접.우.	명.주.남.복.	대.인.소.남.3복.	동.직.미완.수.3복.	관.소.중.단.	부.	동.부.2과.능.소	대.인.목.남.3단.

17 예수께서 이르시되 너희가 길 가면서 서로 주고받고 하는 이야기가 무엇이냐 하시니 두
사람이 슬픈 빛을 띠고 머물러 서더라
And he said unto them, What manner of communications are these that ye have one to another, as ye walk, and are sad?

3004(2036)	1161	4314	846	5101	3588	3056	3778	3739
εἶπεν	δὲ	πρὸς	αὐτούς,	τίνες	οἱ	λόγοι	οὗτοι	οὓς
λέγω.ἔπω	δέ	πρός	αὐτός	τίς	ὁ	λόγος	οὗτος	ὅς
에이펜	데	프로스	아우투스	티네스	호이	로고이	후토이	후스
그가 말씀하셨다	그리하여	향하여	그들을	무엇이냐	그	말들이	이	바
동.직.2과.능.3단.	접.우.	전.목.	대.인.목.남.3복.	대.의.주.남.복.	관.주.남.복.	명.주.남.복.	대.지.주.남.복.	대.관.목.남.복.

474	4314	240	4043	2532	2476	4659
ἀντιβάλλετε	πρὸς	ἀλλήλους	περιπατοῦντες;	καὶ	ἐστάθησαν	σκυθρωποί.
ἀντιβάλλω	πρός	ἀλλήλων	περιπατέω	καί	ἵστημι	σκυθρωπός
안티발레테	프로스	알렐루스	페리파툰테스	카이	에스타데산	스퀴드로포이
너희가 주고 받는다	함께	서로	걸어가면서	그러자	두 사람이 섰다	슬픈 빛을 띠고
동.직.현.능.2복.	전.목.	대.인.목.남.2복.	동.분.현.능.주.남.2복.	접.등.	동.직.1과.수.3복.	형.주.남.복.

18 그 한 사람인 글로바라 하는 자가 대답하여 이르되 당신이 예루살렘에 체류하면서도
요즘 거기서 된 일을 혼자만 알지 못하느냐
And the one of them, whose name was Cleopas, answering said unto him, Art thou only a stranger in Jerusalem, and hast not known the things which are come to pass there in these days?

611	1161	1520	3686	2810	3004(2036)	4314	846
ἀποκριθεὶς	δὲ	εἷς	ὀνόματι	Κλεοπᾶς	εἶπεν	πρὸς	αὐτόν,
ἀποκρίνομαι	δέ	εἷς	ὄνομα	Κλεόπας	λέγω.ἔπω	πρός	αὐτός
아포크리데이스	데	헤이스	오노마티	클레오파스	에이펜	프로스	아우톤
대답하여	그러자	한 사람이	이름에	글로바라 하는	말하였다	향하여	그를
동.분.1과.수디.주.남.단.	접.우.	형.대.기.주.남.단.	명.여격.중.단.	명.주.남.단.	동.직.2과.능.3단.	전.목.	대.인.목.남.3단.

4771	3441	3939	2419	2532	3756	1097	3588
σὺ	μόνος	παροικεῖς	Ἰερουσαλὴμ	καὶ	οὐκ	ἔγνως	τὰ
σύ	μόνος	παροικέω	Ἱερουσαλήμ	καί	οὐ	γινώσκω	τό
쉬	모노스	파로이케이스	예루살렘	카이	우크	에그노스	타
당신은	홀로	체류하면서	예루살렘에	그런데	못하느뇨	알지	그(일들을)
대.인.주.2단.	형.주.남.단.	동.직.현.능.2단.	명.목.여.단.	접.등.	부.	동.직.2과.능.2단.	관.목.중.복

1096	1722	846	1722	3588	2250	3778
γενόμενα	ἐν	αὐτῇ	ἐν	ταῖς	ἡμέραις	ταύταις;
γίνομαι	ἐν	αὐτός	ἐν	ἡ	ἡμέρα	οὗτος
게노메나	엔	아우테	엔	타이스	헤메라이스	타우타이스
일어난	안에서	거기에	동안에	그	며칠	이
동.분.2과.중디.목.중.복.	전.여격.	대.인.여격.여.3단.	전.여격.	관.여격.여.복.	명.여격.여.복.	대.지.여격.여.복.

19 이르시되 무슨 일이냐 이르되 나사렛 예수의 일이니 그는 하나님과 모든 백성 앞에서
말과 일에 능하신 선지자이거늘
And he said unto them, What things? And they said unto him, Concerning Jesus of Nazareth,
which was a prophet mighty in deed and word before God and all the people:

2532	3004(2036)	846	4169	3588	1161	3004(2036)	846
καὶ	εἶπεν	αὐτοῖς,	ποῖα;	οἱ	δὲ	εἶπαν	αὐτῷ,
καί	λέγω.ἔπω	αὐτός	ποῖος	ὁ	δέ	λέγω.ἔπω	αὐτός
카이	에이펜	아우토이스	포이아	호이	데	에이판	아우토
또	예수께서 말씀하셨다	그들에게	무슨 일이뇨	그들이	이에	말하였다	그에게
접.등.	동.직.2과.능.3단.	대.인.여격.남.3복.	대.의.목.중.복.	관.주.남.복	접.우.	동.직.2과.능.3복.	대.인.여격.남.3단.

3588	4012	2424	3588	3479	3739	1096	435
τὰ	περὶ	Ἰησοῦ	τοῦ	Ναζαρηνοῦ,	ὃς	ἐγένετο	ἀνὴρ
τό	περί	Ἰησοῦς	ὁ	Ναζωραῖος	ὅς	γίνομαι	ἀνήρ
타	페리	예수	투	나자레누	호스	에게네토	아네르
그(일들을)	관한	예수님에	그	나사렛 사람	그는	이었다	한 남자
관.목.중.복	전.소.	명.소.남.단.	관.소.남.단.	형.소.남.단.	대.관.주.남.단.	동.직.2과.중디.3단.	명.주.남.단.

4396	1415	1722	2041	2532	3056	1726	3588	2316
προφήτης	δυνατὸς	ἐν	ἔργῳ	καὶ	λόγῳ	ἐναντίον	τοῦ	θεοῦ
προφήτης	δυνατός	ἐν	ἔργον	καί	λόγος	ἐναντίον	ὁ	θεός
프로페테스	뒤나토스	엔	에르고	카이	로고	에난티온	투	데우
선지자	능하신	가운데	행위	와	말씀	앞에서	그	하나님
명.주.남.단.	형.주.남.단.	전.여격.	명.여격.중.단.	접.등.	명.여격.남.단.	전.소	관.소.남.단.	명.소.남.단.

2532	3956	3588	2992
καὶ	παντὸς	τοῦ	λαοῦ,
καί	πᾶς	ὁ	λαός
카이	판토스	투	라우
과	모든	그	백성의
접.등.	형.소.남.단.	관.소.남.단.	명.소.남.단.

20 우리 대제사장들과 관리들이 사형 판결에 넘겨 주어 십자가에 못 박았느니라
And how the chief priests and our rulers delivered him to be condemned to death, and have
crucified him.

3704	5037	3860	846	3588	749	2532	3588	758
ὅπως	τε	παρέδωκαν	αὐτὸν	οἱ	ἀρχιερεῖς	καὶ	οἱ	ἄρχοντες
ὅπως	τε	παραδίδωμι	αὐτός	ὁ	ἀρχιερεύς	καί	ὁ	ἄρχων
호포스	테	파레도칸	아우톤	호이	아르키에레이스	카이	호이	아르콘테스
어떻게	둘이	넘겼다	그를	그	대제사장들	과	그	관원들이
부.관.	접.등.	동.직.1과.능.3복.	대.인.목.남.3단.	관.주.남.복.	명.주.남.복.	접.등.	관.주.남.복.	명.주.남.복.

1473	1519	2917	2288	2532	4717	846
ἡμῶν	εἰς	κρίμα	θανάτου	καὶ	ἐσταύρωσαν	αὐτόν.
ἐγώ	εἰς	κρίμα	θάνατος	καί	σταυρόω	αὐτός
헤몬	에이스	크리마	다나투	카이	에스타우로산	아우톤
우리의	(으)로	판결	사형의	그래서	그들이 십자가에 못 박았다	그를
대.인.소.1복.	전.목.	명.목.중.단.	명.소.남.단.	접.등.	동.직.1과.능.3복.	대.인.목.남.3단.

21 우리는 이 사람이 이스라엘을 속량할 자라고 바랐노라 이뿐 아니라 이 일이 일어난 지가
사흘째요
But we trusted that it had been he which should have redeemed Israel: and beside all this, to
day is the third day since these things were done.

1473	1161	1679	3754	846	1510	3588	3195
ἡμεῖς	δὲ	ἠλπίζομεν	ὅτι	αὐτός	ἐστιν	ὁ	μέλλων
ἐγώ	δέ	ἐλπίζω	ὅτι	αὐτός	εἰμί	ὁ	μέλλω
헤메이스	데	엘피조멘	호티	아우토스	에스틴	호	멜론
우리는	그러나	바라고 있었다	것을	그가	이라는	그(사람)	장차 하려고 하는
대.인.주.1복.	접.우.	동.직.미완.능.1복.	접.등.	대.인.주.남.3단.	동.직.현.능.3단.	관.주.남.단	동.분.현.능.주.남.단.+

3084	3588	2474	235	1065	2532	4862	3956	3778
λυτροῦσθαι	τὸν	Ἰσραήλ·	ἀλλά	γε	καὶ	σὺν	πᾶσιν	τούτοις
λυτρόω	ὁ	Ἰσραήλ	ἀλλά	γέ	καί	σύν	πᾶς	οὗτος
뤼트루스다이	톤	이스라엘	알라	게	카이	쉰	파신	투토이스
구속하는 것을	그	이스라엘을	그러나	실로	역시	함께	모든	이 일들과
+동.부.현.중.	관.목.남.단.	명.목.남.단.	접.등.	불.문.	부.	전.여격.	형.여격.중.복.	대.지.여격.중.복.

5154	3778	2250	71	575	3739	3778	1096
τρίτην	ταύτην	ἡμέραν	ἄγει	ἀφ᾽	οὗ	ταῦτα	ἐγένετο.
τρίτος	οὗτος	ἡμέρα	ἄγω	ἀπό	ὅς	οὗτος	γίνομαι
트리텐	타우텐	헤메란	아게이	앞	후	타우타	에게네토
사흘째	이	날로	지낸다	이래		이 일들이	일어났던
형.서.목.여.단.	대.지.목.여.단.	명.목.여.단.	동.직.현.능.3단.	전.소.	대.관.소.남.단	대.지.주.중.복.	동.직.2과.중디.3단.

22 또한 우리 중에 어떤 여자들이 우리로 놀라게 하였으니 이는 그들이 새벽에 무덤에 갔다가
Yea, and certain women also of our company made us astonished, which were early at the sepulchre;

235	2532	1135	5100	1537	1473	1839	1473
ἀλλὰ	καὶ	γυναῖκές	τινες	ἐξ	ἡμῶν	ἐξέστησαν	ἡμᾶς·
ἀλλά	καί	γυνή	τις	ἐκ	ἐγώ	ἐξίστημι	ἐγώ
알라	카이	귀나이케스	티네스	엑스	헤몬	엑세스테산	헤마스
또한	역시	여자들이	어떤	중에서	우리를	심히 놀라게 하였다	우리를
접.등.	부.	명.주.여.복.	대.부.주.여.복.	전.소.	대.인.소.1복.	동.직.2과.능.3복.	대.인.목.1복.

1096	3721	1909	3588	3419
γενόμεναι	ὀρθριναὶ	ἐπὶ	τὸ	μνημεῖον
γίνομαι	ὄρθριος	ἐπί	τό	μνημεῖον
게노메나이	오르드리나이	에피	토	므네메이온
있었다	새벽에	앞에서	그	무덤
동.분.2과.중디.주.여.복.	형.주.여.복.	전.목.	관.목.중.단.	명.목.중.단.

23 그의 시체는 보지 못하고 와서 그가 살아나셨다 하는 천사들의 나타남을 보았다 함이라
And when they found not his body, they came, saying, that they had also seen a vision of angels, which said that he was alive.

2532	3361	2147	3588	4983	846	2064	3004	2532
καὶ	μὴ	εὑροῦσαι	τὸ	σῶμα	αὐτοῦ	ἦλθον	λέγουσαι	καὶ
καί	μή	εὑρίσκω	τό	σῶμα	αὐτός	ἔρχομαι	λέγω	καί
카이	메	휴루사이	토	소마	아우투	엘돈	레구사이	카이
그러나	못하고	찾아내지	그	몸을	그의	왔다	말하며	역시
접.등.	부.	동.분.2과.능.주.여.복.	관.목.중.단.	명.목.중.단.	대.인.소.남.3단.	동.직.2과.능.3복.	동.부.현.능.주.여.복.	부

3701	32	3708	3739	3004	846	2198
ὀπτασίαν	ἀγγέλων	ἑωρακέναι,	οἳ	λέγουσιν	αὐτὸν	ζῆν.
ὀπτασία	ἄγγελος	ὁράω	ὅς	λέγω	αὐτός	ζάω
옵타시안	앙겔론	헤오라케나이	호이	레구신	아우톤	젠
한 환상을	천사들의	보고있던 것을	그들이	말한다	그를	산것을
명.목.여.단.	명.소.남.복.	동.부.1완.능.	대.관.주.남.복.	동.직.현.능.3복.	대.인.목.남.3단.	동.부.현.능.

24 또 우리와 함께 한 자 중에 두어 사람이 무덤에 가 과연 여자들이 말한 바와 같음을
보았으나 예수는 보지 못하였느니라 하거늘
And certain of them which were with us went to the sepulchre, and found it even so as the women had said: but him they saw not.

2532	565	5100	3588	4862	1473	1909	3588	3419
καὶ	ἀπῆλθόν	τινες	τῶν	σὺν	ἡμῖν	ἐπὶ	τὸ	μνημεῖον,
καί	ἀπέρχομαι	τις	ὁ	σύν	ἐγώ	ἐπί	τό	μνημεῖον
카이	아펠돈	티네스	톤	쉰	헤민	에피	토	므네메이온
또	떠나갔다	몇사람들이	그(자들중의)	함께 한	우리와	앞으로	그	무덤을
접.등.	동.직.2과.능.3복.	대.부.주.남.복.	관.소.남.복	전.여격.	대.인.여격.1복.	전.목.	관.목.중.단.	명.목.중.단.

2532	2147	3779	2531	2532	3588	1135	3004(2036)	846
καὶ	εὗρον	οὕτως	καθὼς	καὶ	αἱ	γυναῖκες	εἶπον,	αὐτὸν
καί	εὑρίσκω	οὕτως	καθώς	καί	ἡ	γυνή	λέγω.ἔπω	αὐτός
카이	휴론	후토스	카도스	카이	하이	귀나이케스	에이폰	아우톤
그러나	찾아내었다	그와 같이	같이	역시	그	여자들이	말했던 것과	그를
접등.	동.직.2과.능.3복.	부.	접종.	부.	관.주.여.복.	명.주.여.복.	동.직.2과.능.3복.	대.인.목.남.3단.

1161	3756	3708(1492)
δὲ	οὐκ	εἶδον.
δέ	οὐ	ὁράω.εἴδω
데	우크	에이돈
그러나	못했다	그들이 보지
접.우.	부.	동.직.2과.능.3복.

25 이르시되 미련하고 선지자들이 말한 모든 것을 마음에 더디 믿는 자들이여
Then he said unto them, O fools, and slow of heart to believe all that the prophets have spoken:

2532	846	3004(2036)	4314	846	5599	453	2532	1021
Καὶ	αὐτὸς	εἶπεν	πρὸς	αὐτούς,	ὦ	ἀνόητοι	καὶ	βραδεῖς
καί	αὐτός	λέγω.ἔπω	πρός	αὐτός	ὦ	ἀνόητος	καί	βραδύς
카이	아우토스	에이펜	프로스	아우투스	오	아노에토이	카이	브라데이스
이에	그가	말씀하셨다	향하여	그들을	오	어리석은 자들아	그리고	더딘 자들아
접등.	대.인.주.남.3단.	동.직.2과.능.3단.	전.목.	대.인.목.남.3복.	불.문.	형.대.호.남.복.	접.등.	형.대.호.남.복.

3588	2588	3588	4100	1909	3956	3739	2980
τῇ	καρδίᾳ	τοῦ	πιστεύειν	ἐπὶ	πᾶσιν	οἷς	ἐλάλησαν
ἡ	καρδία	τό	πιστεύω	ἐπί	πᾶς	ὅς	λαλέω
테	카르디아	투	피스튜에인	에피	파신	호이스	엘랄레산
그	마음에	그	믿는 것을	대하여	모든 것에	바	말하였다
관.여격.여.단.	명.여격.여.단.	관.소.중.단.	동.부.현.능.소.	전.여격.	형.대.여격.중.복.	대.관.여격.중.복	동.직.1과.능.3복.

3588	4396
οἱ	προφῆται·
ἡ	προφήτης
호이	프로페타이
그	선지자들이
관.주.남.복.	명.주.남.복.

26 그리스도가 이런 고난을 받고 자기의 영광에 들어가야 할 것이 아니냐 하시고
Ought not Christ to have suffered these things, and to enter into his glory?

3780	3778	1163	3958	3588	5547	2532	1525	1519
οὐχὶ	ταῦτα	ἔδει	παθεῖν	τὸν	χριστὸν	καὶ	εἰσελθεῖν	εἰς
οὐχί	οὗτος	δεῖ	πάσχω	ὁ	Χριστός	καί	εἰσέρχομαι	εἰς
우키	타우타	에데이	파데인	톤	크리스톤	카이	에이셀데인	에이스
아니냐	이런	반드시 해야하는	고난을 겪는 것	그	그리스도를	과	들어가는 것을	으로
불.의.	대.지.목.중.복.	동.직.미완.능.3단.	동.부.2과.능.	관.목.남.단.	명.목.남.단.	접.등.	동.부.2과.능.	전.목.

3588	1391	846
τὴν	δόξαν	αὐτοῦ;
ἡ	δόξα	αὐτός
텐	독산	아우투
그	영광	자기의
관.목.여.단.	명.목.여.단.	대.인.소.남.3단.

27 이에 모세와 모든 선지자의 글로 시작하여 모든 성경에 쓴 바 자기에 관한 것을 자세히
설명하시니라
And beginning at Moses and all the prophets, he expounded unto them in all the scriptures
the things concerning himself.

2532	756	575	3475	2532	575	3956	3588	4396
καὶ	ἀρξάμενος	ἀπὸ	Μωϋσέως	καὶ	ἀπὸ	πάντων	τῶν	προφητῶν
καί	ἄρχομαι	ἀπό	Μωϋσῆς	καί	ἀπό	πᾶς	ὁ	προφήτης
카이	아륵사메노스	아포	모위세오스	카이	아포	판톤	톤	프로페톤
그리고	시작하여	부터	모세로	그리고	부터	모든	그	선지자들로
접.등.	동.분.1과.중.주.남.단.	전.소.	명.소.남.단.	접.등.	전.소.	형.소.남.복.	관.소.남.복.	명.소.남.복.

1329	846	1722	3956	3588	1124	3588	4012
διερμήνευσεν	αὐτοῖς	ἐν	πάσαις	ταῖς	γραφαῖς	τὰ	περὶ
διερμηνεύω	αὐτός	ἐν	πᾶς	ἡ	γραφή	τό	περί
디에르메뉴센	아우토이스	엔	파사이스	타이스	그라파이스	타	페리
그가 자세히 설명하셨다	그들에게	안에서	모든	그	성경들	그(것들을)	관한
동.직.1과.능.3단.	대.인.여격.남.3복.	전.여격.	형.여격.여.복.	관.여격.여.복.	명.여격.여.복.	관.목.중.복	전.소.

1438
ἑαυτοῦ.
ἑαυτοῦ
헤아우투
그 자신에
대.인.소.남.3단.

28 그들이 가는 마을에 가까이 가매 예수는 더 가려 하는 것 같이 하시니

And they drew nigh unto the village, whither they went: and he made as though he would have gone further.

2532	1448	1519	3588	2968	3757	4198	2532	846
Καὶ	ἤγγισαν	εἰς	τὴν	κώμην	οὗ	ἐπορεύοντο,	καὶ	αὐτὸς
καί	ἐγγίζω	εἰς	ὁ	κώμη	οὗ	πορεύομαι	καί	αὐτός
카이	엥기산	에이스	텐	코멘	후	에포류온토	카이	아우토스
그리고	그들이 가까이 왔다	안으로	그	촌을	바 곳	그들이 가고 있었다	그런데	그가
접.등.	동.직.1과.능.3단.	전.목.	관.목.여.단.	명.목.여.단.	부.관.	동.직.미완.중수디.3복.	접.등.	대.인.주.남.3단.

4364	4208	4198
προσεποιήσατο	πορρώτερον	πορεύεσθαι.
προσποιέομαι	πόῤῥωτέρω	πορεύομαι
프로세포이에사토	포르로테론	포류에스다이
하는척 하시더니	더 멀리	가는 것을
동.직.1과.중.3단.	부.비.	동.부.현.중수디.

29 그들이 강권하여 이르되 우리와 함께 유하사이다 때가 저물어가고 날이 이미 기울었나이다
하니 이에 그들과 함께 유하러 들어가시니라

But they constrained him, saying, Abide with us: for it is toward evening, and the day is far spent. And he went in to tarry with them.

2532	3849	846	3004	3306	3326	1473	3754
καὶ	παρεβιάσαντο	αὐτὸν	λέγοντες,	μεῖνον	μεθ'	ἡμῶν,	ὅτι
καί	παραβιάζομαι	αὐτός	λέγω	μένω	μετά	ἐγώ	ὅτι
카이	파레비아산토	아우톤	레곤테스	메이논	멧	헤몬	호티
그러자	그들이 강권하였다	그를	말하기를	머무르도록 하소서	함께	우리와	때문이니다
접.등.	동.직.1과.능.3단.	대.인.목.남.3단.	동.분.현.능.주.남.복.	동.명.1과.능.2단.	전.소.	대.인.소.1복.	접.종.

4314	2073	1510	2532	2827	2235	3588	2250	2532
πρὸς	ἑσπέραν	ἐστὶν	καὶ	κέκλικεν	ἤδη	ἡ	ἡμέρα.	καὶ
πρός	ἑσπέρα	εἰμί	καί	κλίνω	ἤδη	ἡ	ἡμέρα	καί
프로스	헤스페란	에스틴	카이	케클리켄	에데	헤	헤메라	카이
으로	저녁	그때가 도어	그래서	기울었다	이미	그	날이	이에
전.목.	명.목.여.단.	동.직.현.능.3단.	접.등.	동.직.1완.능.3단.	부.	관.주.여.단.	명.주.여.단.	접.등.

1525	3588	3306	4862	846
εἰσῆλθεν	τοῦ	μεῖναι	σὺν	αὐτοῖς.
εἰσέρχομαι	τό	μένω	σύν	αὐτός
에이셀덴	투	메이나이	쉰	아우토이스
그가 들어가셨다	그	머무르려고	함께	그들과
동.직.2과.능.3단.	관.소.중.단.	동.부.1과.능.소.	전.여격.	대.인.여격.남.3복.

30 그들과 함께 음식 잡수실 때에 떡을 가지사 축사하시고 떼어 그들에게 주시니
And it came to pass, as he sat at meat with them, he took bread, and blessed it, and brake, and gave to them.

2532	1096	1722	3588	2625	846	3326	846
καὶ	ἐγένετο	ἐν	τῷ	κατακλιθῆναι	αὐτὸν	μετ'	αὐτῶν
καί	γίνομαι	ἐν	τό	κατακλίνω	αὐτός	μετά	αὐτός
카이	에게네토	엔	토	카타클리데나이	아우톤	멭	아우톤
그리고	일어났다	때에	그	(식탁에)기대어 앉을	그(를)가	함께	그들과
접등.	동.직.2과.중디.3단.	전.여격.	관.여격.중.단.	동.부.1과.수.여격.	대.인.목.남.3단.	전.소.	대.인.소.남.3복.

2983	3588	740	2127	2532	2806	1929	846
λαβὼν	τὸν	ἄρτον	εὐλόγησεν	καὶ	κλάσας	ἐπεδίδου	αὐτοῖς·
λαμβάνω	ὁ	ἄρτος	εὐλογέω	καί	κλάω	ἐπιδίδωμι	αὐτός
라본	톤	아르톤	율로게센	카이	클라사스	에페디두	아우토이스
취하시고	그	떡을	그는 축복하신다	그리고	떼어서	그가 넘겨주셨다	그들에게
동.분.2과.능.주.남.단.	관.목.남.단.	명.목.남.단.	동.직.1과.능.3단.	접등.	동.분.1과.능.주.남.단.	동.직.미완.능.3단.	대.인.여격.남.3복.

31 그들의 눈이 밝아져 그인 줄 알아 보더니 예수는 그들에게 보이지 아니하시는지라
And their eyes were opened, and they knew him; and he vanished out of their sight.

846	1161	1272	3588	3788	2532	1921	846
αὐτῶν	δὲ	διηνοίχθησαν	οἱ	ὀφθαλμοὶ	καὶ	ἐπέγνωσαν	αὐτόν·
αὐτός	δέ	διανοίγω	ὁ	ὀφθαλμός	καί	ἐπιγινώσκω	αὐτός
아우톤	데	디에노이크데산	호이	오프달모이	카이	에페그노산	아우톤
그들의	이에	밝히 열려졌다	그	눈들이	그리하여	그들이 알아보았다	그를
대.인.소.남.3복.	접등.	동.직.1과.수.3복.	관.주.남.복.	명.주.남.복.	접등.	동.직.2과.능.3복.	대.인.목.남.3단.

2532	846	855	1096	575	846
καὶ	αὐτὸς	ἄφαντος	ἐγένετο	ἀπ'	αὐτῶν.
καί	αὐτός	ἄφαντος	γίνομαι	ἀπό	αὐτός
카이	아우토스	아판토스	에게네토	앞	아우톤
그러나	그가	보이지 않게	되었다	부터	그들로
접등.	대.인.주.남.3단.	형.주.남.단.	동.직.2과.중디.3단.	전.소.	대.인.소.남.3복.

32 그들이 서로 말하되 길에서 우리에게 말씀하시고 우리에게 성경을 풀어 주실 때에 우리
속에서 마음이 뜨겁지 아니하더냐 하고
And they said one to another, Did not our heart burn within us, while he talked with us by the way, and while he opened to us the scriptures?

2532	3004(2036)	4314	240	3780	3588	2588	1473	2545
καὶ	εἶπαν	πρὸς	ἀλλήλους,	οὐχὶ	ἡ	καρδία	ἡμῶν	καιομένη
καί	λέγω.ἔπω	πρός	ἀλλήλων	οὐχί	ἡ	καρδία	ἐγώ	καίω
카이	에이판	프로스	알렐루스	우키	헤	카르디아	헤몬	카이오메네
이에	그들이 말하였다	향하여	서로	아니하더냐	그	마음이	우리의	뜨거워져
접등.	동.직.2과.능.3복.	전.목.	대.인.목.남.3복.	불.의.	관.주.여.단.	명.주.여.단.	대.인.소.1복.	동.분.현.수.주.여.단.+

1510	1722	1473	5613	2980	1473	1722	3588	3598	5613
ἦν	[ἐν	ἡμῖν]	ὡς	ἐλάλει	ἡμῖν	ἐν	τῇ	ὁδῷ,	ὡς
εἰμί	ἐν	ἐγώ	ὡς	λαλέω	ἐγώ	ἐν	ἡ	ὁδός	ὡς
엔	엔	헤민	호스	엘랄레이	헤민	엔	테	호도	호스
있었다	안에서	우리	때에	그가 말씀하시고	우리에게	안에서	그	길에	때에
+동.직.미완.능.3단.	전.여격.	대.인.소.1복.	접.종.	동.직.미완.능.3단.	대.인.여격.1복.	전.여격.	관.여격.여.단.	명.여격.여.단.	접.종.

1272	1473	3588	1124
διήνοιγεν	ἡμῖν	τὰς	γραφάς;
διανοίγω	ἐγώ	ἡ	γραφή
디에노이겐	헤민	타스	그라파스
그가 완전히 여시고 있었을	우리에게	그	그 성경들을
동.직.미완.능.3단.	대.인.여격.1복.	관.목.여.복.	명.목.여.복.

33 곧 그 때로 일어나 예루살렘에 돌아가 보니 열한 제자 및 그들과 함께 한 자들이 모여
있어
And they rose up the same hour, and returned to Jerusalem, and found the eleven gathered together, and them that were with them,

2532	450	846	3588	5610	5290	1519	2419
Καὶ	ἀναστάντες	αὐτῇ	τῇ	ὥρᾳ	ὑπέστρεψαν	εἰς	Ἰερουσαλήμ,
καί	ἀνίστημι	αὐτός	ἡ	ὥρα	ὑποστρέφω	εἰς	Ἱερουσαλήμ
카이	아나스탄테스	아우테	테	호라	휘페스트렙산	에이스	예루살렘
그래서	일어난 후	바로	그	시간에	그들이 되돌아갔다	으로	예루살렘
접등.	동.분.2과.능.주.남.복.	대.인.여격.여.3단	관.여격.여.단.	명.여격.여.단.	동.직.1과.능.3복.	전목.	명.목.여.단.

2532	2147	4867	3588	1733	2532	3588	4862	846
καὶ	εὗρον	ἠθροισμένους	τοὺς	ἕνδεκα	καὶ	τοὺς	σὺν	αὐτοῖς,
καί	εὑρίσκω	ἀθροίζω	ὁ	ἕνδεκα	καί	ὁ	σύν	αὐτός
카이	휴론	에드로이스메누스	투스	헨데카	카이	투스	쉰	아우토이스
그리하여	발견하였다	모여 있는 것을	그	열한(제자)	와	그(자들이)	함께(있는)	그들과
접등.	동.직.2과.능.3복.	동.분.1완.수.목.남.복.	관.목.남.복.	형.대.기.목.남.복.	접등.	관.목.남.복.	전.여격.	대.인.여격.남.3복.

34 말하기를 주께서 과연 살아나시고 시몬에게 보이셨다 하는지라
Saying, The Lord is risen indeed, and hath appeared to Simon.

3004	3754	3689	1453	3588	2962	2532	3708	4613
λέγοντας	ὅτι	ὄντως	ἠγέρθη	ὁ	κύριος	καὶ	ὤφθη	Σίμωνι.
λέγω	ὅτι	ὄντως	ἐγείρω	ὁ	κύριος	καί	ὁράω	Σίμων
레곤타스	호티	온토스	에게르데	호	퀴리오스	카이	오프데	시모니
말하기를		확실히	일으키셨다	그	주님께서	그리고	나타나셨다	시몬에게
동.분.현.능.목.남.복.	접.우.	부.	동.직.1과.수.3단.	관.주.남.단.	명.주.남.단.	접등.	동.직.1과.수.3단.	명.여격.남.단.

35 두 사람도 길에서 된 일과 예수께서 떡을 떼심으로 자기들에게 알려지신 것을 말하더라
And they told what things were done in the way, and how he was known of them in breaking of bread.

2532	846	1834	3588	1722	3588	3598	2532	5613	1097
καὶ	αὐτοὶ	ἐξηγοῦντο	τὰ	ἐν	τῇ	ὁδῷ	καὶ	ὡς	ἐγνώσθη
καί	αὐτός	ἐξηγέομαι	τό	ἐν	ἡ	ὁδός	καί	ὡς	γινώσκω
카이	아우토이	엑세군토	타	엔	테	호도	카이	호스	에그노스데
그래서	그들이	설명하고 있었다	그(일들)	안에서	그	길에	과	어떻게	알려졌다
접등.	대.인.주.남.3복.	동.직.미완.중수디.3복.	관.목.중.복.	전.여격.	관.여격.여.단.	명.여격.여.단.	접등.	접등.	동.직.1과.수.3단.

846	1722	3588	2800	3588	740
αὐτοῖς	ἐν	τῇ	κλάσει	τοῦ	ἄρτου.
αὐτός	ἐν	ἡ	κλάσις	ὁ	ἄρτος
아우토이스	엔	테	클라세이	투	아르투
그들에게	으로	그	떼심	그	떡의
대.인.여격.남.3복.	전.여격.	관.여격.여.단.	명.여격.여.단.	관.주.남.단.	명.주.남.단.

36 이 말을 할 때에 예수께서 친히 그들 가운데 서서 이르시되 너희에게 평강이 있을지어다
하시니
And as they thus spake, Jesus himself stood in the midst of them, and saith unto them, Peace be unto you.

3778	1161	846	2980	846	2476	1722	3319
Ταῦτα	δὲ	αὐτῶν	λαλούντων	αὐτὸς	ἔστη	ἐν	μέσῳ
οὗτος	δέ	αὐτός	λαλέω	αὐτός	ἵστημι	ἐν	μέσος
타우타	데	아우톤	랄룬톤	아우토스	에스테	엔	메소
이런 일들을	그리고	그들(의)이	말을 할때에	친히	예수께서 서서	안에	가운데
대.지.목.중.복.	접등.	대.인.소.남.3복.	동.분.현.능.소.남.복.	대.인.주.남.3단.	동.직.2과.능.3단.	전.여격.	형.대.여격.중.단.

846	2532	3004	846	1515	4771
αὐτῶν	καὶ	λέγει	αὐτοῖς,	εἰρήνη	ὑμῖν.
αὐτός	καί	λέγω	αὐτός	εἰρήνη	σύ
아우톤	카이	레게이	아우토이스	에이레네	휘민
그들의	그리고	말씀하시니라	그들에게	평안이	너희에게
대.인소.남.3복.	접.등.	동.직.현.능.3단.	대.인.여격.남.3복.	명.주.여.단.	대.인.여격.2복.

37 그들이 놀라고 무서워하여 그 보는 것을 영으로 생각하는지라
But they were terrified and affrighted, and supposed that they had seen a spirit.

4422	1161	2532	1719	1096	1380	4151
πτοηθέντες	δὲ	καὶ	ἔμφοβοι	γενόμενοι	ἐδόκουν	πνεῦμα
πτοέω	δέ	καί	ἔμφοβος	γίνομαι	δοκέω	πνεῦμα
프토에덴테스	데	카이	엠포보이	게노메노이	에도쿤	프뉴마
무서워지고	그러나	그리고	두려움으로 가득하게	되어	그들이 생각하였다	영을
동.분.1과.수.주.남.복.	접.우.	접.등.	형.주.남.복.	동.분.2과.중디.주.남.복.	동.직.미완.능.3복.	명.목.중.단.

2334
θεωρεῖν.
θεωρέω
데오레인
바라보는 것을
동.부.현.능.

38 예수께서 이르시되 어찌하여 두려워하며 어찌하여 마음에 의심이 일어나느냐
And he said unto them, Why are ye troubled? and why do thoughts arise in your hearts?

2532	3004(2036)	846	5101	5015	1510	2532	1223
καὶ	εἶπεν	αὐτοῖς,	τί	τεταραγμένοι	ἐστέ,	καὶ	διὰ
καί	λέγω.ἔπω	αὐτός	τίς	ταράσσω	εἰμί	καί	διά
카이	에이펜	아우토이스	티	테타라그메노이	에스테	카이	디아
이에	예수께서 말씀하셨다	그들에게	어찌하여	두려워하고	있느냐	그리고	때문에
접.등.	동.직.2과.능.3단.	대.인.여격.남.3복.	대.의.목.중.단	동.분.1완.수.주.남.2복.+	+동.직.현.능.2복.	접.등.	전.목.

5101	1261	305	1722	3588	2588	4771
τί	διαλογισμοὶ	ἀναβαίνουσιν	ἐν	τῇ	καρδίᾳ	ὑμῶν;
τίς	διαλογισμός	ἀναβαίνω	ἐν	ἡ	καρδία	σύ
티	디알로기스모이	아나바이누신	엔	테	카르디아	휘몬
무엇	의심들이	일어나느냐	속에	그	마음	너희의
대.의.목.중.단.	명.주.남.복.	동.직.현.능.3복.	전.여격.	관.여격.여.단.	명.여격.여.단.	대.인.소.2복.

39 내 손과 발을 보고 나인 줄 알라 또 나를 만져 보라 영은 살과 뼈가 없으되 너희 보는
바와 같이 나는 있느니라
Behold my hands and my feet, that it is I myself: handle me, and see; for a spirit hath not flesh
and bones, as ye see me have.

3708(1492)	3588	5495	1473	2532	3588	4228	1473	3754	1473
ἴδετε	τὰς	χεῖράς	μου	καὶ	τοὺς	πόδας	μου	ὅτι	ἐγώ
ὁράω.εἴδω	ἡ	χείρ	ἐγώ	καί	ὁ	πούς	ἐγώ	ὅτι	ἐγώ
이데테	타스	케이라스	무	카이	투스	포다스	무	호티	에고
보라	이	손들을	나의	과	이	발들을	나의	것을	나는
동.명.2과.능.2복.	관.목.여.복.	명.목.여.복.	대.인.소.1단.	접.등.	관.목.남.복.	명.목.남.복.	대.인.소.1단.	접.등.	대.인.주.1단.

1510	846	5584	1473	2532	3708(1492)	3754	4151
εἰμι	αὐτός·	ψηλαφήσατέ	με	καὶ	ἴδετε,	ὅτι	πνεῦμα
εἰμί	αὐτός	ψηλαφάω	ἐγώ	καί	ὁράω.εἴδω	ὅτι	πνεῦμα
에이미	아우토스	프셀라페사테	메	카이	이데테	호티	프뉴마
나다	그가	만져보라	나를	또	보라	때문이라	영은
동.직.현.능.1단.	대.인.주.남.1단.	동.명.1과.능.2복.	대.인.목.1단.	접.등.	동.명.2과.능.2복.	접.종.	명.주.중.단.

4561	2532	3747	3756	2192	2531	1473	2334	2192
σάρκα	καὶ	ὀστέα	οὐκ	ἔχει	καθὼς	ἐμὲ	θεωρεῖτε	ἔχοντα.
σάρξ	καί	ὀστέον	οὐ	ἔχω	καθώς	ἐγώ	θεωρέω	ἔχω
사르카	카이	오스테아	우크	에케이	카도스	에메	데오레이테	에콘타
살	과	뼈들을	않으나	가지지	같이	나를	너희가 보는 것	가진 것을
명.목.여.단.	접.등.	명.목.중.복.	부.	동.직.현.능.3단.	접.종.	대.인.목.1단.	동.직.현.능.2복.	동.분.현.능.목.남.1단.

40 이 말씀을 하시고 손과 발을 보이시나

And when he had thus spoken, he shewed them his hands and his feet.

2532	3778	3004(2036)	1166	846	3588	5495	2532	3588	4228
καὶ	τοῦτο	εἰπὼν	ἔδειξεν	αὐτοῖς	τὰς	χεῖρας	καὶ	τοὺς	πόδας.
καί	οὗτος	λέγω.ἔπω	δεικνύω	αὐτός	ἡ	χείρ	καί	ἡ	πούς
카이	투토	에이폰	에데읽센	아우토이스	타스	케이라스	카이	투스	포다스
그리고	이	말씀을 하신 후	보여주셨다	그들에게	그	양손들을	과	그	발들을
접.등.	대.지.목.중.단.	동.분.2과.능.주.남.단.	동.직.1과.능.3단.	대.인.여격.남.3복.	관.목.여.복.	명.목.여.복.	접.등.	관.목.여.복.	명.목.여.복.

41 그들이 너무 기쁘므로 아직도 믿지 못하고 놀랍게 여길 때에 이르시되 여기 무슨 먹을
것이 있느냐 하시니

And while they yet believed not for joy, and wondered, he said unto them, Have ye here any meat?

2089	1161	569	846	575	3588	5479	2532	2296
ἔτι	δὲ	ἀπιστούντων	αὐτῶν	ἀπὸ	τῆς	χαρᾶς	καὶ	θαυμαζόντων
ἔτι	δέ	ἀπιστέω	αὐτός	ἀπό	ἡ	χαρά	καί	θαυμάζω
에티	데	아피스툰톤	아우톤	아포	테스	카라스	카이	다우마존톤
아직	그러나	믿지 못하여	그들(의)이	부터	그	기쁨으로	이에	놀라고 있을 때에
부.	접.등.	동.분.현.능.소.남.복.	대.인.소.남.3복.	전.소	관.소.여.단.	명.소.여.단.	접.등.	동.분.현.능.소.남.복.

3004(2036)	846	2192	5100	1034	1759
εἶπεν	αὐτοῖς,	ἔχετέ	τι	βρώσιμον	ἐνθάδε;
λέγω.ἔπω	αὐτός	ἔχω	τις	βρώσιμος	ἐνθάδε
에이펜	아우토이스	에케테	티	브로시몬	엔다데
그가 말씀하셨다	그들에게	너희가 가지고 있느냐	무엇이든	먹을 것을	여기
동.직.2과.능.3단.	대.인.여격.남.3복.	동.직.현.능.2복.	대.부.목.중.단.	형.대.목.중.단.	부.

42 이에 구운 생선 한 토막을 드리니

And they gave him a piece of a broiled fish, and of an honeycomb.

3588	1161	1929	846	2486	3702	3313
οἱ	δὲ	ἐπέδωκαν	αὐτῷ	ἰχθύος	ὀπτοῦ	μέρος·
ὁ	δέ	ἐπιδίδωμι	αὐτός	ἰχθύς	ὀπτός	μέρος
호이	데	에페도칸	아우토	잌뒤오스	옾투	메로스
그들이	이에	드렸더니	그에게	물고기의	구운	한 토막을
관.주.남.복	접.우.	동.직.1과.능.3복.	대.인.여격.남.3단.	명.소.남.단.	형.소.남.단.	명.목.중.단.

43 받으사 그 앞에서 잡수시더라

And he took it, and did eat before them.

2532	2983	1799	846	5315
καὶ	λαβὼν	ἐνώπιον	αὐτῶν	ἔφαγεν.
καί	λαμβάνω	ἐνώπιον	αὐτός	φάγω
카이	라본	에노피온	아우톤	에파겐
그러자	받으신 후에	앞에서	그들의	잡수셨다
접.등.	동.분.2과.능.주.남.단.	전.소.	대.인.소.남.3복.	동.직.2과.능.3단.

44 또 이르시되 내가 너희와 함께 있을 때에 너희에게 말한 바 곧 모세의 율법과 선지자의
글과 시편에 나를 가리켜 기록된 모든 것이 이루어져야 하리라 한 말이 이것이라 하시고
And he said unto them, These are the words which I spake unto you, while I was yet with you, that all things must be fulfilled, which were written in the law of Moses, and in the prophets, and in the psalms, concerning me.

3004(2036)	1161	4314	846	3778	3588	3056	1473	3739
Εἶπεν	δὲ	πρὸς	αὐτούς,	οὗτοι	οἱ	λόγοι	μου	οὓς
λέγω.ἔπω	δέ	πρός	αὐτός	οὗτος	ὁ	λόγος	ἐγώ	ὅς
에이펜	데	프로스	아우투스	후토이	호이	로고이	무	후스
그가 말씀하셨다	또	향하여	그들을	이 말들이	그	말들이라	내	바
동.직.2과.능.3단.	접.등.	전.목.	대.인.소.남.3복.	대.지.주.남.복.	관.주.남.복.	명.주.남.복.	대.인.소.1단.	대.관.목.남.복.

2980	4314	4771	2089	1510	4862	4771	3754	1163
ἐλάλησα	πρὸς	ὑμᾶς	ἔτι	ὢν	σὺν	ὑμῖν,	ὅτι	δεῖ
λαλέω	πρός	σύ	ἔτι	εἰμί	σύν	σύ	ὅτι	δεῖ
엘랄레사	프로스	휘마스	에티	온	쉰	휘민	호티	데이
내가 말하였다	향하여	너희를	아직	있을 때	같이	너희와	때문이라	반드시 하기
동.직.1과.능.1단.	전.목.	대.인.목.2복.	부.	동.분.현.능.주.남.1단.	전.여격.	대.인.여격.2복.	부.관.	동.직.현.능.3단.

4137	3956	3588	1125	1722	3588	3551	3475
πληρωθῆναι	πάντα	τὰ	γεγραμμένα	ἐν	τῷ	νόμῳ	Μωϋσέως
πληρόω	πᾶς	τό	γράφω	ἐν	ὁ	νόμος	μωϋσης
플레로데나이	판타	타	게그람메나	엔	토	노모	모위세오스
이루어지는 것이	모두를	그(것들)	기록되어 있는	안에	그	율법에	모세의
동.부.1과.수.	형.대.목.중.복.	관.목.중.복	동.분.현.능.주.남.1단.	전.여격.	관.여격.남.단.	명.여격.남.단.	명.소.남.단.

2532	3588	4396	2532	5568	4012	1473
καὶ	τοῖς	προφήταις	καὶ	ψαλμοῖς	περὶ	ἐμοῦ.
καί	ὁ	προφήτης	καί	ψαλμός	περί	ἐγώ
카이	토이스	프로페타이스	카이	프살모이스	페리	에무
과	그	선지자들	과	시편들에	관하여	나에
접.등.	관.여격.남.복.	명.여격.남.복.	접.등.	명.여격.남.복.	전.소.	대.인.소.1단.

45 이에 그들의 마음을 열어 성경을 깨닫게 하시고
Then opened he their understanding, that they might understand the scriptures,

5119	1272	846	3588	3563	3588	4920	3588	1124
τότε	διήνοιξεν	αὐτῶν	τὸν	νοῦν	τοῦ	συνιέναι	τὰς	γραφάς·
τότε	διανοίγω	αὐτός	ὁ	νοῦς	τό	συνίημι	ἡ	γραφή
토테	디에노익센	아우톤	톤	눈	투	쉬니에나이	타스	그라파스
그때에	그가 밝히 열었다	그들의	그	마음을	그	깨닫게 하시려고	그	성경들을
부.	동.직.1과.능.3단.	대.인.소.남.3복.	관.목.남.단.	명.목.남.단.	관.소.중.단.	동.부.현.능.소	관.목.여.복.	명.목.여.복.

46 또 이르시되 이같이 그리스도가 고난을 받고 제삼일에 죽은 자 가운데서 살아날 것과
And said unto them, Thus it is written, and thus it behoved Christ to suffer, and to rise from the dead the third day:

2532	3004(2036)	846	3754	3779	1125	3958	3588	5547
καὶ	εἶπεν	αὐτοῖς	ὅτι	οὕτως	γέγραπται	παθεῖν	τὸν	χριστὸν
καί	λέγω.ἔπω	αὐτός	ὅτι	οὕτως	γράφω	πάσχω	ὁ	Χριστός
카이	에이펜	아우토이스	호티	후토스	게그랖타이	파데인	톤	크리스톤
또	말씀하셨다	그들에게		이렇게	기록되었다	고난을 겪는 것	그	그리스도를
접.등.	동.직.2과.능.3단.	대.인.여격.남.3복.	접.우.	부.	동.직.1완.수.3단.	동.부.2과.능.	관.목.남.단.	명.목.남.단.

2532	450	1537	3498	3588	5154	2250
καὶ	ἀναστῆναι	ἐκ	νεκρῶν	τῇ	τρίτῃ	ἡμέρᾳ,
καί	ἀνίστημι	ἐκ	νεκρός	ἡ	τρίτος	ἡμέρα
카이	아나스테나이	에크	네크론	테	트리테	헤메라
과	다시 살아날 것을	중에서	죽은 자들	그	제 삼	일에
접.등.	동.부.2과.능.	전.소.	형.대.소.남.복.	관.여격.여.단.	형.서.여격.여.단.	명.여격.여.단.

47 또 그의 이름으로 죄 사함을 받게 하는 회개가 예루살렘에서 시작하여 모든 족속에게 전파될 것이 기록되었으니

And that repentance and remission of sins should be preached in his name among all nations, beginning at Jerusalem.

2532	2784	1909	3588	3686	846	3341	1519	859
καὶ	κηρυχθῆναι	ἐπὶ	τῷ	ὀνόματι	αὐτοῦ	μετάνοιαν	εἰς	ἄφεσιν
καί	κηρύσσω	ἐπί	τό	ὄνομα	αὐτός	μετάνοια	εἰς	ἄφεσις
카이	케뤼크데나이	에피	토	오노마티	아우투	메타노이안	에이스	아페신
그리고	선포될 것이	으로	그	이름	그의	회개를	위한	용서함을
접.등.	동.부.1과.수.	전.여격.	관.여격.중.단.	명.여격.중.단.	대.인.소.남.3단.	명.목.여.단.	전.목.	명.목.여.단.

266	1519	3956	3588	1484	756	575	2419
ἁμαρτιῶν	εἰς	πάντα	τὰ	ἔθνη.	ἀρξάμενοι	ἀπὸ	Ἰερουσαλήμ
ἁμαρτία	εἰς	πᾶς	τό	ἔθνος	ἄρχομαι	ἀπό	Ἱερουσαλήμ
하마르티온	에이스	판타	타	에드네	아릅사메노이	아포	예루살렘
죄들의	에게로	모든	그	민족들	시작하여	부터	예루살렘으로
명.소.여.복.	전.목.	형.목.중.복.	관.목.중.복.	명.목.중.복.	동.분.1과.중.주.남.복.	전.소.	명.소.여.단.

48 너희는 이 모든 일의 증인이라

And ye are witnesses of these things.

4771	3144	3778
ὑμεῖς	μάρτυρες	τούτων.
σύ	μάρτυς	οὗτος
휘메이스	마르튀레스	투톤
너희는	증인들이	이러한 일들의
대.인.주.2복.	명.주.남.복.	대.지.소.중.복.

49 볼지어다 내가 내 아버지께서 약속하신 것을 너희에게 보내리니 너희는 위로부터 능력으로 입혀질 때까지 이 성에 머물라 하시니라

And, behold, I send the promise of my Father upon you: but tarry ye in the city of Jerusalem, until ye be endued with power from on high.

2532	2400	1473	649	3588	1860	3588	3962	1473
καὶ	[ἰδού]	ἐγὼ	ἀποστέλλω	τὴν	ἐπαγγελίαν	τοῦ	πατρός	μου
καί	ἰδού	ἐγώ	ἀποστέλλω	ἡ	ἐπαγγελία	ὁ	πατήρ	ἐγώ
카이	이두	에고	아포스텔로	텐	에팡겔리안	투	파트로스	무
그런데	보라	나는	보낸다	그	약속한 것을	그	아버지의	나의
접.등.	불.문.	대.인.주.1단.	동.직.현.능.1단.	관.목.여.단.	명.목.여.단.	관.소.남.단.	명.소.남.단.	대.인.소.1단.

1909	4771	4771	1161	2523	1722	3588	4172	2193	3739
ἐφ'	ὑμᾶς·	ὑμεῖς	δὲ	καθίσατε	ἐν	τῇ	πόλει	ἕως	οὗ
ἐπί	σύ	σύ	δέ	καθίζω	ἐν	ἡ	πόλις	ἕως	ὅς
엪	휘마스	휘메이스	데	카디사테	엔	테	폴레이	헤오스	후
위로	너희를	너희는	그러나	앉아라	안에	이	도시	까지	때
전.목.	대.인.목.2복.	대.인.주.2복.	접.등.	동.명.1과.능.2복.	전.여격.	관.여격.여.단.	명.여격.여.단.	전.소.	대.관.소.남.단

1746	1537	5311	1411
ἐνδύσησθε	ἐξ	ὕψους	δύναμιν.
ἐνδύω	ἐκ	ὕψος	δύναμις
엔뒤세스데	엑스	휩수스	뒤나민
옷을 입을	부터	위로	능력을
동.가.1과.중.2복.	전.소.	명.소.중.단.	명.목.여.단.

50 예수께서 그들을 데리고 베다니 앞까지 나가사 손을 들어 그들에게 축복하시더니

And he led them out as far as to Bethany, and he lifted up his hands, and blessed them.

1806	1161	846	1854	2193	4314	963	2532	1869
Ἐξήγαγεν	δὲ	αὐτοὺς	[ἔξω]	ἕως	πρὸς	Βηθανίαν,	καὶ	ἐπάρας
ἐξάγω	δέ	αὐτός	ἔξω	ἕως	πρός	Βηθανία	καί	ἐπαίρω
엑세가겐	데	아우투스	엑소	헤오스	프로스	베다니안	카이	에파라스
데리고 나가셨다	그리고	그들을	밖에	까지	앞으로	베다니	그리고	들고
동.직.2과.능.3단.	접.등.	대.인.목.남.3복.	부.	전.소.	전.목.	명.목.여.단.	접.등.	동.분.1과.능.주.남.단.

3588	5495	846	2127	846
τὰς	χεῖρας	αὐτοῦ	εὐλόγησεν	αὐτούς.
ἡ	χείρ	αὐτός	εὐλογέω	αὐτός
타스	케이라스	아우투	율로게센	아우투스
그	두 손을	그의	축복하셨다	그들을
관.목.여.복.	명.목.여.복.	대.인소.남.3단.	동.직.1과.능.3단.	대.인목.남.3복.

51 축복하실 때에 그들을 떠나 [하늘로 올려지시니]
And it came to pass, while he blessed them, he was parted from them, and carried up into heaven.

2532	1096	1722	3588	2127	846	846	1339	575
καὶ	ἐγένετο	ἐν	τῷ	εὐλογεῖν	αὐτὸν	αὐτοὺς	διέστη	ἀπ’
καί	γίνομαι	ἐν	τό	εὐλογέω	αὐτός	αὐτός	διΐστημι	ἀπό
카이	에게네토	엔	토	율로게인	아우톤	아우투스	디에스테	앞
그리고	되었다	때에	그	축복하실	그(를)가	그들을	따로 떼어놓았다	부터
접.등.	동.직.2과.중디.3단.	전.여격.	관.여격.중.단.	동.부.현.능.여격.	대.인목.남.3단.	대.인목.남.3복.	동.직.2과.능.3단.	전.소.

846	2532	399	1519	3588	3772
αὐτῶν	καὶ	ἀνεφέρετο	εἰς	τὸν	οὐρανόν.
αὐτός	καί	ἀναφέρω	εἰς	ὁ	οὐρανός
아우톤	카이	아네페레토	에이스	톤	우라논
저희로	그래서	올려지셨다	속으로	그	하늘을
대.인소.남.3복.	접.등.	동.직.미완.수.3단.	전.목.	관.목.남.단.	명.목.남.단.

52 그들이 [그에게 경배하고] 큰 기쁨으로 예루살렘에 돌아가
And they worshipped him, and returned to Jerusalem with great joy:

2532	846	4352	846	5290	1519	2419
Καὶ	αὐτοὶ	προσκυνήσαντες	αὐτὸν	ὑπέστρεψαν	εἰς	Ἰερουσαλὴμ
καί	αὐτός	προσκυνέω	αὐτός	ὑποστρέφω	εἰς	Ἰερουσαλήμ
카이	아우토이	프로스퀴네산테스	아우톤	휘페스트렢산	에이스	예루살렘
이에	그들이	경배한 후에	그를	되돌아 왔다	으로	예루살렘
접.등.	대.인주.남.3복.	동.분.1과.능.주.남.복.	대.인목.남.3단.	동.직.1과.능.3복.	전.목.	명.목.여.단.

3326	5479	3173
μετὰ	χαρᾶς	μεγάλης
μετά	χαρά	μέγας
메타	카라스	메갈레스
함께	기쁨과	큰
전.소.	명.소.여.단.	형.소.여.단.

53 늘 성전에서 하나님을 찬송하니라
And were continually in the temple, praising and blessing God. Amen.

2532	1510	1223	3956	1722	3588	2411	2127	3588	2316
καὶ	ἦσαν	διὰ	παντὸς	ἐν	τῷ	ἱερῷ	εὐλογοῦντες	τὸν	θεόν.
καί	εἰμί	διά	πᾶς	ἐν	τό	ἱερόν	εὐλογέω	ὁ	θεός
카이	에산	디아	판토스	엔	토	히에로	율로군테스	톤	데온
그리고	그들은 있었다		늘	안에	그	성전에	찬송하고	그	하나님을
접.등.	동.직.미완.능.3복.+	전.소.	형.대.소.남.단.	전.여격.	관.여격.중.단.	형.대.여격.중.단.	+동.분.현.능.주.남.복.	관.목.남.단.	명.목.남.단.

헬라어 원문 직역

분해대조 로고스성경 5
(누가복음)

편찬 유복곤 교수, 송창섭 목사
발행인 김용환

초판 1쇄 인쇄 2016년 8월 30일
초판 1쇄 발행 2016년 9월 10일

발행처 도서출판 로고스
주 소 서울시 동대문구 신설동 98-9
전 화 02-922-6872, 070-4103-6890
FAX 02-926-5406
등 록 1987. 12. 1. 제5-156호

편집디자인 성광커뮤니케이션

ISBN
누가복음 979-11-87405-13-9